*RICARDO MARCONDES MARTINS*

# *ESTUDOS DE DIREITO ADMINISTRATIVO NEOCONSTITUCIONAL*



MALHEIROS EDITORES

***ESTUDOS DE DIREITO ADMINISTRATIVO NEOCONSTITUCIONAL***



ISBN: 978-85-392-0266-9


*MALHEIROS EDITORES LTDA.*
*Rua Paes de Araújo, 29, conjunto 171*
*CEP 04531-940 — São Paulo — SP*
*Tel.: (11) 3078-7205 – Fax: (11) 3168-5495*
*URL: www.malheiroseditores.com.br*
*e-mail: malheiroseditores@terra.com.br*

*Composição*
Acqua Estúdio Gráfico Ltda.

*Capa*
*Criação*: Vânia L. Amato
*Arte*: PC Editorial Ltda.

Impresso no Brasil
*Printed in Brazil*
01.2015

# *SUMÁRIO*

*Introdução* .......... 13
*Referências* .......... 23

PARTE I – **PRINCÍPIOS CONSTITUCIONAIS**

*1 – **Moralidade Administrativa***

***1.1 Breve introdução*** .......... 29
***1.2 Relação entre Direito e Moral*** .......... 30
***1.3 Contradição performativa*** .......... 32
***1.4 Moral e Justiça*** .......... 35
***1.5 Justiça e Direito*** .......... 36
*1.5.1 Injustiça e inexistência do Direito* .......... 40
*1.5.2 Injustiça e invalidade do Direito* .......... 43
***1.6 Moral e Direito*** .......... 45
***1.7 Princípio da moralidade administrativa*** .......... 48
*1.7.1 Aspectos objetivo e subjetivo da moralidade administrativa* .......... 53
*1.7.2 Moralidade administrativa, legalidade e boa administração* .......... 57

*2 – **Interesse Público e Arbitragem***

***2.1 Neoliberalismo e privatização*** .......... 63
***2.2 Primeira fase: afronta à indisponibilidade*** .......... 66

*2.3 Interesse público secundário e disponibilidade* .................... 67

*2.4 Interesse público primário e disponibilidade legislativa* ....... 73

*2.5 Segunda fase: afronta à supremacia do interesse público sobre o privado* .............................................................. 78

## *3 — Simetria e Federalismo Brasileiro*

*3.1 Federalismo* ........................................................................ 82

*3.2 Federalismo brasileiro* ....................................................... 85

*3.3 O Município na Federação Brasileira* ................................ 87

*3.4 O princípio da simetria* ...................................................... 92

*3.4.1 Processo legislativo municipal* ...................................... 94

*3.4.2 Estatuto jurídico dos Prefeitos* ...................................... 98

*3.4.3 Comissões parlamentares de inquérito* ........................ 102

*3.5 Considerações finais* .......................................................... 105

## *4 — Segurança Jurídica e Normas Gerais de Direito Urbanístico*

*4.1 Introdução* ........................................................................... 107

*4.2 Competência concorrente para legislar sobre direito urbanístico* ........................................................................... 109

*4.3 Doutrina de Geraldo Ataliba* ............................................... 110

*4.4 Doutrina de Diogo de Figueiredo Moreira Neto* ................. 111

*4.5 Princípios jurídicos* ............................................................. 112

*4.6 Elemento formal do conceito de norma geral* ..................... 114

*4.7 Elemento material do conceito de norma geral* .................. 115

*4.8 Normas gerais de direito urbanístico e competências privativas* ........................................................................... 121

*4.9 Três espécies de normas gerais federais de direito urbanístico* ........................................................................... 122

*4.10 Normas de direito urbanístico diretamente vinculadas ao interesse local* .................................................................... 123

*4.11 Normas gerais de direito urbanístico de primeiro nível* ....... 124
*4.12 Normas gerais de direito urbanístico de segundo nível* ....... 125
*4.13 Panorama das competências legiferantes urbanísticas* ....... 126

PARTE II – **OS SUJEITOS DO DIREITO ADMINISTRATIVO**

*5 — Organizações Sociais e Organizações da Sociedade Civil de Interesse Público*

*5.1 Introdução* .................... 131
*5.2 Atividade administrativa de fomento* .................... 135
*5.3 A Lei 9.637/1998 e o projeto de privatizações* .................... 137
*5.4 A Lei 9.637/1998 e a técnica de fomento* .................... 142
*5.5 A Lei 9.637/1998 e a ADI 1.923* .................... 148
*5.6 A Lei 9.790/1999* .................... 150
*5.7 Autarquias corporativas* .................... 153
*5.8 Invalidade da Lei 9.790/1999* .................... 155

*6 — Regime Constitucional dos Servidores Públicos*

*6.1 Breve introdução* .................... 161
*6.2 Garantias constitucionais ao bom exercício da função administrativa* .................... 162
*6.3 Princípio constitucional do concurso público* .................... 168
*6.4 Princípio constitucional da estabilidade* .................... 173

PARTE III – **VIAS DA AÇÃO ADMINISTRATIVA**

*7 — Extinção e Modificação dos Atos Administrativos*

*7.1 Extinção dos atos administrativos* .................... 185
*7.2 Revogação dos atos administrativos* .................... 190
7.2.1 Discricionariedade administrativa .................... 191

*7.2.2 Pressupostos da revogação* ........................................ 193
*7.2.3 Revogação e decaimento ou caducidade* ........................ 199
***7.3 Invalidação dos atos administrativos*** ................................ 205
*7.3.1 Pressupostos da invalidação* ........................................ 206
*7.3.2 Classificação da invalidade* ........................................ 215
***7.4 Modificação dos atos administrativos*** ................................ 219
***7.5 Convalidação dos atos administrativos*** ................................ 223
*7.5.1 Convalidação e escolha do meio de correção* .............. 223
*7.5.2 Classificação da convalidação* ..................................... 228
*7.5.3 Pressupostos da convalidação* ...................................... 230

*8 — **Licenças Ambientais***

***8.1 Introdução*** ........................................................................ 232
***8.2 Natureza jurídica da licença ambiental*** .............................. 233
*8.2.1 Correntes doutrinárias* ................................................. 235
*8.2.2 Constituição* x *legislação* ............................................ 238
*8.2.3 Das licenças e das autorizações* .................................. 241
*8.2.4 Direito fundamental à liberdade econômica* ............... 244
*8.2.5 Exercício de competência vinculada* ........................... 248
***8.3 Regime jurídico da licença ambiental*** ................................ 251
*8.3.1 Cláusula* rebus sic stantibus ......................................... 252
*8.3.2 Direito de construir* ....................................................... 254
*8.3.3 Licença ambiental de instalação de obra* ..................... 257
*8.3.4 Licença ambiental de instalação de atividade* ............. 261
*8.3.5 Prazo de validade* ......................................................... 263

*9 — **Processo Administrativo***

***9.1 Introdução*** ........................................................................ 267
***9.2 Natureza jurídica do processo civil*** ..................................... 269

*9.2.1 Oskar von Bülow* x *James Goldschmidt* ........................ 270

*9.2.2 Procedimento* ............................................................ 273

*9.2.3 Procedimento contraditório* ........................................ 275

*9.2.4 Relação jurídica processual* ........................................ 280

*9.2.5 Processo* x *procedimento* ............................................ 285

***9.3 Processo administrativo*** ........................................................ 288

*9.3.1 Procedimento administrativo na teoria dos atos administrativos* ............................................................ 288

*9.3.2 Procedimento administrativo e exercício da função administrativa* ............................................................ 291

*9.3.3 Uso da expressão "procedimento administrativo"* ........ 292

*9.3.4 Uso da expressão "processo administrativo"* .............. 294

*9.3.5 Conceito científico de processo e de procedimento administrativo* ............................................................ 302

***9.4 Finalidade do processo administrativo*** ................................ 307

***9.5 Espécies de processos administrativos*** ................................ 308

*9.5.1 Processos administrativos de defesa* ........................... 309

*9.5.2 Processos administrativos de participação* ................. 312

***9.6 Procedimentos administrativos autônomos*** ......................... 320

***9.7 Competência legislativa*** ....................................................... 321

***9.8 Princípios regentes do processo administrativo*** .................. 322

*9.8.1 Sistemas administrativos* ............................................ 323

*9.8.2 Institutos fundamentais do processo jurisdicional e do administrativo: similitudes* ...................................... 327

*9.8.3 Processo jurisdicional e processo administrativo: diferenças fundamentais* ............................................. 330

*9.8.4 Devido processo legal: conceito* .................................. 331

*9.8.5 Devido processo legal e processo administrativo* ......... 336

*10 – **Licitação: Dispensa e Inexigibilidade***

***10.1 Dever de licitar*** ........................................ 343

***10.2 Inexigibilidade de licitação*** ........................................ 346

***10.3 Dispensa de licitação*** ........................................ 352

*11 – **Contrato Administrativo***

***11.1 Introdução*** ........................................ 360

***11.2 Conceito e classificação*** ........................................ 361

*11.2.1 Contrato privado* ........................................ 362

*11.2.2 Três correntes* ........................................ 366

*11.2.3 Direito administrativo e direito privado* ........................................ 370

*11.2.4 Conceito de contrato administrativo* ........................................ 374

*11.2.5 Classificação dos contratos administrativos* ........................................ 378

***11.3 Regime jurídico*** ........................................ 381

*11.3.1 Conceitos elementares da teoria do ato administrativo* 381

*11.3.2 Contratos administrativos e revogação* ........................................ 386

*11.3.3 Extinção do contrato administrativo* ........................................ 390

*11.3.4 Alteração do contrato administrativo* ........................................ 399

*11.3.5 Extinção e alteração dos "contratos da Administração"* ........................................ 403

*11.3.6 Intangibilidade da equação econômico-financeira* ...... 406

*12 – **Consórcios Públicos e Serviço de Saneamento Básico***

***12.1 Breve introdução*** ........................................ 414

***12.2 Estado Federal*** ........................................ 415

***12.3 Serviço de saneamento básico*** ........................................ 421

***12.4 Teoria da troca de sujeito*** ........................................ 435

***12.5 Inconstitucionalidade global da Lei de Saneamento Básico*** ........................................ 439

## PARTE IV – ATIVIDADES ADMINISTRATIVAS

### *13 – Teoria Neoconstitucional do Poder de Polícia*

***13.1 Introdução*** ........ 447
***13.2 Direito e ideologia*** ........ 449
***13.3 Regulação*** ........ 451
***13.4 Direitos fundamentais e princípios*** ........ 456
***13.5 Ordenação*** ........ 466
*13.5.1 Constituição de situações ativas* ........ 467
*13.5.2 Constituição de situações passivas* ........ 468
*13.5.3 Sacrifícios de direito* ........ 472
***13.6 Teoria clássica do poder de polícia*** ........ 478
***13.7 Teoria neoconstitucional do poder de polícia*** ........ 480
***13.8 Caracteres do poder de polícia*** ........ 485

### *14 – Apontamentos sobre Desapropriação*

***14.1 Direito de propriedade*** ........ 494
***14.2 Restrições ou limitações à propriedade e sacrifícios da propriedade*** ........ 498
***14.3 Conceito de desapropriação e de servidão administrativa*** ........ 500
***14.4 Processo de desapropriação: fase declaratória*** ........ 502
***14.5 Processo de desapropriação: fase executória extrajudicial*** ........ 505
***14.6 Processo de desapropriação: fase judicial*** ........ 506
*14.6.1 Imissão na posse* ........ 506
*14.6.2 Levantamento do depósito* ........ 512
*14.6.3 Contestação e instrução* ........ 516
*14.6.4 Sentença* ........ 517
*14.6.5 Execução* ........ 521
*14.6.6 Desistência* ........ 521

*14.7 Espécies de desapropriação* ........ 522
*14.8 Perdimento de bens* ........ 524
*14.9 Desapropriação indireta* ........ 525

*15 – Função Social da Posse*

*15.1 Breve introdução* ........ 527
*15.2 Estatuto constitucional da propriedade* ........ 528
*15.3 Função social da propriedade* ........ 532
*15.4 Estatuto constitucional da posse* ........ 537
*15.5 Função social da posse e ponderação legislativa* ........ 541
*15.6 Função social da posse e ponderação privada* ........ 547

*16 – Titularidade Pública das Coisas de Ninguém*

*16.1 Breve introdução* ........ 553
*16.2 Princípio da titularidade pública das coisas de ninguém* ........ 553
*16.3 Tutela da propriedade privada de domínio incerto* ........ 558
*16.4 Propriedade da herança jacente* ........ 562
*16.5 Aspectos processuais* ........ 566
*16.6 Efeitos da sentença de vacância* ........ 568
*16.7 Usucapião dos bens da herança vacante* ........ 572
*16.8 Outras questões* ........ 577

PARTE V – **CONTROLE DA ADMINISTRAÇÃO E RESPONSABILIDADE DO ESTADO**

*17 – Mandado de Segurança e Regime Processual da Fazenda Pública*

*17.1 Introdução* ........ 583
*17.2 Origem* ........ 585

***17.3 História constitucional*** ........ 589

***17.4 Núcleo essencial*** ........ 593

***17.5 Novos rumos do direito processual*** ........ 597

***17.6 Mandado de segurança e o novo direito processual*** ........ 601

***17.7 Lei do Mandado de Segurança e o novo processo civil*** ........ 605

***17.8 Regime jurídico do controle jurisdicional da função pública*** ........ 611

*17.8.1 Apelação da Administração Pública e efeito suspensivo* ........ 612

*17.8.2 Participação do Ministério Público* ........ 615

*17.8.3 Prerrogativas da Fazenda Pública* ........ 621

*17.8.4 Peculiaridades da antecipação de tutela* ........ 627

*17.8.5 Informações da autoridade pública* ........ 629

*18 —* ***Improbidade Administrativa e Inversão do Ônus da Prova***

***18.1 Ônus da prova*** ........ 632

***18.2 Inversão do ônus da prova*** ........ 636

***18.3 Presunções legais*** ........ 639

***18.4 Improbidade administrativa*** ........ 641

***18.5 Improbidade administrativa por presunção*** ........ 642

*18.5.1 Presunção de enriquecimento ilícito* ........ 646

*18.5.2 Princípio da aptidão para prova* ........ 647

*18.5.3 Dinheiro público e supremacia do interesse público sobre o privado* ........ 648

*18.5.4 Combate à corrupção e hermenêutica jurídica* ........ 650

*19 —* ***Responsabilidade Civil do Estado e Imputação Objetiva***

***19.1 Causalidade e imputação*** ........ 654

***19.2 Causalidade e Direito*** ........ 659

*19.3 Nexo causal* ........ 660
*19.4 Responsabilidade civil do Estado na teoria tradicional* ........ 662
*19.5 Crítica de Marçal Justen Filho* ........ 666
*19.6 Imputação objetiva* ........ 669
*19.7 Imputação objetiva do dever estatal de reparar o dano* ........ 674
*19.8 Excludentes de imputação* ........ 678

*Referências Bibliográficas* ........ 686
*Índice Remissivo de Autores* ........ 725
*Índice de Legislação* ........ 740
*Índice Alfabético-Remissivo* ........ 752

## *Introdução*

Apresento neste livro boa parte dos estudos que realizei nos últimos 10 anos. Os textos, dantes publicados em livros de coletânea ou em revistas científicas, foram atualizados, revistos e, pontualmente, retificados. Distanciam-se, em geral, das doutrinas consolidadas, das orientações dominantes. Configuram, enfim, *novas leituras*. Apesar disso, não foi a busca desenfreada pela originalidade, pelo ineditismo, que motivou sua elaboração, mas a crença na verdade científica das propostas hermenêuticas neles veiculadas. De fato, não foram fruto de labor profissional; não tiveram, pois, a aspiração de convencer o magistrado, de contentar o cliente; resultaram todos de pesquisa científica: da busca pela correta interpretação do Direito Brasileiro vigente.

Há uma explicação para o reiterado distanciamento da doutrina majoritária. Todos os estudos aqui reunidos obedecem às diretrizes do *neoconstitucionalismo*. Como ele não é tratado especificamente em nenhum dos trabalhos, considero necessárias algumas notas explicativas. A doutrina publicista brasileira, em geral, associa-se ao *constitucionalismo*: modelo jurídico-político em que o poder estatal é disciplinado por um conjunto de normas, chamadas de "constitucionais", fixadas num texto escrito, chamado de "Constituição", produzido em determinado momento histórico por um órgão designado para tanto, denominado "poder constituinte", texto, esse, dotado de *rigidez* – só pode ser alterado por um procedimento específico diverso do procedimento previsto para elaboração das leis – e *supremacia* – hierarquicamente superior a todas as demais normas do ordenamento.[1]

1. Sobre o constitucionalismo, v. meu *Regulação Administrativa à Luz da Constituição Federal*, São Paulo, Malheiros Editores, 2011, Capítulo 1, pp. 27 e ss. Para aprofundamento do tema, consultar: Horst Dippel, *História do Constitucionalismo Moderno: Novas Perspectivas*, trad. de António Manuel Hespanha e Cristina

Ainda não é corrente na doutrina publicista brasileira a orientação *neo*constitucional.[2]

Após o fim da II Guerra Mundial, com a derrocada do nazismo, o constitucionalismo foi revisto: passou-se mais e mais a defender a positivação, expressa ou implícita, de *valores* no texto constitucional. Eles devem ser observados pelos particulares, no âmbito da liberdade (aplicação dos direitos fundamentais às relações privadas), e pelos agentes públicos, no exercício da função pública. Os magistrados, os administradores públicos e os legisladores passaram a ter o dever de observar esses valores quando do exercício das respectivas funções. Esses valores constitucionais, chamados hodiernamente de *princípios jurídicos*, possuem diferentes *pesos*: são mais importantes em determinadas situações fáticas, menos importantes em outras.[3] Modificou-

Nogueira da Silva, Lisboa, Fundação Calouste Gulbenkian, 2007; Roberto L. Blanco Valdés, *El Valor de la Constitución*, Madri, Alianza, 2010; Santiago Muñoz Machado, *Constitución*, Madri, Iustel, 2004.

2. Apesar de ainda não predominar nos estudos publicistas brasileiros a orientação neoconstitucional, existe na doutrina brasileira farta produção sobre o tema: Luís Roberto Barroso, "Neoconstitucionalismo e constitucionalização do Direito: o triunfo tardio do direito constitucional brasileiro", *Revista de Direito Administrativo/RDA* 240-1-42, Rio de Janeiro, abril-junho/2005; Ana Paula de Barcellos, "Neoconstitucionalismo, direitos fundamentais e controle das políticas públicas", *RDA* 240/83-103, Rio de Janeiro, abril-junho/2005; Eduardo Ribeiro Moreira, *Neoconstitucionalismo: a Invasão da Constituição*, São Paulo, Método, 2008; Eduardo Cambi, *Neoconstitucionalismo e Neoprocessualismo*, São Paulo, Ed. RT, 2009; Humberto Ávila, "'Neoconstitucionalismo': entre a 'ciência do Direito' e o 'Direito da ciência'", *Revista Eletrônica de Direito do Estado/REDE* 17, Salvador, janeiro-março/2009 (disponível em *http://www.direitodoestado.com.br*).

3. O nazismo – estou convencido – e a crise da legalidade dele decorrente é que motivaram o neoconstitucionalismo. Umas das reações mais enfáticas à referida crise foi a *Tópica* proposta por Theodor Viehweg, em que reduzida a lei a mero argumento (*Tópica e Jurisprudência: uma Contribuição à Investigação dos Fundamentos Jurídico-Científicos*, trad. de Kelly Susane Alflen da Silva, Porto Alegre, Sérgio Antônio Fabris Editor, 2008). A teoria dos princípios, a valorização do caso concreto e a observância de uma ordem objetiva de valores são apregoadas na obra de Josef Esser, *Principio y Norma en la Elaboración Jurisprudencial del Derecho Privado*, trad. de Eduardo Valentí Fiol, Barcelona, Bosch, 1961. Referida obra abriu caminho para os chamados *métodos concretistas*, cujo principal é, sem dúvida, o de Robert Alexy (*Teoria dos Direitos Fundamentais*, 2ª ed., 3ª tir., trad. de Virgílio Afonso da Silva, São Paulo, Malheiros Editores, 2014). A teoria de Alexy foi sensivelmente influenciada pela teoria dos princípios de Ronald Dworkin (*Levando os Direitos a Sério*, trad. de Nelson Boeira, São Paulo, Martins Fontes, 2002, Capítulos 2 e 3, pp. 23-125).

se, então, sensivelmente, o entendimento sobre a *aplicação do Direito*: ao invés da mera *subsunção* – identificação dos fatos às hipóteses normativas e imputação dos efeitos associados a elas no conseqüente normativo –, a *ponderação* – o necessário sopeso dos valores constitucionais, tendo em vista as circunstâncias fáticas, sem olvidar das competências normativas, vale dizer, dos âmbitos de discricionariedade administrativa e legislativa e da liberdade privada.[4] Esse modelo, baseado numa ordem objetiva de valores constitucionalmente prevista, diretamente aplicável a toda função pública e à liberdade privada, que exige ponderação dos aplicadores do Direito, passou a ser chamado de *neoconstitucionalismo*.[5-6]

4. O neoconstitucionalismo, ao contrário do que apregoam seus críticos, não aniquila a democracia, pois respeita a *discricionariedade* legislativa e administrativa e a liberdade privada. Esse respeito é garantido pelos chamados *princípios formais*. Sobre o tema, consultar nosso *Abuso de Direito e a Constitucionalização do Direito Privado*, São Paulo, Malheiros Editores, 2010, pp. 39 e ss. A vontade da maioria não pode esvaziar o conteúdo dos *direitos fundamentais*; a democracia, apesar de ser um valor importante, não é um valor absoluto.

5. Susanna Pozzolo, em estudo crítico sobre o movimento, afirma que o nome "neoconstitucionalismo" foi originalmente associado por Mauro Barberis a "certo modo antijuspositivista de se aproximar do Direito" (Susanna Pozzolo, "O neoconstitucionalismo como último desafio ao positivismo jurídico", in Susanna Pozzolo e Écio Oto Ramos Duarte, *Neoconstitucionalismo e Positivismo Jurídico*, São Paulo, Landy, 2006, p. 77). Na verdade, Barberis associa o termo à doutrina de Robert Alexy: "En el constitucionalismo legalista de Kelsen, como se recordará, los derechos son concebidos como límites a la legislación: el juez constitucional debe sólo anular las leyes inconstitucionales. En el constitucionalismo (neo)constitucionalista de Alexy, por el contrario, los derechos son concebidos también como fundamento de la legislación" (Mauro Barberis, *Ética para Juristas*, trad. de Álvaro Núñez Vaquero, Madri, Trotta, 2008, p. 159).

6. Miguel Carbonell, incansável difusor do tema, associa-o a diferentes doutrinadores: Ronald Dworkin, Robert Alexy, Gustavo Zagrebelsky, Luís Roberto Barroso, Carlos Santiago Nino, Luis Prieto Sanchís e Luigi Ferrajoli ("El neoconstitucionalismo: significado y niveles de análisis", in Miguel Carbonell e Leonardo García Jaramillo (eds.), *El Canon Neoconstitucional*, Madri, Trotta, 2010, p. 157). Ele publicou três coletâneas de trabalhos sobre o neoconstitucionalismo que se tornaram referências obrigatórias no tema: *Neoconstitucionalismo(s)*, 4ª ed., Madri, Instituto de Investigaciones Jurídicas – UNAM/Trotta, 2009 (a 1ª edição é de 2006); *Teoría del Neoconstitucionalismo*, Madri, Instituto de Investigaciones Jurídicas – UNAM/Trotta, 2007; e o acima referido *El Canon Neoconstitucional*. Um dos trabalhos publicados no livro de 2007 ganhou edição autônoma: Carlos Bernal Pulido, *El Neoconstitucionalismo a Debate*, 1ª reimpr., Bogotá, Instituto de Estudios Constitucionales Carlos

O novo modelo é sensivelmente diferente do anterior. A principal diferença: abandona-se uma excessiva referência ao legislador. Toda atuação legislativa tem por mister a concretização da ordem objetiva de valores constitucionalmente prevista. A suposta *liberdade* para editar leis é ontologicamente equivalente à discricionariedade administrativa, diferindo apenas em amplitude: o legislador deve concretizar o programa constitucional, possuindo tão-somente espaços mais ou menos amplos de discricionariedade. Outrossim, a vinculação da Administração Pública ao legislador é bem menos incisiva: por um lado, a aplicação da lei associa-se a um programa constitucional; por outro, a ordem objetiva de valores constitucionalmente positivada aplica-se diretamente à Administração Pública. Esta, quando da aplicação das leis, não pode fechar os olhos para a axiologia constitucional. Em não raras vezes, por isso, deve aplicar diretamente a Constituição, em que pese à inexistência de prévia ponderação legislativa. Excepcionalmente admite-se até mesmo o afastamento, perante o caso concreto, da ponderação legislativa. O controle da Administração e do Legislativo pelo Poder Judiciário, por outro lado, é sensivelmente mais incisivo: a Política é integramente juridicizada. Quando provocado, o Poder Judiciário deve analisar se as ponderações legislativas e administrativas estão corretas. O exercício da Política reduz-se ao exercício da discricionariedade.

Eis a explicação para as novas leituras aqui apresentadas. As reflexões dogmáticas que seguem afastam-se em boa medida das orientações correntes, porque se assentam não numa reverência excessiva ao legislador, hoje praticamente sepultada, mas numa reverência à Constituição. Esta não é aqui considerada apenas um conjunto de regras sobre o exercício do poder, mas, principalmente, um conjunto expresso e implícito de *valores* juridicizados. Toda aplicação jurídica é assumida como um desdobramento, uma concretização,[7] desses valores. O Direito

Restrepo Piedrahita, 2008. Para uma estupenda comparação entre o modelo constitucionalista e o neoconstitucionalista registra-se a consagrada obra de Gustavo Zagrebelsky, *EL derecho Dúctil: Ley, Derecho, Justicia*, trad. de Marina Gascón, Madri, Trotta, 2005. Ao final, contudo, o aclamado constitucionalista italiano sustenta a subsistência de uma liberdade legislativa (ob. cit., pp. 151-153). Nesse único ponto, equivoca-se: a suposta liberdade do legislador, como aqui afirmei, consiste em *discricionariedade*. Para editar as leis, deve o legislador ponderar os valores constitucionais.

7. Sobre a interpretação constitucional como concretização, v., por todos, Konrad Hesse, *Temas Fundamentais de Direito Constitucional*, trad. de Carlos dos San-

não é filosofia, não é elaborado pela mera elucubração intelectual: volta-se para uma *realidade*, visa à disciplina da conduta num dado momento histórico e num dado local.[8] As reflexões dogmáticas não podem ser efetuadas de costas para o mundo do ser. No presente momento histórico, ao contrário do que ocorria quando da Revolução Francesa, não se acredita cegamente no Parlamento. Pelo contrário: diante do Legislativo brasileiro, sabidamente contaminado pela corrupção, a desconfiança acentua-se sensivelmente.[9] Excetuado quem seja alienado ou esteja de má-fé, todos sabem que a corrupção contamina o Poder Público deste País.[10] Os ditames do neoconstitucionalismo, mais do que bem-vindos, são exigidos pela realidade brasileira.

tos Almeida, Gilmar Ferreira Mendes e Inocêncio Mártires Coelho, São Paulo, Saraiva, 2009, pp. 108 e ss.

8. Sobre a vinculação do mundo do dever-ser ao mundo do ser, v., por todos, Martin Kriele, *Introdução à Teoria do Estado: os Fundamentos Históricos da Legitimidade do Estado Constitucional Democrático*, trad. de Urbano Carvelli, Porto Alegre, Sérgio Antônio Fabris Editor, 2009, pp. 58 e ss.

9. A *desconfiança* foi um dos legados do nazismo. Por todos: Gustavo Zagrebelsky, *El Derecho Dúctil: Ley, Derecho, Justicia*, cit., p. 106. Nas palavras dele: "Auschwitz es un suceso bivalente. Nos muestra lo que nunca debió haber sucedido de acuerdo con la idea que tenemos de nosotros mismos, pero nos muestra que sucedió". E, pouco adiante: "Frente a todo esto, tan sólo cabe desconfiar, y no para negar los derechos, sino para buscar una defensa frente a sus aspectos más agresivos. En última instancia, los principios objetivos de justicia sirven para esto" (idem, ibidem).

10. A organização *Transparência Internacional* publica anualmente um Índice de Percepções da Corrupção/IPC dos Países do Globo. Em 2012 o Brasil teve nota 4,3 (de 0 a 10) e ficou, dentre os 174 Países analisados, em 69º lugar; em 2011 o Brasil teve nota 3,8 (de 0 a 10) e ficou, dentre os 183 Países analisados, em 73º lugar; em 2010 teve nota 3,7 e ficou, dentre os 178 Países analisados, em 69º lugar; em 2009 o Brasil teve a mesma nota, mas ficou, dentre os 180 Países analisados, em 75º lugar; em 2008 o Brasil teve nota 3,5 e ficou, dentre os 180 Países analisados, em 80º lugar; em 2007 o Brasil teve a mesma nota, mas ficou, dentre os 179 Países analisados, em 72º lugar, em 2006 recebeu nota 3,3 e ficou, dentre os 163 Países analisados, em 70º lugar; em 2005 recebeu nota 3,7 e ficou, dentre os 158 Países analisados, em 62º lugar; em 2004 recebeu nota 3,9 e ficou, dentre os 145 Países analisados, em 59º lugar; em 2003 recebeu a mesma nota, mas ficou, dentre os 133 Países analisados, em 54º lugar (fonte: *http://www.transparency.org*). Está bem longe da Nova Zelândia, que em 2011 ficou em 1º lugar, com a nota 9,5, seguida da Dinamarca e da Finlândia, ambas com a nota 9,4, e da Suécia, com a nota 9,3. Benedito Marques Ballouk Filho e Ronald A. Kuntz fazem várias críticas ao Índice (*Corrupção Política: a Luta Social pelo Resgate da Dignidade no Exercício do Poder*, São Paulo, Madras, 2008, pp. 35-36). Ainda que as críticas sejam procedentes e o índice não retrate o grau exato da corrupção brasileira, ele permite justificar a assertiva de que no País a corrupção é acentuadamente elevada.

A organização dos textos seguiu a sistematização efetuada por Celso Antônio Bandeira de Mello.[11] Primeiro, como homenagem ao notável Professor, de quem me considero um eterno discípulo. Foi nas suas obras e na sua pessoa que encontrei motivação para estudar e escrever. Segundo, porque seu *Curso* é utilizado como texto-base nas aulas ministradas na cadeira de "Direito Administrativo" da Faculdade de Direito da PUC/SP. Os estudos, por isso, estão divididos em cinco Partes: I – Princípios Constitucionais; II – Os Sujeitos do Direito Administrativo; III – Vias Técnico-Jurídicas de Ação Administrativa; IV – Atividades Administrativas; e V – Controle da Administração e Responsabilidade do Estado.

A *primeira parte*, dedicada aos *princípios constitucionais*, reúne quatro trabalhos. Não utilizo nesse título a palavra "princípio" no significado difundido pelo neoconstitucionalismo – valor positivado, norma que exige ponderação –, mas no sentido difundido por Celso Antônio Bandeira de Mello e Geraldo Ataliba: elementos estruturantes, nucleares do sistema, que atribuem sentido harmônico ao conjunto normativo, ordenando-o.[12] O primeiro estudo versa sobre a *moralidade administrativa* (Capítulo 1) e diferencia a *moralidade* da *justiça*. Apresenta um estudo dogmático sobre a *justiça*,[13] tendo em vista a diferenciação dos

11. Celso Antônio Bandeira de Mello, *Curso de Direito Administrativo*, 31ª ed., São Paulo, Malheiros Editores, 2014.

12. Hodiernamente, a palavra "princípio" é na *Teoria do Direito* utilizada basicamente em *dois significados distintos*. O primeiro deles refere-se à *teoria dos sistemas*: princípios são *idéias-chave* do sistema jurídico; não são, em rigor, normas jurídicas, mas *vetores* de interpretação das *normas*, elementos que permitem ordenar o conjunto normativo numa perspectiva unitária. O conceito de *princípio-elemento estruturante* foi difundido no Brasil por Geraldo Ataliba (*Sistema Constitucional Tributário Brasileiro*, São Paulo, Ed. RT, 1968, pp. 4 e ss.) e Celso Antônio Bandeira de Mello ("Criação de secretarias municipais: inconstitucionalidade do art. 43 da Lei Orgânica dos Municípios do Estado de São Paulo", *Revista de Direito Público/RDP* 15/284-288, Ano IV, São Paulo, Ed. RT, janeiro-março/1971 – p. 284; e *Curso de Direito Administrativo*, cit., 31ª ed., op. cit., p. 54). O segundo conceito foi difundido pelo *neoconstitucionalismo*: princípios são *normas jurídicas*, qualitativamente diferentes das *regras jurídicas*. Difundiu-se com a obra de Robert Alexy, *Teoria dos Direitos Fundamentais*, cit., 2ª ed., 3ª tir., Capítulo 3, pp. 85 e ss. Princípios, nesse sentido, consistem em *valores* positivados no sistema, normas que estabelecem um *fim* a ser atingido, sem fixar o *meio* (cf. nosso *Abuso de Direito e a Constitucionalização do Direito Privado*, cit., pp. 13-29).

13. Para um aprofundamento do tema, sugiro a leitura de nosso *Um Diálogo sobre a Justiça: a Justiça Arquetípica e a Justiça Deôntica*, Belo Horizonte, Fórum,

planos da *existência* e da *validade jurídica*. A justiça, no plano da validade, associa-se aos princípios da *boa administração* e da *eficiência* e não se confunde com a moralidade administrativa, relativa às expectativas das pessoas, no seio social, sobre o que é honesto, que se associa aos princípios da *boa-fé* e da *probidade*. O segundo estudo versa sobre a *arbitragem* na Administração Pública (Capítulo 2) – tema afeto ao *neoliberalismo* – e examina o princípio da *indisponibilidade do interesse público*, oferecendo luzes à teoria dos *interesses públicos secundários*. Ademais, procura evidenciar a incompatibilidade da arbitragem com o princípio da *supremacia do interesse público sobre o privado*. O terceiro estudo examina o *princípio* federativo *da simetria* (Capítulo 3) e seus desdobramentos: trata-se de um alicerce fundamental da Federação Brasileira, só compreendido tendo-se em vista as particularidades dela. O quarto estudo examina as competências legislativas concernentes ao direito urbanístico (Capítulo 4) e associa as *normas gerais* à ponderação entre os valores da *segurança* e da *igualdade*. A teoria das normas gerais torna explícita a relação entre a atuação do legislador e a ponderação de princípios constitucionais.

A *segunda parte*, dedicada aos *sujeitos do direito administrativo*, apresenta dois estudos. O primeiro versa sobre as *organizações sociais*/OS e as *organizações da sociedade civil de interesse público*/OSCIPs (Capítulo 5), dois frutos do neoliberalismo. Elas foram consideradas *autarquias*: no caso das OS, como forma de compatibilizá-las com o texto constitucional; no caso das OSCIPS, em decorrência da própria exegese da lei de regência. O segundo estudo versa sobre o regime constitucional dos *servidores públicos* (Capítulo 6), apontando a indissociável ligação desse regime com o Estado de Direito. Busca enfrentar os ataques aos princípios do *concurso público* e da *estabilidade* e propõe uma *teoria* para os *cargos em comissão*, associando-os à falta de pressuposto fático para realização de concurso.

A *terceira parte* refere-se às *vias da ação administrativa* e reúne seis estudos. O primeiro versa sobre as *licenças ambientais* (Capítulo 7): aborda a *natureza jurídica* e o *regime jurídico* da *extinção* dessas licenças, a

2012, obra escrita em conjunto com Luís Manuel Fonseca Pires. Cada autor apresenta uma análise da justiça e propõe um debate sobre ambas. Nos capítulos escritos por mim a *teoria dogmática da justiça*, aqui apresentada no Capítulo 1, é retomada e aprofundada.

partir da elucidação de que não são elas, propriamente, que possuem caráter *rebus sic stantibus*, mas o direito ao exercício da atividade econômica. Esse aclaramento explica, dentre outras questões, a possibilidade de uma *licença* se sujeitar a prazo de duração. O segundo estudo trata da *extinção* e *modificação* dos *atos administrativos* (Capítulo 8) e propõe uma *releitura* da *revogação* administrativa, dissociando-a do *decaimento* ou *caducidade*. Ademais, evidencia a existência de várias alternativas à *invalidação* e a possibilidade de manutenção dos efeitos do ato inválido. Conclui pela necessidade da *ponderação* das circunstâncias fáticas e jurídicas para escolha do meio de correção do ato inválido. O terceiro estudo trata do *processo administrativo* (Capítulo 9) e o conceitua a partir de dois elementos: o *procedimento administrativo* e a *relação processual*. Dissocia os processos administrativos de *defesa* dos processos administrativos de *participação* e apresenta uma releitura da teoria das *audiências* e *consultas públicas*. Ao examinar o regime jurídico dos processos administrativos, apresentam-se três argumentos – normativo, lógico e prático – para a não aplicação a eles do *devido processo legal*. O quarto estudo trata da *inexigibilidade* e da *dispensa de licitação* (Capítulo 10), e, após evidenciar que muitas das hipóteses legais de dispensa configuram, na verdade, hipóteses de inexigibilidade, apresenta, a partir de uma releitura da *discricionariedade*, limites ao legislador e ao administrador para caracterização da dispensa. O quinto estudo (Capítulo 11) examina os *contratos administrativos* e trata dos vícios decorrentes do apego ao direito privado. Afastado esse apego, tanto os contratos da Administração como os contratos administrativos são espécies de *atos administrativos bilaterais*. Por isso, a alteração e a extinção unilaterais devem ser estudas a partir da teoria dos atos administrativos e a manutenção do equilíbrio econômico-financeiro a partir do exame da situação jurídica da Administração. O sexto e último estudo dessa parte (Capítulo 12) examina a titularidade do serviço de *saneamento básico* e, a partir dela, a inconstitucionalidade da aplicação que vem sendo dada aos *consórcios públicos*: em relação às competências privativas das entidades federativas, a utilização dos consórcios só é válida quando decorrer da aplicação da *teoria da troca de sujeito*.

A *quarta parte*, dedicada às *atividades administrativas*, reúne quatro estudos. O primeiro apresenta a *teoria neoconstitucional do poder de polícia* (Capítulo 13). A atividade administrativa de – com fundamento direto na lei – interferência na atividade privada diz respeito à *ordenação administrativa*, teoria que, no Estado Social de Direito, substituiu a teoria tradicional do poder de polícia. No neoconstitucionalismo fez-se necessária uma nova teoria do poder de polícia, apta a explicar e fundamentar a atividade administrativa de – sem fundamento direto na lei, mas com fundamento direto na Constituição – interferência na atividade privada. No segundo estudo efetuou-se a releitura da *desapropriação* (Capítulo 14), com a indicação de várias posições da jurisprudência que estão em desacordo com o texto constitucional vigente. A aplicação incorreta da teoria da desapropriação pelos tribunais tem possibilitado o agigantamento da dívida pública e o vilipêndio da propriedade privada. No estudo seguinte foi examinada a *função social da posse* (Capítulo 15): o exame do estatuto constitucional da propriedade revelou o estatuto constitucional da posse, e a tutela desta advém da *ponderação do legislador* e da *ponderação privada*. O estudo permitiu aclarar, dentre outros aspectos, a chamada *desapropriação privada*, prevista no § 4º do art. 1.228 do CC. O último estudo dessa parte versou sobre o *princípio da titularidade pública das coisas de ninguém* (Capítulo 16), que, junto com o *princípio da tutela da propriedade privada de domínio incerto*, é a base fundamental do regime jurídico da *herança jacente* e da *herança vacante*, bem como de outros institutos presentes na legislação civil: a *perda*, o *abandono*, a *ausência*. O estudo, pioneiro, refere-se a um importante aspecto da *gestão de bens públicos*, praticamente desprezado pela doutrina publicista brasileira.

A quinta e última parte, dedicada ao *controle da Administração* e à *responsabilidade civil do Estado*, reúne três estudos. O primeiro trata do *mandado de segurança* e do *regime jurídico* do *controle jurisdicional da atividade administrativa* (Capítulo 17). A partir do exame da história da garantia constitucional, do significado da tutela mandamental e da evolução do processo civil, propõe-se uma polêmica releitura do mandado de segurança: considerou-se a disciplina infraconstitucional do mandado de segurança integralmente incompatível com a Constituição. Propôs-se, a partir da análise crítica desse instituto, a releitura do regime jurídico da Fazenda Pública em juízo. O segundo estudo examina a *inversão do ônus da prova* nos processos de *improbidade administrativa*, em decorrência da desproporção entre o enriquecimento do agente e sua remuneração (Capítulo 18). O tema permitiu aprofundar o exame da situação jurídica de quem exerce função pública. Concluiu-se que a inversão, além de ser válida, é uma exigência implícita do texto constitucional. O último estudo tratou da *responsabilidade civil do Estado* (Capítulo 19). Examinou-se o tema à luz da teoria da imputação objetiva: além das conhecidas *excludentes de nexo causal*, existem *excludentes de imputação*. Trata-se, enfim, de estudo pioneiro sobre a imputação objetiva no âmbito da responsabilidade civil do Estado.

Muitas das teses apresentadas enfrentam posições há muito consolidadas na doutrina. São – reconheço – polêmicas. Todos os estudos são fiéis a estas duas premissas: (a) o direito administrativo é a arma e o escudo do cidadão contra o uso desatado do poder; (b) toda proposta hermenêutica deve assentar-se no texto constitucional vigente. As premissas associam-se aos dois maiores anseios deste trabalho: oxalá os estudos fortaleçam o combate à corrupção e contribuam para uma Administração mais comprometida com o cumprimento da Constituição; oxalá os estudos contribuam para o fortalecimento e a valorização do texto maior. Em suma: uma Constituição mais efetiva!

Nestes 10 anos de pesquisa tive contato com muitos juristas. Seria tarefa inglória nomear todos que, em maior ou menor medida, contribuíram para os estudos aqui reunidos. E injusta, pois muitos acabariam não mencionados. Agradeço a todos, sem exceção. Faço, contudo, dois registros. O professor Pedro Estevam Alves Pinto Serrano tratou-me com generosidade deveras incomum no meio acadêmico brasileiro. O professor Clóvis Beznos permitiu-me auxiliá-lo no Mestrado da PUC/SP, o que muito contribuiu para meu aprimoramento científico. A ambos registro um especial agradecimento.

## *Referências*

Todos os trabalhos aqui reunidos foram baseados em maior ou menor medida em versões de trabalhos do autor anteriormente publicados. Todos sofreram sensíveis modificações, supressões ou acréscimos. São eles:

Capítulo 1 – "Princípio da moralidade administrativa". In: ADRI, Renata Porto, PIRES, Luís Manuel Fonseca, e ZOCKUN, Maurício (coords.). *Corrupção, Ética e Moralidade Administrativa*. Belo Horizonte, Fórum, 2008 (pp. 305-334).

Capítulo 2 – "Arbitragem e Administração Pública: contribuição para o sepultamento do tema". *Interesse Público* 64/85-104. Belo Horizonte, novembro-dezembro/2010; "Arbitragem e Administração Pública: contribuição para o sepultamento do tema". *Revista Trimestral de Direito Público/RTDP* 54/194-209. São Paulo, Malheiros Editores, 2011.

Capítulo 3 – "O Município e o princípio da simetria". *Revista da Procuradoria-Geral do Município de Belo Horizonte/RPGMBH* 5/261-183. Ano 3. Belo Horizonte, janeiro-junho/2010.

Capítulo 4 – "As normas gerais de direito urbanístico". *Revista de Brasileira de Direito Público/RBDP* 5/167-188. Ano 2. Belo Horizonte, abril-junho/2004; "As normas gerais de direito urbanístico". *Revista de Direito Administrativo/RDA* 239/67-86. Rio de Janeiro, janeiro-março/2005.

Capítulo 5 – "Natureza jurídica das organizações sociais e das organizações da sociedade civil de interesse público". In: ADRI, Renata Porto, e SPARAPANI, Priscilia (coords.). *Intervenção do Estado no Domínio Econômico e Social*. Belo Horizonte, Fórum, 2010 (pp. 287-318).

Capítulo 6 – "Regime estatutário e Estado de Direito". *RTDP* 55/139-155. São Paulo, Malheiros Editores, 2011.

Capítulo 7 – "Ato administrativo II – Revogação, invalidação e convalidação". In: DALLARI, Dalmo de Abreu, MARTINS, Ives Gandra da Silva, e NASCIMENTO, Carlos Valder do (coords.). *Tratado de Direito Administrativo*. vol. 1. São Paulo, Saraiva, 2013 (pp. 463-506).

Capítulo 8 – "Regime jurídico da licença ambiental". *Revista de Direito Ambiental* 40/186-216. Ano 10. São Paulo, outubro-dezembro/2005; "Regime jurídico da licença ambiental". *14º Congresso Internacional de Direito Ambiental – Direito Ambiental, Mudanças Climáticas e Desastres: Impacto nas Cidades e no Patrimônio Cultural*. São Paulo, Imprensa Oficial do Estado de São Paulo, 2009 (pp. 229-256); "Regime jurídico da licença ambiental". In: MACHADO, Paulo Affonso Leme, e MILARÉ, Édis (orgs.). *Direito Ambiental: Tutela do Meio Ambiente – Doutrinas Essenciais de Direito Ambiental*. vol. IV. São Paulo, Ed. RT, 2011 (pp. 191-226).

Capítulo 9 – "O conceito científico de processo administrativo". *RDA* 235/321-381. Rio de Janeiro, janeiro-março/2004.

Capítulo 10 – "Dispensa de licitação e discricionariedade administrativa". In: SCHWARZ, Rodrigo Garcia (org.). *Direito Administrativo Contemporâneo – Administração Pública, Justiça e Cidadania: Garantias Fundamentais e Direitos Sociais*. Rio de Janeiro, Elsevier, 2010 (pp. 263-278).

Capítulo 11 – "Contratos administrativos". *RBDP* 18/117-168. Ano 5. Belo Horizonte, julho-setembro/2007.

Capítulo 12 – "Titularidade do serviço de saneamento básico". *RDA* 249/171-198. Rio de Janeiro, setembro-dezembro/2008; "Titularidade do serviço de saneamento básico". In: DAL POZZO, Augusto Neves, e OLIVEIRA, José Roberto Pimenta (coords.). *Estudos sobre o Marco Regulatório de Saneamento Básico no Brasil*. Belo Horizonte, Fórum, 2011 (pp. 111-142).

Capítulo 13 – "Poder de polícia". In: PIRES, Luís Manuel Fonseca, e ZOCKUN, Maurício (orgs.). *Intervenções do Estado*. São Paulo, Quartier Latin, 2008 (pp. 67-111).

Capítulo 14 – "Apontamentos sobre a desapropriação no Direito Brasileiro". *RTDP* 57/87-110. São Paulo, Malheiros Editores, 2012.

Capítulo 15 – "Função social da posse": In: BENACCHIO, Marcelo, e GUERRA, Alexandre. *Direito Imobiliário Brasileiro: Novas Fron-*

*teiras na Legalidade Constitucional*. São Paulo, Quartier Latin, 2011 (pp. 233-247).

Capítulo 16 – "Princípio da titularidade pública das coisas de ninguém". *RTDP* 56/117-136. São Paulo, Malheiros Editores, 2011.

Capítulo 17 – "Mandado de segurança e controle jurisdicional da função pública". *Revista de Processo/RePro* 163/60-103. Ano 33. São Paulo, Ed. RT, setembro/2008; "A teoria do mandado de segurança diante da evolução do direito processual civil". *Revista de Direito Administrativo & Constitucional/A&C* 33/47-90. Ano 8. Belo Horizonte, julho-setembro/2008.

Capítulo 18 – "Improbidade administrativa e inversão do ônus da prova". *A&C* 42/131-152. Ano 10. Belo Horizonte, outubro-dezembro/2010.

Capítulo 19 – "Responsabilidade civil do Estado, nexo causal e imputação objetiva". In: BENACCHIO, Marcelo, GUERRA, Alexandre Dartanham, e PIRES, Luís Manuel Fonseca (coords.). *Responsabilidade Civil do Estado: Desafios Contemporâneos*. São Paulo, Quartier Latin, 2010 (pp. 362-390).

PARTE I

# PRINCÍPIOS CONSTITUCIONAIS

*1 – Moralidade Administrativa*
*2 – Interesse Público e Arbitragem*
*3 – Simetria e Federalismo Brasileiro*
*4 – Segurança Jurídica e Normas Gerais de Direito Urbanístico*

1

# Moralidade Administrativa

*1.1 Breve introdução. 1.2 Relação entre Direito e Moral. 1.3 Contradição performativa. 1.4 Moral e Justiça. 1.5 Justiça e Direito: 1.5.1 Injustiça e inexistência do Direito – 1.5.2 Injustiça e invalidade do Direito. 1.6 Moral e Direito. 1.7 Princípio da moralidade administrativa: 1.7.1 Aspectos objetivo e subjetivo da moralidade administrativa – 1.7.2 Moralidade administrativa, legalidade e boa administração.*

## 1.1 Breve introdução

No texto da Constituição brasileira de 1988 encontram-se duas referências expressas ao *princípio da moralidade administrativa*. A primeira está no inciso LXXIII do art. 5º, concernente à ação popular. O constituinte alargou sensivelmente o objeto dessa garantia constitucional: ela visa a anular ato lesivo ao patrimônio público ou de entidade de que o Estado participe, ao meio ambiente, ao patrimônio histórico e cultural e – trata-se de objeto autônomo – à *moralidade administrativa*. A segunda está no *caput* do art. 37, dispositivo que arrola os princípios regentes da Administração Pública. Esta deve obedecer – é texto expresso – ao *princípio da moralidade*. Eis o objetivo deste estudo: estabelecer os contornos conceituais desse princípio.

Não é tarefa fácil, reconhece-se. Ela está diretamente relacionada a um dos mais tormentosos problemas da Filosofia do Direito: a relação entre o Direito e a Moral – assunto sobre o qual já se gastaram rios de tinta e ainda não se chegou a resultado conclusivo. Natural: questões filosóficas são, por definição, abertas.[1] Daí a dificuldade: tratar do tema

1. Sobre o tema, v. a diferenciação entre os enfoques zetético e dogmático efetuada por Tércio Sampaio Ferraz Jr., *Introdução ao Estudo do Direito: Técnica, Decisão Dominação*, 5ª ed., São Paulo, Atlas, 2007, pp. 39-51.

sob o ponto de vista *dogmático*. Este estudo assume esse desafio: examinará a relação entre o Direito e a Moral sob o prisma dogmático, com o intuito de estabelecer o sentido e o alcance de uma norma positivada no ordenamento vigente, o princípio da moralidade administrativa.

Não se espera um resultado definitivo. A discussão dogmática sofre os influxos da discussão filosófica, perenemente revisitada. Almeja-se, porém, contribuir para o avanço científico, e para tanto serão utilizados dois expedientes: primeiro, considerar-se-á o estágio científico atual, tomando-se por referência as teorias mais recentes sobre o conceito de princípio jurídico e sobre a relação entre o Direito e a Moral; segundo, procurar-se-á, mediante a diferenciação entre os planos da existência e da validade, aclarar os conceitos utilizados por essas teorias. Se o resultado final não importar um avanço, espera-se que não signifique retrocesso. Sem embargo, anseia-se que os dois expedientes revelem mais do que algo já assente na ciência.

## *1.2 Relação entre Direito e Moral*

O debate sobre a relação entre o Direito e a Moral sempre esteve presente na história da Humanidade.[2] Faz-se, todavia, pela influência exercida, um corte metodológico. É inegável a importância de Hans Kelsen para o desenvolvimento científico do Direito. Todo o pensamento desse célebre jurista foi construído a partir de uma premissa filosófica: o *absoluto relativismo da Moral*. Que os valores são relativos, não se discute.[3] A premissa de Kelsen é outra: além de os valores serem re-

2. O embate entre *positivismo* e *jusnaturalismo* já estava presente na Antigüidade. Basta lembrar que esse foi o tema central da *Antígona* de Sófocles. Creonte ordenou que o irmão de Antígona não fosse enterrado. Ela descumpriu a ordem e, presa, defendeu-se com um argumento que se tornou célebre: "Não foi, com certeza, Zeus que as proclamou, *[as leis de Creonte]* nem a justiça com trono entre os deuses dos mortos as estabeleceu para os homens. Nem eu supunha que tuas ordens tivessem o poder de superar as leis não-escritas, perenes, dos deuses, visto que és mortal" (Sófocles, *Antígona*, trad. de Donaldo Schüler, Porto Alegre, L&PM, 1999, pp. 35-36 – esclarecimento nosso).

3. Sobre as características dos valores, e dentre elas a *relatividade*, v. Jean-Paul Resweber, *A Filosofia dos Valores*, trad. e "Nota de Apresentação" de Marina Ramos Themudo, Coimbra, Livraria Almedina, 2002, p. 22. Impõe-se um aclaramento: atribuir *relatividade* a todos os valores não significa negar *objetividade* a certos valores; muitos valores *valem* independentemente das valorações de fato feitas pelos indiví-

lativos, a própria Moral é relativa, e essa relatividade é absoluta. Ele – pode-se dizer – *absolutizou a relatividade dos valores*. Além de relativos, os valores seriam todos *subjetivos*. Para Kelsen não existe nenhum grau de objetividade valorativa: os valores morais, todos eles, em seu pensamento, dependem do juízo de cada um, variam de pessoa para pessoa;[4] a Moral é, por definição, sempre dependente do *pluralismo*. Daí – insistiu, à exaustão – decidir entre um juízo moral e outro – e sempre há vários a serem escolhidos – é tão-somente uma questão de escolha. Diante disso, o agente normativo é livre para escolher; e, efetuada a escolha, o aplicador do Direito deve, sempre, tão-somente se ater à escolha positivada. Eis a proposta de Kelsen: uma separação radical entre a Moral e o Direito. Ele dedicou a maior parte de sua produção científica à confirmação dessa premissa. Era, sem dúvida alguma, alguém dotado de extraordinária capacidade intelectual. Seus argumentos foram tantos e tão inteligentes, a análise empreendida foi tão séria, que convenceu muitos, e durante muito tempo.[5]

O equívoco kelseniano evidenciou-se na análise crítica do período nazista. Pela premissa kelseniana, o que foi feito com o povo judeu pode ser considerado moral ou imoral, dependendo do juízo político de quem

duos. O *valor* pode ter uma *validade objetiva* e, ainda assim, um *peso relativo*: ele existe independentemente da valoração das pessoas, mas sua importância depende da análise dos demais valores que com ele conflitam numa circunstância concreta. Ao separar *relatividade* de *subjetividade* e conceder os atributos da *objetividade* e da *relatividade* aos valores, acolhem-se as críticas de Johannes Hessen ao *relativismo axiológico* (*Filosofia dos Valores*, Coimbra, Livraria Almedina, 2001, pp. 80-88).

4. A premissa encontra-se em Hans Kelsen, *Teoria Pura do Direito*, 6ª ed., trad. de João Baptista Machado, Coimbra, Arménio Amado Editor, 1984, p. 101.

5. Não foi apenas no Capítulo II da *Teoria Pura do Direito* que Kelsen se dedicou ao tema. Na 2ª edição da *Teoria Pura*, em 1960, ele acrescentou à obra um extenso apêndice em que examinou praticamente todas as teorias sobre a Moral e, de modo engenhoso, astuto, admirável até, procurou enfrentar todas. No Brasil esse texto foi publicado autonomamente sob o título *O Problema da Justiça* (4ª ed., 2ª tir., trad. de João Baptista Machado, São Paulo, Martins Fontes, 2003). Examinou o tema da justiça na obra de Platão com invulgar fôlego: *A Ilusão da Justiça*, 3ª ed., trad. de Sérgio Tellaroli, São Paulo, Martins Fontes, 2000. Produziu, além disso, vários ensaios sobre o tema, muitos deles reunidos na obra *O que é a Justiça?*, 3ª ed., trad. de Luís Carlos Borges, São Paulo, Martins Fontes, 2001. Em suma: a abordagem do assunto vai muito além do texto da *Teoria Pura* e evidencia que Kelsen era intelectual sério, pensador digno do mais elevado respeito. O brilhantismo de sua análise dificultou o enfrentamento do tema pelos que o sucederam.

edita a lei. Como não existe uma moral impositiva, os campos de concentração, dependendo do ponto de vista adotado, podem ser considerados compatíveis com a Moral, tudo depende do pluralismo, do juízo político de cada um. O exemplo é suficiente para evidenciar o *equívoco*: há um vasto campo em que, se alguma pessoa discorda, tem uma opinião diversa, essa opinião deve ser rechaçada. Noutros termos: não importa o que alguns ou muitos pensam, o que foi feito com o povo judeu pelos nazistas foi imoral, e essa condenação moral deve ser imposta a quem discorde. A partir do nazismo a Humanidade não tolerou mais o equívoco da *absolutização do relativismo valorativo*: existe uma moral universalizável.[6] A premissa kelseniana no presente momento histórico está sepultada.

### *1.3 Contradição performativa*

Após o nazismo e o deperecimento da premissa kelseniana a Ciência do Direito vivenciou uma *crise de paradigma*. A superação deu-se pelo avanço do *constitucionalismo*: o editor normativo não é mais livre para *escolher* segundo *seu* juízo moral, está vinculado a uma Constituição, a um conjunto de valores positivados expressa ou implicitamente no texto constitucional. A moral da lei está vinculada à moral da Constituição, a um conjunto de normas disciplinadoras não apenas das competências dos agentes públicos e do modo de produção das normas jurídicas, mas, principalmente, dos valores que devem ser concretizados por essas normas. Essa construção não foi suficiente: ela é adequada à premissa kelseniana. Com efeito: o constituinte – poder-se-ia argumentar – era livre para escolher, e, estabelecida a escolha, o aplicador deveria ater-se à moral positivada no texto constitucional. A premissa kelseniana foi um carcinoma da Ciência do Direito: a legião de seguidores de Kelsen, impressionada pelo rigor de sua argumentação, esforçou-se à exaustão para mantê-la.

6. Um bom panorama das barbáries nazistas é dado pelo filme *A Lista de Schindler* (*Schindler' List*), de Steven Spielberg (1993). A questão nazista evidencia o acerto da assertiva: *a relativização moral é imoral*. Noutros termos: valores são relativos, mas nem todos são subjetivos; há valores *objetivos*. Sobre o Estado nazista, v., por todos: François Rigaux, *A Lei dos Juízes*, trad. de Edmir Missio, São Paulo, Martins Fontes, 2003, pp. 107 e ss.

O avanço científico pode até tardar, mas sobrevém, inexoravelmente. É inerente ao Direito – afirma Robert Alexy – uma *pretensão de correção*. Para justificar essa assertiva, o aclamado constitucionalista supõe uma Constituição cujo primeiro artigo possui o seguinte enunciado: "'X' é uma República soberana, federal e *injusta*". Ao ler esse dispositivo, percebe-se, intuitivamente, algo *errado*. O ato de promulgar uma Constituição é um *ato lingüístico performativo* – diz Alexy. Esse ato está necessariamente vinculado a uma pretensão de correção ou pretensão de justiça. Quando o conteúdo do ato constituinte nega essa pretensão – pretensão, essa, que é um pressuposto de sua enunciação –, o constituinte comete uma *contradição performativa*.[7] O enunciado consiste numa *falha técnica* do constituinte.

7. Cf. Robert Alexy, "La crítica de Bulygin al argumento de la corrección", in Robert Alexy e Eugenio Bulygin, *La Pretensión de Corrección del Derecho: la Polémica sobre la Relación entre Derecho y Moral*, trad. de Paula Gaido, Bogotá, Universidad Externado de Colombia, 2001 (*Serie de Teoría Jurídica y Filosofía del Derecho*, vol. 18), pp. 53-84. A palavra "performativa" é uma tradução da palavra inglesa *performative*, um neologismo derivado do verbo *to perform*. Genaro R. Carrió e Eduardo A. Rabossi preferiram o signo "realizativo", um neologismo derivado de *realizar*, ao invés de *performativo* (John L. Austin, *Cómo Hacer Cosas con Palabras*, trad. de Genaro R. Carrió e Eduardo A. Rabossi, Barcelona, Paidós, 1971, p. 48). A tradução dos ilustres argentinos é mais apropriada, mas foi o vocábulo "performativo" que se consagrou. Trata-se de conceito formulado por John Austin. A expressão "performativa", segundo ele, "é aquela expressão lingüística que não consiste, ou não consiste meramente, em dizer algo, senão em fazer algo, e que não é um informe, verdadeiro ou falso, acerca de algo" (ob. cit., p. 71 – tradução nossa). Afirma Austin que o performativo (realizativo) "deriva, seguramente, de realizar, que é o verbo usual que se antepõe ao substantivo 'ação'. Indica que emitir a expressão é realizar uma ação e que esta não se concebe normalmente como mero dizer algo" (ob. cit., p. 51 – tradução nossa). Para que a realização desse algo ocorra não basta pronunciar as palavras, é necessário que as *circunstâncias* nas quais as palavras se expressam sejam *apropriadas* (ob. cit., p. 53).

A expressão "performativa", se não obedecer a certos pressupostos, pode ser *desafortunada*. Austin formula, então, a *teoria dos infortúnios*. Para que o ato performativo seja "afortunado" devem estar presentes os seguintes pressupostos: (A1) tem que haver um procedimento aceito que possua certo efeito convencional, dito procedimento deve incluir a emissão de certas palavras por parte de certas pessoas em certas circunstâncias; (A2) em um caso dado, as pessoas e circunstâncias particulares devem ser as apropriadas para recorrer ao procedimento particular que se emprega; (B1) o procedimento deve ser levado a cabo por todos os participantes de forma correta; (B2) e em todos os seus passos; (Γ1) nos casos em que, como sucede freqüentemente, o procedimento requeira que quem o usa tenha certos pensamentos ou sentimentos, ou seja dirigido a que sobrevenha certa conduta correspondente de algum participante, então, quem nele participa e recorre ao procedimento deve ter nas circunstâncias tais pensamentos ou sentimentos, ou os participantes devem ser animados

A teoria da contradição performativa é plenamente compatível com a teoria dos *postulados normativos*. Incide em equívoco vislumbrar no sistema jurídico apenas normas jurídicas, regras e princípios. Há também um terceiro tipo de elementos: são axiomas normativos que independem de positivação, valem ainda que não estejam expressa ou implicitamente positivados. Caso haja positivação, esta não surte nenhum efeito, pois eles não podem ser retirados do sistema, não admitem revogação. Isso porque são pressupostos epistemológicos da compreensão do sistema jurídico. Deveras: não é possível compreender o ato de promulgar uma Constituição sem a pressuposição desses postulados, eles acompanham apoditicamente o ato lingüístico da promulgação. São postulados normativos, dentre outros: a supremacia da Constituição, a unidade da Constituição, a concordância prática, a máxima efetividade, a razoabilidade, a proporcionalidade, a segurança jurídica e a justiça. Se o constituinte negar qualquer desses pressupostos, praticará equívoco técnico consistente numa contradição performativa: seu enunciado lingüístico deverá, necessariamente, sob pena de não ser possível compreender o texto constitucional, ser considerado não-escrito. Postulados normativos são, assim, *limites* ao *poder constituinte originário*.[8]

pelo propósito de se conduzirem de maneira adequada; (Γ2) e, ademais, os participantes têm que se comportar efetivamente assim no momento oportuno (op. cit., pp. 59-60). Os infortúnios decorrentes da violação das regras "A" e "B" – diz Austin – são chamados *desacertos*: em decorrência deles não se consegue levar a cabo o ato para cuja realização, ou em cuja realização, serve a fórmula verbal correspondente (ob. cit., p. 61). Os infortúnios decorrentes da violação das regras do tipo Γ são chamados *abusos*: apesar deles, o ato é levado a cabo (ob. cit., p. 61). Um exemplo de abuso é declarar "eu prometo" e, ao mesmo tempo, dizer "mas não pretendo cumprir a promessa".

A *contradição performativa* apresentada por Alexy é um tipo de *abuso*. O ato de promulgar a Constituição levou a cabo a promulgação da Constituição, mas há um infortúnio, um *abuso*. Austin afirma que da expressão "performativa" decorrem *implicações lógicas*, *meras implicações* e *pressuposições*. Dizer "todos os filhos de João são calvos" *pressupõe* dizer que "João tem filhos". Dizer "João não tem filhos e todos os filhos são calvos" gera um sentimento comum de que se incorre em um *abuso* (ob. cit., p. 95). Abusa-se da linguagem quando o enunciado performativo é acompanhado de um enunciado contrário ao enunciado pressuposto por ele. Austin fala, nesse caso, de *contradição interna*: uma realização compromete a outra realização (ob. cit., p. 98). É exatamente o que ocorre no exemplo formulado por Alexy: a promulgação da Constituição pressupõe uma pretensão de justiça; ao negar essa pretensão incorre-se num *abuso de linguagem*, num infortúnio lingüístico. O art. 1º da Constituição pressuposta por Alexy contradiz o próprio ato lingüístico de promulgar uma Constituição, gera uma *contradição interna* decorrente de um *abuso lingüístico*.

8. Quem primeiro apresentou a teoria dos postulados normativos no Brasil foi o saudoso Celso Ribeiro Bastos (*Hermenêutica e Interpretação Constitucional*, 2ª ed.,

A escolha, portanto, não é absolutamente livre nem para o próprio constituinte.[9]

## *1.4 Moral e Justiça*

Alexy fala de uma necessária vinculação entre o Direito e a Moral, pois o Direito pressupõe uma *pretensão de correção* ou de *justiça*.[10] Os signos *Moral* e *Justiça* são aí usados como sinônimos.[11] Do ponto de vista dogmático, porém, há relevante diferenciação. Justiça vem do substantivo latino *justitia, ae*, e dele vem o adjetivo *justus, a, um*.[12] Justo

São Paulo, Celso Bastos Editor/Instituto Brasileiro de Direito Constitucional, 1999, pp. 95-96 e 99-107). O insigne constitucionalista não considerou a razoabilidade, a proporcionalidade, a segurança e a justiça como postulados normativos. Daí a contribuição de Humberto Ávila, *Teoria dos Princípios – Da Definição à Aplicação dos Princípios Jurídicos*, 15ª ed., São Paulo, Malheiros Editores, 2014, 9ª ed., São Paulo, Malheiros Editores, 2009, pp. 163 e ss. Os postulados têm base kantiana. Afirmou Kant, logo na "Introdução" de sua *Crítica da Razão Pura*: "Conhecimentos *a priori* entenderemos não os que ocorrem de modo independente desta ou daquela experiência, mas *absolutamente* independente de toda a experiência. A eles são contrapostos ou aqueles que são possíveis apenas *a posteriori*, isto é, por experiência" (Immanuel Kant, *Crítica da Razão Pura*, trad. de Valério Rohden e Udo Baldur Moosburger, São Paulo, Nova Cultural, 1999, p. 54). *Postulados* são conhecimentos jurídicos *a priori*.

9. Vem a lume a advertência de José Horácio Meirelles Teixeira: "Mas esta ausência de vinculação, note-se bem, é apenas de caráter jurídico-positivo, significando apenas que o poder constituinte não está ligado, em seu exercício, por normas jurídicas anteriores. Não significa, porém, e nem poderia significar, que o poder constituinte seja um poder arbitrário, absoluto, que não conheça quaisquer limitações. Ao contrário, tanto quanto a soberania nacional, da qual é apenas expressão máxima e primeira, está o poder constituinte limitado pelos grandes princípios do Bem Comum, do Direito Natural, da Moral, da Razão" (*Curso de Direito Constitucional*, Rio de Janeiro, Forense Universitária, 1991, p. 213).

10. Robert Alexy, *La Institucionalización de la Justicia*, trad. de José Antonio Seoane, Eduardo Roberto Sodero e Pablo Rodríguez, Granada, Comares, 2005, pp. 21-23.

11. Kelsen faz uma diferenciação: toda norma de justiça é uma norma moral, mas nem toda norma moral é uma norma de justiça, pois a norma de justiça prescreve determinado tratamento de um homem por parte de outro homem. O suicídio seria imoral, mas não seria injusto (*O Problema da Justiça*, cit., 4ª ed., 2ª tir., p. 4). Essa distinção não é acatada neste estudo. Perceba-se: como para Kelsen a justiça está compreendida na moral, os signos são, na sua exposição, intercambiáveis.

12. Cf.: Antônio Geraldo da Cunha, *Dicionário Etimológico Nova Fronteira da Língua Portuguesa*, 2ª ed., Rio de Janeiro, Nova Fronteira, 1986, p. 459; Ernesto Faria, *Dicionário Latino-Português*, Belo Horizonte, Garnier, 2003, p. 538.

é o que é *suficiente*, perfeitamente adequado. Daí se falar, por exemplo, em "roupa justa", quer dizer, roupa que se ajusta bem, na medida certa. Moral vem do adjetivo *moralis, e*: significa "relativo aos costumes".[13] Pois bem, da análise etimológica é possível extrair que *Justiça* diz respeito a um juízo de valor sobre a adequação de algo, de ajustamento ao mais apropriado; *Moral* diz respeito a *normas de conduta*. Pode-se, por isso, dizer que a *Natureza* foi injusta, mas não é possível dizer que ela foi imoral. Insiste-se: do ponto de vista etimológico os conceitos são inconfundíveis, e dogmaticamente o *Direito* está vinculado a ambos, à Justiça e à Moral. Antes de examinar a relação do Direito com a Moral, faz-se necessária uma perfunctória análise dogmática da relação do Direito com a Justiça.

### *1.5 Justiça e Direito*

No texto constitucional existem positivados, expressa ou implicitamente, incontáveis *princípios*. Por meio deles, *valores* são positivados no sistema: princípios, segundo o conceito difundido pelo neoconstitucionalismo, são normas cujo mandamento estabelece que um *fim* (algo considerado importante, um valor) deva ser atingido na *maior medida possível*. As *regras*, constitucionais ou infraconstitucionais, são normas que estabelecem o *meio* para atingir os fins exigidos pelos princípios. Todas as regras concretizam princípios. A forma como os princípios foram enunciados no texto constitucional indica que eles possuem, num plano abstrato, diferentes pesos ou importâncias. O estabelecimento de uma *regra* gera um peso adicional ao princípio concretizado por ela, pois a competência para editar regras é garantida no sistema por um *princípio formal* segundo o qual as regras devem ser *prima facie* cumpridas. Há, ademais, inúmeros outros *princípios formais* no sistema, cuja função é acrescer, no plano abstrato, um peso ao peso dos princípios materiais. As circunstâncias fáticas repercutem no peso dos princípios, e, por isso, o peso abstrato deve ser apreciado diante do caso concreto. Os valores são, por definição, implicativos,[14] sempre existem dois

13. Antônio Geraldo da Cunha, *Dicionário Etimológico Nova Fronteira da Língua Portuguesa*, cit., 2ª ed., p. 532; Ernesto Faria, *Dicionário Latino-Português*, cit., p. 621.

14. Afirma Miguel Reale: "Se os valores são bipolares, cabe observar que eles também se implicam reciprocamente, no sentido de que nenhum deles se realiza sem

ou mais valores em conflito, e o peso do princípio conflitante afeta, no plano concreto, o peso do princípio considerado.[15]

Pois bem: a função estatal, seja a legislativa, seja a administrativa, seja a jurisdicional, consiste em *editar regras jurídicas*, concretizadoras dos *princípios constitucionais*. Essa concretização não é livre: o agente público deve, ao exercer sua função, apurar o peso de cada princípio e a medida de concretização exigida pelo Direito. Nessa apuração ele deve considerar: (1) o modo como o princípio foi positivado; (2) as concretizações estabelecidas pelas regras abstratas; (3) os pesos adicionais decorrentes de todos os princípios formais; (4) a influência exercida pelos demais princípios com ele conflitantes. O Direito exige que a concretização se dê na *exata medida*, ou seja, que a concretização seja *justa*. O exercício da função pública dá-se por meio de um *procedimento de decisão*.[16] O agente deve verificar as *circunstâncias fáticas* e os *princípios incidentes* e apurar o fim (ou fins) que, segundo o Direito, deva ser atingido. Deve verificar se existe um meio de concretização (regra) já definido na Constituição ou nas leis, ou se é o caso de estabelecer um meio. Deve aplicar o *postulado da proporcionalidade*, consistente num procedimento de apuração dividido em três fases, em que cada fase é

influir, direta ou indiretamente, na realização dos demais" (*Filosofia do Direito*, 19ª ed., 3ª tir., São Paulo, Saraiva, 2002, p. 189). Valores estão sempre em constante conflito, entrechoque.

15. Para muitos juristas os conceitos expostos acima não são nada tranqüilos. Muitos ainda pensam o sistema jurídico como um sistema formado apenas por regras. Donde – reconhece-se – a exposição desses conceitos exige maior fôlego. No entanto, este estudo pretende examinar a *moralidade administrativa*, e, por exigência epistemológica, parte de vários conceitos que foram desenvolvidos, explicados e desdobrados em outros estudos. Para uma melhor compreensão da posição aqui adotada sobre os princípios e o exercício da função pública, v., em especial, nosso *Efeitos dos Vícios do Ato Administrativo*, São Paulo, Malheiros Editores, 2008, Capítulos I, II, III e VIII.

16. Não há diferença ontológica entre a *função legislativa* e a *administrativa*. Enquanto a primeira deve concretizar a Constituição, a segunda deve concretizar a Constituição e as leis; a primeira antecipa o caso concreto em que a medida de concretização será executada, mas também atua perante determinadas circunstâncias fáticas; a segunda executa a medida de concretização perante o caso concreto. A discricionariedade do legislador, que deve concretizar a Constituição, é significativamente mais ampla (e a diferença é só de grau) do que a discricionariedade do administrador, que deve observar, além da Constituição, também as leis. Dito isso, ambas as funções dão-se pelo cumprimento do mesmo *procedimento de decisão*. Sobre o tema, v. nosso *Efeitos dos Vícios do Ato Administrativo*, cit., Capítulo I-rodapés 25 e 26, pp. 47-48.

subsidiária em relação à anterior: deve verificar se o meio é *adequado* à realização do fim; se é *necessário* – vale dizer, se não existe outro que, de forma tão eficaz quanto ele, afete em menor intensidade os outros princípios incidentes; e se é *proporcional em sentido estrito* – ou, noutras palavras, deve *ponderar* os princípios incidentes e concretizá-los na medida indicada pela ponderação.

A ponderação é regrada por dois postulados fundamentais: o da *razoabilidade* e o da *justiça*. Pelo primeiro, a solução deve ser compatível com a razão, com o que a esmagadora maioria das pessoas considera aceitável, com o consenso social vigente. Na falta de um consenso social, o sistema considera razoável a opinião do agente competente. Pelo segundo, a solução deve consistir na *harmonização perfeita* dos valores envolvidos, deve ser *justa*. O segundo postulado prepondera sobre o primeiro: o consenso social e, na falta deste, a opinião do agente competente podem ser afastados se considerados injustos.[17]

A aplicação do Direito não se dá apenas pela observância dos textos normativos. Exige uma complexa análise valorativa. Afirmar que um *valor* deve preponderar sobre o outro e em que *medida* deve preponderar envolve mais do que *análise textual*. O Direito exige que a solução seja *justa*, vale dizer, que ela reflita a *composição perfeita* de todos os valores reputados importantes para a felicidade de cada pessoa isoladamente considerada. A solução deve refletir a medida perfeita do grau máximo de felicidade possível para *todos*.[18] Exige-se um perfeito equi-

17. Sobre esse procedimento de decisão v. nosso *Efeitos dos Vícios do Ato Administrativo*, cit., Capítulo VI-4, pp. 161-176. É surpreendente o fato de muitos doutrinadores não perceberem que a *proporcionalidade* é um *procedimento meramente formal*, em si ele não indica a solução. Fugiram à exaustão do *conceito de justiça* por causa da indiscutível dificuldade de encontrá-la e chegaram, *por ironia*, a algo *mais vazio*, mais sem conteúdo do que a própria justiça. Para esclarecer aos desavisados: é a justiça que dá conteúdo à ponderação; sem ela a ponderação não tem sentido. *Retirar a justiça da ponderação é tornar esta mais obscura do que a própria justiça*.

18. Digna de nota a lição do conspícuo professor Celso Antônio Bandeira de Mello: "Todo o Direito é para realizar a felicidade do homem, e a felicidade do homem começa com o respeito ao homem, respeito à dignidade do homem; nenhuma teoria que favoreça a antítese disso pode ser aceita" (*Depoimentos Magistrais: Visão de Futuro, Informação Verbal*, disponível em *http://www.direitodoestado.com.br*, acesso em 13.1.2011).

líbrio, uma perfeita composição de interesses.[19] Exige-se uma decisão *justa*.[20-21] Além da profunda compreensão dos textos normativos (a deci-

19. Muitos *princípios de interpretação constitucional* são meras decorrências da exigência de *justiça*. Segundo José Joaquim Gomes Canotilho, o *princípio da unidade* da Constituição "obriga o intérprete a considerar a Constituição na sua globalidade e a procurar harmonizar os espaços de tensão existentes entre as normas constitucionais a concretizar"; o *princípio do efeito integrador* "não assenta numa concepção integracionista de Estado e da sociedade (conducente a reducionismos, autoritarismos, fundamentalismos e transpersonalismos políticos), antes arranca da conflitualidade constitucionalmente racionalizada para conduzir a soluções pluralisticamente integradoras"; pelo *princípio da máxima efectividade, da eficiência* ou *da interpretação efetiva*, "a uma norma constitucional deve ser atribuído o sentido que maior eficácia lhe dê"; o *princípio da concordância prática* ou *da harmonização* "impõe a coordenação e combinação dos bens jurídicos em conflito de forma a evitar o sacrifico (total) de uns em relação aos outros" (José Joaquim Gomes Canotilho, *Direito Constitucional e Teoria da Constituição*, 4ª ed., Coimbra, Livraria Almedina, 2000, pp. 1.187-1.188). Pois bem: unidade, integração, máxima efetividade, eficiência, interpretação efetiva, concordância prática e harmonização levam, no conjunto, à mesma idéia: a solução deve refletir a *medida exata* de balanceamento dos valores considerados importantes, deve indicar a *justiça*.

20. Santo Agostinho (*Aurelius Augustinus*), ao tentar definir o *tempo*, apresentou famosa reflexão: "O que é, por conseguinte, o tempo? Se ninguém mo perguntar, eu sei; se o quiser explicar a quem me fizer a pergunta, já não sei" (*Confissões*, trad. de J. Oliveira Santos e A. Ambrósio de Pina, São Paulo, Nova Cultural, 1996, XI, § 14, p. 322). Gustavo Zagrebelsky, muito apropriadamente, tomou essa consideração como *premissa* de seu discurso sobre a *justiça* (*La Exigencia de Justicia*, trad. de Miguel Carbonell, Madri, Trotta, 2003, p. 17). E, adiante, com a mesma propriedade, afirmou: "Quizá podemos afirmar que la justicia es una exigencia que postula una experiencia personal: la experiencia, justamente, de la justicia o, mejor, de la aspiración a la justicia que nace de la experiencia de la injusticia y del dolor que de ella deriva" (idem, p. 26).

Aos que ousam afirmar que a justiça é uma palavra *vazia*, basta serem retirados de suas famílias, postos no cárcere, assistirem à violação de seus mais próximos, tudo sem nenhum motivo plausível, para vê-los, eles próprios, aos prantos, gritarem: injustiça! E a História dá um ótimo exemplo desse tipo de *ironia*: como é de conhecimento de todos, Kelsen foi perseguido pelos nazistas. Deixou a Alemanha em 1933 e a Europa em 1940, refugiando-se nos Estados Unidos da América (*Autobiografia de Hans Kelsen*, 2ª ed., trad. de Gabriel Nogueira Dias e José Ignácio Coelho Mendes Neto, Rio de Janeiro, Forense Universitária, 2011, pp. 118-119). O próprio Kelsen informa: "Em 1933, Hitler tornou-se chanceler do *Reich* e eu fui um dos primeiros professores a serem demitidos pelo governo nazista" (idem, p. 95). Pela sua teoria, é inegável: o Estado nazista é um típico Estado de Direito.

21. A justiça sempre foi simbolizada por uma *balança* com *dois pratos colocados no mesmo nível*. Os *gregos* colocaram essa balança com dois pratos, sem o fiel no meio, na mão esquerda da deusa *Diké*. Diké é representada em pé, com os olhos

são deve ser *técnica*, é mister enfatizar: não pode ignorar o *peso abstrato* dos princípios e, pois, os inúmeros *princípios formais* existentes no sistema), exige-se do jurista algo mais: uma *sensibilidade para as questões humanas*.[22]

### *1.5.1 Injustiça e inexistência do Direito*

Absolutizar a relatividade dos valores foi o maior *equívoco filosófico* de Kelsen; não diferençar os planos jurídicos da existência e da validade foi seu maior *equívoco jurídico*. Ambos geraram profundas conseqüências no desenvolvimento da Ciência do Direito: resultaram em sucessivos e renitentes equívocos, muitos deles repetidos até os dias de hoje. Deveras, para Kelsen norma *inválida* é norma *inexistente*; invalidade e inexistência jurídica se confundem.[23] Ao fazer essa afirmação

abertos e uma espada na mão direita. O justo existe quando os pratos estão em equilíbrio (*íson*), daí a palavra "isonomia": justo, para os gregos, é o que é igual. Os romanos colocaram a balança, com um fiel no meio, nas mãos da deusa *Iustitia*. Ela é representada sentada, com os olhos vendados, segurando a balança com ambas as mãos. Ela declara o direito quando o fiel está completamente vertical: direito (*rectum*) é o perfeitamente reto, reto de cima abaixo (*de + rectum*). Observa-se que a deusa romana não é cega, ela é vendada. A melhor forma de ouvir duas partes em conflito é fechando os olhos. Ela não segura uma espada, e, sim, procura, com ambas as mãos, o equilíbrio da balança, escutando as partes em conflito. Sobre o tema, de onde foram extraídas essas informações, v. Tércio Sampaio Ferraz Jr., *Introdução ao Estudo do Direito: Técnica, Decisão Dominação*, cit., 5ª ed., pp. 32-33). Considera-se o símbolo romano mais apropriado do que o grego: justiça é o *equilíbrio perfeito*, obtido a partir da consideração de todos os valores em conflito mediante um ato de *prudência*. Não basta a razão, faz-se necessário fechar os olhos e *sentir*.

22. Na doutrina brasileira quem melhor percebeu essa exigência foi o Min. Carlos Ayres Britto. Em trabalho notável, afirmou, com brilho arrebatador: "Se o cérebro humano se manifesta ora como inteligência ora como sentimento, porque as duas coisas juntas são o que ele efetivamente é, também assim o Direito ora se manifesta como justiça da lei (vida pensada), ora como justiça do caso concreto (vida vivida), porque as duas coisas são o que ele efetivamente é. A justiça da lei a ser descoberta pela inteligência (mente, intelecto), a justiça do caso concreto a ser intuída pelo sentimento (alma, coração). Os dois envolvidos no mesmo e altaneiro empenho de alcançar um ponto de unidade que deixe para traz a própria dualidade por eles originariamente formada" (Carlos Ayres Britto, *O Humanismo como Categoria Constitucional*, Belo Horizonte, Fórum, 2007, p. 73).

23. "Quando se diz 'uma norma vale', admite-se essa norma como existente" (Hans Kelsen, *Teoria Geral das Normas*, trad. de José Florentino Duarte, Porto Alegre, Sérgio Antônio Fabris Editor, 1986, p. 3).

Kelsen não teve como fugir de algumas desastrosas contradições: a norma – diz ele –, para ser válida, deve ser criada pela forma estabelecida na Constituição, na Norma Fundamental;[24] contudo, em muitos casos a norma é contrária à Constituição e existe no mundo jurídico. Kelsen enfrentou essa contradição da seguinte forma: a Constituição admite tanto normas contrárias a seu conteúdo quanto normas compatíveis com seu conteúdo, mas sujeita as primeiras a um processo de *anulação*. Ambas são conformes à Constituição, mas as primeiras podem ser desconstituídas por um procedimento especial.[25] Resultado infeliz: as normas contrárias ao texto constitucional são constitucionais. Diante desse equívoco jurídico, a separação entre Direito e Justiça tornou-se praticamente indiscutível: é até ridículo supor que toda norma injusta seja juridicamente inexistente.

Com efeito: pressupor a inexistência jurídica de toda norma injusta equivale a aniquilar a *segurança jurídica*, a principal *causa final* do Direito.[26] Estaria proclamado o mais absoluto *anarquismo* se toda norma injusta fosse considerada inexistente no mundo jurídico. Os positivistas, ao apresentarem a questão nesses termos, tornaram-na indiscutível. Subestimaram a inteligência dos demais: salvo alguns radicais, a quase unanimidade dos juristas jamais defendeu o contrário. Eis uma regra fundamental: a *injustiça*, em princípio, não desconstitui o *deôntico*, a norma injusta é juridicamente existente. Essa regra não é absoluta. Gustav Radbruch, numa revisão de sua teoria – revisão, essa, motivada

24. Hans Kelsen, *Teoria Pura do Direito*, cit., 6ª ed., Capítulo V, p. 273.

25. A explicação pode soar estranha para quem não leu Kelsen. Transcrevem-se, por isso, suas palavras: "As chamadas leis 'inconstitucionais' são leis conformes à Constituição que, todavia, são anuláveis por um processo especial. Também nestes casos as determinações constitucionais que regulam a legiferação têm a natureza alternativa acima caracterizada, pelo quê o órgão legislativo detém a possibilidade de opção entre duas vias: a determinada directamente pela Constituição e a que há de ser determinada pelo próprio órgão legislativo. A diferença, contudo, reside em que as leis criadas pela segunda via, sendo embora válidas, são anuláveis por um processo especial" (*Teoria Pura do Direito*, cit., 6ª ed., Capítulo V, p. 371).

26. No autorizado escólio de Celso Antônio Bandeira de Mello: "Ora bem, é sabido e ressabido que a ordem jurídica corresponde a um quadro normativo proposto precisamente para que as pessoas possam se orientar, sabendo, pois, de antemão, o que devem ou o que podem fazer, tendo em vista as ulteriores conseqüências imputáveis a seus atos. (...)" (*Curso de Direito Administrativo*, 31ª ed., São Paulo, Malheiros Editores, 2014, Capítulo II-27, p. 127).

pelas barbáries nazistas –, enunciou uma ressalva de ouro: a *extrema* injustiça desconstitui o deôntico; se a norma concretiza intolerável injustiça, ela se descaracteriza como *norma jurídica*; a não-concretização de intolerável injustiça é *pressuposto de existência* das normas jurídicas.[27] Como afirmado neste estudo, o Direito não se contenta com uma livre ponderação: exige que o sopeso dos valores conflitantes seja ótimo. Se a ponderação efetuada pelo agente público resulta num *desequilíbrio aberrante*, a pretensa norma sequer obtém juridicidade. Para restringir a abertura semântica da expressão "intolerável injustiça" ou da expressão "resultado aberrante" propõe-se, em substituição, a expressão "violação do núcleo essencial dos direitos humanos básicos".[28] Deveras, sempre que o Direito empreender a violação do *núcleo essencial* dos *direitos humanos básicos* caracterizar-se-á a *intolerável injustiça*, e, pois, desconstituir-se-á o caráter normativo. Noutras palavras: as normas jurídicas injustas existem no mundo jurídico desde que a injustiça não seja intolerável, desde que o resultado da ponderação não seja aberrante em relação ao equilíbrio ótimo exigido pelo Direito ou, ainda, desde que elas não violem o núcleo essencial dos direitos humanos básicos.[29]

27. Nas palavras de Gustav Radbruch: "El conflicto entre la justicia y la seguridad jurídica debió resolverse con la primacía del derecho positivo sancionado por el poder, aun cuando por su contenido sea injusto e inconveniente, a no ser que la contradicción de la ley positiva con la justicia alcance una medida tan insoportable, que deba considerarse 'como falso derecho' y ceder el paso a la justicia" (*Relativismo y Derecho*, trad. de Luis Villar Borda, Bogotá, Temis, 1999, p. 35). Noutro lugar, Radbruch afirma: "Cuando las leyes niegan conscientemente la voluntad de justicia, por ejemplo, cuando los derechos humanos son arbitrariamente conculcados, carecen tales leyes de validez, el pueblo no está obligado a obedecerlas y los juristas deben tener el coraje de negarles el carácter de derecho" (idem, pp. 72-73). Essa doutrina foi acolhida por Robert Alexy, *El Concepto y la Validez del Derecho*, 2ª ed., trad. de Jorge M. Seña, Barcelona, Gedisa, 2004, pp. 57-58; *La Institucionalización de la Justicia*, cit., *passim*).

28. As três expressões – "direitos humanos", "núcleo essencial" e "básicos" – são problemáticas. Sobre elas, v. nosso *Efeitos dos Vícios do Ato Administrativo*, cit., Capítulo V-2.5, pp. 133-138.

29. A teoria da Radbruch e de Alexy, proclamada nos dias de hoje como verdadeira novidade, há muito é defendida pelo notável Celso Antônio Bandeira de Mello. Deveras, esse brilhante administrativista há muito afirma que um ato administrativo ofensivo a direitos fundamentais da pessoa humana, ligados à sua personalidade, resguardados por princípios regentes dos ordenamentos jurídicos dos povos civilizados, não é um ato administrativo, é um ato inexistente (*Curso de Direito Administrativo*, cit., 31ª ed., Capítulo VII-153, p. 477). É algo a envaidecer a doutrina brasileira: avanços

### *1.5.2 Injustiça e invalidade do Direito*

A separação dos planos da existência e da validade tornou tudo mais claro. A norma pode contrariar o texto constitucional, ser inconstitucional, e existir no sistema jurídico.[30] Quer dizer: ela pode ser juridicamente *existente* e *inválida*. Essa singela distinção permitiu um passo decisivo: a norma injusta é, em geral, juridicamente existente (só será inexistente se a injustiça for aberrante), mas nem por isso é válida. A *ponderação* errada resulta na *invalidade*.

É mister fazer uma importante distinção: um dos fundamentos da República Federativa do Brasil é o *pluralismo político* (art. 1º, V, da CF), ou seja, a aceitação de várias concepções sobre o bem comum. Logo, ao examinar a justiça da decisão o jurista deve considerar esse *vetor fundamental*: não é apenas sua visão de mundo que é acolhida pelo sistema vigente. A *ponderação* efetuada pelo agente público deve ser *razoável*, ou seja, não deve atentar contra o *consenso social*. Na falta de consenso social, o sistema considera razoável a opinião do agente competente. Além disso, a decisão também deve ser *justa*: deve buscar o *equilíbrio perfeito* entre os valores envolvidos, levando-se em consideração as *exigências técnico-normativas*, os diferentes pesos abstratos decorrentes das positivações expressas e dos diversos princípios

científicos atualmente conclamados na Europa foram no Brasil há décadas apresentados por Celso Antônio. Enfatiza-se: a desconstituição da existência pela intolerável injustiça encontra-se, com outras palavras, há muito tempo na sublime teoria do ato administrativo desse jurista brasileiro.

30. Afirma Marcelo Neves: "Aqui, há analogia com a distinção de Pontes de Miranda entre existência e validade dos atos jurídicos, também aplicada às normas jurídicas. A 'existência' de um ato ou norma jurídica, segundo Pontes de Miranda, constitui-se por sua entrada no mundo jurídico, podendo isso ocorrer regular ou irregularmente. Quando o ato jurídico ou a norma jurídica entra defeituosamente no 'mundo jurídico', há 'existência' sem validade. Portanto, distinguem-se os planos da 'existência' e da validade. Os atos e normas jurídicos são válidos quando produzidos regularmente pelos agentes do sistema (órgãos em sentido estrito ou particulares). A invalidade resulta da integração ao 'mundo jurídico' de atos e normas produzidos defeituosamente pelos agentes do sistema" (*Teoria da Inconstitucionalidade das Leis*, São Paulo, Saraiva, 1988, p. 41). Sobre a distinção, v. também: Celso Antônio Bandeira de Mello, "Leis originariamente inconstitucionais compatíveis com emenda constitucional superveniente", *RTDP* 23/12-23, São Paulo, Malheiros Editores, 1998, p. 15; e nosso *Efeitos dos Vícios do Ato Administrativo*, cit., Capítulos V-1, pp. 121-124, e XII-3, pp. 647-650.

formais existentes no sistema. Em muitas situações haverá mais de uma solução aceita como justa pelo sistema normativo: como o sistema acolhe as diversas opiniões sobre o bem comum, como exige o respeito ao pluralismo político, considera também, em muitas ocasiões, várias possibilidades como igualmente justas – eis o campo da *discricionariedade legislativa* e *administrativa*.

Em muitas situações, contudo, isso não ocorre. Uma determinada solução, por ser mais justa, é impositiva, e eventual entendimento contrário é afastado. Noutras palavras: o pluralismo político só subsiste enquanto não atinja o campo da *objetividade dos valores*. Diante do resultado de uma *ponderação normativa*, deve o jurista indagar se a solução é considerada pelo sistema normativo como justa. Haverá situações em que tanto essa solução como outras são igualmente aceitas pelo sistema, imputando-se a escolha ao agente competente (campo da discricionariedade); haverá situações em que só uma solução é aceita como justa pelo sistema (campo da vinculação); e, de duas, uma: ou a ponderação do agente chegou a essa "justa medida" e produziu norma válida, ou não chegou, e produziu norma inválida. Esse quadro pode ser frustrante para muitos: quem pensa que o Direito se resolve por esquemas lógicos incide num tolo equívoco. Decisões jurídicas exigem *sensibilidade para as questões humanas*. A ciência jurídica tem o importante papel de indicar as soluções exigidas pelo Direito, indicativas de um sopeso perfeito entre os valores envolvidos: ao cientista do Direito não basta *razão*, exige-se *sensibilidade*.

Há, aqui, uma *exigência prática*: alguém tem que dar a última palavra. Eis o papel do Judiciário: é o *oráculo* do Direito.[31] É o juiz quem decide se o resultado da *ponderação legislativa* e *administrativa* foi *justo*. Isso não significa que a decisão do magistrado seja sempre a *correta*. O magistrado é um ser humano, e, pois, falível. Há no sistema uma *regra de calibração* que atribui validade aos erros do Judiciário:[32] a

31. Afirmou inicialmente o saudoso Oswaldo Aranha Bandeira de Mello ser o Judiciário o oráculo da Constituição (*A Teoria das Constituições Rígidas*, 2ª ed., São Paulo, José Bushatsky Editor, 1980, pp. 89-93). Celso Antônio Bandeira de Mello efetuou importante ampliação: "O juiz é o oráculo do Direito no caso concreto" ("Juízo liminar: poder-dever de exercício do poder cautelar nessa matéria", *RTDP* 3/106-116, São Paulo, Malheiros Editores, 1993, p. 114).

32. A expressão é de Tércio Sampaio Ferraz Jr. (*Teoria da Norma Jurídica*, 4ª ed., Rio de Janeiro, Forense, 2002, pp. 131 e ss.). No sistema jurídico existem regras

decisão jurisdicional errada é aceita como *válida* pelo sistema, mas não faz com que a invalidade da norma desapareça. Por isso, a Ciência do Direito não deve apenas *acatar* as decisões jurisdicionais, como se fossem, por definição, sempre cientificamente *corretas*. A decisão jurisdicional é, por uma necessidade do sistema, considerada válida quando equivocada, mas está sempre sujeita à *crítica científica*.

Dito isso, conclui-se: *justiça* é o equilíbrio perfeito entre os valores incidentes. Há íntima relação entre o Direito e a Justiça: a *injustiça* pode implicar a *inexistência* do Direito (retirar a *normatividade* da *norma jurídica*) ou a *invalidade* do Direito (permitir a retirada da norma do sistema pelos órgãos competentes, mediante a *invalidação*). Com esses esclarecimentos, pode-se retomar o tema central: para fins dogmáticos, *Justiça* não se confunde com *Moral*.

Examinada a relação entre o Direito e a Justiça, passa-se a examinar a relação entre o Direito e a Moral.

## *1.6 Moral e Direito*

Justiça diz respeito ao *equilíbrio* entre os valores em conflito; Moral diz respeito aos costumes, a um conjunto de normas vigentes no meio social, fundadas nos conceitos de *certo* e *errado*, *honesto* e *desonesto*. Justiça e Moral são, portanto, conceitos *diferentes*. Há, nos termos expostos, íntima relação entre o Direito e a Justiça. Resta apurar a relação

que possibilitam atribuir validade a normas inválidas; são as chamadas *regras de calibração*. E o exemplo mais corriqueiro é a coisa julgada. Perceba-se: a decisão do STF que declara a constitucionalidade de uma lei inconstitucional é válida por força da regra de calibração. Válida é a norma judicial, não a norma legal; esta permanece inválida, tanto que nada impede ao STF rever sua posição e reconhecer a invalidade da norma dantes declarada por ele válida. O magistrado é, no sistema jurídico, o *oráculo do Direito*, é o agente competente para dizer a última palavra sobre o jurídico. Se o magistrado interpreta corretamente o Direito e chega à decisão exigida pelo sistema, não há incidência da regra de calibração: a validade da norma editada por ele é extraída diretamente da Constituição, e não indiretamente desta, quer dizer, e não da regra de calibração. Porém, como todo ser humano, o juiz está condenado ao erro, à falha, ou seja, a interpretar mal o ordenamento e a não chegar à "vontade" do sistema jurídico. Se isso ocorre, pelas chamadas regras de calibração, sua decisão é considerada como se fosse a correta, é acatada pelo sistema. Por óbvio, o erro reiterado do magistrado, a necessidade de constante calibração para validar sua decisão, retira-lhe o *prestígio*.

entre o Direito e esse conjunto de normas vigentes no seio social chamado de *Moral*.

Pois bem, no meio social há um conjunto de normas relativas ao que é considerado certo e honesto.[33] Há quem estabeleça significativas diferenças entre a *Moral* e o *Direito*: pela primeira os atos humanos são considerados em relação ao sujeito que os cumpre e dentro do âmbito individual; o segundo considera os atos de uma pessoa em relação aos de outra, estabelecendo uma coordenação bilateral ou plurilateral – a Moral seria *imanente*, enquanto o Direito seria bilateral; o objeto da Moral é o campo das intenções, enquanto o do Direito é a dimensão exterior da conduta – a Moral volta-se para a intimidade; o Direito, para a exterioridade.[34] Essa distinção permite uma radical separação entre Direito e Moral: o Direito é uma disciplina da conduta humana enquanto conduta externa e intersubjetiva, não interessa para o Direito a intimidade do ser humano, salvo quando essa intimidade seja imprescindível para avaliar sua conduta para com outro ser humano. Por isso, o acolhimento dessa distinção, sem ressalvas, impossibilita compreender o significado do princípio da moralidade.

É possível, contudo, vislumbrar no conjunto de normas morais dois subconjuntos distintos: há normas morais que, ao estabelecer o que é certo e errado para o indivíduo, não interferem na esfera dos demais indivíduos, não repercutem além da intimidade. Há, ademais, normas morais cujo mandamento sobre o certo e o errado repercute diretamente na esfera dos demais indivíduos. Enquanto o primeiro subgrupo é absolutamente irrelevante para o Direito, o segundo possui inegável relevância.[35] Logo, são irrelevantes para o Direito normas morais relativas à

33. É possível associar essas normas a uma *subjetividade valorativa*, ao que a esmagadora maioria das pessoas considera certo, ou a uma *objetividade valorativa*, a um juízo sobre o certo e o errado que independa da opinião das pessoas. Nesta exposição adotou-se a seguinte premissa: os valores são todos relativos, mas alguns são dotados de objetividade.

34. É, em síntese, o pensamento de Luis Recaséns Siches, *Introducción al Estudio del Derecho*, 15ª ed., México, Editorial Porrúa, 2006, p. 86.

35. Adota-se aqui a filosofia de John Stuart Mill, por ele assim resumida: "A finalidade deste ensaio é sustentar um princípio bastante simples, capaz de governar absolutamente as relações da sociedade com o indivíduo no que diz respeito à compulsão e ao controle, quer os meios empregados sejam os da força física sob a forma de penalidades legais, quer a coerção moral da opinião pública. Esse princípio é o de

preferência sexual, por exemplo.[36] A esfera íntima, quando não for necessária à qualificação da conduta para com os demais, é intangível pelo Direito.[37]

que a autoproteção constitui a única finalidade pela qual se garante à Humanidade, individual ou coletivamente, interferir na liberdade de ação de qualquer um. O único propósito de se exercer legitimamente o poder sobre qualquer membro de uma comunidade civilizada, contra sua vontade, é evitar dano aos demais" (*A Liberdade*, trad. de Eunice Ostrensky, São Paulo, Martins Fontes, 2000, p. 17). Impõe-se apenas uma observação: quando o indivíduo afeta sensivelmente sua própria dignidade, sua conduta repercute sobre os demais, pois *a sensível afetação da dignidade de uma pessoa afeta a dignidade de todos*. Por isso: o Direito não interfere nas preferências sexuais, desde que não importem uma sensível redução da dignidade humana. Assim, por exemplo, o sadomasoquismo é, necessariamente, livre até certo limite. Sobre o tema, v. nosso *Abuso do Direito e Constitucionalização do Direito Privado*, São Paulo, Malheiros Editores, 2010, pp. 104-108.

36. Hart clama pela necessidade de uma *moral crítica*: os princípios morais adotados pela sociedade devem ser submetidos a crítica. Nas palavras do notável jusfilósofo: "Repensando, agora, a questão, somos levados a admitir a legitimidade de um ponto de vista que permita a crítica das instituições de qualquer sociedade, à luz de princípios gerais e de conhecimento dos fatos. Buscando melhor esclarecer, restauraríamos a terminologia preferida pelos utilitaristas do século passado quanto à distinção entre 'moral positiva' (*positive morality*), como a moral aceita e compartilhada por um dado grupo social, e princípios morais gerais (*general moral principles*), usados, atualmente, na crítica das instituições sociais. Podemos chamar a esses princípios gerais de 'moral crítica' e, afinal, dizer que o nosso propósito é proceder a uma crítica moral sobre a coerção legal da moral positiva" (Herbert L. A. Hart, *Direito, Liberdade, Moralidade*, trad. de Gerson Pereira dos Santos, Porto Alegre, Sérgio Antônio Fabris Editor, 1987, p. 46). O conceito de moral crítica foi adotado por Márcia Noll Barboza em sua excelente dissertação de Mestrado (*O Princípio da Moralidade Administrativa: uma Abordagem de seu Significado e suas Potencialidades à Luz da Noção de Moral Crítica*, Porto Alegre, Livraria do Advogado, 2002, pp. 53-54).

Considera-se que só pode haver *coerção legal* da moral quando esta repercutir na *esfera* alheia e a coerção for necessária para proteção dessa esfera. Considera-se que o campo da *moral crítica* é o campo da *bilateralidade* e da *exterioridade*. Adota-se, enfim, a regra de Stuart Mill: a moral crítica é aquela pela qual se impede que seja causado mal aos outros.

37. Afirma, com acerto, Recaséns Siches que "cuando el Derecho considera, en la medida limitada en que puede hacerlo, el aspecto intencional de los actos, lo hace en la dosis en que (certera o erróneamente) considera que esa intención tenga consecuencias directas e inmediatas para la sociedad; es decir, en tanto en cuanto cree que el estado de conciencia en que se ha originado la conducta tiene un alcance inmediato y directo para la vida social; y no lo considera desde el punto de vista de una pura valoración moral de bondad o de maldad. Por ejemplo, es mucho más temible y mucho más dañino y mucho más peligroso para la sociedad el asesino intencional que

Retoma-se: no seio social há um conjunto de normas fundadas na distinção entre certo e errado, normas voltadas à intimidade, à formação de uma boa pessoa. Dentre essas normas há as que transcendem a intimidade e repercutem na esfera alheia. Essas normas transcendentes podem ser *objetivadas*, desvinculadas da esfera íntima. Para fins didáticos, essas normas objetivas podem ser chamadas de *normas éticas*. Por serem objetivas, podem ser *imputadas* a uma pessoa jurídica. É justamente o que faz o *princípio da moralidade administrativa*: imputa as normas éticas ao Estado.

## *1.7 Princípio da moralidade administrativa*

Moral adveio do adjetivo latino *moralis, e*, que significa "relativo aos costumes". A etimologia pode levar o intérprete apressado a extrair o conteúdo da moralidade administrativa da *prática administrativa*. Ocorre que a prática administrativa brasileira é marcada – qualquer pessoa sabe – pela mais aberrante imoralidade. Com precisão cirúrgica, observou o magno professor Celso Antônio Bandeira de Mello: a *moralidade administrativa* reporta-se "à *expectativa de moralidade* que os cidadãos reputam dever ter uns em relação aos outros"[38] (grifos nossos).

quien mató por imprudencia, verbigracia sin querer hacerlo, cuando limpiaba una pistola" (*Introducción al Estudio del Derecho*, cit., 15ª ed., p. 89).

38. Celso Antônio Bandeira de Mello, "Princípio da moralidade", *Revista de Direito Tributário/RDTributário* 69/180-207, São Paulo, Ed. RT, 1995, p. 181. Com o costumeiro acerto, o notável Professor paulista apresentou subsídios importantíssimos à compreensão do tema. Retomou, inicialmente, a assertiva de Agostinho sobre o tempo, estendida por Zagrebelsky para a Justiça, e estendeu-a para a Moral: apesar de termos uma sensação clara de que certos comportamentos são imorais, é extremamente difícil conceituar a moralidade. Em seguida, enfrentou a dificuldade: "Nós sabemos que essa palavra vem do Latim *mos-mores* ('costumes'). Moralidade, portanto, seriam os bons costumes. Moralidade administrativa seriam os bons costumes da Administração". Adiante: "A moralidade administrativa é alguma coisa que muito mais se intui do que se pode descrever, mas podemos tomar como ponto de partida os bons costumes. Que bons costumes seriam esses? A respeito de certas noções, noções que trazem consigo valores, a tentativa de identificação deles deve ser feita não em função do que se pratica, mas em função daquilo que se crê deva ser praticado". Pouco depois: "Logo, é preciso ter bem presente que, ao se falar em moralidade administrativa, não se pode, em nenhuma hipótese, buscar como pauta condutora, como rumo, como bússola orientadora, os costumes resultantes da prática administrativa, porque eles são notoriamente, em nosso País, costumes os mais degradados possíveis

Daí o conceito há pouco sugerido: dentre as *regras sociais* sobre o que se considera certo e honesto, muitas transcendem a esfera da intimidade e repercutem nas relações intersubjetivas. Esse subconjunto é *objetivado* e compõe as *regras éticas*. A *moralidade administrativa* imputa essas regras éticas à Administração Pública: não diz respeito àquilo que se costuma fazer, mas àquilo que se *espera* que se faça, tendo em vista o juízo objetivo da sociedade sobre o *certo* e o *honesto*.

As normas jurídicas podem ser normas de *estrutura* ou de *conduta*.[39] O conceito de princípios jurídicos passou por três fases distintas na história da Ciência do Direito: na *primeira*, aproximavam-se do significado comum da palavra, princípios eram os fundamentos de uma dada disciplina jurídica, seus aspectos mais importantes; na *segunda*, adquirem significado técnico, princípios deixam de ser todo assunto importante e geral e passam a ser determinados enunciados do direito positi-

em todas as áreas". Após: "Parece-me que, nesta matéria, ainda numa tentativa de me aproximar do que seria a moralidade administrativa e tendo fixado este ponto de que os costumes não podem estar reportados à prática que se realiza, mas àquilo que uma sociedade crê que seria a prática correta, ética, sendo esse o ponto de partida, eu diria que a moralidade administrativa pretende ser algo ao tanto distinto da moralidade em geral, mas a moralidade específica que se deve e se pode esperar da Administração Pública" (idem, pp. 180-181). Perceba-se a aproximação com o pensamento de Hart: a moralidade administrativa reporta-se à *moral crítica*. Conclui Celso Antônio: "Portanto, pretendia apenas fixar desde logo alguns tópicos, a saber: que *a noção de moralidade é certamente uma noção ligada a bons costumes*; *sendo embora ligada a bons costumes, não são os costumes tal como se realizam, mas tal como a sociedade crê que deveriam se realizar*" (idem, p. 181 – grifos nossos). A citação é longa, mas imprescindível, em face da importância para compreensão do tema.

39. Essa classificação é exposta por Norberto Bobbio: o ordenamento, além de regular a conduta das pessoas, regula o modo pelo qual devem ser produzidas as normas jurídicas. Todas as normas, em última análise, têm por fim a disciplina do comportamento humano. No entanto, percebe-se a existência de normas voltadas imediatamente para a regulação do comportamento humano e outras que, apesar de possuir esse desiderato, voltam-se para a produção ou modificação das primeiras. Ao regular a produção de normas, evidentemente, estão também regulando o comportamento humano, o comportamento de quem as irá produzir; mas a regulação desse comportamento é apenas um meio para a regulação do comportamento que efetivamente se quer regular. As primeiras, chamadas *normas de comportamento*, ordenam de forma final a conduta; diferente das segundas, chamadas *normas de estrutura*, cuja regulação final depende sempre da edição de outra norma (Norberto Bobbio, *Teoria do Ordenamento Jurídico*, 10ª ed., trad. de Maria Celeste Cordeiro Leite dos Santos, Brasília, UnB, 1999, p. 45).

vo, dotados de extraordinária importância para o entendimento de todo o sistema; na terceira, são normas jurídicas autônomas: *normas de estrutura de dupla estrutura*.[40] A primeira fase está superada, mas os significados decorrentes da segunda e da terceira fase subsistem na ciência jurídica. Diante da ambigüidade da expressão, faz-se necessário apurar se ela é utilizada no significado próprio da *segunda* ou da *terceira fase*. Na expressão "princípio da moralidade administrativa" o rótulo "princípio" é mais utilizado no significado próprio da *segunda fase*. Com efeito: segundo o significado da terceira fase, a moralidade administrativa, enquanto não editado um ato administrativo inválido, não é um *princípio jurídico*, mas uma *regra de estrutura*.

40. Trata-se de uma contribuição nossa à Ciência do Direito. Princípios, na terceira fase, são *normas* que ordenam a concretização de um valor na maior medida possível, estabelecem um *fim* a ser atingido sem estabelecer o meio; este é fixado pelas *regras jurídicas*. No direito público os princípios jurídicos apresentam-se *sempre* como *normas de estrutura*: disciplinam a edição de normas jurídicas. Cada princípio, entretanto, apresenta uma estrutura normativa dicotômica; sua incidência ocorre de duas formas. A primeira dá-se pela edição de uma norma, ou, em outras palavras, os princípios incidem sempre que uma norma é editada. Nesse caso, possuem a seguinte composição: em sua *hipótese* se prevê a edição de uma norma jurídica, seja abstrata ou concreta, geral ou individual; na *conseqüência* impõe-se o dever ao editor da norma de, primeiro, efetuar a ponderação, ou seja, de apurar, diante das circunstâncias do caso em que a norma é editada, o peso do princípio, e, segundo, tendo em vista o peso apurado, observar o valor consagrado pelo princípio no conteúdo da norma a ser editada; de outro lado, dá-se ao destinatário da norma o direito de exigir que o editor cumpra esses deveres. Além disso, dependendo das circunstâncias do caso concreto, e, portanto, do peso que os princípios vierem a ter, estes podem incidir independentemente da edição de uma norma. Nesses casos não é a edição da regra que implica a incidência do princípio, mas, pelo contrário, a incidência do princípio é que obriga à edição de uma regra. A estrutura normativa do princípio passa, então, a ser a seguinte: em sua *hipótese* não estará a previsão da edição de uma regra jurídica, mas dos fatos que dêem ao princípio determinado peso; na *conseqüência*, ocorridos esses fatos, institui-se a situação de dever de editar uma regra que concretize o valor positivado no princípio e a situação de sujeição à regra editada. Trata-se da segunda forma de incidência dos princípios. Princípios, portanto, são *normas de estrutura* com *dupla estrutura*. Sobre esse conceito sugere-se a leitura de quatro de nossos trabalhos, que, no conjunto, apresentam a evolução de nossa linha de pesquisa sobre o tema: "A norma *iusfundamental*", *Revista Brasileira de Direito Constitucional/RBDC* 4/526-576, São Paulo, 2004; "A natureza normativa dos princípios", *RTDP* 40/113-145, São Paulo, Malheiros Editores, 2002; *Efeitos dos Vícios do Ato Administrativo*, cit., Capítulo I, pp. 25-33; e *Abuso de Direito e a Constitucionalização do Direito Privado*, cit., pp. 13 e ss.

Explica-se: pelo significado da terceira fase os princípios determinam que um valor seja concretizado na maior medida possível – na expressão consagrada de Alexy, são "mandados de optimização"[41] ou de criação ou conservação de bens coletivos (princípios relativos a bens coletivos) ou de direitos subjetivos protegidos *prima facie* (princípios relativos a direitos subjetivos).[42] Pois bem: enquanto não editado um ato inválido, o princípio da moralidade não determina que as *normas éticas* mencionadas sejam concretizadas pela Administração na maior medida possível; ele não impõe, em si, uma *ponderação*. Trata-se de uma *determinação* no âmbito das circunstâncias fáticas e jurídicas à Administração para que ela se conduza de maneira proba e honesta.

A Administração não deve ponderar para saber até que ponto deve ser honesta e agir com boa-fé. Não: trata-se de uma *regra*, não de um princípio. É uma *regra de estrutura*, porque disciplina o *exercício da função administrativa*, vale dizer, a edição de atos administrativos introdutores de normas administrativas;[43] não disciplina diretamente a conduta, mas a produção normativa. Essa regra de estrutura possui uma importante peculiaridade: trata-se de uma *regra em branco*, pois se reporta a todas as *regras éticas objetivadas*.[44] Deveras: o princípio da

41. Robert Alexy, "Sistema jurídico, principios jurídicos y razón práctica", in *Derecho y Razón Práctica*, 2ª reimpr., trad. de Manuel Atienza, México, Fontamara, 2002, pp. 13-14.

42. Robert Alexy, *El Concepto y la Validez del Derecho*, cit., 2ª ed., pp. 179 e ss. Um princípio relativo a direitos subjetivos (*v.g.*, a privacidade) determina que um valor importante para a esfera jurídica individual seja concretizado na maior medida possível e um princípio relativo a bens coletivos (*v.g.*, o meio ambiente) determina que um valor importante para a coletividade seja protegido na maior medida possível.

43. Sobre esse conceito *normativo* de função administrativa, v. nosso *Efeitos dos Vícios do Ato Administrativo*, cit., Capítulo III-2.5, pp. 93-95.

44. Em estudo precioso, Marçal Justen Filho doutrinou: "Mas há peculiaridade que diferencia o princípio da moralidade pública frente à quase totalidade dos demais princípios jurídicos. Trata-se da referência às vivências éticas predominantes na sociedade. O princípio da moralidade pública é, por assim dizer, um princípio jurídico 'em branco', o que significa que seu conteúdo não se exaure em comandos concretos e definidos, explícita ou implicitamente previstos no Direito legislado. O princípio da moralidade pública contempla a determinação jurídica da observância de preceitos éticos produzidos pela sociedade, variáveis segundo as circunstâncias de cada caso" ("O princípio da moralidade pública e o direito tributário", *RTDP* 11/44-58, São Paulo, Malheiros Editores, 1995, p. 50).

Os penalistas desenvolveram o conceito das "leis penais em branco". A expressão é, segundo informam Antonio García-Pablos de Molina, Luiz Flávio Gomes e

moralidade, em si, não define os deveres éticos da Administração; ele efetua uma *remissão* às regras éticas vigentes no seio da sociedade. É regra "em branco" porque a disciplina deôntica exige complementação, a apuração de quais são os "deveres éticos".[45]

Alice Bianchini, de Binding (*Blankettstrafgesetze*). Sobre o tema, dizem: "Com efeito, nelas, [*nas leis penais em branco*] a disposição legal (preceito primário) deixa total ou parcialmente de expressar a integralidade da situação fática e faz remissão a (ou pressupõe a existência de) outras disposições que hão de cobrir-lhe o vazio. Trata-se, pois, de uma particularidade estrutural facilmente perceptível, porque afeta a face 'externa' da lei, isto é, porque são leis que exigem um complemento normativo (para a compreensão da situação típica ou fática incriminada)" (Luiz Flávio Gomes, Antonio García-Pablos de Molina e Alice Bianchini, *Direito Penal: Introdução e Princípios Fundamentais*, vol. 1, São Paulo, Ed. RT, 2007, pp. 625-626 – esclarecimento nosso). A moralidade – mister esclarecer –, em si, não é considerada pelos penalistas "lei penal em branco", mas *requisito normativo do tipo*: "A lei penal em branco depende de um complemento normativo; o requisito normativo do tipo requer um complemento valorativo (uma valoração do juiz)" (idem, p. 627). Registrado esse esclarecimento, não há como negar a pertinência do conceito proposto por Marçal Justen Filho: o chamado princípio da moralidade não define, por si, o dever a ser observado pela Administração; é uma *norma de remissão*, de *reenvio*, às regras éticas. Ela depende de um complemento, pois se limita a exigir que a Administração observe as regras éticas. É, enfim, uma *regra em branco.*

45. O conceito proposto encontra amparo na melhor doutrina. Afirma Weida Zancaner:

"Por sua vez, o conceito de moralidade deve ser sacado do próprio conceito de moralidade em uma determinada sociedade em uma determinada época.

"Entretanto, é bom que se esclareça que este conceito não deve ter por parâmetro a conduta social das pessoas, mas o que elas entendem como moralmente correto, o que dizem ser correto como valor que exprime o consenso social acerca do que é ou não uma conduta moralmente aceitável" ("Razoabilidade e moralidade na Constituição de 1988", *RTDP* 2/210, São Paulo, Malheiros Editores, 1993).

Em sentido próximo, afirma Juarez Freitas: "O princípio da moralidade, no campo das relações administrativas, não há de ser entendido como o conjunto de máximas deontológicas extraídas da disciplina interna da Administração. Na realidade, significa bem mais: diz com os padrões éticos de determinada sociedade, de acordo com os quais não se admite, no âmbito da gestão pública, a universalização daquelas máximas de conduta que conduzem ao perecimento dos liames de cooperação social. (...)" (*O Controle dos Atos Administrativos e os Princípios Fundamentais*, 5ª ed., São Paulo, Malheiros Editores, 2013, p. 76).

Manoel de Oliveira Franco Sobrinho, em sua clássica monografia, aproximou-se dessa orientação: "Falando, contudo, de *boa administração*, referimo-nos subjetivamente a *critérios morais* que, de uma maneira ou de outra, dão valor jurídico à vontade psicológica do administrador". (*O Controle da Moralidade Administrativa*, São Paulo, Saraiva, 1974, pp. 11-12).

Quando for editado um ato administrativo inválido, o princípio da moralidade passa a ser empregado também no significado da terceira fase. Conforme a seguir esclarecido, a *boa-fé* é um desdobramento da moralidade. Se o administrado ou o administrador agem de boa-fé, o princípio favorece sua conduta; se agem de má-fé, o princípio a repudia. Donde, o princípio gera razões *prima facie* em favor da manutenção ou da retirada do ato inválido, dependendo do caso.[46] Estabelece razões a serem consideradas na *ponderação* realizada quando do exame da invalidade.

### *1.7.1 Aspectos objetivo e subjetivo da moralidade administrativa*

José Guilherme Giacomuzzi, em sua excelente dissertação de Mestrado, deu passo relevante para a compreensão do princípio da morali-

Em estudo pioneiro no Brasil, afirmou Antônio José Brandão: "'Bom administrador', portanto, é o órgão da Pública Administração que, usando da sua competência para o preenchimento das atribuições legais, se determina não só pelos preceitos vigentes, mas também pela moral comum" ("Moralidade administrativa", *RDA* 25/462, Rio de Janeiro, julho-setembro/1951). Em síntese: prevalece na doutrina o entendimento de que o chamado princípio da moralidade é uma norma de reenvio ao que a sociedade considera ético, honesto.

46. É possível discriminar quatro possibilidades: (1) agente público e administrado agem com boa-fé; (2) somente o agente público age com má-fé; (3) somente o administrado age com má-fé; (4) ambos agem com má-fé. O sistema jurídico não equipara essas situações. Se o ato gerar *efeitos favoráveis* ao administrado, há uma ordem *decrescente* do peso das razões favoráveis à *manutenção* do ato – quer dizer: o peso das razões favoráveis ao ato é maior em (1) do que em (2), em (2) do que em (3) e em (3) do que em (4) (1 > 2 > 3 > 4). Se o sistema jurídico repudia a má-fé e protege a boa-fé, é óbvio que as razões em favor da manutenção do ato são inversamente proporcionais à má-fé e diretamente proporcionais à boa-fé. Se o ato beneficia o administrado, este é o maior interessado em que não haja invalidação; por isso, sua boa-fé favorece mais a manutenção do ato no sistema do que a boa-fé do agente.

Diversamente ocorre se o ato gerar efeitos desfavoráveis ao administrado. Também não há uma equiparação das situações: há uma ordem *decrescente* do peso das razões *favoráveis* à *invalidação* do ato – quer dizer: o peso das *razões desfavoráveis* ao ato é maior em (2) do que em (1); é maior em (1) do que em (4); é maior em (4) do que em (3) (2 > 1 > 4 > 3). Nesse caso, o administrado é o maior interessado na invalidação do ato, e, assim, sua boa-fé favorece mais a invalidação do que a boa-fé do agente. Outrossim, é intuitivo serem mais densas as razões em favor da invalidação dos atos restritivas nas hipóteses em que somente o agente público agiu com má-fé. Foi o que explicamos em nosso *Efeitos dos Vícios do Ato Administrativo*, cit., Capítulo VIII-5.9, pp. 321-322.

dade administrativa: extraiu desse princípio dois *subprincípios*, dele diretamente decorrentes: um de ordem *objetiva* – o *princípio da boa-fé*; outro de ordem *subjetiva* – o *princípio da probidade*.[47] Nos termos já expostos, a *moralidade administrativa* diz respeito às regras éticas *objetivadas*, aquilo que a sociedade considera correto e honesto. Trata-se de um dever imputado à pessoa jurídica, ao Estado, que independe da intenção do agente público: a Administração tem que atentar, na sua conduta, para as pautas éticas vigentes no seio social, e a adequação da conduta administrativa a essas regras éticas é verificada por um juízo objetivo, e não por um juízo subjetivo; independe, enfim, do exame da *intenção* do agente. Em suma: como bem salientado por Giacomuzzi, extrai-se do princípio da moralidade administrativa o subprincípio da boa-fé *objetiva*.[48-49] Desta, por outro lado, são extraídas várias regras: o

47. José Guilherme Giacomuzzi, *A Moralidade Administrativa e a Boa-Fé da Administração Pública: o Conteúdo Dogmático da Moralidade Administrativa*, 2ª ed., São Paulo, Malheiros Editores, 2013, pp. 227 e ss.

48. Judith Martins-Costa explica a boa-fé subjetiva nos seguintes termos: "A expressão 'boa-fé subjetiva' denota 'estado de consciência', ou convencimento individual de obrar (a parte) em conformidade ao Direito (sendo) aplicável, em regra, ao campo dos direitos reais, especialmente em matéria possessória. Diz-se 'subjetiva' justamente porque, para a sua aplicação, deve o intérprete considerar a intenção do sujeito da relação jurídica, o seu estado psicológico ou íntima convicção. Antitética à boa-fé subjetiva está a má-fé, também vista subjetivamente como a intenção de lesar a outrem" (*A Boa-Fé no Direito Privado*, São Paulo, Ed. RT, 1999, p. 477). Em seguida discorre sobre a boa-fé subjetiva: "Já, por 'boa-fé objetiva' se quer significar – segundo a conotação que adveio da interpretação conferida ao § 242 do CC alemão, de larga força expansionista em outros ordenamentos, e, bem assim, daquela que lhe é atribuída nos Países da *Common Law* – modelo de conduta social, arquétipo ou *standard* jurídico segundo o qual 'cada pessoa deve ajustar a própria conduta a esse arquétipo, obrando como obraria um homem reto: com honestidade, lealdade, probidade" (idem, ibidem). Sobre a boa-fé no direito administrativo consulte-se a preciosa monografia de Jesús González Pérez, *El Principio General de la Buena Fe en el Derecho Administrativo*, 3ª ed., Madri, Civitas, 1999.

49. Revela-se aqui a *complexidade* do sistema normativo. O "princípio da moralidade administrativa" é, nos temos expostos, uma *regra de estrutura*. Seria de se supor que seus *subprincípios*, por decorrência lógica, também fossem *regras de estrutura*. A *boa-fé objetiva* atua, antes da inserção do ato administrativo no sistema, como *regra de estrutura*; após a introdução do ato, conforme já explicado, quando de sua correção, ela atua como *princípio formal*. Sobre esse viés, v. nosso *Efeitos dos Vícios do Ato Administrativo*, cit., Capítulo VIII-5.9, pp. 316-323. A *probidade* configura verdadeira *regra de conduta* dos agentes públicos.

*venire contra factum proprium*,[50] o *tu quoque*,[51] a *suppressio*.[52] Todos esses institutos são esforços dogmáticos fundados na mesma noção: a imputação à Administração Pública das *regras éticas objetivadas*, entendidas como pautas vigentes na comunidade sobre o que vem a ser nas relações intersubjetivas uma conduta *certa*, *honesta*, *íntegra*, *proba*.

Essas exigências estendem-se à conduta dos agentes: exige-se não só que a pessoa jurídica, o Estado, a Administração, se conduza de acordo com essas regras éticas, mas que cada *agente público*, cada pessoa física que presenta (o agente público não representa o Estado, mas o presenta, torna-o presente) a Administração, quando no exercício da função pública, também observe essas *pautas*. Daí a vertente *subjetiva* da moralidade administrativa e seu subprincípio da *probidade administrativa*: exige-se *honestidade* dos agentes públicos. Improbidade é uma imoralidade qualificada pela desonestidade, severamente repudiada pelo ordenamento vigente.[53]

50. Consulte-se a excelente monografia de Anderson Schreiber, *A Proibição de Comportamento Contraditório: Tutela da Confiança e* ***Venire Contra Factum Proprium***, Rio de Janeiro, Renovar, 2005. Segundo o autor, a *proibição de comportamento contraditório* ou ***venire contra factum proprium*** "consiste, assim, em um princípio que proíbe comportamentos contraditórios apenas na medida em que tais comportamentos possam romper a legítima confiança depositada por outrem na conservação de um comportamento inicial" (ob. cit., p. 269).

51. A expressão advém de uma indagação de Júlio César a Marco Júnio Bruto: "Tu quoque, Brutus, tu quoque, fili mili?" – literalmente, significa "até tu". Explica Anderson Schreiber: "É expressão universalmente consagrada como forma de designar espanto, surpresa, decepção com a atuação inconsistente de certa pessoa. (...). Juridicamente, o *tu quoque* vem referido como o emprego, desleal, de critérios valorativos diversos para situações substancialmente idênticas. Trata-se de fórmula jurídica de repressão ao que, no vernáculo, se resume como 'dois pesos, duas medidas'" (*A Proibição de Comportamento Contraditório: Tutela da Confiança e* ***Venire Contra Factum Proprium***, cit., pp. 174-175).

52. A *suppressio*, também chamada de *verwirkung*, é a "inadmissibilidade de exercício de um direito por seu retardamento desleal" (Schreiber, *A Proibição de Comportamento Contraditório: Tutela da Confiança e* ***Venire Contra Factum Proprium***, cit., p. 178). É comum a Administração, apesar de saber da situação inválida, se manter inerte por um longo período de tempo, e após décadas pretender alterar a situação mediante uma *invalidação retroativa*. Esse comportamento é vedado, dentre outras razões, pelo princípio da moralidade administrativa, na vertente objetiva da boa-fé; mais precisamente, pela *suppressio*.

53. A expressão "imoralidade administrativa qualificada" é de José Afonso da Silva (*Curso de Direito Constitucional Positivo*, 37ª ed., São Paulo, Malheiros Editores,

Em suma: a moralidade administrativa, enquanto imposição do dever de observância das *regras éticas objetivas*, possui *viés objetivo*, impõe à Administração Pública o dever de ser leal, íntegra, honesta; e *viés subjetivo*, impõe ao agente público o dever de ser *honesto*. Submete o exercício da função pública a um juízo *objetivo* e a um juízo *subjetivo*: ainda que o agente esteja de boa-fé, é possível que a conduta se revele desleal, desonesta, objetivamente em descompasso com as regras éticas; ainda que a conduta atenda (ou pareça atender) ao interesse público, é possível que o agente, motivado por corrupção, perseguição, compadrio, se revele *desonesto*, subjetivamente em descompasso com as regras éticas. No primeiro caso, a violação à moralidade administrativa importará *invalidade do ato administrativo*; no segundo, importará *responsabilização* do agente público; e – impende distinguir – no caso de exercício de competência discricionária, também *invalidade do ato administrativo*.[54]

2014, p. 678). O complemento é de Aristides Junqueira Alvarenga, que, em famoso trabalho, a sabendas, averbou que *improbidade administrativa* pode ser definida "como espécie do gênero *imoralidade administrativa*, qualificada pela desonestidade de conduta do agente público, mediante a qual este se enriquece ilicitamente, obtém vantagem indevida, para si ou para outrem, ou causa dano ao Erário" ("Reflexões sobre improbidade administrativa no Direito Brasileiro", in Cassio Scarpinella Bueno e Pedro Paulo de Rezende Porto Filho (coords.), *Improbidade Administrativa: Questões Polêmicas e Atuais*, São Paulo, Malheiros Editores, 2001, p. 107). Nada há de estranho no intento de muitos em esvaziar o conteúdo da moralidade e, pois, da probidade. Há, evidentemente, pujantes interesses econômicos e políticos justificadores desse esvaziamento. Uma das formas mais eficazes de esvaziar a *força normativa* de um *conceito jurídico* é *banalizá-lo*. Foi justamente o que fez o legislador na Lei 8.429/1992: tentou *banalizar* o conceito de probidade, abarcando na tipificação das condutas ímprobas condutas meramente *culposas* e – pasmem! – todas as condutas atentatórias aos princípios da Administração Pública. Se a banalização de um conceito no plano abstrato é imoral, a aplicação dessa banalização no plano concreto é mais imoral ainda. Sem embargo, a banalização só surte efeitos se quiserem: é de obviedade ululante que só condutas *desonestas* – e a *desonestidade* pressupõe *dolo*, má-fé do agente – admitem a qualificação de ímprobas. A desonestidade faz parte do *núcleo essencial* do *signo* improbidade inscrito no inciso V do art. 15 e no § 4º do art. 37, ambos da CF de 1988. A Lei 8.429/1992 exige, nesses termos, uma interpretação conforme a Constituição.

54. No exercício de competência vinculada há apenas uma solução exigida pelo sistema jurídico, globalmente considerado; e, de duas, uma: ou o agente chegou a essa solução, ou não chegou. Não importa para a validade do ato administrativo, nesse caso, o móvel do agente: se agiu por corrupção, *v.g.* A imoralidade subjetiva do agente é motivo para sua *responsabilização*, não para a *invalidação* do ato. No exercício de competência discricionária, o sistema normativo, em princípio, admite duas ou mais soluções, e imputa a escolha ao agente competente. A decisão juridicamente

### *1.7.2 Moralidade administrativa, legalidade e boa administração*

Para terminar este estudo, resta diferençar, a vôo de águia, o princípio da moralidade administrativa de dois princípios freqüentemente a ele associados: o da legalidade e o da boa administração. A confusão conceitual resulta no infeliz esvaziamento da moralidade administrativa e, conseqüentemente, no enfraquecimento do direito administrativo enquanto *arma* e *escudo* do cidadão contra o uso desatado do poder.[55] Não há dúvida de que o princípio da moralidade administrativa seja uma *norma jurídica*, um "princípio" jurídico. Por força disso, muitos afirmam que a Administração Pública está submetida à *legalidade* em sentido lato, considerada a legalidade como "bloco de legalidade", abrangente, além das leis, dos princípios constitucionais.[56] A Ciência não

correta é a que, segundo o juízo do agente, melhor atenda ao interesse público. Do fato de o agente ter baseado sua escolha num móvel maculado não decorre necessariamente que, se pretendesse cumprir o Direito, ou seja, realizar da melhor forma possível o interesse público, sua escolha não seria a mesma. Pode ser que o agente escolheu a solução "A" por corruptela, mas, se buscasse a decisão que melhor atenda ao Direito, também a escolhesse. Assim, em face da *intangibilidade da psique do agente*, é impossível comprovar se a decisão é, ou não, correta. Celso Antônio Bandeira de Mello examinou a questão e apresentou solução precisa: diante da má-fé do agente presume-se, de forma *juris et de jure*, ofensa à finalidade legal (*Discricionariedade e Controle Jurisdicional*, 2ª ed., 11ª tir., São Paulo, Malheiros Editores, 2012, pp. 73-75). A intenção espúria faz surgir uma dúvida insolúvel sobre a correção da decisão tomada. Revelado que o agente visou à corruptela, à perseguição, ao favoritismo, plenamente justificável duvidar da correção da decisão adotada – entenda-se: duvidar da coincidência com a decisão que escolheria se pretendesse cumprir o Direito. É de supor o contrário: mirando mal, presume-se não ter atingido o alvo que deveria atingir (idem, p. 74). Como não se pode solver a dúvida, o sistema jurídico opta pela repulsa da má-fé, e, assim, presume de forma absoluta o vício de finalidade. Sobre o tema, v. nosso *Efeitos dos Vícios do Ato Administrativo*, cit., Capítulo VI-6.7 e 6.8, pp. 199-201. Perceba-se: a *violação subjetiva da moralidade administrativa* no exercício da *competência discricionária* faz *presumir*, de modo absoluto, a *violação objetiva da moralidade administrativa*.

55. Sempre oportunas as palavras de Celso Antônio Bandeira de Mello: "*Ele* [o *Direito Administrativo*] *é, por excelência, o Direito defensivo do cidadão* – (...) *o Direito que instrumenta, que arma o administrado, para defender-se contra os perigos do uso desatado do Poder*" (*Curso de Direito Administrativo*, cit., 31ª ed., Capítulo I-20, pp. 47-48 – esclarecimento nosso).

56. A expressão "bloco de legalidade" é utilizada por Héctor Jorge Escola (*El Interés Público como Fundamento del Derecho Administrativo*, Buenos Aires, Depalma, 1989, p. 57).

tolera ambigüidades, por isso, rejeita-se essa terminologia: a Administração Pública está submetida à *juridicidade*,[57] não só às normas postas pelo legislador, mas também aos princípios constitucionais e às normas postas pela própria Administração. Conclui-se: o *princípio da moralidade* pertence ao Direito, a Administração está submetida à lei e à moral – ao princípio da legalidade e ao da moralidade – está, enfim, submetida ao *princípio da juridicidade*.

Até aí o assunto é incontroverso. Parte respeitável da doutrina, porém, defende que o princípio da moralidade submete a Administração aos deveres legal ou constitucionalmente previstos expressa ou implicitamente.[58] Noutros termos: a moralidade não seria uma *regra em branco*, de reenvio às regras éticas objetivadas, pois ou essas regras estariam previamente positivadas por uma *ponderação constitucional* ou *legislativa*, ou não seriam impostas à Administração. Quer dizer: alguns autores sustentam que os deveres impostos pela moralidade administrativa estão previamente postos no ordenamento; não afirmam que, do fato de o princípio ser jurídico, as regras éticas por ele impostas tornam-se jurídicas, mas, sim, que as regras éticas por ele impostas somente são juridicamente impositivas se, antes de serem regras éticas, se encontrarem previamente positivadas no ordenamento. O resultado é óbvio: parte da doutrina esvazia o conteúdo do princípio da moralidade, tornando-o apenas um desdobramento didático da legalidade.

Não se nega a preocupação do constituinte em *enfatizar* determinados direitos e garantias – atitude perfeitamente compreensível, tendo em

57. Por isso, a Lei Fundamental da República Federal da Alemanha, em seu art. 20, item 3, e a Constituição da Espanha, em seu art. 103, item 1, submetem a Administração ao "cumprimento da lei e do Direito". O Direito abrange a lei, mas não se esgota nela: a Administração está submetida ao princípio da *juridicidade*, abrangente do *princípio da legalidade*, do *princípio da inderrogabilidade singular dos regulamentos* e de todos os demais princípios constitucionais expressos e implícitos regentes da Administração Pública, incluído o da *moralidade administrativa*. Também se refere ao princípio da juridicidade: Carmen Lúcia Antunes Rocha, *Princípios Constitucionais da Administração Pública*, Belo Horizonte, Del Rey, 1994, pp. 81 e ss.

58. O posicionamento contrário não é aqui, de forma alguma, desprestigiado. Notáveis administrativistas, merecedores do mais absoluto crédito científico, parecem seguir essa orientação: Márcio Cammarosano, *O Princípio Constitucional da Moralidade e o Exercício da Função Administrativa*, Belo Horizonte, Fórum, 2006, *passim*; Marcelo Figueiredo, *O Controle da Moralidade na Constituição*, 1ª ed., 2ª tir., São Paulo, Malheiros Editores, 2003, p. 100.

vista que o texto foi promulgado após longo período ditatorial.[59] Não obstante, o limite da interpretação é o *texto normativo*,[60] e não é possível, diante da redação do *caput* do art. 37 da CF de 1988, dentro dos limites semânticos do *signo* moralidade, pretender reportá-la ao signo legalidade. Dizer que o constituinte exerceu aí mera *função enfática* é atentar diretamente contra o núcleo essencial do signo utilizado. Moralidade, por mais que descontente o intérprete, é, enfim, *moralidade*, e não *legalidade*: trata-se da imposição à Administração da observância das *regras éticas* (daquilo que a sociedade entende que deva ser considerado honesto, íntegro, correto), regras que não se encontram necessária e previamente positivadas.

Atribui-se a Maurice Hauriou a paternidade da expressão "moralidade administrativa". O autor tratou do assunto ao discorrer sobre o *desvio de poder*, e, por esse motivo, muitos identificaram a moralidade administrativa com o princípio da *boa administração*.[61] Nada mais

59. O constituinte exerceu a *função enfática* de duas maneiras: (1) pela simples repetição do mesmo termo – mencionou o princípio da igualdade no "Preâmbulo", no inciso IV do art. 3º, no *caput* do art. 5º, no inciso XXI do art. 37, no inciso II do art. 150, no inciso I do art. 206 e no inciso IV do § 3º do art. 227; a repetição tem tão somente função enfática; (2) pela utilização de dois termos, em que um é abrangido pelo outro: exemplo típico dá-se no inciso LXXI do art 5º – é evidente que nos direitos constitucionais já estão incluídas as liberdades e as prerrogativas inerentes à nacionalidade, à soberania e à cidadania; a reiteração, também aí, teve função enfática.

60. Cf. Konrad Hesse, *Elementos de Direito Constitucional da República Federal da Alemanha*, trad. de Luís Afonso Heck, Porto Alegre, Sérgio Antônio Fabris Editor, 1998, § 77, p. 69.

61. Destacam-se duas famosas passagens em que Hauriou mencionou a moralidade administrativa:

"Ainsi le détournement de pouvoir marque la subordination du pouvoir administratif au bien du service, notion qui dépasse celle de la légalité et qui permet de restreindre le pouvoir dans ce qu'il a de plus discrétionnaire: les mobiles qui le font agir. La légalité dont les règles générales sont rigides ne saurait pénétrer dans la région des mobiles sans tuer la spontanéité du pouvoir discrétionnaire; au contraire, la moralité administrative, descendant avec le juge dans les cas particuliers, peut pénétrer dans cette région sans tuer cette spontanéité.

"Pour combattre la distinction que nous faisons ici entre la légalité et la moralité administrative, on objecte que la moralité administrative n'est pas autre chose que l'esprit général de la loi, et que, par conséquent, le détournement de pouvoir n'est pas autre chose que la violation de l'esprit de la loi, cas particulier de la violation de la loi.

"Mais il n'est pas vrai que l'esprit des lois administratives se confonde avec la moralité administrative, pas plus que l'esprit des lois civiles ne se confond avec la

equivocado: a boa administração consiste no *dever* da Administração de buscar sempre a *melhor* forma de concretizar o interesse público; ou, noutros termos, no dever de efetuar o *ótimo* sopeso dos princípios incidentes, de tutelar os interesses na medida perfeita exigida pelo sistema – enfim, no dever de buscar a *justiça*.[62] Boa administração é, em síntese, o *dever* de concretizar *otimamente* o interesse público; é, nos termos expostos anteriormente – perceba-se –, uma decorrência do dever de buscar a justiça no caso concreto. O conceito não se confunde com a *moralidade administrativa*, com o dever da Administração de observar as regras éticas. Por isso, Hauriou foi muito feliz ao afirmar que, enquanto o espírito da lei é um limite imposto aos direitos no interesse da

moralité individuelle. Si l'on ne consultait que l'esprit des lois on n'aurait qu'une piètre idée de la moralité. *L'esprit de la loi, c'est la limite à imposer aux droits dans l'intérêt de la justice; l'esprit de la moralité, c'est la directive à imposer aux devoir dans l'intérêt du bien; il y a un écart entre ce qui est juste et ce qui est bien*" (Maurice Hauriou, *Précis de Droit Administratif et de Droit Public*, 12ª ed., Paris, Sirey, 1933, pp. 442-443 – grifos nossos).

E, posteriormente, em outra obra:

"C'est le fait d'une autorité administrative qui, tout en accomplissant un acte de sa compétence, tout en observant les formes, tout en ne commettant aucune violation de la loi, use de son pouvoir dans un but et pour des motifs autres que ceux en vue desquels ce pouvoir lui a été conféré, c'est-à-dire autres que ne le veut la morale administrative.

"C'est une notion apparentée à celle de l'abus du droit et, en ce sens, le détournement de pouvoir est lui-même une sorte d'incompétence *ratione materiae*. On peut remarquer aussi que c'est une violation de la *bonne foi*, car l'Administration doit agir de bonne foi, et cela fait partie de sa moralité" (*Précis Élémentaire de Droit Administratif*, 4ª ed., Paris, Sirey, 1938, p. 269).

62. Registra-se a lição de Guido Falzone, extraída de sua notável monografia: "Allorchè si sostiene quindi la necessità di una 'buona amministrazione', non si vuole far riferimento ad un criterio medio, nè precisare che, nello svolgimento di una funzione, di qualunque natura essa sia, il relativo titolare deve uniformarsi ad un prototipo di buon amministratore ed agire come questo si comporterebbe normalmente; ma si vuole sostenere che quello deve, attraverso la sua attività, perseguire i fini che della funzione formano oggetto ed ancore che ciò deve realizzare in maniera quanto più e quanto meglio possibile". E, pouco adiante: "L'esigenza di buona amministrazione per gli enti pubblici infatti, si sostanzia nella necessità che l'interesse pubblico, che costituisce il fine dell'attività amministrativa, sia sempre perseguito e nel modo migliore" (Guido Falzone, *Il Dovere di Buona Amministrazione*, Milão, Giuffrè, 1953, pp. 64 e 72).

No Brasil a noção de boa administração foi magistralmente desenvolvida em primoroso trabalho da lavra de Celso Antônio Bandeira de Mello (*Discricionariedade e Controle Jurisdicional*, cit., 2ª ed., 11ª tir., pp. 32 e ss.).

justiça, o espírito da moralidade é uma diretiva imposta aos deveres no interesse do bem: a boa administração busca a perfeita realização do interesse público e se pauta pela idéia de sopeso ótimo dos princípios incidentes; a moralidade diz respeito à observância das regras éticas.

A própria doutrina de Hauriou, portanto, justifica a distinção conceitual. Sem prejuízo, mesmo que se discorde, ainda que se extraia das lições do grande publicista francês uma aproximação conceitual, ainda assim se justifica perante o Direito Brasileiro o acolhimento dos conceitos aqui propostos. Ao utilizar uma palavra o constituinte constitucionaliza o significado atribuído a essa palavra quando da promulgação da Constituição; as palavras constitucionais não são rótulos vazios, mas signos com um significado constitucionalizado. Primeiro: não estava pacificado na doutrina brasileira, em outubro/1988, que o significado atribuído à expressão "moralidade administrativa" era o de boa administração; na dúvida, deve-se buscar o significado da palavra na linguagem comum, e o conceito proposto neste estudo parte exatamente desse significado. Segundo: o constituinte reformador inseriu no *caput* do art. 37 o princípio da *eficiência*; trata-se de outra nomenclatura para mesma idéia: dever de eficiência nada mais significa do que o dever de boa administração.[63] Tudo que foi dito sobre a interpretação dos signos constitucionais "legalidade" e "moralidade" pode ser estendido para a interpretação dos signos "moralidade" e "eficiência": nada indica no texto que houve mera *ênfase*. O texto, enfim, clama por essa exegese: boa administração, idéia equivalente à eficiência, refere-se ao *dever de justiça*, de perfeito balanceamento dos princípios incidentes no caso concreto; moralidade administrativa refere-se ao dever de observância das regras éticas vigentes na comunidade.

O Direito relaciona-se tanto com a Justiça como com a Moral; conceitos distintos, a primeira é a base da boa administração e, pois, da eficiência; a segunda é a base da moralidade administrativa. Esta consiste numa exigência imposta ao Estado de observância das regras éticas vigentes na comunidade; dela decorrem efeitos jurídicos próprios.[64]

63. Por todos, v. Celso Antônio Bandeira de Mello, *Curso de Direito Administrativo*, cit., 31ª ed., Capítulo II-26, p. 125.

64. Márcia Noll Barboza apresenta interessante sistematização das *funções* da moralidade administrativa: *função conformadora* de formação ético-profissional dos agentes públicos; *função repressiva* de aplicação de sanções pela improbidade admi-

Não há espaço para sintetizar todas as noções retro- apresentadas. Conclui-se, assim, não com uma síntese, mas com uma reflexão: vislumbrar um conteúdo inerente às palavras "Justiça" e "Moral" talvez seja mais um ato de *fé* do que de *razão*. Àqueles que discordem dos conceitos aqui apresentados pede-se que relevem: trata-se de uma crença decorrente da juventude e do inconformismo de quem vive num País vergonhosamente consumido pela corrupção.

nistrativa; *função corretiva* de invalidação de atos administrativos imorais (*O Princípio da Moralidade Administrativa: uma Abordagem de seu Significado e suas Potencialidades à Luz da Noção de Moral Crítica*, cit., pp. 129 e ss.). Afirma, com brilho, Celso Antônio Bandeira de Mello: "Logo, o princípio da moralidade vem com um *plus*, vem como algo a mais, seja porque oferece um meio de ataque a um ato, ainda quando não fosse atacável em face do princípio da legalidade, seja porque, atacável pelo princípio da legalidade, a prova, a demonstração, seria extremamente difícil, mas ao lume dos padrões de decência, de dignidade, de honra, de palavra empenhada pelo aparelho administrativo, pudesse sê-lo" ("Princípio da moralidade", cit., *RDTributário* 69/184). Dá o magno jurista claro exemplo de como o princípio é importante e desdenhado: oferecer cargo em troca de votos, de apoio político, é imoral; a nomeação fundada nessas razões, apesar de freqüente no Brasil, é inválida (idem, p. 185).

# 2
# *Interesse Público e Arbitragem*

*2.1 Neoliberalismo e privatização. 2.2 Primeira fase: afronta à indisponibilidade. 2.3 Interesse público secundário e disponibilidade. 2.4 Interesse público primário e disponibilidade legislativa. 2.5 Segunda fase: afronta à supremacia do interesse público sobre o privado.*

## *2.1 Neoliberalismo e privatização*

Nas últimas décadas o cenário jurídico brasileiro foi assolado pela difusão do que ficou conhecido como *neoliberalismo*. Os *liberais* propugnaram pela proteção da liberdade das pessoas por meio da *restrição* à atuação estatal, mas nunca assumiram uma postura de aversão ao Estado.[1] Daí a nota diferencial do *neo*liberalismo: acresce à premissa liberal um pressuposto ideológico de *aversão* à atuação estatal. Os neoliberais defendem a não-intervenção máxima do Estado: como ele é, por definição, segundo eles, *ineficiente*, deve atuar o menos possível.[2]

1. Pelo contrário, os liberais sempre enfatizaram a necessidade de *intervenção*. Um dos maiores representantes do *pensamento liberal* foi John Stuart Mill: *A Liberdade*, trad. de Eunice Ostrensky, São Paulo, Martins Fontes, 2000; *Principios de Economía Política*, Madri, Fundación Ico, 2007. Nesta última ele apresenta extenso rol de *limites* ao princípio do *laissez-faire* ou da não-intervenção (Capítulo XI, pp. 1.083 e ss.).

2. Os principias representantes do *neoliberalismo* são: Friedrich A. Hayek, *Los Fundamentos de la Libertad*, 8ª ed., trad. de José Vicente Torrente, Madri, Unión Editorial, 2008, e "Principios de un orden social liberal", in *Estudios de Filosofía Política y Economía*, trad. de Juan Marcos de la Fuente, Madri, Unión Editorial, 2007, pp. 231-253; Milton Friedman e Rose Friedman, *Libertad de Elegir*, trad. de Carlos Rocha Pujol, Madri, Faes, 2008.

Para uma abordagem histórica do neoliberalismo, consultar, por todos: David Harvey, *O Neoliberalismo: História e Implicações*, trad. de Adail Sobral e Maria Stela Gonçalves, São Paulo, Loyola, 2008.

Tenho enfatizado que a teoria neoliberal é *viciada*: ela não consiste numa elaboração teórica sincera, mas num *plano de ação*. O real intento dos neoliberais sempre foi o lucro de certos agentes econômicos; eles sempre estiveram preocupados em "obter mais dinheiro". Não obteriam êxito pela sinceridade, não poderiam dizer: "Queremos enriquecer nossos clientes". Para conseguir seu intento, elaboraram uma teoria: "Acreditamos que o interesse público será mais bem atendido se nossos clientes prestarem diretamente as atividades que hoje são prestadas pelo Estado".[3] Puro exercício de *poder econômico* por meio de uma postura ínsita ao exercício do poder: a *dissimulação*.[4] Por isso, do ponto de vista científico a teoria neoliberal não é séria. Ocorre que, infelizmente, na década de 1990 o legislador brasileiro adotou-a e concretizou um *projeto de privatizações*.

O signo *privatização* é ambíguo no *direito administrativo*. Possui principalmente *quatro* significados: (a) no campo dos *serviços públicos*[5] privatização consiste na *outorga da prestação* do serviço à gestão privada, mantendo-se a titularidade pública – é o que ocorre com a *concessão*: a prestação é passada aos particulares mas o serviço continua sendo público, de titularidade do Estado – há *privatização da prestação*; (b) também no campo dos *serviços públicos*, privatização consiste na *extinção do serviço* público, transformando-o em atividade econô-

3. Com argúcia, observa Naomi Klein: "Em todos os Países que adotaram as políticas da Escola de Chicago nas últimas três décadas, o que surgiu foi uma aliança determinante e poderosa entre algumas poucas corporações de grande porte e uma camada de políticos muito ricos. (...). Longe de libertar os mercados da tutela do Estado, essas elites corporativas e políticas simplesmente se juntaram para trocar favores a fim de assegurar o direito de abocanhar valiosos recursos que estavam anteriormente sob domínio público" (*A Doutrina do Choque: a Ascensão do Capitalismo de Desastre*, trad. de Vânia Cury, Rio de Janeiro, Nova Fronteira, 2008, p. 25).

4. A dissimulação foi associada ao exercício do poder por Pierre Bourdieu e Jean-Claude Passeron, *A Reprodução: Elementos para uma Teoria do Sistema de Ensino*, 2ª ed., trad. de Reynaldo Bairão, Petrópolis, Vozes, 2009. Na Filosofia do Direito, v. Tércio Sampaio Ferraz Jr., *Estudos de Filosofia do Direito*, 3ª ed., São Paulo, Atlas, 2009, p. 56.

5. A Constituição de 1988 divide as atividades em dois blocos fundamentais: *serviços públicos* e *atividades econômicas*. Sobre o tema, v., por todos, Celso Antônio Bandeira de Mello, "Serviço público e atividade econômica: serviço postal", in *Grandes Temas de Direito Administrativo*, 1ª ed., 2ª tir., São Paulo, Malheiros Editores, 2010, pp. 301-314. V. também nosso *Regulação Administrativa à Luz da Constituição Federal*, São Paulo, Malheiros Editores, 2011, Capítulo IV, pp. 192 e ss.

mica; não há apenas a privatização da prestação, mas do próprio serviço, que deixa de ser serviço público e passa a ser atividade econômica – há *privatização da atividade*; (c) no campo da exploração estatal da *atividade econômica*, privatização consiste na *cessação da exploração* pelo Estado e alienação do fundo de comércio à iniciativa privada; (d) no campo da atividade administrativa em geral, privatização consiste na *submissão às formas de direito privado*, seja em relação à pessoa jurídica (instituição de sociedades de economia mista ou empresas públicas ao invés de autarquias), seja em relação aos contratos (contratos da Administração ao invés de contratos administrativos), seja em relação ao regime pessoal (celetista ao invés de estatutário).[6]

No chamado "projeto neoliberal de privatizações" o signo é utilizado principalmente no primeiro significado assinalado. Serviços públicos, dantes prestados pelo Estado ou por ente instituído por ele, foram *outorgados aos particulares*. Difundiu-se o sistema de *permissões* e *concessões*. Nada mais coerente com o intento dos neoliberais: como, nos termos aqui explicitados, queriam o lucro de certos agentes econômicos, possibilitaram a estes a prestação de atividades dantes executadas exclusivamente pelo Estado. O *neoliberalismo* sempre esteve com-

6. Três desses significados são referidos por Sebastián Martín-Retortillo, "Sentido y formas de la privatización de la administración pública", in *Os Caminhos da Privatização da Administração Pública: IV Colóquio Luso-Espanhol de Direito Administrativo*, Coimbra, Coimbra Editora, 2001, pp. 19-30. Segundo ele, *privatização* refere-se numa *primeira acepção* à "utilización por ésta [*Administração Pública*] de personificaciones y procedimientos de derecho privado" (ob. cit., p. 20 – esclarecimento nosso). É o que aqui se chamou de *submissão às formas de direito privado* (letra "d"). Com toda razão, Martín-Retortillo afirma tratar-se "de la llamada huida del derecho administrativo", com o intuito de exonerar a Administração das amarras próprias do ordenamento jurídico-administrativo. Refere-se, numa *segunda acepção*, à "transferencia al sector privado de una actividad, de una función que se considera pública" (idem, p. 21). Observa que não se trata "de una gestión privada de actividades que siguen siendo públicas como es el esquema en el que se apoya la fórmula concesional. No; es una privatización de la propia actividad" (idem, p. 24). Quer dizer: refere-se ao que aqui se chamou *extinção do serviço público* ou privatização da atividade (letra "b"). Perceba-se: a *privatização da prestação* (letra "a"), geralmente efetuada por concessão, não é arrolada pelo ínclito administrativista espanhol como espécie de privatização. Finalmente, refere-se, numa *terceira acepção*, à "actividad industrial y comercial de la Administración", em que há "transferencia al sector privado de las participaciones patrimoniales del sector público en distintas empresas" (idem, p. 25). É o que aqui se chamou de *cessação da exploração de atividade econômica* (letra "c").

prometido com algumas *grandes* empresas estrangeiras. Por isso, atrelou-se sempre a um movimento de *desnacionalização*: mais do que possibilitar o acesso a empresas privadas, possibilitar o acesso a empresas *estrangeiras*.[7] Foi o que foi feito: outorga de concessão e permissão de serviços públicos a empresas estrangeiras.

Difundiu-se no País uma propaganda ardilosa: essas empresas estrangeiras seriam os reverenciados "investidores". O Brasil, pobre, miserável, necessitaria delas, ricas investidoras. Essas empresas estrangeiras afirmaram uma *desconfiança* em relação ao Judiciário brasileiro. Muito coerente: "Confiamos no Governo Brasileiro, notadamente corrupto, confiamos na doutrina, bem paga, mas não confiamos no Judiciário; o governo e a doutrina defenderão nossos interesses econômicos, não o Judiciário". Por conseguinte, propagaram a idéia: "Para que nós invistamos no País, para que tenhamos o lucro que tanto almejamos, eventuais controvérsias não podem ser dirimidas pelo Poder Judiciário, mas por um árbitro de nossa confiança".

### *2.2 Primeira fase: afronta à indisponibilidade*

Se o empresário brasileiro afirmasse na Europa Ocidental a desconfiança no Judiciário europeu, muito provavelmente, mais do que desprezado, seria alvo de descortesias. Aqui, diante de uma imprensa que faz a cabeça da população ignorante, de Poder Executivo e Legislativo corruptos, de uma ciência jurídica ainda incipiente, de uma cultura xenófila, as pretensões estrangeiras encontraram terreno fecundo. Tornou-se comum a inserção de cláusulas arbitrais nos *contratos de concessão*.

No AgR na SE 5.206-7, julgado em 12.12.2001, *DJU* 30.4.2004, p. 29, o STF examinou a constitucionalidade da chamada Lei da Arbitragem, Lei federal 9.307/1996. Foi um debate acirrado: quatro ministros a consideraram parcialmente inconstitucional, os demais não vislumbraram qualquer inconstitucionalidade. Sem embargo, todos foram expressos em afirmar que "a disponibilidade de interesses é condição necessá-

7. Por todos: Reinaldo Gonçalves, *Globalização e Desnacionalização*, 2ª ed., São Paulo, Paz e Terra, 2006, *passim*.

ria para a adoção da arbitragem".[8] É o que justamente preceitua o art. 1º da indigitada lei: "As pessoas capazes de contratar poderão valer-se da arbitragem para dirimir litígios relativos a *direitos patrimoniais disponíveis*" (grifos nossos).

Por isso, a boa doutrina não tardou a se insurgir contra a inserção de cláusulas arbitrais nos contratos de concessão. Em memorável parecer, o professor Celso Antônio Bandeira de Mello defendeu a invalidade dessas cláusulas, não apenas por atentarem contra o § 2º do art. 55 da Lei 8.666/1993, lei de regência dos contratos administrativos – segundo o qual é cláusula obrigatória a que declare *competente* o *foro* da sede da Administração para dirimir qualquer questão contratual e, assim, impõe o juízo do Poder Judiciário –, mas por atentarem contra o princípio da *indisponibilidade do interesse público*.[9]

## 2.3 *Interesse público secundário e disponibilidade*

O tema suscita a análise de uma importante questão do direito administrativo: existem direitos da Administração *disponíveis*? Renato Alessi frisa a diferença entre *interesse público primário* e *interesse público secundário*.[10] O primeiro seria o "complexo de direitos individuais

8. A frase é extraída do voto do Relator designado para o acórdão, Min. Nelson Jobin. Foram vencidos os Mins. Sepúlveda Pertence, Sydney Sanches, Néri da Silveira e Moreira Alves, para os quais a cláusula compromissória seria inconstitucional, por configurar renúncia ao direito abstrato de ação – direito, esse, indisponível.

9. Celso Antônio Bandeira de Mello, "Compromisso arbitral – Nulidade na esfera do direito administrativo – Reajuste de preço com base na variação do Dólar: nulidade – Desvio de poder", *RTDP* 39/116-126, São Paulo, Malheiros Editores, 2002.

10. A distinção foi inicialmente efetuada por Francesco Carnelutti (*Sistema de Direito Processual Civil*, 2ª ed., vol. 1, trad. de Hiltomar Martins Oliveira, São Paulo, Lemos e Cruz, 2004). O aclamado processualista conceitua *interesse* como "a posição favorável à satisfação de uma necessidade". Após, diferencia o *interesse imediato*, correspondente a situações que servem diretamente à satisfação de uma necessidade, do *interesse mediato*, correspondente a situações que realizam indiretamente essa finalidade, pois delas pode derivar outra situação, intermediária, da qual resulte a satisfação da necessidade. Diferencia, então, os *interesses individuais*, em que a situação favorável para satisfação de uma necessidade possa ser determinada com respeito a um indivíduo apenas, dos *interesses coletivos*, em que a situação favorável à satisfação de uma necessidade não possa ser determinada a não ser com respeito a vários indivíduos. Explica que o desenvolvimento de um interesse exige a obra do homem. No caso dos interesses coletivos, o indivíduo atua como *órgão do grupo*,

prevalentes em uma determinada organização jurídica da coletividade", enquanto o segundo seria "o interesse da Administração enquanto aparato organizativo, unitariamente considerado".[11] Na doutrina brasileira a distinção foi difundida por Celso Antônio Bandeira de Mello: o interesse primário é a dimensão pública do interesse privado, refere-se ao plexo de interesses dos indivíduos enquanto partícipes da sociedade; o secundário é o interesse particular, individual, do Estado enquanto pessoa jurídica autônoma.[12] Ambos insistiram numa observação importantíssima: o interesse público secundário só pode ser perseguido pela Administração quando for *coincidente* com o primário.[13]

Por que essa distinção é importante para o tema? Ela é importante porque Renato Alessi afirma que em relação aos interesses secundários e patrimoniais a Administração *deve* utilizar-se de meios jurídicos esta-

enquanto realiza a *função* deste. Finalmente, explica que "há interesses individuais que podem ser mediados com respeito a interesses coletivos, no sentido de que o desfrute de bens aptos apenas para serem gozados por um ou mais indivíduos do grupo, mas não por todos, pode constituir o meio para satisfação de verdadeiros interesses coletivos". E complementa: "Isto se explica quando se pensa que o desenvolvimento de um interesse coletivo pode requerer, como meio, o desfrute de coisas ou de energias humanas por parte de quem, provendo o desenvolvimento do próprio interesse, funcione como órgão do grupo". Esses interesses individuais do órgão, mediatos em relação aos interesses coletivos, foram chamados por Carnelutti de "interesses coletivos individuais" ou "secundários" (ob. cit., pp. 55-60).

11. Nas palavras de Renato Alessi: "Questi interessi pubblici, collettivi, dei quali l'Amministrazione deve curare il soddisfacimento, non sono, si noti bene, semplicemente, l'interesse dell'Amministrazione intesa come apparato organizzativo, sibbene quello che è stato chiamato l'interesse colletivo *primario*, formato dal complesso degli interessi individuali prevalenti in una determinata organizzazione giuridica della collettività, mentre l'interesse dell'apparato, se può esser concepito un interesse dell'apparato unitariamente considerato, sarebbe semplicemente uno degli interessi *secondari* che si fanno sentire in seno alla collettività, e che possono essere realizzati soltanto in caso di coincidenza, e nei limiti di siffatta coincidenza, con l'interesse collettivo primario" (*Principi di Diritto Amministrativo*, vol. I, Milão, Giuffrè, 1966, § 126, pp. 200-201).

12. Celso Antônio Bandeira de Mello, *Curso de Direito Administrativo*, 31ª ed., São Paulo, Malheiros Editores, 2014, Capítulo I-43-44, pp. 65-66.

13. Nas palavras de Alessi: "Anche potendosi concepire un interesse, secondario, dell'Amministrazione considerata come apparato organizzativo, esso non potrebbe esser realizzato se non in caso di *coincidenza* con l'interesse primario, pubblico" (*Principi di Diritto amministrativo*, cit., vol. I, p. 201 – grifamos). No mesmo sentido: Celso Antônio Bandeira de Mello, *Curso de Direito Administrativo*, cit., 31ª ed., Capítulo I-45, p. 67.

belecidos pelo *direito privado*, pois para a satisfação desses interesses ela *não goza* de supremacia jurídica sobre os particulares. Segundo sua doutrina, os meios de direito privado são fundamentalmente estabelecidos para a realização dos interesses secundários; ademais, pode a Administração, para a satisfação *indireta* do interesse primário, *renunciar* à sua posição de supremacia e voluntariamente se submeter às regras de direito privado. Nesse caso, porém, ela põe em primeiro plano o interesse secundário e deixa no segundo plano o interesse primário. Por isso, só é possível a renúncia à posição de supremacia quando está diretamente em jogo um interesse público secundário e só indiretamente um primário.[14]

A partir da lição de Alessi, parte da doutrina passou a defender a existência de *interesses públicos disponíveis*, justamente os *interesses patrimoniais da Administração, interesses secundários*. Em relação a esses interesses, seguindo a doutrina de Alessi, a Administração não gozaria de supremacia: estaria numa posição de igualdade em relação

14. Nas palavras de Alessi: "Non sembra però privo di valore il rilievo del fatto che l'Amministrazione può avvalersi di questi mezzi offerti dal diritto privato sia per una finalità che chiameremo privatistica, sia per una finalità che si può definire pubblicistica: può invero avvalersene per la finalità di dare realizzazione ad interessi meramente secondari e patrimoniali (interessi propri del soggetto giuridico come tale, attinenti al suo *patrimonio*, inteso in senso giuridico, ben s'intende) ben distinti quindi dall'interesse pubblico, che è interesse *diffuso*, interesse dell'intero gruppo sociale organizzato nell'ente: ad es. quando l'ente pubblico amministra i suoi beni *patrimoniali disponibili*, amministra un fondo agricolo posseduto *iure privatorum*, stipula contratti di locazione del medesimo, e così via" (*Principi di Diritto Amministrativo*, cit., vol. I, p. 234). Pouco adiante, afirma: "Non potendo la determinazione volitiva unilaterale dell'Amministrazione avere diretti riflessi al di fuori della sfera giuridica dell'Amministrazione stessa, appunto in quanto che per il soddisfacimento dell'interesse secondario del soggetto amministrativo l'Amministrazione non gode di alcuna posizione di supremazia giuridica sui privati, ove occorra attuare modificazioni giuridiche tali da riflettersi al di fuori di tale sfera, sulle sfere dei soggetti privati, al pari di ogni soggetto sottoposto al diritto privato l'Amministrazione dovrà provvedere contrattualmente, vale a dire coordinando la propria volontà con quella del soggetto sulla cui sfera deve riflettersi direttamente la modificazione giuridica avuta di mira dall'Amministrazione" (idem, p. 236). E, ao final, Alessi expõe que, *na dúvida*, a renúncia à posição de supremacia e a submissão voluntária da Administração ao direito privado só são possíveis quando o *interesse imediato* for a *satisfação do interesse secundário*: "Perciò, nei casi dubbi, per potersi ammettere la configurabilità privatistica del rapporto, occorre che risulti ben chiaramente che l'Amministrazione ha inteso agire per realizzare direttamente un interesse di ordine patrimoniale senza diretta considerazione per un interesse publico generale" (idem, pp. 244-245).

aos administrados. Seria, então, perfeitamente possível, nesse campo, a utilização da *arbitragem*. Esse posicionamento foi sustentado na doutrina brasileira, dentre todos, pelo saudoso Caio Tácito.[15] Foi acolhido pelo STJ no AgR no MS 11.308-DF, 1ª Seção, relator o Min. Luiz Fux, julgado em 28.6.2006, *DJU* 14.8.206, p. 251. Afirmou o Ministro: "Naturalmente não seria todo e qualquer direito público sindicável na via arbitral, mas somente aqueles conhecidos como 'disponíveis', porquanto de natureza contratual ou privada".[16] Em suma, arbitragem – sustenta-se – só se presta para direitos disponíveis, mas o interesse público secundário ou patrimonial da Administração é disponível, e, por isso, compatível com a arbitragem.

Trata-se, *data maxima venia*, de absoluto equívoco. Comparado com o direito privado, cujas bases advêm do Direito Romano, a origem do direito administrativo é recente, ele nasceu das decisões do Conselho de Estado francês, instituído pelo art. 52 da Constituição francesa de 15.12.1799. Diante da antecedência secular, foi natural que o direito administrativo fosse pensado e construído tendo por base o direito privado:

15. "Se indubitavelmente, em certos casos, o princípio da indisponibilidade do interesse público repele o compromisso arbitral, não há por que obstar ao benefício da transação quando a natureza da obrigação de conteúdo mercantil, a ser cumprida pelo órgão público, possibilita que ao acordo de vontade, fruto do vínculo bilateral, possa igualmente suceder o procedimento amigável como dirimente de eventual discrepância no entendimento da latitude da obrigação do administrador" (Caio Tácito, "Arbitragem nos litígios administrativos", in *Temas de Direito Público: Estudos e Pareceres*, vol. 3, Rio de Janeiro, Renovar, 2002, p. 88).

16. A decisão do STJ assentou-se expressamente na doutrina de Alessi: "A escorreita exegese da dicção legal impõe a distinção jus-filosófica entre o interesse público primário e o interesse da Administração, cognominado 'interesse público secundário'. (...). O Estado, quando atestada a sua responsabilidade, revela-se tendente ao adimplemento da correspectiva indenização, coloca-se na posição de atendimento ao 'interesse primário'. Ao revés, quando visa a evadir-se de sua responsabilidade no afã de minimizar os seus prejuízos patrimoniais, persegue nítido interesse secundário, subjetivamente pertinente ao aparelho estatal, em subtrair-se de despesas, engendrando locupletamento à custa do dano alheio. Deveras, é assente na doutrina e na jurisprudência que indisponível é o interesse público, e não o interesse da Administração. Nesta esteira, salienta-se que, dentre os diversos atos praticados pela Administração para a realização do interesse público primário, destacam-se aqueles em que se dispõe de determinados direitos patrimoniais, pragmáticos, cuja disponibilidade, em nome do bem coletivo, justifica a convenção da cláusula de *arbitragem* em sede de contrato administrativo" (STJ, AgR no MS 11.308-DF).

levou-se em consideração para construção do novo ramo dogmático o ramo já existente, já desenvolvido há séculos. Essa atitude natural, contudo, constituiu uma das maiores – se não a maior – fontes de equívocos na compreensão do direito administrativo. Para Otto Mayer, por exemplo, a Administração Pública pode assumir dois papéis distintos: desenvolver uma atividade voltada para a satisfação de interesses públicos ou assumir a "situação de um empresário privado" e procurar seus "interesses econômicos".[17] Em relação ao segundo papel, Otto Mayer afirmou, textualmente: "Se dice que la Administración Pública no procura en este caso intereses públicos sino sus intereses privados".[18] Designou o Estado de "Administração Pública" quando exerce o primeiro papel e de "Administração Fiscal" quando exerce o segundo; a primeira está submetida presumidamente ao direito público, a segunda está submetida presumidamente ao direito privado.[19]

A doutrina de Otto Mayer é um ótimo exemplo do seguinte *vício metodológico*: supor que o Estado possa assumir a *situação jurídica de um particular* e, pois, submeter-se ao *regime de direito privado*. Ocorre que o regime privado é baseado na *liberdade individual* e na *autonomia da vontade*, na assegurada possibilidade de busca de interesses egoísticos. É um regime incompatível com a natureza do Estado, que, por definição, é um ente instrumental, existe para o cumprimento de uma *função* – vale dizer, para a busca do bem comum, para a concretização do interesse público. O Estado jamais – e não há exceção a essa assertiva – pode buscar a realização de meros interesses privados, só pode buscar o interesse público. Enfim: mesmo quando se submete às regras de direito privado, mesmo quando se aproxima da situação de proprietário, de empresário, de comerciante, o Estado não se apresenta como Administração Fiscal, mas como Administração Pública. Enfatiza-se: jamais se afasta do regime de direito público, mesmo quando se submete às regras de direito privado. Submeter-se a um regime consiste em se submeter a determinados princípios fundamentais. É possível se submeter a regras de direito civil, trabalhista, comercial, sem se afastar do regime de direito administrativo. Administração Pública e regime de direito

17. Otto Mayer, *Derecho Administrativo Alemán*, t. I, trad. de Horacio H. Heredia e Ernesto Krotoschin, Buenos Aires, Depalma, 1949, p. 188.

18. Idem, ibidem.

19. Idem, pp. 189-190.

privado são, pois, expressões inconciliáveis.[20] Diante disso, a pressuposição de *interesses públicos disponíveis* decorre de um *vício metodológico*, de um *vício de premissa teórica*, da equívoca pressuposição de que a Administração possa assumir a posição jurídica de um particular e se afastar do regime de direito público.

A própria doutrina de Renato Alessi permite superar esse vício. Há nas lições do notável jurista sobre o interesse público secundário uma palavra-chave: "coincidência". Interesse público secundário só é reconhecido pelo Direito quando for coincidente com o interesse público primário. Coincidir, do Latim medieval *coincidere*, significa *ser igual* em formas ou dimensões, ter *ajustamento perfeito*, apresentar a *mesma identidade*, caráter, sentido.[21] Não basta que o interesse secundário da Administração seja *compatível* com o primário; ele deve ser coincidente, quer dizer, ele deve ser igual ao primário! Isso não é compreendido pela doutrina e, surpreendentemente, pelo próprio Alessi. O interesse público secundário, enquanto interesse juridicamente reconhecido, *não* possui *autonomia*. Ele só é juridicamente acatado pelo ordenamento se for *coincidente* com o primário; ou, noutros termos, o interesse secundário será um interesse juridicamente reconhecido somente quando for também um interesse primário. Trata-se de uma *armadilha conceitual*: a Administração só pode perseguir o interesse primário e, por isso, só pode perseguir o chamado interesse secundário quando este for o interesse primário.

Com esse esclarecimento tudo fica óbvio. Se o interesse primário é indisponível, o interesse secundário, juridicamente admitido, tem que ser indisponível, pois este deve ser *coincidente* com o primário. Para ser coincidente, deve ter, necessariamente, os mesmos caracteres, as mesmas qualidades; coincidência significa identidade ontológica. O interesse público secundário *disponível* não pode ser perseguido pela Administração, pois, se ele é *disponível*, não é coincidente com o primário, que é *indisponível*. Se essas assertivas não forem indiscutíveis para alguns, basta atentar para o *fundamento da indisponibilidade*. O interesse público é indisponível porque é um *interesse alheio*, não é um interesse

20. Foi o que sustentei em meu *Efeitos dos Vícios do Ato Administrativo*, São Paulo, Malheiros Editores, 2008, pp. 111-114.

21. Antônio Houaiss e Mauro de Salles Villar (eds.), *Dicionário Houaiss da Língua Portuguesa*, Rio de Janeiro, Objetiva, 2001, p. 755.

do *agente público*, que presenta o Estado, nem, propriamente, da pessoa jurídica estatal; é um interesse do povo, dos administrados. Ora, ninguém pode dispor de interesse alheio, e justamente por isso o interesse público é indisponível, porque é o interesse dos particulares enquanto partícipes da sociedade. O patrimônio estatal, o dinheiro público, por óbvio, não é do agente, nem propriamente do Estado enquanto pessoa autônoma; é, em última análise, do povo, dos administrados. A Administração Pública, quando exerce a gestão de seu patrimônio imobiliário, *administra bens alheios*, bens do povo; quando exerce a gestão de dinheiro público, administra dinheiro alheio, do povo. Nada mais indiscutível: a atuação do Estado é sempre regida pelo *princípio fundamental da indisponibilidade do interesse público*, mesmo quando ele atua na ordem econômica ou administra seu patrimônio. Numa linguagem prosaica, a Administração não pode jogar dinheiro para o alto sob o argumento de que o interesse é supostamente secundário, e não primário, e, pois, disponível.

Sintetiza-se: a teoria que sustenta a possibilidade da utilização da arbitragem pela Administração para os interesses disponíveis desta deve ser rechaçada, porque a Administração, conceitualmente, não possui interesses disponíveis. O chamado interesse público secundário só é juridicamente reconhecido quando for *coincidente* com o primário. Interesse público secundário não coincidente com o primário não é tutelado pelo Direito, não é *interesse jurídico*. Por isso, a Administração, ao contrário do sustentado por Alessi, jamais pode *dispor do interesse público secundário*, enquanto interesse juridicamente reconhecido. De duas, uma: ou o interesse secundário é um interesse primário, e, como tal, indisponível, ou não o é, e, pois, não pode ser perseguido pela Administração. Assim, a Administração não pode valer-se da *arbitragem* para perseguir interesses patrimoniais disponíveis, porque esses interesses "disponíveis", sendo não-coincidentes com o interesse primário, não são protegidos pelo Direito. Persegui-los, enfim, é atentar contra a ordem jurídica.

## *2.4 Interesse público primário e disponibilidade legislativa*

A boa doutrina logo se opôs à adoção da arbitragem nas concessões de serviço público, por considerá-la incompatível com a indisponibilidade do interesse público. É mister observar que o próprio Alessi, defensor da disponibilidade dos interesses secundários, sempre afirmou a incompatibilidade dos serviços públicos com o direito privado e, pois, com a disponibilidade.[22] Os empresários estrangeiros, muito bem assessorados, não se contentaram com a mera inclusão da cláusula arbitral no contrato de concessão. A saída foi astuciosa: o interesse público, indisponível, pode ser disposto se houver *autorização legislativa*; conseqüentemente, se o legislador *autorizar* a arbitragem – muitos passaram a defender –, não haverá violação da indisponibilidade. O governo do Presidente Fernando Henrique Cardoso, partidário de uma política neoliberal e submisso aos interesses dos empresários estrangeiros, passou a propugnar por essa autorização legislativa.

Farta legislação foi editada nesse sentido. O primeiro diploma a autorizar a arbitragem foi a Lei federal 9.472/1997, instituidora da Agência Nacional de Telecomunicações, cujo inciso XV do art. 93 estabeleceu: "Art. 93. O contrato de concessão indicará: (...); XV – o foro e o modo de solução extrajudicial de divergências contratuais". Logo depois, foi editada a Lei federal 9.478/1997, instituidora da Agência Nacional de Petróleo, cujo inciso X do art. 43 mencionou expressamente o signo: "Art. 43. O contrato de concessão deverá refletir fielmente as condições do edital e da proposta vencedora e terá como cláusulas essenciais: (...); X – as regras sobre solução de controvérsias, relacionadas com o contrato e sua execução, inclusive a conciliação e a arbitragem internacional; (...)". Após, a Lei federal 10.233/2001, instituidora da Agência Nacional de Transportes Terrestres e da Agência Nacional de Transportes Aquaviários, no inciso XVI do art. 35 também previu a indigitada cláusula: "Art. 35. O contrato de concessão deverá refletir fielmente as condições do edital e da proposta vencedora e terá como cláusulas essenciais as relativas a: (...); XVI – regras sobre solução de controvérsias relacionadas com o contrato de concessão e sua execução, inclusive a conciliação e a arbitragem; (...)".

22. Nas palavras dele: "Afirmación que, a su vez, induce a excluir la configurabilidad privada de todos los supuestos de relaciones originadas por el ejercicio de servicios públicos, dado el hecho de que la noción propia de servicio público implica el hecho de prestaciones por parte de un ente público, que se otorgan en consideración directa e inmediata de un interés público a que las prestaciones sean efectivamente otorgadas y lo sean por parte de un ente público, sin consideraciones de orden patrimonial" (Renato Alessi, *Instituciones de Derecho Administrativo*, t. I, trad. de Buenaventura Pellisé Prats, Barcelona, Bosch, 1970, p. 222).

Até aí vigorava o *sistema de autorizações legislativas específicas*, mediante o qual o legislador autorizava (na verdade, impunha) a arbitragem em campos específicos – setor de telecomunicações, monopólio de petróleo, transportes terrestres e aquaviários. Finalmente, foi, então, editada a Lei 11.196/2005, que inseriu o art. 23-A na Lei 8.987/1995, Lei Geral das Concessões: "Art. 23-A. O contrato de concessão poderá prever o emprego de mecanismos privados para resolução de disputas decorrentes ou relacionadas ao contrato, inclusive a arbitragem, a ser realizada no Brasil e em língua portuguesa, nos termos da Lei n. 9.307, de 23 de setembro de 1996". Esse dispositivo deixa bem claro o triste momento político: a absoluta submissão dos governantes aos interesses estrangeiros. A cláusula final, nesse cenário, ao menos para o editor normativo, não era óbvia: a arbitragem seria realizada no vernáculo em decorrência da determinação (quase um "favor") do legislador brasileiro! Momento negro da história do País, em que a submissão aos interesses internacionais ficou estampada em muitas leis, infelizmente ainda não revogadas.

Nova questão foi proposta: diante dessa *autorização legislativa* (nos três primeiros casos, verdadeira *imposição legislativa*), a adoção da arbitragem pela Administração passou a ser válida? A questão exige enfrentar outra importante questão do direito administrativo: a *disponibilidade legislativa do interesse público*. O legislador, da mesma forma que o administrador, exerce *função pública*. Ruy Cirne Lima conceituou *administração* como "atividade do que não é senhor absoluto".[23] E, mais adiante: "É a atividade do que não é proprietário – do que não tem a disposição da cousa ou do negócio administrado".[24] A leitura apressada dessa magna lição pode levar a equívocos: rigorosamente, nenhum agente estatal é senhor absoluto; nenhuma função estatal é atividade de proprietário, toda função é ínsita a um dever, e, por isso, o legislador também é um servo do interesse público. Aplica-se também à função legislativa, com toda força, a lição do clássico doutrinador: "Traço característico da atividade assim designada é estar vinculada não a uma vontade livremente determinada, porém, a um fim alheio à pessoa e aos

23. Ruy Cirne Lima, *Princípios de Direito Administrativo*, 7ª ed., São Paulo, Malheiros Editores, 2007, p. 37.

24. Idem, p. 41.

interesses particulares do agente ou órgão que a exercita".[25] Proprietário do interesse público é, em última análise, o povo, jamais o legislador.

O legislador exerce função pública; está, portanto, vinculado ao dever de concretizar o interesse público; e, nesse sentido, não é senhor de absolutamente nada. No entanto, as pessoas jurídicas que presentam o Estado são proprietárias de bens, e, como proprietárias, sempre tendo em vista o interesse público, têm que exercer os poderes próprios da propriedade. É plenamente aplicável a analogia: o exercício das prerrogativas que, por mera analogia, são similares às de um proprietário é próprio da função legislativa. O Executivo, cuja função típica é a administração, não pode dispor dos bens públicos dominicais sem expressa autorização legislativa, pois vigora essa regra: o exercício de prerrogativas similares às de um proprietário é próprio da função legislativa. Não há que se falar em poderes no direito público, trata-se sempre de deveres: a alienação ou aquisição de um bem jamais se dará pelo interesse do agente, mas por imposição do interesse público. O legislador não está em situação de proprietário, está em situação de mero administrador, pois também deve tutelar o interesse alheio; porém, as prerrogativas similares às do proprietário cabem ao legislador.[26]

Assim, se o Estado necessita *dispor* de seu *patrimônio*, em sentido lato, faz-se necessária a autorização *parlamentar*, a autorização do representante popular. O patrimônio público é indisponível, mas, se o interesse público exige a alienação de um bem, deve o legislador autorizar essa alienação; se o interesse público exige a doação de um bem, deve o legislador autorizar a doação. Muitos, então, passaram a sustentar: como o interesse público é indisponível, se ele exigir a adoção da arbitragem, deve o legislador autorizá-la, e, diante da autorização legislativa, inexiste invalidade. Há um importante precedente jurisprudencial nesse sentido: trata-se do AI 52.181, julgado pelo STF em 14.11.1973, em que a Corte considerou válida arbitragem efetuada pela União. Esse precedente, marcado por significativas particularidades,[27] não é base para justifi-

25. Idem, p. 39.

26. Foi o que afirmamos em nosso *Efeitos dos Vícios do Ato Administrativo*, cit., Capítulo III-1.4.3, pp. 74-75.

27. Basta um resumo do caso: o Decreto 10.358, de 31.8.1942, declarou estado de guerra. Poucos meses depois, o Decreto-lei 4.648, de 2.10.1942, incorporou ao patrimônio nacional os bens e direitos da chamada Organização Lage e do Espólio de

car uma conclusão genérica. Pelo contrário: ressalvados os casos excepcionalíssimos, como o "caso Lage", a autorização legislativa para realização de arbitragem pela Administração é inválida. Atente-se, todavia, para o seguinte: a invalidade não decorre da indisponibilidade do interesse público, pois a autorização legislativa seria suficiente para a disposição. Com a promulgação das leis federais mencionadas o argumento da *indisponibilidade* está superado.

Henrique Lage, com fundamento no estado de guerra. Surpreendentemente, não foi paga indenização por essa incorporação. O Governo passou a discutir o *quantum* que deveria ser pago. Alguns anos depois, o Decreto-lei 7.024, de 6.11.1944, manteve a incorporação e fixou a indenização em Cr$ 316.238.053,40, deduzido o passivo de Cr$ 303.070.609,75. O Presidente da República não acolhera a indicação do Superintendente do Governo Federal, que propunha o valor de Cr$ 760.282.210,14, nem a proposta do Ministro da Fazenda, que propunha o valor de Cr$ 150.000.000,00. O Decreto-lei 7.024 exigiu a prévia homologação do Espólio, que, por óbvio, recusou assentimento. Formulou o Espólio protesto judicial no Juízo da 1ª Vara da Fazenda. Poucos anos depois, em 26.6.1946, o Decreto-lei 9.521 estabeleceu que a União pagaria pela incorporação o valor da justa indenização fixada por um juízo arbitral. Em 21.1.1948 o Juízo Arbitral fixou a indenização em Cr$ 288.460.812,00. Em 4.10.1951 o Executivo encaminhou o Aviso 164 à Comissão de Finanças do Senado, para aprovação de dotação necessária ao pagamento da indenização fixada pelo Juízo Arbitral. Em 14.11.1952 é encaminhada a Mensagem 463, solicitando o cancelamento e o arquivamento da Mensagem 164. A União passou a defender a invalidade da arbitragem efetuada. Em 14.11.1973, no julgamento do Ag 52.181, o STF teve que responder se a arbitragem era inválida, e a família continuaria sem nenhuma indenização, ou era válida, e, finalmente, algo seria pago. Invalidar a arbitragem, nessa altura, era fazer tábula rasa da segurança jurídica e vilipendiar ainda mais os direitos fundamentais dos Lage. O Min. Bilac Pinto, Relator, fundamentou sua decisão no parecer de Castro Nunes, segundo o qual, havendo autorização legislativa para instituição da arbitragem pela Administração, ela seria válida, e, no caso, o decreto-lei, pela teoria da recepção, tinha eficácia de lei. Argumento reiterado no voto do Min. Rodrigues de Alckmin. Aliás, afirmou textualmente este último: "Tal decreto-lei, na verdade, corresponde, materialmente, à manifestação de vontade da União para o acordo com os interessados no sentido de que o valor da indenização fosse fixado por terceiros". Os ilustres Ministros decidiram corretamente, mas se equivocaram na fundamentação. Arbitragem efetuada pela Administração é inválida, mas, diante das circunstâncias desse caso concreto, houve uma *estabilização do vício*: com o decurso do tempo a invalidade desapareceu do mundo jurídico. Sobre o tema, v. nosso *Efeitos dos Vícios do Ato Administrativo*, cit., Capítulo VIII-5.5, pp. 295 e ss. O caso – lamentável, em todos os sentidos – configura, sim, um argumento a mais em prol da não adoção da arbitragem pela Administração: a solução arbitral é marcada pela *insegurança*, pois poderá ser, no futuro, impugnada pela Administração, e nada assegura que o Judiciário não venha a reconhecer sua invalidade.

## *2.5 Segunda fase: afronta à supremacia do interesse público sobre o privado*

Para compreender o porquê dessa invalidade impõe-se o exame, ainda que a vôo de águia, do papel do Judiciário no *ordenamento jurídico*. Oswaldo Aranha Bandeira de Mello qualificou o Poder Judiciário como o oráculo das Constituições rígidas.[28] Celso Antônio Bandeira de Mello efetuou uma feliz extensão: o Poder Judiciário é o oráculo não apenas da Constituição, mas do Direito.[29] O *magistrado* é o agente público encarregado, pelo sistema normativo, de expressar a última palavra sobre o Direito; de, enfim, *dizer o Direito definitivamente*. E, nesse sentido, é o *oráculo do Direito*. A assertiva deve ser compreendida com cautela. Não se está a afirmar que o Direito é o que o juiz diz, não se adota a posição dos *realistas*.[30] Os juízes só dizem efetivamente o Direito quando acertam

28. "O oráculo, em última instância, da Constituição deve ser um corpo apolítico, isento de *parti pris*, indiferente aos interesses individuais e egoísticos, e que serenamente procure a verdade, verificando se algum dos Poderes governamentais se excedeu na sua missão, e assim estabeleça a hierarquia entre a Constituição e a lei ordinária ou o ato administrativo, e declare nulos e írritos, sem nenhum valor, estes últimos quando contrários àquela. O órgão designado pela sua natureza a dizer da constitucionalidade dos atos e leis governamentais é o Poder Judiciário" (Oswaldo Aranha Bandeira de Mello, *A Teoria das Constituições Rígidas*, 2ª ed., São Paulo, José Bushatsky Editor, 1980, pp. 89-90).

29. Afirma o brilhante jurista: "Portanto, o órgão jurisdicional, ao decidir, afirma que o direito por ele pronunciado preexiste e que a solução dada é a cabível e é a única, com exclusão de qualquer outra, porque fala em nome do que já está solucionado na lei, da qual ele é o porta-voz no caso concreto. O deslinde pode (ou não) ser difícil; pode demandar recurso a princípios gerais, mas, de direito, sua pronúncia é a expressão oracular do que as normas aplicáveis 'querem' naquele caso" (Celso Antônio Bandeira de Mello, "Mandado de segurança contra denegação ou concessão de liminar", *RDP* 92/58, Ano XXII, São Paulo, Ed. RT, outubro-dezembro/1989). E noutra oportunidade afirmou: "O juiz é o oráculo do Direito no caso concreto. É esta a função do juiz. Quando o juiz decide num sentido, aquela decisão que ele toma é, para aquele instante, a verdade legal, e é produzida a título de dizer: a verdade legal, a única que existe, porque duas não podem existir conflitantes numa mesma situação" ("Juízo liminar: poder-dever de exercício do poder cautelar nessa matéria", *RTDP* 3/114, São Paulo, Malheiros Editores, 1993).

30. Para um bom panorama sobre a orientação realista, v. Karl Olivecrona, *Linguagem Jurídica e Realidade*, trad. de Edson L. M. Bini, São Paulo, Quartier Latin, 2005, pp. 17 e ss. Nesse estudo cita a lição de Corbin, que bem sintetiza a chamada *teoria da predição*: "Um enunciado de que existe uma relação jurídica entre 'A' e 'B' é uma *predição* sobre o que a sociedade, atuando através de seus tribunais ou de seus

na interpretação dos textos normativos; como são seres humanos, é natural a possibilidade de *erro*. Por uma questão de *necessidade*, para a manutenção da paz social e concretização da segurança, o *erro* do Judiciário é assimilado pelo sistema. Trata-se de uma *regra de calibração*:[31] a decisão jurisdicional transitada em julgado é aceita como *válida* ainda que *cientificamente equivocada* (mesmo essa regra de calibração não é absoluta: adota-se a teoria da coisa julgada inconstitucional[32]). Isso não significa que o que era inconstitucional passa a ser constitucional, e vice-versa. Não: se novamente provocado, o Judiciário pode rever sua interpretação. Cabe, por isso, à Ciência do Direito apontar a *decisão jurídica correta*, mesmo após o erro do Judiciário. Daí a distinção: a decisão é cientificamente incorreta mas, se transitada em julgado, é válida; a norma apreciada pelo juiz era inválida, suponha-se, mas sua decisão, em decorrência da regra de calibração mencionada, é válida. Esse é o papel que o sistema normativo atribui ao magistrado: seu erro é *assimilado* pelo *sistema normativo*. Ele é titular da *competência* para pôr um fim no conflito, para *dizer o Direito para o conflito*. É, em suma, o agente habilitado e qualificado pelo sistema para ser o oráculo do Direito.

Esta é a pergunta-chave: pode o legislador atribuir a outrem que não o magistrado a prerrogativa de dizer a última palavra sobre o interesse público? Se foram observadas as questões formais, principalmente os princípios do contraditório, igualdade das partes, imparcialidade do árbitro e livre convencimento deste, a decisão do árbitro é imutável.[33]

órgãos executivos, fará ou não fará a favor de um e contra o outro" (idem, pp. 27-28). Perceba-se: pela posição dos realistas o Direito não é uma ciência autônoma, e sim um *sub-ramo* da Sociologia.

31. A expressão é de Tércio Sampaio Ferraz Jr., *Teoria da Norma Jurídica*, 4ª ed., Rio de Janeiro, Forense, 2002, pp. 131 e ss. V., *supra*, 1-rodapé 32.

32. Sobre o tema, v. nosso *Efeitos dos Vícios do Ato Administrativo*, cit., Capítulos VIII-5.6.2, pp. 301-302, e 6.3, pp. 349-350, e XII-4.1, p. 653.

33. Nos termos do art. 32 e § 2º do art. 33 da Lei 9.307/1996, a sentença arbitral só pode ser declarada nula pelo Judiciário se: for nulo o compromisso; emanou de quem não podia ser árbitro; não conteve os requisitos previstos no art. 26 da Lei de Arbitragem; for proferida fora dos limites da convenção arbitral; comprovado que foi proferida por prevaricação, concussão ou corrupção passiva; proferida fora do prazo; ou forem desrespeitados os princípios de que trata o art. 21, § 2º, da mesma lei. O referido § 2º estabelece: "§ 2º. Serão, sempre, respeitados no procedimento arbitral os princípios do contraditório, da igualdade das partes, da imparcialidade do árbitro e de seu livre convencimento".

Quer dizer: no mérito da questão submetida à arbitragem a decisão do árbitro faz coisa julgada. O legislador não pode atribuir a decisão sobre o interesse público ao árbitro por força do *princípio da supremacia do interesse público sobre o privado*. Não há – perceba-se –, por força desse princípio, razão justificável para retirar do agente considerado o oráculo do Direito, do agente habilitado e qualificado pelo sistema para dar a última palavra sobre o jurídico, a competência para o exame das questões afetas ao interesse público. Em relação às questões privadas disponíveis o sistema jurídico admite que os particulares retirem do agente oracular a prerrogativa de dar a última palavra sobre elas. Em relação às questões indisponíveis o sistema jurídico não admite que o legislador retire do agente oracular essa prerrogativa. E não admite justamente por causa do princípio da *supremacia do interesse público sobre o privado*:[34] somente os interesses privados justificariam que a questão fosse atribuída ao árbitro, e os interesses privados não se sobrepõem, no plano abstrato, ao interesse público.

Há quem argumente que o árbitro é mais preparado que o magistrado. Esse argumento não é juridicamente aceitável. Para o Direito não importa se de fato o árbitro é mais preparado. Pode ser que ele o seja, e que isso seja indiscutível. Contudo, do ponto de vista normativo, para o sistema jurídico o oráculo do Direito é o magistrado; o mais habilitado para dizer o Direito, para o sistema jurídico, é o magistrado. Coerentemente, o sistema atribui apenas ao magistrado os chamados *atributos da Magistratura*. O que interessa para o Direito é o ponto de vista normativo, não o ponto de vista sociológico. Suponha-se que alguém tenha feito faculdade de Engenharia e de Direito, tenha sido aprovado num concurso da Magistratura e seja nomeado juiz de direito. Para o sistema normativo ele é considerado não detentor de conhecimento da área de Engenharia, ele deve, apesar de ter se diplomado na matéria, nomear um perito para examinar questões técnicas não-jurídicas.

Trata-se de algo não compreensível por muitos: para entender a realidade jurídica faz-se necessária uma *abstração*.[35] Do ponto de vista

34. Sobre o princípio da supremacia do interesse público sobre o privado, v. a excelente monografia de Daniel Wunder Hachem, *Princípio da Supremacia do Interesse Público*, Belo Horizonte, Fórum, 2011.

35. Nas palavras do insigne Celso Antônio Bandeira de Mello: "Vê-se, assim, a diferença profunda apresentada pelo mundo natural e mundo jurídico. Daí o caráter

normativo – insiste-se, e isso é indiscutível –, é o magistrado o mais habilitado para dizer o Direito, a ele o sistema imputa a magna função de dizer definitivamente o Direito perante um conflito de interesses; ele é, enfim, no mundo jurídico, o oráculo do Direito. Não pode o legislador, sob pena de ofensa ao princípio da supremacia do interesse público sobre o privado, destituir o magistrado da função de dizer definitivamente o Direito nos casos de conflitos relativos ao *interesse público.* Todas as leis que autorizam a realização de arbitragem pela Administração Pública são, por esse motivo, inconstitucionais.

formal do Direito; sendo uma construção dos homens, para entendê-lo e interpretá-lo deve-se levar em conta o que está contido no sistema normativo, e não indagar sobre sua aproximação do mundo natural" ("Introdução", in Geraldo Ataliba (coord.), *Elementos de Direito Tributário*, São Paulo, Ed. RT, 1978, p. 8).

# 3
# *Simetria e Federalismo Brasileiro*

*3.1 Federalismo. 3.2 Federalismo brasileiro. 3.3 O Município na Federação Brasileira. 3.4 O princípio da simetria: 3.4.1 Processo legislativo municipal – 3.4.2 Estatuto jurídico dos Prefeitos – 3.4.3 Comissões parlamentares de inquérito. 3.5 Considerações finais.*

## *3.1 Federalismo*

Todos sabem que o federalismo nasceu com a Constituição norte-americana, mas poucos conhecem com profundidade as razões históricas desse surgimento. Após a Independência, os Estados norte-americanos vivenciaram um período de esplendor democrático: fortaleceu-se o Legislativo, ampliou-se o sufrágio e buscou-se concretizar a chamada *teoria do espelho* ou da *representação*, segundo a qual o Legislativo deveria representar o povo e, pois, refletir o máximo possível as idéias, os valores e as convicções populares – eis os traços gerais do que ficou conhecido como *política da liberdade*. Ela não tardou a desagradar aos detentores do poder econômico: com o aumento significativo de congressistas detentores de recursos financeiros modestos, tornou-se corrente a aprovação de leis redistributivas da riqueza, que, por exemplo, perdoavam devedores, concediam empréstimos a juros baixos, suspendiam a cobrança de dívidas. Não tardou uma *reação*. Passou-se a defender a substituição da *teoria do espelho* pela *teoria da filtragem*, lutou-se pela adoção de mecanismos aptos a refinar as decisões populares por meio de sucessivas filtragens. Este foi o principal fundamento para a elaboração da teoria do federalismo e, por conseguinte, para a aprovação da Constituição norte-americana e para o implemento da primeira Federação: pôr um fim na chamada *política da liberdade*.[1]

A Constituição norte-americana, aprovada no Congresso de Filadélfia em 28.9.1787, deveria, para entrar em vigor, nos termos de seu art. VII, ser ratificada ao menos por nove Estados. O nono a ratificá-la foi New Hampshire, em 21.6.1788, mas os debates mais importantes ocorreram em Nova York, que a ratificou em 26.7.1788. Com efeito: desde o envio da Constituição pelo Congresso Nacional para ratificação pelos Estados até a efetiva ratificação pelo Estado de Nova York, James Madison, Alexander Hamilton e John Jay publicaram, com o pseudônimo de Publius, 85 artigos em quatro jornais – *Independent Journal*, *New York Packet*, *Daily Advertiser* e *New York Journal* – em prol da ratificação. O primeiro foi publicado em 27.10.1787 e o último em 15.8.1788, ambos por Hamilton. A coletânea desses 85 artigos foi chamada de *O Federalista*, e consiste numa das obras mais importantes da história política e jurídica da Humanidade. Nela estão as bases de vários institutos da Teoria Geral do Estado e do Direito, dentre eles o sistema presidencialista e o Estado Federal. A leitura atenta dos artigos federalistas torna indiscutível a veracidade das afirmações de Kramnick: essas teorias e as ações políticas que as implementaram consistiram, de início, numa reação à política da liberdade.[2]

Dito isso, indaga-se: no que consiste o *federalismo*? Estados soberanos, ao se unirem, renunciam à soberania, mas conservam sua autonomia. Somente a União passa a ser considerada um Estado soberano,

1. Os fatos são apresentados no magistral estudo de Isaac Kramnick, "Estudo introdutório", in James Madison, Alexander Hamilton e John Jay, *Os Artigos Federalistas*, trad. de Maria Luíza X. de A. Borges, Rio de Janeiro, Nova Fronteira, 1993, pp. 1-86.

2. A *teoria do filtro* é apresentada por Hamilton no *Federalist Paper* X: "Os dois grandes pontos de diferença entre uma democracia e uma república são: primeiro, a delegação do governo, nesta última, a um pequeno número de cidadãos eleitos pelos demais; segundo, o maior número de cidadãos e a maior extensão do País que a última pode abranger. O efeito da primeira diferença é, por um lado, depurar e ampliar as opiniões do povo, que são filtradas por uma assembléia escolhida de cidadãos, cuja sabedoria pode melhor discernir o verdadeiro interesse de seu País e cujo patriotismo e amor à justiça serão menos propensos a sacrificá-lo a considerações temporárias ou parciais. Sob tal regulação, é bem provável que a voz pública, manifestada pelos representantes do povo, seja mais consoante com o bem público que se manifesta pelo próprio povo, convocado para esse fim" (Alexander Hamilton, James Madison e John Jay, *Os Artigos Federalistas*, cit., p. 137).

mas, ao contrário do Estado Unitário, o Federal é composto por Estados-membros, todos *autônomos*,[3] dotados de poder legiferante próprio. Para preservar a sobrevivência do ajuste, adota-se o modelo do *constitucionalismo*: estabeleceu-se uma Constituição escrita e rígida, na qual são discriminadas as competências de cada qual. A observância dessa divisão de competências é garantida por um órgão – pelo sistema norte-americano, o Poder Judiciário – encarregado de apreciar a adequação ao texto constitucional dos atos editados pela União e pelos Estados-membros. Esses, a passo de guepardo, são os traços fundamentais do *federalismo*.[4]

3. Como bem explica Celso Antônio Bandeira de Mello, autonomia implica *direito a legislação própria*: "Ser autônomo é dispor de prerrogativa de criar o Direito, ainda que em esferas específicas. Não há autonomia sem poder político. A expressão, por conseguinte, diz respeito à capacidade legislativa, e só quem dela disponha pode ser considerado autônomo" (*Natureza e Regime Jurídico das Autarquias*, São Paulo, Ed. RT, 1968, p. 185). No Estado Federal, portanto, os Estados-membros não têm soberania, mas *autonomia*.

4. Em sua clássica monografia, Oswaldo Aranha Bandeira de Mello assim conceitua o Estado Federal: "Estado descentralizado por via de Constituição rígida, em que os Estados Federados são coletividades administrativa e constitucionalmente autônomas, e participam sempre, com maior ou menor extensão, nas deliberações da União" (*Natureza Jurídica do Estado Federal*, São Paulo, Prefeitura do Município de São Paulo, 1948, p. 124). Em outra preciosa monografia, Luís Roberto Barroso conceitua: "Estado Federal é uma modalidade de Estado composto, onde se verifica a superposição de duas ordens jurídicas – federal, representada pela União, e federada, representada pelos Estados-membros –, coordenadas por um processo de repartição de competências determinado pela Constituição Federal, em que a União titulariza a soberania e os Estados-membros detêm autonomia, participando, por um critério de representação, na formação da vontade federal" (*Direito Constitucional Brasileiro: o Problema da Federação*, Rio de Janeiro, Forense, 1982, p. 27). Luiz Alberto David Araújo discrimina as seguintes características do Estado Federal: (a) pressupõe, no mínimo, duas ordens jurídicas – uma central e outra parcial; (b) as ordens jurídicas parciais são dotadas de autonomia – competências próprias, auto-organização, escolha de seus governantes, competência legiferante; (c) adota uma Constituição rígida e escrita que estabelece a repartição de competências; (d) o instrumento jurídico do Estado Federal é a Constituição, e sua essência é a indissolubilidade do pacto federativo; (e) as vontades parciais são representadas no Senado Federal; (f) deve haver um guardião da Constituição, zelando pelo cumprimento da repartição de competências; (g) em casos extremos, a União decretará a intervenção federal ("Características comuns do federalismo", in Celso Bastos (coord.), *Por uma Nova Federação*, São Paulo, Ed. RT, 1995, p. 50). Finalmente, registra-se a explicação de José Afonso da Silva: "(...). A repartição regional de poderes autônomos constitui o cerne do conceito de Estado Federal. Nisso é que ele se distingue da *forma unitária de Estado* (França,

### *3.2 Federalismo brasileiro*

Ao contrário do Estado Federal norte-americano, o Estado Federal brasileiro foi *inventado*. Lá existiam Estados norte-americanos, soberanos e independentes, para se unirem e formarem o Estado Federal; aqui não existiam Estados brasileiros: até 1891 havia apenas um Estado Brasileiro, monárquico e unitário. Com a promulgação da primeira Constituição republicana foi implantada no Brasil a forma federativa. Distinguiu-se, então, o federalismo por *agregação* ou de *formação centrípeta*, como o norte-americano, em que Estados soberanos se unem, do federalismo por *desagregação* ou de *formação centrífuga*, como o brasileiro, em que um Estado Unitário é *transformado* em Estado Federal.[5] A solução foi tipicamente brasileira: marcada por arraigada xenofilia, faz parte da cultura brasileira a idolatria, e, em decorrência dela, a acrítica cópia de institutos estrangeiros.[6]

Um dos maiores responsáveis por essa cópia ridícula foi o genial Rui Barbosa; apaixonado pela questão federalista, empenhou-se ardorosamente pela sua implantação no País.[7] Do ponto de vista sociológico, o

Inglaterra, Uruguai, Paraguai – entre outros), que não possui senão um centro de poder que se estende por todo o território e sobre toda a população e controla todas as coletividades regionais e locais, (...)" (*Comentário Contextual à Constituição*, 8ª ed., São Paulo, Malheiros Editores, 2012, p. 35).

5. Sobre a distinção, v.: Augusto Zimmermann, *Teoria Geral do Federalismo Democrático*, Rio de Janeiro, Lumen Juris, 1999, pp. 54-56; José Afonso da Silva, *Curso de Direito Constitucional Positivo*, 37ª ed., São Paulo, Malheiros Editores, 2014, p. 103.

6. O tema não escapou da arguta crítica de Pontes de Miranda: "A insuficiência dos juristas e dos políticos, que influíram ou fizeram a Constituição brasileira de 1891, trouxe ao Império unitário a nova estrutura, sem atenderem aos verdadeiros princípios informativos do federalismo americano e, o que é mais grave, sem se olhar para o País a que se destinavam os novos textos" (*Comentários à Constituição de 1967 com a Emenda n. 1 de 1969*, 2ª ed., t. I, São Paulo, Ed. RT, 1970, p. 318).

7. Paulo Bonavides e Paes de Andrade defendem Rui: "Muito já se discutiu acerca de nossa segunda Constituição com o intuito de determinar se ela é ou não uma cópia da Carta norte-americana. Rui Barbosa seguidas vezes se viu acusado de trazer para o Brasil um modelo que não se compadecia com nossa realidade social, política e jurídica. A discussão parece não caber aqui. Esclareça-se, todavia: o trabalho não pode ser atribuído exclusivamente a Rui. Fácil averiguar que a Constituição de 1891 não é em absoluto cópia da Constituição americana. É de assinalar que Rui se penitenciou da defesa que fez do sistema presidencialista de governo e do texto constitucional norte-americano quando se despediu do Senado da República, em me-

Brasil não é e nunca foi Federal: muitos dos Estados-membros não tinham e não têm condições de sobreviver sozinhos. Atribuir autonomia, considerando o número atual, a 26 Estados, além do Distrito Federal, foi uma decisão política lamentável, que marcou a história do País. O Direito efetivamente transforma a realidade:[8] se sociologicamente não era ou não é, juridicamente tornou-se. E o que importa para o jurista é a realidade jurídica, não a realidade sociológica: desde 1891 juridicamente o Brasil é um Estado Federal. O próprio Rui Barbosa percebeu a abissal diferença entre a realidade norte-americana e a brasileira: a possibilidade de o mundo do dever-ser confrontar o mundo do ser não é absoluta. Por isso, defendeu que o estabelecimento do Estado Federal só seria possível no Brasil com uma União densamente fortalecida.[9] Sua lição

morável discurso" (Paulo Bonavides e Paes de Andrade, *História Constitucional do Brasil*, 3ª ed., Rio de Janeiro, Paz e Terra, 1991, p. 252).

8. Daí o absoluto acerto de Konrad Hesse ao afirmar a *força normativa* da Constituição (*A Força Normativa da Constituição*, trad. de Gilmar Ferreira Mendes, Porto Alegre, Sérgio Antônio Fabris Editor, 1991, pp. 11 e 24).

9. No discurso intitulado *Organização das Finanças Republicanas*, proferido na sessão de 16.11.1890, Rui Barbosa afirmou: "Por mais distantes que sejam as duas situações, o espírito inevitavelmente se me inclina a comparar o que se está presenciando atualmente, entre nós, com o que, ao mesmo respeito, se passava, há um século, na América do Norte. Nem tudo são analogias, é certo, entre as duas situações. Há contrastes entre elas; mas esses mesmos contrastes reforçam a conclusão, a que pretendemos chegar. Ao adotar o pacto, que os incorporava numa só nacionalidade, os 13 Estados na Nova Inglaterra constituíam sociedades ligadas entre si pela origem, pelo idioma, pela fé, mas politicamente separadas, diversas na sua organização doméstica, alheias umas às outras, absolutamente autônomas. (...). Com a implantação do regímen federativo, portanto, só tinham que perder em matéria de soberania. Alienaram-na voluntariamente em proveito de interesses superiores. Nós, pelo contrário, nós acabamos de sacudir uma Constituição unitária, na qual as Províncias se arrastavam opressas, afogadas, inertes sob a hipertrofia monárquica. Não tinham vida própria; não se moviam senão automaticamente no mecanismo imperial; eram contribuintes forçadas para a expansão de uma soberania estranha a elas, que as absorvia e nulificava. Abraçando, pois, o sistema federativo, nada podíamos perder: tudo ganhávamos de um dia para outro, equiparando-nos, por uma conquista instantânea, à situação constitucional a que os Estados ingleses da América do Norte, no fim do século XVIII, se submetiam com sacrifício de parte considerável dos seus Direitos anteriores". Antes, defendeu Rui a necessidade de uma União fortalecida: "Senhores, não somos uma Federação de povos até ontem separados, e reunidos de ontem para hoje. Pelo contrário, é da união que partimos. Na união nascemos. Na união se geraram e fecharam os olhos nossos pais. Na união ainda não cessamos de estar. Para que a união seja a herança de nossa descendência, todos os sacrifícios serão poucos. A

foi seguida à risca: desde sua implantação até os dias de hoje, seja na Constituição de 1891, nas de 1934, 1937, 1946, 1967, 1969 e na vigente, de 1988, o federalismo brasileiro foi marcado pela *centralização* – uma União *forte*, detentora de um extraordinário rol de competências.

### *3.3 O Município na Federação Brasileira*

O Brasil é um País consumido pela corrupção, é fato conhecido de todos.[10] Talvez por isso, teve, desde sempre, uma rica politicagem local. Conseqüentemente, a autonomia municipal foi sempre muito valorizada. A Constituição de 1988, porém, efetuou algo inusitado: transformou o Município em *entidade federativa autônoma*. A Federação Brasileira passou a ser *sui generis*: além da União e dos Estados-membros, comuns a todas as Federações, passou a ser integrada também pelos Municípios. O IBGE, em 2009, indicou a existência de 5.565 Municípios.[11] A existência de tantas entidades federativas, com Prefeitura e Legislativo próprios, é motivo de estupefação até mesmo para os mais alienados. Óbvio que muitos desses Municípios não têm a mínima condição de sobreviver sozinhos, sua existência é devida a um *acordo político*. Mais uma vez, reitera-se: se, do ponto de vista sociológico, a existência de 5.565 entidades federativas é ridícula, do ponto de vista jurídico é uma realidade indiscutível.[12] Juridicamente, enfim, a partir da Constituição de 1988 a Federação Brasileira é formada pela União, Estados, Distrito Federal e Municípios.[13]

união é, talvez, o único benefício sem mescla que a Monarquia nos assegurou. (...). Para não descer abaixo do Império, a República, a Federação, necessita de começar mostrando-se capaz de preservar a União, pelo menos tão bem quanto ele" (disponível em *http://www.casaruibarbosa.gov.br*, acesso em 3.4.2010).

10. Cf., *supra*, "Introdução", rodapé 10.

11. Instituto Brasileiro de Geografia e Estatística/IBGE, *Perfil dos Municípios Brasileiros*, Rio de Janeiro, 2009. Sobre os dados, consulte-se: *www.ibge.gov.br* (acesso em 17.1.2012).

12. Isso não significa negar que, juridicamente, muitos desses Municípios devam ser extintos. Sobre o tema, v., *infra*, Capítulo 12-12.5.

13. Para Lúcia Valle Figueiredo a Federação Brasileira tem uma *particularidade* e uma *anomalia* que a diferem do conceito técnico de Federação: a particularidade está na inclusão do Município na Federação, e a anomalia no fato de que o Município não tem representatividade no Poder Legislativo Central ("Competências administrativas dos Estados e Municípios – Licitações", *RTDP* 8/25, São Paulo, Malheiros Edi-

Assim, o princípio da autonomia federativa, sempre presente na história constitucional brasileira,[14] adquiriu *peso* muito maior no texto de 1988. E isso é fundamental para A compreensão do próprio texto constitucional. Dessarte: o constituinte de 1988 afirmou no art. 25 que os Estados se regem pelas Constituições que adotarem, observados os princípios da Constituição Federal; no art. 29, porém, afirmou que os Municípios se regem por *Lei Orgânica*, observados os princípios estabelecidos na Constituição Federal e nas Constituições dos respectivos Estados. Ao contrário do que o texto indica, essa Lei Orgânica é mais que uma mera *lei orgânica*; trata-se, na verdade, de uma verdadeira

tores, 1994). A doutrina, em coro uníssono, reconhece a natureza federativa dos Municípios no texto constitucional de 1988. Por todos, afirma Paulo Bonavides: "Faz-se mister assinalar desse modo o significado decisivo, inédito e inovador que assume o art. 18 da Constituição vigente. Esse artigo inseriu o Município na organização político-administrativa da República Federativa do Brasil, fazendo com que ele, ao lado do Distrito Federal, viesse a formar aquela terceira esfera de autonomia, cuja presença, nos termos em que se situou, altera radicalmente a tradição dual do federalismo brasileiro, acrescido agora de nova dimensão básica" (*Curso de Direito Constitucional*, 29ª ed., São Paulo, Malheiros Editores, 2014, p. 353).

José Afonso da Silva foi, durante muito tempo, intransigente opositor desse reconhecimento: "(...). Não é porque uma entidade territorial tenha autonomia político-constitucional que necessariamente integre o conceito de 'entidade federativa'. Nem o Município é essencial ao conceito de Federação Brasileira. Não existe Federação de Municípios. Existe Federação de Estados. Estes é que são essenciais ao conceito de qualquer Federação. Não se vá, depois, querer criar uma Câmara de representantes dos Municípios. Em que muda a Federação Brasileira com o incluir os Municípios como um de seus componentes? Nada muda. Passaram os Municípios a ser entidades federativas? Certamente que não, pois não temos uma Federação de Municípios. (...)" (*Comentário Contextual à Constituição*, cit. 8ª ed., p. 253).

Hoje parece ter mudado de opinião: "Nos termos, pois, da Constituição, o Município brasileiro é entidade estatal integrante da Federação, como entidade político-administrativa, dotada de autonomia política, administrativa e financeira. Essa é uma peculiaridade do Município brasileiro. A inclusão do Município na estrutura da Federação teria que vir acompanhada de conseqüências, tais como o reconhecimento constitucional de sua capacidade de auto-organização mediante Carta própria e a ampliação de sua competência, com a liberação de controles que o sistema até agora (1988) vigente lhe impunha, especialmente por via de leis orgânicas estabelecidas pelos Estados" (*O Constitucionalismo Brasileiro: Evolução Institucional*, São Paulo, Malheiros Editores, 2011, p. 354).

14. Sobre o princípio da autonomia municipal é de leitura obrigatória a obra de José Nilo de Castro, *Morte ou Ressurreição dos Municípios? – Estudo da Autonomia Municipal no Brasil e na França*, Rio de Janeiro, Forense, 1985.

*Constituição Municipal*.[15] Quem edita a Constituição Federal é o *poder constituinte originário*; quem reforma a Constituição Federal é o impropriamente chamado *poder constituinte reformador*; quem edita e reforma a Constituição Estadual é o impropriamente chamado *poder constituinte decorrente*.[16] Do mesmo modo: quem edita e reforma a Lei

15. Explica José Afonso da Silva sobre as *leis orgânicas*: "(...). A doutrina andou vacilando na conceituação e distinção das leis complementares, chamando-as, no mais das vezes, de leis orgânicas. Estas, na verdade, constituem apenas uma espécie daquelas, (...)". E, pouco adiante: "*Leis complementares orgânicas*, (...) são aquelas que dão forma e regulamentação aos órgãos do Estado e aos entes menores, instituições e serviços estatais. (...)" (*Aplicabilidade das Normas Constitucionais*, 8ª ed., São Paulo, Malheiros Editores, 2012, pp. 226-227). O notável constitucionalista, antes opositor intransigente da natureza federativa dos Municípios, equipara a Lei Orgânica destes às leis orgânicas propriamente ditas. Em sentido contrário, a doutrina brada em coro uníssono. Afirma Hely Lopes Meirelles: "(...). Essa Lei Orgânica, também denominada *Carta Própria*, equivale à Constituição Municipal" (*Direito Municipal Brasileiro*, 17ª ed., coord. de Adilson Abreu Dallari, São Paulo, Malheiros Editores, 2013, p. 85). No mesmo sentido: Regina Maria Macedo Nery Ferrari, *Direito Municipal*, 2ª ed., São Paulo, Ed. RT, 2005, p. 112.

16. Sobre o poder constituinte decorrente, v., por todos: Gabriel Ivo, *Constituição Estadual: Competência para Elaboração da Constituição do Estado-Membro*, São Paulo, Max Limonad, 1997, pp. 99 e ss. Tanto o poder constituinte reformador como o decorrente não são, propriamente, *poderes constituintes*, mas *constituídos*. O primeiro deve observar as cláusulas pétreas; o segundo, todos os princípios e regras da Constituição Federal. Celso Antônio Bandeira de Mello, ao discorrer sobre o tema, inicialmente entendeu que o chamado poder constituinte derivado merecia o nome de constituinte na medida em que as normas jurídicas por ele editadas têm eficácia de normas constitucionais, dotadas também de rigidez e supremacia ("Poder constituinte", *Revista de Direito Constitucional e Ciência Política* 4/73, Ano III, São Paulo, janeiro-junho/1985). Em sentido contrário, Michel Temer prefere chamá-lo de "competência reformadora", justamente porque é um poder constituído, e não constituinte (*Elementos de Direito Constitucional*, 24ª ed., 2ª tir., São Paulo, Malheiros Editores, 2014, p. 36). Temer, nos debates que se seguiram à conferência de Celso Antônio proferida em 29.9.1983, defendeu sua posição, que foi acolhida pelo digníssimo conferencista (Celso Antônio Bandeira de Mello, "Poder constituinte", cit., *Revista de Direito Constitucional e Ciência Política* 4/94-95). Hoje, o nobre Professor defende com vigor a posição de Temer: "Disto decorre ser infeliz a terminologia 'poder constituinte originário' e 'poder constituinte derivado', por induzir a equívocos, provocando a suposição de que são poderes da mesma natureza, isto é, espécies de um mesmo gênero, o que, já se viu, não é verdade. Deveras, todo poder constituinte é, *por definição, originário*. Assim, não há poder constituinte derivado, pois o que se rotula por tal nome é o poder de produzir emendas, com base em autorização constitucional e nos limites dela. (...)" (*Curso de Direito Administrativo*, 31ª ed. São Paulo, Malheiros Editores, 2014, Capítulo V-145, p. 336).

Orgânica Municipal é também um *poder constituinte decorrente*. A chamada *Constituição Federal* é, na verdade, não apenas a Constituição Federal, mas a *Constituição da República*: ela rege o Estado da República Federativa – e, pois, a União, os Estados, o Distrito Federal e os Municípios. É, ao mesmo tempo, *Constituição da República* e *Constituição Federal*. Os Estados regem-se pelas *Constituições Estaduais*, e os Municípios pelas *Constituições Municipais*, estas últimas chamadas no texto da Constituição da República de *Leis Orgânicas*.

O STF fixou o sentido e o alcance da cláusula constante do mencionado art. 29, pela qual as Leis Orgânicas devem atender aos princípios estabelecidos na Constituição Estadual. A interpretação literal do dispositivo levaria à negação da própria autonomia municipal – daí a exegese imposta pela interpretação sistemática: para que a Constituição Estadual limite a Lei Orgânica Municipal deve haver fundamento específico no texto da Constituição da República.[17] Somente quando a Constituição Federal estabelece expressamente que para determinada matéria a Lei Orgânica deve seguir a Constituição Estadual estará o constituinte estadual autorizado a editar norma aplicável aos Municípios. Na falta de fundamento expresso no texto da Constituição Federal – insiste-se –, a norma estadual voltada ao Município é inconstitucional, por violação da autonomia municipal.

17. No julgamento da ADI/MC 2.112-RJ (rel. Min. Sepúlveda Pertence, j. 11.5.2000, *DJU* 18.5.2001, p. 432, *RTJ* 178-02/686) decidiu-se: "Município: sentido da submissão de sua Lei Orgânica a princípios estabelecidos na Constituição do Estado. 1. Dar alcance irrestrito à alusão, no art. 29, *caput*, da CF, à observância devida pelas Leis Orgânicas Municipais aos princípios estabelecidos na Constituição do Estado traduz condenável misoneísmo constitucional, que faz abstração de dois dados novos e incontornáveis do trato do Município da Lei Fundamental de 1988: explicitar o seu caráter de 'entidade infra-estatal rígida' e, em conseqüência, outorgar-lhe o poder de auto-organização, substantivado, no art. 29, pelo de votar a própria Lei Orgânica. 2. É mais que bastante ao juízo liminar sobre o pedido cautelar a aparente evidência de que em tudo quanto, nos diversos incisos do art. 29, a Constituição da República fixou ela mesma os parâmetros limitadores do poder de auto-organização dos Municípios, e excetuados apenas aqueles que contêm remissão expressa ao direito estadual (art. 29, VI, IX e X), a Constituição do Estado não os poderá abrandar nem agravar". Quer dizer: a observância dos princípios estabelecidos na Constituição Estadual só é exigida quando houver norma *específica* na Constituição Federal que imponha essa observância. Na falta de fundamento específico na Constituição Federal, a Constituição Estadual não pode limitar a Lei Orgânica do Município.

Pois bem, Municípios são entidades federativas autônomas e, por isso, têm Constituição própria. Se a instituição da Federação Brasileira foi lamentável, a instituição dessa Federação *sui generis* é algo difícil de acreditar. Com efeito: se a criação de 26 Estados autônomos era contrária à realidade brasileira, o que dizer de 5.565 Municípios? Daí a pergunta: o que levou o constituinte de 1988 a tamanho absurdo? A explicação é fundamental para compreender a história constitucional brasileira. O federalismo sofreu uma *inversão ideológica*: na sua gênese, foi um instrumento contendedor do avanço democrático; posteriormente teve função oposta, tornou-se poderoso recurso de concretização da *democracia*. Deveras: a *descentralização territorial do poder* fortalece a democracia, e não apenas porque importa aumento quantitativo de representantes populares (ao invés de um Legislativo, o mesmo povo passou a ter três Legislativos: o Federal, o Estadual e o Municipal), mais que isso: é muito mais fácil influenciar o Legislativo Municipal do que o Legislativo Federal, pela óbvia razão de que os vereadores estão na respectiva cidade, bem mais próximos do que os deputados federais, que estão no Distrito Federal. O federalismo, enfim, passou a ser eficaz *instrumento democrático*.[18]

es da Constituição de 1988 o País vivenciou um longo período ditatorial. Aliás, durante boa parte de sua história esteve submetido a regimes ditatoriais, de modo que até 1988 o País vivenciara poucos anos de democracia.[19] Os juristas contrários ao regime ditatorial sempre defenderam a *descentralização do poder*, o *fortalecimento do federalismo* e, principalmente, o *municipalismo*. Pode-se afirmar, com segurança: quanto mais forte era o regime ditatorial, mais forte era o movimento municipalista. De fato, o movimento se fortaleceu mais e mais a cada nova ditadura: existente desde os períodos colonial e monárquico, avessos à democracia; fortaleceu-se durante a República velha, dominada pelo coronelismo e também avessa à democracia; fortaleceu-se ainda mais com a ditadura getulista; atingiu seu clímax durante o golpe militar de 1964. Trata-se de fato histórico inegável: foi durante a ditadura

18. Por todos: Janice Helena Ferreri Morbidelli, *Um Novo Pacto Federativo para o Brasil*, São Paulo, Celso Bastos Editor, 1999, pp. 44-51; Augusto Zimmermann, *Teoria Geral do Federalismo Democrático*, cit., pp. 155-158. V., também, *infra*, Capítulo 4-4.6.

19. Cf. Celso Antônio Bandeira de Mello, *Curso de Direito Administrativo*, cit., 31ª ed., Capítulo II-rodapé 10, p. 107.

militar que o municipalismo adquiriu mais força. Nunca antes ele esteve tão forte, tantos juristas se engajaram na causa municipal, tão farta foi a produção teórica municipalista.[20] Na comunidade jurídica, muitos preferiram não enfrentar o regime ditatorial de forma direta, pela luta armada, mas pela elaboração doutrinária. Por certo, os melhores publicistas brasileiros, sempre opositores aos regimes ditatoriais, defenderam ardorosamente a autonomia municipal e, por isso, enunciaram teorias doutrinárias em prol da *maximização* das *competências municipais*.[21] Perceba-se: quanto maior o poder dos Municípios, menor seria o poder da União; quanto mais alargadas as competências municipais, mais restritas as competências federais; e, conseqüentemente, quanto menor o poder federal e mais restritas as competências federais, menores eram os poderes dos militares, dos ditadores de plantão. A Constituição de 1988 foi um texto produzido após longo e violento período de ditadura, teve a aclamada intenção de servir de *contraponto histórico* a esse período. Compreende-se, pois, o porquê da elevação dos Municípios a entidades federativas autônomas, o porquê de tamanha densificação da *autonomia municipal*.

### *3.4 O princípio da simetria*

Com o fim da ditadura, com a consagração de um regime democrático, a boa doutrina tornou-se livre da *amarra ideológica*. Direito não é Filosofia, quer dizer, não é elaborado pelo mero prazer da elucubração

20. Apenas para dar um significativo exemplo: em setembro/1967 foi publicado o primeiro número da *Revista de Direito Público/RDP* revista científica do Instituto de Direito Público da Faculdade de Direito da USP, editada pela Revista dos Tribunais e dirigida por Geraldo Ataliba e Celso Antônio Bandeira de Mello; em outubro-dezembro/1969, em seu vol. 10, passaram a constar da *Revista* os chamados "Cadernos de Direito Municipal" – vários estudos de direito municipal assinados pelos maiores publicistas brasileiros. Esses "Cadernos" foram fonte de riquíssima doutrina municipalista.

21. Um exemplo é a famosa teoria das *normas gerais* formulada por Geraldo Ataliba, segundo a qual "tudo que possa ser disciplinado por lei simplesmente federal (na esfera da União), estadual (na esfera do Estado) ou municipal (no âmbito do Município), sem manifesto e palpável perigo de atrito ou usurpação de competência alheia, não pode absolutamente ser objeto de norma geral" ("Normas gerais de direito financeiro e tributário e autonomia dos Estados e Municípios". *RDP* 10/70, Ano III, São Paulo, Ed. RT, outubro-dezembro/1969).

teórica. As normas jurídicas são editadas para resolver conflitos sociais, de modo que a compreensão de seu sentido e seu alcance não pode dar-se com os olhos fechados para a realidade. Toda norma jurídica deve ser interpretada com a atenção voltada para a realidade social. A compreensão do dever-ser não pode ser efetuada com total abstração do ser, pois o dever-ser é estabelecido para o ser. Diante disso, tornaram-se correntes teorias doutrinárias restritivas das competências estaduais e municipais. A boa doutrina passou a ter, no tema, uma postura mais apropriada à realidade brasileira. Evidente que não negou o federalismo e a autonomia municipal, consagrados no texto vigente,[22] mas passou a defender uma interpretação da *divisão constitucional de competências* apropriada para o federalismo brasileiro, para um federalismo por desagregação ou de formação centrífuga, cuja realidade embate-se com a autonomia federativa de tantos entes estaduais e municipais.

Essas explicações estão na base do *princípio da simetria*, formulado pela jurisprudência constitucional brasileira. Ele foi inicialmente enunciado pelo STF no RE 74.193-GB, julgado em 27.4.1973, *DJU* 29.6.1973, tendo por relator o Min. Aliomar Baleeiro. No acórdão, assentou o Ministro que os Estados devem guardar simetria com o "modelo federal em matéria de divisão, independência e competência dos três Poderes, assim como princípios reguladores do funcionalismo público". Estabelecia-se, nesses termos, a principal base teórica do federalismo brasileiro. Pode-se enunciá-lo nos seguintes termos: ressalvada expressa disposição constitucional (da Constituição da República, por óbvio) em sentido contrário, aplicam-se aos Estados e aos Municípios os princípios e as regras constitucionais fixados para a União. A partir desse *leading case*, o princípio da simetria vem sendo reiteradamente invocado pelo STF. Passou a ser, de fato, uma *regra fundamental* para a compreensão do sistema federativo brasileiro.[23]

22. O limite da interpretação é o texto normativo. Por todos, Konrad Hesse, a sabendas, doutrina: "Onde o intérprete passa por cima da Constituição, ele não mais interpreta, senão ele modifica ou rompe a Constituição". E, com pena de ouro, averbou: "Para a interpretação constitucional, que parte do primado do texto, é o texto limite insuperável de sua atividade" (*Elementos de Direito Constitucional da República Federal da Alemanha*, trad. de Luís Afonso Heck, Porto Alegre, Sérgio Antônio Fabris Editor, 1998, pp. 69-70).

23. Sobre a utilização da simetria pelo STF após a Constituição Federal de 1988, consultar: Marcelo Labanca Corrêa de Araújo, *Jurisdição Constitucional e*

### *3.4.1 Processo legislativo municipal*

Por força do princípio da simetria, o *processo legislativo estadual* e o *municipal* devem seguir, ressalvada norma do texto da Constituição Federal em sentido contrário, o modelo estabelecido para o *processo legislativo federal*. Por óbvio, todas as regras constitucionais relativas ao Parlamento bicameral só se aplicam à União, pois o Legislativo Estadual e o Municipal, nos termos, respectivamente dos arts. 26 e 29 da CF de 1988, são *unicamerais*. No mais, o processo legislativo estadual e o municipal seguem as regras do processo federal. Assim, por exemplo, quando a Constituição da República estabelece, no art. 61, matérias de *iniciativa privativa* do Presidente da República, por simetria, estabelece também matérias de iniciativa privativa do Governador e do Prefeito. Foi o que decidiu, em relação ao processo legislativo estadual, o STF na ADI 276-AL, relator o Min. Sepúlveda Pertence, julgada em 13.11.1997, *DJU* 19.12.1997, p. 40:

> Processo legislativo – Modelo federal – Iniciativa legislativa reservada: aplicabilidade, em termos, ao poder constituinte dos Estados-membros. As *regras básicas do processo legislativo federal* são de *absorção compulsória* pelos Estados-membros em tudo aquilo que diga respeito – como ocorre às que enumeram casos de *iniciativa legislativa reservada* – ao princípio fundamental de independência e harmonia dos Poderes, como delineado na Constituição da República. [*Grifou-se*.]

Também nesse julgamento o STF estabeleceu expressamente a aplicação do princípio da simetria não apenas ao legislador estadual (e, por extensão, ao legislador municipal), mas também ao *poder constituinte decorrente*, vale dizer, ao editor da Constituição Estadual (e, por extensão, ao editor da Lei Orgânica). O constituinte estadual e o municipal estão agrilhoados ao modelo federal:

> Essa orientação – malgrado circunscrita em princípio ao regime dos Poderes constituídos do Estado-membro – é de aplicar-se em termos ao *poder constituinte local*, quando seu trato na Constituição Estadual traduza fraude ou obstrução antecipada ao jogo, na legislação ordinária, das *regras básicas do processo legislativo*, a partir da área de iniciativa reser-

*Federação: o Princípio da Simetria na Jurisprudência do STF*, Rio de Janeiro, Elsevier, 2009, pp. 75 e ss.

vada do Executivo ou do Judiciário: é o que se dá quando se elevam ao nível constitucional do Estado-membro assuntos miúdos do regime jurídico dos servidores públicos, sem correspondência no modelo constitucional federal, a exemplo do que sucede na espécie com a disciplina de licença especial e particularmente do direito à sua conversão em dinheiro.

É vedado, nesses termos, ao constituinte estadual e ao constituinte municipal – editores, respectivamente, da Constituição Estadual e da Lei Orgânica Municipal – dispor sobre "criação de cargos, funções ou empregos públicos na Administração direta e autárquica ou aumento de sua remuneração" (alínea "a" do inciso II do § 1º do art. 61 da CF de 1988), ou sobre "servidores públicos, seu regime jurídico, provimento de cargos, estabilidade e aposentadoria" (alínea "c" do mesmo dispositivo), pois, sendo essas matérias de iniciativa privativa do chefe do Executivo, se fossem disciplinadas na Constituição Estadual ou na Lei Orgânica Municipal, a regra da iniciativa privativa seria desobedecida. O princípio da simetria, nesses termos, não é apenas um *limite* ao *poder legiferante municipal*,[24] é também um *limite ao poder constituinte municipal*.[25] Assim, normas relativas à remuneração de servidores munici-

24. Outro exemplo de aplicação ao *legislador estadual* (e, por extensão, ao municipal) da simetria referente às mencionadas alíneas "a" e "c" é a ADI 2.192-ES (rel. Min. Ricardo Lewandowski, j. 4.6.2008, *DJU* 20.6.2008, *Lex-STF* 360/31-39): "Ação direta de inconstitucionalidade – Lei n. 6.065, de 30.12.1999, do Estado do Espírito Santo, que dá nova redação à Lei n. 4.861, de 31.12.1993 – Art. 4º e Tabela X, que alteram os valores dos vencimentos de cargos do quadro permanente do pessoal da Polícia Civil – Inadmissibilidade – Inconstitucionalidade formal reconhecida – Ofensa ao art. 61, § 1º, II, 'a' e 'c', da CF – Observância do princípio da simetria – Ação direta de inconstitucionalidade julgada procedente. I – É da iniciativa privativa do chefe do Poder Executivo lei de criação de cargos, funções ou empregos públicos na Administração direta e autárquica ou aumento de sua remuneração, bem como que disponha sobre regime jurídico e provimento de cargos dos servidores públicos. II – Afronta, na espécie, ao disposto no art. 61, § 1º, II, 'a' e 'c', da Constituição de 1988, o qual se aplica aos Estados-membros, em razão do princípio simetria".

Outros exemplos: ADI 2.029-SC (rel. Min. Ricardo Lewandowski, j. 4.6.2007, *DJU* 24.8.2007, p. 22); ADI 2.079-SC (rel. Min. Maurício Corrêa, j. 29.4.2004, *DJU* 18.6.2004, p. 44).

25. Outro exemplo de aplicação ao *constituinte estadual* (e, por extensão, ao constituinte municipal) da simetria referente às mencionadas alíneas "a" e "c" é a ADI 102-RO (rel. Min. Maurício Corrêa, j. 8.8.2002, *DJU* 29.11.2002, p. 17): "Ação direta de inconstitucionalidade – Constituição do Estado de Rondônia – Limites so-

pais só são válidas se decorrerem da iniciativa do Prefeito; e, por isso, leis municipais de iniciativa de vereadores ou normas da Lei Orgânica não podem tratar desse tema. E isso vale não apenas para o regime remuneratório, mas para todo o *regime jurídico dos agentes municipais*.

Do mesmo modo, por força da alínea "e" do inciso II do § 1º do art. 61 da CF de 1988, a criação e a extinção de secretarias e órgãos da Administração direta são de iniciativa do Prefeito. Dessarte: *órgãos municipais* só podem ser criados por lei de iniciativa do Prefeito. É o que decidiu o STF na ADI 1.275-SP, relator o Min. Ricardo Lewandowski, julgada em 16.5.2007, *DJU* 8.6.2007, p. 28, *RT* 864/158-163:

> Lei do Estado de São Paulo – Criação de Conselho Estadual de Controle e Fiscalização do Sangue/COFISAN, órgão auxiliar da Secretaria de Estado da Saúde – Lei de iniciativa parlamentar – Vício de iniciativa – Inconstitucionalidade reconhecida. I – Projeto de lei que visa à criação e à estruturação de órgão da Administração Pública: iniciativa do chefe do Poder Executivo (art. 61, § 1º, II, "e", da CF de 1988) – Princípio da simetria. II – Precedentes do STF. III – Ação direta julgada procedente para declarar a inconstitucionalidade da Lei estadual paulista n. 9.080/1995.

O acórdão refere-se a uma lei estadual, mas é perfeitamente extensível às leis municipais. E mais: estende-se também às normas constitucionais dos Estados e Municípios. Perceba-se a importância do princípio da simetria, e a extensão que vem sendo dada a ele pela Corte Suprema: a Lei Orgânica Municipal não pode *criar* órgão municipal, pois, se o fizer, violará a regra do art. 61. Mais ainda: lei municipal que não seja de iniciativa do Prefeito não pode alterar as *competências dos órgãos municipais*. É o que se extrai da ADI 2.857-ES, relator o Min. Joaquim Barbosa, julgada em 30.8.2007, *DJU* 30.11.2007, p. 25:

bre o número de secretarias de governo e respectivos cargos – Inadmissibilidade – Vício de iniciativa. 1. Os Estados-membros, na elaboração de seu processo legislativo, não podem afastar-se do modelo federal, ao qual devem sujeitar-se obrigatoriamente (CF, art. 25, *caput*). Entre as matérias que não podem ser disciplinadas pelo poder constituinte estadual acham-se aquelas cuja iniciativa reservada é do chefe do Poder Executivo (CF, arts. 61, § 1º, II, 'a' e 'e', e 84, I, VI, 'a' e 'b', e XXV). 2. Não pode a Constituição do Estado limitar o número de secretarias de governo, dispor sobre os respectivos cargos, promover a fusão de unidades administrativas e a extinção de órgãos e funções gratificadas – Ação direta de inconstitucionalidade procedente".

A Lei n. 6.835/2001, de iniciativa da Mesa da Assembléia Legislativa do Estado do Espírito Santo, *cria nova atribuição à Secretaria de Fazenda Estadual*, órgão integrante do Poder Executivo daquele Estado. À luz do princípio da simetria, são de iniciativa do chefe do Poder Executivo Estadual as leis que versem sobre a *organização administrativa do Estado*, podendo a questão referente à organização e ao funcionamento da Administração Estadual, quando não importar aumento de despesa, ser regulamentada por meio de decreto do chefe do Poder Executivo (art. 61, § 1º, II, "e", e art. 84, VI, "a", da CF) – Inconstitucionalidade formal, por vício de iniciativa da lei ora atacada. [*Grifou-se.*][26]

O princípio da simetria, nesses termos, restringe bastante a atuação dos vereadores. Boa parte da legislação municipal é de iniciativa do Prefeito. Se o Prefeito não apresentar o projeto, os vereadores não poderão fazê-lo. Restringe ainda mais a atuação do constituinte municipal: a Lei Orgânica não pode tratar dessas matérias. Por outro lado, por força do princípio da simetria, pode a Lei Orgânica Municipal prever a edição de *medidas provisórias*. Noutras palavras: pode o Prefeito editar medida provisória se houver previsão expressa na Lei Orgânica. Evidentemente, a disciplina da medida provisória na Lei Orgânica, em decorrência do princípio da simetria, está atrelada ao disposto no art. 62 da CF de 1988. O STF já afirmou a possibilidade de edição de medidas provisórias pelo Governador, lição estendível aos Prefeitos, na ADI 425/TO, relator o Min. Maurício Corrêa, julgada em 4.9.2002, *DJU* 19.12.2003, p. 19:

Constituição do Estado – Processo legislativo – Medida provisória – Competência do Governador para editá-la. Podem os Estados-membros editar medidas provisórias em face do princípio da simetria, obedecidas as regras básicas do processo legislativo no âmbito da União (CF, art. 62). 2. Constitui forma de restrição não prevista no vigente sistema constitucional pátrio (CF, § 1º do art. 25) qualquer limitação imposta às

26. No mesmo sentido a ADI 2.719-ES (rel. Min. Carlos Velloso, j. 20.3.2003, *DJU* 25.4.2003, p. 32): "Lei que atribui tarefas ao DETRAN/ES, de iniciativa parlamentar: inconstitucionalidade – Competência do chefe do Poder Executivo – CF, art. 61, § 1º, II, 'e', art. 84, II e VI; Lei n. 7.157, de 2002, do Espírito Santo. I – É de iniciativa do chefe do Poder Executivo a proposta de lei que vise à criação, estruturação e atribuição de órgãos da Administração Pública: CF, art. 61, § 1º, II, 'e', art. 84, II e VI. II – As regras do processo legislativo federal, especialmente as que dizem respeito à iniciativa reservada, são normas de observância obrigatória pelos Estados-membros".

unidades federadas para a edição de medidas provisórias – Legitimidade e facultatividade de sua adoção pelos Estados-membros, a exemplo da União Federal.

Em suma: por força do princípio da simetria, o *processo legislativo municipal* – ressalvadas as regras da Constituição da República em sentido contrário, como as que estabelecem o Parlamento unicameral – deve observar as normas fixadas para o processo federal. Por conseguinte, como a iniciativa reservada ao Presidente da República estende-se ao Prefeito, a Lei Orgânica não pode tratar das matérias discriminadas no art. 61 da CF de 1988. O editor da Lei Orgânica não é obrigado a estender ao Município todas as regras do processo federal: compete, por exemplo, ao constituinte municipal decidir se estende, ou não, ao Município a possibilidade de edição de medidas provisórias, nos termos estabelecidos no art. 62 da CF de 1988.

### *3.4.2 Estatuto jurídico dos Prefeitos*

Também por força do princípio da simetria, o estatuto jurídico do Governador e do Prefeito, na falta de regra da Constituição da República em sentido contrário, segue o estatuto jurídico do Presidente da República. Decidiu, por exemplo, o STF que o constituinte estadual é *obrigado* a inserir na Constituição Estadual norma sancionadora do afastamento do Governador sem a devida licença do Poder Legislativo. Trata-se da ADI 3.647-MA, relator o Min. Joaquim Barbosa, julgada em 17.9.2007, *DJU* 15.5.2008:

> Constituição do Estado do Maranhão – Impedimento ou afastamento de Governador ou Vice-Governador – Ofensa aos arts. 79 e 83 da CF – Impossibilidade de "acefalia" no âmbito do Poder Executivo – Precedentes – Ação direta julgada procedente. A ausência do Presidente da República do País ou a ausência do Governador do Estado do território estadual ou do País é uma causa temporária que impossibilita o cumprimento, pelo chefe do Poder Executivo, dos deveres e responsabilidades inerentes ao cargo. Desse modo, para que não haja acefalia no âmbito do Poder Executivo, o Presidente da República ou o Governador do Estado deve ser devidamente substituído pelo Vice-Presidente ou Vice-Governador, respectivamente – Inconstitucionalidade do § 5º do art. 59 da

Constituição do Estado do Maranhão, com a redação dada pela Emenda Constitucional Estadual n. 48/2005. Em decorrência do *princípio da simetria*, a Constituição Estadual *deve* estabelecer sanção para o afastamento do Governador ou do Vice-Governador do Estado sem a devida licença da Assembléia Legislativa.

Do princípio da simetria não se extraem apenas *vedações* ao poder constituinte municipal. Extraem-se também *imposições*. Perceba-se: deve o editor da Lei Orgânica inserir dispositivo similar ao art. 83 da CF de 1988. E se a Lei Orgânica não previr sanção pelo afastamento não autorizado pela Câmara? Haverá uma *omissão inconstitucional*, e diante dela será plenamente aplicável o regime federal. Quer dizer: na falta de norma expressa, considera-se que o Prefeito ou o Vice-Prefeito não pode, sem prévia autorização da Câmara dos Vereadores, ausentar-se do Município por período superior a 15 dias, sob pena de perda do cargo. O princípio da simetria não limita apenas negativamente o editor da Lei Orgânica; limita-o positivamente.

Lei municipal pode condicionar a nomeação de dirigentes de autarquias e fundações municipais a prévia aprovação da Câmara dos Vereadores? Pode, por simetria ao disposto na alínea "f" do inciso III do art. 52 da CF de 1988. Pode a lei municipal fixar prazo para o Prefeito efetuar a escolha do dirigente? Se o prazo for razoável, sim, pelo mesmo fundamento. É o que decidiu o STF na ADI 1.281/PA, relator o Min. Maurício Corrêa, julgada em 11.3.2004, *DJU* 23.4.2004, p. 6, em relação ao Governador, com perfeita extensão aos Prefeitos:

> Constituição Estadual – Autarquias e fundações públicas – Nomeação de dirigentes – Ocupação de cargos a título interino – Simetria aos preceitos da Constituição Federal – Nomeação de dirigentes de autarquias e fundações públicas pelo Governador do Estado, após aprovação das indicações pela Assembléia Legislativa – Observância ao modelo federal, que prevê a participação legislativa na nomeação de dirigentes de autarquias ou fundações públicas (CF, art. 52, III, "f") – Vício de inconstitucionalidade – Inexistência – Precedentes – Exercício de cargo de direção nas autarquias e fundações públicas estaduais, a título interino, por prazo superior a 60 dias – Hipótese em que é exigida a aprovação pela Assembléia Legislativa – Vedação – Ofensa ao princípio da livre iniciativa do chefe do Executivo para proceder às nomeações – Alegação

improcedente. A exemplo do que sucede no plano federal, o estabelecimento de prazo suficiente e razoável para que o Governador escolha os seus auxiliares não vulnera preceitos da Constituição Federal.

A disciplina da *dupla vacância* dos cargos de Prefeito e Vice-Prefeito não pode ser efetuada na Constituição Estadual; compete à Lei Orgânica Municipal disciplinar o assunto. Foi o que decidiu o STF na ADI 3.549-GO, relatora a Min. Carmen Lúcia, julgada em 17.9.2007, *DJU* 31.10.2007, p. 77, *RTJ* 202-03/1.084:

> Art. 75, § 2º, da Constituição de Goiás – Dupla vacância dos cargos de Prefeito e Vice-Prefeito – Competência legislativa municipal – Domínio normativo da Lei Orgânica – Afronta aos arts. 1º e 29 da Constituição da República. 1. O poder constituinte dos Estados-membros está limitado pelos princípios da Constituição da República, que lhes assegura autonomia com condicionantes, entre as quais se tem o respeito à organização autônoma dos Municípios, também assegurada constitucionalmente. 2. O art. 30, inciso I, da Constituição da República outorga aos Municípios a atribuição de legislar sobre assuntos de interesse local. A vocação sucessória dos cargos de Prefeito e Vice-Prefeito põe-se no âmbito da autonomia política local, em caso de dupla vacância. 3. Ao disciplinar a matéria, cuja competência é exclusiva dos Municípios, o art. 75, § 2º, da Constituição de Goiás fere a autonomia desses entes, mitigando-lhes a capacidade de auto-organização e de autogoverno e limitando a sua autonomia política assegurada pela Constituição brasileira. 4. Ação direta de inconstitucionalidade julgada procedente.

O julgamento dá a entender que o constituinte municipal é livre para disciplinar a dupla vacância. Não o é. Está atrelado, pelo princípio da simetria, ao disposto no art. 80 da Constituição da República. Deveras, na vacância dos cargos do Presidente e do Vice-Presidente da República são sucessivamente chamados ao exercício da Presidência o Presidente da Câmara dos Deputados, o do Senado Federal e o do STF. Por simetria, no caso de vacância dos cargos de Prefeito e Vice-Prefeito deve ser chamado o Presidente da Câmara dos Vereadores. A norma deve constar da Lei Orgânica, e não da Constituição Estadual, mas não pode contrariar o modelo federal.

O STF nem sempre é coerente em suas decisões. Algumas vezes, sem explicação plausível, afastou a aplicação do princípio da simetria, incidindo em *grave equívoco*. Negou aos Governadores e aos Prefeitos as *imunidades* previstas na Constituição da República para o Presidente da República. Trata-se da ADI 1.021-SP, relator o Min. Celso de Mello, julgada em 19.10.1995, *DJU* 17.11.1995, p. 39.202:

> A imunidade do chefe de Estado à persecução penal deriva de cláusula constitucional exorbitante do direito comum e, por traduzir conseqüência derrogatória do postulado republicano, só pode ser outorgada pela própria Constituição Federal. O Estado-membro, ainda que em norma constante de sua própria Constituição, não dispõe de competência para outorgar ao Governador a prerrogativa extraordinária da imunidade à prisão em flagrante, à prisão preventiva e à prisão temporária, pois a disciplinação dessas modalidades de prisão cautelar submete-se, com exclusividade, ao poder normativo da União Federal, por efeito de expressa reserva constitucional de competência definida pela Carta da República. A norma constante da Constituição Estadual – que impede a prisão do Governador de Estado antes de sua condenação penal definitiva – não se reveste de validade jurídica e, conseqüentemente, não pode subsistir, em face de sua evidente incompatibilidade com o texto da Constituição Federal. Os Estados-membros não podem reproduzir em suas próprias Constituições o conteúdo normativo dos preceitos inscritos no art. 86, §§ 3º e 4º, da Carta Federal, pois as prerrogativas contempladas nesses preceitos da Lei Fundamental – por serem unicamente compatíveis com a condição institucional de chefe de Estado – são apenas extensíveis ao Presidente da República.

Discorda-se, nesse caso, do decidido pela Corte Suprema.[27] Nada no texto constitucional indica que as imunidades previstas nos §§ 3º e 4º do art. 86 se aplicam ao Presidente da República por ser ele chefe de Estado, e não chefe do Poder Executivo Federal. Pelo princípio da simetria, essas

27. Não se adota a teoria realista: o Direito não é o que o Judiciário diz. Os juízes só dizem efetivamente o Direito quando acertam na interpretação dos textos normativos; como são seres humanos, é natural a possibilidade de erro. Por uma questão de necessidade, para a manutenção da paz social e concretização da segurança, o erro do Judiciário é assimilado pelo sistema. Trata-se de uma regra de calibração: a decisão jurisdicional transitada em julgado é aceita como válida ainda que cientificamente equivocada. Isso não significa que o que era inconstitucional passa a ser constitucional, e vice-versa. Não: se novamente provocado, o Judiciário pode rever sua interpretação. Cabe, por isso, à Ciência do Direito apontar a decisão jurídica correta, mesmo após o erro do Judiciário.

imunidades aplicam-se, sim, aos chefes do Executivo Estadual e Municipal. Assim, Governadores e Prefeitos, apesar do equívoco da Corte, não estão sujeitos a prisão provisória. E perceba-se: trata-se não apenas de norma facultada ao constituinte estadual e municipal; trata-se de norma de repetição obrigatória. Da mesma forma que é dever do constituinte estadual e do municipal sancionar o afastamento não autorizado do cargo, também é seu dever atribuir ao chefe do Executivo as prerrogativas estabelecidas na Constituição Federal para o Presidente da República, respeitadas as disposições expressas em sentido contrário.[28] Apesar de politicamente correto, o discurso do Min. Celso de Mello em prol da ampla responsabilização de Governadores e Prefeitos viola a autonomia federativa e a própria diretriz estabelecida pela Corte. Ademais, essa matéria – prerrogativas da chefia do Executivo Estadual e Municipal – não é da competência do legislador federal; trata-se de matéria constitucional, regida pelo princípio da simetria.

### *3.4.3 Comissões parlamentares de inquérito*

O regime das comissões parlamentares de inquérito/CPIs municipais também segue, por simetria, o regime estabelecido na Constituição da República, no § 3º do art. 58, para as comissões parlamentares de inquérito federais. Reza o referido dispositivo que as CPIs são criadas pela Câmara dos Deputados e pelo Senado Federal, em conjunto ou separadamente, mediante requerimento de um terço de seus membros, para apuração de fato determinado e por prazo certo. Todos esses condicionantes são estendidos aos Estados e aos Municípios. Assim, a regra do um terço é impositiva aos constituintes estaduais e municipais: para criação de uma CPI municipal basta o requerimento de um terço dos membros da Câmara dos Vereadores. Foi o que decidiu o STF na ADI 3.619-SP, relator o Min. Eros Grau, julgada em 1.8.2006, *DJU* 20.4.2007, p. 78, em relação às CPIs estaduais, com perfeita extensão às municipais:

> A Constituição do Brasil assegura a um terço dos membros da Câmara dos Deputados e a um terço dos membros do Senado Federal a

28. Nas infrações penais comuns o Presidente da República é julgado pelo STF, nos termos do *caput* do art. 86; o Governador, pelo STJ, nos termos da alínea "a" do inciso I do art. 105; e o Prefeito, pelo Tribunal de Justiça, nos termos do inciso X do art. 29, todos da CF de 1988.

criação da comissão parlamentar de inquérito, deixando porém ao próprio Parlamento o seu destino. A garantia assegurada a um terço dos membros da Câmara ou do Senado estende-se aos membros das Assembléias Legislativas Estaduais – garantia das minorias. O modelo federal de criação e instauração das comissões parlamentares de inquérito constitui matéria a ser compulsoriamente observada pelas Casas Legislativas Estaduais. A garantia da instalação da CPI independe de deliberação plenária, seja da Câmara, do Senado ou da Assembléia Legislativa. Não há razão para a submissão do requerimento de constituição de CPI a qualquer órgão da Assembléia Legislativa. Os requisitos indispensáveis à criação das comissões parlamentares de inquérito estão dispostos, estritamente, no art. 58 da CF de 1988.

Afirmou-se até aqui apenas uma ressalva à aplicação do princípio da simetria: ele só não se aplica aos Estados e Municípios quando houver regra expressa na Constituição Federal que indique o contrário. Ante o exposto, é o texto da Constituição da República, como regra geral, que indica quando o princípio da simetria não é aplicável. Essa é a "regra geral". Toda regra abstrata é relativa: consiste numa razão *prima facie* que, para ser aplicada, depende da *ponderação* das circunstâncias fáticas e jurídicas, a ser efetuada à luz do caso concreto.[29] Por isso, o princípio da simetria, sendo uma regra de competência, pode ceder quando em conflito com outros valores constitucionais. Quer dizer: a ponderação pode exigir a não-aplicação da simetria. É justamente o que ocorre com as CPIs: pelo princípio da simetria, as CPIs municipais teriam os mesmos poderes que as CPIs federais. Isso significaria que 5.565 Câmaras de Vereadores teriam poderes para quebrar o sigilo telefônico dos administrados sem prévia autorização judicial. Essa interpretação amesquinha o direito fundamental à privacidade. Por isso, a ponderação de valores constitucionais exige afastar, ao menos parcialmente, a simetria no campo das CPIs. A quebra de sigilo só é garantida às CPIs federais e estaduais. Na ACO 730-RJ, relator o Min. Joaquim Barbosa, julgada em 22.9.2004, *DJU* 11.11.2005, p. 5, o STF aplicou a simetria e considerou que as CPIs estaduais possuem os mesmos poderes que as federais:

29. É o que defendemos em nosso *Efeitos dos Vícios do Ato Administrativo*, São Paulo, Malheiros Editores, 2008, Capítulos I-3, pp. 27-33, II-3.3, pp. 50-52, e III-1.4.2, pp. 72-74.

Observância obrigatória, pelos Estados-membros, de aspectos fundamentais decorrentes do princípio da separação de Poderes previsto na Constituição Federal de 1988 – Função fiscalizadora exercida pelo Poder Legislativo – Mecanismo essencial do sistema de *checks-and-counterchecks* adotado pela Constituição Federal de 1988 – Vedação da utilização desse mecanismo de controle pelos órgãos legislativos dos Estados-membros – Impossibilidade – Violação do equilíbrio federativo e da separação de Poderes – Poderes de CPI estadual: ainda que seja omissa a Lei Complementar n. 105/2001, podem essas comissões estaduais requerer quebra de sigilo de dados bancários, com base no art. 58, § 3º, da Constituição – Mandado de segurança conhecido e parcialmente provido.

O STF nada disse em relação às CPIs municipais. Os Mins. Eros Grau, Cézar Peluso, Ellen Gracie e Carlos Velloso restaram vencidos. Eles negavam a segurança por considerarem, justamente, impossível a extensão dessa regra às CPIs municipais. O acórdão, portanto, parece afirmar que a regra se aplicaria também a elas. Trata-se, porém, de uma leitura apressada. A posição da minoria não foi afastada. Perceba-se: afirmar que os poderes da CPI federal estendem-se à CPI estadual não significa afirmar que se estendem também à CPI municipal. Não se estendem, pelas razões apresentadas nos votos vencidos. Afirmou, nesse julgado, o Min. Cézar Peluso:

O caso é típico de conflito entre normas e princípios, e temos de o solucionar à luz da situação concreta. Na verdade, trata-se de contraste entre uma garantia constitucional que tutela direitos fundamentais e um poder – com letra minúscula – de um Poder – com maiúscula. Sobretudo pelas conseqüências de ordem prática, às quais a Corte não pode ficar alheia, a interpretação restritiva há de ser em favor da tutela dos direitos e garantias fundamentais. De todas as razões dadas, com o devido respeito, nenhuma exclui deva ser estendido o raciocínio às CPIs das Câmaras Municipais. Doutro modo, eu teria grande receio da sorte das garantias individuais.

E, pouco adiante:

Sr. Presidente, em resumo, não admito, sobretudo sem avaliar suas conseqüências práticas, o princípio da simetria absoluta, como se tudo aquilo que esteja previsto na Constituição, em termos de modelo federal, devesse ser aplicado, automática e incondicionalmente, nas outras esferas da Federação. Acho que está aqui em jogo, e uma das principais funções da Corte é garanti-la, a preservação dos direitos e garantias individuais, que a mim me parece estarem em risco, com o devido respeito, na interpretação larga, da qual se possa extrair a conclusão de que esses poderes, típicos das autoridades do Judiciário, sejam estendidos a todas as esferas da Federação, e, portanto, também às CPIs municipais, razão por que denego a segurança.

As razões apresentadas pelo digníssimo Ministro estão corretíssimas, mas – perceba-se – elas não levam necessariamente à denegação da ordem. É perfeitamente possível aplicar a simetria às CPIs estaduais e negá-la às CPIs municipais. O STF, com acerto, afirmou que os poderes das CPIs federais estendem-se às estaduais; não afirmou no dispositivo do julgado que se estendem às municipais. A *ponderação* dos valores constitucionais em jogo impede a extensão aos Municípios. Daí a conclusão: o princípio da simetria não se aplica aos Estados e aos Municípios em duas hipóteses: (1) quando houver *regra* expressa na Constituição Federal que impeça a aplicação; (2) quando a ponderação dos valores constitucionais obstar à aplicação. Nesses termos, a não-incidência do princípio da simetria pode dar-se por *expressa disposição* (subsunção de regra expressa) ou por *implícita disposição* (ponderação de princípios) da Constituição da República.

### *3.5 Considerações finais*

Muitas outras aplicações do princípio da simetria poderiam ser mencionadas. Os três temas – o regime do processo legislativo, o estatuto jurídico dos Prefeitos e o regime jurídico das CPIs – são meramente *exemplificativos*. O próprio STF já o invocou em diversas outras questões (*v.g.*, foro por prerrogativa de função – ADI 2.587/MC-GO; regime do Tribunal de Contas – RE 223.037-SE). Apesar da farta jurisprudência, o Supremo está longe de esgotar a eficácia do princípio da simetria. Seu potencial exegético é riquíssimo. Trata-se, verdadeiramente, da *viga mestra* do *federalismo brasileiro.*

Poder-se-ia argumentar: esse princípio assevandija o princípio federativo, denigresce a autonomia estadual e municipal. O argumento procederia se o princípio federativo independesse do direito positivo e, pois, da realidade social a ele subjacente.[30] A realidade brasileira é restritiva à descentralização. Dois são os fundamentos para a edição de normas federais: proteção dos interesses predominantemente nacionais e, com isso, a permanência da unidade federal e a garantia da segurança jurídica.[31] Basta uma simples observação para evidenciar a essencialidade do princípio da simetria: os munícipes, quando vão às livrarias, não encontram compêndios de legislação estadual e municipal; vendem-se apenas compêndios de legislação federal. A segurança jurídica exige que não apenas os vinte e seis Estados e o Distrito Federal, mas também os 5.565 Municípios submetam-se, em tudo aquilo que não afete suas idiossincrasias, a mesma disciplina jurídica. Com o fim da ditadura militar, com a promulgação de uma Constituição democrática, não há mais razão para negar esta tese indiscutível: a comunidade brasileira clama por uma disciplina jurídica nacional sempre que as particularidades regionais ou locais não reclamarem o contrário. Essa diretriz, em última análise, está na base do princípio da simetria, estandarte fundamental do federalismo brasileiro.

30. Cai a lume a advertência de Halina Zasztowt Sukiennicka, citado por Oswaldo Aranha Bandeira de Mello: "Nenhum Estado se assemelha a outro de tal forma que se possa dizer que os seus respectivos regimes sejam idênticos. Eles, quando muito, podem ser análogos. Para classificar um organismo estático nos quadros da noção *Estado Federal* subsiste a mesma dificuldade. Os Estados que iniciaram o regime federativo, e que serviram, portanto, de base para a elaboração das diversas teorias sobre a natureza jurídica do Estado Federal, são os únicos que nunca têm contestada a sua estrutura federal. O mesmo se não dá com os outros Países, pois os seus regimes, embora modelados sobre os dos primeiros, deles sempre se afastam e, muitas vezes, de maneira importante" (*Fédéralisme en Europe Orientale*, p. 247, 1926, *apud* Oswaldo Aranha Bandeira de Mello, *Natureza Jurídica do Estado Federal*, cit., pp. 16-17). Sobre o tema, v., *infra*, Capítulo 12-12.2.

31. No mesmo sentido: Celso Antônio Bandeira de Mello, "Discriminação constitucional de competências legislativas: a competência municipal", in Celso Antônio Bandeira de Mello (coord.), *Estudos em Homenagem a Geraldo Ataliba 2: Direito Administrativo e Constitucional*, São Paulo, Malheiros Editores, 1997, p. 274. V., também, *infra*, Capítulo4-4.6.

# 4
# *Segurança Jurídica e Normas Gerais de Direito Urbanístico*

*4.1 Introdução. 4.2 Competência concorrente para legislar sobre direito urbanístico. 4.3 Doutrina de Geraldo Ataliba. 4.4 Doutrina de Diogo de Figueiredo Moreira Neto. 4.5 Princípios jurídicos. 4.6 Elemento formal do conceito de norma geral. 4.7 Elemento material do conceito de norma geral. 4.8 Normas gerais de direito urbanístico e competências privativas. 4.9 Três espécies de normas gerais federais de direito urbanístico. 4.10 Normas de direito urbanístico diretamente vinculadas ao interesse local. 4.11 Normas gerais de direito urbanístico de primeiro nível. 4.12 Normas gerais de direito urbanístico de segundo nível. 4.13 Panorama das competências legiferantes urbanísticas.*

## *4.1 Introdução*

O ordenamento jurídico brasileiro adotou como forma de Estado a Federação, consagrando-a expressamente no *caput* do art. 1º da CF. O princípio federativo, além de estar enunciado logo no primeiro artigo e concretizado ao longo do texto por uma série de subprincípios e regras, foi, nos incisos II e VII, "c", do art. 34, elevado a princípio sensível e, no § 4º do art. 60, a cláusula pétrea. Por força disso, é considerado um dos princípios de maior importância do ordenamento jurídico, seu alicerce maior, sua viga mestra.[1] Pelo art. 18 da Lei Maior, a Federação Brasileira

1. Na classificação de José Joaquim Gomes Canotilho trata-se, sem sombra de dúvida, de *princípio estruturante* (*Direito Constitucional e Teoria da Constituição*, 4ª ed., Coimbra, Livraria Almedina, 2000, pp. 1.137 e ss.). O saudoso professor Geraldo Ataliba era enfático: "No Brasil, os princípios mais importantes são os da Federação e da República" ("Competência legislativa supletiva estadual", *Revista de Informação Legislativa* 73/84, Ano 19, Brasília, janeiro-março/1982). Fundamentava

compreende a União, os Estados, o Distrito Federal e os Municípios, todos *autônomos*.[2] O asseguramento dessa autonomia tem como pressuposto a discriminação das competências de cada entidade numa Constituição rígida.[3]

A Constituição brasileira discriminou, de forma confusa e criticável, as competências das entidades federativas em diversos dispositivos, destacando-se os arts. 22, 23, 24, 25 e 30. Pretende-se, nesta exposição, analisar a competência legislativa para editar normas gerais de direito urbanístico. O objeto de estudo é, portanto, bem preciso: não se trata de analisar a Teoria Geral do Estado Federal, de estudar suas características; nem as peculiaridades do Estado Brasileiro; não se trata de analisar genericamente a discriminação constitucional de competências vigente no ordenamento, nem de analisar todas as competências legislativas ou administrativas de determinado ente federativo; não se trata, também, de analisar toda competência legiferante referente ao direito urbanístico. Interessa aqui, tão-somente, fixar os limites conceituais das normas gerais editadas em matéria de direito urbanístico.[4]

essa assertiva com uma série de argumentos, destacando-se o seguinte: "De todas essas considerações, é importante salientar que o princípio federal, em suas mais essenciais exigências, só pode ser revogado por força de uma verdadeira revolução, que deite por terra o texto constitucional e ab-rogue categoricamente todo o sistema, a partir de suas bases. Só arrasadora revolução popular pode anular o princípio federal" (idem, p. 87).

2. Conforme doutrina a insigne Lúcia Valle Figueiredo, a Federação Brasileira tem particularidade e anomalia que a difere do conceito técnico de Federação: a particularidade está na inclusão do Município na Federação, e a anomalia no fato de que o Município não tem representatividade no poder central ("Competências administrativas dos Estados e Municípios – Licitações", *RTDP* 8/25, São Paulo, Malheiros Editores, 1994).

3. Pacífica a doutrina neste ponto: a discriminação das competências dos entes federativos numa Constituição rígida é característica essencial do Estado Federal. Nesse sentido: Oswaldo Aranha Bandeira de Mello, *Natureza Jurídica do Estado Federal*, São Paulo, Prefeitura do Município de São Paulo, 1948, pp. 72 e ss.; Luís Roberto Barroso, *Direito Constitucional Brasileiro: o Problema da Federação*, Rio de Janeiro, Forense, 1982, pp. 55 e ss.

4. Diante de tais objetivos, recomendável a lembrança da sempre oportuna lição de Oswaldo Aranha Bandeira de Mello: "Na exposição de qualquer doutrina, parte-se de certos postulados e, apesar de serem suscetíveis de prova, esta deve ser tomada como já feita, sendo tais postulados, no momento, recebidos como axiomas" (*Natureza Jurídica do Estado Federal*, cit., p. 19). Trata-se de imperativo epistemológico de qualquer exame científico.

A análise do conteúdo e do alcance das normas gerais de direito urbanístico exigirá um panorama das competências legislativas sobre essa disciplina. Esse panorama, todavia, restringir-se-á ao necessário para os fins propostos. O tema das competências para edição de normas urbanísticas implica vários desdobramentos, que, conscientemente, foram deixados de lado. O panorama traçado será, tão-somente, um instrumento para a exata compreensão do significado das normas gerais de direito urbanístico no sistema constitucional de divisão de competências legislativas.

### *4.2 Competência concorrente para legislar sobre direito urbanístico*

A Constituição de 1988 atribui à União, aos Estados e ao Distrito Federal a competência para legislar concorrentemente sobre direito urbanístico (art. 24, I). No § 1º do art. 24, no entanto, restringe a competência da União à edição de *normas gerais*; aos Estados e ao Distrito Federal, *a contrario sensu*, é dada a competência para editar *normas específicas*.

Por força do § 2º, caso a União edite as normas gerais, Estados e Distrito Federal possuem também *competência suplementar*, que, conforme a doutrina de Lúcia Valle Figueiredo, consiste em "preencher claros, adicionar, esclarecer, aperfeiçoar".[5] Podem, assim, estabelecer,

5. Lúcia Valle Figueiredo, "Competências administrativas dos Estados e Municípios – Licitações", cit., *RTDP* 8/28. De fato, competência suplementar, aí, é equivalente à competência complementar, nada tendo a ver com a competência plena, estabelecida no § 3º. Paulo Luiz Neto Lobo discorda: "A legislação suplementar não equivale à complementar. Esta pressupõe a existência de outra. A suplementar pressupõe a inexistência de normas gerais e, portanto, suplementa, supre a ausência, sem limites de pressupostos, disciplinando toda a matéria" ("Competência legislativa concorrente dos Estados-membros na Constituição de 1988", *Revista de Informação Legislativa* 101/99, Ano 26, Brasília, janeiro-março/1989). Tércio Sampaio Ferraz Jr. concorda que a competência suplementar do § 2º não se confunde com a plena do § 3º, e esclarece que "a competência suplementar não é para a edição de legislação concorrente, mas para a edição de legislação decorrente, que é uma legislação de regulamentação, portanto de normas gerais que regulam situações já configuradas na legislação federal e às quais não se aplica o disposto no § 4º (ineficácia por superveniência de legislação federal), posto que com elas não concorrem" ("Normas gerais e competência concorrente: uma exegese do art. 24 da CF", *RTDP* 7/19-20, São Paulo,

para seu âmbito territorial, normas gerais complementares às normas gerais editadas pela União ou regulamentar as normas gerais federais.

E, caso a União não exerça sua competência, possuem, nos termos do § 3º, *competência plena*. A plenitude desta competência sofre, todavia, duas limitações: uma qualitativa, posto que a Constituição acrescenta "para atender a suas peculiaridades" – ou seja: o exercício da competência não pode exorbitar as peculiaridades ou interesses próprios do Estado em que foi editada; outra temporal, posto que tem suspensa sua eficácia caso editada, posteriormente, norma geral federal com ela incompatível.[6]

### *4.3 Doutrina de Geraldo Ataliba*

Ante o exposto, torna-se imprescindível para compreensão da competência legiferante federal em matéria de direito urbanístico saber o exato significado conceitual de *normas gerais*. Juristas de escol tentaram decifrar o significado dessa expressão: o saudoso professor Geraldo Ataliba defendeu ardorosamente, a partir da interpretação do princípio federativo, quando da Constituição de 1967 (alterada pela Emenda Constitucional 1/1969), que as normas gerais possuíam uma dupla fina-

Malheiros Editores, 1994). Diverge-se, entretanto, do ilustre autor: os Estados e o Distrito Federal podem editar normas gerais, desde que compatíveis com as editadas pela União, que não se limitem ao regulamento destas. Competência suplementar significa, assim, competência para editar normas gerais complementares e regulamentares das normas gerais editadas pela União.

6. Cf. Paulo José Leite Farias, "A Federação como mecanismo de proteção do meio ambiente", *Revista de Informação Legislativa* 135/286, Ano 34, Brasília, julho-setembro/1997. Tércio Sampaio Ferraz Jr. explica, de forma lapidar, a *competência plena* prevista no § 3º do art. 24: "O § 3º regula o caso de inexistência de lei federal sobre normas gerais, ou seja, de lacuna. A Constituição Federal, ocorrendo a mencionada inexistência, autoriza o Estado federado a preenchê-la, isto é, a legislar sobre normas gerais, mas apenas para atender a suas peculiaridades. O Estado, assim, passa a exercer uma competência legislativa *plena*, mas com função *colmatadora* de lacuna, vale dizer, apenas na medida necessária para exercer sua competência própria de legislar sobre normas particulares. Ele pode, pois, legislar sobre normas gerais naquilo em que elas constituem condições de possibilidade para a legislação própria sobre normas particulares. Tais normas gerais estaduais com função colmatadora por isso mesmo só podem ser gerais quanto ao conteúdo, mas não quanto ao destinatário: só obrigam nos limites da autonomia estadual" ("Normas gerais e competência concorrente: uma exegese do art. 24 da CF", cit., *RTDP* 7/19).

lidade: "(a) preencher lacunas do texto constitucional e (b) evitar, na medida do possível, por antecipação (ou preventivamente), os conflitos de competência entre as pessoas constitucionais".[7] Apesar do brilhantismo da teoria, tudo indica que não foi acolhida pelo constituinte de 1988.[8]

### *4.4 Doutrina de Diogo de Figueiredo Moreira Neto*

Diogo Figueiredo Moreira Neto também formulou teoria própria sobre o assunto: normas gerais são, para o administrativista, um *tertium genus* normativo, situadas entre o que ele denomina de normas-princípios e as normas particularizantes. Assim como os princípios, para o jurista, as normas gerais estabelecem diretrizes, orientações, linhas mestras, e se situam, ambos, no plano das questões fundamentais, não admitindo particularizações. No entanto, se os princípios declaram um valor juridicamente protegido, conformam um padrão vinculatório para a norma particularizante e vedam ao legislador e ao aplicador agirem em contrariedade ao valor neles declarado, as normas gerais, além de terem todas essas funções, aplicam-se, distintamente dos princípios, concreta e diretamente às relações e situações específicas no âmbito de competência administrativa federal; aplicam-se concreta e diretamente às relações e situações específicas no âmbito da competência estadual

7. Geraldo Ataliba, "Normas gerais de direito financeiro e tributário e autonomia dos Estados e Municípios", *RDP* 10/63, Ano III, São Paulo, Ed. RT, outubro-dezembro/1969. E, a seguir, fixava como princípio hirto, a ser rigorosamente observado: "Tudo que possa ser disciplinado por lei simplesmente federal (na esfera da União), estadual (na esfera do Estado) ou municipal (no âmbito do Município), sem manifesto e palpável perigo de atrito ou usurpação de competência alheia, não pode absolutamente ser objeto de norma geral" (idem, p. 70).

8. A categoria das normas gerais não foi utilizada na Constituição de 1988 nos estritos limites defendidos por Geraldo Ataliba: primeiro, por força da clara redação das alíneas "a" e "b" do inciso III do art. 146; segundo, pelo extenso rol de matérias suscetíveis de regulação por normas gerais fixado no art. 24. Se a interpretação do publicista adequava-se aos textos de 1967 e de 1969, não subsiste ao de 1988. Recomendável, assim, seguir sua própria lição e abandonar essa doutrina: "Se, como no caso presente (referindo-se às normas complementares), o direito positivo não acompanha rigorosamente os termos da construção científica e não guarda suficiente harmonia com suas exigências, é mais prudente – cautela obviadora de perplexidades e confusões – abandonar as categorias doutrinárias e extrair diretamente do sistema suas exatas conseqüências" ("Normas gerais de direito financeiro e tributário e autonomia dos Estados e Municípios", cit., *RDP* 10/62 – esclarecimento nosso).

ou municipal sempre que o Estado-membro ou o Município não haja exercitado sua competência concorrente particularizante ou haja exercido essa competência em contrariedade ao valor nelas declarado. Por outro lado, as normas gerais distinguem-se das normas particularizantes quanto ao valor jurídico, posto que naquelas este é abstrata e diretamente referido, nestas está intrinsecamente ligado à relação ou situação jurídica concretamente tutelada pela norma e nela definida; quanto ao destinatário, posto que a norma geral se dirige ao legislador estadual ou municipal, enquanto a norma particularizante dirige-se ao agente que irá praticar o ato concreto; e quanto à aplicação, posto que a geral conjuga eficácia indireta e direta, mediata e imediata, e a particularizante é sempre direta e imediata.[9]

### *4.5 Princípios jurídicos*

Essa doutrina – sem desprestigiar o entendimento do nobre jurista – mostra-se, hoje, inadmissível. O conceito de princípio jurídico passou por três fases bem distintas na Teoria Geral do Direito.

Na primeira fase aproximava-se do significado comum da palavra: princípios eram os fundamentos de uma dada disciplina jurídica, seus aspectos mais importantes.[10]

Na segunda fase, princípios jurídicos adquirem significado técnico, deixam de ser todo assunto importante e geral e passam a ser determinados enunciados do direito positivo dotados de extraordinária importância para o entendimento de todo o sistema, diante da alta carga valorativa a eles atribuída.[11] Esse é o conceito adotado por Diogo de

9. Diogo de Figueiredo Moreira Neto, "Competência concorrente limitada: o problema da conceituação das normas gerais", *Revista de Informação Legislativa* 100/150 e ss., Ano 28, Brasília, outubro-dezembro/1988. A teoria foi integralmente adotada por Lúcia Valle Figueiredo, "Competências administrativas dos Estados e Municípios – Licitações", cit., *RTDP* 8/29-31.

10. Daí, por exemplo, o nome de obras célebres, como as de: Oswaldo Aranha Bandeira de Mello, *Princípios Gerais de Direito Administrativo*, 3ª ed., 2ª tir., vol. I, São Paulo, Malheiros Editores, 2010; Ruy Cirne Lima, *Princípios de Direito Administrativo*, 7ª ed., São Paulo, Malheiros Editores, 2007 – nas quais os assuntos tratados correspondiam aos temas gerais mais importantes do direito administrativo.

11. O conceito de Celso Antônio Bandeira de Mello representa magnificamente essa fase: "Princípio (...) é, por definição, mandamento nuclear de um sistema, verda-

Figueiredo Moreira Neto: princípios não são considerados uma "expressão irredutível de manifestação do deôntico",[12] e por isso, para ele, "não se caracterizam imediatamente em relações e situações específicas da vida real";[13] seriam enunciados normativos, mas sem a estrutura de normas jurídicas, pois deles não decorrem relações jurídicas disciplinadoras das condutas concretas.

Essa visão, ao menos nos dias de hoje, mostra-se insustentável. Vigora na Teoria Geral do Direito a terceira fase do conceito de princípios jurídicos:[14] eles têm a estrutura qualitativa de normas jurídicas e podem, independentemente da edição de uma regra jurídica, regular as relações intersubjetivas. Tanto as regras quanto os princípios são normas jurídicas, e, nesse sentido, passíveis de aplicação direta no mundo fenomênico, consistindo ambos em manifestações irredutíveis do deôntico. Sem embargo, possuem diferença estrutural: *princípios* são normas que ordenam que se realize algo na *maior medida possível*; são, nesse sentido, *mandados de optimização* realizáveis de acordo com as circunstâncias fáticas e jurídicas; *regras* são normas que exigem um *cumprimento pleno*, sendo somente cumpridas ou descumpridas; são, nesse sentido, *determinações* no campo das possibilidades fáticas e jurídicas.[15] Fica afas-

deiro alicerce dele, disposição fundamental que se irradia sobre diferentes normas compondo-lhes o espírito e servindo de critério para sua exata compreensão e inteligência exatamente por define a lógica e a racionalidade do sistema normativo, no que lhe confere a tônica e lhe dá sentido harmônico. (...)" (*Curso de Direito Administrativo*, 31ª ed., São Paulo, Malheiros Editores, 2014, Capítulo XIX-3, pp. 976-977).

12. A expressão é de Paulo de Barros Carvalho, *Direito Tributário: Fundamentos Jurídicos da Incidência*, 2ª ed., São Paulo, Saraiva, 1999, p. 17.

13. Diogo de Figueiredo Moreira Neto, "Competência concorrente limitada: o problema da conceituação das normas gerais", cit., *Revista de Informação Legislativa* 100/155.

14. Isso não significa que a segunda fase esteja superada. Sobre o tema, v. nosso *Abuso de Direito e a Constitucionalização do Direito Privado*, São Paulo, Malheiros Editores, 2010, pp. 21 e ss.

15. Os conceitos são de Robert Alexy ("Sistema jurídico, principios jurídicos y razón práctica", in *Derecho y Razón Práctica*, 2ª reimpr., trad. de Manuel Atienza, México, Fontamara, 2002, pp. 13-14). Essa nova fase do conceito de princípio iniciou-se com Ronald Dworkin (*Levando os Direitos a Sério*, trad. de Nelson Boeira, São Paulo, Martins Fontes, 2002, Capítulos 2 e 3, pp. 23 e ss.). Consolidou-se com Alexy, principalmente a partir de sua obra-prima *Teoria dos Direitos Fundamentais* (2ª ed., 3ª tir., trad. de Virgílio Afonso da Silva, São Paulo, Malheiros Editores, 2014, Capítulo 3-I, pp. 85 e ss.). O exame dessa concepção sobre os princípios exige várias

tada, com os avanços da Teoria Geral do Direito, a concepção de que as normas gerais são um terceiro gênero normativo, na medida em que cai por terra a afirmação de que as normas gerais se diferenciariam dos princípios pelo fato de se caracterizarem imediatamente nas relações da vida real.[16] Necessária, assim, uma conceituação de *normas gerais* que atenda às concepções hoje vigorantes.

### *4.6 Elemento formal do conceito de norma geral*

Norberto Bobbio adota um critério formal para classificação das normas jurídicas, baseado na estrutura lógica das proposições. Toda norma jurídica possui, segundo o jurista, um destinatário-sujeito e um destinatário-objeto, e tanto este como aquele podem apresentar-se sob a forma universal e sob a forma singular. Daí a existência de quatro tipos de normas: prescrições com destinatário universal, prescrições com destinatário singular, prescrições com ação universal, prescrições com ação singular.[17] A categoria das normas gerais utilizada pelo constituinte

considerações, que não cabem neste estudo. As referências sobre a teoria de Alexy dão-se apenas na medida necessária para explicação da teoria aqui defendida sobre as normas gerais.

16. Citam-se dois exemplos de aplicação direta dos princípios na vida real, independentemente da edição pelo legislador de uma regra intermediária.

(1) O Conselho de Estado francês considerou legítimo o ato do Prefeito de Morsang-sur-Orge, fundamentado na violação do princípio da dignidade da pessoa humana, de interditar o espetáculo de arremesso de anão. O caso é mencionado por Daniel Sarmento (*A Ponderação de Interesses na Constituição Federal*, 1ª ed., 2ª tir., Rio de Janeiro, Lumen Juris, 2002, p. 72).

(2) No Brasil tornou-se corrente o proprietário de imóvel urbano alugá-lo a um capataz para que este o subloque a várias famílias, instituindo uma habitação coletiva. Quando pretendia a retomada do imóvel, o proprietário ingressava com a ação de despejo em face do capataz e, por força do art. 15 da Lei 8.241/1991 (Lei de Locações), obtinha, com a rescisão do contrato principal, a automática rescisão de todas as sublocações. O procedimento foi considerado proibido por força do princípio da função social dos contratos. Referido princípio descaracteriza as sublocações e impede a rescisão automática. Esse entendimento fundamentou a edição do Provimento 9/1997, de 9.5.1997, da Corregedoria-Geral de Justiça do Estado de São Paulo, segundo o qual deve o oficial de justiça, verificando tratar-se de habitação coletiva, dar ciência e identificar todos os ocupantes do imóvel (v. "Procedimento muda em habitação coletiva", *Tribuna do Direito* 51/20, Ano 5, São Paulo, julho/1997).

17. Norberto Bobbio, *Teoria da Norma Jurídica*, 1ª ed., trad. de Fernando Pavan Baptista e Ariani Bueno Sudatti, Bauru, Edipro, 2001, pp. 178-179.

brasileiro é, pela simples utilização do adjetivo, incompatível com duas categorias normativas: as prescrições com destinatário singular e com ação singular. Eis a primeira delimitação: normas gerais são, necessariamente, normas com destinatário universal e ação universal. Não é correto, no entanto, considerar toda norma com destinatário universal e ação universal uma norma geral para os fins de delimitação da competência concorrente federal.[18] Além do elemento formal, há também o elemento material; mas – reconhece-se – este é de difícil caracterização.

### *4.7 Elemento material do conceito de norma geral*

Para compreensão do elemento material do conceito de normas gerais, necessário examinar uma característica do federalismo só recentemente reconhecida: sua indissociável ligação com o conceito de *democracia*. O federalismo implica a descentralização territorial do poder, fato que, em Países de território extenso, é condição indispensável para o exercício da democracia.[19] A descentralização territorial do poder im-

18. Leonardo Greco defende exatamente o contrário: "A limitação da competência da União às normas gerais não significa que a legislação federal nessas matérias deva ater-se ao nível dos princípios e dos critérios, deixando a regulamentação dos institutos específicos à legislação estadual. Normas gerais são todas as normas emanadas da União, desde que aplicáveis uniformemente a todos os Estados e a todos os cidadãos, sem discriminações, ou seja, normas de aplicação isonômica em todo o território nacional. Tais normas podem dispor apenas sobre princípios ou descer a detalhes de regulamentação, desde que uniformes em todo o País, de acordo com a maior ou menor intervenção que a União queira exercer nessas matérias, deixando aos Estados maior ou menor autonomia" ("Competências constitucionais em matéria ambiental", *RT* 687/27, Ano 82, São Paulo, Ed. RT, janeiro/1993). Não é possível a adoção dessa posição, que retira do conceito de norma geral todo conteúdo material. Cabe esclarecer, além disso, que normas gerais devem ser nacionais, ou seja, valer tanto para a União quanto para os Estados, Municípios e Distrito Federal, mas isso não quer dizer que a norma geral não possa aplicar-se a apenas uma parte do território nacional. Nesse sentido, corretamente doutrina Paulo Affonso Leme Machado: "(...). A norma geral federal ambiental, ou em outra matéria de competência concorrente, não precisa necessariamente abranger todo o território brasileiro. Uma norma geral ambiental federal poderá dispor, por exemplo, sobre as áreas previstas no art. 225, § 4º – Floresta Amazônica Brasileira, Serra do Mar, Mata Atlântica, Pantanal e Zona Costeira. A norma geral pode abranger somente um ecossistema, uma bacia hidrográfica ou somente uma espécie vegetal ou animal" (*Direito Ambiental Brasileiro*, 22ª ed., São Paulo, Malheiros Editores, 2014, p. 143).

19. A indissociável ligação entre federalismo e democracia é, hoje, pacificamente reconhecido pela doutrina. Jorge Miranda afirma: "Não menos relevante vem

plica Poderes Executivo e Legislativo locais ou regionais, e isso, evidentemente, facilita o exercício da cidadania. Basta o exemplo brasileiro, País de enormes dimensões territoriais: um cidadão de um pequeno Município tem muito mais facilidade de influenciar o Legislativo de seu Município do que o Congresso Nacional. Disso decorre importante desdobramento: o exercício democrático do poder garante de forma muito mais efetiva o princípio da igualdade do que o exercício autoritário. Se as leis fossem produzidas apenas pelo Congresso Nacional – perceba-se –, valeriam sempre para todo o território nacional, e na maioria das vezes passariam por cima de idiossincrasias extremadas. Por impossibilidade fática, o legislador não poderia prever todas as diversidades que assolam o Brasil; e, ao igualar as condições de um cidadão residente no Sul com as de um cidadão residente no Norte, em muitas e muitas vezes feriria drasticamente o princípio da igualdade.[20] O legislador local e regional, ao atentar para as peculiaridades de sua localidade, cumpre as exigências do princípio da igualdade: tratar desigualmente os desiguais na medida de sua desigualdade. A descentralização territorial do poder, em síntese, é uma imposição dos princípios democrático e da igualdade em Países de territórios extensos e de acentuadas diversidades regionais e locais.

a ser a relação entre formas de Estado e regimes políticos, realidades independentes só até certo ponto. Um poder autocrático é um poder fortemente centralizado: daí a subsistência apenas do Estado Unitário ou a redução do federalismo a mera fachada. Um poder democrático e liberal propenderá a acolher a descentralização ou o federalismo: o federalismo é uma espécie de separação de Poderes no âmbito territorial (C. J. Friedrich), e o mesmo talvez se possa dizer do regionalismo" (*Manual de Direito Constitucional*, t. III, "Estrutura Constitucional do Estado", 4ª ed., Coimbra, Coimbra Editora, 1998, p. 299). Nesse sentido, de forma mais enfática, v.: Janice Helena Ferreri Morbidelli, *Um Novo Pacto Federativo para o Brasil*, São Paulo, Celso Bastos Editor, 1999, pp. 44-51; Augusto Zimmermann, *Teoria Geral do Federalismo Democrático*, Rio de Janeiro, Lumen Juris, 1999, pp. 155-158.

20. A Federação Brasileira, fruto da desagregação de um Estado Unitário, sofre de criticável centralização do poder. A União detém a maior parte das competências legislativas, pouco restando aos Estados e Municípios, e isso muitas vezes acarreta sérias violações do princípio da igualdade. Exemplo gritante é a legislação penal: há tipos penais que são compatíveis com as Regiões Sul e Sudeste e absolutamente incompatíveis com as demais, e vice-versa. A consciência da antijuridicidade, por diferenças de costume e de desenvolvimento urbano, é bem distinta entre algumas regiões do País. Uma legislação penal que atentasse para essa diversidade só seria possível se a competência fosse estadual – o que tornaria mais efetivo o princípio da igualdade.

Os princípios democrático e da igualdade, no entanto, não podem ser levados até a última conseqüência, por dois motivos. Pelo primeiro, o Estado Federal é uno, composto por entidades não soberanas, de modo que a exclusiva defesa dos interesses locais ou regionais inviabilizaria a sobrevivência da União. Daí a pertinência das *competências privativas da União*: proteger os interesses predominantemente nacionais[21] e, com isso, a permanência da unidade federal.[22] Eis o primeiro fundamento para a legislação federal: a tutela dos interesses predominantemente nacionais, imprescindível para a manutenção do vínculo, justifica as competências privativas da União. O segundo fundamento é a garantia do princípio da segurança jurídica, justificante das competências concorrentes da União. Na Federação Brasileira referido fundamento adquire especial importância: como existem 5.565 Municípios, se cada Município tivesse uma legislação processual, penal, civil, diferente, a segurança jurídica dos cidadãos brasileiros estaria absolutamente comprometida. Uma legislação processual diversa, por exemplo, importaria menos o enfraquecimento do vínculo federativo do que a ofensa ao princípio da segurança jurídica.[23] Finalmente, conforme a precisa conclusão de Tércio Sampaio Ferraz Jr.: é a garantia da segurança jurídica que justifica a instituição em favor da União do poder legiferante para edição de normas gerais.[24] Em síntese, dois fatores justificam a legislação

21. Não existem interesses exclusivamente federais, estaduais ou municipais, mas predominantemente nacionais, predominantemente estaduais ou predominantemente municipais. Por todos: Hely Lopes Meirelles, *Direito Municipal Brasileiro*, 17ª ed. (coord. de Adilson Abreu Dallari), São Paulo, Malheiros Editores, 2013, p. 136.

22. A competência privativa da União deve obedecer ao princípio da subsidiariedade: só deve caber à União o estritamente indispensável ao asseguramento dos interesses predominantemente nacionais; só o que não for possível deixar aos Estados e aos Municípios. Sobre o princípio da subsidiariedade, v. o pioneiro trabalho de José Alfredo de Oliveira Baracho, *O Princípio de Subsidiariedade: Conceito e Evolução*, Rio de Janeiro, Forense, 2000.

23. A insegurança tornar-se-ia evidente: basta imaginar a existência de mais de 5.000 Códigos de Processo, com disciplina recursal absolutamente distinta. Pode-se ir mais adiante: imaginem-se 5.000 prazos distintos de contestação ou de interposição de apelação.

24. O raciocínio do jurista é lapidar: "Por certeza entende-se a determinação permanente dos efeitos que o ordenamento jurídico atribui a um dado comportamento, de modo que o cidadão saiba ou possa saber de antemão a conseqüência das suas próprias ações. Ora, esta exigência vem satisfeita ao máximo quando o legislador não abandona a regulação dos comportamentos ao ajuizamento de caso por caso pelo

federal numa Federação: o primeiro, garantia dos interesses predominantemente nacionais, fundamenta a instituição de competências privativas; o segundo, garantia da segurança jurídica, fundamenta a possibilidade de edição de normas gerais.

Na base das competências concorrentes enunciadas no art. 24 da CF estão dois princípios constitucionais: o princípio da igualdade, justificante da edição de normas particulares pelos Estados conforme suas peculiaridades, e o princípio da segurança jurídica, justificante da edição de normas gerais pela União, de caráter nacional, aplicáveis, em princípio, a todos os entes federativos. O constituinte concebeu essa divisão de competências vislumbrando a necessidade de concretizar esses dois importantes princípios jurídicos.[25]

Essa é, aliás, uma característica própria dos princípios: estarem em constante *colisão*. Ao contrário das regras – afirmam Dworkin e Alexy

aplicador, mas estabelece com uma norma a regulação de uma *ação-tipo*, de modo que nela caibam todas as ações concretas que ela inclui. A tipificação, nesse sentido, é garantia da certeza, que é base da segurança. Mas a segurança só se obtém se, além da regulação de uma ação-tipo, esta valer para todos igualmente. A igualdade é um atributo da segurança que diz respeito não ao conteúdo, mas ao *destinatário* das normas, garantindo segurança a norma que obedece ao princípio da isonomia" (Tércio Sampaio Ferraz Jr., "Segurança jurídica e normas gerais tributárias", *RDTributário* 17-18/51-56, Ano 5, São Paulo, Ed. RT, julho-dezembro/1981). Como afirmado, normas gerais são necessariamente normas com destinatário universal e com ação universal. Ressalta-se, no entanto, como defendido acima, ao contrário do aparentemente afirmado pelo insigne jusfilósofo, que nem sempre as normas ditas gerais concretizam o princípio da igualdade. A divergência, no entanto, conforme demonstrado a seguir, é apenas aparente.

25. Isso foi brilhantemente percebido por Tércio Sampaio Ferraz Jr. O autor, ao analisar as competências tributárias, assim ponderou: "Quando se enfatiza a certeza, a segurança se torna tributária de um poder centralizador que garante a uniformidade dos conteúdos do vértice para a base do sistema. Quando se enfatiza a isonomia, a segurança será tributária de uma maior liberdade de conteúdos, exigindo-se apenas a correta uniformidade na discriminação das competências, favorecendo, pois, a livre iniciativa" ("Segurança jurídica e normas gerais tributárias", cit., *RDTributário* 17-18/52). E, a seguir, ao examinar as duas interpretações sobre a abrangência da competência prevista no art. 146 da CF, doutrina que uma interpretação menos restritiva alicerça-se na *função-certeza*, e uma interpretação mais restritiva, tal como a defendida por Ataliba, alicerça-se na *função-igualdade*. Percebe-se, nesse passo, a congruência do pensamento do autor com a teoria aqui exposta: ao se ampliar a possibilidade de edição de normas gerais tributárias pela União valoriza-se a função-certeza em detrimento da função-igualdade; ao restringir essa possibilidade dá-se o contrário, valoriza-se a função-igualdade em detrimento da função-certeza (idem, p. 54).

–, os princípios apresentam, diante do caso concreto, diferentes pesos, dimensões ou importâncias. Daí a diferença de aplicação: as regras aplicam-se mediante *subsunção*; os princípios, mediante *ponderação*. Num conflito entre duas regras há contradição entre ambas: ou uma é considerada exceção da outra, caso em que permanecem ambas no sistema, ou é considera inválida e retirada do sistema, aplicando-se, nos dois casos, apenas uma das regras. Num conflito entre princípios há tensão, e não contradição, entre ambos: diante das circunstâncias do caso concreto, um é mais aplicado que o outro. São as circunstâncias que ditam o peso do princípio e a medida de sua aplicação, podendo ocorrer que um afaste total ou parcialmente o outro num determinado caso e ocorra exatamente o inverso em outras circunstâncias fáticas, tudo dependendo da ponderação efetuada.[26]

Quem efetua essa ponderação – observa-se – é o aplicador do princípio. E o aplicador dos princípios constitucionais da segurança jurídica e da igualdade, num primeiro momento, é o próprio legislador infraconstitucional.[27] Este, ao editar uma lei, aplica os princípios constitucionais em constante colisão e, conseqüentemente, é obrigado a efetuar uma ponderação. O legislador federal tem também diante de si um caso concreto: trata-se da respectiva lei a ser editada, referente a determinada matéria, em um contexto histórico determinado. Diante dessas circunstâncias que tem diante de si, deve efetuar uma pondera-

26. Sobre a ponderação de princípios, v.: Robert Alexy, *Teoria dos Direitos Fundamentais*, cit., 2ª ed., 3ª tir., pp. 163 e ss.; Daniel Sarmento, *A Ponderação de Interesses na Constituição Federal*, cit., 1ª ed. 2ª tir., pp. 97 e ss.; Wilson Antônio Steinmetz, *Colisão de Direitos Fundamentais e Princípio da Proporcionalidade*, Porto Alegre, Livraria do Advogado, 2001, pp. 122 e ss.

27. Daí o brilho das palavras do eminente Geraldo Ataliba: "O primeiro – lógica e cronologicamente – intérprete da Constituição é o legislador, que no Texto Magno vai buscar a fonte de sua competência, e necessariamente seus contornos, mas principalmente o sentido, a direção, que deve imprimir à sua obra de criação legislativa. Este primeiro intérprete não pode – no meditar sobre a exegese do sistema a que deve dar animação, pela ação legislativa – desatender ou desprezar o sentido apontado pelos princípios, nem as instâncias postuladas por suas exigências. (...). Dessarte, a interpretação das disposições constitucionais concernentes às competências da União há de considerar as decorrências desses magnos princípios, atentos os intérpretes para a harmonia do sistema, que postula a necessidade de combinação harmônica das diversas exigências concomitantemente incidentes sobre uma só situação" ("Competência legislativa supletiva estadual", cit., *Revista de Informação Legislativa* 73/88).

ção e analisar qual princípio tem maior peso: o princípio da igualdade ou o princípio da segurança jurídica. Se concluir que, diante da matéria a ser legislada e naquele contexto histórico, o princípio da segurança jurídica tem maior peso que o princípio da igualdade, estará legitimado para editar uma norma geral. Se a ponderação por ele efetuada levar a resultado contrário – ou seja, que em relação à respectiva matéria o princípio da igualdade tem maior peso –, não terá competência para editar normas gerais.

As normas gerais, assim, não possuem um conteúdo material preciso, previamente fixado pelo texto constitucional. Cada matéria suscitada deve ser examinada pelo legislador federal e submetida a ponderação, levando-se em conta todas as circunstâncias fáticas e jurídicas, considerando-se, por exemplo, o momento histórico, as aspirações sociais, a incidência do princípio da igualdade. Dessa ponderação o legislador concluirá qual princípio constitucional apresenta maior peso e qual é afastado, e em que medida é afastado. O resultado da ponderação dá com precisão os limites materiais do poder legiferante federal para editar normas gerais. Estas poderão ou não ser editadas, poderão ser mais ou menos minuciosas, tudo dependerá da dimensão do princípio da segurança jurídica diante das circunstâncias fáticas e jurídicas envolvidas.

Observa-se que a competência atribuída ao legislador federal não pode ser transformada por este num cheque em branco. É o legislador federal que deve efetuar a ponderação e apurar se tem, ou não, competência para editar normas gerais. Editadas estas, no entanto, possível a revisão pelo Poder Judiciário. No controle difuso ou concentrado de constitucionalidade, o Poder Judiciário, quando provocado, deverá efetuar uma nova ponderação, e se, analisando a questão, concluir que o princípio da igualdade tem maior peso nas circunstâncias que o princípio da segurança jurídica, deverá declarar inconstitucional a lei federal, por vício de competência. Imperiosa uma ressalva: em face do princípio da separação dos Poderes, no entanto, o Poder Judiciário só estará legitimado a afastar a ponderação efetuada pelo legislador caso não haja dúvidas em relação ao erro desta ponderação. Os critérios preconizados não são de livre-arbítrio do juiz: o magistrado que se propõe a modificar a ponderação legislativa deve levar em consideração padrões importantes que se opõem à mudança, tal como o princípio formal que dá primazia às ponderações do legislador.[28] Ao modificar a ponderação efetuada pelo legislador, o juiz empreende uma ponderação entre os princípios que justificam a manutenção daquela e os princípios que exigem sua mudança. Em síntese, se o Judiciário, ao efetuar nova ponderação, em sede de controle de constitucionalidade, concluir que o princípio da igualdade tem maior peso que o princípio da segurança jurídica e que o princípio formal que dá primazia às ponderações do Legislativo, deve afastar a ponderação legislativa efetuada e considerar a norma geral inconstitucional, por vício de competência.

### *4.8 Normas gerais de direito urbanístico e competências privativas*

Os aspectos formais e materiais até aqui analisadas dão o significado da expressão "normas gerais" constante do § 1º do art. 24 do Texto Maior. Interessa, aqui, ir além: precisar o alcance das *normas gerais de direito urbanístico*. Em relação a estas, além desses dois aspectos, há muito mais a se considerar: o legislador federal, ao editar normas gerais de direito urbanístico, além de se ater a comandos com destinatário e ação universais e observar o resultado de uma ponderação entre os princípios da segurança jurídica e da igualdade, deve, necessariamente, atentar para as *competências privativas* em matéria de direito urbanístico atribuídas às demais entidades federativas: os Estados possuem competência privativa para instituição de regiões metropolitanas e aglomerações urbanas e microrregiões, nos termos do art. 25, § 3º; e os Municípios, competência privativa para legislar sobre assuntos de pre-

28. Ronald Dworkin chama esse princípio formal de "princípio da supremacia do Poder Legislativo" (*Levando os Direitos a Sério*, cit., p. 60). Robert Alexy chama-o de "princípio formal" (*Epílogo a la Teoría de los Derechos Fundamentales*, trad. de Carlos Bernal Pulido, Madri, Colegio de Registradores de la Propiedad, Mercantiles y Bienes Muebles de España, 2004, pp. 82 e ss.). A denominação dada por Dworkin é infeliz: o Legislativo não está em posição hierárquica superior à dos demais Poderes, mas, por força do princípio da separação dos Poderes, previsto no art. 2º da CF, o sistema atribui uma carga valorativa maior à ponderação efetuada pelo legislador. Prefere-se, pois, a denominação dada por Alexy: para que o Judiciário reveja a ponderação legislativa, deve atentar para o peso não apenas dos princípios jurídicos que deveriam inicialmente ser considerados pelo legislador, mas também do *princípio formal*, que dá primazia às ponderações legislativas.

dominante interesse local, nos termos do art. 30, I,[29] – e, conseqüentemente, para editar o Plano Diretor, nos termos do art. 182, § 1º, da CF.

As normas gerais editadas pela União, assim, em matéria urbanística, além de obedecerem aos limites formais e materiais fixados, não devem tratar das matérias atribuídas privativamente aos Estados e aos Municípios. Conforme a seguir verificado, entretanto, a competência municipal em matéria urbanística, no complexo sistema traçado pelo constituinte, não é propriamente privativa.

### *4.9 Três espécies de normas gerais federais de direito urbanístico*

O entendimento das normas gerais de direito urbanístico, de fato, ao contrário das normas gerais em geral, apresenta-se muito mais complexo. Isso porque a disciplina da competência legiferante de direito urbanístico não se esgota no art. 24, I, da CF. Segundo José Afonso da Silva, o direito urbanístico objetivo consiste no "*conjunto de normas jurídicas reguladoras da atividade do Poder Público destinada a ordenar os espaços habitáveis* (...)".[30] As normas de direito urbanístico têm por objeto, assim, disciplinar a ordenação do território.

Fixado esse conceito, observa-se, primeiramente, a existência de três tipos de *normas gerais federais de direito urbanístico*: (1) as normas gerais editadas com base no § 1º do art. 24, que podem ser regulamentadas e complementadas pelos Estados e Distrito Federal no exercício da competência suplementar prevista no § 2º ou, no caso de omissão da União, por estes editadas para atendimento de suas peculiaridades, no exercício da competência plena prevista no § 3º – *normas gerais federais de direito urbanístico fruto da competência concorrente com os Estados e Distrito Federal*; (2) as normas gerais editadas com base no

29. É praticamente pacífico o entendimento de que a competência para legislar sobre assuntos de interesse local, atribuída aos Municípios pelo inciso I do art. 30, é *privativa*. Por todos: Regina Maria Macedo Nery Ferrari, "Competência legislativa do Município", *Cadernos de Direito Constitucional e Ciência Política* 1/262, Ano 1, São Paulo, Ed. RT, outubro-dezembro/1992.

30. José Afonso da Silva, *Direito Urbanístico Brasileiro*, 7ª ed., São Paulo, Malheiros Editores, 2012, p. 37.

art. 21, XX,[31] que não são passíveis de serem editadas, nem regulamentadas, nem complementadas por outra entidade federativa – *normas gerais federais de direito urbanístico fruto da competência privativa da União*; e (3) as normas gerais editadas com base no art. 182, que podem ser regulamentadas e complementadas pelos Municípios ou, no caso de omissão da União, por estes editadas para atendimento de suas peculiaridades – *normas gerais federais de direito urbanístico fruto da competência concorrente com os Municípios*.[32]

## *4.10 Normas de direito urbanístico diretamente vinculadas ao interesse local*

Necessário, para precisar o âmbito de abrangência das normas gerais federais de direito urbanístico, examinar, ainda que sucintamente, a competência municipal. Os Municípios, nos termos do art. 30, VIII, possuem competência para promoção do adequado ordenamento territorial, mediante planejamento e controle do uso, do parcelamento e da ocupação do solo urbano.[33] Essa competência esta intimamente relacionada com o disposto no art. 182: aos Municípios compete executar a política de desenvolvimento urbano.

31. O art. 21, XX, da CF atribui à União competência privativa para instituir diretrizes para o desenvolvimento urbano, inclusive habitação, saneamento básico e transportes urbanos. Não há como, tecnicamente, diferenciar as normas gerais das *diretrizes*: diretrizes são normas gerais. A professora Lúcia Valle Figueiredo vislumbrou a existência de normas gerais privativas da União ao comentar o inciso XXI do art. 22 ("Competências administrativas dos Estados e Municípios – Licitações", cit., *RTDP* 8/29).

32. O art. 182 confere ao Município a competência para executar a política do desenvolvimento urbano. Condicionou-a, no entanto, às *diretrizes fixadas em lei* – entenda-se: federal. Trata-se de *competência concorrente*, similar à prevista no art. 24: nos mesmos moldes do § 1º do art. 24, a competência da União restringe-se à edição de normas gerais, sinônimo de diretrizes, e a competência dos Municípios restringe-se, ressalvada a omissão da União, a editar normas específicas. Aplicam-se também os regramentos dos §§ 2º e 3º do art. 24: o Município pode complementar ou regulamentar as normas gerais editadas pela União; e, no caso de omissão dela, o Município tem competência plena para atender às suas peculiaridades.

33. Segundo José Afonso da Silva, apesar da expressão "no que couber", não se trata apenas de competência complementar, suplementar ou supletiva, mas própria do Município (*Direito Urbanístico Brasileiro*, cit., 7ª ed., pp. 56-57). Não se trata, no entanto, conforme será exposto, de simples competência privativa.

Sobre referida competência cabem duas ordens de considerações. Primeiramente, trata-se, em larga medida, de interesse predominantemente local; e, nesse sentido, seria *privativa* do Município. Ocorre que o constituinte optou por criar uma exceção ao art. 30, I, no que se refere ao direito urbanístico: a questão urbanística de interesse local não é privativa dos Municípios, mas de competência concorrente entre estes e a União. Os Municípios, no que se refere ao interesse local, têm competência para editar normas urbanísticas específicas, e a União tem competência para editar diretrizes (tomadas aqui como sinônimo de "normas gerais"). Sendo competência de natureza concorrente, aplicam-se as regras dos §§ do art. 24: o Município pode suplementar ou complementar as normas gerais federais bem como editá-las, em caso de omissão da União, para atendimento de seu interesse local.

### *4.11 Normas gerais de direito urbanístico de primeiro nível*

Restaria dar funcionalidade ao art. 24, I, daí a segunda ordem de considerações: a competência prevista no art. 30, VIII, além de estar vinculada ao art. 30, I (interesse local), e ao art. 182, está vinculada ao direito urbanístico (art. 24, I). Por força disso, para o direito urbanístico o constituinte previu a instituição de um complexo conjunto normativo de diferentes amplitudes. Primeiramente, ao editar as normas gerais previstas no § 1º do art. 24, o legislador federal tem que, na ponderação efetuada entre os princípios da igualdade e da segurança jurídica, atentar para uma carga valorativa em favor do princípio da igualdade, abstrata e previamente estabelecida pelo sistema constitucional, decorrente da imposição de que os interesses predominantemente locais sejam deixados ao encargo municipal. Por força da necessidade de observância dos arts. 30, VIII, e 182, alicerçados na necessidade de se deixar o interesse local ao encargo dos Municípios, o princípio da igualdade, em matéria urbanística, possui uma prioridade *prima facie*.[34] Essa prioridade garante que o conteúdo das normas gerais editadas com fundamento

34. A expressão é de Robert Alexy ("Sistema jurídico, principios jurídicos y razón práctica", cit., in *Derecho y Razón Práctica*, 2ª reimpr., p. 19). Note-se que o constituinte, quando da promulgação da Constituição, também efetuou ponderações que devem ser respeitadas. Daí as prioridades que certos princípios constitucionais têm na ponderação a ser efetuada pelo legislador ordinário.

no art. 24, I, não esteja diretamente vinculado ao interesse local. Disso decorre que as normas gerais federais de direito urbanístico relativas ao § 1º do art. 24 devem ser, por imposição do sistema, muito mais gerais que as demais normas gerais. Podem, por isso, ser denominadas de *normas gerais de direito urbanístico de primeiro nível.*

## *4.12 Normas gerais de direito urbanístico de segundo nível*

O legislador estadual, ao editar as normas específicas de direito urbanístico, com base no art. 24, I, combinado, *a contrario sensu*, com o art. 24, § 1º, também deve fazer, evidentemente, uma ponderação. Continua, para o legislador estadual, nesse segundo momento (ou primeiro, se estiver exercitando a competência plena prevista no § 3º), a necessidade de observar a imposição constitucional de que seja deixado aos Municípios o poder de disciplinar os assuntos de interesse local.

As normas editadas pelo legislador estadual – perceba-se – também se fundamentam numa oposição entre o princípio da igualdade, que agora leva em conta no âmbito regional as diferenças locais, e o princípio da segurança jurídica. Uma norma urbanística válida para todo o Estado pode trazer mais segurança mas atentar contra as peculiaridades de determinadas localidades. Se há necessidade de ponderação para apurar se uma norma urbanística deve valer para todo o território nacional ou só para o território regional, também há necessidade de ponderação para apurar se uma norma urbanística deve valer para todo o território regional ou somente para o local. A essa ponderação aplica-se tudo que foi afirmado para a ponderação exercida pelo legislador federal, sendo, assim, passível de revisão pelo Judiciário.

Há também aqui uma prioridade *prima facie* do princípio da igualdade, em face dos arts. 30, VIII, e 182, alicerçada na competência assegurada aos Municípios de disciplinar os assuntos de interesse local. Aqui também, portanto, há a garantia de que o conteúdo das normas editadas pelo Estado, com fundamento no art. 24, I, não esteja diretamente vinculado ao interesse local. Por força disso, as normas específicas editadas pelos Estados com fundamento no art. 24, I, ao contrário do que ocorre nas demais matérias arroladas nesse dispositivo, não são propriamente normas específicas. Trata-se de normas gerais, mais específicas do que as editadas pela União, mas gerais em relação às editadas pelos Municípios. Podem ser denominadas, aqui, de *normas gerais de direito urbanístico de segundo nível*.[35]

### *4.13 Panorama das competências legiferantes urbanísticas*

O cenário traçado, apesar de complexo, dá a exata dimensão das normas gerais federais de direito urbanístico. Num primeiro momento, por força do § 1º do art. 24, o legislador da União deve efetuar uma ponderação entre o princípio da segurança jurídica e o princípio da igualdade e apurar se, diante das circunstâncias, tem competência para editar uma *norma geral federal urbanística*. Há, no entanto, uma prioridade *prima facie* do princípio da igualdade, decorrente das competências atribuídas pelo constituinte ao Município. Concluindo que o princípio da segurança exige a edição de uma norma urbanística nacional, válida para todo o território brasileiro, o legislador federal está, na exata medida em que essa exigência afaste o princípio da igualdade – princípio, este, abstratamente fortalecido pelo próprio constituinte –, legitimado a editar uma norma geral de direito urbanístico, aqui denominada *de primeiro nível*.

Com a edição dessa norma, por força da competência concorrente prevista *a contrario sensu* no art. 24, § 1º, o legislador estadual deve efetuar nova ponderação entre os princípios da segurança jurídica e da igualdade e apurar se, diante das circunstâncias, tem competência para editar uma *norma geral regional urbanística*. Também aqui vigora uma prioridade do princípio da igualdade, decorrente da determinação constitucional de que seja deixado ao Município o poder de legislar sobre o interesse local. Concluindo que o princípio da segurança exige a edição de uma norma urbanística regional, válida para o todo território do respectivo Estado, está, na exata medida em que essa exigência afaste o

35. Nesse sentido afirmou o Min. Carlos Veloso na ADI 478-6-SP, por este relatada (*DJU* 28.2.1997): "Esta última faculdade conferida aos Municípios, que diz respeito ao planejamento e controle do uso, do parcelamento e da ocupação do solo urbano, para o adequado ordenamento territorial (CF, art. 30, VIII), põe-se no campo do interesse local, ao que me parece. Não obstante, relaciona-se com o direito urbanístico, pelo quê está sujeita a normas federais e estaduais (CF, art. 24, I). (...). Uma e outra competência, já falamos, sujeitam-se a normas de entidades políticas outras: a do inciso IV do art. 30, à legislação federal; a do inciso VIII do art. 30, a normas estaduais e federais (CF, art. 24, I). Estas normas, entretanto, deverão ser gerais, em forma de princípios, sob pena de tornar inócua a competência municipal, que constitui exercício da capacidade autônoma dos Municípios. A interpretação sistemática da Constituição impõe tal conclusão".

fortalecido princípio da igualdade, legitimado a editar uma norma geral de direito urbanístico, aqui denominada *de segundo nível.*[36]

Até aqui, por força da prioridade *prima facie* atribuída ao princípio da igualdade nas ponderações efetuadas, o conteúdo das normas gerais federais e estaduais editadas não terá direta vinculação com o interesse local. As normas gerais de direito urbanístico de primeiro e segundo nível, decorrentes do art. 24, I, da CF, não tratam de matérias diretamente vinculadas ao interesse local.

Num terceiro momento, após editadas com base no art. 24, I, essas normas gerais de direito urbanístico, passa-se à ordenação direta dos espaços habitáveis, matéria diretamente vinculada ao interesse municipal. Pela regra do art. 30, I, a matéria seria de competência privativa dos Municípios. O constituinte optou por abrir uma exceção: instituiu uma competência concorrente entre a União e os Municípios, conforme se extrai do art. 182, intrinsecamente vinculado ao art. 30, VIII. O legislador da União deve, aqui também, efetuar uma ponderação entre os princípios da segurança e da igualdade e concluir se e em que medida aquele afasta este e autoriza a edição de uma norma geral federal (diretriz) sobre a política de desenvolvimento urbano – assunto diretamente vinculado ao interesse local. Sempre que, neste nível, a ponderação não autorizar o afastamento do princípio da igualdade, a norma a ser editada será tão-somente da competência do Município.

No caso de omissão da União – seja na edição das normas gerais previstas no § 1º do art. 24, seja na edição das diretrizes previstas no art. 182 ou dos Estados – seja na edição de normas gerais de segundo nível (CF, art. 24, § 2º) ou também na de primeiro nível (CF, art. 24, § 3º) –, o Município terá competência *plena* para promover o adequado ordenamento territorial e executar a política de desenvolvimento urbano.[37] Caso exercidas as respectivas competências pela União e pelo Estado, o Município deverá respeitar as normas gerais editadas, podendo, sempre, complementá-las ou regulamentá-las (CF, art. 30, II).

36. Lembra-se que os Estados e o Distrito Federal podem editar normas gerais de primeiro nível (no caso de omissão da União, desde que adstritas às suas peculiaridades), regulamentá-las ou complementá-las, por força das competências suplementar e plena previstas nos §§ 2º e 3º do art. 24. Desde, é claro, que observado o processo de ponderação aqui fixado.

37. A omissão dos Estados e da União em editar as normas gerais de direito urbanístico não pode inibir a competência municipal de zelar pelo interesse local.

PARTE II

# OS SUJEITOS DO DIREITO ADMINISTRATIVO

5 – *Organizações Sociais e Organizações da Sociedade Civil de Interesse Público*

6 – *Regime Constitucional dos Servidores Públicos*

# 5
# Organizações Sociais e Organizações da Sociedade Civil de Interesse Público

*5.1 Introdução. 5.2 Atividade administrativa de fomento. 5.3 A Lei 9.637/1998 e o projeto de privatizações. 5.4 A Lei 9.637/1998 e a técnica de fomento. 5.5 A Lei 9.637/1998 e a ADI 1.923. 5.6 A Lei 9.790/1999. 5.7 Autarquias corporativas. 5.8 Invalidade da Lei 9.790/1999.*

## 5.1 Introdução

Pretende-se neste estudo apurar a *natureza jurídica*[1] das organizações sociais/OS e das organizações da sociedade civil de interesse pú-

1. Há quem critique o uso da expressão "natureza jurídica". Paulo de Barros Carvalho, por exemplo, assim se manifesta sobre ela: "Tenho empregado 'natureza jurídica' entre aspas para expressar minha discordância com relação à literalidade da locução. Em termos convencionais, fala-se em 'natureza' para designar a busca da essência, da substância ou compleição natural das coisas. A 'natureza' revelar-se-ia pelos atributos essenciais que teriam a virtude de pôr em evidência a própria coisa. Nessa acepção, a 'natureza' da coisa poria em destaque sua própria essência ou substância, dando a conhecer a matéria de que se compõe o objeto: está à mostra a força essencialista que envolve a tradição jurídica, na incansável e malograda busca pela 'realidade'. Há uma expressiva tendência na cultura ocidental em relatar o mundo circundante como se tivéssemos acesso às ontologias, às essências, esquecendo-nos de que o único instrumento de que dispomos para organizar os 'objetos da experiência' ou o 'mundo da vida', como prefere Habermas, é a linguagem, e, por mais que se aproxime dos objetos, nunca chega a tocá-los" (*Natureza Jurídica e Constitucionalidade dos Valores Exigidos a Título de Remuneração dos Serviços Notariais e de Registro*, disponível em *http://www.anoregsp.org.br/ Parecer_PaulodeBarrosCarvalho.pdf*, acesso em 21.1.2012).

A crítica não é aqui acolhida: ela contradiz suas próprias premissas. As palavras não possuem significado ontológico, e, assim, não há um significado ontológico para a expressão "natureza jurídica". Vale dizer: essa expressão *não* possui o *significado* invocado pelo notável tributarista: não se refere a uma substância ínsita à realidade

blico/OSCIPs. A compreensão do tema impõe, preliminarmente, algumas palavras sobre o *neoliberalismo*, ideologia que se difundiu como virulenta praga no final do século passado. Essa ideologia passa por vertiginoso enfraquecimento, mas seus funestos efeitos deixaram marcas profundas, resistentes ao tempo e ao progresso. Sem meias palavras: as OS e as OSCIPs são *frutos podres* do *neoliberalismo*.

Então, urge indagar: o que é neoliberalismo?[2] A premissa fundamental do *liberalismo* é a proteção da liberdade das pessoas por meio da *restrição* à atuação estatal. Teve grande importância para o desenvolvimento do Direito Ocidental, pois possibilitou a superação do Estado Absolutista e a consagração do Estado de Direito. Contudo, jamais pressupôs uma *aversão ao Estado*; pelo contrário, os liberais sempre enfatizaram a necessidade de *intervenção*.[3] De fato, defenderam a adoção do *princípio da subsidiariedade*: o Estado só deve fazer aquilo que os particulares não conseguem fazer sozinhos.[4] Quando o mercado concretiza

fenomênica. Ela se reporta ao *significado técnico-jurídico* de um signo à luz do ordenamento jurídico vigente – daí o qualificativo "jurídica" posposto ao substantivo "natureza". Ao indagar sobre a natureza jurídica, indaga-se quais, do ponto de vista científico, são os *conceitos jurídicos* apropriados ao instituto, ou seja, quais os *núcleos aglutinadores de normas* que bem indicam seu *regime jurídico*. Conceitos jurídicos nada mais são do que sínteses de um conjunto normativo. É comum a utilização incorreta de um conceito: atribui-se a denominação própria de um *regime* para outro *regime*. Indagar sobre a natureza jurídica é indagar sobre o *conceito correto* para o *regime jurídico* incidente – ou, noutras palavras, consiste em apurar qual é, do ponto de vista científico, a síntese aglutinadora certa, a despeito da indevida utilização de outra. Por exemplo: denomina-se uma exação de *taxa* quando, na verdade, se trata de *imposto*: o regime jurídico incidente sobre a exação não é o indicado pelo conceito de taxa, mas o indicado pelo conceito de imposto; no caso, o que é denominado taxa tem a natureza de imposto.

2. Sobre o tema, consultar nosso *Regulação Administrativa à Luz da Constituição Federal*, São Paulo, Malheiros Editores, 2011, Capítulo III, pp. 137 e ss.

3. Um dos maiores representantes do *pensamento liberal* foi John Stuart Mill, *Principios de Economía Política*, Madri, Fundación Ico, 2007. Nessa obra ele apresenta extenso rol de *limites* ao princípio do *laissez-faire* ou da não-intervenção (Capítulo XI, pp. 1.083 e ss.).

4. O *princípio da subsidiariedade* foi difundido pela doutrina social da Igreja, enunciado no n. 79 da Encíclica *Quadragesimo Anno*, de 1931, do Papa Pio XI, e, posteriormente, no n. 53 da Encíclica *Mater et Magistra*, de 1961, do Papa João XXIII. Tornou-se uma diretriz fundamental do liberalismo. Sobre ele, v.: Margarida Salema d'Oliveira Martins, *O Princípio da Subsidiariedade em Perspectiva Jurídico-Política*, Coimbra, Coimbra Editora, 2003; Sílvia Faber Torres, *O Princípio da Subsidiariedade no Direito Público Contemporâneo*, Rio de Janeiro, Renovar, 2001.

sozinho a eficiência e a eqüidade, não há necessidade de intervenção estatal. Eis a nota diferencial do *neo*liberalismo: acresce à premissa liberal um pressuposto ideológico de *aversão* ao Estado; defende a não-intervenção máxima do Estado; o Estado é, por definição, *ineficiente*, e, assim, deve atuar o menos possível.[5]

Quem não é alienado logo desconfia: como defender, principalmente em Países de aberrante injustiça social, a não-intervenção do Estado? O equívoco, tão óbvio, contradiz o ferrenho engajamento de tantos intelectuais dotados de indiscutível brilhantismo. A teoria neoliberal, contudo, é *viciada*, pois não consiste numa elaboração teórica sincera, mas num *plano de ação*: o real intento dos neoliberais sempre foi o lucro de certos agentes econômicos, eles se preocuparam em "obter mais dinheiro". No presente momento histórico é comum que o *poder político* seja subjugado pelo *poder econômico*. Claro que os neoliberais não são sinceros, não dizem: "Queremos enriquecer mais nossos clientes". Daí a elaboração de uma teoria: "Acreditamos que o interesse público será mais bem atendido se nossos clientes prestarem diretamente as atividades que hoje são prestadas pelo Estado".[6] Puro exercício de *poder econômico* por meio de uma postura ínsita ao exercício do poder: a *dissimulação*.[7]

Por isso, do ponto de vista científico, a teoria neoliberal não é séria. Deveria, pois, ser, de plano, rechaçada. Ocorre que no final da década de 1990 o legislador brasileiro adotou uma *política neoliberal*, e no campo social difundiu-se a chamada *política do Terceiro Setor*: a atividade social deveria ser prestada pelos particulares com a ajuda do Estado. Pela lógica neoliberal: particulares não prestam atividades de graça;

5. Os principias representantes do *neoliberalismo* são: Friedrich A. Hayek, *Los Fundamentos de la Libertad*, 8ª ed., trad. de José Vicente Torrente, Madri, Unión Editorial, 2008; e Milton Friedman e Rose Friedman, *Libertad de Elegir*, trad. de Carlos Rocha Pujol, Madri, Faes, 2008. Para uma abordagem histórica do neoliberalismo, consultar, por todos: David Harvey, *O Neoliberalismo: História e Implicações*, trad. de Adail Sobral e Maria Stela Gonçalves, São Paulo, Loyola, 2008.

6. A denúncia é feita com argúcia por Naomi Klein, *A Doutrina do Choque: a Ascensão do Capitalismo de Desastre*, trad. de Vânia Cury, Rio de Janeiro, Nova Fronteira, 2008, p. 25.

7. A dissimulação foi associada ao exercício do poder por: Pierre Bourdieu e Jean-Claude Passeron, *A Reprodução: Elementos para uma Teoria do Sistema de Ensino*, 2ª ed., trad. de Reynaldo Bairão, Petrópolis, Vozes, 2009. Na Filosofia do Direito, v. Tércio Sampaio Ferraz Jr., *Estudos de Filosofia do Direito*, 3ª ed., São Paulo, Atlas, 2009, p. 56.

o Estado é ineficiente; então, os particulares prestam as atividades sociais dantes prestadas pelo Estado e são custeados por ele. Essa, em resumo, foi a chamada *política do Terceiro Setor*:[8] substituição da *intervenção direta* do Estado na ordem social pela *intervenção indireta*; substituição dos *serviços públicos sociais* pela *atividade administrativa de fomento*. Perceba-se: o real intento sempre foi claro; os agentes econômicos lucrariam em searas dantes inacessíveis. O vício de fundamento não impediu a edição de farta legislação.

Dentre as leis editadas durante o implemento da política neoliberal destaca-se a Lei federal 9.637/1998, cuja rubrica indica três objetos: (a) qualificação de entidades como *organizações sociais*; (b) criação do *Programa Nacional de Publicização* e extinção dos órgãos e entidades que menciona; (c) absorção de suas atividades por organizações sociais. Menos de um ano depois foi editada a Lei federal 9.790/1999, cuja rubrica indica dois objetos: (a) qualificação de pessoas jurídicas de direito privado como *organizações da sociedade civil de interesse público*; (b) instituição e disciplina do *termo de parceria*. Adentra-se, assim, no objeto central deste estudo: apurar a *natureza jurídica* das OS e OSCIPs.

A redação do *caput* do art. 1º de ambos os diplomas dá a impressão de que se trata de um *título jurídico*: o Poder Público *qualifica* uma entidade privada conferindo-lhe o título de OS ou de OSCIP. Daí a pergunta: consistem num *fomento honorífico*? Para enfrentar essa questão faz-se necessário um perfunctório exame da atividade administrativa de *fomento*.

8. A expressão "Terceiro Setor" marca uma característica dos *juristas neoliberais*: o atrelamento à *seara econômica*. Tendem a examinar o fenômeno jurídico como se fossem economistas, perdem-se com conceitos da Economia, em geral inúteis ao Direito. Terceiro Setor é um *conceito econômico*: juridicamente, a *Constituição* divide as atividades em apenas *dois grupos*: atividades econômicas e serviços públicos. Atividades econômicas podem ser lucrativas e não-lucrativas, as não-lucrativas também são atividades econômicas (cf. nosso *Regulação Administrativa à Luz da Constituição Federal*, cit., pp. 193-200 e 234). Para os economistas há três setores: o mercado (atividades econômicas lucrativas), o Estado e a assistência social (atividades econômicas não-lucrativas). Eis um legado do neoliberalismo: os juristas, mesmo os autênticos juristas, são forçados a lidar com conceitos econômicos na seara da ciência jurídica. Para uma crítica à expressão "Terceiro Setor", v., por todos: Tarso Cabral Violin, *Terceiro Setor e as Parcerias com a Administração Pública: uma Análise Crítica*, Belo Horizonte, Fórum, 2006, pp. 128-131.

## *5.2 Atividade administrativa de fomento*

"Fomento" vem do substantivo latino *fomentum, i*, que significa "o que mantém o fogo".[9] O significado etimológico indica o sentido técnico: trata-se de atividade administrativa intermediária entre a inibição e a exploração – vale dizer: entre o *poder de polícia* e o *serviço público*.[10] Por meio do fomento a Administração incita a realização do interesse público pelos próprios particulares: ao contrário do poder de polícia, não obsta à realização de uma conduta, mas a incentiva ou desestimula; ao contrário do serviço público, não realiza diretamente o interesse público, mas convence os administrados a realizá-lo. A finalidade do fomento é, pois, *convencer* o administrado a *fazer* – *fomento positivo* – ou a *não fazer* – *fomento negativo* – algo. Trata-se de uma *ajuda*, de um *auxílio* da Administração aos *administrados* para que estes exerçam uma atividade considerada de *relevante interesse público* ou não exerçam uma atividade considerada *nociva*.

A doutrina distingue duas espécies fundamentais de fomento: honoríficos e econômicos.[11] O *honorífico* dá-se pela valorização da reputação do administrado por meio da concessão de honras, títulos, troféus. O

9. Antônio Houaiss e Mauro de Salles Villar (eds.), *Dicionário Houaiss da Língua Portuguesa*, Rio de Janeiro, Objetiva, 2001, p. 1.367.

10. Foi Luis Jordana de Pozas quem, em clássico opúsculo, difundiu o conceito ("Ensayo de una teoría del fomento en el derecho administrativo", *Revista de Estudios Políticos/REP* 48/41-54, Madri, novembro-dezembro/1949).

11. O que Luis Jordana de Pozas chamou de *fomento jurídico* ("Ensayo de una teoría del fomento en el derecho administrativo", cit., *REP* 48/53) é, na verdade, um *fomento econômico* (cf.: Mariano Baena Del Alcázar, "Sobre el concepto de fomento", *Revista de Administración Pública/RAP* 54/71, Madri, setembro-dezembro/1967; Juan Alfonso Santamaría Pastor, *Principios de Derecho Administrativo*, 3ª ed., vol. II, Madri, Centro de Estudios Ramón Areces, 2002, pp. 352-353; Célia Cunha Mello, *O Fomento da Administração Pública*, Belo Horizonte, Del Rey, 2003, pp. 94-98). Ademais, todas as espécies de fomento são jurídicas, a denominação é redundante. Parte da doutrina arrola dentre as espécies de fomento os *meios psicológicos*, como as campanhas publicitárias (cf. Célia Cunha Mello, *O Fomento da Administração Pública*, cit., pp. 90-92). Não se trata de fomento. Versando sobre o tema, explica Mariano Baena Del Alcázar: "Junto a estos medios hay que citar también los psicológicos, recogidos por Pellisé, que consisten fundamentalmente en la propaganda. Quizá en este caso puede decirse que se satisfacen directamente necesidades públicas, pero nos encontramos ante un inconveniente. Para Pellisé, como para otros autores, lo esencial del fomento es que la Administración estimule a los particulares para que hagan algo, y en la propaganda no existe ese estímulo en el sentido de ventaja o ayuda" ("Sobre el concepto de fomento", cit., *RAP* 54/70).

*fomento econômico* consiste: (a) no fornecimento de uma quantia pecuniária (*fomento por subvenção*); (b) na dispensa de pagamento de uma quantia pecuniária, na isenção ou imunidade tributária (*fomento tributário positivo*); (c) na outorga de um benefício real, na concessão ou permissão de uso de bem público (*fomento real*); (d) no fornecimento de créditos e de financiamentos (*fomento creditício*); (e) no aumento da carga tributária com objetivos extrafiscais, como na elevação da alíquota do IPI para certos produtos (*fomento tributário negativo*). Casos há em que o *título* fornecido pela Administração tem por efeito a obtenção de um *benefício fiscal*: trata-se, ao mesmo tempo, de um *fomento honorífico* e *econômico*. O § 7º do art. 195 da CF de 1988 considera isentas de contribuição para a seguridade social as entidades beneficentes de assistência social que atendam às exigências estabelecidas na lei. O assunto é regulado pela Lei federal 12.101/2009: a Administração *certifica* que a entidade é beneficente (arts. 3º a 28), e a entidade certificada faz jus à isenção de contribuição para a seguridade social (arts. 29 a 32).

Prevalece na doutrina que as OS e as OSCIPs possuem a mesma natureza que as entidades beneficentes: seriam *qualificações* fornecidas pela Administração condizentes com a obtenção de fomentos econômicos. Quer dizer: OS e OSCIP seriam qualificações decorrentes de certificados fornecidos pela Administração, e, assim, *fomento honorífico*. Esses certificados são pressupostos para posterior assinatura do *contrato de gestão*, no caso das OS (art. 5º), e do *termo de parceria*, no caso das OSCIPs (art. 9º), e estes seriam pressupostos para a obtenção de fomento econômico. Nos termos da Lei 9.637/1998, podem ser concedidos às OS recursos orçamentários (art. 12), outorga de bens públicos (art. 12 e 13) e cessão de servidores (art. 14). Nos termos da Lei 9.790/1999, podem ser concedidos às OSCIPs recursos orçamentários e outorga de bens públicos (arts. 10 e 12). Essa visão, prevalente na doutrina, é perfeitamente adequada ao projeto neoliberal: ao invés de o Estado exercer essas atividades, elas passam a ser exercidas pelos particulares; o Estado apenas *ajuda* os particulares a exercê-las.[12] OS e OSCIPs consistiriam, pois, em típicas *técnicas de fomento*.

12. Essa era a orientação dos autores dos anteprojetos: as atividades sociais deixariam de ser estatais para serem *públicas não-estatais* (v., nesse sentido, o estudo de Luís Carlos Bresser-Pereira e Nuria Cunill Grau, "Entre o Estado e o mercado: o público não-estatal", in Luís Carlos Bresser-Pereira (org.), *O Público Não-Estatal na Reforma do Estado*, Rio de Janeiro, FGV, 1999, pp. 15-48).

A orientação encontra fundamento dogmático: os dois diplomas estabelecem no art. 1º que *pessoas jurídicas de direito privado* serão *qualificadas*, respectivamente, como OS e como OSCIPs. A qualificação de OS equivale, nos termos do art. 11 da Lei 9.637/1998, para todos os efeitos legais, à qualificação como entidade de interesse social e utilidade pública. Assim, para as OS, além da possibilidade de obtenção do fomento real, por subvenção e a (inusitada) cessão de servidores, o certificado garante, tal qual o certificado de entidade beneficente, isenção fiscal à contribuição para a seguridade social. Sem embargo, esse entendimento, apesar de amplamente majoritário,[13] esbarra em alguns delicados problemas teóricos.

### *5.3 A Lei 9.637/1998 e o projeto de privatizações*

O texto da Lei 9.637/1998 deixa claro o intuito do legislador de *privatizar* os entes federais que exercem atividades dirigidas ao ensino, à pesquisa científica, ao desenvolvimento tecnológico, à proteção e preservação do meio ambiente, à cultura e à saúde. Foi expresso em relação a duas entidades: o Laboratório Nacional de Luz Síncrotron e a Fundação Roquette Pinto. O signo "privatização" é ambíguo no *direito administrativo*. Possui principalmente *quatro* significados: (a) no campo dos *serviços públicos*,[14] privatização consiste na *outorga da prestação* do

13. Essa posição é adotada, dentre outros por: Paulo Modesto, "Reforma administrativa e marco legal das organizações sociais no Brasil: as dúvidas dos juristas sobre o modelo das organizações sociais", *Revista Diálogo Jurídico* 9, Ano I, Salvador, dezembro/2001 (disponível em *http: //www.direitopublico.com.br*, acesso em 17.2.2010, p. 6), e "Reforma do marco legal do Terceiro Setor no Brasil", *Revista Eletrônica sobre a Reforma do Estado* 5, Salvador, março-maio/2006 (disponível em *http: //www.direitodoestado.com.br*, acesso em 17.2.2010, pp. 3 e ss.); Sílvio Luís Ferreira da Rocha, *Terceiro Setor*, 2ª ed., São Paulo, Malheiros Editores, 2006, p. 68; Leandro Marins de Souza, *Tributação do Terceiro Setor no Brasil*, São Paulo, Dialética, 2004, pp. 128 e ss.; Luís Eduardo Patrone Regules, *Terceiro Setor: Regime Jurídico das OSCIPs*, São Paulo, Método, 2006, pp. 89-92 e 138.

14. A Constituição de 1988 divide as atividades em dois blocos fundamentais: *serviços públicos* e *atividades econômicas*. Sobre o tema, v., por todos: Celso Antônio Bandeira de Mello, "Serviço público e atividade econômica: serviço postal", in *Grandes Temas de Direito Administrativo*, 1ª ed., 2ª tir., São Paulo, Malheiros Editores, 2010. V. também nosso *Regulação Administrativa à luz da Constituição Federal*, cit., Capítulo IV, pp. 192 e ss.

serviço à gestão privada, mantendo-se a titularidade pública – é o que ocorre com a *concessão*: a prestação é passada aos particulares, mas o serviço continua sendo público, de titularidade do Estado; há *privatização da prestação*; (b) também no campo dos *serviços públicos*, privatização consiste na *extinção do serviço* público, transformando-o em atividade em econômica; não há apenas a privatização da prestação, mas do próprio serviço, que deixa de ser serviço público e passa a ser atividade econômica; há *privatização da atividade*; (c) no campo da exploração estatal da *atividade econômica*, privatização consiste na *cessação da exploração* pelo Estado e alienação do fundo de comércio à iniciativa privada; (d) no campo da atividade administrativa em geral, privatização consiste na *submissão às formas de direito privado*, seja em relação à pessoa jurídica (instituição de sociedades de economia mista ou empresas públicas ao invés de autarquias), seja em relação aos contratos (contratos da Administração ao invés de contratos administrativos), seja em relação ao regime pessoal (celetista ao invés de estatutário).[15]

O direito administrativo é a arma e o escudo do cidadão.[16] Trata-se de um conjunto normativo que tem a magna missão de, por um lado, garantir que o Estado cumpra seu papel – ser eficaz instrumento à felicidade concreta dos cidadãos – e, por outro, impedir a *corrupção*, evitar o desvio de seu fim. Por isso, a adoção de *formas de direito privado* (letra "d") sem um *fundamento racional* constitui autêntica *fuga para o direito privado*,[17] enfraquecimento *inválido* da arma e do escudo.

15. Três desses significados são referidos por Sebastián Martín-Retortillo, "Sentido y formas de la privatización de la administración pública", in *Os Caminhos da Privatização da Administração Pública: IV Colóquio Luso-Espanhol de Direito Administrativo*, Coimbra, Coimbra Editora, 2001, pp. 19-30. Cf., *supra*, Capítulo 2-rodapé 6. O autor só não menciona, dentre as espécies de privatização, a *privatização da prestação* (letra "a"), geralmente efetuada por concessão.

16. Nesse sentido, com pena de ouro averbou o conspícuo Celso Antônio Bandeira de Mello: "*Ele* [*o Direito Administrativo*] *é, por excelência, o direito defensivo do cidadão* (...). É, pois, sobretudo, *um filho legítimo do Estado de Direito*, *um direito só concebível a partir do Estado de Direito*: *o direito que instrumenta, que arma o administrado, para defender-se contra os perigos do uso desatado do Poder*" (*Curso de Direito Administrativo*, 31ª ed., São Paulo, Malheiros Editores, 2014, Capítulo I-20, pp. 47-48 – esclarecimento nosso). Deveras, o direito administrativo *protege* o cidadão contra o uso desatado do poder – nesse sentido, é *escudo* – e possibilita ao cidadão atacar o uso desatado do poder – e nesse sentido é *arma*. Em suma: escudo e arma do cidadão.

17. A expressão *Flucht ins Privatrecht* é de Fritz Fleiner (*Instituciones de Derecho Administrativo*, trad. de Sabino A. Gendin, Barcelona, Labor, 1933, p. 263).

A privatização de atividades consideradas próprias do Estado (letra "b") também não é matéria de livre disposição legislativa: se as atividades são consideradas serviços públicos é porque o constituinte (federal, em relação aos serviços federais, e, por simetria, estadual, em relação aos estaduais, e municipal – editor da Lei Orgânica Municipal, verdadeira Constituição do Município –, em relação aos municipais) entendeu tratar-se de atividade imprescindível, necessária ou ao menos de extraordinária utilidade para a sociedade. O legislador, por óbvio, não pode transformar o Estado, instrumento da felicidade das pessoas, em instrumento do capital de alguns agentes econômicos. Do ponto de vista teórico é de uma obviedade ululante: o legislador não pode, sem fazer tábula rasa da Constituição, tornar o Estado-Prestador de Serviços um mero Estado-Árbitro de agentes econômicos.

A adoção da concessão (letra "a") também não é "livre": sendo os serviços públicos imprescindíveis ao interesse público, devem ser de amplo acesso. A outorga da prestação aos particulares – isso é indiscutível – encarece a prestação: os particulares, ao contrário do Estado, buscam uma vantagem econômica (o fim da atividade estatal é o interesse público, o fim da atividade privada é o lucro); assim, por decorrência do princípio da universalidade dos serviços públicos e, pois, da necessidade de máximo acesso, sobretudo em Países socialmente pobres, a técnica da concessão só é válida quando o Estado não tiver condições de prestar diretamente o serviço: necessitar de investimento privado para instalação da infra-estrutura exigida pela prestação.[18]

Finalmente, a cessação da exploração da atividade econômica (letra "c") também não é livre: se o Estado explora atividade econômica é porque ela é necessária aos imperativos da segurança nacional ou ao relevante interesse coletivo (nos termos do *caput* do art. 173 da CF de 1988); se o motivo continua presente, não há, em princípio, fundamento para cessação da exploração. Mais que isso: diante do princípio da indisponibilidade do interesse público, todos os bens públicos são, em

Sobre o tema, v.: Maria João Estorninho, *A Fuga para o Direito Privado*, Coimbra, Livraria Almedina, 1999; Allan R. Brewer-Carías, *Derecho Administrativo*, t. I, Bogotá, Universidad Externado de Colombia/Universidad Central de Venezuela, 2005, Primeira Parte, § 3º, pp. 215-263.

18. Cf. nosso *Regulação Administrativa à Luz da Constituição Federal*, cit., Capítulos IV-5.1, pp. 221-224, e VI-3, pp. 290 e ss.

regra, indisponíveis. O benemérito Ruy Cirne Lima difundiu a lição de que a administração se opõe à propriedade.[19] Essa lição, se não for corretamente entendida, pode levar a equívocos desastrosos: administrador da coisa pública não é apenas o Executivo, mas todos que exercem função pública; e, nesse sentido, o legislador também é um administrador.[20] Com efeito: proprietário é, no caso, o povo. Ocorre que o sistema normativo vigente atribui ao Poder Legislativo prerrogativas similares às do proprietário: para que o Estado disponha de bens públicos faz-se necessário autorização legislativa. Similares – frise-se bem –, mas não equivalentes: a disposição legislativa do bem público não se equipara à disposição do proprietário. Esta é livre, aquela é discricionária: o legislador só pode dispor do patrimônio público se essa disposição atender ao interesse público. Dessarte: a Constituição não permite ao legislador o vilipêndio do Erário. De todo o exposto extrai-se a seguinte regra geral: a privatização jamais é livre, é sempre discricionária; só é válida quando atender ao interesse público.

No caso das OS, pretendeu-se a privatização de atividades consideradas públicas (letra "b") com a concomitante privatização dos bens públicos afetados a essas atividades. No direito positivo brasileiro algumas atividades admitem duplo regime: são serviços públicos quando prestadas pelo Estado, são atividades econômicas quando exploradas pelos particulares. Carlos Ari Sundfeld chamou-os de "serviços sociais".[21] A denominação é apropriada: essas atividades referem-se aos direitos sociais (art. 6º da CF de 1988) – saúde, previdência, assistência social, educação – e à ordem social – cultura, desenvolvimento científico, pesquisa e capacitação tecnológica. Em relação a todas essas atividades a Constituição Federal possibilita que o Estado fomente a iniciativa privada (CF de 1988, arts. 199, 202, § 3º, 203, 204, 213, 215, 218).[22]

19. Nas palavras dele: "À sua vez, o conceito de administração, em direito público pode dizer-se recebido do direito privado. Já Aristóteles advertia que o administrador da cousa pública deve comportar-se não como senhor, ou dono, mas como mandatário ou preposto" (Ruy Cirne Lima, *Sistema de Direito Administrativo Brasileiro*, Porto Alegre, Santa Maria, 1953, p. 19).

20. Foi o que advertimos em nosso *Efeitos dos Vícios do Ato Administrativo*, São Paulo, Malheiros Editores, 2008, Capítulo III-1.4.3, pp. 74-75.

21. Carlos Ari Sundfeld, *Fundamentos de Direito Público*, 5ª ed., 5ª tir., São Paulo, Malheiros Editores, 2014, p. 83.

22. A Constituição em alguns casos estabelece severas restrições à atividade de fomento. Nos termos do § 2º do art. 199, é vedada a destinação de recursos públi-

Em relação às atividades de educação, saúde, previdência, assistência social, desenvolvimento científico, pesquisa e capacitação tecnológica a Constituição exige que o Estado preste a atividade, ou seja, exige a instituição do serviço público. Vale dizer: o constituinte não possibilitou apenas o fomento, impôs ao Estado o dever de prestá-las.[23]

Diante disso, o projeto legislativo de *privatizar* os serviços sociais e os bens públicos utilizados na sua prestação atenta contra a Constituição. Ela exige que o Estado *preste* essas atividades; também permite que os particulares as explorem com ou sem intuito de lucro; determina ao Estado (com atribuição de acentuada parcela de discricionariedade legislativa) que fomente a exploração privada. Quer dizer: o Estado deve *prestar* e *fomentar*; não pode apenas fomentar. Vigora no tema o *princípio da complementariedade*:[24] a *atividade privada fomentada* deve

cos para auxílios ou subvenções às instituições privadas de saúde com fins lucrativos. O § 3º do art. 202 veda o aporte de recursos a entidade de previdência privada pela União, Estados, Distrito Federal e Municípios, suas autarquias, fundações, empresas públicas, sociedades de economia mista e outras entidades públicas, salvo na qualidade de patrocinador, situação na qual em hipótese alguma sua contribuição normal poderá exceder à do segurado. O art. 213 determina que "os recursos públicos serão destinados às escolas públicas, podendo ser dirigidos a escolas comunitárias, confessionais ou filantrópicas, definidas em lei, que: I – comprovem finalidade não lucrativa e apliquem seus excedentes financeiros em educação; II – assegurem a destinação de seu patrimônio a outra escola comunitária, filantrópica ou confessional, ou ao Poder Público, no caso de encerramento de suas atividades". Os §§ do art. 213 permitem, respectivamente, o fomento para bolsas de estudos e para as atividades universitárias de pesquisa e extensão:

"§ 1º. Os recursos de que trata este artigo poderão ser destinados a bolsas de estudo para o ensino fundamental e médio, na forma da lei, para os que demonstrarem insuficiência de recursos, quando houver falta de vagas e cursos regulares da rede pública na localidade da residência do educando, ficando o Poder Público obrigado a investir prioritariamente na expansão de sua rede na localidade.

"§ 2º. As atividades universitárias de pesquisa e extensão poderão receber apoio financeiro do Poder Público."

Dessas regras pode-se extrair um *princípio constitucional implícito* pelo qual o fomento deve ser destinado às atividades sociais *não-lucrativas*.

23. Em relação ao *desenvolvimento científico*, à *pesquisa* e à *capacitação tecnológica*, o *caput* do art. 218 da CF de 1988 é expresso: o Estado *promoverá* e *incentivará* essas atividades. O verbo "incentivar" refere-se à atividade de fomento; o verbo "promover" não pode referir-se ao fomento, sob pena de restar inútil no preceito. O Estado deve, pois, concomitantemente prestar e fomentar a prestação dessas atividades.

24. Em relação à saúde há regra expressa. Reza o § 1º do art. 199: "As instituições privadas poderão participar de *forma complementar* do Sistema Único de Saú-

ser *complementar* à atividade pública. Da correta leitura do texto constitucional extraem-se a *inexorável imposição* da prestação estatal dos serviços sociais e a *possibilidade* de fomento das atividades sociais. Admite-se que em determinando momento histórico o Estado não fomente: a Constituição deixa ao legislador a decisão sobre a conveniência e a oportunidade da realização do fomento. O Estado pode, então, deixar de fomentar, mas jamais pode deixar de prestar. Nesses termos, o *móvel* legislativo de *privatizar* os serviços sociais é flagrantemente inconstitucional. Ainda que da leitura do texto legal se extraia claramente essa dicção, ela deve ser desprezada: a morte do Estado Social pretendida pelo corrupto legislador brasileiro não encontra guarida num ordenamento jurídico estruturado sobre as bases do *constitucionalismo*.

## *5.4 A Lei 9.637/1998 e a técnica de fomento*

Numa interpretação conforme a Constituição, a OS não pode ser considera uma *técnica de privatização* de serviços e entes públicos. Resta enfrentar a posição majoritária: seria, então, uma *técnica de fomento*? O texto legislativo, como já antecipado, também possibilita essa dicção. No mundo fenomênico – observa-se – ela se consagrou: o projeto de privatização dos entes estatais que prestam atividades sociais foi colocado de lado; ao invés de transformar entes públicos em privados, passou-se a atribuir títulos a entidades privadas. Há, contudo, um problema teórico grave: *fomentar* é *ajudar*, é apoiar. O que vem ocorrendo no mundo fenomênico não é a ajuda estatal. Pelo "contrato de gestão" o Estado passa *recursos financeiros*, *bens* e *agentes públicos* para as OS. Perceba-se: ele, na prática, *faz tudo*, exerce a atividade. A única coisa que o Estado não faz é *gerenciar*: tudo é público, exceto a *gestão*. Isso não é fomento. De maneira prosaica, ao invés de ajudar a pescar, o Estado fornece o anzol, a isca, o pescador, remunera o pescador e, ainda, paga um valor pecuniário ao particular enquanto este aguarda a pescaria. Ocorre a *privatização da gestão de um fundo público sem a privatização do fundo*.[25]

de, segundo diretrizes deste, mediante contrato de direito público ou convênio, tendo preferência as entidades filantrópicas e as sem fins lucrativos" (grifos nossos). Interessante observar que o dispositivo se refere à *participação privada* na *prestação do serviço público de saúde*, e não na *exploração da atividade econômica*.

25. *Fundo de comércio*, segundo Amador Paes de Almeida, é o "complexo de coisas materiais e imateriais reunido e organizado para o exercício do comércio ou

Perceba-se a diferença entre a concessão e a OS. Na concessão o Poder Público outorga ao particular a prestação do serviço, que continua sendo público e, por isso, sujeito a total controle estatal; o particular é responsável pelos recursos necessários à prestação, o pessoal é contratado pelo concessionário, os bens são por ele adquiridos, a remuneração advém da própria prestação. O particular vem em *auxílio* do Poder Público, que não tem condições de sozinho prestar o serviço. A técnica da concessão é racionalmente justificável. Pelo contrato de gestão firmado com a OS o Estado fornece todos os recursos necessários à prestação – cede agentes, fornece bens, repassa recursos financeiros –, mas entrega a *gestão* da atividade ao particular, sem ter o controle, pois ela é considerada privada. A privatização da *gestão*, nesses termos, é absolutamente injustificada: a premissa ideológica de que o Estado é ineficiente não tem o condão de justificar a entrega nesses termos de tantos recursos públicos ao particular.

Nem é correto dizer que pela OS o Estado vem em *auxílio* do particular, pois não é auxílio. Também não há apenas uma privatização. Difícil de explicar tamanho absurdo: a atividade é considerada "privada" e, por isso, a gerência é privada, mas tudo que se faz necessário para exercer a atividade é público – o dinheiro, os bens e os agentes continuam sendo públicos. Só as explicações introdutórias permitem compreender o ocorrido: se o real intento era beneficiar alguns particu-

indústria" (*Locação Comercial*, 8ª ed., São Paulo, Saraiva, 1994, p. 5). Distingue-se do *estabelecimento comercial*: "Aquele compreenderia os bens materiais e imateriais reunidos e organizados para o exercício do comércio, pressupondo, obviamente, o próprio estabelecimento. Este último compreenderia o espaço, o local ou lugar onde o comerciante reúne os elementos mencionados, para o exercício do comércio" (idem, p. 4). Esse conceito não é tranqüilo na doutrina. Fábio Ulhoa Coelho chama o "fundo de comércio" de "estabelecimento empresarial" e o distingue do "fundo de empresa": "O estabelecimento empresarial é o conjunto de bens que o empresário reúne para explorar uma atividade econômica, e o fundo de empresa é o valor agregado ao referido conjunto, em razão da mesma atividade" (*Curso de Direito Comercial*, 3ª ed., vol. 1, São Paulo, Saraiva, 2000, p. 93). Adota-se o conceito de "fundo de comércio" ou de "estabelecimento empresarial" para explicar o fenômeno decorrente da aplicação das OS. Em rigor, o conceito não se aplica, pois a atividade não é comercial. Denomine-se, então, o conjunto de bens corpóreos e incorpóreos necessários à realização de uma atividade administrativa de *fundo público*. No caso, o *fundo* não foi e não é *privatizado*, o que é privatizado é a *gestão do fundo*. Em suma: a qualificação da OS e a celebração com ela do contrato de gestão seriam *requisitos procedimentais* da *privatização da gestão do fundo público*, e não da privatização do fundo.

lares, a técnica das OS é perfeita; torna o Estado um *instrumento* desses particulares. Ninguém – com a ressalva de quem, por contrato, deve defender os interesses dos beneficiados – pode supor que, nesses termos, a *gestão privada* é mais eficiente que a *gestão pública*. Gestão privada de recursos públicos feita dessa forma só facilita, em proporções descomunais, a *corrupção*.[26]

Mas o que fazer *diante da realidade*? Centenas de entidades privadas foram qualificadas como OS, firmaram contrato de gestão com a Administração e receberam recursos financeiros, bens e agentes. Trata-se de situação muito comum em Países consumidos pela corrupção: situações fáticas incompatíveis com o deôntico. Ante o exposto, não é possível nem supor a privatização do serviço social, nem considerar que os entes privados receberam um fomento econômico. A saída é *rever a realidade à luz da Constituição*: como o serviço público social não pode ser privatizado e a gestão de todo um fundo público não pode ser transferida aos particulares, então, a única saída juridicamente possível é supor a *publicização da entidade privada*. Ao receber a qualificação de OS e celebrar o contrato de gestão, a entidade pública torna-se *pessoa jurídica de direito público*, transforma-se numa *autarquia*. A saída dogmática é coerente com a denominação dada pelo legislador: *Programa Nacional de Publicização*.[27] Nada mais lógico: se o *fundo* é integralmente público, o *regime jurídico* incidente sobre ele deve ser *integralmente* público, e – como bem assinalou Celso Antônio Bandeira de Mello em sua magistral tese de Livre-Docência[28] – o que define a autarquia é o regime jurídico incidente sobre a entidade, de modo que, se a entidade se sujeitar ao regime de direito administrativo, será, necessariamente, uma *autarquia*. Daí, por exemplo, se a OS, por meio do fundo público, causar danos aos particulares, *responde objetivamente*;

26. A situação foi exposta de forma primorosa no longa-metragem de Sérgio Bianchi (dir.), *Quanto Vale ou é por Quilo?* São Paulo, Agravo Produções Cinematográficas, 2005 (disponível em *http://www.quantovaleoueporquilo.com.br*).

27. Como bem assinala Tarso Cabral Violin, a utilização da expressão é contraditória com o móvel legislativo (*Terceiro Setor e as Parcerias com a Administração Pública: uma Análise Crítica*, cit., pp. 98-100). Não é incoerente com a correta interpretação do diploma normativo: o contrato de gestão, de fato, tem o efeito de *publicizar* a entidade.

28. Celso Antônio Bandeira de Mello, *Natureza e Regime Jurídico das Autarquias*, São Paulo, Ed. RT, 1968, pp. 203 e ss.

e, se não possuir condições de saldar seu débito, o Estado responde *subsidiariamente*.[29]

É evidente que a criação de pessoas jurídicas de direito público por meio da mera qualificação da entidade privada pelo titular da Pasta da respectiva área de atividade é *inválida*. A criação de autarquias, nos termos do inciso XIX do art. 37 da CF de 1988, exige *lei específica*. É inconstitucional a lei que possibilita ao Executivo transformar entes privados em autárquicos. Sem embargo, atos inválidos produzem efeitos:[30] sob o argumento da invalidade de sua criação não é possível negar às OS o regime de direito público. Para salvaguardar o *fundo público*, até a regularização da situação faz-se necessária a integral incidência do regime público.[31]

Poder-se-ia indagar: é possível dar ao diploma uma aplicação inteiramente válida? É possível utilizar a qualificação de OS e a celebração do contrato de gestão para efetuar verdadeira atividade administrativa

29. Ao examinar a responsabilidade das OS, a insigne Cristiana Fortini chegou à mesma conclusão: "Não nos parece possível escapar desta conclusão: aplica-se o disposto no art. 37, § 6º, da Constituição da República. Vale dizer: caso os agentes das organizações sociais, nessa qualidade, venham a causar danos a terceiros, caberá às entidades responder de forma objetiva. Certamente que a criação do instituto 'organização social' pretendia mitigar a influência do regime publicista. Todavia, o desapego ao regime publicista que nutre o surgimento do instituto não autoriza defender a total ruptura com tal regência" (*Revista Eletrônica sobre a Reforma do Estado* 6, Salvador, junho-agosto/2006, disponível em *http: //www.direitodoestado.com.br*, acesso em 17.2.2010, p. 9). Na lição de Celso Antônio Bandeira de Mello: "A responsabilidade do Estado pelos atos das autarquias é subsidiária. Exaurido o patrimônio delas, o Estado acorre, obrigatoriamente, para solver as obrigações não satisfeitas" (*Natureza e Regime Jurídico das Autarquias*, cit., p. 466). A lição estende-se, pelos motivos expostos, integralmente às OS.

30. O tema foi explorado em nosso *Efeitos dos Vícios do Ato Administrativo*, cit., Capítulos VII e VIII, pp. 261 e ss.

31. Em Países consumidos pela corrupção, como o Brasil, é comum que na ordem administrativa situações inválidas se tornem fontes duradouras de efeitos. Apenas para dar outro exemplo: *sociedades de economia mista* e *empresas públicas* deveriam ser criadas apenas para *exploração de atividade econômica*; é a concorrência no mercado com os particulares que justifica a forma de direito privado (art. 173, § 1º, da CF de 1988) (cf. nosso *Regulação Administrativa à Luz da Constituição Federal*, cit., Capítulo V-5.3, pp. 272-280). Muitas, contudo, foram criadas para prestar serviço público ou exercer função pública. Apesar da invalidade, atuam durante décadas no mundo fenomênico. O que fazer? Só resta ao intérprete considerá-las *contrafações de autarquias*.

de *fomento*? Se sim, afastada estaria, de plano, a cessão de agentes públicos: ceder agentes públicos a entidades privadas é atentatório aos princípios mais elementares do direito administrativo. Por óbvio, se o concurso é para exercer funções na Administração, não pode esta, ainda que haja concordância do servidor, ceder o agente a uma entidade privada, mantendo o vínculo com o ente público. A atividade administrativa de fomento é incompatível com a cessão de agentes a pessoa jurídica privada – trata-se de "ajuda" incompatível com o princípio republicano. A cessão sem o consentimento do agente, por óbvio, faz tábula rasa de seus direitos subjetivos.[32] O que pode ocorrer é, eventualmente, o deferimento de uma *licença não-remunerada*, instituto completamente diferente. Dito isso, suponha-se a utilização do contrato de gestão com a OS para ceder um bem público ou pontualmente repassar recursos financeiros. Quer dizer: não ceder o *fundo público*, mas, de fato, apenas uma *ajuda* ao ente privado. Isso importaria utilização válida da OS?

A utilização da OS para, de fato, exercer atividade administrativa de fomento, quer dizer, para *incentivar* a realização da atividade privada de interesse social mediante a cessão de uso de bem público ou o eventual e pontual repasse de recursos financeiros, *descaracteriza* a OS. Sem embargo, admita-se que a *interpretação conforme* vá tão longe: em prol do princípio de que o intérprete deve exaustivamente tentar manter os atos normativos no sistema e buscar a todo custo a interpretação apropriada, suponha-se possível a utilização da qualificação da OS e do contrato de gestão para essa finalidade: seriam requisitos procedimentais para a concessão ou permissão de uso de bem público ou o pontual repasse de recursos financeiros.[33] Nesse caso, ainda assim haveria uma

32. Por todos: Celso Antônio Bandeira de Mello, *Curso de Direito Administrativo*, cit., 31ª ed., Capítulo IV-109, p. 246.

33. O fomento por repasse de recursos financeiros, chamado *fomento por subvenção*, está previsto no art. 16 da Lei federal 4.320/1964: "Fundamentalmente e nos limites das possibilidades financeiras a concessão de subvenções sociais visará à prestação de serviços essenciais de assistência social, médica e educacional, sempre que a suplementação de recursos de origem privada aplicados a esses objetivos revelar-se mais econômica". O parágrafo único positiva o chamado *princípio da contraprestação do fomento*: "O valor das subvenções, sempre que possível, será calculado com base em unidades de serviços efetivamente prestados ou postos à disposição dos interessados obedecidos os padrões mínimos de eficiência previamente fixados". O art. 19 da Lei 4.320/1964 concretiza o *princípio constitucional implícito* pelo qual o fomento deve ser destinado às atividades sociais *não-lucrativas*: "A Lei de Orçamen-

*invalidade* intransponível: o *fomento administrativo* não pode ser arbitrário, e, por isso, pressupõe, como regra, a *licitação.*

No Estado de Direito, em que vigora o princípio republicano, não pode a Administração escolher *arbitrariamente* o administrado que receberá o benefício estatal. Há muitos anos, Carlos Ari Sundfeld, em clássico estudo, asseverou: como regra geral, todo benefício estatal exige a prévia realização de um *processo de competição.*[34] Para conceder subvenções e para ceder bens públicos a Administração deve, como regra geral, estabelecer prévio certame licitatório. A Lei 9.637/1998 reza, no inciso II do art. 2º, que a qualificação como OS depende do juízo de *conveniência* e *oportunidade* do ministro titular da Pasta da área de atividade corresponde ao seu objeto social – ou seja: é de *competência discricionária.* Sem prévio certame licitatório, sem requisitos objetivos, a lei federal deixa à livre vontade do agente administrativo escolher quem qualificar. O diploma é de inconstitucionalidade manifesta.[35] Somente em duas hipóteses o *fomento* dispensa o certame licitatório:

to não consignará ajuda financeira, a qualquer título, a empresa de fins lucrativos, salvo quando se tratar de subvenções cuja concessão tenha sido expressamente autorizada em lei especial".

34. Carlos Ari Sundfeld, "Procedimentos administrativos de competição", *RDP* 83/114-119, Ano XX, São Paulo, Ed. RT, julho-setembro/1987. Juan Alfonso Santamaría Pastor discrimina dentre os princípios fundamentais da atividade de fomento os princípios *da legalidade* e *da igualdade.* Sobre este último, doutrina: "La actividad promocional se halla inequívocamente sometida, sin embargo, al *principio constitucional de igualdad.* Las medidas de fomento no pueden, por definición, beneficiar a la totalidad de los sujetos privados: ni siquiera a los que se mueven dentro de un concreto sector económico, dado que los recursos financieros de que puede disponerse para instrumentarlas son, por necesidad, limitados. Ello supone una serie de consecuencias capitales: (1) primera, que las ayudas públicas deben otorgarse en un régimen basado en *reglas de transparencia, publicidad y libre concurrencia* entre todos los sujetos que puedan estar interesados en su obtención; (2) segunda, que su adjudicación debe llevarse a cabo mediante cauces procedimentalizados, esto es, *mediante procedimientos administrativos* licitatorios o de carácter competitivo que posibiliten que las ayudas se otorguen a quienes se hallen capacitados para generar un mayor beneficio colectivo en el uso de dichas ayudas; (3) y tercera, que la obtención de las ayudas no debe falsear las reglas de la competencia, colocando a unas empresas en posición de injusta ventaja respecto a las que no obtengan tales ayudas" (*Principios de Derecho Administrativo*, cit., 3ª ed., vol. II, pp. 349-350).

35. O benemérito professor Celso Antônio Bandeira de Mello qualifica essa inconstitucionalidade, com absoluta razão, de "escandalosa" (*Curso de Direito Administrativo*, cit., 31ª ed., Capítulo IV-106, p. 244).

quando é indistintamente estendido a todos os que preencham os requisitos abstratamente previstos (credenciamento); quando, diante do caso concreto, houver especial *justificativa*, expressa e densamente motivada, que justifique a concessão do benefício sem a prévia competição – uma entidade privada de indiscutível importância social, por motivos excepcionais e relevantes, necessite de uma ajuda do Poder Público.[36] O suposto *fomento* pelo contrato de gestão com as OS não é extensível a todo interessado e não está atrelado a circunstâncias fáticas excepcionais, a peculiaridades concretas da entidade beneficiada. Dependeria, para ser válido, de prévio certame.

### *5.5 A Lei 9.637/1998 e a ADI 1.923*

Ante o exposto é impossível dar aplicação válida à Lei federal 9.637/1998. Trata-se de diploma normativo aberrante, atentatório à dignidade dos publicistas brasileiros. O STF, na ADI 1.923, indeferiu a medida cautelar sob o argumento de que diante do "tempo transcorrido" inexistiria *periculum in mora* a justificar a suspensão dos efeitos. Foi, sem dúvida alguma, uma das decisões mais vergonhosas da Suprema Corte brasileira. O fato de ter transcorrido mais de 10 anos da introdução no sistema de um diploma de manifesta inconstitucionalidade pode importar a *modulação dos efeitos da declaração de inconstitucionalidade*, jamais a *omissão da Corte*.[37]

36. O sistema jurídico admite, por exemplo, que à luz do caso concreto a Administração auxilie uma universidade privada que esteja com graves dificuldades financeiras. Perceba-se: as circunstâncias do caso concreto podem justificar o afastamento da regra da licitação. A inexigibilidade é indicada pela *ponderação* de *circunstâncias fáticas excepcionais*.

37. STF, ADI/MC 1.923-DF, rel. para o acórdão Min. Eros Grau, j. 1.8.2007, *DJU* 21.9.2007, p. 20, *RTJ* 204/575. A possibilidade de modulação da decisão definitiva foi, para grande surpresa da comunidade jurídica, juntamente com o tempo decorrido, outro argumento para indeferir a liminar. Observa-se que a medida cautelar em ação direta de inconstitucionalidade tem, a princípio, eficácia *ex nunc*. O § 1º do art. 11 da Lei 9.868/1999 possibilita ao STF conceder eficácia retroativa à cautelar. É razoável estender a regra do art. 27 ao § 1º do art. 11: se o deferimento de medida cautelar exige *maioria absoluta*, a atribuição de eficácia *ex tunc* à medida cautelar exige maioria de dois terços. O STF, contudo, não dá essa interpretação (ADI/MC 2.105-DF, rel. Min. Celso de Mello, j. 23.3.2000, *DJU* 28.4.2000; ADI/MC 2.661-MA, rel. Min. Celso de Mello, j. 5.6.2002, *DJU* 23.8.2002). Também é razoável possibilitar

No julgamento do mérito, o Relator, Min. Carlos Ayres Britto, julgou a ação parcialmente procedente. Considerou inconstitucional o projeto neoliberal de substituir os serviços sociais por atividades privadas fomentadas pelo Estado;[38] considerou inconstitucional a qualificação discricionária prevista no referido inciso II do art. 2º da Lei 9.637/1998; e considerou inconstitucional a cessão especial de servidores prevista no referido art. 14 do mesmo diploma. Contudo, considerou possível – ao contrário do aqui defendido – a qualificação de OS e a celebração de "contrato de gestão" como verdadeira *técnica de fomento*, desde que se observe um *processo público objetivo* para a escolha do fomentado. Transformar a OS numa técnica válida de fomento administrativo – sem desprestigiar o nobre Julgador – descaracteriza completamente a OS. Lamentável, contudo, foi o voto do Min. Luiz Fux, que, espantosamente, não vislumbrou nenhuma inconstitucionalidade no aberrante diploma legislativo.

Não se adota a teoria *realista*:[39] o Direito não é o que o Judiciário diz. Os juízes só dizem efetivamente o Direito quando acertam na interpretação dos textos normativos. Como são seres humanos, é natural a

outras modulações de efeitos à decisão cautelar. Sobre a modulação prevista no art. 27 da Lei 9.868/1999, v. nosso *Efeitos dos Vícios do Ato Administrativo*, cit., Capítulo VIII-9, pp. 406 e ss. O julgamento da ADI/MC 1.923-DF, paradoxal em todos os aspectos, contribuiu para dar continuidade à fonte de corrupção das OS e acentuar o *desprestígio* da Corte. Sobre a decisão, v. o estudo de Gustavo Justino de Oliveira, "Constitucionalidade da Lei federal 9.637/1998, das organizações sociais: comentários à Medida Cautelar da ADI. 1.923-DF, do STF", *Revista de Direito do Estado/RDE* 8/345-382, Ano 2, Rio de Janeiro, outubro-dezembro/2007.

38. Nesse ponto, o notável Ministro, excelso julgador, foi absolutamente preciso: "Realmente, o problema não está no repasse de verbas públicas a particulares, nem na utilização, por parte do Estado, do regime privado de gestão de pessoas, de compras e contratações. A verdadeira questão é que ele, Estado, pelos arts. 18, 19, 20, 21 e 22 da Lei n. 9.637/1998 (dispositivos que falam em 'absorção', por organizações sociais, das atividades desempenhadas por entidades públicas a serem extintas), ficou autorizado a abdicar da prestação de serviços de que, constitucionalmente, não pode se demitir. (...). Logo, o Estado passaria a exercer, nos serviços públicos, o mesmo papel que desempenha na atividade econômica: o de agente apenas indutor, fiscalizador e regulador, em frontal descompasso com a vontade objetiva da Constituição Federal. O que de pronto me leva a julgar inconstitucionais os arts. 18 a 22 da Lei n. 9.637/1998".

39. Para um bom panorama da orientação realista, v. Karl Olivecrona, *Linguagem Jurídica e Realidade*, trad. de Edson L. M. Bini, São Paulo, Quartier Latin, 2005, pp. 17 e ss.). Sobre o tema, v., *supra*, Capítulo 2-rodapé 30.

possibilidade de *erro*. Por uma questão de *necessidade*, para a manutenção da paz social e concretização da segurança, o *erro* do Judiciário é assimilado pelo sistema. Trata-se de uma *regra de calibração*:[40] a decisão jurisdicional transitada em julgado é aceita como *válida*, ainda que *cientificamente equivocada*. Isso não significa que o que era inconstitucional passa a ser constitucional, e vice-versa. Não: se novamente provocado, o Judiciário pode rever sua interpretação. Cabe, por isso, à Ciência do Direito apontar a *decisão jurídica correta*, mesmo após o erro do Judiciário. Por isso, se o STF, no julgamento definitivo da ADI 1.923, afirmar que a Lei 9.637/1998 é constitucional – o que, diante dos reiterados equívocos da Corte, não é absurdo supor –, as invalidades apresentadas neste estudo não desaparecerão. Permanecerá esse aberrante diploma normativo no sistema, e continuará a ser atacado pela ciência jurídica séria, até que num novo pronunciamento jurisdicional haja *acerto* na compreensão do fenômeno jurídico e *invalidação* dessas normas legislativas flagrantemente atentatórias ao Texto Magno.

## *5.6 A Lei 9.790/1999*

As aberrantes inconstitucionalidades da Lei 9.637/1998 foram alvo de enfáticas críticas de alguns doutrinadores, mas boa parte da doutrina nacional, fascinada pelo credo neoliberal, considerou-a válida. Fontes históricas registram um grande empenho do Conselho da Comunidade Solidária – órgão criado pelo governo Fernando Henrique Cardoso, composto por 21 membros da sociedade civil, 10 ministros de Estado e pelo titular da Secretaria Executiva – em prol da edição de nova legislação: conclamava-se a *desburocratização* da qualificação das entidades do "Terceiro Setor".[41] Faz-se necessário um esclarecimento: o Brasil não possuía um "Terceiro Setor" – todo um setor privado que exerce atividades sociais à custa do Estado. Sempre existiu *atividade social*

40. A expressão é Tércio Sampaio Ferraz Jr., *Teoria da Norma Jurídica*, 4ª ed., Rio de Janeiro, Forense, 2002, pp. 131 e ss. Sobre o tema, v. *supra*, Capítulo 1-rodapé 32.

41. Por todos: Marco Antônio Santos Leite, *O Terceiro Setor e as Organizações da Sociedade Civil de Interesse Público/OSCIPs*, disponível em *http://www.almg.gov.br/educacao/sobre_escola/banco_conhecimento/arquivos/pdf/terceiro_setor.pdf* (acesso em 23.1.2012); Elisabete Ferrarezi, *Organização da Sociedade Civil de Interesse Público/OSCIP: a Lei 9.790 como Alternativa para o Terceiro Setor*, Brasília, Comunidade Solidária, 2001, pp. 17-20.

*privada*; o que os neoliberais "inventaram" foi a atividade social privada integralmente dependente da ajuda estatal; esse é o verdadeiro "Terceiro Setor", um setor privado que necessita do dinheiro do Estado para sobreviver. Os *neoliberais* precisaram implantá-lo, e o fizeram com grande eficiência.

A função magna do Conselho da Comunidade Solidária, presidido pela então Primeira-Dama, foi implantar o "Terceiro Setor" no Brasil: incentivar a criação de entidades parasitárias do Estado. Essas entidades logo tornaram evidente a quê vinham: passaram a pleitear acesso mais fácil aos recursos públicos. Daí a apresentação do anteprojeto que resultou na Lei 9.790/1999. Olhando para trás, só um fator explica a produção desse texto normativo: os juristas que trabalhavam na Casa Civil do Executivo Federal da época, conscientes do despautério jurídico representado pela Lei 9.637/1998, resolveram produzir um diploma menos monstruoso. O resultado foi uma lei melhor, apesar de também inválida.

Ao invés de se sujeitar ao juízo de conveniência e oportunidade do titular da respectiva Pasta, a qualificação de uma entidade como OSCIP é *vinculada*: observadas as exigências constantes dos arts. 1º a 6º da Lei 9.790/1999, a entidade tem o *direito público subjetivo* de obter a qualificação. Se para se tornar OS a entidade deve gozar da simpatia governamental, para se tornar OSCIP basta atender a requisitos objetivos, previamente fixados na lei. Isso não significa que o problema da *discricionariedade* foi eliminado. A *qualificação* é condição necessária mas não suficiente para obtenção dos recursos públicos: na OS faz-se necessária a celebração de contrato de gestão; na OSCIP, do termo de parceria. O intérprete apressado poderia supor que a escolha da OSCIP para celebração do termo de parceria é *discricionária*. Nada mais equivocado: se o Poder Público não for assinar o termo de parceria com todas as OSCIPs qualificadas, deverá, pelos motivos já expostos, instaurar processo licitatório para escolher qual OSCIP será beneficiada. Escolha arbitrária é inválida, pois atentatória ao *princípio da impessoalidade*. Em suma: a Lei 9.637/1998 caracterizou expressamente como discricionária a competência para qualificar entidades como OS; a Lei 9.790/1999 deixou claro que a competência para qualificar entidades como OSCIPs é vinculada. Nenhum dos diplomas foi expresso em exigir a instauração de certame licitatório para escolha da OS ou da OSCIP que assinará, respectivamente, contrato de gestão e termo de parceria: a exigência está implícita.

A Lei 9.790/1999 é superior à Lei 9.637/1998 em outros aspectos. Não previu a indigna cessão de servidores: pelo texto, é possível apenas ceder à OSCIP bens públicos e recursos financeiros. Excluído o repasse de servidores, a "ajuda" governamental é menos acentuada, mas pode também ser bem intensa. Por isso, tudo que se afirmou em relação às OS pode ser estendido às OSCIPs. Ao invés de apenas ceder um bem público ou esporádico recurso financeiro, pelo termo de parceria o Estado pode *financiar* integralmente a atividade, e, pois, efetuar muito mais que uma "ajuda". Deveras: a OSCIP também pode ser utilizada para privatização da gestão sem privatização do fundo. Daí o mais importante: a Lei 9.790/1999 possui um dispositivo interessantíssimo, cuja interpretação vem sendo desprezada pela unanimidade da doutrina: trata-se do inciso I do art. 4º, segundo o qual, para se qualificarem como OSCIPs, as pessoas jurídicas interessadas devem ser regidas por estatutos cujas normas expressamente disponham sobre "a observância dos princípios da legalidade, impessoalidade, moralidade, publicidade, economicidade e da eficiência". A similitude com a redação do *caput* do art. 37 da CF de 1988 é evidente. O que significa impor a uma entidade privada a observância desses princípios?

Não se presumem palavras inúteis nos textos normativos – antiga lição de hermenêutica.[42] Teria algum sentido afirmar que uma entidade privada se submete ao *princípio da legalidade*, tal qual todas as pessoas privadas? É de uma obviedade ululante que não. A legalidade, aí, não é a do inciso II do art. 5º da CF de 19/88, mas a do *caput* do art. 37 da CF de 1988: não é a legalidade a que estão sujeitas as pessoas privadas, mas a legalidade a que estão sujeitas as pessoas públicas. Não custa relembrar lição conhecida de todos: enquanto os particulares não podem ser obrigados a fazer o que não estiver previsto em lei, a Administração Pública só pode fazer o legalmente previsto.[43] O *princípio da moralidade*, perceba-

42. Ensina Carlos Maximiliano: "*Verba cum effectu, sunt accipienda*: 'Não se presumem, na lei, palavras inúteis'. Literalmente: 'Devem-se compreender as palavras como tendo alguma eficácia'. As expressões do Direito interpretam-se de modo que não resultem frases sem significação real, vocábulos supérfluos, ociosos, inúteis. (...). Dá-se valor a todos os vocábulos e, principalmente, a todas as frases, para achar o verdadeiro sentido de um texto; porque este deve ser entendido de modo que tenham efeito todas as suas provisões, nenhuma parte resulte inoperativa ou supérflua, nula ou sem significação alguma" (*Hermenêutica e Aplicação do Direito*, 16ª ed., Rio de Janeiro, Forense, 1997, pp. 250-251).

43. Nas palavras de Celso Antônio Bandeira de Mello: "Ao contrário dos particulares, os quais só podem fazer tudo o que a lei não proíbe, a Administração só

se, só se aplica à Administração Pública.[44] Um particular pode mentir sem atentar contra a ordem jurídica: a *mentira* em si, ainda que *imoral*, não será ilícita. Só haverá ilicitude se configurado *abuso de direito*[45] ou violada uma regra específica. Se a Administração *mentir*, ressalvada uma hipótese excepcional em que a mentira for moralmente justificável,[46] haverá indiscutível invalidade. É o que basta para evidenciar o acerto da assertiva: valeu-se o legislador de uma *sinédoque*, substituiu o todo pela parte;[47] ao invés de determinar que a entidade deve se sujeitar ao *regime de direito administrativo*, determinou que a entidade deve se sujeitar aos *princípios constitucionais expressos* do *regime de direito administrativo*. Quer dizer: por expressa determinação legal, a OSCIP rege-se pelo *regime de direito público*. Nos termos já expostos, a pessoa jurídica regida pelo direito público é, por definição, uma *autarquia*. O que leva à seguinte indagação: pode uma autarquia possuir *gestão privada*?

### *5.7 Autarquias corporativas*

Celso Antônio Bandeira de Mello observa que o conceito de *autoadministração* se associa a dois institutos distintos. O *self government* clássico ou *inglês* consistia num sistema em que o desempenho de certas

pode fazer o que a lei antecipadamente autorize. Donde, administrar é prover aos interesses públicos, assim caracterizados em lei, fazendo-o na conformidade dos *meios* e *formas* nela estabelecidos ou particularizados segundo suas disposições. Segue-se que a atividade administrativa consiste na produção de decisões e comportamentos que, na formação escalonada do Direito, agregam níveis maiores de concreção ao que já se contém abstratamente nas leis" (*Curso de Direito Administrativo*, cit., 31ª ed., Capítulo II-9, p. 108).

44. Sobre o princípio da moralidade, v., *supra*, Capítulo 1.

45. Sobre o abuso de direito, v. nosso *Abuso de Direito e a Constitucionalização do Direito Privado*, São Paulo, Malheiros Editores, 2010.

46. É teoricamente admissível que circunstâncias excepcionais do caso concreto tornem moralmente justificável a mentira estatal. Evidente que se faz necessário *motivação exaustiva*, ainda que essa motivação não seja publicada. Quer dizer: as razões para a veiculação da mentira devem ser explicitadas em um procedimento administrativo.

47. Ensinam Hélio de Seixas Guimarães e Ana Cecília Lessa: "Sinédoque é a substituição de um termo por outro, em que os sentidos desses termos têm uma relação de extensão desigual" (*Figuras de Linguagem: Teoria e Prática*, 14ª ed., São Paulo, Atual, 2003, p. 25).

atividades públicas era outorgado a funcionários honoríficos escolhidos entre os representantes da aristocracia local, tinha uma tônica individualista. No Continente Europeu o *self government*, chamado na Alemanha de *Selbstverwaltung*, atrelava-se à Comuna, que, por possuir personalidade, administrava a si própria.[48] Enquanto o conceito inglês só tem referência histórica, o continental refere-se ao *sistema administrativo* das *Comunas*, marcado por dois elementos: (a) personalidade pública das corporações territoriais; (b) participação dos administrados na administração dessas pessoas.[49] A partir dessas explicações, o insigne administrativista paulista apresenta as *três fases do conceito de auto-administração* (de base continental): na primeira, ligava-se às corporações de base territorial, possuindo os dois elementos assinalados; na segunda – com o surgimento de *pessoas públicas corporativas*, em que os membros das corporações, não qualificadas pela base territorial, mas pelo setor da atividade, escolhiam seus administradores –, persistiam os dois elementos, mas sem a base territorial; na terceira – com a criação de pessoas públicas de atividade especializada, mas não corporativa e sem participação dos administrados na escolha dos administradores –, sobreviveu apenas o primeiro elemento. *Auto-administração*, então, ampliou-se, para se referir à *personalidade pública administrativa*, prescindindo do caráter territorial e corporativo e da interferência dos administrados na escolha dos administradores.[50] Conclui, magistralmente, que *autarquia* consiste na *personalidade pública administrativa*: sempre que uma entidade se submeter ao regime de direito público será uma *autarquia*.[51]

A relação entre as três fases apresentadas é de extensão: as duas primeiras estão compreendidas na terceira. Quer dizer: o *conceito atual* de autarquia compreende o conceito de *autarquia territorial* (primeira fase mencionada) e de *autarquia corporativa* (segunda fase). Com efeito:

48. Celso Antônio Bandeira de Mello, *Natureza e Regime Jurídico das Autarquias*, cit., Capítulo V-3 e 4, pp. 179-184.

49. Idem, Capítulo V-8, pp. 189-196.

50. Idem, Capítulo V-9, pp. 196-199.

51. "Realmente, se auto-administração em sentido lato é simplesmente o sistema caracterizado pela existência de pessoas públicas administrativas diversas do Estado e se auto-administração, neste sentido, é o mesmo que autarquia, então a natureza delas reside na personalidade pública administrativa". (Celso Antônio Bandeira de Mello, *Natureza e regime jurídico das autarquias*, op. cit., Cap. V-11, p. 202.

há várias espécies. Certas entidades têm como embasamento estrutural um agrupamento de indivíduos que comparecem na qualidade de membros da entidade, são as *corporações públicas*; outras possuem como substrato o propósito de uma obra a ser realizada, são as *fundações públicas*.[52] Interessa aqui o primeiro tipo: as corporações *profissionais* são pessoas jurídicas regidas pelo direito público, e, pois, autarquias, mas sob gestão dos próprios profissionais que compulsoriamente a ela são filiados.[53] Elas mantêm a característica inicial da *auto-administração*: os filiados escolhem seus dirigentes. Diante disso, responde-se afirmativamente à indagação apresentada: é perfeitamente possível que a *gestão* de uma *autarquia* seja entregue aos particulares. As OSCIPs seriam *autarquias corporativas* similares às *profissionais*: pessoas jurídicas de gestão privada regidas pelo direito público.

### *5.8 Invalidade da Lei 9.790/1999*

Segundo o referido inciso I do art. 4º, o regime de direito administrativo rege as OSCIPs por expressa determinação dos *estatutos* das entidades privadas. Trata-se de questão interessantíssima: uma pessoa jurídica de direito privado pode, por vontade de seus dirigentes, subme-

52. Idem, Cap. IX-2, p. 363-376.

53. Afirma o benemérito Celso Antônio Bandeira de Mello: "De todo o exposto, e como conclusão, deve-se dizer que algumas autarquias têm substrato fundacional e outras corporativo. Desta espécie são as corporações públicas profissionais, sejam reguladoras e fiscalizadoras de atividade de classe, como a Ordem dos Advogados, o Conselho Federal de Engenharia e Arquitetura, de Medicina, dos Economistas etc., sejam órgãos de defesa dos interesses de produtores, como o Instituto Nacional do Mate e Instituto do Pinho, ou consórcios obrigatórios para a realização de obra de interesse comum aos associados, tais os que existem na Itália" (*Natureza e Regime Jurídico das Autarquias*, cit., Capítulo IX-4, p. 385). O STF acompanhava esse entendimento: reconheceu a natureza autárquica do Conselho Regional de Medicina (STF, Pleno, MS 22.643-9-SC, rel. Min. Moreira Alves, j. 6.8.1998, *DJU* 4.12.1998) e do Conselho Federal de Odontologia (STF, Pleno, MS 21.797-9-RJ, rel. Min. Carlos Velloso, j. 9.3.2000, *DJU* 18.5.2001). Reiterou esse posicionamento ao declarar inconstitucional o art. 58 da Lei 9.646/1998, segundo o qual a fiscalização de profissões regulamentadas seria delegada a entidades privadas (ADI 1.717-6-DF, rel. Min. Sydney Sanches, j. 7.11.2002, *DJU* 28.3.2003). Afastou-se, porém, da boa doutrina e da jurisprudência cristalizada e, em lamentável equívoco, considerou a Ordem dos Advogados do Brasil/OAB uma entidade privada não submetida ao direito público (ADI 3.026-DF, rel. Min. Eros Grau, j. 8.6.2006, *DJU* 29.9.2006).

ter-se integralmente ao regime de direito público? Noutras palavras: um particular, por vontade própria, pode deixar de ser particular e passar a ser Administração? Claro que não! O ato de vontade dos particulares de se submeter integralmente ao regime de direito público pode gerar efeitos na ordem privada, criando obrigações dantes inexistentes, mas não gera os efeitos pretendidos, ou seja, não os submete *integralmente* ao direito público. A *eficácia* desse ato de vontade está atrelada aos limites da *autonomia da vontade*: os particulares podem *renunciar* a seus direitos até certo limite.[54] Não podem renunciar à situação jurídica de particular e, pois, se despojar da *autonomia da vontade*. Uma pessoa jurídica de direito privado – obviedade ululante – não pode, por si mesma, transformar-se em *autarquia*. A norma estatuária prevista no inciso I do art. 4º, por esses motivos, *não gera efeitos* até a qualificação do Poder Público. Enquanto não qualificada como OSCIP, ainda que previsto no estatuto que a entidade se rege pelo direito público, ela se rege pelo direito privado. A eficácia dessa norma estatutária é *condicionada* ao posterior *reconhecimento estatal*.

Somente quando o Poder Público qualifica a entidade como OSCIP – quer dizer, edita o *ato administrativo de qualificação* – a norma estatutária passa a surtir efeitos e, assim, a entidade passa a ser regida pelo *direito público*. É, pois, o ato de qualificação da OSCIP que a constitui como *autarquia*. Antes, é uma *pessoa jurídica de direito privado*, uma *fundação* ou uma *associação civil*; depois, uma *autarquia*. A *instituição da autarquia* não decorre da vontade privada, mas da vontade estatal. É, portanto, instituída pelo Poder Público.

Mas para que uma pessoa jurídica de direito público seja instituída não basta a manifestação do Executivo; o sistema constitucional brasileiro exige a prévia manifestação do Parlamento: só *lei* pode *instituir* autarquias. Daí a segunda pergunta: a instituição de autarquia por ato administrativo, no caso, é válida? Para enfrentar a questão, duas situações normativas devem ser diferenciadas: a *imputação* imediata de *efeitos jurídicos* a uma *situação concreta* (norma *concreta*) e a imputação de efeitos jurídicos a uma *situação hipotética* (norma *abstrata*). Pelo

54. Sobre a renúncia de direitos fundamentais, v. Virgílio Afonso da Silva, *Constitucionalização do Direito: os Direitos Fundamentais nas Relações entre Particulares*, 1ª ed., 3ª tir., São Paulo, Malheiros Editores, 2011, pp. 64-65. V., também, nosso *Abuso de Direito e a Constitucionalização do Direito Privado*, cit., pp. 104 e ss.

veículo da lei podem ser introduzidas ambas as normas.[55] Quando o legislador, por exemplo, edita uma lei instituindo *de plano* uma autarquia, ele, por meio do veículo da lei, edita uma *norma concreta*. O problema é saber se ele pode instituir autarquias por norma abstrata.

Para enfrentar esse problema, devem ser diferenciadas as duas técnicas fundamentais de edição de normas legislativas abstratas. Ao editar normas abstratas o legislador pode precisar em detalhes a hipótese e os efeitos a ela imputados: ocorrida a hipótese detalhadamente descrita, devem ocorrer os efeitos previstos. Quando o legislador determina que a Administração Pública efetue essa imputação, sem deixar, no plano abstrato, margem de decisão,[56] tende a estabelecer uma *competência vinculada*. Pode, pelo contrário, descrever apenas parcialmente a hipótese, ou não estabelecer de forma completa os efeitos e remeter à Administração a competência para *completar* a norma: a imputação, no caso, depende, desde o plano abstrato, de uma *decisão* da Administração. Nesse caso, o legislador tende a estabelecer uma *competência discricionária*. A diferença é marcante: na primeira hipótese, a *norma legislativa* está *completa*, a imputação é inteiramente determinada no plano abstrato, determinando-se à Administração que, verificada a hipótese, apenas *execute* a imputação; na segunda, a *norma legislativa* está *incompleta*, a imputação depende da decisão no plano completo, determinando-se à Administração que não apenas execute a imputação, mas complemente a norma. Pois bem, eis a pergunta: pode o legislador, ao invés de instituir uma autarquia, descrever uma hipótese de forma *precisa* e determinar que, uma vez ocorrida essa hipótese, a Administração institua a autarquia? A *decisão*, no caso, de instituição da autarquia, sendo de competência vinculada, não é da Administração, mas do pró-

55. Como regra geral, a função legislativa deve produzir normas abstratas. A produção de normas legislativas concretas decorre principalmente de algo a que já se fez referência neste estudo: no sistema brasileiro as prerrogativas similares às do proprietário cabem ao Legislativo. Sobre o tema, v. nosso *Efeitos dos Vícios do Ato Administrativo*, cit., Capítulo III-1.4.3, pp. 74-75. Não pode haver disposição de bens públicos sem expressa autorização legislativa. Por extensão: não podem ser criadas novas entidades administrativas sem a expressa manifestação do legislador.

56. No plano concreto sempre haverá margem de decisão. É o que explicamos em nosso *Efeitos dos Vícios do Ato Administrativo*, cit., Capítulo VI-5, pp. 176-191. Em rigor, *discricionariedade* e *vinculação* só existem no plano concreto. No plano abstrato há apenas *indício* de discricionariedade e vinculação. Por isso, afirma-se acima que o legislador tende a instituir uma competência discricionária.

prio legislador. Entenda-se: ao estabelecer no plano abstrato uma norma completa, configuradora no plano concreto de competência vinculada, em rigor, é o legislador que está *instituindo* a autarquia, pois a atuação da Administração apenas *cumpre* determinação já estabelecida no plano abstrato.[57]

Enfim: a instituição de autarquia por meio de *ato administrativo* não viola a regra de que a instituição de autarquia deve ser efetuada pelo legislador quando o ato for editado, em decorrência da completude normativa, no exercício de competência vinculada. Por isso, a Lei 9.790/1999, ao estabelecer que, observados certos *requisitos objetivos*, discriminados no plano abstrato, deve ser editado, nos termos expostos, um ato administrativo de instituição de uma autarquia (a qualificação administrativa da OSCIP importa a instituição de uma autarquia), não violou a regra constitucional de que autarquias devem ser instituídas por lei. A *instituição*, no caso, como depende de ato privado, está sujeita a *prévio controle* da Administração.

Mas pode o legislador instituir autarquias nesses termos? Sabe-se que, conforme já explicado, o *móvel do legislador* é *maculado*: o que está por trás da política neoliberal é o beneficiamento de alguns agentes econômicos. Na função administrativa a mácula do móvel no exercício de competência discricionária faz presumir de forma absoluta o vício de finalidade, e, assim, importa a *invalidade do ato*.[58] No exercício da função legislativa, a teoria do *desvio de poder* apresenta contornos distintos: o móvel maculado do legislador não faz presumir de forma absoluta o vício de finalidade. Diferentemente da *discricionariedade adminis-*

57. Perceba-se a diferença entre instituir e autorizar a instituição. A Constituição Federal de 1988, após a Emenda 19/1998, diferencia: o legislador deve criar autarquias e autorizar a instituição de empresa pública, sociedade de economia mista e fundação, as subsidiárias destas e sua participação em empresas privadas (art. 37, XIX e XX). Nos termos expostos, com as ressalvas adiante apresentadas, pode criá-las por norma concreta ou por norma abstrata, dede que no segundo caso a norma abstrata configure competência administrativa vinculada. Ao revés, a autorização para instituição dá-se por norma abstrata configuradora de competência administrativa discricionária. Deveras: "autorizar" significa remeter à Administração o juízo sobre a conveniência e a oportunidade da instituição.

58. Cf.: Celso Antônio Bandeira de Mello, *Discricionariedade e Controle Jurisdicional*, 2ª ed., 11ª tir., São Paulo, Malheiros Editores, 2012, pp. 73-75; e nosso *Efeitos dos Vícios do Ato Administrativo*, cit., Capítulo VI-6.8, pp. 200-201.

*trativa*, na *discricionariedade legislativa* o móvel não contamina a validade da norma. É o que Pedro Estevam Alves Pinto Serrano chama de "intangibilidade subjetiva da atividade legislativa".[59] O móvel espúrio do legislador não faz, de fato, presumir de forma *juris et de jure* o desvio de poder, mas exige que o *intérprete* redobre a atenção. Ele é um *indício*: se o legislador estava mal-intencionado, é maior a possibilidade de que tenha gerado produto inconstitucional. Assim, o móvel legislativo espúrio não gera presunção absoluta, mas gera *presunção relativa*, de modo que, se houver dúvida sobre a incompatibilidade do texto com a Constituição, o móvel espúrio afasta a dúvida. Verificado o móvel espúrio, o intérprete deve, necessariamente, redobrar a atenção e examinar com mais cuidado o texto normativo: deve ler o texto partindo de um *indício* de que algo *pode* estar errado.

No caso, do ponto de vista objetivo há algo errado. O legislador não pode *desperdiçar recursos públicos*, ser *negligente* com a *coisa pública*. Instituir autarquias nesses termos é, justamente, desdenhar o patrimônio do povo. O Estado – relembra-se – responde *subsidiariamente* pelos débitos autárquicos. A *inconstitucionalidade* das OSCIPs resulta não propriamente do móvel legislativo espúrio (apenas indício de que algo pode estar errado), mas da direta e até óbvia contrariedade ao *interesse público*. Determinar a instituição de autarquia por *ato administrativo* editado no exercício de competência *vinculada* é, em rigor, *instituir autarquia*, mas não é instituí-la de forma *específica*. Não basta – perceba-se – que o legislador institua a autarquia por lei; a Constituição exige lei *específica* (inciso XIX do art. 37). A *especificidade da lei* exige a *concretude* ou, ao menos, maior restrição na abstração. A instituição das OSCIPs nos termos da Lei 9.790/1999 viola a exigência de *especificidade* da lei instituidora da autarquia.

É – reconhece-se – um diploma superior à Lei 9.637/1998, mas também inconstitucional. A lei das OS consiste numa *expressa* fuga para o regime de direito privado, a lei das OSCIPs consiste numa *expressa dis-*

59. Pedro Estevam Alves Pinto Serrano, *O Desvio de Poder na Função Legislativa*, São Paulo, FTD, 1997, p. 97. Nas palavras do ínclito constitucionalista: "Os eventuais vícios subjetivos da eventual má-fé do legislador ou não se traduzem na mensagem objetiva da norma (sendo indiferentes em relação à ordem constitucional) ou se convertem em disposições normativas incompatíveis com a Constituição, e em conseqüência o Judiciário aplicador da norma lhe suprimirá os efeitos" (idem, p. 98).

*tensão* do regime de direito público. A Lei 9.637/1998 exige uma *interpretação conforme a Constituição*: o texto não estabelece que as OS são autarquias, mas, diante de um cenário consolidado de invalidade, nada resta a não ser considerá-las *autarquias*. Como a fuga expressamente pretendida não é tolerada pelo sistema, impõe-se a incidência do regime de direito público. OS são autarquias por interpretação conforme. A Lei 9.790/1999, ao contrário, expressamente indica que as OSCIPs são autarquias, regidas, pois, pelo direito público. A inconstitucionalidade está na violação da *regra da especificidade* da lei instituidora de entes autárquicos. A disseminação, nesses termos, do regime de direito público resulta numa aviltante negligência com a coisa pública. Enfim: OS e OSCIPs são autarquias maculadas por uma instituição *inválida*.

# 6

# *Regime Constitucional dos Servidores Públicos*

*6.1 Breve introdução. 6.2 Garantias constitucionais ao bom exercício da função administrativa. 6.3 Princípio constitucional do concurso público. 6.4 Princípio constitucional da estabilidade.*

## *6.1 Breve introdução*

O tema dos servidores públicos não é um dos preferidos da doutrina brasileira. Escassa é a produção teórica sobre o assunto. Talvez por um motivo simples: não é um dos mais rentáveis, do ponto de vista econômico. Além de ser tema pouco explorado, sofre preconceito por parte de muitos. Grande parcela do povo brasileiro tem antipatia pelos servidores; muitos os associam à ineficiência, à falta de cortesia, à deficiente prestação dos serviços públicos e até mesmo à corrupção. Isso se agravou na década de 1990, em que o País foi assolado pela densa execução de uma política neoliberal: reformas constitucionais e infraconstitucionais enfraqueceram consideravelmente o regime jurídico dos servidores. A mídia apoiou as reformas, e como a mídia, mormente a televisiva, contribui decisivamente para formação de boa parte da opinião pública,[1] elas acabaram sendo apoiadas pela maioria da população.

1. Em perspicaz análise da televisão, Pierre Bourdieu observa: "Há uma proporção muito importante de pessoas que não lêem nenhum jornal; que estão devotadas de corpo e alma à televisão como fonte única de informações. A televisão tem uma espécie de monopólio de fato sobre a formação das cabeças de uma parcela muito importante da população" (*Sobre a Televisão*, trad. de Maria Lúcia Machado, Rio de Janeiro, Zahar, 1997, p. 23). Se a afirmação é aplicável à população francesa, é em grau muito mais elevado à brasileira. Como bem nota Celso Antônio Bandeira de

Neste estudo pretende-se ressoar um grito, ainda que tímido, contra esse movimento. Pretende-se, aqui, ainda que de forma sintética, explicitar os *princípios constitucionais* dos servidores públicos, explicar por que a Constituição consagra um conjunto de *garantias* e fixa os traços básicos do *regime estatutário*. A partir dessa análise, pretende-se demonstrar que a fuga desse regime, seja efetuada pelo reformador da Constituição, pelo Legislativo ou pelo próprio Executivo, é inválida. As afirmações são baseadas na mais profunda convicção de que refletem a correta compreensão do *direito positivo brasileiro*.

## *6.2 Garantias constitucionais ao bom exercício da função administrativa*

Celso Antônio Bandeira de Mello, em palestra proferida no I Ciclo de Estudos de Direito Público, promovido, em dezembro/1985, pela Associação dos Advogados da Prefeitura do Município de São Paulo, cuja transcrição foi publicada no oitavo número da *Revista de Estudos de Direito Público* da referida Associação, enunciou algo que não havia sido notado por ninguém na doutrina brasileira. Sintetizo sua lição: a Constituição estabelece as imunidades parlamentares, necessárias para que os parlamentares bem exerçam a função legislativa – como, por exemplo, a imunidade por opiniões, palavras e votos (art. 27, § 1º; art. 29, VIII; art. 53 – todos da CF de 1988); estabelece os predicados da Magistratura, a vitaliciedade, a inamovibilidade, a irredutibilidade de vencimentos, necessários para que os magistrados bem exerçam a judicatura (art. 95 da CF de 1988); paralelamente, estabelece as prerrogativas dos servidores públicos, necessárias para que estes bem exerçam a função administrativa. Nas palavras do benemérito Professor: "As disposições constitucionais atinentes aos servidores públicos cumprem, acima de tudo, uma função correspondente à dos predicamentos da Magistratura e das imunidades parlamentares".[2]

Mello: "(...) em País de alto contingente de iletrados e no qual a parcela de alfabetizados que lêem, mesmo jornal, é irrisória, o rádio e a televisão são os meios de comunicação que verdadeiramente *informam* e, de outro lado, *formam*, a seu sabor, a opinião pública, de tal sorte que os senhores de tais veículos dispõem de um poder gigantesco. (...)" (*Curso de Direito Administrativo*, 31ª ed., São Paulo, Malheiros Editores, 2014, Capítulo XII-rodapé 5, pp. 721-722).

2. Celso Antônio Bandeira de Mello, "Servidores públicos: aspectos constitucionais", *Estudos de Direito Público – Revista da Associação dos Advogados da*

Deveras, a Constituição não estabelece *privilégios*, mas *prerrogativas* necessárias ao cumprimento dos deveres ínsitos à função pública. Esta – segundo conceito corrente – compõe-se de dois elementos: (a) o dever de atuar em prol do interesse alheio e (b) a manutenção de prerrogativas necessárias ao cumprimento desse dever.[3] Toda prerrogativa – vale dizer, todo poder estatal – é meramente *instrumental*: existe para o cumprimento do *dever* de atender ao interesse público. As imunidades parlamentares, os predicamentos da Magistratura e os direitos constitucionais dos servidores públicos não foram estabelecidos para o deleite dos respectivos agentes. Não foi uma arbitrariedade constitucional: foram estabelecidos porque são considerados indispensáveis ao bom desempenho da função pública. A lição enunciada pelo professor Celso Antônio, contudo, não se esgota nessa obviedade.

Muitos admitem essa premissa, assumem que por trás do estabelecimento dessas prerrogativas está a crença na necessidade delas para o bom desempenho da função, e supõem tratar-se de mera *opção política*. Parece, aliás, ser esse o entendimento prevalecente na doutrina. Daí a importância da referida aula magna do professor Celso Antônio Bandeira de Mello: das regras constitucionais relativas aos direitos do *regime estatutário* extraem-se *princípios constitucionais* diretamente atrelados ao *Estado de Direito*. Quando o constitucionalismo consagrou o chamado Estado de Direito, a integral submissão do Estado ao sistema normativo vigente, consagrou também uma série bem extensa de subprincípios *implícitos*. A diretriz fundamental é a seguinte: o princípio do Estado de Direito implica que toda atuação do Estado deva consistir no exercício de *função pública*.[4] Dessa idéia decorrem tantas outras, que se torna

*Prefeitura do Município de São Paulo/EDP* 8/84, Ano IV-V, São Paulo, julho-dezembro/1985 e janeiro-julho/1986.

3. Cf. nosso *Efeitos dos Vícios do Ato Administrativo*, São Paulo, Malheiros Editores, 2008, Capítulo II-1, pp. 37-38. Nas palavras de Santi Romano: "As funções (*officia, munera*) são os poderes que se exercem não por interesse próprio, ou exclusivamente próprio, mas por interesse de outrem ou por um interesse objetivo" (*Princípios de Direito Constitucional Geral*, trad. de Maria Helena Diniz, São Paulo, Ed. RT, 1977, p. 145). No Brasil o conceito foi difundido por Celso Antônio Bandeira de Mello: "(...). Existe função quando alguém está investido no *dever* de satisfazer dadas finalidades em prol do *interesse de outrem*, necessitando, para tanto, manejar os poderes requeridos para supri-las. (...)" (*Curso de Direito Administrativo*, cit., 31ª ed., Capítulo I- 54, p. 72).

4. Sobre a relação entre o Estado e a *função pública*, v. nosso *Efeitos dos Vícios do Ato Administrativo*, cit., Capítulos I e II, pp. 33-63.

difícil uma enumeração exaustiva.[5] Citam-se algumas: (a) quem presenta o Estado não possui, no exercício de suas funções, *liberdade* – quer dizer, não é livre para decidir segundo seus interesses pessoais, deve sempre buscar a ótima realização do interesse público; quando muito, os agentes que presentam o Estado, no exercício da *função*, possuem *discricionariedade*, jamais *liberdade* (não existem *poderes autônomos* no Estado de Direito);[6] (b) por conseguinte, no exercício da função é vedado o arbítrio; toda atuação do Estado deve estar fundamentada no sistema normativo vigente e deve ter por finalidade a ótima realização do interesse público (toda atuação estatal diz respeito a um *dever estatal*). O Estado de Direito, em síntese, veda o arbítrio dos agentes públicos, a conduta pautada em critérios pessoais, subjetivos; a atuação estatal passa a ser *aplicação de normas jurídicas*; exercer função pública é editar normas, é concretizar o ordenamento posto.[7]

Para compreender a relação entre os direitos básicos do regime estatutário e o Estado de Direito deve-se atentar para o seguinte: há como impedir ou ao menos minimizar a *influência do poder político* sobre o exercício da *função administrativa*? Basta pensar: de nada adianta im-

5. Nas palavras de José Joaquim Gomes Canotilho e Vital Moreira: "Na sua vertente de *Estado de Direito*, o princípio do Estado de Direito Democrático, mais do que constitutivo de preceitos jurídicos, é sobretudo conglobador e integrador de um amplo conjunto de regras e princípios dispersos pelo texto constitucional, que densificam a idéia de sujeição do poder a princípios e regras jurídicas, garantindo aos cidadãos liberdade, igualdade e segurança" (*Constituição da República Portuguesa Anotada*, vol. 1 (arts. 1º a 107), São Paulo/Coimbra, Ed. RT/Coimbra Editora, 2007, p. 205). Mais adiante os ilustres constitucionalistas portugueses indicam o "cerne do Estado de Direito Democrático": "*a proteção dos cidadãos contra a prepotência, o arbítrio e a injustiça* (especialmente por parte do Estado)" (idem, p. 206). Canotilho, em seu *Direito Constitucional e Teoria da Constituição*, aprofunda o tema: "O princípio do Estado de Direito não é um conceito pré ou extra-constitucional, mas um conceito constitucionalmente caracterizado. Ele é, desde logo, uma *forma de racionalização* de uma estrutura estadual-constitucional. No princípio de Estado de Direito conjugam-se elementos formais e materiais, exprimindo, deste modo, a *profunda imbricação entre forma e conteúdo* no exercício de actividades do Poder Público ou de entidades dotadas de poderes públicos" (4ª ed., Coimbra, Livraria Almedina, 2000, pp. 254-255).

6. Sobre a incompatibilidade entre Administração Pública e *liberdade*, v. nosso *Abuso de Direito e a Constitucionalização do Direito Privado*, São Paulo, Malheiros Editores, 2010, pp. 57 e ss.

7. Sobre o exercício da função pública como *aplicação de normas jurídicas*, v. nosso *Efeitos dos Vícios do Ato Administrativo*, cit., Capítulo III, pp. 64-102.

por a alguém o dever de apenas aplicar o Direito posto, de cumprir o Direito globalmente considerado, e não impedir que ele seja obstado de cumprir esse dever. Se todo o corpo de agentes administrativos estivesse à mercê dos governantes, toda a concepção de Estado de Direito ruiria; a diretriz de que a atuação estatal deva ser sempre o cumprimento de uma função pública tornar-se-ia mera teoria vazia, retórica inútil. O Direito não despreza a *natureza humana*. Por isso, são inerentes ao Estado de Direito o *princípio da responsabilidade do Estado*, o *princípio do controle judicial* e, pois, o *princípio da manutenção das prerrogativas necessárias à imunização da função administrativa à influência política*. Nas palavras iluminadas de Celso Antônio Bandeira de Mello: "O regime constitucional dos servidores públicos almeja exatamente fixar regras básicas favorecedoras da neutralidade do aparelho estatal, a fim de coibir sobretudo o Poder Executivo de manipulá-lo com desabrimento capaz de comprometer objetivos do Estado de Direito".[8]

Muitos juristas não conseguem compreender *cientificamente* o fenômeno normativo. O Direito não é um simples *amontoado de normas jurídicas*. Se fosse, compreendê-lo seria impossível. O Direito é um verdadeiro *sistema* de *normas*. O que faz uma mera soma, um mero amontoado, tornar-se um sistema? A submissão a *critérios racionais aglutinadores*, aos chamados *elementos estruturantes* do sistema. É comum que os operadores do Direito, no dia-a-dia de seu trabalho, tratem o fenômeno normativo de modo não-científico. Esse equívoco desastroso é exclusivo da ciência jurídica. Ninguém lida, por exemplo, com a Enge-

8. Celso Antônio Bandeira de Mello, "Servidores públicos: aspectos constitucionais", cit., *EDP* 8/82. Vale a pena transcrever a lição do Mestre: "Cumpre que este Estado, que este aparelho gigantesco, que esta máquina onipresente seja imparcial, seja neutra, caso contrário soçobrarão os objetivos do Estado de Direito. Ora bem, para que esta máquina seja imparcial, seja neutra, é preciso que os agentes que a operam disponham de certas condições mínimas para cumprir as funções que lhes cabem dentro de um espírito de isenção, de neutralidade, de lealdade para com terceiros, de isonomia no trato com os administrados. Como seria isto possível se os agentes do aparelho estatal e basicamente do Poder Executivo não dispusessem de um estatuto jurídico, de um regime jurídico, que os garantisse, que lhes desse o mínimo de independência perante os ocasionais detentores do Poder? (...). Só mesmo uma máquina preparada para ser isenta, imparcial, leal, e que trate isonomicamente os indivíduos, pode garantir a realização dos objetivos do Estado de Direito, prevenindo e impedindo o uso desatado do poder em prol de facções que, mediante favoritismos e perseguições, se eternizariam no comando da sociedade" (idem, pp. 83-84).

nharia ou a Medicina com total desprezo pelas respectivas balizas científicas. Os aplicadores do Direito, os juristas, ao lidarem com o Direito, comumente desprezam a ciência jurídica. Esse mal deve ser evitado a todo custo. O jurista deve ter presente, cada vez que examina um problema jurídico, cada vez que examina um texto normativo isolado, que está diante de um *sistema*, de algo que obedece a *critérios racionais*. Deve, em suma, atentar para o fato de que toda norma jurídica se assenta nos chamados *princípios jurídicos*.[9]

Uma idéia-chave está por trás de todas as normas de direito público. As normas de direito administrativo foram concebidas para impedir o uso desatado do poder. Em pouquíssimas palavras: a função primordial do direito administrativo é impedir a *corrupção*. As leis administrativas existem para que os agentes públicos não ajam em prol de seus próprios interesses, para que exerçam efetiva e corretamente a *função pública*. Se os administradores fossem deuses, boa parte da legislação administrativa seria desnecessária. O direito administrativo foi concebido para impedir que o dinheiro público seja desperdiçado, para impedir que haja perseguições e favoritismos, para, enfim, garantir que o agente exerça *função pública*. Na feliz síntese de Celso Antônio Bandeira de Mello: o direito administrativo é arma do administrado contra o uso desatado do poder.[10] Reitero: o direito administrativo é um ramo dogmático eligido

9. A palavra "princípio" é atualmente utilizada com dois significados bem distintos: *mandamento nuclear* do sistema jurídico e *valor juridicamente positivado*. Nesta exposição a palavra é utilizada no primeiro sentido. Sobre o tema, v. nosso *Abuso de Direito e a Constitucionalização do Direito Privado*, cit., pp. 13-29. O conceito de princípio jurídico como elemento estruturante do sistema foi difundido no Brasil por Celso Antônio Bandeira de Mello, "Criação de secretarias municipais: inconstitucionalidade do art. 43 da Lei Orgânica dos Municípios do Estado de São Paulo", cit., *RDP* 15/284, Ano IV, São Paulo, Ed. RT, janeiro-março/1971, e *Curso de Direito Administrativo*, cit., 31ª ed., Capítulo XIX-3, pp. 976-977. No Direito estrangeiro, v. o magistral estudo de Jean Rivero, "Los principios generales del Derecho en el derecho administrativo francés contemporáneo", *Revista de Administración Pública* 6/289-300, Ano II, Madri, setembro-dezembro/1951.

10. "(...). Portanto, o direito administrativo não é um direito criado para subjugar os interesses ou os direitos dos cidadãos aos do Estado. É, pelo contrário, um direito que surge exatamente para regular a conduta do Estado e mantê-la afivelada às disposições legais, dentro desse espírito protetor do cidadão contra descomedimentos dos detentores do exercício do poder estatal. *Ele é, por excelência, o direito defensivo do cidadão* (...). É, pois, sobretudo, um *filho legítimo do Estado de Direito, um direito só concebível a partir do Estado de Direito: o direito que instrumenta, que arma*

para impedir a corrupção de quem exerce função pública. Essa idéia está na base da própria disciplina e de todas as normas a ela atinentes. Trata-se, seguindo a doutrina de Friedrich Müller, de um *preconceito*[11] necessário à correta compreensão das normas de direito público.

Se os direitos constitucionais básicos do *regime estatutário dos servidores públicos* são imprescindíveis para que não haja corrupção, eles não são um privilégio dos servidores, mas uma *garantia*, uma garantia fundamental dos cidadãos. Sem essas prerrogativas os agentes públicos estariam nas mãos dos governantes, sujeitos à vontade dos corruptos de plantão. Nenhum cidadão teria a mínima garantia de que as leis seriam cumpridas corretamente, nenhum cidadão teria a mínima garantia de que o dinheiro público não seria desviado para os bolsos dos corruptos. A impessoalidade estaria comprometida. É de uma obviedade ululante: se alguém precisa se corromper para manter seu ganha-pão, como regra geral, se corrompe. Não se exige que o servidor seja santo ou herói. Raros são os que abrem mão do seu ganha-pão por idealismo. Não se presume um comportamento sobre-humano de quem exerce função pública. Não se trabalha com sonho ou utopia, mas com a realidade. Sem essas prerrogativas os interesses do povo estariam comprometidos. Os bens, os negócios, o dinheiro estatais, em última análise, pertencem

*o administrado, para defender-se contra os perigos do uso desatado do poder*" (*Curso de Direito Administrativo*, cit., 31ª ed., Capítulo I-20, pp. 47-48). Deveras, o direito administrativo protege o cidadão contra o uso desatado do poder – nesse sentido, é escudo – e possibilita ao cidadão atacar o uso desatado do poder – e nesse sentido é arma. Em suma: escudo e arma do cidadão.

11. Friedrich Müller diferencia a pré-compreensão jurídica ou referida ao Direito da pré-compreensão geral (*Teoria Estruturante do Direito I*, trad. de Peter Naumann e Eurides Avance de Souza, São Paulo, Ed. RT, 2008, pp. 55 e ss.). Enquanto a última se refere a toda visão de mundo do sujeito cognoscente, a primeira refere-se a preconceitos positivos necessários à correta interpretação. Deveras: o intérprete, ao examinar um texto de direito público, deve partir do preconceito de que o direito público é a arma e o escudo do cidadão. Quem não inicia a atividade hermenêutica imbuído desse "preconceito" tende a chegar a um resultado equivocado. Do mesmo modo: o conceito de função pública, as características dela, as balizas do regime de direito público, são preconceitos necessários à boa interpretação do direito público. Insiste-se: interpretar o direito público pressupõe ter presente, previamente, os conceitos de Estado, de função estatal, de indisponibilidade e supremacia do interesse público e, principalmente, que esse ramo do Direito foi construído para servir de arma e de escudo do cidadão, para evitar a corrupção dos agentes públicos.

ao povo. As garantias da impessoalidade dos agentes públicos são garantias individuais dos cidadãos. Estes possuem o *direito individual* de serem tratados de forma *impessoal*, honesta, isonômica, e o *direito político* a uma boa administração.[12] Logo, as prerrogativas dos servidores constituem, pois, ao mesmo tempo, um *direito individual* e um *direito político* de todo cidadão.

Quem se debruça sobre o ordenamento jurídico brasileiro e o estuda como um *sistema* logo percebe: os direitos constitucionais básicos do *regime estatutário dos servidores públicos* são imprescindíveis para que não haja corrupção, são vitais para que exista um verdadeiro Estado de Direito, são pressupostos da *boa administração*. Por trás das *regras constitucionais dos servidores públicos* há *princípios constitucionais* diretamente atrelados ao princípio do Estado de Direito. Ora, se são decorrência lógica, desdobramento imediato, do Estado de Direito, se são garantia individual e direito político dos cidadãos, são, indiscutivelmente, autênticas *cláusulas pétreas*.

### *6.3 Princípio constitucional do concurso público*

O princípio constitucional do concurso público, estabelecido no inciso II do art. 37 da CF de 1988, impede que os governantes nomeiem para os cargos públicos apenas seus *amigos*. Trata-se de desdobramento imediato da *isonomia* e da *impessoalidade*, uma peremptória exigência da República e do Estado de Direito.[13] A importância desse princípio é

12. Em sua preciosa monografia sobre boa administração, Juarez Freitas também alude ao tema: "Por mais que se entenda a proposta de flexibilização, o regime estatutário ou institucional é vital para que se alcancem os desideratos constitucionais. O constituinte derivado, apesar das vastas reformas que vem promovendo na esfera dos direitos dos servidores públicos – não raro, desafiadoras, para dizer o mínimo, da resiliência constitucional –, felizmente não abandonou, de um todo, a linha de que, para a segurança da sociedade, convém reservar aos ocupantes de certos cargos efetivos um tratamento especial, apto a propiciar a formação de carreiras a salvo de cooptações partidárias e da previsível descontinuidade governativa" (*Discricionariedade Administrativa e o Direito Fundamental à Boa Administração Pública*, São Paulo, Malheiros Editores, 2007, p. 117).

13. Em sua tese de Doutorado, Adilson Abreu Dallari observa: "Para que se tenha uma idéia da importância do tema, basta dizer que ele figura no texto da Declaração Geral dos Direitos Humanos, aprovada pela Assembléia-Geral das Nações Unidas em 10.12.1948, com o seguinte enunciado: 'Cada indivíduo tem o direito ao in-

tão evidente, que ele se aplica, por expressa disposição constitucional, não apenas aos *servidores públicos*, mas também aos *empregados públicos*. Trata-se, pois, de princípio não restrito ao *regime estatutário*.

Não cabe neste estudo expor toda teoria dos concursos públicos.[14] Ressalta-se que somente é possível a nomeação *sem concurso* para cargo ou emprego público nos casos expressa ou implicitamente previstos no texto constitucional. Os casos expressos são os seguintes: (1) por exigência do *princípio democrático*, os *cargos eletivos*, próprios da *representação popular*, nos termos do parágrafo único do art. 1º; (2) também por exigência do princípio democrático, os *cargos de provimento vitalício* cuja nomeação, por expressa determinação constitucional, seja efetuada pelos *representantes populares*, ou seja, pelo Presidente da República e senadores;[15] (3) os cargos em comissão, de livre nomeação, nos termos do inciso II do art. 37; (4) as atividades temporárias e as atividades em que, apesar de não serem temporárias, o interesse público exige o exercício imediato, ambas previstas no inciso IX do art. 37. Os casos implícitos consistem na *impossibilidade* lógica, fática ou jurídica de realizar *concurso público*.[16]

O reformador da Constituição não diminuiu a eficácia desse princípio. Ele vem sendo amesquinhado pelo *legislador infraconstitucional* e pelo *Judiciário*. Tornou-se, infelizmente, comum a edição de leis que *deturpam* as hipóteses de *inexigibilidade de concurso público*. Toda regra constitucional deve ser interpretada em consonância com os *princípios estruturantes* do sistema. Por que o constituinte previu os *cargos*

gresso, sob condições iguais, no serviço público de seu País'" (*Regime Constitucional dos Servidores Públicos*, 2ª ed., São Paulo, Ed. RT, 1990, p. 28).

14. Sugere-se a leitura da monografia dos promotores Márcio Barbosa Maia e Ronaldo Pinheiro de Queiroz, *O Regime Jurídico do Concurso Público e seu Controle Jurisdicional*, São Paulo, Saraiva, 2007. Bem como da coletânea de trabalhos organizada por Fabrício Motta, (coord.), *Concurso Público e Constituição*, 1ª ed., 2ª tir., Belo Horizonte, Fórum, 2007.

15. O acesso ao cargo de Presidente da República é direta decorrência da escolha popular: o povo escolhe quem assumirá o cargo. O acesso ao cargo de Ministro do STF é indireta decorrência da escolha popular: o povo escolhe quem nomeará o ocupante do cargo.

16. Aplica-se aos concursos públicos, *mutatis mutandis*, a teoria dos *pressupostos constitucionais à licitação*. Trata-se de teoria desenvolvida por Celso Antônio Bandeira de Mello, *Curso de Direito Administrativo*, cit., 31ª ed., Capítulo IX-V, pp. 551-552. Sobre ela, v., *infra*, Capítulo 10.

*em comissão*? Para que o agente político nomeie alguém de sua *confiança subjetiva*, alguém que feche os olhos para seus atos de corrupção? Óbvio que não. Certas funções exigem profissionais altamente qualificados, profissionais que, pela sua capacitação, encontram amplas oportunidades no mercado de trabalho. Esses profissionais, gabaritados para certas funções, não se prestariam a participar de um concurso público. Vale dizer: a realização de concurso público é incompatível com certas funções públicas porque os profissionais adequados para exercê-las, como regra geral, jamais se disporiam a participar de um concurso. Nesse caso, inexiste *pressuposto fático* para sua realização: ele não pode ser instaurado, porque não haveria *interessados* aptos a dele participar. Não faz sentido abrir concurso para nomear um Ministro da Justiça ou um Secretário de Negócios Jurídicos. Justamente para esses casos é que o constituinte previu os *cargos em comissão*. Perceba-se: para nomear alguém para essas funções faz-se necessária a *confiança*, não a *confiança subjetiva* – a confiança do nomeante de que o nomeado jamais se voltará contra ele –, mas a *confiança objetiva*: a confiança de que o nomeado bem exercerá a função, porque é qualificado para tal. A confiança objetiva implica a *confiança* por parte de todos da sociedade – ou seja: diante do prestígio no respectivo campo de atuação, da experiência profissional, da elevada capacitação técnica, da – enfim – notoriedade da qualificação do nomeado, todos da sociedade, independentemente de suas convicções políticas, consideram-no apto ao exercício da função, todos *confiam* nele. É evidente que quase sempre há mais de um profissional que atenda a essa exigência – daí a *discricionariedade na nomeação*: o sistema permite ao nomeante que, dentre todos os habilitados, escolha aquele que possua mais afinidade com suas convicções ideológicas. A prática distancia-se desses conceitos: o legislador, de todas as esferas de governo, despreza os *pressupostos teóricos* para a criação de *cargos em comissão*; o administrador, também de todas as esferas de governo, despreza os pressupostos teóricos para a *nomeação* dos respectivos cargos. Milhares de cargos em comissão são criados apesar de presente o pressuposto fático à realização de concurso;[17] nomeações

17. Num importante julgado, o TJSP reagiu a essa situação. Trata-se da Ação Direta de Inconstitucionalidade de Lei n. 157.950-0/6-00, julgada em 28.1.2009, sen-

são efetuadas com base na *confiança subjetiva*, e não na preconizada *confiança objetiva*.

A contratação para atividades temporárias ou atividades que demandem execução imediata, com base no inciso IX do art. 37 da CF de 1988, segue também uma *regra racional*. A realização de concurso público leva um *tempo* e importa *custo*, que não são desprezados pelo sistema. Não faz sentido realizar concurso público para atividades que durem apenas seis meses ou menos. Sempre que a *duração da atividade* for razoavelmente incompatível com o tempo e o custo da realização do concurso público, este é dispensado. "Atividade temporária" é conceito indeterminado, e, como todo conceito dessa ordem, possui uma *zona de certeza positiva*, uma *zona de certeza negativa* e uma *zona de incerteza*.[18] Atividades que durem até seis meses estão na zona de certeza positiva: não é razoável realizar o concurso. Atividades que durem mais de dois anos estão na zona de certeza negativa: é razoável realizá-lo. Atividades que durem mais de seis meses e menos de dois anos estão na zona de incerteza: depende do juízo do agente competente. Claro que essa zona de incerteza pode ser afastada diante do caso concreto, diante da natureza da atividade: dependendo do caso, pode não ser razoável a contratação direta para o exercício de certa atividade por um ano. Ademais, quando o interesse público exige o imediato exercício de atividade

do relator o Des. Debatin Cardoso. Constou da ementa: "Criação de cargos de provimento em comissão, destinados, muitos deles, a funções burocráticas ou técnicas de caráter permanente – Inadmissibilidade". E na fundamentação do acórdão pontuou-se, com precisão: "Não basta denominar os cargos como sendo de diretor, chefe ou assessor para que se abra uma exceção à regra do concurso público e se justifique seu provimento em comissão, pois o que importa não é o rótulo, mas a substância deles, fazendo-se necessário examinar as atribuições a serem exercidas por seus titulares, e tais atribuições devem estar definidas na lei".

18. Trata-se da clássica lição de Fernando Sainz Moreno: "El problema de la indeterminación puede explicarse gráficamente mediante unos círculos concéntricos. El círculo interno traza el límite de una zona de certeza positiva (es seguro que 'eso' puede denominarse con ese término); el círculo externo marca el límite de una certeza negativa (es seguro que 'eso' no puede denominarse así). Entre esos dos círculos hay una zona de duda, de 'indeterminación'. Se trata, por supuesto, de una explicación gráfica aproximada, porque las líneas de ambos círculos son también borrosas. Existen, pues, dos límites: el de la certeza positiva (lo que es seguro) y el de la certeza negativa (lo que es seguro que no es). Entre ambos está el ámbito de duda" (*Conceptos Jurídicos, Interpretación y Discrecionalidad Administrativa*, Madri, Civitas, 1976, pp. 70-71).

não-temporária, admite-se a contratação temporária durante o tempo necessário à realização do concurso. Também aqui a prática distancia-se da teoria. Basta um exemplo: a Lei federal 8.745/1993, no inciso V do art. 4º, com a redação dada pelo art. 166 da Lei 11.784/2008, permite contratação temporária por prazo de quatro anos para vários cargos.

Um recente equívoco da jurisprudência também vem contribuindo para o desprestígio do princípio do concurso público. O STJ adotou o entendimento de que, passados cinco anos da assunção de cargos efetivos sem concurso público, há a estabilização do vício da nomeação, e, por isso, o direito à permanência no cargo.[19] Trata-se de supino equívoco da jurisprudência. Deve-se distinguir o *ato administrativo* que nomeou, de forma inválida, os servidores da *situação jurídica* de ocupar cargo público de provimento efetivo sem prévia aprovação em concurso. O ato, após cinco anos, se estabiliza:[20] o sistema não admite a invalidação da nomeação e, conseqüentemente, não admite a invalidação de todos os atos proferidos pelos servidores no exercício do cargo, bem como não exige a devolução aos cofres públicos do que indevidamente receberam. Isso não significa que o cargo passa a admitir o provimento sem concurso: não importa quanto tempo passe, a invalidade da nomeação exige a exoneração do servidor. É, *a contrario sensu*, o que se extrai do art. 19 do ADCT: o constituinte atribuiu estabilidade ao servidor admitido sem concurso que estava em exercício na data da promulgação da Constituição há pelo menos cinco anos continuados. Quer dizer: fora dessa hipótese, a nomeação sem concurso, independentemente do decurso do tempo, não gera estabilidade.

19. Apenas a título de exemplo, foi o que decidiu no RMS 25.652-PB (2007/0268880-8), rel. Min. Napoleão Nunes Maia Filho, j. 16.9.2008, *DJe* 13.10.2008. Eis a ementa: "Servidores públicos que assumiram cargos efetivos sem prévio concurso, após a Constituição Federal de 1988 – Atos nulos – Transcurso de quase 20 anos – Prazo decadencial de 5 anos cumprido, mesmo contado após a Lei n. 9.784/1999, art. 54 – Preponderância do princípio da segurança jurídica". Afirmou-se no acórdão: "Penso que é importante frisar, mais uma vez, que a Administração Pública quedou-se inerte, por duas décadas, quanto à alegada ilegalidade nas investiduras dos recorrentes, pelo quê se formou em relação a eles (os recorrentes) o direito subjetivo de não serem acionados em razão daquelas investiduras, e em relação à Administração ocorreu a perda do direito de desfazer aqueles mesmos atos". E se concluiu: "Por tais fundamentos, dou provimento ao recurso ordinário, para assegurar o direito dos impetrantes de permanecerem nos seus respectivos cargos".

20. Sobre a estabilização dos vícios dos atos administrativos, v. nosso *Efeitos dos Vícios do Ato Administrativo*, cit., Capítulo VIII-5.5, pp. 295 e ss.

### *6.4 Princípio constitucional da estabilidade*

Outro princípio fundamental do Estatuto dos Servidores Públicos é o princípio da *estabilidade*: o servidor público só *perde o cargo* nos casos expressamente previstos no texto constitucional (art. 41, § 1º, da CF). Se o princípio do concurso evita a nomeação arbitrária, o princípio da estabilidade evita o exercício arbitrário da função. Eis um exemplo: imagine que os servidores encarregados de numerar as folhas dos processos administrativos e rubricá-las não possuíssem estabilidade e o superior hierárquico, com vistas a acobertar ilegalidade ou, pior, ato de corrupção, exigisse a substituição das folhas de um processo. O servidor ficaria no seguinte dilema: ou se recusa a obedecer, e perde seu ganha-pão, ou obedece, e se mantém no cargo. Por óbvio, se não houvesse estabilidade, o servidor ficaria sempre nas mãos dos superiores hierárquicos. Bastaria se recusar a cometer uma ilegalidade, se recusar a praticar um ato de corrupção, e pronto: estaria "na rua", seria exonerado. E perceba-se: nem do Judiciário o servidor poderia se socorrer, pois, inexistindo estabilidade, a dispensa seria *ad nutum* a critério do superior hierárquico. Conforme antecipado, a falta de estabilidade dos servidores transforma o Estado de Direito em Estado do arbítrio. Trata-se, pois, de princípio diretamente atrelado às bases da Constituição da República. A estabilidade dos servidores não é privilégio deles, mas uma garantia individual do administrado contra a malévola influência política no exercício da função pública e um direito político do cidadão à boa administração.

A Emenda Constitucional 19/1998 afetou sensivelmente esse magno princípio constitucional. Até 4.6.1998 o período necessário para aquisição da estabilidade era de *dois anos*. A Emenda 19 alterou a redação do *caput* do art. 41, e elevou o período do *estágio probatório* para *três anos*. Ademais, até a Emenda havia apenas *duas hipóteses* de perda da função: sentença judicial transitada em julgado e decisão proferida em processo administrativo disciplinar em que seja garantida a ampla defesa. A Emenda alterou o § 1º do art. 41 para acrescentar uma terceira hipótese: reprovação em procedimento de avaliação periódica de desempenho, na forma de lei complementar, assegurada a ampla defesa. Acrescentou também o § 4º ao art. 169, prevendo uma quarta hipótese: quando a adoção das medidas previstas no § 3º do art. 169 – redução em pelo menos 20% das despesas com cargo em comissão e função de confiança e exoneração de servidores não estáveis – não forem suficientes para assegurar a observância do limite fixado em lei complementar para a despesa com pessoal (hoje fixado no art. 19 da Lei de Responsabilidade Fiscal, Lei Complementar 101/2000: 50% da receita corrente líquida para a União; e 60% para os Estados e Municípios). A reforma foi fruto de uma política neoliberal.[21] Buscou-se, a todo custo, enfraquecer o servidor público.

Na doutrina brasileira quem melhor compreendeu a teoria da reforma constitucional foi o Min. Carlos Ayres Britto: a *reforma* só é permitida para *reforçar* o *programa constitucional* originário, para fazê-lo *melhor*, não para alterá-lo, substituí-lo, enfraquecê-lo. Toda reforma que contrarie essa diretriz é inválida.[22] Impõe-se a toda emenda a *interpretação restritiva*, ainda mais quando ela diz respeito a valores sensíveis. A boa doutrina não titubeia em afirmar a inconstitucionalidade da quarta hipótese apresentada, por violação ao *direito adquirido* dos servidores.[23] O direito adquirido impede a aplicação da hipótese a quem já era

21. Sobre o tema, recomenda-se a leitura da dissertação de Mestrado de Priscilia Sparapani, *A Estabilidade do Servidor Público Civil Após a emenda Constitucional 19/1998* (Mestrado em Direito), São Paulo, PUC/SP, 2008.

22. Transcreve-se parte de sua argumentação: "A este respeito, é de se afastar o receio de que o prestígio exegético das cláusulas pétreas – nos casos de dúvida fundada, lógico – venha a significar banalização das mesmas (tudo, ou quase tudo, passaria a ser encarado como cláusula pétrea). É que a postura interpretativa contrária é de muito maior gravidade sistêmica, pois redunda no mais intolerável tipo de banalização: *a banalização da própria Lei Fundamental do País, que fica muito mais vulnerável a agressões por via de emendas*. A alternativa é radical: ou o hermeneuta prestigia as cláusulas pétreas, e assim reduz a possibilidade de produção de emendas, ou prestigia as emendas, e assim fragiliza a integridade das cláusulas pétreas. A primeira opção é a que temos por acertada, até porque melhor nos habilita a afastar o temor da banalização, a saber: uma coisa é a indicação das matérias constitutivas de cláusulas pétreas, de par com as normas constitucionais que dão o conteúdo mínimo de cada qual dessas cláusulas de intangibilidade, pois aí estamos diante dos princípios que mais estabilizam a Constituição e concomitantemente mais se aproximam do centro da circunferência democrática; outra coisa, porém, são os preceitos constitucionais que estão a serviço das cláusulas pétreas, que têm a ver com elas, sim, *mas sem a força de elementarizá-las*. Regras periféricas, então, da própria circunferência de cada cláusula pétrea, e, com mais razão, da circunferência democrática. Por isso que tais preceitos jazem à disposição do poder reformador, desde que o resultado desse labor reformista seja o fortalecimento ou a robustez da parte axiológica situada no centro da circunferência em causa" (Carlos Ayres Britto, *Teoria da Constituição*, Rio de Janeiro, Forense, 2003, pp. 204-205).

23. Por todos: Celso Antônio Bandeira de Mello, *Curso de Direito Administrativo*, cit., 31ª ed., Capítulo V-27, 60 e 142-150, pp. 273-274, 295-296 e 335-340.

servidor, mas não obsta à aplicação a quem ingressou nos quadros públicos após a reforma. Contudo, a hipótese é inaplicável também para os novos servidores: o *princípio da estabilidade* é *cláusula pétrea*, pois é pressuposto para configuração do Estado de Direito. Só são juridicamente válidas hipóteses de perda da função que digam respeito à conduta do servidor, mais precisamente ao descumprimento, por parte dele, dos deveres funcionais.

O núcleo da *estabilidade* está na proteção do servidor contra a influência política, e essa proteção só ocorre enquanto o servidor estiver imunizado da perda do cargo por hipótese que não lhe seja diretamente imputada. Noutras palavras: a perda do cargo só pode ocorrer em virtude da *responsabilização disciplinar* do servidor, somente porque este não cumpriu, a contento, sua *função*. Não pode, jamais, ser imputada pela *vontade governante*. Quem *bem* exerce a função pública está constitucionalmente *protegido*, garantido contra o uso desatado do poder. É de evidência solar: a despesa com pessoal acima do limite legalmente fixado não é imputada ao servidor, não é de responsabilidade dele, é de responsabilidade de quem autorizou a despesa. Se o servidor *estável* não descumpriu seus deveres funcionais, não pode – sob pena de ofensa à cláusula pétrea do Estado de Direito – ser exonerado contra sua vontade. O § 4º do art. 169, acrescentado pela Emenda 19/1998, é, nesses termos, inconstitucional. A terceira hipótese referida não é inconstitucional, mas é inútil. Se o servidor for reprovado em avaliação periódica de desempenho, pode ser, de plano, exonerado? Óbvio que não. O próprio dispositivo constitucional ressalva: "assegurada ampla defesa". O servidor só pode ser exonerado se for *responsabilizado* por alguma falta funcional.[24] Exige-se a instauração de *processo disciplinar*. Quer dizer:

24. Nesse sentido, doutrina José Maria Pinheiro Madeira: "O aludido procedimento de avaliação periódica de desempenho, que poderá ensejar a perda do cargo, não possui eficácia plena, posto que depende de lei complementar para especificar tais circunstâncias. Uma vez regulamentado, o servidor somente perderá o cargo por este processo avaliatório caso o seu desempenho esteja em desacordo com a conduta presumida para a esfera pública" (*Servidor Público na Atualidade*, 8ª ed., Rio de Janeiro, Elsevier, 2010, p. 257). Em sentido contrário manifesta-se Priscilia Sparapani, para quem ineficiência não se equipara a desídia: "Um servidor pode ser zeloso no cumprimento de suas funções, pode ser assíduo, responsável, pontual, atuante, e, mesmo assim, não produzir o que dele se espera, e, por conseguinte, ele não será considerado desidioso, mas, sim, ineficiente" (*A Estabilidade do Servidor Público*

a hipótese inserida no inciso III do § 1º do art. 41 é mero desdobramento do inciso II do mesmo parágrafo. A reforma, nesse caso, numa interpretação conforme, não foi inválida, mas foi inútil.

O legislador e o administrador também contribuem para o amesquinhamento do princípio da estabilidade. Tornou-se corrente antes da Constituição de 1988 a criação de *empregos públicos* ao invés de *cargos públicos*: difundiu-se a possibilidade de dois regimes para o funcionalismo público – o *estatutário*, regido pelas leis de direito público, e o *celetista*, regido pela Consolidação das Leis do Trabalho/CLT. Do ponto de vista teórico, o regime celetista não se ajusta à função pública. Explico: o regime celetista apóia-se num acordo de vontade entre o empregador e o empregado, o regime da relação decorre desse acordo, o vínculo é *contratual*.[25] O regime estatutário não se apóia num *contrato*: a nomeação decorre de um *ato unilateral* condicionado à aquiescência do administrado,[26] o regime é integralmente estabelecido na lei, não é fixa-

*Civil Após a Emenda Constitucional 19/1998*, cit., p. 160). Sem desprestigiá-la, essa interpretação contraria a cláusula pétrea do Estado de Direito, e, por isso, não é admissível. Se o servidor bem exerceu suas funções, não pode ser exonerado.

A exoneração forçada do servidor estável só é constitucionalmente admissível quando efeito de *responsabilização*, vale dizer, quando importar autêntica *demissão*. Apesar de distinguir a ineficiência da falta funcional, a autora exige a instauração de processo disciplinar para exoneração do servidor: "Na esteira dessa assertiva, e a par do que foi dito acima, enfatiza-se aqui, uma vez mais, que quando a Administração avalia o servidor público periodicamente, e destas avaliações resulta comprovada a ineficiência para o desempenho de suas atividades, haverá que se instaurar, na hipótese, processo administrativo disciplinar, porque, a partir do momento em que a Administração imputa ao servidor uma conduta ineficiente, está procedendo a uma acusação" (idem, p. 163).

25. Por todos, doutrina Octávio Bueno Magano: "Parece-nos que a relação de trabalho é produto de negócio jurídico inserível no âmbito da autonomia privada, assim considerada a área do Direito em que se atribui aos indivíduos a faculdade de disciplinar os próprios interesses, observadas as limitações impostas pelo Estado" (*Direito Individual do Trabalho*, 4ª ed., São Paulo, LTr, 1993, p. 28). No mesmo sentido, afirma Rodrigo Garcia Schwarz: "Podemos ressaltar que a relação de emprego tem, na realidade, origem contratual. O contrato de trabalho forma-se independentemente de qualquer solenidade, mas sempre a partir do acordo de vontade das partes" (*Direito do Trabalho*, 2ª ed., Rio de Janeiro, Elsevier, 2009, p. 70).

26. Com invulgar didática, explica Celso Antônio Bandeira de Mello: "O conteúdo do vínculo jurídico que transcorre entre o funcionário e o Estado não foi determinado por via consensual. Não decorre de uma produção da vontade conjunta das partes entre as quais intercorre a relação. O ato de nomeação é unilateral e proporcio-

do por acordo. A Administração não possui *liberdade*. Mesmo quando ela afirma celebrar um *contrato de emprego*, jamais se submete, integralmente, ao regime celetista: as partes não são livres para fixar, por exemplo, o regime de remuneração.[27] Não há, tanto para servidores como para empregados públicos, direito à *negociação coletiva*, pois o regime é integralmente fixado na lei. Os princípios da *legalidade* e da *indisponibilidade do interesse público* impedem que a Administração e o empregado disciplinem, por acordo, o regime da relação.

A Constituição de 1988, no *caput* do art. 39, determinou que todas as entidades federativas instituíssem, no âmbito de sua competência, *Regime Jurídico Único* para os servidores da Administração direta, autárquica e das fundações. Foi uma clara tentativa de afastar o máximo possível do mundo jurídico o regime celetista. O reformador tentou o retrocesso: alterou a redação do dispositivo, para suprimir a previsão do *Regime Único*. O STF considerou a alteração inconstitucional, por *vício formal*.[28] Pelos argumentos expostos neste estudo, é evidente que também havia inconstitucionalidade *material*: submeter o *regime de pes-*

na a inserção de alguém debaixo de um regime jurídico prefixado, sobre o qual a vontade do funcionário não tem força jurídica para interferir. É certo que não basta o ato de provimento para se perfazer a relação funcional. É necessária a posse, através da qual o nomeado aceita o cargo e exprime um compromisso de bem servir, a fim de que se aperfeiçoe o vínculo entre ele e o Estado. Há, efetivamente, um acordo, mas este diz respeito unicamente à formação do vínculo. Cinge-se a ele. Limita-se a expressar sua concordância em se inserir debaixo de uma situação geral e abstrata. Não atinge, nem pode atingir, o conteúdo da relação formada, pois este não se encontra à sua disposição como objeto da avença" (*Apontamentos sobre os Agentes e Órgãos Públicos*, 2ª tir., São Paulo, Ed. RT, 1975, p. 11).

27. Em relação ao regime estatutário, o STF já se manifestou sobre a impossibilidade de *negociação coletiva*. Na ADI 492-DF (rel. Min. Carlos Velloso, j. 12.11.1992, *DJU* 12.3.1993, p. 3.557) o STF declarou a inconstitucionalidade das alíneas "d" e "e" do art. 240 da Lei federal 8.112/1990, hoje revogadas pela Lei 9.527/1997, que previam o direito dos servidores públicos federais à negociação coletiva. Constou do voto do Min. Carlos Velloso: "Não sendo possível, portanto, à Administração Pública transigir no que diz respeito à matéria reservada à lei, segue-se a impossibilidade de a lei assegurar ao servidor público o direito à negociação coletiva, que compreende acordo entre sindicatos de empregadores e de empregados, ou entre sindicatos de empregados e empresas, e, malogrado o acordo, o direito de ajuizar dissídio coletivo". Grande parte da argumentação constante do acórdão estende-se integralmente ao regime celetista.

28. Trata-se da ADI/MC 2.135-DF, rela. para o acórdão Min. Ellen Gracie, j. 2.8.2007, *DJe* 7.3.2008.

*soal* da Administração Pública ao *regime celetista* subtrai dos agentes públicos as imunidades à influência política necessárias ao bom desempenho da função administrativa e fere mortalmente o Estado de Direito. Sem embargo, restabeleceu-se a redação originária, e continua impositivo o *Regime Único*.

Apesar disso, o regime celetista não desapareceu do regime de pessoal da Administração Pública. Em dois casos ele é *obrigatório*: (1) todos aqueles que foram estabilizados pelo art. 19 do ADCT submetem-se ao regime celetista. Isso porque o § 1º do dispositivo determina que o tempo de serviço desses servidores seja considerado como título quando se "submeterem a concurso para fins de efetivação". Não faria sentido se submeterem a concurso se fossem equiparados aos servidores estatutários;[29] (2) o regime de pessoal das empresas públicas e das sociedades de economia mista *exploradoras de atividade econômica* é, por força do art. 173, § 1º, II, da CF, o celetista, pois do contrário a *concorrência* no mercado com os particulares poderia ser *desleal*. Em duas hipóteses o regime *celetista* é facultado: (1) os agentes contratados para atividades temporárias ou de necessidade imediata, nos termos do inciso IX do art. 37 da CF, podem ser submetidos ao regime celetista.[30] Nada impede que a entidade federativa os submeta ao regime estatutário; (2) e a segunda hipótese, justamente a pertinente a este estudo, exige algumas explicações adicionais.

O legislador ou o administrador, fora das hipóteses mencionadas, pode submeter o pessoal da Administração ao regime celetista? Por todas as razões apresentadas, é evidente que não. Seria o mesmo que supor a construção de uma fortaleza com portas de papelão.[31] Sendo o

29. Por todos: Celso Antônio Bandeira de Mello, *Curso de Direito Administrativo*, cit., 31ª ed., Capítulo V-rodapé 13, pp. 267-268.

30. Por todos: Celso Antônio Bandeira de Mello, *Curso de Direito Administrativo*, cit., 31ª ed., Capítulo V-rodapé 26, p. 286. É posição prevalecente na doutrina, conforme informa José Maria Pinheiro Madeira: "Entende a doutrina majoritária que o regime jurídico do pessoal contratado pela Administração Pública para desempenhar, temporariamente, serviços de excepcional interesse público somente pode ser o regime da Consolidação das Leis do Trabalho, aliás o único que se aperfeiçoa com o caráter temporário da contratação" (*Servidor Público na Atualidade*, cit.., 8ª ed., p. 31). Nesse ponto discorda-se da doutrina majoritária: a contratação temporária não é incompatível com o regime estatutário. Nesse caso, por óbvio, a estabilidade do servidor não impede sua exoneração no *termo final* do vínculo.

31. A feliz imagem é, segundo informa Celso Antônio Bandeira de Mello (*Curso de Direito Administrativo*, cit., 31ª ed., Capítulo XIII-9, p. 815), de Geraldo

*direito administrativo* a *arma* e o *escudo do cidadão*, a submissão ao *direito privado* só é viável quando fundada num *critério racional*, sob pena de configurar *inválida* "fuga para o direito privado".[32] Há um critério racional nesse tema: sempre que o *afastamento* das *imunidades* à influência política não for prejudicial ao Estado de Direito, a submissão ao regime celetista, apesar de inconveniente, não é inválida. E quando esse afastamento não prejudica o Estado de Direito? Quando se tratar de *atividades subalternas*. Com isso não se está desprestigiando as atividades subalternas. Só quem trabalhou sem o serviço de *limpeza* sabe o quanto ele é imprescindível. Mas, se quem presta o serviço de limpeza nas repartições públicas não possuir as garantias do regime estatutário, como a *estabilidade*, não haverá, apesar disso, graves riscos de aumento da *arbitrariedade* e da *corrupção*. As garantias constitucionais à influência política para as atividades subalternas não são imprescindíveis para a manutenção do Estado de Direito. Por isso, ainda que seja inconveniente, por razões que não cabe, neste estudo, explicitar, a submissão das atividades subalternas ao regime celetista não fere os princípios básicos do regime de direito público.[33]

O regime celetista não garante a estabilidade, mas isso não significa que não sofra o influxo do princípio da *impessoalidade*. Não pode o empregado ser exonerado sem prévia instauração de *processo administrativo*, em que lhe seja garantida a ampla defesa. Impensável também exonerá-lo sem expressa *motivação*. A Súmula 390 do TST incide, ao

Ataliba. O intérprete deve presumir absoluta *racionalidade* no sistema normativo. Não faria sentido a previsão de tantas regras protetoras dos servidores se facilmente essas regras pudessem ser afastadas pelo legislador.

32. A expressão *Flucht ins Privatrecht* é de Fritz Fleiner (*Instituciones de Derecho Administrativo*, trad. de Sabino A. Gendin, Barcelona, Labor, 1933, p. 263).

33. Essa é a lição do benemérito Celso Antônio Bandeira de Mello: "Que atividades seriam estas, passíveis de comportar regime trabalhista, se a lei assim decidir? Só poderiam ser aquelas que – mesmo desempenhadas sem as garantias específicas do regime de cargo – não comprometeriam os objetivos (já referidos) em vista dos quais se impõe o regime de cargo como sendo o normal, o prevalente. Seriam, portanto, as correspondentes à prestação de *serviços materiais subalternos*, próprios dos serventes, motoristas, artífices, jardineiros ou mesmo de mecanógrafos, digitadores etc., pois o modesto âmbito de atuação destes agentes não introduz riscos para a impessoalidade da ação do Estado em relação aos administrados caso lhes faltem as garantias inerentes ao regime de cargo" (*Curso de Direito Administrativo*, cit., Capítulo V-21, p. 269).

menos no plano sintático, num equívoco:[34] o empregado público, quando o vínculo empregatício for válido, não é estável. Ela é correta quando houver invalidade do vínculo: o emprego público for uma *contrafação* de cargo público. Mas nesse caso a Justiça do Trabalho seria incompetente para conhecer da matéria.[35] Sem embargo, reitera-se: a dispensa do empregado público não segue regime idêntico ao da dispensa imotivada do empregado nas relações privadas; fazem-se necessárias a instauração de processo administrativo e uma razão objetiva e impessoal para dispensa explicitada em motivação expressa.

O princípio da estabilidade é afetado por uma das causas do amesquinhamento do princípio do concurso público: a deturpação dos *cargos em comissão*. É próprio desses cargos a exoneração *ad nutum*. Prevalece na doutrina, ainda hoje, o entendimento de que essa exoneração prescinde de motivação.[36] Quando o legislador pretende fugir da garantia da estabilidade, cria um cargo em comissão. Tornou-se uma praxe na Administração brasileira: "Quando o estável não faz, sempre há um comissionado que faz". Ora, essa situação decorre de uma *deturpação*: os cargos em comissão são próprios para os casos de *inexigibilidade de concurso* por *falta de pressuposto fático*. Fora dessas hipóteses configuram não apenas *burla* ao *princípio do concurso*, mas burla ao *princípio da estabilidade*. Sem a garantia constitucional da estabilidade o agente comissionado fica à mercê do constrangimento político, e, para não perder seu ganha-pão, acaba, como quase qualquer pessoa em situação idêntica acabaria, cedendo ao descumprimento do Direito.

34. TST, Súmula 390: "I – O servidor público celetista da Administração direta, autárquica ou fundacional é beneficiário da estabilidade prevista no art. 41 da CF de 1988. II – Ao empregado de empresa pública ou de sociedade de economia mista, ainda que admitido mediante aprovação em concurso público, não é garantida a estabilidade prevista no art. 41 da CF de 1988".

35. O STF, na ADI/MC 3.395-DF (rel. Min. Cézar Peluso, j. 5.4.2006, *DJU* 10.11.2006, p. 49), deferiu liminar para fixar a exegese do art. 114, I, da CF de 1988, com a redação dada pela Emenda 45/2004, no sentido de que ele não abrange – e, portanto, não é da competência da Justiça do Trabalho – as causas instauradas entre o Poder Público e o servidor que lhe seja vinculado por relação jurídico-estatutária. Sobre o tema, v., por todos: Arnaldo Silva Jr., *Dos Servidores Públicos Municipais*, Belo Horizonte, Del Rey, 2009, pp. 35-39.

36. Oxalá o tema seja revisto no Brasil. Na doutrina estrangeira o tema há tempos é rediscutido. Consultar: Juan Igartua Salaverría, *La Motivación en los Nombramientos Discrecionales*, Navarra, Thomson-Civitas, 2007.

Muito ainda poderia ser dito sobre as *garantias constitucionais* dos *servidores públicos*. A previsão da *aposentaria integral*, a previsão da *revisão anual da remuneração* – temas que não serão desenvolvidos neste estudo –, são regras constitucionais necessárias para o ótimo desenvolvimento da *função pública*. Um Estado com funcionalismo público *enfraquecido* é um Estado *fraco*, não preparado para a influência do poder econômico e do poder político. E, no presente momento histórico, o poder político é comumente sobrepujado pelo econômico. As considerações aqui apresentadas são marcadas por uma idéia-chave: as regras constitucionais relativas ao regime dos servidores públicos não são privilégios de uma classe: são garantias dos administrados, imprescindíveis para a manutenção do Estado de Direito. Todo enfraquecimento dessas regras, seja efetuado por reforma constitucional, por lei infraconstitucional ou por norma administrativa, deve ser examinado com a máxima cautela. São regras vinculadas aos princípios estruturantes do sistema jurídico, de modo que a afetação delas repercute nos valores mais importantes do sistema. Por tudo isso, em não raras vezes o enfraquecimento dessas regras afeta cláusulas pétreas, é inconstitucional – e, portanto, inválido.

PARTE III

# VIAS DA AÇÃO ADMINISTRATIVA


7 – *Extinção e Modificação dos Atos Administrativos*

8 – *Licenças Ambientais*

9 – *Processo Administrativo*

10 – *Licitação: Dispensa e Inexigibilidade*

11 – *Contrato Administrativo*

12 – *Consórcios Públicos e Serviço de Saneamento Básico*

# 7
# *Extinção e Modificação dos Atos Administrativos*

*7.1 Extinção dos atos administrativos. 7.2 Revogação dos atos administrativos: 7.2.1 Discricionariedade administrativa – 7.2.2 Pressupostos da revogação – 7.2.3 Revogação e decaimento ou caducidade. 7.3 Invalidação dos atos administrativos: 7.3.1 Pressupostos da invalidação – 7.3.2 Classificação da invalidade. 7.4 Modificação dos atos administrativos. 7.5 Convalidação dos atos administrativos: 7.5.1 Convalidação e escolha do meio de correção – 7.5.2 Classificação da convalidação – 7.5.3 Pressupostos da convalidação.*

## *7.1 Extinção dos atos administrativos*

*Ato administrativo* é o nome dado a todo *veículo introdutor* de *norma administrativa*.[1] *Veículo introdutor* é, por sua vez, uma *norma jurídica*, concreta e geral, extraída da enunciação-enunciada das normas administrativas, que preceitua o dever de reconhecimento da norma introduzida no mundo jurídico.[2] Por metonímia, costuma-se utilizar o rótulo "ato administrativo" tanto para denominar os veículos introdutores como as normas administrativas por eles introduzidas. Seja como for – perceba-se –, *ato administrativo* é *norma jurídica* editada por *agente administrativo* no exercício de *função administrativa*. Uma vez introduzida a norma no mundo jurídico, surge o interessante tema de

1. Cf. nosso *Efeitos dos Vícios do Ato Administrativo*, São Paulo, Malheiros Editores, 2008, Capítulos II-3.6 e IV-1, pp. 63 e 107.

2. O conceito de veículo introdutor é magistralmente desenvolvido por Tárek Moysés Moussallem, *Fontes do Direito Tributário*, São Paulo, Max Limonad, 2001, pp. 138-143.

sua *retirada*[3] – tema, esse, conhecido pelo nome de *extinção dos atos administrativos*. No passado a doutrina brasileira costumava restringi-lo ao estudo da *revogação* e da *anulação*.[4] Com o desenvolvimento científico do direito administrativo brasileiro sabe-se que essas são apenas duas possibilidades de um quadro bem mais amplo.[5]

Em alguns casos o *ato administrativo* é extinto independentemente da edição de outro ato administrativo. Sua extinção dá-se por força de um *fato administrativo*, e não por força de um *ato administrativo*.[6] Isso se dá em duas hipóteses: (1) *cumprimento de seus efeitos jurídicos* e (2) *desaparecimento do sujeito ou do objeto*. A primeira desdobra-se em três hipóteses: (1.1) *esgotamento de seu conteúdo jurídico*, com a fruição do direito nele previsto, como o gozo das férias concedidas a um servidor; (1.2) *execução material*, como, em relação ao ato de demolição, a demolição do prédio que ameaça ruir; (1.3) *implemento de condição resolutiva* ou *termo final*, quando os efeitos do ato são condicionados à não-ocorrência de um evento futuro e certo – termo – ou de um evento futuro e incerto – condição resolutiva – e o evento vem a ocorrer.[7]

3. O tema da retirada das normas do mundo jurídico foi pioneiramente desenvolvido por Hans Kelsen, *Teoria Geral das Normas*, trad. de José Florentino Duarte, Porto Alegre, Sérgio Antônio Fabris Editor, 1986, Capítulo 27, pp. 133-145.

4. Por todos: Hely Lopes Meirelles, *Direito Administrativo Brasileiro*, 40ª ed., São Paulo, Malheiros Editores, 2014, pp. 217-218.

5. O panorama da *extinção dos atos administrativos* foi na doutrina brasileira difundido por: Celso Antônio Bandeira de Mello, *Curso de Direito Administrativo*, 31ª ed., São Paulo, Malheiros Editores, 2014, Capítulo VII-105 a 108, pp. 454-457; Antônio Carlos Cintra do Amaral, *Teoria do Ato Administrativo*, Belo Horizonte, Fórum, 2008, Capítulo 4, pp. 71-75.

6. *Fato administrativo* é todo acontecimento do mundo jurídico a que o direito administrativo atribui efeitos normativos; *ato administrativo* é toda norma administrativa (e seu veículo introdutor, por metonímia), ou seja, toda prescrição de conduta. Os conceitos são de Celso Antônio Bandeira de Mello (*Curso de Direito Administrativo*, cit., 31ª ed., Capítulo VII-4, p. 378). Sobre eles, v. nosso *Efeitos dos Vícios do Ato Administrativo*, cit., Capítulo II-3.6, pp. 58-63.

Os conceitos de *fato* e *ato jurídico* no *direito público* não equivalem aos conceitos de *ato* e *fato jurídico* no *direito privado*. Neste a sistematização apóia-se na *vontade*, que é irrelevante ou secundária no direito público. Em outras oportunidades chamamos a *retirada por fato administrativo* de *auto-retirada*, tendo em vista que a norma não é retirada por outra *norma* (cf., *infra*, Capítulo 11-rodapé 35).

7. Cf. Celso Antônio Bandeira de Mello, *Curso de Direito Administrativo*, cit., 31ª ed., Capítulo VII-107, pp. 454-456. Para Hugo Augusto Olguín Juárez a extinção decorrente do *esgotamento dos seus efeitos jurídicos* consiste numa *extinção*

Em relação à última hipótese, há duas particularizações importantes. (1.3.1) A *decadência*, *caducidade* ou *desuso* consiste na extinção do ato administrativo em decorrência do não exercício pelo interessado, no prazo fixado, do direito a ele assegurado.[8] Trata-se, na verdade, de uma

*natural* e abrange as hipóteses de *execução material* e de *expiração de determinado termo* em que o ato deve produzir seus efeitos. A extinção, por outro lado – afirma o renomado jurista chileno –, pode ser *provocada* ou por um *fato* ou por um *ato jurídico*. A extinção provocada *por fato* pode dar-se por *fato não previsto*, ou seja, de modo *acidental*, ou por *fato previsto*, por expressão da *vontade*. Ele distingue a *extinção por ação* da *extinção por reação*. Na primeira, por ação, o ato se extingue mediante a expressão da Administração manifestada no ato mesmo e condicionada a um fato. Na segunda, por reação, o ato se extingue mediante a edição de um ato jurídico (Hugo Augusto Olguín Juárez, *Extinción de los Actos Administrativos: Revocación, Invalidación y Decaimiento*, Santiago, Editorial Jurídica de Chile, 1961, § 13, pp. 32-33). Perceba-se: o implemento de condição resolutiva ou termo final é apartado pelo autor das outras duas hipóteses de cumprimento de efeitos jurídicos, por ser uma *extinção provocada*, e não uma *extinção natural*. Michel Stassinopoulos aparta o *épuisement du contenu de l'acte*, que se refere, para ele, à hipótese de *l'expiration du délai prévu par l'acte lui-même* e à hipótese de *l'exécution de l'acte*, do *l'avènement de la condition résolutoire* (*Traité des Actes Administratifs*, Atenas, Collection de l'Institut Français d'Athènes, 1954, § 48, pp. 237-239). O implemento de condição resolutiva ou termo final refere-se ao interessante tema dos *elementos acidentais do ato administrativo*. Para um exame aprofundado do assunto, v. Roberto Lucifredi, *L'Atto Amministrativo nei suoi Elementi Accidentali*, Milão, Giuffrè, 1941.

8. Doris Piccinini Garcia fala em *decadência* ou *caducidade* (*Teoría del Decaimiento de los Actos Administrativos*, Santiago, Editorial Jurídica de Chile, 1968, p. 26). Trata-se, aí, de um *fato administrativo*: o não cumprimento de uma obrigação em determinado prazo. Não se confunde com o *ato administrativo de caducidade*, adiante examinado. Eis uma *ambigüidade*: os doutrinadores utilizam o mesmo rótulo para denominar institutos diferentes. Sendo os signos *arbitrários* (cf. Ferdinand de Saussure, *Curso de Lingüística Geral*, 30ª ed., trad. de Antônio Chelini, José Paulo Paes e Izidoro Blikstein, São Paulo, Cultrix, 2008, pp. 81-82), é inevitável o surgimento de *ambigüidades*. Não há como obrigar todos a utilizarem os signos com o mesmo significado. Diante disso, não importa muito o rótulo atribuído aos institutos: o fundamental é saber os respectivos significados. Michel Stassinopoulos chama a hipótese de *desuso* (*Traité des Actes Administratifs*, cit., p. 239).

Típica hipótese de *decadência*, *caducidade* ou *desuso*, nesse sentido, é a obrigação, no Município de São Paulo, de efetivar o sistema estrutural de fundação no prazo de dois anos a contar da data do despacho de deferimento do pedido de alvará de execução da obra (Código de Obras do Município de São Paulo, Lei 11.228/1992, 3.7.9). Obtido o alvará de execução, o administrado não possui a eternidade para construir a obra: deve fazê-lo no prazo fixado. Passado o prazo, o alvará *decai*. Nesse sentido, afirmava Lúcia Valle Figueiredo: "De outra parte, poderá ocorrer caducidade do alvará de licença por inércia de seu beneficiário. Isso pode acontecer quando,

*condição resolutiva*: se, no prazo fixado, o administrado não exerce o direito, o ato se extingue – ou seja: o ato é condicionado ao exercício do direito em determinado prazo. (1.3.2) A *renúncia* consiste na extinção do ato administrativo em decorrência da não aquiescência do administrado. Uma *norma estatal* jamais sai do mundo jurídico por força de um *ato privado*. Eis uma regra fundamental: a norma estatal é retirada do mundo jurídico ou por um fato jurídico ou por um ato estatal, jamais por um ato privado. A renúncia não é, por isso, um ato de retirada, mas uma condição resolutiva: quando a manutenção da eficácia do ato é condicionada à aquiescência do administrado, e ele não aquiesce, há extinção, pela ocorrência da condição resolutiva.[9] Finalmente, a segunda hipótese de retirada do ato por *fato administrativo* é o *desaparecimento do sujeito* ou do *objeto* (2). O primeiro caso dá-se quando o ato é *intuitu personae*, e no direito público, como regra, os atos o são: com a morte do administrado, extingue-se o ato. Em relação aos atos emitidos *intuitu rei*, em que a existência material do objeto é pressuposto de existência do ato administrativo,[10] desaparecendo a coisa, extingue-se o ato.[11]

Noutros casos a extinção do ato administrativo decorre dos efeitos de outro ato administrativo (ou, dependendo do caso, *jurisdicional*), ele se extingue por força de um *ato*, e não de um *fato*. Também aqui há duas

prefixado em norma legal o limite máximo para o início das obras ou para a paralisação das mesmas, o beneficiário da licença infringir esses prazos" (*Disciplina Urbanística da Propriedade*, 2ª ed., São Paulo, Malheiros Editores, 2005, p. 150). No mesmo sentido: Luís Manuel Fonseca Pires, *Regime Jurídico das Licenças*, São Paulo, Quartier Latin, 2006, p. 200.

9. Cf. nosso *Efeitos dos Vícios do Ato Administrativo*, cit., Capítulo VIII-rodapé 334, pp. 502-503. Faz-se a distinção: quando a manifestação de vontade do administrado é condição para que um ato eficaz continue gerando efeitos, e o administrado deixa de aquiescer, fala-se em *renúncia*; quando a manifestação de vontade do administrado é condição para que um ato se torne eficaz, e ele deixa de aquiescer, fala-se em *recusa*. Ambas, renúncia e recusa, são *condições resolutivas*. Em sentido contrário, Celso Antônio Bandeira de Mello considera a renúncia e a recusa hipóteses autônomas de extinção, respectivamente, do ato eficaz e do ato ineficaz (*Curso de Direito Administrativo*, cit., 31ª ed., Capítulo VII-107 e 108, pp. 454-457).

10. Sobre os pressupostos de existência dos atos administrativo, v. nosso *Efeitos dos Vícios do Ato Administrativo*, cit., Capítulo V-2, pp. 124-138.

11. Cf. Michel Stassinopoulos, *Traité des Actes Administratifs*, cit., pp. 238-239. São as hipóteses, segundo Hugo Augusto Olguín Juárez, de extinção provocada por fato não previsto (*Extinción de los Actos Administrativos: Revocación, Invalidación y Decaimiento*, cit., p. 33).

hipóteses: (1) *contraposição* ou *derrubada* e (2) *retirada*. No primeiro caso a extinção não é efeito típico ou primário do ato, mas *efeito reflexo* ou *secundário*: o novo ato é emitido independentemente do precedente, por razão de outra competência, mas seus efeitos típicos são incompatíveis com os efeitos do ato anterior, gerando sua extinção. Costuma-se dar sempre o mesmo exemplo: ato de demissão do servidor derruba o ato de nomeação.[12] Há, contudo, exemplos mais interessantes: supondo-se que o Município defira uma licença de reforma, se, antes de iniciada a obra, o órgão federal tomba o imóvel, de modo que a reforma se torne vedada, o ato de tombamento derruba a licença. A *derrubada* ou *contraposição* não configura *retirada*, pois o novo ato não tem por efeito *típico* a extinção de ato anterior.[13] Os chamados *atos de retirada* são atos jurídicos cujo *efeito típico* ou *principal* é a *extinção* de outro ato jurídico.[14] São quatro: (2.1) *revogação*, ato editado em razão da inconveniência e inoportunidade; (2.2) *decaimento ou caducidade*, ato editado em razão

12. Michel Stassinopoulos, *Traité des Actes Administratifs*, cit., pp. 246-247; Celso Antônio Bandeira de Mello, *Curso de Direito Administrativo*, cit., 31ª ed., Capítulo VII-107, p. 456; Antônio Carlos Cintra do Amaral, *Teoria do Ato Administrativo*, cit., pp. 83-84.

13. Em sentido contrário: Celso Antônio Bandeira de Mello, *Curso de Direito Administrativo*, cit., 31ª ed., Capítulo VII-107, p. 456.

14. Para Hugo Augusto Olguín Juárez é elemento conceitual da retirada que o ato seja editado pela mesma pessoa, órgão ou poder que editou o ato retirado (*Extinción de los Actos Administrativos: Revocación, Invalidación y Decaimiento*, cit., § 19, p. 40). Discorda-se: nada impede que um ato jurisdicional retire um ato administrativo. Ademais, ele exige também que o ato retirado tenha *eficácia*, e chama a retirada de atos administrativos ineficazes de "mera retirada" (idem, § 20, p. 45; §§ 27-31, pp. 51-56). Nesse ponto concorda-se com Celso Antônio Bandeira de Mello: a diferenciação entre *retirada* e *mera retirada*, apesar de corrente na doutrina estrangeira, não apresenta utilidade (*Curso de Direito Administrativo*, cit., 31ª ed., Capítulo VII-108, p. 456). A revogação e a invalidação do ato ineficaz seguem, em geral, o regime jurídico da revogação e da invalidação do ato eficaz. Conceitos jurídicos só são úteis à medida que identificam regimes jurídicos (cf. Celso Antônio Bandeira de Mello, *Ato Administrativo e Direito dos Administrados*, São Paulo, Ed. RT, 1981, p. 5). Se os conceitos não identificam regimes diferentes, a diferenciação conceitual é inútil. O notável publicista faz uma distinção, aqui já referida: quando a manifestação volitiva do particular faz cessar a eficácia de um ato, ela é chamada de *renúncia* (*Curso de Direito Administrativo*, cit., 31ª ed., p. 456); quando impede a eficácia de um ato, é chamada de *recusa* (idem, ibidem). Feita a ressalva, relembra-se: ao contrário do que defende o autor, *recusa* e *renúncia*, nos termos já expostos, não são atos de retirada, mas *condições resolutivas*.

da alteração das circunstâncias fáticas ou jurídicas; (2.3) *invalidação*, ato editado em razão da invalidade; (2.4) *cassação*, ato editado em razão do descumprimento pelo administrado das condições a ele impostas. Não se confunda a decadência, caducidade ou desuso, hipótese dantes examinada, referente ao *fato administrativo* relativo ao decurso do prazo fixado para o exercício do direito, com o *ato administrativo* de cassação, que retira o ato dantes editado em decorrência do desatendimento pelo administrado de exigências impostas ao seu estado (*v.g.*, ser solteiro), ou à sua pessoa (*v.g.*, estar em pleno gozo dos direitos políticos ou no exercício das faculdades mentais), ou à sua conduta (executar determinada obrigação de fazer ou de não fazer, hipótese chamada de *inadimplemento*). Também não se deve confundir, apesar da lamentável ambigüidade, o *fato administrativo* chamado de decadência, caducidade ou desuso com o *ato administrativo* chamado de caducidade ou decaimento.

O panorama da *extinção dos atos administrativos* foi enunciado justamente para introduzir a análise de dois dos atos de retirada objeto principal deste estudo: a *revogação* e a *invalidação*. Pelos motivos adiante expostos, para compreensão da revogação faz-se necessário o estudo do ato de decaimento. Em suma: *revogação* e *invalidação* são espécies de *atos de retirada* e têm por efeito típico a *extinção* de um ato administrativo.

## *7.2 Revogação dos atos administrativos*

"Revogação" é uma palavra anfibológica: refere-se à *atividade* e ao *efeito*, ao produto da atividade.[15] É, pois, o nome dado ao *ato administrativo* que tem por efeito principal a retirada de outro ato por motivo de *inconveniência* e *inoportunidade* administrativa e a seu efeito. Mais precisamente, refere-se a três objetos: é o nome dado à atividade de edição do ato, ao ato e ao efeito principal dele. E o núcleo essencial do conceito é dado pelo *motivo*: a retirada se dá no exercício de *competência discricionária*. Por isso, para entender a revogação é imperioso ter uma boa noção do que vem a ser *discricionariedade administrativa*.

15. Sobre as expressões anfibológicas, v. Hartmut Maurer, *Direito Administrativo Geral*, 14ª ed., trad. de Luís Afonso Heck, Barueri, Manole, 2006, § 9-6, p. 208. Doutrina Tárek Moysés Moussallem: "Emprega-se como a atividade produtora de um enunciado revogatório (enunciação), bem como o produto dessa atividade, isto é, o próprio enunciado" (*Revogação em Matéria Tributária*, São Paulo, Noeses, 2005, p. 168).

### *7.2.1 Discricionariedade administrativa*

O tema da discricionariedade já atormentou muitos juristas, chegando até a ser considerado uma "questão diabólica".[16] Não se pretende, neste estudo, examinar todo o debate em torno desse assunto. Para os fins desta análise, apresentar-se-á tão-somente o conceito que se considera mais apropriado. O sistema jurídico é formado por um conjunto de *valores jurídicos*, chamados contemporaneamente de *princípios jurídicos* ("P1", "P2", "Pn")[17] e de *regras jurídicas* ("R1", "R2", "Rn"). Quando os valores são concretizados em regras o peso deles é acrescido de um peso adicional, dado pelo princípio formal que determina a aplicação da regra ("R = P1 + PF").[18] No caso concreto, esses valores devem ser ponderados, mas sem desconsiderar os princípios formais vigentes. A ponderação ótima de todos esses valores, considerados os respectivos princípios formais, pode resultar em apenas uma solução jurídica ("S"), e haverá *vinculação*, ou em duas ou mais alternativas ("S1", "S2", "Sn"), e haverá *discricionariedade*.[19] Em muitos casos, não é possível afirmar que, do ponto de vista objetivo, uma solução é mais correta do que outra, quer dizer, é a mais correta para todos a despeito das diferentes visões

16. Foi o que afirmou o respeitado jurista lusitano Afonso Rodrigues Queiró ("A teoria do 'desvio de poder' em direito administrativo", *RDA* VI/44, Rio de Janeiro, outubro/1946).

17. Atualmente, a expressão "princípio jurídico" é usada em, basicamente, dois significados: *princípio-mandamento nuclear* – nome dado aos alicerces ou elementos estruturantes do sistema jurídico – e *princípio-mandamento de optimização* – nome dado às normas que estabelecem que determinados valores sejam realizados na maior medida possível, a depender das condições fáticas e jurídicas. Sobre o tema, v. nosso *Abuso de Direito e a Constitucionalização do Direito Privado*, São Paulo, Malheiros Editores, 2010, pp. 13-29. O segundo conceito refere-se aos *valores positivados no sistema*.

18. Em relação ao segundo conceito de princípio, referido na nota anterior, há três espécies de princípios: princípios *relativos a direitos subjetivos* e princípios *relativos a bens coletivos*, que são *princípios materiais*, e os *princípios formais*. Estes apenas acrescentam um peso aos princípios materiais. Há duas espécies de princípios formais: os princípios formais *fundamentais*, referentes ao exercício das competências normativas – como o princípio formal que dá primazia às ponderações do legislador – e os princípios formais *especiais*, não associados ao exercício de uma competência – como o princípio da estabilização das situações jurídicas. Sobre o tema, v. nosso *Abuso de Direito e a Constitucionalização do Direito Privado*, cit., pp. 38-56.

19. Cf. nosso *Efeitos dos Vícios do Ato Administrativo*, cit., Capítulo VI-5, pp. 176-191.

de mundo. Uma solução será a melhor para uns e não será para outros, a escolha simplesmente depende do juízo de cada um. Essa possibilidade de escolha decorre do *pluralismo político*.[20] Justamente nesses casos o sistema imputa a escolha ao agente competente. Este, para tomar a decisão, deve indagar qual é a alternativa que, segundo seu juízo, melhor atende ao interesse público ("S1" ou "S2" ou "Sn"). Perceba-se: para o sistema sempre haverá apenas uma solução correta, é a solução que, segundo o juízo do agente competente, é a que melhor atende ao interesse público. Quando, no caso concreto, há essa possibilidade de escolha, configura-se a chamada *competência discricionária*.

Fixado esse conceito, devem ser afastados dois equívocos muito comuns. Primeiro: a discricionariedade só surge no caso concreto. Não deve ser confundida com a *incompletude normativa*. Se, ao estabelecer a norma no plano abstrato, o legislador se vê impossibilitado de fixar um juízo que seja, ao menos *prima facie*, ótimo para o interesse público, deve enunciar a norma de forma incompleta, deixando ao administrador o encargo de completá-la à luz do caso concreto. Note-se: nem a incompletude significa que no caso concreto haverá duas ou mais alternativas possíveis, nem a completude significa que no caso concreto haverá apenas uma alternativa. Quando muito, incompletude normativa é um *indício* de discricionariedade, e completude um *indício* de vinculação.[21] Segundo: não é porque a Administração deve, para decidir, valer-se de um *princípio* (seja elemento estruturante, seja mandado de optimização), nem por-

20. O fenômeno foi bem descrito por Edmund Bernatzik, conforme exposição de Afonso Rodrigues Queiró: "Todavia, na aplicação do Direito, como também em qualquer outra esfera de actividade lógica do espírito, há um limite além do qual terceiras pessoas deixam de poder avaliar da justeza da conclusão obtida. Por conseguinte, essas terceiras pessoas podem ser de outra opinião, mas não podem legitimamente pretender que só elas tenham uma opinião justa e que a das outras pessoas seja falsa: se o pretendessem, não teriam a generalidade a dar-lhes razão" (*O Poder Discricionário da Administração*, 2ª ed., Coimbra, Coimbra Editora, 1948, p. 121).

21. Como afirmamos em outra oportunidade: "Quanto maior for a completude normativa, maior será o peso do princípio formal que dá primazia à ponderação legislativa (PF1) e menor será o peso do princípio formal que dá primazia à ponderação administrativa (PF2); quanto menor for a completude normativa, maior será o peso do princípio formal que dá primazia à ponderação administrativa (PF2) e menor será o peso do princípio formal que dá primazia à ponderação legislativa (PF1)" (*Efeitos dos Vícios do Ato Administrativo*, cit., Capítulo VI-5.4, p. 182). Quer dizer: se a hipótese ou o mandamento for incompleto (remissão expressa) ou for utilizado conceito jurídico indeterminado (remissão implícita), haverá tão-somente *indício* de *discricionariedade*.

que deve efetuar *ponderação*, e não apenas subsunção, que haverá discricionariedade. Esta não decorre da necessidade de utilizar um *princípio jurídico* ou de efetuar *ponderação*, mas da possibilidade de escolher entre duas ou mais alternativas igualmente admitidas pelo Direito. Insiste-se nisso, pois é erro comum: se o Direito apresenta para o aplicador apenas uma solução como correta não haverá discricionariedade, ainda que essa solução decorra de princípios ou resulte de uma ponderação.

É possível que a edição ou não-edição de um ato administrativo configure exercício de competência discricionária. O sistema tanto permite a edição do ato ("S1") como a não-edição do ato ("S2"), de modo que ambas as hipóteses sejam, do ponto de vista *objetivo*, igualmente razoáveis e justas, sendo a decisão imputada ao agente competente. É também possível que a *retirada* do ato decorra do exercício de competência discricionária: o sistema tanto permite a manutenção do ato no sistema ("S1") como sua retirada ("S2"), e imputa a escolha ao agente competente. Nesse caso, se o agente escolhe retirar o ato do sistema, efetuará a *revogação* do ato administrativo.

### *7.2.2 Pressupostos da revogação*

Eis o *elemento essencial* para compreender a revogação: ela é fruto do exercício de competência discricionária. Um exemplo ajudará a entendê-la. Suponha-se o ato de *permissão de uso de bem público*. A Administração possui um bem dominial ou dominical. Como regra, o Direito não exige que ela dê uma destinação específica a esse bem; em geral se abrem várias possibilidades. O agente público comumente não é obrigado a outorgar o bem ao uso privado, mas pode fazê-lo. Pode editar o ato de permissão ("S1") ou não editar ("S2"). Não deve fazê-lo de forma arbitrária: deve indagar a si qual é, segundo seu juízo, a solução que melhor atende ao interesse público. Suponha-se que tenha optado, em determinado momento histórico ("T1"), por editar o ato de *permissão de uso*. Como a Administração continua sendo proprietária do bem, ela conserva *pleno domínio* da situação jurídica. A competência discricionária se mantém: após a edição do ato o agente pode rever sua posição e concluir que a melhor forma de concretizar o interesse público não seja a outorga ao uso privado. Quer dizer: após "T1", o sistema permite tanto a manutenção do ato ("S1") como sua retirada ("S2"). Ambas as soluções são válidas. O agente público revê a decisão anterior (efetuada em "T1") e decide (em "T2") retirar o ato ("S2"). Neste lanço, segundo a precisa lição de Olguín Juárez, são *pressupostos da revogação*: (a) a existência de um ato administrativo que esteja produzindo efeitos; (b) a disponibilidade dos efeitos por parte da Administração; (c) a existência de um interesse público que justifique a revogação.[22] E assinala como *verdadeiro limite* à competência revocatória justamente a falta de disponibilidade dos efeitos do ato administrativo.[23]

Para que fique claro, dá-se outro exemplo. Um superior hierárquico acredita que o exercício das funções na repartição seria mais eficiente se houvesse baias separando os servidores, e instala as baias. O sistema não exige a instalação das baias, nem a proíbe. Trata-se de típica decisão discricionária. A Administração continua com o domínio sobre a organização interna da repartição. É perfeitamente possível que, após a instalação, o superior hierárquico reveja sua posição e conclua que estava errado – o melhor para o exercício da função é que não haja baias: revoga o ato que determinou a instalação. A revogação é a retirada do ato em decorrência de *nova opinião do agente* sobre a melhor forma de atender ao interesse público.[24]

O referido *elemento essencial* é a base para compreensão de todos os aspectos da revogação. Como regra geral, a revogação é efetuada pelo *próprio agente* que editou o ato. É perfeitamente possível que o sistema,

22. Hugo Augusto Olguín Juárez, *Extinción de los Actos Administrativos: Revocación, Invalidación y Decaimiento*, cit., §§ 65-68, pp. 133-138.

23. Nas palavras dele: "Esta potestad está en íntimo contacto con la disponibilidad de los efectos por parte del sujeto emisor del acto que desea modificarlo. Disponibilidad que es la clave de la revocabilidad, y que radica en los conceptos de titularidad en la relación, de posesión de los efectos y de capacidad para modificar, todo esto condicionado a las insistencias de un interés público que justifique tal modificación" (Hugo Augusto Olguín Juárez, *Extinción de los Actos Administrativos: Revocación, Invalidación y Decaimiento*, cit., § 38, p. 73).

24. Nesse sentido, afirma, com precisão, Olguín Juárez: "Cuando se revoca un acto no hay un retiro de la voluntad inicialmente manifestada, sino un nuevo querer del sujeto destinado a solucionar una divergencia entre su propio interés y los efectos que está produciendo el acto" (*Extinción de los Actos Administrativos: Revocación, Invalidación y Decaimiento*, cit., § 38, p. 72). E, adiante: "Para que la revocación se justifique, no es menester una variación objetiva de los presupuestos del acto, sino que es suficiente una nueva apreciación de los hechos que le dieron origen en función del interés público actual" (idem, § 42, p. 84).

de forma expressa ou implícita, atribua a competência revocatória ao *superior hierárquico*. Também é possível, mas excepcionalmente, e por expressa disposição legal, que a competência revocatória seja atribuída a agente que não possua relação hierárquica com o editor do ato revogado.[25] Sem embargo, a revogação consiste no exercício de *administração ativa*: não é possível ser efetuada no exercício de competência de *controle*.[26] Assim, jamais é efetuada por Administração de Poder diverso da Administração que editou o ato. Aliás, por se tratar de exercício de competência discricionária, é incompatível com a função jurisdicional: *revogação jurisdicional* de ato administrativo é juridicamente impossível.[27]

25. Segundo Hugo Augusto Olguín Juárez (*Extinción de los Actos Administrativos: Revocación, Invalidación y Decaimiento*, cit., §§ 55-56, pp. 115-118) e Raffaele Resta (*La Revoca degli Atti Amministrativi*, Roma, Bulzoni, 1972, § 67, pp. 133-136), a revogação pelo superior hierárquico é possível quando a atribuição de competência ao subordinado não é exclusiva ou específica, mas genérica.

26. Quanto à natureza da atividade, os atos dividem-se em atos de *administração ativa*, que visam a produzir uma utilidade pública, constituindo situações jurídicas; de *administração consultiva*, que visam a informar, elucidar, sugerir providências administrativas a serem estabelecidas nos atos de administrativa ativa; de *administração controladora*, que visam a permitir ou impedir a produção de atos de administração ativa, mediante exame prévio ou posterior da conveniência ou legitimidade; de *administração verificadora*, que visam a apurar ou documentar a preexistência de um fato ou de um direito; de *administração contenciosa*, que visam a decidir, em processos regidos pelo contraditório, certas situações (cf. Celso Antônio Bandeira de Mello, *Curso de Direito Administrativo*, cit., 31ª ed., Capítulo VII-74, pp. 426-427. A revogação é ato de administrativa ativa, e, assim, distingue-se do chamado controle de mérito.

O *controle de legitimidade* tem por objeto a verificação da conformidade do ato com o sistema normativo. O *controle de mérito* é totalmente distinto: atribui ao superior hierárquico, ou a outrem, a competência para rever o juízo de conveniência e oportunidade (cf. nosso *Efeitos dos Vícios do Ato Administrativo*, cit., Capítulo VIII-6.5, pp. 367-368). Se o encarregado do controle, ao reperguntar a si qual, dentre as alternativas possíveis, é a que, segundo seu juízo, melhor atende ao interesse público, tiver a mesma opinião do agente que editou o ato controlado, mantém o ato; se tiver outra opinião, retira o ato. Essa retirada – perceba-se – muito se aproxima da revogação, mas difere dela: a revogação, como a seguir exposto, tem sempre efeitos *ex nunc*; a retirada pelo controle de mérito tem, como regra geral, efeitos *ex tunc*. Nesse sentido: Renato Alessi chama a revogação propriamente dita de *revoca per opportunità* e a revogação pelo controle de mérito de *revoca per inopportunità* (*La Revocabilità dell'Atto Amministrativo*, Milão, Giuffrè, 1936, pp. 73-74).

27. Não há discricionariedade no exercício da função jurisdicional. Por todos: Celso Antônio Bandeira de Mello, "Mandado de segurança contra denegação ou concessão de liminar", *RDP* 92/55-61, Ano XXII, São Paulo, Ed. RT, outubro-dezembro/1989,

A revogação é um fenômeno normativo: é o efeito principal de uma norma jurídica – uma norma concreta ("N2") retira do mundo jurídico outra norma ("N1"). Esse é o *objeto principal* da revogação.[28] Ao retirá-la, por decorrência lógica, a revogação atinge os efeitos da norma retirada, *objeto secundário* da revogação. Não é possível que o ato revocatório retire os efeitos sem retirar o ato revogado. Pelo elemento essencial referido, contudo, se o ato administrativo já exauriu seus efeitos, não pode ser revogado. A revogação só é possível se efeitos estão sendo gerados no mundo jurídico. Por isso, ato de efeitos instantâneos, que já tenha cumprido seus efeitos (ato já exaurido), não pode ser revogado.[29] Conseqüentemente, os chamados meros atos administrativos – atos que certificam a ocorrência de um fato (certidões) ou emitem um juízo técnico ou valorativo (pareceres) – também não podem ser revogados.[30] Do mesmo modo: os atos de controle, também de efeitos instantâneos (um ato não é mais ou menos aprovado, ele simplesmente é aprovado ou não), igualmente não podem ser revogados.[31]

e "Juízo liminar: poder-dever de exercício do poder cautelar nessa matéria", *RTDP* 3/106-116, São Paulo, Malheiros Editores, 1993.

28. Tem razão Raffaele Resta quando afirma: "L'effetto tipico, diretto, dell'atto di revoca, quello in base al quale esso appare dotato di vita giuridica autonoma, consiste indubbiamente nell'eliminazione totale o parziale di un precedente atto *valido* ed *efficace*" (*La Revoca degli Atti Amministrativi*, cit., § 92, p. 183). Discorda-se de Alessi quando este afirma que a revogação pode apenas atingir os efeitos do ato, nunca o próprio ato: "È chiaro che parlando di revoca non si può intendere un 'ritiro' in senso materiale dell'atto, dato che ciò non sarebbe concepibile, ma soltanto un annullamento delle modificazioni giuridiche prodotte dall'atto" (*La Revocabilità dell'Atto Amministrativo*, cit., p. 11). Discorda-se também de Celso Antônio Bandeira de Mello, para quem a revogação tem por objeto o ato, quando se trata de ato abstrato, e a relação jurídica criada pelo ato, quando se trata de ato concreto (*Curso de Direito Administrativo*, cit., 31ª ed., Capítulo VII-119, pp. 459-460). O fenômeno é sempre *normativo*: em ambos os casos retira-se o ato; no segundo caso, a retirada do ato, por decorrência lógica, atinge a relação.

29. Nesse sentido: Celso Antônio Bandeira de Mello, *Curso de Direito Administrativo*, cit., 31ª ed., Capítulo VII-117 e 132, pp. 459 e 465; Raffaele Resta, *La Revoca degli Atti Amministrativi*, cit., § 38, pp. 73-74. Como bem afirma Resta, é pressuposto da revogação a "capacità continuata di produrre effetti giuridici, cioè possibilità, potenzialità di produzione di effetti per un certo tempo" (idem, p. 75).

30. Por todos: Hugo Augusto Olguín Juárez, *Extinción de los Actos Administrativos: Revocación, Invalidación y Decaimiento*, cit., § 91, p. 184.

31. Cf.: Celso Antônio Bandeira de Mello, *Curso de Direito Administrativo*, cit., 31ª ed., Capítulo VII-132, p. 465; Hugo Augusto Olguín Juárez, *Extinción de los Actos Administrativos: Revocación, Invalidación y Decaimiento*, cit., § 73, p. 144.

O *fundamento* da revogação é o *domínio da situação jurídica*. Ela é possível nos casos em que a Administração possui a prerrogativa de manter ou alterar a situação, marcada pela *precariedade*. Como regra, todo ato abstrato pode ser revogado. A decisão no plano abstrato quase sempre envolve uma parcela de *discricionariedade*, e esta se mantém após a edição da norma: é o princípio da *ampla admissibilidade de revogação dos atos abstratos*. Em relação aos atos concretos tudo se inverte. Em regra, eles não são passíveis de revogação: é o princípio da *excepcionalidade da revogação dos atos concretos*.[32] Diante desse fundamento, não há *limite temporal* para o exercício da competência revocatória: ela é possível sempre que for mantido o domínio sobre a situação ou a disponibilidade sobre os efeitos normativos do ato.[33] O *motivo* da revogação é a *inconveniência* e a *inoportunidade* administrativas. Vale dizer: a *nova opinião* do agente competente sobre a melhor forma de concretizar o interesse público. Há duas correntes: a *ampliativa* e a *restritiva*. Pela primeira, a revogação é possível ainda que não haja alteração das circunstâncias fáticas.[34] Pela segunda, a revogação só é possível se houver alteração das circunstâncias fáticas.[35] A alteração, contudo, não exigirá a retirada do ato (hipótese de decaimento, a seguir examinada), mas facultará a retirada. Enfatiza-se: para que haja revogação o sistema não exige nem a permanência do ato no sistema, nem sua retirada; é válido manter o ato no sistema e é válido retirá-lo, imputando-se a escolha ao agente competente. A divergência está nos pressupostos para essa escolha. Discorda-se da corrente restritiva: quando há o domínio da situação jurídica, a Administração pode optar pela retira-

32. Esse princípio é enfatizado por Raffaele Resta, *La Revoca degli Atti Amministrativi*, cit., §§ 7 e 26, pp. 14-16 e 49-50.

33. Como bem afirma Hugo Augusto Olguín Juárez: "La revocación, en efecto, por su propia naturaleza, no puede estar limitada por plazos, puesto que depende de las condiciones de revocabilidad que la hacen procedente" (*Extinción de los Actos Administrativos: Revocación, Invalidación y Decaimiento*, cit., § 92, p. 185).

34. Sustenta a *teoria ampliativa*: Hugo Augusto Olguín Juárez, *Extinción de los Actos Administrativos: Revocación, Invalidación y Decaimiento*, cit., § 42, pp. 82-84. Nas palavras dele: "Para que la revocación se justifique, no es menester una variación objetiva de los presupuestos del acto, sino que es suficiente una nueva apreciación de los hechos que dieron origen en función del interés público actual" (idem, p. 84).

35. Sustenta a *teoria restritiva*: Carlos Ari Sundfeld, "Discricionariedade e revogação do ato administrativo", *RDP* 79/135-136, Ano XIX, São Paulo, Ed. RT, julho-setembro/1986, p. 135-136.

da do ato pela mera mudança de opinião.[36] Nada impede, contudo, que o legislador restrinja o exercício da competência discricionária, condicionando-a à alteração das circunstâncias fáticas.

Quanto aos *requisitos procedimentais* e *formalísticos*, a regra é que o ato revocatório tenha os mesmos requisitos do ato revogado.[37] Na maioria dos casos, ao contrário do que se entendia no passado, a revogação depende da instauração de um *processo administrativo* em que se garanta o *contraditório* ao administrado que for prejudicado.[38] Ademais, toda revogação deve ser *motivada*; por isso, como regra geral, não se admite revogação *implícita*, *virtual* ou *tácita*.[39] De conseguinte, a revogação, para ser válida, ressalvados casos excepcionais, deve ser *expressa*.

Finalmente, o efeito principal da revogação é retirar um ato administrativo. O efeito secundário é, em decorrência lógica do efeito principal, fazer cessar seus efeitos jurídicos: extinguir a relação jurídica. A revogação não atinge os efeitos do ato, ou seja, não tem efeitos *ex tunc*. Trata-se de algo pacífico: a revogação é, por definição, *ex nunc*. Se ela decorre da mudança de opinião do agente competente, não faz sentido

36. Aparentemente, em sentido contrário afirma Raffaele Resta: "L'Amministrazione non ha potestà di cambiare *ad libitum* i motivi di un atto amministrativo, mutando di giudizio sui presuposti di fatto" (*La Revoca degli Atti Amministrativi*, cit., § 43, p. 84).

37. Nesse sentido: Hugo Augusto Olguín Juárez, *Extinción de los Actos Administrativos: Revocación, Invalidación y Decaimiento*, cit., § 109, p. 201; Raffaele Resta, *La Revoca degli Atti Amministrativi*, cit., § 87, p. 174.

38. Por todos: Daniele Coutinho Talamini, *Revogação do Ato Administrativo*, São Paulo, Malheiros Editores, 2002, pp. 228-229.

39. Segundo Olguín Juárez, a *revogação implícita* decorre da presunção ou dedução da edição sucessiva de atos administrativos de efeitos incompatíveis, deduzindo-se da edição do segundo a vontade de revogar o primeiro. Para que a revogação implícita seja admissível, ele exige três requisitos: (a) a emissão de atos administrativos sucessivos; (b) a incompatibilidade entre ambos; (c) não estar regrada de forma expressa a revogação do primeiro. Difere da *revogação virtual*, consistente no desaparecimento de um ato do qual dependia a existência de outros atos. E também da *revogação tácita*, decorrente não de um ato sucessivo, mas de uma atuação da Administração, de um *fato administrativo*. Em regra, o autor considera inválida a revogação tácita (*Extinción de los Actos Administrativos: Revocación, Invalidación y Decaimiento*, cit., §§ 111-113, pp. 201-205). Celso Antônio Bandeira de Mello também admite a revogação implícita (*Curso de Direito Administrativo*, cit., 31ª ed., Capítulo VII-111, p. 458). A necessidade de prévia instauração de processo administrativo (requisito procedimental) e de motivação (requisito formalístico) para a regularidade do ato revocatório exige que este seja expresso.

que desconstitua os efeitos já produzidos pelo ato. Como se trata de uma *situação precária*, passível de ser alterada pela Administração, não gera direito à *indenização*. Quando a suposta revogação gera direito à indenização é porque não se trata de revogação, mas de caducidade ou decaimento – assunto que merece atenção especial.[40]

### *7.2.3 Revogação e decaimento ou caducidade*

A revogação é instituto perfeitamente ajustado ao *autoritarismo*, aos Estados totalitários, avessos à democracia. Ela se assenta na *mudança de opinião do agente*: o ato é retirado porque a Administração não

40. Segundo Renato Alessi, há três categorias de *direitos subjetivos*. Pela primeira, os direitos subjetivos são efeito direto do ato administrativo que os constitui (exemplo: concessão de serviço, autorização para porte de arma). Pela segunda, os direitos subjetivos referem-se a direitos reconhecidos pela norma jurídica mas cujo exercício depende de uma autorização administrativa (exemplo: licença para construir). Pela terceira, os direitos não decorrem do ato, nem são previamente assegurados pelo ordenamento, mas encontram no ato pressuposto necessário de existência e de exercício (locação efetuada por permissionário) (*La Revocabilità dell'Atto Amministrativo*, cit., pp. 45-57). Ainda segundo Alessi, esses direitos *não são* obstáculo à revogação (idem, pp. 48-49), mas em relação às *duas primeiras categorias* impõe-se a distinção: há a *possibilidade normal* ou fisiológica de revogação e a *anormal* ou patológica. A primeira decorre de uma *situação precária* em que não há direito subjetivo propriamente dito, mas direito subjetivo debilitado ("digradamento del diritto ad interesse e mancata assunzione dell'interesse a diritto" – idem, p. 62).

Parte da doutrina italiana chama esses direitos de *diritti affievoliti*. Explica Aldo M. Sanduli: "I titolari delle posizioni giuridiche in questione godono, fino a un certo punto, un vero e proprio diritto soggettivo; ma dal punto in cui su tale diritto ha la possibilità di incidere legittimamente un potere estraneo, la loro posizione *affievolisce* a interesse legittimo. (...). In casi di tal genere si suol parlare di *diritti affievoliti*, o tavolta de *affievolimento dei diritti*" (*Manuale di Diritto Amministrativo*, Nápoles, Eugenio Jovene, 1952, § 36, pp. 45-46).

A revogação dos *diritti affievoliti* não gera direito à indenização. A segunda hipótese decorre de uma situação não-precária, em que há direitos subjetivos perfeitos e o interesse público exige a conversão do direito lesado em seu equivalente econômico. Nesse caso, a revogação gera direito à indenização.

Discorda-se de Alessi: a revogação restringe-se às hipóteses de *precariedade*, de direitos subjetivos debilitados, em que – como bem diz Alessi – a relação nasce (ou assim se torna, pela mudança da legislação) com um "germe de morte", pois sujeita à contínua possibilidade de revogação. Nos casos de direitos subjetivos propriamente ditos, decorrentes de situações não-precárias, jamais será possível a retirada pela mera mudança de opinião do agente competente. A retirada poderá ser efetuada por força do decaimento ou caducidade, examinado a seguir.

"quer" mais mantê-lo no mundo jurídico. Tudo depende da *vontade* do agente competente: a manutenção ou retirada do ato fundamenta-se tão-somente na sua *vontade*. Se ele muda de idéia sobre a melhor forma de concretizar o interesse público, simplesmente retira o ato. É de evidência solar que, quanto mais sólido for o Estado de Direito, menos a "vontade" dos agentes públicos tem importância, mais restrições são impostas ao exercício da discricionariedade e mais excepcional se torna a revogação. Nos termos adiante expostos, hoje o sistema jurídico é avesso até à retirada de atos inválidos – o que dizer, então, da retirada de atos válidos? A revogação de atos concretos, contemporaneamente, tornou-se excepcionalíssima. O assunto, porém, é muito malcompreendido. A Administração brasileira tem resistência em aceitar a mudança: ao invés de utilizar corretamente a terminologia, é comum denominar toda retirada de revogação, como se esta sempre fosse possível. Boa parte da doutrina ainda incide em triste confusão conceitual, dificultando a correta aplicação dos institutos.

Apesar de essencial para compreensão do tema, o conceito de *caducidade* ou *decaimento* ainda é pouco difundido.[41] Trata-se da retirada do ato administrativo não por motivo de inconveniência ou inoportunidade (revogação), nem por motivo de desconformidade originária do ato com o ordenamento jurídico (invalidação), mas por desconformidade superveniente do ato com o Direito, não relacionada ao descumprimento das condições impostas ao administrado. O ato, quando introduzido no sistema, estava de acordo com o Direito globalmente considerado, era válido. Contudo, diante da *modificação das circunstâncias*, em decorrência de *motivo superveniente*, passou a contrariar o ordenamento jurídico de tal modo que o Direito *exige* sua retirada. E essa é a palavra-chave: enquanto na *revogação* o Direito *faculta* a retirada, na caducidade ou decaimento o Direito *exige* a retirada.[42] A retirada do ato por

41. Na doutrina brasileira, Celso Antônio Bandeira de Mello denomina o instituto de *caducidade* (*Curso de Direito Administrativo*, cit., 31ª ed., Capítulo VII-107, p. 456). Antonio Carlos Cintra do Amaral denomina-o de *decaimento* (*Teoria do Ato Administrativo*, cit., pp. 85-87), sendo acompanhado por Fábio Mauro de Medeiros (*Extinção do Ato Administrativo em Razão da Mudança de Lei (Decaimento)*, Belo Horizonte, Fórum, 2009, pp. 110-113).

42. Quem bem distingue os institutos na doutrina brasileira é Daniele Coutinho Talamini. Em sua primorosa monografia, explica a autora: "Ao contrário do ato de revogação, o ato que reconhece a caducidade fática *stricto sensu* é de natureza

revogação consiste no exercício de competência discricionária; a retirada do ato por decaimento ou caducidade consiste no exercício de competência vinculada.

Há duas *espécies* de caducidade ou decaimento. O sistema pode exigir a retirada do ato em decorrência da modificação das *circunstâncias jurídicas* – edição de nova lei ou emenda constitucional –, chamada de *caducidade normativa* ou *decaimento normativo*,[43] ou em decorrência da alteração das *circunstâncias fáticas*, chamada de *caducidade fática* ou *decaimento fático*.[44] Nos dois casos há uma espécie de *invalidade superveniente*:[45] o ato passa a contrariar o ordenamento em decorrência da mo-

vinculada. O agente administrativo, diante da cessação da ocorrência de fato que a lei exige como pressuposto – ou diante da ocorrência de fato que a lei exige que não ocorra –, não tem alternativa senão a de retirar o ato" (*Revogação do Ato Administrativo*, cit., p. 110). E, adiante: "Não se pode confundir a revogação com a retirada do ato em razão da cessação dos seus pressupostos de legalidade. (...). Neste caso, uma vez constatado o desaparecimento do pressuposto, surge para a Administração o dever de retirar o ato. A hipótese é de retirada vinculada" (idem, pp. 136-137).

43. Boa parte da doutrina, de modo um tanto quanto inexplicável, restringe o instituto apenas a essa hipótese: a caducidade ou o decaimento decorreria apenas da alteração das circunstâncias normativas. Nesse sentido: Celso Antônio Bandeira de Mello, *Curso de Direito Administrativo*, cit., 31ª ed., Capítulo VII-107, p. 456; Antônio Carlos Cintra do Amaral, *Teoria do Ato Administrativo*, cit., pp. 85-87; Fábio Mauro de Medeiros, *Extinção do Ato Administrativo em Razão da Mudança de Lei (Decaimento)*, cit., pp. 110-113. Márcio Cammarosano, em pioneiro estudo sobre o instituto na doutrina pátria, foi expresso: "Restringimos, destarte, o conceito de decaimento, de sorte a compreender apenas o fenômeno da invalidade superveniente de um ato ou relação jurídica em virtude de modificação da ordem legal que fundamentava sua validade" ("Decaimento e extinção dos atos administrativos", *RDP* 53-54/169, Ano XIII, São Paulo, Ed. RT, janeiro-junho/1980).

44. O decaimento fático é apontado pela doutrina estrangeira. Enrique Sayagués Laso explicita: "El decaimiento de un acto administrativo puede producirse en diversas circunstancias: (a) desaparición de un presupuesto de hecho indispensable para la validez del acto; (b) derogación de la regla legal en que se fundaba el acto, cuando dicha regla era condición indispensable para su vigencia; (c) modificación del régimen legal, que constituya un impedimento para el mantenimiento del acto" (*Tratado de Derecho Administrativo*, vol. I, Montevidéu, 1963, p. 528).

Doris Piccinini Garcia, em primorosa monografia, é uníssona: "El decaimiento se produce por el advenimiento de determinadas circunstancias que afectan el contenido del acto, produciendo, consecuencialmente, su extinción. Estas circunstancias pueden aparentemente ser, en su origen, de hecho o de derecho" (*Teoría del Decaimiento de los Actos Administrativos*, cit., p. 61).

45. O conceito de *invalidade superveniente* é corrente na doutrina italiana. Afirma, por exemplo, Santi Romano: "Il concetto di invalidità successiva o invalida-

dificação das circunstâncias fáticas ou jurídicas. Há invalidade superveniente também na hipótese de *cassação*, quando o administrado não

zione importa, dunque: (a) un atto che, in un primo momento, consta di tutti i suoi elementi necessari e non ha nessun vizio, almeno nessun vizio che ne comprometta la esistenza; (b) che esso, in un secondo momento, venga attinto da un difetto o da un vizio, che sia veramente tale e non si risolva in un semplice ostacolo o impedimento alla sua efficacia; (c) che, in conseguenza di ciò, l'atto stesso diventi nullo o annullabile" ("Osservazioni sulla invalidità successiva degli atti amministrativi", in *Scritti Minori*, vol. 2, Milão, Giuffrè, 1990, p. 401). Aparta-se, aqui, a *invalidade sucessiva* da *invalidação*. Em sentido próximo, doutrina Oreste Ranelletti: "L'invalidità (nullità o annullabilità) dell'atto amministrativo può essere iniziale o sopravvenuta (successiva) secondochè si verifica al momento della formazione dell'ato o successivamente. La prima, cioè, si ha quando l'atto non è stato validamente costituito, per la mancanza o pel vizio iniziale in esso di taluno degli elementi essenziali. La seconda colpisce l'atto, validamente costituito, dopo la sua formazione, in quanto per circostanze sopravvenute viene in esso meno o vi rimane viziato taluno degli elementi essenziali. In questa seconda ipotesi, l'atto nato valido, rimane tale fino al verificarsi della circostanza che ne fa venir meno o ne vizia taluno degli elementi essenziali". Em seguida, esclarece: "Non tutti gli atti amministrativi possono essere colpiti da invalidità successiva, ma soltanto quelli di cui l'efficacia non si esaurisce con la produzione degli effetti al momento iniziale, ma perdurano nel tempo con effetti continuativi o periodici, o sono subordinati per la loro efficacia o la loro risoluzione, ad un evento futuro, certo o incerto". E, pouco adiante, conclui: "Si può parlare, perciò, di invalidità successiva solo quando un atto amministrativo, per circostanze sopravvenute, non può più produrre l'effetto giuridico cui era diretto; non quando l'effetto giuridico prodotto da un atto amministrativo venga in seguito rimosso" (Oreste Ranelletti, *Teoria degli Atti Amministrativi Speciali*, 7ª ed., Milão, Giuffrè, 1945, §§ 85-86, pp. 104-105).

Na doutrina brasileira, Daniele Coutinho Talamini também adota o conceito. Chama de "caducidade em sentido amplo" a figura cuja hipótese é a cessação dos *pressupostos do ato*; abrangente da *caducidade jurídica* e da *caducidade fática*. A primeira tem por hipótese a alteração da ordem jurídica, e a segunda a alteração da ordem fática. A *cassação* seria espécie de *caducidade fática*. A extinção do ato pela superveniente cessação de seus pressupostos, não imputável ao administrado, é denominada pela autora de "caducidade fática em sentido estrito" (*Revogação do Ato Administrativo*, cit., p. 110).

Utilizam-se aqui terminologia e classificação diferentes, consideradas mais didáticas. Defende-se a autonomia conceitual da *cassação*, dissociando-a do conceito de caducidade: *cassação* é o ato administrativo de retirada de ato inválido por *invalidade superveniente* decorrente do não-atendimento pelo administrado das exigências fixadas pela ordem jurídica para manutenção do ato. Conceitua-se *caducidade* como o ato de retirada de ato inválido por *invalidade* superveniente não imputável ao administrado, vale dizer, não decorrente do desatendimento pelo administrado das condições normativas exigidas para manutenção do ato. Classifica-se a caducidade em *normativa*, quando a invalidade superveniente decorre da alteração das *circunstâncias jurídicas* – ou seja, da introdução de nova norma legal ou constitucional –, e em *fática*, quando a invalidade superveniente decorre da alteração das circunstâncias fáticas.

observa condições subjetivas ou objetivas a ele impostas.[46] A modificação das circunstâncias fáticas, em regra, não atinge a validade do ato administrativo, mas essa regra não é absoluta: como a alteração das circunstâncias fáticas altera o resultado da ponderação dos princípios incidentes, é perfeitamente possível que exija a retirada do ato administrativo.[47]

São sensíveis as diferenças entre a revogação e a caducidade ou decaimento. A principal já foi mencionada: a revogação é facultada pelo Direito, decorre do exercício de competência discricionária; o decaimento é exigido pelo Direito, decorre do exercício de competência vinculada. Por decorrência lógica: enquanto a revogação não pode ser efetuada pelos órgãos de controle, sendo impossível revogação pelo Poder Judiciário, é plenamente possível o decaimento efetuado pelo controle administrativo ou jurisdicional. Dessarte: sendo a retirada exigida pelo Direito, se ela não foi efetuada pela Administração, pode ser, havendo provocação, imposta pelo Judiciário. Outrossim, diferem também os efeitos: a revogação é sempre *ex nunc*; o decaimento, em rigor, não é nem *ex tunc*, nem *ex nunc*, ele retroage à data em que desapareceram os pressupostos fáticos ou jurídicos exigidos para manutenção do ato no sistema jurídico.[48]

Como afirmado, é freqüente a confusão entre a *revogação* e o *decaimento* ou *caducidade*. Muitas vezes, quando o legislador ou a doutri-

46. Tem razão Agustín Gordillo ao afirmar que a *terminologia* da *extinção* e da *alteração* dos atos administrativos é tormentosa: os autores utilizam os mesmos signos em significados totalmente diferentes. (*Tratado de Derecho Administrativo*, 2ª ed. colombiana, vol. 3, "El Acto Administrativo", Medellín, Biblioteca Jurídica Diké, 2001, p. XII-1). Gordillo, por exemplo, chama de *caducidade* o que aqui é chamado de *cassação* (idem, p. XIII-18).

47. Em relação aos atos concretos, conclui J. M. Auley: "No caso do ato particular, o desaparecimento do motivo posteriormente à prolação do ato é, pois, sem conseqüências jurídicas" ("A validade dos atos administrativos unilaterais", *RDA* 66/44, Rio de Janeiro, outubro-dezembro/1961). Discorda-se parcialmente: é possível, de fato, afirmar que, como regra geral, a alteração das circunstâncias fáticas não atinge a validade do ato concreto. Essa regra, contudo, não é absoluta: a alteração do meio ambiente, por exemplo, pode exigir a caducidade da licença ambiental. Ao menos em teoria é possível supor que uma atividade licenciada, inicialmente inócua, cause, por força das alterações do meio ambiente, perigo de morte ao ser humano. Sobre o tema, v., *infra*, Capítulo 8-8.3.1.

48. É o que afirma, com absoluta razão, Daniele Coutinho Talamini, *Revogação do Ato Administrativo*, cit., p. 110.

na se refere à extinção por motivo de "interesse público", não se refere à extinção por inconveniência ou inoportunidade – mera mudança de opinião do agente competente, no exercício de competência discricionária, sobre a melhor forma de realizar o interesse público –, mas à extinção por exigência do sistema normativo diante da alteração das circunstâncias fáticas ou jurídicas. Dessarte: a expressão "por motivo de interesse público" freqüentemente refere-se à "exigência do Direito em decorrência de motivo superveniente".

Dito isso, não se pode perder de mira o seguinte: a *bilateralidade*, a assunção da vontade do administrado não apenas como pressuposto para edição do ato, mas como pressuposto para configuração do conteúdo da relação jurídica,[49] é incompatível com a *precariedade*. Os chamados "contratos administrativos" jamais podem ser revogados: a extinção do contrato por motivo de interesse público nunca ocorrerá pela mera mudança de opinião do agente no exercício de competência discricionária. O interesse público pode, dependendo do caso, *exigir* a extinção do contrato, mas a extinção não se dará por revogação, e sim por caducidade ou decaimento.[50] Do mesmo modo, é impensável a revogação de uma licitação pública. O art. 49 da Lei 8.666/1993 não se refere propriamente, apesar do signo utilizado pelo legislador, à *revogação*, mas à caducidade ou decaimento.[51]

49. Distinguem-se os *atos administrativos unilaterais condicionados a manifestação de vontade do administrado* dos *atos administrativos bilaterais*. Nos primeiros, a vontade do administrado é condição de eficácia ou de validade, dependendo do caso, mas não interfere no conteúdo da relação; nos últimos, a vontade do administrado é necessária para a configuração do conteúdo da relação. Sobre o tema, v., *infra*, Capítulo 11-11.2.4.

50. Cf., *infra*, Capítulo 11-11.3.2. Essa é a posição da boa doutrina: Fernando Vernalha Guimarães, *Alteração Unilateral do Contrato Administrativo*, São Paulo, Malheiros Editores, 2003, p. 168; Marçal Justen Filho, *Comentários à Lei de Licitações e Contratos Administrativos*, 13ª ed., São Paulo: Dialética, 2009, p. 742.

O Tribunal de Contas da União/TCU, para alteração consensual qualitativa do contrato, acima dos percentuais previstos nos §§ 1º e 2º do art. 65 da Lei 8.666/1993, exige a ocorrência de *fato superveniente*, ou seja, só a admite no caso de decaimento ou caducidade (2ª Câmara, Acórdão 2.079/2007, Processo 003.152/2002-2, rel. Min. Benjamin Zymler, j. 7.8.2007, *DOU* 9.8.2007).

51. Reza o dispositivo: "Art. 49. A autoridade competente para a aprovação do procedimento somente poderá *revogar* a licitação por razões de interesse público decorrente de fato superveniente devidamente comprovado, pertinente e suficiente para justificar tal conduta, devendo anulá-la por ilegalidade, de ofício ou por provo-

A revogação, nos termos expostos, restringe-se aos casos de *precariedade*, em que não há direitos subjetivos propriamente ditos, mas direitos debilitados: o direito nasce com o germe de morte, pois, estando a situação no domínio da Administração, o agente público pode, a seu juízo, retirar o ato pela mera mudança de opinião (devidamente fundamentada, após regular processo administrativo em que seja garantido o contraditório – nunca é demasiado repetir). Nesses casos não há que se falar em indenização. A revogação de uma permissão de uso é exemplo típico. A caducidade ou decaimento, contudo, atinge verdadeiros direitos subjetivos e pode gerar direito à indenização: a "retirada por motivo de interesse público" de concessão de uso, de "contrato administrativo" e de "licitação", típicas hipóteses de caducidade ou decaimento impropriamente chamadas de revogação, gera o dever de reparar os danos causados ao administrado. Afora isso, observa-se o seguinte: ao contrário do que se pode pensar, a invalidade superveniente por alteração das circunstâncias fáticas ou jurídicas, de modo similar à invalidade originária, não leva, necessariamente, à retirada do ato, à caducidade ou ao decaimento; pode levar à sua alteração.

Antes de examinar a alteração do ato administrativo, contudo, passa-se ao exame da *invalidação*.

## 7.3 Invalidação dos atos administrativos

Do mesmo modo que a revogação, o tema da invalidação também sofreu profundas releituras. Juízos considerados indiscutíveis durante décadas passaram a ser veementemente negados. Se a revogação do ato administrativo é tema ainda obscuro para grande parte da doutrina, a invalidação é tema que vem aos poucos se aclarando; lentamente, equí-

cação de terceiros, mediante parecer escrito e devidamente fundamentado" (grifamos). A análise literal é, conforme velha lição de hermenêutica jurídica, insuficiente para compreensão das normas jurídicas. Apesar do aparentemente indicado por sua redação, o dispositivo não regula a *revogação da licitação*. Licitação é ato administrativo incompatível com a *reapreciação discricionária*. O dispositivo trata da retirada *por invalidade superveniente* decorrente da alteração das circunstâncias. Trata-se de regra idêntica à aplicável aos contratos administrativos: a retirada da licitação não se dá por inconveniência ou inoportunidade, mas em decorrência da nova ponderação realizada diante da mudança das circunstâncias fáticas e jurídicas – não decorre de um juízo discricionário do agente, mas de uma imposição do Direito.

vocos seculares vão sendo postos de lado. A doutrina mais e mais se liberta do apego ao direito privado e constrói uma teoria da invalidade própria para o direito público.[52] Invalidação também é uma palavra anfibológica: é o nome dado ao ato administrativo ou jurisdicional que tem por efeito principal a retirada de outro ato por motivo de contrariedade ao Direito, à *atividade* de *edição desse ato* e ao *efeito* principal dele, a retirada por motivo de antijuridicidade. O núcleo essencial do conceito é dado pelo *motivo*: a retirada se dá no exercício de *competência de controle*, o ato é retirado porque contraria, desde sua edição, o ordenamento jurídico.

### *7.3.1 Pressupostos da invalidação*

Ao contrário da revogação, que só pode ser efetuada pela Administração, a invalidação pode ser efetuada também pelo Judiciário.[53] No âmbito administrativo só pode ser efetuada no *controle interno*, quer dizer, pela Administração do Poder que editou o ato;[54] no controle ad-

52. Doutrinadores de escol buscaram aplicar a teoria privada da invalidade ao direito público. Destaca-se, dentre eles: Oswaldo Aranha Bandeira de Mello, *Princípios Gerais de Direito Administrativo*, 3ª ed., 2ª tir., vol. I, São Paulo, Malheiros Editores, 2010, § 55.2, p. 656. Precursor do entendimento contrário foi Miguel Seabra Fagundes, que, com pena de ouro, assentou: "Acolher a orientação do Código apenas para catalogar de nulos ou anuláveis os atos administrativos será, positivamente, muito pouco. E talvez se possa dizer até mais, isto é, que nenhuma vantagem resulta para o direito administrativo do acolhimento da terminologia civilista quando a isso não corresponda considerável afinidade de conceitos. A comum nomenclatura poderá tornar-se, então, antes um fator de confusão de princípios do que de aproveitamento das experiências e sedimentações do direito privado" (*O Controle dos Atos Administrativos pelo Poder Judiciário*, 7ª ed., Rio de Janeiro, Forense, 2005, § 30, p. 64). Quer dizer: a teoria das invalidades formulada no direito privado é absolutamente imprestável para o direito público, sequer a nomenclatura é aproveitável.

53. Parte da doutrina chama de *invalidação* a retirada efetuada pela Administração e de *anulação* a retirada efetuada pelo Judiciário. Nesse sentido: Hugo Augusto Olguín Juárez, *Extinción de los Actos Administrativos: Revocación, Invalidación y Decaimiento*, cit., pp. 230-231; Doris Piccinini Garcia, *Teoría del Decaimiento de los Actos Administrativos*, cit., p. 12.

Ao revés, Manuel María Diez utiliza o signo "invalidação" em sentido amplo, para abranger tanto o ato de retirada administrativo como o jurisdicional (*El Acto Administrativo*, 2ª ed., Buenos Aires, Tipográfica Editora Argentina, 1961, p. 442). Não há, de fato, razão jurídica que justifique a distinção.

54. Conforme conceituamos em outra oportunidade, *controle interno* é o efetuado pela Administração pertencente ao Poder que editou o ato; *controle externo* é

ministrativo externo é possível apenas a *sustação* do ato inválido, ou seja, a suspensão da eficácia do ato, não a invalidação.[55] No exercício da função jurisdicional, o Poder Judiciário não condena a Administração a invalidar, substitui a Administração e edita o ato invalidante.[56] A correção do ato inválido é sempre *vinculada* – não pode o agente público optar por ignorar o vício – e, por isso, pode ser efetuada pelo Judiciário. Não há que se confundir o exercício da correção com a escolha do meio de correção, que, nos termos adiante expostos, pode ser discricionária.

Em relação ao *objeto*, da mesma forma que a revogação, a invalidação é um fenômeno normativo: sempre tem por *efeito principal* a retirada de um ato administrativo do sistema. Mas, enquanto a revogação retira um ato válido, a invalidação retira um ato inválido. Está absolutamente superada a concepção privatista de que ato nulo não produz efeitos.[57] Esses efeitos produzidos pelo ato inválido podem ser retirados total ou parcialmente pela invalidação. Enfim: a invalidação

o *controle jurisdicional* e o efetuado pela Administração pertencente a Poder diverso do Poder a que pertence a Administração que editou o ato (*Efeitos dos Vícios do Ato Administrativo*, cit., Capítulo VIII-6.5, pp. 368-369). O controle dos atos do Poder Executivo efetuado pelo Parlamento e pelo Tribunal de Contas é *controle administrativo externo*.

55. Não há que se confundir o *ato de invalidação* com o *ato de sustação*: o primeiro retira o ato inválido do mundo jurídico; o segundo suspende a eficácia do ato inválido. O Tribunal de Contas não tem competência para invalidar atos administrativos que causem dano ao Erário, mas tem competência para sustá-los (CF de 1988, art. 71, X). Sobre o controle parlamentar e do Tribunal de Contas, v. nosso *Efeitos dos Vícios do Ato administrativo*, cit., Capítulo VIII-6.5, pp. 367-387.

56. Existem dois sistemas de controle jurisdicional dos atos administrativos: o sistema da *injunção* e o sistema da *substituição*. Pelo primeiro, o juiz limita-se a condenar a Administração a editar o ato devido; pelo segundo, o juiz edita o ato devido. O Direito Brasileiro, em relação ao exercício da competência vinculada, adota de forma radical o sistema da *substituição*. Sobre o tema, v. nosso *Efeitos dos Vícios do Ato Administrativo*, cit., Capítulo X-4.2, p. 587. O assunto, surpreendentemente, vem sendo rediscutido pela doutrina brasileira. Sem razão: nunca se supôs no Brasil que o magistrado deve apenas condenar a Administração a invalidar; a sentença, por si, invalida.

57. Construiu-se no direito privado a tese de que a nulidade absoluta equivale à inexistência jurídica (*quod nullum est nullum producit effectum*). Trata-se de triste equívoco, pois despreza a existência de *três planos jurídicos*: o plano da *existência*, o plano da *validade* e o plano da *eficácia*. O ato inválido, ao contrário do inexistente, existe no mundo jurídico e, por isso, pode ser eficaz ou ineficaz. Sobre o tema, v. nosso *Efeitos dos Vícios do Ato Administrativo*, cit., Capítulo IV, pp. 262-267.

tem por *efeito primário* a retirada do ato inválido do mundo jurídico e por *efeito secundário*,[58] não necessário, a retirada total ou parcial dos efeitos produzidos.

O *fundamento* da invalidação por parte do Poder Judiciário é a própria função jurisdicional: o núcleo essencial desta é a revisão, quando houver provocação, da atuação da Administração e do Legislativo. O

58. Em sentido contrário, para Celso Antônio Bandeira de Mello a invalidação tem por objeto o próprio ato, quando referida a atos ineficazes; tem por objeto o ato e seus efeitos, quando referida a atos abstratos eficazes; e tem por objeto apenas os efeitos do ato, quando referida a atos concretos eficazes (*Curso de Direito Administrativo*, cit., 31ª ed., Capítulo VII-142 a 144, pp. 470-471). O aclamado publicista seguiu, nesse ponto, a opinião de Márcio Cammarosano, segundo a qual o ato concreto desaparece quando surte seus efeitos, e, por isso, não pode ser objeto de retirada ("Decaimento e extinção dos atos administrativos", cit., *RDP* 53-54/167).

Discorda-se: é possível a retirada de ato que já cumpriu seus efeitos. Conforme explicamos em outra oportunidade: "O mundo jurídico e o mundo físico são distintos. Suponha-se que uma norma inválida (N1) seja inserida no mundo jurídico (Mj) e nele permaneça por algum tempo (T1), até ser retirada por um dos meios indicados (por outra norma ou por auto-retirada); posteriormente (T2), ao examinar a invalidade, N1 não está mais em Mj. Pela orientação dos ilustres administrativistas a invalidação (e, por extensão, a correção) só ocorre sobre normas que ainda estejam no mundo jurídico, ou seja, não é possível invalidar (entenda-se, "corrigir") normas que dele já foram retiradas. Essa orientação seria correta se o mundo jurídico fosse concreto. Em rigor, não se invalida o fato do mundo fenomênico, mas uma norma do mundo jurídico; o fenômeno é abstrato: a invalidação de normas já retiradas do mundo jurídico implica o regresso no tempo, N1 é atingida quando ela estava em Mj, ou seja, em T1. A invalidação não atinge diretamente o mundo do ser, mas o mundo jurídico e, por conseqüência, o mundo do ser. A norma que existia é apanhada no momento em que existia, a correção dá-se sobre o período de tempo em que a norma vigeu. Assim, é tranqüilamente possível a invalidação de uma lei que foi revogada ou a revogação de uma norma transitória que já se exauriu. (...). Insiste-se: a correção é fenômeno eminentemente normativo. Uma norma exaurida do Ato das Disposições Constitucionais Transitórias é elemento normativo a ser considerado pelo intérprete para compreensão do texto constitucional e, por conseguinte, de todas as normas infraconstitucionais; daí a pertinência de sua revogação ou invalidação. Além disso, a norma revogada possui ultra-atividade, pois continua a reger os fatos que ocorreram durante sua vigência; por isso, há sentido na sua invalidação. Pode-se, por conseguinte, estabelecer uma *gradação entre os meios de retirada da norma jurídica*: a invalidação prepondera sobre a revogação e esta prepondera sobre o exaurimento; norma exaurida é passível de invalidação e, quando for constitucional ou abstrata, de revogação; norma revogada é passível de invalidação. (...). Assim, a radical retirada da norma do sistema dar-se-ia apenas com a invalidação retroativa. Por certo, a retirada radical da norma é excepcionalíssima; constata-se uma *gradação entre os meios de retirada*" (*Efeitos dos Vícios do Ato Administrativo*, cit., Capítulo VIII-rodapé 22, pp. 285-286).

fundamento da invalidação pela Administração é a *autotutela administrativa*. A Administração Pública não tem interesse jurídico em descumprir o Direito (o interesse público secundário só é admissível quando *coincidente* com o interesse público primário). Logo, se ela errou ao editar um ato inválido, tem interesse em corrigir o erro.[59] O *motivo* da invalidação é a contrariedade do ato, desde sua edição, ao ordenamento jurídico. Mas nem toda contrariedade leva à invalidação: o ato pode contrariar o ordenamento e não ser inválido, pois há vícios que o ordenamento jurídico simplesmente despreza. Por isso, *ato inválido*, em rigor, não é o ato que contraria o ordenamento, mas o ato que possui um vício que exige, ao menos no momento subseqüente à sua edição, a *correção*. Como retomado a seguir, hoje está absolutamente superada a tese de que todo ato inválido deve ser retirado do ordenamento; pelo contrário, a retirada é excepcional, a depender da análise das circunstâncias fáticas e jurídicas quando da correção. É possível enunciar apenas uma diretriz: se, no momento subseqüente à edição do ato, não for possível repeti-lo sem o vício, nem aproveitá-lo parcialmente, ele deve ser invalidado.

Os *requisitos procedimentais* e *formalísticos* do ato de correção, à semelhança do que ocorre com a revogação, são os mesmos do ato corrigido. Além dessa regra geral, algumas diretrizes podem ser fixadas. Primeira: o ato de correção exigirá a instauração de um processo se o ato corrigido for o ato final de um processo. Vícios de processo apurados durante ele são corrigidos nos próprios autos do processo. Eis uma regra amplamente consolidada na boa doutrina: para invalidar um ato, a Administração deve garantir o contraditório ao administrado prejudicado com a invalidação.[60] Segunda diretriz: a correção do ato de um procedi-

59. Duas observações. Primeira: num Estado imaturo é comum a completa falta de compreensão conceitual da Administração Pública e da função institucional da Advocacia Pública. Se a Administração não acredita na validade do ato editado, não há interesse processual para defender a validade em juízo. Defender o inválido é reiterar a invalidade. A Fazenda Pública só deve defender o ato inválido em juízo quando convencida de sua validade (v. nosso *Efeitos dos Vícios do Ato Administrativo*, cit., Capítulo VIII-6, p. 338). Segunda: quando fixado um prazo para interpor recurso administrativo, se o recurso versar sobre a validade do ato, ainda que seja intempestivo, deve ser conhecido pela Administração. Se ela tem competência para corrigir o ato de ofício, não pode ignorar a manifestação do administrado sobre a invalidade (idem, Capítulo VIII-6.4.1.1 e 10.6, pp. 354 e 455-457).

60. Por todos: Mônica Martins Toscano Simões, *O Processo Administrativo e a Invalidação de Atos Viciados*, São Paulo, Malheiros Editores, 2004, p. 163; Celso

mento administrativo autônomo pode ser efetuada no próprio procedimento, ainda que este tenha terminado. Terceira diretriz: a invalidação do ato final conclusivo de um processo administrativo de participação exige a instauração de um processo administrativo de participação.[61]

Existe um *limite temporal* para a Administração exercer a competência corretora e efetuar a invalidação. O processo corretor não pode ser instaurado a qualquer momento. Na falta de previsão legal, o prazo para a instauração é de *cinco anos* (regra subsidiária de primeiro grau).[62]

Antônio Bandeira de Mello, *Curso de Direito Administrativo*, cit., 31ª ed., Capítulo VII-148, pp. 472-474.

61. *Procedimentos administrativos autônomos* são aqueles em que para edição de um ato administrativo final a Administração tem que praticar uma série ordenada e teleologicamente encadeada de atos, sem a participação do administrado: neles só atuam agentes da própria Administração, não em defesa de seus interesses individuais, como ocorre com o indiciado no processo disciplinar, mas no exercício de suas funções públicas, todos presentando a própria Administração.

*Processos administrativos de defesa* são aqueles em que há controvérsia sobre um direito em sentido amplo do administrado e, por isso, é garantido a ele mais que um direito político de influenciar sobre a decisão final da Administração; trata-se de uma garantia constitucional individual de participação: neles, por força do art. 5º, LV, da CF, garantem-se o contraditório e a ampla defesa, ou seja, é garantida uma série de situações jurídicas que permitem ao administrado influir na decisão final.

*Processos administrativos de participação* são aqueles em que não há controvérsia sobre um direito em sentido amplo do administrado, mas este, por força do princípio democrático, tem direito de influir na decisão final da Administração: o direito de participar consiste num direito político, e não numa garantia individual, e é concretizado, basicamente, pelas audiências e consultas públicas.

*Atos administrativos solitários* são aqueles que independem da prática de qualquer outro ato jurídico, ou seja, não possuem requisito procedimental.

Sobre esses conceitos, v., *infra*, Capítulo 9-9.3. Sobre as diretrizes apresentadas, v. nosso *Efeitos dos Vícios do Ato Administrativo*, cit., Capítulo VIII-6.1 e 6.2, pp. 339-348.

62. Formaram-se três correntes sobre a inexistência de prazo legal para a invalidação:

(1) Pela *corrente negativa*, não havendo regra legal expressa, simplesmente não há prazo para a Administração invalidar. É sustentada, dentre outros, por Hely Lopes Meirelles (*Direito Administrativo Brasileiro*, cit., 40ª ed., p. 225). Marca o máximo apego ao direito privado: se o ato nulo é equivalente ao inexistente, a invalidação equivale à declaração de inexistência, e declaração, como regra, não tem prazo para ser efetuada.

(2) Pela *corrente afirmativo-dicotômica*, atos nulos prescrevem *longi temporis*, atos anuláveis num prazo mais curto. É sustentada, dentre outros, por Oswaldo Aranha Bandeira de Mello, *Princípios Gerais de Direito Administrativo*, cit., 3ª ed., 2ª tir., vol. I, p. 664.

No âmbito federal, o art. 54 da Lei 9.784/1999 estabelece esse prazo para que a União invalide atos administrativos de efeitos favoráveis ao administrado e editados com boa-fé. *A contrario sensu*, esse prazo não se aplica aos atos de efeitos desfavoráveis ou editados com má-fé, caso em que, na falta de regra legal, e afastado o prazo de cinco anos, aplica-se o prazo geral de prescrição previsto no Código Civil – ou seja: o prazo passa a ser de *10 anos* (regra subsidiária de segundo grau).[63] A ação judicial que vise à invalidação de ato administrativo também deve ser proposta no prazo de cinco anos, nos termos do art. 1º do Decreto

(3) A corrente *afirmativo-unitária* extrai do sistema jurídico, na falta de regra expressa, a partir de uma análise das leis de direito público, um prazo único, de cinco anos, independentemente da gravidade do vício. Essa corrente foi difundida por Celso Antônio Bandeira de Mello a partir da 11ª edição de seu *Curso* (ob. cit., Capítulo VII-180, pp. 492-493), e hoje é amplamente majoritária.

Sobre as três correntes, v. nosso *Efeitos dos Vícios do Ato Administrativo*, cit., Capítulo VIII-10.7.2 a 10.7.4, pp. 460-466.

63. Várias posições surgiram sobre o prazo decadencial do controle administrativo dos atos federais de efeitos desfavoráveis ao administrado ou praticados com má-fé:

(1) Para Vladimir da Rocha França, o exercício da potestade de invalidar é insuscetível de decadência ("Invalidação administrativa na Lei federal 9.784/1999", *RTDP* 35/68, São Paulo, Malheiros Editores, 2001). Da mesma forma, Juarez Freitas (*O controle dos atos administrativos e os princípios fundamentais*, 5ª ed., 2013, p. 398).

(2) Para Celso Antônio Bandeira de Mello (*Curso de Direito Administrativo*, cit., 31ª ed., Capítulo VII-180, p. 493) e Mônica Martins Toscano Simões (*O Processo Administrativo e a Invalidação de Atos Viciados*, cit., p. 171), aplica-se o prazo de 10 anos, pois é o prazo geral de prescrição previsto no Código Civil de 2002.

(3) Para Clarissa Sampaio Silva (*Limites à Invalidação dos Atos Administrativos*, São Paulo, Max Limonad, 2001, pp. 122-123), aplica-se o prazo de cinco anos, porém este corre não da publicidade do ato, mas da ciência da fraude.

(4) Para Sérgio Ferraz, a cláusula excludente dos atos praticados com má-fé é inconstitucional e, assim, inaplicável: eles decaem no prazo de cinco anos, contados da publicidade do ato, da mesma forma que os atos praticados com boa-fé ("Extinção dos atos administrativos: algumas reflexões", *RDA* 231/65, Rio de Janeiro, janeiro-março/2003).

Sem desprestigiar o entendimento dos demais doutrinadores, acertada está a segunda orientação: a lei federal exclui a incidência do prazo de cinco anos para os atos que não geram efeitos favoráveis aos administrados e para os atos praticados com má-fé; a lei não fixa para eles um prazo decadencial, e, por força da própria dicção legal, esse prazo não pode ser o de cinco anos. Dessarte, por força da redação do art. 54, não é possível invocar a regra subsidiária extraída das normas nacionais e federais de direito público. Razoável, porém, invocar, em concretização ao princípio da estabilização das relações, o prazo de 10 anos, prazo geral da prescrição civil (art. 205 do CC).

Para o exame de outras questões relacionadas ao referido art. 54, v. nosso *Efeitos dos Vícios do Ato Administrativo*, cit., Capítulo VIII-10.7.5, pp. 466-471.

20.910/1932.[64] Esses prazos referem-se ao *exame da invalidade*. Não há que se confundir o prazo para o *exame da invalidade* com o prazo para a *edição do ato invalidante*. O sistema permite delimitar com precisão o primeiro, mas não permite delimitar com precisão o segundo. É perfeitamente possível que ainda não tenha decorrido o prazo de 5 anos para propositura da ação judicial ou, no caso de autotutela administrativa, o prazo de 5 ou 10 anos para a instauração do processo corretor e, respectivamente, o Judiciário e a Administração se vejam impossibilitados de invalidar. Isso porque, com o decurso do tempo e a geração de efeitos, o vício se estabiliza. A *estabilização do vício* consiste na transmutação, pelo decurso do tempo e pelos efeitos gerados, do ato inválido em ato irregular. O sistema jurídico passa a aceitar o ato que dantes reputava inválido. É a *ponderação das circunstâncias fáticas e jurídicas*, efetuada no momento em que se dá o exame da invalidade, que indicará se houve, ou não, estabilização do vício, se é, ou não, possível a invalidação. A estabilização consiste num *fato administrativo*, decorre do decurso do tempo e da omissão da Administração em exercer a correção. Observa-se que a Administração não tem discricionariedade para decidir se efetua, ou não, o controle, vale dizer, para decidir se omitir; descoberta a invalidade, ela deve efetuar o controle.[65] Agora, se não o efetuar, com o descuro do tempo, pode haver a estabilização. Há, enfim, prazos precisos para o exame da invalidade, mas não há prazos precisos para a invalidação.[66]

64. Esse decreto foi recepcionado como lei ordinária de cada uma das entidades federativas. Sobre o tema, v. nosso *Efeitos dos Vícios do Ato Administrativo*, cit., Capítulo VIII-10.4.4 e 10.4.5 , pp. 445-451.

65. Em sentido contrário, Maria Sylvia Zanella Di Pietro admite a possibilidade de a Administração renunciar à competência de invalidar o ato ilegal, e chama essa renúncia de "confirmação" (*Direito Administrativo*, 25ª ed., São Paulo, Atlas, 2012, p. 256). Agustín Gordillo também chama essa renúncia de "confirmação", mas, com absoluto acerto, a recusa enfaticamente: "Sin embargo, considerando que la confirmación es una decisión de parte de la persona que puede invocar la nulidad, renunciando a oponerla o pedirla, estimamos que ella es inaplicable en el derecho administrativo, en cuanto medio de saneamiento que la Administración puede utilizar respecto a los actos administrativos" (*Tratado de Derecho Administrativo*, cit., 2ª ed. colombiana, vol. 3, p. XII-13). Nesta exposição, conforme explicado a seguir, o signo "confirmação" será utilizado em outro significado: como espécie de convalidação.

66. Cf. nosso *Efeitos dos Vícios do Ato Administrativo*, cit., Capítulos VIII-5-5 (pp. 295-297), 10.5 (pp. 451-454) e 10.8 (pp. 477-480).

Quanto aos efeitos, era pacífico no passado que, enquanto a revogação gerava efeitos *ex nunc*, a invalidação sempre gerava efeitos *ex tunc* e *ab initio*. A doutrina era coerente: como o ato inválido era considerado inexistente – "ato nulo não gera efeitos", dizia-se –, a invalidação consistia apenas numa declaração de inexistência, de que o ato não gerou efeito algum. Com a separação dos planos da existência e da validade, tudo mudou substancialmente: ato inválido existe e, por isso, gera efeitos no mundo jurídico. Não basta uma "declaração", faz-se necessária uma "desconstituição". O ato administrativo *retira* o ato inválido do mundo jurídico e *pode* retirar todos ou parte de seus efeitos. Essa mudança de ótica custou para ocorrer. Foram décadas e décadas de insistência no equívoco conceitual.

E a mudança consagrou-se, principalmente, graças aos avanços do *controle de constitucionalidade*. A invalidação da lei tem a mesma natureza que a invalidação do ato administrativo: ambas consistem na retirada de normas estatais editadas pelo Estado. Os constitucionalistas perceberam que a retirada da lei inválida não configura uma "declaração", mas uma "desconstituição", e não é necessariamente acompanhada da desconstituição dos efeitos. A consagração dessa tese deu-se com a enunciação do art. 27 da Lei 9.868/1999, o qual prevê a possibilidade de o STF, por maioria de dois terços dos seus membros, tendo em vista razões de segurança jurídica ou de excepcional interesse social, "restringir os efeitos da declaração ou decidir que ela só tenha eficácia a partir de seu trânsito em julgado ou de outro momento que venha a ser fixado". Quer dizer: a declaração poder ser *ex tunc* e *ab initio*, *ex tunc* e não *ab initio*, *ex nunc*, *pro futuro*, a depender do resultado da *ponderação das circunstâncias fáticas e jurídicas* feita no momento do exercício do controle. Essa lição estende-se integralmente ao controle dos atos administrativos: a invalidação pode ser *ex tunc* e *ab initio*, *ex tunc* e não *ab initio*, *ex nunc* e *pro futuro*. Ela pode manter parte dos efeitos no mundo jurídico ou pode desconstituir todos os efeitos: pode desconstituir os efeitos desde a introdução do ato no sistema, desde uma data entre a introdução e o exercício do controle, a partir da data do controle ou a partir de uma data posterior ao exercício do controle.[67]

67. Para aprofundamento, v. nosso *Efeitos dos Vícios do Ato Administrativo*, cit., Capítulo VIII-9, pp. 406-423. Celso Antônio Bandeira de Mello, a partir da 16ª edição de seu *Curso*, defende que a invalidação gera efeitos *ex tunc* se os atos

A contrariedade do ato ao Direito fundamenta o exercício do controle e, pois, a correção do ato, mas pode gerar também o dever da Administração de reparar os danos causados ao administrado, o dever da Administração de responsabilizar o agente público que editou o ato inválido e o direito do administrado de resistir passivamente ao ato inválido. Deveras, sempre que a invalidação causar dano ao administrado, como regra geral, este terá direito ao *ressarcimento*. Ao contrário da revogação, portanto, a invalidação implica o dever de indenizar.[68] A concorrência do administrado para a produção do vício, contudo, exclui a imputação da responsabilidade civil do Estado.[69] Se a edição de ato inválido configurar *fato disciplinar típico, antijurídico, culpável e punível*, deve o agente ser responsabilizado pela Administração.[70] Finalmente, a Administração jamais poderá sancionar o administrado por ter descumprido as obrigações impostas pelo ato inválido: a invalidade gera o direito de *resistência passiva*.[71] Os quatro efeitos dos vícios do ato administrativo não são necessários, mas eventuais: é incorreto supor que toda irregularidade gerará inexoravelmente esses efeitos.

são *restritivos de direitos* ou *editados com má-fé* do administrado, e gera efeitos *ex nunc* se os atos são *ampliativos de direitos* e *editados com boa-fé do administrado* (*Curso de Direito Administrativo*, cit., 31ª ed., Capítulo VII-173, pp. 487-488). Basta um exemplo para demonstrar o equívoco dessa posição: suponha-se um ato inválido que autorize a produção de determinado alimento sem obediência das normas sanitárias e higiênicas. Apesar da boa-fé do administrado, dependendo das circunstâncias, parece indiscutível a possibilidade de invalidação *ex tunc* e *ab initio*. Posições definitivas, independentes do caso concreto, na maioria das vezes conduzem a resultados cientificamente equivocados, porque estabelecem uma hierarquia rígida de valores jurídicos e, por isso, contrariam a relatividade própria dos valores.

68. Por todos: Celso Antônio Bandeira de Mello, *Curso de Direito Administrativo*, cit., 31ª ed., Capítulo VII-174, pp. 489-490; nosso *Efeitos dos Vícios do Ato Administrativo*, cit., Capítulo X, pp. 554-573.

69. Sobre as *excludentes de imputação objetiva da responsabilidade civil estatal*, v., *infra*, Capítulo 17.

70. Os pressupostos da responsabilidade disciplinar do agente são ricos em particularidades, cuja análise escapa aos limites desta exposição. Sobre o tema, v. nosso *Efeitos dos Vícios do Ato Administrativo*, cit., Capítulo XI, pp. 612-640.

71. Sobre ela, consultar nosso *Efeitos dos Vícios do Ato Administrativo*, cit., Capítulo IX, pp. 540-553.

### *7.3.2 Classificação da invalidade*

Não se deve confundir o *ato inválido* com o *ato irregular*. Casos existem em que o ato contraria o ordenamento mas, mesmo no momento imediatamente subseqüente à sua edição, o Direito não exige a correção do vício. Ele é viciado, porém válido.[72] A simples inversão de grafemas na publicação consiste num vício de formalização desprezado pelo sistema caso não haja prejuízo à compreensão.

Também não se deve confundir o ato inválido com o chamado "ato inexistente". Para existir, o ato deve ter dois *elementos* – conteúdo e forma – e observar quatro *pressupostos* – ligação do editor à função administrativa, objeto materialmente existente, mínimo de eficácia ou de recognoscibilidade social e não-concretização de intolerável injustiça.[73] Na falta desses elementos e pressupostos de existência não haverá *ato administrativo*, mas pode *parecer* que haja. O *aparente* ato administrativo é um *fato administrativo*, um acontecimento do mundo fenomênico ao qual o Direito imputa efeitos normativos.

São quatro os efeitos decorrentes dessa "aparência de ato": o dever da Administração de declarar a inexistência do ato, o dever de reparar os danos causados ao administrado, o dever de responsabilizar o agente que deu causa à inexistência e o direito do administrado de resistir ativamente à execução do ato inexistente.[74] Dois desses efeitos são similares aos efeitos da invalidade: o dever de reparar os danos causados e o dever de responsabilizar o agente. Ao revés, os outros dois efeitos são substancialmente distintos.

Como o ato inexistente não existe no mundo jurídico, não há que se falar de invalidação, pois nada há a ser desconstituído. Trata-se de uma declaração da inexistência, efetuada pela Administração do Poder que editou o ato ou, havendo provocação, pelo Judiciário. Não há limite tem-

72. Os *atos irregulares* são admitidos pela doutrina majoritária: Tito Prates da Fonseca, *Lições de Direito Administrativo*, Rio de Janeiro, Freitas Bastos, 1943, § 204, p. 341; Miguel Seabra Fagundes, *O Controle dos Atos Administrativos pelo Poder Judiciário*, cit., 7ª ed., § 32, pp. 72-73; Celso Antônio Bandeira de Mello, *Curso de Direito Administrativo*, cit., 31ª ed., Capítulo VII-154, pp. 478-479.

73. Cf. nosso *Efeitos dos Vícios do Ato Administrativo*, cit., Capítulo V-2, pp. 124-138.

74. Idem, Capítulo VII, pp. 641-662.

poral para efetuá-la, pois ela não altera em nada o mundo jurídico, apenas indica o que há e o que não há nele, em concretização da segurança jurídica. Ao contrário da invalidação, que tem prazo para ser efetuada, a declaração da inexistência pode ser efetuada independentemente do tempo decorrido. O ato inexistente jamais se estabiliza: não importa quanto tempo passe, ele jamais gerará no mundo jurídico os efeitos decorrentes do "aparente" ato. Não há limite temporal para apreciar a inexistência, nem limite temporal para declará-la.

Outrossim, ao contrário da invalidade, que gera o direito à *resistência passiva*, a inexistência gera o direito à *resistência ativa*. Se o agente pretender executar o ato inválido, só resta ao administrado impugná-lo em juízo e tentar evitar a execução mediante a antecipação da tutela; se pretender executar o ato inexistente, o administrado pode reagir, valendo-se até do uso da força física (*manu militari*).[75]

A classe dos atos viciados abrange a classe dos atos irregulares, mas não a dos atos inexistentes, pois estes não são atos administrativos, mas fatos administrativos que parecem atos. A classe dos atos inválidos não abrange os atos irregulares, que são válidos. Resta saber se os atos administrativos inválidos se submetem a alguma classificação. Parte da doutrina, em analogia à teoria das invalidades do direito privado, divide-os em *atos nulos* e *atos anuláveis*. Essa diferenciação, contudo, é inviável no direito administrativo: os quatro critérios de diferenciação que costumam ser invocados não subsistem a cuidadoso exame.

Alguns invocam o prazo decadencial para diferenciá-los: a invalidação dos atos nulos estaria sujeita a prazo mais longo que a dos anuláveis.[76] Nos termos já afirmados, da análise do conjunto de leis de direito público se extrai justamente o contrário: independentemente do vício, a invalidação decai no mesmo prazo.

Há quem os diferencie pela legitimidade para impugnação e pela competência para o exame da invalidade: atos nulos poderiam ser impugnados pelo Ministério Público e, quando suscitado o ato em juízo, o

75. Cf.: Celso Antônio Bandeira de Mello, *Curso de Direito Administrativo*, cit., 31ª ed., Capítulo VII-177, p. 491; nosso *Efeitos dos Vícios do Ato Administrativo*, cit., Capítulo V-3, pp. 552-553, e Capítulo XII-4.2, pp. 655-659.

76. Por todos: Oswaldo Aranha Bandeira de Mello, *Princípios Gerais de Direito Administrativo*, cit., 3ª ed., 2ª tir., vol. I, § 55.4, p. 664; Agustín Gordillo, *Tratado de Derecho Administrativo*, 2ª ed. colombiana, vol. 3, p. XI-24.

vício poderia ser reconhecido de ofício pelo juiz; atos anuláveis só poderiam ser impugnados pelo interessado e dependeriam da argüição deste para serem conhecidos pelo magistrado.[77] Esses dois critérios não podem ser admitidos, porque em relação a eles não existem apenas duas classes de atos. Pelo *regime geral*, os atos administrativos inválidos podem ser impugnados pelo Ministério Público e por qualquer interessado na instância jurisdicional e administrativa, e por qualquer administrado na instância administrativa; o vício pode ser conhecido de ofício pela Administração e, sendo o ato suscitado numa ação judicial, pelo Judiciário. Existem nada mais que *cinco* grupos de atos administrativos que escapam do regime geral.

(1) Há atos administrativos inválidos em que a invalidação depende da manifestação do agente público que os editou.[78] (2) Há atos administrativos inválidos que também se submetem ao regime geral de impugnação e de conhecimento, mas a invalidação depende da manifestação do administrado que foi prejudicado.[79] (3) Certos atos administrativos

77. Por todos: Celso Antônio Bandeira de Mello, *Curso de Direito Administrativo*, cit., 31ª ed., Capítulo VII-180, p. 492.

78. Isso ocorre em duas hipóteses: (1) quando o agente público, no exercício de competência discricionária, for coagido a editar o ato administrativo e este gerar diretamente efeitos favoráveis a terceiros de boa-fé; (2) quando o agente público, no exercício de competência discricionária, ao editar o ato administrativo, incidir em erro sobre as circunstâncias fáticas ou jurídicas. Nos dois casos, se houver elementos que demonstrem a existência da coação ou do erro, o ato poderá ser impugnado pelo Ministério Público e pelo administrado; a Administração poderá examiná-lo de ofício e, se houver prova da coação ou do erro nos autos judiciais, ainda que nenhuma das partes as tenha suscitado, elas podem ser, de ofício, examinadas pelo magistrado. Porém, a Administração ou o Judiciário, ao conhecer da coação ou do erro, deverá determinar ao agente público, editor do ato, que se manifeste. Isso porque, em motivação exaustiva, o agente pode afastar a presunção relativa de vício de finalidade ou de contentorização gerada pela coação ou pelo erro, demonstrando que, apesar da coação sofrida ou diante das circunstâncias efetivas, o ato editado é o que, segundo seu juízo, melhor atendia ao interesse público. A invalidação do ato depende, portanto, da manifestação do agente (cf. nosso *Efeitos dos Vícios do Ato Administrativo*, cit., Capítulo VIII-11.4.1 e 11.4.4, pp. 490-495 e 532-536).

79. Isso ocorre nas hipóteses de atos-união submetidos a processo de competição em que não haja um número muito grande de participantes, de contratos administrativos e de contratos da Administração submetidos a processo licitatório – desde que, nos três casos, um dos concorrentes tenha sido coagido por outro administrado a deixar o certame ou a adotar conduta que o prejudique na disputa. Nessas circunstâncias, os atos do processo necessários à garantia da livre participação do coagido

só podem ser invalidados se impugnados por quem foi prejudicado.[80] (4) Certos atos administrativos só podem ser invalidados se impugnados por quem tenha legítimo interesse.[81] (5) Finalmente, há atos administrativos que só podem ser invalidados pelo Judiciário.[82]

Apresentados os cinco grupos, impende concluir: chamar todos os atos administrativos que não se ajustam ao regime geral de impugnação de "anuláveis" esbarra no incontornável inconveniente de que a mesma denominação estaria se reportando a *regimes distintos*.

Finalmente, há quem sustente que, enquanto os atos nulos não admitem convalidação, os atos anuláveis a admitem.[83] Ocorre que não é

só deverão ser refeitos se este manifestar interesse. Descoberta a coação, o Ministério Público, por exemplo, pode impugnar o certame; o coator é eliminado da disputa, mas, se o coagido não manifestar interesse no processo, será chamado o primeiro classificado que agiu de boa-fé (cf. nosso *Efeitos dos Vícios do Ato Administrativo*, cit., Capítulo VIII-11.4.2.1 e 11.4.4, pp. 503-510 e 532-536).

80. Isso ocorre em três hipóteses: (1) quando o administrado for coagido por outro administrado a aquiescer na edição de um ato-união que lhe cause excepcional prejuízo; (2) quando o administrado for coagido por outro administrado a apresentar proposta referente a um contrato administrativo ou a um contrato da Administração e essa proposta prejudicar apenas o coagido; (3) quando o administrado incidir em erro ao aquiescer sobre contrato da Administração não submetido a licitação. Nessas três hipóteses, somente o prejudicado pela coação ou pelo erro pode impugnar o ato (cf. nosso *Efeitos dos Vícios do Ato Administrativo*, cit., Capítulo VIII-11.4.2.1, 11.4.2.3 e 11.4.4, pp. 503-515 e 532-536).

81. Isso se dá nas hipóteses de atos-união requeridos por incapaz que causem excepcional prejuízo a este. Nesse caso, distinguem-se duas hipóteses: (1) se havia prévia interdição reconhecendo a incapacidade relativa do administrado, o ato não poderá ser impugnado pelo Ministério Público, mas somente pelo próprio incapaz ou por seu assistente; (2) se havia prévia interdição reconhecendo a incapacidade absoluta do administrado, o ato poderá ser impugnado pelo incapaz, por seu representante ou pelo Ministério Público (cf. nosso *Efeitos dos Vícios do Ato Administrativo*, cit., Capítulo VIII-11.4.2.4 e 11.4.4, pp. 515-521 e 532-536).

82. Isso ocorre em duas hipóteses: (1) atos-união requeridos por absolutamente incapaz não interditado que lhe causem excepcional prejuízo; (2) apresentação da proposta referente a contrato administrativo ou a contrato da Administração por absolutamente incapaz não interditado que lhe cause prejuízo. Em ambas, o ato poderá ser impugnado por quem tenha interesse legítimo ou pelo Ministério, mas a invalidade só poderá ser conhecida pelo Judiciário. A Administração não pode interditar o administrado, e, por isso, só pode oficiar ao Ministério Público para que empreenda a defesa dos interesses do incapaz. Levado o ato ao conhecimento do magistrado, este pode conhecer de ofício do vício (cf. nosso *Efeitos dos Vícios do Ato Administrativo*, cit., Capítulo VIII-11.4.2.4 e 11.4.4, pp. 515-521 e 532-536).

83. Por todos: Celso Antônio Bandeira de Mello, *Curso de Direito Administrativo*, cit., 31ª ed., Capítulo VII-180, p. 492.

possível indicar no plano abstrato, com precisão, quais vícios admitem convalidação e quais não a admitem. Uma classificação jurídica só faz sentido se por meio dela for possível identificar de plano um regime jurídico. Essa assertiva exige examinar o último tema deste estudo: a *convalidação dos atos administrativos*. No passado supunha-se que todo ato que contrariasse o ordenamento deveria ser invalidado. Hoje essa suposição é até ridícula. Como o ato inválido gera efeitos no mundo jurídico, sua retirada é sempre traumática. Por isso, a invalidação – reconhece-se hoje – é *excepcional*. Diante da invalidade, deve-se examinar se é possível *sanar o vício*, corrigir o ato sem retirá-lo do sistema, ou seja, sem invalidá-lo. Ou, de forma mais precisa, deve-se apurar se é possível *aproveitar* o ato de alguma maneira: salvá-lo, saneá-lo, saná-lo. A invalidação não é a única forma de correção, há outras. Uma delas é a convalidação. O tema diz respeito não à *extinção dos atos administrativos*, mas à *modificação dos atos administrativos*. Se a revogação e a invalidação exigiram apresentar um panorama sobre as diversas formas de extinção, a convalidação exige apresentar um panorama sobre as diversas formas de modificação.

## *7.4 Modificação dos atos administrativos*

Há casos em que o ato administrativo não desaparece, mas é *modificado*. Seguindo a proposta de Agustín Gordillo,[84] classificam-se as hipóteses de *modificação* tendo em vista a validade do ato administrativo. Há duas causas de *modificação* de atos administrativos válidos: (1) *retificação* e (2) *aclaração*. Ambas consistem na edição de um ato administrativo. Na *retificação* (1),[85] o sistema faculta à Administração – trata-se de exercício de competência discricionária[86] – corrigir o vício do ato irregular. Nem sempre essa correção é permitida pelo Direito,

84. Agustín Gordillo, *Tratado de Derecho Administrativo*, cit., 2ª ed. colombiana, vol. 3, p. XII-3.

85. Por todos: Marcello Caetano, *Manual de Direito Administrativo*, 10ª ed., 7ª reimpr., t. I, Coimbra, Livraria Almedina, 2001, p. 561.

86. Em sentido contrário, Weida Zancaner afirma que os atos irregulares são absolutamente sanáveis e, pois, devem ser sempre convalidados (*Da Convalidação e da Invalidação dos Atos Administrativos*, 3ª ed., São Paulo, Malheiros Editores, 2008, pp. 111-112). Discorda-se: sendo meramente irregulares, é despicienda qualquer atitude do Estado, e, assim, dispensável a convalidação.

mas jamais ela é imposta. Se o Direito impõe a correção, o ato não é irregular, mas inválido. Na *aclaração* (2), o ato administrativo, também proferido no exercício de competência discricionária, não *corrige* o ato irregular, mas aclara o ato obscuro, ambíguo. Nesse caso, o ato não chega a ser inválido, nem mesmo irregular, mas pode gerar alguma dúvida sobre sua intelecção. Contudo, se a obscuridade compromete a correta compreensão do ato, há invalidade e dever de corrigir. A aclaração não se confunde com a *interpretação*, apesar de muito se aproximar dela: a interpretação não se incorpora ao conteúdo do ato.[87] Em rigor, em todas as hipóteses de *modificação* efetuada por *ato administrativo* há, de fato, a retirada do ato anteriormente editado: o ato modificador retira o ato, mas assume como seus todos ou parte dos efeitos do ato retirado. É apenas para fins didáticos que se diferencia a retirada da modificação. Tanto a retificação como a aclaração substituem o ato retificado ou aclarado, assumindo como delas todos os efeitos gerados. Só podem ser editadas pela Administração, não podem ser efetuadas pelo Judiciário.

O que Gordillo chama de "reforma" não consiste num *ato modificativo*.[88] É teoricamente possível que, simultaneamente à revogação de um ato administrativo, a Administração edite, também no exercício de competência discricionária, outro ato, com conteúdo parcial ou totalmente diferente do ato revogado. Há, na verdade, a substituição de um ato válido por outro, mas sem efeitos retroativos. Trata-se da extinção de um ato válido acompanhada da introdução de novo ato.

Há quatro espécies de *modificação de atos inválidos*: (1) *estabilização*; (2) *redução* ou *reforma*; (3) *conversão*; (4) *convalidação*. A *estabilização* (1), referida quando do exame da invalidação, é a única hipótese de modificação por *fato administrativo*: o decurso do tempo e a geração de efeitos fazem com que o vício do ato administrativo desapareça; o ato inválido torna-se um ato *irregular*, sem que o Poder Público nada faça.[89] A Administração e o Judiciário podem tão-so-

87. Cf. Agustín Gordillo, *Tratado de Derecho Administrativo*, cit., 2ª ed. colombiana, vol. 3, p. XII-7.

88. Em sentido contrário, segundo Gordillo trata-se de modificação por conveniência e oportunidade (*Tratado de Derecho Administrativo*, cit., 2ª ed. colombiana, vol. 3, p. XII-8).

89. Sobre a *estabilização*, v. a monografia de Giovani Bigolin, *Segurança Jurídica: a Estabilização do Ato Administrativo*, Porto Alegre, Livraria do Advogado, 2007.

mente reconhecer a ocorrência do saneamento: o ato administrativo ou jurisdicional será *declaratório*. Trata-se, em rigor, da única hipótese em que não há, de fato, a retirada do ato inválido do mundo jurídico. Contudo, não se dá propriamente a modificação do ato: ele permanece no sistema exatamente como se encontrava, nada é alterado. O que muda é a *reação* do Direito ao vício: se antes o Direito exigia a correção, ele passa a desprezar o vício, e não mais a exigir. As outras três hipóteses referem-se à edição de um novo ato administrativo (ou jurisdicional) que tem por objeto a modificação de um ato administrativo anterior.

A *redução* ou *reforma* (2) consiste numa *invalidação parcial*.[90] Baseia-se na regra da incomunicabilidade da invalidade: *utile per inutile non vitiatur*. O ato tem por efeito principal a exclusão da parte inválida do ato viciado, mantendo a parte válida. Em rigor, o ato redutor retira o ato inválido do sistema e toma para si parte dos efeitos produzidos por ele.[91] A invalidação consiste na retirada total do ato, e pode ter efeitos retroativos ou irretroativos; a redução ou reforma consiste na retirada parcial, e tem efeitos retroativos. A *conversão* (3) é o nome do ato que tem por efeito principal a transformação de um ato (inválido) em outro (válido), de conteúdo diferente do anterior.[92] De algum modo, aproveita

90. Oswaldo Aranha Bandeira de Mello denomina o instituto de "redução" (*Princípios Gerais de Direito Administrativo*, cit., 3ª ed., 2ª tir., vol. I, § 55.3, p. 663). Diogo de Figueiredo Moreira Neto (*Curso de Direito Administrativo*, 13ª ed., Rio de Janeiro, Forense, 2003, p. 208) e Edmir Netto de Araújo (*Convalidação do Ato Administrativo*, São Paulo, LTr, 1999, p. 147) chamam-no de "reforma".

91. Carlos Ari Sundfeld adverte que, na verdade, *não há salvamento do ato, mas de seus efeitos* (*Ato Administrativo Inválido*, São Paulo, Ed. RT, 1990, pp. 50-53). O ato corretor é um *novo ato* que retira o ato viciado do sistema e, ao mesmo tempo, "herda os efeitos que, historicamente, este produzira, fazendo-os efeitos seus, com o quê se os salva do desfazimento" (idem, p. 51). É por *simplificação* que se fala em *sanatória* do ato viciado: trata-se, pois, de sanatória dos *efeitos* do ato viciado. Essa lição vale não só para a redução, mas também para a conversão e para a convalidação, examinadas adiante.

92. Afirma Aldo M. Sandulli: "Tale fenomeno [*della conversione degli atti invalidi*] si produce allorchè, riconosciuta la invalidità dell'atto, lo si dichiari tuttavia, da parte dell'autorità che abbia potestà in ordine al suo oggetto, operativo degli effetti propri di un altro atto del quale esso presenti i requisiti, e che si debba presumere voluto in difetto della operatività del primo" (*Manuale di Diritto Amministrativo*, cit., p. 228 – esclarecimento nosso). Segundo Lucia Musselli, o conceito de Sandulli

os efeitos do ato inválido, mas para outro ato. Em rigor, o ato convertedor retira o ato inválido do sistema e toma para si os efeitos produzidos por ele. A conversão pode decorrer do exercício de competência *discricionária* ou *vinculada*. Exemplo da primeira: a nomeação sem concurso – e, pois, inválida – para cargo de provimento efetivo é convertida em nomeação para cargo de provimento em comissão. Exemplo da segunda: a doação, sem lei autorizadora – e, pois, inválida –, de imóveis a pessoas carentes e de boa-fé é convertida em concessão de direito real de uso para fins de moradia. Apesar de essa hipótese não ser reconhecida por parte da doutrina, ela é plenamente possível: dependendo das circunstâncias, o Direito pode exigir a conversão, e não meramente facultá-la. Quando a conversão for vinculada, pode ser efetuada pelo Poder Judiciário. É sempre *ex tunc*.[93]

O panorama da *modificação dos atos administrativos* foi enunciado justamente para introduzir o último tema deste estudo: a *convalidação*. Esta é uma espécie de ato modificativo que tem por efeito típico o saneamento total de um ato inválido.

Antes de examiná-la, porém, faz-se uma observação: é também teoricamente possível que, simultaneamente à invalidação de um ato administrativo, o Direito imponha à Administração a edição de outro ato, com conteúdo igual (chamada por Gordillo de "reelaboração do ato"),[94] parcial ou totalmente diferente do ato invalidado. Há, na verdade, a substituição de um ato inválido por outro, válido, mas sem efeitos retroativos. Trata-se de extinção de ato inválido acompanhada de introdução de novo ato.

influenciou toda a doutrina mais recente (*La Conversione dell'Atto Amministrativo*, Milão, Giuffrè, 2003, p. 30).

93. Como afirmamos em outra oportunidade, são teoricamente possíveis tanto uma redução parcialmente retroativa como uma conversão parcialmente retroativa, ou seja, *ex tunc* e não *ab initio*. Ao revés, uma redução ou conversão *irretroativa* e uma redução ou conversão *pro futuro* não consistem propriamente em redução ou conversão, mas numa invalidação simultânea à edição de outro ato com conteúdo igual ou similar ao do ato retirado. No primeiro caso, o novo ato gera efeitos a partir da invalidação; no segundo, a partir de um momento subseqüente (v. nosso *Efeitos dos Vícios do Ato Administrativo*, cit., Capítulo VIII-9.8, pp. 421-423).

94. Agustín Gordillo, *Tratado de Derecho Administrativo*, cit., 2ª ed. colombiana, vol. 3, p. XII-26 e 27.

## *7.5 Convalidação dos atos administrativos*

Convalidação também é uma palavra anfibológica: é o nome dado ao *ato administrativo* que tem por efeito principal a retirada com efeitos retroativos do vício do ato administrativo inválido,[95] à *atividade* de *edição desse ato* e ao *efeito* principal dele, o saneamento total do ato inválido. Com a convalidação o ato inválido é integralmente aproveitado: ele permanece no mundo jurídico tal como editado. De modo mais preciso, o ato convalidante retira o ato inválido e assume como seus todos os efeitos produzidos por ele. Dentre as hipóteses de sanatória, é a mais eficaz: enquanto a redução e a conversão aproveitam parte dos efeitos do ato inválido, a convalidação aproveita todos os efeitos.

### *7.5.1 Convalidação e escolha do meio de correção*

Existem três teorias sobre a competência convalidante. Para alguns ela é sempre *discricionária*: diante de certos vícios, a Administração tem a opção entre invalidar ou convalidar; o Direito sempre exige a correção, mas não exige a convalidação; quando ela for possível, é tanto

95. Para Celso Antônio Bandeira de Mello: "A *convalidação* é o suprimento da invalidade de um ato com efeitos retroativos. (...)" (*Curso de Direito Administrativo*, cit., 31ª ed., Capítulo VII-161, p. 482). E, adiante, observa: "Não se deve confundir convalidação com a *conversão de atos nulos*. (...)" (idem, Capítulo VII-164, p. 483). Acolhe-se esse posicionamento e, assim, afasta-se o de Edmir Netto de Araújo, para quem a convalidação é gênero que compreende a conversão e a reforma (*Convalidação do Ato Administrativo*, cit., p. 123). O conceito de convalidação de Araújo é equivalente ao conceito de *sanatória* proposto por Diogo de Figueiredo Moreira Neto (*Curso de Direito Administrativo*, cit., 13ª ed., p. 207).

Diante dessa divergência no uso dos signos, é sempre oportuna a lição de Celso Antônio sobre a inexistência, por força do caráter estipulativo da linguagem, de um conceito doutrinário *verdadeiro*: "Resulta, pois, que a formulação do conceito de ato administrativo – como o de qualquer outro não expendido pelo direito positivo – há de nortear-se por um critério de utilidade, isto é, de 'funcionalidade' ou, como habitualmente temos dito, de 'operatividade'. Vale dizer: não há um conceito *verdadeiro* ou *falso*. Portanto, deve-se procurar adotar um que seja o mais possível útil para os fins a que se propõe o estudioso" (*Ato Administrativo e Direito dos Administrados*, cit., p. 10).

Como nenhuma das propostas pode ser considerada errada, importa, aqui, fixar a terminologia adotada: a correção do ato viciado dá-se por sua eliminação ou por seu aproveitamento. A primeira é denominada *invalidação*; a segunda, *sanatória*. Esta pode dar-se pela *conversão*, pela *redução* ou *reforma* e pela *convalidação*. Convalidação, nesse sentido, é conceito estrito, não abrangente da conversão e da redução ou reforma.

válido convalidar quanto invalidar, cabendo a escolha ao agente competente.[96] Para outros ela é sempre *vinculada*, ressalvada apenas a hipótese de discricionariedade exercida por agente incompetente. Fora dessa hipótese, quando for possível a convalidação, o agente não pode escolher entre invalidar ou convalidar: ele tem que convalidar. Isso porque, além de concretizar o princípio da conformidade dos atos ao Direito, pois o ato se torna válido, a convalidação concretiza o princípio da estabilidade das relações jurídicas, enquanto a invalidação concretiza somente o primeiro princípio, afetando o segundo.[97] A ressalva dá-se por motivo óbvio: se a competência era discricionária e foi exercida pelo agente incompetente, ela se tornaria vinculada se o agente competente fosse obrigado a convalidar. Ambas as correntes incidem na impropriedade de supor a existência de *atos discricionários* ou *vinculados*. O que pode ser discricionário ou vinculado é o exercício da competência, não o ato.[98] Discricionariedade, como dantes afirmado, só existe no plano concreto, jamais no plano abstrato. Só a ponderação à luz das circunstâncias do caso concreto é que indicará se o sistema faculta ou obriga a convalidação. Portanto, esta pode ser *discricionária* ou *vinculada*, dependendo do resultado da ponderação das circunstâncias fáticas e jurídicas, efetuada à luz do caso concreto, quando do exame da invalidade do ato administrativo.

E quando será devida ou possível a convalidação? Surgiram também duas posições sobre o tema. Pela *teoria subjetiva*, não é possível

96. Adotam-na: Edmir Netto de Araújo, *Convalidação do Ato Administrativo*, cit., p. 135; Diogo de Figueiredo Moreira Neto, *Curso de Direito Administrativo*, cit., 13ª ed., p. 207.

97. É a posição de: Weida Zancaner, *Da Convalidação e da Invalidação dos Atos Administrativos*, cit., 3ª ed., pp. 64-70; Celso Antônio Bandeira de Mello, *Curso de Direito Administrativo*, cit., 31ª ed., Capítulo VII-168, p. 485.

98. Nas precisas palavras de Celso Antônio Bandeira de Mello: "(...) cabe aqui observar que, embora seja comum falar-se em 'ato discricionário', a expressão deve ser recebida apenas como uma maneira elíptica de dizer 'ato praticado no exercício de apreciação discricionária em relação a algum ou alguns dos aspectos que o condicionam ou que o compõem'. Com efeito, o que é discricionária é a competência do agente quanto ao aspecto ou aspectos tais ou quais, conforme se viu. O ato será apenas o 'produto' do exercício dela. Então, a discrição não está no ato, não é uma *qualidade* dele; logo, não é ele que é discricionário, embora seja nele (ou em sua omissão) que ela haverá de se revelar" (*Discricionariedade e Controle Jurisdicional*, 2ª ed., 11ª tir., São Paulo, Malheiros Editores, 2012, p. 18).

discriminar de forma rígida quais são os vícios que geram a invalidação e quais são os vícios que geram a convalidação, pois não é o defeito em si mas as repercussões causadas pelo defeito, tendo em vista o interesse público, que determinam o meio de correção do ato administrativo.[99] Pela *teoria objetiva*, é possível indicar com precisão quais são as hipóteses em que o ato deve ser convalidado e quais são as hipóteses em que o ato deve ser invalidado.[100] A correta – com todo respeito pelos que pensam o contrário – é a primeira corrente.

O fenômeno pode ser resumido da seguinte maneira: a edição do ato inválido gera efeitos jurídicos; esses efeitos fazem incidir princípios (no sentido de valores jurídicos, mandados de optimização) em favor da manutenção do ato; para a correção do vício, diante da modificação das circunstâncias fáticas e jurídicas, faz-se necessário efetuar uma *ponderação*;[101] o resultado dessa ponderação pode ser: (a) a convalidação; (b) a conversão; (c) a redução ou reforma; (d) a invalidação *ex tunc* e *ab initio*; (e) a invalidação *ex tunc* e não *ab initio*; (f) a invalidação *ex nunc*; (g) a invalidação *pro futuro*; (h) a estabilização do vício. É possível que a ponderação indique duas ou mais alternativas (discricionariedade) ou apenas uma alternativa (vinculação).

É a análise do *tempo* decorrido, dos *efeitos* gerados, da *boa* ou *má-fé* do administrado e do agente público, dos valores afetados pela manutenção do ato e dos valores afetados com a retirada do ato, é, enfim, a *ponderação* das circunstâncias fáticas e jurídicas efetuada no momento do exame da invalidade que indicará qual é o meio de correção de que o agente público deve se valer para sanar o ato. Os fatores previstos no art. 55 da Lei de Processo Administrativo federal (n. 9.784/1999), como condicionantes da convalidação – "não acarretar lesão ao interesse público" e "prejuízo a terceiro" –, indicam apenas a necessidade de *ponderação*. O segundo – salienta-se – consiste apenas

99. Essa posição foi defendida, com brilho, por Miguel Seabra Fagundes, *O Controle dos Atos Administrativos pelo Poder Judiciário*, cit., 7ª ed., §§ 31, p. 64, e 32, p. 70.

100. É a posição defendida por Weida Zancaner, *Da Convalidação e da Invalidação dos Atos Administrativos*, cit., 3ª ed., pp. 85 e ss.

101. Sobre a ponderação no direito administrativo, v. a magnífica monografia de José María Rodríguez de Santiago, *La Ponderación de Bienes e Intereses en el Derecho Administrativo*, Madri, Marcial Pons, 2000.

numa razão *prima facie*: é evidente que, dependendo das circunstâncias, mesmo havendo prejuízos a terceiros, a convalidação pode ser devida.

Em relação à *convalidação*, no plano abstrato, sem análise do caso concreto, é possível tão-somente apresentar uma *diretriz*: como regra, os vícios de pressuposto teleológico, material e lógico constatados logo após a publicidade do ato não admitem convalidação; os vícios de pressuposto subjetivo e formalístico constatados logo após a publicidade a admitem; alguns vícios de pressuposto objetivo admitem a convalidação, e outros não a admitem; os vícios de motivo são passíveis de convalidação quando as circunstâncias fáticas reais justificarem a edição do ato; os vícios de requisito procedimental admitem a convalidação quando configurarem vícios de procedimento, e não vícios de processo administrativo.[102] Trata-se apenas de uma *diretriz*, e, por isso, depende de confirmação à luz do caso concreto.

A doutrina discute os efeitos da *impugnação do administrado* sobre a competência convalidante. Também em relação a esse tema formaram-se três correntes. Para a primeira, a impugnação do administrado é uma *barreira à convalidação*: impugnada a invalidade do ato administrativo pelo administrado, passa a ser obrigatória a invalidação.[103] Para a

102. O *pressuposto teleológico* refere-se à *finalidade* do ato. O *pressuposto material* refere-se à *contentorização*, ao específico conteúdo que o ato deve ter para ser válido. O *pressuposto lógico* refere-se à causa do ato, à relação de pertinência lógica entre o motivo e o conteúdo, tendo em vista a finalidade. O *pressuposto subjetivo* refere-se ao *sujeito* editor: ente e órgão competentes, agente competente, legitimação do agente. O *pressuposto formalístico* refere-se à *formalização*, à específica forma que o ato deve ter para ser válido. O *pressuposto objetivo* refere-se ao *motivo*, ao pressuposto de fato que autoriza ou exige a edição do ato, e aos *requisitos procedimentais*, aos atos que devem ser editados antes da edição do ato administrativo, para que este seja válido. Sobre os *seis pressupostos de regularidade* do ato administrativo, v. nosso *Efeitos dos Vícios do Ato Administrativo*, cit., Capítulo VI, pp. 146-257.

*Procedimento administrativo* consiste numa seqüência ordenada de atos administrativos tendentes à edição de um ato conclusivo; *processo administrativo* consiste num procedimento administrativo em que há uma *relação* processual entre a Administração e o administrado, garantida a este, nessa relação, a possibilidade de influenciar na edição do ato final. Sobre os conceitos, v., *infra*, Capítulo 9-9.3. Os vícios podem referir-se tão-somente ao encadeamento de atos – vícios de procedimento – ou à relação processual – vícios de processo. Sobre a distinção, v. nosso *Efeitos dos Vícios do Ato Administrativo*, cit., Capítulo VI-2.5, pp. 153-154.

103. Essa é a posição de: Celso Antônio Bandeira de Mello, *Curso de Direito Administrativo*, cit., 31ª ed., Capítulo VII-162, p. 482; Weida Zancaner, *Da Convali-*

segunda, a impugnação é irrelevante: ou o interesse público exige a convalidação, e continuará exigindo após a impugnação, ou o interesse público exige a invalidação, e continuará exigindo após a impugnação.[104] Com todo respeito pelos defensores dessas correntes, nenhuma delas está com a razão.

A impugnação reflete um duplo fracasso da Administração: o primeiro decorrente da edição de um ato desconforme ao Direito, o segundo da omissão em corrigi-lo. O impugnante *colabora* com a ordem jurídica: força o Estado a eliminar a situação de insegurança gerada pelo ato inválido; obriga o Estado a concretizar o princípio da conformação dos atos ao Direito, ou seja, a empreender a correção do ato; e estimula o Estado a apurar eventual responsabilidade do agente público. A caracterização desse duplo fracasso e a colaboração do cidadão para repará-lo são fatores que não podem ser desconsiderados pelo Direito. Por isso, a colaboração deve ser estimulada, deve gerar efeitos favoráveis ao impugnante. E ela gera: ao apreciar a manifestação do cidadão sobre a invalidade do ato, o agente público tem um motivo a mais para invalidá-lo; a demonstração de interesse na invalidação gera uma razão adicional em favor da invalidação. Em outras palavras: a colaboração do impugnante é compensada pelo sistema jurídico com a instituição de uma razão *prima facie* em favor de sua pretensão. O agente público, quando da apreciação do ato inválido, deverá considerar um peso adicional em favor da invalidação – peso, esse, gerado pela impugnação administrativa ou judicial; ou seja: os princípios justificadores da retirada do ato são acrescidos de um *peso adicional*. A invalidação só será afastada se as razões contrárias tiverem peso suficiente para afastar as razões favoráveis à retirada, incluída essa razão adicional.

É possível, todavia, que o administrado se insurja contra a omissão da Administração em *convalidar*, após formalmente provocada por ele, ou contra o ato administrativo invalidante, quer dizer, contra o não-cum-

*dação e da Invalidação dos Atos Administrativos*, cit., 3ª ed., p. 72. Celso Antônio vislumbra uma exceção: quando for possível a motivação ulterior, a impugnação não obsta à convalidação (idem, ibidem). Weida Zancaner enfatizou, na 3ª edição de seu livro, que só a impugnação do *interessado direto* constitui barreira à convalidação (pp. 72-73). Não há, *data maxima venia*, razão jurídica para desprestigiar a impugnação do interessado indireto.

104. É a posição de Sérgio Ferraz, "Extinção dos atos administrativos: algumas reflexões", cit., *RDA* 231/63-64.

primento pela Administração de seu dever de convalidar. A impugnação nesses casos, relativos aos *atos administrativos de efeitos benéficos*, não pretende a retirada do ato inválido e, por conseguinte, não gera uma razão *prima facie* em favor da invalidação, mas em favor da convalidação. O peso acrescido pela impugnação do ato inválido é sempre em direção da pretensão nela veiculada.

Essa razão *prima facie* não é gerada, porém, pela *resistência passiva* do administrado; e a razão é simples: ela não consiste num comportamento de colaboração para o correto cumprimento do Direito. Também não é gerada quando o impugnante for o Ministério Público: a impugnação do ato pelo administrado dá-se por colaboração – o sistema lhe faculta, mas não obriga, a defesa da ordem jurídica –, já a impugnação do ato pelo Ministério Público dá-se por *dever* funcional. A solução proposta é intermediária entre a *primeira* e a *segunda* correntes: nega uma automática vinculação entre a argüição administrativa ou judicial do vício e a invalidação, mas admite uma carga argumentativa gerada pela argüição do vício em favor da pretensão do administrado.

### *7.5.2 Classificação da convalidação*

Quando a convalidação é efetuada pelo mesmo agente que editou o ato inválido, é chamada de *ratificação*; quando é efetuada por outro agente, é chamada de *confirmação*.[105]

105. A terminologia, também aqui, é deveras controversa. As denominações com esses sentidos foram dadas inicialmente por Oswaldo Aranha Bandeira de Mello (*Princípios Gerais de Direito Administrativo*, cit., 3ª ed., 2ª tir., vol. I, § 55.4, pp. 664-665). E foram acolhidas por Celso Antônio Bandeira de Mello (*Curso de Direito Administrativo*, cit., 31ª ed., Capítulo VII-164, p. 483). Diogo de Figueiredo Moreira Neto (*Curso de Direito Administrativo*, cit., 13ª ed., p. 208) e Edmir Netto de Araújo (*Convalidação do Ato Administrativo*, cit., pp. 142-143) negam a diferenciação e chamam a aqui denominada *convalidação* de *ratificação*. O último, ademais, faz expressa crítica à terminologia dos Bandeira de Mello e observa que na doutrina italiana *conferma*, espécie de *ratifica*, é praticada pelo editor do ato inválido. De fato, em sua clássica monografia, Paolo Ravà considera a *convalida*, a *conferma* e a *ratifica* institutos distintos: a primeira pode ser efetuada pela mesma autoridade que editou o ato ou por outra, e tem por objeto eliminar o vício do ato inválido; a segunda é efetuada sempre pela mesma autoridade que o editou, e se limita a repetir o ato; a terceira é efetuada pela autoridade que aprova o ato editado em caráter de urgência por outro órgão (*La Convalida degli Atti Amministrativi*, Pádua, CEDAM, 1937, pp. 115-119 e 135-157). Contudo, o fato de a doutrina italiana utilizar as palavras em certo sentido

Para alguns a purgação do vício pode dar-se por ato do administrado, caso em que a convalidação seria chamada de saneamento.[106] Dis-

não vincula em nada a doutrina brasileira, pois, conforme dantes mencionado, não há conceitos doutrinários universalmente verdadeiros (cf. Celso Antônio Bandeira de Mello, *Ato Administrativo e Direito dos Administrados*, cit., pp. 9-10). Edmir Netto de Araújo afirma, além disso, que, etimologicamente, "ratificação" e "confirmação" são palavras sinônimas, e, por isso, nada justifica sua diferenciação conceitual (*Convalidação do Ato Administrativo*, cit., pp. 142-143).

Para Bartolomé A. Fiorini os significado são simplesmente *opostos*: confirmação é convalidação realizada pelo mesmo órgão que editou o ato inválido, ratificação é a convalidação efetuada por outro órgão (*Teoria Jurídica del Acto Administrativo*, Buenos Aires, Abeledo-Perrot, 1976, p. 278). Foi com esse significado invertido que as palavras foram positivadas no Código Civil brasileiro. O Código Civil de 1916 referia-se, no art. 148, à ratificação. O Código de 2002 modificou a terminologia, referindo-se, no art. 172, à confirmação: "O negócio anulável pode ser confirmado pelas partes, salvo direito de terceiro". A mudança da denominação não está de acordo com a orientação aqui seguida, pois a convalidação do negócio jurídico, conforme a dicção do dispositivo transcrito, dá-se pelas próprias partes que o editaram. Segundo informa Renan Lotufo (*Código Civil Comentado*, vol. 1, São Paulo, Saraiva, 2003, pp. 475-476), a modificação terminológica foi inspirada no Código Civil português, que reserva a palavra "ratificação" para os negócios realizados pelo representante sem poderes. Por isso, o Código Civil de 2002 refere-se à ratificação nos arts. 662 e parágrafo único, 665, 672 e 673. Dispõe, por exemplo, o art. 665: "O mandatário que exceder os poderes do mandato, ou proceder contra eles, será considerado mero gestor de negócios, enquanto o mandante lhe não ratificar os atos". Perceba-se que também aí a terminologia contradiz a orientação aqui acolhida, pois a convalidação do ato é feita não por seu editor, o mandatário, mas por outrem, pelo mandante, mas é denominada pelo Código de ratificação. Diante disso, pode-se afirmar que a classificação da convalidação em confirmação e ratificação é hoje positivada no Código Civil vigente, com a ressalva de que o legislador inverteu os conceitos: chamou a confirmação de ratificação, e vice-versa. Contrariou, pois, a etimologia das palavras.

De fato: o atento estudo etimológico contraria a posição de parte da doutrina e a orientação do legislador civil. *Ratificação* vem do verbo *ratificar*, que, por sua vez, vem do verbo latino *reor, eris, reri, ratus, sum* – "contar", "calcular" e, por extensão, "pensar", "avaliar", "julgar" (cf. Ernesto Faria, *Dicionário Latino-Português*, Belo Horizonte, Garnier, 2003, p. 859); *confirmação* vem do substantivo latino *confirmatio, onis*. Para Ernesto Faria *confirmatio* significa "confirmação", "afirmação", mas também "encorajamento" (idem, p. 228). Para F. R. dos Santos Saraiva *confirmatio* significa "corroborar", "ação de animar", "consolar" (*Dicionário Latino-Português*, 11ª ed., Belo Horizonte, Garnier, 2000, p. 278). Conclui-se: etimologicamente justifica-se, sim, a utilização das palavras "confirmação" para a correção do ato por outra autoridade e "ratificação" para correção pela mesma autoridade, pois ratificar é contar de novo, avaliar ou julgar novamente; confirmar é corroborar, encorajar, consolar – e, assim, refere-se à conduta de outrem.

106. É a posição de Weida Zancaner, *Da Convalidação e da Invalidação dos Atos Administrativos*, cit., 3ª ed., p. 90.

corda-se: assim como nenhuma norma estatal sai do mundo jurídico por ato privado, também nenhuma norma estatal é corrigida por ato privado. Quando o sistema jurídico exige a prática de um ato pelo particular para que ocorra a convalidação, o ato privado é pressuposto da convalidação, condição necessária dela, mas não suficiente. Para que haja a convalidação, faz-se necessário o ato estatal. Suponha-se que a Administração exonere um servidor público sem prévio pedido do servidor; este pode ter interesse na exoneração e, posteriormente, formular o pedido com data retroativa. A formulação do pedido pelo particular, por si só, não gera a convalidação do ato inválido; exige-se que a Administração receba e aceite o pedido do particular.

### *7.5.3 Pressupostos da convalidação*

Afirmou-se que a convalidação pode ser discricionária ou vinculada e a impugnação não é uma barreira definitiva. Logo, quando vinculada, pode ser efetuada pelo Judiciário. Pode, outrossim, ser efetuada pelo mesmo agente administrativo que editou o ato (ratificação) ou por outro agente, no exercício de competência controladora (confirmação). Quando discricionária, por óbvio, só pode ser efetuada pela Administração. O objeto da convalidação é o ato administrativo inválido, portador de um vício que admita a repetição do ato com idêntico conteúdo e sem o vício. Os *fundamentos* da convalidação são os mesmos da invalidação, acrescidos das razões que justifiquem a manutenção do ato no sistema: a segurança jurídica, a estabilização das relações jurídicas, a confiança legítima, a boa-fé do administrado. O *motivo* da convalidação é a contrariedade do ato ao Direito e a necessidade de correção do vício.

Os *requisitos procedimentais* e *formalísticos* do ato de convalidação seguem a regra geral: são os mesmo do ato corrigido. Em relação aos requisitos procedimentais, contudo, registram-se duas diretrizes: (1) a convalidação do ato final de um processo administrativo, como regra geral, pode ser efetuada no próprio processo em que o ato inválido foi editado; (2) quando o processo administrativo já terminou, o ato final conclusivo já foi editado, o ato inválido contaminar o ato final conclusivo e a convalidação do ato afetar os interesses individuais dos administrados que participaram do processo, a edição do ato de convalidação exigirá a instauração de um processo administrativo convalidante. Em relação aos requisitos formalísticos sublinha-se: como regra, a convalidação deve ser expressa e motivada. Admite-se a convalidação *implícita* quando ela depender da atuação do particular e a Administração se limitar a juntar a manifestação do particular no expediente. Os *efeitos* da convalidação consistem no saneamento do vício desde a edição do ato inválido; ela, por definição, é *ex tunc*.

Em conclusão, faz-se uma observação final: é possível que, com o decurso do tempo, haja a mutação do dever de invalidar em convalidar ou em converter, ou em reduzir. Quer dizer: num primeiro momento o sistema jurídico exigia que a correção se desse por um meio (invalidação, convalidação, conversão, redução), mas que num segundo momento, após o decurso de certo tempo, o sistema jurídico não considere o vício estabilizado, continue a exigir a correção, mas por meio diverso. É o que se chama *mutação do dever de correção*. Com essa observação, torna-se evidente que o tema da correção dos atos administrativos tornou-se sensivelmente mais complexo. No passado a solução para a invalidade era simplíssima: preconizava-se sempre a invalidação retroativa. Hoje a correção dos atos inválidos exige a *ponderação das circunstâncias fáticas e jurídicas*, existindo um amplo leque de possibilidades. O tema da *invalidade do ato administrativo*, enfim, deixa claro que o Direito não se aplica apenas pela *subsunção*. Apesar de muitos ainda resistirem a esta obviedade, é inegável: o método da *ponderação* é imprescindível para a correta aplicação do Direito.

# 8
# *Licenças Ambientais*

*8.1 Introdução. 8.2 Natureza jurídica da licença ambiental: 8.2.1 Correntes doutrinárias – 8.2.2 Constituição* x *legislação – 8.2.3 Das licenças e das autorizações – 8.2.4 Direito fundamental à liberdade econômica – 8.2.5 Exercício de competência vinculada. 8.3 Regime jurídico da licença ambiental: 8.3.1 Cláusula* rebus sic stantibus *– 8.3.2 Direito de construir – 8.3.3 Licença ambiental de instalação de obra – 8.3.4 Licença ambiental de instalação de atividade – 8.3.5 Prazo de validade.*

## *8.1 Introdução*

O presente estudo pretende apurar a natureza da licença ambiental e as conseqüências jurídicas dela decorrentes. Objetiva-se descobrir se possui a natureza de uma licença, tal como o nome indica, ou de uma autorização, apesar do nome atribuído, ou se se afasta dessas duas categorias. Efetuada a descoberta, pretende apontar seus desdobramentos e, a partir do exame da natureza jurídica, o regime jurídico desse instituto.

O jurista tende a ver o Direito a partir de sua especialidade, daí a dificuldade encontrada pela doutrina no enfrentamento do tema: os administrativistas relutam em perceber as particularidades do direito ambiental; os ambientalistas não se aprofundam na compreensão dos institutos do direito administrativo. A compreensão das licenças ambientais exige um estudo interdisciplinar, exige a compreensão imparcial desses dois ramos da Dogmática Jurídica – daí a dificuldade: vislumbrá-las não a partir da visão própria de um administrativista ou de um ambientalista.

Eis a pretensão desta análise: examinar a licença ambiental a partir de uma visão desprovida dos preconceitos próprios de um especialista. Para tanto, dividiu-se a exposição em duas partes: na primeira tentou-se desmistificar a associação automática dos regimes jurídicos fixados pela doutrina para as categorias de licença e autorização às chamadas licenças ambientais. Na segunda parte, afastada a associação automática, buscou-se precisar o regime jurídico das licenças ambientais a partir do atento exame do contexto normativo.

O jurista, por mais que tente, jamais conseguirá uma análise absolutamente isenta, desvinculada de seus valores pessoais. Sem desprezar essa limitação, espera-se que a atitude inicial de examinar o tema sem os preconceitos naturais do especialista favoreça a obtenção do resultado almejado: não o regime jurídico desejado pelos administrativistas ou pelos ambientalistas, mas o regime jurídico ditado pelo direito positivo.

## *8.2 Natureza jurídica da licença ambiental*

Este estudo tem como ponto de partida um dispositivo da CF de 1988: o inciso IV do § 1º do art. 225.[1]

Da análise desse dispositivo extraem-se duas conseqüências importantes. Pela primeira, há uma permissão constitucional de instalação de certas obras ou atividades causadoras de degradação ambiental. O constituinte não vedou todas as obras e atividades: as que não causem significativa degradação ambiental são plenamente permitidas; as potencialmente causadoras de significativo impacto ambiental foram submetidas a um Estudo Prévio. Conseqüência indiscutível: dependendo do resultado do estudo, ou, em outras palavras, dependendo do grau de impacto causado, essas obras e atividades serão permitidas ou proibidas.

Portanto, do art. 225, § 1º, IV, extrai-se que o constituinte não proibiu todas as obras e atividades causadoras de degradação ambiental, mas tão-somente as que causem um grau de impacto considerado intolerável pelo ordenamento jurídico – grau, esse, apurado num Estudo de Impacto Ambiental. Há, assim, um direito constitucional de realização de certas obras e atividades que causem degradação ambiental em um nível não considerado intolerável.

1. CF, art. 225, § 1º, IV: "§ 1º. Para assegurar a efetividade desse direito, [*ao meio ambiente ecologicamente equilibrado*] incumbe ao Poder Público: (...); IV – exigir, na forma da lei, para instalação de obra ou atividade potencialmente causadora de significativa degradação do meio ambiente, Estudo Prévio de Impacto Ambiental, a que se dará publicidade; (...)" (esclarecimento nosso).

A segunda conseqüência que se extrai da simples análise da redação desse dispositivo é que, ao exigir a realização de um Estudo Prévio de Impacto Ambiental, o constituinte, *implicitamente*, exigiu a instauração de um *processo administrativo* destinado a apurar se a atividade é permitida ou proibida. Implicitamente, portanto, há a previsão de um processo administrativo, cujo ato final é uma decisão da Administração sobre a permissão ou a proibição da realização de uma obra ou de uma atividade causadora de degradação ambiental. Os operadores do Direito têm chamado esse ato administrativo final de *licença ambiental*. É esse ato, implicitamente previsto nesse dispositivo da Constituição Federal, o objeto deste estudo: pretende-se, aqui, apurar os traços fundamentais de seu *regime jurídico*.

A Lei federal 6.938/1981, disciplinadora da Política Nacional do Meio Ambiente, recepcionada hoje como fruto do exercício da competência da União para editar normas gerais sobre a proteção do meio ambiente (art. 24, VI e VIII, da CF), previu o licenciamento nos arts. 9º, IV,[2] e 10.[3] A Lei Complementar 140/2011 tratou da "cooperação entre os entes federativos" nas ações relativas à proteção do meio ambiente e disciplinou a competência da União, dos Estados e dos Municípios para efetuar o licenciamento.[4] Essas são as normas constitucionais e infra-

2. Lei 6.938/1981: "Art. 9º. São instrumentos da Política Nacional do Meio Ambiente: (...); IV – o licenciamento e a revisão de atividades efetiva ou potencialmente poluidoras; (...)".

3. Lei 6.938/1981: "Art. 10. A construção, instalação, ampliação e funcionamento de estabelecimentos e atividades utilizadores de recursos ambientais, efetiva ou potencialmente poluidores ou capazes, sob qualquer forma, de causar degradação ambiental dependerão de prévio licenciamento ambiental". A redação do dispositivo foi dada pela Lei Complementar 140/2011.

4. Como a competência para proteção do meio ambiente é *comum* (CF, art. 23, VI e VII), todos os entes federativos têm competência para exigir o licenciamento ambiental. Tal fato dificultava enormemente a realização da atividade econômica, pois o empreendedor muitas vezes era obrigado a se submeter aos licenciamentos federal, estadual e municipal e a obter *três licenças ambientais*. Foi, então, editada a Lei Complementar 140/2011, com fundamento no parágrafo único do art. 23 da CF, disciplinando o exercício dessa competência conjunta.

A lei solucionou o problema. Definiu as hipóteses em que o licenciamento cabe à União (art. 7º, XIV, "a" a "h", e parágrafo único), aos Estados (art. 8º, XIV) e aos Municípios (art. 9º, XIV). Estabeleceu, no art. 13, que o licenciamento será efetuado por apenas um ente federativo, sendo que os demais entes podem somente manifestar-se ao órgão responsável pela licença ou autorização, de maneira não vinculante. O

constitucionais pertinentes ao presente estudo. Desprezam-se, aqui, as normas constantes da Resolução 237, de 19.12.1997, do CONAMA, consideradas quase todas inconstitucionais, por flagrante violação ao princípio da legalidade, e, portanto, as três espécies de licença ambiental: a Licença Prévia/LAP, a Licença de Instalação/LAI e a Licença de Operação/LAO.[5] *A fortiori*, no sistema jurídico brasileiro só existe uma licença ambiental, prevista implicitamente na Constituição e expressamente na lei federal; as licenças ambientais previstas nas resoluções do CONAMA são inconstitucionais.

Em síntese: este estudo tem por objeto apurar os contornos essenciais do regime jurídico da *licença ambiental*, instituto jurídico extraído diretamente do inciso IV do § 1º do art. 225 da CF de 1988 e expressamente previsto nos arts. 9º, IV, e 10 da Lei federal 6.938/1981. Não pretende examinar as espécies de licença ambiental instituídas pela resolução do CONAMA, reputadas inconstitucionais.

### *8.2.1 Correntes doutrinárias*

O exame da natureza jurídica das licenças ambientais impõe a análise de duas *categorias* conceituais formuladas pela doutrina do direito administrativo: a licença e a autorização. Antes de examiná-las, porém,

art. 14 afastou o *silêncio negativo*: se o pedido não for apreciado pelo órgão competente no prazo legalmente fixado, a licença não será considerada deferida. A omissão do órgão competente, porém, instaura a *competência supletiva* referida no art. 15. Esta, nos termos do inciso II do art. 2º, consiste na *substituição* da entidade federativa originariamente competente por outro ente da Federação.

5. No Município de São Paulo essas licenças também foram previstas na Resolução 61, de 5.10.2001, do Conselho Municipal do Meio Ambiente e Desenvolvimento Sustentável/CADES. Ambos os diplomas, tanto a resolução do CONAMA quanto a do CADES, ao estabelecerem direitos e obrigações, indiscutivelmente violam o art. 5º, II, da CF de 1988 bem como a previsão expressa do inciso IV do § 1º do art. 225, de que a licença será exigida nos termos da "lei". Ambas são, assim, inconstitucionais. Sobre o tema, registra-se a lição de Celso Antônio Bandeira de Mello: "Se o regulamento não pode criar direitos ou restrições à liberdade, propriedade e atividades dos indivíduos que já não estejam estabelecidos e restringidos na lei, menos ainda poderão fazê-lo instruções, portarias ou resoluções. Se o regulamento não pode ser instrumento para regular matéria que, por ser legislativa, é insuscetível de delegação, menos ainda poderão fazê-lo atos de estirpe inferior, quais instruções, portarias ou resoluções. (...)" (*Curso de Direito Administrativo*, 31ª ed., São Paulo, Malheiros Editores, 2014, Capítulo VI-47, p. 374).

é mister observar que os conceitos jurídico-positivos formulados pela Ciência do Direito têm por finalidade refletir o direito positivo e, por isso, não possuem pretensão de universalidade.[6] A doutrina comumente afasta-se desse importante postulado científico da Dogmática Jurídica: formula uma série de categorias conceituais e lhes dá o ar de universalidade e atemporalidade, considerando-as verdadeiras perante qualquer direito positivo e em qualquer época. Foi o que ocorreu tanto com a licença como com a autorização, espécies de atos administrativos: essas categorias não foram formuladas a partir do exame de determinado corpo de normas. A doutrina brasileira fixou-lhes contornos conceituais independentes do direito positivo, possivelmente inspirada na análise do Direito alienígena ou de diplomas normativos há muito revogados.

Para os administrativistas *licença* é um ato administrativo vinculado, e *autorização* um ato discricionário. Em certas hipóteses o ordenamento jurídico atribui ao administrado determinado direito, mas condiciona seu exercício a um prévio controle da Administração: o administrado tem o direito, mas só pode exercê-lo após prévia confirmação da Administração. O ato administrativo expedido por ela simplesmente verifica a configuração do direito e possibilita seu exercício: esse ato é denominado de *licença*. Em outras hipóteses o ordenamento jurídico proíbe a prática de certos atos mas possibilita que a Administração, dependendo das circunstâncias, constitua o direito de praticá-los. O administrado, nesses casos, sequer tem o direito, mas o adquire por força do ato administrativo expedido pela Administração: esse ato é denominado de *autorização*. A licença goza de perenidade, é irrevogável, podendo, caso o interesse público exija, ser desapropriada; a autori-

6. Celso Antônio Bandeira de Mello diferencia os *conceitos lógico-jurídicos* dos *jurídico-positivos*. Os lógico-jurídicos são imanentes a todo sistema jurídico, são passíveis de *universalização*, ferramentas indispensáveis à compreensão do direito positivo, seja ele qual for; são, assim, *a priori*. Os jurídico-positivos identificam um conjunto de efeitos normativos de certo direito positivo, refletem o disposto por um determinado sistema normativo dado; são, assim, *a posteriori* (*Natureza e Regime Jurídico das Autarquias*, São Paulo, Ed. RT, 1968, p. 77-79). Trata-se de lição de supina importância: os *conceitos jurídico-positivos* só são úteis se retratarem o direito positivo perante o qual foram formulados. Sobre os *conceitos jurídico-positivos*, v.: Agustín Gordillo, *Tratado de Derecho Administrativo*, 1ª ed. colombiana, vol. 1 ("Parte General"), Medellín, Biblioteca Jurídica Diké, 1998, p. I-17; Celso Antônio Bandeira de Mello, *Ato Administrativo e Direito dos Administrados*, São Paulo, Ed. RT, 1981, pp. 1-10.

zação goza de precariedade, é revogável a qualquer tempo, independentemente de indenização.[7]

Duas correntes formaram-se entre os ambientalistas a partir dos conceitos formulados no direito administrativo: para alguns a licença ambiental é, tal como o nome indica, uma *licença*, possuindo todos os contornos conceituais desta; para outros a licença ambiental é, apesar do nome, uma *autorização*, possuindo todas as características desta. Dentre os partidários da primeira corrente citam-se os ilustres Édis Milaré[8] e José Afonso da Silva;[9] dentre os da segunda cita-se o insigne Paulo Affonso Leme Machado.[10-11]

7. Esses traços gerais são encontrados em todos os doutrinadores, com poucas variações. V.: Oswaldo Aranha Bandeira de Mello, *Princípios Gerais de Direito Administrativo*, 3ª ed., 2ª tir., vol. I, São Paulo, Malheiros Editores, 2010, § 51-4, pp. 560-562, e § 51.11, pp. 577-578; Lúcia Valle Figueiredo, *Curso de Direito Administrativo*, 9ª ed., São Paulo, Malheiros Editores, 2008, p. 183; Hely Lopes Meirelles, *Direito Administrativo Brasileiro*, 40ª ed., São Paulo, Malheiros Editores, 2014, pp. 204-205; Diógenes Gasparini, *Direito Administrativo*, 16ª ed., São Paulo, Saraiva, 2011, pp. 136-138; Maria Sylvia Zanella Di Pietro, *Direito Administrativo*, 25ª ed., São Paulo, Atlas, 2012, pp. 233-235; Diogo de Figueiredo Moreira Neto, *Curso de Direito Administrativo*, 13ª ed., Rio de Janeiro, Forense, 2003, p. 153; Celso Antônio Bandeira de Mello, *Ato Administrativo e Direito dos Administrados*, cit., p. 176.

8. Édis Milaré, *Direito do Ambiente*, 3ª ed., São Paulo, Ed. RT, 2004, pp. 484-485. O autor assevera: "Não há que se falar, portanto, em equívoco do legislador na utilização do vocábulo 'licença', já que disse exatamente o que queria (*lex tantum dixit quam voluit*)" (ob. cit., p. 486).

9. Apesar de não afirmar claramente seu entendimento, é a conclusão que se extrai da leitura de sua obra: após estabelecer a diferença entre a autorização e licença, o autor passa a discriminar as hipóteses normativas de autorização ambiental, não mencionando a licença ambiental; posteriormente, em item autônomo, examina-a, sem efetuar qualquer ressalva (José Afonso da Silva, *Direito Ambiental Constitucional*, 10ª ed., São Paulo, Malheiros Editores, 2013, pp. 300-309).

10. O autor observa que o constituinte utilizou a palavra "autorização" no parágrafo único do art. 170, e que "o emprego na legislação e na doutrina do termo 'licenciamento' ambiental não traduz necessariamente a utilização da expressão jurídica 'licença', em seu rigor técnico" (Paulo Affonso Leme Machado, *Direito Ambiental Brasileiro*, 22ª ed., São Paulo, Malheiros Editores, 2014, p. 320). E, um pouco mais adiante: "(...). Não há na 'licença ambiental' o caráter de ato administrativo definitivo; e, portanto, com tranqüilidade, pode-se afirmar que o conceito de 'licença', tal como o conhecemos no direito administrativo brasileiro, não está presente na expressão 'licença ambiental'" (p. 321).

11. Geraldo Mário Rohde discorre sobre as duas correntes mencionadas, referindo-se, todavia, somente às licenças *prévias* ("Licença prévia: LP e prática de licen-

Diante dessas duas correntes, resta apurar se a licença ambiental, aqui analisada, é, de fato, uma licença ou uma autorização, ou tem regime jurídico diferente dos precisos contornos conceituais que os administrativistas fixaram para essas duas categorias.

### *8.2.2 Constituição* x *legislação*

Faz-se necessário enfrentar o argumento de Paulo Affonso Leme Machado e apurar se o ato implicitamente previsto no mencionado art. 225, § 1º, IV, tem natureza jurídica de uma autorização – considerada a categoria conceitual formulada no direito administrativo –, por força da utilização da palavra "autorização" no parágrafo único do art. 170 da CF.

Se o constituinte utiliza uma palavra mas fixa expressamente um significado para ela, prevalece o significado atribuído. Se não fixa um significado para a palavra utilizada, surge um problema hermenêutico: as palavras são signos lingüísticos, sempre se reportam a um significado, não são uma forma oca, um "x" ou um "y" ao qual se possa atribuir qualquer conteúdo. Ao utilizar uma palavra, o constituinte reporta-se a um significado que se constitucionaliza junto com a palavra, ao menos no que tange ao núcleo essencial desse significado. Assim, se não fixou um significado para a palavra utilizada, deve o intérprete buscar esse significado no conjunto das disposições constitucionais.

Muitas vezes, porém, não encontrará nas disposições expressas uma delimitação significativa, mas, quando muito, só alguns contornos. Nesses casos, o significado constitucionalizado é o significado corrente quando da promulgação da Constituição.[12] Se a palavra é própria da linguagem técnica e o constituinte não fixou um significado para ela, considera-se – sem desprezar eventuais contornos fixados pelas disposições expressas – que o significado atribuído pelos técnicos quando da promulgação da Constituição se constitucionalizou. Daí a força do ar-

ciamento ambiental no Brasil", *Revista de Direito Ambiental* 18/213-229, Ano 5, São Paulo, abril-junho/2000). Observa-se, todavia, que eventual diferenciação jurídica entre as três espécies de licença instituídas pelas resoluções do CONAMA e do CADES não é objeto deste estudo. Sobre elas, v., por todos: Luís Manuel Fonseca Pires, *Regime Jurídico das Licenças*, São Paulo, Quartier Latin, 2006, pp. 120-121.

12. Nesse sentido, v. nosso *Regulação Administrativa à Luz da Constituição Federal*, São Paulo, Malheiros Editores, 2011, Capítulo I-6, pp. 57-71.

gumento do nobre ambientalista: o significado hoje atribuído pelos administrativistas à palavra "autorização", fixado há pouco, já o era quando da entrada em vigor do texto constitucional. Eis o problema: saber se as chamadas licenças ambientais possuem o regime próprio das autorizações administrativas, por força da utilização pelo constituinte da palavra "autorização".

Fortes razões afastam esse entendimento. Primeiramente, no parágrafo único do art. 170 consta uma permissão ao legislador para condicionar o exercício da atividade econômica a prévia "autorização" do Poder Público. Nada indica, porém, tratar-se do mesmo ato previsto implicitamente no inciso IV do § 1º do art. 225. Razoável considerá-los atos diferentes: o primeiro para o exercício da atividade econômica, o segundo para o exercício de atividade toleravelmente poluidora. Bem possível que o legislador não exija a obtenção de autorização para o exercício de determinada atividade econômica, considerada em si mesma, mas exija a realização de Estudo de Impacto Ambiental para seu exercício em determinado local. Se forem atos diferentes, a discussão não se põe: no art. 225, § 1º, IV, o constituinte não se valeu da palavra "autorização", o ato administrativo está implicitamente previsto. Ainda que se atribua à autorização prevista no art. 170, parágrafo único, o significado formulado pelos administrativistas, nada impede seja negado seu regime jurídico à licença ambiental.

Porém, se se tratar do mesmo ato – o que, como já afirmado, parece inverídico –, ainda assim não parece correto extrair da mera utilização dessa palavra a imposição do regime próprio da autorização administrativa, enquanto categoria doutrinária, às licenças ambientais. Uma análise sistemática do texto constitucional revela que o constituinte, ao se valer da palavra "autorização", nem sempre visou à categoria conceitual formulada pelos administrativistas.[13] Em várias hipóteses parece óbvio

13. Os seguintes dispositivos do texto permanente da Constituição utilizam a palavra "autorização" e semelhantes ("autorizar", "autorizada", "autorizado" etc.): arts. 5º, XVI, XVIII e XXI; 8º, I; 21, VI, XI, XII e XXIII, "b" e "c"; 22, parágrafo único; 37, XIX e XX; 49, II, III, IV, XV e XVI; 51, I; 52, V; 55, III; 57, § 6º, I; 72; 84, XIX e XX; 93, VII; 99, § 5º; 100, § 6º; 127, § 6º; 128, § 2º; 129, § 2º; 136, § 3º, III; 137 e parágrafo único; 138, § 2º; 165, § 8º; 166, § 8º; 167, III, V, VI, VIII e IX, e §§ 1º e 2º; 169, § 1º, II; 171, parágrafo único; 174, § 4º; 176, §§ 1º, 3º e 4º; 177, V; 181; 184, § 2º; 190; 209, II; 223; 231, § 3º; 241.

que o verbo "autorizar" ou o substantivo "autorização" não se reportam ao conceito doutrinário, e sim a uma simples permissão.[14] A cada menção dessas palavras no texto, por uma imposição sistemática, deve-se buscar o regime jurídico pertinente: eventualmente, pode até ser o regime próprio das autorizações administrativas, não por força da mera utilização da palavra, mas por força da forma como foi positivada na Constituição e nas disposições legislativas. Da mera utilização das palavras pelo constituinte – conclui-se – não se extrai que o ato aqui analisado possui a natureza jurídica de autorização ou licença, enquanto categorias conceituais formuladas previamente pela doutrina.

Ainda na seara da mera utilização das palavras, é fato que o legislador federal, ao se referir ao ato ora analisado, denominou-o de "licença" (Lei federal 6.938/1981, arts. 9º, IV, e 10). A interpretação das normas infraconstitucionais segue regras muito próximas da interpretação das normas constitucionais: se o legislador utiliza uma palavra e define seu significado, prevalece o significado definido; se ele utiliza uma palavra e fixa um regime jurídico, prevalece o regime fixado. Se o significado não é extraível das disposições normativas, vigora a regra mencionada: entende-se que o legislador se reportou ao significado então corrente quando da promulgação da lei. Da mera utilização da palavra, portanto, não se pode, imediata e acriticamente, buscar o significado doutrinário atribuído à palavra: imperioso analisar o contexto normativo.[15]

Somente se o sistema jurídico não fixou um regime jurídico próprio para as licenças ambientais é que vigorará o regime previamente estabelecido pela doutrina para elas. Enfim, a utilização da palavra

14. "Autorizar", na linguagem comum ou natural, significa simplesmente "tornar lícito" ou "permitir" (cf. Antônio Houaiss e Mauro de Salles Villar (eds.), *Dicionário Houaiss da Língua Portuguesa*, Rio de Janeiro, Objetiva, 2001, p. 352). Sobre o conceito de "linguagem natural", v. Paulo de Barros Carvalho, *Direito Tributário, Linguagem e Método*, São Paulo, Noeses, 2008, p. 56.

15. Nesse sentido, determina o art. 4º, I, do CTN: "Art. 4º. A natureza jurídica específica do tributo é determinada pelo fato gerador da respectiva obrigação, sendo irrelevantes para qualificá-la: I – a denominação e demais características formais adotadas pela lei". Embora o legislador tenha denominado um ato de "licença", é possível que esse ato não consista numa licença, ou seja, não se refira à categoria conceitual previamente formulada pela doutrina. Somente se do sistema normativo não se extraem contornos para o instituto é que se deve buscar os contornos então atribuídos a ele pela doutrina, quando da promulgação da lei.

"licença" pelo legislador federal só terá importância para fins de apuração do regime jurídico se do contexto normativo não se extraem contornos precisos. Em síntese: da utilização das palavras "autorização" pelo constituinte e "licença" pelo legislador não se extrai automaticamente o regime jurídico atribuído pela doutrina às respectivas categorias doutrinárias. Necessário examinar o contexto normativo.

### *8.2.3 Das licenças e das autorizações*

A licença, enquanto categoria conceitual formulada pela doutrina, possui duas características básicas: pressupõe a prévia configuração de um direito subjetivo do administrado no ordenamento, e, por isso, limita-se a declarar essa configuração; conseqüentemente, decorre de exercício de competência administrativa vinculada, pois, existindo o direito, impõe-se a prolação da licença; inexistindo o direito, impõe-se a denegação da licença. A autorização, enquanto categoria doutrinária, também tem duas características: pressupõe a inexistência de um direito subjetivo do administrado previamente configurado, e, por isso, constitui o direito; conseqüentemente, decorre de exercício de competência discricionária, sendo privativo da Administração decidir se expede, ou não, o ato.

A denominação dada pelo legislador quase sempre pouca importância tem. O legislador, num regime democrático, não é, até por definição, um técnico do Direito: não é de se estranhar que o conteúdo que ele atribui às palavras não seja necessária e imperiosamente coincidente com o significado previamente atribuído a elas pelos doutrinadores.[16] O regime jurídico, como já afirmado, só é extraído da denominação se não puder ser extraído das disposições normativas que regem a matéria.

Carlos Ari Sundfeld, em importante artigo doutrinário,[17] tentou desmistificar a irrefletida atribuição do regime previamente definido pela doutrina para autorização e licença aos institutos assim denominados pelo legislador; e propôs, em abandono dessa associação, uma nova classificação dos *atos ampliativos de direito*.[18]

16. Nesse sentido, precisa é a lição de Paulo de Barros Carvalho (*Curso de Direito Tributário*, 14ª ed., São Paulo, Saraiva, 2002, pp. 4-5).

17. Carlos Ari Sundfeld, "Licenças e autorizações no direito administrativo", *RTDP* 3/66-72, São Paulo, Malheiros Editores, 1993.

18. A influência da doutrina espanhola sobre o pensamento do autor é marcante, sobretudo de duas obras: Juan Alfonso Santamaría Pastor (*Principios de Derecho*

O insigne doutrinador divide os atos ampliativos de direito em quatro classes. Na primeira, os atos ampliativos dividem-se em: atos que, para serem expedidos, dependem da análise pela Administração de elementos referentes tão-somente ao requerente e ao objeto e atos que, para serem expedidos, dependem de análise pela Administração de elementos outros além dos referentes ao requerente e ao objeto. Na segunda, dividem-se em atos que exigem do particular contraprestação equivalente ao benefício por eles gerado e atos que independem de tal prestação.[19] Na terceira, identifica atos que se destinam a facultar operações específicas, como o corte de uma árvore, e atos que se destinam a autorizar o desenvolvimento de uma atividade, de forma indefinida no tempo, como as autorizações (ou licenças) para funcionamento. Por fim, distingue os atos que consentem com o exercício de atividades privadas, verificando a regularidade do exercício, e atos que se limitam a conferir segurança e certeza jurídica a atos privados, desprezando o exercício do direito.[20]

Trata-se, como se afirmou, de uma tentativa, muito bem formulada, de desmistificar a automática associação do regime atribuído pela doutrina às licenças e autorizações aos institutos assim denominados pelo legislador. De fato, a análise do contexto normativo indica que quase sempre o regime dos atos denominados de licença e autorização não possui, rigorosamente, todos os contornos das respectivas categorias doutrinárias.[21]

*Administrativo*, 3ª ed., vol. II, Madri, Centro de Estudios Ramón Areces, 2002, pp. 263 e ss.) e Eduardo García de Enterría e Tomás-Ramón Fernández (*Curso de Derecho Administrativo*, vol. II, Madri, Civitas, 2002, pp. 137 e ss.).

19. Sundfeld baseia essa classe no instituto do *solo criado*, hoje expressamente previsto no art. 28 da Lei federal 10.257/2001. Como o proprietário tem que pagar para adquirir o direito, ainda que se trate de licença – conclui –, o direito não preexiste no patrimônio do proprietário, já que ele tem que adquiri-lo mediante pagamento. Por outro lado, não há autorização, tendo em vista a inexistência, segundo seu entendimento, de discricionariedade ("Licenças e autorizações no direito administrativo", cit., *RTDP* 3/71). No mesmo sentido, entendendo tratar-se de ato editado no exercício de competência vinculada: Diógenes Gasparini, *O Estatuto da Cidade*, São Paulo, NDJ, 2002, p. 172.

20. Essa última classe refere-se à atuação administrativa ligada aos registros públicos: o ato administrativo de registro não está ligado à fiscalização estatal do exercício do direito, ao contrário do que ocorre, comumente, nos casos de licença e autorização.

21. Certamente, por estar convencido da desmistificação que empreendeu em 1993, o autor, ao elaborar o projeto que resultou na Lei 9.472/1997, abandonou a categoria doutrinária de autorização: reza o art. 163, § 1º, que a autorização de uso de radiofreqüência é ato administrativo vinculado.

Efetuada a desmistificação, duas das classes propostas por Carlos Ari são de grande utilidade para este estudo: a primeira e a terceira. Em relação à primeira, ele toma por base um exemplo elucidativo: a lei autoriza a instalação de um *shopping* em determinada região da cidade, desde que o local não tenha trânsito saturado. Segundo o raciocínio de Carlos Ari, haveria vinculação para a Administração: se o trânsito no local não estiver saturado, deve deferir a instalação do *shopping*; se estiver saturado, deve proibi-la. Não há que se falar, de fato, em conveniência e oportunidade administrativas. Porém – pondera o autor –, também não há como afirmar a existência de um prévio direito para o administrado, pois somente após uma constatação fática realizada pela Administração é que se configurará o direito. E ironiza: "Seria um curioso direito, que entra e sai do patrimônio do particular na dependência das condições do trânsito urbano".[22] O próprio Carlos Ari reconhece a similitude com as licenças ambientais, pois logo em seguida afirma que "muitos outros exemplos desse tipo podem ser concebidos: o licenciamento de instalação de indústrias, condicionado ao nível de poluição existente na cidade".[23] Por ora – registra-se –, a aplicação pura e simples da concepção doutrinária sobre licenças às chamadas licenças ambientas gera equívocos: examinando-se o sistema jurídico, algumas particularidades são identificadas.[24]

A outra classificação importante para esta exposição é a que distingue os atos ampliativos de direito entre aqueles que se destinam a uma operação específica e aqueles que se destinam a vários atos, ou seja, o desenvolvimento de uma dada atividade. Os primeiros são, por natureza, irrevogáveis, ainda que decorrentes de competência discricionária, pois, realizada a operação, esgota-se o conteúdo do ato. Os últimos são revogáveis caso decorram de exercício de competência discricionária e são, em regra, irrevogáveis caso decorram de exercício de competência vinculada. Mas – observa Carlos Ari – mesmo nesse último caso o empreendedor não está imune a eventuais alterações da lei, posto que se

22. Carlos Ari Sundfeld, "Licenças e autorizações no direito administrativo", cit., *RTDP* 3/69.

23. Idem, ibidem.

24. O tema será retomado a seguir, mas antecipa-se a discordância com o autor num aspecto: há, sim, um prévio direito configurado para o administrado; mas, conforme será explicado, esse direito é condicionado às circunstâncias.

colocou numa *situação estatutária*.[25] As licenças ambientais – antecipa-se – autorizam uma atividade que não se esgota numa operação específica, e, conforme se expôs, atos ampliativos dessa natureza instituem uma situação estatutária passível de ser alterada pela lei.

Em síntese: a utilização da palavra "licença" no texto legal pouco revela. O sistema jurídico quase sempre traça um regime diverso do previsto pela doutrina para as categorias por ela elaboradas. Afastada a imediata aplicação do regime jurídico fixado para as categorias doutrinárias da licença e da autorização às licenças ambientais, resta apurar, mediante cuidadoso exame do sistema normativo, qual é, enfim, o regime destas.

### *8.2.4 Direito fundamental à liberdade econômica*

Afastada a aplicação automática do regime jurídico atribuído pela doutrina às categorias conceituais por ela formuladas, impende apurar o regime das licenças ambientais; e o ponto de partida é a retomada da primeira conclusão desta exposição: há um direito assegurado constitucionalmente de construção de obras e exercício de atividades que não produzam poluição num nível considerado inaceitável pelo ordenamento. Quase toda atividade humana consiste numa forma de poluição, e, por isso, é equivocado afirmar que esta é proibida: o sistema normativo proíbe a realização de poluição num grau difícil de ser definido e permite-a desde que não seja ultrapassado esse grau.[26] Não há uma indicação

25. Carlos Ari Sundfeld, "Licenças e autorizações no direito administrativo", cit., *RTDP* 3/71.

26. Afirmou Hely Lopes Meirelles:

"De um modo geral, as concentrações populacionais, as indústrias, o comércio, os veículos motorizados e até a agricultura e a pecuária produzem alterações no meio ambiente.

"Essas alterações, quando normais e toleráveis, não merecem contenção e repressão, só exigindo combate quando se tornam intoleráveis e prejudiciais à comunidade, caracterizando poluição reprimível. Para tanto há necessidade de prévia fixação técnica e legal dos índices de tolerabilidade, ou seja, dos padrões admissíveis de alterabilidade de cada ambiente, para cada atividade poluidora, (...)" (*Direito Administrativo Brasileiro*, cit., 40ª ed., p. 671). Nesse sentido o tipo penal previsto no art. 54 da Lei 9.605/1998: "Art. 54. Causar poluição de qualquer natureza em níveis tais que resultem ou possam resultar em danos à saúde humana, ou que provoquem a mortandade de animais ou a destruição significativa da flora: (...)". *A contrario sensu*,

precisa: é o conjunto das normas ambientais que indica o grau de poluição tolerado pelo ordenamento.

Esse é o alicerce que permitirá compreender todo o regime jurídico da licença ambiental: dos arts. 225, § 1º, IV e 170, parágrafo único, mencionados, extrai-se um direito constitucional de construção de obras e exercício de atividades não causadores de uma poluição inaceitável pelo ordenamento; ou, em outras palavras: se a atividade pretendida se configurar não causadora da poluição proibida, o administrado tem um *direito subjetivo* de exercê-la – direito, esse, *reconhecido*, ao menos de forma implícita, *constitucionalmente*. Por conseguinte, diante da construção de uma obra ou do exercício de uma atividade econômica previamente considerada, ou seja, antes de sua concretização efetiva, três hipóteses podem ocorrer:

(1) Independentemente de qualquer estudo ou análise, a construção ou atividade mostra-se geradora de uma poluição inaceitável pelo ordenamento – a atividade é constitucionalmente proibida, sendo dispensada sequer a realização do processo de licenciamento. É o que decorre da interpretação dos dispositivos constitucionais mencionados.

(2) Ou, então, independentemente de qualquer estudo ou análise, a construção ou atividade mostra-se não geradora de uma poluição inaceitável pelo ordenamento – a atividade é permitida, independentemente de qualquer estudo ou autorização do Poder Público (salvo disposição expressa em sentido contrário – possibilidade decorrente do parágrafo único do art. 170 da CF).

(3) A terceira hipótese é a que interessa aqui: considerada em abstrato, a construção ou atividade mostra-se *possivelmente causadora de significativa degradação ambiental* (entenda-se: é possível, num plano abstrato, sem um exame acurado, que a construção ou a atividade causem uma poluição acima do nível tolerado pelo ordenamento) – sem um exame prévio não há como saber se a atividade é permitida ou proibida: está-se no campo da mera possibilidade, é possível que ela seja proibida e é possível que ela seja permitida.

nem toda poluição constitui crime, existe poluição lícita. Há vários conceitos doutrinários e normativos de poluição (cf. José Afonso da Silva, *Direito Ambiental Constitucional*, cit., 10ª ed., pp. 31-34; Paulo Affonso Leme Machado, *Direito Ambiental Brasileiro*, cit., 22ª ed., pp. 601-602). O exame desses conceitos não interessa aos fins desta exposição. Importa, aqui, deixar claro que quase toda atividade humana gera poluição, e, conseqüentemente, há poluição lícita e poluição ilícita.

A Constituição somente nessa terceira hipótese[27] exige a instauração de um processo administrativo. Parece óbvio: somente quando haja dúvida sobre se a atividade é permitida ou proibida é que se impõe a instauração de um processo para, justamente, elidir a dúvida, ou seja, apurar se há permissão ou proibição constitucional. Essa apuração dá-se pela realização de um Estudo de Impacto Ambiental, cujo objetivo é apurar se a possibilidade era positiva – a obra ou atividade polui num nível proibido – ou negativa – a obra ou atividade não polui num nível proibido.[28] Efetuado o Estudo, apurado o nível de poluição que a atividade ou a construção causará, o ato conclusivo desse processo é a expedição de um ato administrativo autorizando ou proibindo a realização dessa construção ou atividade. Se o ato for permissivo, consubstanciar-se-á na expedição da licença ambiental. Disso se extrai: a licença ambiental consiste no ato administrativo conclusivo de um processo administrativo, seu conteúdo é a permissão de realização de uma obra ou atividade não causadora de poluição inaceitável pelo Direito, tem por requisito procedimental de validade a realização de um Estudo de Impacto Ambiental e por motivo a possibilidade de causação de uma poluição proibida.

A licença ambiental – conclui-se –possui uma das características fundamentais da categoria doutrinária das licenças: consiste na declaração de um direito previamente configurado no ordenamento; a Administração restringe-se a apurar e declarar se o direito existe, ou não. Nada impede, todavia, o acolhimento da ressalva de Oswaldo Aranha Bandeira de Mello: o direito existe, mas não pode ser exercido; só se torna passível de ser exercitado após o proferimento da licença. Por isso, o aclamado jurista, apesar de arrolar a licença entre os atos declaratórios de direito, considera-a constitutiva, não quanto ao gozo do direito, mas quanto ao seu exercício – ou seja: constitutiva sob o aspecto *formal*.[29]

27. Se houver dúvida, mínima que seja, impõe-se a configuração da terceira hipótese, por força dos princípios da prevenção e da precaução. Sobre eles, v. Marcelo Abelha Rodrigues, *Instituições de Direito Ambiental*, São Paulo, Max Limonad, 2002, pp. 148-152.

28. Se não houver como elidir a possibilidade, transformando-a em certeza positiva ou negativa, uma ponderação de interesses, em que o princípio de proteção ao meio ambiente tem grande peso em abstrato, é que indicará se a atividade será permitida ou proibida.

29. Oswaldo Aranha Bandeira de Mello, *Princípios Gerais de Direito Administrativo*, cit., 3ª ed., 2ª tir., vol. I, p. 578.

Discorda-se, assim, da conclusão de Carlos Ari Sundfeld: nas hipóteses em que a Administração deve analisar fatores outros além dos concernentes ao próprio objeto e à pessoa do administrado – primeira classe de atos ampliativos referida na classificação exposta no final do item anterior – há, sim, um direito previamente instituído pelo ordenamento em favor do administrado. No exemplo mencionado: se o trânsito no local não estiver saturado, o administrado tem efetivo direito à construção do *shopping*. Não há como negar que há um prévio direito configurado no ordenamento, não um direito de construir o *shopping*, mas o direito de construir o *shopping* se não estiver saturado o trânsito no local.[30] A hipótese é bem diversa de um direito de portar arma de fogo, que inexiste. O fator acrescido pelo ordenamento – "o trânsito não estiver saturado" – impõe a análise das circunstâncias, mas não desfigura a existência de um prévio direito subjetivo.[31] Tudo é similar com a licença ambiental: o ordenamento atribui ao administrado o direito de construir uma obra ou exercer uma atividade não significativamente poluidora. Esse fator, "não significativamente poluidora", também impõe a análise das circunstâncias, mas não desfigura a existência de um prévio direito.

30. E, por força do princípio da igualdade, se houver mais de um possível interessado na construção do *shopping*, acrescenta-se a necessidade de o administrado vencer um processo licitatório. Ou seja: há um direito de, não estando saturado o trânsito no local, e caso haja mais de um possível interessado, sendo vencedor de um processo licitatório, construir o *shopping*.

31. Carlos Ari Sundfeld argumenta que, se houvesse um prévio direito à construção, esse seria um *direito adquirido*, e, por isso, seria despropositado reputar a construção da obra (ou o deferimento da licença) como marco de aquisição do direito ("Licenças e autorizações no direito administrativo", cit., *RTDP* 3/67). Discorda-se: o direito subjetivo existe, mas não se encontra estabilizado – ou seja: enquanto o titular do direito subjetivo não o exerce, este é passível de ser atingido por uma norma superveniente. A falácia do raciocínio do nobre jurista parece evidente: ninguém nega que todos têm, hoje, o direito de casar, nos termos da lei civil. Se esta for alterada, aqueles que não se casaram sob a égide da lei antiga sujeitam-se à nova disciplina. Possuíam direito subjetivo de casar, mas, como não exercitaram esse direito, nenhuma situação jurídica se constituiu, e, por isso, o direito está sujeito à nova disciplina. Conclui-se: o fato de antes da construção da obra (ou do deferimento da licença) o administrado estar sujeito à nova legislação não descaracteriza a existência de um prévio direito, pois este só se estabiliza quando efetivamente exercido.

### *8.2.5 Exercício de competência vinculada*

A discricionariedade é considerada por muitos a *quaestio diabolica* do direito administrativo.[32] Enfrentá-la vai além dos limites desta análise; mas um exame perfunctório faz-se necessário. Efetuando-se acentuada simplificação, pode-se afirmar que a discricionariedade só existe quando houver uma dúvida insolúvel sobre qual a melhor forma de atender ao interesse público. Por força do pluralismo político, adotado no sistema brasileiro em seu grau máximo (art. 1º, V, da CF), as pessoas, por pressuposto, têm diferentes concepções sobre o bem. Por isso, em muitos casos a melhor forma de atingir o interesse público dependerá da concepção individual de cada um. Nessas hipóteses o sistema jurídico determina que prepondera a concepção do bem do administrador, ou seja, sua visão sobre a "melhor forma". Somente nesses casos, de dúvida insolúvel, haverá discricionariedade. Num sistema baseado em princípios jurídicos, que demandam ponderação para serem aplicados, uma certa margem de discricionariedade estará, comumente, presente. Logo, é comum a configuração de dúvida insolúvel na apuração dos princípios preponderantes.

O tema é controvertido na doutrina. O afirmado no item anterior, no entanto, é suficiente para os propósitos da exposição: como regra geral, sempre que houver um direito do administrado configurado no ordenamento não haverá discricionariedade por parte da Administração para reconhecer esse direito. O exemplo mais característico é a autorização para o porte de arma: portar arma é proibido pelo ordenamento jurídico – conduta, inclusive, tipificada como crime (art. 14 da Lei 10.826/2003). Não há, assim, um direito assegurado ao cidadão de portar arma. A lei, porém (art. 10 da Lei 10.826/2003), possibilita à Administração, diante das circunstâncias, autorizar alguém a portar arma ou não. O legislador entendeu que saber se o interesse público permite a alguém portar arma de fogo é, em princípio, um caso de dúvida insolúvel: em regra, é o administrador, e somente ele, o competente para dizer se é, ou não, o caso de deferir o porte; trata-se de nítido exemplo de *discricionariedade*. Nessas hipóteses *não* pode o Poder Judiciário *substituir* a Administração: ressalvadas circunstâncias excepcionais, viola a

32. Nesse sentido: Afonso Rodrigues Queiró, "A teoria do 'desvio de poder' em direito administrativo", *RDA* VI/44, Rio de Janeiro, outubro/1946.

separação dos Poderes a decisão judicial que autoriza o porte de arma de fogo, pois decidir se o porte de arma, diante das circunstâncias, atende ou não atende ao interesse público é privativo do administrador, é o valor dele que prepondera, é a sua concepção.[33]

Tudo difere nos casos em que o administrado tem um direito subjetivo previsto no ordenamento. Nesses casos não compete à Administração decidir, segundo sua concepção de bem, se é o caso de constituir o direito ou não; compete-lhe apenas reconhecer a existência ou a inexistência do direito. Ao reconhecer o direito de propriedade (art. 5º, XXII, da CF de 1988), o sistema jurídico estabelece para os administrados o direito subjetivo de construir. Esse direito deve ser exercido nos termos da lei – ou seja: devem ser, por exemplo, respeitadas as limitações urbanísticas. Porém, comprovado que o administrado atende a todas as exigências previstas no ordenamento, impõe-se à Administração o *dever* de reconhecer o direito, e, assim, de deferir a licença. Nesses casos não há discricionariedade, mas mera interpretação do ordenamento.

Do exercício de competência vinculada extraem-se duas conseqüências importantíssimas. Pela primeira, nessas hipóteses o Judiciário pode sempre *substituir* a Administração: se o direito existe e a Administração não o reconheceu, pode o Judiciário, se provocado, fazê-lo, determinando a expedição da licença. Eis mais uma característica da licença ambiental: havendo um direito de construir ou de exercer atividades não causadoras de significativo impacto ambiental – direito, este, que não decorre de um juízo da Administração, mas do próprio sistema jurídico –, a atividade exercida pela Administração restringe-se a apurar se o direito se configurou ou não; ou seja: trata-se de competência vinculada. Por força disso, se o direito existe e a Administração negou-se a proferir a licença ambiental, nada obsta ao administrado recorrer ao

33. Não se nega, aqui, a possibilidade de o Judiciário examinar se houve razoabilidade e proporcionalidade no exercício da competência discricionária, bem como se foram obedecidas todas as imposições legais. Sobre o controle da discricionariedade pelo Poder Judiciário, v.: Celso Antônio Bandeira de Mello, *Discricionariedade e Controle Jurisdicional*, 2ª ed., 11ª tir., São Paulo, Malheiros Editores, 2012. É indiscutível, porém, que, diante de real discricionariedade – ou seja, de uma situação em que haja mais de uma forma razoável de atender ao interesse público e a escolha da melhor forma não for fixada pelo ordenamento, mas depender única e exclusivamente das concepções de cada um –, é ilegítima a substituição da Administração pelo Judiciário. Nesse sentido: Celso Antônio Bandeira de Mello, *Curso de Direito Administrativo*, cit., 31ª ed., Capítulo XIX-63, p. 1.010.

Judiciário para que este, em substituição à Administração, apreciando o sistema jurídico, apure se se configurou, ou não, o direito, e, caso se tenha configurado, determine a expedição da licença.

A segunda conseqüência do exercício da competência vinculada é a impossibilidade de *revogação*. Pacífico o entendimento de que só são passíveis de revogação atos decorrentes do exercício de competência discricionária. Quando o sistema deixa ao encargo do administrador decidir qual a melhor forma de atingir o interesse público e este opta pela edição de um ato administrativo, atribui-lhe, em regra, a competência para decidir pela manutenção, ou não, do ato editado.[34] Se o sistema institui um direito subjetivo em favor do administrado, configurado este, não pode, por óbvio, a Administração, em face de um juízo de "conveniência e oportunidade", decidir retirar dele esse direito. E a razão é evidente: não foi ela quem constituiu o direito, e sim o próprio ordenamento. Eis, portanto, mais uma característica das licenças ambientais: não são passíveis de revogação.

As licenças ambientais, pelo que se expôs até aqui, possuem as características atribuídas pela doutrina do direito administrativo à categoria doutrinária das licenças: tendo em vista a configuração de um direito subjetivo do administrado de construção de obras e realização de atividades não causadoras de significativo impacto ambiental, decorrem do exercício de competência vinculada. Conseqüentemente, configurado o direito, se a Administração não reconhecer sua existência, compete ao Judiciário, se provocado, substituir a Administração e reconhecê-lo, determinando seja expedida a regular licença. Como o direito decorre do ordenamento, e não de ato da Administração, a licença ambiental que o reconhece jamais pode ser revogada.

As licenças ambientais – conclui-se – possuem todos os traços fixados pela doutrina para as licenças: são atos declarativos de direito (ou constitutivos, sob o aspecto formal), decorrentes do exercício de competência vinculada. Pode-se afirmar, assim, que a licença ambiental possui a natureza jurídica de uma licença administrativa, tal qual concebida

34. Sobre a revogação, v., por todos: Daniele Coutinho Talamini, *Revogação do Ato Administrativo*, São Paulo, Malheiros Editores, 2002. Afirma expressamente a autora que "a competência revogatória tem por objeto e por resultado um 'ato discricionário'" (p. 134).

pela doutrina. Resta apurar, porém, se possui, ou não, alguma peculiaridade: é o próximo passo.

### *8.3 Regime jurídico da licença ambiental*

Considerada a licença ambiental uma licença administrativa, resta apurar a existência de eventual particularidade. Parte-se de um importante pressuposto metodológico da compreensão do direito: num sistema de Constituição rígida nenhum instituto jurídico pode ser analisado com desprezo às disposições constitucionais. A Constituição brasileira de 1988 possui um vasto repertório de princípios condicionadores da compreensão de todas as normas jurídicas do ordenamento. De todo o sistema constitucional, porém, para os fins desta exposição, duas diretrizes possuem fundamental importância.

A primeira diretriz é o princípio da função social da propriedade. Na Constituição de 1969 (decorrente da Emenda Constitucional 1 à Constituição de 1967) esse princípio estava consagrado no inciso III do art. 160, dentre os princípios da ordem econômica. A Constituição de 1988, além de considerá-lo princípio da ordem econômica, no inciso III do art. 170, consagra inovação importantíssima: arrolou-o juntamente com os direitos e deveres individuais e coletivos, logo após a previsão do direito individual de propriedade, no inciso XXIII do art. 5º. Por força disso, a função social no ordenamento jurídico brasileiro não é, hoje, apenas um princípio da ordem econômica, mas um condicionante de toda propriedade individual.

A segunda diretriz é a existência de um capítulo inteiro dedicado ao meio ambiente (Capítulo VI do Título VIII), inovação da Constituição de 1988, não vislumbrado nas sete Constituições brasileiras anteriores. Esse fato revela a especial importância atribuída pelo constituinte ao meio ambiente; e, conseqüentemente, numa ponderação de interesses em que esteja envolvido o valor ambiental, este terá considerável peso em abstrato.[35]

35. É o chamado por Alexy de caráter *prima facie* do princípio: a forma como um princípio é positivado pode indicar um peso maior em abstrato que deve ser considerado quando da ponderação em concreto. Por força do caráter *prima facie*, nem todos os princípios possuem em abstrato o mesmo peso: uns são previamente considerados mais pesados que os outros (Robert Alexy, *Teoria dos Direitos Fundamentais*, 2ª ed., 3ª tir., trad. de Virgílio Afonso da Silva, São Paulo, Malheiros Editores,

Já se afirmou nesta exposição que há um direito constitucional implícito de construção de obras e realização de atividades não causadoras de poluição considerada intolerável pelo ordenamento. As duas diretrizes fixadas fundamentam uma importante conclusão: o direito declarado pela licença ambiental, em regra, jamais se estabiliza: é sempre condicionado ao grau de poluição permitido pelo Direito. O adequado entendimento dessa conclusão será objeto das próximas considerações.

### *8.3.1 Cláusula* rebus sic stantibus

No sistema jurídico brasileiro o direito declarado pela licença ambiental está constantemente subordinado a uma cláusula de não poluição proibida, e, por isso, pode, em regra, ser sempre revisto. A professora Lúcia Valle Figueiredo, vislumbrando essa peculiaridade ditada pelas normas ambientais, considerou a relação jurídica formada pela licença ambiental *rebus sic stantibus*.[36] Impõe-se o exame desta cláusula, ainda que de forma perfunctória.

Ela foi inicialmente formulada por Neratius, no *Digesto*: *Contractus qui habent tractum sucessivum et dependentiam de futuro, rebus sic stantibus intelliguntur* ("Contratos que têm trato sucessivo ou dependem do futuro devem conservar sua base de contratação inicial"). Em outra passagem do *Digesto* afirma Neratius: *Omnis pacto intelligitur rebus sic stantibus et in eodem statu manentibus* ("Tudo se entende no contrato, desde que permaneçam as mesmas condições e circunstâncias").[37] Reduzidas essas formulações à sua essência, extraiu-se a chamada cláusula *rebus sic stantibus*, cujo significado é "permanecendo inalterados os fatos", ou "estando assim as coisas" ou, ainda, "subordinando-se os fatos, a todo tempo, ao mesmo estado de sua criação".[38]

2014, pp. 103-108). A existência de um capítulo autônomo dedicado ao meio ambiente na Constituição brasileira de 1988 dá ao valor ambiental um peso maior.

36. Lúcia Valle Figueiredo, *Curso de Direito Administrativo*, cit., 9ª ed., Capítulo V-3.5.3, p. 183.

37. As passagens do *Digesto* e respectivas traduções foram retiradas de Nelson Borges, *A Teoria da Imprevisão no Direito Civil e no Processo Civil*, São Paulo, Malheiros Editores, 2002, p. 94. Trata-se, sem dúvida, da obra mais completa editada no Brasil sobre a teoria da imprevisão, versão moderna da cláusula *rebus sic stantibus*.

38. Nelson Borges, *A Teoria da Imprevisão no Direito Civil e no Processo Civil*, cit., p. 94.

Portanto, segundo esse entendimento, a relação jurídica instituída pela licença ambiental só vale se permanecerem inalterados os fatos; ou, em outras palavras, se mantido o estado de coisas quando de sua expedição. A conclusão está correta, mas depende de algumas explicações adicionais: a peculiaridade não está na licença, em si, mas no direito substantivo por ela declarado. Não é a licença que é *rebus sic stantibus*, mas o próprio direito subjetivo. O ordenamento jurídico autoriza a exploração de dada atividade econômica se e enquanto não causar poluição acima de um nível proibido. Esse nível não é estanque, depende da legislação vigente: o meio ambiente é dinâmico, a legislação ambiental é constantemente modificada em face da alteração das circunstâncias fáticas. Perceba-se: o direito à exploração da atividade econômica é cambiante, depende da legislação em vigor, e é alterado constantemente por ela; isso porque o sistema não permite a exploração da atividade econômica, mas, sim, a exploração da atividade que "não cause poluição ambiental proibida".

Essa cláusula não se aplica somente quando da análise do pedido do interessado ou quando do deferimento da licença, mas incide constantemente. Assim, se a atividade não for significativamente poluidora na data da expedição da licença mas, pouco tempo depois, se tornar significativamente poluidora, em face da alteração das circunstâncias fáticas ou da própria legislação, passará a ser proibida pelo ordenamento. O próprio direito substantivo é *rebus sic stantibus*. Daí a afirmação: não existe direito adquirido de poluir de forma intolerável o meio ambiente.[39]

Existem, portanto, duas categorias de direitos: há direitos que são passíveis de aquisição de forma definitiva, são os mais comuns; e há direitos que não são passíveis de aquisição definitiva, são excepcionais. Em relação aos últimos, na maioria das vezes o sistema não prevê o direito, mas permite à Administração decidir se o institui ou não – hipóteses em que o ato administrativo instituidor recebe doutrinariamente o nome de "autorização". Em raros casos o próprio sistema prevê direitos não passíveis de aquisição definitiva. Um exemplo é o direito de guarda dos filhos (arts. 1.583 e ss. do CC): ele é constantemente subordinado aos interesses da criança. Não se pode afirmar que o genitor tenha uma simples autorização judicial para ter a guarda de seu filho: revelando possuir as melhores condições para exercê-la, é o próprio ordenamento

39. Cf. Édis Milaré, *Direito do Ambiente*, cit., 3ª ed., p. 501.

que lhe atribui esse direito; o magistrado simplesmente reconhece sua configuração. Porém, obtida a guarda da criança, seu direito fica sujeito às circunstâncias – ou seja: pode a qualquer momento ser revisto, pois subordinado constantemente ao melhor atendimento dos interesses do incapaz. Outro exemplo é o direito reconhecido pela licença ambiental, subordinado constantemente à proibição de poluição não tolerada. São, enfim, direitos *rebus sic stantibus*.

### *8.3.2 Direito de construir*

O direito de propriedade, porém, não é um direito *rebus sic stantibus*. Ao ser exercido, o proprietário deve obediência às limitações administrativas existentes, às exigências do princípio da função social. Porém, respeitados todos os condicionamentos impostos pelo ordenamento e exercido o direito, este se estabiliza. Uma vez construída uma obra, incorporada a acessão ao patrimônio do proprietário, não há que se falar em demolição ou adaptação da construção por força de legislação superveniente ou alteração de circunstâncias fáticas. O direito incorpora-se definitivamente ao patrimônio do proprietário, e só pode dele ser retirado mediante prévia e justa indenização (é o que se extrai do inciso XXIV do art. 5º da CF). Dessa constatação decorrem conseqüências fundamentais.

A licença restringe-se sempre a declarar o direito, não a constituí-lo.[40] Por isso, sendo o regime do direito material de construção diverso do regime do direito material de exercício de atividade, não se pode equiparar o regime jurídico da licença ambiental para construção de uma obra com o regime jurídico da licença ambiental para exercício de uma atividade (duas espécies extraídas do inciso IV do § 1º do art. 225 da CF). A primeira aproxima-se muito da licença urbanística; a segunda dela se distancia radicalmente.

40. Clara, nesse sentido, a lição de Celso Antônio Bandeira de Mello: "A licença é ato que remove obstáculo ao *exercício* de um poder jurídico preexistente e que descende diretamente da lei, mas cuja atuação está condicionada a uma conferência administrativa. Ante um pedido de licença, ao Executivo nada mais cabe além de conferir se existe ou não o direito alegado e, se existente, proclamar tal fato, liberando o administrado para exercitá-lo" (*Ato Administrativo e Direito dos Administrados*, cit., Capítulo VI-3, p. 173).

A doutrina, sem grandes divergências, fixou o seguinte regime para as licenças urbanísticas de construção: (1) tratando-se de licença, impossível a revogação, ou seja, a extinção por motivo de conveniência e oportunidade da Administração; (2) se foi deferida em desconformidade com a ordem jurídica, ou seja, se inexistia o direito que declarou existir, é passível de invalidação, mas é devida uma indenização ao administrado se este não concorreu para o vício;[41] (3) se não houve vício, mas alteração legislativa incompatível com a licença expedida, ou se o interesse público exigir, e se ainda não foi iniciada a obra, é possível a extinção da licença (*decaimento* ou *caducidade*), mediante o pagamento de uma indenização (*rectius*: ressarcimento) ao administrado;[42] (4) ainda, se não houve vício, mas alteração legislativa incompatível com a licença expedida, ou se o interesse público exigir, e se já foi iniciada a obra, prevalece na doutrina que a extinção da licença deve dar-se por *desapropriação*.[43] Na terceira hipótese a extinção se dá pela chamada *revogação-expropriação* (indenização – ou, mais precisamente, ressarcimento – concomitante ou ulterior, não havendo que se falar em imissão na posse);[44] na última, pela *desapropriação* (indenização prévia,

41. Por todos, Celso Antônio Bandeira de Mello: "o Poder Público responde por danos patrimoniais causados pela anulação de licenças ilegitimamente concedidas se o lesado não concorreu para a produção do vício." (*Ato administrativo e direito dos administrados*, op. cit., Cap. VI- 19, p. 184).

42. As divergências doutrinárias são apenas aparentes. Aqueles que reputam relevante o início da construção da obra não negam que antes desse momento, se deferida a licença, todos os prejuízos que o administrado teve devem ser indenizados pela Administração, tais como, por exemplo, as despesas com o projeto. V., por todos, Celso Antônio Bandeira de Mello, *Ato Administrativo e Direito dos Administrados*, cit., Capítulo VI-22, p. 186.

43. Trata-se de hipótese de desapropriação típica, em que há necessidade de pagamento de justa e prévia indenização em dinheiro. Aplica-se aqui o procedimento de desapropriação previsto na lei: para que a Administração obtenha a demolição da obra, por exemplo, necessário imitir-se na posse do direito. Diz Celso Antônio Bandeira de Mello: "Não nos parece correta tal solução, [*revogação com indenização*] pois não é o mesmo ter que buscar em juízo uma indenização por danos e ser buscada no Judiciário, com *indenização prévia*. São caminhos diferentes. Desassiste ao Poder Público através de comportamento abusivo lançar o administrado em via menos conveniente para este último" (*Ato Administrativo e Direito dos Administrados*, cit., Capítulo VI-15, p. 181 – esclarecimento nosso). Não se trata, nessa hipótese, da chamada "revogação-expropriação" mencionada por Lúcia Valle Figueiredo (*Curso de Direito Administrativo*, cit., 9ª ed., Capítulo IX-4.3, pp. 270-271).

44. A denominação dada por Lúcia Valle Figueiredo (*Curso de Direito Administrativo*, cit., 9ª ed., Capítulo IX-4.3, pp. 270-271, e *Disciplina Urbanística da Pro-*

necessitando-se da imissão na posse); naquela, a indenização decorre do princípio da responsabilidade objetiva da Administração; nesta, com o ingresso da construção no patrimônio do proprietário pela acessão,[45] a indenização decorre do direito de desapropriar das entidades públicas.[46]

*priedade*, 2ª ed., São Paulo, Malheiros Editores, 2005, p. 158) não está isenta de críticas. Na verdade, a extinção da licença não se dá por *revogação*, mas por *decaimento* ou *caducidade* fática ou normativa (cf., *supra*, Capítulo 7-7.2.3).

45. Iniciada a obra, impõe-se a extinção da licença pela desapropriação por força da acessão: foi a conclusão do Min. Moreira Alves em clássica decisão do STF (2ª Turma, RE 85.002-SP, j. 1.6.1976). Afirmou o Ministro em seu voto: "Não sendo o direito de construir um direito subjetivo, mas simplesmente uma faculdade jurídica que integra, com muitas outras, o conteúdo do direito de propriedade, poder-se-ia discutir – as opiniões, a respeito, não são acordes – se, com a concessão da licença, se constituiria, em favor do titular dessa faculdade jurídica, algum direito que se pudesse considerar adquirido, para o efeito de aplicação do princípio consubstanciado na Súmula n. 473. (...). Iniciada, porém, que seja a obra autorizada, o problema muda de feição, porquanto, neste caso, há, inequivocamente, direito adquirido. Com efeito, tudo aquilo que acede ao solo passa, por via de regra, a ser objeto do direito de propriedade do proprietário deste. Há, pois, direito de propriedade sobre a construção, ainda que apenas iniciada. (...). Por isso mesmo, não se pode admitir, sequer, que o Poder Público, nessa hipótese, tenha a possibilidade de revogar a autorização, indenizando, *a posteriori*, os danos decorrentes da demolição. E não se pode admitir isso porque, assim, se estaria violando o disposto no § 23 do art. 153 da CF, que assegura o direito de propriedade, salvo nos casos de desapropriação, mediante prévia e justa indenização em dinheiro".

46. Renato Alessi diferencia o "sacrifício de direito" da "responsabilidade por violação de direito" (*La Responsabilità della Pubblica Amministrazione*, 2ª ed., Milão, Giuffrè, 1951, pp. 217 e ss.). A distinção tem razão de ser: em decorrência da *supremacia do interesse público sobre o privado*, o ordenamento autoriza o Poder Público a *sacrificar* o direito do particular mediante um ato cujo *conteúdo jurídico intrínseco* consiste exatamente em ingressar na esfera jurídica alheia para suprimir-lhe o direito (cf. Celso Antônio Bandeira de Mello, *Curso de Direito Administrativo*, cit., 31ª ed., Capítulo XX-5, p. 1.013). O exemplo mais didático é a *desapropriação*, cujo efeito típico é o *sacrifício* do direito de propriedade. Nas hipóteses de *responsabilidade* há *lesão* ao interesse alheio.

Contudo, ao contrário do que sustenta Alessi, que nega a possibilidade de responsabilidade por atos lícitos, Celso Antônio Bandeira de Mello observa que em certos casos "o poder deferido ao Estado e legitimamente exercido acarreta, *indiretamente*, como simples conseqüência – não como finalidade própria –, a lesão a um direito alheio" (ob. cit., Capítulo XX-8, p. 1.014). Pois bem: o *decaimento* ou *caducidade* da licença em decorrência da alteração da ordem jurídica (caducidade normativa) ou das circunstâncias fáticas (caducidade fática) não importa sacrifício do direito de propriedade, mas lesão ao direito: trata-se de típica hipótese de *responsabilidade por ato lícito*. Renato Alessi distingue a *indenização*, resultante do *sacrifício*, do

Esses, enfim, são os traços gerais do regime jurídico da extinção das licenças urbanísticas de construção.[47]

### *8.3.3 Licença ambiental de instalação de obra*

Interessa, aqui, apurar em que medida esse regime das licenças urbanísticas se aplica à primeira espécie de licença ambiental: a licença ambiental para construção de obra. De início, relembra-se este importante axioma: a licença não constitui nenhum direito, apenas declara se o direito existe ou não existe. Em outras palavras: se o direito inexiste, e a licença o declarou existente, nem por isso ele passa a existir. Assim, se houve violação ao direito, a Administração expediu uma licença urbanística afirmando existir o direito de construção e este não existia, o direito à indenização, preconizado pela doutrina, não decorre da perda do direito, que nunca existiu, mas dos prejuízos gerados pela conduta da Administração.[48]

Essa solução, plenamente adequada no direito urbanístico, não se aplica ao direito ambiental. O sistema jurídico imputa ao administrado a situação de *dever* de não causar poluição proibida, sujeitando-o, inclusive, à integral responsabilização caso viole esse dever.[49] No processo de licença o administrado afirma que sua atividade não produz poluição

*ressarcimento*, resultante da *responsabilidade* (*La Responsabilità della Pubblica Amministrazione*, cit., 2ª ed., p. 223-224). Se acolhida essa distinção, haverá *ressarcimento* na terceira hipótese referida, e *indenização* na quarta.

47. Sobre as licenças urbanísticas, duas excelentes monografias encontram-se editadas: José Marcelo Ferreira Costa, *Licenças Urbanísticas*, Belo Horizonte, Fórum, 2004; Márcia Walquíria Batista dos Santos, *Licença Urbanística*, São Paulo, Malheiros Editores, 2001. Sobre as licenças em geral, consultar: Luís Manuel Fonseca Pires, *Regime Jurídico das Licenças*, cit.

48. Entende-se que, como os atos da Administração gozam de presunção de legitimidade, o administrado tem o direito de acreditar que possui um direito se a Administração assim declarar. Perceba-se: a indenização devida não decorre da perda do direito, que nunca existiu, mas da conduta administrativa, regida pelo princípio da responsabilização objetiva.

49. Pacífico que a *responsabilidade civil* por violação às normas ambientais é *objetiva*. Difícil, além disso, encontrar uma conduta causadora de poluição proibida que não esteja tipificada no ordenamento como criminosa. Esses dados são importantes para o correto entendimento do sistema: a conduta do particular causadora de poluição ambiental é, em regra, criminosa, e sujeita à responsabilidade civil objetiva.

proibida e traz elementos comprobatórios do afirmado. Se a licença, ao final do processo, é indevidamente deferida, não há como afirmar que o administrado não concorreu para o vício. No sistema jurídico vigente a atuação da Administração no processo de licença não se dá em prol dos interesses do requerente,[50] mas tão-somente em prol da proteção ambiental. Assim, se se apurar que, ao contrário do afirmado pelo administrado, não havia direito de construir a obra, posto que a poluição por ela causada é proibida pelo Direito, a invalidação da licença se impõe e não gera, nunca, direito à indenização.[51] A Administração, ao expedir uma licença contrária ao Direito, será responsável não pelos prejuízos do licenciado, mas pelos danos causados ao meio ambiente: é a sociedade, e não o licenciado, a legitimada a exigir uma indenização da Administração.

Algumas conclusões podem ser fixadas: a licença ambiental para construção de obra, por ser licença, jamais será passível de revogação, de extinção sob o fundamento de "conveniência e oportunidade administrativa". Se a licença for expedida em desconformidade com a ordem jurídica, declarando um direito inexistente, será sempre passível de invalidação, sem direito de indenização ao licenciado. Nesses casos, porém, a Administração será responsável, solidariamente com o requerente da licença, pelos danos causados ao meio ambiente.

A segunda hipótese a ser analisada é a extinção da licença não por força de um vício quando de sua expedição, mas em decorrência de legislação superveniente ao deferimento da licença, com ela incompatível, ou por alteração das circunstâncias fáticas (o meio ambiente é dinâmi-

50. Ao contrário do que ocorre no processo de licença urbanística, em que a atuação da Administração tem dupla finalidade: zelar pela obediência da legislação urbanística e resguardar os direitos do proprietário. De fato, o sistema, ao mesmo tempo em que protege a comunidade de obras ilícitas, protege o proprietário de uma situação de insegurança. No processo de licença ambiental, ao contrário, a atuação da Administração dá-se exclusivamente para assegurar a obediência à legislação ambiental.

51. Essa solução é perfeitamente compreensível em casos fáceis: imagine-se que foi expedida licença ambiental para instalação de uma indústria, supondo-se que a atividade não fosse proibida. Alguns meses após iniciada as atividades apura-se que a poluição gerada está causando a morte dos moradores da região. É inviável sustentar um direito à indenização. Trata-se de caso fácil, pois, em face dos valores envolvidos, a solução é intuída por todos. Nada difere, porém, nos casos difíceis: o administrado tem o dever de zelar pela legislação ambiental, independentemente de qualquer manifestação administrativa. Esta remove o obstáculo para o exercício da atividade mas não lhe confere licitude, nem garante uma indenização.

co: alterando-se as circunstâncias, é bem possível que uma poluição antes tolerável passe a ser intolerável). Nesses dois casos deve-se distinguir se houve o início da obra, ou não. Se não houve o início da obra, aplica-se a solução dada para a hipótese anterior: é possível a extinção da licença sem nenhuma indenização ao licenciado. Trata-se de risco do empreendimento.[52] Como afirmado anteriormente, vigora no direito ambiental a cláusula *rebus sic stantibus*, ou seja, o agente econômico tem constantemente sobre si uma espada de Dâmocles, incide sobre ele sempre a cláusula de vedação da poluição proibida. Alteradas as circunstâncias ou alterada a legislação, desfigura-se o direito de construção, independentemente de indenização.

Agora, se a alteração da legislação ou das circunstâncias fáticas for posterior ao início da obra a solução se altera. Numa ponderação de interesses entre a propriedade e a proteção ambiental, aquela prepondera sobre esta se a obra foi iniciada. Com sua realização a poluição proibida já foi efetuada, de nada adiantando sua demolição: construído um edifício, construída uma ponte, uma estrada, uma casa, ninguém cogitará de demolição sob o argumento de violação de uma norma ambiental superveniente ou alteração das circunstâncias fáticas. O início da obra gera a *estabilização* do direito, ficando o proprietário imune à cláusula *rebus sic stantibus*. A partir daí a obra ingressa no patrimônio do proprietário, e dele só pode ser retirada mediante regular desapropriação. É nesse ponto que a licença ambiental de instalação de obra se aproxima da licença urbanística de construção.

Observa-se, porém, que, dependendo da fase da obra, possível a caducidade da licença[53] por força de lei superveniente ou alteração das

52. Alguns casos fáceis podem ser mencionados: suponha-se que uma atividade industrial não era nociva à Humanidade porém, por força de alterações genéticas, passou a ser nociva às novas gerações. Comprovado esse fato, ninguém cogitaria de indenização para a interrupção da atividade.

53. A extinção da licença por força de legislação superveniente com ela incompatível é chamada pela doutrina de *caducidade*. Eis o conceito de Celso Antônio Bandeira de Mello: "(...) retirada porque sobreveio norma jurídica que tornou inadmissível a situação dantes permitida pelo Direito e outorgada pelo ato precedente. (...)" (*Curso de Direito Administrativo*, cit., 31ª ed., Capítulo VII-107, p. 456). Estende-se essa denominação à hipótese de retirada por força das circunstâncias fáticas. Não se trata de "conveniência e oportunidade", mas de incompatibilidade do ato com as novas circunstâncias fáticas, tendo em vista as exigências normativas (cf., *supra*,

circunstâncias fáticas, aplicando-se a chamada revogação-expropriação, ou seja, dispensando-se a desapropriação. Impõe-se uma ponderação entre os princípios envolvidos: de um lado, o direito à propriedade e, de outro, a proteção ao meio ambiente. Um exemplo facilitará o entendimento: após o início da construção de uma obra de grandes proporções – início, esse, ocorrido há poucas semanas –, por força de alteração das circunstâncias, constata-se que a obra, se concluída, implicará gravíssimo impacto ambiental, causando, por exemplo, o desaparecimento de várias espécies já em extinção. O princípio de proteção ao meio ambiente, no caso concreto, pode apresentar um peso que justifique o afastamento parcial do direito de propriedade. Em abstrato, independentemente das particularidades do caso – ou, em outras palavras, independentemente do peso que o princípio de proteção ao meio ambiente venha a ter –, jamais se vislumbrará o afastamento, uma vez iniciada a obra, do direito à indenização: as circunstâncias somente poderão afastar o dever de desapropriar. Percebe-se, com absoluta clareza, que esse afastamento, porém, dá-se em hipóteses raríssimas, possivelmente só configuradas em teoria: para que o princípio de proteção ao direito de propriedade[54] tenha pouco peso, suficiente para afastar o dever de desapropriar, caso iniciada a obra, é necessário que esta esteja no seu início; se concluída ou praticamente concluída, jamais terá peso suficiente para afastar a necessidade de desapropriação. Se a obra está no seu início, provavelmente a licença foi expedida recentemente, e, assim, nesse interregno dificilmente haverá tempo para edição de nova legislação ambiental e, mais ainda, para a alteração das circunstâncias fáticas. Do

Capítulo 7-7.2.3). A licença só se extingue pela produção de poluição não tolerada pelo ordenamento, jamais por critérios de conveniência ou oportunidade. Em outras palavras: é passível de invalidação ou caducidade, não de revogação.

54. Filiamo-nos aqui integralmente à concepção de que por trás de todo direito fundamental e de todo bem coletivo se encontra um princípio jurídico. Nesse sentido: Robert Alexy, *El Concepto y la Validez del Derecho*, 2ª ed., trad. de Jorge M. Seña, Barcelona, Gedisa, 2004, pp. 179 e ss. Daí a proteção ao meio ambiente e o direito de propriedade serem tomados, aqui, como *princípios*. Discorda-se, todavia, de Alexy quando este afirma que há uma precedência *prima facie* em favor dos direitos individuais em face dos bens coletivos (idem, pp. 207-208). Em face do princípio da supremacia do interesse público dá-se exatamente o contrário: há uma precedência *prima facie* em favor dos bens coletivos em face dos direitos individuais (cf. nosso *Abuso de Direito e a Constitucionalização do Direito Privado*, São Paulo, Malheiros Editores, 2010, pp. 52-56).

ponto de vista teórico, todavia, a observação se impõe, posto que plenamente possível.

Pode-se sintetizar o regime jurídico da extinção das licenças ambientais para instalação de obra nos seguintes termos:

(1) Jamais são passíveis de revogação, ou seja, de extinção por conveniência ou oportunidade administrativa.

(2) Se expedidas em desconformidade ao Direito, reconhecendo direito que inexistia, poderão ser sempre invalidadas, independentemente de qualquer indenização ao licenciado; este, porém, e a Administração são solidariamente responsáveis pelos danos causados ao meio ambiente.

(3) Se não houve vício na sua expedição mas antes do início da obra a alteração das circunstâncias fáticas a torna incompatível com os limites de poluição tolerados pelo ordenamento ou foi editada nova legislação ambiental incompatível com a obra licenciada, possível a sua extinção, por caducidade, sem, também, direito à indenização.

(4) Se, apesar da inexistência de vício, mas após o início da construção da obra, se der a alteração das circunstâncias fáticas ou a superveniência de legislação incompatível, haverá, por regra, não só direito à indenização, mas necessidade de que esta seja prévia e justa; ou seja: impor-se-á a desapropriação.

(5) Por fim, se nessas últimas hipóteses a obra estiver no começo e o princípio de proteção ambiental se mostrar muito pesado no caso concreto, é possível que, após uma ponderação entre os princípios envolvidos, seja afastado o dever de desapropriar, subsistindo a revogação-expropriação.

### *8.3.4 Licença ambiental de instalação de atividade*

A segunda espécie de licença ambiental, extraída da redação do mencionado inciso IV do § 1º do art. 225 da CF, é a licença ambiental para instalação de atividade. De início, cumpre distinguir *obra* de *atividade*, e para tanto é útil a distinção feita por Celso Antônio Bandeira de Mello entre obra e serviço público. Com efeito: o autor propõe critérios de diferenciação úteis não só para diferenciar serviço de obra pública, mas para diferenciar obra de atividade cuja instalação dependa de licenciamento ambiental.[55] A obra é, em si mesma, um produto estático, enquanto a atividade é algo dinâmico; a obra é uma coisa, um produto cristalizado de uma operação humana; a atividade é a própria operação. A obra, para ser executada, não presume a prévia existência de uma atividade, ao contrário desta, que normalmente pressupõe uma obra que lhe constitui o suporte material. Se a distinção é difícil de ser efetuada teoricamente, na prática não oferece problemas: a construção de uma fábrica é uma obra; construída a obra, a fábrica passa a produzir os respectivos produtos – é a atividade.

Feita a distinção, impende apurar o regime de extinção dessas licenças. Já se afirmou que, ao contrário das licenças para instalação de obra, que se aproximam das licenças urbanísticas para construção, delas se afastam radicalmente as licenças ambientais para instalação de atividade. Tudo que se afirmou para as licenças de instalação de obra no item anterior aplica-se às licenças ora analisadas, salvo um ponto: o direito declarado por estas jamais se estabiliza, a cláusula *rebus sic stantibus* tem sobre ele aplicação integral.

Se para as licenças de instalação de obra o início desta torna impossível a caducidade da licença, nas licenças para instalação de atividade o início desta não impede a caducidade da licença: se a poluição produzida ultrapassar os limites permitidos pelo ordenamento, a atividade deve cessar imediatamente, sem nenhum direito à indenização, ou, se possível, deve ser adaptada às novas circunstâncias. Trata-se de opção radical do ordenamento jurídico brasileiro pela proteção ao meio ambiente em detrimento dos interesses econômicos. Se a atividade industrial, por exemplo, tornou-se proibida por legislação superveniente ou pela alteração das circunstâncias fáticas, não há que se exigir prévia indenização pela Administração para a interrupção da atividade.[56]

Com esse esclarecimento torna-se fácil fixar o regime de extinção dessas licenças: jamais são passíveis de revogação, de extinção por conveniência ou oportunidade; sempre poderão ser invalidadas, sem nenhum direito à indenização do licenciado, se expedidas em desconformidade

55. Celso Antônio Bandeira de Mello, *Curso de Direito Administrativo*, cit., 31ª ed., Capítulo XI-9, pp. 700-701.

56. Os casos fáceis já mencionados referem-se a hipóteses de licença para instalação de atividade em que a continuidade desta é inviável.

com o Direito ou se declararam direito que inexiste – hipóteses em que haverá responsabilidade solidária do licenciado e da Administração pelos danos causados ao meio ambiente; sempre poderão ser extintas por caducidade se a alteração das circunstâncias fáticas fizer com que a poluição produzida ultrapasse os limites permitidos ou se for editada nova legislação ambiental com elas incompatível.

Pende sob o agente econômico, como afirmado, constantemente uma espada de Dâmocles: se a poluição gerada pela atividade ultrapassar o nível permitido pelo ordenamento, deve cessar imediatamente e sem direito à indenização, ou, se possível, devem ser adotadas as medidas necessárias para compatibilizá-la com as novas circunstâncias. O direito positivo brasileiro vigente, indiscutivelmente, entre os interesses econômicos e a proteção do meio ambiente, optou por esta.[57]

### *8.3.5 Prazo de validade*

Da análise do inciso IV do § 1º do art. 225 da CF extraiu-se que a instalação de obra ou atividade potencialmente poluidora deve ser precedida da expedição de um ato administrativo final, conclusivo de um processo administrativo. Esse ato final foi chamado pelo legislador fe-

57. A conclusão é, obviamente, contrária ao interesse de muitos. Segundo Maria Helena Diniz, existe uma ideologia no direito positivo, à qual o jurista está vinculado, cujo papel é a neutralização de valores; ou seja: a ideologia posta no ordenamento seleciona os valores, sendo utilizada para valorar outros valores (*As Lacunas no Direito*, 6ª ed., São Paulo, Saraiva, 2000, p. 284). Uma análise dogmática, portanto, pressupõe a constatação da ideologia em vigor. O jurista não está livre para adotar qualquer valor: houve uma seleção de valores pelo constituinte e pelo legislador, a qual o jurista não pode desprezar (cf. nosso *Regulação Administrativa à Luz da Constituição Federal*, cit., Capítulo I-5, pp. 48-57). Existe, de fato, uma ideologia no ordenamento, que limita a valoração do intérprete; mas essa ideologia não se revela de forma objetiva, clara e límpida: a compreensão da ideologia do ordenamento depende, infelizmente, da ideologia do jurista. Isso porque a ideologia é não um obstáculo ao conhecimento humano, mas um pressuposto desse conhecimento: as verdades científicas dão-se a partir dos valores vigentes (cf. Michel Foucault, *A Verdade e as Formas Jurídicas*, 3ª ed., trad. de Roberto Cabral de Melo e Eduardo Jardim Morais, Rio de Janeiro, PUC-RJ/Nau, 2002, pp. 26-27). Dito isso, resta esclarecer: visa-se, aqui, a obter uma descrição do ordenamento, apurar qual o regime jurídico aplicável às licenças ambientais tendo-se em vista o direito positivo. Buscou-se, aqui, sem desconsiderar as limitações humanas e a impossibilidade de neutralização total da ideologia do intérprete, apurar a ideologia do ordenamento, independentemente das convicções pessoais.

deral, no uso de sua competência para editar normas gerais, de "licença ambiental" – art. 10 da Lei 6.938/1981. Examinou-se até aqui o regime jurídico dessa licença. Resta o enfrentamento de um ponto não menos problemático: no § 1º do referido art. 10[58] o legislador federal possibilitou a sujeição da licença ambiental a um prazo de validade: é a conclusão que se extrai, *a contrario sensu*, da previsão de renovação da licença.

Indaga-se, preliminarmente, se essa sujeição é constitucional. Após tudo o que se expôs, a resposta é facilmente intuída: se o direito declarado pela licença ambiental é *rebus sic stantibus*, se ela pode ser revista a todo tempo em face da impossibilidade de se produzir poluição acima do nível permitido pelo ordenamento, nada impede que o legislador institua um prazo de validade e imponha ao licenciado, decorrido esse prazo, a submissão a nova verificação administrativa. A atividade continua sendo vinculada: se a Administração constatar que a poluição produzida não é proibida, deverá, necessariamente, renovar a licença; se concluir que a poluição ultrapassa os limites permitidos, deverá negar a renovação.

A segunda questão é se esse prazo de validade é passível de ser instituído para as duas espécies de licença ambiental analisadas: a licença para instalação de obra e a licença para instalação de atividade. A resposta, após todas as considerações aqui efetuadas, também facilmente se intui: se o direito de construir a obra se estabiliza com a construção desta, parece óbvio que eventual prazo de validade só se aplica às licenças para instalação de atividade. Assim, não é possível submeter a licença para instalação de obra a um prazo de validade, ou seja, a necessidade de obtenção de renovação após certo lapso de tempo, pois com o início da obra o direito se estabiliza, ingressa definitivamente no patrimônio do licenciado, e dele só pode ser retirado, em regra, mediante desapropriação. Em suma: somente as licenças para instalação de atividade são sujeitas a prazo.

58. Cuja redação, dada pela Lei Complementar 140/2011, é a seguinte: "§ 1º. Os pedidos de licenciamento, sua renovação e a respectiva concessão serão publicados no jornal oficial, bem como em periódico regional ou local de grande circulação, ou em meio eletrônico de comunicação mantido pelo órgão ambiental competente". Ao mencionar a *renovação* da licença, o legislador federal implicitamente admite a instituição de um prazo de validade, após o qual a licença deve ser renovada.

A terceira questão que se impõe é se, não renovada a licença pela Administração, o administrado tem direito a uma indenização. De tudo que se expôs, parece óbvio: a licença só não será renovada se a poluição produzida pela atividade ultrapassar o nível permitido, e, conforme já apurado, nesses casos ocorre a invalidação ou a caducidade da licença sem nenhum direito à indenização. Assim, decorrido o prazo, constatado pela Administração que a atividade não é mais permitida pelo ordenamento, a não renovação da licença impõe-se e não gera direito à indenização.

Por fim, resta apurar se há possibilidade de extinção da licença antes do decurso do prazo de validade. Também parece óbvio: evidente que sim, pois o prazo é instituído em prol do meio ambiente, e não em prol do poluidor. Se sua atividade produz poluição acima do nível permitido, é ilícita, quase sempre criminosa: deve cessar imediatamente, sendo irrelevante o fato de que ainda não se tenha esgotado o prazo de validade da licença obtida. A licença caduca se a ilegalidade decorre de legislação superveniente ou da alteração das circunstâncias fáticas; ou é inválida se a ilegalidade já existia quando da expedição da licença.

Como o meio ambiente é muito dinâmico, as condições ambientais são constantemente mutáveis, e uma atividade hoje permitida pode tranqüilamente ser, amanhã, proibida. O legislador instituiu importante mecanismo para facilitar a apuração da ilegalidade: a necessidade de submissão da atividade a controles periódicos da Administração. Esta, periodicamente, deverá apurar se subsiste a legalidade ou não, ou seja, se a poluição gerada se restringe ao nível permitido ou o ultrapassa. Constatada a ilegalidade, a Administração deve negar a renovação da licença, e mais: deve apurar a responsabilização do licenciado pelos danos causados ao meio ambiente. Se a licença não foi renovada é porque a atividade era ilícita, ou seja, produzia poluição acima do nível permitido; e, portanto, causou danos ao meio ambiente (relembra-se que só nesse caso a renovação será negada, haja vista inexistir extinção por conveniência ou oportunidade). Eis uma importante conseqüência jurídica da não renovação da licença: ela implica o automático dever de apuração da responsabilidade do administrado pelos danos causados ao meio ambiente.

Ante o exposto, pode-se, enfim, apresentar uma síntese do regime jurídico dos prazos aos quais as licenças ambientais são submetidas: o prazo nada tem de inconstitucional e decorre do caráter *rebus sic stan-*

*tibus* do direito por elas declarado; só se aplica às licenças ambientais para instalação de atividade, sendo inaplicável às licenças para instalação de obra; implica também o exercício de atividade vinculada, pois, constatado que a atividade produz poluição abaixo do nível proibido, a licença deve necessariamente ser renovada, e no caso contrário negada; o indeferimento da renovação não gera direito à indenização ao administrado, mas o dever de apurar sua responsabilidade pelos danos causados ao meio ambiente; e, finalmente, nada impede a caducidade ou invalidação da licença antes de decorrido o prazo fixado se a atividade se apresentar ilícita, ou seja, produtora de poluição em nível superior ao permitido.

# 9
# *Processo Administrativo*

*9.1 Introdução. 9.2 Natureza jurídica do processo civil: 9.2.1 Oskar von Bülow* x *James Goldschmidt – 9.2.2 Procedimento – 9.2.3 Procedimento contraditório – 9.2.4 Relação jurídica processual – 9.2.5 Processo* x *procedimento. 9.3 Processo administrativo: 9.3.1 Procedimento administrativo na teoria dos atos administrativos – 9.3.2 Procedimento administrativo e exercício da função administrativa – 9.3.3 Uso da expressão "procedimento administrativo" – 9.3.4 Uso da expressão "processo administrativo" – 9.3.5 Conceito científico de processo e de procedimento administrativo. 9.4 Finalidade do processo administrativo. 9.5 Espécies de processos administrativos: 9.5.1 Processos administrativos de defesa – 9.5.2 Processos administrativos de participação. 9.6 Procedimentos administrativos autônomos. 9.7 Competência legislativa. 9.8 Princípios regentes do processo administrativo: 9.8.1 Sistemas administrativos – 9.8.2 Institutos fundamentais do processo jurisdicional e do administrativo: similitudes – 9.8.3 Processo jurisdicional e processo administrativo: diferenças fundamentais – 9.8.4 Devido processo legal: conceito – 9.8.5 Devido processo legal e processo administrativo.*

## *9.1 Introdução*

Antes da promulgação da Constituição de 1988 pouco se escreveu sobre processo administrativo no Brasil. Por força, principalmente, da menção expressa no inciso LV do art. 5º, o instituto recebeu maior atenção. Prova disso é a relativa recentidade das leis que o disciplinam: a lei paulista (n. 10.177) data de 30.12.1998; a lei federal (n. 9.784), de 29.1.1999. O texto impulsionou, ainda, uma incipiente produção doutrinária. Quase todas as monografias brasileiras sobre o assunto, das poucas existentes, surgiram após a promulgação do último texto constitucional.

Ao contrário da reduzida produção doutrinária, fértil é a contribuição jurisprudencial sobre o assunto.[1] A colaboração jurisprudencial, no entanto, sempre limitada ao caso concreto, deixa de lado considerações conceituais. O conhecimento pragmático dela decorrente carece da análise ontológica. Seu desiderato é a *práxis*, e não o desenvolvimento científico. Verdade seja dita, compete à doutrina tecer considerações dessa ordem. Superar os "lugares-comuns", os conceitos arraigados na tradição e reiteradamente repetidos pelos doutos, debruçar-se sobre o instituto e fixar seus limites conceituais, explicitar sua essência – revelar, enfim, os contornos do processo administrativo.

A análise científica do processo administrativo, com o intuito de revelar seus traços conceituais, esse é o objetivo desta exposição. A execução desse propósito dar-se-á em três etapas: na primeira será analisada a natureza do processo a partir das discussões traçadas no campo do direito processual civil, área em que o tema foi abordado com maior profundidade; fixados o conceito de processo e sua natureza jurídica, passar-se-á à segunda etapa, buscando, então, os traços conceituais do processo administrativo. Na terceira etapa, após a investigação da verdadeira ontologia do processo administrativo, examinar-se-ão os princípios que o alicerçam.

Procurar-se-á enfrentar os chamados "lugares-comuns" que tanto retardam o desenvolvimento científico. Mais do que posições inovadoras, busca-se tão-somente a reflexão. Os resultados desta não despresti-

1. Farta é a jurisprudência do STF, responsável por diretrizes importantes: no RE/AgR 342.593-SP (rel. Min. Maurício Corrêa, j. 17.9.2002) decidiu-se que a Administração pode anular seus próprios atos quando eivados de vícios, desde que respeite o direito adquirido e o ato jurídico perfeito e instaure processo administrativo garantindo ao prejudicado o exercício do contraditório; no AI/AgR 241.201-SC (rel. Min. Celso de Mello, j. 27.8.2002) decidiu-se que em processo administrativo impõe-se a fiel observância do devido processo legal; no MS 22.921-SP (rel. Min. Carlos Velloso, j. 5.6.2002) decidiu-se ser dispensável no processo administrativo a presença de advogado – entendimento reiterado na Súmula Vinculante 5; na Pet/AgR 2.598-CE (rela. Min. Ellen Gracie, j. 23.4.2002) decidiu-se ser constitucional a excepcionalidade da atribuição de efeito suspensivo aos recursos em processo administrativo; no MS 23.654-SP (rel. Min. Néri da Silveira, j. 13.3.2002) decidiu-se que a notificação ou comunicação prévia para realização de vistoria é elemento imprescindível para a validade do processo administrativo referente à desapropriação para reforma agrária. Dispõe a Súmula Vinculante 21: "É inconstitucional a exigência de depósito ou arrolamento prévios de dinheiro ou bens para admissibilidade de recurso administrativo".

giam os grandes doutrinadores; antes disso, só os reverenciam. As conclusões, se verdadeiras, só serão possíveis graças ao que por eles foi escrito a respeito do tema. Se falsas, que ao menos sirvam para fomentar outras reflexões.

### *9.2 Natureza jurídica do processo civil*

Muito já se escreveu no direito processual civil sobre a natureza jurídica do processo. Várias correntes e posições surgiram ao longo dos anos. É, pois, nesse ramo da Dogmática Jurídica que mais se discutiu o assunto. Por conseguinte, é nele que devem ser buscados subsídios para um correto entendimento sobre a natureza jurídica do processo. Hoje, na doutrina brasileira o tema não se encontra pacificado, mas é possível afirmar a existência de uma posição majoritária. Antes de apresentá-la, é mister examinar as principais posições.

O processo já foi considerado contrato, quase-contrato, relação jurídica, situação jurídica, entidade jurídica complexa, instituição e procedimento.[2] Quatro dessas correntes estão, hoje, superadas. O processo civil foi considerado *contrato* em decorrência de uma circunstância histórica: na primeira etapa do Direito Romano só havia processo se houvesse acordo entre as partes. Na verdade, o que havia era uma arbitragem. Com o monopólio da jurisdição pelo Estado, a teoria contratual adquiriu valor puramente histórico. Nos séculos XVIII e XIX, diante da debilidade da concepção contratual, desenvolveu-se a doutrina do *quase-contrato* judicial. Partia-se de uma eliminação: se o processo não era contrato, nem delito, nem quase-delito, só podia ser quase-contrato. Analisavam-se as quatro fontes de obrigações existentes e se escolhia a mais adequada ao fenômeno processual. Com a desvinculação deste do direito material, tornou-se despropositado buscá-lo entre as fontes das obrigações privadas. Em sentido rigoroso, aliás, poucas são as obrigações no processo, e as que existem são decorrentes do direito material.

2. V. uma completa sinopse dessas correntes e respectivas críticas em Eduardo J. Couture, *Fundamentos del Derecho Procesal Civil*, 4ª ed., Montevidéu, IBdeF, 2002, pp. 101 e ss. V. também: Antônio Carlos de Araújo Cintra, Ada Pellegrini Grinover e Cândido Rangel Dinamarco, *Teoria Geral do Processo*, 30ª ed., São Paulo, Malheiros Editores, 2014, pp. 301 e ss. Os autores, ao contrário do exposto acima, não mencionam o procedimento como uma concepção autônoma.

A teoria da *entidade jurídica complexa* também foi facilmente afastada. Por força dela, sob o ponto de vista normativo, o processo é uma relação jurídica complexa; sob o ponto de vista estático, é uma situação jurídica complexa; e, sob o ponto de vista dinâmico, é um ato jurídico complexo. Ninguém nega que o processo seja uma entidade complexa, mas a teoria peca por ser pouco esclarecedora, frustrando os objetivos da Ciência: a complexidade é insuficiente para caracterização precisa do objeto. A teoria da *instituição jurídica*, por fim, foi afastada pela doutrina em decorrência da imprecisão do conceito de "instituição", palavra que possui extremada ambigüidade. No sentido comum tem o significado de "estabelecimento", "criação", "organização",[3] sendo possível, nesse sentido, considerar o processo uma criação do Direito para atingir um de seus fins. O conceito peca igualmente por ser pouco esclarecedor. Em sentido específico, a teoria institucional perde-se nos múltiplos significados atribuídos à palavra.[4] As três teorias restantes merecem considerações à parte: as teorias da relação e da situação jurídicas e a teoria do procedimento.

### *9.2.1 Oskar von Bülow* x *James Goldschmidt*

A teoria da relação jurídica é atualmente majoritária, tanto no Brasil como no Exterior. Surgiu em 1868, com a edição da obra de Oskar von Bülow denominada *Teoria das Exceções e dos Pressupostos Processuais*.[5] Afirmou, com todas as letras, que "o processo é uma relação de direitos e obrigações recíprocos, ou seja, uma relação jurídica".[6] A assertiva teve extraordinária importância para o direito processual, na medida em que chamou a atenção para a existência de uma

3. Antônio Houaiss e Mauro de Salles Villar (eds.), *Dicionário Houaiss da Língua Portuguesa*, Rio de Janeiro, Objetiva, 2001, p. 1.627.

4. Uma das teorias institucionalistas mais famosas é a de Maurice Hauriou, segundo a qual *instituição* é "uma idéia de obra ou de empresa que se realiza e dura juridicamente em um meio social" (*La Teoría de la Institución y de la Fundación: Ensayo de Vitalismo Social*, trad. de Arturo Enrique Sampay, Buenos Aires, Abeledo-Perrot, 1968, pp. 39-40).

5. Oscar von Bülow, *Teoria das Exceções e dos Pressupostos Processuais*, trad. de Ricardo Rodrigues Gama, Campinas, LZN, 2003. O próprio Bülow afirma, logo na primeira nota de rodapé de sua obra, que não foi o primeiro a associar a relação jurídica ao processo. Atribui o feito a Bethmann-Hollweg. Foi, todavia, sem dúvida alguma, o primeiro a sistematizar a teoria.

6. Oscar von Bülow, *Teoria das Exceções e dos Pressupostos Processuais*, cit., p. 1.

relação jurídica distinta da relação jurídica material, tornando possível elevar o direito processual ao patamar de ciência autônoma.[7]

James Goldschmidt submeteu a severa crítica a teoria da relação jurídica.[8] O conceito de "relação jurídica" tomado por Bülow era o adotado na época, repetido até os dias de hoje, próprio do direito obrigacional privado: vínculo entre o credor (sujeito ativo) e o devedor (sujeito passivo), em que aquele é titular de um direito subjetivo e este de um dever jurídico. Relação jurídica, nesse sentido, é sinônima de *obrigação*.[9] O termo "obrigação" designa tanto o dever do sujeito passivo correlato a um direito de crédito (acepção estrita) quanto o vínculo obrigacional, ou seja, a relação obrigacional como um todo (acepção ampla).

Sendo esse o significado de *relação jurídica* na teoria de Bülow, não há como negar a procedência das críticas de Goldschmidt. Aos litigantes – afirmou ele – não se imputa nenhuma obrigação de natureza processual. A obrigação de decidir atribuída ao juiz não é processual e não é obrigação (acepção estrita): o agente público – o magistrado – possui o dever jurídico, decorrente do vínculo estatutário, de cumprir sua função. O dever do Estado de efetivar a prestação jurisdicional não é processual, nem obrigação (acepção estrita): decorre de uma relação política entre o Estado e seus cidadãos. As situações processuais não se configuram como obrigações,[10] e sim *ônus*.

*Ônus* é a faculdade atribuída a determinado sujeito, chamado onerado, de obter uma vantagem prevista em lei. Para obtenção dessa vanta-

7. Nunca é demasiado ressaltar que a relativa autonomia dos ramos da Dogmática Jurídica só existe metodologicamente: é fruto de um corte indispensável ao desenvolvimento científico. Ontologicamente, nenhum ramo da Dogmática é dotado de autonomia.

8. James Goldschmidt, *Direito Processual Civil*, 1ª ed., t. I, Campinas, Bookseller, 2003, pp. 13 e ss.

9. O conceito é ainda utilizado no direito privado. V., por todos: Orlando Gomes, *Obrigações*, 10ª ed., Rio de Janeiro, Forense, 1995, pp. 11 e ss. No passado esse conceito era considerado próprio da Teoria Geral do Direito, uma categoria fundamental do ordenamento jurídico. Predominava uma concepção patrimonialista da Teoria do Direito. Hoje, esse conceito de relação jurídica é restrito ao direito patrimonial privado.

10. Discute-se a existência de duas raras exceções, obrigações de natureza processual: a obrigação de pagar os ônus da sucumbência e a obrigação de lealdade processual. É correto, no entanto, afirmar que as normas referentes a essas obrigações são de direito material. Nesse sentido: Cândido Rangel Dinamarco, *Execução Civil*, 8ª ed., São Paulo, Malheiros Editores, 2002 e 2003, p. 125.

gem, o onerado tem que adotar o comportamento exigido pela lei. Se não o adotar, não faz jus à vantagem prevista. É uma situação de necessidade jurídica: se o onerado quiser obter a vantagem prevista em lei, deve adotar o comportamento por ela exigido. Difere, portanto, da *obrigação*. Esta também é uma situação de necessidade jurídica, pois o comportamento do sujeito passivo – a prestação – também é exigido pela lei. Se adotar o comportamento previsto na lei, no entanto, o obrigado não obtém uma vantagem para si, mas para outrem, para o sujeito ativo, titular do direito subjetivo correspondente. Tanto a obrigação quanto o ônus são, assim, situações de necessidade jurídica, ambos provocam uma vantagem; mas, enquanto no ônus a vantagem é própria, na obrigação é alheia. A não adoção do comportamento previsto acarreta conseqüências distintas: na obrigação, a não adoção do comportamento previsto gera uma conseqüência jurídica, a lesão do credor, facultando-se a este, em face da lesão sofrida, cobrar o cumprimento da obrigação ou o pagamento de perdas e danos pela inexecução; no ônus, a não adoção do comportamento previsto leva a uma conseqüência econômica, a não obtenção da vantagem prevista na norma. Sintetizando: as situações processuais, em regra, configuram ônus, ou seja, poderes jurídicos de exercer determinados comportamentos necessários para obtenção de vantagens previstas em lei.[11]

A crítica de Goldschmidt mereceu acolhida. O processo não pode ser conceituado como relação jurídica, caso se considere esta sinônima de obrigação (sentido amplo): vínculo que une o sujeito ativo ao passivo em que aquele é titular de um direito subjetivo e este de uma obrigação (sentido estrito). A partir desse raciocínio, o insigne jurista alemão defendeu a teoria da *situação jurídica*: se não há obrigações processuais, os vínculos entre as partes não são propriamente relações jurídicas, e sim situações jurídicas – quer dizer: "situações de expectativa, esperanças da conduta judicial que há de produzir-se e, em última análise, da decisão judicial futura".[12] Em síntese: o processo consistiria em situações jurídicas, ou seja, em expectativas, possibilidades e ônus.

11. A conceituação de *ônus* e de *obrigação* teve por base transcrição de gravação em áudio da 18ª aula do Curso de Direito Processual Civil ministrado pelo Min. Antônio Cézar Peluso na PUC/SP no ano de 1996.

12. James Goldschmidt, *Direito Processual Civil*, cit., 1ª ed., t. I, p. 21. Para uma crítica à teoria da situação jurídica de Goldschmidt, v.: Cândido Rangel Dinamarco, *Execução Civil*, cit., 8ª ed., pp. 125-127; Eduardo J. Couture, *Fundamentos del Derecho Procesal Civil*, cit., 4ª ed., pp. 110-113.

A teoria da situação jurídica defendida por Goldschmidt não é atualmente aceita, não pela improcedência de sua crítica, mas pelos avanços científicos da Dogmática Jurídica. Um novo conceito de relação jurídica vigora atualmente, e esse conceito permitiu a reformulação da teoria da relação jurídica processual. Antes de analisá-la, entretanto, necessário tratar sucintamente da teoria que iguala o processo ao procedimento.

### *9.2.2 Procedimento*

Nunca se questionou que o processo é um procedimento. O próprio Bülow afirmou que "o processo é uma relação jurídica que avança gradualmente e se desenvolve passo a passo". E, pouco adiante:

> Porém, nossa ciência processual deu demasiada transcendência a este caráter evolutivo. Não se conformou em ver nele somente uma qualidade importante do processo, mas desatendeu precisamente a outra não menos transcendente ao processo como uma relação de *direito público*, que se *desenvolve de modo progressivo, entre o tribunal e as partes*, destacou sempre, unicamente, aquele aspecto da noção de processo que salta aos olhos da maioria: sua marcha ou adiantamento gradual, o *procedimento*.[13]

E, logo adiante, concluiu, de forma peremptória: "Poder-se-ia, segundo o velho uso, predominar o procedimento na definição do processo, não se descuidando de mostrar a relação processual como a outra parte da concepção".[14]

James Goldschmidt também nunca negou que processo é procedimento. Afirmou, textualmente: "O processo civil é um procedimento, um caminho concebido, desde a Idade Média, para a aplicação do Direito".[15]

Etimologicamente, "procedimento" decorre da junção do verbo latino *procedo, is, cessi, cessum, dere* – "ir na frente", "avançar", "progredir", com o formador de substantivos derivados de verbos – *mentu*. "Processo"

13. Oscar von Bülow, *Teoria das Exceções e dos Pressupostos Processuais*, cit., pp. 6-7.
14. Idem, p. 8.
15. James Goldschmidt, *Direito Processual Civil*, cit., 1ª ed., t. I, p. 13.

vem do substantivo latino *processus, us* – "ação de adiantar-se", "movimento para diante", "marcha". Registra-se também que "processo" decorre do supino de *procedere*.[16] Percebe-se, assim, que, ao menos etimologicamente, faz sentido considerar sinônimos processo e procedimento.

A particularidade do que aqui se chamou teoria do procedimento é que para alguns juristas processo não é nem relação jurídica, nem situação jurídica. É, tão-somente, *procedimento*. O Min. Cézar Peluso, ao afastar todas as teorias sobre a natureza jurídica do processo, afirmou, categoricamente: processo não é relação jurídica, nem situação jurídica, é tão-só procedimento. Na Teoria Geral do Direito, segundo o notável jurista, há efeitos jurídicos que decorrem da prática de apenas um ato: são os chamados *atos instantâneos*; e há efeitos jurídicos que decorrem da prática de vários atos. Quando a *fattispecie* normativa for composta de vários elementos, de modo que todos devam estar presentes para que se produza o efeito jurídico previsto, há o chamado *procedimento* ou *processo*. Daí o singelo conceito: "Processo ou procedimento é um conjunto de atos necessários para obtenção de um produto". E, por conseqüência, o conceito de processo civil: "Processo é o procedimento necessário para produção de sentença". A processualidade tem por característica não ser aleatória: consiste numa série de atos, de modo que cada ato é antecedente do posterior e conseqüente do anterior.[17]

O eminente Min. Cézar Peluso foi um dos raros juristas que, de forma explícita e clara, se afastaram da teoria da relação jurídica para sustentar o que se poderia chamar de *teoria do procedimento*. Muitos doutrinadores, contudo, apesar de não negarem explicitamente a teoria da relação jurídica, ao conceituarem o processo civil enunciam um conceito similar ao enunciado pelo Ministro.[18]

16. Antônio Houaiss e Mauro de Salles Villar (eds.), *Dicionário Houaiss da Língua Portuguesa*, cit., pp. 2.302-2.303.

17. V., *supra*, nota 12.

18. Luiz Guilherme Marinoni também nega expressamente a teoria da relação processual: "Como está claro, não há como pretender ver o processo apenas como uma relação jurídica processual. A relação jurídica processual, nos moldes pensados pela doutrina clássica, nada diz sobre o conteúdo do processo". E, pouco adiante: "O processo é um procedimento, no sentido de instrumento, módulo legal ou conduto com o qual se pretende alcançar um fim, legitimar uma atividade e viabilizar uma atuação. O processo é o instrumento através do qual a jurisdição tutela os direitos na dimensão da Constituição. É o módulo legal que legitima a atividade jurisdicional e,

A teoria do procedimento pode, talvez, ser admitida sem reservas no Direito estrangeiro ou no Direito Brasileiro pretérito. No Direito pátrio atual há um entrave dogmático insuperável: o art. 24, XI, da Lei Maior, segundo o qual compete à União, aos Estados e ao Distrito Federal legislar concorrentemente sobre "procedimentos em matéria processual". Por uma regra elementar e pacificamente aceita de hermenêutica, na lei – e muito mais na Constituição – não se presumem palavras inúteis. Se processo fosse tão-somente procedimento o dispositivo seria inútil, pois não haveria diferença entre matéria de procedimento e matéria processual. Do dispositivo, *a contrario sensu*, não se extrai outra conclusão possível a não ser a de que: no Brasil processo e procedimento são institutos distintos.

A não identidade entre os dois termos, decorrente da dicção do inciso II do art. 24, mencionado, não impede que entre eles haja uma relação de inclusão. Processo é procedimento: a matéria processual abrange a matéria procedimental; mas, ao menos no ordenamento jurídico brasileiro, nela não se esgota. Processo é procedimento e alguma coisa a mais.

### *9.2.3 Procedimento contraditório*

Há doutrinadores que não aceitam as teorias da relação e da situação jurídicas. Insistem em considerar o procedimento o único elemento nuclear do conceito de processo, mas acrescentam: só é processo o procedimento em que vigora o contraditório. Essa tendência é registrada por Cândido Rangel Dinamarco:

> (...). É verdade que as mais modernas tendências doutrinárias dos dias que correm propugnam por uma verdadeira *reabilitação metodológica do procedimento*, afirmando que ele se situa no núcleo do conceito de processo, válido para toda a teoria geral do direito processual. O processo, nessa visão, não é apenas o instrumento da jurisdição, tendo espectro muito mais amplo. Ele reside em todo *procedimento realizado*

atrelado à participação, colabora para a legitimidade da decisão. É a via que garante o acesso de todos ao Poder Judiciário e, além disso, é o conduto para a participação popular no poder e na reivindicação da concretização e da proteção dos direitos fundamentais" (*Teoria Geral do Processo*, vol. 1, São Paulo, Ed. RT, 2006, pp. 466-467).

*em contraditório*, repudiada nesse sistema a validade metodológica da relação jurídica processual (...).[19]

Processo, assim, seria conceituado como todo procedimento realizado em contraditório. É o conceito adotado por Romeu Felipe Bacellar Filho em obra que se tornou referência obrigatória no tema do processo administrativo.[20] Para o correto entendimento dessa recente doutrina, exige-se que o uso do termo "contraditório" seja bem entendido. Tudo indica que a palavra não é utilizada pelos que a defendem em sentido rigorosamente técnico.

Essa tendência doutrinária intensificou-se a partir da célebre obra de Niklas Luhmann denominada *Legitimação pelo Procedimento*. Por meio do procedimento, garantindo-se nele a participação dos interessados, é que se torna legítima a decisão tomada pelos detentores do poder.[21] Tércio Sampaio Ferraz Jr., em primorosa apresentação à tradução brasileira dessa obra de Luhmann, explica que a legitimação do procedimento não está em convencer os participantes do acerto da decisão tomada, mas em "*imunizar* a decisão final contra as decepções inevitáveis".[22] Isso ocorre porque a participação no procedimento reduz o conflito, enfraquece o confronto, pois quem participou do processo de produção tem mais facilidade em aceitar o produto. Há uma legitimação do exercício do poder, pela participação dos interessados no procedimento em que o poder é exercitado. O procedimento passa, assim, a ser um

19. Cândido Rangel Dinamarco, *Fundamentos do Processo Civil Moderno*, 6ª ed., t. I, São Paulo, Malheiros Editores, 2010, p. 76. Vide também, do mesmo autor: *Execução civil*, op. cit., p. 250.

20. Romeu Felipe Bacellar Filho, *Processo Administrativo Disciplinar*, 2ª ed., São Paulo, Max Limonad, 2003, p. 51.

21. Luhmann, na famosa obra, não dá o enfoque que os juristas, a partir dela, costumam lhe atribuir. De fato, logo no "Prefácio" o sociólogo alemão afirma: "Este livro não trata, portanto, de 'legitimar' a instituição do processo legal através da justificação duma função; trata, sim, da revelação do problema que a justificação resolvia, e isso é facilmente omitido porque não se identifica com os problemas que se procura resolver nos processos legais por meio das decisões" (Niklas Luhmann, *Legitimação pelo Procedimento*, trad. de Maria da Conceição Côrte-Real, Brasília, UnB, 1980, p. 13). Se a obra não dá esse enfoque, sem dúvida nenhuma contribuiu para que se chegasse a ele.

22. Tércio Sampaio Ferraz Jr., "Apresentação", in Niklas Luhmann, *Legitimação pelo Procedimento*, cit., p. 4.

instrumento da *democracia*. O poder exercido sem a participação dos interessados, ou seja, sem um processo, é arbitrário.[23]

Ainda que brevemente, faz-se necessário fixar os contornos do *princípio do contraditório*. Quando um ato, para ser realizado, necessita da ocorrência de vários atos antecedentes, tem-se um *procedimento*. As partes podem *participar* desse procedimento, contribuindo para produção do ato final; podem apresentar sua versão, apresentar documentos, provas; podem, enfim, possibilitar o proferimento do ato final. Ainda assim pode não haver contraditório. Contraditório exige a participação, mas não se confunde com ela: significa que a cada ação de uma parte corresponda a possibilidade de reação da outra. O contraditório consiste num método dialético de dicção e de contradição: pressupõe a existência de um conflito de interesses em que as partes tenham interesses contrapostos, de modo que nunca haja a possibilidade de supremacia de uma ação sem a possibilidade de uma contra-ação ou de uma reação. Num processo contraditório as ações lingüísticas sempre são contrapostas: assegura-se o equilíbrio da possibilidade de uma dicção e de uma contradição; nele há, enfim, um processo *agônico*.[24]

Se essa corrente utiliza o termo "contraditório" nesse sentido, todos os procedimentos de jurisdição voluntária não seriam processo. Enquanto não citado o réu, haveria tão-somente procedimento. Processo só existiria quando houvesse essa situação agônica, esse equilíbrio de posições contrapostas em que a cada ação há oportunidade de reação contrária. Numa primeira leitura parece ser isso o que afirma Cândido Rangel Dinamarco quando diz: "Nem todo procedimento é processo, (...). O critério para a conceituação é a presença do contraditório. (...)".[25] Contudo, a leitura atenta indica que, aí, o contraditório não é utilizado no sentido técnico, e sim no sentido de *direito à participação*.[26]

23. Cândido Rangel Dinamarco, *A Instrumentalidade do Processo*, 15ª ed., São Paulo, Malheiros Editores, 2013, p. 157.

24. A conceituação de *contraditório* teve por base transcrição de gravação em áudio da 6ª aula do Curso de Direito Processual Civil ministrado pelo Min. Antônio Cézar Peluso na PUC/SP no ano de 1996.

25. Cândido Rangel Dinamarco, *A Instrumentalidade do Processo*, cit., 15ª ed., p. 159.

26. Ressalva-se que esse entendimento não é explicitamente afirmado pelo autor. Em várias passagens tudo leva a crer que o ilustre processualista utiliza a palavra "contraditório" no sentido rigorosamente técnico. Fala, por exemplo, de "paridade em

De fato, o benemérito processualista e Antônio Carlos de Araújo Cintra e Ada Pelegrini Grinover, ao analisarem a *jurisdição voluntária*, primeiro afirmam que nela "não há conflito de interesses entre duas pessoas, mas apenas um *negócio*, com a participação do magistrado"; após, afirmam que, "não havendo oposição de interesses em conflito, não seria adequado falar em *partes*, (...)".[27] Mas, apesar da inexistência de contraditório, ao menos nos casos em que não há controvérsia, atribuem à jurisdição voluntária o conceito de processo: "(...). Não há por que restringir à jurisdição contenciosa os conceitos de *parte* e de *processo* – mesmo porque este, em teoria geral, vale até para funções não-jurisdicionais e mesmo não-estatais. (...)".[28]

Uma *separação consensual* em que haja filhos menores (arts. 1.120 a 1.124 do CPC), de fato, não é um mero procedimento, é um processo. Despachada ou, nos locais em que há mais de uma Vara, distribuída a petição inicial (CPC, art. 263), já existe processo, independentemente da citação do réu. Para que haja processo, além do procedimento, não é necessário o contraditório, mas o *direito à participação*. É o direito de participação dos interessados que faz do procedimento um processo. Esse direito decorre de um vínculo entre duas situações jurídicas: a situação do agente estatal encarregado de exercício do poder e a do interessado.

Assim, quando se afirma que processo é todo procedimento realizado em contraditório, quer-se dizer que processo é todo procedimento em que se garanta o direito de participação aos interessados. Leia-se o que diz Dinamarco:

> (...). Procedimento e contraditório fundem-se numa unidade empírica e somente mediante algum exercício do poder de abstração pode-se perceber que no fenômeno "processo" existem dois elementos concei-

armas" (*A Instrumentalidade do Processo*, cit., 15ª ed., p. 154). Em outra obra identifica o contraditório com o binômio "informação-reação", em que a primeira é necessária e a segunda é possível (*Fundamentos do Processo Civil Moderno*, cit., 6ª ed., t. I, p. 520). Parece, assim, que a palavra tenha sido, ao menos nas obras do insigne processualista, intencionalmente utilizada. Se assim for, fica registrada a divergência.

27. Antônio Carlos de Araújo Cintra, Ada Pellegrini Grinover e Cândido Rangel Dinamarco, *Teoria Geral do Processo*, cit., 30ª ed., p. 174. Ressalvam a possibilidade de em alguns casos haver controvérsia, incidindo, por causa dela, o princípio do contraditório.

28. Antônio Carlos de Araújo Cintra, Ada Pellegrini Grinover e Cândido Rangel Dinamarco, *Teoria Geral do Processo*, cit., 30ª ed., p. 175.

tualmente distintos: à base das exigências de cumprimento dos ritos instituídos em lei está a garantia de participação dos sujeitos interessados, pressupondo-se que cada um dos ritos seja desenhado de modo hábil a propiciar e assegurar essa participação. (...).

E, pouco adiante, observa: "(...). A partir dessa visão do processo como entidade complexa pode-se agora perceber que ele inclui toda uma técnica, indispensável para a participação dos sujeitos em conflito. A participação, em si mesma, é o contraditório. (...)".[29] Contraditório – sem desprestigiar o entendimento contrário – não é sinônimo de participação. Pressupõe-na, mas não se esgota nela. Seja nos procedimentos de jurisdição voluntária em que não há controvérsia, seja nos casos em que o contraditório é posposto,[30] seja na parte dos procedimentos, que vai da propositura da ação à citação do réu, em todos esses casos há participação, mas não há contraditório. Neles existe, sem sombra de dúvida, mais do que mero procedimento.

Para que haja processo civil, segundo o entendimento ora adotado, basta a existência de: (1) um órgão ou juízo no exercício de sua competência; (2) um pedido, uma demanda, ou, em outras palavras, uma petição inicial em que se faça um pedido ao juiz. Esses são os verdadeiros pressupostos processuais. Tudo o mais é indevidamente chamado de pressuposto.[31]

Com a apresentação de uma petição inicial em que se faça um pedido a um órgão ou juízo investido na competência jurisdicional surgem duas situações jurídicas, de certo modo vinculadas uma à outra: a do agente público em exercício no juízo ou no órgão – que tem, dentre outros, o dever jurídico de dar uma resposta ao pedido, ainda que seja para considerar inepta a petição – e a do requerente – que tem o direito subjetivo de ter seu pedido apreciado, ainda que seja para ver indeferida sua

29. Cândido Rangel Dinamarco, *A Instrumentalidade do Processo*, cit., 15ª ed., pp. 158 e 160.

30. O contraditório é posposto em todos os casos de concessão de liminar *inaudita altera parte*.

31. *Pressuposto* é toda circunstância necessariamente antecedente de outra. Havendo um órgão jurisdicional no exercício de sua competência e uma petição inicial em que se veicule um pedido, há processo. Tudo o mais vem depois de sua constituição, e, assim, não pode ser considerado pressuposto. Cf. transcrição de gravação em áudio da 19ª aula do Curso de Direito Processual Civil ministrado na PUC/SP no ano de 1996 pelo Min. Cézar Peluso.

petição inicial por inépcia. O que faz do procedimento um processo é o *direito à participação*: ou seja, o conjunto de situações jurídicas atribuídas ao interessado que lhe permitem influir na obtenção do produto, fruto do exercício do poder.

Bem entendida a teoria do procedimento realizado em contraditório, percebido que nela o contraditório significa direito à participação, percebe-se que referida teoria nada mais é que a nova formulação da teoria da relação jurídica processual (a seguir examinada). Muda-se apenas o enforque. Daí afirmar Cândido Rangel Dinamarco: "Vê-se, pois, que definir o processo mediante associação do procedimento ao contraditório, [*aqui chamado direito à participação*] ou inserir-lhe no conceito a relação jurídica processual são apenas dois modos diferentes de ver a mesma realidade. (...)".[32]

Em síntese: a teoria do procedimento contraditório, corretamente entendida, é equivalente à nova formulação da teoria da relação jurídica processual; trata-se apenas de outro enfoque da mesma concepção. Processo é um mecanismo democrático de tomada de decisões, ou seja, de exercício do poder. Apóia-se sobre uma idéia básica: o exercício do poder só é legítimo se possibilitar a participação dos interessados. Isso se traduz em dois elementos indissociáveis: (1) para que haja a participação dos interessados no exercício do poder, o ato de decidir não pode ser instantâneo; o direito à participação exige que o ato de decidir decorra de vários atos, seja o produto final de uma série de atos; exige, portanto, um *procedimento*; (2) essa participação exige uma relação entre os interessados e o Estado, presentado – o agente público não representa o Estado, mas o *presenta*, torna-o presente – pelo agente incumbido de decidir; uma relação continuativa formada por uma série de situações jurídicas ativas e passivas.

### *9.2.4 Relação jurídica processual*

Como já afirmado, na Teoria Geral do Direito o conceito de *relação obrigacional* foi tratado como instituto fundamental do Direito, aplicável a todos os ramos jurídicos, fruto de uma visão acentuadamente

32. Cândido Rangel Dinamarco, *A Instrumentalidade do Processo*, cit., 15ª ed., p. 161 (esclarecimento nosso).

patrimonialista. Por força disso, na primeira formulação da teoria da relação jurídica processual esta era tomada como sinônima de obrigação (em sentido amplo): vínculo jurídico que liga o sujeito ativo, titular de direito subjetivo, ao sujeito passivo, titular de obrigação (em sentido estrito). A crítica de Goldschmidt mantém-se inabalável: é impossível considerar o processo uma obrigação (em sentido amplo). Posteriormente, sobretudo a partir do desenvolvimento do conceito de *situação jurídica*, desenvolveu-se na Teoria Geral do Direito novo conceito de *relação jurídica*, e a teoria da relação jurídica processual foi libertada da crítica do venerável jurista alemão.

Ainda que sucintamente, examinar-se-á o conceito de *situação jurídica* hoje vigorante. Trata-se de um *conceito geral*, abarcante de vários conceitos: direito subjetivo, poder jurídico, interesse legítimo, obrigação, ônus, sujeição – consistentes em formas de avaliar o comportamento. Segundo Pietro Perlingieri,[33] as situações jurídicas devem ser consideradas sob seis aspectos que, unitariamente entendidos, dão a exata dimensão delas: (1) sob o *perfil do efeito*, toda situação encontra sua origem num fato juridicamente relevante; (2) sob o *perfil do interesse*, do ponto de vista objetivo toda situação refere-se a um interesse que, essencial à sua existência, é seu núcleo vital e característico; (3) sob o *perfil dinâmico*, o interesse reconhecido a um sujeito traduz-se, no momento de seu exercício, em comportamentos, e as situações dão forma conceitual a esses comportamentos; (4) sob o *perfil do exercício* da situação, para que este se dê é preciso a manifestação de vontade de um sujeito, não necessariamente do titular do interesse; (5) sob o *perfil funcional*, a cada situação o ordenamento atribui uma função social,[34] o interesse é tutelado não somente enquanto atende ao interesse do titular, mas também ao da coletividade;[35] (6) por fim, sob o *aspecto normativo*

33. Pietro Perlingieri, *Perfis do Direito Civil: Introdução ao Direito Civil Constitucional*, 2ª ed., trad. de Maria Cristina De Cicco, Rio de Janeiro, Renovar, 2002, p. 105. Registra-se que toda exposição sobre a situação e a relação jurídicas teve por base o pensamento do civilista italiano, com pontuais alterações.

34. Perlingieri refere-se ao ordenamento italiano, mas a assertiva aplica-se integralmente ao ordenamento brasileiro: é o que se extrai de uma interpretação sistemática, dentre outros, dos arts. 5º, XXIII, e 170, III, ambos da CF de 1988.

35. Daí observar o civilista italiano que, por força dessa *configuração solidarista* do ordenamento constitucional, na maior parte das hipóteses o interesse dá lugar a uma *situação subjetiva complexa*, composta tanto de poderes quanto de ônus, deve-

ou *regulamentar*, a situação constitui efeito de norma de conduta[36] que atribui ao sujeito, no interesse próprio e/ou alheio, ou poder ou dever de realizar um comportamento, ou poder ou dever de não realizá-lo. A partir da congruência desses seis aspectos tem-se delimitado o conceito de *situação jurídica*.

A velha assertiva da Teoria Geral do Direito de que o ordenamento jurídico é um sistema de relações mantém-se. Relação jurídica passa, no entanto, a ser a ligação entre um interesse e outro interesse, entre uma situação jurídica determinada ou determinável e outra situação jurídica. A relação jurídica é uma relação entre situações jurídicas. O conceito anterior de relação jurídica, sinônimo de obrigação em sentido lato, passa a ser apenas uma das muitas espécies de relações jurídicas existentes.[37] Na relação jurídica não há tão-somente o direito subjetivo e a obrigação em sentido estrito. Segundo a nova concepção, não há mais que se falar, a não ser em termos quantitativos, em posições ativas e passivas, pois as ditas ativas compreendem também deveres e obrigações e aquelas ditas passivas contêm freqüentemente alguns direitos e poderes. Daí afirmar Perlingieri:

> A relação não está na ligação entre direito subjetivo, de um lado, e dever ou obrigação, do outro. É difícil imaginar direitos subjetivos que não se justificam no âmbito de situações mais complexas, das quais fazem parte também deveres, ônus, obrigações, isto é, posições que, analiticamente consideradas, podem ser definidas como passivas. A relação

res e obrigações. Nelas estão presentes momentos de poder e de dever, de forma que a distinção entre as situações ativas e passivas não pode ser entendida de modo absoluto (Pietro Perlingieri, *Perfis do Direito Civil: Introdução ao Direito Civil Constitucional*, cit., 2ª ed., p. 107).

36. Discorda-se nesse ponto de Perlingieri: ao contrário do que ele afirma (*Perfis do Direito Civil: Introdução ao Direito Civil Constitucional*, cit., 2ª ed., p. 107), a situação é um dos efeitos da norma de conduta, e não a norma em si.

37. O velho conceito de *relação jurídica*, entretanto, ainda é utilizado por muitos juristas. O célebre Paulo de Barros Carvalho vale-se da estrutura da relação obrigacional para explicar a relação jurídico-tributária. Diz expressamente: "Para a Teoria Geral do Direito, *relação jurídica* é definida como o vínculo abstrato segundo o qual, por força da imputação normativa, uma pessoa, chamada de sujeito ativo, tem o direito subjetivo de exigir de outra, denominada sujeito passivo, o cumprimento de certa prestação" (*Curso de Direito Tributário*, 14ª ed., São Paulo, Saraiva, 2002, p. 279). Esse conceito – sem desprestigiar o nobre jurista –, ao menos como categoria geral, está superado.

sob o perfil estrutural é relação entre situações complexas, que pode ser ora de simples correlação (*collegamento*) (assim, entre *potestà* e interesse legítimo), ora, e são as hipóteses mais freqüentes no campo do direito civil, de contraposição e de conflito (assim, nas obrigações onde a situação debitória contrapõe-se àquela creditória).[38]

Relação jurídica é, portanto, "o nexo que liga dois ou mais sujeitos, atribuindo-lhes poderes, direitos, faculdades e os correspondentes deveres, obrigações, sujeições, ônus. (...)".[39] Com essa reformulação do conceito de relação jurídica, cai por terra a crítica de James Goldschmidt. O processo passa a ser visto como uma complexa ligação entre sujeitos: autor, réu, exeqüente, executado, entram em relação com o Estado. Nessa relação há, referentemente a cada um dos sujeitos do processo, inúmeras situações jurídicas complexas: poderes, faculdades, deveres, sujeições, ônus.[40]

Há grande divergência, todavia, no que tange à estrutura dessa relação, existindo três correntes: (a) Kohler defendeu tratar-se de *relação linear*, entre o autor e o réu; (b) Hellwig, *relação angular*, entre o autor e o Estado-Juiz e entre o réu e o Estado-Juiz; (c) por fim, segundo Wach, trata-se de *relação triangular*, relações do autor com o Estado, do Estado com o réu e do autor com o réu.[41] A tese de Kohler, reminiscência da concepção civilística da ação, é pacificamente negada. A ação não é mais considerada um direito do autor contra o réu, é exercida em face do Estado. Observa-se, contudo, a existência, antes da citação do réu, de relação linear entre o demandante e o Estado-Juiz. Segundo a tese de Wach, hoje majoritária,[42] a relação entre o autor e o réu decorreria das obrigações de pagar ônus de sucumbência e de lealdade processual. Ocorre que, conforme defendido aqui, referidas obrigações são de direito material, e não de direito processual. Por força disso, correto é conceber

38. Pietro Perlingieri, *Perfis do Direito Civil: Introdução ao Direito Civil Constitucional*, cit., 2ª ed., p. 116.

39. Cândido Rangel Dinamarco, *Execução Civil*, cit., 8ª ed., pp. 122-123.

40. Idem, p. 123.

41. Sobre as teorias, v.: Eduardo J. Couture, *Fundamentos del Derecho Procesal Civil*, cit., 4ª ed., pp. 109-110; Cândido Rangel Dinamarco, *Execução Civil*, cit., 8ª ed., pp. 123-125.

42. É a posição de Eduardo J. Couture, *Fundamentos del Derecho Procesal Civil*, cit., 4ª ed., p. 110.

a relação jurídica processual como uma relação de estrutura angular, em que a relação é entre cada uma das partes e o Estado-Juiz, mesmo que, reflexamente, a relação influa na situação da parte contrária.[43]

A doutrina discrimina seis características da relação jurídica processual:[44] (1) *complexidade* – as relações são simples quando há apenas uma posição jurídica ativa e uma passiva,[45] e complexas quando há uma pluralidade destas ou daquelas; na relação jurídica processual há uma série de situações jurídicas complexas; (2) *progressividade*, *continuidade*, *dinamismo* – nas relações complexas ou se acumulam, desde logo, diversas posições jurídicas, ou se passa de posição em posição pela ocorrência de fatos juridicamente relevantes; a segunda hipótese é a que ocorre no processo; caminha-se dialeticamente, numa sucessão de situações jurídicas que se substituem gradativamente, graças à ocorrência de atos e fatos processuais – o conjunto desses fatos é o procedimento; (3) *unidade* – todas essas situações jurídicas são coordenadas a um objetivo comum, à obtenção do produto final, prolação do ato estatal imperativo; por força disso, todas as situações jurídicas processuais, durante todo o procedimento, compõem apenas uma relação jurídica, há uma unidade teleológica; (4) *estrutura angular* – segundo a doutrina majoritária, a relação processual possui caráter tríplice, compondo-se de três sujeitos: demandante, demandado e Estado-Juiz;[46] segundo a posição aqui adotada, ela possui estrutura angular, há duas relações jurídicas vinculadas – a relação entre o demandante e o Poder Público e a relação entre o demandado e o Poder Público; (5) *natureza pública* – o processo é um meio de exercício do poder estatal, sendo, assim, tipicamente de direito público, ainda que seja privada a relação de direito material; (6) *autonomia* – para ter validade, a relação processual independe da relação de direito substancial.

Examinada a relação jurídica processual, passa-se ao *conceito de processo*. Este é a síntese dessa relação progressiva e da série de fatos

... É a posição de Cândido Rangel Dinamarco, *Execução Civil*, cit., 8ª ed., p. 125.
...ntônio Carlos de Araújo Cintra, Ada Pellegrini Grinover e Cândido Ran-
... *Teoria Geral do Processo*, cit., 30ª ed., pp. 314-315; e Cândido Rangel
... *...ução Civil*, cit., 8ª ed., pp. 128-130.
...rmos expostos, nega-se a existência de relações simples.
... Cintra, Grinover e Dinamarco, *Teoria Geral do Processo*,

que determinam sua progressão.[47] É, como dito, um meio democrático de exercício do poder em que, por intermédio da relação entre os interessados e o Poder Público – presentado pelos agentes públicos encarregados de exercê-lo –, se sucedem vários atos, todos necessários ao ato final, vinculados ao mesmo desiderato, à prolação da decisão. Daí a indissolubilidade entre os dois institutos: em cada ato do procedimento surge nova situação jurídica em que o interessado participa da emissão da decisão estatal. O procedimento só existe para possibilitar a concretização dessa relação continuativa, e esta só existe para possibilitar, por meio do procedimento, o exercício democrático do poder.

### *9.2.5 Processo* x *procedimento*

Examinada a reformulação da teoria da relação jurídica processual, que aqui se adota integralmente, retoma-se o reexame dogmático para melhor precisar a diferenciação entre processo e procedimento. O constituinte, ao distribuir as competências às entidades federadas, elaborou um sistema de difícil compreensão: no art. 22, I, estabeleceu ser competência privativa da União legislar sobre direito processual; no art. 24, X e XI, estabeleceu ser competência concorrente da União, Estados e Distrito Federal legislar, respectivamente, sobre criação, funcionamento e processo do Juizado de Pequenas Causas e sobre procedimentos em matéria processual. Não é o objeto desta análise o exame das competências – assunto complexo, não comportável nos limites desta exposição. Interessam aqui, tão-somente, as delimitações dogmáticas referentes aos conceitos de processo e procedimento.

A leitura do referido inciso XI do art. 22 faz supor que o constituinte se inspirou numa antiga concepção – sustentada no passado por processualistas de renome do Direito Brasileiro – segundo a qual processo e procedimento eram considerados duas realidades absolutamente apartadas. Famosa, nesse sentido, é a lição de João Mendes Jr., para quem "uma coisa é o 'processo', outra coisa é o 'procedimento': o processo é a direção no movimento; o procedimento é o 'modo' de mover e a 'forma' em que é movido o ato".[48] Essa concepção é inaceitável nos dias de

47. O conceito é de Cândido Rangel Dinamarco, *Execução Civil*, cit., 8ª ed., pp. 128-129.

48. João Mendes Jr., *Direito Judiciário Brasileiro*, 2ª ed., 1918, p. 298, *apud* José Frederico Marques, *Elementos de Direito Processual Penal*, vol. I, Campinas, Bookseller, 1997, p. 348. A lição foi seguida pelo célebre Frederico Marques (idem, ibidem).

hoje: processo e procedimento são realidades indissolvíveis. Processo é – e disso não há mais dúvida procedimento associado à relação jurídica. Há, assim, relação de inclusão, de continente-conteúdo: procedimento é um elemento estrutural do processo.

Mas é obrigação do intérprete dar um sentido à norma. A Constituição impõe clara dissociação entre o processo e o procedimento, ao menos para o exercício da competência. Isso porque, para legislar sobre procedimento, a competência da União limita-se a editar normas gerais. Os Estados e o Distrito Federal possuem competência suplementar, e, caso a União não exerça sua competência, editando as normas gerais, têm competência plena para editá-las. Isso em relação à matéria procedimental, parte da matéria processual. Tudo o mais da matéria processual que não se restrinja aos procedimentos – ou seja: a disciplina da relação jurídica processual – é competência privativa da União. Estados e Distrito Federal não têm competência para disciplinar a relação jurídica processual.[49-50]

Foi Edson Ribas Malachini, em precioso artigo,[51] quem melhor enfrentou o problema. Com o intuito de delimitar com precisão quais os temas restritos ao procedimento, assim doutrinou:

> As regras sobre competência; a exigência da citação e das intimações, atos de comunicação processual que se constituem em requisito

49. Evidente que, se a União não legislar sobre processo (entenda-se: não disciplinar a relação jurídica processual), Estados e Distrito Federal não poderão exercer sua competência plena (prevista no § 3º do art. 24) sobre procedimentos. Em sentido contrário: Carlos Ari Sundfeld, "Competência legislativa em matéria de processo e procedimento", *RT* 657/32-34, Ano 79, São Paulo, Ed. RT, julho/1990. Para o autor, como há um dever de legislar, e sendo a legislação processual condição indispensável para a legislação de procedimentos, se a União não legisla sobre processo, estão os Estados e o Distrito Federal autorizados a fazê-lo. Sem desprestigiar o entendimento do grande jurista, é clara a Constituição: a competência plena é para legislar tão-somente sobre procedimentos. Em relação ao que sobeja da matéria processual (a relação jurídica) não há competência plena; em caso de omissão, aliás, nem suplementar: é privativa da União.

50. Excetuam-se, por força do referido inciso X do art. 24 da CF de 1988, os Juizados de Pequenas Causas. Em relação a eles atribui-se expressamente aos Estados e ao Distrito Federal competência para legislar sobre toda matéria processual, limitando-se a União a editar normas gerais.

51. Edson Ribas Malachini, "A Constituição Federal e a legislação concorrente dos Estados e do Distrito Federal em matéria de procedimentos", *RF* 324/51-54, Ano 89, Rio de Janeiro, Forense, outubro-dezembro/1993.

> fundamental do contraditório; as regras sobre os pressupostos processuais (inclusive sobre as nulidades) e as chamadas condições da ação; sobre os meios de prova, os requisitos da sentença, os recursos interponíveis,[52] a coisa julgada, os pressupostos de admissibilidade da ação rescisória e da ação executiva (*nulla executio sine titulo* etc.), e sobre certos princípios inerentes ao processo de *execução* (*prior in tempore*, *potior in iure*, regras sobre a expropriação forçada etc.), certamente não são normas meramente procedimentais, mas (...) normas processuais.[53]

Em todas essas matérias criam-se situações jurídicas, dá-se um ônus ao demandante e ao demandado, estabelece-se um estado de sujeição, disciplina-se, enfim, a relação jurídica processual. Trata-se, portanto, de matéria processual que não se restringe à disciplina do procedimento. Continua o autor:

> Entretanto, os modos, as formas como as citações e as intimações serão feitas, como certas provas produzir-se-ão; as regras sobre os ritos de certos recursos e, particularmente, sobre os *procedimentos* propriamente ditos, ou seja, sobre a seqüência dos atos a ser praticados em casos comuns (ordinária, sumária ou executivamente) ou em casos especiais – certamente são normas tipicamente procedimentais, rituais.[54]

Dificilmente a disciplina de uma dessas matérias não surtirá efeitos, ainda que indiretamente, na relação jurídica processual: visam diretamente ao procedimento, mas indiretamente atingem a relação. Como, no entanto, o objeto da regulação é a forma do encadeamento dos atos que compõem o processo, e não a relação em si, é correto considerar essas matérias exclusivamente procedimentais.

Conclui-se que processo é uma forma de exercício da democracia. Tem por finalidade garantir aos interessados o direito de participar do

52. Em uma das raras oportunidades em que se manifestou sobre a interpretação do referido art. 22, XI, o STF decidiu: "Mostra-se insubsistente, sob o ângulo constitucional, norma local que implique criação de recurso. Esta ocorre no âmbito da competência para legislar sobre direito processual, não estando abrangida pela competência concorrente do inciso XI do art. 24 da CF" (STF, AI/AgR 210.068-SC, rel. Min. Marco Aurélio, j. 28.8.1998, *DJU* 30.8.1998, p. 7).

53. Edson Ribas Malachini, "A Constituição Federal e a legislação concorrente dos Estados e do Distrito Federal em matéria de procedimentos", cit., *RF* 324/53-54.

54. Idem, p. 54.

exercício do poder, ou seja, de influenciar a decisão de um agente estatal. É composto de dois elementos estruturais, intrinsecamente ligados em prol dessa finalidade: uma seqüência de atos normativamente encadeados, em que cada ato é conseqüente do posterior e decorrente do anterior (procedimento), e uma relação jurídica entre os interessados e o Poder Público, presentado pelo agente encarregado de proferir a decisão – relação complexa, abrangente de todas as situações que surjam durante o procedimento. A matéria processual compõe-se, portanto, da disciplina da relação jurídica e do procedimento. Por imposição dogmática, separam-se os assuntos diretamente ligados à disciplina do procedimento dos assuntos diretamente ligados à disciplina da relação jurídica, dando-se sentido às disposições constitucionais. Estas não impedem que entre processo e procedimento se vislumbre uma relação de inclusão, desde que, a partir de uma interpretação sistemática, se considere o inciso XI do art. 24 da Lei Maior uma restrição ao inciso I do art. 22. Mantém-se, assim, plena afinidade entre as recentes concepções doutrinárias e o ordenamento jurídico brasileiro.

## *9.3 Processo administrativo*

Examinados os conceitos de processo e de procedimento à luz do direito processual civil, resta saber se e em que medida são aplicáveis ao direito administrativo. Para tanto, vários problemas precisam ser enfrentados: no que consiste o chamado procedimento administrativo; se existe, com rigor conceitual, um processo administrativo; a eventual diferença entre o procedimento administrativo e o processo administrativo. Todas essas questões precisam ser respondidas para a resolução do problema central: em que medida o capítulo anterior é aplicável ao campo do direito administrativo.

### *9.3.1 Procedimento administrativo na teoria dos atos administrativos*

Célebre é a definição de ato administrativo de Celso Antônio Bandeira de Mello: "(...) *declaração do Estado (ou de quem lhe faça as vezes – como, por exemplo, um concessionário de serviço público), no exercício de prerrogativas públicas, manifestada mediante providên-*

*cias jurídicas complementares da lei a título de lhe dar cumprimento, e sujeitas a controle de legitimidade por órgão jurisdicional*".[55] Inicialmente a doutrina do direito administrativo tratou do procedimento na teoria dos atos administrativos.

No início do século passado era corrente a *concepção substancialista do procedimento administrativo*: todos os elementos da série careciam de autonomia, eram considerados tão-só partes integrantes da decisão final – esta, sim, configuradora de um ato administrativo.[56]

O procedimento era confundido, em certa medida, com o ato administrativo complexo. Essa concepção está absolutamente superada. O ato complexo é uma manifestação unitária de vontade exteriorizada por dois ou mais órgãos administrativos, consubstanciando tão-somente um ato administrativo. O procedimento consiste num complexo de atos administrativos autônomos. Nessa segunda fase, superada a concepção substancialista, o procedimento foi considerado requisito de validade de determinados atos administrativos.

Na teoria dos atos administrativos, dois são os *elementos* do ato, realidades intrínsecas, os componentes dele: o conteúdo e a forma. Os elementos distinguem-se dos pressupostos, circunstâncias extrínsecas ao ato, condicionantes de sua existência e de sua validade. Quatro são os pressupostos de existência do ato: objeto, ligação do editor à Administração, mínimo de eficácia social e não-concretização de intolerável injustiça.[57] Seis são os pressupostos de regularidade[58] do ato: subjetivo, objetivo, teleológico, material, lógico e formalístico. O procedimento diz respeito ao pressuposto objetivo de regularidade do ato administrativo.

55. Celso Antônio Bandeira de Mello, *Curso de Direito Administrativo*, 31ª ed., São Paulo, Malheiros Editores, 2014, Capítulo VII-16, p. 389. Para o autor, porém, trata-se de conceito, e não de definição.

56. Cf. Eduardo García de Enterría e Tomás-Ramón Fernández, *Curso de Derecho Administrativo*, vol. II, Madri, Civitas, 2002, p. 448.

57. Sobre o tema, v. nosso: *Efeitos dos Vícios do Ato Administrativo*, São Paulo, Malheiros Editores, 2008, Capítulo V-2, pp. 124-138.

58. Celso Antônio Bandeira de Mello chama-os de "pressupostos de validade" (*Curso de Direito Administrativo*, cit., 31ª ed., Capítulo VII-26, p. 396). Prefere-se chamá-los de "pressupostos de regularidade", porque em alguns casos, apesar da ausência do pressuposto, o ato é considerado válido (cf. nosso *Efeitos dos Vícios do Ato Administrativo*, cit., Capítulo VI-1, p. 148).

Esclarecedor é o exemplo de Oswaldo Aranha Bandeira de Mello: o ato de provimento dos cargos públicos. Simplificando, há o ato administrativo da deliberação de abertura do concurso, seguido do ato administrativo da convocação dos candidatos por edital, após o ato administrativo da inscrição com acertamento dos títulos apresentados, ainda os atos administrativos do processamento das provas, classificação e o ato administrativo indicando os melhores classificados, para nomeação. O ato final, de nomeação, completa-se com o de posse e entrada em exercício dos providos no cargo. O *procedimento* administrativo do concurso público, seguindo a lição de Oswaldo Aranha Bandeira de Mello, engloba toda essa série de atos administrativos preparatórios do ato jurídico de nomeação.[59] Percebe-se que cada ato possui autonomia e, portanto, exige a presença de elementos e pressupostos próprios, inclusive objetivo – requisitos procedimentais. São atos jurídicos distintos que se sucedem e se ligam com o objetivo de produzir um ato jurídico final, o *ato administrativo conclusivo*. O ato administrativo de convocação do candidato para realização das provas tem como requisito procedimental ou pressuposto objetivo de regularidade a correção dos atos anteriores, dentre eles a aprovação da inscrição do candidato. Nessa medida, requisito procedimental e procedimento não são sinônimos: o procedimento é o conjunto de todos os requisitos procedimentais do ato administrativo final.[60]

Daí o conhecido conceito de procedimento administrativo: "(...) é uma sucessão itinerária e encadeada de atos administrativos que tendem, todos, a um resultado final e conclusivo. (...)".[61] Há, no dizer de Oswaldo Aranha Bandeira de Mello, "pluralidade de atos jurídicos para se obter resultado último".[62] O procedimento perfeiçoa-se quando efetivados todos os atos jurídicos necessários à validade do ato final. Em síntese, portanto, procedimento administrativo, na teoria dos atos administrativos, é o conjunto dos requisitos procedimentais do ato administrativo conclusivo.

59. Oswaldo Aranha Bandeira de Mello, *Princípios Gerais de Direito Administrativo*, 3ª ed., 2ª tir., vol. I, São Paulo, Malheiros Editores, 2010, pp. 547-548.

60. Cf. nosso *Efeitos dos Vícios do Ato Administrativo*, cit., Capítulo VI-2.3, pp. 150-152.

61. Celso Antônio Bandeira de Mello, *Curso de Direito Administrativo*, cit., 31ª ed., Capítulo VIII-2, p. 495.

62. Oswaldo Aranha Bandeira de Mello, *Princípios Gerais de Direito Administrativo*, cit., 3ª ed., 2ª tir., vol. I, § 49.6, p. 545.

### *9.3.2 Procedimento administrativo e exercício da função administrativa*

Uma nova fase do procedimento administrativo inicia-se com as considerações feitas por Merkel, apontado como o primeiro a dissociar o conceito de procedimento do processo judicial e elevá-lo a categoria geral do Direito.[63] Num lento progredir, sobretudo a partir da contribuição de Luhmann (cf., *supra*, n. 9.2.3), o procedimento deixa de ser considerado apenas um tema da teoria dos atos administrativos e passa a ser referenciado como um importante capítulo do direito administrativo.

Os agentes públicos exercem função, ou seja, exercem o poder estatal no interesse dos cidadãos.[64] Como agem em prol de terceiros, e não para o atendimento de interesses próprios, evidente a necessidade de que os terceiros interessados não tenham apenas a possibilidade de controlar o resultado dessa atividade, mas tenham também a possibilidade de controlar seu exercício. O meio de controle do exercício da função estatal é o *procedimento*. Só por meio dele o cidadão tem como controlar não o resultado do exercício do poder, mas o próprio exercício. Essas idéias só recentemente tornaram-se pacíficas.[65] As três funções do Estado

63. Nesse sentido: Celso Antônio Bandeira de Mello, *Curso de Direito Administrativo*, cit., 31ª ed., Capítulo VIII-5, p. 497; Eduardo García de Enterría e Tomás-Ramón Fernández, *Curso de Derecho Administrativo*, cit., vol. II, pp. 442-443. De fato, afirmou o notável jurista: "La teoría procesal tradicional consideraba el 'proceso' como propiedad de la Justicia, identificándolo con el procedimiento judicial. Constituia una de esas restricciones habituales de conceptos jurídicos de validez general. Se explica históricamente la limitación del concepto del proceso a la Justicia, porque dentro de esta función estatal se hallan las raíces del 'proceso' y dentro de ella ha sido elaborado técnicamente, pero, desde el punto de vista jurídico-teórico, no es sostenible esta reducción, porque el 'proceso', por su propia naturaleza, puede darse en todas las funciones estatales, posibilidad que, en realidad, se va actualklizando en medida cada vez mayor. A la larga, no fue posible desconocer, junto al procedimiento judicial, el procedimiento administrativo como una variante de los 'procesos' jurídicos y aun las expressiones 'vía legislativa' y 'procedimiento legislativo' han sido ya adoptadas, sin caer en la cuenta, sin embargo, que esta vía procesal representa dentro de la legislación otra variante del 'proceso' jurídico" (Adolfo Merkel, *Teoría General del Derecho Administrativo*, Granada, Comares, 2004, p. 273).

64. Eis o conceito de função de Celso Antônio Bandeira de Mello: "(...). Existe função quando alguém está investido no *dever* de satisfazer dadas finalidades em prol do *interesse de outrem*, necessitando, para tanto, manejar os poderes requeridos para supri-las. (...)" (*Curso de Direito Administrativo*, cit., 31ª ed., Capítulo I-54, p. 72).

65. Daí o mérito, ao menos no Direito pátrio, da prognóstica contribuição de Carlos Ari Sundfeld. O autor escreveu, antes da Constituição de 1988, magistral arti-

resultam na produção de normas jurídicas: como regra geral, a legislativa, em gerais e abstratas; a judicial e administrativa, em individuais e concretas.[66] Não é necessário apenas controlar as normas produzidas, mas o modo de criação das normas – observou Carlos Ari Sundfeld.[67] Somente o *procedimento*, meio de controle dessa criação, impede que o produto final, a norma editada, seja uma imposição autoritária.

A regra passou a ser a seguinte: nenhuma decisão estatal deve ser tomada fora de um procedimento, sob pena de essa decisão se traduzir na imposição autoritária da vontade do agente que a emite. Essa regra tornou o procedimento um imperativo do exercício da função administrativa. O ato administrativo isolado, denominado *ato administrativo solitário*, passou a ser rara exceção.[68] O procedimento passa, então, a ser responsável pela legitimidade do exercício da função administrativa.

### *9.3.3 Uso da expressão "procedimento administrativo"*

Observa-se a não utilização, até aqui, da expressão "processo administrativo". Prevalecia na doutrina o entendimento de que "processo" era termo reservado à atividade judicial. Nesse sentido manifestou-se expressamente José Frederico Marques:

go intitulado "A importância do procedimento administrativo" (*RDP* 84/64-74, Ano XX, São Paulo, Ed. RT, outubro-dezembro/1987).

66. Cf. nosso *Efeitos dos Vícios do Ato Administrativo*, cit., Capítulo II-3.4, pp. 52-55.

67. Carlos Ari Sundfeld, "A importância do procedimento administrativo", cit., *RDP* 84/69.

68. Marcos Porta chega a negar a existência dos atos administrativos solitários: "Esses atos administrativos são considerados como solitários pela inexistência de qualquer processualidade jurídico-administrativa para sua existência ou validade. Todavia, admitir-se a existência dos atos administrativos solitários vai de desencontro à própria importância que o Direito reservou para a processualidade jurídico-administrativa, ou seja, o de servir como um instrumento de garantia dos administrados, entre outros. Por essa razão, não se admite a sua existência" (*Processo Administrativo e o Devido Processo Legal*, São Paulo, Quartier Latin, 2003, p. 62). Um simples exemplo – sem desprestigiar o nobre jurista – evidencia o equívoco de sua posição: o sinal luminoso de trânsito ao ficar vermelho corresponde à ordem de parar; trata-se de ato administrativo (cf. Celso antônio Bandeira de Mello, *Curso de Direito Administrativo*, cit., 31ª ed., Capítulo VII-2, pp. 376-377) – ato, esse, evidentemente, solitário.

Quando os atos se coordenam numa série sucessiva com um fim determinado, fala-se que há processo, se o movimento se realiza em função da atividade jurisdicional; se é uma atividade administrativa que se desenvolve, o que existe nessa série de atos, que se entrelaçam, é tão-só procedimento. Errôneo é, portanto, falar-se em processo administrativo, pois a expressão exata seria a de "procedimento administrativo".[69]

Essa orientação é enfaticamente sustentada pelo insigne Agustín Gordillo, justificando-a nestes termos:

Por outra parte, a tese ampla acerca da noção de processo é perigosa, pois, sendo "processo" sinônimo usual de juízo, poderia levar a entender-se, como às vezes se tem sugerido, que não há violação da defesa em juízo se os direitos de um indivíduo são definitivamente resolvidos pela Administração, sempre que esta haja ouvido o interessado. Mas, por certo, defesa em juízo é algo mais que ouvir o interessado, é também que haja um julgador imparcial e independente, qualidades, essas, que em nenhum caso a Administração pode reunir plenamente. Por essa razão também é conveniente reservar o conceito de processo bem como o de juízo para o processo ou juízo estritamente judicial, evitando com esta terminologia possíveis confusões como as que acabam de ser recordadas.[70]

Carlos Ari Sundfeld, influenciado por Gordillo, também adota essa orientação, discriminando três argumentos para justificá-la. (1) Costuma-se restringir o uso da expressão aos casos em que há controvérsia (procedimentos disciplinares, tributários), que mais se assemelham ao processo judicial. Tal atitude, se favorece a defesa do indivíduo nessas hipóteses, deixa-o indefeso nas demais. (2) A expressão sugere seja dado à Administração o poder de julgar definitivamente certas situações, desde que realize um procedimento semelhante ao judicial. (3) O Judiciário exerce função administrativa; é comum que os magistrados, ao exercerem essa função, confundam processo judicial com procedimento

69. José Frederico Marques, *Elementos de Direito Processual Penal*, cit., vol. I, § 207, pp. 348-349.

70. Agustín Gordillo, *Tratado de Derecho Administrativo*, 1ª ed. colombiana, vol. 2 ("La Defensa del Usuario y del Administrado"), Medellín, Biblioteca Jurídica Diké, 1998, p. VIII-5 (tradução nossa).

administrativo – e lembra o pitoresco caso de interposição de recurso extraordinário em sede de processo administrativo disciplinar.[71]

Essa posição, ao menos no Direito Comparado, não está ultrapassada. É adotada por Eduardo García de Enterría e Tomás-Ramón Fernández.[72] Interessa, aqui, apurar se ela é adequada ao Direito pátrio, considerando-se a premissa de que toda análise jurídica deve ter por base o Direito posto. À luz do Direito Brasileiro, os argumentos acima discriminados em prol da não utilização da expressão "processo administrativo" não se sustentam. O argumento de José Frederico Marques já foi afastado no capítulo anterior: o conceito técnico-científico de processo é formado de dois elementos – procedimento e relação jurídica processual. O exercício da função jurisdicional não é seu elemento integrante. O argumento de Gordillo, correspondente ao segundo de Carlos Ari, é facilmente afastado no Brasil por força da expressa previsão constitucional do princípio do não-afastamento do controle judiciário[73] ou do direito fundamental à ação jurisdicional (art. 5º, XXXV, da CF). O risco temido pelos inolvidáveis juristas é, nesses termos, impensável no ordenamento jurídico brasileiro. O primeiro argumento de Carlos Ari também não prospera: a restrição da expressão "processo administrativo" aos casos em que há controvérsia consiste em erro comum de parte da doutrina, conforme examinado a seguir. O último argumento suscitado por Carlos Ari também não merece atenção: dar tal importância à ignorância e ao equívoco de alguns importa injustificável inversão de valores.

### *9.3.4 Uso da expressão "processo administrativo"*

A doutrina exposta nunca foi pacífica, muitos utilizaram e utilizam a expressão "processo administrativo". Aqueles que a adotam, todavia,

71. Carlos Ari Sundfeld, "A importância do procedimento administrativo", cit., *RDP* 84/73.

72. Eduardo García de Enterría e Tomás-Ramón Fernández, *Curso de Derecho Administrativo*, cit., vol. II, pp. 442-447.

73. Impropriamente chamado "princípio da inafastabilidade do controle judiciário". A palavra "inafastabilidade" não encontra registro no vernáculo. Dessarte: pertencem ao vernáculo, nos termos da Lei 5.765/1971, todos os registros constantes do *Vocabulário Ortográfico da Língua Portuguesa*, editado pela Academia Brasileira de Letras. A palavra "inafastabilidade" não consta da 5ª edição do referido diploma; é, portanto, um neologismo (Academia Brasileira de Letras, *Vocabulário Ortográfico da Língua Portuguesa*, 5ª ed., São Paulo, Global, 2009, p. 452).

estão longe de um acordo semântico. Marcello Caetano, por exemplo, não vê óbice à utilização do termo "processo" na seara do direito administrativo, e vislumbra dois tipos de processos: o *contencioso*, em que a decisão final é jurisdicional, e o *gracioso*, em que a decisão final é administrativa. O denominado "processo contencioso" existe nos Estados em que vigora o sistema de jurisdição dual: em determinadas causas relativas à Administração a jurisdição é por esta exercida. Esse processo, por evidente, é praticamente idêntico ao judicial, alterando-se apenas o órgão dele encarregado. Nos Países de jurisdição una – como o Brasil – não existe contencioso administrativo.[74] Estas são as palavras do célebre administrativista português:

> Mesmo na doutrina estrangeira, onde o processo gracioso tem sido mais estudado, os administrativistas temem invadir a zona da ciência processual e pretendem criar, a par do *processo* propriamente dito, que seria o contencioso, o termo de *procedimento* reservado para designar a simples técnica de funcionamento da máquina administrativa. Não vemos porém qualquer vantagem em criar um termo como *procedimento* ou *processamento* quando na própria ordem judicial existem os *processos de jurisdição voluntária*, que são processos graciosos (CPC, arts. 1.409 e ss.) e pouco se afastam dos seus congêneres administrativos.[75]

O conceito do autor, no entanto, não é correto, pois toma o termo "processo" no sentido de "sucessão ordenada de formalidades preestabelecidas tendente à formação ou à execução de uma vontade funcional".[76] Esse é o conceito científico de procedimento, não de processo (cf., *supra*, item 9.2.5).

No Brasil, mesmo antes da Constituição de 1988 Hely Lopes Meirelles conceituava processo como o "conjunto de atos coordenados para a obtenção de decisão sobre uma controvérsia no âmbito judicial ou

74. Como esta exposição tem por objeto de análise o Direito Brasileiro, a utilização da expressão "processo administrativo", ao longo do texto, reporta-se ao processo gracioso. Nesta exposição a expressão "processo administrativo" só se refere ao contencioso administrativo quando haja expressa referência nesse sentido.

75. Marcello Caetano, *Manual de Direito Administrativo*, 10ª ed., 6ª reimpr., t. II, Coimbra, Livraria Almedina, 1999, p. 1.292. O dispositivo mencionado do Código de Processo Civil português corresponde ao art. 1.103 do CPC brasileiro.

76. Marcelo Caetano, *Manual de Direito Administrativo*, cit., 10ª ed., 6ª reimpr., t. II, p. 1.287.

administrativo; (...)".[77] Processo, para ele, possuía dois elementos estruturais: o procedimento – o modo de realização do processo, seu rito – e a controvérsia. Não é possível – dizia – processo sem procedimento, mas é tranqüilamente possível procedimento sem controvérsia. Por força da prática administrativa – ressalvava –, todos os procedimentos são chamados de processos. Daí propunha a classificação: *processos administrativos propriamente ditos*, que encerram um litígio entre a Administração e o administrado, e processos *administrativos impropriamente ditos*, simples expedientes que tramitam pelos órgãos administrativos, sem qualquer controvérsia entre os interessados. Essa doutrina também não é aqui acatada. A controvérsia não é elemento essencial do conceito científico de processo (cf., *supra*, item 9.2.5).

Com a Constituição de 1988 o tema recebeu novos ares. O constituinte não deixou dúvidas de que o termo "processo" não se restringe ao judicial. O processo administrativo é mencionado em diversos dispositivos do texto constitucional: art. 5º, LV;[78] art. 5º, LXXII, "b";[79] art. 37, XXI;[80] art. 41, § 1º, II;[81] art. 217, § 2º;[82] art. 247, parágrafo único;[83] art.

77. Hely Lopes Meirelles, *Direito Administrativo Brasileiro*, 8ª ed., São Paulo, Ed. RT, 1981, p. 656; v. 40ª ed., São Paulo, Malheiros Editores, 2014, p. 774.

78. CF, art. 5º, LV: "LV – aos litigantes, em *processo* judicial ou *administrativo*, e aos acusados em geral são assegurados o contraditório e ampla defesa, com os meios e recursos a ela inerentes; (...)" (grifamos).

79. CF, art. 5º, LXXII, "b": "LXXII – conceder-se-á *habeas data*: (...); b) para a retificação de dados, quando não se prefira fazê-lo por *processo* sigiloso, judicial ou *administrativo*; (...) (grifamos).

80. CF, art. 37, XXI: "XXI – ressalvados os casos especificados na legislação, as obras, serviços, compras e alienações serão contratados mediante *processo de licitação pública* que assegure igualdade de condições a todos os concorrentes, com cláusulas que estabeleçam obrigações de pagamento, mantidas as condições efetivas da proposta, nos termos da lei, o qual somente permitirá as exigências de qualificação técnica e econômica indispensáveis à garantia do cumprimento das obrigações; (...)" (grifamos).

81. CF, art. 41, § 1º, II: "O servidor público estável só perderá o cargo: (...); II – mediante *processo administrativo* em que lhe seja assegurada ampla defesa; (...)" (grifamos).

82. CF, art. 217, § 2º: "§ 2º. A *Justiça Desportiva* terá o prazo máximo de 60 (sessenta) dias, contados da *instauração do processo*, para proferir decisão final" (grifamos).

83. CF, art. 247, parágrafo único: "Parágrafo único. Na hipótese de insuficiência de desempenho, a perda do cargo somente ocorrerá mediante *processo administrativo* em que lhe sejam assegurados o contraditório e a ampla defesa" (grifamos).

26, § 2º, do ADCT.[84] O direito positivo, assim, obrigou, ao menos no Brasil, a uma revisão por parte da doutrina majoritária. A partir da promulgação do texto, por imposição constitucional, processo não é mais um instituto apenas da função jurisdicional. Esse – segundo Sérgio Ferraz e Adilson Abreu Dallari – é o *critério normativo* para adoção da expressão.[85] Nessa nova fase, ninguém mais na doutrina nacional nega a aplicação do termo ao direito administrativo. Cada doutrinador, no entanto, passou a usá-lo com significado distinto, em completa falta de sintonia conceitual.

84. ADCT, art. 26, § 2º: "§ 2º. Apurada irregularidade, o Congresso Nacional proporá ao Poder Executivo a declaração de nulidade do ato e encaminhará o *processo* ao Ministério Público Federal, que formalizará, no prazo de 60 (sessenta) dias, a ação cabível" (grifamos).

85. Sérgio Ferraz e Adilson Abreu Dallari, *Processo Administrativo*, 3ª ed., São Paulo, Malheiros Editores, 2012, p. 53. O *critério normativo* tem uma dimensão muito maior do que a dada pelos juristas. Dessarte, a inserção de uma palavra ou expressão no texto constitucional sem que conste do texto a definição de seu significado exige o seguinte raciocínio: (1) Uma palavra ou expressão não é inserida no texto constitucional com conteúdo vazio (palavras são signos, e, portanto, sempre se referem a algo), a palavra ou expressão traz consigo determinado significado, que é constitucionalizado. (2) Se a palavra ou expressão for própria da linguagem comum, deve ser tomada pelo seu significado comum. (3) Se a palavra ou expressão não for própria da linguagem comum, mas sim da linguagem técnica, deve ser tomada pelo significado que os técnicos, em geral, atribuíam a ela quando da promulgação da Constituição. (4) Se a palavra ou expressão for técnica, mas não possuía um único significado técnico no momento da promulgação da Constituição, deve-se buscar nas fontes históricas com que significado ela foi empregada pelo constituinte. (5) Se a palavra ou expressão for técnica, mas não possuía significado técnico definido no momento da promulgação da Constituição, deve ser considerada conceito indeterminado, e seu significado será definido pelo legislador. (6) A palavra ou expressão possui, sempre, um *núcleo essencial* que não pode ser alterado sem *reforma constitucional*. (7) No último caso, o texto constitucional sempre apresenta elementos que restringem a possibilidade de atribuição de significado. (8) O significado constitucionalizado pode ser modificado por interpretação evolutiva, sem reforma constitucional, desde que se respeite seu núcleo essencial. Sobre o tema, v. nosso *Regulação Administrativa à Luz da Constituição Federal*, São Paulo, Malheiros Editores, 2011, Capítulo I-6, pp. 57-65.

Feitas estas considerações, afirma-se: se, por um lado, não existia na doutrina brasileira do direito administrativo um uso corrente da expressão "processo administrativo", por outro, não há como negar a existência, na época, de um significado consolidado da palavra "processo" na doutrina do processo civil. Com efeito: o conceito de processo aqui apresentado era corrente quando da promulgação da Lei Maior. Donde, o conceito de processo constitucionalizou-se com a utilização da expressão pelo constituinte.

Sérgio Ferraz e Adilson Abreu Dallari afirmam existir duas realidades abarcadas na palavra "processo": a primeira é "uma realidade panoramicamente identificada num conjunto, teleologicamente concebido, que parte, de regra, de uma provocação ou requerimento e, por conseqüência inelutável, caminha, mediante a prática de atos instrumentais, para a produção do resultado inevitável – qual seja, a decisão; (...)";[86] a segunda é "uma realidade atomizada, concretizada no *caminho* que vai do início ao fim do processo, isto é, exatamente na série de atos referentes ao onde, ao como e ao quando, encadeados lógica e juridicamente. (...)".[87] A realidade maior é o processo, a menor é o procedimento. A posição dos autores também não pode ser aceita: a realidade atomizada – ou seja, os atos individualmente considerados – corresponde aos requisitos procedimentais, e não ao procedimento (cf., *supra*, item 9.3.1). Este é o conjunto, toda série de atos encadeados para a produção do ato final, e, portanto, teleologicamente concebida. As realidades maior e menor, ao menos da forma como foram conceituadas pelos ilustres juristas, consistem numa só realidade e se referem, ambas, ao procedimento. A proposta deles seria irretocável se a realidade maior fosse caracterizada pela soma do procedimento com a relação jurídica. Não foi isso, no entanto, o que afirmaram.

O saudoso Diógenes Gasparini acata integralmente as lições de Hely Lopes Meirelles,[88] merecendo, assim, a crítica dantes formulada para aquela posição. Diogo de Figueiredo Moreira Neto menciona conceito similar ao de Sérgio Ferraz e Adilson Abreu Dallari, merecendo também a crítica há pouco formulada.[89]

86. Sérgio Ferraz e Adilson Abreu Dallari, *Processo Administrativo*, cit., 3ª ed., p. 50.

87. Idem, ibidem.

88. Diógenes Gasparini, *Direito Administrativo*, 16ª ed., São Paulo, Saraiva, 2011, p. 1067.

89. Eis o conceito do autor: "O processo se exterioriza pelo *procedimento*, como encadeamento de atos caracterizados pelo fato de que o ato antecedente é condicionante do conseqüente, convergindo todos para atingir um fim comum, guardando, embora, cada um deles, sua autonomia, para conformar um processo no seu todo" (Diogo de Figueiredo Moreira Neto, *Curso de Direito Administrativo*, 13ª ed., Rio de Janeiro, Forense, 2003, p. 156). O que diferencia o processo do procedimento não é aquele ser o todo, mas se referir também à relação jurídica. O procedimento – insiste-se – não se confunde com os atos individualizados, também se refere ao conjunto e também é dotado de unidade teleológica.

Para Maria Sylvia Zanella Di Pietro o processo "existe como instrumento indispensável para o exercício da função administrativa"; "cada vez que a Administração for tomar uma decisão, executar uma obra, celebrar um contrato, editar um regulamento" – diz a autora –, "o ato final é sempre precedido de uma série de atos materiais ou jurídicos"[90] – ou seja: há processo. Ao revés, "procedimento é o conjunto de formalidades que devem ser observadas para a prática de certos atos administrativos, equivale a rito, a forma de proceder".[91] E conclui: quando a lei não estabelecer procedimentos a serem observados pela Administração, haverá processo, mas ela estará livre para escolher a forma de seu agir; em outras hipóteses, quando a lei estabelecer uma sucessão de atos preparatórios que devam obrigatoriamente preceder a prática de um ato final, haverá, além do processo, o procedimento.[92] A doutrina da autora também não pode ser acatada: o conceito de processo enunciado pela autora em nada difere do conceito de procedimento. Pela sua proposta, o processo seria gênero abrangente do procedimento regrado e do procedimento não regrado, e o procedimento seria sinônimo de procedimento regrado – classificação que não se justifica.

Carlos Ari Sundfeld, em artigo doutrinário posterior à Constituição de 1988, deixa expresso que, no seu entender, tanto faz usar os termos "processo" ou "procedimento". Trata-se de questão puramente terminológica.[93] Diz que, segundo alguns, é importante usar o termo "processo" para afirmar enfaticamente a incidência na esfera administrativa dos princípios processuais. Concorda com esse propósito, mas categoricamente afirma não ver no uso da expressão maior efeito prático.[94] A posição é também inadmissível: se processo e procedimento administrativos fossem cientificamente expressões sinônimas, o uso de uma ou outra terminologia seria, de fato, absolutamente irrelevante; ocorre que, conforme defendido aqui, existe diferença científica entre as expressões,

90. Maria Sylvia Zanella Di Pietro, *Direito Administrativo*, 25ª ed., São Paulo, Atlas, 2012, p. 678.

91. Idem, ibidem.

92. Idem, ibidem.

93. Carlos Ari Sundfeld, "Processo e procedimento administrativo no Brasil", in Carlos Ari Sundfeld e Guillermo Andrés Muñoz (coords.), *As Leis de Processo Administrativo: Lei Federal 9.784/1999 e Lei Paulista 10.177/1998*, 1ª ed., 2ª tir., São Paulo, Malheiros Editores, 2006, p. 19, rodapé 5.

94. Idem, ibidem.

e, por força disso, não se trata de pura e simples livre escolha terminológica do cientista. Não se concorda também – pelos motivos adiante expostos – com a utilização do termo "processo" para enfatizar a incidência no exercício da função administrativa de princípios do processo jurisdicional.

A posição de Carlos Ari é adotada, em certa medida, pelo ínclito Celso Antônio Bandeira de Mello, segundo o qual a nomenclatura mais comum entre nós é a de "procedimento", reservando-se no Brasil o *nomen juris* "processo" para os casos contenciosos, a serem resolvidos por um "julgamento administrativo".[95] Após, afirma que "não é o caso de armar-se um 'cavalo de batalha' em torno de rótulos", mas crê que a terminologia correta seja "processo", sendo "procedimento" a "modalidade ritual de cada processo".[96] Por fim, prognostica que entre a tradição e a recente terminologia legal deva prevalecer a segunda. As lúcidas considerações do respeitado administrativista não são acatadas nesta exposição: a Ciência busca sempre uma linguagem dotada de extremada precisão, livre de ambigüidades; o uso dos rótulos, caso sejam fixados conceitos científicos diferentes, não é ditado apenas pela simples menção no texto normativo ou pela tradição, mas pela Ciência.[97] Além disso, como afirmado anteriormente, o significado corrente de "processo" constitucionalizou-se com a utilização do termo pelo constituinte (cf., *supra*, neste capítulo, o rodapé 85).

Por fim, digna de nota é a doutrina da ínclita Lúcia Valle Figueiredo. A autora, numa tentativa de sistematização do assunto, toma o termo "processo" (em sentido amplo) como gênero que compreende três classes: (1) o procedimento considerado como forma de atuação da Administração Pública; (2) o procedimento considerado como uma seqüência de atos; (3) e o processo em sentido estrito. A primeira categoria de processo (em sentido amplo) consiste, segundo a autora, na primeira

95. Celso Antônio Bandeira de Mello, *Curso de Direito Administrativo*, cit., 31ª ed., Capítulo VIII-2, p. 496.

96. Idem, ibidem.

97. Observa-se, contudo, que a Ciência do Direito, tendo por objeto de estudo o direito positivo, não pode chegar a conclusões incompatíveis com ele, sob pena de trair seus propósitos. Assim, a simples menção da expressão no texto normativo não dita seu uso, mas repercute nas conclusões científicas, porque estas não podem desprezá-la.

acepção de procedimento, conceituado como "conjunto de formalidades necessárias para emanação dos atos administrativos".[98] Essa categoria sempre está presente, embora haja atos em que essas formalidades são extremamente singelas.[99] A segunda categoria corresponde à segunda acepção da palavra "procedimento": seqüência de atos administrativos, todos tendentes a um ato final, servindo-lhe de suporte de validade. Essa categoria também está sempre presente.[100] A terceira categoria é o processo administrativo em sentido estrito: existe quando há controvérsia (litígio) ou "acusações em geral".[101]

Essa sistematização também é, aqui, integralmente afastada. A primeira categoria mencionada pela autora nada tem a ver com procedimento: trata-se dos chamados *requisitos procedimentais* do ato administrativo; o ato isolado do procedimento não é o procedimento, mas um requisito procedimental dos atos subseqüentes (v., *supra*, item 9.3.1). A

98. Lúcia Valle Figueiredo, *Curso de Direito Administrativo*, 9ª ed., São Paulo, Malheiros Editores, 2008, p. 437.

99. Idem, ibidem. Donde se extrai que a autora não admite os chamados *atos tácitos*. Distinguem-se: *atos tácitos*, *atos implícitos* e *atos solitários*. *Ato tácito* é sinônimo dado à *omissão administrativa*, ao *silêncio*. Muitas vezes o sistema normativo atribui efeitos jurídicos ao silêncio da Administração. Trata-se de um *fato administrativo*: um acontecimento do mundo fenomênico – o silêncio, a omissão – ao qual são imputados efeitos jurídicos. Atos tácitos não são atos, são *fatos administrativos*. Por exemplo: quando a Administração esbulha um imóvel do particular e constrói uma obra pública, o particular, em decorrência da *afetação*, perde a propriedade, restando-lhe, tão-somente, pleitear indenização pelos danos sofridos. A afetação, no caso, não é um ato administrativo, mas um fato administrativo, impropriamente chamado de *ato tácito*.

Por outro lado, os atos administrativos expressos geram, muitas vezes, efeitos implícitos. Por exemplo: se a autoridade decide contratar um administrado, está, implicitamente, indeferindo a contratação de outro. O *ato implícito* não é, em rigor, um ato administrativo, mas um efeito implícito de um ato administrativo expresso. A utilização desses rótulos pela doutrina não é pacífica. Muitos chamam o ato tácito de ato implícito – como, por exemplo, faz Vicente Escuin Palop (*El Acto Administrativo Implícito*, 1ª ed., Madri, Civitas, 1999, p. 13).

Por fim, *atos solitários* são os atos que não possuem *requisitos procedimentais*, quer dizer, não exigem a edição de outros atos para que sejam regulares.

100. Lúcia Valle Figueiredo, *Curso de Direito Administrativo*, cit., 9ª ed., p. 437. Donde se extrai que a autora não admite os chamados *atos solitários*. Discorda-se, nos termos expostos *supra*, rodapé 68.

101. Lúcia Valle Figueiredo, *Curso de Direito Administrativo*, cit., 9ª ed., pp. 438-439.

segunda categoria consiste, de fato, no procedimento administrativo; contudo, não há razão para considerá-la espécie de processo administrativo: a relação entre processo e procedimento é de inclusão, não no sentido de gênero-espécie, mas, sim, no sentido de continente-conteúdo. De fato, procedimento não é uma espécie de processo, pois faz parte de sua própria estrutura conceitual (v., *supra*, item 9.2.5). Por fim, já se afirmou diversas vezes: a controvérsia não é parte integrante do conceito de processo (v., *supra*, item 9.2.3).

Esse sucinto panorama é suficiente para demonstrar a falta de uniformidade na utilização das expressões "processo" e "procedimento administrativo". Descreveu-se, ainda que rapidamente, a evolução da utilização doutrinária dessas expressões pela doutrina brasileira do direito administrativo. Antecipou-se a maior ou menor discordância com todas as posições doutrinárias até aqui mencionadas. Todas as doutrinas expostas neste capítulo, sem exceção, foram, de um modo ou de outro, afastadas. Apontou-se, laconicamente, o erro de cada uma delas. O passo seguinte é a exposição da teoria ora defendida.

### *9.3.5 Conceito científico de processo e de procedimento administrativo*

Pelo que até aqui se expôs, já ficou claro que *processo* e *procedimento* são institutos da Teoria Geral do Direito, decorrentes do *princípio democrático*. O exercício do poder consiste na tomada de uma *decisão*. O ato de decidir, por sua vez, consiste em uma declaração lingüística de vontade; decidir é escolher uma dentre duas ou mais alternativas incompatíveis; é, assim, escolher. A decisão é, nesse sentido, um ato de vontade declarada, editado por agente estatal.[102] É o agente estatal quem exerce o poder público, proferindo decisões, ou seja, atos de vontade declarada. Perceba-se o seguinte: quanto maior a liberdade para proferimento desse ato, menor será o peso do princípio democrático.

102. "(...). Em suma, a vontade e a ação do Estado (manifestada por seus órgãos, repita-se) são constituídas *na* e *pela* vontade e ação dos agentes; ou seja: Estado e órgãos que o compõem se exprimem através dos agentes, na medida em que ditas pessoas físicas atuam nesta posição de veículos de expressão do Estado" – é a lição insuperável de Celso Antônio Bandeira de Mello (*Curso de Direito Administrativo*, cit., 31ª ed., Capítulo III-3, p. 144).

Num regime absolutamente totalitário o agente estatal tem total liberdade para exercer o poder: a decisão a ser tomada é fruto de sua livre vontade, ele exerce o poder como quer, da forma que quer e para os fins que deseja. Nesse regime o agente público tende a não exercer função: com a total liberdade que possui para decidir, tende a exercer o poder em prol de seu interesse pessoal, e não em prol do interesse dos cidadãos.

Num regime democrático essa liberdade é acentuadamente limitada. O agente exerce função, age sempre em prol do interesse dos cidadãos. Sua decisão não é fruto tão-somente de sua vontade. O elemento volitivo existe, mas é abalado por uma série de fatores. O principal deles: garante-se aos diretamente interessados na decisão a ser tomada a possibilidade de intervir no "procedimento de decisão" do agente.[103] O procedimento de decisão do ser humano é efetuado por cada um, todos os dias, milhares de vezes. Trata-se, em regra, de procedimento puramente psicológico de sopeso das alternativas. Para o agente estatal isso se torna muito mais complexo, por força da necessidade de garantir aos diretamente interessados na decisão a ser tomada o direito de interferirem no seu procedimento íntimo de escolha das alternativas. Só existe uma forma de garantir aos diretamente interessados a possibilidade de interferirem no procedimento psicológico de decisão do agente encarregado de tomá-la: essa forma é o processo.

Processo, portanto, é uma categoria geral do Direito. O legislador, o juiz, o administrador, ao exercerem o poder público, tomam decisões. Daí o processo legislativo, o judicial e o administrativo. À Ciência do Direito, por conseqüência, impõe-se o dever de erigir o conceito geral de processo, aplicável a todas as searas jurídicas. Como já afirmado, foram os estudiosos do processo civil os que mais debateram os contornos estruturais do processo. Ora, abstraindo as características peculiares do processo jurisdicional (a seguir examinadas) – vale dizer, afastada sua diferença específica que o faz jurisdicional –, obtêm-se as características genéricas, aplicáveis a todos os processos; ou seja: obtém-se o conceito científico de processo. E foi exatamente isso o que se fez anteriormente: analisou-se, a partir das contribuições da doutrina do

103. Sobre o *procedimento de decisão administrativa*, v. nosso *Efeitos dos Vícios do Ato Administrativo*, cit., Capítulo VI-4, pp. 161-176.

processo civil, o instituto do processo, abstraindo as características que o fazem jurisdicional, sua diferença específica.

Obteve-se um conceito que, por ser compatível com o direito positivo e obediente a sólidas premissas, é aqui considerado científico. Afirmou-se haver efeitos jurídicos de duas espécies: uns decorrentes da prática de um único ato, chamado ato instantâneo; outros decorrentes da prática de vários atos, em que vários atos precisam ser praticados para que surja o ato final, gerador de efeitos jurídicos. Esse é o conceito de *procedimento*: série de atos legalmente ordenada, de modo que cada ato é antecedente do posterior e conseqüente do anterior e todos estão teleologicamente ligados para obtenção do ato final (a decisão relativa ao exercício do poder estatal).

Afirmou-se que a ciência jurídica tem como premissa não contradizer o direito positivo, sob pena de contrariar seus propósitos. Conclui-se que processo e procedimento, por imposição dogmática, são conceitos distintos, nem por isso excludentes. Há entre eles uma relação de inclusão, mais precisamente de continente-conteúdo. Processo é procedimento, mas se diferencia dele por ser algo a mais: é a soma do procedimento com a relação jurídica processual. Esta é uma relação unitária, abrangente de todas as situações jurídicas que surgem entre o diretamente interessado na decisão e o Poder Público, presentado pelo agente encarregado de tomá-la.

O sistema jurídico, para garantir o desiderato do processo, institui, em favor dos interessados na decisão, determinadas situações jurídicas: ônus, poderes, faculdades, deveres, sujeições. Essa relação decorre do conjunto das situações que surgem durante o procedimento, entre os interessados e o Estado. Processo, pois, é uma série ordenada de atos destinada à prolação do ato final, ato conclusivo consistente numa decisão (concretização do exercício do poder estatal), e uma relação jurídica entre o Poder Público e os diretamente interessados na decisão, de modo que estes tenham instituída a seu favor uma série de situações jurídicas que lhes permitam influenciar o procedimento psicológico de escolha das alternativas próprio do ato de decidir.

Esses conceitos de procedimento e processo, desenvolvidos a partir das considerações anteriores, são inteiramente aplicáveis ao direito administrativo. *Procedimento administrativo* é uma série de atos administrativos autônomos, ordenados de modo que cada ato seja condição de regularidade do ato anterior, teleologicamente vinculados para a expedição do ato administrativo conclusivo, consistente numa decisão da Administração. *Processo administrativo* consiste num procedimento administrativo em que vigora uma relação jurídica entre a Administração e os interessados diretos na tomada de decisão. Nessa relação jurídica há uma série de situações jurídicas instituídas em favor desses administrados, garantindo-lhes a possibilidade de influenciar na tomada de decisão.

A adoção dos termos "processo" e "procedimento administrativo" impõe-se por dois motivos: o primeiro é o referido critério normativo (v., *supra*, item 9.3.4); o segundo é o critério científico.[104] A utilização arbitrária desses termos assemelha-se à utilização arbitrária de "antijuridicidade" e "crime": o crime consiste na antijuridicidade, mas não se confunde com ela.[105] Processo e procedimento administrativos são dois institutos da Teoria Geral do Direito que não podem ser ignorados ou desconsiderados pela doutrina. Nenhum dos autores examinados utilizou-os com os significados aqui apresentados; todos se afastaram deles, em maior ou menor medida.

Marcos Porta, propositadamente não citado no item anterior, foi quem mais se aproximou dos conceitos apresentados nesta exposição. Em sua dissertação de Mestrado, defendida na PUC/SP, o ilustre Magis-

104. Despreza-se, assim, o denominado critério ideológico. Para Adilson Abreu Dallari e Sérgio Ferraz a utilização da expressão "processo administrativo" deve prevalecer também por um motivo ideológico: o constituinte teria outorgado ao processo administrativo "a mesma índole e alcance do processo judicial" (*Processo Administrativo*, cit., 3ª ed., p. 54). Afirmação que, com todo respeito, é aqui repudiada, pelos motivos adiante expostos.

105. Existem várias correntes sobre o conceito analítico de *crime*. As principais: fato típico e antijurídico; fato típico, antijurídico e culpável; fato típico, antijurídico, culpável e punível. Sobre as principais correntes, por todos: Flávio Augusto Monteiro de Barros, *Direito Penal: Parte Geral*, 2ª ed., São Paulo, Saraiva, 2001, pp. 103-104. A primeira corrente é aqui adotada apenas para facilitar a comparação. Para os que consideram o crime fato típico e antijurídico é, evidentemente, incorreto afirmar que crime é sinônimo de fato antijurídico. Crime é fato antijurídico, mas não somente isso: é também típico. O uso dos termos "antijurídico" e "típico" não decorre apenas de eventual menção no direito positivo (critério normativo); decorre da contribuição da Ciência do Direito, pois são termos científicos. A utilização dessa terminologia é, em certo sentido, vinculada, na medida em que não pode desprezar os textos normativos. Isso é exatamente o que ocorre em relação aos termos "processo" e "procedimento".

trado concluiu: "Portanto, o processo administrativo pode ser conceituado como uma relação jurídica processual-administrativa, autônoma, que está a serviço do direito administrativo, edificado na idéia de Estado Democrático de Direito".[106] E, adiante: "O processo administrativo também pode ser conceituado como procedimento; nesse sentido, configura-se como pressuposto objetivo para a emanação de atos administrativos e como rito procedimental, entendido como uma seqüência de atos administrativos tendentes a um ato final".[107] Discorda-se, contudo, do autor: talvez por influência de sua orientadora, Lúcia Valle Figueiredo, confunde procedimento, conjunto de atos, com pressuposto objetivo de validade, ato individualmente considerado (v., *supra*, item 9.3.4). Além disso: dá dois conceitos para processo: relação e procedimento. Daí a discordância: não se pode ora conceituar o processo como relação jurídica, ora conceituá-lo como procedimento, pois processo administrativo é procedimento e relação jurídica, no exato sentido de soma, adição, junção.

Fixaram-se aqui os conceitos de processo e procedimento administrativos. Em termos genéricos, conceito é "a forma intelectual que exprime o objeto do conhecimento".[108] Tem por conteúdo a expressão das notas e características que definem esse objeto.[109] O entendimento do conceito exige o exame de suas propriedades: a compreensão, diversas qualidades ou atributos que ele conota, e a extensão, conjunto de seres que o conceito denota.[110] Conseqüentemente, para a apreensão dos dois institutos, processo e procedimento, não basta a conceituação. É necessário aprofundar o exame, assinalando suas características e identificando as realidades às quais se aplicam.

106. Marcos Porta, *Processo Administrativo e o Devido Processo Legal*, cit., p. 76.

107. Idem, p. 77.

108. Alaôr Caffé Alves, *Lógica: Pensamento Formal e Argumentação*, 2ª ed., São Paulo, Quartier Latin, 2002, p. 168.

109. Idem, p. 185.

110. Alaôr Caffé Alves define *compreensão* como "conjunto dos elementos (notas) que formam a natureza do ser representado pelo conceito". Ou, em outras palavras, "é o conteúdo de um conceito; e o conjunto de elementos, de notas ou caracteres que o conceito contém" (*Lógica: Pensamento Formal e Argumentação*, cit., 2ª ed., p. 203). Define *extensão* como "conjunto de elementos (indivíduos) aos quais o conceito convém"; ou, em outras palavras "é o conjunto de indivíduos que possuem a mesma compreensão" (idem, p. 204).

### *9.4 Finalidade do processo administrativo*

A Lei Federal de Processo Administrativo (Lei 9.784/1999), na elogiável redação do art. 1º, consignou expressamente os dois objetivos do processo administrativo: "Esta lei estabelece normas básicas sobre o processo administrativo no âmbito da Administração Federal direta e indireta, visando, em especial, à proteção dos direitos dos administrados e ao melhor cumprimento dos fins da Administração". A Administração precisa tomar uma decisão, e o meio de fazê-lo é o processo administrativo. É este, portanto, o meio que possibilita a atuação administrativa. Por outro lado, os cidadãos têm o direito de influir na decisão a ser tomada pela Administração. As palavras de Eduardo García de Enterría e Tomás-Ramón Fernández evidenciam essa dualidade:

> O procedimento administrativo, se bem constitui uma garantia dos direitos dos administrados, não esgota nele sua função, que é também, e principalmente, a de assegurar a pronta e eficaz satisfação do interesse geral mediante a adoção de medidas e decisões necessárias pelos órgãos da Administração, intérpretes desse interesse e, ao mesmo tempo, parte do procedimento e árbitros dele.[111]

Marcello Caetano também notou essa duplicidade teleológica e explicou, em lapidares palavras, a tensão que entre elas existe:

> O processo administrativo é, pois, não só o instrumento adequado da ação jurídica da Administração Pública, mas também uma garantia dada aos particulares de que as pretensões confiadas aos órgãos administrativos serão examinadas em termos de permitir soluções legalmente corretas.
>
> Se por um lado estas duas finalidades do processo administrativo se completam, por outro chocam-se. Como nota Lopez Rodó, "o interesse público exige que se adote uma forma simples e rápida no processamento dos assuntos, o bastante para evitar a anarquia interna da Administração e a ilegalidade de seus atos, ao passo que o interesse dos particulares pede que a atividade administrativa esteja submetida a um processo rigoroso, que deixe manietada a Administração, impedindo-a de avassalar os seus administrados".[112]

111. Eduardo García de Enterría e Tomás-Ramón Fernández, *Curso de Derecho Administrativo*, cit., vol. II, p. 443 (tradução nossa).

112. Marcello Caetano, *Manual de Direito Administrativo*, cit., 10ª ed., 6ª reimpr., t. II, pp. 1.290-1.291.

De um lado, o processo é o meio de exercício da função administrativa. A lei impõe à Administração uma colossal série de deveres: como, por regra geral, só pode atuar mediante processo, esses deveres são cumpridos por meio dele. Daí um dos fins do processo: possibilitar, da melhor forma possível, o exercício da função administrativa, ou seja, que ela cumpra, da melhor maneira, os seus deveres. De outro, o processo é o meio pelo qual o cidadão influi na atividade administrativa: é pelo processo que o cidadão participa da atuação administrativa e influi na tomada das decisões dos agentes públicos. É, nesse sentido, um direito político do cidadão.

Esses dois fins traduzem-se em dois princípios: o princípio democrático e o princípio da eficiência.[113] Princípios, pelas novas concepções vigorantes, estão em constante colisão: diante do caso concreto, mediante a ponderação dos interesses envolvidos, apura-se o peso de cada princípio e a medida de sua incidência.[114]

## *9.5 Espécies de processos administrativos*

Velha e eternamente correta é a lição de que classificações não são certas ou erradas, mas adequadas ou inadequadas a determinado objetivo.[115] A exposição tem por objetivo precisar o entendimento sobre

113. O princípio da eficiência, tornado expresso com a Emenda Constitucional 19/1998, traduz bem a segunda finalidade mencionada. No antigo conceito de Hely Lopes Meirelles, "dever de eficiência é o que se impõe a todo agente público de realizar suas atribuições com presteza, perfeição e rendimento funcional. É o mais moderno princípio da função administrativa, que já não se contenta em ser desempenhada apenas com legalidade, exigindo resultados positivos para o serviço público e satisfatório atendimento das necessidades da comunidade e de seus membros" (*Direito Administrativo Brasileiro*, cit., 8ª ed., p. 79; v. também 40ª ed., pp. 102 e 113). Abrange: a produtividade do exercente do cargo ou da função, a perfeição do trabalho e a sua adequação técnica aos fins visados pela Administração (*Direito Administrativo Brasileiro*, cit., 8ª ed., p. 80; 40ª ed., p. 113).

114. O tema dos princípios jurídicos sofreu extraordinária evolução nas últimas décadas, tema fértil que extrapola os estreitos limites desta exposição. Sobre o conceito de princípios v. nosso *Abuso de Direito e a Constitucionalização do Direito Privado*, cit., pp. 13 e ss. Sobre a colisão de princípios recomenda-se a leitura de Daniel Sarmento, *A Ponderação de Interesses na Constituição Federal*, cit.; Wilson Antônio Stenmetz, *Colisão de Direitos Fundamentais e Princípio da Proporcionalidade*, cit.

115. A lição é do venerável Genaro R. Carrió: "As classificações não são nem verdadeiras nem falsas, são úteis ou inúteis; suas vantagens ou desvantagens estão

o que se chamou conceito científico de processo administrativo. Muitas classificações de processo administrativo existem na doutrina, mas não se vê utilidade, aqui, em repeti-las. Para o propósito fixado, a exposição de apenas uma classificação faz-se necessária: *processos administrativos de defesa* e *processos administrativos de participação*. Essa classificação tem como critério diferenciador a finalidade do processo administrativo.

### *9.5.1 Processos administrativos de defesa*

O processo administrativo tem dois escopos básicos: possibilitar o exercício da função administrativa e garantir o direito de participação do administrado. Há, no entanto, processos administrativos em que o direito assegurado ao administrado não é somente um *direito político de participação*. O segundo desígnio anteriormente mencionado – garantia do direito do cidadão – é acrescido de um *plus*: há uma *garantia individual*, no sentido técnico da expressão. Segundo José Afonso da Silva, *garantia constitucional individual* exprime "os meios, instrumentos, procedimentos e instituições destinados a assegurar o respeito, a efetividade do gozo e a exigibilidade dos direitos individuais, os quais se encontram ligados a estes entre os incisos do art. 5º [*da Constituição*]".[116]

Processo administrativo constitui garantia individual nos casos indicados no art. 5º, LV, da Constituição da República. O dispositivo reza que "aos litigantes, em processo judicial ou administrativo, e aos acusados em geral são assegurados o contraditório e ampla defesa, com os meios e recursos a ela inerentes". Litígio há quando existe lide, ou seja, um conflito qualificado por uma pretensão resistida, em que as partes têm pretensões opostas. Exemplos típicos são os processos disciplinar e de lançamento tributário. No primeiro caso a Administração tem a pretensão de punir o agente e este de não ser punido; no segundo, o Fisco tem a pretensão de lançar o tributo e o contribuinte de que ele não seja lançado. Há partes, no sentido técnico da expressão, pois possuem pre-

sujeitas ao interesse que guia quem as formula" (*Notas sobre Derecho y Lenguaje*, 4ª ed., 1ª reimpr., Buenos Aires, Abeledo-Perrot, 1994, p. 99).

116. José Afonso da Silva, *Curso de Direito Constitucional Positivo*, 37ª ed., São Paulo, Malheiros Editores, 2014, p. 422 (esclarecimento nosso).

tensões antagônicas. Esses são os processos administrativos litigiosos, e neles a participação do interessado não é apenas um direito político, mas uma garantia individual.

Todavia, o princípio da máxima efetividade[117] levou ao entendimento, hoje praticamente pacificado, de que a palavra "litígio" tem o significado de qualquer controvérsia em torno de um direito (em sentido amplo) do administrado.[118] Relembram-se os processos de jurisdição voluntária: não há partes, no sentido técnico, pois não há pretensões antagônicas, mas há, eventualmente, controvérsia. O processo de curatela dos interditos (arts. 1.177 a 1.186 do CPC) é um bom exemplo: o requerente não tem, simplesmente, a pretensão de interditar o requerido, tanto que age no interesse do interditando, e não na defesa de seu próprio interesse, não há interesses contrapostos; nem por isso deixa de haver controvérsia: o interditando pode impugnar o pedido (art. 1.182 do CPC). Todos os processo em que há controvérsia em torno de direitos estão compreendidos no termo "litigantes", como, por exemplo: invalidação e revogação de ato administrativo de efeitos favoráveis ao administrado, imputação de sanção a contratado pela Administração etc.[119]

Resta precisar os contornos da expressão "acusados em geral". Por uma interpretação meramente gramatical, o adjunto adverbial de lugar

117. José Joaquim Gomes Canotilho assim conceitua o princípio da máxima efetividade, também chamado princípio da eficiência ou princípio da interpretação: "A uma norma constitucional deve ser atribuído o sentido que maior eficácia lhe dê" (*Direito Constitucional e Teoria da Constituição*, 4ª ed. Coimbra, Livraria Almedina, 2000, p. 1.187).

118. Nesse sentido, Lúcia Valle Figueiredo: "Quanto à denominação 'litigantes em geral', sempre que houver controvérsia, conflitos de interesse, haverá aplicabilidade do contraditório e da ampla defesa, nos termos constitucionais" (*Curso de Direito Administrativo*, cit., 9ª ed., p. 439).

119. Nos *processos administrativos concorrenciais*, como a licitação e o concurso público, em que mais de um administrado disputa um benefício oferecido pela Administração, pode ou não surgir controvérsia: sempre que a Administração contrariar a pretensão do concorrente, deve instaurar processo administrativo de defesa.

Não basta que haja controvérsia; faz-se necessário que esta se dê em torno de um *direito do administrado*. De fato: não se exige um *direito* em sentido estrito, um *direito subjetivo*. Mesmo que o administrado esteja numa *situação precária* e possua apenas um *direito debilitado*, a Administração só pode suprimir-lhe o benefício mediante a instauração de um processo administrativo de defesa. Por isso, para *revogar* um ato administrativo ampliativo de direitos deve a Administração possibilitar ao prejudicado o contraditório e a ampla defesa.

"em processo judicial ou administrativo" aplicar-se-ia tão-somente aos "litigantes". Gramaticalmente, referido adjunto deveria ser colocado após o segundo núcleo do sujeito, "acusados em geral", para se referir também a este: "aos litigantes e aos acusados em geral, em processo judicial ou administrativo". Há duas razões que justificam outra interpretação: a primeira é o princípio da máxima efetividade e a segunda é a de que acusados só o são em processos judicial ou administrativo. O Estado não tem outro meio de acusar o cidadão a não ser num processo. Por força disso, apesar da redação, extrai-se que nos *processos administrativos em que haja litigantes* e nos *processos administrativos em que haja acusados em geral* incidem os princípios do contraditório e da ampla defesa. Há, ainda, outra interpretação: o direito ao contraditório e à ampla defesa existe mesmo que o Poder Público não tenha instaurado um processo. Ainda que não haja processo em curso, se alguém for acusado, terá direito de se defender. Deveras: haja ou não processo, havendo acusação, qualquer que seja ela, haverá direito ao contraditório e à ampla defesa, e, pois, direito à instauração de um processo.

Presume-se inexistência de palavras inúteis no texto, e, por isso, litígio e acusação deveriam ser diferenciados.[120] Uma possibilidade é esta: litígio pressupõe a prévia instauração de um processo; acusação, não. Não há como negar, no entanto, que a diferenciação entre *litígio* e *acusação* soa forçada e artificial. Em última análise, onde há uma acusação há também um litígio. A utilização das expressões pelo constituinte, diante do fracasso de uma rigorosa diferenciação científica, nem por isso deixa de ter uma explicação. A Constituição brasileira de 1988 é posterior a um longo período ditatorial – fato, este, explicativo da preocupação do constituinte em enfatizar determinados direitos e garantias. A leitura atenta do texto indica que o constituinte exerceu a *função enfática* de duas maneiras: (1) pela simples repetição do mesmo termo;[121] (2) pela utilização de dois termos, em que um é abrangido pelo

120. Lúcia Valle Figueiredo entende que a expressão "litigantes em geral" abrange qualquer controvérsia; e "acusados em geral", qualquer imputação de falta ou ilicitude (*Curso de Direito Administrativo*, cit., 9ª ed., pp. 438-439).

121. Mencionou, por exemplo, o princípio da igualdade no "Preâmbulo"; no inciso IV do art. 3º; no *caput* do art. 5º; no inciso XXI do art. 37; no inciso II do art. 150; no inciso I do art. 206; e no inciso IV do § 3º do art. 227. A repetição tem tão-somente função enfática.

outro.[122] Na utilização das expressões "acusados em geral" e "litigantes" tudo indica que, sem desprestigiar outros entendimentos, ocorre o segundo caso mencionado: reiteração da mesma idéia em função enfática pela utilização de dois termos em que um é abrangido pelo outro.

Nos processos administrativos em que há controvérsia sobre um direito (em sentido amplo) do administrado, qualquer que seja ela, incidem os princípios do contraditório e da ampla defesa – daí a denominação dada acima: são *processos administrativos de defesa*. Nesses, o acusado ou litigante tem o direito de participação, de influir na decisão final; mas esse direito político é acrescido de um *plus*: trata-se de uma garantia constitucional individual que dá ao administrado um leque muito maior de situações jurídicas, próprias do princípio do contraditório.

### *9.5.2 Processos administrativos de participação*

A Administração, conforme exaustivamente exposto, não pode proferir uma decisão sem a participação do cidadão, sob pena de ilegitimidade. Decisões isoladas, tomadas livremente pelo agente e baseadas somente em sua vontade, são autoritárias, incompatíveis com o Estado Democrático. O exercício da função administrativa implica uma série de decisões, e estas, para serem tomadas, exigem, sob pena de ilegitimidade, o processo.[123] Assim, ainda que não haja nenhuma controvérsia entre Administração e administrado em torno de um direito deste, o processo é necessário para que se permita ao cidadão participar do exercício do poder pela Administração:[124] daí ser chamado de *processo ad-*

122. Exemplo típico dá-se no inciso LXXI do art 5º, ao afirmar que se concederá mandado de injunção "sempre que a falta de norma regulamentadora torne inviável o exercício dos direitos e liberdades constitucionais e das prerrogativas inerentes à nacionalidade, à soberania e à cidadania". Evidente que nos direitos constitucionais já estão incluídas as liberdades e as prerrogativas inerentes à nacionalidade, à soberania e à cidadania. A reiteração, também aí, teve função enfática.

123. Por exemplo: decidir se realiza uma obra, onde realizar essa obra e qual bem desapropriar.

124. Se o administrado, por exemplo, pretende que sejam investidos os recursos públicos em determinado setor, sempre haverá a possibilidade de a Administração entender que referido investimento não é a melhor forma de atender ao interesse público. Ao contrário dos processos de defesa, no entanto, a controvérsia nos processos de participação não se dá em torno de um direito do administrado: este tem o direito

*ministrativo de participação*. Na doutrina brasileira há quem tenha percebido essa nova fase do direito administrativo, em que a democracia é valorizada e o processo administrativo é considerado seu principal meio de concretização. Gustavo Henrique Justino de Oliveira, em primoroso ensaio, teceu valiosas observações:

> Em face disso, teve início no Brasil a real *democratização administrativa*, a ser implementada por intermédio da participação popular na Administração Pública e, principalmente, através da *democracia pelo processo*.
>
> Entretanto, forçoso é admitir que *processo* e *participação* são institutos indissociáveis: na feliz colocação do argentino Roberto Dromi, processo administrativo é o instrumento jurídico que viabiliza o exercício efetivo da participação dos cidadãos; é "a ferramenta jurídica idônea a regular as relações entre governantes e governados".[125]

O processo administrativo é o mais importante meio de democratização administrativa. Pode parecer, numa leitura apressada, que a instauração do processo se dê apenas para atender ao segundo dos dois desideratos fixados *supra*, ou seja, que o processo administrativo vise tão-somente a possibilitar a participação dos administrados, e não o bom cumprimento da função administrativa. Ocorre que toda participação dos administrados, seja a título de defesa, seja a título de participação estrita, presumidamente sempre aprimora o agir administrativo. Quer diz: presume-se que a decisão tomada com a participação dos interessados seja melhor, enfim, mais consentânea com o interesse público, do que sem ela. Se por um lado, o princípio da eficiência e o princípio democrático estão em constante colisão, por outro, entrelaçam-se em contribuição recíproca. E isso foi notado pela melhor doutrina. Eis as lapidares considerações de Eduardo García de Enterría e Tomás-Ramón Fernández:

> De todo modo, há que acrescentar o fato, indiscutível no contexto socioeconômico e jurídico-político em que nos encontramos, de que sem

de participar da decisão administrativa mas não tem o direito, nem em sentido amplo, de que os recursos sejam aplicados conforme sua vontade.

125. Gustavo Henrique Justino de Oliveira, "As audiências públicas e o processo administrativo brasileiro", *RTDP* 21/163, São Paulo, Malheiros Editores, 1998.

> uma associação efetiva dos cidadãos ao processo de adoção de decisões, capaz de despertar sua confiança e de assegurar sua adesão, não é possível, hoje, suprir o déficit de legitimação que resulta da dificuldade de predeterminar normativamente o modo que a Administração tem de cumprir as tarefas de regulação, configuração e controle social que reclama o conceito mesmo de Estado Social de Direito. Nem o é tampouco assegurar a eficácia de nenhuma política, uma vez comprovada a impossibilidade de administrar mandando, especialmente naqueles setores, como os econômicos e sociais, nos quais a Administração necessita inescusavelmente da colaboração dos administrados para alcançar os objetivos que considera socialmente desejáveis. O procedimento administrativo tende, assim, a se converter, tanto por razões de legitimidade como por razões de eficácia, em uma instituição central do direito público de nossos dias.[126]

O registro desta lição é de vital importância: o direito à participação não é um mal ao exercício da função administrativa e um bem à democracia; é um bem também, às vezes até imprescindível, para o agir administrativo. O administrador na maioria das vezes não tem todas as informações necessárias para o melhor exercício de sua função, ou seja, para a melhor realização do interesse público. Necessita de informações, de elementos que só são obtidos através da atuação do cidadão. É o chamado *papel informativo do processo administrativo.* Gustavo Henrique Justino de Oliveira observou, com absoluta razão, que as audiências públicas "habilitam o órgão administrativo 'decididor', tornando-o apto a emitir um provimento mais acertado e mais justo, pois estabelecem um maior conhecimento acerca da sujeição subjacente à decisão administrativa".[127]

Tanto a lei federal brasileira de processo administrativo (Lei 9.784/1999), quanto a lei paulista (Lei 10.177/1998), em boa hora, positivaram os institutos fundamentais do processo administrativo de participação: a *audiência* e a *consulta pública.* A lei federal trata do assunto nos arts. 31, 32, 33 e 34, e a lei paulista, em redação idêntica, nos arts. 28, 29, 30 e 31. Os três primeiros merecem integral transcrição:

126. Eduardo García de Enterría e Tomás-Ramón Fernández, *Curso de Derecho Administrativo*, cit., vol. II, pp. 446-447 (tradução nossa).

127. Gustavo Henrique Justino de Oliveira, "As audiências públicas e o processo administrativo brasileiro", cit., *RTDP* 21/168.

Art. 31. Quando a matéria do processo envolver assunto de interesse geral, o órgão competente poderá, mediante despacho motivado, abrir período de consulta pública para manifestação de terceiros, antes da decisão do pedido, se não houver prejuízo para a parte interessada.

§ 1º. A abertura da consulta pública será objeto de divulgação pelos meios oficiais, a fim de que pessoas físicas ou jurídicas possam examinar os autos, fixando-se prazo para oferecimento de alegações escritas.

§ 2º. O comparecimento à consulta pública não confere, por si, a condição de interessado do processo, mas confere o direito de obter da Administração resposta fundamentada, que poderá ser comum a todas as alegações substancialmente iguais.

Art. 32. Antes da tomada de decisão, a juízo da autoridade, diante da relevância da questão, poderá ser realizada audiência pública para debates sobre a matéria do processo.

Art. 33. Os órgãos e entidades administrativas, em matéria relevante, poderão estabelecer outros meios de participação de administrados, diretamente ou por meio de organizações e associações legalmente reconhecidas.

Os dispositivos, se em parte merecem elogios, não estão livres de inconstitucionalidades. Nem a doutrina brasileira nem o legislador se conscientizaram de que somente em certas situações, incomuns, o direito à participação na tomada de decisões pelos agentes públicos é afastado. O princípio democrático, considerado em abstrato, tem acentuado peso. Por isso, em concreto, exige relevantes razões para ser afastado. A instauração de um processo é, como regra geral, exigida para prolação de toda decisão administrativa, ressalvadas apenas as exceções decorrentes da ponderação com outros princípios envolvidos – trata-se de imposição constitucional implícita. E processo – espera-se ter demonstrado – não se restringe ao procedimento: não basta uma seqüência de atos; há necessidade de instituir em favor do cidadão situações jurídicas que lhe permitam participar do procedimento, ou seja, há necessidade da relação jurídica processual.

Se para tomada de uma decisão a Administração instaurasse um procedimento interno sem dar oportunidade aos cidadãos de participar, haveria apenas procedimento, mas não processo. Nos casos em que não há controvérsia em torno de direitos do administrado, os institutos da consulta e da audiência pública são condições indispensáveis à existência de processo administrativo, pois é por meio delas que se instaura a situação jurídica de ônus dos cidadãos interessados e a situação jurídica de dever do Poder Público de ouvir os cidadãos e apreciar os elementos por eles trazidos. Em outras palavras: a relação jurídica processual instaura-se no procedimento por meio desses institutos. Nesses termos, toda restrição indevida à efetivação das consultas e audiências públicas é inconstitucional.

É óbvio que, diante do caso concreto, cabe ao agente público efetuar a ponderação de interesse entre os princípios envolvidos e apurar se o princípio democrático é, ou não, afastado. Exemplificativamente: num caso urgente, em que a segurança ou a saúde da população seria atingida caso não fossem adotadas providências imediatas, o princípio da supremacia do interesse público tem maior peso do que o princípio democrático; deve o administrador adotar as medidas necessárias sem a abertura do processo administrativo de participação (e, conseqüentemente, sem a realização de consulta e audiência públicas). Essa ponderação pode ser, eventualmente, antecipada pelo legislador na edição de uma regra jurídica, mas sempre deverá ser confirmada no caso concreto pelo administrador.[128]

Percebe-se, assim, que a realização de consultas e audiências públicas não é uma *faculdade* da Administração. Elas poderão não ser realizadas se, diante do caso concreto, a ponderação entre os princípios envolvidos afastar a incidência do princípio democrático que exige sua realização. Fora dessa hipótese elas se impõem, ainda que "causem prejuízo à parte interessada". A ressalva do art. 31, *caput*, da Lei federal 9.784/1999 e do art. 28, *caput*, da Lei paulista 10.177/1998 é, por força disso, inconstitucional.

Além disso, dependendo do caso concreto, não há nenhum sentido na realização de audiência pública. Suponha-se que com a consulta pública os cidadãos interessados, por exemplo, tenham trazido documentos ao processo. Nada há a esclarecer, inexistem depoimentos a colher.[129] Se

128. Sobre a colisão de princípios e sua ponderação é imprescindível a leitura de Robert Alexy, *Teoria dos Direitos Fundamentais*, 2ª ed., 3ª tir., trad. de Virgílio Afonso da Silva, São Paulo, Malheiros Editores, 2014, pp. 93 e ss.

129. Observa-se não se tratar, em rigor, de provas, posto que não há litígio. Há casos em que os interessados necessitam trazer aos autos depoimentos não a título de prova, mas a título de participação política. Por exemplo: para demonstrar que uma

nem no processo judicial far-se-ia uma audiência,[130] por que estaria o administrador, ressalvadas situações peculiares, obrigado a fazê-la? É evidente que cabe ao próprio administrador decidir, diante do caso concreto – ressalvados os casos em que a lei expressamente exige sua realização, ressalva constante de ambas as leis: art. 69 da Lei federal 9.784/1999 e art. 1º da Lei paulista 10.177/1998 –, se basta a realização de consulta pública ou se é necessária também a realização de audiência pública ou de outras formas de participação da população. Perceba-se que a consulta pública é o mínimo, é a situação jurídica de ônus necessária para fazer do procedimento de decisão um processo. A *consulta pública* é dever do administrador, e não uma faculdade; dever, esse, só afastado se, diante de uma ponderação entre os interesses envolvidos, outros princípios tenham mais peso do que o princípio democrático que exige sua realização. A *audiência pública* e outras formas de participação serão realizadas, ou não, dependendo do caso, mas também não se trata de faculdade: diante das circunstâncias – a necessidade da colheita de testemunhos, por exemplo –, o administrador tem o dever de realizá-las, e, na ausência dessas circunstâncias, tem o dever de não realizá-las.[131]

A dicção do § 2º do art. 31 da Lei federal 9.784/1999 (e do art. 28 da Lei paulista 10.177/1998), transcrito, demanda algumas observações. O comparecimento do cidadão não o faz interessado no sentido de parte. Trata-se de processo administrativo de participação, e não de defesa. O cidadão é interessado na decisão, e por isso tem o ônus de participar da consulta; mas não é parte do processo, não tem o direito de se defender. Essa é a exegese do dispositivo. Os dispositivos legais indicam a possibilidade de em certos processos de defesa se realizarem consultas e audiências públicas, e isso merece elogios. Haveria, nesse caso, um *processo misto*, de defesa e de participação, em que no mesmo processo se assegura ao acusado ou litigante a defesa e aos cidadãos a participação política. Evidente, no entanto, que isso só deve ocorrer excepcionalmente, quando

obra deve ser construída, o administrado traz à Administração o testemunho de várias pessoas sobre sua imprescindibilidade.

130. Nesse sentido dispõe o art. 330, I, do CPC.

131. A realização de audiências públicas inúteis acarreta desperdício de recursos públicos, não autorizado, por óbvio, ao administrador. Assim, nos casos em que as audiências não são necessárias para a participação dos cidadãos, há um dever jurídico de não realizá-las.

o processo de defesa seja de interesse da população em geral. Não é o que comumente ocorre: na maioria dos processos de defesa é ilegítima a participação dos cidadãos, só indiretamente interessados na decisão.[132]

Essas considerações – necessário dizer – são, por enquanto, isoladas na doutrina. Oxalá nossos administrativistas atentem para o real sentido do princípio democrático em nosso ordenamento e reconheçam as conseqüências que dele decorrem. Em brilhante parecer, Marcos Augusto Perez entendeu que a participação popular no processo administrativo só é vinculante para a Administração se houver disposição legal expressa; a Administração, no entanto, poderia, no exercício de competência discricionária, valer-se das audiências e consultas públicas ou outras formas de participação popular mesmo sem previsão legal. São suas palavras:

> Cremos que, havendo vinculação, haverá necessariamente uma quebra da estrutura tradicional de formação da vontade do administrador, quebra do sistema tradicional de construção do ato administrativo, e, portanto, alteração da organização administrativa, dentro de nosso quadro normativo. (...). Desse modo, para que haja alteração organizativa, na esteira do texto constitucional, da Administração Pública é necessário que esta se dê através de lei, pois a matéria é de competência do Poder Legislativo.
>
> (...).
>
> Seguindo o mesmo raciocínio, *mutatis mutandis*, não há a necessidade de lei regulamentadora da participação nos casos em que esta não assuma o caráter vinculativo da decisão administrativa.[133]

Sem desprestigiar o nobre jurista, não são corretas suas afirmações. A "estrutura tradicional da formação de vontade do administrador", mencionada pelo autor, é totalitária e incompatível com o Estado Democrático. De fato, o Brasil viveu a maior parte de sua história em regime ditatorial, por isso não possui uma tradição democrática. Diante de uma história de abusos, quase 26 anos de vigência de uma Constituição-cida-

132. Não se exclui, no entanto, o interesse desses cidadãos em controlar a legalidade desses processos, podendo fazê-lo administrativamente, por meio do direito de petição, e judicialmente, por meio da ação popular.

133. Marcos Augusto Perez, "Participação popular na Administração Pública", *RTDP* 31/133-134, São Paulo, Malheiros Editores, 2000.

dã não são suficientes para consolidar tradição. Nem por isso, todavia, é possível afirmar que a admissibilidade de decisões isoladas e livres do administrador seja a regra. Hoje, deve-se afirmar exatamente o contrário: essa admissibilidade configura exceção.

Outrossim, não é possível afirmar que o resultado da participação democrática seja não-vinculativo. Trazidos documentos ao processo pelo cidadão numa consulta pública, colhidos depoimentos numa audiência pública, o administrador, ao decidir, pode ignorar esses documentos e depoimentos, alegando que são meramente indicativos, mas não vinculantes? Evidente que não, ao menos no sentido aparentemente pretendido pelo autor. Deverá, necessariamente, apreciar todos os documentos, todos os depoimentos – enfim, tudo o que foi dito pelos participantes –, e fundamentar o afastamento de cada elemento desconsiderado na tomada da decisão. *Mutatis mutandis*, é o que ocorre no processo judicial. O juiz não está vinculado a nenhuma prova, nem à pericial, mas também não pode simplesmente afastar a prova, por sua livre e espontânea vontade. Deve examinar cada prova e fundamentadamente afastá-la. Cada elemento trazido pelo cidadão ao processo administrativo, da mesma forma, deve, necessária e imperativamente, ser analisado pelo administrador quando do proferimento da decisão final.

Audiência pública – registra-se – não se confunde com pública audiência ou sessão pública, na observação sagaz de Gordillo, pois não basta a assistência passiva e muda do público: o Poder Público deve "realizar uma audiência na qual o público é parte interessada e ativa, (...) com direito de oferecer, produzir prova e controlar a que se produz, alegar etc."[134] Deve-se enfatizar que o processo de participação só é um processo porque há uma relação jurídica complexa entre os interessados e a Administração, ou seja, há um conjunto de situações jurídicas sucessivas, ao longo do procedimento, formadoras da relação jurídica processual. Esta se caracteriza primordialmente pelo fato de os administrados terem o ônus de trazer elementos ao processo e a Administração o dever de examiná-los. Por isso que a denominada pública audiência, também chamada sessão pública, em que a Administração simplesmente torna públicos os atos internos que pratica, não é elemento essencial do processo administrativo.

134. Agustín Gordillo, *Tratado de Derecho Administrativo*, cit., 1ª ed. colombiana, vol. 2, p. X-11 (tradução nossa).

Em síntese, nos casos em que não há controvérsia sobre um direito (em sentido amplo) do administrado a Administração não tem que instaurar processo administrativo de defesa e observar o princípio do contraditório. Mas para tomar uma decisão, nesses casos, em regra, tem que instaurar um processo administrativo de participação, no qual seja instituída uma série de situações jurídicas em favor dos cidadãos, permitindo-lhes influenciar na decisão a ser tomada.

### *9.6 Procedimentos administrativos autônomos*

Se um ato final, para ser proferido, necessita da prática de outros atos, em que cada um é conseqüência do anterior e condição necessária do posterior, todos ligados pelo mesmo fim – ou seja: a prática do ato conclusivo –, tem-se um *procedimento*. Processo é a ligação indissociável entre o procedimento e uma relação jurídica complexa, nele vigorante. No exercício da função jurisdicional não existem procedimentos autônomos: em todos os procedimentos há essa relação jurídica processual. Na função administrativa, no entanto, *procedimentos administrativos autônomos* são comuns.

Suponha-se que num processo judicial se tenha determinado à Administração o depósito dos honorários periciais. A efetivação do depósito não é uma decisão, mas o cumprimento de uma decisão. É, na verdade, a prática de um *ato material*, de um ato não-declarativo. A decisão, no sentido técnico da palavra, corresponde a uma declaração lingüística de vontade, a uma deliberação sobre dado assunto, a uma prescrição de conduta. Para efetivar o depósito a Administração tem que praticar uma série de atos administrativos: há um procedimento em que só ela, Administração, participa. Não há necessidade – pois não será proferida uma decisão – da instauração de um processo.

O procurador atuante no processo judicial deve requisitar a instauração de um expediente e apresentar documentos comprobatórios do requerimento judicial de depósito. Esse expediente é encaminhado ao Departamento Contábil, que processa a solicitação. Após, é enviado ao Departamento do Tesouro, que empreende a liberação da verba requerida. Muitos atos administrativos são praticados, numa série ordenada, todos ligados ao objetivo final, ou seja, ao ato material de depósito. Apesar de existir procedimento em sentido técnico, não há que se falar em relação jurídica processual, pois só agentes da própria Administração atuam no expediente. A relação entre os agentes e a Administração é uma relação de direito material decorrente do vínculo estatutário que nada tem a ver com o expediente em si, não sendo, por isso, processual. Conclui-se: trata-se de *procedimento administrativo autônomo.*

Os procedimentos administrativos autônomos surgem sempre que a Administração precisa praticar um ato material e para tanto é necessária a prática de mais de um ato administrativo. Surgem também nos raros casos em que a Administração precisa tomar uma decisão mas, por força de circunstâncias peculiares do caso concreto, o princípio democrático, que exige a realização do processo de participação, é afastado pelo princípio da supremacia do interesse público (defesa da saúde ou segurança da população, por exemplo).

No quotidiano da Administração, os agentes públicos em geral, por praxe, denominam os procedimentos administrativos autônomos de processos administrativos. Seja processo, seja mero procedimento, tudo é denominado de processo. Corrente é a abreviação: P.A. Cientificamente, no entanto, só quando ao particular são conferidas situações jurídicas que lhe permitam influenciar o agente público na prolação do ato conclusivo haverá relação jurídica processual – e, por essa razão, processo. Nos demais casos, em que só atuam agentes da própria Administração, há, tão-somente, procedimento.

## *9.7 Competência legislativa*

Nos termos expostos, todas as conclusões obtidas a partir da doutrina formulada na seara do direito processual civil são aplicáveis integralmente ao direito administrativo. Afirmou-se que o conceito de processo é necessariamente diferente do conceito de procedimento, ao menos no Brasil, por imposição dogmática: o art. 24, XI, da Constituição da República. Essa tese exigiu, ainda que superficialmente, um exame das competências legislativas para legislar sobre processo e procedimento.

Por força disso, com o intuito de evitar possível confusão, faz-se necessário afirmar: os arts. 22, I, e 24, XI, da CF de 1988 não tratam da competência para legislar sobre processo administrativo. A Constituição de 1988 disciplinou a competência para legislar das entidades federativas, principalmente, em quatro dispositivos: nos arts. 22, 24, 25 e 30. Previu-se até o direito espacial, mas em nenhum deles o direito administrativo. Não foi esquecimento do constituinte: legislar sobre direito administrativo é decorrência lógica da autonomia política da entidade federativa, expressamente prevista no art. 18. Sempre que o constituinte quis excepcionar essa regra o fez expressamente – como, por exemplo, nos incisos II e XXVII do art. 22. Não havendo referência expressa nos incisos I do art. 22 e XI do art. 24 ao direito administrativo, a regra geral permanece incólume: esses dispositivos só se aplicam à função jurisdicional. Legislar sobre processo e procedimento administrativos de cada entidade federativa compete à respectiva entidade.

Essa conclusão em nada modifica todas as conclusões anteriores. Se para a função jurisdicional processo e procedimento são institutos diferentes por imposição dogmática, igualmente também o são para a função administrativa. A redação do referido art. 24, XI, ao disciplinar o exercício da função jurisdicional, fez menção a dois institutos da Teoria Geral do Direito, considerando-os diferentes. Além disso, como já afirmado (v., *supra*, item 9.3.4), o constituinte utilizou a expressão "processo administrativo" em vários dispositivos, e nada indica que a tenha empregado em sentido diverso do sentido que ela possui quando se refere ao processo jurisdicional.

Afastada a possível confusão, a competência para legislar sobre processo e procedimento administrativos é da respectiva entidade federativa que os exerce. Dito isso, enunciados os conceitos de processo e procedimento administrativos, enunciados os escopos do processo administrativo, apresentadas suas espécies e discorrido sobre o procedimento administrativo autônomo, resta, para concluir o objetivo proposto, examinar os princípios que regem o processo administrativo. A análise dos princípios regentes é fundamental para a exata compreensão de seu conceito científico.

### *9.8 Princípios regentes do processo administrativo*

O conceito científico de *processo* proposto nesta modesta análise só será devidamente compreendido se examinados seus princípios regentes. Uma conclusão óbvia pode, desde já, ser fixada. Se, por um lado, o processo administrativo é um meio de exercício da função administrativa, por outro, ele próprio consiste nesse exercício. Ao instaurar um processo administrativo e ao presidi-lo, a Administração exerce função administrativa. Por força disso, regem o processo administrativo todos os princípios que regem a função administrativa.[135]

Sendo o processo administrativo exercício da função administrativa, os princípios estruturantes do direito administrativo – da supremacia do interesse público sobre o privado e da indisponibilidade do interesse público[136] – são também suas vigas mestras. Todos os princípios deles decorrentes, seja os expressamente previstos na Constituição, seja os implicitamente dela extraídos, são também a ele aplicáveis.[137] Não por serem regentes do processo administrativo em si, mas por serem regentes da função administrativa.

O problema maior a ser enfrentado, que exige detida análise, é apurar quais os princípios peculiares ao processo administrativo: como se acentuou, os princípios inerentes à função administrativa são, obviamente, aplicáveis a ele; resta examinar quais princípios incidem não em decorrência do exercício da função administrativa, mas em virtude do processo em si mesmo considerado.

### *9.8.1 Sistemas administrativos*

Sistema administrativo ou sistema de controle jurisdicional da Administração é o regime adotado pelo ordenamento jurídico para correção dos atos administrativos ilegais.[138] Existem dois sistemas: o chamado *contencioso administrativo*, ou *francês*, e o *judiciário, de jurisdição*

135. Nesse ponto da exposição, emprega-se o termo "princípios" não no sentido proposto pelo neoconstitucionalismo, de mandados de optimização, normas que exigem a máxima concretização possível de valores, mas no sentido de *elementos estruturantes* do sistema (cf., *supra*, "Introdução"-rodapé 12).

136. Adota-se aqui a concepção de Celso Antônio Bandeira de Mello sobre o regime jurídico-administrativo (*Curso de Direito Administrativo*, cit., 31ª ed., Capítulo I-IX, pp. 70 e ss.).

137. Assim, não há dúvida de que os cinco princípios arrolados no *caput* do art. 37 da CF de 1988 se aplicam ao processo administrativo: legalidade, impessoalidade, moralidade, publicidade e eficiência. Todos os demais princípios não expressamente previstos, mas extraídos pela doutrina da análise dos dispositivos do texto constitucional, aplicáveis à função administrativa, também se aplicam ao processo administrativo. São exemplos: os princípios da motivação, da finalidade, do controle judicial dos atos administrativos, da responsabilidade do Estado por atos administrativos e da segurança jurídica.

138. Cf. Hely Lopes Meirelles, *Direito Administrativo Brasileiro*, cit., 40ª ed., p. 53.

*única*, ou *inglês*. O primeiro foi adotado originariamente na França, a partir de uma interpretação radical do princípio da separação dos Poderes. É fundamentado no seguinte raciocínio: se fosse dado ao Judiciário o poder de se manifestar sobre a atividade administrativa do Executivo, estaria abalada a separação entre este Poder, Executivo, e aquele, Judiciário. Daí ser vedado à Justiça Comum, como regra geral, conhecer dos atos administrativos praticados pelo Executivo. Esses são conhecidos por uma jurisdição especial, chamada de jurisdição administrativa,[139] pertencente à organização do próprio Executivo.

No contencioso administrativo os conflitos em que a Administração Pública esteja envolvida são resolvidos por ela própria, ressalvadas algumas exceções. Para solução desses conflitos a Administração vale-se, evidentemente, de um processo administrativo. Ocorre que esses processos, que levam à coisa julgada, existentes no sistema francês, nada têm a ver com os processos administrativos aqui examinados, que não levam à coisa julgada.[140] Aqueles são *jurisdicionais*, pois a Admi-

139. Hely Lopes Meirelles diferencia o *contencioso administrativo* da *jurisdição administrativa*. O primeiro refere-se ao conjunto de litígios resultantes da atividade administrativa. Jurisdição administrativa, por sua vez, consiste no conjunto de tribunais agrupados sob a autoridade do Conselho de Estado, órgão de cúpula dessa jurisdição especial pertencente ao Poder Executivo. *Jurisdição administrativa* diferencia-se da *jurisdição judiciária*, ou seja, dos tribunais agrupados sob a autoridade da Corte de Cassação, órgão de cúpula do Poder Judiciário (*Direito Administrativo Brasileiro*, cit., 40ª ed., pp. 53-54). A *jurisdição administrativa* sempre foi menos ampla que o *contencioso administrativo*, pois alguns litígios referentes à Administração cabem à Justiça Comum, como, por exemplo, os litígios decorrentes das atividades públicas de caráter privado. O critério para apartar as causas do contencioso administrativo de competência da Justiça Comum das causas de competência do Conselho de Estado sempre foi polêmico. A dificuldade intensifica-se quando se adota o *critério estatutário*, segundo o qual sempre que estiver presente a Administração Pública numa relação jurídica incidirá, em maior ou menor medida, o regime de direito administrativo. Justamente por adotar esse critério, defendemos em outra oportunidade que mesmo a exploração da atividade econômica pelo Estado, parcialmente submetida a regras de direito privado por expressa disposição constitucional (art. 173, § 1º, II), rege-se pelo regime de direito administrativo (v. nossos *Efeitos dos Vícios do Ato Administrativo*, cit., Capítulo IV-4, pp. 112-114; *Regulação Administrativa à Luz da Constituição Federal*, cit., Capítulo III-rodapé 61). O Direito Brasileiro, ao não adotar o sistema francês, afasta esse tormentoso problema.

140. Relembra-se a útil terminologia adotada por Marcello Caetano: os jurisdicionais são chamados de "processos administrativos contenciosos"; os não-jurisdicionais, de "graciosos" (*Manual de Direito Administrativo*, cit., 10ª ed., 6ª reimpr., t. II, §

nistração dita definitivamente o Direito no caso concreto; estes são *não-jurisdicionais*, são sempre passíveis de revisão pelo órgão competente para o exercício da função jurisdicional. A afirmação de que processo administrativo, em si mesmo, consiste no exercício da função administrativa aplica-se tão-somente aos processos não-jurisdicionais. Os jurisdicionais, próprios do contencioso administrativo ou sistema francês, consistem em exercício da função jurisdicional. As conseqüências disso são importantes: aos processos administrativos jurisdicionais do contencioso administrativo, por se tratar de exercício da função jurisdicional, aplicam-se todos os princípios do processo civil ou penal, e não os princípios próprios da atividade administrativa.

No sistema judiciário, ou de jurisdição única, ou inglês não há essa divisão: todos os atos administrativos, sem exceção, são passíveis de exame pelo Poder Judiciário. Vigora com toda força, sem admitir exceções, o princípio do não-afastamento do controle judiciário – ou, em outras palavras, o direito fundamental à ação jurisdicional (art. 5º, XXXV, da CF). Nesse sistema a regra é que a função jurisdicional é privativa do Poder Judiciário, só a ele cabe decidir definitivamente sobre um conflito de interesses, dizendo o Direito no caso concreto e produzindo coisa julgada.[141] Nesse sistema só existem processos administrativos não-jurisdicionais, próprios do exercício da função administrativa.

O Brasil adota o sistema inglês: não admite processos administrativos jurisdicionais. Nos processos administrativos graciosos ou não-jurisdicionais, únicos existentes, é incontroversa a incidência dos princípios regentes da função administrativa. Discute-se, no entanto, quais princípios, próprios do processo jurisdicional, incidem no processo administrativo não-jurisdicional. Um dos motivos para a adoção da expressão "processo administrativo", preconizada por Adilson Abreu Dallari e Sérgio Ferraz, é

465, pp. 1.287-1.289). No sistema francês existem tanto processos administrativos contenciosos como graciosos. No sistema inglês existem tão-somente os graciosos.

141. No Direito Brasileiro, de fato, não existem exceções. Cabe ao Senado Federal *julgar* os crimes de responsabilidade praticados pelos Ministros do STF, pelo Procurador-Geral da República, pelo Advogado-Geral da União, pelo Presidente e pelo Vice-Presidente da República; e, nos crimes conexos com os destes, os Ministros e Comandantes da Marinha, do Exército e da Aeronáutica (CF, art. 52, I e II), mas se trata de função administrativa, tanto que o julgamento pode ser revisto pelo Poder Judiciário, se houver provocação. Por todos: Celso Antônio Bandeira de Mello, *Curso de Direito Administrativo*, cit., 31ª ed., Capítulo I-5, pp. 33-34, rodapé 5.

justamente a aplicação ao processo administrativo dos princípios do processo jurisdicional.[142] Quase toda doutrina nacional acompanha esse pensamento.[143] Lucidamente, García de Enterría e Tomás-Ramón Fernández desaconselham o uso da expressão "processo administrativo" por razões opostas, para que não se cometa o disparate pretendido pela doutrina brasileira de se aproximar indevidamente o processo administrativo do processo jurisdicional. A lição, pela sua importância, merece ser transcrita:

> La aportación de Merkl (...), ao haber roto el monopolio judicial de lo procedimental subrayando la inexistencia de interdependencia estructural o interna entre las distintas clases de procedimientos, ha podido advertir los riesgos inherentes a los intentos de asimilación a ultranza del proceso judicial y el procedimiento administrativo que, impulsados por el legítimo afán de reforzar al máximo las garantías de los administrados, tienden a "jurisdiccionalizar" en exceso el procedimiento administrativo en contra de lo que postulan las concretas necesidades a las que dicho procedimiento sirve.[144]

A advertência dos excelsos autores exige séria reflexão. Seria precipitado e um tanto quanto incoerente afirmar, sem a análise suficiente, que ao processo administrativo não-jurisdicional se aplicam todos os princípios do processo jurisdicional. O passo seguinte é, assim, empreender análise comparativa entre o processo jurisdicional (privativo, no Brasil, do Judiciário[145]) e o administrativo.

142. Sérgio Ferraz e Adilson Abreu Dallari, *Processo Administrativo*, cit., 3ª ed., p. 53-54.

143. Carlos Ari Sundfeld afirma: "Importantes doutrinadores sustentam ser fundamental falar em 'processo' administrativo justamente para afirmar com ênfase a incidência, na esfera administrativa, dos grandes princípios processuais (devido processo, ampla defesa, direito ao contraditório e ao recurso etc.)" ("Processo e procedimento administrativo no Brasil", cit., in Carlos Ari Sundfeld e Guillermo Andrés Muñoz (coords.), *As Leis de Processo Administrativo: Lei Federal 9.784/1999 e Lei Paulista 10.177/1998*, 1ª ed., 2ª tir., p. 19, rodapé 5. E acrescenta concordar com a preocupação.

144. Eduardo García de Enterría e Tomás-Ramón Fernández, *Curso de Derecho Administrativo*, cit., vol. II, p. 443.

145. O Poder Judiciário, tal como o Poder Legislativo, também exerce função administrativa, e quando o faz instaura processos administrativos não-jurisdicionais. Assim, é plenamente possível um *processo judicial*, instaurado pelo Judiciário, mas administrativo, não jurisdicional. Basta pensar num processo disciplinar instaurado para repreensão de um servidor do Poder Judiciário. Assim, diferenciam-se as expressões "processo judicial" e "processo jurisdicional". Apesar disso, nesta exposição

### *9.8.2 Institutos fundamentais do processo jurisdicional e do administrativo: similitudes*

Muitas semelhanças existem entre o processo judicial e o administrativo, já que, cientificamente, o conceito de processo não difere: processo, seja jurisdicional ou administrativo, é o conjunto indissociável de procedimento e relação jurídica processual. A doutrina refere-se a quatro institutos fundamentais do direito processual (jurisdicional): jurisdição, ação, defesa e processo.[146] Nem todos esses institutos, apesar da identidade conceitual, têm correspondência no direito processual administrativo. Já analisado o instituto do *processo*, são cabíveis algumas considerações sobre os demais.

*Jurisdição* é a função estatal exercida em substituição às partes envolvidas no conflito, para pacificação deste mediante atuação da vontade do direito objetivo no caso concreto.[147] Consiste, nesses termos, no exercício do poder estatal. Sempre que o Estado precisa decidir – seja para solução definitiva de um conflito de interesses, substituindo as partes envolvidas, seja para execução de uma política pública –, vale-se do processo. Perceba-se, portanto, que, em termos gerais, o processo é necessário para o exercício do poder, sendo a *jurisdição* e a *administração* formas de exercício do poder. Jurisdição é o exercício do poder específico do processo jurisdicional. Administração é o exercício do poder específico do processo administrativo. Conclui-se, dessa forma, que o instituto fundamental da jurisdição encontra, sim, correspondência no âmbito administrativo.

A *ação*, em síntese, é o poder do indivíduo de exigir a prestação jurisdicional.[148] Aqueles que concebem o processo como meio de *tutela*

utiliza-se a expressão "processo judicial", ressalvada referência em sentido contrário, como sinônimo de "processo jurisdicional".

146. Essa estrutura foi adotada na obra clássica de Eduardo J. Couture, *Fundamentos del Derecho Procesal Civil*, cit., 4ª ed., p. 21. E seguida por Antônio Carlos de Araújo Cintra, Ada Pellegrini Grinover e Cândido Rangel Dinamarco, *Teoria Geral do Processo*, cit., 30ª ed., pp. 149 e ss.

147. Cf. Antônio Carlos de Araújo Cintra, Ada Pellegrini Grinover e Cândido Rangel Dinamarco, *Teoria Geral do Processo*, cit., 30ª ed., § 60, p. 149.

148. Sobre o conceito de *ação* e as várias teorias existentes, v., por todos, Antônio Carlos de Araújo Cintra, Ada Pellegrini Grinover e Cândido Rangel Dinamarco, *Teoria Geral do Processo*, cit., 30ª ed., pp. 269-276.

*de direitos* inserem-na no centro do sistema processual e vêem o processo jurisdicional como um instrumento do autor. Essa visão, todavia, está superada: processo jurisdicional não existe para promover o direito do demandante, mas para solucionar definitivamente o conflito.[149] A antiga concepção era favorecida no processo jurisdicional pelos *princípios da inércia da jurisdição* e *da demanda*: só há atuação da jurisdição se houver ação. Cândido Dinamarco defende que o instituto da ação não encontra correspondente no processo administrativo, posto que a Administração sempre pode atuar de ofício e iniciar o processo independentemente de qualquer pedido.[150] Couture, no entanto, considera o direito de ação uma especificação do direito de petição[151] – e, apesar da veemente repulsa de Dinamarco, está com a razão.[152] O direito de petição, genericamente, refere-se ao poder do indivíduo de exigir do Estado que se manifeste sobre sua pretensão: no processo jurisdicional dá-se por meio da ação; no processo administrativo, por meio de vários instrumentos, como a representação, a denúncia e a reclamação.[153] O instituto

149. Nesse sentido: Cândido Rangel Dinamarco, *Fundamentos do Processo Civil Moderno*, cit., 6ª ed., t. I, pp. 273-276.

150. Cândido Dinamarco, *Fundamentos do Processo Civil Moderno*, cit., 6ª ed., t. I, pp. 274-275. Fica afastada desde já a incidência dos princípios da inércia da jurisdição e da demanda no processo administrativo: a Administração quase sempre pode atuar de ofício. Ressalvam-se os processos ampliativos de direito de *exclusivo interesse* do administrado. Por todos: Celso Antônio Bandeira de Mello, *Curso de Direito Administrativo*, cit., 31ª ed., Capítulo VIII-37, p. 512.

151. Eduardo J. Couture, *Fundamentos del Derecho Procesal Civil*, cit., 4ª ed., pp. 61-65. Não há como negar que o direito de petição antecede o direito de ação. Com o tempo os institutos foram se apartando: hoje, pode-se afirmar que o *direito de petição* refere-se à provocação do exercício da *função administrativa* e o *direito de ação* à provocação do exercício da *função jurisdicional*. Sobre o direito de petição, v.: Artur Cortez Bonifácio, *Direito de Petição: Garantia Constitucional*, São Paulo, Método, 2004. O direito de petição está previsto no art. 5º, XXXIV, "a", da CF; o direito de ação, no art. 5º, XXXV.

152. Cândido Rangel Dinamarco, *Fundamentos do Processo Civil Moderno*, cit., 6ª ed., t. I, p. 292.

153. Sobre elas, v., por todos, Celso Antônio Bandeira de Mello, *Curso de Direito Administrativo*, cit., 31ª ed., Capítulo III-10, pp. 152-153. Para o aclamado publicista essas medidas são apropriadas para quem "não é parte da relação jurídica em cujo bojo foi tomada a decisão" ou "não é diretamente afetado pela medida", e, em qualquer caso, são cabíveis quando a lei não previr recurso para a hipótese específica; quando a parte é diretamente interessada e a lei previr recurso para a hipótese, ela deve valer-se do *pedido de reconsideração* e do *recurso hierárquico* (idem,

da ação, apesar de encontrar correspondente no âmbito administrativo, não está – ao contrário do que ocorre no processo jurisdicional – sempre presente. Se o processo jurisdicional é sempre iniciado mediante o exercício do direito de ação, o processo administrativo pode ser iniciado de ofício pela Administração.

*Defesa* consiste na faculdade de resistir à pretensão formulada em juízo. Foi valorizada com a superação da teoria do processo como instrumento do autor. Não se concebem processos jurisdicionais sem que haja conflito de interesses e, portanto, duas partes: a que veicula a pretensão e a que resiste.[154] No âmbito administrativo o instituto encontra

ibidem). Do ponto de vista conceitual, a *representação* busca a *responsabilização* do agente; a *denúncia* busca a correção de uma invalidade; a *reclamação* veicula uma *reivindicação*. Assim, *a fortiori*, a reclamação informa uma *falta funcional* e pede a punição do responsável; a *denúncia* informa a *contrariedade ao Direito* e pede a adoção de providências necessárias à *inibição* da ilicitude, a *remoção* da ilicitude e a *reparação* do dano; a *reclamação* requer a adoção de uma medida pretendida pelo administrado, não necessariamente exigida pelo Direito. Todas são manifestação do direito de petição.

154. Há exceções: existem processos jurisdicionais em que o instituto não está presente. Trata-se dos *processos de jurisdição voluntária*, como a arrecadação de coisas vagas, a organização de fundações etc. Há quem considere tratar-se de processos administrativos. Por todos: José Frederico Marques, *Ensaio sobre a Jurisdição Voluntária*, Campinas, Millennium, 2000, § 5º, pp. 63-73. Nas palavras dele: "A natureza administrativa da jurisdição voluntária, admitida por grande número de doutrinadores, afigura-se-nos indiscutível. O Estado, quando intervém, através do juiz, não atua com o intuito de fazer observar a ordem jurídica, nem para dirimir um litígio ou pretensão. Desta forma, é evidente que a jurisdição voluntária nada tem de jurisdicional" (idem, p. 65). Discorda-se: as decisões proferidas pelo Judiciário em sede de jurisdição voluntária só são passíveis de alteração pelo próprio Poder Judiciário caso haja mudança das circunstâncias fáticas. Nesse sentido, a parte final do art. 1.111 do CPC condiciona a modificação da sentença à "ocorrência de circunstâncias supervenientes". Se mantidas as circunstâncias em que foi proferida, nem o próprio Poder Judiciário pode alterá-la. Donde, considerada a definitividade da decisão para as circunstâncias fáticas em que foi proferida, rigorosamente, apesar da posição majoritária da doutrina, há, sim, *coisa julgada* na jurisdição voluntária. José Frederico Marques admitiu que os atos de jurisdição voluntária possuem regime distinto dos atos administrativos, pois possuem "tonalidades diversas pelo caráter judiciário" (idem, p. 87). A diferença é evidente: também na jurisdição voluntária não há *discricionariedade*, o Judiciário declara, em última voz, o Direito. As notas diferenciais atribuidas à *função judiciária* por José Frederico Marques são indicativas, na verdade, da *função jurisdicional*; tanto que no exercício de função administrativa pelo Poder Judiciário (compra de bens, nomeação e punição de servidores etc.) essas "tonalidades diversas" não es-

correspondência, mas nem sempre está presente: defesa só existe nos chamados processos de defesa, não nos de participação. Possui, nesses termos, correspondência, mas não a título fundamental: não se trata de instituto fundamental do processo administrativo.

Em síntese, todos os institutos fundamentais do direito processual jurisdicional encontram correspondência no direito processual administrativo, não, porém, a título fundamental. O direito de petição, correspondente ao direito de ação, não é categoria indispensável para instauração do processo administrativo, em face da não aplicação a ele dos princípios da inércia da jurisdição e da demanda; e, por isso, não é instituto fundamental. O direito de defesa só surge em certos tipos de processos administrativos, não se configurando nos processos de participação. A análise dos institutos fundamentais do direito processual jurisdicional revela, pois, acentuadas diferenças entre as duas formas de exercício do poder estatal.

### *9.8.3 Processo jurisdicional e processo administrativo: diferenças fundamentais*

Feito o exame dos institutos fundamentais do direito processual jurisdicional e de seus correspondentes no âmbito administrativo, necessário enunciar as diferenças fundamentais entre ambos os processos. Duas delas são extraídas da análise anterior: (1) no processo administrativo não vigoram os princípios da demanda e da inércia da jurisdição, pois a Administração, como regra geral, sempre pode agir de ofício, descaracterizando-se o direito de petição (em sentido amplo) como instituto fundamental; (2) o direito de defesa também se descaracteriza como instituto fundamental, tendo em vista que nem sempre está presente: só surge nos chamados processos administrativos de defesa. Outras diferenças existem, além dessas, de tão ou mais graves conseqüências.

No processo jurisdicional o juiz não é parte do conflito de interesses, da relação jurídica de direito material que envolve as partes; não tem, por força disso, nenhum interesse no conflito em causa. Essa imparcialidade

tão presentes. Conclui-se: o *processo de jurisdição voluntária*, sob pena de grave equívoco científico, não pode ser considerado um *processo administrativo*.

é de extraordinária importância no processo jurisdicional, na medida em que é uma das maiores garantias de uma decisão *justa*. No processo administrativo a Administração, encarregada de proferir a decisão final, é parte no conflito de interesses ou na relação jurídica de direito material. Tem o dever de *impessoalidade*, que não se confunde com *imparcialidade*. Impessoalidade é agir tendo em vista não o interesse próprio (pessoal), mas o interesse público. Não exige, ao contrário do que ocorre na imparcialidade, isenção, neutralidade psicológica em relação aos fatos.

O produto final do processo jurisdicional, ao menos o produto pretendido, é dotado da característica de definitividade, efeito da coisa julgada: a norma editada não pode ser modificada. Pelo princípio do não afastamento do controle judiciário, vigorante no sistema de jurisdição única, o processo administrativo nunca faz coisa julgada. A decisão proferida em sede administrativa sempre é passível de reexame pelo Judiciário, em sede jurisdicional.

Por fim, ao processo jurisdicional aplica-se o princípio do devido processo legal, princípio geral, concretizado por uma série de subprincípios processuais: contraditório, ampla defesa, juiz natural, imparcialidade – dentre outros. A doutrina, praticamente pacífica, defende a incidência do princípio do devido processo legal no processo administrativo. O exame científico não se contenta com o argumento de autoridade, e, para evitar equívocos decorrentes de generalizações indevidas, muitas vezes ideologicamente plantadas, exige percuciente análise para saber se e em que medida esse princípio é, de fato, aplicável.

### *9.8.4 Devido processo legal: conceito*

O princípio tem sua origem remota na *Magna Carta* inglesa, de 1215, fruto de um acordo entre o Rei João Sem Terra e os barões ingleses. Constava do art. 39 da Magna Carta[155] a *law of the land* ou "lei da

155. "Nenhum homem livre será detido ou sujeito à prisão, ou privado dos seus direitos ou seus bens, ou declarado fora da lei, ou exilado, ou reduzido em seu *status* de qualquer outra forma, nem procederemos nem mandaremos proceder contra ele senão mediante um julgamento legal pelos seus pares ou pelo *costume da terra*." A tradução é de Elizabeth Maria de Moura, *O Devido Processo Legal na Constituição Brasileira de 1988 e o Estado Democrático de Direito*, São Paulo, Celso Bastos Editor, 2000, p. 41, grifo nosso.

terra". Em 1354, durante o reinado de Eduardo III, a expressão é substituída em uma lei do Parlamento por *due process of law*. Posteriormente, em 1628, Carlos I decretou um empréstimo compulsório ilegal e levou cinco nobres à prisão porque se recusavam a pagá-lo. Por força disso, sob inspiração de Edward Coke, foi elaborada pelo Parlamento inglês a *Petition of Rights*, consignando entre as garantias compreendidas no art. 39 da Magna Carta a de que ninguém poderia ser preso sem justa causa – *whithout any cause showed*. A cláusula, posteriormente, foi inserida nas Declarações de Direitos de muitas das Colônias americanas, sendo um exemplo o art. VIII da Declaração de Direitos do Bom Povo da Virgínia de 1776, que trazia expressa a *law of the land*. A Constituição americana inicialmente não apresentou um rol de direitos fundamentais. Estes foram inseridos por emendas, cujas 10 primeiras foram redigidas por Madison e aprovadas em 1791. O princípio do *due process of law* consta da Emenda V,[156] aplicável, segundo se entendeu, aos Estados. Com o fim da Guerra da Secessão e a imperiosa necessidade de estender o princípio da igualdade aos Estados-membros, editou-se a Emenda XIV, em 1865,[157] na qual também consta expressamente o *due process*. Consagrada estava para o resto da história da

156. A Emenda V da Constituição americana tem a seguinte redação: "Nenhuma pessoa será detida para responder por crime capital ou hediondo, a menos que apresentada ou indiciada por um grande Júri, exceto em casos levantados perante as forças terrestres ou navais, ou milícia, quando em efetivo serviço em tempo de guerra ou perigo público; nem será pessoa alguma sujeita por duas vezes à mesma ofensa, colocando em risco sua vida ou parte do corpo; nem ser compelida em qualquer caso criminal a ser testemunha contra si mesma, nem ser privada da vida, liberdade ou propriedade, sem o *devido processo legal*; nem a propriedade privada ser tomada para uso público sem justa compensação" (trad. de Elizabeth Maria de Moura, *O Devido Processo Legal na Constituição Brasileira de 1988 e o Estado Democrático de Direito*, São Paulo, Celso Bastos Editor, 2000, p. 43 – grifos nossos).

157. A Emenda XIV tem a seguinte redação: "Todas as pessoas nascidas ou naturalizadas nos Estados Unidos, e sujeitas à sua jurisdição, são cidadãos dos Estados Unidos e do Estado em que residam. Nenhum Estado fará ou executará qualquer lei que restrinja os privilégios ou imunidades dos cidadãos dos Estados Unidos; nenhum Estado privará qualquer pessoa da vida, liberdade ou propriedade sem o *devido processo legal*; nem negará a qualquer pessoa dentro de sua jurisdição a igual proteção das leis" (trd. de Elizabeth Maria de Moura, *O Devido Processo Legal na Constituição Brasileira de 1988 e o Estado Democrático de Direito*, cit., p. 44 – grifos nossos).

Humanidade a cláusula *due process of law*,[158] traduzida para o Português como "devido processo legal".[159]

Há uma divergência sobre o significado dessa expressão, destacando-se duas concepções a respeito. Pela primeira, a cláusula consagra um processo consentâneo com determinadas regras preestabelecidas. Esse é o sentido, segundo Sampaio Dória, do princípio da *lei da terra*.[160] Daí – poder-se-ia argumentar – a existência de dois dispositivos distintos na Carta Magna: arts. 39 e 40.[161] De acordo com essa interpretação, afirmou Melville Bigelow, citado por Dória, "a expressão *per legem terrae* exigia simplesmente um processo judicial", tanto que as ordálias (juízos de Deus) não contrariavam a *law of the land*.[162] Sampaio Dória permaneceu fiel a essa concepção, traduzindo a cláusula por "adequado processo legal".[163]

158. Sobre a história da cláusula *due process of law*, v.: Antônio Roberto Sampaio Dória, *Princípios Constitucionais Tributários e a Cláusula "Due Process of Law"*, São Paulo, Ed. RT, 1964, pp. 21-33; Carlos Roberto Siqueira Castro, *O Devido Processo Legal e os Princípios da Razoabilidade e da Proporcionalidade*, 3ª ed., Rio de Janeiro, forense, 2005, pp. 5-27.

159. A tradução é atribuída a Carlos Roberto Siqueira Castro, que primeiro versou sobre a cláusula do *due process of law* em sua tese de livre-docência, defendida perante a Faculdade de Direito da Universidade do Rio de Janeiro; depois apresentou, como Assessor na Assembléia Constituinte, proposta que resultou no texto do inciso LIV do art. 5º da CF de 1988. Relata José Afonso da Silva, no "Prefácio" da 1ª edição da tese: "Conheci-o junto da Comissão Provisória de Estudos Constitucionais, chamada Comissão Afonso Arinos. Depois convivemos nessa extraordinária aventura (no melhor sentido da palavra) que foi o processo constituinte, desde os primeiros momentos de atuação da Comissão de Sistematização. Vi quando nascia a manifestação expressa do princípio do *due process of law* por sua sugestão e com a fórmula por ele proposta. Concretizou-o em proposta constitucional o deputado Vivaldo Barbosa, cuja atuação na Constituinte foi das mais destacadas e cuja contribuição efetiva, insistente, não raro, permeou a nova Constituição de valores sociais e de sentido da valorização do homem, especialmente do povo mais carente" (in Carlos Roberto Siqueira Castro, *O Devido Processo Legal e os Princípios da Razoabilidade e da Proporcionalidade*, 1ª ed., p. XX).

160. Antônio Roberto Sampaio Dória, *Princípios Constitucionais Tributários e a Cláusula "Due Process of Law"*, cit., pp. 25-33.

161. O art. 40 dispunha: "A ninguém venderemos, negaremos ou retardaremos direito ou justiça" (trd. de Elizabeth Maria de Moura, *O Devido Processo Legal na Constituição Brasileira de 1988 e o Estado Democrático de Direito*, cit., p. 41).

162. Melville Bigelow, *History of Procedure in England*, ed. 1880, Little, Brown and Co., p. 155, nota 3, *apud* Antônio Roberto Sampaio Dória, *Princípios Constitucionais Tributários e a Cláusula "Due Process of Law"*, cit., p. 25.

163. Antônio Roberto Sampaio Dória, *Princípios Constitucionais Tributários e a Cláusula "Due Process of Law"*, cit., p. 31.

Segundo o Min. Cézar Peluso, *devido* é aquilo que deve ou precisa ser feito. Uma coisa pode ser devida a título da lei: nesse sentido, um ato devido é um ato que o sujeito precisa praticar, porque a lei lhe impõe: é devido porque imposto por uma norma jurídica. O *processo legal* é o processo devido a título de lei. Então – conclui –, o "devido" da expressão "devido processo legal" não pode ter o mesmo significado que "legal". O processo, além de estar de acordo com a lei (processo legal), tem que ser devido a título de justiça, tem que ser justo (processo justo). A melhor tradução da expressão seria "justo processo da lei" ou, mais precisamente, "justo processo do Direito".[164] Essa é a posição de Charles D. Cole, para quem "o conceito de devido processo legal se identifica com aquilo que é fundamentalmente justo".[165]

164. Conforme transcrição de gravação em áudio da 4ª aula do Curso de Direito Processual Civil ministrado pelo Min. Antônio Cézar Peluso na PUC/SP no ano de 1996. Na verdade, a melhor tradução seria "justo processo do Direito", tendo em vista que *lei* na *Common Law* refere-se ao *statute*. De fato: *Law* diz respeito ao Direito, não à lei. Aliás, a lei só é vinculante quando reconhecida pelo Judiciário como Direito. Preciosa, nesse sentido, a explicação de René David: "O essencial é que a lei, na concepção tradicional inglesa, não é considerada como um modo de expressão normal do Direito. Ela é sempre uma peça estranha no sistema do Direito Inglês. Os juízes aplicá-las-ão certamente, mas a regra que contém a lei só será definitivamente admitida e plenamente incorporada no Direito Inglês quando tiver sido aplicada e interpretada pelos tribunais e na forma e na medida em que serão feitas esta aplicação e esta interpretação" (*Os Grandes Sistemas do Direito Contemporâneo*, 4ª ed., trad. de Hermínio A. Carvalho, São Paulo, Martins Fontes, 2002, p. 434).

165. Charles D. Cole, "O devido processo legal na cultura jurídica dos Estados Unidos: passado, presente e futuro", *Revista AJUFE* 56/33, Porto Alegre, agosto-outubro/1997. Nesse sentido, afirma Carlos Roberto Siqueira Castro: "Sabido que a cláusula do *devido processo legal* não logrou ser reduzida a nenhuma fórmula precisa e acabada nos sistemas constitucionais que a adotam, seja de maneira explícita ou implícita, essa garantia acabou se transformando num postulado genérico de legalidade a exigir que os atos do Poder Público se compatibilizem com a noção de um *direito justo*, isto é, consentâneo com o conjunto de valores incorporados à ordem jurídica democrática segundo a evolução do sentimento constitucional quanto à organização do convívio social" (*O Devido Processo Legal e os Princípios da Razoabilidade e da Proporcionalidade*, cit., 3ª ed., p. 141). Em coro uníssono, afirma Ada Pellegrini Grinover: "A indeterminação da cláusula, hoje transformada em um *fundamental pinciple of justice*, provém de sua identificação com os princípios de igualdade e justiça, enraizados na consciência nacional mas sujeitos a interpretações pessoais e variáveis" (*As Garantias Constitucionais do Direito de Ação*, São Paulo, Ed. RT, 1973, p. 35). Do mesmo modo, doutrina Humberto Ávila: "Nesse sentido, a expressão composta de três partes fica plena de significação: deve haver um processo;

Melhor razão assiste à segunda corrente. O devido processo legal biparte-se, hoje, em dois institutos: o devido processo legal adjetivo e o substantivo.[166] O devido processo legal substantivo é um instituto que se aplica a todo direito, seja o direito substantivo, seja o processual.[167] Interessa, aqui, examinar o devido processo legal adjetivo, princípio específico do direito processual. O devido processo legal adjetivo não é apenas o dever de seguir um processo previamente estabelecido na lei, pois, se o fosse, bastaria a expressão "processo legal", ou seja, processo devido a título da lei. A menção ao "devido" só pode indicar que o processo legal é devido não a título da lei, pois seria pleonasmo, mas a título de justiça. Os arts. 39 e 40 da Carta Magna não afastam essa interpretação; pelo contrário, indicam que essa concepção sempre esteve presente.

O justo processo legal, ou seja, um processo legal que seja considerado justo, é aquele que obedece a uma série de princípios processuais.

ele deve ser justo; e deve ser comportável com o ordenamento jurídico, especialmente com os direitos fundamentais" ("O que é 'devido processo legal'?", *RePro* 163/57, Ano 33, São Paulo, Ed. RT, setembro/2008).

166. O devido processo legal substantivo é sinônimo de *razoabilidade*. Nesse sentido, afirma Carlos Roberto Siqueira Castro: "Sob o influxo da interpretação construtiva (*constructive interpretation*) da *substantive due process of law*, essa garantia acabou por transformar-se num amálgama entre o princípio da 'legalidade' (*rule of law*) e o da 'razoabilidade' (*rule of reasonableness*) para o controle da validade dos atos normativos e da generalidade das decisões estatais" (*O Devido Processo Legal e os Princípios da Razoabilidade e da Proporcionalidade*, cit., 3ª ed., p. 65). Em sentido contrário, doutrina Humberto Ávila: "O uso da expressão 'devido processo legal substancial', como variante de significado supostamente decorrente da previsão expressa do 'devido processo legal', é triplamente inconsistente: em primeiro lugar, porque leva ao entendimento de que o fundamento normativo dos deveres de proporcionalidade e razoabilidade é o dispositivo relativo ao 'devido processo legal', quando o seu fundamento reside na positivação dos princípios da liberdade e igualdade conjuntamente com finalidades estatais; em segundo lugar, porque os deveres de proporcionalidade e de razoabilidade são aplicados mesmo fora do âmbito processual, razão pela qual perde sentido o uso da expressão 'devido *processo* legal substancial' para representá-los; em terceiro lugar, porque o 'devido processo legal substancial', se compreendido como os deveres de proporcionalidade e de razoabilidade, dá a entender que esses deveres não estão presentes no 'devido processo legal procedimental', quando, como será visto, servem para a própria configuração como processo adequado ou justo" ('O que é 'devido processo legal?'", cit., *RePro* 163/56).

167. Em relação ao direito processual, afirma Humberto Ávila que "só se sabe se um processo é adequado ou justo se os atos praticados no processo forem proporcionais e razoáveis ao ideal de protetividade do direito alegado" ("O que é 'devido processo legal'?", cit., *RePro* 163/59).

Lembra-se aqui a ordem crescente de densidade proposta por Canotilho: princípios estruturantes → princípios constitucionais gerais → princípios constitucionais especiais → regras constitucionais – todos dispostos no sistema em ordem piramidal, mas num processo biunívoco de esclarecimento recíproco.[168] O devido processo legal adjetivo seria, assim, um *princípio constitucional geral* que é concretizado por uma série de princípios constitucionais especiais (contraditório, ampla defesa, motivação, publicidade, imparcialidade etc.).

Trata-se de um princípio também no significado proposto pelo neoconstitucionalismo (v., *supra*, "Introdução"-rodapé 12; Capítulo 6-rodapé 9): existe no sistema um mandado de optimização da realização de um processo justo, na medida das possibilidades fáticas e jurídicas. Sendo um princípio, é normal que colida com outros princípios. E, diante do *caso concreto*, pode ter um peso diferenciado, sendo parcialmente ou, até mesmo, completamente afastado. Essa contribuição doutrinária explica por que o princípio do devido processo legal adjetivo tem aplicação diferenciada de acordo com o caso concreto. O princípio é sempre o mesmo, o peso do princípio é que muda de acordo com as circunstâncias.

### *9.8.5 Devido processo legal e processo administrativo*

Muitos princípios que regem a função administrativa também estão abrangidos pelo princípio geral do devido processo legal, como, por exemplo, os *princípios da motivação* e *da igualdade*. Ambos fazem parte do conjunto de *standards* que a Humanidade atualmente exige para que um processo seja considerado justo. Ambos, no entanto, também regem a função administrativa, em decorrência da indisponibilidade do interesse público. Conclui-se: esses princípios incidem no processo administrativo não em decorrência da incidência do devido processo legal, mas por se tratar de função administrativa.

Além dos princípios inerentes à função administrativa, incidem nos chamados processos administrativos de defesa, instaurados sempre que haja uma controvérsia envolvendo um direito (em sentido amplo) do administrado, os princípios do *contraditório* e da *ampla defesa*. Referidos

168. José Joaquim Gomes Canotilho, *Direito Constitucional e Teoria da Constituição*, cit., 4ª ed., p. 1.139.

princípios também fazem parte do conjunto de cânones que a Humanidade exige para que um processo seja considerado justo. Incidem no processo administrativo não, porém, por força da incidência do devido processo legal, mas pela exigência expressa do art. 5º, LV, da CF. É por causa desse dispositivo que nos processos administrativos em que haja litigantes ou acusados em geral vigoram os princípios do contraditório e da ampla defesa. Esses princípios são concretizados por uma série de subprincípios: o direito de audiência, o direito de acesso aos elementos do expediente etc.[169]

Há, no entanto, princípios inerentes ao devido processo legal, necessários para a justiça do processo, como a imparcialidade e o juiz natural, que não regem a função administrativa nem são aplicáveis ao processo administrativo por determinação expressa da Constituição. Referidos princípios só serão aplicáveis ao processo administrativo se a este for aplicado o princípio geral do *due process of law*. Eis a razão para perquirir se esse alicerce do processo jurisdicional se aplica ao processo administrativo.

A doutrina brasileira, sem exceção conhecida, responde afirmativamente à questão. De fato, ninguém questiona a incidência do devido processo legal no processo administrativo.[170] A questão, contudo, por vários motivos, necessita ser revista. Três são os motivos que fundamentam a não aplicação do princípio do devido processo legal adjetivo ao processo administrativo.

O primeiro fundamento é *normativo*: o constituinte de 1988 enunciou no inciso LIV do art. 5º que "ninguém será privado da liberdade ou de seus bens sem o devido processo legal". No inciso seguinte prescreveu que "aos litigantes, em processo judicial ou administrativo, e aos acusados em geral são assegurados o contraditório e ampla defesa, com os meios e recursos a ela inerentes". Não determinou a aplicação do princí-

169. Hely Lopes Meirelles entendia que o devido processo legal decorre do direito de defesa (*Direito Administrativo Brasileiro*, cit., 40ª ed., p. 780). Nada mais equivocado: a defesa é que é necessária para que o processo seja justo. Afirmar o direito de defesa não equivale a afirmar o devido processo legal, mas afirmar este equivale a afirmar aquele.

170. Celso Antônio Bandeira de Mello, influenciado por Weida Zancaner, chega a incluir o princípio entre os princípios constitucionais do direito administrativo brasileiro (*Curso de Direito Administrativo*, cit., 31ª ed., Capítulo II-21, p. 118).

pio do devido processo legal ao processo administrativo, mas tão-somente sua aplicação para a privação da liberdade ou dos bens de alguém.

Muitos fazem o seguinte raciocínio: o constituinte determinou a incidência, no inciso LV do art. 5º, dos princípios do contraditório e da ampla defesa no processo administrativo, e, como conseqüência disso, incide também o devido processo legal. O raciocínio seria correto se fosse o contrário: um processo justo exige necessariamente a incidência do contraditório e da ampla defesa; num processo em que vigoram o contraditório e a ampla defesa não se exigem, necessariamente, todas as garantias eleitas pela Humanidade para que um processo seja justo. Se o inciso LIV se aplicasse a todos os processos, não haveria necessidade do inciso LV: este seria inútil – raciocínio que viola regra elementar de hermenêutica. A análise dos incisos LIV e LV do art. 5º da Lei Maior leva, portanto, à seguinte conclusão: a privação de bens ou da liberdade exige o devido processo legal, o processo administrativo não leva à privação de bens ou da liberdade, ao menos a privação definitiva, posto que sempre será passível de revisão judicial, e, assim, não há incidência necessária do *due process of law*. Há, tão-somente, a incidência dos princípios do contraditório e da ampla defesa em caso de acusação em geral ou litígio.

O segundo fundamento é de ordem *lógica*. No sistema do contencioso administrativo o justo processo do Direito ocorre no âmbito da Administração. Esta, no exercício de função jurisdicional, decide, definitivamente, os conflitos de interesses em que está envolvida. Nesse processo administrativo jurisdicional chega-se a uma decisão final que não será passível de revisão pelo Judiciário. Daí a necessidade imperiosa de que todas as garantias exigidas pela Humanidade para que um processo seja justo estejam presentes nesse processo administrativo jurisdicional. De administrativo ele só tem o nome e o órgão encarregado de presidi-lo. O juiz-administrador que atua nesse processo, ainda que funcionário da Administração, deve ser dotado de total imparcialidade. Sua competência deve ser previamente fixada em lei, vigorando integralmente o princípio do juiz natural. Esse processo administrativo jurisdicional – enfatiza-se – não é passível de revisão pelo Judiciário, não haverá outro justo processo para lhe corrigir os erros.

No sistema inglês ou de jurisdição única os processos não-jurisdicionais da Administração não levam a uma decisão definitiva, visto que essa decisão sempre poderá ser alterada pelo Judiciário caso atentatória ao ordenamento jurídico. Exigir um justo processo, com todas as garantias exigidas pela Humanidade para que o processo seja justo, é dar às decisões proferidas pela Administração *dois justos processos*. A Administração terá que instaurar um processo justo e, após, novo processo justo poderá ser instaurado perante o Poder Judiciário. Essa não é a lógica do sistema, nunca a Ciência do Direito pretendeu fazer do sistema inglês um sistema de muito mais garantias do que o sistema francês. A Ciência do Direito exige que se dê ao cidadão a possibilidade de ver instaurado um processo justo para analisar seu conflito. No sistema francês, nos conflitos em que a Administração esteja envolvida, esse processo justo se instaura na própria Administração; no sistema inglês, no Judiciário.

Por um desvio, no entanto, intencional ou não intencionalmente gerado pelos doutrinadores, essa lógica foi quebrada: dá-se ao indivíduo, ao menos no ordenamento brasileiro, o direito de ver instaurados dois processos justos, um na Administração e outro no Judiciário. Indaga-se, então: se o processo administrativo já foi justo, se todas as garantias exigidas pela Humanidade para que se chegue a uma justa decisão foram obedecidas, por que se faz necessária a possibilidade de instauração de novo processo no Judiciário? Pela razão óbvia: o processo administrativo não reúne, e nem deve reunir, os predicados exigidos para ser justo, pois nele não atuam todos os predicados do princípio do devido processo legal.

O terceiro fundamento é de ordem *prática*. A Administração, como regra geral, não pode retirar a liberdade e os bens das pessoas através do processo administrativo. Essa regra é pacificamente aceita pela doutrina.[171] Assim, pode cobrar uma multa ou um tributo, mas, se o devedor

171. Merece, nesse ponto, integral transcrição a lição de Juan Carlos Cassagne, enunciada para o Direito Argentino mas inteiramente aplicável ao Direito Brasileiro: "El principal límite que pone coto a la facultad de la Administración Pública y los órganos estatales que ejerzan la función administrativa de ejecutar el acto surge del principio por el cual toda ejecución coactiva del acto que recaiga sobre la persona o los bienes del administrado debe estar dispuesta por los jueces. Al respecto, cabe recordar que la Constitución nacional (arts. 19 y 33) constituye un sistema material a favor del administrado y que la función de disponer las medidas de coacción sobre personas o bienes integra, en nuestro régimen jurídico, el contenido de la función judicial. Tal es el principio, que admite algunas excepciones" (*El Acto Administrativo*, 2ª ed., Buenos Aires, Abeledo-Perrot, 1981, p. 342).

não pagar, não poderá executar seu patrimônio: deverá valer-se da execução fiscal, processo jurisdicional. Pode embargar uma obra, mas para demoli-la é pacífico que não pode fazê-lo pela via do processo administrativo: a demolição só poderá ser obtida com a propositura de ação demolitória. Essa orientação doutrinária e jurisprudencial pacífica leva a perguntar: por que a Administração não poderia, através do processo administrativo, executar os bens do devedor?[172] Se o devedor vislumbrasse algum vício, alguma ilegalidade, poderia recorrer ao Judiciário. A resposta ao problema prático é evidente: nas *relações gerais de sujeição*,[173] para privação da liberdade ou da propriedade dos bens do indivíduo é necessária, por imposição constitucional, a instauração de um processo em que se assegure o devido processo legal; e este só é assegurado no processo jurisdicional. Por força disso, para executar o patrimônio de alguém a Administração tem que necessariamente propor uma ação judicial, para efetivar a cobrança de um tributo ou de uma multa tem que necessariamente propor uma execução fiscal. Se o processo administrativo observasse o devido processo legal, essas exigências seriam despropositadas.

172. Infelizmente, a pergunta não é absurda. Tramita no Congresso Nacional o Projeto de Lei 5.080/2009, proposto pelo Poder Executivo, que dispõe sobre a cobrança da Dívida Ativa da Fazenda Pública e possibilita a *constrição administrativa dos bens* do devedor. Referida constrição viola escancaradamente a garantia do devido processo legal. A *executoriedade administrativa* só existe nas relações gerais de sujeição quando for necessária para tutela do bem jurídico protegido pela Administração. Fora dessa hipótese só é possível a executoriedade jurisdicional. E isso porque só a jurisdicional submete-se ao *devido processo do Direito*.

173. Justamente por força da garantia do *devido processo do Direito*, a executoriedade administrativa, nas *relações gerais de sujeição*, é *excepcional*: somente é admitida quando providências imediatas forem necessárias para resguardo do bem jurídico tutelado pela Administração. Se a Administração fosse obrigada a recorrer ao Judiciário para interditar um restaurante que desobedece às normas de higiene, a saúde dos consumidores estaria comprometida. A tutela da saúde exige que o ato administrativo, nesse caso, possua executoriedade. A *ponderação* entre a propriedade do administrado e a saúde da coletividade exige o parcial afastamento do *due process of law*. Fixe-se a seguinte regra: como a privação da liberdade e dos bens das pessoas depende, em princípio, da instauração de processo jurisdicional, a coação material do administrado nas relações gerais de sujeição efetuada pela própria Administração é excepcional, só admitida quando imprescindível para resguardo do bem jurídico tutelado. Nas relações especiais de sujeição, em decorrência da especialidade do vínculo, essa regra não se aplica: a executoriedade administrativa é a regra. Sobre o tema, v. nosso *Efeitos dos Vícios do Ato Administrativo*, cit., Capítulo IX-2, pp. 542-550.

À vista do exposto, fundamentos de ordem normativa, lógica e prática justificam a não incidência do princípio do devido processo legal no processo administrativo. Conseqüentemente, todos os princípios que não regem a função administrativa e que não são expressamente exigidos pelo texto constitucional não se aplicam ao processo administrativo. No processo administrativo vigoram os princípios da legalidade, impessoalidade, moralidade, publicidade, eficiência, motivação, lealdade, boa-fé, razoabilidade, proporcionalidade, finalidade, em decorrência dos princípios gerais da supremacia do interesse público sobre o privado e da indisponibilidade do interesse público, estruturas mestras do direito administrativo. Aos processos administrativos de defesa aplicam-se os princípios do contraditório e da ampla defesa, por imposição expressa do texto constitucional. Outros princípios constantes da cláusula do devido processo legal, não decorrentes do exercício da função administrativa nem de imposição expressa do constituinte, não se aplicam, em face da não aplicação do próprio *due process of law*. Assim, apenas para exemplificar, não há que se falar, no ordenamento jurídico brasileiro, do princípio do administrador natural,[174] nem do princípio da imparcialidade.

Nada impede, todavia, que o legislador consagre outras garantias ao administrado além das exigidas pelo sistema constitucional. Foi o que fez o legislador federal na Lei de Processo Administrativo federal, ao prever os institutos do *impedimento* e da *suspeição* (Lei 9.784/1999, arts. 18 a 21): tentou implementar o princípio da imparcialidade no processo administrativo de defesa. Não há inconstitucionalidade nesses dispositivos desde que se observe, nas ponderações realizadas à luz do caso concreto, o peso do princípio da supremacia do interesse público sobre o privado. O processo administrativo de defesa tem dois fins, como já afirmado: é uma garantia aos administrados e é um meio de exercício da função administrativa. Esses fins devem ser perseguidos de forma equilibrada, pois a ênfase desmedida nas garantias pode impossibilitar o exercício da função administrativa e impedir a satisfação do interesse público.

Registra-se, por fim, que os princípios do contraditório e da ampla defesa não atuam no processo administrativo de defesa da mesma forma

174. As próprias leis do processo administrativo autorizam a avocação e a delegação de competências (arts. 11 a 17 da Lei federal 9.784/1999 e 19 e 20 da Lei paulista 10.177/1998).

que atuam no processo jurisdicional. O fim último do processo jurisdicional é a obtenção da justa solução do litígio. No processo administrativo de defesa, como dito, dois são os fins: possibilitar o cumprimento da função administrativa e garantir os direitos dos administrados. A exigência de equilíbrio entre esses dois desideratos, inexistente no processo jurisdicional, faz, por óbvio, que os princípios do contraditório e da ampla defesa atuem de forma diferenciada. Muitos ônus e direitos por eles gerados no processo jurisdicional não encontram correspondência no processo administrativo. No processo penal, por exemplo, o réu não pode ser processado sem estar assistido por um advogado; no processo administrativo disciplinar, conforme decidido pelo STF, a presença de advogado é dispensável.[175]

175. Foi o que ficou consignado na Súmula Vinculante 5 do STF. A Súmula vem recebendo, sem razão plausível, pesadas críticas de parte da doutrina. Nunca se supôs na *jurisdição cível* que o devido processo legal exige a efetiva presença de um advogado. Por mais relevante que seja a causa cível, se o réu não nomear advogado, é considerado revel. Se for pessoa carente, sem condições de contratar advogado, deverá recorrer à Defensoria Pública, mas ainda assim se trata de ônus da parte. Se não for nomeado defensor, ou este não contestar a ação no prazo legalmente fixado, o réu é considerado revel. E isso ocorre, por exemplo, numa ação de guarda de filhos ou de reparação de graves danos à honra. Na *jurisdição penal*, sendo a sanção principal a privação da liberdade, a regra é diferente: o réu não pode ser processado sem a efetiva presença de um advogado (CPP, art. 261). Nada justifica que para impor uma *sanção disciplinar* ao servidor público vigore a mesma regra. Só um cego comprometimento ideológico explica o entendimento de que o *processo administrativo disciplinar* instaurado para *repreensão* de um servidor seja *inválido* porque a Administração não lhe nomeou um defensor. Enfim, se nem nos *processos jurisdicionais cíveis*, regidos pela cláusula do *due process of law*, o *contraditório* e a *ampla defesa*, exigem a nomeação de defensor, os processos administrativos de defesa, sequer regidos pela cláusula, também não hão de exigir.

*10*

# *Licitação: Dispensa e Inexigibilidade*

*10.1 Dever de licitar. 10.2 Inexigibilidade de licitação. 10.3 Dispensa de licitação.*

## *10.1 Dever de licitar*

No Estado de Direito, sobretudo numa República, a Administração Pública, ao *contratar* os administrados, não pode: (a) escolher arbitrariamente o contratado; (b) restringir arbitrariamente o acesso à contratação.[1] O primeiro impedimento decorre dos princípios da *impessoalidade* e da *indisponibilidade do interesse público*. Como o interesse perseguido é alheio, não pode ser renunciado pelo agente; não deve, por isso, ser escolhida a proposta menos vantajosa para a Administração; exige-se a escolha da melhor proposta *objetivamente considerada*.[2]

1. As duas finalidades estão previstas no art. 3º, *caput*, da Lei 8.666/1993: "A licitação destina-se a garantir a observância do princípio constitucional da isonomia; a seleção da proposta mais vantajosa para a Administração". A Lei 12.349/2010 alterou o dispositivo, para incluir dentre as finalidades da licitação "a promoção do desenvolvimento nacional sustentável". O texto, em rigor, é incompleto, pois não basta o tratamento isonômico: ela deve garantir o máximo acesso possível às contratações estatais.

2. Como o particular é senhor de seus próprios interesses, pode escolher uma proposta que não seja, do *ponto de vista objetivo* – perceba-se –, a *melhor*. Ruy Cirne Lima divide as *relações jurídicas* em dois tipos: relações *more subjectivo* e relações *more objectivo*. Nesta, "o poder e o arbítrio da vontade são aguilhoados à superioridade de um fim". Diferentemente, a primeira, a relação *more objectivo*, encontra-se, "normalmente, ao menos, subtraída ao poder e ao arbítrio da vontade humana" (*Sistema de Direito Administrativo Brasileiro*, Porto Alegre, Santa Maria, 1953, pp. 30-31). Nas palavras do aclamado administrativista gaúcho: "A atividade administrativa obedece, cogentemente, a uma finalidade, à qual o agente é obrigado a adscre-

Correlato a isso, os agentes públicos não podem, na escolha dos contratados, pautar-se em critérios pessoais, subjetivos, ínsitos à sua personalidade; a escolha deve fundar-se em *critérios objetivos*.

O segundo impedimento decorre de algo nem sempre explicado com clareza pela doutrina: para o Estado Republicano, *todos os administrados*, como regra geral, têm *igual importância*. Por isso, em decorrência do princípio republicano,[3] o Estado deve procurar estender a todos as suas contratações. Com uma ressalva: a Constituição exige do Estado o fomento das microempresas e das empresas de pequeno porte (arts. 170, IX, e 179) e a proteção do mercado interno (art. 219); de modo que, além de possibilitar o máximo acesso a todos, deve facilitar, em especial, o acesso de pequenos empresários[4] e de empresários brasilei-

ver-se, quaisquer que sejam as suas inclinações pessoais; e essa finalidade domina e governa a atividade administrativa, imediatamente, a ponto de assinalar-se, em vulgar, a boa administração pela impessoalidade ou, seja, pela ausência de subjectividade" (idem, p. 26). Deve, assim, ser buscada a proposta que é a melhor do *ponto de vista objetivo*, que é a *melhor* segundo o juízo de todos, indistintamente. Não a proposta melhor do ponto de vista subjetivo, melhor segundo critérios pessoais, próprios de quem escolhe. A *busca da melhor proposta*, nesses termos, está indissociavelmente ligada à *impessoalidade*.

3. Nas palavras do saudoso Geraldo Ataliba: "Não teria sentido que os cidadãos se reunissem em *República*, erigissem um Estado, outorgassem a si mesmos uma Constituição, em termos republicanos, para consagrar instituições que tolerassem ou permitissem – seja de modo direto, seja indireto – a violação da igualdade fundamental, que foi o próprio postulado básico, condicional da ereção do regime. Que dessem ao Estado – que criaram em rigorosa isonomia cidadã – poderes para serem usados criando privilégios, engendrando desigualações, favorecendo grupos ou pessoas, ou atuando em detrimento de quem quer que seja. A *res publica* é de todos e para todos. Os poderes que de todos recebe devem traduzir-se em benefícios e encargos iguais para todos os cidadãos. (...)" (*República e Constituição*, 3ª ed., São Paulo, Malheiros Editores, 2011, pp. 158-159).

Essa diretriz de que o acesso às contratações do Estado seja estendido ao maior número possível de administrados é concretizada pela *regra da divisibilidade do objeto*: obras, serviços e compras do Estado devem ser divididos em tantas parcelas quanto possível, do ponto de vista técnico e econômico, nos termos do inciso IV do art. 15 e do § 1º do art. 23, ambos da Lei 8.666/1993. Por óbvio: quanto menor a parcela, mais administrados têm acesso ao certame. A regra da divisibilidade do objeto é um desdobramento do princípio constitucional implícito do máximo acesso às contratações estatais, desdobramento direto do princípio republicano.

4. É nítida e indiscutível a diretriz constitucional de que as pequenas empresas sejam protegidas pelo Estado. Daí a edição da Lei Complementar 123/2006, que facilitou, nos arts. 42 a 49, a participação delas nas licitações. Sobre sua constitucionalida-

ros.[5] Pois bem, como garantir o acesso às contratações estatais ao máximo possível de administrados? Como escolher, dentre as propostas, a melhor, do ponto de vista objetivo, para a Administração, quer dizer, a considerada "melhor" para todos da sociedade, independentemente de juízos pessoais? Só há um meio: pela instauração de um processo administrativo que possibilite a participação do máximo possível de interessados, disciplinado por regras previamente definidas na lei e no edital, de modo a garantir o tratamento isonômico de todos os participantes, a justa competição entre eles e a escolha do vencedor a partir de critérios o máximo possível objetivos. Eis a regra: as *contratações estatais* têm por *requisito procedimental* a instauração de um *processo* licitatório. Em absoluta síntese, eis as linhas mestras da *licitação*.

Apesar de ser desdobramento dos princípios constitucionais, a *regra* da licitação está expressa no texto constitucional: no inciso XXI do art. 37 consta que "as obras, serviços, compras e alienações serão contratados mediante processo de licitação pública". Essa regra não é absoluta. E isso por um motivo elementar: a licitação não é um fim em si mesma.[6] Ela possui indiscutível caráter *instrumental*: é um *meio* para

de, afirma Marçal Justen Filho: "É perfeitamente constitucional que uma parcela das contratações administrativas seja reservada preferencialmente às MEs e EPPs. Essa solução poderá ser compatível com a Constituição, na medida em que não vede o acesso de outras empresas às contratações administrativas. Existirá a constitucionalidade porque uma parcela dos recursos públicos será utilizada para o fomento de atividades econômicas, visando à redução das desigualdades sociais e econômicas" (*O Estatuto da Microempresa e as Licitações Públicas*, 2ª ed., São Paulo, Dialética, 2007, p. 34).

5. Apesar da revogação do art. 171 pela Emenda 6/1995, da atenta leitura do Texto Maior (principalmente dos arts. 1º, I, 3º, II, 170, I e VIII, 172 e 219) infere-se o dever de proteger a empresa brasileira. Daí a constitucionalidade dos *critérios de desempate* previstos no art. 3º, § 2º, da Lei 8.666/1993 e das *margens de preferência* previstas nos §§ 5º a 9º do mesmo dispositivo, estes últimos acrescentadas pela Lei 12.349/2010. Sobre os *critérios de desempate*, v., por todos: Celso Antônio Bandeira de Mello, "Preferências em licitação para bens e serviços fabricados no Brasil e para empresas brasileiras de capital nacional", *Revista Eletrônica de Direito Administrativo Econômico* 15, Salvador, agosto-outubro/2008 (disponível em *http://www.direitodoestado. com.br*, acesso em 19.2.2012).

6. É o que há muito afirma o ínclito Celso Antônio Bandeira de Mello (*Curso de Direito Administrativo*, 31ª ed., São Paulo, Malheiros Editores, 2014, Capítulo IX-20, pp. 551-552. É seguido pela melhor doutrina. Com efeito, afirma Marçal Justen Filho: "Daí se segue, primeiramente, que a licitação é um instrumento jurídico para a realização de valores fundamentais e a concretização dos fins impostos à Administração. Portanto, a licitação não apresenta fins em si próprios. É imperioso ter em

realização do *interesse público*; ou, nos termos explicados, é um meio para a escolha da proposta ótima do ponto de vista objetivo – e, nesses termos, para a observância do princípio da indisponibilidade do interesse público e da impessoalidade – e é um meio para a possibilidade de acesso do máximo possível de interessados às contratações estatais – e, nesses termos, para a observância do princípio republicano e da igualdade. Enfim, é um *meio* de *concretização* desses *valores constitucionais*. Não se tratando de regra absoluta, haverá hipóteses em que ela não deverá ser realizada.

### *10.2 Inexigibilidade de licitação*

Para que a licitação ocorra devem estar presentes certos *pressupostos*. O assunto é magistralmente tratado por Celso Antônio Bandeira de Mello, que os divide em três: lógico, fático e jurídico;[7] sem eles, a licitação é descabida. Pelo *pressuposto lógico*, deve ser possível uma *competição*. Se só existe um objeto no mundo fenomênico, não há como haver competição entre dois ou mais interessados: a *singularidade do objeto* licitado inviabiliza, do ponto de vista lógico, o certame.[8] Ademais, se há apenas

vista que a realização das formalidades próprias à licitação não satisfaz, de modo automático, os interesses protegidos pelo Direito" (*Comentários à Lei de Licitações e Contratos Administrativos*, 13ª ed., São Paulo, Dialética, 2009, p. 58). Logo em seguida complementa, com lição preciosa: "Existe uma espécie de 'presunção' jurídica. Presume-se que a observância das formalidades inerentes à licitação acarretará a mais adequada e satisfatória realização dos fins buscados pelo Direito. Mas isso não autoriza transformar a licitação numa espécie de solenidade litúrgica, em que se ignora sua natureza teleológica. Dito em outras palavras, o administrador e o intérprete têm o dever de verificar, em cada caso, se as solenidades escolhidas realizam de modo efetivo e concreto os valores protegidos pelo Direito" (idem, ibidem).

7. Celso Antônio Bandeira de Mello, *Curso de Direito Administrativo*, cit., 31ª ed., Capítulo IX-18 a 21, pp. 551-552.

8. Não se licitam coisas desiguais, só se licitam bens homogêneos, intercambiáveis, equivalentes – ensina Celso Antônio Bandeira de Mello ("Licitação: aplicação de normas do Decreto-lei 200, de 1967, aos Municípios", *RDP* 8/96, Ano II, São Paulo, Ed. RT, abril-junho/1969). O ínclito professor diferencia três espécies de *bens singulares*: (a) bens singulares em *sentido absoluto*, em que só existe, de fato, uma unidade no mundo fenomênico; (b) bens singulares em *razão de evento externo*, em que, apesar de existirem vários bens no mundo fenomênico, agregou-se a um deles uma significação particular em virtude, por exemplo, de um fato histórico; (c) bens singulares em razão da *natureza íntima do objeto*, em que se substancia realização

um fornecedor dos objetos licitados, só um administrado pode fornecê-los, igualmente não há possibilidade de competição. A *singularidade de ofertantes* também inviabiliza o certame. Em síntese, do ponto de vista lógico, para que haja licitação deve haver mais de um objeto passível de ser adquirido pelo Estado e mais de um administrado que o forneça. Para fins didáticos denomina-se essa hipótese de *licitação impossível*.

A Administração não pode fugir da regra da licitação "criando" uma situação de singularidade. É de fundamental importância a especificação do bem a ser licitado: especificações desnecessárias sempre reduzem o acesso ao certame e, por isso, violam o dantes mencionado princípio do máximo acesso às contratações estatais; podem, mais do que restringir o acesso, configurar ilicitamente uma situação de inexigibilidade. Por isso, como regra, é vedada a *especificação da marca*, nos termos dos arts. 7º, § 5º, 15, § 7º, I, e 25, I, todos da Lei 8.666/1993, vedação não absoluta.[9] Como bem assinala o professor Celso Antônio Bandeira de Mello, a Administração possui certa *discricionariedade* na especificação do objeto licitado,[10] mas essa discrição jamais pode importar a singularização do objeto. Quer dizer: somente falta o pressuposto

artística, técnica ou científica caracterizada pelo estilo ou cunho pessoal de seu autor (*Licitação*, 1ª ed., 2ª tir., São Paulo, Ed. RT, 1985, p. 16; e *Curso de Direito Administrativo*, cit., 31ª ed., Capítulo IX-24, pp. 553-554).

9. Ensinam Lúcia Valle Figueiredo e Sérgio Ferraz: "A escolha de marca só será admissível em duas hipóteses: (a) a Administração só conseguirá atingir o comando legal, a utilidade pública pretendida, com aquela marca escolhida; a marca tem, pois, singularidades tais que a tornam irredutível de confronto com as demais de sua espécie; (b) a Administração já possui uma frota de veículos, um parque de máquinas, ou vários equipamentos da mesma marca, o que torna em tudo aconselhável a padronização" (*Dispensa e Inexigibilidade de licitação*, 3ª ed., São Paulo, Malheiros Editores, 1994, p. 70). Por óbvio – observam os autores –, nem sempre a especificação da marca levará à falta de pressuposto lógico: é perfeitamente possível que a marca seja fornecida por vários representantes, caso em que a licitação é obrigatória.

10. "Pretende-se exalçar a idéia de que a individualidade do objeto nem sempre é um dado absoluto, mas se define através de um contemperamento entre as características genéricas dele e o critério administrativo fixador do grau de especificidade requerido para satisfação da necessidade da Administração. A interferência do critério administrativo especificador do objeto, obviamente, tem um limite mínimo e um limite máximo. Isto é, a elasticidade da ingerência do critério administrativo não é determinada unicamente pela vontade ou o juízo do administrador. Suas barreiras encontram-se sempre no próprio bem desejado: serviço ou produto" ("Licitação: aplicação de normas do Decreto-lei 200, de 1967, aos Municípios", cit., *RDP* 8/96).

lógico quando o objeto é singular – seja em sentido absoluto, seja por evento externo, seja por sua natureza íntima –, e a singularidade é exigida pelo interesse público. Para que a necessidade de um objeto singular decorra de um juízo discricionário da Administração faz-se necessária expressa autorização legislativa – assunto retomado adiante.[11]

Pelo *pressuposto fático* não basta a possibilidade lógica de licitação: pouco importa que haja vários objetos e vários administrados que os forneçam se não existem *interessados* em participar do certame. Profissionais altamente gabaritados encontram, em geral, amplas oportunidades de trabalho no mercado, e, por isso, não têm interesse em participar de um processo licitatório. Quando a Administração necessita de um serviço *técnico especializado*[12] e *singular*,[13] de alguém de *notória*

11. Daí a regra apresentada por Celso Antônio Bandeira de Mello: "O critério administrativo não pode interferir além do ponto em que a especificação singularize bem ou serviço que não seja, por si mesmo, singular" ("Licitação: aplicação de normas do Decreto-lei 200, de 1967, aos Municípios", cit., *RDP* 8/98). Perceba-se: a ponderação feita pela Administração à luz do caso concreto pode exigir a fixação da marca e, pois, a singularização do objeto, mas será uma exigência do Direito, exercício de competência vinculada. A singularização decorrente do exercício de competência discricionária não é uma hipótese de inexigibilidade, e sim de dispensa.

Deverá a Administração ponderar, de um lado, a facilidade de manutenção de todo o seu parque de máquinas de uma única marca e, de outro, a inconveniência, também, de se colocar na mão, apenas, de um representante comercial exclusivo, se for o caso

Lúcia Valle Figueiredo e Sérgio Ferraz, com absoluta razão, afirmam: "(...) a opção pela padronização há de resultar de cautelosa ponderação: de um lado, a racionalização administrativa, levando à eleição, justificada e motivada, do padrão; de outro, a possibilidade de inconveniência em colocar-se a Administração atrelada a um vetor único de atendimento aos reclamos do administrado". Mas a afirmação subseqüente deve ser corretamente compreendida: "A discricionariedade administrativa, na hipótese de padronização, estará em jogo. Porém, não a arbitrariedade" (*Dispensa e Inexigibilidade de Licitação*, cit., 3ª ed., p. 97). Nem sem sempre a *ponderação* administrativa leva à possibilidade de dois ou mais resultados (discricionariedade). Muitas vezes ela indica apenas uma solução (vinculação). Quando a singularização decorre de competência vinculada a hipótese é de inexigibilidade por falta de pressuposto lógico. Quando a singularização decorre de competência discricionária a hipótese é de dispensa, e só é válida se houver autorização legal (assunto retomado adiante).

12. Os serviços de natureza técnica especializada são *exemplificados* no art. 13 da Lei 8.666/1993. Não basta isso para que haja falta de pressuposto fático. Serviços técnicos especializados mas não marcados pela singularidade devem ser licitados; preferencialmente por *concurso* – estabelece o § 1º do referido art. 13.

13. Serviço singular não é o serviço que é prestado por apenas uma pessoa. É o serviço marcado por uma *orientação pessoal* do autor. Nesse sentido: Celso Antô-

*especialização*,[14] como regra geral, o certame é impraticável, por falta de pressuposto fático. A escolha do profissional especializado envolve indiscutível parcela de *discricionariedade*,[15] mas não há discricionariedade na escolha do serviço singular. Deveras: o interesse público (e não o juízo do agente) exige a contratação de alguém que execute o serviço de modo especial; havendo mais de uma pessoa apta, a escolha será discricionária. Se a singularidade do serviço não é exigida pelo interesse público, mas decorre de juízo discricionário, a hipótese não é de inexigibilidade, mas de dispensa, e exige expressa previsão legislativa. Para fins didáticos, chama-se essa inexigibilidade de *licitação inviável*.

Por fim, muitas vezes há possibilidade lógica e fática de realizar o certame, há pluralidade de objetos e ofertantes, há mais de um interessado em participar de eventual licitação, mas ela é vedada pelo ordenamento jurídico globalmente considerado. Sua realização exige um *tempo*, e o bem jurídico tutelado pela Administração necessita de providências imediatas. Vale dizer: o tempo necessário para a realização do certame comprometeria, de modo inaceitável, o interesse público perseguido pela Administração. Em geral, é o fator temporal a causa da falta de pressuposto jurídico. Mas nem sempre: há hipóteses em que a publicidade ine-

nio Bandeira de Mello, *Curso de Direito Administrativo*, cit., 31ª ed., Capítulo IX-25, p. 554. Essa *marca pessoal*, porém, não deve ser um *adorno inútil*, uma moldura que enfeita a prestação do serviço. Ela deve ser *relevante* para a finalidade pretendida pela Administração. Nas palavras do notável professor paulista: "(...) cumpre que os fatores singularizadores de um dado serviço apresentem realce para a satisfação da necessidade administrativa. (...)" (idem, Capítulo IX-26, p. 554). No mesmo sentido, afirmam Lúcia Valle Figueiredo e Sérgio Ferraz, *Dispensa e Inexigibilidade de Licitação*, cit., 3ª ed., p. 70. Essa é interpretação correta da Súmula 39 do TCU.

14. Notória especialização, conceituada no § 1º do art. 25 da Lei 8.666/1993, está presente quando há *indiscutível* reconhecimento do profissional na respectiva área de atuação. Nas palavras de Marçal Justen Filho: "Não basta a Administração reputar que o sujeito apresenta qualificação, pois é necessário que esse juízo seja exercitado pela comunidade. Não se exige notoriedade no tocante ao público em geral, mas que o conjunto dos profissionais de um certo setor reconheça no contratado um sujeito dotado de requisitos de especialização" (*Comentários à Lei de Licitações e Contratos Administrativos*, cit., 13ª ed., p. 358).

15. Por todos, afirma a saudosa Lúcia Valle Figueiredo: "(...). Se há dois, ou mais, altamente capacitados, mas com qualidades peculiares, lícito é à Administração exercer seu critério discricionário para realizar a escolha mais compatível com seus desideratos" (*Direitos dos Licitantes*, 4ª ed., São Paulo, Malheiros Editores, 1994, p. 32).

rente ao certame também compromete o interesse público. A licitação é instrumental, quando sua realização compromete o interesse público ela não pode ser realizada. Para fins didáticos, chama-se essa inexigibilidade de *licitação proibida*.

Nessas três hipóteses a Administração não pode optar por realizar o certame. Quando impossível ou inviável, o certame não pode ser aberto, porque o sistema jurídico não permite que a Administração desperdice recursos públicos e protele desnecessariamente a satisfação do interesse público (se a contratação não concretiza o interesse público, é, por definição, inválida). Quando os valores concretizados pelo certame são menos pesados do que o valor afetado pela não-contratação imediata, o sistema jurídico proíbe a licitação. Dessarte: nessas três hipóteses há uma única solução jurídica: não realizar o certame. E isso independentemente de qualquer previsão legal. Se a lei prevê, o faz apenas para ajudar o intérprete. Daí uma constatação de suma importância: a ressalva do art. 37, XXI, da CF de 1988 ("ressalvados os casos especificados na legislação") não se refere às hipóteses de inexigibilidade. O constituinte não está a dizer que, quando o certame for impossível, inviável ou proibido (no último caso, porque afeta de modo intolerável outros valores constitucionais), deve haver previsão legal. Ele está a dizer que, quando o certame for juridicamente possível, a não realização depende de expressa autorização do legislador.

Outrossim, é fundamental perceber o seguinte: o legislador não é *cientista do Direito*.[16] Muitas vezes ele denomina de dispensa uma hipótese de inexigibilidade. As hipóteses de falta de pressuposto lógico,[17]

16. A falta de técnica do legislador é inerente ao regime democrático. É sempre oportuna a lição de Paulo de Barros Carvalho: "Os membros das Casas Legislativas, em Países que se inclinam por um sistema democrático de governo, representam os vários segmentos da sociedade. Alguns são médicos, outros bancários, industriais, agricultores, engenheiros, advogados, dentistas, comerciantes, operários, o que confere um forte caráter de heterogeneidade, peculiar aos regimes que se queiram representativos". E, em seguida, conclui: "Ponderações desse jaez nos permitem compreender o porquê dos erros, impropriedades, atecnias, deficiências e ambigüidades que os textos legais cursivamente apresentam" (*Curso de Direito Tributário*, 14ª ed., São Paulo, Saraiva, 2002, pp. 4-5). Os textos legais são, por isso, cheios de impropriedades técnicas. Cabe ao intérprete, ao cientista do Direito, fazê-los coerentes.

17. A *unidade de adquirentes* também é uma hipótese de impossibilidade de licitar. Quando a Administração pretende alienar um bem e só existe um comprador possível, não há que se falar em licitação, por falta de pressuposto lógico. A *investi-*

fático[18] e jurídico[19] não estão apenas discriminadas no art. 25 da Lei 8.666/1993. Muitas das situações discriminadas no art. 17 e no art. 24

*dura*, portanto, prevista no art. 17, I, "d", e § 3º, I, da Lei 8.666/1993, é uma hipótese de inexigibilidade. Por todos: Carlos Ari Sundfeld, *Licitação e Contrato Administrativo*, 2ª ed., São Paulo, Malheiros Editores, 1995, Capítulo V-13 e rodapé 14, pp. 47-48. As previsões dos incisos X (compra ou locação de imóvel), XV (aquisição de obras de arte e objetos históricos) e XIX (compra de materiais de uso pelas Forças Armadas) do art. 24 da Lei 8.666/1993 são hipóteses, quase sempre, de impossibilidade em decorrência da singularidade do objeto. Podem, eventualmente, configurar hipóteses de dispensa: quando decorrerem de um juízo discricionário – assunto examinado adiante. Quando houver vários imóveis adequados à finalidade pretendida, o inciso X, perceba-se, não autoriza a dispensa do certame.

18. O inciso V do art. 24 da Lei 8.666/1993 prevê hipótese de falta de pressuposto fático: a chamada *licitação deserta*, em que a Administração instaura o certame, não aparecem interessados e a repetição causaria grave prejuízo ao interesse público. Nessas circunstâncias, o sistema não faculta ao administrador realizar novo certame. O inciso XV do art. 24, ao se referir à restauração de obras de arte e objetos históricos, serviço técnico especializado, também configura hipótese de inviabilidade por falta de pressuposto fático, similar à prevista no inciso II do art. 25. Pode configurar uma hipótese de dispensa quando a necessidade do serviço singular, da especialidade na sua realização, decorra de um juízo discricionário. Quando a licitação é *fracassada* (houve interessados, mas todos foram inabilitados ou todas as propostas foram desclassificadas), o legislador impõe a reabertura de prazo para apresentação de documentos de habilitação ou novas propostas (art. 48, § 3º, da Lei 8.666/1993). Persistindo a situação, se a repetição causar grave prejuízo ao interesse público a licitação torna-se inexigível, por falta de pressuposto fático (art. 24, VII). Acolhe-se a terminologia de Maria Sylvia Zanella Di Pietro (*Direito Administrativo*, 25ª ed., São Paulo, Atlas, 2012, p. 393), mas discorda-se de sua orientação: segundo a autora, a lei permite a dispensa da *licitação deserta*, mas não permite a dispensa da *licitação fracassada*. Por um lado, como regra, nenhuma das duas configura caso de dispensa, mas de inexigibilidade, por falta de pressuposto fático; por outro, não é facultado à Administração repetir *ad aeternum* a licitação fracassada.

19. O art. 24 da Lei 8.666/1993 prevê várias hipóteses de licitação proibida: os incisos III (guerra e grave perturbação da ordem), IV (emergência e calamidade pública), VI (intervenção no domínio econômico), VIII (bens produzidos e serviços prestados pela Administração indireta), IX (comprometimento da segurança nacional), XII (compra de gêneros perecíveis), XIV (bens ou serviços nos termos de acordo internacional), XVI (serviços da Administração Indireta), XVII (aquisição de peças para manutenção de garantia), XVIII (serviços de abastecimento), XXIII (contratação de subsidiárias e controladas), XXVI (consórcios públicos ou convênios de cooperação). Em todas essas hipóteses, como regra geral, os valores afetados pela não-concretização imediata da contratação são mais pesados do que os valores concretizados pela realização do certame. O Direito, globalmente considerado, exige a contratação direta. São, portanto, hipóteses de licitação proibida. Com efeito: a título de exemplo, não pode a Administração, nos casos dos incisos III e IX, optar pelo

são hipóteses de inexigibilidade. Chamem-se, para fins didáticos, todos os valores concretizados pela realização do certame de "P1" (garantia do tratamento isonômico, escolha da melhor proposta objetivamente considerada, garantia do mais amplo acesso dos administrados às contratações estatais, fomento das pequenas empresas e do mercado interno) e todos os valores afetados pela realização do certame de "P2" (por exemplo: impacto no orçamento, demora no atendimento do interesse público, comprometimento da ordem interna etc.). Sempre que, numa ponderação à luz do caso concreto, "P1" for *sensivelmente menor* do que "P2", o sistema exige (e não faculta) a contratação imediata. A licitação, enfim, é vedada, por falta de pressuposto lógico (impossibilidade), fático (inviabilidade) ou jurídico (proibição).

## *10.3 Dispensa de licitação*

Nos termos antecipados, quando CF de 1988, no inciso XXI do art. 37, estabelece que as obras, serviços, compras e alienações estatais serão contratados mediante processo de licitação pública, "ressalvados os casos especificados na legislação", não se refere, com essa ressalva, às hipóteses de *impossibilidade*, *inviabilidade* e *proibição de licitar*, que impropriamente foram chamadas pelo legislador infraconstitucional de *inexigibilidade*.[20] Refere-se às hipóteses que o legislador infraconstitu-

comprometimento da ordem interna e realizar o certame. Ressalvadas alguma pontuais divergências, v., por todos: Carlos Ari Sundfeld, *Licitação e Contrato Administrativo*, cit., 2ª ed., Capítulo V, pp. 42-57.

20. A expressão "inexigibilidade de licitação" é infeliz: ela se refere às hipóteses em que a licitação não é juridicamente possível. Inexigibilidade é a qualidade do que é inexigível; inexigível, por sua vez, é o que não pode ser exigido. O certame, quando configurada uma hipótese de *dispensa*, perceba-se, não pode ser exigido. As hipóteses chamadas de inexigibilidade não indicam casos em que a licitação não é exigida, mas casos em que a licitação é impossível, inviável ou proibida. Dito isso, calha à fiveleta a lição de Wittgenstein sobre os signos lingüísticos:

"A palavra 'designar' é empregada de modo mais direto talvez lá onde o signo repousa sobre o objeto que designa. Suponho que as ferramentas utilizadas por 'A' na construção são portadoras de certos signos. Quando 'A' mostra ao ajudante um desses signos, este leva a ferramenta correspondente ao signo. É assim, e de uma maneira mais ou menos semelhante, que um nome designa uma coisa, e que se dá um nome a uma coisa.

"Será sempre útil, quando filosofamos, dizermos a nós mesmos: dar nome a algo é semelhante a afixar uma etiqueta em uma coisa" (Ludwig Wittgenstein, *Inves-*

cional denominou de *dispensa* de licitação, em que, apesar de estarem presentes os pressupostos lógico, fático e jurídico, ou seja, apesar de ser juridicamente possível a realização do certame, este, a partir de um juízo discricionário, não precisa ser realizado. A dispensa de licitação depende, por determinação constitucional, de expressa previsão legislativa; por conseguinte, ao contrário das hipóteses de inexigibilidade, a discriminação legal das hipóteses de dispensa é *numerus clausus* (exaustiva), e não *numerus apertus* (exemplificativa).

Para entender a dispensa é necessário entender um tema tormentoso do direito público: a *discricionariedade*. Quando o Direito, globalmente considerado, diante do caso concreto, consideradas todas as circunstâncias fáticas e jurídicas, apresenta apenas uma solução ou, numa personificação,[21] possui apenas uma "vontade", afirma-se que há *vinculação*. Ao contrário, quando, diante do caso concreto, a ponderação das circunstâncias fáticas e jurídicas indica duas ou mais soluções igualmente razoáveis e justas, há *discricionariedade*. Nessa hipótese, o sistema jurídico imputa a escolha ao agente competente.[22] Deveras: em muitos casos não há como afirmar que uma solução é mais justa do que outra; tudo depende da opinião de cada um: a diver-

*tigações Filosóficas*, 4ª ed., trad. de Marcos G. Montagnoli, Petrópolis, Vozes/Bragança Paulista, Editora Universitária São Francisco, 2005, § 15, pp. 21-22).

Pouco importa, nesses termos, a infelicidade do rótulo utilizado pelo legislador; o que importa é saber a quê ele se reporta.

21. Trata-se de uma figura de linguagem: "prosopopéia ou personificação é a figura que consiste em pensar seres inanimados ou irracionais como se eles fossem humanos, atribuindo-lhes linguagem, sentimentos e ações típicos dos seres humanos" (Hélio de Seixas Guimarães e Ana Cecília Lessa, *Figuras de Linguagem: Teoria e Prática*, 14ª ed., São Paulo, Atual, 2003, p. 54). Assim, quando o sistema normativo possua apenas uma "vontade", apresente apenas uma resposta possível, há vinculação.

22. Sobre os conceitos de *discricionariedade* e *vinculação*, v. nosso *Efeitos dos Vícios do Ato Administrativo*, São Paulo, Malheiros Editores, 2008, Capítulo VI-5, pp. 176-191. Discricionariedade não diz respeito à *incompletude normativa*. A norma abstrata pode ser *incompleta* e haver perante o caso concreto apenas uma solução jurídica. A incompletude normativa gera apenas um indício de discricionariedade. Também não tem nada a ver com a necessidade de *ponderação administrativa* ou com a aplicação imediata de um *princípio constitucional*. Sempre que o Direito globalmente considerado apresentar apenas uma solução, haverá vinculação, seja essa solução imposta por um *princípio*, seja imposta por uma *regra*; seja decorrente de *subsunção*, seja decorrente de *ponderação*.

gência é própria do *pluralismo político* e é o fundamento da discricionariedade.[23] Nessas situações, o magistrado, quando provocado, não pode impor seu juízo, sua escolha; ou seja: não pode alterar a escolha do agente competente. Perceba-se: nos casos de vinculação o sistema normativo apresenta apenas uma solução, e, se essa não foi adotada pela Administração, o Judiciário, quando provocado, impõe a solução correta. Nos casos de discricionariedade o sistema normativo admite duas ou mais possibilidades, todas consideradas igualmente razoáveis e justas; a escolha compete ao agente competente, e o Judiciário deve respeitar a escolha.

Em relação à licitação, retoma-se a simplificação dantes efetuada: chamando-se todos os valores concretizados pela realização do certame de "P1" (garantia do tratamento isonômico, escolha da melhor proposta objetivamente considerada, garantia do mais amplo acesso dos administrados às contratações estatais, fomento das pequenas empresas e do mercado interno) e todos os valores afetados pela realização do certame de "P2", haverá discricionariedade quando for tanto igualmente razoável e justo concretizar "P1" quanto concretizar "P2". Assim, por exemplo, o fomento de determinada instituição, a economicidade, a eficiência administrativa (agilidade no atendimento da finalidade visada pela Administração), no caso concreto, têm o mesmo peso que os valores concretizados pela celebração do certame, ou, ainda, o custo econômico da realização do certame comparado com o custo do objeto licitado é tão elevado, ou o tempo gasto é tão demasiado, que é razoável e justa a contratação direta. Nesses casos, seria, no plano concreto, tanto razoável e justo realizar o certame (decisão "A") quanto razoável e justo não realizá-lo (decisão "B"). A decisão entre "A" e "B" depende do juízo de cada um: para uns a melhor solução (a concretização ótima do interesse público) está na realização do certame ("A"); para outros, está na sua não-realização ("B"). O sistema imputa a escolha ao agente competente.

23. Sempre oportuna a lição de Bernatzik, apresentada por Afonso Rodrigues Queiró: "Na aplicação do Direito, como também em qualquer outra esfera de actividade lógica do espírito, há um limite além do qual terceiras pessoas deixam de poder avaliar da justeza da conclusão obtida. Por conseguinte, essas terceiras pessoas podem ser de outra opinião, mas não podem legitimamente pretender que só elas tenham uma opinião justa e que a das outras pessoas seja falsa: se o pretendessem, não teriam a generalidade a dar-lhes razão" (*O Poder Discricionário da Administração*, 2ª ed., Coimbra, Coimbra Editora, 1948, p. 121).

Pois bem, para que haja a escolha pela não-realização do certame, para que o agente administrativo opte pela *dispensa* da licitação, o sistema jurídico impõe a prévia autorização legislativa – o inciso XXI do art. 37 apresenta o que tecnicamente se chama "reserva legal". Atualmente, *reserva legal* é o nome dado a uma regra constitucional de competência segundo a qual o veículo introdutor de norma legislativa é exigido independentemente do peso dos princípios constitucionais incidentes no caso concreto.[24] No *neoconstitucionalismo* admite-se que a Administração edite atos administrativos alicerçados diretamente na Constituição, em concretização direta dos princípios constitucionais, independentemente da prévia edição de uma lei.[25] Quando há uma *reserva legal*, independentemente do peso dos princípios constitucionais no caso concreto, como regra geral, a medida só pode ser adotada se

24. O sentido clássico da expressão, difundido por Otto Mayer, é incompatível com a Constituição Federal de 1988. Na lição do famígero publicista: "En consecuencia, sólo para ciertos objetos particularmente importantes se ha hecho de la ley constitucional una condición indispensable de la actividad del Estado. Para todos los otros casos, el Poder Ejecutivo queda libre; obra en virtud de su fuerza propia y no en virtud de la ley. Nosotros llamamos a esta exclusión de la iniciativa del Ejecutivo – existente para esos objetos especialmente señalados – la *reserva de la ley*" (*Derecho Administrativo Alemán*, t. I, trad. de Horacio H. Heredia e Ernesto Krotoschin, Buenos Aires, Depalma, 1949, § 6-2, p. 98). A *reserva legal*, nesse sentido, foi consagrada nos arts. 34 e 37 da Constituição francesa de 1958. Não há dispositivos similares na Constituição de 1988: a competência legislativa do Congresso Nacional abrange toda matéria, nos termos do *caput* do art. 48; não há certas matérias reservadas à lei e outras dispensadas da lei; assim, ressalvadas as hipóteses de medida provisória e lei delegada, é vedado ao Executivo efetuar *ponderações autônomas em abstrato*. A expressão "reserva legal" é utilizada em outro sentido no Estado de Direito: ela impede que determinados efeitos jurídicos sejam extraídos diretamente dos princípios constitucionais sem a prévia edição de uma lei; quer dizer: ela impede que os efeitos decorram de *ponderação em concreto* sem a prévia ocorrência de *ponderação em abstrato*.

25. A possibilidade de atuação administrativa fundamentada diretamente na Constituição tem como marco o famoso caso do arremesso de anão, repetido à exaustão pela doutrina. Trata-se do *arrêt* "Commune de Morsang-sur-Orge", julgado em 27.10.1995 pelo Conselho de Estado francês. O Prefeito da *Commune de Morsang-sur-Orge* interditou um espetáculo de arremesso de anão (*lancer de nain*) promovido na discoteca do Embassy Club. A empresa Fun Production et M. Wackenheim ingressou com ação judicial requerendo a invalidação do ato administrativo e indenização pelos prejuízos causados. O Tribunal Administrativo de Versailles julgou a ação procedente. O Prefeito representou ao Conselho de Estado, que reformou a decisão: considerou que a atração atenta contra a *dignidade da pessoa humana* e, por isso, a autoridade investida do poder de polícia poderia, mesmo na falta de norma legislativa expressa, interditá-la.

houver prévia ponderação legislativa. Uma conduta só pode ser tipificada como crime se houver prévia edição de uma lei tipificando-a como crime (CF de 1988, art. 5º, XXXIX); um tributo só pode ser cobrado se foi previamente instituído por lei (CF de 1988, art. 150, I); uma licitação só pode ser dispensada se houver previsão legislativa da dispensa (CF de 1988, art. 37, XXI). Em suma: quando caracterizada uma hipótese de discricionariedade, quando igualmente for razoável e justo realizar o certame (decisão "A") ou não realizá-lo (decisão "B"), o sistema jurídico criou um obstáculo à escolha da decisão "B": o legislador deve previamente autorizar a escolha, trata-se de uma típica reserva legal. Ou, noutros termos: para que seja exercitada a competência administrativa discricionária sobre a não realização do certame, deve haver prévia autorização legislativa.

Duas importantes observações devem ser feitas. Primeira: o legislador não é livre para dispensar a licitação. No neoconstitucionalismo prevalece o entendimento de que a "liberdade" do legislador equivale à "liberdade" do administrador; quer dizer: ontologicamente, não se trata de "liberdade", mas de discricionariedade.[26] A diferença entre a discricionariedade legislativa e a administrativa é apenas de grau: enquanto a Administração deve observar a Constituição e as leis, o legislador deve

26. Discorda-se, pois, de José Joaquim Gomes Canotilho, para quem a liberdade do legislador é intrinsecamente mais ampla do que a da Administração (*Constituição Dirigente e Vinculação do Legislador*, reimpr., Coimbra, Coimbra Editora, 1994, p. 231). Adota-se a *teoria da lei como execução da Constituição*, ou *Verfassungsvollzug*, assim explicada por Canotilho: "O 'pensamento de execução' considera que, em termos gerais, a posição da lei relativamente à Constituição não é diferente da relação hierárquico-normativa entre a lei e o acto administrativo, executor da mesma. Conseqüentemente, tal como a discricionariedade administrativa é a execução de uma norma legal, também a discricionariedade legislativa se circunscreve a um problema de execução, pelo legislador, dos preceitos mais ou menos detalhados da lei constitucional" (ob. cit., pp. 216-217). E, pouco adiante: "Os conceitos de 'discricionariedade' e de 'poder discricionário', trabalhados pela doutrina do direito administrativo, afiguram-se a alguns autores instrumentos conceituais adequados para captar o âmbito de liberdade e vinculação do poder legiferante, agora submetido não só à hierarquia material superior das normas constitucionais, mas também a um controlo judicial (concentrado ou difuso) feito por órgãos constitucionais não-legislativos. Tal como a administração é a execução da lei, cabendo aos tribunais exercer o controlo da legalidade (princípio da legalidade da administração), a legislação seria execução da Constituição, pertencendo aos tribunais ou a uma jurisdição constitucional fiscalizar a conformidade formal e material dos actos legislativos (princípio da constitucionalidade das leis)" (idem, p. 219).

observar apenas a Constituição. No mais, elas são absolutamente equivalentes. Deveras: o legislador, para editar a lei, deve efetuar uma *ponderação* entre os princípios constitucionais e apurar se os princípios concretizados pela realização do certame ("P1") têm *no plano abstrato* peso equivalente aos princípios concretizados pela não-realização ("P2"). Se, no plano abstrato, "P1" for maior que "P2" ("P1 > P2"), a dispensa é inválida, e a lei é inconstitucional. Com efeito: para que a autorização legislativa da dispensa seja constitucional o peso de "P1" deve ser equivalente ao peso de "P2" ("P1 ≅ P2"). Na dúvida, acata-se a ponderação do legislador, tendo em vista a existência no sistema de um princípio formal que dá primazia às ponderações legislativas.[27] Conseqüentemente, para que o Judiciário considere inconstitucional a lei autorizadora da dispensa (e, pois, concretizadora de "P2") não basta que "P1" seja maior do que "P2". No caso, "P1" deve ser maior do que o peso dos princípios concretizados pela não-realização do certame acrescido do peso do princípio formal que dá primazia à ponderação legislativa ("P1 > P2 + PF").

Segunda observação: a autorização legislativa não basta para que haja dispensa. Não existe discricionariedade no plano abstrato, a discricionariedade só surge no caso concreto. Por mais que a norma abstrata seja incompleta, é perfeitamente possível que diante do caso concreto o Direito, globalmente considerado, só apresente uma solução razoável e justa.[28] O fato de "P1" e "P2" terem pesos equivalentes no plano abstrato

27. Como explica Carlos Bernal Pulido: "Como respaldo de la ponderación legislativa no juegan solamente las razones materiales relevantes en cada caso, sino, además, el principio formal de la democracia representativa. Una ponderación del Tribunal Constitucional solo podrá anular una ponderación legislativa cuando las razones que jueguen en su contra sean tan pesadas, que logren vencer las razones materiales que apoyen lo decidido por el legislador, sumadas a este principio formal. Este principio es de meridiana importancia en la ponderación. Su respecto hace que incluso los empates en la ponderación se definan a favor del legislador (*in dubio pro legislatore*)" (*El Neoconstitucionalismo a Debate*, 1ª reimpr., Bogotá, Instituto de Estudios Constitucionales Carlos Restrepo Piedrahita, 2008, pp. 38-39). Sobre a teoria dos princípios formais, v. nosso *Abuso de Direito e a Constitucionalização do Direito Privado*, São Paulo, Malheiros Editores, 2010, pp. 39-56.

28. Por isso, em outra oportunidade diferenciamos a vinculação e a discricionariedade da completude e da incompletude normativa (*Efeitos dos Vícios do Ato Administrativo*, cit., Capítulo VI-5.3, pp. 180-181). A incompletude é apenas indício de discricionariedade, pois, quanto maior for a completude normativa, maior será o peso do princípio formal que dá primazia à ponderação legislativa e menor será o

não significa que tenham pesos equivalentes no plano concreto. Deveras: a *ponderação legislativa* deve ser confirmada pela Administração à luz das circunstâncias do caso concreto. Se, no mundo fenomênico, "P1" apresentar maior peso do que "P2", deverá a Administração realizar o certame.

Um exemplo: nos termos do art. 24, II, da Lei 8.666/1993, é dispensável a licitação quando o valor do serviço ou da compra não ultrapassar 10% do limite previsto para a modalidade do convite (alínea "a" do inciso II do art. 23), ou seja, R$ 8.000,00 (valor válido para 27.5.1998, data da promulgação da Lei 9.648/1998, que deu nova redação ao dispositivo); no caso concreto, em razão de indiscutíveis elementos de convicção, a Administração sabe que a realização do certame resultará em propostas bem melhores do que as obtidas pela contratação direta; ademais, não há urgência na contratação, ou seja, o tempo gasto com a realização do certame não comprometerá a finalidade perseguida pela Administração. Nessas circunstâncias, apesar da autorização legislativa, a licitação é obrigatória.

Essa lição é quase sempre desprezada pelos operadores do Direito: não basta invocar a autorização legislativa para efetuar a contratação direta. A Administração deve, no processo administrativo de contratação, enunciar a *ponderação administrativa* efetuada à luz das circunstâncias fáticas e jurídicas do caso concreto e, por meio dela, evidenciar que o peso dos valores justificadores da não-realização do certame é equivalente ao peso dos valores justificadores da sua realização.[29] A *ponderação abstrata* efetuada pelo legislador deve, necessariamente, ser *confirmada* pela *ponderação concreta*.

Por fim, há duas espécies de autorização legislativa. Pela *primeira*, os casos legalmente previstos são típicos de *dispensa de licitação*, são hipóteses em que, como regra, tanto é possível realizar o certame como não realizá-lo, pois ambas as soluções são razoáveis e justas, e a escolha é imputada ao agente competente – art. 24 da Lei 8.666/1993, incisos: I

peso do princípio formal que dá primazia à ponderação administrativa; quanto menor for a completude normativa, maior será o peso do princípio formal que dá primazia à ponderação administrativa e menor será o peso do princípio formal que dá primazia à ponderação legislativa.

29. A dispensa de licitação exige a enunciação da ponderação administrativa na motivação. Não basta a indicação do fundamento legal. Sobre o tema, v. nosso *Efeitos dos Vícios do Ato Administrativo*, cit., Capítulo VI-10.5.4, pp. 246-248.

e II (valor da contratação não superior ao definido para a modalidade de convite); XI (remanescente decorrente de rescisão contratual); XIII (instituição brasileira incumbida de pesquisa, ensino ou desenvolvimento institucional e instituição dedicada à recuperação social do preso); XX (associação de portadores de deficiência); XXIV (organizações sociais); XXVII (coleta, processamento, comercialização de resíduos sólidos efetuada por associações ou cooperativas formadas exclusivamente por pessoas físicas de baixa renda); XXIX (contingentes militares de forças empregadas em operações de paz no Exterior). Nas três primeiras hipóteses e na última (incisos I, II, XI e XXIX), a *economicidade* e a *rapidez* na tutela do interesse perseguido justificam afastar os valores concretizados pela realização do certame. Nas demais (incisos XIII, XX, XXIV e XXVII) o afastamento é justificado pelo *fomento administrativo.*

Na *segunda* hipótese, os casos legalmente previstos configuram, como regra, hipóteses de inexigibilidade de licitação. Sua discriminação no rol das hipóteses de dispensa (no art. 24, e não no art. 25, da Lei 8.666/1993) gera efeitos: o legislador permite que, havendo dúvida sobre a necessidade de aquisição de *objeto singular* ou de contratação de *serviço singular*, na *zona de incerteza*, seja possível a contratação direta; ou, havendo dúvida sobre a proibição da realização do certame, na zona de incerteza, sua realização seja possível. Nos termos dantes explicados, nas hipóteses de inexigibilidade só é possível a contratação direta quando o Direito exigir a aquisição do objeto singular, a contratação do serviço singular ou proibir a realização do certame. Vale dizer: quando a contratação direta seja a única solução razoável e justa, e, pois, configure exercício de competência vinculada ("P2 > P1"). Quando a necessidade da singularidade decorrer de juízo discricionário, a princípio, impõe-se a realização do certame ("P1 ≅ P2"). Isso ocorre quando inexistir previsão legislativa de dispensa. Assim, quando o legislador autoriza a dispensa de licitação nas hipóteses de objeto ou serviço singular (insere hipóteses de inexigibilidade no rol do art. 24), não está apenas autorizando o óbvio – não realizar o certame quando ele é impossível, inviável ou proibido –, está também autorizando a contratação direta nos casos em que a necessidade da singularidade ou a proibição se encontram na zona de incerteza. Todos os casos de inexigibilidade discriminados no art. 24 podem eventualmente configurar hipóteses de dispensa: quando a necessidade do objeto ou do serviço singular ou a proibição da realização do certame advierem de juízo discricionário será possível a contratação direta.

# 11
# Contrato Administrativo

*11.1 Introdução. 11.2 Conceito e classificação: 11.2.1 Contrato privado – 11.2.2 Três correntes – 11.2.3 Direito administrativo e direito privado – 11.2.4 Conceito de contrato administrativo – 11.2.5 Classificação dos contratos administrativos. 11.3 Regime jurídico: 11.3.1 Conceitos elementares da teoria do ato administrativo – 11.3.2 Contratos administrativos e revogação – 11.3.3 Extinção do contrato administrativo – 11.3.4 Alteração do contrato administrativo – 11.3.5 Extinção e alteração dos "contratos da Administração" – 11.3.6 Intangibilidade da equação econômico-financeira.*

## 11.1 Introdução

A *teoria dos contratos administrativos* já foi muito estudada na doutrina brasileira e na estrangeira; existe farta produção doutrinária sobre ela. Apesar disso, longe está de ser assunto pacificado; pelo contrário, dá margem a novas reflexões, ainda fomenta intensos debates científicos. Este estudo pretende examinar as principais posições existentes na doutrina brasileira e, a partir da análise crítica dessas posições, apresentar as linhas mestras de uma *teoria geral* dos contratos administrativos. Pretende, com a *maior concisão possível*, enunciar o *conceito* de contrato administrativo, sua *classificação* e suas *características*.

O contrato administrativo é um *conceito jurídico-positivo* e, por isso, é insuscetível de universalização; é pensado, desenvolvido, à luz de determinado direito positivo.[1] Pretende-se, aqui, desenvolver uma teoria

1. O professor Celso Antônio Bandeira de Mello, em sua monumental tese de Livre-Docência, há muito examinou com precisão os conceitos jurídico-positivos: "À Ciência do Direito importam unicamente as noções e categorias que permitam deduzir as regras jurídicas aplicáveis em tais ou quais situações. Por isso mesmo um con-

geral dos contratos administrativos à luz do *direito positivo brasileiro*. O contrato administrativo, contudo, não é um tema *criado* pelo Direito Brasileiro, mas em certa medida trazido de ordenamentos estrangeiros. A *importação* de um conceito jurídico-positivo acarreta uma *recriação* do conceito, pois ele sofre o influxo do sistema normativo ao qual é inserido. O estudo de um conceito jurídico-positivo importado de ordenamentos alienígenas exige a compreensão do tema nesses ordenamentos, mas também a consciência de que todo conceito dogmático importado é recriado quando da importação.[2]

Almeja-se construir uma teoria apropriada para o direito positivo brasileiro, que sintetize da melhor maneira possível o feixe de normas vigentes. Intenta-se alertar a doutrina especializada sobre algumas impropriedades correntes. Espera-se, ao final, contribuir para o aprimoramento científico da teoria brasileira dos contratos administrativos, fornecendo produto acabado ou, ao menos, elementos para novas discussões.

## *11.2 Conceito e classificação*

É possível afirmar que o contrato é um instituto próprio do *direito privado*. Por isso, o estudo do contrato administrativo deve partir do conceito de contrato proposto pelos civilistas.

ceito jurídico é exato quando coincidente com determinado feixe de princípios e normas organicamente associados de maneira a formar um sistema. Daí se segue que as noções jurídicas se resumem em 'unidades sistemáticas' compostas por regras de Direito e princípios vazados nas mesmas regras" (*Natureza e Regime Jurídico das Autarquias*, São Paulo, Ed. RT, 1968, p. 10, rodapé 10). Não existe, pois, um *conceito universal de contrato administrativo*; trata-se de conceito jurídico-positivo, só compreensível à luz de determinado direito positivo.

2. Allan R. Brewer-Carías, em excelente estudo sobre os contratos administrativos, clama pela construção de uma teoria dos contratos administrativos para o direito positivo nacional: "A repartição das competências jurisdicionais, na França, foi um fator chave no nascimento e desenvolvimento do direito administrativo e na própria concepção do contrato administrativo; definitivamente, foi a justificação do próprio direito administrativo. Em nossos Países e na grande maioria daqueles que foram tributários do Direito Francês isto não ocorreu, e nem é assim. Daí a tendência observada, uma vez alcançada a necessária madurez doutrinária, de abandonar tantas teorias e concepções baseadas em uma situação de origem adjetiva, demasiadamente circunstancial, e de estruturar nossas próprias concepções. *Não se trata de inovar por inovar, e sim de substantivar o próprio direito administrativo, conforme as peculiaridades de nossos Países, e deixar de importar por importar*" ("Evolução do conceito de contrato administrativo", *RDP* 51-52/6, Ano X, São Paulo, Ed. RT, julho-dezembro/1979 – grifos nossos).

### *11.2.1 Contrato privado*

A obra de Orlando Gomes é, no tema, considerada um clássico da literatura nacional e, assim, pode ser utilizada como referência. O aclamado civilista baiano considera o contrato um *conceito derivado*, porque contém todos os caracteres do conceito de *negócio jurídico*: "Contrato é uma espécie de negócio jurídico que se distingue, na *formação*, por exigir a presença pelo menos de duas partes"[3] – quer dizer: contrato é *negócio jurídico bilateral* ou *plurilateral*. Por conseguinte, o conceito de contrato pressupõe o conceito de negócio jurídico.

Marcos Bernardes de Mello informa que o conceito de *negócio jurídico* (*Rechtsgeschaft*) foi desenvolvido pelos pandectistas no início do século XIX para designar todo ato de *autonomia da vontade*, instrumento de realização da vontade individual.[4] É célebre o conceito de Windscheid: "Negócio jurídico é uma declaração privada de vontade, que visa a produzir um efeito jurídico".[5] Hans Kelsen contribuiu sensivelmente para o tema, difundindo a chamada *teoria normativa dos negócios jurídicos*: estes são *veículos introdutores* de *normas jurídicas* elaboradas pelos indivíduos.[6] A base do *direito privado* é a *vontade*, daí a célebre distinção entre atos e fatos jurídicos: os primeiros, ao contrário dos segundos, são manifestações de vontade. Porém, enquanto nos *atos jurídicos em sentido estrito* os efeitos jurídicos são previamente determinados pela ordem jurídica, nos negócios jurídicos os efeitos ju-

3. Orlando Gomes, *Contratos*, 17ª ed., 2ª tir., Rio de Janeiro, Forense, 1997, § 1, p. 4. Pouco adiante, o autor aclara: "Emprega-se o vocábulo 'contrato' em sentido *amplo* e *restrito*. No primeiro, designa todo negócio jurídico que se forma pelo concurso de vontades. No segundo, o acordo de vontades produtivo de efeitos obrigacionais na esfera patrimonial" (idem, § 4, p. 9).

4. Marcos Bernardes de Mello, *Teoria do Fato Jurídico: Plano da Existência*, 12ª ed., São Paulo, Saraiva, 2003, pp. 161-164.

5. Bernard Windscheid, *Diritto delle Pandette*, vol. I, trad. de Fadda e Bensa, Turim, UTET, 1902, 1ª Parte, p. 264, *apud* Marcos Bernardes de Mello, *Teoria do Fato Jurídico: Plano da Existência*, cit., 12ª ed., p. 164.

6. "Na medida em que a ordem jurídica institui o negócio jurídico como facto produtor de Direito, confere aos indivíduos que lhe estão subordinados o poder de regular as suas relações mútuas, dentro dos quadros das normas gerais criadas por via legislativa ou consuetudinária, através de normas criadas pela via jurídico-negocial" (Hans Kelsen, *Teoria Pura do Direito*, 6ª ed., trad. de João Baptista Machado, Coimbra, Arménio Amado Editor, 1984, p. 351).

rídicos são determinados pela vontade das partes.[7] Negócios jurídicos, enfim, são veículos introdutores de normas jurídicas editadas pelos particulares, fruto da chamada *autonomia privada*.

A ordem jurídica garante aos indivíduos o *poder* de disciplinar sua esfera jurídica, desde que respeitadas todas as limitações impostas pelo sistema. Como o ser humano é, por natureza, político e social – ou, noutros termos, como sua existência pressupõe a *intersubjetividade* –, a possibilidade de regular a própria esfera é insuficiente para a efetiva garantia da *liberdade*. Possibilitou-se, por isso, ao ser humano, no âmbito privado, interferir na esfera jurídica alheia. Contudo, como, por presunção absoluta, todo ser humano, para o sistema jurídico, tem o mesmo valor jurídico – ou seja: *todos são iguais* –, a interferência na esfera de outrem pressupõe sua *aquiescência* ou sua *concordância*. Daí o *dogma da vontade*: no âmbito privado, a autodisciplina da conduta pressupõe a própria vontade e a disciplina da conduta alheia pressupõe a vontade própria e a alheia.[8]

7. Sobre essa classificação, v., por todos: Maria Helena Diniz, *Curso de Direito Civil Brasileiro*, 11ª ed., vol. 1, São Paulo, Saraiva, 1995, pp. 200-201 e 222-225.

8. Calha à fiveleta a doutrina do emérito civilista Francisco Amaral: "A autonomia privada é o poder que os particulares têm de regular, pelo exercício de sua própria vontade, as relações de que participam, estabelecendo-lhes o conteúdo e a respectiva disciplina jurídica". E, pouco adiante: "Sob o ponto de vista institucional e estrutural, dominante na Teoria Geral do Direito, a autonomia privada constitui-se em um dos princípios fundamentais do sistema de direito privado, num reconhecimento da existência de um âmbito particular de atuação com eficácia normativa. Trata-se da projeção, no Direito, do personalismo ético, concepção axiológica da pessoa como centro e destinatário da ordem jurídica privada, sem o quê a pessoa humana, embora formalmente revestida de titularidade jurídica, nada mais seria do que mero instrumento a serviço da sociedade. Sob o ponto de vista técnico, que revela a importância prática do princípio, a autonomia privada funciona como verdadeiro poder jurídico particular de criar, modificar ou extinguir situações jurídicas próprias ou de outrem" (Francisco Amaral, *Direito Civil: Introdução*, 3ª ed., Rio de Janeiro, Renovar, 2000, pp. 337-338).

Também são dignas de registro as palavras de Pontes de Miranda: "Se o ser humano não tivesse diante de si campo em que poderia exercer a sua vontade, não se poderia falar de personalidade. No que a manifestação de vontade, inclusive por ato que não seja simples expressão do querer, não ofende interesses de outrem, ou interesses gerais, tem o ser humano, a pessoa, liberdade de fazer, de não fazer, de falar e de não falar. Onde atinge interesse alheio, a que cause dano, é preciso ou que o *alter* acorde ou concorde com o que se passa ou se vai passar, ou tem o atuante de indenizar" (*Tratado de Direito Privado*, 2ª ed., t. XXXVIII, Rio de Janeiro, Borsói, 1962, § 4.193, pp. 38-39).

Dessarte, no direito privado é possível que um particular formule sozinho a norma jurídica e a edite, porém sua eficácia ficará condicionada ao assentimento do destinatário. É perfeitamente possível, outrossim, que um particular conclame outrem a juntos formularem a norma jurídica; necessitará do consentimento.[9] O nome genérico dado ao veículo introdutor de normas formuladas por um só indivíduo mas condicionadas ao assentimento de outrem é "negócio jurídico unilateral". O nome genérico dado ao veículo introdutor de normas formuladas por dois ou mais indivíduos é "negócio jurídico bilateral" ou "plurilateral". Os negócios jurídicos bilaterais e plurilaterais são chamados de "contratos".[10] Sílvio Luís Ferreira da Rocha discriminou de forma didática e precisa os princípios regentes dos contratos privados: a *liberdade contratual* – o contrato fundamenta-se na autonomia da vontade; a *paridade jurídica entre os contratantes* – são formalmente iguais, inexiste situação jurídica de desequilíbrio que implique sujeição de um ao outro, por isso submetem-se à mesma disciplina e nenhum deles pode impor ao outro o conteúdo do contrato ou alterar unilateralmente o contrato; a *obrigatoriedade do contrato* – tem força vinculante, obriga as partes; a *intangibilidade do contrato* – seus termos não podem ser modificados

9. "Assentimento" vem do verbo "assentir" – e este vem do verbo latino *assentio, is, ire, sensi, sensum*, que significa "juntar seu assentimento ao de outrem", "dar assentimento", "aprovar". "Consentimento" vem do verbo "consentir" – e este vem do verbo latino *consentio, is, ire, sensi, sensum*, que significa "sentir ao mesmo tempo", "estar de acordo" (cf. Ernesto Faria, *Dicionário Latino-Português*, Belo Horizonte, Garnier, 2003, pp. 106 e 236). As duas palavras são registradas como sinônimas na maioria dos dicionários. Há diferença substancial: "assentir" importa uma atitude *passiva* do agente, é apenas "aquiescer"; "consentir" importa uma atitude *ativa* do agente, é "sentir junto", é "concordar". Tecnicamente, nos atos privados unilaterais há *assentimento*, a norma foi elaborada por um particular e aceita por outro; nos atos privados bilaterais há *consentimento*, a norma é elaborada por dois (ou mais) particulares ou é elaborada por um e assumida como produto de ambos (ou de todos).

10. Maria Helena Diniz apresenta o seguinte conceito: "Contrato é o acordo entre a manifestação de duas ou mais vontades, na conformidade da ordem jurídica, destinado a estabelecer uma regulamentação de interesses entre as partes, com o escopo de adquirir, modificar ou extinguir relações jurídicas de natureza patrimonial" (*Tratado Teórico e Prático dos Contratos*, 2ª ed., vol. 1, São Paulo, Saraiva, 1996, p. 9).

O conspícuo Sílvio Luís Ferreira da Rocha apresenta conceito similar: "Pode-se, portanto, definir o contrato como o acordo de vontades pelo qual as partes constituem, modificam ou extinguem relações jurídicas patrimoniais" (*Curso Avançado de Direito Civil*, vol. 3, "Contratos", São Paulo, Ed. RT, 2002, p. 33).

sem o consentimento das partes; a *relatividade dos efeitos* – os efeitos produzidos pelo contrato restringem-se às partes que o celebram.[11]

Há que se fazer uma ressalva: a sociedade de consumo exigiu dos juristas uma espécie de *adaptação* à realidade. Em muitos casos o sistema normativo considera o assentimento à norma elaborada por outrem um verdadeiro *consentimento*. A norma não é elaborada por ambas as partes, mas apenas por uma delas; a parte aderente, contudo, ao aderir, aceita a norma produzida pela parte proponente como se fosse um produto de sua vontade, ela toma a proposta como um produto seu; ao aderir, ela consente. É exatamente o que ocorre nos chamados *contratos de adesão*.[12]

11. Sílvio Luís Ferreira da Rocha, *Curso Avançado de Direito Civil*, cit., vol. 3, pp. 33-38.

12. Afirma Custódio da Piedade Ubaldino Miranda, em sua tese de Livre-Docência: "Assim, uma das partes – o aderente – não tem, no 'contrato de adesão', a mínima condição de contribuir sequer para a fixação do conteúdo contratual, não se podendo dizer, por isso, que ele se dá regras a si próprio, parecendo assim que essa figura contratual desafia a sua inserção no âmbito da autonomia privada. A isso se responde que a declaração de aceitação sanciona o conteúdo pré-formulado, na medida em que interessa ao aderente contratar até mesmo com tal conteúdo, tudo se passando, desde que o aceita, como se ele próprio tivesse participado de sua elaboração" (*Contrato de Adesão*, São Paulo, Atlas, 2002, p. 52). E, adiante: "Os contratualistas entendem que também o consentimento pode ser prestado em *bloco* e não tem menos valor por se traduzir num *sim* que não foi precedido de negociações, não integrando essas particularidades a definição do consentimento. O que interessa é que o aderente tenha pleno conhecimento das cláusulas contratuais, e todo o tratamento do contrato de adesão deve orientar-se nesse sentido, possibilitando-se o controle da oponibilidade de certas cláusulas ao aderente" (idem, p. 73).

O tema do contrato de adesão é complexo, e extravasa os limites deste estudo. É mister, contudo, efetuar um esclarecimento: a técnica de tomar o assentimento como consentimento, apesar de necessária nos contratos de adesão, não é exclusiva deles. É perfeitamente possível que um particular redija os termos do contrato e o outro, sem modificar absolutamente nada, consinta, vale dizer, aceite os termos do contrato como produto de sua vontade; haverá aí negócio jurídico bilateral, e não ato unilateral, mas não haverá contrato de adesão. Isso porque para que haja contrato de adesão, além de redigir o contrato, a parte deve oferecê-lo ao público. Quer dizer, o conceito de *contrato de adesão* possui dois condicionantes: a *elaboração do contrato por uma parte*, sem discussão, e a *oferta ao público*. A primeira condição é necessária mas não suficiente para que haja contrato de adesão. Nesse sentido, afirma Custódio da Piedade Ubaldino Miranda: "Assim como no contrato de adesão pode haver uma ou outra cláusula sem que isso altere a natureza peculiar desse contrato, assim também no contrato negociado o destinatário pode aceitar em bloco uma proposta contratual

### *11.2.2 Três correntes*

Examinado, ainda que a vôo de águia, o contrato no *direito privado*, possível se torna passar ao exame dos chamados *contratos administrativos*. Sobre eles existem na doutrina brasileira *três posições*. A primeira baseia-se na doutrina tradicional francesa, a segunda na doutrina tradicional alemã e a terceira numa doutrina formulada mais recentemente sobre o tema.[13]

Pela primeira posição a Administração pode firmar contratos regidos pelo direito público, denominados de *contratos administrativos*, e contratos regidos pelo direito privado, denominados de *contratos da Administração*.[14] Os contratos pertencem ao primeiro grupo por uma im-

padronizada, se todas as suas cláusulas lhe convierem; se o faz, o contrato se forma, mas nem por isso se torna um contrato de adesão. Faltam aqui a especificidade da declaração negocial do predisponente e a generalidade e a indeterminação dos destinatários, características do contrato de adesão" (idem, p. 25). E, pouco adiante, o autor apresenta seu conceito de contrato de adesão: "Por contrato de adesão poderá assim entender-se aquela forma de contratar em que, emitida pelo predisponente uma declaração dirigida ao público, contendo uma promessa irrevogável para esse efeito, mediante cláusulas uniformes, formuladas unilateralmente, o contrato (individual, singular) se forma, com o conteúdo assim prefixado, no momento em que uma pessoa, aceitando essas cláusulas na sua totalidade, ainda que com eventuais aditamentos, adere a tal conteúdo" (idem, p. 27).

Na mesma senda, em clássica monografia, Orlando Gomes arrola dentre os traços característicos do contrato de adesão a uniformidade, a predeterminação e a rigidez, e afirma: "Não se elaboram as cláusulas gerais senão para regular uniformemente futuros e eventuais vínculos contratuais. (...). Não basta, por conseguinte, a existência de um regulamento contratual elaborado por uma das partes. Importa que a preparação tenha o propósito indicado" (*Contrato de Adesão: Considerações Gerais dos Contratos*, São Paulo, Ed. RT, 1972, pp. 10-11).

13. As três posições foram há muito identificadas por Celso Antônio Bandeira de Mello ("Contrato administrativo", *RT* 562/37-38, Ano 71, São Paulo, Ed. RT, agosto/1982).

14. Gaston Jèze, considerado o pai da teoria dos contratos administrativos, defendeu que a Administração poderia escolher entre a celebração de um contrato regido pelo direito público e a celebração de um contrato regido pelo direito privado. Nas palavras do notável jurista: "Pour que ces règles spéciales s'appliquent, il ne suffit pas qu'un contrat soit passé par l'Administration avec un particulier pour la prestation d'une chose ou d'un service. Il faut, de plus, que le contrat ait pour objet d'assurer le *fonctionnement d'un service public*. Et même ce novel élément ne suffit encore pas: il est indispensable que les parties contractantes aient *voulu* se soumettre à un régime juridique exorbitant du droit civil, au *régime du droit public*" (Gaston Jèze, *Les Prin-*

posição legal, ou por conterem cláusulas exorbitantes ou porque têm por objeto a prestação de um serviço público.[15] Para a segunda corrente não existem contratos administrativos, ou a atividade da Administração submete-se ao direito privado, e é possível a celebração de contratos, ou não se submete ao direito privado, e o que seriam contratos administrativos são atos unilaterais com contratos adjetos.[16] Para a terceira corrente existem

*cipes Généraux du Droit Administratif*, vol. 3, "Le Fonctionnement des Services Publics", Paris, Marcel Giard, 1926, p. 298). Adiante, o autor desenvolve a célebre classificação: "Dès lors, parmi les contrats conclus en vue d'assurer le fonctionnement d'un service public, il y a deux catégories: (1) ceux qui sont des *contrats ordinaires*, régis par le Code Civil; (2) ceux qui sont des *contrats administratifs*, soumis aux règles spéciales du droit public" (idem, p. 305).

André de Laubadère, em sua obra clássica, assentou em sólidas bases a teoria iniciada por Jèze: "Il est aujourd'hui et depuis longtemps acquis que la théorie des contrats de l'Administration repose sur la distinction fondamentale des contrats administratifs proprement dits et des contrats de droit commun (ou de droit privé) conclus par l'Administration". E, pouco adiante: "Les règles qui s'appliquent aux contrats de droit commun sont en principe celles du Code Civil; celles qui régissent les contrats administratifs sont des règles de droit public, dégagées pour la plupart par la jurisprudence des tribunaux administratifs eux-mêmes" (*Traité Théorique et Pratique des Contrats Administratifs*, vol. 1, Paris, LGDJ, 1956, § 2, pp. 8-9).

A dicotomia *contrats administratifs* e *contrats de l'Administration*, os primeiros regidos pelo direito público e os segundos pelo direito privado, imortalizou-se na doutrina francesa. Cita-se como fonte mais recente, em que a teoria é integralmente adotada, a obra de Jean Rivero e Jean Waline, *Droit Administratif*, 18ª ed., Paris, Dalloz, 2000, p. 115.

15. As três hipóteses são discriminadas por André de Laubadère em seu tratado (*Traité Théorique et Pratique des Contrats Administratifs*, cit., vol. 1, § 14, pp. 33-34). Também são reproduzidas em seu manual (André de Laubadère, Jean-Claude Venezia e Yves Gaudemet, *Droit Administratif*, 17ª ed., Paris, LGDJ, 2002, pp. 264-266). Registra-se uma curiosidade sobre a obra *Traité Théorique et Pratique des Contrats Administratifs* de Laubadère. Sua 1ª edição data de 1956 e possui três volumes. A 2ª edição é verdadeiramente uma *nova obra*, que pouco tem a ver com a primeira. Trata-se do *Traité des Contrats Administratifs*, resultante da "atualização" dos dois primeiros volumes do *Traité Théorique* empreendida por Frank Moderne e Pierre Delvolvé. O primeiro volume foi publicado em 1983 e o segundo em 1984 (observe-se que Laubadère falecera em 1981). Neles constam novos conceitos, novas partes; trata-se, enfim, de outra obra.

16. A segunda corrente segue a doutrina de Otto Mayer. O autor assumiu a seguinte regra: tudo que é igual por natureza deve ser também regulado igualmente (*Derecho Administrativo Alemán*, t. I, trad. de Horacio H. Heredia e Ernesto Krotoschin, Buenos Aires, Depalma, 1949, p. 184). Conseqüentemente, sempre que o Estado se insere numa relação idêntica à que se estabelece entre os particulares aplicam-se as regras do direito civil (idem, p. 185) e, por isso, o Estado celebra contrato nos ter-

contratos administrativos mas não existem contratos da Administração; quer dizer: todos os contratos firmados pela Administração são regidos, em maior ou menor medida, pelo direito público.[17]

mos do direito privado. Porém, sempre que o Estado se insere numa relação de direito público aplicam-se as regras de direito público, e, pois, é inviável a celebração de contratos (idem, p. 184). Nas palavras do autor: "En *Arch f. öff. R*, III, pp. 3 y ss., he tratado de demonstrar toda la importancia de esta diferencia: el contrato de servicio público, por lo mismo que pertenece al derecho público, no es y no puede ser un contrato en el sentido del derecho civil. G Meyer, que en el fondo está de acuerdo conmigo, subraya que sería lógico renunciar a la palabra 'contrato' (*Verw. R.*, p. 34, nota 8). Yo no me opongo. Se podrían inventar términos técnicos completamente lógicos, pero siempre existirían dificultades para introducirlos en nuestros usos. En efecto, el derecho público se inclina a tomar su terminología del derecho civil. Esto ya se hacía así en el Derecho Romano (véase, sobre los así llamados 'contratos censorios', Heyrowsky, *Uber die rechtliche Grundlage der leges contractus*); el Derecho Francés conoce igualmente sus 'contratos administrativos', que en realidad nada tienen de contrato" (idem, p. 184, rodapé 3). Dessarte, da obra de Mayer se extrai que, enquanto os chamados *contrats de l'Administration* são os *contratos de direito privado*, os *contrats administratifs* são *atos administrativos unilaterais*.

Na doutrina italiana, Cesare Cammeo adota idêntica posição: "Ci si domanda se è possibile concepire tali rapporti ed altri analoghi come contratti di diritto pubblico fra una pubblica amministrazione e i privati. Ci basti osservare che non vi è nessun ostacolo in teoria a che si tratti di contratti, ma che nel diritto positivo essi si sono configurati come atti unilaterali, mentre la volontà del privato non è che un presupposto o una condizione a che l'atto della P. A. produca i suoi effetti, e l'atto in sè considerato è di per sè perfetto e valido" (*I Contratti della Pubblica Amministrazione*, Florença, Carlo Cya, 1937, p. 41).

Maria João Estorninho, em sua dissertação de Mestrado, critica essa conclusão (*Réquiem pelo Contrato Administrativo*, Coimbra, Livraria Almedina, 1990, pp. 41-59). Observa que para muitas das hipóteses de celebração, segundo a doutrina francesa, de contratos administrativos a doutrina alemã sempre admitiu a celebração de contratos privados. Otto Mayer, ao buscar um exemplo de fácil reconhecimento do caráter privado da atuação estatal, menciona a venda de mercadorias (*Derecho Administrativo Alemán*, cit., t. I, p. 186), o que dá indício da procedência da crítica de Estorninho. Atualmente a doutrina alemã afastou-se radicalmente da posição de Otto Mayer. Admite que, como regra, a Administração possa *escolher* entre a edição de um *ato administrativo unilateral* e a celebração de um *contrato administrativo*; os contratos celebrados pela Administração que não tenham objeto de ato administrativo unilateral são atualmente considerados pelos alemães *contratos de direito privado*. Por todos: Hartmut Maurer, *Direito Administrativo Geral*, 14ª ed., trad. de Luís Afonso Heck, Barueri, Manole, 2006, pp. 408-422).

17. O autor que melhor representa essa concepção no Direito estrangeiro é Allan-R. Brewer-Carías. Nas palavras do preclaro jurista: "A Administração, portanto, se bem que preponderantemente regulada pelo direito administrativo, na atualidade

Hely Lopes Meirelles é partidário da primeira posição;[18] Oswaldo Aranha Bandeira de Mello e Celso Antônio Bandeira de Mello são partidários da segunda;[19] Carlos Ari Sundfeld e Lúcia Valle Figueiredo, da

está submetida tanto ao direito público como ao direito privado, e sua atividade, regida por ambos os ramos, será sempre uma atividade administrativa. Não há, na realidade, atividade privada da Administração. Assim como não existem atos privados da Administração, tampouco existem, claramente, contratos de direito privado da Administração. A atividade da Administração – e, em geral, a de todos os sujeitos de direito administrativo – está submetida a um regime preponderante de direito administrativo ou preponderante de direito privado, mas isto não autoriza a concluir que na primeira hipótese a atividade seja administrativa, e na segunda seja privada" (Allan-R. Brewer-Carías, "Evolução do conceito de contrato administrativo", cit., *RDP* 51-52/13). Segundo esse entendimento, todos os contratos firmados pela Administração são *contratos administrativos*; não existem contratos da Administração.

18. Hely Lopes Meirelles, *Direito Administrativo Brasileiro*, 40ª ed., São Paulo, Malheiros Editores, 2014, pp. 229-230. A concepção francesa prevalece na doutrina brasileira. É também adotada, dentre outros, por: Maria Sylvia Zanella Di Pietro, *Direito Administrativo*, 25ª ed., São Paulo, Atlas, 2012, p. 264; Diógenes Gasparini, *Direito Administrativo*, 16ª ed., São Paulo, Saraiva, 2011, p. 757; Edmir Netto de Araújo, *Curso de Direito Administrativo*, 5ª ed., São Paulo, Saraiva, 2010, pp. 665-668. O acolhimento da dicotomia não surpreende: a doutrina administrativista brasileira tende a copiar acriticamente a doutrina clássica francesa. Em síntese, a doutrina brasileira absolutamente majoritária adota a primeira posição exposta e admite a dicotomia "contratos da Administração", regidos pelo direito privado, e "contratos administrativos", regidos pelo direito público.

19. O benemérito professor Oswaldo Aranha Bandeira de Mello, após excelente estudo do tema nas doutrinas francesa e alemã, adotou a posição de Otto Mayer: "Daí a conclusão: inexiste contrato administrativo. Alguns atos administrativos são complementados por contratos sobre a equação econômico-financeira a eles pertencente. Aliás, tal se dá tão-somente com a concessão de obra ou de serviço público. Os outros pretensos contratos administrativos não passam de contratos de direito privado, com regime especial, porque a lei assim dispôs e os administrados, ao perfazerem o acordo de vontades, aderiram aos seus dispositivos, que se tornaram cláusulas contratuais, ou as próprias partes, no ajuste, aquiesceram em lhe dar regime especial" ("Contrato de direito público ou administrativo", *RDA* 88/31, Rio de Janeiro, abril-junho/1967; e *Princípios Gerais de Direito Administrativo*, 3ª ed., 2ª tir., vol. I, São Paulo, Malheiros Editores, 2010, pp. 689-690). Esclarece-se: para o notável jurista os contratos firmados pela Administração são – nada mais, nada menos – contratos de direito privado, submetidos, contudo, a algumas regras especiais expressamente previstas; já, os contratos de concessão de obra ou serviço público e de uso de bem público (Oswaldo Aranha Bandeira de Mello, *Da Licitação*, São Paulo, José Bushatsky Editor, 1978, pp. 21-22) não são contratos administrativos, mas atos administrativos unilaterais atrelados a um contrato adjeto ou complementar relativo à equação econômico-financeira. O augusto Celso Antônio Bandeira de Mello adotou integralmente essa posição (*Curso de Direito Administrativo*, 31ª ed., São Paulo, Malheiros Editores, 2014, Capítulo X-13 a 18, pp. 631-633).

terceira.[20] Este estudo, conforme antecipado, não pretende efetuar um inventário das posições existentes na doutrina brasileira, mas efetuar uma *análise crítica*. Antes de fixar o conceito de *contrato administrativo* e sua *classificação*, adotando ou não uma das posições existentes, fazem-se necessárias algumas considerações sobre a relação do direito administrativo com o direito privado – passo seguinte desta empreitada.

### *11.2.3 Direito administrativo e direito privado*

O direito administrativo é recente: nasceu das decisões do Conselho de Estado francês, instituído pelo art. 52 da Constituição francesa de

Em síntese, para a segunda concepção exposta não existem contratos administrativos, há contratos privados submetidos a certas regras especiais e atos unilaterais unidos a contratos privados adjetos ou complementares.

20. Para Carlos Ari Sundfeld todos os contratos firmados pela Administração são administrativos, vale dizer, regidos pelo direito público: "Quaisquer contratos da Administração estão, em todas as etapas de sua vida, sujeitos à observância do regime do direito administrativo, donde a impropriedade (e o perigo) de definir uma parcela deles como privados. A doutrina, inclusive brasileira, já vem reconhecendo que mesmo nos ditos contratos estatais privados incidem regras de direito administrativo, especialmente no tocante às condições e formalidades para a contratação (como a definição da competência para celebrar o ajuste, a necessidade de licitação etc.) e a seu controle (através do Tribunal de Contas, por exemplo), o que é correto. Mas ainda persiste a idéia de que seu conteúdo seria determinado pelo direito privado. Parece-nos falsa essa visão, eis que os princípios e regras do direito público, ao incidirem nos contratos comuns, acabam por construir um regime novo, tipicamente administrativo, também para seu conteúdo (*Licitação e Contrato Administrativo*, 2ª ed., São Paulo, Malheiros Editores, 1995, p. 201).

A posição é também adotada por Lúcia Valle Figueiredo: "Começo por questionar se pode haver contratos privados da Administração, ou melhor se dirá que existem, isto, sim, contratos da Administração Pública. A Administração Pública, consoante entendemos, está, de qualquer forma, jungida ao regime de direito público, em muitos aspectos, ainda que o contrato seja dos que se submetem mais às normas de direito privado". E, pouco adiante: "Existem – isto, sim – contratos da Administração Pública, ora sob maior influxo de regras de direito privado, ora sob maior influxo das regras de direito público" (Lúcia Valle Figueiredo, "Contrato administrativo: formalidades e requisitos", *RDP* 90/131, Ano 22, São Paulo, Ed. RT, abril-junho/1989). A autora manteve esse posicionamento em sua tese de Livre-Docência (*Extinção dos Contratos Administrativos*, 3ª ed., São Paulo, Malheiros Editores, 2002, pp. 20-22).

Enfim, segundo a terceira corrente exposta, não existem contratos de direito privado celebrados pela Administração, todos os contratos celebrados pela Administração são de direito público.

15.12.1799.[21] A origem do direito privado está na Antigüidade; sua base advém do Direito Romano. Diante dessa antecedência secular, foi natural que o direito administrativo fosse pensado e construído tendo por base o direito privado. Quer dizer: levou-se em consideração, para a construção de novo ramo dogmático, o ramo já existente, já desenvolvido há séculos.[22] Essa atitude natural, contudo, constitui uma das maiores – se não a maior – fontes de equívocos na compreensão do direito administrativo. Deveras, é possível identificar dois *vícios metodológicos*, quer dizer, vícios de *premissas teóricas*, decorrentes do apego dos doutrinadores ao direito privado.

O primeiro desses vícios é identificado muito claramente na doutrina de Otto Mayer. Para o memorável jurista, a Administração Pública pode assumir dois papéis distintos: pode desenvolver uma atividade voltada para a satisfação de interesses públicos ou pode assumir a "situação de um empresário privado" e procurar seus "interesses econômicos".[23] Em relação ao segundo papel, Otto Mayer afirmou, textualmente: "Se dice que la Administración Pública no procura en este caso intereses públicos sino sus intereses privados".[24] Designou o Estado de "Administração Pública" quando exerce o primeiro papel e de "Administração Fiscal" quando exerce o segundo; a primeira está submetida presumidamente ao *direito público*, a segunda está submetida presumidamente ao *direito privado*.[25] A doutrina de Otto Mayer sintetiza o aqui chamado *primeiro vício metodológico*: supor que o Estado possa assumir a *situação jurídica de um particular* e, pois, submeter-se ao *regime de direito privado*.

O regime privado é baseado na *liberdade individual* e na *autonomia da vontade*, na assegurada possibilidade de busca de interesses egoísticos. Esse regime é incompatível com a natureza do Estado.[26] Por

21. C. A. Bandeira de Mello, *Curso de Direito Administrativo*, cit., 31ª ed., Cap. I-12, p. 39.

22. Maria Sylvia Zanella Di Pietro observou esse fenômeno em sua tese de Livre-Docência: "E, com efeito, foi dentro do direito civil que se desenvolveu, durante muitos séculos, a ciência jurídica; desse modo, era a partir dele que se iam elaborando institutos pertinentes hoje a outros ramos" (*Do Direito Privado na Administração Pública*, São Paulo, Atlas, 1989, p. 84).

23. Otto Mayer, *Derecho Administrativo Alemán*, cit., t. I, p. 188.

24. Idem, ibidem.

25. Idem, pp. 189-190.

26. A Administração Pública não goza de *autonomia privada*. Alguns doutrinadores buscaram exaustivamente uma associação dos conceitos. José Manuel Sérvulo

definição, o Estado é um ente instrumental, existe para o cumprimento de uma *função* – vale dizer, para a busca do *bem comum*, para a concretização do interesse público. O Estado jamais – e não há exceção a essa assertiva – pode buscar a realização de *interesses privados*, só pode buscar o interesse público, pleonasticamente, para fins didáticos, qualificado como primário. Enfim: mesmo quando se submete às regras de direito privado, mesmo quando se aproxima da situação de proprietário, de empresário, de comerciante, o Estado não se apresenta como Administração Fiscal, mas como Administração Pública. Enfatiza-se: jamais se afasta do *regime de direito público*, mesmo quando se submete às regras de direito privado. Submeter-se a um regime consiste em se submeter a determinados princípios fundamentais. É possível se submeter a regras de direito civil, trabalhista, comercial, sem se afastar do *regime de direito administrativo*. "Administração Pública" e "regime de direito privado" são expressões inconciliáveis.[27]

O *segundo vício metodológico* é mais grave do que o primeiro. A maioria dos juristas pensa o direito público a partir do direito privado. Considera a teoria geral do direito privado uma verdadeira *Teoria Geral do Direito*.

Apenas para dar alguns exemplos: é comum buscar o conceito de *ato administrativo* no conceito de *ato jurídico privado* ou – pior – no de *negócio jurídico*; examinar a *relação jurídica administrativa* à luz da

Correia propôs a expressão "autonomia pública" para designar um suposto espaço de liberdade administrativa (*Legalidade e Autonomia Contratual nos Contratos Administrativos*, 1ª reimpr., Coimbra, Livraria Almedina, 2003, pp. 469-470). Incidiu no equívoco comum mencionado acima: não existe, por mais que alguns queiram que exista, *espaço de liberdade administrativa* similar ao *espaço de liberdade privada*. A Administração não é *livre para decidir*; pode, quando muito, ser *livre para escolher*. A possibilidade de escolha entre duas ou mais alternativas igualmente admitidas pelo Direito – quer dizer, a *discricionariedade* – nada tem a ver com a *autonomia privada*. A "escolha" da Administração sempre deve buscar a melhor forma de concretizar o interesse público; ademais, deve atentar para todas as *regras* e, principalmente, para todos os *princípios* jurídicos existentes no sistema. Não há "campos livres de atuação"; não há, enfim, "autonomia". Sobre o tema é indispensável a leitura de Celso Antônio Bandeira de Mello, *Discricionariedade e Controle Jurisdicional*, 2ª ed., 11ª tir., São Paulo, Malheiros Editores, 2012, pp. 32-36. V. também nosso *Abuso de Direito e a Constitucionalização do Direito Privado*, São Paulo, Malheiros Editores, 2010, pp. 65-74.

27. Cf. nosso *Efeitos dos Vícios do Ato Administrativo*, São Paulo, Malheiros Editores, 2008, Capítulo IV-4, pp. 111-114.

*relação jurídica obrigacional* do direito privado; examinar os vícios de vontade a partir da teoria dos vícios de vontade positivada no Código Civil; examinar a responsabilidade pelas infrações administrativas à luz da responsabilidade obrigacional positivada no Código Civil; examinar a aquisição e a perda de propriedade pela Administração Pública à luz da aquisição e da perda da propriedade privada. Trata-se de vício terrível: os juristas pensam o direito administrativo a partir do direito privado e, assim, estendem ao direito público conceitos sintetizadores de um regime absolutamente estranho a ele. Os conceitos desenvolvidos pelos privatistas foram-no tendo em vista o regime de direito privado, e, por isso, nem sempre são adequados para o direito público.[28]

O estudo doutrinário dos chamados "contratos administrativos" revela esses dois vícios metodológicos. A doutrina assumiu um conceito privado, desenvolvido para o direito privado com fundamento na autonomia privada, como um conceito próprio da Teoria Geral do Direito, e

28. Maria Sylvia Zanella Di Pietro tratou do assunto em sua tese de Livre-Docência – trabalho, aliás, de obrigatória leitura: "É interessante observar que houve também uma tendência oposta a essa da transposição; enquanto essa revela um apego excessivo ao direito civil, a outra resulta da intenção de imprimir autonomia total ao direito administrativo, negando, por exemplo, que a propriedade pública seja propriedade, que o contrato administrativo seja realmente um contrato, que o direito real administrativo seja realmente um direito real. Ignora-se a noção categorial desses institutos. Enquanto, na transposição, considera-se que é no direito civil que se encontra a noção geral dos institutos, a partir da qual se constroem os institutos paralelos dos outros ramos do Direito, a outra orientação, preocupada com a autonomia integral do direito administrativo em relação ao civil, desconsidera a existência de uma noção geral – a categoria jurídica – definida pela Teoria Geral do Direito, sem comprometimento com qualquer das duas grandes ramificações em que se bifurca a ciência jurídica" (*Do Direito Privado na Administração Pública*, cit., p. 85).

Sem desprestigiar a notável jurista, questiona-se parcialmente sua orientação. Conforme ela própria reconhece, muitas das categorias da "Teoria Geral do Direito" desenvolveram-se a partir do direito privado; essas categorias foram construídas à luz do regime privado. Seria salutar que, de fato, as *categorias* da Teoria Geral se prestassem a todos os ramos do Direito. Fato é, porém, que elas possuem esse "vício de origem". Por isso, "extrair dessas categorias os traços próprios do direito privado" implica verdadeira *reformulação da própria categoria*. O "contrato" é um exemplo típico: foi desenvolvido à luz do direito privado; torná-lo uma verdadeira categoria geral importa *recriar* o conceito. Faz-se necessária a construção de uma *Teoria Geral do Direito* adequada ao direito público. Concorda-se com a autora quando ela propugna pelo estudo do direito administrativo a partir das "categorias gerais"; mas estas, porém, por causa do vício de origem mencionado, precisam ser reformuladas ou repensadas.

considerou-o adequado tanto para o direito privado como para o direito administrativo – incidiu no segundo vício mencionado. Além disso, supôs que em determinadas situações a Administração poderia não buscar a concretização de interesse público e, assim, poderia afastar-se do regime de direito público; considerou que a Administração Pública poderia assumir a situação jurídica de um particular, submeter-se ao regime de direito privado e, pois, celebrar contratos privados – incidiu no primeiro vício mencionado.

A teoria dos contratos administrativos é, por isso, duplamente viciada: não existem "*contratos privados* da Administração", mas também não existem "contratos *administrativos*". Rejeitam-se, assim, em maior ou menor medida, as três posições doutrinárias dantes enunciadas. Considerado o significado da palavra "contrato" no direito privado, rigorosamente, a Administração não celebra "contratos", pois os conceitos desenvolvidos pelos civilistas são inadequados para o direito público, e jamais a Administração se submete ao regime de direito privado; quando muito se submete a regras de direito privado.

### *11.2.4 Conceito de contrato administrativo*

É possível fugir desses vícios metodológicos. Para tanto, deve-se estudar o tema dos contratos administrativos à luz da *teoria dos atos administrativos*. Trata-se da teoria do direito administrativo que mais se afastou dos equívocos mencionados. Basta lembrar que Celso Antônio Bandeira de Mello, pináculo do direito público brasileiro, percebeu a imprestabilidade dos conceitos de ato e fato jurídicos desenvolvidos na seara do direito privado e enunciou conceitos apropriados para o regime administrativo,[29] desenvolveu teoria dos vícios do ato administrativo acentuadamente diferente das teorias expostas nos manuais de direito privado,[30] desenvolveu teoria da correção dos vícios também profundamente diferente das teorias apresentadas pelos civilistas.[31] Por isso, afirma-

29. Celso Antônio Bandeira de Mello, *Curso de Direito Administrativo*, cit., 31ª ed., Capítulo VII-4, p. 378.

30. Idem, Capítulo VII-27 a 56, pp. 397-417.

31. Idem, Capítulo VII-139 a 182, pp. 469-493. A solução ora proposta também se encontra na obra de Celso Antônio Bandeira de Mello. O jurista apresenta dois conceitos de ato administrativo: o *conceito amplo*, abrangente dos atos gerais e abs-

se: ao desenvolver a teoria dos atos administrativos os publicistas superaram os vícios metodológicos decorrentes do apego ao direito privado.

Considerando-se o papel da *vontade* dos particulares, os atos administrativos podem ser divididos em *três grupos*. Para uma série de atos administrativos a vontade dos particulares é *irrelevante* tanto em relação à eficácia como em relação à validade – esses atos administrativos são simplesmente chamados de *atos administrativos unilaterais*. A vontade do particular pode, porém, ser *condição de eficácia* ou ser *condição de validade* do ato administrativo – esses atos são chamados de *atos administrativos condicionados à manifestação do administrado*.[32] Nesses dois grupos o *conteúdo* do ato é integralmente ditado pela Administração Pública, ou seja, a *vontade dos particulares* não é *relevante* para a configuração do conteúdo do ato.[33] No segundo grupo, dos atos condicionados à manifestação de vontade do administrado, há que se distinguir se a vontade é condição de validade ou de eficácia. Se for condição de validade, o sistema normativo veda a edição do ato sem o prévio *assentimento* do particular; se o ato for editado à revelia deste, ele será inválido; a invalidade deve ser sanada ou, se impossível a sanatória, o ato deve ser retirado, pela invalidação. Se for condição de eficácia, o sistema normativo não exige a aquiescência para a edição do ato, e, assim, o ato editado à revelia do particular é válido, mas ineficaz; se o particular não assentir, o ato deixa o ordenamento jurídico pelo advento de condição resolutiva.[34]

tratos e dos atos convencionais – vale dizer, dos regulamentos e dos contratos administrativos –, e o *conceito estrito*, restrito aos atos concretos e unilaterais (*Curso de Direito Administrativo*, cit., 31ª ed., Capítulo VII-17, p. 390). Adota-se aqui o *conceito amplo* proposto pelo magno doutrinador.

32. Sobre o tema há dois trabalhos importantes: Lafayette Pondé, "A vontade privada na formação ou na eficácia do ato administrativo", in *Estudos de Direito Administrativo*, Belo Horizonte, Sel Rey, 1995, pp. 117-130; e Almiro do Couto e Silva, "Atos jurídicos de direito administrativo praticados por particulares e direitos formativos", *RDA* 95/19-37, Rio de Janeiro, janeiro-março/1969.

33. Isso não significa que os particulares não têm direito de influenciar a Administração para que decida em determinado sentido, vale dizer, para que o ato unilateral possua determinado *conteúdo*. Essa influência é garantida pelo *processo administrativo*, meio de garantir a participação dos administrados na edição de atos administrativos, nestes incluídos os *unilaterais*. Sobre o tema, v., *supra*, Capítulo 9-9.3.5.

34. Não se considera a renúncia um *ato de retirada*, mas uma *condição resolutiva*. O ato administrativo com eficácia condicionada ao assentimento do administra-

O terceiro grupo é o que mais interessa ao presente estudo. Há atos administrativos cujo conteúdo não depende apenas da manifestação de um *ente administrativo*; não são, assim, *unilaterais*. O *conteúdo* (e não a validade ou a eficácia) depende da manifestação ou de dois (ou mais) entes administrativos ou de um ente administrativo e um administrado. O conteúdo do ato é, pois, fruto de duas manifestações; o ato administrativo é *bilateral*. Distinguem-se dois grupos de *atos administrativos bilaterais*: há atos em que as partes possuem interesses contrapostos (*v.g.*, o administrado pretende satisfazer seu interesse pecuniário, a Administração pretende concretizar o interesse público) e há atos em que as partes possuem o mesmo interesse. Os chamados *contratos administrativos em sentido estrito* são atos administrativos bilaterais do primeiro grupo; os chamados *convênios administrativos* e os *consórcios administrativos* são atos administrativos bilaterais (ou plurilaterais) do segundo grupo.

Antes de examinar essa classificação, deve-se distinguir: nos regimes democráticos, para a edição do ato administrativo unilateral, quer dizer, do ato administrativo cujo conteúdo é ditado pela manifestação unilateral de um ente administrativo, como regra geral, a Administração Pública deve garantir aos administrados o direito de participar das decisões administrativas, ou seja, o direito de influenciar a decisão sobre a edição do ato unilateral (cf., *supra*, Capítulo 9-9.3.5). Não é essa a participação exigida nos atos bilaterais. Não é uma influência para que se decida em determinado sentido, é uma participação na elaboração do conteúdo da norma administrativa editada. Dessarte, o direito de participação no processo administrativo e, pois, o exercício do ônus de trazer elementos probatórios e argumentos não fazem, por si, do ato administrativo final um ato bilateral. Nestes, o sistema normativo exige participação de mais de uma pessoa – de dois entes administrativos ou de um ente administrativo e de um administrado – na elaboração do conteúdo do ato. A edição é, pois, *conjunta*.

do não é, com a falta de assentimento, retirado do sistema normativo pela edição de um ato de retirada. Trata-se de *auto-retirada*. Uma norma jurídica pode ser retirada do mundo jurídico por meio de dois mecanismos: (1) pela edição de outro ato (ato de retirada, como o ato de invalidação, de revogação); (2) pela auto-retirada, a norma considera-se retirada do mundo jurídico sem a necessidade de edição de um ato de retirada (*v.g.*, cumprimento de seus efeitos, implemento de condição resolutiva). Pois bem, a renúncia consiste no implemento de condição resolutiva, e não num ato de retirada (cf., *supra*, Capítulo 7-7.1).

Feita esta advertência, há que se indagar sobre a expressão "contrato administrativo". Diante do exposto, ela é fruto de um *vício metodológico*: conceitos próprios do direito privado, de origem secular, foram considerados pertinentes à Teoria Geral do Direito e, por isso, aplicáveis tanto ao direito privado como ao direito público. Esse vício gera conseqüências graves: ao examinar relações próprias do direito público em que está presente a Administração Pública, os juristas aplicam integral ou parcialmente o regime de direito privado. Antes de buscar no regime de direito público as soluções jurídicas relativas às situações públicas, buscam-se as soluções nas regras de direito privado. Para evitar esses equívocos, deve-se ter presente que o chamado *contrato administrativo* é um instituto do *direito público*; trata-se, na verdade, da denominação dada aos *atos administrativos bilaterais*.

Melhor seria se o signo "contrato" não fosse utilizado na seara do direito administrativo. Realidades distintas devem receber denominações distintas.[35] Porém, não há como ignorar os efeitos do *uso reiterado do signo*, da *tradição lingüística*.[36] A expressão "contrato administrativo"

35. Calha à fiveleta a observação de Celso Antônio Bandeira de Mello sobre a expressão "contratos administrativos": "As palavras são meros rótulos que sobrepomos às coisas. Seria desejável que às realidades distintas fossem dadas titulações diferentes, para evitar confusões e extrapolações indevidas, como ocorre no caso. Seria preferível evitar terminologia que afilia à matriz contratual alguns destes vínculos cuja índole não se compatibiliza com a ascendência que se lhes quer inculcar. Entretanto, parecem fadados ao insucesso quaisquer esforços para demonstrar a inconveniência desta rotulação" (*Curso de Direito Administrativo*, cit., 31ª ed., Capítulo X-18, p. 633).

36. Ferdinand de Saussure bem explica a *tradição lingüística*, em passagem cuja importância merece transcrição integral:

"*A resistência da inércia coletiva a toda renovação lingüística*. A língua – e esta consideração sobreleva todas as demais – é, a cada momento, tarefa de toda a gente; difundida por u'a massa e manejada por ela, é algo de que todos os indivíduos se servem o dia inteiro. Nesse particular, não se pode estabelecer comparação alguma entre ela e as outras instituições. As prescrições de um código, os ritos de uma religião, os sinais marítimos etc. não ocupam mais que certo número de indivíduos por vez e durante tempo limitado; da língua, ao contrário, cada qual participa a todo instante e é por isso que ela sofre sem cessar a influência de todos. Esse fato capital basta para demonstrar a impossibilidade de uma revolução. A língua, de todas as instituições sociais, é a que oferece menos oportunidades às iniciativas. A língua forma um todo com a vida da massa social, e esta, sendo naturalmente inerte, aparece antes de tudo como um fator de conservação.

"Não basta, todavia, dizer que a língua é um produto de forças sociais para que se veja claramente que não é livre; a par de lembrar que constitui sempre herança de

está consagrada pela tradição, e seria luta inglória pretender bani-la do léxico da disciplina. Assim, resta render-se, apesar da *ambigüidade*, à manutenção do signo e enfatizar: ele não se refere aos contratos privados, não se atrela à teoria dos contratos do direito privado; é, tão-somente, um rótulo, uma denominação atribuída aos *atos administrativos bilaterais*.

### *11.2.5 Classificação dos contratos administrativos*

Contrato administrativo é, pois, a denominação dada a todo ato administrativo bilateral, entendido como ato cujo conteúdo seja fruto da manifestação de dois entes, sendo ao menos um deles um ente administrativo. Fixado o conceito, retoma-se a classificação dantes esboçada. Primeiramente, diferenciam-se dois grupos de *atos bilaterais*: os *contratos de interesses comuns* e os *contratos de interesses contrapostos*. Nos primeiros todos os entes contratantes buscam o mesmo objeto; ainda que haja várias prestações distribuídas entre os contratantes, estes pretendem obter a realização do mesmo objeto contratual. O exemplo clássico é a construção de uma ponte, desejada por uma empresa privada e pela Administração Pública: a empresa busca a concretização de seus interesses privados, o transporte de sua produção; a Administração busca a concretização do interesse público; mas ambas desejam a construção da ponte.

Há dois tipos de contratos bilaterais de interesses comuns: os *convênios* e os *consórcios*. Hely Lopes Meirelles distinguiu convênios de consórcios administrativos pelo aspecto *subjetivo*: convênios são "*acordos* firmados por entidades públicas de qualquer espécie, ou entre estas

uma época precedente, deve-se acrescentar que essas forças sociais atuam em função do tempo. Se a língua tem um caráter de fixidez, não é somente porque está ligada ao peso da coletividade, mas também porque está situada no tempo. Ambos os fatos são inseparáveis. A todo instante, a solidariedade com o passado põe em xeque a liberdade de escolher. Dizemos *homem* e *cachorro* porque antes de nós se disse *homem* e *cachorro*. Isso não impede que exista no fenômeno total um vínculo entre esses dois fatores antinômicos: a convenção arbitrária, em virtude da qual a escolha se faz livre, e o tempo, graças ao qual a escolha se acha fixada. Justamente porque o signo é arbitrário, não conhece outra lei senão a da tradição, e é por basear-se na tradição que pode ser arbitrário" (Ferdinand de Saussure, *Curso de Lingüística Geral*, 30ª ed., trad. de Antônio Chelini, José Paulo Paes e Izidoro Blikstein, São Paulo, Cultrix, 2008, p. 88).

Por causa da *tradição lingüística*, muitas vezes é preferível insistir na fixação do significado de um signo do que pretender bani-lo.

e organizações particulares, para realização de objetivos de interesses comuns dos partícipes"; consórcios são acordos firmados por entidades estatais da mesma espécie.[37] Para parte da doutrina, por força do art. 241 da CF de 1988, introduzido pela Emenda Constitucional 19/1998, essa distinção tornou-se imprestável. Floriano de Azevedo Marques Neto propôs outro critério de diferenciação: no convênio estabelece-se uma relação de cooperação em que um ente fornece meios para que outro exerça suas competências, não havendo para tanto necessidade de instituição de um novo ente; nos consórcios há uma soma de esforços perante o qual os consorciados passam a exercer suas competências por meio do consórcio, e, assim, há necessidade de instituição de novo ente.[38] Tudo indica que essa distinção foi acolhida pela Lei federal 11.107/2005. Diverge a doutrina sobre a natureza contratual desses acordos.[39] Sem razão: são atos administrativos cujo conteúdo depende do

37. Hely Lopes Meirelles, *Direito Administrativo Brasileiro*, cit., 40ª ed., pp. 475 e 438.

38. Floriano de Azevedo Marques Neto, "Os consórcios públicos", *Revista de Direito do Estado/RDE* 2/302, Ano 1, Rio de Janeiro, abril-junho/2006.

39. Hely Lopes Meirelles era enfático na natureza não-contratual dessas avenças (*Direito Administrativo Brasileiro*, cit., 40ª ed., pp. 475 e 438). Seguia a doutrina civilista que considera elemento essencial do contrato a existência de interesses contrapostos. Nesse sentido, afirma Orlando Gomes: "A característica mais incisiva do contrato, na acepção clássica da palavra cristalizada na tradição romana, reside na circunstância de ser um meio para a composição de interesses contrapostos. Segundo a orientação privatista, dominante ainda hoje, o *contrato* é um instrumento destinado a resolver interesses em conflito, pretensões em luta. Na sua formação, defrontam-se *partes* que, constituídas por sujeitos singulares ou plurais, visam à satisfação do interesse diverso de cada qual, se lhe estrutura a vontade. Ocorre, também, que, ao lado desses negócios, outros se constituem, nos quais os distintos interesses das partes convergem para fim comum. Tais negócios não devem ser inseridos na categoria do contrato, por isso que, neles, a declaração de vontade das partes tem por fim a satisfação de *interesses paralelos*, e não de *interesses contrapostos*" (*Contratos*, cit., 17ª ed., 2ª tir., p. 391).

Apesar da difundida orientação civilista, nada impede que o signo "contrato" seja utilizado para se reportar tanto aos ajustes de interesses paralelos como aos ajustes de interesses contrapostos. Isto porque, conforme exaustivamente afirmado, no direito público esse signo não se reporta à "orientação privatista" nem à "orientação clássica da palavra cristalizada na tradição romana"; é apenas rótulo dos chamados *atos administrativos bilaterais*, vale dizer, denominação dos atos administrativos dependentes de acordo entre duas ou mais pessoas sobre parte do *conteúdo* do ato. Por isso, consideram-se os *convênios* e os *consórcios* espécies de *contratos administrativos*, são veículos introdutores de normas administrativas bilaterais. Na doutrina do direito administrativo seguem essa orientação, dentre outros: Celso Antônio Bandei-

acordo entre dois ou mais entes; ajustam-se, assim, perfeitamente ao conceito proposto.

Nos contratos de interesses contrapostos as partes têm pretensões distintas, o contrato possui, propriamente, dois objetos: um relativo à prestação de uma parte, outro relativo à prestação da outra. Quase sempre nos contratos administrativos contrapostos celebrados entre a Administração e um particular este pretende obter um pagamento pecuniário. Em geral, quando a doutrina trata dos *contratos administrativos* refere-se justamente a esses ajustes – contratos de interesses contrapostos celebrados entre Administração e particular em que este pretende obter um pagamento pecuniário. Nada impede, porém, a celebração de contratos de interesses contrapostos entre dois entes administrativos ou entre dois Estados soberanos; ademais, nada impede que a pretensão do particular não seja a obtenção de um pagamento pecuniário, mas, por exemplo, a obtenção de uma autorização para exercer determinada atividade. Como há signos próprios para as espécies de contratos administrativos de interesses comuns – convênios e consórcios –, é útil distinguir os *contratos administrativos em sentido amplo* – classe abrangente de ambos os tipos – dos *contratos administrativos em sentido estrito* – classe restrita aos contratos administrativos de interesses contrapostos.

Os contratos administrativos de interesses contrapostos, ou contratos administrativos em sentido estrito, admitem outra relevante classificação. A Administração, para certos objetos contratuais – entenda-se: para determinadas prestações exigidas do outro contratante –, pode valer-se das *formas contratuais do direito privado*. Noutros termos: pode celebrar um ajuste sob o crivo das *regras* de direito privado. Não se deve confundir: todo ajuste celebrado pela Administração rege-se pelo regime de direito público, alicerça-se sobre os princípios fundamentais da *superioridade do interesse público sobre o privado* e da *indisponibilidade do interesse público*.[40] Mas o direito positivo admite que para cer-

ra de Mello, *Curso de Direito Administrativo*, cit., 31ª ed., Capítulo X-80, p. 681; José dos Santos Carvalho Filho, *Consórcios Públicos*, Rio de Janeiro, Lumen Juris, 2009, pp. 13 e 25-26.

40. Sobre o regime de direito público, v.: Celso Antônio Bandeira de Mello, "O conteúdo do regime jurídico-administrativo e seu valor metodológico", *RDP* 2/44-61, Ano I, São Paulo, Ed. RT, outubro-dezembro/1967; *Natureza e Regime Jurídico das Autarquias*, cit., pp. 292-318; e *Curso de Direito Administrativo*, cit., 31ª ed., Capítulo I-24 a 89, pp. 53-97.

tos objetos contratuais o ajuste seja parcialmente submetido às *regras* de direito privado.[41] Eis a classificação: há *contratos administrativos* sujeitos *exclusivamente* a *regras de direito público* e há *contratos administrativos* sujeitos também a *regras de direito privado*.

### *11.3 Regime jurídico*

Fixado o conceito de contrato administrativo, apresentadas as classificações consideradas pertinentes a uma teoria geral, passa-se ao exame dos aspectos principais da teoria geral do *regime* dos contratos administrativos. Esses aspectos podem ser restringidos a três temas fundamentais: a extinção unilateral, a alteração unilateral e a intangibilidade da equação econômico-financeira. Para compreensão desses temas é necessário enunciar conceitos elementares da teoria dos atos administrativos, como *discricionariedade*, *revogação*, *invalidade*. É o que se fará a seguir.

#### *11.3.1 Conceitos elementares da teoria do ato administrativo*

A advertência de Oswaldo Aranha Bandeira de Mello faz-se sempre presente: "Na exposição de qualquer doutrina, parte-se de certos postulados e, apesar de serem suscetíveis de prova, esta deve ser tomada como já feita, sendo tais postulados, no momento, recebidos como axiomas".[42] Os conceitos fundamentais fixados nesta exposição mereceriam monografias específicas. Mas, por exigência epistemológica, para expo-

41. Determina o art. 62, § 3º, da Lei federal 8.666/1993: "§ 3º. Aplica-se o disposto nos arts. 55 e 58 a 61 desta Lei e demais normas gerais, no que couber: I – aos contratos de seguro, de financiamento, de locação em que o Poder Público seja locatário, e aos demais cujo conteúdo seja regido, predominantemente, por norma de direito privado; II – aos contratos em que a Administração for parte como usuária de serviço público". Os arts. 55 e 58 a 61 veiculam regras disciplinadoras dos contratos administrativos integralmente submetidos às regras de direito administrativo. Ora, como todos os contratos celebrados pela Administração estão submetidos ao *regime de direito público*, incluídos os regidos por *regras de direito privado*, acertou o legislador ao estender a estes as regras de direito público. O tema será aclarado a seguir, quando da exposição da *teoria geral do regime dos contratos administrativos*.

42. Oswaldo Aranha Bandeira de Mello, *Natureza Jurídica do Estado Federal*, São Paulo, Prefeitura do Município de São Paulo, 1948, p. 19.

sição da teoria geral dos contratos administrativos, são aqui apenas assumidos como axiomas.

O primeiro conceito fundamental é o de *ato administrativo*: é o nome dado ao *veículo introdutor* de toda *norma administrativa*. Por *metonímia*, chama-se de ato administrativo tanto o veículo introdutor como a norma introduzida.[43] O ato administrativo é impropriamente chamado de "ato vinculado" quando fruto do exercício de competência vinculada; e de "discricionário" quando fruto do exercício de competência discricionária. Para entender a *discricionariedade administrativa* é de grande utilidade uma figura de pensamento chamada prosopopéia ou personificação, consistente em pensar seres inanimados como se fossem humanos, atribuindo-lhes linguagem, sentimentos e ações típicas dos seres humanos.[44] Por meio dessa figura pode-se pensar o ordenamento jurídico, o sistema normativo, como portador de uma *vontade* – uma vontade objetivada no conjunto de normas postas, regras e princípios jurídicos, analisadas sistemicamente. Sempre que o sistema normativo (conjunto de regras e princípios jurídicos) admitir apenas uma solução, há vinculação; sempre que o sistema normativo admitir duas ou mais soluções, há discricionariedade. No primeiro caso o agente público deve limitar-se a adotar a solução imposta pelo sistema; no segundo caso o Direito imputa ao agente competente a escolha entre duas ou mais soluções possíveis, ou seja: determina que o agente competente escolha a alternativa que, segundo seu juízo, seja a que melhor concretiza o interesse público. *Discricionariedade administrativa* é, pois, o nome dado à situação em que, em face da existência de duas ou mais soluções igualmente admitidas pelo Direito, a escolha é privativamente imputada ao agente competente; ele deve escolher a alternativa que, segundo seus critérios, seus valores, melhor atenda ao interesse público.

Pode ocorrer uma desconformidade do ato editado com a vontade do sistema normativo. O ato pode, por exemplo, ser editado por agente incompetente, não concretizar o princípio exigido pelo sistema normativo, concretizá-lo por meio diverso do exigido, não possuir a forma exigida etc. Em todos esses casos haverá desconformidade do ato com

43. Sobre esse conceito, v. nosso *Efeitos dos Vícios do Ato Administrativo*, cit., Capítulo IV-1 e 2, pp. 105-111.

44. Cf. Hélio de Seixas Guimarães e Ana Cecília Lessa, *Figuras de Linguagem: Teoria e Prática*, 14ª ed., São Paulo, Atual, 2003, p. 54.

as exigências normativas. Na maioria dos casos de desconformidade o Direito exige que, no momento imediatamente posterior à publicidade do ato, ela seja *corrigida*; em alguns casos o sistema releva a desconformidade, e assimila o ato como se fosse regular. Quando exige correção, o ato é considerado *inválido*; quando dispensa a correção, o ato é considerado *irregular*. Pois bem, *invalidade do ato administrativo* é o nome dado à situação em que, diante da desconformidade do ato com as exigências normativas, o sistema exige, no momento imediatamente posterior à publicidade, a correção do vício. A invalidade pode ser *inicial*, se a desconformidade do ato com as exigências do sistema normativo é contemporânea à publicidade do ato, ou *superveniente*, se é posterior.[45] Observa-se, porém, que no caso de invalidade superveniente o sistema não exige a correção do ato no momento imediatamente posterior à publicidade, mas sim no momento imediatamente posterior à configuração da desconformidade do ato com o Direito.

O ato administrativo é, então, *norma jurídica*. Uma norma sai do mundo jurídico basicamente em duas hipóteses: quando outra norma a retira; quando ela própria se retira do mundo jurídico. Seguindo a doutrina de Celso Antônio Bandeira de Mello[46] o ato administrativo eficaz é *retirado* do mundo jurídico por: retirada (invalidação, revogação, cassação, caducidade, contraposição); desaparecimento de seu sujeito ou objeto; cumprimento de seus efeitos (esgotamento do conteúdo jurídico; execução material, implemento de condição resolutiva ou termo final). No primeiro caso ocorre a *retirada por outra norma*, nos demais há *auto-retirada*. Interessa para os fins deste estudo examinar sumariamente quatro hipóteses de retirada por outra norma: a revogação, a invalidação, a cassação e a caducidade.

45. Admitem a *invalidade superveniente*, dentre outros: Santi Romano, "Osservazioni sulla invalidità successiva degli atti amministrativi", in *Scritti Minori*, vol. 2, Milão, Giuffrè, 1990, p. 401; Oreste Ranelletti, *Teoria degli Atti Amministrativi Speciali*, 7ª ed., Milão, Giuffrè, 1945, §§ 85-88, pp. 104-108; Aldo M. Sandulli, *Manuale di Diritto Amministrativo*, Nápoles, Eugenio Jovene, 1952, § 136, p. 226; Umberto Fragola, *Gli Atti Amministrativi*, Nápoles, Eugenio Jovene, 1964, pp. 173-180; Costantino Mortati, *Istituzioni di Diritto Pubblico*, 2ª ed., Pádua, CEDAM, 1952, p. 196; Giovanni Miele, *Principi di Diritto Amministrativo*, vol. I, Pisa, Arti Grafiche Tornar, 1945, pp. 202-203.

46. Celso Antônio Bandeira de Mello, *Curso de Direito Administrativo*, cit., 31ª ed., Capítulo VII-107, pp. 454-456.

*Revogação* é o nome dado à edição do ato de retirada fundamentado na inconveniência e na inoportunidade do ato retirado. O ato administrativo retirado do mundo jurídico pela revogação é válido, quer dizer, não é dotado de invalidade *original* ou *superveniente*, não contraria as exigências normativas. Em certos casos de discricionariedade – de escolha pelo agente competente entre duas ou mais alternativas igualmente admitidas pelo Direito – admite-se a *revisão da escolha*, ou seja, uma nova decisão a respeito de qual das alternativas, segundo o juízo do agente competente, melhor atende ao interesse público. Esse *reexame* da decisão pode ser facultado ao próprio agente que editou o ato ou a outro agente. Percebe-se, portanto, que a *revogação* é restrita ao campo da discricionariedade, é a retirada de atos administrativos válidos, não maculados de invalidade original ou superveniente mas que, por força de *nova apreciação*, foram considerados inconvenientes ou inoportunos – quer dizer: deixaram de ser considerados, na nova apreciação, a melhor maneira de concretizar o interesse público.[47]

*Invalidação* é o nome dado à edição do ato de retirada fundamentado na *invalidade original* do ato retirado. *Cassação* e *caducidade* ou *decaimento* são nomes dados à edição de atos de retirada fundamentados na *invalidade superveniente* do ato retirado. Em muitos casos o Direito condiciona a permanência de um ato no sistema jurídico à obediência de certas exigências pelo administrado. Podem ser exigências *de estado* (que ele, por exemplo, tenha discernimento mental completo; possua nacionalidade ou capacidade eleitoral ativa; permaneça inscrito em determinado órgão profissional) ou *de conduta* (que ele cumpra certas obrigações de dar, fazer ou não fazer). Supondo que o administrado atendia às exigências quando da edição do ato administrativo, mas posteriormente passou a desatendê-las – por exemplo, foi acometido por grava doença mental, perdeu a nacionalidade ou a capacidade eleitoral ativa, teve sua inscrição cancelada ou cassada; o desatendimento às exi-

47. Sobre a revogação, v. a excelente monografia de Daniele Coutinho Talamini, *Revogação do Ato Administrativo*, São Paulo, Malheiros Editores, 2002. Eis o conceito proposto pela autora: "Revogação é uma forma de extinção dos atos administrativos, praticada no exercício da competência discricionária, que visa a suprimir sem retroatividade a eficácia de determinado ato que produz ou está prestes a produzir efeitos inconvenientes e inoportunos" (idem, p. 217). V., também, *supra*, Capítulo 7-7.2.

gências normativas relativas ao administrado,[48] exigidas para a manutenção do ato no sistema, importa a edição do ato de *cassação*: trata-se de uma *invalidade* (entendida como desconformidade do ato com o sistema normativo) *superveniente*, pois o sistema normativo exige a obediência pelo administrado de certas exigências que foram, após a edição do ato, desatendidas. Quando a invalidade superveniente não decorre do desatendimento pelo administrado das condições impostas a ele, mas da alteração das *circunstâncias fáticas* (mudança das condições do meio ambiente, início de uma guerra, celebração da paz, por exemplo) ou *jurídicas* (promulgação de nova lei ou emenda constitucional), a retirada do ato é chamada de *caducidade* ou *decaimento*.

A retirada do ato pela *invalidação*, pela *cassação* ou pela *caducidade* ou *decaimento* é apenas uma das formas possíveis de *correção* do ato administrativo inválido. Este pode ser corrigido pela *sanatória*, também chamada de *sanamento*, parcial ou total, dos *efeitos jurídicos* do ato inválido. Existem *três* formas de sanatória dos vícios do ato administrativo: a *redução* ou *reforma*, a *conversão* e a *convalidação*. A *redução* ou *reforma* é a denominação dada à edição de um ato administrativo de retirada do ato inválido que toma para si *parte* dos efeitos produzidos por ele e tem por conteúdo parte do conteúdo do ato retirado; trata-se de uma *invalidação parcial* ou de um aproveitamento parcial dos efeitos. A *convalidação* é o nome dado à edição de um ato de retirada do ato inválido que toma para si todos os efeitos produzidos por ele e possui conteúdo idêntico ao do ato retirado. A *conversão* é o nome dado à edição de um ato de retirada do ato inválido que toma para si parte dos efeitos produzidos por ele, mas possui conteúdo diverso do conteúdo do ato retirado. Trata-se de três atos de retirada que tomam como seus, parcial ou totalmente, os efeitos produzidos pelo ato retirado. Para fins didáticos, esses atos são chamados de *atos modificativos* (cf., *supra*, Capítulo 7-7.4). Admite-se hoje, além disso, que a retirada por invalidação, cassação e caducidade ou decaimento seja *irretroativa* ou *parcialmente retroativa*. A *correção* do ato inválido exige a *ponderação das circunstâncias fáticas e jurídicas*: a apuração dos princípios e regras incidentes, a apuração do peso de cada norma incidente, o ba-

48. É incorreto associar a cassação exclusivamente ao *inadimplemento*. Este é o nome dado ao descumprimento das *exigências de conduta*. A cassação também pode decorrer do desatendimento às *exigências de pessoa* ou de *estado*.

lanceamento desses pesos. É a *ponderação* que indica se o ato inválido deve ser invalidado, retroativa ou irretroativamente, convertido, reduzido, convalidado.[49]

Esses conceitos-chave da teoria dos atos administrativos, o próprio conceito de ato administrativo, a discricionariedade e a vinculação, a invalidade, a revogação, a invalidação, a cassação, a caducidade ou decaimento, a convalidação, a redução ou reforma e a conversão foram apresentados porque são indispensáveis para a compreensão dos aspectos gerais da teoria dos contratos administrativos. Expostos, a vôo de águia, esses conceitos, pode-se, finalmente, examinar os três temas propostos – a alteração unilateral, a extinção unilateral e a intangibilidade da equação econômico-financeira.

### *11.3.2 Contratos administrativos e revogação*

Celso Antônio Bandeira de Mello, em opúsculo sobre o direito adquirido – trabalho essencial para compreensão do assunto –, observa que o direito adquirido é da própria índole dos *contratos*, faz parte de sua essência.[50] Os *contratos* propriamente ditos – vale dizer, os contratos de *direito privado* – são, de fato, como regra geral, indissociáveis do *direito adquirido*. Tanto é verdade que a *rescisão do contrato* por uma das partes importa não só a indenização à outra dos *danos emergentes*, mas também dos *lucros cessantes*. O particular, como regra geral, tem *direi-*

49. Sobre o tema, v. nosso *Efeitos dos Vícios do Ato Administrativo*, cit., Capítulo VIII, pp. 274 e ss V., também, *supra*, itens 7.3.1 e 7.5.1

50. Nas suas palavras: "De par com as noções até agora expostas, cumpre anotar que também se reconhece a existência de direito adquirido perante certos liames jurídicos que, por sua própria índole, são armados pelas partes sobre a inafastável pressuposição de que continuariam regidos na conformidade das cláusulas ensejadas pela lei do tempo em que são formados. Referimo-nos aos *contratos* em geral. Aqui, não se trata de reconhecer que determinadas leis professam o intento de imunizar dadas situações ante a superveniência de regras novas. Antes, trata-se de reconhecer que este instituto – o do *contrato*, ao menos nos de trato sucessivo – traz, inerentemente, em sua compostura medular, a *idéia de estabilização* e que o Direito, ao contemplá-lo, não poderia, incoerentemente, negar-lhe o que lhe é essencial" ("Direito adquirido e o direito administrativo: uma nova perspectiva", in *Grandes Temas de Direito Administrativo*, 1ª ed., 2ª tir., São Paulo, Malheiros Editores, 2010, p. 61). Acolhe-se a doutrina do aclamado administrativista, com as ressalvas expostas acima.

*to adquirido* à manutenção do vínculo.[51] Nos contratos administrativos não existe esse *direito adquirido*: conforme explicado adiante, presentes certos condicionantes, o sistema admite a rescisão unilateral do vínculo pela Administração. A rescisão unilateral válida não obriga a Administração a pagar os lucros cessantes, mas somente os danos emergentes.

A diferença é relevante: suponha-se que um particular contrate outro para construir um muro mediante o pagamento de certa quantia; se houver a rescisão unilateral pelo proponente, este deve pagar o valor integralmente pactuado para a construção do muro; se o contratante foi a Administração Pública – e o sistema, pelas razões explicadas adiante, permite a rescisão unilateral –, ela só deve pagar os danos emergentes, vale dizer, o que o contratado gastou com a aquisição de matéria-prima, mão-de-obra, deve remunerá-lo pelo trabalho já realizado, mas não é obrigada a pagar-lhe a quantia total inicialmente fixada. Não há *direito adquirido à manutenção do vínculo*. Essa diferença indica o acerto do afirmado inicialmente: contrato administrativo não é contrato, é ato administrativo chamado de contrato.

A situação, contudo, não é *precária*. O contrato administrativo – vale dizer, o ato administrativo cujo conteúdo, em maior ou menor medida, dependa do acordo entre ao menos duas pessoas – não gera *direito adquirido* ao vínculo, este não passa a integrar o *patrimônio* dos contratantes, mas também *não* é um *ato precário*. Há, pois, uma situação intermediária entre o *direito adquirido*, em que há ingresso do direito no patrimônio da pessoa, e a *precariedade*. Existem situações jurídicas que, apesar de não possuírem a proteção própria do direito adquirido, de

51. O Código Civil de 2002 atenuou essa assertiva. Estabelece, no art. 478: "Nos contratos de execução continuada ou diferida, se a prestação de uma das partes se tornar excessivamente onerosa, com extrema vantagem para a outra, em virtude de acontecimentos extraordinários e imprevisíveis, poderá o devedor pedir a resolução do contrato. Os efeitos da sentença que a decretar retroagirão à data da citação". O dispositivo reflete o que constatou Maria João Estorninho em sua dissertação de Mestrado: "Desta forma, inúmeras disposições que foram em tempos consideradas como derrogatórias do direito comum cessaram de o ser, na medida em que deixaram de ser desconhecidas nos contratos jurídico-privados" (*Réquiem pelo Contrato Administrativo*, cit., p. 142). A explicação desse fenômeno – da aproximação do regime do contrato privado ao regime dos chamados contratos administrativos – escapa aos limites deste estudo: trata-se de uma conseqüência da chamada *constitucionalização do direito privado*. Sobre o tema, v. nosso *Abuso de Direito e a Constitucionalização do Direito Privado*, cit., pp. 74 e ss.

não serem *imunizadas* contra alterações futuras, também não estão sujeitas à modificação do entendimento dos agentes públicos, não são passíveis de *revogação*.

A *revogação* dos atos concretos é instituto estimado pelo autoritarismo; ela permite ao agente público *mudar de opinião*, *reapreciar uma situação* e retirar do mundo jurídico atos válidos. Para os atos abstratos vigora o princípio da *ampla admissibilidade de revogação*. Para os atos concretos, ao menos hodiernamente, vigora o princípio da *excepcionalidade da revogação*. O raciocínio é muito simples: se a retirada de atos concretos inválidos, por força da segurança jurídica, da estabilidade das relações, da proteção da confiança legítima, do respeito aos efeitos gerados, é excepcional e, por isso, prefere-se convalidar a invalidar, prefere-se converter a invalidar, prefere-se reduzir ou reformar a invalidar, e na impossibilidade de convalidar, de converter, de reduzir, prefere-se invalidar irretroativamente a invalidar retroativamente, o que dizer da retirada dos atos concretos válidos? Esta, por óbvio, em relação aos atos concretos é *excepcionalíssima*. Acordam todos na mais prazível das harmonias de que o *direito adquirido* é um *obstáculo* à revogação. Pode-se ir além: não apenas as situações imunizadas pelo direito adquirido são protegidas da revogação, também o são as situações dotadas de uma *estabilidade incompatível com a mera revisão da opinião discricionária*.

Os atos administrativos cujo conteúdo dependa de acordo de vontades entre dois entes constituem situações dotadas dessa estabilidade incompatível com a revogação. Jamais podem ser alterados ou retirados do mundo jurídico por motivo de inconveniência ou inoportunidade. Perceba-se: a *revogação* não decorre de uma exigência normativa, de uma situação indesejada para o Direito, ou seja, de uma situação incompatível com o conjunto de *princípios* e *regras* incidentes. Trata-se da *reapreciação discricionária* de uma situação: o Direito admite a solução "A" e a solução "B", o agente entende que a solução "A" é a que melhor atende ao interesse público; porém passa, numa nova apreciação, a considerar a solução "B" a que melhor atende ao interesse público. Essa alteração não decorre das exigências normativas, dos princípios jurídicos incidentes, mas de uma nova apreciação, de uma *nova opinião*.[52]

52. Daniele Coutinho Talamini insiste exaustivamente em dissociar das exigências normativas a *revogação*: "Só haverá discricionariedade – como liberdade de es-

Um exemplo é suficiente para aclarar o explicado. Suponha-se que o diretor de um dos departamentos da Procuradoria do Município acredite que os procuradores trabalham muito melhor se estiverem isolados. Por isso, empreende licitação e firma contrato com uma empresa privada para instalação de divisórias nas diversas Subprocuradorias do departamento sob seu comando. Iniciadas as obras, suponha-se que o diretor assista a um curso e se convença do desacerto de sua inicial convicção ou, então, que haja mudança da diretoria, e o novo diretor não compactue com a opinião de seu predecessor. A direção do departamento assume novo entendimento: o isolamento dos servidores não melhora a execução dos serviços; pelo contrário, a útil comunicação ininterrupta entre os procuradores, fortemente fomentada pela inexistência de divisórias, contribui para a otimização dos serviços. O sistema jurídico não obriga à instalação das divisórias, as duas soluções são admitidas, pois a escolha entre uma ou outra depende do entendimento de

colha do significado – quando, na zona de incerteza, não houver possibilidade alguma de controle jurídico, nem mesmo através dos princípios jurídicos" (*Revogação do Ato Administrativo*, cit., p. 73). E, pouco adiante: "As regras e os princípios jurídicos funcionam como limites à atuação discricionária da Administração Pública para excluir, em determinados casos, este tipo de atuação e impor uma atuação vinculada. Por isto, não se concebe uma *discricionariedade vinculada aos princípios* – o que é preconizado por Juarez Freitas. Os princípios jurídicos, assim como todas as outras regras jurídicas, apenas atuam com a função de limitar e definir a discricionariedade, e nunca para nortear o administrador na sua decisão discricionária. Se isto ocorrer a hipótese é de vinculação, já que um critério jurídico está sendo utilizado. Os princípios – justamente por possuírem a mesma normatividade das regras – atuam para definir quando a competência será vinculada ou discricionária, não havendo, portanto, hipótese de discricionariedade vinculada" (idem, p. 74). Após, conclui: "Isto leva à conclusão de que a incidência de um princípio jurídico no caso concreto e a possibilidade de decisão com base no seu conteúdo determinam a existência de competência vinculada, e não discricionária" (idem, p. 75).

A doutrina da nobre autora é irretocável: a *ponderação* dos princípios incidentes jamais exigirá a revogação; esta é fruto de competência discricionária, vale dizer, da *opinião* do agente competente, e não da exigência dos princípios jurídicos. Novamente merece transcrição a doutrina de Talamini: "De fato, o único critério que é objeto de apreciação quando se fala em revogação é o fundado em razões de conveniência e oportunidade. Outros parâmetros – se existirem – darão causa à extinção do ato por outro motivo, deixando de ser a hipótese de revogação. Se, por exemplo, o ato se apresentar incompatível com o interesse público em virtude de um problema de imoralidade, a razoabilidade ou a proporcionalidade, a hipótese será de invalidação, porque o ato está em desacordo com uma norma jurídica, ainda que sob a forma de princípio" (idem, p. 90).

cada um, decorre do pluralismo político; é, pois, típico caso de *discricionariedade*. Celebrado o contrato para instalação das divisórias, a mudança de opinião do agente competente jamais justificará a alteração ou a extinção do contrato administrativo celebrado. Insiste-se: contratos administrativos jamais se alteram ou se extinguem por motivo de inconveniência ou inoportunidade.[53]

### *11.3.3 Extinção do contrato administrativo*

Deu-se o primeiro passo para compreensão da extinção unilateral dos contratos administrativos: ela não ocorre por motivo de inconve-

53. Fernando Vernalha Guimarães, em obra de invulgar brilho, adota esse entendimento: "Com todo o respeito, discorda-se da posição daqueles que entendem possível a escolha discricionária dos pressupostos do *ius variandi*. Como é sabido, a Administração usa de critérios de conveniência e oportunidade no propósito de eleger cláusulas contratuais; exercita – a par do interesse geral que se relaciona com a competência contratual – discricionariedade. Após concluído o contrato opera-se uma espécie de *preclusão* para a Administração, limitando sua competência de rever os termos da contratação firmada. Seus critérios não podem ser revistos senão pela existência de novas ocorrências capazes de permitir o juízo" (*Alteração Unilateral do Contrato Administrativo*, São Paulo, Malheiros Editores, 2003, p. 168).

Marçal Justen Filho também acolhe esse entendimento: "Quando a Administração pactua o contrato, já exercitou a competência 'discricionária' correspondente. A Administração, após realizar a contratação, não pode impor alteração da avença mercê da simples invocação da sua competência discricionária. Essa discricionariedade já se exaurira, porque exercida em momento anterior e adequado" (*Comentários à Lei de Licitações e Contratos Administrativos*, 13ª ed., São Paulo, Dialética, 2009, p. 742).

Em sentido contrário manifesta-se a douta Lúcia Valle Figueiredo: "As razões a alicerçar o ato de rescisão unilateral por conveniência e oportunidade são as mesmas que ensejam, consoante nosso entender, a revogação do ato administrativo" (*Extinção dos Contratos Administrativos*, 3ª ed., São Paulo, Malheiros Editores, 2002, p. 49). A divergência, contudo, é mais profunda: decorre do próprio conceito de *discricionariedade*. Afirma a autora: "A competência discricionária consiste, pois, no dever de a Administração, no caso concreto, sopesar até que ponto os *direitos individuais* devem ceder passo aos *direitos da coletividade* – ou seja, ao interesse público qualificado como tal" (idem, p. 70).

Conforme exaustivamente afirmado, as exigências impostas pela ponderação dos princípios não configuram discricionariedade, mas, sim, *vinculação*. A imposição decorrente da ponderação dos princípios incidentes no caso concreto diz respeito à *juridicidade*, à "vontade" do Direito. Discricionariedade restringe-se à livre escolha entre indiferentes jurídicos. Diante do conceito de discricionariedade da notável publicista, é perfeitamente compreensível sua opinião sobre a possibilidade de extinção dos contratos administrativos por motivo de inconveniência ou inoportunidade.

niência ou inoportunidade, ou seja, por força de nova apreciação discricionária da Administração. Fernando Vernalha Guimarães, em sua excelente dissertação de Mestrado, enunciou as duas causas que podem, segundo seu juízo, dar ensejo ao *ius variandi*: a alteração das condições circunstanciais que presidiram a celebração contratual; a constatação de erros no projeto ou na formulação das condições iniciais.[54] Nas duas hipóteses – afirma – há uma *exigência* do sistema jurídico de que a Administração exerça o *ius variandi*; trata-se de uma *competência vinculada*. O autor foi, na doutrina pesquisada, quem mais se aproximou da posição ora defendida: de suas conclusões é possível extrair que a alteração e a extinção unilaterais dos contratos administrativos dizem respeito à *teoria da correção dos atos administrativos inválidos*.

O nobre jurista, porém, não chegou a essa conclusão, nem nenhum dos doutrinadores pesquisados. Ao visualizar os contratos administrativos como verdadeiros "contratos", a doutrina esforça-se em construir uma teoria autônoma para eles. Nega-se, aqui, essa pretensão de autonomia: contratos administrativos são atos administrativos qualificados pela bilateralidade. A análise do tema dos contratos administrativos a partir da teoria dos atos administrativos revela algo de suma importância: a teoria da alteração e extinção unilaterais não é uma teoria autônoma.

Com efeito, analisaram-se *supra* quatro formas de retirada dos atos administrativos inválidos: a revogação, a invalidação, a cassação e a caducidade ou decaimento. Em relação aos contratos administrativos – afirmou-se – é impossível a retirada pela revogação, pois o acordo de vontades necessário para a edição do ato faz com que a situação jurídica estabelecida possua estabilidade incompatível com a permissibilidade de nova apreciação discricionária. As outras três formas de extinção são plenamente aplicáveis aos contratos administrativos, as diferenças reduzem-se a mera questão lingüística, ao emprego de diferentes denominações.

Um contrato administrativo com vício *de origem* (não superveniente) – não precedido, por exemplo, de licitação, quando deveria sê-lo – é retirado do mundo jurídico, tal qual o ato administrativo unilateral, pela *invalidação*. Esta garante ao administrado de boa-fé direito à indenização. Quer dizer: seja ato unilateral, seja ato bilateral, a invalidação deve ser acompanhada da indenização dos danos causados ao administrado.

54. Fernando Vernalha Guimarães, *Alteração Unilateral do Contrato Administrativo*, cit., p. 165.

Perceba-se: o contratante não será indenizado dos *lucros cessantes*, mas somente dos *danos emergentes*. Até aqui não há novidade: a doutrina não nega a possibilidade de extinção unilateral dos contratos pela invalidação por vício de origem.

Um contrato administrativo em que há inadimplemento do administrado é retirado do mundo jurídico, tal qual o ato administrativo unilateral, pela *cassação*. Em relação às *concessões de serviço público* o legislador denominou essa retirada de *caducidade*.[55] Não importa a denominação, não importa o rótulo, o fenômeno é o mesmo: trata-se de retirada por causa do descumprimento pelo administrado das condições impostas pelo sistema normativo à manutenção do ato – no caso, do "contrato". Inadimplemento do administrado, descumprimento das obrigações de dar, fazer ou não fazer fixadas no "contrato" ou cessação de atendimento pelo administrado de requisito subjetivo exigido no "contrato" importam extinção por *cassação*.

Se o Estado é obrigado a prestar certa atividade e não a presta, resta ao administrado ingressar com uma ação judicial. O administrado não pode "rescindir" unilateralmente o contrato administrativo, não porque se trata de contrato, mas porque se trata de ato administrativo introduzido no mundo jurídico pelo Estado, e a retirada de ato estatal só pode ser efetuada pelo próprio Estado – no caso, pela Administração Pública ou pelo Judiciário. Em relação aos contratos administrativos a permanência do ato no sistema jurídico é condicionada não só à prestação do particular, mas também à prestação da Administração. O descumprimento da prestação gera uma antijuridicidade, vale dizer, uma *invalidade superveniente*. Se o inadimplemento é efetuado pelo administrado, a retirada por essa invalidade superveniente é chamada de *cassação*; se o inadimplemento é efetuado pela Administração, a doutrina não estabeleceu uma denominação para a retirada. Não importa: trata-se de retirada pela invalidade superveniente decorrente do descumprimento pela Administração das prestações impostas a ela, condicionadoras da permanência do ato no sistema. Ainda que o ato dependa de

55. Dispõe o art. 38 da Lei 8.987/1995: "A inexecução total ou parcial do contrato acarretará, a critério do poder concedente, a declaração de caducidade da concessão ou a aplicação das sanções contratuais, respeitadas as disposições deste artigo, do art. 27, e as normas convencionadas entre as partes". Celso Antônio Bandeira de Mello chama-a também de *decadência* (*Curso de Direito Administrativo*, cit., 31ª ed., Capítulo XII-71, p. 767).

um acordo de vontades entre Administração e administrado, sua retirada segue a regra geral: atos estatais só podem ser retirados pelo Estado; e, assim, diante do descumprimento das obrigações impostas à Administração, restará ao administrado a propositura de uma ação judicial para extinção do contrato.[56] Até aqui também não há novidade; as presentes considerações não encontram divergência na doutrina.

Passa-se, pois, ao exame das duas hipóteses aventadas por Fernando Vernalha Guimarães. As causas de alteração unilateral do contrato mencionadas pelo autor são também causas de extinção unilateral; dependendo das circunstâncias, elas justificam o exercício do *ius variandi*

56. É o que se extrai do art. 79 da Lei federal 8.666/1993. A impossibilidade de rescisão unilateral pelo administrado não importa o afastamento da *exceptio non adimpleti contractus*. Em parecer publicado em 1982 o emérito professor Celso Antônio Bandeira de Mello já registrava com pena de ouro que essa exceção não se aplica às concessões de serviço público, mas é de inegável aplicação aos contratos administrativos ("Contrato administrativo", cit., *RT* 562/55-60).

O legislador positivou o entendimento do aclamado jurista. Determinam os incisos XIV e XV do art. 78 da Lei 8.666/1993: "Constituem motivo para rescisão do contrato: (...); XIV – a suspensão de sua execução, por ordem escrita da Administração, por prazo superior a 120 (cento e vinte) dias, salvo em caso de calamidade pública, grave perturbação da ordem interna ou guerra, ou ainda por repetidas suspensões que totalizem o mesmo prazo, independentemente do pagamento obrigatório de indenizações pelas sucessivas e contratualmente imprevistas desmobilizações e mobilizações e outras previstas, assegurado ao contratado, nesses casos, *o direito de optar pela suspensão do cumprimento das obrigações assumidas até que seja normalizada a situação*; XV – o atraso superior a 90 (noventa) dias dos pagamentos devidos pela Administração decorrentes de obras, serviços ou fornecimento, ou parcelas destes, já recebidos ou executados, salvo em caso de calamidade pública, grave perturbação da ordem interna ou guerra, *assegurado ao contratado o direito de optar pela suspensão do cumprimento de suas obrigações até que seja normalizada a situação*; (...)" (grifos nossos).

O direito positivo brasileiro, portanto, não admite que o administrado *rescinda unilateralmente o contrato*, mas admite, nos termos transcritos, que ele *suspenda a execução* de suas obrigações nos casos de inadimplemento da Administração. A razão é de obviedade ululante: se o sistema jurídico permite à Administração obter uma prestação do administrado apenas com o pagamento de uma contraprestação, não pode a Administração obrigar o administrador a efetuar a prestação sem a respectiva contraprestação; o contrário importaria injusto sacrifício do particular em benefício de toda a coletividade e, assim, flagrante violação dos princípios da legalidade e da equânime repartição dos encargos sociais.

Por causa do princípio da continuidade do serviço público, a exceção do contrato não cumprido não se aplica às concessões. Com efeito, determina o art. 39 da Lei federal 8.987/1995:

ou a extinção do contrato, chamada de "extinção por motivo de interesse público".[57] Por questão metodológica, elas serão agora examinadas como

"Art. 39. O contrato de concessão poderá ser rescindido por iniciativa da concessionária, no caso de descumprimento das normas contratuais pelo poder concedente, mediante ação judicial especialmente intentada para esse fim.

"Parágrafo único. Na hipótese prevista no *caput* deste artigo, os serviços prestados pela concessionária *não poderão ser interrompidos ou paralisados, até a decisão judicial transitada em julgado*" (grifos nossos).

57. O *jus variandi* está previsto no inciso I do art. 58 e nos incisos I e II do art. 65 da Lei 8.666/1993. Eis a redação dos dispositivos:

"Art. 58. O regime jurídico dos contratos administrativos instituído por esta Lei confere à Administração, em relação a eles, a prerrogativa de: I – modificá-los, unilateralmente, para melhor adequação às finalidades de interesse público, respeitados os direitos do contratado; (...)".

"Art. 65. Os contratos regidos por esta Lei poderão ser alterados, com as devidas justificativas, nos seguintes casos: I – unilateralmente pela Administração: a) quando houver modificação do projeto ou das especificações, para melhor adequação técnica aos seus objetivos; b) quando necessária a modificação do valor contratual em decorrência de acréscimo ou diminuição quantitativa de seu objeto, nos limites permitidos por esta Lei; II – por acordo das partes: a) quando conveniente a substituição da garantia de execução; b) quando necessária a modificação do regime de execução da obra ou serviço, bem como do modo de fornecimento, em face de verificação técnica da inaplicabilidade dos termos contratuais originários; c) quando necessária a modificação da forma de pagamento, por imposição de circunstâncias supervenientes, mantido o valor inicial atualizado, vedada a antecipação do pagamento, com relação ao cronograma financeiro fixado, sem a correspondente contraprestação de fornecimento de bens ou execução de obra ou serviço; d) para restabelecer a relação que as partes pactuaram inicialmente entre os encargos do contratado e a retribuição da Administração para a justa remuneração da obra, serviço ou fornecimento, objetivando a manutenção do equilíbrio econômico-financeiro inicial do contrato, na hipótese de sobrevirem fatos imprevisíveis, ou previsíveis porém de conseqüências incalculáveis, retardadores ou impeditivos da execução do ajustado, ou, ainda, em caso de força maior, caso fortuito ou fato do príncipe, configurando álea econômica extraordinária e extracontratual" (redação dada pela Lei 8.883/1994).

A *extinção unilateral por motivo de interesse público* está prevista no inciso II do art. 58, no inciso XII do art. 78 e no inciso I do art. 79. Preceitua o inciso XII do art. 78: "Art. 78. Constituem motivo para rescisão do contrato: (...); XII – razões de interesse público, de alta relevância e amplo conhecimento, justificadas e determinadas pela máxima autoridade da esfera administrativa a que está subordinado o contratante e exaradas no processo administrativo a que se refere o contrato; (...)". Pelos motivos expostos, a *rescisão por motivo de interesse público* não é *discricionária*, quer dizer, não decorre da inconveniência ou inoportunidade. É corrente a associação da expressão "interesse público" à discricionariedade. Sem embargo, em muitas hipóteses o Direito fixa de maneira precisa o interesse público, não deixando margem à livre apreciação do agente. Por isso, "extinção por motivo de interesse público" não significa, necessariamente, extinção por apreciação discricionária.

causas de extinção unilateral, para só depois serem examinadas como causas de alteração unilateral. A primeira hipótese é o *erro* cometido pela Administração na formulação das condições contratuais.[58] Ora, *erro* da Administração é *causa* de vício *original* do ato administrativo. Se, por exemplo, a Administração se equivocou sobre as circunstâncias fáticas, há vício de motivo (este é o pressuposto de fato que autoriza ou exige a prática do ato). Se a Administração se equivoca sobre os princípios incidentes, ou sobre o peso destes, pode haver vício de finalidade (decorrente da concretização de princípio menos pesado no caso concreto) ou de contentorização (decorrente da não adoção do meio de concretização exigido pelo sistema normativo). Insiste-se: se o erro da Administração exige a retirada do contrato, é porque este é inválido. A extinção unilateral do contrato por erro na formulação das condições contratuais nada mais é que uma *invalidação por erro original*.

A segunda hipótese mencionada é a da alteração das circunstâncias da celebração do ajuste. Relembra-se aqui o afirmado a respeito da *caducidade* ou *decaimento* dos atos administrativos: trata-se de retirada por motivo de invalidade superveniente decorrente de alteração das circunstâncias fáticas ou jurídicas. Essa é justamente a segunda hipótese mencionada por Fernando Vernalha Guimarães. A alteração das circunstâncias jurídicas, a promulgação de uma lei ou de uma emenda constitucional, ou a alteração das circunstâncias fáticas, o início de uma guerra, a celebração da paz, a prática de atos de terrorismo etc., podem tornar a manutenção do contrato dantes celebrado incompatível com o ordenamento jurídico. Não se trata de mera inconveniência e inoportunidade, é uma incompatibilidade com o sistema normativo, uma invalidade *superveniente*.[59] Em suma: a extinção do contrato ad-

58. Fernando Vernalha Guimarães, *Alteração Unilateral do Contrato Administrativo*, cit., pp. 170-174.

59. Afirma Daniele Coutinho Talamini: "Ao contrário do ato de revogação, o ato que reconhece a caducidade fática *stricto sensu* é de natureza vinculada. O agente administrativo, diante da cessação da ocorrência de fato que a lei exige como pressuposto – ou diante da ocorrência de fato que a lei exige que não ocorra –, não tem alternativa senão a de retirar o ato". E, pouco adiante: "A revogação só extingue atos praticados no exercício de competência discricionária, enquanto a caducidade pode dizer respeito a atos também praticados no exercício de competência vinculada. Isto porque a cessação dos pressupostos fáticos pode perfeitamente dizer respeito a atos de ambas as categorias" (*Revogação do Atos Administrativo*, cit., p. 110).

ministrativo exigida pela alteração das circunstâncias fáticas ou jurídicas nada mais é que uma invalidação superveniente, chamada de *caducidade* ou de *decaimento*.

Duas observações fazem-se necessárias. É mister indagar a razão pela qual o legislador, ao disciplinar essas hipóteses de retirada, tratou-as como "extinção por motivo de interesse público" – em relação à concessão de serviço público, chamou-as de *encampação*.[60] Ou seja: por que não as tratou como hipóteses de *invalidade* e não as chamou de *invalidação*? Primeiro, porque antigamente a doutrina não era tranqüila sobre os efeitos da *invalidação*. Quer dizer, não era pacífico entre os juristas que da invalidação decorria o dever de indenizar o administrado de boa-fé. Ao revés, a doutrina admitia, sem nenhuma controvérsia, que a revogação, quando a situação não fosse precária, gerava o direito à indenização. Com efeito: invalidado um contrato administrativo, deve a Administração indenizar o administrado de boa-fé dos prejuízos decorrentes da aquisição de mão-de-obra e matéria-prima, dos serviços até então executados. Como não era comum associar invalidação ao dever de indenizar, mas era comum efetuar essa associação para a revogação,

Em relação à parte final, nos termos adiante retomados, ressalva-se: a caducidade é sempre uma imposição normativa, decorre do exercício de competência vinculada; quando o sistema jurídico, diante da mudança das circunstâncias fáticas, permite uma reapreciação discricionária, a retirada dá-se pela revogação.

Sobre a invalidade superveniente dos atos bilaterais, afirma Umberto Fragola: "Anzitutto mi pare evidente una osservazione: il fenomeno della sopravvenienza si inquadra nella teoria della rilevanza giuridica del tempo. Il tempo influisce sullo svolgimento dei rapporti giuridici e quindi anche di quelli amministrativi. Il decorso del tempo, nello svolgimento dei rapporti giuridici a tratto successivo, comporta rischi che possono avere influenza sulla vita stessa dei rapporti. Anche gli atti amministrativi sono soggetti alla tirannia del tempo e si dissolvono automaticamente, con la cessazione dei presupposti e delle circostanze che suggerirono la loro emanazione" (*Gli Atti Amministrativi*, cit., pp. 176-177).

60. Dispõe o art. 37 da Lei 8.987/1995: "Considera-se encampação a retomada do serviço pelo poder concedente durante o prazo da concessão, por motivo de interesse público, mediante lei autorizativa específica e após prévio pagamento da indenização, na forma do artigo anterior". Celso Antônio Bandeira de Mello registra outra denominação: "resgate" (*Curso de Direito Administrativo*, cit., 31ª ed., Capítulo XII-70, p. 766). Perceba-se: o que é chamado de *caducidade* ou *decaimento* na teoria dos atos administrativos é chamado de *encampação* ou *resgate* na teoria da concessão de serviço público; o que é chamado de *cassação* na teoria dos atos administrativos é chamado de *caducidade* ou *decadência* na teoria da concessão de serviço público.

o legislador, ao disciplinar a extinção dos contratos administrativos, para evitar qualquer dúvida sobre o dever da Administração de indenizar os prejuízos causados ao contratante, valeu-se da terminologia comumente empregada para a revogação: "extinção por motivo de interesse público".

A outra razão é específica para a segunda hipótese mencionada – a alteração das circunstâncias fáticas e jurídicas. Boa parte da doutrina tem dificuldade em visualizar aí uma questão de juridicidade, de invalidade superveniente. Somente com o desenvolvimento das modernas concepções principiológicas – em que o sistema normativo é considerado não apenas um conjunto de regras, mas um conjunto de regras e de princípios, compreendidos estes como *normas jurídicas autônomas* – percebeu-se que a modificação das circunstâncias fáticas e jurídicas importa novas *exigências normativas*.[61] A aplicação do Direito dá-se não apenas pela *subsunção*, mas pela *ponderação*;[62] e esta, em relação aos atos de eficácia continuada, diante da alteração das circunstâncias fáticas e jurídicas deve ser revista. Vale dizer: a alteração do sistema pode gerar a invalidade superveniente e, por conseguinte, a retirada do ato. Não importa o nome – chame-se essa retirada de caducidade, decaimento, decadência, encampação, resgate, invalidação –, o importante é compreender que se trata de *competência vinculada*, imposta pelo sistema normativo, passível de ser obtida *judicialmente*.

A segunda observação é a diferença entre a alteração das circunstâncias como condicionamento à revogação e a alteração das circunstâncias como causa de invalidade superveniente. Relevante parcela da doutrina condiciona a revogação à alteração das circunstâncias.[63] Quer dizer: diante de determinadas circunstâncias ("X1"), era juridicamente possível tanto a adoção da solução "S1" – edição de um ato com deter-

61. Sobre a concepção principiológica referida, v. nossos trabalhos: "A natureza normativa dos princípios", *RTDP* 40/113-145, São Paulo, Malheiros Editores, 2002; *Efeitos dos Vícios do Ato Administrativo*, cit., Capítulo I, pp. 25-33; *Abuso de Direito e a Constitucionalização do Direito Privado*, cit., pp. 13-56.

62. Sobre a *ponderação*, v.: Robert Alexy, *Teoria dos Direitos Fundamentais*, 2ª ed., 3ª tir., trad. de Virgílio Afonso da Silva, São Paulo, Malheiros Editores, 2014, Capítulo 3-III-2.2.2, pp. 163-179. Para um aprofundamento, v.: David Martínez Zorrilla, *Conflictos Constitucionales, Ponderación e Indeterminación Normativa*, Madri, Marcial Pons, 2007; Paulo Gustavo Gonet Branco, *Juízo de Ponderação na Jurisdição Constitucional*, São Paulo, Saraiva, 2009.

63. Daniele Coutinho Talamini apresenta excelente panorama sobre o assunto (*Revogação do Ato Administrativo*, cit., pp. 122-133).

minado conteúdo –como da solução "S2" – omissão; coube ao agente competente escolher a que, segundo seu juízo, importava a melhor forma de concretizar o interesse público, e ele escolheu "S1". Suponha-se que posteriormente, diante da eficácia continuada da medida eleita, o sistema *permita* que o agente *reveja* a escolha dantes efetuada e, assim, decida pela manutenção do ato no sistema ou por sua retirada. Quer dizer: são juridicamente possíveis tanto a manutenção do ato no sistema ("S1'") como sua retirada ("S2'"), e o sistema exige do agente competente que decida entre as duas possibilidades, Suponha-se que ele escolha "S2'": ele *revoga* o ato editado. Pois bem, há duas posições na doutrina. A *posição restritiva* condiciona a revogação à mudança das circunstâncias. Noutras palavras: para que a decisão anterior possa ser reapreciada, para que o agente possa escolher entre "S1'" e "S2'", deve ter ocorrido a modificação de "X1", exigem-se novas circunstâncias fáticas ou jurídicas ("X2"). Pela *posição não-restritiva*, a revogação não pressupõe a alteração das circunstâncias, vale dizer, não é necessária a modificação de "X1" para "X2". É, todavia, indiscutível que mesmo a corrente não-restritiva não nega a possibilidade de o *legislador* expressamente condicionar a revogação à mudança das circunstâncias – entenda-se: a condição doutrinária imposta pela primeira corrente pode, para a segunda corrente, ser imposta pelo legislador.

Essa longa explicação fez-se necessária para que não se confunda a alteração das circunstâncias como condição, pressuposta pela doutrina ou imposta pelo legislador, para o exercício da competência revocatória com a alteração das circunstâncias como motivo da retirada por invalidade superveniente. Na hipótese esquematizada há pouco, na nova situação o sistema jurídico continua *permitindo as duas soluções*, a permanência do ato no sistema ou sua retirada; vale dizer: esta não é *exigida* pelo sistema normativo, é tão-somente *facultada*. A retirada, se ocorrer, é fruto de competência discricionária, e, por isso, é chamada de *revogação*. Diversamente ocorre se, diante da nova situação, a retirada passar a ser *exigida*, *imposta* pelo sistema: a retirada passa a ser fruto de competência vinculada, e, por isso, não é revogação – é, na teoria dos atos administrativos *caducidade* ou *decaimento*; e na terminologia da Lei 8.666/1993, "retirada por motivo de interesse público". Enfim: na teoria dos contratos administrativos uma das causas da chamada retirada por motivo de interesse público é a alteração das circunstâncias fáticas ou jurídicas; essa alteração exige a extinção do contrato, não faculta a extinção, e, por isso, não se confunde com o condicionante doutrinário ou legislativo imposto à competência revocatória.[64]

Essas duas hipóteses de extinção unilateral dos contratos administrativos – por erro da Administração na formulação das condições contratuais ou por alteração dessas condições – são imposições do conjunto normativo, e, assim, não podem ser impostas – ao contrário do afirmado pela doutrina majoritária – apenas pela Administração; podem ser impostas também pelo Poder Judiciário, em defesa da vontade objetiva do ordenamento jurídico.

### *11.3.4 Alteração do contrato administrativo*

A Lei 8.666/1993 autorizou, no § 1º do art. 65, a *alteração unilateral* do contrato administrativo para *acréscimos* ou *supressões* que se fizerem nas obras, serviços ou compras, até 25% do valor inicialmente atualizado do contrato e, no caso particular de reforma de edifício ou equipamento, até o limite de 50% para os seus acréscimos. Até esse limite a alteração pode decorrer de juízo *discricionário* do agente competente. Quer dizer: o sistema não exige a alteração, mas a faculta. Não há, nesse caso, que se falar de invalidade, nem originária, nem superveniente. Em relação ao *acréscimo*, trata-se de típica hipótese de *dispensa de licitação*, em que o

64. Diante das considerações efetuadas, convém enunciar algumas palavras sobre a exegese do art. 49 da Lei federal 8.666/1993. Reza o dispositivo: "A autoridade competente para a aprovação do procedimento somente poderá revogar a licitação por razões de interesse público decorrente de fato superveniente devidamente comprovado, pertinente e suficiente para justificar tal conduta, devendo anulá-la por ilegalidade, de ofício ou por provocação de terceiros, mediante parecer escrito e devidamente fundamentado". A análise literal é, conforme velha lição de hermenêutica jurídica, insuficiente para compreensão das normas jurídicas. Apesar do aparentemente indicado por sua redação, esse dispositivo não está a regular a *revogação da licitação*. Licitação, tal qual o contrato administrativo, é insuscetível de *revogação*; trata-se de ato administrativo incompatível com a *reapreciação discricionária*. Como dantes afirmado, a revogação de atos concretos, hodiernamente, vem mais e mais sendo restringida. O dispositivo trata da retirada *por invalidade superveniente* decorrente da alteração das circunstâncias. Trata-se de regra idêntica à aplicável aos contratos administrativos: a retirada da licitação não se dá por inconveniência ou inoportunidade, mas em decorrência da nova ponderação realizada diante da mudança das circunstâncias fáticas e jurídicas – não decorre de um juízo discricionário do agente, mas de uma vinculada imposição do Direito.

legislador expressamente autoriza a não-realização de novo certame, apesar de presentes os pressupostos para realizá-lo. Assim, é teoricamente possível que a alteração do contrato administrativo decorra do exercício de competência discricionária. Essa possibilidade restringe-se às hipóteses de alteração *quantitativa* ou *qualitativa* até os limites estabelecidos.[65] Até esses limites a alteração pode ser *unilateral*.

Ademais, é perfeitamente possível que a alteração decorra não de um juízo discricionário, mas de uma invalidade originária ou superveniente, vale dizer, de uma *exigência* do sistema normativo. Com efeito: as hipóteses de extinção unilateral podem configurar causas da alteração unilateral do contrato administrativo. Afirmou-se, quando do exame dos conceitos basilares da teoria dos atos administrativos, que a invalidade não impõe necessariamente a invalidação, quer dizer, a retirada do ato do sistema. Esta possui um custo jurídico e econômico não desprezado pelo Direito. Várias razões jurídicas – como a estabilidade das relações, a proteção da confiança do administrado, os gastos decorrentes da retirada, a boa-fé do administrado, o tempo decorrido, os efeitos gerados pelo ato, os prejuízos causados pela retirada – devem ser *ponderadas* quando do exame da *invalidade* do ato administrativo. Dessa ponderação pode resultar que o sistema jurídico não admita a retirada do ato, exija a retirada parcial (*redução* ou *reforma*), ou o aproveitamento integral (*convalidação*) ou o aproveitamento parcial (*conversão*). O mesmo se pode dizer em relação

65. A boa doutrina sustenta que esses limites só se aplicam à hipótese da alínea "b" do inciso I do art. 65, e não à hipótese da alínea "a" – quer dizer: à "modificação do valor contratual em decorrência de acréscimo ou diminuição quantitativa" (*alteração quantitativa*), e não à "modificação do projeto ou das especificações" (*alteração qualitativa*). Nesse sentido: Caio Tácito, "Contrato administrativo: alteração quantitativa e alteração qualitativa", in *Temas de Direito Público: Estudos e Pareceres*, vol. 2, Rio de Janeiro, Renovar, 1997, pp. 1.407-1.408; Celso Antônio Bandeira de Mello, "Extensão das alterações dos contratos administrativos: a questão dos 25%", in *Grandes Temas de Direito Administrativo*, 1ª ed., 2ª tir., São Paulo, Malheiros Editores, 2010, p. 230; *Curso de Direito Administrativo*, cit., 31ª ed., Capítulo X-30, pp. 639-640. Contudo, a discordância é apenas aparente. Mesmo quem sustenta a aplicação dos limites legais apenas à alteração quantitativa não nega que exigências qualitativas que extrapolem os limites não podem ser impostas unilateralmente. Por todos, afirma Celso Antônio Bandeira de Mello: "Estamos em que nas hipóteses de modificação do projeto, havendo ultrapassagem dos limites de 25 e 50% (conforme o caso), é necessário o consenso do contratado para que se excedam os limites" ("Extensão das alterações dos contratos administrativos: a questão dos 25%", cit., in *Grandes Temas de Direito Administrativo*, 1ª ed., 2ª tir., p. 231).

ao exame dos contratos administrativos: a invalidade, original ou superveniente, nem sempre exige a *extinção* do contrato; muitas vezes exigirá sua *conversão* ou sua *redução*. A conversão ou a redução dos atos administrativos bilaterais, fruto da ponderação efetuada quando da apreciação da invalidade original ou superveniente, nada mais são do que o chamado *ius variandi* ou *alteração unilateral* do contrato administrativo.

Assim, a alteração unilateral do contrato pela Administração Pública pode decorrer de competência discricionária ou de competência vinculada. No segundo caso consiste na *correção* da invalidade original ou superveniente. A doutrina, por causa do *vício metodológico* de apego aos conceitos do direito privado, sempre examinou os atos administrativos bilaterais como se fossem verdadeiros *contratos*; por isso elaborou a teoria da alteração unilateral dos contratos administrativos e a concebeu como uma teoria autônoma. Ignorou uma conclusão que facilita sobremaneira a compreensão do tema e evita graves equívocos: a *alteração unilateral vinculada* é uma conseqüência da *correção* da invalidade, originária ou superveniente, do contrato administrativo.

Pelos mesmos motivos por que o sistema exige a manutenção de um ato unilateral inválido no sistema, exige também a manutenção de um ato bilateral inválido. A invalidade pode ser corrigida pela invalidação parcial, chamada de *redução* ou *reforma* – que nada mais é que uma *alteração quantitativa para menos* –, ou pela *conversão*, que é uma *alteração qualitativa* ou *quantitativa para mais*. Logo, o ato administrativo de alteração unilateral do contrato administrativo é, no caso, um ato administrativo corretor ou de redução ou de conversão. Como a alteração unilateral decorrente de invalidade é uma imposição do sistema normativo – competência vinculada decorrente da ponderação efetuada pelo agente quando do exame da invalidade original ou superveniente –, pode ser imposta pela Administração ou pelo Judiciário. Este, quando provocado, agirá em defesa da vontade objetiva do Direito.[66]

66. Para Fernando Vernalha Guimarães a alteração unilateral do contrato administrativo também é resultado da *ponderação* dos princípios incidentes. É o que se extrai de várias passagens de sua obra: "O sistema jurídico-administrativo, composto por princípios (e regras) de direito administrativo, recepciona regras de direito privado, integrando-as em órbita sistemática. Na medida em que as regras jurídicas traduzem-se em concreção de princípios, perdem sua eficácia desde que seu princípio-matriz reste afastado da aplicação a dada situação concreta quando sobreposto por outro princípio. Daí que na esfera do contrato administrativo geralmente os princípios juspublicistas detêm preferência em relação a princípios de direito privado, produzindo,

A ponderação realizada pelo agente público quando do exame da invalidade originária ou superveniente deve considerar todos os valores concretizados pela realização de novo certame licitatório e, pois, de nova contratação e todos os valores concretizados pela manutenção do vínculo. Dependendo das circunstâncias, é teoricamente possível que a ponderação exija a alteração qualitativa ou quantitativa do contrato *acima dos limites* fixados no § 1º do art. 65 da Lei 8.666/1993. Neste caso, porém, ultrapassados os limites previstos, a alteração *não poderá ser unilateral*: dependerá da concordância do contratado.[67] Em relação às alterações qualitativas esse posicionamento foi adotado pelo Tribunal de Contas da União/TCU no Acórdão 215/1999.[68]

em certas situações, a inaplicabilidade de regras de direito privado. Isso acontece, por exemplo, em matéria de poderes exorbitantes da Administração sobre o co-contratante. A mutabilidade unilateral advém da supremacia do princípio da prossecução do interesse geral buscado pela via do contrato em relação ao princípio da intangibilidade da avença" (Fernando Vernalha Guimarães, *Alteração Unilateral do Contrato Administrativo*, cit., p. 108). Adiante, a idéia é retomada: "A aplicação do poder de modificação do contrato administrativo se concretiza, como já se referiu no Capítulo I deste trabalho, pela projeção de princípios que se relacionam (fornecendo a diretriz normativa ao hermeneuta) numa dimensão do *peso* que assumem em face da situação posta (concreta)" (idem, p. 128).

67. A boa doutrina admite que mesmo em relação à alínea "b" do inciso I do art. 65 da Lei 8.666/1993 – ou seja, de *alteração quantitativa* – os limites legais podem ser ultrapassados, desde que haja consentimento do contratado. É que doutrina Celso Antônio Bandeira de Mello: "Quanto ao segundo questionamento – ou seja, o de saber-se se a superação dos limites em apreço poderia ocorrer única e exclusivamente nas hipóteses da alínea 'a' (jamais se admitindo na hipótese da alínea 'b') –, é nosso entendimento o de que, em despeito da incisiva linguagem do § 2º, podem apresentar-se casos nos quais dita superação teria que ser aceita mesmo não estando em pauta 'modificação do projeto', mas simplesmente 'alterações quantitativas'" ("Extensão das alterações dos contratos administrativos: a questão dos 25%", cit., in *Grandes Temas de Direito Administrativo*, 1ª ed., 2ª tir., p. 232). E conclui: "Desde que seja demandado para atender ao interesse público primário, respeitado o objeto contratual, os limites de 25% ou 50%, a que se reportam os §§ 1º e 2º do art. 65 da Lei 8.666/1993 podem ser excedidos tanto nos casos de *sujeições imprevistas* quanto naqueles em que, por força de *eventos supervenientes imprevisíveis* ou de *falhas do projeto inicial ou de suas especificações*, seja preciso modificá-lo, para eficaz atendimento do escopo contratual, mediante correção dos quantitativos, complementação de obras ou alteração das soluções técnicas; sem o quê frustrar-se-iam ou restariam insatisfatoriamente atendidas as necessidades que o objeto contratual se propunha suprir" (idem, pp. 241-242).

68. Eis o teor da decisão: "O Tribunal Pleno, diante das razões expostas pelo Relator, decide: com fundamento no art. 1º, inciso XVII, e § 2º, da Lei n. 8.443/1992

### *11.3.5 Extinção e alteração dos "contratos da Administração"*

Finalmente, para terminar o estudo da alteração e extinção unilaterais, é necessário examinar a relevante diferença existente entre os *contratos administrativos* não submetidos a regras de direito privado e os submetidos a essas regras. Afirmou-se que não há *contratos da Administração* submetidos ao regime de direito privado, pois o *regime jurídico* é definido não pelas *regras aplicáveis*, mas pelos *princípios estruturantes*, e a presença da Administração Pública é indissociável dos princípios da supremacia do interesse público sobre o privado e da indisponibilidade do interesse público, além de ser incompatível com a autonomia da vontade. Por isso – concluiu-se –, todos os contratos da

e no art. 216, inciso II, do Regimento Interno deste Tribunal, responder à Consulta formulada pelo ex-Ministro de Estado de Estado do Meio Ambiente, dos Recursos Hídricos e da Amazônia Legal, Gustavo Krause Gonçalves Sobrinho, nos seguintes termos: (a) tanto as *alterações contratuais quantitativas* – que modificam a dimensão do objeto – quanto as *unilaterais qualitativas* – que mantêm intangível o objeto, em natureza e em dimensão, estão sujeitas aos limites preestabelecidos nos §§ 1º e 2º do art. 65 da Lei n. 8.666/1993, em face do respeito aos direitos do contratado, prescrito no art. 58, I, da mesma lei, do princípio da proporcionalidade e da necessidade de esses limites serem obrigatoriamente fixados em lei; (b) nas hipóteses de *alterações contratuais consensuais, qualitativas* e excepcionalíssimas de contratos de obras e serviços, é facultado à Administração *ultrapassar os limites* aludidos no item anterior, observados os princípios da finalidade, da razoabilidade e da proporcionalidade, além dos direitos patrimoniais do contratante privado, desde que satisfeitos cumulativamente os seguintes pressupostos: I – não acarretar para a Administração encargos contratuais superiores aos oriundos de uma eventual rescisão contratual por razões de interesse público, acrescidos aos custos da elaboração de um novo procedimento licitatório; II – não possibilitar a inexecução contratual, à vista do nível de capacidade técnica e econômico-financeira do contratado; III – decorrer de fatos supervenientes que impliquem dificuldades não previstas ou imprevisíveis por ocasião da contratação inicial; IV – não ocasionar a transfiguração do objeto originalmente contratado em outro de natureza e propósito diversos; V – ser necessária à completa execução do objeto original do contrato, à otimização do cronograma de execução e à antecipação dos benefícios sociais e econômicos decorrentes; VI – demonstrar-se – na motivação do ato que autorizar o aditamento contratual que extrapole os limites legais mencionados na alínea 'a', *supra* – que as conseqüências da outra alternativa (a rescisão contratual, seguida de nova licitação e contratação) importam sacrifício insuportável ao interesse público primário (interesse coletivo) a ser atendido pela obra ou serviço, ou seja, gravíssimas a esse interesse; inclusive quanto à sua urgência e emergência" (TCU, Plenário, AC 0215-50/99-P, Processo 930.039/1998, rel. Min. José Antônio B. de Macedo, j. 12.5.1999). Ao que tudo indica, o TCU limitou a possibilidade de alteração acima do limite legal às *alterações quantitativas*.

Administração são administrativos, ou seja, *atos bilaterais* regidos pelo direito público. Sem prejuízo, admitiu-se que para certos objetos contratuais a Administração adote a *forma de direito privado* e, por conseguinte, se submeta a regras de direito privado. Ela pode celebrar um ajuste regido, por exemplo, pela Lei privada de Locações ou pelo Código Civil. O contrato de locação, *v.g.*, será submetido aos princípios estruturantes de direito público e também às regras da Lei 8.245/1990.

É chegada a hora de aclarar essas assertivas.

Toda regra jurídica possui um *peso relativo*. Toda regra concretiza um princípio, no significado, difundido pelo neoconstitucionalismo, de valor positivo. As regras legislativas têm em seu favor o acréscimo do peso de um princípio formal que dá primazia às ponderações legislativas. Esse princípio formal, decorrente da separação de Poderes e da legalidade, estabelece que as ponderações legislativas devam ser cumpridas. Assim, uma regra legislativa ("R1") possui o peso do princípio por ela concretizado ("P1"), acrescido do peso do referido princípio formal ("P1 + Pf"). Diante do caso concreto, um princípio oposto ao concretizado pela regra legislativa ("P2") pode ter peso suficiente para afastar a soma de "P1 + Pf". Somente esse modelo permite compreender os *contratos administrativos regidos pelo direito privado*: eles são submetidos às regras de direito privado; da submissão da Administração Pública a essas regras ("Rn") decorre, independentemente do caso concreto, uma razão *prima facie*, ou seja, um *argumento*, em favor da aplicação dessas regras, e isso por força do princípio formal que dá primazia à aplicação delas ("PF").[69] Esse princípio formal, esse argumento adicional, modifica a *ponderação* efetuada quando do exame da *invalidade* original ou superveniente desses contratos administrativos.

Com efeito: nos contratos administrativos submetidos apenas às regras de direito público, quando do exame da invalidade original ou superveniente o agente público deve levar em consideração razões jurídicas favoráveis à não alteração do ajuste – seja a não alteração propriamente dita, seja a não extinção unilateral – e razões jurídicas favoráveis à alteração. A celebração do *acordo* gera, por si, uma razão contrária à alteração do vínculo. É a *ponderação* das circunstâncias fáticas e jurí-

69. Sobre o tema, v. nosso *Abuso de Direito e a Constitucionalização do Direito Privado*, cit., pp. 13-56.

dicas que indicará se é o caso de *alterar unilateralmente o contrato* (sanar o vício), *extingui-lo unilateralmente* (retirar o ato do sistema) ou deixar tudo como está.

Nos contratos submetidos ao direito privado as razões contrárias à desestabilização do vínculo são fortemente intensificadas. Com efeito: o princípio formal que dá primazia às regras de direito privado intensifica o peso das razões contrárias à alteração e à extinção unilaterais. Diante disso, afirma-se: *contratos administrativos* submetidos às regras de direito privado, como um contrato de locação,[70] também admitem a alteração unilateral do ajuste ou a extinção unilateral do ajuste, mas as razões fáticas e jurídicas justificadoras dessa alteração ou dessa extinção devem ser bem mais fortes do que as requeridas para a alteração ou extinção dos contratos submetidos apenas às regras de direito público.[71]

70. Por todos, em brilhante estudo, observa Alice Gonzalez Borges sobre o contrato de locação celebrado pela Administração Pública: "Parece-nos que, efetivamente, pode haver casos em que a Administração se veja na contingência de alterar o ajuste, unilateralmente, se efetivamente ocorrer uma relevante necessidade de interesse público. Pois, indubitavelmente, a Administração Pública não é um locatário comum, tem necessidades e peculiaridades que não poderiam estar previstas em legislação especial direcionada para outras realidades. Pensamos, por exemplo, em casos nos quais a Administração, em função de suas atividades, necessite substituir os órgãos que estão atuando no prédio locado, modificar o tipo de utilização, aumentar, sensivelmente, o número das pessoas que o ocupam. Não se há de imaginar que, para isso, necessite de prévio consentimento escrito do locador ou que, por algum modo, isto caracterize infração contratual que pudesse servir de pretexto para a retomada do prédio locado, na forma do que dispõe a Lei 8.245/1991" ("A Administração Pública como locatária", in *Temas de Direito Administrativo Atual: Estudos e Pareceres*, Belo Horizonte, Fórum, 2004, p. 177).

71. Interessante a posição de Fernando Vernalha Guimarães sobre o tema: ele admite a possibilidade de alteração e extinção unilaterais dos contratos da Administração, mas afirma que se essa possibilidade se efetivar é porque o contrato não era um contrato da Administração, mas um verdadeiro contrato administrativo (*Alteração Unilateral do Contrato Administrativo*, cit., pp. 86-87). Em rigor, segundo seu entendimento, nenhum contrato é com certeza contrato da Administração, tudo dependerá das circunstâncias, pois, dependendo delas, o que era um contrato da Administração pode revelar-se um contrato administrativo. O conceito de "contrato da Administração" permanece, segundo esse posicionamento, submetido a uma espada de Dâmocles: de uma hora para outra pode desaparecer. Discorda-se, por isso, do posicionamento do autor.

### *11.3.6 Intangibilidade da equação econômico-financeira*

O último tema a ser analisado neste estudo está assentado em sólida doutrina; não há, ao contrário do que ocorre com o conceito de contrato, com a classificação deste e com a alteração e a extinção unilaterais, divergências significativas. Os administrativistas repetem em coro uníssono que a equação econômico-financeira dos contratos administrativos é intangível.[72] Essa assertiva – observe-se – no Direito Brasileiro possui assento constitucional: está, às claras, positivada no inciso XXI do art. 37, o qual garante aos contratantes com a Administração a manutenção das "condições efetivas da proposta".

A idéia é simples, elementar, não demanda grande esforço intelectual para ser entendida: a relação econômico-financeira entre as obrigações assumidas pelo contratante e o que ele aceitou receber para cumpri-las deve manter-se incólume. Esquematicamente, se para entregar 10 canetas o contratante exige receber 10 Reais, essa relação, 10 Reais para 10 canetas, não pode ser alterada. Parece simples, mas a doutrina foi obrigada a desenvolver vasta teoria sobre o assunto. Na verdade, o administrado, ao fazer sua *proposta*, deve procurar a máxima minuciosidade: deve indicar de forma completa o custo para o fornecimento de cada unidade – no caso, o custo de cada caneta. A incolumidade diz respeito ao "lucro" do administrado, o que ele aceitou *ganhar* para cumprir determinada obrigação.

As *alterações unilaterais* do contrato efetuadas pela Administração por óbvio exigem a revisão da remuneração do contratado. Exemplo evidente: se a Administração exigir a entrega de 12 canetas, deverá pagar 12 Reais. O reajuste da equação, porém, não decorre apenas do *ius variandi*: se alguma atuação do Estado, ainda que não relacionada ao contrato, interferir diretamente na equação, necessitar-se-á efetuar a revisão – é a conhecida teoria do *fato do príncipe*.[73] Assim, se a Administração eleva os tributos que incidem sobre a atividade do contratado, se o Judiciário impõe obrigação de fazer ao contratado, para proteção do

72. Sobre o tema há um opúsculo de obrigatória leitura, da lavra de Celso Antônio Bandeira de Mello, "Contrato administrativo: fundamentos da preservação do equilíbrio econômico-financeiro", in *Grandes Temas de Direito Administrativo*, 1ª ed., 2ª tir., São Paulo, Malheiros Editores, 2010, pp. 243-254.

73. Por todos: Celso Antônio Bandeira de Mello, *Curso de Direito Administrativo*, cit., 31ª ed., Capítulo X-52, pp. 658-661.

meio ambiente ou do usuário – por exemplo, que o administrado substitua a tinta das canetas por outra mais biodegradável, ou que indique no tubo das canetas o prazo estimado para o uso da tinta –, haverá necessidade de recomposição.[74] Por óbvio, o inadimplemento da Administração, o descumprimento de suas obrigações, também altera a equação econômico-financeira e, pois, exige revisão – eis a teoria do *fato da Administração*.[75] Não é apenas a atuação estatal – *ius variandi*, fato do príncipe, fato da Administração – que exige a revisão da remuneração pactuada: acontecimentos externos à conduta das partes, que atinjam a equação, também exigem o reequilíbrio – eis a conhecida *teoria da imprevisão*.[76] Finalmente, erros de previsão também importam desequilíbrio – daí a teoria das *sujeições imprevistas*.[77]

Todas essas teorias só complicam um assunto que é, em si, fácil. Em rigor, elas não possuem autonomia, pois, não importa o que ocorra, qualquer alteração da relação entre o que o administrado exigiu ganhar e o que ele se comprometeu a executar importa a necessidade de *rever* a remuneração. Para mais ou para menos. Por isso, é incorreto falar, propriamente, em "lucro". Uma analogia permite compreender essa afirmação: os servidores públicos não executam sua função, como regra geral, por benemerência; executam-na por *profissão* – vale dizer, para obtenção de uma *remuneração*; o texto constitucional agasalha o princípio da *irredutibilidade de vencimentos* no inciso XV do art. 37. Jamais se disse, porém, que o agente público exerce suas funções para obter *lucro*, que ele visa ao lucro. O administrado que contrata com a Administração Pública também pretende uma contraprestação, não assume as obrigações, como regra, por benemerência. Também aqui é inapropriado falar em lucro. Ele tem direito à contraprestação pactuada, não ao lucro.

74. Toda modificação unilateral do contrato administrativo consiste, de certo modo, no afastamento dos princípios concretizados pela licitação. Quando há invalidade originária ou superveniente, a admissibilidade da alteração é justificada pelos mesmos argumentos justificadores da manutenção do ato inválido no sistema. A retirada do ato bilateral e a realização de nova licitação geram efeitos jurídicos não desprezados pelo Direito. É a *ponderação* que indicará se é o caso de invalidar e efetuar nova licitação ou alterar.

75. Por todos: Celso Antônio Bandeira de Mello, *Curso de Direito Administrativo*, cit., 31ª ed., Capítulo X-52 a 54, pp. 658-663.

76. Celso Antônio Bandeira de Mello, *Curso de Direito Administrativo*, cit., 31ª ed., Capítulo X-52 e 58 a 65, pp. 658 e 664-668.

77. Idem, Capítulo X-52, pp. 659-660.

Se, por alguma circunstância, houve alteração da *equação econômico-financeira* em benefício da Administração – houve, por exemplo, queda do preço dos insumos ou diminuição da carga tributária –, a remuneração terá que ser revista em benefício da Administração. Além disso, se o administrado calculou mal – vale dizer, apresentou proposta que não lhe garante lucro significativo –, de duas, uma: ou desde o início a proposta não garantia nenhum lucro, ou seja, não garantia nenhuma vantagem econômica, e, por isso, era inexeqüível, o contrato é inválido, porque é vedado à Administração aceitar propostas inexeqüíveis;[78] ou a proposta garantia pouca vantagem econômica mas era exeqüível, o contrato não é inválido e o prejuízo é de responsabilidade exclusiva do administrado contratante. A Administração é obrigada *tão-somente* a garantir a manutenção da equação econômico-financeira, entendida como a efetivação *material* da proposta inicialmente formulada; não é obrigada a garantir o lucro do contratante. Em suma: *intangibilidade da equação econômico-financeira* não é garantia de lucro; este, aliás, é conceito estranho aos contratos administrativos, quando muito tangencia o tema da *exeqüibilidade das propostas*.[79]

Como dito, não há na doutrina substanciais divergências sobre esse tema. Contribui para isso o fato de haver densa disciplina normativa sobre o assunto: trata-se do art. 65, II, "d", e §§ 5º e 6º, da Lei 8.666/1993.[80]

78. Determina o art. 48, II, da Lei 8.666/1993: "Serão desclassificadas: (...) II – propostas com valor global superior ao limite estabelecido ou com preços manifestamente inexeqüíveis, assim considerados aqueles que não venham a ter demonstrada sua viabilidade através de documentação que comprove que os custos dos insumos são coerentes com os de mercado e que os coeficientes de produtividade são compatíveis com a execução do objeto do contrato, condições estas necessariamente especificadas no ato convocatório da licitação". Reza o § 1º desse dispositivo: "Para os efeitos do disposto no inciso II deste artigo consideram-se manifestamente inexeqüíveis, no caso de licitações de menor preço para obras e serviços de Engenharia, as propostas cujos valores sejam inferiores a 70% (setenta por cento) do menor dos seguintes valores: a) média aritmética dos valores das propostas superiores a 50% (cinqüenta por cento) do valor orçado pela Administração; ou b) valor orçado pela Administração".

79. Sobre o tema é imprescindível a leitura da lição de Celso Antônio Bandeira de Mello sobre o equilíbrio econômico-financeiro nas concessões de serviço público (*Curso de Direito Administrativo*, cit., 31ª ed., Capítulo XII-60 a 66, pp. 756-761) – lição que, *mutatis mutandis*, pode ser estendida aos contratos administrativos.

80. Reza o art. 65, II, "d", da Lei 8.666/1993: "Os contratos regidos por esta Lei poderão ser alterados, com as devidas justificativas, nos seguintes casos: (...) II – por

É fundamental *compreender* o *fundamento* dessa disciplina, pois no Brasil são muito comuns alterações legislativas surpreendentemente contrárias às bases teóricas desenvolvidas há décadas pela doutrina – alterações, essas, raramente efetuadas em proveito dos administrados, ao menos da generalidade deles. Donde, apesar da clara dicção legislativa e da assente doutrina, é mister tecer cuidadosas considerações sobre os *fundamentos* que estão na base da *teoria da intangibilidade da equação econômico-financeira dos contratos administrativos*.

Como afirmado no início desta exposição, os juristas comumente incidem em dois vícios metodológicos: supõem que a Administração possa assumir a situação jurídica de um particular e supõem que os conceitos do direito privado sejam aplicáveis ao direito público. Esses dois vícios metodológicos são a causa da incompreensão dos fundamentos da teoria ora analisada. A situação jurídica da Administração Pública é absolutamente incompatível com a situação jurídica do particular: ela deve, por dever, buscar interesse alheiro; ao particular é facultado buscar a concretização de seus próprios interesses; a Administração Pública não pode buscar interesse próprio, salvo quando esse interesse for coincidente com o interesse público; garante-se ao particular um espaço de liberdade, espaço não garantido à Administração; é possível falar em autonomia privada e em autonomia da vontade apenas em relação aos particulares; não existe autonomia em relação à Administração, há discricionariedade, conceito estratosfericamente diferente. Diante de tão diferentes situações jurídicas, não há como equiparar a *situação* de um *particular contratante* com a *posição* da *Administração* "contratante".

acordo das partes: (...); d) para restabelecer a relação que as parte pactuaram inicialmente entre os encargos do contratado e a retribuição da Administração para a justa remuneração da obra, serviço ou fornecimento, objetivando a manutenção do equilíbrio econômico-financeiro inicial do contrato, na hipótese de sobrevirem fatos imprevisíveis, ou previsíveis porém de conseqüências incalculáveis, retardadores ou impeditivos da execução do ajustado, ou, ainda, em caso de força maior, caso fortuito ou fato do príncipe, configurando álea econômica extraordinária e extracontratual". Reza o § 5º: "Quaisquer tributos ou encargos legais criados, alterados ou extintos, bem como a superveniência de disposições legais, quando ocorridas após a data da apresentação da proposta, de comprovada repercussão nos preços contratados, implicarão a revisão destes para mais ou para menos, conforme o caso". E o § 6º: "Em havendo alteração unilateral do contrato que aumente os encargos do contratado, a Administração deverá restabelecer, por aditamento, o equilíbrio econômico-financeiro inicial".

Com efeito: é perfeitamente compreensível, e até aceito pelo Direito, que o particular contratante assuma situação muito vantajosa num ajuste celebrado com outro contratante; ele está buscando a realização máxima de seus interesses pessoais, e nessa busca não tem dever de atentar para os interesses do outro.[81] Assim, até certo limite admite-se que o particular ganhe à custa do prejuízo de outro particular, admite-se que o particular se beneficie de uma situação de desvantagem de outrem. Com a Administração, porém, tudo é diferente: ela *deve* concretizar o interesse público, e este consiste na concretização da *vontade objetiva do ordenamento jurídico*, ou seja, da aplicação do *conjunto normativo*. A Administração deve considerar as normas favoráveis à esfera jurídica da própria Administração, mas por dever, por definição, deve também considerar as normas favoráveis à esfera jurídica do particular. O interesse individual, em regra, não se compromete com a ponderação de todos os princípios incidentes no caso; busca a máxima realização dos princípios que beneficiem a esfera do respectivo indivíduo. O interesse público busca a máxima realização de todos os princípios incidentes, até mesmo dos princípios que beneficiem a esfera individual. Se o interesse individual consiste na máxima realização de "P1", por exemplo, o interesse público consiste na máxima realização de "P1", "P2", "P3".

Diante disso, a Administração, ao contratar um particular para que este execute determinada atividade, tem interesse jurídico (*rectius*, é seu dever) em garantir a vantagem do administrado. Não lhe interessa beneficiar-se de uma situação de desvantagem, não lhe interessa obter a execução da atividade "de graça" ou à custa de prejuízo alheio. Por isso, o regime dos contratos administrativos garante, de forma ampla e irrestrita, a vantagem fixada na proposta do administrado e aceita pela Administração, por ter sido a proposta vencedora de processo licitatório ou por ter sido escolhida em procedimento de contratação direta. De fato,

81. Há duas importantes restrições a essa assertiva: a *primeira* sempre foi admitida, trata-se das incontáveis limitações legais impostas pelo ordenamento jurídico à esfera de liberdade dos particulares – o particular é livre para agir na esfera que resta da observância de todas as limitações expressamente impostas pelo Direito; a *segunda* é fruto do constitucionalismo contemporâneo, e ainda é tema de acirradas discussões – trata-se da redução dessa liberdade residual por força da aplicação dos direitos fundamentais aos particulares. Sobre o tema, v. nosso *Abuso de Direito e a Constitucionalização do Direito Privado*, cit., pp. 74-116.

essa proteção é *radical*: se em face da *força maior* essa vantagem é, de alguma forma, atingida, diminuída, a Administração efetuará a *revisão* do ajuste, a recomposição dos preços (art. 65, II, "d", da Lei 8.666/1993). Essa garantia não existe no direito privado, nos termos da clara redação do art. 393 do CC vigente.[82]

Outro exemplo é a chamada *teoria da imprevisão*. Pode-se dizer que existe uma *teoria da imprevisão do direito público* e uma *teoria da imprevisão do direito privado*; a primeira é muito tolerante com a extensão e compreensão do signo "imprevisão", a segunda é pouco tolerante. Basta comparar os dispositivos legais: no art. 65, II, "d", da Lei 8.666/1993 consta "fatos imprevisíveis, ou previsíveis porém de conseqüências incalculáveis"; no art. 478 do CC vigente consta "acontecimentos extraordinários e imprevisíveis". Quer dizer: no plano da literalidade, o legislador contenta-se no direito público com a *imprevisão* e exige no direito privado a *imprevisibilidade*.[83] Dessarte, basta que os acontecimentos não previstos pelo administrado quando da elaboração de sua proposta – ressalvada a imprevisão intolerável, destoante da razoavelmente admitida – alterem a vantagem requerida por ele, para que haja alteração do contrato administrativo. O raciocínio, portanto, é bem diverso: no direito privado ele pode ser expresso assim: "Tome muito cuidado ao prever a superveniência dos fatos, pois eu posso ganhar às suas custas". E no direito público pode ser assim enunciado: "Preveja com lealdade e boa-fé e fique tranqüilo, se a superveniência dos fatos não tiver sido prevista quando da elaboração da proposta, o ajuste será adequado à nova situação". Em suma: no direito privado o imprevisto tem que ser imprevisível; no direito público, basta que seja imprevisto.[84]

82. Dispõe o art. 393 do CC: "O devedor não responde pelos prejuízos resultantes de caso fortuito ou força maior, se expressamente não se houver por eles responsabilizado".

83. Registram-se as palavras do insigne professor Celso Antônio Bandeira de Mello sobre a imprevisão no direito público: "Demais disso, a condição 'imprevisibilidade' tornou-se menos severa. É o que realça o nunca assaz citado Francis-Paul Bénoît. O imprevisível passou a se referir apenas ao *imprevisto*, ao razoavelmente não-previsto, e a indenização de imprevisão transmudou-se de ajuda parcial temporária em meio de garantia do equilíbrio econômico-financeiro estipulado por ocasião do contrato, nele incluído o lucro" (*Curso de Direito Administrativo*, cit., 31ª ed., Capítulo X-65, p. 668).

84. Sem embargo, o direito privado vivencia uma *fase de releitura*, fenômeno que ficou conhecido como *constitucionalização do direito privado*. Por motivos *cuja*

Bastam esses exemplos para acentuar a diferença entre os institutos, *contrato administrativo* e *contrato privado*. São suficientes para compreender a extensão da proteção: a força maior exige a revisão; circunstâncias fáticas não previstas, mas não necessariamente imprevisíveis, exigem a revisão. Uma última observação: a garantia da *intangibilidade do equilíbrio econômico-financeiro*, nos termos positivados na Lei federal de Licitações, é insuscetível de modificação infraconstitucional. Por certo, essas regras infraconstitucionais tornam expressa a *exegese* da regra constitucional estampada no inciso XXI do art. 37 da Lei Magna. Somente uma reforma constitucional pode *diminuir* essa *garantia* do administrado. Noutras palavras: se, por uma mudança de entendimento doutrinário, o legislador pretender alterar o regime de

*análise extravasa os limites deste estudo*, a teoria da imprevisão do direito privado tende a se aproximar da teoria da imprevisão do direito público. A leitura constitucional desse ramo do Direito impede que um particular se beneficie sem limites da desgraça alheia. Por isso, a imprevisibilidade exigida pelo referido art. 478 tende a ser deveras suavizada. Para um profundo exame da teoria da imprevisão no direito privado, v. a obra de Nelson Borges, *A Teoria da Imprevisão no Direito Civil e no Processo Civil*, São Paulo, Malheiros Editores, 2002.

Sobre a aplicação dos direitos fundamentais às relações privadas e a decorrente constitucionalização do direito privado, afirmamos, em outra oportunidade: "Os particulares não são obrigados, ao contrário da Administração Pública, a concretizar o interesse público. Não são obrigados a concretizar o princípio mais pesado, no caso concreto, na medida exata exigida pelo sistema. Possuem uma 'zona livre'. Nessa zona, o sistema admite o afastamento, até um determinado grau, dos princípios incidentes. Vigoram o princípio da liberdade individual e, em decorrência dele, o princípio da *autonomia privada*; mantém-se a *prerrogativa* de reger (mais do que administrar) a própria esfera jurídica, vale dizer, de decidir 'livremente' qual princípio concretizar e até que ponto fazê-lo. Sem embargo, hoje os particulares são obrigados a concretizar o *interesse público* ao menos numa *certa medida*. A partir de um determinado limite não há mais liberdade de escolha, não há mais liberdade individual e autonomia privada, os particulares passam a ser obrigados a concretizar o interesse público" (*Abuso de Direito e a Constitucionalização do Direito Privado*, cit., p. 116). E concluímos: "Graficamente essa situação dos particulares pode ser simbolizada por *dois círculos concêntricos*, o maior era o espaço livre que existia antigamente, esse espaço foi comprimido pelas cláusulas gerais, pelo fenômeno da constitucionalização do direito privado. Hoje a liberdade individual e a autonomia privada restringem-se ao círculo menor; nele, o particular é livre para buscar a concretização de seus interesses. Dentro do menor há liberdade de escolha. No espaço entre o círculo menor e o círculo maior inexiste liberdade: impõe-se ao particular a concretização do interesse público. Donde, no espaço existente entre os dois círculos concêntricos o particular atua como Administração Pública" (idem, ibidem).

proteção da Lei federal de Licitações, não poderá fazê-lo sem que tenha ocorrido prévia reforma do texto constitucional.[85]

85. Como afirmamos em outra oportunidade: "Quando o constituinte insere uma palavra no texto constitucional, ele não se vale de um sem-sentido, de uma forma oca, de um 'x' ou de um 'y', ele tem em vista um determinado *significado*. Daí a conclusão óbvia: ao utilizar uma palavra no texto constitucional, o significado da palavra *constitucionaliza-se* junto com ela" (*Regulação Administrativa à Luz da Constituição Federal*, São Paulo, Malheiros Editores, 2011, Capítulo I-6, p. 58). E, pouco adiante: "Se a palavra possui, quando da promulgação da Constituição, significado técnico e o texto constitucional não indicar o contrário (postulado da prioridade do texto), considera-se que foi utilizada pelo constituinte com esse significado. Vale dizer: o significado técnico prepondera sobre o significado comum (*postulado da prioridade do significado técnico*)". E, em seguida: "Por certo, o significado das palavras constitucionais é o técnico, mas o significado técnico corrente quando da promulgação do texto constitucional (*postulado da prioridade do significado pretérito*). Trata-se de um raciocínio lógico: o significado das palavras constitucionalizou-se junto com elas; significado é o uso na linguagem; quando o constituinte usa uma palavra técnica, usa-a – salvo elementos textuais que indiquem o contrário – no sentido técnico; não pode ter usado a palavra no sentido técnico que surgiu depois, só pode ter empregado a palavra com o sentido técnico que ela possuía quando da promulgação da Constituição" (idem, pp. 63-64).

Quando da promulgação da Constituição de 1988 o entendimento hoje positivado na Lei federal de Licitações sobre a manutenção das "condições efetivas da proposta" era o assente na doutrina brasileira. Esse entendimento constitucionalizou-se junto com a expressão. Não pode o legislador, livremente, alterar os limites semânticos da expressão constitucional.

# 12

# Consórcios Públicos e Serviço de Saneamento Básico

*12.1 Breve introdução. 12.2 Estado Federal. 12.3 Serviço de saneamento básico. 12.4 Teoria da troca de sujeito. 12.5 Inconstitucionalidade global da Lei de Saneamento Básico.*

## *12.1 Breve introdução*

O exame da *titularidade* do *serviço* de *saneamento básico* exige uma prévia advertência. Este estudo tem *pretensão científica*: objetiva alcançar a interpretação mais consentânea com o conjunto normativo vigente. Nem sempre os temas jurídicos são examinados sob esse enfoque: na maioria das vezes o exame tem *pretensão advocatória*, intenta a defesa de determinado interesse. Essa, provavelmente, é a causa da divergência entre o que será exposto neste estudo e o que foi até o momento apresentado pela doutrina brasileira. A diferença de resultados decorre – mister enfaticamente sublinhar – da *diferença de enfoque*.

Vigoram na Ciência do Direito alguns *postulados fundamentais*. Um dos mais importantes é o da *supremacia da Constituição*, segundo o qual as normas constitucionais são o fundamento *formal* e *material* de todas as demais normas jurídicas. As normas infraconstitucionais não apenas devem ser produzidas de acordo com o procedimento constitucionalmente fixado; seu conteúdo não pode contrariar a Constituição. Trata-se de uma afirmação óbvia, conhecida de todos os graduados em Direito. Há, contudo, uma proporção direta entre o conhecimento desse postulado e seu menoscabo: ele é amplamente conhecido e, infelizmente, amplamente desdenhado. Daí a importância de se afirmar o óbvio como ponto de partida: toda interpretação jurídica deve ser uma interpretação *conforme a Constituição*.

A chamada Lei de Saneamento Básico, Lei federal 11.445, de 5.1.2007, é notável exemplo de menosprezo ao texto constitucional vigente. A contrariedade à Constituição não é apenas percebida numa de suas regras específicas, nem apenas num conjunto delas; o problema é muito pior: o próprio espírito da lei é viciado pela contrariedade ao Texto Magno. O exame científico da titularidade do serviço de saneamento impõe explicitar, ainda que de forma sumária, os fundamentos dessa assertiva.

## *12.2 Estado Federal*

Logo no art. 1º da CF de 1988 é enunciada a *forma* do Estado Brasileiro: trata-se de um Estado *Federal*, formado pela *união indissolúvel* dos Estados, Municípios e Distrito Federal. O assunto é retomado no art. 18, em que são apresentadas as *quatro entidades* que compõem o Estado Brasileiro: a União, os Estados, os Municípios e o Distrito Federal, todos *autônomos* – enfatiza a parte final do preceito, nos termos da Constituição. Em máxima síntese: um dos *princípios estruturantes* do ordenamento brasileiro é o *federalismo*.

A teoria do Estado Federal revela a inexistência de um modelo universal impositivo aos textos constitucionais: o constituinte possui ampla liberdade para estabelecer os contornos da forma federal. O signo *federalismo* possui um núcleo essencial, indicativo, por exemplo, da existência de um conjunto de duas ou mais entidades políticas autônomas, cuja união constitui um ente soberano. Respeitado o núcleo essencial do signo, é o texto constitucional que indica os contornos do *princípio federativo*.[1]

1. Cai a lume a advertência de Halina Zasztowt Sukiennicka, citado por Oswaldo Aranha Bandeira de Mello: "Nenhum Estado se assemelha a outro de tal forma que se possa dizer que os seus respectivos regimes sejam idênticos. Eles, quando muito, podem ser análogos. Para classificar um organismo estático nos quadros da noção 'Estado Federal' subsiste a mesma dificuldade. Os Estados que iniciaram o regime federativo, e que serviram, portanto, de base para a elaboração das diversas teorias sobre a natureza jurídica do Estado Federal, são os únicos que nunca têm contestada a sua estrutura federal. O mesmo se não dá com os outros Países, pois os seus regimes, embora modelados sobre os dos primeiros, deles sempre se afastam e, muitas vezes, de maneira importante" ("Fédéralisme en Europe Orientale", p. 247, 1926, *apud* Oswaldo Aranha Bandeira de Mello, *Natureza Jurídica do Estado Federal*, São Paulo, Prefeitura do Município de São Paulo, 1948, pp. 16-17). O Estado

Deve-se, pois, perquirir qual foi o *modelo federativo* adotado pelo *constituinte originário* de 1988. Somente o exame do texto originário pode revelar o sentido e o alcance do federalismo no ordenamento brasileiro.

A leitura dos mencionados arts. 1º e 18 revela algo de extraordinária importância: o *federalismo brasileiro* é marcado pela *autonomia municipal*, mas uma autonomia municipal não parecida com a encontrada nos Estados europeus, no sentido de uma *autonomia administrativa*, de maior ou menor amplitude. Não! No federalismo brasileiro os Municípios são *entidades políticas autônomas*, que estão em pé de igualdade com os *Estados-membros*. O *princípio da autonomia federativa municipal* é, pode-se dizer, verdadeiro *idiotismo* da linguagem constitucional brasileira.[2]

Brasileiro, de fato, apresenta peculiaridades não encontráveis nos demais: como a seguir retomado, os Municípios são entidades federativas.

2. É da tradição constitucional brasileira a garantia da *autonomia municipal*. Já a Constituição de 1891 consagrou-a expressamente no art. 68: "Os Estados organizar-se-ão de forma que fique assegurada a autonomia dos Municípios, em tudo quanto respeite ao seu peculiar interesse". A valorização da autonomia municipal foi se intensificando com o tempo, alcançando seu apogeu no texto de 1988: mais do que autonomia administrativa, atribui-se ao Município, de forma inédita na história do País e, pelo que se sabe, na história universal, a autonomia federativa. Para o exame da linha evolutiva da autonomia municipal no ordenamento brasileiro antes da Constituição de 1988, v.: José Nilo de Castro, *Morte ou Ressurreição dos Municípios? – Estudo da Autonomia Municipal no Brasil e na França*, Rio de Janeiro, Forense, 1985. Até a Constituição de 1969 – perceba-se – era possível a comparação efetuada por esse autor entre o Município brasileiro e o Município francês, pois ambos possuíam a mesma natureza jurídica. Após a Constituição de 1988 a comparação tornou-se difícil: o Município francês não possui autonomia federativa.

Na doutrina brasileira, José Afonso da Silva sustentou que os Municípios, apesar do texto vigente, não são entidades federativas: "A Constituição consagrou a tese daqueles que sustentavam que o Município brasileiro é entidade de terceiro grau, integrante e necessária ao nosso sistema federativo. *Data venia*, essa é uma tese equivocada, que parte de premissas que não podem levar à conclusão pretendida. Não é porque uma entidade territorial tenha autonomia político-constitucional que necessariamente integre o conceito de 'entidade federativa' (...). Em que muda a Federação Brasileira com o incluir os Municípios como um de seus componentes? Nada muda. Passaram os Municípios a ser entidades federativas? Certamente que não, pois não temos uma Federação de Municípios. Não é uma união de Municípios que forma a Federação. (...)" (*Comentário Contextual à Constituição*, 8ª ed. São Paulo, Malheiros Editores, 2012, p. 253). Hoje, parece ter mudado de opinião, pois em obra mais recente afirma: "A Constituição de 1988 modifica profundamente a posição dos Municípios na Federação, porque os considera componentes da estrutura federativa" (*O*

A doutrina, em coro uníssono, reconhece algumas *características* do *federalismo* que independem da forma a ele atribuída pelo constituinte. Dentre essas características, uma se revela de extraordinária importância para este estudo: o *federalismo* pressupõe o estabelecimento numa *Constituição rígida* de uma *divisão de competências* entre as *entidades federativas*.[3] Pois bem, o federalismo pressupõe que as compe-

*Constitucionalismo Brasileiro: Evolução Institucional*, São Paulo, Malheiros Editores, 2011, p. 354).

A primeira posição do notável constitucionalista prende-se a um suposto conceito apriorístico e universal de federalismo. Como se enfatizou, respeitado um núcleo essencial, de limites acentuadamente estreitos, o constituinte é livre para estabelecer os contornos da forma federativa. Não cabe ao intérprete desprezar o texto vigente para impor a forma original, norte-americana, de federalismo. Além disso, muda muito a atribuição aos Municípios da autonomia federativa: seu *status* jurídico foi sensivelmente fortalecido.

Nesse sentido, calha à fiveleta a lição de Paulo Bonavides:

"Se a nova Constituição do Brasil, compendiando a autonomia municipal, ainda não classifica o poder do Município como um poder estatal (pré-estatal ele já o é doravante, fora de toda a dúvida), é evidente, contudo, que, ao emprestar àquele ente uma natureza federativa incontrastável, o fez peça constitutiva do próprio sistema nacional de comunhão política do ordenamento.

"Deu assim um gigantesco passo em prol do sobredito princípio, agora rodeado de proteção mais adequada e eficaz em relação aos legisladores, nomeadamente aqueles que atuam na órbita do Estado-membro: proteção para forrar o instituto a lesões feitas à sua intangibilidade, quais aquelas de último perpetradas por algumas Constituintes Estaduais. Tais lesões devem ser cuidadosamente evitadas, a fim de que se conserve a incolumidade da Constituição. (...)" (*Curso de Direito Constitucional*, 29ª ed., São Paulo, Malheiros Editores, 2014, p. 360). O aclamado constitucionalista cearense sintetizou, nesse trecho, nos termos a seguir expostos, a idéia mestra deste estudo. Sobre a autonomia municipal, v., também, *supra*, Capítulo 3-3.3.

3. Nesse sentido, afirma o célebre Oswaldo Aranha Bandeira de Mello, em seu clássico estudo: "Qualquer que seja, porém, o processo histórico pelo qual se originou um Estado Federal, os seus Poderes emanam de uma Constituição que, promulgada em nome do Estado Federal, constitui a Lei Fundamental da nova organização política. A distribuição das competências em tal forma de Estado é sempre feita na própria Carta Federal" (*Natureza Jurídica do Estado Federal*, cit., p. 74). Na mesma linha, afirma Luiz Alberto David Araújo: "A repartição de competências, como elemento caracterizador da descentralização política, não vem despida de qualquer formalidade. A divisão de competências entre as vontades do Estado Federal deve ter sede constitucional, tornando-se parte de sua essência. Não se pode pensar em uma divisão de competências que não estivesse estampada no texto constitucional, já que, como visto, nesse ponto reside talvez a tônica mais original do Estado Federal" ("Características comuns do federalismo", in Celso Bastos (coord.), *Por uma Nova Federação, Por uma Nova Federação*. São Paulo, Ed. RT, 1995, p. 42). Cita-se também a

tências das entidades federativas estejam fixadas no texto de uma Constituição rígida: trata-se de exigência indissociável do núcleo essencial do conceito de federalismo. A divisão constitucional de competências dita a forma federativa instituída pelo constituinte. Nesses termos, para apurar os contornos do *federalismo brasileiro* não basta examinar os arts. 1º e 18, faz-se necessário o exame de todos os dispositivos que atribuem competências aos entes federativos – como, por exemplo, os arts. 21, 22, 23, 24, 25 e 30. Nos arts. 1º e 18 encontram-se as entidades que formam a Federação Brasileira; nestes encontram-se os contornos da autonomia de cada entidade federativa. Insiste-se: o *federalismo* é, pois, *conceito jurídico-positivo*, cujo significado é dado pelo conjunto de normas constitucionais positivadas. Observado um núcleo essencial, é o constituinte que estabelece o que vem a ser o federalismo para o ordenamento vigente; e o faz não só pela indicação das entidades federativas que compõem o Estado Federal, mas, principalmente, pelo estabelecimento e pela distribuição das competências entre as entidades.

Dito isso, há que se observar o seguinte: na Constituição brasileira o federalismo é *cláusula pétrea*. Trata-se de particularidade de extremada relevância: pelo art. 60, § 4º, I, não será objeto de deliberação a proposta de emenda tendente a abolir a forma federativa de Estado. Eis o problema: a que "forma federativa" o constituinte se refere nesse dispositivo? Não se trata, por óbvio, da forma federativa norte-americana, que deu origem ao conceito técnico de federalismo; nem do núcleo conceitual passível de universalização, de estreitos limites. Trata-se da *forma* instituída pelo constituinte no texto originário de 1988. Essa forma, extraída dos dispositivos mencionados, é que não pode ser abolida. Não se admite sequer uma tendência à sua abolição.[4] O chamado poder de

lição de Luís Roberto Barroso: "Temos insistido que a existência de uma Constituição é requisito essencial para a configuração do Estado Federal. Isto porque o que o singulariza é o fato de que a competência dos entes federados, o seu raio de ação no exercício de sua autonomia, deriva não do órgão central, mas da Lei Fundamental. O Texto Básico, além de ser a lei de organização dos Poderes, é, também, dermarcatório do âmbito de ação dos entes federados, estabelecendo sua esfera de competência, intransponível também pela União" (*Direito Constitucional Brasileiro: o Problema da Federação*, Rio de Janeiro, Forense, 1982, p. 56).

4. A posição acima vai de encontro ao sustentado por boa parte da doutrina, e por isso exige uma explicação. Muitos juristas sustentam que uma interpretação alargada das cláusulas pétreas impede o progresso da Nação. Trata-se, porém, de

reforma pode alterar as competências fixadas no texto constitucional? Sim, mas desde que não altere o modelo federativo adotado. Na dúvida,

*perversa falácia*. Uma Constituição democrática e dirigente, como é a brasileira, invariavelmente apresenta um projeto avançado de desenvolvimento social. Os ataques a esse projeto – só um tolo não percebe – não são movidos por ideais filantrópicos.

Quem melhor abordou a teoria da reforma constitucional foi o Min. Carlos Ayres Britto, em obra de invulgar brilho: "Ou, se necessidade houver, qual a Constituição que não dispõe sobre a sua própria reforma? Reforma, no entanto, que deve assegurar a sobrevida da Constituição, e não o seu dobre de sinos. Modifica-se a Constituição *para que ela permaneça idêntica a si mesma naquela parte central da sua circunferência axiológica*. Ou, por outra, modifica-se a Constituição apenas quanto aos mecanismos de que seus princípios estruturantes precisam para permanecer eficazes" (*Teoria da Constituição*, Rio de Janeiro, Forense, 2003, p. 71). Noutras palavras: o constituinte originário permite a reforma da Constituição não para que o impropriamente chamado constituinte reformador altere a essência da obra primeira, mas para que reforce essa essência: a reforma só é possível para a maximização dos princípios estruturantes, jamais para o seu enfraquecimento.

Adiante, o nobre jurista apresenta a tese dos oposicionistas: "Qual a solução que se entremostra na crítica ao 'excesso de rigidez' e seu desaguar em mutações constitucionais do tipo informal? Dar às cláusulas pétreas uma interpretação *light*, cada vez mais *soft*, para facilitar as emendas e revisões constitucionais; quer dizer, a resposta para o excesso de rigidez (suposto excesso) *é o excesso de desconsideração pelas cláusulas intangíveis da Constituição*" (idem, p. 75). E responde: "É necessário ter cuidado com as palavras. Se é próprio do poder constituinte democrático produzir Constituições avançadas (pode-se dizer o contrário?), como rotular de ideologicamente *conservadora* a função das cláusulas pétreas em tais diplomas? Tais cláusulas operam, em verdade, como *garantia do avanço então obtido*. Como penhor de não retrocesso das conquistas jurídicas a que democraticamente se chegou" (idem, p. 78). Mais adiante registra, com propriedade: "Não temos o menor acanhamento intelectual em afirmar que os atos de reforma da Magna Carta, notadamente as emendas, *constituem uma exceção àquela nota de estabilidade que é indissociável de toda Constituição rígida*. Por isso mesmo é que a Lei Maior brasileira não diz o que as emendas podem fazer, mas, sim, o que não podem". E, logo em seguida: "Por semelhante prisma analítico, as cláusulas pétreas, longe de constituir uma exceção ao poder de reforma constitucional, são, em verdade, aquela parte da Constituição *que nem mesmo admite a exceção do poder de reforma*. Elas é que devem gozar do benefício da dúvida interpretativa, pois não é racional que se postule a exegese restritiva das matérias que mais confirmam o caráter estabilizador da Magna Carta e ainda por cima revelam, por maior proximidade com o protovalor da democracia, a própria alma da Constituição" (idem, pp. 203-204).

Deveras, o impropriamente chamado poder reformador tem pouco poder: só pode alterar o texto originário na medida em que reforça a eficácia dos princípios estruturantes; no mais, exorbita de sua competência e produz inconstitucionalidade. A *adaptação* da Constituição não se dá prioritariamente pela reforma, esta deve ser excepcional, mas pela *interpretação*: justamente por isso a Constituição possui um grande número de normas de *textura aberta*.

a alteração é vedada. Perceba-se, portanto, o quanto é delicada a alteração da divisão de competências constitucionalmente estabelecidas: trata-se de alteração que toca diretamente no modelo federativo – modelo, esse, que está petrificado e, por isso, não admite alteração. A alteração da divisão de competências deve, por isso, ser feita com o máximo desvelo. Conseqüentemente, diante da alteração das competências originariamente estabelecidas empreendida pelo poder de reforma, deve o jurista indagar se houve, ou não, substancial alteração do modelo federativo eleito. O texto constitucional brasileiro – enfatiza-se – não permite substancial alteração do federalismo positivado: permite *tão-somente* ajustes que reforcem o modelo eleito, permite *tão-somente* modificações que mantenham a organização escolhida, que respeitem, enfim, o grau de autonomia atribuído a cada uma das entidades.

Antes de prosseguir, resta um último esclarecimento sobre o federalismo brasileiro. O constituinte de 1988 adotou um modelo *cooperativo*. O chamado *federalismo cooperativo* surgiu com o governo de Roosevelt, que intensificou a ajuda federal aos Estados, sob a forma de programas e convênios.[5] Nos Estados Unidos o federalismo cooperativo não foi concebido como *princípio jurídico*, mas como um método pragmático, destinado a resolver problemas concretos. Diferentemente ocorreu na Alemanha, em que a doutrina e a jurisprudência vislumbram como princípio não inscrito o *princípio da conduta amistosa federativa*, pelo qual a ordem constitucional está fundada sobre a colaboração recíproca entre Federação e Estados.[6] Passou a ser um dos traços do chamado *novo federalismo* a ampla *cooperação entre as entidades federativas*:[7] a divisão de competências não é considerada estanque, exigindo-se que um ente coopere com o outro no cumprimento dos deveres constitucionais.

Com efeito: o texto de 1988 – e isso é indiscutível – adotou um modelo de federalismo cooperativo. Por um lado, estabeleceu um extenso rol de *competências comuns* no art. 23; por outro, impôs, no *caput* do

5. Cf. Raul Machado Horta, *Direito Constitucional*, 2ª ed., Belo Horizonte, Del Rey, 1999, pp. 470-471.

6. Por todos: Konrad Hesse, *Elementos de Direito Constitucional da República Federal da Alemanha*, trad. de Luís Afonso Heck, Porto Alegre, Sérgio Antônio Fabris Editor, 1998, pp. 212-125, §§ 268-270.

7. A esse traço já fazia referência o célebre José Horácio Meirelles Teixeira, *Curso de Direito Constitucional*, Rio de Janeiro, Forense Universitária, 1991, p. 658.

art. 211, às entidades federativas a organização de seus sistemas de ensino em *regime de colaboração*. Na *cooperação* todos exercem sua competência conjuntamente com os demais, todos os entes devem colaborar para a execução das tarefas constitucionais.[8] O *federalismo cooperativo*, porém, não pode ser invocado como uma expressão mágica, apta a transformar o *modelo petrificado* num verdadeiro *castelo de areia*.[9] De evidência solar: é o texto originário que dá a dimensão do modelo cooperativo adotado – modelo que, por estar petrificado, não pode ser desnaturado pelo poder reformador. Insiste-se: no texto originário adotou-se um modelo que, em suas linhas mestras, está petrificado. A alteração da Constituição não pode importar a alteração do modelo. O constituinte de 1988 não adotou qualquer cooperação, mas um *modelo de cooperação*. Dito isso, finalmente, possível se torna enfrentar o tema central deste estudo.

## *12.3 Serviço de saneamento básico*

De início, impende definir o significado da expressão "serviço de saneamento básico". Para tanto, a Lei federal 11.445, de 5.1.2007, é de grande

8. Nesse sentido: Gilberto Bercovici, *Desigualdades Regionais, Estado e Constituição*, São Paulo, Max Limonad, 2003, pp.152-153.

9. Lúcida a advertência de Augusto Zimmermann: "Dominante no cenário político, o federalismo cooperativo não dispõe de fronteiras claramente definidas na questão da distribuição das competências dentre os níveis autônomos de poder. O objetivo explícito é, em síntese, a promoção de uma livre cooperação da União com as entidades federadas. Esta variante, uma vez adotada no Brasil pós-revolucionário da década de 1930, se expôs às suas mais dramáticas deturpações, que por vezes praticamente aniquilaram o próprio espírito federativo, conduzindo-nos de tal maneira à centralização excessiva e às inúmeras crises político-institucionais subseqüentes" (*Teoria Geral do Federalismo Democrático*, Rio de Janeiro, Lumen Juris, 1999, p. 57). Daí a importância da advertência de Gilberto Bercovici: "A fonte da cooperação federal é a Constituição. Fora dos casos expressamente previstos no texto constitucional (obrigatórios ou facultativos), predomina o princípio da separação e independência no exercício das competências constitucionais" (*Desigualdades Regionais, Estado e Constituição*, cit., p. 154).

Regra hermenêutica de ouro é dada por Charles Hughes, Juiz da Corte Internacional de Haia, citado pelo memorável Carlos Maximiliano: "A Constituição não destrói a si própria. Em outros termos, o poder que ela confere com a mão direita não retira, em seguida, com a esquerda" (*Comentários à Constituição Brasileira*, 5ª ed., vol. I, São Paulo, Freitas Bastos, 1954, p. 134). O constituinte, deveras, não iria petrificar o federalismo para permitir seu aniquilamento pela via da suposta cooperação.

utilidade: ela define o significado da expressão no inciso I de seu art. 3º. Saneamento básico é o conjunto de serviços, infra-estruturas e instalações operacionais de: (a) abastecimento de água potável; (b) esgotamento sanitário; (c) limpeza urbana e manejo de resíduos sólidos; e (d) drenagem e manejo de águas pluviais urbanas. Pois bem, eis o problema teórico de inegável complexidade: a quem compete *prestar* esses quatro serviços?

Os quatros são *serviços de interesse local*, e, por isso, nos termos do inciso V do art. 30 da CF, são de *titularidade municipal*. Essa resposta, porém, exige o enfrentamento de uma série de questões.

*Primeira*: o que vem a ser "interesse local" nesse dispositivo constitucional? É assente a doutrina de Sampaio Dória: não existe interesse exclusivamente local, mas *predominantemente local*.[10] A Constituição

10. Sampaio Dória, "Autonomia dos Municípios", *Revista da Faculdade de Direito da USP* 24/423 e ss., São Paulo, 1928. A lição foi acolhida e difundida por Hely Lopes Meirelles (*Direito Municipal Brasileiro*, 17ª ed. (coord. de Adilson Abreu Dallari), São Paulo, Malheiros Editores, 2013, p. 353). Era corrente nos textos constitucionais brasileiros o uso da expressão "peculiar interesse", ao invés de "interesse local". O constituinte de 1988, ao substituir a expressão consagrada pela tradição, em nada inovou. Sobre o tema assim se manifestou José Horácio Meirelles Teixeira: "E note-se que por serviços locais não se deve entender, restritivamente, apenas aqueles que o sejam de modo exclusivo. Ao contrário, para que o interesse se possa considerar peculiar ao Município, basta que se apresente em mero grau de prevalência" (*Os Serviços Públicos de Eletricidade e a Autonomia Local*, São Paulo, Departamento Jurídico da Prefeitura do Município de São Paulo, 1950, p. 59). E, pouco adiante, acresceu: "Esse 'peculiar interesse' repousa, substancialmente, na consideração de que certos serviços ou atividades, embora redundem em vantagem geral, apresentam todavia aspectos, particularidades e circunstâncias que os tornam mais estreitamente ligados à vida local, e em relação mais imediata com suas necessidades. E, por força desses aspectos e particularidades, tal interesse diferencia-se do interesse de outras localidades e do interesse geral. E é nesse sentimento de necessidades específicas a satisfazer, na consciência desses fins a atingir, os quais devem ser tratados, considerados e resolvidos de modo igualmente diferenciado e específico, que repousam, para a teoria política, os pressupostos da autonomia local" (idem, p. 61).

Carlos Maximiliano complementa: assuntos de interesse local são "os melhor conhecidos em suas particularidades pelos habitantes da cidade ou vila" (*Comentários à Constituição Brasileira*, cit., 5ª ed., vol. I, p. 359, § 233).

A doutrina, em voz uníssona, reconhece que a expressão "interesse local", inserida nos incisos I e V do art. 30 da CF de 1988, equivale à expressão "peculiar interesse" dos textos constitucionais anteriores. Nesse sentido: Fernanda Dias Menezes de Almeida, *Competências na Constituição de 1988*, 2ª ed., São Paulo, Atlas, 2000, p. 115; Regina Maria Macedo Nery Ferrari, *Direito Municipal*, 2ª ed., São Paulo, Ed. RT, 2005, p. 114.

dá no referido inciso V um exemplo de serviço de interesse local: o transporte coletivo. Ora, de modo similar, as quatro atividades que compõem o saneamento básico interessam *predominantemente* ao Município. Mais precisamente: a prestação dessas atividades exige, tal qual a prestação do serviço de transporte coletivo, a observância das *particularidades de cada localidade* – o que evidencia, de modo indiscutível, o *interesse local*.

*Segunda questão*: qual a relação entre o domínio da água e a titularidade do serviço público? A Constituição de 1988, nos incisos III e VI do art. 20 e no inciso VI do art. 26, partilha o domínio das águas entre a União e os Estados. Pertencem à União: (a) lagos, rios e quaisquer correntes de água em terrenos de seu domínio; (b) ou que banhem mais de um Estado; (c) sirvam de limites com outros Países; (d) se estendam a território estrangeiro ou dele provenham; (e) terrenos marginais; (f) praias fluviais; (g) mar territorial. Aos Estados pertencem: águas superficiais ou subterrâneas, fluentes, emergentes e em depósito, ressalvadas, neste caso, as decorrentes de obras da União. A Constituição não atribui a titularidade de águas aos Municípios.[11] Além disso, a Constituição

11. Sobre o tema, v.: Paulo Affonso Leme Machado, *Recursos Hídricos*, São Paulo, Malheiros Editores, 2002, pp. 29-30; Cid Tomanik Pompeu, *Direito de Águas no Brasil*, São Paulo, Ed. RT, 2006, pp. 52-58. Marçal Justen Filho admitia a possibilidade de domínio municipal nas hipóteses em que o Direito admite o domínio privado sobre determinado curso d'água ("Parecer sobre o Projeto de Lei 5.296 de 2005 sobre a regulação dos serviços públicos de saneamento básico", *Revista Jurídica da Presidência da República* 72, n. 7, Brasília, maio/2005 (disponível em *http://www.planalto.gov.br/ccivil_03/revista/ Rev_72/index.htm*, acesso em 25.2.2012, p. 24.25). Em texto mais recente adota posição contrária: "Em face da Constituição, não se admite a titularidade municipal ou privada sobre águas. O art. 29, III, do Código de Águas (que previa a titularidade do Município sobre águas públicas situadas exclusivamente em seu território) perdeu a sua vigência em virtude da atual disciplina constitucional – que alude apenas a águas públicas de titularidade da União e dos Estados" (*Curso de Direito Administrativo*, 7ª ed., Belo Horizonte, Fórum, 2011, p. 1.076). Pouco adiante o notável administrativista admite a *propriedade privada* sobre a água em três hipóteses: (a) quando configurável como manifestação de um mínimo existencial, como a captação da chuva destinada aos fins de sobrevivência individual digna; (b) captada por particular mediante autorização da pessoa competente, desde que para fins determinados e específicos, como a dada para extração de um dique construído pelo particular para manutenção de um rebanho de gado; (c) atribuída a um particular pelo pagamento de importância remuneratória, seja taxa ou tarifa (idem, p. 1.077).

distingue a titularidade das águas da titularidade dos potenciais de energia hidráulica: estes pertencem à União, nos termos do art. 176 da CF, garantindo-se, nos termos do § 1º do art. 20, às demais entidades federativas do respectivo território participação no resultado da exploração desses recursos ou compensação financeira por essa exploração.[12]

Poder-se-ia dizer: como os Municípios não são titulares dos recursos hídricos, também não podem ser titulares do serviço de saneamento, que na maioria das hipóteses depende de utilização da água.[13] Trata-se, porém, de uma falácia. Do fato de o constituinte ter atribuído a titularidade de um bem necessário à prestação de um serviço a um ente da Federação não segue, necessariamente, que tenha atribuído a titularidade do serviço a esse mesmo ente. Tudo depende da análise sistemática do texto constitucional – análise que pode confirmar ou infirmar essa associação. O próprio texto constitucional, em vários momentos, comprova exatamente o contrário: os Estados são titulares de muitos rios, mas a União é titular do potencial de energia hidráulica. No caso do saneamento básico: o serviço, por ser predominantemente local, é privativo dos Municípios, mas a água, necessária para prestação dos serviços, é estadual ou federal.[14]

12. Cf. Luís Roberto Barroso, "Saneamento básico: competências constitucionais da União, Estados e Municípios", *Revista Eletrônica de Direito Administrativo Econômico* 11, Salvador, agosto-outubro/2007 (disponível em *http://www.direitodoestado.com.br*, acesso em 20.2.2012, p. 4).

13. É justamente um dos argumentos de Marçal Justen Filho para negar a titularidade privativa aos Municípios: "Mas há outro critério de cunho objetivo que permite identificar a titularidade do serviço. Trata-se da titularidade dos bens públicos dos quais se extraem as utilidades materiais necessárias à prestação do serviço público. Se um serviço público envolver a exploração de bens públicos, a titularidade do serviço deverá reputar-se como pertencente ao ente público titular de seu domínio. Essa solução deriva da sistemática constitucional. Se um ente federal necessitasse valer-se de bens de outro ente para prestar seus serviços públicos, estaria instaurado um potencial conflito entre eles" ("Parecer sobre o Projeto de Lei 5.296 de 2005 sobre a regulação dos serviços públicos de saneamento básico", cit., *Revista Jurídica da Presidência da República* 72/23).

14. Nesse sentido, afirma com absoluto acerto Luiz Henrique Antunes Alochio: "Não podemos confundir o serviço de saneamento básico-água com a outorga de água bruta, para prestação daquele serviço. (...). A distinção é relevante, especialmente para sabermos que a titularidade da água bruta (se da União ou se do Estado) não altera, por si só, a titularidade da prestação de serviços de saneamento (essencialmente municipal, por ser de interesse local)" (*Direito do Saneamento: Introdução à*

Quando um ente federativo tem competência privativa para prestar um serviço e para tanto necessita usar um bem de outro entre federativo, a outorga do uso desse bem passa a ser *vinculada*: não pode o ente titular do bem recusar, se atendidas as exigências legais (exigências, essas, que, além disso, devem ser razoáveis), a outorga do uso ao ente que deve prestar o serviço. Trata-se de uma *regra* constitucional implícita, assente na boa doutrina.[15] Nesses termos, nada há de estranho na *diversidade*

*Lei de Diretrizes Nacionais de Saneamento Básico – Lei Federal 11.445/2007*, Campinas, Millennium, 2007, pp. 17-18). Nesse sentido reza o art. 4º da Lei 11.445/2007: "Os recursos hídricos não integram os serviços públicos de saneamento básico".

15. Quem melhor expôs essa regra foi o notável Celso Antônio Bandeira de Mello, em trabalho de mão e sobremão. Deveras, ao examinar o uso de espaço público por concessionária da União para instalação de equipamento necessário à prestação do serviço de telecomunicação, afirmou o ilustre professor paulista: "Ora, se há, pois, direito ao exercício das atividades em causa e, conseqüentemente, à utilização dos meios e equipamentos que lhe são inerentes, segue-se, por derivação lógica irrefragável, que o Município não dispõe de aptidão jurídica para, a seu critério, isto é, discricionariamente, deferir ou indeferir licenças para instalação dos equipamentos em apreço. Deveras, se a autoridade municipal pudesse, ao seu líbito, invocar razões de interesse público para outorgar ou denegar licenças de instalação, nela é que estaria retida a aptidão jurídica para ensejar ou obstaculizar as atividades de telecomunicações. Em suma, a União ficaria a depender de um *nihil obstat* editado pelos Municípios, conclusão, esta, que ninguém da área jurídica, em seu juízo normal, encamparia" ("Competência urbanística municipal e competência da União em matéria de telecomunicações: interferências", *RTDP* 43/31, São Paulo, Malheiros Editores, 2003).

O próprio Marçal Justen Filho, em seu excelente parecer, conclui: "É evidente que a exposição acima não reflete a concepção de que a União ou o Estado disporiam de alguma espécie de competência discricionária para opor-se à utilização da água para satisfação das necessidades essenciais. O que se afirma é que União e Estado manterão a titularidade sobre a água e disporão de competência para regular a sua utilização por parte dos Municípios" ("Parecer sobre o Projeto de Lei 5.296 de 2005 sobre a regulação dos serviços públicos de saneamento básico", cit., *Revista Jurídica da Presidência da República* 72/25).

Luís Roberto Barroso é preciso ao tratar do tema: "Nada obstante isso, a União e os Estados não podem dispor arbitrariamente da autoridade de conceder ou negar outorgas. Somente será legítima a recusa quando houver um fundamento relevante e de interesse público, como, por exemplo, a ameaça de dano para o sistema hídrico em geral. Veja-se que o acesso à água não depende de qualquer tipo de licitação para sua outorga. Pois bem: à vista de tais premissas, é certo que a União e os Estados deverão conceder as outorgas solicitadas, salvo situações excepcionais, quando se tratar de um serviço público atribuído pela Carta a outro ente federativo, para cuja prestação a utilização da água seja indispensável, como é o caso do saneamento" ("Saneamento

*de titulares* – um ente titular do bem, outro ente titular do serviço – e nada há de *conflituoso* nessa diversidade, tendo em vista que o ente titular do bem não é livre para recusar a outorga do uso ao ente titular do serviço. A Lei federal 9.433/1997, no art. 12, é expressa em *exigir* que o ente federativo competente para a prestação do serviço de saneamento básico obtenha do titular do recurso hídrico a *outorga* do uso.[16] Esse ato de outorga, porém, é típico exercício de competência *vinculada*. Em suma: obedecidas as exigências do sistema normativo, o ente titular do serviço tem o *direito público subjetivo* à outorga do uso do recurso hídrico necessário à prestação.

*Terceira questão*: as competências atribuídas à União nos incisos XIX e XX do art. 21 e no inciso IV do art. 22 da CF afetam a conclusão de que incumbe aos Municípios prestar o serviço de saneamento básico? A resposta é peremptória: em nada a afetam. O primeiro dispositivo atribui à União competência privativa para instituir o Sistema Nacional de Gerenciamento de Recursos Hídricos e definir critérios de outorga de direitos de seu uso. O Sistema foi criado e disciplinado nos arts. 32 e ss. da Lei federal 9.433/1997. Como afirmado, para prestar o serviço de saneamento faz-se, na maioria das hipóteses, necessário o uso de recursos hídricos. Deve, então, o prestador do serviço obter da pessoa titular do recurso hídrico a outorga do uso. Cabe privativamente à União definir critérios sobre a outorga do uso – critérios, esses, constantes dos arts. 11 e ss. da Lei 9.433/1997. O inciso XX do art. 21 da CF atribui à União competência privativa para instituir diretrizes para o desenvolvimento urbano, inclusive saneamento básico. O constituinte usa o signo "diretriz" como sinônimo da expressão "norma geral".[17] Atribuir à União

básico: competências constitucionais da União, Estados e Municípios", cit., *Revista Eletrônica de Direito Administrativo Econômico/REDAE* 11/6-7).

16. Dispõe, por exemplo, o inciso I do referido dispositivo: "Estão sujeitos a outorga pelo Poder Público os direitos dos seguintes usos de recursos hídricos: I – derivação ou captação de parcela da água existente em um corpo de água para consumo final, inclusive abastecimento público, ou insumo de processo produtivo; (...)". O parágrafo único do art. 4º da Lei federal de Saneamento Básico (n. 11.445/2007) também é expresso nesse sentido: "A utilização de recursos hídricos na prestação de serviços públicos de saneamento básico, inclusive para disposição ou diluição de esgotos e outros resíduos líquidos, é sujeita a outorga de direito de uso, nos termos da Lei n. 9.433, de 8 de janeiro de 1997, de seus regulamentos e das legislações estaduais".

17. Sobre o instituto das normas gerais, v., *supra*, Capítulo 4. Há quem entenda que normas gerais e diretrizes no texto de 1988 são institutos distintos (cf.: Marçal

competência para editar normas gerais sobre o saneamento básico não equivale, por óbvio, a atribuir a ela a titularidade do serviço de saneamento básico.[18] A União estabeleceu as referidas diretrizes na Lei federal 11.445/2007. Por fim, pelo inciso IV do art. 22, compete privativamente à União legislar sobre águas. Ora, ter competência para legislar sobre o recurso hídrico necessário à prestação do serviço não equivale a ter competência para prestar o serviço. O recurso hídrico pode – perceba-se – ser da titularidade do Estado. Nesse caso: a disciplina legal da água será ditada pela União, a outorga do uso será efetuada pelo Estado e o serviço de abastecimento de água potável será executado pelo Município.

Justen Filho, "Parecer sobre o Projeto de Lei 5.296 de 2005 sobre a regulação dos serviços públicos de saneamento básico", cit., *Revista Jurídica da Presidência da República* 72/43-44; Vinicius Marques de Carvalho, *O Direito do Saneamento Básico*, São Paulo, Quartier Latin, 2010, pp. 373-374). Sem desprestigiar o entendimento contrário, discorda-se: da análise sistemática do texto não é possível extrair um significado diferente para ambos os termos. Nesse sentido, afirma José Afonso da Silva: "(...). Legislar sobre *diretrizes e bases* da educação nacional e legislar sobre *normas gerais* de educação somam, no fundo, a mesma coisa. (...)" (*Comentário Contextual à Constituição*, cit., 8ª ed., p. 280). Sem embargo, faz-se necessário examinar o contexto para apurar o exato significado de cada menção constitucional. Assim, num primeiro momento *norma geral* e *diretriz* são, no vocabulário constituinte, sinônimos, mas numa hipótese específica, ao mencionar a categoria da norma geral ou a categoria da diretriz, o constituinte pode ter atribuído uma conotação particularizada. Basta lembrar que, segundo a conclusão de nosso estudo sobre as normas gerais de direito urbanístico, a categoria das diretrizes do art. 182, *caput*, refere-se aos assuntos vinculados ao interesse local; diferentemente da categoria das normas gerais do art. 24, I, e § 1º, cujo conteúdo não está vinculado ao interesse local (v., *supra*, Capítulo 4-4.10 e 4.11).

18. Oportuna a lição de Marçal Justen Filho: "A Constituição pode dissociar a titularidade das competências legiferantes e administrativas – aliás, a Constituição produz essa dissociação com grande freqüência. Assim, para exemplificar, um Estado é titular da competência administrativa para produzir contratações públicas. Mas daí não se segue que o Estado, de modo isolado e autônomo, possa produzir normas legislativas disciplinando a matéria das contratações. A competência para editar 'normas gerais' (...) sobre contratações administrativas é da União (CF de 1988, art. 22, inciso XXVII)" ("Parecer sobre o Projeto de Lei 5.296 de 2005 sobre a regulação dos serviços públicos de saneamento básico", cit., *Revista Jurídica da Presidência da República* 72/9). Aliás – observa-se –, tanto a competência para editar normas gerais sobre licitação e contratos administrativos quanto a competência para editar normas gerais sobre saneamento são privativas da União, ambas as competências não se sujeitam ao regime dos §§ do art. 24. Esse é o efeito jurídico da não inserção do inciso XX do art. 21 e do inciso XXVII do art. 22 no rol do art. 24. É evidente que nas matérias relativas às normas gerais previstas nos arts. 21 e 22 os Estados têm competência complementar, eles não têm é competência plena.

*Quarta questão*: nas regiões metropolitanas a competência para prestar o serviço de saneamento também é dos Municípios? O § 3º do art. 25 da CF atribui aos Estados a competência para, mediante lei complementar, instituir regiões metropolitanas, aglomerações urbanas e microrregiões, constituídas por agrupamentos de Municípios limítrofes, "para integrar a organização, o planejamento e a execução de função pública de interesse comum". Muitos entendem que esse dispositivo atribui aos Estados nas regiões metropolitanas por eles instituídas a titularidade dos "serviços públicos de interesse comum". Com efeito: relevante parcela da doutrina adota o entendimento de que na *região metropolitana* o serviço de saneamento básico deixa de ser serviço de interesse local, pois nela o interesse, que em regra é predominantemente local, passa a ser predominantemente regional. Enfim: nas regiões metropolitanas para boa parte da doutrina o serviço de saneamento básico é de titularidade dos Estados.[19] Trata-se, porém, de infeliz equívoco.

A leitura atenta do dispositivo constitucional referido indica que, se, por um lado, aos Estados foi, de fato, expressamente atribuída a competência para *instituir* a região metropolitana, por outro, implicitamente foi também atribuída a competência para *disciplinar* os assuntos afetos ao interesse metropolitano.

Assim, eventuais particularidades do saneamento básico decorrentes da integração regional de Municípios limítrofes podem ser estabelecidas na legislação estadual. Daí a afirmar que cabe aos Estados a prestação do serviço há uma distância bem longa, que só intuitos advocatórios justificam ser percorrida. Do ponto de vista científico, vislumbrar no dispositivo constitucional a atribuição ao Estado da titularidade de to-

19. Nesse sentido, afirmou o saudoso Caio Tácito: "Na hipótese em que a lei complementar estadual venha a colocar o Município na órbita de região metropolitana, cessa a autonomia do serviço local, que se vai integrar na competência do Estado, titular da prestação do serviço de interesse comum" ("Saneamento básico – Região metropolitana: competência estadual", *RDA* 213/328, Rio de Janeiro, julho-setembro/1998).

No mesmo sentido manifestou-se Luís Roberto Barroso: "Pode-se concluir, assim, que a competência estadual para os serviços de interesse comum, particularmente no âmbito das regiões metropolitanas, aglomerações urbanas e microrregiões, decorre de uma imposição do interesse público, no que diz respeito à eficiência e qualidade do serviço prestado e, muitas vezes, até mesmo à sua própria possibilidade" ("Saneamento básico: competências constitucionais da União, Estados e Municípios", cit., *Revista Eletrônica de Direito Administrativo Econômico/REDAE* 11/14).

dos os serviços locais afetos à região metropolitana é, com todo respeito, insustentável.

Pela interpretação sistemática do texto constitucional, mais precisamente por força do § 1º do art. 25, são de titularidade do Estado os serviços cuja prestação extravase, pela própria natureza do serviço, os limites territoriais do Município. Um exemplo clássico: o serviço de transporte coletivo é municipal, mas o serviço de transporte coletivo intermunicipal é estadual. O transporte coletivo prestado entre os Municípios integrantes da região metropolitana não pode ser titularizado por nenhum deles pelo simples fato de que, ressalvadas circunstâncias excepcionais, adiante examinadas, nenhuma entidade federativa pode prestar serviço público fora de seu território.[20] Quando a prestação do

20. Sobre o tema, doutrina Marçal Justen Filho: "Quando se alude à necessidade de atuações no âmbito de mais de um Município ou Estado, está a referir-se a impossibilidade de prestação das utilidades em que se consubstancia o serviço público através da execução material de atividades na circunscrição territorial correspondente. E assim se põe porque a titularidade do serviço público não poderá conduzir um ente político a exercitar atividades materiais além dos limites de seu território. (...). A autonomia federativa de cada ente federativo significa que cada qual dispõe de competência sobre os próprios territórios. Essas competências apresentam uma vertente positiva e outra negativa. A vertente positiva da competência equivale à afirmativa de que o território de um ente federativo pode (deve) ser utilizado para o desenvolvimento de atividades daquele ente. A vertente negativa da competência corresponde à vedação de que um ente federativo desempenhe atividades no âmbito territorial de outro ente" ("Parecer sobre o Projeto de Lei 5.296 de 2005 sobre a regulação dos serviços públicos de saneamento básico", cit., *Revista Jurídica da Presidência da República* 72/22).

O ilustre jurista expôs com precisão cirúrgica o critério territorial que caracteriza os aqui chamados serviços públicos intermunicipais. Mas, sem desprestigiar seu entendimento, equivocou-se ao invocar esse critério para justificar a titularidade estatal do serviço de saneamento nas regiões metropolitanas. A prestação do saneamento não exige, pela sua própria natureza, ao contrário do que se dá com o transporte intermunicipal, o extravasamento dos limites territoriais do Município. Afirma, pouco adiante, Marçal Justen Filho: "Como resultado material, torna-se impossível promover a prestação dos serviços de saneamento básico, nas Metrópoles, a partir da concepção da titularidade municipal. Se cada Município for titular dos serviços na área de seu território, então, será possível a cada qual adotar solução técnica e jurídica diversa. Isso significará a pluralidade de soluções conflitantes entre si, com enorme risco de colapso no fornecimento de um serviço essencial" (idem, p. 28). O problema mencionado por Marçal resolve-se com o dever de observância pelos Municípios, nas regiões metropolitanas, dos condicionamentos alicerçados no interesse regional, impostos pela legislação estadual. A possibilidade de a legislação estadual impor à prestação do serviço condicionamentos ditados pelo interesse regional evita a alegada "impossibilidade".

serviço, em si, extravasa os limites territoriais do Município, o serviço é de titularidade do Estado.

Isso não ocorre com nenhuma das quatro atividades que compõem o chamado *serviço de saneamento básico*. É possível que o ente dependa de recursos hídricos que se encontram fora de seu território, é possível que a prestação do serviço obedeça a limitações impostas pelo interesse regional, mas isso não afasta a titularidade municipal. Noutras palavras: na maioria das hipóteses o Município precisa obter a outorga do uso do recurso hídrico (outorga, essa, que, como já se disse, importa exercício de competência vinculada); muitas vezes o Município deve, na prestação do serviço de saneamento, obedecer aos condicionamentos impostos na legislação estadual, tendo em vista as particularidades ditadas pelo interesse regional; sem embargo, em nenhum caso a prestação do serviço de saneamento, em si considerada, ao contrário do que ocorre com o serviço de transporte coletivo intermunicipal, extravasa os limites do território do Município, a justificar a titularidade estatal.

Em síntese: nas regiões metropolitanas os Estados têm competência para impor condicionamentos exigidos pelo interesse regional; nelas os Estados têm titularidade para prestar os serviços cuja prestação, em si, extravasa os limites territoriais do Município, serviços que, por sua própria natureza, são *intermunicipais*. O serviço de saneamento básico não se encaixa nessa categoria: é serviço local, mesmo na região metropolitana, pois a prestação não extravasa, pela sua natureza, o limite territorial do Município. Fixe-se: os Municípios são os titulares do serviço de saneamento nas regiões metropolitanas,[21-22] mas, ao prestá-lo, devem

21. Sobre o tema, afirma Dalmo de Abreu Dallari: "São ainda oportunas, para finalizar, algumas considerações sobre a integração de Municípios em regiões metropolitanas, aglomerações urbanas e microrregiões. (...). Os Estados, nesse caso, colaboram com sua experiência e seu aparato técnico para a melhor ordenação da execução das tarefas, mas cada Município continua integralmente autônomo e plenamente responsável pelos encargos de sua competência. Não se altera, de forma alguma e em qualquer medida, o 'tripé federativo'" ("Parecer sobre o Projeto de Lei 5.296 de 2005 sobre a regulação dos serviços públicos de saneamento básico", *Revista Jurídica da Presidência da República* 72, n. 7, Brasília, maio/2005, disponível em *http://www.planalto.gov.br/ccivil_03/revista/Rev_72/index.htm*, acesso em 25.2.2012, p. 14).

No mesmo sentido, afirma Pedro Estevam Alves Pinto Serrano, em sua brilhante tese de Doutoramento, que "o serviço de distribuição de água é exemplo de álea inerente à autonomia municipal, intangível pela lei complementar estadual instituidora

obedecer aos condicionamentos, justificados pelo interesse regional, impostos na legislação estadual.

de região metropolitana ou por qualquer outra norma provinda do Estado-membro ou norma infraconstitucional federal" (*Região Metropolitana e seu Regime Constitucional*, São Paulo, Verbatim, 2009, p. 223). E, pouco adiante: "Tanto a coleta como o tratamento de esgotos se realizam no interior do Município e não dependem da participação necessária de outros entes da Federação para serem realizados" (idem, p. 224).

Na mesma senda, doutrina Vinicius Marques de Carvalho: "Parece-nos que, após a Constituição de 1988, não há mais razão para supor que o estabelecimento das regiões metropolitanas por meio de lei complementar estadual afaste os Municípios envolvidos da gestão das funções comuns" (*O Direito do Saneamento Básico*, cit., p. 378). E, pouco adiante: "São exatamente as necessidades metropolitanas que permitem o surgimento de funções governamentais metropolitanas, que acabam por exigir a participação dos Municípios na gestão dos serviços comuns. Não há lógica na exclusão dos Municípios, pois o fato de um serviço ter implicações regionais não desconstitui o seu impacto local. Além de não ter lógica, tal solução não é constitucional. A avocação estadual de matéria municipal viola a autonomia do Município, o que não é permitido na atual configuração da Federação Brasileira. O que a Constituição quis, ao permitir a instituição de regiões metropolitanas, foi a 'integração das funções de planejamento, organização e execução' das funções de interesse comum. Daí não se pode concluir pela supressão de titularidades" (idem, pp. 383-384).

22. A questão vem suscitando verdadeira guerra jurídica em várias localidades do País. Menciona-se como exemplo o Município de São Paulo. A Lei Complementar estadual 94/1974 determinou, no art. 2º, que "o saneamento básico, notadamente abastecimento de água e rede de esgotos e serviço de limpeza urbana", são "serviços comuns de interesse metropolitano". O inciso V do art. 3º desse diploma atribuiu ao Estado competência para "a concessão, permissão e autorização dos serviços comuns de interesse metropolitano e a fixação das respectivas tarifas". Quer dizer: essa lei atribuiu ao Estado de São Paulo a titularidade desses serviços.

Uma observação: a Lei federal 6.528/1978, ao disciplinar o Plano Nacional de Saneamento Básico/PLANASA, concedeu isenção dos impostos federais às companhias estaduais de saneamento básico. Do diploma federal extraía-se que o serviço de saneamento deveria ser prestado por essas companhias. Cada Estado da Federação instituiu um ente: COPASA (Minas Gerais); EMBASA (Bahia); CORSAN (Rio Grande do Sul); SANESUL (Mato Grosso do Sul); CASAN (Santa Catarina); CEDAE (Rio de Janeiro); SANACRE (Acre); SANEPAR (Paraná); AGESPISA (Piauí); CAESB (Distrito Federal); CAGEPA (Paraíba); CAESA (Amapá); SABESP (São Paulo); CAGECE (Ceará); SANEMAT (Mato Grosso); DESO (Sergipe); COMPESA (Pernambuco); SANEAGO (Goiás); CESAN (Espírito Santo); COSAMA (Amazonas); COSANPA (Pará); CAEMA (Maranhão); CASAL (Alagoas); CAERN (Rio Grande do Norte); CAERD (Rondônia); e CAER (Roraima). Prevaleceu o entendimento de que o PLANASA não acarretava a supressão da titularidade dos Municípios; era apenas facultado a estes contratarem as empresas estaduais. Nesse sentido, muito didáticas as considerações de Marçal Justen Filho: "Sob o ponto de vista jurídico, a existência do PLANASA não significava a supressão da titularidade da competência municipal para a prestação dos serviços públicos de saneamento. Mas facultava aos Municípios participar de projetos comuns entre todas as órbitas da Federação, que lhe assegurariam investimentos e tecnologias indispensáveis à superação das dificuldades locais. Talvez se pudesse configurar o PLANASA como uma grande manifestação de convênio entre a União, os Estados e os Municípios, tendo por objeto o desenvolvimento das políticas e das intervenções indispensáveis à implantação de infra-estruturas fundamentais no tema do saneamento. Como toda manifestação dotada dessa natureza jurídica, o PLANASA não apresentava cunho compulsório. Nenhum Município seria constrangido a participar desse Programa. Aliás, a intrínseca autonomia política das entidades federativas era incompatível com a concepção da compulsoriedade. (...). Essa solução de cunho associativo se traduziu na implantação de entidades administrativas dotadas de autonomia formal. Foram as companhias estaduais de saneamento, estabelecidas como sociedades de economia mista sob controle estadual, mas vocacionadas à prestação de serviços públicos de titularidade municipal. Observe-se que a assunção dos serviços públicos de saneamento por parte das companhias estaduais dependia da adesão dos Municípios ao projeto comum, retratando uma forma de participação no convênio interfederativo" ("Parecer sobre o Projeto de Lei 5.296 de 2005 sobre a regulação dos serviços públicos de saneamento básico", cit., *Revista Jurídica da Presidência da República* 72/31-32).

A SABESP passou a prestar o serviço em quase todos, se não em todos, os Municípios do Estado de São Paulo. Em seu *site* informa que está presente em 364 Municípios do Estado (v.: *http://www.sabesp.com.br*). Muitos celebraram convênio, outros firmaram "contrato de concessão". No Município de São Paulo, até a edição da Lei municipal 14.934, de 18.6.2009, não havia nenhum ato administrativo que atribuísse a prestação do serviço à SABESP. Ela prestava o serviço sob o argumento de que a competência era estadual, por se tratar de região metropolitana. Sobre o tema, v. a monografia de Alaôr Caffé Alves, *Planejamento Metropolitano e Autonomia Municipal no Direito Brasileiro*, São Paulo, José Bushatsky Editor, 1981. Esse professor paulista foi diversas vezes contratado pela SABESP para se manifestar sobre a questão, tanto que publicou uma coletânea de pareceres sobre saneamento básico (*Saneamento Básico: Concessões, Permissões e Convênios Públicos*, Bauru, Edipro, 1998).

Pela análise efetuada neste estudo, do texto constitucional extrai-se que a titularidade é municipal. A Lei Complementar estadual 94/1974, portanto, em relação a essa questão, não foi recepcionada pela Constituição de 1988. Diante disso, no governo da Marta Suplicy o Município de São Paulo editou a Lei 13.670, de 25.11.2003, disciplinando a prestação dos serviços de abastecimento de água e esgotamento sanitário no âmbito municipal. Autorizou, por exemplo, a concessão desses serviços pelo Município de São Paulo. O Estado de São Paulo propôs ação direta de inconstitucionalidade, que recebeu o n. 109.600-0/3-00. O TJSP declarou a inconstitucionalidade da lei municipal sob o argumento, justamente, de que nas regiões metropolitanas o serviço de saneamento básico é de interesse regional, e, por isso, de titularidade do Estado (TJSP, Plenário, ADI 109.600-0/3, rel. Des. Walter de Almeida Guilherme, j. 20.4.2005). O Município interpôs recurso extraordinário, de n. 539.253, que aguardava julgamento. No governo de Gilberto Kassab o assunto tomou outro rumo: foi editada a Lei 14.934, de 18.6.2009, autorizando o Poder Executivo a celebrar contratos, convênios ou quaisquer outros tipos de ajustes necessários, inclusive convênio de

O tema foi apresentado ao STF nas ADI 1.842-RJ e 2.077-BA. Inicialmente, o Relator da ADI 1.842-RJ, Min. Maurício Corrêa, julgou-a improcedente, por considerar que na região metropolitana a titularidade do serviço de saneamento básico passa ao Estado. Seguiram-se os votos divergentes dos Mins. Ilmar Galvão, Nelson Jobim, Joaquim Barbosa, Eros Grau e Gilmar Mendes. Há divergência entre os divergentes: para o Min. Nelson Jobim o serviço deve ser prestado direta ou indiretamente pelos Municípios; para o Min. Joaquim Barbosa, deve ser prestado por um consórcio público.

cooperação e contrato de programa, com o Estado de São Paulo, a Agência Reguladora de Saneamento e Energia do Estado de São Paulo/ARSESP e a SABESP, para regulamentar o oferecimento compartilhado do serviço de abastecimento de água e esgotamento sanitário no âmbito do Município de São Paulo. Esse diploma normativo revogou expressamente a Lei 13.670/2003 e encerrou, ao menos por ora, o conflito jurisdicional: o Governo optou por formalizar a outorga do serviço à SABESP.

Apesar de considerar que o serviço de saneamento básico nas regiões metropolitanas é de titularidade estadual, o TJSP, quando aprecia questões de responsabilidade civil relacionadas ao serviço de saneamento, sempre condena o Município, e não o Estado. Apenas a título de exemplo:

"A Municipalidade responde por prejuízos a estabelecimento industrial decorrentes da má conservação de bueiros e galerias de águas pluviais e da omissão de obras indispensáveis de limpeza e regularização das margens e do leito de rio" (TJSP, 2ª Câmara, ACi, relator Des. Gonzaga Jr., j. 5.12.1978, *RT* 528/74).

"Compete ao Poder Público Municipal proceder à limpeza de galerias e bueiros, mantendo em ordem o equipamento urbano dessa natureza, pois, caso contrário, deve ser inteiramente ressarcido o dano sofrido pelo particular, pela inundação causada por águas pluviais, quando não se comprove qualquer causa excludente dessa responsabilidade, seja a título de caso fortuito, seja em nome de força maior" (TJSP, 5ª Câmara, ACi, rel. Des. Márcio Bonilha, j. 21.3.1985, *RT* 597/66).

Esses exemplos foram extraídos de Rui Stoco, *Tratado de Responsabilidade Civil*, 7ª ed., São Paulo, Ed. RT, 2007, p. 1.118.

O saneamento básico, nos termos expostos, compreende: (a) abastecimento de água potável; (b) esgotamento sanitário; (c) limpeza urbana e manejo de resíduos sólidos; e (d) drenagem e manejo de águas pluviais urbanas. A SABESP e o Estado de São Paulo defendem com energia a titularidade do abastecimento de água nas regiões metropolitanas, mas não são tão obstinados na defesa da titularidade da limpeza urbana e da drenagem de águas pluviais. A questão traz à tona uma triste conclusão: é o dinheiro que está por trás da briga pela titularidade dos serviços – justamente por isso, o serviço de drenagem, pouco rentável, é chamado pela doutrina de "'patinho feio' dos serviços de saneamento" (Luiz Henrique Antunes Alochio, *Direito do Saneamento: Introdução à Lei de Diretrizes Nacionais de Saneamento Básico – Lei Federal 11.445/2007*, cit., p. 5).

O julgamento, até a presente data, não chegou ao seu termo, mas vem prevalecendo que: (a) na região metropolitana o serviço de saneamento básico não passa a ser um serviço estadual;[23] (b) na região metropolitana o serviço de saneamento básico deve ser prestado por um consórcio de Municípios.[24] Com todo respeito, discorda-se parcialmente do segundo entendimento: a instituição da região metropolitana não obriga à outorga dos serviços municipais a um consórcio público. Este, dependendo das circunstâncias e da vontade política dos entes envolvidos, pode ou não ser constituído.

*Quinta questão*: a economicidade da prestação pelo Estado ou pela União justifica descaracterizar a titularidade municipal? Alguns afirmam que a prestação dos serviços de saneamento básico pela União, pelo Estado ou por uma associação de Municípios é mais *econômica* do que a prestação do serviço isoladamente pelos Municípios. Trata-se do chamado *critério econômico* para definição da titularidade do serviço. A mínima consciência do papel de uma Constituição rígida evidencia que a classificação das competências constitucionais não pode ser modificada pelo parecer de um *economista*. Por óbvio, não estão na base dessa classificação apenas juízos econômicos: a titularidade pelo ente

23. Afirmou o Min. Joaquim Barbosa: "Parece-me que a transferência direta ou oblíqua de competências tipicamente locais para o Estado, em conseqüência da criação de uma região metropolitana, não é compatível com a ordem constitucional vigente". Do mesmo modo, asseverou o Min. Eros Grau: "O preceito inscrito no § 3º do art. 25 do texto constitucional não transfere aos Estados-membros a competência municipal relativa à prestação dos serviços comuns a vários Municípios" (STF, Pleno, ADI 2.077-3-BA).

24. Para o Min. Joaquim Barbosa: "A titularidade do exercício das funções públicas de interesse comum passa para a nova entidade público-territorial-administrativa, de caráter intergovernamental, que nasce em conseqüência da criação da região metropolitana". Para o Min. Eros Grau: "Essa prestação incumbe à Administração intermunicipal, vale dizer, aos Municípios solidariamente, de modo integrado no que concerne à sua organização, ao seu planejamento e à sua execução". Para o Min. Gilmar Mendes: "Há hipótese de integração metropolitana, o poder decisório e o eventual poder concedente não devem ser transferidos integralmente para o Estado Federal, como entendia o Min. Maurício Côrrea; nem permanecer em cada Município individualmente considerado, como sustentava mais enfaticamente o Min. Nelson Jobim. Antes, cabe à região metropolitana, como ente colegiado, planejar, executar e funcionar como poder concedente dos serviços de saneamento básico, inclusive por meio de agência reguladora, de sorte a atender ao interesse comum e à autonomia municipal" (STF, Pleno, ADI 2.077-3-BA).

local faz com que a prestação do serviço esteja mais próxima do usuário, o munícipe pode influir muito mais no Legislativo e no Executivo do seu Município do que no Legislativo e no Executivo do Estado e da União. A democracia e, pois, a isonomia, valores que estão na base da teoria contemporânea do federalismo,[25] evidenciam que a divisão de competências refoge da questão econômica. Perceba-se: ainda que os economistas comprovem que a supressão dos Municípios seria mais econômica para o Estado Brasileiro, só numa nova ordem jurídica isso será possível. Na ordem vigente conclusões econômicas desse tipo devem ser combatidas veementemente. Traduzem afronta ao texto constitucional vigente e, quando proferidas por juristas, merecem reprovação. A Advocacia, ainda que por definição seja *parcial*, jamais pode afastar-se dos valores éticos e, pois, da defesa da *ordem jurídica vigente*.[26]

### *12.4 Teoria da troca de sujeito*

A próxima indagação exige exame autônomo: é possível que o serviço de saneamento seja prestado pelo Estado do local, por outro Estado da Federação, pela União ou por uma associação de Municípios? Sim, pois, sempre que uma entidade federativa não puder prestar um serviço público, outra entidade deve prestá-lo. Essa regra, controversa para muitos, em relação ao serviço de saneamento básico, pelos motivos a seguir expostos, é indiscutível. Trata-se de aplicação da *teoria da troca de sujeito*.

Toda regra constitucional concretiza um princípio, e, por isso, tem um peso relativo.[27] As regras de competência também concretizam princípios ("Prc"): estão, por exemplo, na base do princípio federativo os

25. Por todos, v.: Augusto Zimmermann, *Teoria Geral do Federalismo Democrático*, cit., pp. 155-158; Janice Helena Ferreri Morbidelli, *Um Novo Pacto Federativo para o Brasil*, São Paulo, Celso Bastos Editor, 1999, pp. 44-51.

26. A leitura do art. 32 e dos incisos VI, XVII e XXIV do art. 34, ambos da Lei federal 8.906/1994, deixa claro que a Advocacia não se coaduna com a defesa de opiniões manifestamente contrárias à ordem jurídica vigente.

27. Cf. nossos: *Efeitos dos Vícios do Ato Administrativo*, São Paulo, Malheiros Editores, 2008, Capítulo I-3 e 4, pp. 27-33; e *Abuso de Direito e a Constitucionalização do Direito Privado*, São Paulo, Malheiros Editores, 2010, pp. 13 e ss. Nesses textos examinou-se também a teoria da ponderação, aqui adotada.

princípios da democracia e da igualdade. A positivação traz consigo um peso adicional: ao enunciar uma regra, o constituinte acresce ao peso do princípio concretizado pela regra o peso de um princípio formal que dá primazia à ponderação do constituinte ("Pf"). As regras de competência constitucional, por isso, possuem como peso a soma do peso do princípio por elas concretizado com o peso do princípio formal que dá primazia às ponderações do constituinte ("Prc + Pf"). Esse peso, apesar de significativo, não faz das regras de competência regras absolutas. Como todas as regras abstratas do sistema, elas também são relativas. O peso dos princípios concretizados pelo exercício da competência ("Pec"), nas circunstâncias do caso concreto, pode afastar o peso da regra de competência ("Pec > Prc + Pf").

A prestação do serviço de saneamento básico é imprescindível para a adequada tutela da saúde e, pois, da vida das pessoas – princípios concretizados pelo exercício da competência. Pois bem, diante da impossibilidade de um Município prestar o serviço, caso se atribuísse à regra de competência um peso absoluto, admitir-se-ia a não concretização dos princípios da saúde e da vida até que o ente competente cumprisse sua missão constitucional. A solução é, por óbvio, absurda: diante das circunstâncias, o não exercício da competência exige que esta seja transferida a outro ente. O peso dos princípios tutelados pelo exercício da competência, na reiterada omissão da pessoa competente, exige que esta seja substituída. Eis, em profusa síntese, os fundamentos da *teoria da troca do sujeito*. Segundo essa teoria, o Poder Judiciário, na ponderação das circunstâncias fáticas e jurídicas, verificando que o sujeito competente não exerce, além de um intervalo de tempo razoável, sua competência e que os princípios concretizados pelo exercício da competência exigem tutela imediata, pode empreender a troca de sujeito e imputar a competência a outrem (a outro órgão público ou, dependendo do caso, ao particular).[28]

A teoria da troca de sujeito consiste em avanço científico recente. A possibilidade de troca da pessoa competente, para muitos, ainda pode

28. Quem primeiro se manifestou sobre a teoria da troca de sujeito foi Walter Claudius Rothenburg (*Inconstitucionalidade por Omissão e Troca de Sujeito*, São Paulo, Ed. RT, 2005). O tema foi retomado em nosso *Efeitos dos Vícios do Ato Administrativo*, cit., Capítulo X-4.2, pp. 590-591. Trata-se – reconhece-se – de formulação doutrinária recente.

ser acentuadamente controversa. No tema do saneamento básico, contudo, a questão é mais tranqüila: o próprio constituinte tornou expressa a possibilidade da troca de sujeito. Reza o inciso IX do art. 23 ser *competência comum* da União, dos Estados, do Distrito Federal e dos Municípios "promover programas de construção de moradias e a melhoria das condições habitacionais e de saneamento básico". Esse dispositivo não está, por óbvio, atribuindo a titularidade do serviço a todos os entes da Federação. A Constituição deve ser interpretada inteligentemente.[29] Não faria sentido atribuir a prestação dos serviços de saneamento a todas as entidades federativas concomitantemente: a prestação conjunta importaria situação de eterno conflito e confusão. Dessarte, o dispositivo não atribui a titularidade concomitantemente a todos os entes, mas impõe expressamente a *cooperação* entre as entidades federativas. A regra do inciso IX do art. 23 legitima, de modo incontestável, além da ajuda propriamente dita (pela destinação de recursos, por exemplo), a *troca de sujeito* quando o serviço de saneamento básico não for prestado pelo ente inicialmente incumbido de fazê-lo. Perceba-se: diante do caso concreto, a prestação pode ser atribuída a um Município vizinho, ao Estado, a outro Estado, à União, à associação de Municípios, à associação de Município e Estado, aos particulares.[30] Várias soluções são possíveis, a depender da *ponderação das circunstâncias fáticas e jurídicas*.

A teoria da troca de sujeito foi enunciada pela doutrina tendo em vista uma situação de omissão do titular da competência: o Ministério Público e, no caso do saneamento básico, qualquer cidadão da localida-

29. É a consagrada lição de Carlos Maximiliano: "Deve o Direito ser interpretado inteligentemente: não de modo que a ordem legal envolva um absurdo, prescreva inconveniências, vá ter a conclusões inconsistentes ou impossíveis. Também se prefere a exegese de que resulte eficiente a providência legal ou válido o ato, à que torne aquela sem efeito, inócua, ou este, juridicamente nulo" (*Hermenêutica e Aplicação do Direito*, 16ª ed., Rio de Janeiro, Forense, 1997, p. 166, § 179).

30. Dependendo das circunstâncias, se nenhum ente público estiver apto a prestar o serviço, é teoricamente possível que a ponderação exija que seja imputada a prestação a um ente privado. É, por isso, absolutamente acertada a observação de Marçal Justen Filho: "O que não significa [*a afirmação de que a promoção do saneamento básico é um dever do Estado Brasileiro*] que seja apenas e exclusivamente um dever estatal. Trata-se de um dever que se impõe a todos. Bem por isso, poderá conduzir à imposição de obrigações a sujeitos privados, tanto quanto a entes estatais" ("Parecer sobre o Projeto de Lei 5.296 de 2005 sobre a regulação dos serviços públicos de saneamento básico", cit., *Revista Jurídica da Presidência da República* 72/19, rodapé 16).

de[31] podem requerer ao Poder Judiciário a *troca de sujeito* e, por conseguinte, a atribuição da prestação a outro ente. Por óbvio: se é possível a *troca de sujeito involuntária*, também é possível a *troca de sujeito voluntária*. Se o Município percebe que não tem, temporariamente, condições de prestar o serviço, está habilitado a, de ofício, solicitar a outro ente que o preste. Essa possibilidade já decorria do inciso IX do art. 23 da CF e, pois, do modelo federativo originariamente previsto. Assim, o art. 241 da CF, com a redação determinada pela Emenda Constitucional 19/1998, ao prever a possibilidade de efetivação da *troca de sujeito voluntária*, é constitucional, porque, nesse aspecto, nada mais fez do que explicitar o que já era possível pelo texto originário. Vale dizer: a celebração de *consórcios públicos* e de *convênios de cooperação* é constitucionalmente possível quando por meio desses *atos administrativos bilaterais* o ente federativo que não se encontra em condições de cumprir sua missão constitucional voluntariamente procura outro ente ou entes e efetua, por comum acordo, a troca de sujeito.

Pelo postulado da *proporcionalidade*, mais precisamente pelo *subpostulado da necessidade*,[32] o meio de concretização eleito não será necessário se existir outro que, de forma tão eficaz quanto ele, acarrete menor limitação dos outros princípios incidentes. Deveras, esse subpostulado exige que, quando seja necessária a troca de sujeito, haja, sempre

31. Oportuna a lição do ínclito Celso Antônio Bandeira de Mello sobre a importância de ter assente a noção de interesse público: "De um lado, enseja mais facilmente desmascarar o mito de que interesses qualificados como públicos são insuscetíveis de serem defendidos por particulares (salvo em ação popular ou civil pública) mesmo quando seu desatendimento produz agravo pessoalmente sofrido pelo administrado, *pois aniquila o pretenso calço teórico que arrimaria: a indevida suposição de que os particulares são estranhos a tais interesses*; isto é: o errôneo entendimento de que as normas que os contemplam foram editadas em atenção a interesses coletivos, que não lhes diriam respeito, por irrelatos a interesses individuais" (*Curso de Direito Administrativo*, 31ª ed., São Paulo, Malheiros Editores, 2014, Capítulo I-37, p. 62). Prevalece, infelizmente, na doutrina e na jurisprudência que a caracterização do direito como difuso ou coletivo descaracteriza o direito subjetivo. Entendimento que viola escancaradamente o texto constitucional. Havendo prejuízo ao bem jurídico tutelado (e ninguém há de negar que a saúde do indivíduo é um bem jurídico tutelado), o indivíduo tem direito de recorrer ao Judiciário para ver cumprida a exigência normativa de proteção ao seu direito.

32. É riquíssima a bibliografia sobre o postulado da proporcionalidade. Por todos, v. nossos: "A norma *iusfundamental*", *RBDC* 4/547-559, São Paulo, 2004; e *Efeitos dos Vícios do Ato Administrativo*, cit., Capítulo VI-4.4, pp. 166-174.

que possível, apenas o *parcial* afastamento da entidade inicialmente detentora da titularidade do serviço. A solução proposta pelo constituinte no art. 241 da CF e na Lei federal dos Consórcios Públicos (Lei 11.107/2005) dá cumprimento a essa exigência. O ente federativo inicialmente competente para prestar o serviço e o ente para o qual a prestação é transferida criam um novo ente e atribuem a ele a *gestão* do serviço. Participam do novo ente as duas entidades federativas, e, pois, há apenas parcial afastamento da *regra* constitucional de competência.[33]

É mister enfatizar: o exercício por um ente federativo da competência constitucional privativa de outro ente federativo não é arbitrário, exige vários pressupostos. A troca de sujeito, total ou parcial, deve decorrer de uma exigência da *ponderação* das circunstâncias fáticas e jurídicas. Quer dizer: o ente titular da competência não deve ter condições de exercê-la. Se o ente tiver condições de exercer sua competência, a transferência, parcial ou total, é, obviamente, inconstitucional. Além disso, a impossibilidade deve ser *transitória*. A *troca* é uma medida *excepcional*, viável apenas para a adequada tutela de valores exigidos pelo texto constitucional; ela só se justifica pelo tempo necessário para que o ente titular da competência encontre condições de cumpri-la. A troca, por óbvio, não pode ser perpétua. Pode-se, pois, afirmar: há mais *vinculação* do que *discricionariedade* na *troca de sujeito*.

Feitas estas observações, possível se torna, finalmente, retomar a análise inicialmente proposta: o espírito da lei de saneamento básico é *inconstitucional*.

### *12.5 Inconstitucionalidade global da Lei de Saneamento Básico*

Da leitura do art. 241 da CF (com a redação dada pela Emenda Constitucional 19/1998), da Lei de Consórcios Públicos (Lei federal 11.107/2005)

33. Nos termos do art. 1º da Lei federal 11.107/2005, o consórcio público constitui uma associação pública ou pessoa jurídica de direito privado. A segunda hipótese, atribuição de regime privado à associação de entidades federativas para prestação de serviços públicos, é teratologicamente inconstitucional – autêntica aberração, nas palavras do augusto doutrinador Celso Antônio Bandeira de Mello (*Curso de Direito Administrativo*, cit., 31ª ed., Capítulo X-81, p. 682). Todas as entidades da Federação que formam o consórcio devem participar da Assembléia-Geral, prevista no inciso VII e no § 2º do art. 4º da lei mencionada. Assim, o afastamento da regra de competência, considerando a participação da entidade federativa no órgão deliberativo do consórcio constituído, é apenas parcial.

e da Lei de Saneamento Básico (Lei federal 11.445/2007)[34] percebe-se que a intenção do legislador não foi tornar expressa no direito positivo a teoria da troca de sujeito. Foi possibilitar, como livre escolha política dos titulares dos respectivos Poderes Legislativo e Executivo, a transferência ou compartilhamento de competências constitucionais privativas.

Por tudo que se expôs no início deste estudo, o art. 241, para ser constitucional, para não ofender a cláusula pétrea da forma federativa, deve, em relação às competências privativas,[35] ter seu alcance limitado à efetivação da troca de sujeito. Vale dizer: deve, tão-somente, permitir efetivar as exigências da ponderação das circunstâncias fáticas e jurídicas nos casos em que um ente federativo não consiga, transitoriamente, exercer a competência privativa que lhe foi atribuída, e o exercício dessa competência for necessário para a adequada tutela de valores constitucionais fundamentais – valores, esses, cuja postergação da concretiza-

34. O legislador, na Lei 11.445/2007, não definiu quem é o titular da competência para prestar o serviço de saneamento básico. Ao referir-se à titularidade do serviço valeu-se sempre do plural: "titulares" (*v.g.*, art. 8º). O texto normativo, contudo, em diversas passagens deixa claro um pendor pela substituição ou pelo compartilhamento. No inciso II do art. 3º conceitua a *gestão associada* como "associação voluntária de entes federados, por convênio de cooperação ou consórcio público, conforme disposto no art. 241 da Constituição Federal". No inciso VI conceitua *prestação regionalizada* como "aquela em que um único prestador atende a 2 (dois) ou mais titulares". O art. 8º dispõe: "Os titulares dos serviços públicos de saneamento básico poderão delegar a organização, a regulação, a fiscalização e a prestação desses serviços, nos termos do art. 241 da Constituição Federal e da Lei n. 11.107, de 6 de abril de 2005". O art. 12 reza: "Nos serviços públicos de saneamento básico em que mais de um prestador execute atividade interdependente com outra, a relação entre elas deverá ser regulada por contrato e haverá entidade única encarregada das funções de regulação e fiscalização". A transcrição desses dispositivos é mais do que suficiente para fundamentar a asserção: nada há de contingente para o editor desse diploma normativo na transferência ou compartilhamento de competências privativas.

35. A utilização dos consórcios públicos para a execução das competências comuns, arroladas no art. 23 da CF, não fere o princípio federativo. Boa parte dos objetivos discriminados no art. 3º do Decreto federal 6.017/2007, que regulamenta a Lei 11.107/2005, refere-se a competências comuns. Perceba-se: não viola a divisão de competências estabelecida na Constituição a criação de um consórcio para, por exemplo, produção de informações ou estudos técnicos (Decreto 6.017/2007, art. 3º, IV) ou proteção do patrimônio cultural (Decreto 6.017/2007, art. 3º, IX). Isso porque todos os entes federativos possuem igual competência nessas matérias. Sobre os objetivos discriminados no decreto federal, v., por todos: José dos Santos Carvalho Filho, *Consórcios Públicos*, Rio de Janeiro, Lumen Juris, 2009, pp. 47-66.

ção não for mais admitida. A possibilidade dessa efetivação já constava implicitamente do texto originário, e, por isso, nada há de inconstitucional em torná-la expressa. Agora, permitir que as entidades, por livre vontade política dos Poderes constituídos, independentemente dos pressupostos da teoria da troca de sujeito, alterem a divisão constitucional de competências equivale a permitir a livre alteração do modelo federativo adotado. Nem o "constituinte" reformador, ou seja, nem emenda constitucional, pode tanto, muito menos lei infraconstitucional ou ato administrativo bilateral.[36]

É evidente que um ente federativo não pode passar a outro suas competências privativas, nem mesmo compartilhá-las, salvo quando essa

36. Os doutrinadores que se debruçaram sobre a Lei de Consórcios Públicos, porém, não vislumbram essa inconstitucionalidade. Admitem a possibilidade de transferência e compartilhamento não excepcional de competências. Afirma Marçal Justen Filho: "É perfeitamente possível que competências atinentes à execução de serviços públicos e outros poderes regulatórios acessórios e secundários sejam transferidos – repita-se, seja por via do consórcio público, seja pelos meios atualmente disponíveis" ("Parecer elaborado sobre a proposta legislativa de criação de consórcios públicos", *Revista Eletrônica de Direito do Estado/REDE* 3, Salvador, julho-setembro/2005, disponível em *http://www.direitodoestado.com.br*, acesso em 26.2.2012, p. 21).

No mesmo sentido, afirma Floriano de Azevedo Marques: "A concertação de competências de entes distintos com vistas a executar (mediante gestão associada) serviços públicos não é criação do projeto de lei, mas da Constituição. Os consórcios públicos travestem-se em formas de associação e de coordenação entre entes federativos no intuito de gerir serviços públicos de maneira conjunta ou coordenada, por meio do regramento da prestação dos serviços e da alocação de encargos, serviços, pessoal e bens essenciais conforme as necessidades e possibilidades de cada um dos entes envolvidos. Trata-se, portanto, de manifestação do federalismo de cooperação, pelo qual não apenas todos os entes devem concorrer para a promoção dos serviços públicos essenciais, como também devem cooperar para auxiliar os entes com menor capacidade de investimento e de ação, como é o caso dos Municípios de menor porte. O dispositivo pretende, portanto, permitir e incitar os entes federativos de maior porte (União e Estados) a contribuir com a prestação de tais serviços" ("Os consórcios públicos", *Revista de Direito do Estado/RDE* 2/329, Ano 1, Rio de Janeiro, abril-junho/2006).

Afirma Marcelo Harger, em sua tese de Doutoramento: "O princípio federativo conforme inserido na Constituição de 1998 não é rígido. É um federalismo de cooperação que permite em certas hipóteses a atuação conjugada da União, dos Estados, do Distrito Federal e dos Municípios. (...). Isso significa dizer que a divisão de competências não impede que os entes federativos atuem em conjunto para atingir metas que devem ser perseguidas por todos" (*Consórcios Públicos na Lei 11.107/2005*, Belo Horizonte, Fórum, 2007, p. 28).

transferência ou esse compartilhamento forem exigidos pela *ponderação das circunstâncias fáticas e jurídicas* ou forem expressamente permitidos pelo constituinte originário (autorização dada, por exemplo, no parágrafo único do art. 22). Do contrário o modelo federativo constitucionalizado seria um castelo de areia, algo deixado à livre disposição dos entes federativos. A petrificação do modelo federativo adotado impede atribuir ao art. 241 o alcance que, num primeiro momento, seu texto parece ter. Enfim: os pressupostos da troca de sujeito estão na base da transferência ou compartilhamento, não expressamente autorizados, de competências privativas, e qualquer flexibilização desses pressupostos é inconstitucional.

A conclusão parece tão evidente, que justifica perguntar: por que esse modelo, flagrantemente inconstitucional, foi introduzido nos textos normativos? Qual a razão para tamanho menoscabo à Constituição vigente? Vislumbra-se uma razão para a decisão política que deu origem às Leis federais 11.107/2005 e 11.445/2007. O Instituto Brasileiro de Geografia e Estatística/IBGE informou, na *Pesquisa de Informações Básicas Municipais*, realizada em 2009, a existência de 5.565 Municípios no Brasil.[37] Qualquer brasileiro que não seja completamente alienado sabe que muitos desses Municípios não têm a mínima condição de existência. Por que existem? Por um infeliz acordo político, pois a criação de um Município acarreta a instituição de uma Casa Legislativa e a organização de um Executivo – vale dizer: gera a criação de dezenas de *cargos públicos*.[38] Esses Municípios não possuem condições financeiras

37. Instituto Brasileiro de Geografia e Estatística/IBGE, *Perfil dos Municípios Brasileiros*, Rio de Janeiro, IBGE, 2009. Sobre os dados, consultar: *www.ibge.gov.br* (acesso em 17.1.2012).

38. A criação inválida de Municípios é um grave problema do Estado Brasileiro. Tanto que o constituinte originário foi rigoroso ao estabelecer os pressupostos para criação de novos Municípios no § 4º do art. 18. Exigia-se que: (a) a criação se desse por lei estadual; (b) obedecesse aos requisitos previstos em lei complementar estadual; (c) houvesse consulta prévia, mediante plebiscito, à população diretamente interessada. Mesmo assim o rigor mostrou-se insuficiente. Daí a nova redação dada ao dispositivo pela Emenda Constitucional 15/1996, instituindo-se mais exigências. Pela redação atual, fazem-se necessárias: (a) criação por lei estadual; (b) obediência a limite temporal fixado em lei complementar federal – a criação, incorporação, fusão ou o desmembramento de Municípios só podem ocorrer no período fixado na lei complementar federal; (c) obediência aos requisitos genéricos fixados em lei federal; (d) apresentação e publicação dos Estudos de Viabilidade Municipal e, assim,

de prestar os serviços exigidos pelo texto constitucional. E – o que é pior: não é uma questão transitória. Em muitos casos não é possível sequer prever quando essas entidades terão condições de cumprir sua missão constitucional. Mais: é possível apostar, para muitos deles, que jamais terão condições jurídicas e econômicas de prestar os serviços a eles imputados. Diante dessa situação, o que fazer, tendo em vista que o serviço de saneamento básico é essencial para uma vida digna?

Os autores do modelo ora impugnado apresentaram aos governantes uma solução. Fizeram-no não como cientistas, mas como advogados. Cientificamente, se uma entidade, considerado o grau de autonomia atribuído a ela pelo texto originário, não tem a mínima possibilidade de cumprir suas missões constitucionais, se não há meio de ter autonomia financeira, de sobreviver por si, só há uma solução: ela deve ser extinta! Não há por que tampar o sol com a peneira, não há por que insistir na manutenção da entidade apenas para que os titulares dos cargos não percam seu *poder*, seu *subsídio*. Do ponto de vista científico é impossível tergiversar: nesses casos, de duas, uma: ou a criação da entidade foi inválida – desde o momento da criação, sua suposta autonomia inexistia

apuração prévia da viabilidade; (e) consulta prévia, mediante plebiscito, às populações dos Municípios envolvidos, e não mais apenas da população diretamente interessada. Sobre o assunto decidiu o STF: "Da regra do art. 18, § 4º, da CF resulta, por inferência lógica, que, no processo de criação de Municípios, a verificação dos requisitos objetivos de admissibilidade da emancipação há de preceder à realização do plebiscito" (STF, Pleno, ADI 222-RJ, rel. Min. Sepúlveda Pertence, j. 24.5.1990, *DJU* 6.9.1991, p. 12.035, *RDA* 189/148). Ademais, o STF é enfático em relação à impossibilidade de criação de Municípios enquanto inexistir lei complementar federal: STF, Pleno, ADI 3.689-PA, rel. Min. Eros Grau, j. 10.5.2007, v.u., *DJU* 29.6.2007, p. 22; ADI 3.316-MT, rel. Min. Eros Grau, j. 9.5.2007, v.u., *DJU* 29.6.2007, p. 21. Referidos julgados foram aqui mencionados apenas para ilustrar o quanto a criação de Municípios foi dificultada pelo constituinte – dificuldades, essas, constantemente reafirmadas pelo STF. Pois bem, a reforma constitucional tardou. Daí o problema: o que fazer com todas as entidades que, apesar de completamente destituídas de viabilidade jurídica para existir, foram indevidamente instituídas? Do ponto de vista científico, não há dúvida: devem ser extintas! O reformador da Constituição apressou-se em tentar evitar essa drástica solução: editou a Emenda Constitucional 57, de 18.12.2008, para introduzir no ADCT o art. 96, com a seguinte redação: "Ficam convalidados os atos de criação, fusão, incorporação e desmembramento de Municípios, cuja lei tenha sido publicada até 31 de dezembro de 2006, atendidos os requisitos estabelecidos na legislação do respectivo Estado à época de sua criação". Se o Município não tem condições de existir, por óbvio, não é essa "convalidação" que tornará válida sua existência.

no mundo fenomênico, sua autonomia sempre foi uma ficção –, ou a invalidade foi superveniente à criação – por circunstâncias posteriores à instituição da entidade, sua autonomia tornou-se inviável. Nos dois casos o sistema normativo exige que a entidade federativa seja extinta.

A solução jurídica correta não é a permissão de transferência ou de compartilhamento de competências. O signo "cooperação" da expressão "federalismo cooperativo" não tem por conteúdo semântico a *substituição*. Cooperar é ajudar, não é substituir. A solução jurídica correta nesses casos de impossibilidade não momentânea, não excepcional, mas permanente, de cumprir os deveres constitucionais é a extinção da entidade federativa.

Como se afirmou no início: este estudo tem pretensão científica, e não advocatória, e, pois, não titubeia em afirmar que o espírito da Lei federal de Consórcios Públicos e o da Lei de Saneamento Básico são marcados pela inconstitucionalidade. Ambos os diplomas partem do pressuposto de que é livre a modificação das competências fixadas no texto constitucional: ignoram que o modelo federativo adotado pelo constituinte de 1988 é cláusula pétrea, insuscetível de ser alterado. Dito isso, resta apenas registrar duas esperanças. Primeira: oxalá o Ministério Público impugne a existência dessas entidades faticamente desprovidas de autonomia e exija do Poder Judiciário a invalidação da respectiva criação, no caso de invalidade pretérita, ou seu decaimento, no caso de invalidade superveniente. Segunda: oxalá o Judiciário cumpra seu mister, não se arrefeça perante essas entidades aberrantes, não se constranja diante dos cargos políticos instituídos, faça valer a Constituição, determinando a incorporação dessas supostas entidades federativas ao território dos Municípios contíguos que possuam existência válida.

Parte IV

# ATIVIDADES ADMINISTRATIVAS

*13 – Teoria Neoconstitucional do Poder de Polícia*
*14 – Apontamentos sobre Desapropriação*
*15 – Função Social da Posse*
*16 – Titularidade Pública das Coisas de Ninguém*

*13*

# *Teoria Neoconstitucional do Poder de Polícia*

*13.1 Introdução. 13.2 Direito e ideologia. 13.3 Regulação. 13.4 Direitos fundamentais e princípios. 13.5 Ordenação: 13.5.1 Constituição de situações ativas – 13.5.2 Constituição de situações passivas – 13.5.3 Sacrifícios de direito. 13.6 Teoria clássica do poder de polícia. 13.7 Teoria neoconstitucional do poder de polícia. 13.8 Caracteres do poder de polícia.*

## *13.1 Introdução*

A *teoria do poder de polícia* é, sem dúvida alguma, um dos temas mais tormentosos do Direito. Apontam-se duas principais dificuldades. Primeira: ela não se refere apenas ao exercício da *função administrativa*; refere-se também ao exercício da *função legislativa*.[1] Trata-se de tema que, apesar de comumente estudado pelos administrativistas, diz também respeito a assunto próprio do direito constitucional; assunto, esse, inegavelmente espinhoso – a *discricionariedade* e a *vinculação*

1. Por isso, Celso Antônio Bandeira de Mello atribui à expressão "poder de polícia" dois sentidos: *amplo*, abrangente dos atos legislativos e administrativos; e *restrito*, limitado aos atos administrativos (*Curso de Direito Administrativo*, 31ª ed., São Paulo, Malheiros Editores, 2014, CapítuloXIV-7 a 9, pp. 840-841; e "Apontamentos sobre o poder de polícia", *RDP* 9/57, Ano III, São Paulo, Ed. RT, julho-setembro/1969).

Para Luís Manuel Fonseca Pires as "limitações administrativas" – expressão que propõe em substituição ao poder de polícia – classificam-se em limitações em sentido amplo, atividade da função legislativa, e em sentido estrito, manifestação da função administrativa (*Limitações Administrativas à Liberdade e à Propriedade*, São Paulo, Quartier Latin, 2006, p. 126).

*legislativas*. Segundo: a própria expressão é criticada por autores de renome; muitos chegam a propor seu total afastamento, e para tanto apresentam novas teorias – da *regulação*, da *administração ordenadora*, das *limitações administrativas*.

Uma teoria jurídica deve pretender unicamente a melhor compreensão do direito positivo perante o qual ela é formulada; vale dizer: deve pretender identificar quais normas jurídicas são aplicáveis a dada situação e apurar o sentido e o alcance dessas normas. O cumprimento desse desiderato é o parâmetro para aferir a utilidade da teoria. Buscar-se-ão neste estudo os reais fundamentos das principais propostas doutrinárias relacionadas ao tema; após, cotejar-se-ão esses fundamentos com o ordenamento jurídico brasileiro. A partir dos avanços do constitucionalismo, sobretudo a partir das atuais concepções sobre os princípios jurídicos, e da análise crítica das principais concepções doutrinárias, apresentar-se-á uma *reformulação* da *teoria do poder de polícia*. Eis a proposta principal deste estudo.

A proposta é enunciada não pela busca do ineditismo; a pretensão de originalidade leva quase sempre a resultados desastrosos. Esta exposição é feita com a convicção de que o resultado final, apesar de contrariar a orientação majoritária, é o mais consentâneo com o ordenamento jurídico brasileiro: permite afastar equívocos conceituais e explicar certas situações jurídicas não justificadas pelas teorias existentes. Toda proposta científica, contudo, deve ser formulada com humildade, por mais convicto que esteja o cientista ao formulá-la: trata-se sempre de uma *proposta de discussão*.[2] Este estudo, então, apresenta à comunidade científica uma reformulação da teoria do poder de polícia, fundada nos avanços do constitucionalismo e na análise crítica das concepções formuladas até o presente no âmbito da doutrina do direito administrativo.

2. A afirmação assenta-se no pensamento de Karl R. Popper. Nas palavras do filósofo: "O conhecimento científico, o saber científico, é, portanto, sempre hipotético: é um saber conjectural. E o método do conhecimento científico é o método crítico: o método da busca por erros e da eliminação de erros a serviço da busca da verdade, a serviço da verdade" (*Em Busca de um Mundo Melhor*, trad. de Milton Camargo Mota, São Paulo, Martins Fontes, 2006, p. 15). Adiante, ao examinar a lógica das ciências sociais (idem, pp. 92 e ss.), Popper apresenta, de forma didática, a concepção aqui adotada sobre *ciência*: a apresentação de uma teoria científica é sempre a apresentação de uma *proposta à crítica*, a teoria fica eternamente sujeita à crítica. A teoria é, pois, uma *tentativa de solução sujeita à eterna crítica*.

## *13.2 Direito e ideologia*

Para compreensão do objeto deste estudo faz-se necessário um exame, ainda que breve, da relação entre Direito e ideologia.[3] Num sentido mais amplo, faz-se necessário estabelecer a relação entre ela e conhecimento: não é possível ao ser humano desvincular-se de sua visão de mundo – donde pensar e conhecer são atividades ideológicas.[4] Pode-se afirmar que existe uma ideologia positivada nas normas jurídicas: ele deve compreender as normas a partir da ideologia positivada;[5] porém – reconhece-se –, é impossível abstrair sua própria ideologia.[6] O máximo que o intérprete consegue é uma apartação *relativa* de sua ideologia.

3. A palavra "ideologia" é utilizada em vários significados. Mario Stoppino identificou dois tipos gerais de significado, e denominou-os de "significado fraco" e "significado forte". Pelo primeiro, "ideologia designa o *genus*, ou a *species* diversamente definida, dos sistemas de crenças políticas: um conjunto de idéias e de valores respeitantes à ordem pública e tendo como função orientar os comportamentos políticos" ("Ideologia", in Norberto Bobbio, Nicola Matteucci e Gianfranco Pasquino, *Dicionário de Política*, 5ª ed., vol. 1, trad. de Carmen C. Varrialle e outros, Brasília/São Paulo, UnB/Imprensa Oficial do Estado de São Paulo, 2000, p. 585.). Pelo segundo, ideologia é uma crença falsa (idem, ibidem).

Marilena Chauí, ao estudar o termo, adota o segundo critério, o forte, de conotação negativa e de origem marxista: ideologia é "um sistema de idéias condenadas a desconhecer sua relação real com a realidade" (*O que é Ideologia*, 2ª ed., São Paulo, Brasiliense, 2001, p. 28).

Neste estudo o signo é utilizado no *primeiro sentido*, no significado *fraco* ou *neutro*.

4. Essa foi uma das maiores contribuições de Michel Foucault: "O que pretendo mostrar nestas conferências é como, de fato, as condições políticas, econômicas, de existência não são um véu ou um obstáculo para o sujeito de conhecimento, mas aquilo através do que se formam os sujeitos de conhecimento e, por conseguinte, as relações de verdade" (*A Verdade e as Formas Jurídicas*, 3ª ed., trad. de Roberto Cabral de Melo e Eduardo Jardim Morais, Rio de Janeiro, PUC-RJ/Nau, 2002, p. 27).

5. Nesse sentido, afirma Maria Helena Diniz: "O juiz deve 'ler' a norma não sob a luz de seus valores e ideologia redimensionados por ocasião da norma, porém dos valores e ideologias da própria norma" (*Compêndio de Introdução à Ciência do Direito*, 13ª ed., São Paulo, Saraiva, 2001, p. 485). V. também nosso *Regulação Administrativa à Luz da Constituição Federal*, São Paulo, Malheiros Editores, 2011, Capítulo I-5, pp. 48-57.

6. Segundo Friedrich D. E. Schleiermacher, para compreender a obra de um autor deve-se compreender o próprio autor (*Hermenêutica: Arte e Técnica da Interpretação*, 4ª ed., trad. de Celso Reni Braida, Bragança Paulista, Editora Universitária São Francisco, 2003, pp. 25 e ss.). Por outro lado, interpretar exige a pré-compreensão do objeto interpretado (idem, pp. 49 e ss.).

Para Hans-Georg Gadamer o intérprete deve atentar para as próprias concepções e, consciente delas, compreender as concepções alheias (*Verdade e Método – II*, trad. de Ênio Paulo Giachini, Petrópolis, Vozes, 2002, pp. 75-76). Nas palavras do

Com efeito: a norma é produto de uma atuação humana, e, assim, é fruto de uma ideologia; o ato de interpretação, da mesma forma, é ato humano decorrente de uma ideologia. O intérprete deve compreender a ideologia positivada na norma; mas, para tanto, não pode livrar-se da sua: a compreensão da ideologia da norma dá-se por meio da ideologia do intérprete, de sua *pré-compreensão*. Daí a necessidade de uma intermitente autocrítica: a busca da ideologia alheia.

O sucesso dessa empreitada será sempre relativo: por mais que o intérprete consiga identificar seus próprios valores, jamais conseguirá compreender sem eles. Isso não o autoriza, contudo, a desprezar os valores do sistema jurídico. Interpretar, enfim, pressupõe autocrítica intermitente.

A ideologia é pressuposto de todo conhecimento; por conseguinte, é indissociável da elaboração e da compreensão de todos os ramos do Direito, mas é no direito administrativo que ela se revela mais nitidamente. Enquanto nos demais ramos jurídicos a ideologia se apresenta absconsa, no direito administrativo ela é ostensória.[7] É justamente na teoria do *poder de polícia* que a *ideologia* se revela de maneira mais intensa.

filósofo: "Quem procura compreender está sujeito a errar por causa das opiniões prévias, que não se confirmam nas coisas elas mesmas" (idem, p. 75). Pouco adiante: "Quando se abre espaço para a opinião do outro ou do texto, isso sempre já pressupõe a relação dessa opinião com o conjunto das opiniões próprias e vice-versa" (idem, p. 76). Após: "Quem quiser compreender um texto está, ao contrário, disposto a deixar que ele diga alguma coisa. Por isso, uma consciência formada hermeneuticamente deve ser de antemão receptiva à alteridade do texto. Essa receptividade não pressupõe, no entanto, uma 'neutralidade' quanto à coisa, nem um anulamento de si mesmo, incluindo a apropriação seletiva das próprias opiniões e preconceitos. Há que se ter consciência dos próprios pressupostos a fim de que o texto se apresente a si mesmo em sua alteridade, de modo a possibilitar o exercício de sua verdade objetiva contra a opinião própria" (idem, ibidem).

No campo jurídico foi Konrad Hesse quem mais insistiu na importância da *pré-compreensão* do intérprete: "O intérprete não pode compreender o conteúdo da norma de um ponto situado fora da existência histórica, por assim dizer, arquimédico, senão somente na situação histórica concreta, na qual ele se encontra, cuja maturidade enformou seus conteúdos de pensamento e determina seu saber e seu (pré-)juízo. Ele entende o conteúdo da norma de uma (pré-)compreensão, que primeiramente lhe torna possível olhar a norma com certas esperanças, projetar-se um sentido do todo e chegar a um anteprojeto que, então, em penetração mais profunda, carece de confirmação, correção e revisão até que, como resultado de aproximação permanente dos projetos revisados, cada vez, ao 'objeto', determine-se univocamente a unidade do sentido" (*Elementos de Direito Constitucional da República Federal da Alemanha*, trad. de Luís Afonso Heck, Porto Alegre, Sérgio Antônio Fabris Editor, 1998, pp. 61-62).

7. Não sem razão, o aclamado C. A. Bandeira de Mello dedica um item de seu *Curso* às "Bases Ideológicas do Direito Administrativo" (*Curso de Direito Adminis-*

### *13.3 Regulação*

Autores renomados empreendem severa crítica à expressão "poder de polícia".[8] A base da crítica é, inegavelmente, ideológica: ela, segundo eles, associa-se a uma ideologia superada. Referem-se ao Estado de Polícia, em que a Administração atuava às margens do Direito: o "poder de polícia" não era mera execução dos comandos normativos. No Estado de Direito, em que a função administrativa se subordina integralmente ao Direito, inexistindo campo de atuação livre, o emprego da expressão com a conotação de outrora se torna descabido.

Assim, parte da doutrina considera a expressão "poder de polícia" dissociada da *ideologia* do Estado de Direito. Essa dissociação possui duas razões: primeiro, ela traz à mente o que ficou conhecido como Estado de Polícia, em que o príncipe detinha poderes absolutos e, por isso, sequer existia o direito administrativo;[9] segundo, ela dá ênfase à idéia de *poder*, quando no presente momento histórico se enfatiza a

*trativo*, cit., 31ª ed., Cap. I-15 a 23, pp. 43-53). O que confirma o aqui afirmado: não se encontra item similar nos cursos de direito civil, comercial, penal, processual. Oportuno registrar a irrestrita adesão à ideologia sintetizada pelo aclamado professor paulista: "(...) o direito administrativo não é um direito criado para subjugar os interesses ou os direitos dos cidadãos aos do Estado. É, pelo contrário, um direito que surge exatamente para regular a conduta do Estado e mantê-la afivelada às disposições legais, dentro desse espírito protetor do cidadão contra descomedimentos dos detentores do exercício do Poder estatal. *Ele é, por excelência, o direito defensivo do cidadão* – (...) *o direito que instrumenta, que arma o administrado, para defender-se contra os perigos do uso desatado do Poder*" (idem, Capítulo I-20, pp. 47-48).

8. A crítica mais ácida é a de Agustín Gordillo (*Tratado de Derecho Administrativo*, 1ª ed. colombiana, vol. 2, "La Defensa del Usuario y del Administrado", Medellín, Biblioteca Jurídica Diké, 1998, p. V-1 a 5), que propõe a eliminação total e irrestrita da noção. Encontrou vários ecos na doutrina brasileira. Carlos Ari Sundfeld sugere "enviar para o museu não só a expressão 'poder de polícia', como a noção que recobre" (*Direito Administrativo Ordenador*, 1ª ed., 3ª tir., São Paulo, Malheiros Editores, 2003, p. 16). A proposta é enfaticamente endossada por Luís Manuel Fonseca Pires, que, após rica pesquisa, também pugna pela abolição da expressão (*Limitações Administrativas à Liberdade e à Propriedade*, cit., pp. 152-156 e 294). Autores de não menos brilho, contudo, apesar de acatarem as críticas formuladas, defendem sua manutenção. Dentre eles, destacam-se: Celso Antônio Bandeira de Mello (*Curso de Direito Administrativo*, cit., 31ª ed., Capítulo XIV-6, p. 839) e Clóvis Beznos (*Poder de Polícia*, São Paulo, Ed. RT, 1979, pp. 46-60).

9. Cf. Celso Antônio Bandeira de Mello, *Curso de Direito Administrativo*, cit., 31ª ed., Capítulo I-20, pp. 47-48.

idéia de *dever*, e, pois, de irrestrita submissão dos detentores de *prerrogativas estatais* ao ordenamento jurídico.[10]

Em substituição à teoria do poder de polícia, várias teorias foram propostas. Dentre elas destaca-se a *teoria do Estado-Regulador*. Aqueles que adotam essa concepção partem de um pressuposto ideológico: o Estado não deve atuar diretamente na ordem social, deve limitar-se a *regular*, vale dizer, a *controlar* a atividade privada; deve empreender contínua e permanente disciplina da conduta dos particulares. Aniquila-se o Estado-Prestador de Serviços, que deixa de explorar a atividade econômica – as empresas estatais exploradoras de atividade econômica são privatizadas, entenda-se, vendidas – e deixa de prestar os serviços públicos, que são privatizados, total – a titularidade é passada para a iniciativa privada – ou parcialmente – a exploração é outorgada aos particulares. O Estado apenas disciplina, controla e fomenta a iniciativa privada.[11]

10. Idem, Capítulo I-15, pp. 43-44.

11. Vários autores adotaram a *teoria da regulação*. Afirma sobre ela Carlos Ari Sundfeld: "A regulação é – isso, sim – característica de um certo modelo econômico, aquele em que o Estado não assume diretamente o exercício de atividade empresarial, mas intervém enfaticamente no mercado utilizando instrumentos de autoridade. Assim, a regulação não é própria de certa família jurídica, mas sim de uma opção de política econômica" ("Introdução às agências reguladoras", in Carlos Ari Sundfeld (coord.), *Direito Administrativo Econômico*, 1ª ed., 3ª tir., São Paulo, Malheiros Editores, 2006, p. 23).

Em sentido próximo, afirma Marçal Justen Filho: "Rejeita-se a concepção da atuação direta do Estado não apenas a propósito da atividade econômica privada (propriamente dita), mas também no tocante aos serviços públicos. Reconhece-se como desejável a substituição do Estado-Prestador pelo Estado-Regulador dos Serviços Públicos" (*O Direito das Agências Reguladoras Independentes*, São Paulo, Dialética, 2002, p. 24). Esse autor, de invulgar inteligência, parece reconhecer a problemática da *ideologia* da regulação. Inicia seu estudo examinando a "questão ideológica subjacente" (pp. 9-14) e afirma, tal qual foi feito no item anterior deste estudo, que o intérprete, apesar de ter uma pré-compreensão, deve diferenciar "aquilo que é o sistema jurídico e aquilo que é a aspiração pessoal própria acerca desse sistema jurídico" (p. 10). Após, reconhece: "A solução dita *neoliberal* reflete o desengajamento do Estado como instrumento utilizado pelos trabalhadores em favor da realização de seus interesses, em uma permanente e interminável luta contra os proprietários do capital. A solução regulatória reflete a concepção de que a luta de classes deve prosseguir fora do aparato estatal e desenvolver-se no âmbito do domínio econômico propriamente dito. É uma vitória política dos titulares do capital, o que evidencia uma derrota dos trabalhadores" (idem, pp. 12-13). Das palavras de Marçal, apesar da retórica inteligente, destaca-se o reconhecimento de que a teoria da regulação é alicerça-

Poder-se-ia dizer que o Estado-Prestador de Serviços reduz-se a um Estado policial: há um retrocesso histórico, o Estado do Bem-Estar, que se propôs a executar serviços, a garantir concretamente o bem-estar dos cidadãos, recua e adota a postura do Estado policial, passa apenas a *regular*, sem intervir diretamente no âmbito social. A expressão "poder de polícia", porém, é sepultada pela seguinte razão: enquanto "polícia" tem um significado restrito, visa à manutenção da ordem, a evitar que os cidadãos descumpram a lei, "regulação" admite uma ingerência mais incisiva. Enquanto a polícia se restringia a estabelecer *obrigações de não fazer*, a regulação impõe também obrigações de *suportar* e de *fazer*. Foi o preço pago para que o Estado deixasse de atuar diretamente.

Reconhece-se: pela *teoria do Estado-Regulador*, "regulação" e "poder de polícia" são expressões equivalentes, a diferença é muito sutil. O Estado de Polícia era indiferente ao bem-estar social; a atuação do Estado limitava-se a manter a ordem. O Estado do Bem-Estar Social tem por razão de ser o bem-estar social. Reduzir o Estado do Bem-Estar Social ao Estado de Polícia, efetuar um tamanho retrocesso, exige certos cuidados. Os defensores dessa retrogradação não podiam assumir ostensivamente suas reais intenções: não podiam simplesmente clamar pela volta do Estado de Polícia, não podiam confessar seu desprezo pelo bem-estar social. Daí a sutil substituição: ao invés de "polícia", "regulação". O Estado-Regulador não se preocupa apenas com a manutenção da ordem, com o regular funcionamento do mercado, mas com o bem-estar social, e, por isso, precisa impor comportamentos ativos, obrigações de fazer e de suportar, aos particulares.[12] A proposta é ingênua ou

da na *ideologia neoliberal*. Outros doutrinadores também se "enfeitiçaram" por essa teoria. Mencionam-se: Calixto Salomão Filho, *Regulação da Atividade Econômica: Princípios e Fundamentos Jurídicos*, 2ª ed., São Paulo, Malheiros Editores, 2008; Diogo de Figueiredo Moreira Neto, *Direito Regulatório*, Rio de Janeiro, Renovar, 2003; Marcos Juruena Villela Souto, *Direito Administrativo Regulatório*, Rio de Janeiro, Lumen Juris, 2002.

12. Afirma Marçal Justen Filho: "Sob certo ângulo, a regulação consiste na utilização permanente, racional e intensificada das competências de poder de polícia. Na concepção clássica, o poder de polícia era visto como competência estatal orientada a reprimir o exercício de faculdades privadas, visando a assegurar a ordem pública. A ampliação da complexidade socioeconômica conduziu à necessidade de ampliação do âmbito de intervenção estatal. A regulação é um estágio posterior nessa evolução, em que o Estado restringe a autonomia dos particulares, visando a constrangê-los ou a induzi-los a produzir as condutas reputadas como socialmente úteis

cínica: é evidente que, se o Estado é inapto para prestar serviços públicos, também é inapto para regular e garantir o bem-estar social pela mera atuação indireta. Na verdade, a proposta, em termos reais, é um mero retorno ao Estado de Polícia, pois, no fundo, os defensores da teoria da regulação, nada ingênuos, comprometidos com o neoliberalismo, não se importam com a concretização dos direitos sociais,[13] tudo gira em torno do lucro, da eficiência do mercado.[14]

Não se deve confundir a *teoria do Estado-Regulador* com a *teoria jurídica da regulação administrativa*. É a teoria do Estado-Regulador que propõe a substituição do "poder de polícia" pela "regulação", e não a teoria da regulação. A primeira é comprometida com o neoliberalismo e defende o fim do Estado Social; a segunda é ideologicamente neutra. De fato, a Constituição brasileira, de indiscutível ideologia socializante,[15] afirma, no art. 174, que o Estado é "agente normativo e regulador da atividade econômica". A *regulação administrativa*, prevista nesse

ou indispensáveis. A regulação vale-se não somente da imposição da repressão (deveres de abstenção), mas incorpora a promoção (deveres de fazer) como solução indispensável para atingir os resultados pretendidos pelo Estado. No modelo regulatório, o Estado restringe sua atuação direta, e as necessidades coletivas são satisfeitas pela atuação apenas dos próprios particulares. A regulação estatal perde sua conotação apenas repressiva e adquire contornos promocionais" (*Curso de Direito Administrativo*, 7ª ed., Belo Horizonte, Fórum, 2011, p. 653).

13. O próprio Marçal Justen Filho faz reservas à argumentação neoliberal: "A alusão à ineficiência estatal deve ser considerada em termos. Eficiência ou ineficiência resultam dos critérios de julgamento adotados. Trata-se, em última análise, de escolha acerca dos objetivos a atingir. O Estado de Bem-Estar Social pode ser qualificado como ineficiente em face de determinados parâmetros de julgamento. Adotados outros critérios, poderá reconhecer-se sua absoluta eficiência" (*O Direito das Agências Reguladoras Independentes*, cit., p. 13, rodapé 6).

14. A *teoria do Estado-Regulador* é decorrência do chamado Consenso Neoliberal ou "Consenso de Washington", subscrito pelos Estados centrais do sistema mundial, referente ao futuro da economia mundial, das políticas de desenvolvimento e, principalmente, do papel do Estado na economia. Desse consenso extraem-se as características principais da chamada "globalização dominante". Na verdade, é fácil resumir a proposta: abrir os "mercados" dos Países periféricos às empresas dos Países centrais. Para compreensão do tema sugere-se a leitura de Boaventura de Sousa Santos, "Os processos da globalização", in Boaventura de Sousa Santos (org.), *Globalização: Fatalidade ou Utopia*?, 3ª ed., Porto, Afrontamento, 2005, pp. 31-106. V. também nosso *Regulação Administrativa à Luz da Constituição Federal*, cit., Capítulo III, pp. 137-191.

15. Cf. nosso *Regulação Administrativa à Luz da Constituição Federal*, cit., Capítulo I-5, pp. 48-57.

dispositivo, é atividade que se define pela *finalidade*, e não pelo *meio* de atuação: consiste na intervenção da Administração na atividade econômica dos particulares mediante direção (regulação por ordenação), indução (regulação por fomento) ou participação (regulação por exploração direta), sempre que possível de forma planejada, por meio da edição de normas concretas, com a finalidade de obter eqüidade ou eficiência econômica ou de tutelar os bens jurídicos justificantes da especialidade das atividades privadas sob regime especial.[16] Nesses termos, um dos meios de regulação é a ordenação, examinada adiante. Cabe, aqui, enfatizar: a teoria incompatível com o Estado Social, que se propõe como alternativa ao poder de polícia, não é a teoria da regulação administrativa, mas a teoria do Estado-Regulador.

Conforme enfatizado, não há como o intérprete abstrair totalmente sua própria ideologia; ele compreende por meio de seus valores, de sua concepção de mundo. Isso não significa que o intérprete está autorizado a desprezar a clara ideologia do objeto interpretado. Relembra-se: o intérprete deve reconhecer seus valores para identificar os valores alheios – ou seja: deve procurar a ideologia do ordenamento. A teoria do Estado-Regulador é incompatível com a ideologia da Constituição brasileira, e essa incompatibilidade é *manifesta*. Quem defende essa teoria no Brasil incide, do ponto de vista científico, em *erro grosseiro*. Em dezenas de dispositivos a Constituição de 1988 atribui ao Estado Brasileiro o papel de prestador de serviços, ou, melhor, de participante ativo da *concretização dos direitos sociais*.[17]

16. Idem, pp. 135-136. Nessa obra, além de propor esse conceito, examinamos o regime jurídico da regulação e sua incompatibilidade com os serviços públicos e com os monopólios estatais. O exame da *regulação administrativa* e de todas as suas particularidades foge dos limites deste estudo, que restringe seu objeto ao *poder de polícia*.

17. Apenas a título de exemplo, o art. 21 da CF atribui à União competências discriminadas em 25 incisos – a redação deixa claro que não se trata de competência para legislar, para impor disciplina, mas para *executar*. No art. 23 outras competências materiais são arroladas em 12 incisos e atribuídas a todas as entidades federativas. O art. 25, § 2º, atribui ao Estado a titularidade de serviço público; o art. 30 atribui aos Municípios, nos incisos V e VII, a titularidade de serviços públicos. O art. 173 permite a exploração direta da atividade econômica pelas entidades federativas. É o que basta para justificar a assertiva: a teoria da regulação é incompatível com a Constituição. O Estado Brasileiro deve, por determinação constitucional, ter papel ativo e direto na concretização dos direitos sociais. Sobre o tema, v. nosso *Regulação Administrativa à Luz da Constituição Federal*, cit., Capítulo III-8, pp. 184-191.

Em homenagem a seus defensores – muitos deles de indiscutível capacidade intelectual –, pressupõe-se que essa defesa não é feita em termos científicos, mas em termos advocatórios: a teoria da regulação é propagada no exercício da advocacia das empresas multinacionais, interessadas nos lucros proporcionados pela exploração das atividades estatais. Tudo que no Brasil foi escrito sobre a teoria do Estado-Regulador, do ponto de vista científico, deve ser desprezado: trata-se de mero exercício de advocacia. Daí a primeira conclusão deste estudo: a teoria do Estado-Regulador é imprestável para substituir a teoria do poder de polícia.

### *13.4 Direitos fundamentais e princípios*

O passo seguinte exige maior fôlego. Destacam-se, preliminarmente, duas afirmações encontradas na doutrina: (1) prevalece que o poder de polícia diz respeito à imposição de *limitações à liberdade* e *à propriedade privadas*; observam os autores que não são os *direitos* à liberdade e à propriedade que são limitados, mas os conceitos *extrajurídicos* de liberdade e de propriedade; as chamadas *limitações* consistem em *conformações* do direito;[18] (2) para parte da doutrina o poder de polícia restringe-se à imposição de *obrigações de não fazer*, ressalvada, em virtude do estabelecido no § 4º do art. 182 da CF, a conformação da propriedade imobiliária à função social.[19] As duas assertivas gravitam em torno do mesmo problema teórico: como inicialmente afirmado, o tema do poder de polícia diz respeito também ao exercício da *função legislativa*.

Exigem-se, pois, conhecimentos profundos sobre um importante capítulo do *direito constitucional*: a chamada *teoria geral dos direitos fundamentais*. Nas últimas décadas esse assunto foi muito explorado pelos constitucionalistas, foi campo de esplêndido avanço científico. A doutrina do direito administrativo sobre o poder de polícia deve ser adaptada a esse avanço. Tentar-se-á efetuar aqui essa adaptação.

18. Mencionam-se: Celso Antônio Bandeira de Mello, *Curso de Direito Administrativo*, cit., 31ª ed., Capítulo XIV-2, p. 836, e "Apontamentos sobre o poder de polícia", cit., *RDP* 9/55-57; Luís Manuel Fonseca Pires, *Limitações Administrativas à Liberdade e à Propriedade*, cit., pp. 108-114; Carlos Ari Sundfeld, *Direito Administrativo Ordenador*, cit., 1ª ed., 3ª tir., p. 53.

19. Mencionam-se: Celso Antônio Bandeira de Mello, *Curso de Direito Administrativo*, cit., 31ª ed., Capítulo XIV-17, p. 848, e "Apontamentos sobre o poder de polícia", cit., *RDP* 9/59; Maria Sylvia Zanella Di Pietro, *Direito Administrativo*, 25ª ed., São Paulo, Atlas, 2012, p. 127.

Para tanto, deve-se primeiro atentar para a concepção neoconstitucional de *princípio jurídico*. O conceito de princípio jurídico passou por *três fases* na história da Ciência do Direito: na *primeira fase* aproximava-se do significado comum da palavra, princípios eram os fundamentos de dada disciplina jurídica, seus aspectos mais importantes; na *segunda fase* adquire significado técnico, princípios deixam de ser todo assunto importante e geral e passam a ser determinados enunciados do direito positivo, dotados, diante da alta carga valorativa a eles atribuída, de extraordinária importância para o entendimento de todo o sistema; têm conteúdo normativo, pois fazem parte do sistema jurídico; são diretrizes ou vetores de interpretação de todas as normas jurídicas, mas não são normas jurídicas autônomas; na *terceira fase* tanto as regras como os princípios são considerados normas jurídicas autônomas, e, nesse sentido, são passíveis de aplicação direta no mundo fenomênico; mas há uma diferença estrutural: princípios são normas que ordenam a realização de algo na *maior medida possível*; são, nesse sentido, *mandados de optimização* realizáveis de acordo com as circunstâncias fáticas e jurídicas; regras são normas que exigem *cumprimento pleno*, sendo somente cumpridas ou descumpridas; são, nesse sentido, *determinações* no campo das possibilidades fáticas e jurídicas.[20] Em outros termos: princípios são normas que estabelecem um fim a ser atingido sem estabelecer o meio; regras são normas que estabelecem o meio.

Toda *regra jurídica* é a concretização de um *princípio jurídico*. Ela é posta visando a concretizar um valor que, por sua vez, está positivado num princípio expresso ou implícito. Essa assertiva é fundamental para a compreensão do sistema jurídico: se uma regra sempre é a concretização de um valor, um conflito entre regras é, quase sempre, um conflito entre princípios. E, sendo assim, nem sempre a regra exige um cumprimento pleno, pois, efetuando a ponderação entre os princípios colidentes, a regra concretizadora do princípio menos pesado no caso concreto pode

20. Os conceitos são de Robert Alexy (*Teoria dos Direitos Fundamentais*, 2ª ed., 3ª tir., trad. de Virgílio Afonso da Silva, São Paulo, Malheiros Editores, 2014, pp. 90-91. A análise conceitual dos princípios jurídicos extravasa os limites deste estudo. Sugere-se, por isso, a leitura de três de nossos trabalhos, que, na seqüência, apresentam a evolução de nossa linha de pesquisa sobre o tema: "A norma *iusfundamental*", *RBDC* 4/526-576, São Paulo, 2004; "A natureza normativa dos princípios", *RTDP* 40/113-145, São Paulo, Malheiros Editores, 2002; *Efeitos dos Vícios do Ato Administrativo*, São Paulo, Malheiros Editores, 2008, Capítulo I, pp. 25-33; *Abuso de Direito e a Constitucionalização do Direito Privado*, São Paulo, Malheiros Editores, 2010, pp. 13 e ss.

ser parcial ou totalmente afastada pela regra concretizadora do princípio mais pesado ou simplesmente afastada por este. Dessarte: regras e princípios têm diferente caráter *prima facie*:[21] um princípio, diante do caso concreto, pode ser afastado se um princípio oposto tiver maior peso; uma regra abstrata, diante do caso concreto, só será afastada por um princípio oposto ao princípio que a fundamenta se esse princípio tiver mais peso do que, conjuntamente, o princípio que fundamenta a regra e o princípio formal que determina sua aplicação.[22] Deveras: extrai-se da *separação dos Poderes* um *princípio formal* que dá primazia às ponderações do Legislativo. Assim, uma *regra legislativa* ("R") só é afastada se o princípio oposto ("P2") tiver maior peso do que a soma do peso do princípio concretizado pela regra ("P1") com o peso do princípio formal que dá primazia à aplicação da regra ("PF"). Esquematicamente: "P2 > P1 + PF".[23]

Efetuadas estas breves considerações sobre as regras e os princípios jurídicos, torna-se possível examinar as teorias *interna* e *externa* das *restrições* aos *direitos fundamentais*. Pela *teoria interna*, o Direito e suas restrições não são passíveis de dissociação: traduzem-se na mesma realidade – o Direito com um determinado conteúdo. O conceito de *restrição* é substituído pelo conceito de *limite*,[24] as restrições são consi-

21. *Prima facie* é uma expressão do jurisconsulto Cajus e significa "primeiro aspecto" (F. R. dos Santos Saraiva, *Dicionário Latino-Português*, 11ª ed., Belo Horizonte, Garnier, 2000, p. 469). Alexy utiliza a expressão para enfatizar o caráter relativo das normas jurídicas (*Teoria dos Direitos Fundamentais*, cit., 2ª ed., 3ª tir., pp. 103-106). A razão estabelecida pelas normas abstratas é válida *prima facie*, quer dizer, num primeiro momento, em abstrato, dependente, contudo, de confirmação no plano concreto.

22. Cf. Robert Alexy, *Teoria dos Direitos Fundamentais*, cit., 2ª ed., 3ª tir., pp. 103-106.

23. Para muitos juristas esses conceitos não são nada tranqüilos. Muitos ainda pensam o sistema jurídico como um sistema formado apenas de regras – vale dizer: prendem-se à segunda fase do conceito de princípio jurídico. Por isso – reconhece-se –, a exposição desses conceitos exigiria maior fôlego. No entanto, este estudo pretende examinar o *poder de polícia*, e, por exigência epistemológica, parte de vários conceitos que foram desenvolvidos, explicados e desdobrados em outros estudos. Para compreensão do papel dos princípios formais na aplicação do Direito, v., em especial, nossos *Efeitos dos Vícios do Ato Administrativo*, cit. (Capítulo III-2.4.3, pp. 88-92 e Capítulo VI-4, pp. 161-174) e *Abuso de Direito e a Constitucionalização do Direito privado*, cit. (pp. 39-56).

24. Dentre os constitucionalistas alemães, um dos partidários mais famosos da teoria *interna* é Peter Häberle: "Por boas razões não se fala de 'barreiras' (*Schranken*)

deradas *imanentes*. Essa teoria parte do pressuposto de que as normas jurídicas são sempre razões *definitivas*, e não *prima facie*. Ocorre que nenhuma norma abstrata é *absoluta*, toda norma abstrata é *relativa* – vale dizer: toda *prescrição normativa abstrata* pode ser afastada diante do peso, nas circunstâncias, dos princípios opostos.

Daí o acerto da *teoria externa*. Os valores *liberdade* e *propriedade* foram positivados: consagraram-se na Constituição os *princípios da liberdade* e da *propriedade*. Os direitos fundamentais são considerados, contemporaneamente, *princípios jurídicos*.[25] Em apenas um aspecto os *valores* se diferenciam dos *princípios*: enquanto os valores têm caráter *axiológico*, referem-se ao que é *bom*, os princípios têm caráter *deôntico*, referem-se ao que é *devido*.[26] Em tudo o mais há total correspondência entre os conceitos. Primeiro, portanto, existem os direitos *prima facie* à liberdade e à propriedade, decorrentes da positivação dos princípios da liberdade e da propriedade; depois há a *restrição* desses direitos. Insiste-se: no *plano abstrato* os direitos não são *definitivos*, mas *prima facie*. A Constituição, por exemplo, impõe ao Estado o dever de respeitar na *maior medida possível* – daí a expressão "mandado de optimização" – a autonomia dos indivíduos, a prerrogativa de auto-administrarem sua esfera jurídica. Esses direitos *prima facie* são *restringidos* por força da *ponderação* com os demais princípios positivados.

Os administrativistas, quando afirmam que o poder de polícia não diz respeito a *limitações* dos direitos à propriedade e à liberdade, mas a conformações desses direitos, adotam a *teoria interna das restrições aos direitos fundamentais*. Pressupõem um sistema formado apenas por *razões definitivas*. Sem desprestigiá-los, discorda-se: o sistema no plano abstrato é formado por razões *prima facie*, as razões *definitivas*

imanentes, mas de 'limites' (*Grenzen*, fronteiras) imanentes dos direitos fundamentais: deve afastar-se toda reminiscência à idéia de que os limites admissíveis impõem-se aos direitos fundamentais 'desde fora'. Na doutrina e na jurisprudência se fala, evidentemente em relação aos limites imantes dos direitos fundamentais, não somente de 'barreiras', mas, também, de 'restrições' ou 'constrições'. O BGH, [*Tribunal Federal Alemão*] sem embargo, tem superado esporadicamente essa idéia de intervenção. O legislador que concretiza no âmbito dos direitos fundamentais os limites conformes à essência estabelece limites que existem desde o princípio" (*La Garantía del Contenido Esencial de los Derechos Fundamentales*, trad. de Joaquín Brage Camazano, Madri, Dykinson, 2003, pp. 56-57 – tradução nossa, esclarecimento nosso).

25. Cf. nosso "A norma *iusfundamental*", cit., *RBDC* 4/526-576.

26. Cf. Robert Alexy, *Teoria dos Direitos Fundamentais*, cit., 2ª ed., 3ª tir., p. 153.

só surgem como resultado da ponderação realizada diante do caso concreto. Por isso, adota-se a *teoria externa das restrições aos direitos fundamentais*. Não há mera *limitação*, mas efetiva *restrição* das razões *prima facie* consagradas constitucionalmente. As restrições não são imanentes, não se encontram desde o início no sistema.[27]

Antes de examinar a *teoria das restrições*, faz-se necessário explicar o exercício da *função legislativa*.[28] Toda função estatal consiste na edição de normas jurídicas que concretizem princípios constitucionais. A conflituosidade é ínsita à natureza dos princípios. O constituinte, ao estabelecê-los, positivou uma série de valores que se chocam constantemente ente si. Dessa positivação decorre a exigência de que esses valores sejam concretizados na maior medida possível: haverá sempre necessidade de ponderação, entendida como a apuração do peso ou da importância do princípio incidente, tendo em vista as circunstâncias fáticas e jurídicas. O exercício da atividade legislativa consiste no início do processo de concretização dos princípios constitucionais.

Costuma-se afirmar que a característica essencial da função legislativa é a *abstração*. Essa lição é verdadeira se devidamente compreendida. Em regra, o legislador trabalha num plano abstrato: a primeira etapa de seu trabalho é identificar um valor positivado na Constituição, um princípio; a segunda etapa é, no plano abstrato, elaborar uma regra que concretize esse princípio, ou seja, fixar os meios a serem adotados em concreto, necessários à concretização do fim considerado. O legislador, ao aprovar um projeto de lei, também tem diante de si um caso concreto, diferente do caso concreto em que a lei será aplicada e necessariamente anterior a este. Há, assim, dois casos concretos, um referente às circunstâncias em que a lei é discutida pelo legislador, outro referente às circunstâncias em que ela é aplicada. O legislador, quando da apreciação do projeto, tendo em vista as circunstâncias do momento, prevê o caso concreto em que a norma será aplicada. Sua previsão é, sempre, apenas uma previsão: as especificidades, as particularidades, do caso concreto da aplicação jamais podem, todas e sempre, ser antecipadas.

27. Robert Alexy é um dos mais famosos partidários da teoria externa: "(...). Se se parte do modelo de princípios, o que é restringido não é simplesmente um bem protegido pela norma de direito fundamental, mas um direito *prima facie* garantido por essa norma. (...)" (*Teoria dos Direitos Fundamentais*, cit., 2ª ed., 3ª tir., p. 280).

28. Retoma-se aqui o explicado em nosso *Efeitos dos Vícios do Ato Administrativo*, cit., Capítulo III-1, pp. 64-75.

Ao votar e aprovar uma lei, o legislador deve examinar o peso de cada princípio incidente e fazer uma ponderação. Esse peso será dado primeiro pela forma como o princípio foi positivado no texto constitucional – a Constituição é formada por uma série de regras e de subprincípios específicos, menos gerais, que constituem o resultado de uma ponderação efetuada pelo constituinte, ponderação, essa, que deve ser observada pelo legislador; segundo, pelas circunstâncias históricas, políticas, econômicas e sociais vigorantes quando da elaboração e apreciação do projeto de lei. Perceba-se: toda norma introduzida no sistema pelo legislador, no exercício da função legislativa, é o resultado de uma ponderação entre os princípios constitucionais incidentes. A função legislativa consiste na realização de uma ponderação entre os princípios constitucionais, atribuindo-se a eles, num plano abstrato, determinado peso, e na instituição de um meio – entenda-se: de um comportamento – que os concretize. Se o princípio constitucional é a exigência de busca de um fim, sem indicação de um meio, a regra legislativa é a indicação desse meio. A indicação do meio de realização do fim constitucional, no entanto, depende da atribuição do peso do princípio, e o legislador apura esse peso pela ponderação.

Explicada a função legislativa, retoma-se o tema das *restrições*. Estas são normas que restringem a realização de um princípio de direito fundamental ou, noutros termos, que restringem uma posição *iusfundamental* ***prima facie***.[29] Elas podem decorrer de *regras constitucionais*, de *regras infraconstitucionais*[30] ou de *princípios constitucionais*:[31]

29. O conceito é de Robert Alexy (*Teoria dos Direitos Fundamentais*, cit., 2ª ed., 3ª tir., pp. 281 e 284-285). O aclamado constitucionalista explica: "(...). Princípios de direitos fundamentais exigem a proteção mais abrangente possível dos bens protegidos, como, por exemplo, a proteção mais ampla possível da liberdade geral de ação, da integridade física ou da competência para alienar a propriedade. Por isso, uma restrição a um bem protegido é sempre também uma restrição a uma posição *prima facie* garantida por um princípio de direito fundamental. (...)" (idem, p. 281).

30. Para Alexy: "(...). Uma *regra* (compatível com a Constituição) é uma restrição a um direito fundamental se, com sua vigência, no lugar de uma liberdade fundamental *prima facie* ou de um direito fundamental *prima facie*, surge uma não-liberdade definitiva ou um não-direito definitivo de igual conteúdo. (...)" (*Teoria dos Direitos Fundamentais*, cit., 2ª ed., 3ª tir., p. 283).

31. Afirma Alexy: "Princípios colidentes restringem materialmente as possibilidades jurídicas de realização de outros princípios". E, pouco adiante: "(...). Um *princípio* é uma restrição a um direito fundamental se há casos em que ele é uma razão

(1) O próprio constituinte estabelece regras restringentes dos princípios constitucionais – trata-se de restrições diretamente impostas pela Constituição.[32]

(2) O legislador deve concretizar os princípios constitucionais. Para, por exemplo, concretizar um princípio "P1", deve examinar todos os princípios constitucionais ("P2", "P3", "P4"...), apurar o peso das razões *prima facie* de cada um deles (verificar a forma como cada um foi positivado, o peso dos princípios formais decorrente das regras constitucionais) e efetuar uma *ponderação*. Essa ponderação pode resultar na imposição de uma restrição aos princípios opostos ao eleito como objeto de concretização ("P2", "P3", "P4"). Nesse caso, a restrição decorrerá de uma *regra infraconstitucional*. Essa regra pode ser editada com base numa *expressa autorização da Constituição* (cláusula de reserva) – vale dizer, numa norma de competência para o estabelecimento de restrições[33]

para que, no lugar de uma liberdade fundamental *prima facie* ou de um direito fundamental *prima facie*, surja uma não-liberdade definitiva ou um não-direito definitivo de igual conteúdo" (*Teoria dos Direitos Fundamentais*, cit., 2ª ed., 3ª tir., pp. 284-285).

32. Estabelece o inciso XVI do art. 5º da CF brasileira que todos podem reunir-se "pacificamente, sem armas". A cláusula consta também do art. 8º, 1, da Lei Fundamental alemã. Sobre ela, afirma Alexy: "(...). A cláusula 'pacificamente e sem armas' pode ser interpretada como uma formulação resumida de uma regra, que transforma os direitos *prima facie* decorrentes do princípio da liberdade de reunião em não-direitos definitivos. (...). A regra expressa pela cláusula restringe a realização de um princípio constitucional. Sua peculiaridade consiste no fato de que foi o próprio constituinte que estabeleceu a restrição definitiva. (...)" (*Teoria dos Direitos Fundamentais*, cit., 2ª ed., 3ª tir., p. 287).

A proibição de anonimato, estabelecida no inciso IV do art. 5º da Constituição brasileira, é outro exemplo de restrição imposta diretamente pela regra constitucional.

33. Há normas que estabelecem *cláusula de reserva*, ou seja, autorizam o legislador a estabelecer restrições mediatamente constitucionais. O inciso XVII do art. 5º garante a liberdade de associação para "fins lícitos". Ao examinar uma restrição similar estabelecida no art. 9º, 2, da Lei Fundamental alemã, Alexy afirma: "(..). Na medida em que as normas a que se faz referência estão à disposição do legislador ordinário – que as pode, portanto, manter, eliminar ou alterar –, devem elas ser classificadas como restrições indiretamente constitucionais; e as cláusulas que as garantem, como cláusulas de reserva fundamentadoras de competência para estabelecer restrições. (...)" (*Teoria dos Direitos Fundamentais*, cit., 2ª ed., 3ª tir., p. 289).

As expressões "na forma da lei" (art. 5º, VI e XVIII, da CF), "nos termos da lei" (art. 5º, VII e XV), "na forma que a lei estabelecer" (art. 5º, XII), qualificam-se como *cláusulas de reserva*, e, pois, autorizam o legislador a estabelecer restrições. Afirma Alexy: "(...). Sempre que se faz menção a leis ordinárias como forma de restrição, é estabelecida uma competência para impor restrições. (...)" (idem, p. 292).

– ou numa implícita autorização, decorrente dos postulados da proporcionalidade, da concordância prática e da unidade da Constituição.[34]

(3) Finalmente, na ponderação diante do caso concreto, os direitos fundamentais podem ser diretamente restringidos pelos princípios opostos.

Nos três casos é mister observar que o *fundamento* da restrição é *constitucional*: ou se apóia numa norma constitucional de conduta, regra ou princípio constitucional, ou numa norma constitucional de estrutura, também chamada de norma de competência.[35]

Nesses termos, as *restrições* aos direitos fundamentais são impostas pelo próprio constituinte (função constituinte), pelo legislador (função legislativa) ou pela Administração Pública (função administrativa). Sem dúvida alguma, o maior número de restrições decorre das *regras infraconstitucionais*, vale dizer, do exercício da *função legislativa*. Impende fazer três observações:

(1) As restrições impostas pelo legislador podem decorrer do exercício de competência *vinculada* ou *discricionária*.[36] No primeiro caso,

34. O legislador pode restringir direitos fundamentais mesmo quando inexista regra constitucional que lhe atribua expressamente competência para tanto, quer dizer, mesmo quando inexista cláusula de reserva. A restrição fundamenta-se, nesse caso, nos princípios constitucionais. É o que a doutrina chama de "cláusula tácita" ou "não-escrita". Nas palavras de Alexy: "(...). O exemplo paradigmático de uma cláusula *não-escrita* é a fórmula do Tribunal Constitucional Federal segundo a qual 'os direitos fundamentais colidentes de terceiros e outros valores jurídicos de hierarquia constitucional (...) estão em condições de, excepcionalmente e com a devida consideração à unidade da Constituição e à ordem de valores por ela protegida, restringir, em relações individualizadas, também os direitos fundamentais irrestringíveis'. Essa cláusula faz referência a restrições com caráter de princípios, a saber, a princípios de direitos fundamentais (direitos fundamentais colidentes de terceiros) e a outros princípios de hierarquia constitucional (outros valores jurídicos de hierarquia constitucional)" (*Teoria dos Direitos Fundamentais*, cit., 2ª ed., 3ª tir., p. 290).

35. Segundo Alf Ross: "Competência é a capacidade juridicamente estabelecida de criar normas jurídicas (ou efeitos jurídicos) por meio de e de acordo com enunciados elaborados para esse fim". E, após: "A norma que estabelece essa capacidade se chama *norma de competência*, e enuncia condições necessárias para o exercício de tal capacidade" (*Lógica de las Normas*, trad. de José S. P. Hierro, Granada, Comares, 2000, pp. 167-168). Norberto Bobbio denomina-as de "normas de estrutura" (*Teoria do Ordenamento Jurídico*, 10ª ed., trad. de Maria Celeste Cordeiro Leite dos Santos, Brasília, UnB, 1999, pp. 45-48).

36. Mais uma vez transcreve-se a lição de Alexy: "Uma importante debilidade da teoria interpretativa das reservas é a existência de inúmeros casos nos quais o legislador pode *decidir* se quer, ou não, impor restrições a um direito fundamental.

a *ponderação* exige que o legislador estabeleça a restrição, trata-se de solução exigida pelo sistema normativo; no segundo, a ponderação faculta ao legislador o estabelecimento da restrição, a ponderação leva a duas ou mais soluções razoáveis e justas, e o sistema imputa a escolha ao legislador. O âmbito de discricionariedade legislativa é deveras alargado; – vale dizer: é comum que a ponderação, num nível abstrato, apresente várias soluções juridicamente possíveis.

(2) Ao fixar restrições o legislador deve observar o chamado *núcleo essencial dos direitos fundamentais*; deve, em suas ponderações, levar a sério o *mandado de optimização* positivado na Constituição: o direito fundamental só pode ser restringido na medida exigida pelo peso dos princípios opostos.[37]

(3) A *ponderação legislativa* pode levar à imposição de obrigações de *fazer, não fazer* e *suportar*. Nada na Constituição proíbe ao legislador estabelecer obrigações de fazer. Os crimes, em sua maior parte, são *comissivos*: o legislador restringe o direito fundamental à liberdade mediante a imposição de obrigações de não fazer. O crime de homicídio, por exemplo, decorre da imposição de obrigação de não fazer, "não matar". Há também, em menor número, crimes *omissivos*: o crime de omissão

Nesse contexto, é necessário distinguir entre dois grupos de casos. Um caso do primeiro grupo ocorre quando não é claro se, diante do peso dos princípios colidentes, uma restrição *S* é admissível, ou não. Nessas circunstâncias, a competência decisória do legislador é uma competência para a fixação de uma interpretação vinculante. Um caso do segundo grupo ocorre quando está definido que, em face do peso dos princípios colidentes, a restrição *S* é admissível, mas o legislador tem, mesmo assim, a liberdade de decidir se impõe, ou não, essa restrição. (...)" (*Teoria dos Direitos Fundamentais*, cit., 2ª ed., 3ª tir., p. 293-294).

37. O conceito de "núcleo essencial" é acentuadamente controvertido. Em relação ao valor da proteção, duas correntes se formaram: pela teoria *absoluta*, existe uma determinada esfera do direito que jamais é passível de restrição, trata-se de um núcleo duro, invariável, mantido intacto independentemente das circunstâncias; pela teoria *relativa*, o núcleo essencial é o resultado do procedimento de ponderação e, dependendo das circunstâncias, direitos mais pesados podem implicar o afastamento total do direito considerado (Cláudia Perotto Biagi, *A Garantia do Conteúdo Essencial dos Direitos Fundamentais na Jurisprudência Constitucional Brasileira*, Porto Alegre, Sérgio Antônio Fabris Editor, 2005, pp. 78-85; José Joaquim Gomes Canotilho, *Direito Constitucional e Teoria da Constituição*, 4ª ed., Coimbra, Livraria Almedina, 2000, Parte III, Título 3, Capítulo 4-B-III.2.2.6, pp. 449-450). A teoria absoluta viola o axioma da relatividade de todos os valores. Adota-se, por conseguinte, a teoria relativa: os contornos do núcleo essencial dos direitos fundamentais são fixados pela *ponderação das circunstâncias fáticas e jurídicas*.

de socorro, previsto no art. 135 do CP, por exemplo, decorre da imposição de obrigação de fazer, "socorrer". Enquanto nos crimes comissivos o legislador imputa a pena à prática de uma conduta, nos omissivos imputa-a à não-realização da conduta. A ponderação legislativa pode, portanto, impor ou autorizar a imputação de comportamentos comissivos ou omissivos.[38-39]

Após esse rápido exame da *teoria das restrições dos direitos fundamentais*, é possível rejeitar as duas assertivas fixadas no início deste item. O que os administrativistas chamam de *limitações*, na verdade, trata-se de autênticas *restrições*, pois restringem os direitos fundamentais à liberdade e à propriedade – direitos, esses, decorrentes da positivação dos respectivos princípios. A diferença de posicionamento advém da assunção dos princípios como normas autônomas e na visualização das normas abstratas como razões *prima facie*. Além disso, é incorreto supor que essas restrições se limitam – ressalvados apenas os casos expressos no texto constitucional – à imposição de obrigações de não fazer.

Dito isso, passa-se ao exame da chamada *teoria da ordenação*.

38. Doutrina Sheila Bierrenbach: "As figuras penais descrevem, em sua maior parte, condutas positivas, consistentes num fazer. Neste sentido, os delitos de homicídio (art. 121), furto (art. 155), estelionato (art. 171), moeda falsa (art. 289), peculato (art. 303), entre tantos outros. Excepcionalmente encontram-se descrições expressas de condutas negativas, consistentes num não fazer. Assim, os delitos de 'omissão de socorro' (art. 135), 'abandono material' (art. 244), 'abandono intelectual' (art. 255), 'omissão de notificação de doença' (art. 269). Com base na distinção apontada, a doutrina classifica os delitos em comissivos e omissivos" (*Crimes Omissivos Impróprios: uma Análise à Luz do Código Penal Brasileiro*. 2ª ed., Belo Horizonte, Del Rey, 2002, pp. 23-24).

39. O notável Celso Antônio Bandeira de Mello dá às obrigações de não fazer um sensível alargamento: "(...). Às vezes há, *aparentemente*, obrigações de fazer. Por exemplo: *exibir* planta para licenciamento de construção; *fazer* exame de habilitação para motorista; *colocar* equipamento contra incêndio nos prédios. É *mera aparência* de obrigação de fazer. O Poder Público *não quer* estes atos. Quer, sim, *evitar* que as atividades ou situações *pretendidas pelos particulares* sejam efetuadas de *maneira perigosa ou nociva*, o que ocorreria se realizadas fora destas condições. (...)" (*Curso de Direito Administrativo*, cit., 31ª ed., Capítulo XIV-19, p. 850). Sem desprestigiar o admirável professor, discorda-se: sempre que o legislador impõe aos particulares determinada conduta, está impondo uma obrigação de fazer, pouco importando, para caracterizar a *natureza* da obrigação, o fim colimado. Obrigações de não fazer *proíbem* condutas: não matar, não realizar a conduta de matar. Obrigações de fazer impõem condutas: socorrer, realizar a conduta de socorrer.

### *13.5 Ordenação*

É justamente a última conclusão apontada que faz da teoria da ordenação um inestimável avanço científico. O signo "polícia" tem uma conotação absentista: associa-se a uma atitude de mera expectação de condutas contrárias à ordem pública. O Estado Social não é um mero expectante, ele tem um *programa constitucional* a cumprir, de *transformação social*.[40] Por isso, o Legislativo do Estado Social não pode ter apenas *função policial*, deve ter *função ordenadora*.[41]

A *ordenação* é a disciplina constitucional e legislativa da atividade privada. A Constituição e a legislação podem disciplinar a atividade privada de modo que seu exercício independa da intervenção administrativa. Podem, outrossim, exigir a intermediação da Administração Pública, constituindo o campo da chamada *Administração Ordenadora*. Pretende-se, aqui, estudar o *poder de polícia* enquanto manifestação da *função administrativa*; por isso, estudar-se-á, ainda que perfunctoriamente, a ordenação enquanto *ordenação administrativa*. Esta, conforme a sistematização efetuada por Carlos Ari Sundfeld,[42] dá-se por meio de quatro técnicas.

40. Deve-se ter sempre presente na memória a redação do art. 3º da CF brasileira: "Constituem objetivos fundamentais da República Federativa do Brasil: I – construir uma sociedade livre, justa e solidária; II – garantir o desenvolvimento nacional; III – erradicar a pobreza e a marginalização e reduzir as desigualdades sociais e regionais; IV – promover o bem de todos, sem preconceitos de origem, raça, sexo, cor, idade e quaisquer outras formas de discriminação". Esse dispositivo faz do Brasil, de modo indiscutível, um autêntico *Estado Social*.

41. A *ordenação* é um conceito de Hans J. Wolff, Otto Bachof e Rolf Stober (*Direito Administrativo*, vol. I, trad. de António F. de Sousa, Lisboa, Fundação Calouste Gulbenkian, 2006, pp. 55-56). Foi sistematizada na Espanha por Eduardo García de Enterría e Tomás-Ramon Fernández: "Fala-se agora como conceito geral para a atividade interventora da Administração de uma *Ordnungsverwaltung u ordnenden Verwaltung*, isto é, Administração Ordenadora, não no sentido de ordem pública, mas no genérico de ordenação das atividades privadas, conceito que se contrapõe a *Leistungsverwaltung* ou *leistenden Verwaltung*, Administração Prestacional, que realiza serviços ou prestações em favor dos administrados" (*Curso de Derecho Administrativo*, vol. II, Madri, Civitas, 2002, p. 105 – tradução nossa). No Brasil, coube a Carlos Ari Sundfeld a sistematização da Administração Ordenadora (*Direito Administrativo Ordenador*, cit., 1ª ed., 3ª tir.). Dentre os administrativistas brasileiros que adotam a teoria da ordenação destaca-se: José Roberto Pimenta Oliveira, *Os Princípios da Razoabilidade e da Proporcionalidade no Direito Administrativo Brasileiro*, São Paulo, Malheiros Editores, 2006, pp. 415-470.

42. Carlos Ari Sundfeld, *Direito Administrativo Ordenador*, cit., 1ª ed., 3ª tir., pp. 26-27.

A técnica menos explorada pela doutrina é a imposição aos particulares de *deveres autônomos*. A imposição de restrições (condicionamentos) aos direitos, a seguir examinada, pressupõe o exercício do direito e, por isso, admite o não-exercício e a correlata não-submissão à restrição. A imposição de deveres autônomos não pressupõe nenhum exercício de direito, e, assim, não pode ser evitada pelo administrado. São exemplos: o serviço militar obrigatório, a recepção de votos quando das eleições, o serviço do Júri.[43] As outras técnicas exigem exame autônomo.

### *13.5.1 Constituição de situações ativas*

O segundo meio de ordenação dá-se pela *constituição de direitos privados por atos administrativos*, ou seja, pela constituição, por um ato administrativo, de uma *situação jurídica ativa da vida privada*. Para tanto, há, basicamente, duas técnicas legislativas, correspondentes a dois tipos de atos administrativos: as *licenças* e as *autorizações*. No primeiro caso o legislador estabelece restrições ao direito à liberdade ou à propriedade e condiciona o exercício do direito à prévia verificação pela Administração da observância das restrições. No segundo caso o legislador proíbe determinada conduta mas autoriza a Administração, diante do caso concreto e da obediência a determinados pressupostos, a afastar a proibição e permitir a conduta.

O *direito de construir* é inegável decorrência do *direito à propriedade*: está, assim, garantido constitucionalmente. Ocorre que o *exercício* desse direito depende da edição do ato administrativo de licença, ou seja, da verificação pela Administração da obediência a todas as restrições impostas ao exercício do direito de construir – como, por exemplo, a observância de determinados *recuos*, do *coeficiente de aproveitamento*, das faixas *non aedificandi*. O porte de arma de fogo é proibido pelo ordenamento jurídico, é tipificado como crime, mas o art. 10 da Lei 10.826/2003 atribui à Administração, em casos excepcionais, se atendi-

43. Sobre essa modalidade de ordenação, v. Carlos Ari Sundfeld, *Direito Administrativo Ordenador*, cit., 1ª ed., 3ª tir., pp. 27 e 56. Ela está associada, na classificação de agentes públicos proposta por Celso Antônio Bandeira de Mello (*Curso de Direito Administrativo*, cit., 31ª ed., Capítulo V-10, pp. 255-256) à classe dos particulares em colaboração com a Administração relativa aos "*requisitados* para prestação de atividade pública".

da uma série de pressupostos, competência para afastar a proibição e *autorizar* o porte. Enfim: trata-se de duas técnicas diferentes de *constituição do direito*: a licença remove o obstáculo ao exercício do direito e constitui o direito ao exercício; a autorização remove a proibição legal e constitui o próprio direito.[44]

### *13.5.2 Constituição de situações passivas*

A segunda técnica da Administração Ordenadora refere-se à disciplina do *exercício* dos direitos por meio da *constituição de situações jurídicas passivas*, traduzindo-se na imposição de deveres de não fazer (limites), de fazer (encargos) e de suportar (sujeições). Enquanto a técni-

44. Sobre o caráter constitutivo das licenças, afirma Oswaldo Aranha Bandeira de Mello: "Discute-se se ela é constitutiva de direito, porque esse direito preexistia no seu titular. Realmente, não é constitutiva quanto ao gozo de direito, porém o é quanto ao seu exercício. Este só pode licitamente ser levado a efeito depois de licenciada a atividade de que alguém tinha o gozo do direito. Por isso se diz que é constitutiva apenas sob o aspecto formal" (*Princípios Gerais de Direito Administrativo*, 3ª ed., 2ª tir., vol. I, São Paulo, Malheiros Editores, 2010, p. 578). Carlos Ari Sundfeld vai além: "Contudo, tanto a doutrina como a jurisprudência admitem a incidência de lei nova regulando tal direito, salvo em relação aos proprietários que, ao amparo da lei revogada, tenham obtido licença ou iniciado as obras. Ora, se o direito de construir existisse antes da licença – como normalmente se afirma –, a expedição desta jamais poderia ser tomada como marco da aquisição do direito, para fins de pô-lo a salvo de alteração legislativa" (*Direito Administrativo Ordenador*, cit., 1ª ed., 3ª tir., pp. 43-44).

Ao aprofundar o estudo dos "atos ampliativos de direito", Sundfeld chegou a quatro classificações: na primeira vislumbra atos que, para serem expedidos, dependam da análise pela Administração de elementos referentes tão-somente ao requerente e ao objeto e atos que, para serem expedidos, dependam da análise pela Administração de elementos outros; na segunda identifica atos em que se exige do particular contraprestação equivalente ao benefício por eles gerado e atos que independem de tal prestação; na terceira identifica atos que se destinam a facultar operações específicas, como o corte de uma árvore, e atos que se destinam a autorizar o desenvolvimento de uma atividade de forma indefinida no tempo, como as autorizações (ou licenças) para funcionamento; por fim, distingue os atos que consentem com o exercício de atividades privadas, verificando a regularidade do exercício, e atos que se limitam a conferir segurança e certeza jurídicas a atos privados, desprezando o exercício do direito (idem, pp. 47-52). Discorda-se parcialmente de sua proposta. Há casos em que o sistema normativo impõe *restrições* permanentes ao direito, tornando-o um direito *rebus sic stantibus*. Isso não afasta, no plano abstrato, a prévia garantia do direito, mas sujeita seu exercício a permanente controle; é o que ocorre com a atividade empresarial: ela só é permitida enquanto não poluir o meio ambiente além de um nível juridicamente permitido. Sobre o tema, v., *supra*, Capítulo 8-8.3.1.

ca anterior consiste na instituição de *situações jurídicas ativas*, na edição de *atos administrativos ampliativos de direito*, esta consiste na instituição de *situações jurídicas passivas*, na edição de *atos administrativos restritivos de direito*.

Adotando-se a terminologia proposta por Carlos Ari Sundfeld,[45] é possível identificar três tipos de *restrições*: (a) os *limites* – consistentes em *proibições*, deveres de *não fazer*, dividem-se em dois subgrupos: limites impostos diretamente pela lei e limites impostos pela Administração com base na lei;[46] (b) os *encargos* – consistentes em deveres positivos, de *fazer*, vinculados ao exercício de um direito; também se dividem em dois subgrupos: dever de produzir ação complementar como condição de regularidade do exercício do direito e dever de exercício do próprio direito;[47] (c)

45. Carlos Ari Sundfeld, *Direito Administrativo Ordenador*, cit., 1ª ed., 3ª tir., pp. 57-67.

46. No primeiro caso a própria lei impõe o limite; no segundo a lei atribui à Administração o dever de, diante do caso concreto, verificar se é o caso de impor, ou não, o limite. Vários limites ao direito à propriedade são indicados pelos chamados *índices urbanísticos*: (a) a *taxa de ocupação* estabelece a superfície do terreno a ser ocupada com a construção; (b) o *coeficiente de aproveitamento* é a relação existente entre a área total da construção e a área do lote; (c) o *dimensionamento mínimo dos lotes* diz respeito a um mínimo de dimensão além do qual não se considera o lote edificável; (d) *recuos* ou *afastamentos* são distâncias medidas entre o limite externo da projeção horizontal da edificação e a divisa do lote; há recuos laterais, de frente e de fundos; (e) o *gabarito* designa a altura das edificações. Sobre todos esses conceitos, v. José Afonso da Silva, *Direito Urbanístico Brasileiro*, 7ª ed., São Paulo, Malheiros Editores, 2012, pp. 249-254.

47. O primeiro grupo refere-se aos *encargos complementares* ou *acessórios*. Típicos exemplos são os deveres de construir *muro* e *passeio*, impostos aos proprietários de imóveis no Município de São Paulo. Determina o art. 2º da Lei municipal 15.442/1011: "Os responsáveis por terrenos não edificados, com frente para vias ou logradouros públicos dotados de pavimentação ou de guias e sarjetas, são obrigados a executar, manter e conservar gradil, muro ou outro tipo adequado de fecho nos respectivos alinhamentos, observadas as regras a serem fixadas por meio de decreto". E o art. 7º desse diploma normativo reza: "Os responsáveis por imóveis, edificados ou não, lindeiros a vias ou logradouros públicos dotados de guias e sarjetas são obrigados a executar, manter e conservar os respectivos passeios na extensão correspondente à sua testada, na conformidade da normatização específica expedida pelo Executivo". Vale dizer: quem quiser exercer o direito à propriedade imobiliária no Município de São Paulo é obrigado a construir *muro* e *passeio*, típicos *encargos acessórios*.

O segundo grupo de encargos diz respeito ao efetivo exercício do direito. O direito de propriedade é condicionado, por força do inciso XXIII do art. 5º da CF de 1988, ao cumprimento de sua função social. Esse condicionamento constitucional

as *sujeições* – traduzem-se no dever de *suportar*: o titular do direito deve admitir que terceiro ingresse em sua esfera de interesses; mais do que a mera abstenção, há a submissão à interferência do Poder Público.[48]

A imposição de condicionamentos, seguindo a sistematização de Sundfeld,[49] desdobra-se em quatro grupos de competências administrativas: (1) competências para *impor* condicionamentos; (2) para *fiscalizar*; (3) para *reprimir* a não observância dos condicionamentos; (4) para *executar* as medidas necessárias ao cumprimento dos condicionamentos. Há casos em que a lei não impõe de plano o condicionamento, mas dá à Administração competência para, diante do caso concreto, impô-lo. A competência para fiscalizar é correlata à *sujeição* à fiscalização, vale dizer, ao dever imposto ao administrado de se sujeitar à fiscalização da Administração e de colaborar com ela: daí o dever de suportar o exame dos livros comerciais, a vistoria dos estabelecimentos que comercializem substâncias de interesse à saúde[50] etc.

permite a imposição do dever de exercício do próprio direito à propriedade. Em relação à função social da propriedade são importantes duas ressalvas de Carlos Ari Sundfeld: (a) o proprietário não pode ser obrigado a desempenhar função no interesse exclusivo da sociedade; (b) a alienação compulsória só pode ser legitimamente imposta, sem importar sacrifício do direito, se alienar bens for a atividade-fim do particular e for também a razão pela qual ele detém os bens (*Direito Administrativo Ordenador*, cit., 1ª ed., 3ª tir., pp. 64-65).

48. A servidão administrativa, segundo Carlos Ari Sundfeld, pode ter a natureza de *sacrifício* ou de *condicionamento*: o dever de suportar a afixação de placa com o nome da rua, por exemplo, seria típico exemplo de *sujeição*, vale dizer, de *servidão-condicionamento* (*Direito Administrativo Ordenador*, cit., 1ª ed., 3ª tir., pp. 66-67). Considera-se, porém, que a servidão-condicionamento não é servidão, mas "limitação administrativa". A servidão é típico sacrifício do direito de propriedade, só se configura quando afeta o núcleo essencial desse direito – assunto examinado adiante (cf. *infra*, Capítulo 14).

49. Carlos Ari Sundfeld, *Direito Administrativo Ordenador*, 1ª ed., 3ª tir., pp. 73-85.

50. O Código Sanitário do Estado de São Paulo (Lei 10.083/1998) é rico em condicionamentos administrativos. Dispõe, no art. 37: "Entende-se por produtos e substâncias de interesse à saúde os alimentos, águas minerais e de fontes, bebidas, aditivos, medicamentos, drogas, insumos farmacêuticos, correlatos, cosméticos, perfumes, produtos de higiene, saneantes, domissanitários (inseticidas, raticidas), agrotóxicos, materiais de revestimento e embalagens ou outros produtos que possam trazer riscos à saúde". No artigo subseqüente o diploma atribui à Administração ampla competência fiscalizadora: "Art. 38. Compete à autoridade sanitária a avaliação e controle do risco, normatização, fiscalização e controle das condições sanitárias e

As competências para *reprimir* dividem-se em três grupos: (a) a *ordem* para correção da ilegalidade;[51] (b) as *medidas cautelares*; (c) as *sanções*. Não há que se confundir a *medida cautelar* com a *sanção administrativa*: a primeira tem caráter provisório, é ditada pela urgência em fazer cessar a ilegalidade, e, por isso, pode ser imposta independentemente de prévio contraditório, que fica *posposto*; ao revés, a sanção jamais pode ser imposta sem a garantia do prévio exercício do contraditório e da ampla defesa.[52]

Finalmente, a competência para executar refere-se à possibilidade conferida à Administração de praticar as medidas materiais necessárias à obediência aos condicionamentos legais. Típico exemplo de *medida executiva* é a chamada *execução de ofício*, efetuada pela Administração, ou por quem lhe faça as vezes, em substituição do administrado

técnicas da importação, exportação, a extração, produção, manipulação, beneficiamento, acondicionamento, transporte, armazenamento, distribuição, dispensação, esterilização, embalagem e reembalagem, aplicação, comercialização e uso, referentes aos produtos e substâncias de interesse à saúde". Merece especial atenção o art. 72 desse diploma: "Em decorrência das investigações epidemiológicas, a autoridade sanitária local poderá tomar medidas pertinentes podendo, inclusive, ser providenciado o fechamento total ou parcial de estabelecimentos, centros de reunião ou diversão, escolas, creches e quaisquer locais abertos ao público, durante o tempo julgado necessário por aquela autoridade, obedecida a legislação vigente". O fechamento total ou parcial é típico *encargo administrativo*, dever de suportar.

51. Em relação às ordens, retoma-se o exemplo da Lei do Município de São Paulo 15.442/2011, que impõe aos proprietários dos imóveis urbanos o dever de manter a limpeza dos imóveis, de efetuar o fechamento de terrenos não edificados e de construir passeios. Verificado pela Administração Municipal o descumprimento desses condicionamentos administrativos, ela deverá, nos termos do art. 11, *multar* o proprietário e *notificá-lo* para que cumpra seu dever. Eis a redação do dispositivo: "Art. 11. O descumprimento das disposições desta Lei acarretará a lavratura, por irregularidade constatada, de autos de multa e de intimação para regularizar a limpeza, o fechamento ou o passeio, conforme o caso, no prazo improrrogável de 30 (trinta) dias". Trata-se de *ordem administrativa*. O desatendimento dessa ordem desencadeia *nova competência administrativa sancionadora*. É o que prescreve o art. 14:

"Art. 14. Na hipótese do não atendimento da intimação nos prazos estabelecidos no art. 11 desta Lei, nova multa será aplicada por irregularidade constatada.

"Parágrafo único. A multa prevista no *caput* deste artigo será renovada a cada 30 (trinta) dias até que haja a comunicação do saneamento da irregularidade ou a constatação da regularização pela Administração Municipal."

52. Sobre a diferença, consultar: Carlos Ari Sundfeld, *Direito Administrativo Ordenador*, cit., 1ª ed., 3ª tir., pp. 78-82; Celso Antônio Bandeira de Mello, *Curso de Direito Administrativo*, cit., 31ª ed., Capítulo XV-15, pp. 877-878.

infrator, cobrando-se dele, posteriormente, os respectivos custos: a Administração, por exemplo, efetua a limpeza no terreno, constrói o muro ou o passeio.[53]

### *13.5.3 Sacrifícios de direito*

A terceira técnica da Administração Ordenadora exige maiores explicações. Trata-se da imposição de *sacrifícios de direitos*. Para entendê-los faz-se necessário, primeiramente, diferenciar a *configuração* da *restrição* de direitos fundamentais. Para aqueles que adotam a *teoria interna das restrições* – teoria, essa, rejeitada neste estudo –, toda restrição é uma configuração;[54] para os que adotam a *teoria externa*, trata-se de conceitos diferentes: não são todos os direitos fundamentais que admitem *conformação*, mas somente os chamados *direitos institucionais*.[55] O direito à herança e o direito à propriedade são típicos exemplos: protegem-se duas instituições cujos conceitos não se encontram expressos no texto constitucional. Daí a distinção: há normas infraconstitucionais que *restringem* o direito à propriedade e há normas infraconstitucionais que *configuram* esse direito.[56] Fixe-se, desde já, o se-

53. A ordenação restringe-se à chamada *sujeição geral*. Nesse campo, a coação material do administrado pela própria Administração só é possível quando o bem jurídico visado pela Administração exigir a proteção imediata. Sempre que não houver essa exigência surgem três alternativas: ou a Administração vale-se da chamada *coação indireta*, decorrente da imposição da sanção, e espera que essa imposição ou sua reiteração sejam suficientes para constranger o infrator a atender ao dever administrativo; ou a Administração vale-se da execução de ofício, substitui o administrado, executa as providências necessárias e cobra dele os custos; ou a Administração recorre ao Judiciário, para que este constranja materialmente o administrado a cumprir o dever administrativo. Deveras: no campo da sujeição geral a coação material do administrado pela Administração é excepcional, só autorizada quando a tutela do bem jurídico protegido exigir atuação imediata.

54. Por exemplo: Peter Häberle, *La Garantía del Contenido Esencial de los Derechos Fundamentales*, cit., p. 172.

55. Sobre os *direitos institucionais*, v.: José Horácio Meirelles Teixeira, *Curso de Direito Constitucional*, Rio de Janeiro, Forense Universitária, 1991, pp. 696-701.

56. Sobre a diferença entre *restrição* e *configuração*, v.: Robert Alexy, *Teoria dos Direitos Fundamentais*, cit., 2ª ed., 3ª tir., pp. 332-340; Gilmar Ferreira Mendes, "Âmbito de proteção de direitos fundamentais e as possíveis limitações", in Gilmar Ferreira Mendes, Inocêncio Mártires Coelho e Paulo Gustavo Gonet Branco, *Hermenêutica Constitucional e Direitos Fundamentais*, 1ª ed., 2ª tir., Brasília, Brasília

guinte: o direito à liberdade admite apenas *restrição*, não admite *configuração*, pois não se trata de direito institucional; o princípio da proteção à liberdade impõe o dever de respeitar na *maior medida possível* a autonomia dos indivíduos, a prerrogativa de auto-administrarem sua esfera jurídica.

Deve-se ter presente, contudo, que na data da promulgação da Constituição já existia um conceito técnico-jurídico de *herança* e de *propriedade*: esse conceito, ao menos no seu núcleo essencial, constitucionalizou-se junto com as palavras.[57] O direito à propriedade estava configurado no art. 524 do CC de 1916 como o direito de usar, gozar e dispor de seus bens e de reavê-los de quem quer que injustamente os possua. Essa conformação foi repetida no *caput* do art. 1.228 do CC de 2002. Afirma-se: esse contorno do direito de propriedade, já existente quando da promulgação da Constituição, constitucionalizou-se. Por isso, em rigor, só há conformação quando inexiste o conceito técnico na data da elaboração da Constituição. São casos raros: um exemplo é a *argüição de descumprimento de preceito fundamental*, prevista no § 1º do art. 102 da CF de 1988 – a lei infraconstitucional realmente *configurou* essa garantia constitucional.[58] Segunda conclusão: a conformação de direitos institucionais pode ser *real* ou *aparente*: será real quando não houver um significado definido quando da promulgação da Constituição; será aparente quando houver um significado previamente definido. No último caso a *configuração* infraconstitucional anterior à elabo-

Jurídica, 2002, pp. 215-223. Alexy observa: "Sempre que a eliminação de uma competência iniba a realização de um princípio de direito fundamental, não se trata de uma simples configuração, mas de uma restrição, que, enquanto tal, necessita ser justificada". E, pouco adiante: "O critério de não-inibição da realização de um princípio de direito fundamental pressupõe que sempre que um sopesamento orientado pela máxima da proporcionalidade seja necessário (caso real de direitos fundamentais) ou simplesmente possível (caso potencial) não se pode falar em uma configuração, pois se trata de uma restrição" (*Teoria dos Direitos Fundamentais*, cit., 2ª ed., 3ª tir., p. 339).

57. Cf., *supra*, Capítulo 8-8.2.2; Capítulo 9-rodapé 85; Capítulo 11-rodapé 85. Assim, a conformação infraconstitucional do direito à propriedade constitucionalizou-se.

58. Nem aí, porém, a "liberdade" legislativa é absoluta. Por todos: André Ramos Tavares, *Tratado da Argüição de Preceito Fundamental*, São Paulo, Saraiva, 2001, pp. 100 e ss. A suposta *liberdade* legislativa é *ontologicamente* equivalente à *discricionariedade* administrativa; a diferença é apenas de *grau*.

ração da Constituição constitucionaliza-se e se encontra *implícita* no próprio texto constitucional.

O princípio do direito à propriedade consiste, assim, numa prescrição de que se garanta o mais amplamente possível o direito do indivíduo de usar, gozar e dispor dos bens integrantes de seu patrimônio e de reavê-los de quem injustamente os possua. Como dantes afirmado, as *restrições aos direitos fundamentais* são ditadas pela *ponderação* de princípios. Elas devem respeitar o *núcleo essencial* dos direitos fundamentais. Conduto, a definição do núcleo essencial também decorre da *ponderação*, é ditada pelo postulado da *proporcionalidade*. Daí a importância da primeira lei da ponderação de Alexy: "'Quanto maior for o grau de não-satisfação ou de afetação de um princípio, tanto maior há que ser a importância da satisfação do outro'".[59]

Em relação ao direito fundamental à propriedade, o constituinte, em decorrência da supremacia do interesse público sobre o privado, possibilitou a afetação do *núcleo essencial*. Quer dizer: efetuada a ponderação, aplicado o postulado da proporcionalidade, apura-se o núcleo essencial do direito à propriedade. A concretização dos princípios opostos pode permitir o atingimento do *núcleo essencial*, ou seja, o *sacrifício* total ou parcial do direito. Essa possibilidade decorre dos incisos XXIV e XXV do art. 5º da CF.

Sobre o tema, várias diretrizes podem ser fixadas. Primeira: somente o direito à propriedade admite o abalroamento do núcleo essencial; não há, pois, que se falar, por exemplo, em sacrifício do direito à liberdade. Só a propriedade pode ser *sacrificada*.

O direito à propriedade pode ser total ou parcialmente sacrificado. O sacrifício ocorre não somente quando o Estado retira um bem ou parte de um bem do patrimônio do administrado, mas também quando atinge intensamente um dos direitos inerentes à propriedade: o de usar, gozar ou dispor do bem. Adota-se, aqui, parcialmente a terminologia proposta por Carlos Ari Sundfeld: o sacrifício sempre importa uma *desapropriação em sentido amplo*,[60] e esta pode importar a *ablação* do

59. Robert Alexy, *Teoria dos Direitos Fundamentais*, cit., 2ª ed., 3ª tir., p. 167.

60. Nas palavras de Sundfeld: "Daí a legitimidade da afirmação segundo a qual a desapropriação é o meio adequado para a imposição de qualquer sacrifício, ainda quando não gere a aquisição de bens ou direitos pelo Estado e tenha ele o nome que

direito – o arrebatamento, provisório ou permanente, de um ou mais poderes do proprietário – ou a *extinção de direito*.[61] A ablação ocorre ou pela compressão anormal de seu conteúdo, em decorrência da imposição de uma obrigação de não fazer ou de suportar,[62] ou pela suspensão

tiver: tombamento, servidão, restrição, ocupação etc. Assim como atinge quaisquer direitos patrimoniais, a desapropriação pode colhê-los em qualquer grau, é dizer, total ou parcialmente, temporária ou definitivamente. (...)" (*Direito Administrativo Ordenador*, cit., 1ª ed., 3ª tir., p. 100).

61. Carlos Ari Sundfeld, *Direito Administrativo Ordenador*, cit., 1ª ed., 3ª tir., p. 112. O insigne publicista chama a primeira hipótese de "restrição" do direito. Por outro lado, ele chama as *restrições de direitos fundamentais* de "condicionamentos". Adotada a terminologia contemporânea, faz-se necessário outra denominação: ao invés de *restrição*, *ablação*. Reconhece-se a complexidade da terminologia: *restrições*, *limitações* ou *condicionamentos* não se confundem com *sacrifícios*, pois, ao contrário destes, não afetam o núcleo essencial do direito fundamental.

62. O *tombamento* pode apresentar duas naturezas distintas: (a) *tombamento-sacrifício*, quando restringir os poderes do proprietário de modo a afetar o núcleo essencial da propriedade – caso em que configurará típica *servidão administrativa*; (b) *tombamento-condicionamento*, que não afeta o núcleo essencial da propriedade e, por isso, caracteriza mera restrição ou, segundo a terminologia assente na doutrina, *limitação administrativa*. No primeiro caso ele exige *prévia* e *justa indenização*; no segundo, não é indenizável. O tombamento de um quadro, *v.g.*, é *tombamento-condicionamento*; o tombamento de um imóvel urbano pode configurar *tombamento-sacrifício*. A distinção entre tombamento-sacrifício e tombamento-condicionamento é efetuada por Carlos Ari Sundfeld (*Direito Administrativo Ordenador*, cit., 1ª ed., 3ª tir., pp. 113-114).

Lúcia Valle Figueiredo sustenta uma terceira possibilidade: a extinção do direito de propriedade pelo tombamento, caso em que ele configuraria típica *desapropriação* em sentido estrito (*Curso de Direito Administrativo*, 9ª ed., São Paulo, Malheiros Editores, 2008, pp. 317-318). Discorda-se: se o tombamento torna o bem totalmente inútil ao proprietário, é vedado ao Poder Público efetuar o tombamento; ele deve desapropriar o bem. O tombamento, se efetuado nesse caso, é inválido: configura *desapropriação indireta* (v., *infra*, Capítulo 14). Nesse sentido, com absoluto acerto, doutrina Maria Sylvia Zanella Di Pietro: "Se, para proteger o bem, o Poder Público tiver que impor restrição total, de modo que impeça o proprietário do exercício de todos os poderes inerentes ao domínio, deverá desapropriar o bem, e não efetuar o tombamento" (*Direito Administrativo*, cit., 25ª ed., p. 146).

Para Carlos Ari Sundfeld a servidão pode apresentas duas naturezas: *servidão-sacrifício* e *servidão-condicionamento* (*Direito Administrativo Ordenador*, cit., 1ª ed., 3ª tir., pp. 66-67). Discorda-se: a servidão-condicionamento não é servidão, mas limitação administrativa. A servidão só se configura quando houver abalo ao núcleo essencial do direito de propriedade, vale dizer, quando configurar sacrifício. Sem embargo, reconhece-se: dentre as hipóteses de servidão mencionadas pela doutrina majoritária muitas são típicos casos de limitação administrativa e outras são típicos casos de sacrifício.

temporária de sua fruição.[63] A extinção ocorre ou com a transferência da propriedade do bem para o patrimônio do Poder Público ou pela imposição de deveres de abstenção tão intensos que importem a impossibilidade de utilização funcional do bem. Segunda conclusão: o sacrifício pode resultar não apenas da perda de todo o direito, mas também da perda ou suspensão de um dos aspectos do direito.

O sacrifício exige *prévia* e *justa indenização* e, se não houver acordo com o administrado, o ajuizamento de *ação judicial*. Como regra geral, o sistema jurídico brasileiro não permite que a Administração Pública sacrifique os direitos do administrado, quando não houver acordo, sem o recurso ao Judiciário.[64] Essa regra é comumente respeitada quando o sacrifício importa transferência da propriedade para o patrimônio estatal, mas é freqüentemente desrespeitada, pelo legislador e pela Administração, quando o sacrifício se restringe à supressão ou suspensão dos poderes inerentes à propriedade. Vale dizer: a servidão e o tombamento-sacrifício importam, quase sempre, uma inconstitucional *desapropriação indireta*. Daí a importância da terceira conclusão: em regra, o sacrifício exige prévia e justa indenização; não havendo acordo com o administrado, exige prévio ajuizamento de ação judicial.

É, ademais, por força do inciso XXV do art. 5º da CF, possível a *requisição administrativa*: a utilização da propriedade particular pela Administração Pública em decorrência de "perigo público iminente". Quando a tutela dos bens jurídicos protegidos pela Administração exigir a imediata utilização de bem particular, é admissível a requisição. Nesse caso, a indenização é *ulterior*. Empreende-se o sacrifício e se oficia à Procuradoria para a apresentação de proposta de acordo e, se não aceita a proposta, o ajuizamento da ação de indenização.

63. A suspensão temporária decorre da *requisição administrativa* de bens dos particulares, também chamada, quando tiver por objeto bens imóveis, de *ocupação temporária*. Para Carlos Ari Sundfeld ela também pode apresentar duas naturezas: *requisição-condicionamento* e *requisição-sacrifício*; e esta pode ser *ordinária*, com prévia indenização, ou *extraordinária*, com indenização ulterior (*Direito Administrativo Ordenador*, cit., 1ª ed., 3ª tir., pp. 115-116). Discorda-se: a *requisição-condicionamento* não é requisição, mas *limitação administrativa*; a *requisição-ordinária* não é requisição, mas *servidão administrativa*. Requisição administrativa consiste no sacrifício do direito de propriedade decorrente de atuação administrativa *urgente*, e, por isso, com pagamento ulterior da indenização. A CF prevê expressamente apenas a requisição de bens imóveis: art. 5º, XXV.

64. Cf. Carlos Ari Sundfeld, *Direito Administrativo Ordenador*, cit., 1ª ed., 3ª tir., pp. 104-111.

O *sacrifício* do direito à propriedade também é uma *restrição* ao princípio de proteção à propriedade. A diferença é apenas de intensidade: há restrições que respeitam o *núcleo essencial* (para fins didáticos, podem ser chamadas de *condicionamentos* ou *limitações*) e a há restrições que atingem o núcleo essencial (chamadas de *sacrifícios*). Saber quando a restrição decorrente da *ponderação de princípios* importa um condicionamento e quando importa um sacrifício, quando a restrição atinge o núcleo essencial do direito à propriedade e quando não atinge, não é problema de fácil solução. Vários critérios foram propostos.[65] Um deles é a *generalidade* ou a *singularidade* da medida: medidas gerais tendem a configurar condicionamentos, enquanto medidas singulares tendem a configurar sacrifícios. O critério não é absoluto: quando a medida geral importe uma onerosidade excessiva para o proprietário, ela também configura sacrifício. Outro critério: quando a medida importar inviabilidade prática e econômica do emprego da coisa, configura sacrifício. Carlos Ari Sundfeld conclui que a diferença reside na *normalidade* ou *anormalidade* do gravame.[66] Perceba-se: não há fórmula matemática, indicativa de solução fácil. A apuração dos contornos do núcleo essencial do direito à propriedade – e, pois, se o gravame configura, ou não, sacrifício e, assim, se gera, ou não, direito à indenização – dá-se pela *ponderação*, pela aplicação do *postulado da proporcionalidade*.[67]

65. Os vários critérios foram detidamente analisados por Carlos Ari Sundfeld (*Direito Administrativo Ordenador*, cit., 1ª ed., 3ª tir., pp. 89-95).

66. Nas palavras dele: "O conceito de normalidade flutua no tempo e no espaço. Contudo, é viável e necessário delimitá-lo, até certo grau. É normal, mesmo quando atinja sujeito especificado, o gravame de *baixa intensidade* (exemplo: dever de suportar a afixação, na fachada do imóvel, de placa indicativa do nome da rua), de *pequena extensão* (exemplo: dever de preservar portal histórico, quando da demolição do prédio para nova edificação), de *curtíssima duração* (exemplo: ocupação de terreno pela Polícia, por dois dias, para acesso ao imóvel vizinho, invadido por bandidos), que *não altere a destinação do bem nem impeça ou diminua sua utilização natural* (exemplo: tombamento de obra pictórica, impedindo sua destruição) ou que *provoque mínimo prejuízo* (exemplo: requisição de trator pertencente a particular para remover pequena quantidade de entulho lançado na via pública)" (Carlos Ari Sundfeld, *Direito Administrativo Ordenador*, cit., 1ª ed., 3ª tir., pp. 94-95).

67. Nesse sentido, afirma José Roberto Pimenta Oliveira: "Em termos de direito de propriedade, esta análise se circunscreve na cuidadosa verificação, ao nível da exigência de proporcionalidade em sentido estrito (portanto, após o exame da adequação e necessidade das medidas), do grau de compressão exercido sobre a proprie-

Toda ordenação administrativa pressupõe *prévia ponderação constitucional* e *legislativa*. Trata-se sempre de uma aplicação pela Administração de *regras abstratas*. Ela é um *mero desdobramento* do exercício das funções constituinte e legislativa. Conforme afirmado, as restrições decorrem sempre ou de uma *regra constitucional* ou de um *princípio constitucional*. No último caso, o legislador, pela ponderação dos princípios, formula uma série de *restrições infraconstitucionais*. Há, enfim, *restrições decorrentes de regras constitucionais* e *restrições decorrentes de regras legislativas*. Noutras palavras: o constituinte e o legislador estabelecem uma série de *regras restritivas* da liberdade e da propriedade. Muitas dessas regras exigem a atuação da Administração. A *ordenação administrativa* é, enfim, o cumprimento de *restrições aos direitos fundamentais* estabelecidas em *regras jurídicas*, constitucionais ou legais.

### *13.6 Teoria clássica do poder de polícia*

Acolheu-se neste estudo a teoria da ordenação administrativa. Ela foi desenvolvida pela doutrina em substituição à teoria do poder de polícia. Defende-se, contudo, a *autonomia* conceitual do poder de polícia e a necessidade da manutenção de ambas as formulações teóricas para a adequada compreensão do sistema normativo. Cumpre, porém, efetuar uma *reformulação* do poder de polícia, e para tanto se faz necessário retomar sua *formulação clássica*.

Essa formulação é encontrada na obra de Otto Mayer.[68] Afirmou o célebre jurista que o poder de polícia tem por finalidade *evitar* os perigos à prosperidade e à segurança dos cidadãos; não tem em mira o aumento da prosperidade.[69] Ele é exercido para *evitar danos* aos bens jurídicos tutelados; não para concretizar os direitos sociais, mas para evitar o descumprimento das concretizações já existentes no plano abstrato. Daí o conceito formulado pelo administrativista alemão: "A polí-

dade, o qual, sendo excessivamente desproporcional, no caso de sacrifício, revelará uma fulminação do núcleo essencial do Direito" (*Os Princípios da Razoabilidade e da Proporcionalidade no Direito Administrativo Brasileiro*, cit., pp. 426-427).

68. Otto Mayer, *Derecho Administrativo Alemán*, t. II, trad. de Horacio H. Heredia e Ernesto Krotoschin, Buenos Aires, Depalma, 1950, § 18, pp. 4-18.

69. Idem, p. 5.

cia é a atividade do Estado que tem por fim a defesa da boa ordem da coisa pública, mediante os recursos do poder de autoridade, contra as perturbações que as existências individuais possam ocasionar".[70]

Após formular esse conceito, Mayer indaga o porquê da utilização da expressão "poder de polícia" se o "Estado de Polícia" já se encontrava sepultado, e encontra o fundamento para manutenção da expressão no "dever geral" dos súditos frente à Administração e à coletividade. Trata-se de um "dever" inato de não perturbar a boa ordem da coisa pública; trata-se – afirma Mayer[71] – mais do que um dever moral, de um dever jurídico. Esse dever geral dos cidadãos para com a boa ordem pública é correlato a um poder da Administração – poder, esse, que pode ser exercido ainda que não haja previsão legal expressa.[72] Daí a pertinência da manutenção da expressão "poder de polícia", pois há um *dever para com a polícia*.

Até bem pouco tempo vigorava na Ciência do Direito a segunda fase do conceito de princípios jurídicos; eles não eram considerados normas jurídicas autônomas. Assim, o exercício pela Administração de um poder não fundado numa regra abstrata era considerado exercício arbitrário do poder, vale dizer, exercício não fundado numa norma jurídica. Entende-se, assim, o motivo de toda doutrina fazer coro uníssono contra a formulação de Otto Mayer. A Administração não pode, no Estado de Direito, atuar sem estar calçada numa norma jurídica; como os princípios não eram considerados normas jurídicas, faziam-se sempre necessárias as *regras*. O poder de polícia só existia quando houvesse *regra legislativa expressa*. Ora, perceba-se: a partir do momento que se nega a existência do "dever geral" e da correlata competência para garantir a manutenção da ordem mesmo na falta de regra legislativa expressa, deixa de ter, de fato, sentido a expressão "poder de polícia". A

70. Idem, p. 8 (tradução nossa).

71. Idem, p. 11.

72. Otto Mayer é enfático: "Fala-se, em geral, tanto na legislação como nos atos das autoridades, de *deveres para com a polícia*, deveres que se consideram juridicamente definidos e válidos mesmo antes que o direito positivo os regule de alguma maneira" (*Derecho Administrativo Alemán*, cit., t. II, p. 11 – tradução nossa). E, pouco adiante: "A reserva constitucional exige que haja um fundamento legal para cada restrição à propriedade ou à liberdade, mas não é necessário tal fundamento para rechaçar diretamente pela força o transtorno causado à boa ordem" (idem, p. 12 – tradução nossa).

doutrina rejeitou os fundamentos apresentados por Otto Mayer e, coerentemente, passou a rejeitar a chamada *teoria do poder de polícia*.

## *13.7 Teoria neoconstitucional do poder de polícia*

Vive-se, todavia, nos termos já antecipados, a *terceira fase* do conceito de princípios jurídicos: eles são hoje considerados *normas jurídicas autônomas*. Dos princípios, independentemente da prévia edição de uma regra legislativa, extraem-se proibições e deveres. Esse avanço da Ciência do Direito importou verdadeira *revolução conceitual*. Prevalece na doutrina que os *direitos fundamentais* se aplicam também aos *particulares*, e, por isso, há, sim, um dever jurídico genérico de respeito aos direitos fundamentais.[73] Há, correlativamente, uma prerrogativa implícita conferida à Administração Pública para tutelar esses direitos fundamentais. Resultado: o que era verdadeiro *tabu* no direito administrativo passou a ser tranqüilamente admitido. A Administração pode, *em casos excepcionais*, editar atos administrativos não fundados numa lei – entenda-se: numa regra infraconstitucional –, mas, sim, fundados diretamente na Constituição.[74]

Examinados anteriormente os aspectos essenciais da função legislativa, é mister tecer algumas considerações sobre os aspectos essenciais da função administrativa: enquanto a primeira tem por núcleo essencial a realização de *ponderações* num *plano abstrato*, a segunda tem por núcleo essencial a realização de *ponderações* num *plano concreto*.

73. É, pois, plenamente adequada a denominação do Capítulo I do Título II da Constituição de 1988: trata-se de *direitos* e de *deveres*, individuais e coletivos. Sobre a aplicação dos direitos fundamentais às relações privadas, consultem-se, por todos: Daniel Sarmento, *Direitos Fundamentais e Relações Privadas*, Rio de Janeiro, Lumen Juris, 2004; Wilson Antônio Steinmetz, *A Vinculação dos Particulares a Direitos Fundamentais*, São Paulo, Malheiros Editores, 2004, p. 295. V., em especial, nosso *Abuso de Direito e a Constitucionalização do Direito Privado*, cit., pp. 74 e ss.

74. Essa possibilidade é hoje admitida pela boa doutrina. Deveras, Celso Antônio Bandeira de Mello apresenta o seguinte conceito de *função administrativa*: "(...) é a função que o Estado, ou quem lhe faça as vezes, exerce *na intimidade de uma estrutura e regime hierárquicos* e que no sistema constitucional brasileiro se caracteriza pelo fato de ser *desempenhada mediante comportamentos infralegais* ou, *excepcionalmente*, *infraconstitucionais*, [*nossos estes dois grifos*] submissos todos a *controle de legalidade pelo Poder Judiciário*" (*Curso de Direito Administrativo*, cit., 31ª ed., Capítulo I-9, p. 36).

Dessarte: função administrativa, sob o aspecto substancial, consiste na apuração da medida constitucional da exigência de cumprimento de determinados fins, tendo em vista as circunstâncias do caso concreto e a atividade legislativa até então exercida, bem como a fixação, de acordo com a medida apurada, dos meios necessários à realização desses fins.[75]

Na *ponderação administrativa* a Administração está vinculada à observância da ponderação efetuada pelo legislador. Entenda-se: só poderá afastar a disciplina legal, afastando uma exigência da lei ou impondo um comportamento não previsto, caso o princípio (ou princípios) que exija essa solução tenha mais peso diante do caso concreto do que a soma do peso dos princípios opostos e do peso do *princípio formal* segundo o qual a atuação legislativa deve preponderar. Somente nesses casos, *que são raros*, poderá ser imposto pela Administração um comportamento não previsto em lei ou afastada uma exigência imposta pela lei. A Administração, na ponderação que efetuar, deverá atentar para a diferença de peso previamente fixada pelo constituinte (*ponderação constitucional*), para a ponderação efetuada pelo legislador (*ponderação legal*) e para os respectivos *princípios formais* que dão primazia ao resultado dessas ponderações.

Afirmou-se anteriormente que as *restrições* à propriedade e à liberdade decorrem ou de uma *regra constitucional* ou de um *princípio constitucional*. As restrições decorrentes de um princípio quase sempre decorrem do *exercício da função legislativa*: compete ao legislador *ponderar*, num plano abstrato, os princípios constitucionais e, diante da ponderação realizada, fixar as respectivas *restrições*. Deveras: as restrições fundadas em princípios constitucionais, em geral, são fixadas em *regras legislativas abstratas*. É possível, contudo, excepcionalmente, que as *restrições* fundadas nos princípios constitucionais não estejam fixadas em regras legislativas: decorram da *ponderação administrativa*, realizada diante do *caso concreto*. Esse, e somente esse, é o campo do *poder de polícia*.

Logo, o poder de polícia diz respeito à competência administrativa de impor, na falta de lei, restrições à propriedade e à liberdade, em concretização dos princípios mais pesados no caso concreto. Restringe-se aos casos excepcionais em que o princípio formal que dá primazia à

75. Sobre o tema, v. nosso *Efeitos dos Vícios do Ato Administrativo*, cit., Capítulo III-2.4.3 e 2.4.4, pp. 88-95.

ponderação legislativa (a aplicação da regra legislativa ou, na falta de regra legislativa, a omissão administrativa) é afastado. Trata-se de um *poder* (*dever-poder*) correlato ao dever dos administrados de respeitarem os princípios constitucionais (tanto os princípios relativos a direitos individuais como os princípios relativos a bens coletivos).[76]

Alguns exemplos facilitarão o entendimento da noção proposta. Antes de enunciá-los, fixa-se uma ressalva: todos os exemplos pressupõem a falta de previsão legal, a inexistência de regra legislativa que preveja os fatos do mundo fenomênico e que atribua expressa competência para que a Administração exerça a ordenação. O primeiro exemplo toma por base a obra literária de José Saramago, *Ensaio sobre a Cegueira*: suponha-se que uma doença, extremamente contagiosa e absolutamente desconhecida da Medicina, torne as pessoas cegas; toda pessoa que entra em contato com o doente fica imediatamente cega. Nenhum jurista sustenta que na falta de lei só resta à Administração lamentar. Também ninguém sustenta que a Administração deve aguardar a promulgação de uma lei ou de uma medida provisória ou o deferimento de uma liminar, pois, conforme bem retratado por Saramago, na situação proposta, se não adotadas providências imediatas, em poucas horas dezenas, talvez centenas, de pessoas estariam contaminadas. Na falta de lei, em concretização do princípio de proteção à saúde das pessoas, deve a Administração agir, e a única solução é o confinamento provisório dos doentes. Trata-se de medida que, na ausência de lei expressa, é típica manifestação do *poder de polícia*.

76. Os princípios jurídicos dividem-se em três classes: princípios referentes a *direitos individuais*, princípios referentes a *bens coletivos* e princípios *formais*. Sobre as duas primeiras classes, v. Robert Alexy, *El Concepto y la Validez del Derecho*, 2ª ed., trad. de Jorge M. Seña, Barcelona, Gedisa, 2004, pp. 179-208. Um bem coletivo de uma classe de indivíduos não é suscetível de ser dividido entre eles; é, por definição, não-distributivo. Os princípios referentes a bens coletivos são mandados de optimização de criação ou conservação de bens coletivos (idem, p. 188); os princípios referentes a direitos individuais são direitos subjetivos protegidos *prima facie* (idem, pp. 181-185). Em termos práticos, as duas classes são facilmente diferenciadas e reconhecidas: o direito à privacidade e a proteção do meio ambiente são, respectivamente, exemplos escolares de princípio relativo a direito individual e de princípio relativo a bem coletivo. Os princípios formais atribuem uma carga argumentativa em favor dos outros princípios. Sobre o dever dos administrados de respeitar os princípios constitucionais e o correlato poder de polícia, v. nosso *Abuso de Direito e a Constitucionalização do Direito Privado*, cit., pp. 74 e ss.

Outro exemplo, também hipotético: imagine-se que não haja lei disciplinando a produção de *barulho* nos centros urbanos. Na falta de lei, a realização de barulho é, em princípio, permitida. Imagine-se que um munícipe comece a gerar barulho muito alto, contínuo, suficiente para causar dano à saúde dos demais munícipes. Suponha-se a absoluta falta de norma legislativa que preveja a situação. Ninguém dúvida de que, em concretização da saúde da coletividade, pode a Administração, mesmo na falta de regra legislativa expressa, fazer com que o barulho cesse ou, ao menos, diminua. Trata-se, mais uma vez, de exercício de competência fundada no poder de polícia.

Agora um exemplo real: trata-se do *arrêt* "Commune de Morsang-sur-Orge", julgado em 27.10.1995 pelo Conselho de Estado francês.[77] O Prefeito da *Commune de Morsang-sur-Orge* interditou um espetáculo de arremesso de anão (*lancer de nain*) promovido na discoteca do Embassy Club. A empresa Fun Production et M. Wackenheim ingressou com ação judicial requerendo a invalidação do ato administrativo e indenização pelos prejuízos causados. O Tribunal Administrativo de Versalhes julgou a ação procedente. O Prefeito representou ao Conselho

77. O jurista que conhece um pouco do Direito Francês poderia rejeitar de plano o exemplo, com a afirmação de que o princípio da legalidade não foi acolhido pela Constituição francesa de 1958 do mesmo modo que na Constituição brasileira de 1988. A afirmação estaria correta, mas não teria o condão de afastar a pertinência do exemplo. Deveras, após enumerar uma série de matérias que devem ser disciplinadas por lei, estabelece a Constituição francesa vigente, no art. 37: "Outras matérias que pertencem ao domínio da lei têm um caráter regulamentar. Os textos de caráter legislativo intervindo nessas matérias podem ser modificados por decretos, ouvido o Conselho de Estado". Assim, na França restringiu-se o princípio da legalidade às matérias arroladas no art. 34; para todas as demais o princípio foi simplesmente abolido, a função legislativa foi atribuída ao Poder Executivo. Quer dizer: as matérias discriminadas no art. 34 são disciplinadas em lei, as demais são disciplinadas em regulamento. Afirmam Jean Rivero e Jean Waline: "No 'domínio da lei', o legislador é seu mestre, mas é, ao mesmo tempo, prisioneiro; competente para estatuir sobre as matérias a ele reservadas, ele é incompetente em relação a todas as outras" (*Droit Administratif*, 18ª ed., Paris, Dalloz, 2000, § 53, p. 57 – tradução nossa). Pelo referido art. 34: "A lei fixa regras relativas: – aos direitos cívicos e garantias fundamentais atribuídas aos cidadãos para o exercício das liberdades públicas". Ora, perceba-se: no campo *das restrições aos direitos fundamentais* a Constituição francesa de 1958 é equivalente à Constituição brasileira de 1988. Restrição de direitos fundamentais na França deve ser imposta em lei, e não em regulamento; vigora para essa matéria uma *reserva legal*; há regular incidência do *princípio da legalidade*. Por isso, o exemplo do arremesso de anão é pertinente ao ordenamento brasileiro.

de Estado, que reformou a decisão: considerou que a atração atenta contra a *dignidade da pessoa humana*, e, por isso, a autoridade investida do poder de polícia poderia, mesmo na falta de norma expressa, interditá-la.

Perceba-se o raciocínio: a empresa tem, *prima facie*, na falta de norma expressa que o proíba, o direito de explorar atividade econômica e produzir espetáculos; o anão tem, *prima facie*, também na falta de norma expressa, o direito ao livre exercício profissional, o direito de contratar com a empresa e o direito de se submeter à remessa pelo pagamento de determinada remuneração. É inegável que, diante do princípio constitucional da liberdade individual e de todas as decorrências dele, liberdade de exploração de atividade econômica, de exercício profissional, de contratar, de dispor do próprio corpo, tanto a empresa como o anão possuem direitos *prima facie*.

Ocorre que os particulares são obrigados a efetuar uma *ponderação* entre os princípios incidentes e apurar até que ponto o espaço de liberdade decorrente da ausência de regra expressa subsiste. No caso, esses direitos são afastados pela incidência do princípio da dignidade da pessoa humana. Mesmo na falta de regra legislativa expressa que vede o arremesso de anão, este é proibido porque, numa ponderação entre os princípios incidentes, o princípio da dignidade da pessoa humana, nesse caso, afasta o princípio do direito à liberdade individual. O *dever* geral de *respeito à dignidade da pessoa humana* autoriza a Administração a intervir no espetáculo, mesmo na falta de *regra legislativa*.

Esse julgamento foi um verdadeiro *marco* dos *direitos constitucional* e *administrativo*: ele marcou a nova fase dos *princípios jurídicos*; a *dignidade da pessoa humana*, por si, proíbe comportamentos. É analisado à exaustão pela doutrina, principalmente pelos constitucionalistas. A doutrina, contudo, raramente se manifesta sobre o tema central do acórdão: ele se refere expressamente ao instituto clássico do *poder de polícia*, e o faz com absoluto acerto, pois a competência da Administração para interditar o espetáculo e evitar o arremesso de anão assenta-se no *poder de polícia*, vale dizer, na competência para concretizar no plano concreto os princípios constitucionais; ou, ainda, na competência para, diante das circunstâncias do caso, quando afastado o princípio formal que dá prevalência, na falta de regra legislativa expressa, à omissão ou, existindo regra, à aplicação da regra, atuar com fundamento direto no princípio constitucional. Alicerça-se, enfim, na competência para, mesmo na falta de regra expressa, diante das circunstâncias do caso concreto, evitar a acentuada violação da dignidade da pessoa humana.

Poder-se-ia indagar, ainda assim, a razão para manutenção da expressão "poder de polícia"; por que não inserir essa competência na *teoria da ordenação administrativa*, por que duas teorias? A razão está na elaboração clássica da teoria do poder de polícia. O signo "polícia", como dantes enfatizado, liga-se a uma atitude de *expectação*, a Administração aguarda o *descumprimento* da ordem jurídica, a *violação* dos princípios constitucionais, e só age quando essa violação, esse descumprimento, ocorrer. Trata-se sempre de uma *reação* a comportamentos ilícitos.[78] Por isso, pelo poder de polícia jamais são impostas obrigações de fazer. Essa idéia permanece: na visão contemporânea do poder de polícia, este é restrito à imputação de abstenções ou, excepcionalmente, à imputação do dever de suportar, jamais do dever de fazer.

### *13.8 Caracteres do poder de polícia*

É possível que a *ponderação do caso concreto* exija, para a adequada tutela dos valores constitucionais – ou, noutros termos, para evitar a violação dos princípios constitucionais –, mesmo na falta de lei, que a Administração se valha da *requisição*. Nesse caso, a ocupação provisória de bem imóvel do administrado, a utilização provisória de bem móvel ou até mesmo a necessidade de expropriação de bem móvel (remédios, alimentos) decorrem do *exercício* do poder de polícia. Na noção aqui apresentada a polícia não se restringe apenas à imposição do que a doutrina chama de *limitações administrativas*. Pode impor *sacrifícios*.

Perceba-se: para evitar a violação dos princípios constitucionais, a ponderação no caso concreto pode exigir a imposição do dever de suportar a utilização de bem móvel ou imóvel. Trata-se, por óbvio, de casos excepcionais, em que a proteção do princípio constitucional exige a

78. Nas palavras de Otto Mayer: "O que é certo é que também nas ordens de polícia há sempre, conforme a idéia fundamental da instituição, algo, um objeto, uma finalidade, que as aproxima da proibição essencialmente negativa. Seja o que for que essas ordens imponham ao indivíduo, nunca deverão ter outro fim que o de combater a perturbação que emana ou pode emanar dele. Em definitivo, o resultado de cada uma das aplicações do poder policial não será jamais outro que este: *que o homem não perturbe*" (*Derecho Administrativo Alemán*, cit., t. II, § 19-II-3, p. 35 – tradução nossa).

*providência imediata* e, por isso, não permite o prévio ajuizamento da ação de desapropriação. Nesses casos, de sacrifício em decorrência do poder de polícia, deverá posteriormente haver a propositura de acordo ou, se não aceito pelo administrado, o ajuizamento de ação indenizatória. Não se trata de *ordenação*, mas do exercício do poder de polícia, porque a competência decorre da *ponderação dos princípios constitucionais* pela Administração, e não da aplicação da lei no caso concreto. Não há – insiste-se – no exercício do poder de polícia, ao contrário do que ocorre na Administração Ordenadora, uma prévia *ponderação legislativa* a ser executada.

O exercício do poder de polícia (que por si é excepcional) dá-se pela imposição de *abstenções*; excepcionalissimamente, pela imposição do dever de suportar, mas jamais pela imposição de dever de fazer. Trata-se de conclusão de fundamental importância: no atual estágio da Ciência do Direito admite-se que *excepcionalmente* a Administração imponha aos administrados com base diretamente na Constituição, sem o arrimo na lei, obrigações de não fazer ou de suportar, mas não se admite a imposição de obrigações de fazer. Não importa o peso dos *princípios*; se não houver lei que imponha obrigação de fazer, a Administração, na ponderação efetuada diante do caso concreto, não poderá fazê-lo. A imposição de deveres comissivos, de obrigações de fazer, é incompatível com o *poder de polícia*.

Nos exemplos dados o poder de polícia consistiu na imposição do dever de *não* sair de determinado local, no dever de *não* produzir determinado barulho, no dever de *não* arremessar anão em espetáculo público. Os três exemplos referiram-se à imposição de comportamento omissivo. A imposição de obrigações de fazer (e aqui não se dá à expressão um sentido estrito, mas largo – vale dizer: diz respeito a qualquer imposição de conduta comissiva) pela Administração restringe-se ao campo da *Administração Ordenadora*, e, pois, exige uma *regra constitucional ou legislativa abstrata*. Em suma: o exercício do poder de polícia – e não há exceção – não permite a imposição de condutas comissivas: permite a imposição de abstenções ou, mais raramente, do dever de suportar.

A noção de *poder de polícia* aqui apresentada está em perfeita consonância com a afirmação doutrinária de que ele é consentâneo com a chamada *supremacia geral* da Administração e estranho à *supremacia especial*.[79] Há uma relação de sujeição decorrente da simples condição de pertencer ao Estado[80] e da submissão à ordem jurídica deste. Há, ademais, relações de sujeição específicas decorrentes de relações especiais travadas com o Estado: trata-se do que ficou conhecido como *relações especiais de sujeição*. O *poder de polícia* é decorrência da *sujeição geral*, da situação de sujeição ao ordenamento jurídico estatal.

Perceba-se a *coerência conceitual*: as teorias da sujeição geral e da sujeição especial foram desenvolvidas para fundamentar atuações ad-

79. Sobre as *supremacias* geral e especial recomenda-se a leitura de: Celso Antônio Bandeira de Mello, *Curso de Direito Administrativo*, cit., 31ª ed., Capítulo XIV-12 a 15, pp. 842-847; Luís Manuel Fonseca Pires, *Limitações Administrativas à Liberdade e à Propriedade*, cit., pp. 157-173. No Direito estrangeiro recomenda-se a aclamada monografia de Mariano Lopez Benitez, *Naturaleza y Presupuestos Constitucionales de las Relaciones Especiales de Sujeción*, Madri, Universidade de Córdoba/Civitas, 1994. O autor apresenta, após exaustivo estudo histórico do instituto, o seguinte conceito: "Entendemos por relações especiais de sujeição as relações jurídico-administrativas caracterizadas por uma duradoura e efetiva inserção do administrado na esfera organizativa da Administração, em conseqüência da qual resulta submetido a um regime jurídico peculiar que se traduz em um especial tratamento da liberdade e dos direitos fundamentais, assim como de suas instituições de garantia, de forma adequada aos fins típicos de cada relação" (pp. 161-162).

80. Podem ser diferenciadas três espécies de supremacia geral: há uma *supremacia geral* decorrente do fato de ser *cidadão* do Estado, outra do fato de ser *nacional* do Estado e outra do fato de *viver* no território do Estado. Há, nessa ordem, um grau decrescente de supremacia geral. Tecnicamente, cidadão (em sentido estrito) é o membro ativo da sociedade política, vale dizer, é o que pode exercer direitos políticos. O *povo* está vinculado à respectiva ordem estatal de maneira mais incisiva que a população. A população é formada por todos que vivem no território do Estado, sejam nacionais, sejam estrangeiros, tenham ou não direitos políticos. Na *Teoria Geral do Estado* costuma-se aludir ao conceito de *Nação* para designar uma comunhão unida por laços históricos e culturais; trata-se de designativo mais sociológico que jurídico. Sobre esses conceitos, v.: Dalmo de Abreu Dallari, *Elementos de Teoria Geral do Estado*, 19ª ed., São Paulo, Saraiva, 1995, pp. 81-86; Aderson de Menezes, *Teoria Geral do Estado*, 6ª ed., São Paulo, Saraiva, 1994, pp. 132-138.

Há, porém, um conceito jurídico nem sempre lembrado pela doutrina: o conjunto de *nacionais*, que não se vinculam, necessariamente, a uma Nação, pois podem formar várias Nações, nem se equiparam ao povo, pois vários nacionais não possuem direitos políticos, como as crianças, parte dos adolescentes e os presos. Pois bem, há três tipos de *supremacia geral*: uma relativa à *população*, outra aos *nacionais* e outra ao *povo*; a supremacia do Estado sobre o cidadão (em sentido estrito) é mais acentuada do que sobre o nacional, não-cidadão; e a supremacia sobre este é mais acentuada do que sobre o estrangeiro que se encontre no território estatal.

ministrativas não fundamentadas numa *regra legislativa*. Trata-se de competências justificadas na *sujeição* ao ordenamento como um todo, no primeiro caso; ou na relação específica (de serviço público, por exemplo), no segundo. Deveras: a Administração pode, excepcionalmente, impor abstenções aos particulares com fundamento na *sujeição geral*, correspondente passivo do *poder de polícia*.

Nas relações especiais de sujeição a ingerência Administrativa é maior, a especialidade da supremacia especial em relação à geral está na intensidade da ingerência estatal. Vale dizer: a relação específica é associada a um *vínculo específico* – vínculo, esse, justificador de competências administrativas estranhas à supremacia geral. Mais precisamente: a Administração, titular do serviço público, diante da ponderação de princípios realizada no caso concreto, pode impor ao *concessionário* obrigações de fazer não discriminadas na lei; do mesmo modo, pode impor aos detentos num presídio, aos militares, aos estudantes de escola pública, obrigações de fazer não especificadas na lei. Enfim: a *ponderação* efetuada no *caso concreto* pode justificar no âmbito da *supremacia especial* a imposição de obrigações de fazer. Isso jamais ocorre no âmbito da *supremacia geral*.

Donde se extrai outro atributo do poder de polícia: sua absoluta *indelegabilidade*. A Administração Pública não pode delegar aos particulares sua competência para, à luz do caso concreto, sem arrimo numa relação especial, *ponderar* os princípios incidentes e, dependendo das circunstâncias, evitar a violação dos princípios constitucionais mediante a imposição de deveres de não fazer e de suportar – vale dizer: dos deveres de se abster de determinada conduta ou de suportar a conduta de outrem. Por certo, a *sujeição geral*, inerente à soberania, equivalente ao poder estatal, não pode ser delegada aos particulares. Como é a sujeição geral que fundamenta o exercício do poder de polícia, este jamais pode ser delegado.[81]

81. O tema foi profundamente analisado por Luís Manuel Fonseca Pires (*Limitações Administrativas à Liberdade e à Propriedade*, cit., pp. 223-244), cuja lição, nesse ponto, é aqui integralmente acolhida. Afirma o nobre jurista: "O poder de império, típico e ínsito ao próprio conceito de Estado, por ser imprescindível à sua própria *existência*, não pode nunca, sob exceção alguma, ser delegado a pessoas jurídicas de direito privado no que se refere aos *atos declaratórios* que consubstanciam a manifestação do poder. O que admitimos, de acordo com a precisa e linear exposição

Muitos atos administrativos gozam de *executoriedade*,[82] ou seja: se descumprido o dever imposto ao administrado, a Administração pode compeli-lo materialmente a cumprir seu dever, sem recorrer ao Judiciário. Em outras palavras: a coação material, necessária para a execução forçada do dever imposto pelo ato pode ser determinada diretamente pela própria Administração. Há atos não dotados de executoriedade: descumprido o dever, a Administração deve recorrer ao Judiciário para obter a execução forçosa; a coação material só pode ser determinada pela autoridade judiciária. A boa doutrina reconhece que nem todos os *atos* da Administração ordenadora possuem, nesse sentido, *executoriedade*.[83]

Em todas as *relações especiais de sujeição*, como regra geral, os atos administrativos gozam de executoriedade, ainda que não haja previsão legal. A Administração não precisa recorrer ao Judiciário para intervir numa concessionária de serviço público, nem para demitir ou suspender um servidor. Enfim, nas relações especiais de sujeição a executoriedade é a regra, existe independentemente de previsão legal. Nos casos em que a obrigação de suportar, fazer ou não fazer é imposta ao administrado que não esteja em relação especial de sujeição, a executoriedade é excepcional: só é admitida se for indispensável à eficaz concretização do princípio incidente; ou, em outras palavras, se a tutela do bem jurídico exigir a imediata atuação do Estado.

Assim, o ato administrativo que tenha por destinatário o administrado em estado de sujeição geral só terá executoriedade quando ela for

de Celso Antônio Bandeira de Mello a qual acima reproduzimos, é a delegação de atividades materiais: (a) *atividades materiais precedentes* à expedição de ato jurídico de limitação administrativa; (b) *atividades materiais sucessivas* a ato jurídico de limitação administrativa; e (c) *atividades materiais contemporâneas* à expedição de ato jurídico de limitação administrativa quando os aparelhos do particular contratado servem, em razão da *relação de administração*, à formalização de ato administrativo de conteúdo absolutamente vinculado; o ato é material e instrumentaliza a declaração jurídica de competência vinculada que se mantém concentrada com o Poder Público" (idem, p. 241).

82. O signo é aqui utilizado com o significado apresentado por Celso Antônio Bandeira de Mello: "*Executoriedade* – é a qualidade pela qual o Poder Público pode compelir *materialmente* o administrado, sem precisão de buscar previamente as vias judiciais, ao cumprimento da obrigação que impôs e exigiu" (*Curso de Direito Administrativo*, cit., 31ª ed., Capítulo VII-66, p. 423).

83. Sobre o tema, consulte-se a percuciente análise de Luís Manuel Fonseca Pires, *Limitações Administrativas à Liberdade e à Propriedade*, cit., pp. 208-218.

indispensável para a eficaz concretização do princípio incidente, quando a falta de atuação imediata comprometer o interesse tutelado pelo Estado. Se a lei conferiu executoriedade ao ato administrativo que tenha por destinatário administrado em relação de sujeição geral, de duas, uma: ou o legislador obedeceu a esse critério, e a lei é constitucional, ou desobedeceu, e a lei é inconstitucional.[84] Porém, perceba-se: no primeiro caso, ainda que não houvesse a lei, o ato seria dotado de executoriedade. Enfim: não é a lei que confere executoriedade ao ato administrativo dirigido ao administrado em estado de sujeição geral; é a necessidade de atuação imediata do Estado para o eficaz resguardo dos interesses por ele tutelados.

Consoante se disse, o *poder de polícia* só existe quando haja necessidade de imediata tutela de um valor constitucional e não houver lei; quer dizer: quando a ponderação administrativa no caso concreto exigir uma atitude da Administração para salvaguarda de um valor constitucional e inexistir prévia legislação que dê supedâneo a essa atuação. Se houver *regra legislativa* não haverá exercício do *poder de polícia*, mas da *Administração Ordenadora*. Essa é a diferença entre poder de polícia e ordenação: aquele é a concretização administrativa de *princípios constitucionais*, esta é a execução administrativa de *regras abstratas*; o poder de polícia surge quando inexiste lei, a ordenação administrativa pressupõe a existência de lei.

Relembrados os conceitos, conclui-se: a *executoriedade* é inerente ao *poder de polícia*. As hipóteses de exercício do poder de polícia são, por decorrência lógica do conceito, hipóteses em que se admite a executoriedade nas relações de sujeição geral. Se o caso concreto não admitir a executoriedade, também não admitirá o exercício do poder de polícia

84. Registra Celso Antônio Bandeira de Mello: "A auto-executoriedade, consoante lição corriqueira dos especialistas, é cabível *se a lei a previu* ou em face de *situação urgente* cujo atendimento demandaria incontinenti a adoção da providência tomada, sob pena de perecimento ou grave risco de perecimento do interesse público que lhe esteja a servir de calço. *Bem se percebe que é igualmente esta razão que serve de válido esteio para as previsões legais que lhe hajam aberto curso. Fora daí, não há espaço para que medre o exercício de poderes tão enérgicos e nem razão que, em um Estado de Direito, possa justificá-los*" ("Conflito entre União e Estado – Apoderamento pela União, sem recorrer ao Judiciário, de recursos tributários que a Constituição declara pertencentes aos Estados, para saciar-se de alegados créditos – Inviabilidade", *RTDP* 33/75, São Paulo, Malheiros Editores, 2001 – grifos nossos).

– vale dizer: a atuação administrativa não calçada numa *regra legislativa expressa*.

Poder-se-ia indagar se a noção aqui apresentada não contraria o disposto no art. 145, II, da CF. O dispositivo permite a instituição de *taxas* em razão do exercício do *poder de polícia*. Há que se reconhecer: a *noção doutrinária* aqui proposta nada tem a ver com a *expressão normativa* constante desse dispositivo. Deveras, a imposição de tributo exige o veículo normativo da lei: não é possível impor tributo na ponderação do caso concreto sem a existência de prévia ponderação legislativa. Da Constituição, portanto, extrai-se a necessidade de um conceito de poder de polícia próprio para o *direito tributário*, que dê fundamento à instituição de taxa.

Nunca se supôs que tudo que a doutrina do direito administrativo pacificamente considera exercício do *poder de polícia* caracteriza também o aspecto material da *taxa de polícia*. A análise aprofundada da doutrina do direito tributário e do direito administrativo revela, de forma clara e inequívoca, a existência de dois conceitos distintos. No *direito tributário* a expressão "poder de polícia", que dá fundamento à cobrança de taxa, refere-se às restrições à propriedade e à liberdade impostas pela Administração, com base em lei, *diretamente relacionadas* à pessoa do administrado.[85] A menção de um signo no texto constitucional importa,

85. Ressalva Sacha Calmon Navarro Coêlho: "A distinção entre 'taxas de polícia' e 'taxas de serviço' não possui legitimidade científica. É que o exercício do poder de polícia feito pela Administração é serviço público, se exterioriza como tal. (...). As 'taxas de polícia' se dão pela realização de atos administrativos com base no poder geral de polícia, diretamente relacionados à pessoa do contribuinte" (*Curso de Direito Tributário Brasileiro*, 4ª ed., Rio de Janeiro, Forense, 1999, p. 150).

Para o saudoso Geraldo Ataliba: "Estes [*os agentes públicos*] desempenham exames, vistorias, perícias, verificações, averiguações, avaliações, cálculos, estimativas, confrontos e outros trabalhos, como condição ou preparo do ato propriamente de polícia, consistente em autorizar, licenciar, homologar, autorizar, permitir ou negar, denegar, proibir etc. Entende-se que estas atividades se constituem na hipótese de incidência da taxa; elas é que justificam a sua exigência, da pessoa interessada nas conclusões ou no resultado de tais atos (este resultado, ou conclusão, sim, eminentemente expressivo do poder de polícia). Destas afirmações decorre que não se pode exigir taxa pelo poder de polícia quando o seu exercício não exija uma atividade ou diligência semelhante" ("Considerações em torno da teoria jurídica da taxa", *RDP* 9/48, Ano III, São Paulo, Ed. RT, julho-setembro/1969). No mesmo sentido, afirma Roque Carrazza: "Não é qualquer ato de polícia que autoriza a tributação por meio

na falta de especificação contextual, a constitucionalização do significado atribuído ao signo quando da elaboração da Constituição. Por isso, não é todo ato de ordenação administrativa que dá ensejo à cobrança de taxa: sacrifícios de direito ou a imposição de deveres autônomos, por exemplo, não autorizam a cobrança; ordenações administrativas não executadas materialmente e não individualizadas também não ensejam a cobrança. Da mesma forma que o dispositivo constitucional, e, em decorrência dele, a exigência de um conceito tributário de poder de polícia, não impediu a formulação doutrinária da teoria da ordenação administrativa, também não impede a presente proposta doutrinária de reformulação da teoria administrativa do poder de polícia.[86]

Note-se, finalmente, a *inversão ideológica*. Nos termos expostos, muitos consideram a expressão "poder de polícia" atentatória à ideologia do Estado de Direito. No passado ela, de fato, estava associada ao Estado de Polícia, e, por isso, ao uso arbitrário do poder estatal, à ativi-

desta modalidade de taxa, mas tão-somente o que se consubstancia num agir concreto e específico da Administração, praticado com base em lei, que, como já vimos, ou levanta uma proibição, ou mantém ou fiscaliza uma exceção já existente, ou certifica uma situação jurídica" (*Curso de Direito Constitucional Tributário*, 29ª ed., São Paulo, Malheiros Editores, 2013, p. 613). Finalmente, esclarece Régis Fernandes de Oliveira: "Como já se afirmou, o exercício do poder de polícia, inicialmente, funda-se na lei. Apenas com base nela é que o titular da competência tributária cria a possibilidade da cobrança da taxa. Com base em lei, os órgãos administrativos a regulamentam, para que possa ter exeqüibilidade. Em assim procedendo, está o agente administrativo se utilizando de um poder (competência) previsto na Constituição. Como tal, o exercício é meramente impeditivo ou limitativo da atividade particular. Até aqui o Estado está simplesmente exercitando seu poder. Quando, no entanto, vai levantar um obstáculo erigido ao administrado e vai possibilitar-lhe ou não o desempenho de uma liberdade ou o uso de sua propriedade, tal solicitação implica o desempenho de uma atividade específica do Estado, em relação a determinado administrado, o que importa a movimentação da máquina estatal, para analisar se o obstáculo criado pode ou não ser superado. Para o exercício de tal atividade, que implica a emanação do poder de polícia, é que poderá o Estado exigir a cobrança de taxa" (*Taxas de Polícia*, 2ª ed., São Paulo, Ed. RT, 2004, p. 42).

86. Afirmou Carlos Ari Sundfeld: "A supressão do conceito de poder de polícia é irrelevante para nosso direito tributário, porque as taxas não são derivadas de todo e qualquer exercício dele, mas apenas de algumas manifestações de autoridade administrativa, que precisam ser identificadas uma a uma" (*Direito Administrativo Ordenador*, cit., 1ª ed., 3ª tir., p. 19). Ora, se a *supressão* é irrelevante, com mais razão também o é a *reformulação do conceito*. Enfim: o *conceito doutrinário* de direito administrativo de *poder de polícia* não impede a subsistência de um diferente conceito doutrinário de direito tributário, decorrente de uma *exigência normativa*.

dade estatal não submetida ao Direito. Essa associação está, hoje, sepultada: é praticamente impossível pensar o Direito com base nas concepções do Estado de Polícia – fase superada, ao menos nos Países faticamente regidos por uma Constituição –, pela evolução cultural da Humanidade. Daí a pertinência de se indagar qual é, hoje, a *real função ideológica dessa teoria*.

Ela não é invocada para justificar o uso arbitrário do poder; pelo contrário, ela é invocada para *limitar* o uso do poder. Na fase atual do constitucionalismo, os juristas, mais e mais, reconhecem à Administração a possibilidade de atuação alicerçada diretamente na Constituição. No estágio atual da Ciência do Direito os princípios são considerados normas autônomas, justificadoras de competências administrativas. Eis a importância do poder de polícia: ele explica por que a Administração jamais pode, sem expressa previsão legal ou constitucional, impor comportamentos comissivos aos administrados. A teoria do poder de polícia reforça a *arma* e o *escudo* do cidadão; é, nesse sentido, imprescindível para evitar abusos e arbitrariedades.

14

# Apontamentos sobre Desapropriação

*14.1 Direito de propriedade. 14.2 Restrições ou limitações à propriedade e sacrifícios da propriedade. 14.3 Conceito de desapropriação e de servidão administrativa. 14.4 Processo de desapropriação: fase declaratória. 14.5 Processo de desapropriação: fase executória extrajudicial. 14.6 Processo de desapropriação: fase judicial: 14.6.1 Imissão na posse – 14.6.2 Levantamento do depósito – 14.6.3 Contestação e instrução – 14.6.4 Sentença – 14.6.5 Execução – 14.6.6 Desistência. 14.7 Espécies de desapropriação. 14.8 Perdimento de bens. 14.9 Desapropriação indireta.*

## 14.1 Direito de propriedade

Os *conceitos de desapropriação* e de *servidão administrativa* devem atentar, ainda que sumariamente, para o *direito de propriedade*. Existem *dois tipos* de conceitos jurídicos: os *lógico-jurídicos*, imanentes a todo sistema jurídico, passíveis de universalização – ferramentas indispensáveis à compreensão do direito positivo, seja ele qual for (exemplo: norma jurídica, existência, validade, eficácia, proporcionalidade, razoabilidade); os *jurídico-positivos*, identificadores de um conjunto de efeitos normativos de certo direito positivo – atrelados a determinado sistema normativo. Propriedade é um conceito *jurídico-positivo*: as normas de cada sistema normativo estabelecem o que vem a ser "propriedade", e o estabelecem apenas para o referido sistema. No Direito Brasileiro, por força do inciso XXI do art. 5º da CF, o *direito de propriedade* é um *direito fundamental*.

Alguns preceitos constitucionais garantem a existência de certos *institutos jurídicos*. O *direito de propriedade* é típico *direito institucio-*

*nal*:[1] há certos direitos fundamentais que consagram *institutos jurídicos*, ou seja, categorias que inexistem no mundo fenomênico antes de sua configuração no mundo jurídico; para sua configuração ôntica, e não apenas deôntica, dependem da edição de normas jurídicas. São exemplos: a *herança* (art. 5º, XXX) e a *propriedade* (art. 5º, XXII). Direitos institucionais exigem *conformação legislativa*: compete ao legislador estabelecer o *conteúdo* do direito garantido.[2] Daí a distinção entre *restrições* legislativas e *conformações* legislativas: os direitos à locomoção, à manifestação de pensamento, à intimidade, à privacidade, à liberdade de consciência e de crença são *restringidos* pelas *normas infraconstitucionais*; as normas relativas ao direito à propriedade e à herança não estabelecem apenas *restrições*, mas *definem* o *conteúdo* do direito.[3] Reconhece-se acentuado grau de *discricionariedade legislati-*

1. Sobre os *direitos institucionais*, v., por todos: José Horácio Meirelles Teixeira, *Curso de Direito Constitucional*, Rio de Janeiro, Forense Universitária, 1991, p. 693.

2. A orientação aqui adotada não é pacífica. Alguns constitucionalistas defendem que o significado dos direitos institucionais deve ser buscado no próprio texto constitucional, e não na legislação infraconstitucional. Afirma, nesse sentido, Antonio Enrique Pérez Luño: "La determinación del contenido esencial de la propiedad privada y la herencia como instituciones constituye el problema básico de la hermenéutica del art. 33, [*da Constituição espanhola, que reconhece o direito à propriedade privada e à herança*] ya que servirá de criterio para delimitar todas las manifestaciones concretas de estos derechos. Dicho problema no puede resolverse ni partiendo de elementos extraconstitucionales, ni apelando a una hipotética noción esencial *a priori* de la propiedad, sino que debe abordarse tomando como punto de partida el análisis sistemático de la Constitución, completándolo con aquellos datos, normativos y sociológico-políticos, más relevantes" (*Derechos Humanos, Estado de Derecho y Constitución*, 9ª ed., Madri, Tecnos, 2005, p. 464 – esclarecimento nosso). Discorda-se: por mais que o intérprete se esforce, não conseguirá extrair do texto constitucional o conteúdo jurídico do *direito de propriedade*.

3. A doutrina distingue a *restrição legislativa* da *conformação legislativa*. Os direitos institucionais demandariam uma conformação, pois sem normas infraconstitucionais eles simplesmente inexistem. Por todos, doutrina Gilmar Ferreira Mendes: "É a ordem jurídica que converte o simples *ter* em *propriedade*, institui o *direito de herança* e transforma a coabitação entre homem e mulher em *casamento*. Tal como referido, a proteção constitucional do direito de propriedade e do direito de herança não teria, assim, qualquer sentido sem as normas legais relativas ao direito de propriedade e ao direito de sucessão. Como essa categoria de direito fundamental confia ao legislador, primordialmente, o mister de definir, em essência, o próprio conteúdo do *direito regulado*, fala-se, nesses casos, de *regulação* ou de *conformação* (*Regelung oder Ausgestaltung*) em lugar de *restrição* (*Beschränkung*). É que as normas legais relativas a esses institutos não se destinam, precipuamente, a estabelecer

*va* no estabelecimento dos *contornos* desses direitos fundamentais. A competência legislativa é, contudo, delimitada por três fatores.[4]

(1) Não há palavra oca no texto constitucional: ao utilizar um signo lingüístico, o constituinte constitucionaliza, na falta de elemento textual em sentido contrário, o *significado corrente* quando da promulgação da Constituição.[5] Em outubro/1988, para todo jurista, "propriedade" significava o direito de usar, fruir, dispor dos bens de que se tenha o domínio e de reivindicá-los de quem injustamente os possua. Esse era o conceito que se extraía do art. 524 do CC de 1916 (Lei 3.071). É claro a todas as luzes que o legislador, ao conformar o direito de propriedade, pode (*rectius*, deve – pois o faz pela imperiosa necessidade de concretizar outros valores constitucionais) restringir esses *poderes* inerentes ao direito de propriedade. Assim, se, por um lado, o direito de propriedade é um direito a ser definido pelo legislador – e, pois, passível de conformação legislativa –, por outro, "propriedade" não é uma palavra sem sentido, mas, sim, um signo que em outubro/1988 se reportava a um significado. A conformação legislativa *não parte do zero*: os contornos do direito de propriedade são estabelecidos a partir do significado de "propriedade" até então consagrado.

(2) Contudo, não basta observar esse ponto de partida: o legislador não é livre para conformar esses "poderes" referentes à situação de pro-

restrições. Elas cumprem antes relevante e indispensável função como *normas de concretização ou de conformação* desses direitos" ("Âmbito de proteção de direitos fundamentais e as possíveis limitações", in Gilmar Ferreira Mendes, Inocêncio Mártires Coelho e Paulo Gustavo Gonet Branco, *Hermenêutica Constitucional e Direitos Fundamentais*, 1ª ed., 2ª tir. Brasília, Brasília Jurídica, 2002, p. 215).

4. Não há que se falar em liberdade legislativa: a discricionariedade do legislador não se traduz em arbitrariedade (cf. nossos *Abuso de Direito e a Constitucionalização do Direito Privado*, São Paulo, Malheiros Editores, 2010, p. 29-31; e *Efeitos dos Vícios do Ato Administrativo*, São Paulo, Malheiros Editores, 2008, Capítulo II-3.2, rodapés 25 e 26, pp. 47-48).

5. É lição que há longo tempo defendemos: *Efeitos dos Vícios do Ato Administrativo*, cit., Capítulo III-1.2. p. 67; *Regulação Administrativa à Luz da Constituição Federal*, São Paulo, Malheiros Editores, 2011, Capítulo I-6, pp. 57-65. Antes de nós, Celso Antônio Bandeira de Mello, a sabendas, afirmou: "Ao declarar que é garantido o direito de propriedade, o texto constitucional certamente assegurou algo mais que uma palavra oca, que um som vazio, que um sem-sentido" ("Novos aspectos da função social da propriedade no direito público", *RDP* 84/42, Ano XX, São Paulo, Ed. RT, outubro-dezembro/1987).

priedade. Todo direito fundamental tem natureza de princípio:[6] é um mandado de optimização realizável de acordo com as circunstâncias fáticas e jurídicas.[7] Ao *garantir* o *direito de propriedade* o constituinte determinou que o direito de usar, fruir, dispor dos bens a que se tenha o domínio e de reivindicá-los de quem injustamente os possua seja garantido na *máxima* medida possível. Eis uma importante *restrição* à conformação legislativa: as restrições impostas aos poderes próprios da propriedade só se justificam na medida em que forem exigidas para concretização de outros valores constitucionais.[8]

(3) Há, ademais, outra importante *restrição*: deve o legislador respeitar o *núcleo essencial* do direito fundamental de propriedade. Segundo Celso Antônio Bandeira de Mello, o *núcleo essencial* do direito de propriedade não se refere à significação patrimonial ou econômica dela; o uso e o gozo do bem são noções cuja substância está indissoluvelmente ligada à idéia de *funcionalidade*: o núcleo essencial diz respeito à funcionalidade da coisa.[9] Nas palavras do insigne publicista: "Entende-se por funcionalidade a aptidão natural do bem em conjugação com a destinação social que cumpre, segundo o contexto em que esteja inserido".[10] Essa diretriz foi complementada pelo emérito Carlos Ari Sundfeld, para quem o núcleo essencial está indissociavelmente ligado à idéia de *exclusividade*. Nas palavras dele: "A relação de propriedade tem o condão de afastar terceiros da mesma relação, à qual só poderão ser admitidos por vontade do titular".[11] Ser proprietário – diz Carlos Ari

6. Cf. nosso "A norma *iusfundamental*", RBDC 4/526-576, São Paulo, 2004. Sobre os dois principais conceitos de *princípio jurídico*, v. nosso *Abuso de Direito e a Constitucionalização do Direito Privado*, cit., pp. 13-29.

7. Trata-se do consagrado conceito de Robert Alexy (*Teoria dos Direitos Fundamentais*, 2ª ed., 3ª tir., trad. de Virgílio Afonso da Silva, São Paulo, Malheiros Editores, 2014, p. 90).

8. Decorrência da *lei da ponderação* formulada por Alexy: "'Quanto maior for o grau de não-satisfação ou de afetação de um princípio, tanto maior terá que ser a importância da satisfação do outro'" (*Teoria dos Direitos Fundamentais*, cit., 2ª ed., 3ª tir., p. 167).

9. Celso Antônio Bandeira de Mello, "Natureza jurídica do zoneamento – Efeitos", *RDP* 61/38-39, Ano XV, São Paulo, Ed. RT, janeiro-março/1982.

10. Idem, p. 39

11. Carlos Ari Sundfeld, "Função social da propriedade", in Adilson Abreu Dallari e Lúcia Valle Figueiredo (coords.), *Temas de Direito Urbanístico – 1*, São Paulo, Ed. RT, 1987, p. 15.

– é poder utilizar um bem com exclusividade, e utilizar um bem é destiná-lo a uma finalidade.[12] A *utilização* compreende os poderes de uso, gozo e disposição: usar é retirar as utilidades que a coisa pode oferecer; gozar é perceber os rendimentos que o bem pode proporcionar; dispor é poder alienar o bem, consumi-lo ou gravá-lo de ônus real.[13] O núcleo essencial do direito de propriedade refere-se à *utilização exclusiva* e *funcional* do bem. A utilização funcional – diz Celso Antônio – é aquela compassada "tanto com suas aptidões naturais, como com suas destinações comuns ou preponderantes".[14] Ao conformar o direito de propriedade o legislador não pode obstar à exclusiva utilização funcional do bem.

## *14.2 Restrições ou limitações à propriedade e sacrifícios da propriedade*

Enunciados esses conceitos, o passo seguinte é distinguir a *restrição* ou *limitação* à propriedade do *sacrifício* da propriedade. Conforme exposto, a Constituição garante *prima facie* o *valor* da *propriedade*: trata-se de um *valor positivado*, e, pois, de um *princípio* – relativo a *direito subjetivo* –, segundo o qual se deve garantir na maior medida possível (mandado de optimização) o direito de usar, fruir e dispor dos bens de que se tenha o domínio e de reivindicá-los de quem injustamente os possua. Os direitos fundamentais podem ser *restringidos* pelo legislador.[15] Em relação aos *direitos institucionais* não há apenas *restrição*, mas também *conformação*, e ambas devem respeitar o *núcleo essencial*. Assim, o direito de usar, fruir, dispor e reivindicar os bens deve ser *conformado* (*rectius*, o legislador define no que consiste esse direito).

12. Idem, p. 16.

13. Idem, ibidem.

14. Celso Antônio Bandeira de Mello, "Natureza jurídica do zoneamento – Efeitos", cit., *RDP* 61/39. Viola o núcleo essencial do direito de propriedade a proibição de construir em terreno urbano ou de exercer atividade pastoril em imóvel rural imprestável para atividade agrícola satisfatória (idem, ibidem).

15. Sobre as restrições dos direitos fundamentais, v.: Robert Alexy, *Teoria dos Direitos Fundamentais*, 2ª ed., 3ª tir., trad. de Virgílio Afonso da Silva, São Paulo, Malheiros Editores, 2014, pp. 276-340. Sobre as restrições impostas no exercício da função administrativa, v., *supra*, Capítulo 13-13.5.2.

Há que se fazer uma observação: parte da doutrina nega a possibilidade de *restrição* de direitos; os direitos seriam sempre *conformados*. Trata-se da chamada *teoria interna dos direitos fundamentais*, para a qual as normas abstratas são sempre *razões definitivas*, e, por isso, não haveria direito no plano constitucional, o direito só surgiria depois da conformação legislativa. Para essa corrente o que há são *limitações* ao *direito de propriedade*, e não *restrições*, elas são consideradas *imanentes*.[16] Ao revés, a *teoria externa dos direitos fundamentais* considera que as normas abstratas são razões *prima facie*, e, portanto, passíveis de restrição; os direitos não são limitados, mas efetivamente restringidos.[17] No caso do direito de propriedade, sendo um direito institucional, ele não é apenas *limitado* ou *restringido*, mas *conformado*.[18]

Independentemente do enfoque, *restrições* ou *limitações* e *conformações* não dependem de *indenização*. O estabelecimento delas deve observar as restrições mencionadas: (a) não pode ser arbitrário – vale

16. Dentre os constitucionalistas alemães, um dos mais famosos partidários da teoria interna é Peter Häberle: "Por boas razões não se fala de 'barreiras' (*Schranken*) imanentes, mas de 'limites' (*Grenzen*, fronteiras) imanentes dos direitos fundamentais: deve afastar-se toda reminiscência à idéia de que os limites admissíveis impõem-se aos direitos fundamentais 'desde fora'. Na doutrina e na jurisprudência se fala, evidentemente em relação aos limites imantes dos direitos fundamentais, não somente de 'barreiras', mas, também, de 'restrições' ou 'constrições'. O BGH, [*Tribunal Federal alemão*] sem embargo, tem superado esporadicamente essa idéia de intervenção. O legislador que concretiza no âmbito dos direitos fundamentais os limites conformes à essência estabelece limites que existem desde o princípio" (*La Garantía del Contenido Esencial de los Derechos Fundamentales*, trad. de Joaquín Brage Camazano, Madri, Dykinson, 2003, pp. 56-57 – tradução nossa).

17. Robert Alexy é um dos mais famosos partidários da teoria externa: "Se se parte do modelo de princípios, o que é restringido não é simplesmente um bem protegido pela norma de direito fundamental, mas um direito *prima facie* garantido por essa norma" (*Teoria dos Direitos Fundamentais*, cit., 2ª ed., 3ª tir., p. 280).

18. Doutrina José Manoel de Arruda Alvim Netto: "Parece que a melhor expressão é a de que no Direito contemporâneo verificam-se *delimitações* ao direito de propriedade (...) porquanto não há outros perfis do direito de propriedade senão aqueles que se encontram cunhados no direito positivo. As expressões 'restrições' ou 'limitações' (...) não são rigorosamente próprias, ainda que seja possível verificarem-se *restrições* ou *limitações* propriamente ditas, mas com esse real significado. Essas chamadas *restrições* ou *limitações*, na realidade, decorreram fundamentalmente do reconhecimento de outros bens jurídicos, por isso que, vindo a ser protegidos pelo legislador, acabou-se com isso 'restringindo' ou 'delimitando' o direito de propriedade" (*Comentários ao Código Civil Brasileiro: Livro Introdutório ao Direito das Coisas e o Direito Civil*, vol. XI, t. I, Rio de Janeiro, Forense, 2009, p. 15).

dizer: os poderes da propriedade só podem ser restringidos na medida necessária à tutela de outro valor constitucional; (b) a conformação e a restrição ou limitação não podem violar o *núcleo essencial* do direito à propriedade. Fixa-se o seguinte: conformação e limitação ou restrição ao direito de propriedade por definição não são indenizáveis.

Ocorre que o sistema jurídico não admite que o *direito de propriedade* apenas seja *limitado* ou *restringido*. Ele pode ser *sacrificado*. Ao contrário das limitações ou restrições, os sacrifícios afetam o *núcleo essencial* do direito. Perceba-se: em decorrência da *supremacia do interesse público sobre o privado*, implícita no texto constitucional,[19] admite-se expressamente a afetação do *núcleo essencial do direito de propriedade*. Para tanto o sistema exige uma *compensação financeira*: a *indenização*.

### *14.3 Conceito de desapropriação e de servidão administrativa*

Relembra-se: o núcleo essencial do direito de propriedade consiste na *utilização exclusiva* e *funcional* do bem, *utilização* que compreende os poderes de uso, gozo e disposição. O Poder Público pode obstar total ou parcialmente essa utilização mediante o pagamento de uma indenização. E deve-se distinguir: pode aniquilar o bloco inteiro do direito de propriedade – ou seja, obstar totalmente ao direito de usar, fruir, dispor –, ou pode afetar apenas um desses direitos que compõem o direito de propriedade. A *supressão* mediante indenização de todo o direito de propriedade é chamada de *desapropriação*. A *supressão*, definitiva ou temporária, de apenas um dos aspectos do direito de propriedade é chamada de *servidão*, que não deixa de ser uma *desapropriação parcial*.[20]

19. Sobre essa supremacia, v. nosso *Abuso de Direito e a Constitucionalização do Direito Privado*, cit., pp. 53-56.

20. Assim se manifesta Carlos Ari Sundfeld: "A instituição de servidão não é senão espécie de desapropriação: a desapropriação parcial do direito de propriedade, isto é, de parte do poder de usar o bem, com a conseqüente sujeição do proprietário ao dever de suportar seu uso parcial pelo Estado" (*Direito Administrativo Ordenador*, 1ª ed., 3ª tir., São Paulo, Malheiros Editores, 2003, p. 113). No mesmo sentido é a lição clássica de Miguel Seabra Fagundes: "Aquele que pode desapropriar integralmente o domínio, atingido-o em todos os seus elementos, pode expropriá-lo parcialmente, e a constituição de servidão se apresenta com o feitio de expropriamento parcial" (*Da Desapropriação no Direito Brasileiro*, Rio de Janeiro, Freitas Bastos, 1949,

Noutras palavras: quando o Poder Público apenas suprime (definitiva ou temporariamente) o direito de usar, ou o direito de fruir ou o direito de dispor, tendo em vista a utilização funcional do bem, institui uma *servidão administrativa*; quando o Poder Público suprime todo o direito de propriedade, e não apenas um dos seus aspectos, efetiva uma *desapropriação* (em sentido estrito). Desapropriação (em sentido estrito) consiste no *sacrifício total* do direito de propriedade efetuado pelo Poder Público; servidão administrativa consiste no *sacrifício parcial*; ambas são espécies do gênero "desapropriação" (em sentido amplo). Ambas afetam o *núcleo essencial* do direito de propriedade e pressupõem o pagamento de *indenização*.[21]

§ 640, p. 501). Em sentido contrário, José Carlos de Moraes Salles nega à servidão o caráter de *desapropriação parcial* (*A Desapropriação à Luz da Doutrina e da Jurisprudência*, 4ª ed., São Paulo, Ed. RT, 2000, Capítulo VII-8.1, p. 797).

21. Adota-se parcialmente em relação às *servidões administrativas* a doutrina de Carlos Ari Sundfeld, segundo a qual os *sacrifícios de direito* dividem-se em dois grupos: (a) as *restrições do direito*, em que há ou a *compressão anormal* do seu conteúdo, sem chegar ao ponto do aniquilamento, ou a *suspensão temporária* da sua fruição; (b) a *extinção do direito*, em que há a ablação total e definitiva do direito (*Direito Administrativo Ordenador*, cit., 1ª ed., 3ª tir., p. 112). A *compressão anormal* dá-se ou pela imposição do *dever de abstenção* ou pela imposição do *dever de suportar*, ambas denominadas pelo autor de *servidões administrativas* (idem, pp. 113-114). A *suspensão temporária* dá-se pela *requisição* (idem, p. 115). Perceba-se: para Carlos Ari a *requisição* pode ser *ordinária*, com indenização prévia, ou *extraordinária*, com indenização posterior; e ambas diferem da servidão. Discorda-se: a *requisição* enquanto *instituto autônomo* restringe-se ao que ele denomina de *requisição extraordinária*, é o instituto previsto no inciso XXV do art. 5º da CF de 1988, em que o interesse público exige a utilização imediata da propriedade particular em decorrência de perigo público iminente, mediante *indenização ulterior*. A chamada *requisição ordinária* não é uma *requisição*, mas uma *servidão administrativa*: suspensão do direito de fruir do bem, mediante prévia e justa indenização.

O conceito de *servidão administrativa* aqui adotado não é aceito por boa parte da doutrina. Para Maria Sylvia Zanella Di Pietro servidão administrativa consiste no "direito real de gozo, de natureza pública, instituído sobre imóvel de propriedade alheia, com base em lei, por entidade pública, ou por seus delegados, em favor de coisa afetada a fins de utilidade pública" (*Servidão Administrativa*, São Paulo, Ed. RT, 1978, p. 56). Para a autora ela será indenizável apenas se houver previsão legal nesse sentido (idem, pp. 69-72).

Para Celso Antônio Bandeira de Mello servidão administrativa "é o direito real que assujeita um bem a suportar uma utilidade pública, por força da qual ficam afetados parcialmente os poderes do proprietário quanto ao seu uso ou gozo. (...)" (*Curso de Direito Administrativo*, 31ª ed., São Paulo, Malheiros Editores, 2014, Capítulo

## *14.4 Processo de desapropriação: fase declaratória*

A desapropriação (*ordinária*, conforme esclarecido adiante) e a instituição de servidão regem-se pelas mesmas regras: são disciplinadas pelo Decreto-lei 3.365/1941. O procedimento divide-se em duas fases: a *extrajudicial* e a *judicial*. Deveras: para desapropriar um bem ou instituir uma servidão o Poder Público deve, inicialmente, instaurar um *processo administrativo*. Na falta de um rótulo melhor, esse processo é chamado de *expropriatório*. Após a motivação da respectiva Pasta (Ministério, no âmbito federal, ou Secretaria, no âmbito estadual ou municipal), explicitando as razões que justificam o sacrifício do direito de propriedade, deve ser editado um decreto (art. 6º do Decreto-lei 3.365/1941) de *declaração de utilidade pública* ou de *interesse social*, pelo qual o Poder Público manifesta sua intenção de sacrificar o direito de propriedade de forma total, desapropriando o bem, ou parcial, instituindo uma servidão.[22] Conforme doutrina Celso Antônio Bandeira de

XVI-69, p. 925). Para o autor ela será indenizável apenas quando implique real declínio da expressão econômica do bem ou subtraia de seu titular uma utilidade que fruía (idem, Capítulo XVI-73, pp. 926-927). Como bem ensina Celso Antônio Bandeira de Mello, os *conceitos jurídicos* são "termos relacionadores de normas", "pontos de aglutinação de efeitos de direito" (*Ato Administrativo e Direitos dos Administrados*, São Paulo, Ed. RT, 1981, p. 2). Só são *úteis* quando "estratificam um ponto de referibilidade de *normas*, de efeitos de direito" (idem, p. 5). Conceitos jurídicos são, pois, *sínteses* de *regimes jurídicos*. Ora, se o conceito de *servidão administrativa* indica o mesmo regime que o conceito de *limitação administrativa*, não é um conceito útil. Os doutrinadores prendem-se ao *conceito privado de servidão*, tomando-o como um conceito próprio da *Teoria Geral do Direito*. Incidem no que denominamos de *vício de premissa metodológica* (v., *supra*, Capítulo 11-11.2.3). Nada impede que no *direito público* o conceito de *servidão administrativa* se distancie do *conceito privado*. O conceito aqui proposto, além de possuir maior utilidade, pois indicativo de um regime jurídico próprio, é mais consentâneo com o direito positivo. Dispõe o art. 40 do Decreto-lei 3.365/1941: "O expropriante poderá constituir servidões, mediante indenização na forma desta Lei". Tanto a *desapropriação em sentido estrito* como a *servidão administrativa* são *sacrifícios* da *propriedade*, espécies de *desapropriação em sentido amplo*, pois afetam o *núcleo essencial do direito fundamental à propriedade*: a desapropriação suprime todo o direito, a servidão suprime, definitiva ou temporariamente, um dos aspectos do direito. Ambas diferem dos *condicionamentos* (*limites, encargos e sujeições*), que restringem o direito sem afetar seu núcleo essencial. Todo sacrifício pressupõe o pagamento de uma *indenização*.

22. Parte da doutrina, surpreendentemente, ignora a necessidade da declaração de utilidade pública por decreto para ser instituída uma servidão administrativa. Na precisa pena de Seabra Fagundes: "Dissemos dever a constituição de servidão ser

Mello, essa declaração gera quatro efeitos: (a) submete o bem à força expropriatória do Estado; (b) fixa o estado do bem, e, pois, quais as benfeitorias existentes; (c) confere ao Poder Público o *direito de penetração*; (d) dá início ao prazo de caducidade do decreto.[23]

Nos termos do art. 26, § 1º, do Decreto-lei 3.365/1941, as benfeitorias necessárias realizadas após o decreto de utilidade pública ou de interesse social são sempre indenizáveis; as voluptuárias não são indenizáveis; as úteis somente serão indenizáveis se feitas com autorização do Poder Público. Daí um importante efeito do decreto: ele *fixa o estado do bem*.

Ademais, declarados a utilidade pública ou o interesse social, o Poder Público está, nos termos do art. 7º do Decreto-lei 3.365/1941, autorizado a entrar no imóvel para efetuar *medições*, *vistorias*. Trata-se do chamado *direito de penetração*, que não se confunde com a imissão na posse. Uma questão prática: o que ocorre se o proprietário não permite a entrada? Não há executoriedade, o Poder Público não pode adentrar de ofício, à força: deverá requerer autorização judicial para efetivar a penetração forçada.[24] Aí, sim, obtida a autorização judicial, a penetração pode ser efetuada até mesmo com força policial, mas apenas durante o dia (art. 5º, XI, da CF de 1988).

Editado o decreto, o Poder Público tem um prazo para efetivar a desapropriação ou instituir a servidão: na desapropriação por necessidade ou utilidade pública, nos termos do *caput* do art. 10 do Decreto-lei 3.365/1941, deve fazê-lo no prazo de cinco anos; na desapropriação por interesse social, nos termos do art. 3º da Lei 4.132/1962, deve fazê-lo no prazo de dois anos. Passado o prazo, o decreto caduca: perde o Poder

precedida da mesma formalidade da declaração que precede as desapropriações em geral: 'declarar-se-á a utilidade pública da servidão'" (*Da Desapropriação no Direito Brasileiro*, cit., § 658, p. 501).

Ressalva-se o magistério de Maria Sylvia Zanella Di Pietro: "Em algumas hipóteses, a constituição de servidão depende de *ato declaratório da utilidade* do imóvel, para fins de instituição do ônus real" (*Servidão Administrativa*, cit., p. 65). A autora restringe a exigência a apenas algumas hipóteses, tendo em vista seu conceito amplíssimo de servidão administrativa.

23. Celso Antônio Bandeira de Mello, *Curso de Direito Administrativo*, cit., 31ª ed., Capítulo XVI-27, p. 897.

24. Cf. Maria Sylvia Zanella Di Pietro, *Direito Administrativo*, 25ª ed., São Paulo, Atlas, 2012, p. 172.

Público, temporariamente, o direito de efetivar o respectivo sacrifício. A perda não é definitiva: pode ser editado outro decreto após o prazo de um ano, nos termos do referido art. 10. Editado o decreto, termina a *fase* declaratória do processo expropriatório.

Segundo o art. 8º do Decreto-lei 3.365/1941, a iniciativa da desapropriação pode partir do legislador. Nesse caso, a declaração de utilidade pública ou de interesse social é efetuada pela lei, e não pelo decreto do chefe do Executivo. Apesar de aceito pela esmagadora maioria da doutrina, o dispositivo é inconstitucional: viola a separação de Poderes. Existe uma *reserva de administração*: o legislador não pode, salvo nos casos admitidos pela Constituição, efetuar, no exercício de função legislativa, *ponderações no plano concreto*.[25]

Há que se distinguir a competência para *legislar sobre desapropriação*, que é privativa do Congresso Nacional (CF, art. 22, II), da competência para *desapropriar* e da competência para *promover a desapropriação*, que em regra pertencem à Administração direta, ou seja, às pessoas políticas. Desapropriar é editar o decreto de utilidade pública ou de interesse social – vale dizer: é submeter o bem à força expropriante; promover a desapropriação é adotar as medidas necessárias a efetivá-la: apurar o valor da indenização, oferecê-la ao proprietário, propor, quando recusada a oferta, ação de desapropriação. O legislador pode *delegar* a *competência para desapropriar* a pessoa jurídica de direito público que não possua capacidade política.[26] O legislador e o administrador podem *delegar* a *competência para promover a desapropriação* a pessoa jurídica de direito público ou a pessoa jurídica de direito privado prestadora de serviço público ou executora de função pública.[27]

25. Sobre o tema, v. nosso *Efeitos dos Vícios do Ato Administrativo*, cit., Capítulo III, pp. 66-75.

26. A Lei 9.074/1995 conferiu, no art. 10, à Agência Nacional de Energia Elétrica/ANEEL a competência para desapropriar. O dispositivo não é inconstitucional: é facultado ao legislador efetuar a *descentralização administrativa* e instituir autarquias; pode também delegar às autarquias competências próprias da Administração direta, dentre elas a competência para *desapropriar*. Sobre a descentralização, v. a magistral obra de Celso Antônio Bandeira de Mello, *Natureza e Regime Jurídico das Autarquias*, São Paulo, Ed. RT, 1968, pp. 24-130.

27. É o que dispõe o art. 3º do Decreto-lei 3.365/1941. O dispositivo também é constitucional. Evidente que, se o legislador pode delegar a competência para desapropriar, também pode delegar a competência para promover a desapropriação (*a*

## *14.5 Processo de desapropriação: fase executória extrajudicial*

Colhido o parecer justificante do sacrifício, editado o decreto de utilidade pública, deve o Poder Público efetuar a *avaliação do bem*, o que demanda análise pericial efetuada pelos órgãos técnicos da Administração. Daí a importância do *direito de penetração*: para apurar o valor de mercado do bem, o agente público necessita adentrar o imóvel. A própria Administração deve, por meio de seus agentes, de seus órgãos técnicos, apurar o valor da *justa indenização*.

Fixe-se o seguinte: justa indenização é o *valor venal*[28] do bem, quer dizer, seu *valor de mercado*. Noutras palavras: é a quantia que o proprietário, em circunstâncias normais ("condições usuais de mercado"), receberia se vendesse o bem. Nas palavras do ínclito Celso Antônio Bandeira de Mello, "indenização justa é a que se consubstancia em importância que habilita o proprietário a adquirir outro bem perfeitamente equivalente".[29] Apurado esse valor, a Administração deve ofertá-lo ao

*maiori ad minus*). Como os atos relativos à promoção de desapropriação são meros desdobramentos do ato de declaração de utilidade pública, nada impede que sejam delegados a pessoa jurídica de direito privado concessionária de serviço público. Pelo mesmo argumento – ou seja, como a autoridade, o *jus imperii*, já foi exercido quando da declaração de utilidade pública –, a delegação pode efetivar-se por ato administrativo, pela *concessão*, e, portanto, prescinde de lei.

28. Por todos, doutrina Valéria Furlan: "Valor venal corresponde ao valor que o bem alcançaria caso fosse posto à venda em condições usuais de mercado, isto é, equivalendo ao preço de uma venda à vista, portanto sem inclusão de qualquer encargo relativo a financiamento, quando vendedor e comprador tenham plena consciência do uso a que pode servir aquele imóvel" (*IPTU*, 2ª ed., 2ª tir., São Paulo, Malheiros Editores, 2010, p. 100). O valor venal é a base de cálculo do IPTU (imposto predial e territorial urbano) e do ITBI (imposto sobre transmissão de bens imóveis). O IPTU é imposto sujeito a lançamento de ofício, cabendo ao Município indicar a base de cálculo. Por óbvio, o Município, ainda mais nos grandes centros urbanos, não tem condições de efetuar uma perícia em cada imóvel da cidade para apurar o valor de mercado. Diante dessa impossibilidade, o que faz? Estima o valor venal. Como se trata de mera estimativa, quase sempre o faz "para baixo". Eis o problema: o valor fixado como valor venal na planta de valores para o pagamento do IPTU quase sempre corresponde a um valor bem inferior ao valor venal. Infelizmente, é corrente na doutrina e na jurisprudência a confusão entre o *valor cadastral* e o *valor venal*. Muitos, por equívoco, em completo desconhecimento do tema, consideram que o valor venal consiste no valor cadastral. Fixe-se de forma indelével: *valor venal* é o valor que o bem alcançaria caso fosse posto à venda em condições usuais de mercado; é o *valor de mercado* do bem.

29. Celso Antônio Bandeira de Mello, "Apontamentos sobre a desapropriação no Direito Brasileiro", *RDP* 23/25, Ano VI, São Paulo, Ed. RT, janeiro-março/1973.

proprietário. Se o proprietário aceitar o valor, o sacrifício concretiza-se na instância administrativa. Após o pagamento da indenização, com o consentimento do proprietário, lavra-se escritura de desapropriação ou de instituição de servidão e se efetua seu registro no cartório de imóveis. Perceba-se: o ato administrativo de desapropriação ou de instituição de servidão é *ato bilateral*,[30] exige que o proprietário aceite a oferta do Poder Público. O proprietário pode não aceitar a oferta, pode considerar que o valor da indenização fixado pelo Poder Público é inferior ao valor venal do bem. Nesse caso, a desapropriação ou a instituição de servidão não se consumam na esfera administrativa.

## *14.6 Processo de desapropriação: fase judicial*

Se o proprietário considerar que o valor fixado pela Administração não é *justo*, ou seja, não corresponde ao valor de mercado do bem, e, por isso, rejeitar a oferta, a desapropriação ou a instituição de servidão administrativa não podem ser efetuadas na instância administrativa: dependem da edição de *ato jurisdicional*. Para concretizá-las, deve a Administração propor *ação judicial* de *desapropriação*.[31] Na petição inicial a Administração deve descrever o bem, apresentar o decreto de utilidade pública e a avaliação do imóvel e atribuir à causa o valor da indenização que apurou na instância administrativa.

### *14.6.1 Imissão na posse*

Por força da supremacia do interesse público sobre o privado, a Administração tem direito à *imissão na posse*. Perceba-se: se para adentrar

Idêntica lição é apresentada em preciosa monografia por Sérgio Ferraz: "O papel da indenização expropriatória é, a nosso ver, fazer entrar no patrimônio do expropriado um valor exatamente equivalente ao que apresentado pelo bem de que foi despojado" (*A Justa Indenização na Desapropriação*, São Paulo, Ed. RT, 1978, p. 13).

30. Sobre os atos bilaterais, v., *supra*, Capítulo 11-11.2.4.

31. Isso para quem acolhe o conceito de *desapropriação em sentido amplo*, abrangente da *desapropriação em sentido estrito* e da *servidão administrativa*. Para quem nega, trata-se, apesar de disciplinadas pelas mesmas normas (cf. art. 40 do Decreto-lei 3.365/1941), de ações distintas: a ação de desapropriação e a ação de instituição de servidão. Por todos: José Carlos de Moraes Salles, *A Desapropriação à Luz da Doutrina e da Jurisprudência*, cit., 4ª ed., Capítulo VII-8, p. 797.

a posse do imóvel o Poder Público fosse obrigado a aguardar o trânsito em julgado da ação, dificilmente as obras públicas seriam realizadas. Reza o art. 15 do Decreto-lei 3.365/1941 que para obtê-la o Poder Público deve cumprir duas exigências.

*Primeira*: alegar urgência, em qualquer momento do processo,[32] que não pode ser renovada e obriga a Administração a requerer a imissão no prazo improrrogável de 120 dias. Esse prazo é surpreendentemente acatado por toda doutrina e jurisprudência, sem ressalvas. É de evidência solar que a *ponderação* das circunstâncias fáticas e jurídicas pode justificar o deferimento da imissão na posse mesmo transcorrido o prazo de 120 dias da alegação de urgência. Grandes quantias de dinheiro não podem ser desperdiçadas com o adiantamento de uma obra pública já licitada apenas porque houve atraso na liberação dos recursos orçamentários.

*Segunda*: deve a Administração depositar um valor pecuniário em juízo. Eis um problema: qual valor deve ser depositado? O STF considerou constitucional o § 1º do art. 15 do Decreto-lei 3.365/1941[33] (Súmula

32. Por todos: José Carlos de Moraes Salles, *A Desapropriação à Luz da Doutrina e da Jurisprudência*, cit., 4ª ed., Capítulo VI-8.3, p. 371. Ainda que as palavras não sejam meros rótulos vazios, meros ruídos (cf. Celso Antônio Bandeira de Mello, *Curso de Direito Administrativo*, cit., 31ª ed., Capítulo XVI-51, p. 909), dificilmente o Poder Judiciário pode afastar a alegação de urgência. Primeiro, porque há uma indiscutível parcela de discricionariedade na definição do momento em que deve ocorrer a imissão; segundo, porque a imissão envolve complexas decisões administrativas: o contingenciamento de verbas, prazos para execução da obra, possibilidade de multas contratuais etc. Só a Administração possui amplo domínio dessas questões. Diante disso, como regra geral, "a Administração é o único árbitro da urgência" (José Carlos de Moraes Salles, *A Desapropriação à Luz da Doutrina e da Jurisprudência*, cit., 4ª ed., Capítulo VI-8.2, p. 365). Excepcionalmente, em casos teratológicos, é possível que o Judiciário afaste a alegação de urgência.

33. Antes da vigência do atual Código Tributário a base de cálculo do *imposto predial urbano* era diferente da base de cálculo do *imposto territorial urbano*: enquanto o predial incidia sobre o valor locativo do bem, o territorial incidia sobre o valor venal. Por isso, o § 1º do art. 15 do Decreto-lei 3.365/1941 distinguia duas hipóteses. Em relação aos *imóveis edificados*, para obtenção da imissão na posse a Administração deveria depositar: (a) o valor ofertado, se ele fosse superior a 20 vezes o valor locativo; (b) a quantia correspondente a 20 vezes o valor locativo, se esse valor fosse superior à oferta. Em relação aos imóveis não-edificados a Administração deveria depositar: (a) o valor cadastral do imóvel para fins de lançamento do imposto territorial, caso esse valor tivesse sido atualizado no ano fiscal imediatamente anterior; (b) o valor cadastral acrescido da atualização fixada pelo juiz, caso não tivesse

652) e fixou o entendimento de que basta o depósito do *valor cadastral* do imóvel, constante da planta de valores do IPTU. A aplicação desse dispositivo foi desastrosa: o valor cadastral, como regra, é bem inferior ao valor de mercado do bem, pois, como a Administração não tem condições de efetuar perícia em todos os imóveis da cidade, faz uma estimativa *para baixo*.

A situação é tão injusta, que comoveu o legislador federal: o Decreto-lei 1.075/1970 condicionou, nos arts. 1º e 3º, a imissão na posse ao depósito ou da oferta ("x") ou, se essa for impugnada pelo expropriado, da metade ("y/2") do valor fixado em avaliação provisória ("y") pelo perito nomeado pelo juiz, caso seja superior ao valor da oferta ("y > x").

Além de o valor do depósito ser injusto, o legislador obstou parcialmente ao levantamento. Pelo § 2º do art. 33 do Decreto-lei 3.365/1941, o expropriado só pode levantar 80% do depósito. Pelo art. 5º do Decreto-lei 1.075/1970, aplicável apenas aos imóveis residenciais urbanos, o expropriado, se o valor arbitrado for inferior ou igual ao dobro do valor da oferta ("y ≤ 2x"), pode optar entre levantar 80% do valor oferecido (80% de "x") ou a metade do valor arbitrado ("y/2").

Tanto a regra relativa à base de cálculo do depósito quanto as regras do Decreto-lei 3.365/1941 e do Decreto-lei 1.075/1970 restringentes do levantamento são flagrantemente inconstitucionais. A imissão na posse é autêntica *desapropriação antecipada*.[34] O expropriado só perde a propriedade após o pagamento integral da indenização e registro da carta de adjudicação, que só pode ocorrer após o trânsito em julgado. Mas de que vale a *propriedade* sem a *posse*? E perceba-se: caso não haja *desistência da desapropriação*, a perda da posse é *definitiva*. O direito constitucional de propriedade exige uma *indenização provisória justa*.[35]

ocorrido a atualização no ano fiscal imediatamente anterior. O atual Código Tributário (Lei 5.172/1966, art. 33) aboliu a distinção e unificou os tributos: a base de cálculo do imposto predial e territorial urbano/IPTU é o valor venal. Com isso, passou a jurisprudência a entender que basta, independentemente de se tratar de *imóvel edificado ou não*, o depósito do valor cadastral. Sobre o tema, v.: Kiyoshi Harada, *Desapropriação: Doutrina e Prática*, 7ª ed., São Paulo, Atlas, 2007, pp. 96-97.

34. Foi o que magistralmente defendeu, em primoroso estudo, Carlos Ari Sundfeld (*Desapropriação*, São Paulo, Ed. RT, 1990, p. 51).

35. Sobre o tema, v. a percuciente análise de Clóvis Beznos, *Aspectos Jurídicos da Indenização na Desapropriação*, Belo Horizonte, Fórum, 2006, pp. 37-51.

Diante disso, ao menos a Justiça Paulista, tanto de primeira como de segunda instância, *despreza* a jurisprudência pacificada do STF. Quando a Administração alega urgência e requer a imissão na posse, o magistrado nomeia um perito e requer a avaliação provisória do bem. A imissão só é deferida mediante o *depósito integral* do valor fixado em *perícia provisória*.[36] Na prática, essa orientação acaba prevalecendo, pelo seguinte motivo: para revertê-la a Administração deve interpor agravo de instrumento e requerer efeito suspensivo; se indeferido o pedido, deve interpor agravo da decisão do relator; negado o efeito, deve interpor recurso extraordinário (interpretação *a contrario* da Súmula 735 do STF) e propor medida cautelar para obter efeito suspensivo (Súmulas 634 e 635 do STF). Até obter uma decisão do STF e reverter a decisão das primeiras instâncias, terá decorrido um espaço de tempo desastroso para o interesse público. Perceba-se: a Administração só deve alegar urgência quando já terminou o processo licitatório e se aproxima o prazo contratual para o início da execução. Não pode requerê-la muito antes disso, porque não lhe é dado desperdiçar recursos públicos com pagamento desnecessário de juros compensatórios (a seguir examinados).[37] Na prática, apesar do equívoco do STF, a Constituição, no que respeita a essa específica questão, vem sendo cumprida.

O instituto da imissão na posse não é inconstitucional, o interesse público justifica a antecipação da desapropriação. A indenização provisória justa não deixa de ser uma indenização *provisória*. Primeiro: o perito deve realizar uma avaliação *rápida*, provisória, sabendo que fará

36. Segundo Kiyoshi Harada (*Desapropriação: Doutrina e Prática*, cit., 7ª ed., pp. 104-108), essa orientação foi iniciada pelo então Juiz da 1ª Vara da Fazenda Pública de São Paulo, Homero Benedicto Ottoni Netto; e transcreve integralmente um de seus despachos. O autor faz severa crítica a esse posicionamento jurisprudencial, pois não vislumbra as mencionadas inconstitucionalidades.

37. Reconhece Kiyoshi Harada: "Não obstante a Súmula 652 do STF proclamar a constitucionalidade do § 1º do art. 15 do Decreto-lei 3.365/1941, que cuida da imissão provisória de imóvel não residencial pelo depósito do valor cadastral, tendo em vista a jurisprudência das instâncias ordinárias, que aderiu à jurisprudência do STJ, os preceitos da lei de regência dificilmente serão aplicados. Como a imissão prévia é requerida em face do caráter de urgência, declarado pela Administração, levar a discussão dessa matéria até a Corte Suprema implicaria paralisação da execução de obras programadas no local da desapropriação, forçando o Poder Público a conformar-se com a decisão do tribunal local" (*Desapropriação: Doutrina e Prática*, cit., 7ª ed., p. 116).

outra, mais demorada, pormenorizada, na fase de instrução. Segundo: o magistrado não deve submeter o resultado da perícia provisória ao contraditório.[38] Se o fizer, cometerá erro, pois desnaturará o instituto da imissão prévia. Em suma: o valor fixado nessa fase é meramente provisório.

Prevalece o entendimento de que a propositura da ação de desapropriação não pressupõe a urgência na imissão na posse: nada impede que a Administração não requeira a imissão na posse até o trânsito em julgado e, por isso, não realize o depósito até o término da ação.[39] Esse entendimento viola o inciso II do § 4º do art. 16 e o art. 46, ambos da Lei Complementar 101/2000 – Lei de Responsabilidade Fiscal. A Ad-

38. A título de exemplo, menciona-se o seguinte julgado do TJSP, que bem elucidou a questão: "1. O objetivo da avaliação prévia na ação de desapropriação é assegurar que a imissão provisória somente se fará mediante o pagamento de quantia bem próxima do valor de mercado do bem expropriado. 2. Eventual erro na adoção dos elementos comparativos utilizados pelo perito poderá facilmente ser corrigido no curso da instrução processual, quando da realização da perícia definitiva, sob o crivo do contraditório. 3. A fixação do *quantum* a ser depositado para a imissão na posse deve ser estabelecida previamente por perito de confiança do juízo, eqüidistante das partes, mediante análise do caso concreto, de acordo com a situação, condições e destinação do bem – Decisão mantida – Recurso não provido" (TJSP, 9ª Câmara de Direito Público, AI 990.10.450550-0-SP, rel. Des. Décio Notarangeli, j. 27.10.2010).

Casos existem, contudo, em que os julgadores, mesmo depositado integralmente o valor fixado na perícia provisória, obstam, indevidamente, à imissão, tendo em vista a impugnação do expropriado. A título de exemplo: "Desapropriação – Decisão que *ad cautelam* suspendeu ordem de imissão provisória na posse – Intimação do perito judicial para ratificar laudo de avaliação provisória – Pedido de efeito suspensivo, dano irreparável – Não ocorrência dos requisitos necessários para antecipação da tutela – Recurso não provido" (TJSP, 5ª Câmara de Direito Público, AI 990.10.177854-8, rel. Des. Francisco Bianco, j. 27.9.2010).

39. A título de exemplo, cita-se o seguinte julgado: "Ação de desapropriação – Valor da oferta consignado na inicial mas não depositado – Expropriante que não cumpre determinação judicial para depósito do valor da oferta – Alegada desnecessidade da imissão provisória na posse do imóvel – Sentença extinguindo a ação, sem julgamento de mérito – Inadmissibilidade – Ação que cumpre os requisitos do Decreto-lei n. 3.365/1941, porque fundamentada em decreto específico. O depósito do valor da oferta somente é exigido para a imissão provisória na posse. O pagamento do valor da indenização será feito após a sentença, como condição para a expedição do mandado de imissão de posse – Art. 29 do Decreto-lei n. 3365/1941 – Recursos providos para reformar a sentença a fim de que a ação tenha normal prosseguimento" (TJSP, 3ª Câmara de Direito Público, ACi 102.938-5/2-00, rel. Des. Ribeiro Machado, j. 23.2.1999). Em sentido contrário manifesta-se Clóvis Beznos (*Aspectos Jurídicos da Indenização na Desapropriação*, cit., p. 39, rodapé 3).

ministração só deve propor a ação de desapropriação se tiver recursos financeiros para efetuar o depósito integral do valor da oferta, e deve efetivá-lo no início da ação. A propositura de centenas de ações de desapropriação sem que houvesse recursos financeiros para o pagamento da indenização gerou enorme dívida pública e sério problema no atraso do pagamento dos precatórios.

Deferida a imissão na posse, expede-se o *auto de imissão na posse*. O oficial de justiça deve imitir o expropriante na posse do bem. A partir da assinatura do auto de imissão são devidos *juros compensatórios*. Até a edição da Medida Provisória 2.183 esses juros não eram previstos em lei. Foram criados pela jurisprudência como compensação pela perda da posse. Prevalecia o entendimento de que eram de 12% ao ano (Súmula 618 do STF).[40] A Medida Provisória 2.183-56/2001, mantida em vigor pelo art. 2º da EC 32/2001, acrescentou o art. 15-A ao Decreto-lei 3.365/1941, positivando esses juros. Segundo o dispositivo: "Incidirão juros compensatórios de até 6% ao ano sobre o valor da diferença eventualmente apurada, a contar da imissão na posse". O STF, na ADI/MC 2.332-DF, suspendeu liminarmente a eficácia da expressão "de até 6% ao ano" e fixou a interpretação conforme de que "a base de cálculo dos juros compensatórios será a diferença entre 80% do preço ofertado em juízo e o valor do bem fixado na sentença". Perceba-se: após a imissão na posse será realizada outra perícia; se, ao final do processo, se chegar à conclusão de que o valor depositado foi igual ou superior ao valor correto, não serão devidos *juros compensatórios*. Eles somente serão devidos se o *valor definitivo* (valor definitivo da indenização) for *superior* ao valor depositado (valor provisório da indenização). O entendimento do STF é equivocado: ele considerou constitucional a restrição do levantamento a apenas 80% do depósito, e, por isso, fixou como base

40. Preceitua a Súmula 618 do STF: "Na desapropriação, direta e indireta, a taxa de juros compensatórios é de 12% ao ano". O STJ editou várias súmulas sobre o tema: "Súmula 56. Na desapropriação para instituir servidão administrativa são devidos os juros compensatórios pela limitação da propriedade"; "Súmula 69. Na desapropriação direta, os juros compensatórios são devidos desde a antecipação da posse e, na desapropriação indireta, a partir da efetiva ocupação do imóvel"; "Súmula 113. Os juros compensatórios, na desapropriação direta, incidem a partir da imissão na posse, calculados sobre o valor da indenização, corrigida monetariamente". Para uma análise crítica da jurisprudência sobre os juros compensatórios de 12%, v. Kiyoshi Harada, *Desapropriação: Doutrina e Prática*, cit., 7ª ed., pp. 145-153.

de cálculo dos juros compensatórios a diferença entre o valor fixado ao final do processo e 80% do valor depositado. Considerando que a liminar em ação direta de inconstitucionalidade tem efeitos *ex nunc* (Lei 9.868/1999, art. 11, § 1º), o STJ passou a entender que os juros compensatórios são devidos no percentual de 12% ao ano, ressalvado o período entre o início da vigência da Medida Provisória 1.577 – 11.6.1997 – até a data da publicação da decisão liminar do STF na ADI 2.332-DF, ou seja, 13.9.2001, em que são devidos no percentual de 6%.[41]

### *14.6.2 Levantamento do depósito*

Conforme antecipado, é inconstitucional a restrição legal ao levantamento do valor depositado. O expropriado tem direito de levantar todo o valor do depósito, mas deve cumprir as exigências do art. 34, *caput*, do Decreto-lei 3.365/1941: comprovar a propriedade, a quitação das dívidas fiscais que recaiam sobre o imóvel e efetivar a publicação de editais, com prazo de 10 dias, para conhecimento de terceiros. A primeira exigência configura muitas vezes um problema nos processos de desapropriação. Como o registro é muito caro, a propriedade de boa parte dos imóveis brasileiros não está regularizada. As pessoas adquirem seus imóveis e não regularizam a aquisição no cartório de imóveis. Só podem levantar o valor depositado depois que for regularizada sua situação jurídica e comprovarem a propriedade mediante apresentação de *certidão imobiliária atualizada*.[42]

41. Reza a Súmula 408 do STJ: "Nas ações de desapropriação, os juros compensatórios incidentes após a Medida Provisória n. 1.577, de 11.6.1997, devem ser fixados em 6% ao ano até 13.9.2001 e, a partir de então, em 12% ao ano, na forma da Súmula n. 618 do Supremo Tribunal Federal".

42. Essa exigência gera transtornos graves para muitos administrados. José Osório de Azevedo Jr. defende o direito do *compromissário comprador* de levantar o depósito mesmo na falta de registro (*Compromisso de Compra e Venda*, 6ª ed., São Paulo, Malheiros Editores, 2013, pp. 94-95). Prevalece, contudo, o entendimento de que se faz necessária a regularização do domínio. A título de exemplo, cita-se o seguinte julgado do TJSP: "Ação de desapropriação – Propositura contra o compromissário comprador – Depósito parcial – Levantamento da indenização – Impossibilidade – Contrato de compra e venda não registrado (art. 34 do Decreto-lei n. 3.365/1941)" (TJSP, 13ª Câmara de Direito Público, AI 990.10.082096-6-SP, rel. Des. Borelli Thomaz, j. 28.4.2010). Esse entendimento, na prática, resulta num grande sofrimento para as pessoas pobres. Sublinha-se: para o levantamento do depósito exige-se a apre-

Se, nas circunstâncias, a Administração não consegue apurar quem é o proprietário, mesmo assim não estará impossibilitada de ajuizar a ação de desapropriação. Perceba-se: é possível que o Poder Público ingresse com a ação de desapropriação em face da pessoa errada ou até mesmo em face de pessoa incerta. Por isso, o sistema condiciona o levantamento à comprovação da propriedade e exige a publicação de editais para que, eventualmente, o verdadeiro proprietário ingresse nos autos. Havendo dúvida sobre o domínio, o juiz deve impedir o levantamento enquanto a questão não for resolvida em ação autônoma.

Em relação à terceira exigência, prevalece hoje o entendimento de que as despesas com a publicação dos editais devem ser arcadas pelo expropriante.[43] A Fazenda só deve pagar as despesas com a publicação em jornal, não com a publicação no *Diário Oficial*.[44]

sentação de *certidão imobiliária atualizada* em que conste que o requerente é proprietário do imóvel.

43. A título de exemplo: "Recurso especial – Desapropriação – Publicação de editais – Requisito para o levantamento do preço – Art. 34 do Decreto-lei n. 3.365/1941 – Antecipação de despesas – Ônus do expropriante. A publicação de editais, consoante exigida pelo Decreto-lei n. 3.365/1941, encerra, precipuamente, benefício ao poder expropriante, na medida em que assegura que o pagamento da indenização por ele devida seja feito sem maiores transtornos, evitando, assim, eventuais repetições ajuizadas por terceiros e interessados que viessem a alegar desconhecimento acerca do andamento processual do feito expropriatório. Destarte, em aproveitando diretamente ao expropriante a publicação dos editais em questão, afigura-se desarrazoado carrear-se a antecipação ao expropriado, para que, ao final, seja o mesmo obrigado a requerer a devolução do montante que desembolsara. Referido procedimento importaria, em verdade, a minoração indireta do *quantum* indenizatório, representando evidente descompasso com a garantia constitucional que lhe assegura o direito de ser justa e previamente indenizado (precedentes: REsp n. 402.928-SP, rel. Min. Franciulli Netto, *DJU* 9.8.2004; REsp n. 208.998-SP, rel. Min. Hélio Mosimann, *DJU* 1.7.1999; REsp n. 171.372-SP, rel. Min. Ari Pargendler, *DJU* 31.8.1998; REsp n. 157.352-SP, rel. Min. Garcia Vieira, *DJU* 24.8.1998)" (STJ, 1ª Turma, REsp 734.575-SP, 2005/0045033-0, rel. Min. Luiz Fux, j. 25.4.2006, *DJU* 22.5.2006, p. 157).

É também o entendimento do TJSP: "Desapropriação – Despesas com a publicação de editais para o levantamento da indenização (art. 34 do Decreto-lei n. 3.365/1941) – Pretensão no sentido de que o encargo recaia sobre os expropriados – Publicações que se realizam em benefício do poder expropriante, que as deve suportar, sob pena de afronta ao escopo indenizatório perseguido na demanda" (TJSP, 10ª Câmara de Direito Público, AI 990.10.218190-1, relator Des. Paulo Galizia, j. 24.5.2010).

44. "Agravo de instrumento – Citação – Edital – Determinado o recolhimento da taxa pela Fazenda Pública Municipal para a publicação do edital – Comunicado n.

Finalmente, em relação à segunda exigência, impõe-se apenas a comprovação da quitação de tributos que recaiam sobre o imóvel, ou seja, IPTU e ITR; e isso antes da ocorrência da imissão na posse.[45] A

62/2009 do TJSP – Irresignação – Cabimento – Provimento superveniente do Conselho Superior da Magistratura (n. 1.758/2010) que ressalva a não incidência de custas para a publicação de editais para os casos de isenção legal, entre eles quando a parte for a Fazenda Pública – Decisão reformada – Recurso provido" (TJSP, 1ª Câmara de Direito Público, AI 990.10.374816-6, rel. Des. Danilo Panizza, j. 19.10.2010).

45. Defende-se uma interpretação extensiva do art. 34 e a necessidade de comprovação de pagamento de tributos federais, estaduais e municipais do Estado da localização do bem, pois todos os bens do devedor respondem pelo inadimplemento tributário de suas obrigações (CC, art. 391), incluído o valor da justa indenização. E o federalismo brasileiro é cooperativo: não há por que liberar o valor da indenização se o expropriado deve tributos. Há precedentes jurisprudenciais nesse sentido: "Agravo de instrumento interposto contra decisão que indeferiu pleito de levantamento de 80% do valor depositado a título de avaliação provisória em ação de desapropriação – Certidões negativas de débitos federais e estaduais – Exigibilidade para que se considere cumprido o art. 34 do Decreto-lei n. 3.365/1941". Constou do acórdão: "Ora, o art. 34 do Decreto-lei n. 3.365/1941 é expresso ao exigir para o levantamento do preço a prova de 'quitação de dívidas fiscais', assim devendo ser entendidas as dívidas fiscais federais, estaduais e municipais. Nesse sentido, confira-se o trecho do v. acórdão prolatado pela colenda 19ª Câmara Civil do TJSP, quando do julgamento do recurso de AI n. 232.600-2 (rel. Des. Ferreira Conti, v.u., j. 22.6.1994): 'Pela interpretação do art. 34 do Decreto-lei n. 3.365, de 1941, concluiu-se que há necessidade de certidões que comprovem a inexistência de quaisquer dívidas fiscais; ora, se o artigo supracitado não especificou de qual esfera (municipal, estadual ou federal), deverão ser apresentadas as certidões de todos os níveis do Poder Público, comprovando não ter o agravante qualquer débito fiscal, seja ele qual for" (TJSP, 2ª Câmara de Direito Público, AI 736.879-5/0-00, rela. Desa. Christine Santini, j. 8.4.2008).

Posteriormente foi editada a Lei federal 11.033/2004, cujo art. 19 determinou: "O levantamento ou a autorização para depósito em conta bancária de valores decorrentes de precatório judicial somente poderá ocorrer mediante a apresentação ao juízo de certidão negativa de tributos federais, estaduais, municipais, bem como certidão de regularidade para com a Seguridade Social, o Fundo de Garantia do Tempo de Serviço – FGTS e a Dívida Ativa da União, depois de ouvida a Fazenda Pública". O dispositivo exigia uma releitura do art. 34 do Decreto-lei 3.365/1941. Ocorre que o STF declarou-o inconstitucional no julgamento da ADI 3453-DF, rela. Min. Carmen Lúcia, j. 30.11.2006, *DJU* 16.3.2007, p. 20. Hoje prevalece na jurisprudência a interpretação restritiva: só é exigida a quitação dos tributos que recaiam sobre o imóvel. A título de exemplo: "Agravo de instrumento – Desapropriação – Indeferimento do pedido de levantamento do depósito relativo ao valor da indenização em razão da análise da situação cadastral da expropriada perante a Receita Federal e a Junta Comercial – Impossibilidade – Circunstância que não se enquadra dentre os elementos necessários para o recebimento da justa indenização – Recurso provido" (TJSP, 6ª

Lei 11.977/2009 acrescentou os §§ 1º, 2º e 3º ao art. 32 do Decreto-lei 3.365/1941, autorizando a dedução das dívidas fiscais, nelas incluídas as multas decorrentes de inadimplemento de obrigações fiscais, quando inscritas e ajuizadas, do valor depositado no processo expropriatório. O dispositivo exige interpretação conforme a Constituição: quando se tratar de imóvel residencial caracterizado como "bem de família", só poderão ser deduzidas as dívidas relativas a tributos que recaiam sobre o imóvel, pois, nesse caso, a lei afasta a impenhorabilidade (Lei 8.009/1990, art. 3º, IV).

Prevalece o entendimento de que as exigências do art. 34 devem ser interpretadas restritivamente. Nada mais equivocado: algumas exigências estão implícitas no sistema normativo. O Direito volta-se para a realidade. Muitos advogados, diante do tempo decorrido entre a contratação e a realização do depósito, infelizmente, efetuam o levantamento e não comunicam a seus clientes. Diante dessa prática, muitos juízes de primeira instância, quando decorrido tempo razoável entre a contratação do advogado e a realização do depósito, passaram a condicionar o levantamento à apresentação de procuração atualizada. Ademais, o pagamento da indenização tem por pressuposto a perda da propriedade: enquanto não há imissão na posse, não há sentido no deferimento do levantamento. Ambas as exigências foram, infelizmente, afastadas pelos tribunais.[46]

Câmara de Direito Público, AI 851.009-5/0-00, rel. Des. Leme de Campos, j. 1.6.2009).

A Lei 11.977/1989, ao autorizar a dedução das dívidas fiscais, exige nova apreciação da jurisprudência. Se o STF for fiel ao precedente da ADI 3.453-DF, deverá considerar inconstitucionais os §§ 1º e 2º do art. 32 do Decreto-lei 3.365/1941. Até que isso ocorra, o dispositivo vem sendo aplicado. Destaca-se: "Agravo de instrumento – Desapropriação – Arts. 34 e 32, § 1º, do Decreto-lei n. 3.365/1941 – Dívidas fiscais – Intervenção do Município no feito – Possibilidade. Sendo a prova da quitação das dívidas fiscais do bem expropriado pressuposto para o levantamento do preço objeto do depósito prévio na desapropriação, afigura-se possível o ingresso do credor tributário no feito, uma vez que as dívidas fiscais relativas ao bem expropriado serão deduzidas dos valores depositados quando inscritas e ajuizadas, nos termos do que prevê o § 1º do art. 32 do Decreto-lei n. 3.365/1941" (TJRS, 4ª Câmara Cível, AI 70043730472, rel. Des. José Luiz Reis de Azambuja, j. 28.9.2011).

46. Em relação à desnecessidade de procuração atualizada: "Desapropriação – Indenização – Pedido de levantamento – Advogado que responde pelas obrigações decorrentes do mandato, não havendo nenhum motivo razoável para se exigir novo instrumento" (TJSP, 8ª Câmara de Direito Público, AI 285.510-5/6-00, rel. Des. Paulo Travain, j. 4.9.2005).

### *14.6.3 Contestação e instrução*

A imissão pode ser requerida antes da citação do expropriado.[47] Requerida ou não a imissão, efetiva-se a citação do proprietário, nos termos do art. 16 do Decreto-lei 3.365/1941. O expropriado deve contestar o feito no prazo de 15 dias (CPC, art. 297), pois a ação segue o *rito ordinário* (Decreto-lei 3.365/1941, art. 19). A contestação, porém, nos termos do art. 20 do Decreto-lei 3.365/1941, só pode versar sobre: (a) vício do processo judicial; (b) impugnação da oferta ou do valor provisório. Outras questões devem ser impugnadas em *ação autônoma*: a alegação de invalidade da desapropriação por *desvio de poder*, por exemplo, pressupõe o ajuizamento de uma ação pelo expropriado; não pode ser efetuada no processo expropriatório.[48]

Contestada ou não a ação, o magistrado deve nomear perito e determinar a realização de *perícia definitiva*. A perícia é determinada de ofício pelo magistrado, independentemente de requerimento da parte.[49]

Em relação à desnecessidade de prévia imissão na posse: "Desapropriação transitada em julgado – Pagamento em parcelas, conforme autorização constitucional – Decisão guerreada que não autorizou o levantamento, argumentando que não houve imissão na posse, devendo os interessados aguardar o depósito do valor venal – Inadmissibilidade – Restrição que não conta com amparo legal. Atendido o art. 34 do Decreto-lei n. 3.365/1941, nada impede o levantamento de cada depósito – Agravo provido" (TJSP, 2ª Câmara de Direito Público, AI 290.717-5/2-00, j. 24.9.2002).

47. "Agravo de instrumento – Desapropriação – Decisão que condiciona a imissão provisória na posse à prévia citação dos expropriados – Desnecessidade – Municipalidade que efetuou o depósito integral do montante apurado pelo perito judicial na avaliação prévia – Recurso provido" (TJSP, 9ª Câmara de Direito Público, AI 990.10.401.698-3, rel. Des. Sérgio Gomes, j. 17.11.2010).

48. Celso Antônio Bandeira de Mello defende a possibilidade de ser contestada a validade da declaração de utilidade pública (*Curso de Direito Administrativo*, cit., 31ª ed., Capítulo XVI-52, p. 909). Discorda-se do mestre nesse ponto. Nada obsta a que a lei impeça o exame dessa questão no bojo da ação de desapropriação. Inconstitucionalidade manifesta haveria se fosse obstada a alegação em ação autônoma. Esta não é necessariamente ineficiente, pois é possível a *antecipação da tutela*. Sobre o tema, v. nosso *Efeitos dos Vícios do Ato Administrativo*, cit., Capítulo X-4.5, pp. 596-600.

49. Trata-se, hoje, de entendimento pacificado. Há muito afirmou Sérgio Ferraz: "Não receamos, contudo, proclamar que cabe ao juiz, na ação de desapropriação, realizar a máxima ético-jurídica balizada no texto constitucional: a busca, a todo preço, da justa indenização, independentemente do comportamento das partes litigantes, a despeito, mesmo, da inércia do interessado, atento sempre às imensas possi-

O perito deve indicar o *valor venal* do bem, ou seja, o valor de mercado; vale, ainda, dizer: o valor necessário para adquirir outro bem equivalente. Há duas possibilidades: o perito pode chegar à conclusão de que o *valor venal* é igual ou inferior ao *valor da oferta* ou à conclusão de que é *superior* ao valor da oferta.

### *14.6.4 Sentença*

Dificilmente a ação de desapropriação será julgada improcedente, pois o Estado, nos termos expostos, tem a prerrogativa de sacrificar o direito de propriedade privada. Quando muito, a ação pode ser extinta em decorrência da decisão proferida em ação autônoma proposta pelo expropriado. Na prática, portanto, a sentença é, salvo raríssimas hipóteses, sempre de procedência. Deve-se diferenciar:

(1) Quando o valor da justa indenização arbitrado pelo magistrado, com base na prova pericial realizada, for *igual* ou *inferior* ao valor da oferta, a procedência importa uma *sentença favorável* à Administração. Nesse caso, o magistrado condenará o expropriado a pagar os ônus da sucumbência, custas e verba honorária. Condenará também o expropriante a pagar a justa indenização. Se já tiver ocorrido a imissão na posse, a indenização já terá sido depositada (pressupondo-se a adoção da exegese aqui defendida). Se o valor da oferta for superior ao valor da justa indenização e o depósito já tiver sido levantado pelo expropriado, este será condenado a devolver o valor que sobeja. Evidente que a devolução deve dar-se, até por economia processual, nos mesmos autos.

(2) Quando o valor ao final arbitrado for superior ao valor da oferta, a procedência importa uma *sentença desfavorável* à Administração. Esta, além de condenada a pagar o valor da justa indenização, será condenada a pagar as custas do processo, a verba honorária, os juros moratórios e, caso tenha havido imissão na posse, os juros compensatórios.

Sobre a condenação da Fazenda no pagamento de verba honorária vigora o chamado *princípio da modicidade da condenação*. Segundo esse princípio, positivado no § 4º do art. 20 do CPC, nas condenações em que for vencida a Fazenda Pública a verba honorária deve ser fixada

bilidades de coerção, de que, naturalmente, goza o expropriante em face do expropriado" (*A Justa Indenização na Desapropriação*, cit., pp. 58-59).

*cum granu salis*, em percentagem, como regra geral, inferior à fixada nas condenações em que for vencido o particular.[50] A Medida Provisória 2.183-56/2001, mantida em vigor pelo art. 2º da EC 32/2001, alterou o § 1º do art. 27 do Decreto-lei 3.365/1941 para, também em concretização a esse princípio, determinar que nas desapropriações os honorários advocatícios sejam fixados entre 0,5 e 5% do valor da diferença entre o valor da indenização ao final arbitrado e o valor da oferta. O dispositivo estabelecia o limite de R$ 151.000,00, mas o STF, na medida cautelar na ADI 2.332-2, suspendeu a eficácia da expressão, afastando o limite. A Súmula 617 do STF já havia fixado que a base de cálculo nos honorários em desapropriação é a *diferença* entre o valor ao final arbitrado como justa indenização e o valor da oferta, corrigidos ambos monetariamente.

Os juros moratórios sempre foram fixados em 6% ao ano. Primeiro, por força do art. 1.062 CC de 1916 e do art. 1º da Lei federal 4.414/1964;[51] depois, por força do art. 15-B do Decreto-lei 3.365/1941, com a redação dada pela Medida Provisória 2.183-56/2001. Como se trata de norma especial, ela não foi revogada pelo art. 1º-F da Lei 9.494/1994, com a redação dada pela Lei 11.960/2009, norma geral.[52] O referido art. 15-B positivou o entendimento do STF segundo o qual juros de mora só existem quando há mora e o Poder Público só está em

50. Dispõe o § 3º do art. 20 do CPC que os honorários serão fixados entre o mínimo de 10% e o máximo de 20% sobre o valor da condenação, atendidos: (a) o grau de zelo do profissional; (b) o lugar de prestação do serviço; (c) a natureza e a importância da causa, o trabalho realizado pelo advogado e o tempo exigido para o serviço. Já, o § 4º desse dispositivo dispõe que, "nas causas de pequeno valor, nas de valor inestimável, naquelas em que não houver condenação ou for vencida a Fazenda Pública, e nas execuções, embargadas ou não, os honorários serão fixados consoante apreciação eqüitativa do juiz, atendidas as normas das alíneas 'a', 'b' e 'c' do parágrafo anterior". O § 4º positiva exceções ao § 3º. Em relação às causas em que houver condenação da Fazenda, extrai-se não só a permissão, mas também a recomendação de que os honorários sejam fixados abaixo do mínimo de 10%.

51. Estabelecia o art. 1.062 do CC de 1916: "A taxa dos juros moratórios, quando não convencionados (art. 1.262), será de 6% ao ano". E o art. 1º da Lei 4.414/1964: "A União, os Estados, o Distrito Federal, os Municípios e as autarquias, quando condenados a pagar juros de mora, por este responderão na forma do direito civil".

52. Reza o art. 1º-F da Lei 9.494/1994: "Nas condenações impostas à Fazenda Pública, independentemente de sua natureza e para fins de atualização monetária, remuneração do capital e compensação da mora, haverá a incidência uma única vez, até o efetivo pagamento, dos índices oficiais de remuneração básica e juros aplicados à caderneta de poupança".

mora a partir de 1º de janeiro do exercício seguinte àquele em que o pagamento deveria ser feito, pois antes disso simplesmente não pode efetuar o pagamento, sob pena de ofensa à ordem dos precatórios (art. 100 da CF de 1988).[53]

O entendimento, apesar de pacificado, nem sempre é correto: somente quando não há imissão na posse antes do trânsito em julgado esse termo inicial é legítimo; fora dessa hipótese os juros devem incidir desde a data do surgimento da obrigação. Deveras: o sistema de precatórios decorre da necessidade de que o Poder Público pague seus débitos sem violar a impessoalidade e a continuidade dos serviços públicos; o sistema não dá à Fazenda a prerrogativa de apenas pagar seus débitos em juízo, ou seja, na *execução judicial*. Esta quase sempre pressupõe a prévia *violação do direito*. O interesse público (primário) exige que o administrado receba de plano o que lhe é devido.[54] No caso da desapro-

53. Decidiu a 1ª Turma do STF, no RE/AgR 442.508-SP, rel. Min. Eros Grau, j. 21.2.2006: "Esta Corte firmou entendimento no sentido de serem indevidos juros moratórios entre a data de expedição e a do efetivo pagamento do precatório, por não ser admissível falar em inadimplemento da entidade estatal no transcurso do lapso temporal previsto no art. 100, § 1º, da Constituição para cumprimento da obrigação". Esse entendimento foi consagrado na Súmula Vinculante 17: "Durante o período previsto no § 1º do art. 100 da Constituição, não incidem juros de mora sobre os precatórios que nele sejam pagos".

A orientação vem sendo respeitada nos processos de desapropriação. A título de exemplo: "No que toca ao termo inicial dos juros moratórios em sede de desapropriação, a questão já não encontra mais controvérsia nesta Corte, desde o julgamento dos EREsp n. 615.018-RS, da relatoria do eminente Min. Castro Meira, ocasião em que a 1ª Seção decidiu pela aplicabilidade da norma constante do art. 15-B do Decreto-lei n. 3.365/1941, que determina a incidência dos juros de mora somente a partir de 1º de janeiro do exercício financeiro seguinte àquele em que o pagamento deveria ser efetuado, às desapropriações em curso no momento em que editada a Medida Provisória n. 1.577/1997. Merece, ainda, acolhida o pleito de redução dos juros moratórios feito pelo recorrente, de 12% para 6% ao ano" (STJ, 2ª Turma, REsp 883.784-SP, rel. Min. Mauro Campbell Marques, j. 28.9.2010).

54. De fato, o interesse público (primário) exige que o administrado receba de plano o que lhe é devido. Se o administrado foi forçado a executar judicialmente o Poder Público e aguardar o pagamento forçado, faz jus à compensação pelo atraso no pagamento, vale dizer, aos *juros de mora*. Uma exceção dá-se quando não há alegação de urgência e requerimento de imissão na posse. Nesse caso, a obrigação do Poder Público só surge quando da data do pagamento do precatório. Mas, se até esse momento do processo a imissão não se fez necessária, dificilmente há *interesse público* a justificar o pagamento da indenização. Nesses casos, em que é iniciada a

priação, o correto cumprimento do direito dá-se quando o Poder Público oferece ao administrado o valor correto, tornando desnecessário o ajuizamento da ação. Se o administrado foi forçado a receber o valor em juízo, executar judicialmente o Poder Público e aguardar o pagamento do precatório, faz jus à compensação pelo atraso no pagamento, vale dizer, aos *juros de mora*.

Uma exceção dá-se quando não há alegação de urgência e requerimento de imissão na posse. Nesse caso, a obrigação do Poder Público só surge na data do pagamento do precatório. Mas, se até esse momento do processo a imissão não se fez necessária, dificilmente há *interesse público* a justificar o pagamento da indenização. Nesses casos, em que é iniciada a execução e ainda não houve pedido de imissão na posse, deve o magistrado exigir que a Fazenda motive a manutenção do interesse público justificante da expropriação. Em rigor, nos termos adiante explicados, como regra geral, não deve haver execução na ação de desapropriação: se não houve imissão na posse até o trânsito em julgado, deve o magistrado intimar o Poder Público para que este requeira a imissão e efetue o depósito integral ou desista da ação. Registra-se: o levantamento da justa indenização sem prévia imissão na posse não é admitido pelo Direito, apesar de, infelizmente, correntemente admitido pela jurisprudência.[55]

Enquanto a apelação interposta pelo expropriado tem apenas efeito devolutivo, o apelo interposto pelo expropriante possui ambos os efeitos (art. 28, *caput*, do Decreto-lei 3.365/1941). Se o valor da condenação for

execução e ainda não houve pedido de imissão na posse, deve o magistrado exigir que a Fazenda motive a manutenção do interesse público justificante da expropriação. Em rigor, nos termos adiante explicados, como regra geral, não deveria haver execução na ação de desapropriação: se não houve imissão na posse até o trânsito em julgado, deveria o magistrado intimar o Poder Público para que este requeresse a imissão e efetuasse o depósito integral ou desistisse da ação.

55. Já se decidiu que, não havendo imissão na posse, é indevido o levantamento antes do trânsito em julgado: "Não realização de imissão na posse – Impossibilidade de levantamento de 80% da quantia depositada a título de indenização prévia – O art. 33 do Decreto-lei n. 3.365/1941, ao deferir o levantamento pelo expropriado de 80% do valor depositado, faz expressa referência ao art. 15 do mesmo diploma legal, o que leva à conclusão de ser a perda da posse pressuposto para dito levantamento, porque em hipótese contrária não há gravame a ser indenizado" (TJSP, 2ª Câmara de Direito Público, AI 736.879-5/0-00, rela. Desa. Christine Santini, j. 8.4.2008). Nos termos expostos, discorda-se da restrição: o levantamento também não deve ser admitido quando após o trânsito em julgado não tenha ocorrido a imissão na posse.

superior ao dobro do valor da oferta, a sentença ficará sujeita ao reexame necessário (Decreto-lei 3.365/1941, art. 28, § 1º).

### *14.6.5 Execução*

Quando tiver ocorrido imissão na posse antes do trânsito em julgado, deve-se distinguir se o valor depositado foi inferior, igual ou superior ao valor fixado na sentença: se superior, deverá a Fazenda cobrar a diferença, caso tenha sido levantada pelo expropriado; se igual, restará apenas a execução das verbas de sucumbência; se inferior, restará pagar o valor da diferença. Segundo entendimento pacífico na jurisprudência, a execução dessa diferença dá-se nos termos das regras da execução por quantia certa contra a Fazenda (CPC, arts. 730 e ss.).

Quando até o trânsito em julgado não houve a imissão, prevalece o entendimento de que o expropriado deve executar a Fazenda normalmente, também nos termos dos arts. 730 e ss. do CPC, cobrando-lhe o valor da indenização. Esse entendimento, contudo, deve ser revisto: o magistrado, nesse caso, deve intimar a Fazenda a requerer a imissão e efetuar o depósito ou a desistir da desapropriação.[56] Comumente, na prática, essas execuções terminam em desperdício de recursos públicos: se não houve interesse na imissão até o pagamento do precatório, invariavelmente não há mais interesse público na aquisição do bem. A execução, nesse caso, só deveria ser admitida em casos excepcionais, após séria motivação do Poder Público. Efetuado o integral pagamento pelo expropriante, deve o magistrado expedir *carta de adjudicação*, pela qual a desapropriação é registrada no cartório de imóveis.

### *14.6.6 Desistência*

Prevalece na doutrina o entendimento de que o poder expropriante pode desistir da desapropriação até o pagamento do preço, independentemente da fase do processo e mesmo após o trânsito em julgado.[57] Esse

56. Nesse sentido: Clóvis Beznos, *Aspectos Jurídicos da Indenização na Desapropriação*, cit., p. 143.

57. Por todos: José Carlos de Moraes Salles, *A Desapropriação à Luz da Doutrina e da Jurisprudência*, cit., 4ª ed., Capítulo XX-8, p. 704. Em sentido contrário,

entendimento também é equivocado. Conforme bem doutrina Massami Uyeda, nem o trânsito em julgado nem o pagamento da indenização obstam à desistência: ela pode dar-se até o registro da carta de adjudicação, desde que seja possível devolver o bem ao expropriado no estado em que ele se encontrava.[58] Evidente que, se iniciada a obra, por exemplo, torna-se impossível a desistência.

## *14.7 Espécies de desapropriação*

Para finalizar este estudo, resta apenas discriminar as espécies de desapropriação e distingui-la do perdimento e da chamada desapropriação indireta. A análise ora efetuada voltou-se para o caso mais comum: a desapropriação *ordinária*, por motivo de utilidade pública, necessidade pública ou interesse social, que não tem caráter sancionador. Com razão, Carlos Ari Sundfeld afirma que o inciso XXIV do art. 5º da CF de 1988 não estabelece distinção entre a utilidade e a necessidade pública.[59] Enquanto nessas duas hipóteses o bem fica no patrimônio do Poder

Celso Antônio Bandeira de Mello afirma que a desistência pode dar-se "enquanto não houver condenação no valor a ser pago" (*Curso de Direito Administrativo*, cit., 31ª ed., Capítulo XVI-47, p. 907).

58. Nas palavras de Massami Uyeda: "A desistência da ação de desapropriação é, portanto, possível a qualquer tempo, mesmo sem a anuência do expropriado, mas desde que o bem expropriando não tenha sido transcrito no registro imobiliário e desde que possa ser restituído integralmente, sem que se tenham desvirtuado suas características essenciais" (*Da Desistência da Desapropriação*, 2ª ed., Curitiba, Juruá, 1999, p. 84). Esse foi o entendimento adotado pelo TJSP, 5ª Câmara de Direito Público, na ACi 259.339-5/0 (rel. Des. Alberto Gentil, j. 19.9.2002). Nesse caso havia sido paga toda a indenização, mas até o efetivo pagamento do precatório não havia sido requerida a imissão na posse. Constou do acórdão: "O risco de ruína da benfeitoria expropriada, motivo da desapropriação, não se verificou. (...). Por outro lado, a Municipalidade não se imitiu na posse do bem e não houve expedição de carta de adjudicação. Em suma: a expropriação não se encontra consumada. A restituição *in integrum* é, pois, possível". Os nobres Julgadores determinaram, contudo, que a devolução dos valores levantados se desse em ação autônoma. Discorda-se: a devolução deveria ter ocorrido nos mesmos autos, em homenagem – dentre tantos outros argumentos – ao princípio da economia processual.

59. Carlos Ari Sundfeld, *Desapropriação*, cit., p. 20. Esclarece Seabra Fagundes que a dicotomia *necessidade* e *utilidade* pública se explica por razões históricas. A Lei 422/1826 distinguia os institutos: a verificação da exigência da desapropriação por necessidade seria feita a requerimento do Procurador da Fazenda perante o juiz do domicílio do proprietário; a verificação da exigência da desapropriação por utili-

Público, na desapropriação por interesse social ele, geralmente, é transferido ao particular.[60]

Além da *desapropriação ordinária*, há duas hipóteses de *desapropriação-sanção*, ambas previstas expressamente no texto constitucional, caracterizadas pelo não pagamento da indenização em dinheiro, mas em títulos, como conseqüência imputada ao descumprimento pelo proprietário da função social da propriedade.

A primeira é a desapropriação por descumprimento da *função social da propriedade urbana*, prevista no inciso III do § 4º do art. 182 da CF de 1988. É *privativa* dos Municípios e depende de lei municipal específica que determine, para área incluída no plano diretor, a edificação ou a utilização compulsória do solo urbano não edificado, subutilizado ou não utilizado. Para que essa desapropriação ocorra, devem ser observados dois pressupostos: (1) só pode ser efetuada se o proprietário descumprir a *notificação municipal* para o cumprimento da obrigação, nos termos do art. 5º da Lei federal 10.257/2001, e não protocolar no prazo de um ano, a partir da notificação, o projeto no órgão municipal competente ou não iniciar as obras do empreendimento no prazo de dois anos, a partir da aprovação do projeto; (2) só pode ser efetuada se, descumprida a obrigação nos prazos estabelecidos, o proprietário continuar a descumpri-la, nos termos do art. 7º da Lei federal 10.257/2001, mesmo após a elevação anual da alíquota do IPTU pelo prazo de cinco anos, sendo

dade teria lugar por ato do Legislativo, perante o qual seria levada a requisição do Procurador da Fazenda. Diante dessa legislação, a Constituição de 1891 transplantou para o § 17 do art. 72 a dicotomia, que foi repetida nos textos constitucionais posteriores (Seabra Fagundes, *Da Desapropriação no Direito Brasileiro*, cit., p. 22). Essa diferenciação está hoje superada. Doutrinariamente, Seabra Fagundes distingue: a necessidade aparece "quando a Administração se encontra diante de um problema inadiável e premente"; a utilidade existe "quando a utilização é conveniente e vantajosa, mas não constitui um imperativo irremovível" (idem, p. 23).

60. A finalidade da desapropriação por interesse social é "solucionar os chamados problemas sociais, isto é, aqueles diretamente atinentes às classes pobres, aos trabalhadores e à massa do povo em geral, pela melhoria nas condições de vida, pela mais eqüitativa distribuição da riqueza, enfim, pela atenuação das desigualdades sociais" (Miguel Seabra Fagundes, *Da Desapropriação no Direito Brasileiro*, cit., p. 23). Como bem afirma Maria Sylvia Zanella Di Pietro, "nos casos de desapropriação por interesse social, a transferência dos bens a terceiros constitui, em regra, a própria finalidade da medida" (*Direito Administrativo*, cit., 25ª ed., p. 190). Há uma lei específica para a desapropriação por interesse social: a Lei federal 4.132/1962.

que a elevação não pode exceder a duas vezes o valor referente ao ano anterior e deve respeitar a alíquota máxima de 15%. Só então o Município pode desapropriar o bem mediante títulos da dívida pública, previamente aprovados pelo Senado, resgatados no prazo de 10 anos, em prestações anuais, iguais e sucessivas, assegurados o valor real da indenização e os juros legais de 6% ao ano (art. 8º, § 1º, da Lei federal 10.257/2001). Bem se vê que essa desapropriação é quase impossível de ser realizada.

A segunda é a desapropriação por descumprimento da função social da propriedade rural, também chamada de desapropriação para fins de *reforma agrária*, prevista no art. 184 da CF de 1988. É privativa da União e se encontra disciplinada na Lei federal 8.629/1993. O procedimento "contraditório especial", "de rito sumário", nos termos do § 3º do referido art. 184, está disciplinado na Lei Complementar 76/1993. A Constituição estabelece que a função social da propriedade rural é descumprida quando não atendidos os requisitos discriminados no art. 186. O art. 185 excetua da desapropriação-sanção (nada impedindo sua desapropriação ordinária): (1) a pequena e a média propriedade rural, definidas, respectivamente, nos incisos II e III do art. 4º da Lei 8.629/1993; (2) a propriedade produtiva, definida no art. 6º da Lei 8.629/1993. A desapropriação dá-se mediante prévia e justa indenização em títulos da dívida agrária, com cláusula de preservação do valor real, resgatáveis no prazo de até 20 anos, a partir do segundo ano de sua emissão.

### *14.8 Perdimento de bens*

A desapropriação não se confunde com o *perdimento de bens*, que se assemelha ao *confisco*: o Poder Público adquire a propriedade privada sem pagamento de indenização. A CF prevê, no art. 243, o perdimento de glebas onde forem localizadas culturas ilegais e o perdimento de todo e qualquer bem apreendido em decorrência do tráfico ilícito de entorpecentes e drogas afins.[61] O constituinte, nesse dispositivo, equivocou-se

61. Prevalece o entendimento de que o constituinte não impediu o legislador de estabelecer outras hipóteses de perdimento de bens. Nos termos do inciso II do art. 91 do CP, por exemplo, a condenação penal tem por efeito "a perda em favor da União, ressalvado o direito do lesado ou de terceiro de boa-fé: a) dos instrumentos do crime, desde que consistam em coisas cujo fabrico, alienação, uso, porte ou detenção constitua fato ilícito; b) do produto do crime ou de qualquer bem ou valor que constitua proveito auferido pelo agente com a prática do fato criminoso".

no uso da terminologia: o perdimento difere da expropriação e do confisco. Tanto o perdimento como a desapropriação são formas *originárias* de aquisição de propriedade pelo Poder Público, mas, enquanto a desapropriação pressupõe a indenização, o perdimento não é indenizado. Tanto o perdimento como o confisco não são indenizáveis, mas, enquanto o perdimento é efeito de um ato ilícito, o confisco não decorre de ilicitude. O inciso IV do art. 150 da CF veda o confisco.

## *14.9 Desapropriação indireta*

Finalmente, deve-se diferenciar a desapropriação da chamada *desapropriação indireta*. Os juristas tendem a pensar o direito público com os olhos voltados para as regras de direito privado. A teoria da propriedade pública, por isso, é buscada no Código Civil. Ocorre que este disciplina a propriedade nas relações privadas, e, por isso, as formas de aquisição de propriedade imóvel discriminadas nos arts. 1.238 a 1.259 do CC não abrangem as formas de aquisição pelo Poder Público. Com efeito: a desapropriação é tipificada no Código Civil como causa de *perda de propriedade* (art. 1.275, V); não estão previstas outras causas de aquisição de propriedade pelo Estado.

A *afetação* de um bem ao *interesse público* é causa autônoma de aquisição de propriedade pelo Estado, e é justamente ela a explicação para a chamada *desapropriação indireta*. Esta pode dar-se sem má-fé ou com má-fé da Administração. A *desapropriação indireta sem má-fé* ocorre quando um bem privado passa a ser utilizado pela comunidade como bem de uso comum do povo, como, *v.g.*, um logradouro. A *desapropriação indireta com má-fé* ocorre quando há *esbulho* pelo Poder Público, ou seja, quando este, sem propor a desapropriação, apossa-se da propriedade privada.

Não é, porém, o esbulho a causa da desapropriação indireta: enquanto não iniciada a obra pública – vale dizer, enquanto não ocorrida a afetação –, o bem continua sendo do particular, e, por isso, é plenamente cabível a ação de reintegração de posse. Construída a obra pública, há afetação, e o proprietário perde a propriedade do bem; mas tem direito à justa indenização, deve propor ação de indenização em face do Poder Público. A jurisprudência chamou essa ação indenizatória de *desapropriação indireta*.

Na desapropriação sem má-fé o Poder Público deve pagar ao proprietário apenas o valor da justa indenização. Na desapropriação com má-fé o proprietário faz jus a uma *indenização adicional*. É evidente que o constrangimento de perder a posse sem prévio depósito, sem prévia propositura de desapropriação, configura indiscutível *dano moral*. O proprietário que deveria ser demandado passa a ter que demandar; o proprietário que deveria receber antes da perda da posse perde esta e ainda tem que propor ação judicial para obter a indenização.[62] Logo, por analogia ao art. 939 do CC, no caso de desapropriação indireta por má-fé a indenização deve ser paga *em dobro*. Esse entendimento, contudo, não é o que prevalece. A jurisprudência é praticamente pacífica no sentido de que também na desapropriação indireta com má-fé o proprietário só deve receber a justa indenização. Ao não estabelecer uma conseqüência negativa pela má-fé, a jurisprudência, num equívoco desastroso, acaba incentivando-a.

62. Nesse sentido, afirma Clóvis Beznos: "Essa frustração da expectativa de proteção de direito do administrado, com a prática de ato que evidencia exatamente o contrário, enseja a reparação pelo dano moral causado, sendo pacífico o entendimento pretoriano quanto à juridicidade do pleito de acumulação de danos materiais com danos morais quando ambos sejam incidentes, como na espécie pode ocorrer" (*Aspectos Jurídicos da Indenização na Desapropriação*, cit., p. 63).

# 15
# *Função Social da Posse*

*15.1 Breve introdução. 15.2 Estatuto constitucional da propriedade. 15.3 Função social da propriedade. 15.4 Estatuto constitucional da posse. 15.5 Função social da posse e ponderação legislativa. 15.6 Função social da posse e ponderação privada.*

## *15.1 Breve introdução*

Grandes publicistas já afirmaram que o direito de propriedade não é tema próprio do direito privado.[1] Seu delineamento jurídico é fixado por normas de direito público; as normas de direito privado disciplinam apenas as relações privadas que envolvem a situação de propriedade. O estudo constitucional do instituto já foi efetuado por doutrinadores de escol; resta enfrentar outro tema, comumente desprezado pelos publicistas: apurar a existência de um *estatuto constitucional da posse*. Após serem gastos rios de tinta sobre o tema da função social da propriedade, a doutrina mais e mais vem se dedicando à chamada *função social da posse*. Eis, enfim, o tema deste opúsculo: o exame das normas de direito público relativas à posse. O ponto de partida, evidentemente, é a Constituição; mais precisamente, o *direito fundamental de propriedade*.

1. Por todos: Celso Antônio Bandeira de Mello, "Novos aspectos da função social da propriedade no direito público", *RDP* 84/39, Ano XX, São Paulo, Ed. RT, outubro-dezembro/1987; Carlos Ari Sundfeld, "Função social da propriedade", in Adilson Abreu Dallari e Lúcia Valle Figueiredo (coords.), *Temas de Direito Urbanístico 1*, São Paulo, Ed. RT, 1987, pp. 1-22.

## *15.2 Estatuto constitucional da propriedade*

León Duguit, em suas célebres conferências pronunciadas na Faculdade de Direito de Buenos Aires em agosto e setembro/1911, publicadas em 1912 na França, defendeu, brilhantemente, a inexistência de *direitos subjetivos*, que para ele eram artificiais e metafísicos:[2] a pessoa não teria direitos, mas uma função a cumprir, uma tarefa a executar. Coerentemente, sustentou Duguit, a propriedade não seria um direito, mas uma *função social*.[3] A doutrina do notável jurista, pioneira e anacrônica, repercutiu em vários ordenamentos: quase um século depois tornou-se corrente o tema da *função social da propriedade*. Em dois dispositivos a Constituição brasileira consagra o instituto: no inciso XXIII do art. 5º e no inciso III do art. 170. O Direito Brasileiro, porém, não acolheu a proposta tal como inicialmente formulada: a propriedade não é uma função social. A Constituição consagra, no inciso XXII do art. 5º, o *direito de propriedade* e, *a contrario sensu* do inciso III do § 4º do art. 182 e do *caput* do art. 184, garante esse direito mesmo quando haja descumprimento da *função social da propriedade*. Com efeito: se o direito de *propriedade* não subsistisse quando descumprida sua função social, não haveria direito à indenização, ainda que em títulos da dívida pública ou agrária.[4] Pontua-se: está petrificado no texto constitucional vigente o *direito fundamental* de propriedade.

Trata-se de um *direito institucional*. Há certos direitos fundamentais que consagram *institutos jurídicos*, ou seja, categorias que inexistem no mundo fenomênico antes de sua configuração no mundo jurídico; pa-

2. León Duguit, *Las Transformaciones Generales del Derecho Privado Desde el Código de Napoleón*, 2ª ed., trad. de Carlos G. Posada, Madri, Francisco Beltrán, 1920, pp. 25-35.

3. Nas palavras dele: "Pero la propiedad no es un derecho; es una función social. El propietario, es decir, el poseedor de una riqueza, tiene, por el hecho de poseer esta riqueza, una función social que cumplir; mientras cumple esta misión sus actos de propietario están protegidos. Si no la cumple o la cumple mal, si por ejemplo no cultiva su tierra o deja arruinarse su casa, la intervención de los gobernantes es legítima para obligarle a cumplir su función social de propietario, que consiste en asegurar el empleo de las riquezas que posee conforme a su destino" (León Duguit, *Las Transformaciones Generales del Derecho Privado Desde el Código de Napoleón*, cit., 2ª ed., p. 37).

4. Cf. Celso Antônio Bandeira de Mello, "Novos aspectos da função social da propriedade no direito público", cit., *RDP* 84/41-42.

ra sua configuração ôntica, e não apenas deôntica, dependem da edição de normas jurídicas. São exemplos: a *herança* (art. 5º, XXX) e a *propriedade* (art. 5º, XXII). Direitos institucionais exigem *conformação legislativa*: compete ao legislador estabelecer o *conteúdo* do direito garantido. Daí a distinção entre *restrições* legislativas e *conformações* legislativas: os direitos à locomoção, à manifestação de pensamento, à intimidade e à privacidade, à liberdade de consciência e de crença são *restringidos* pelas *normas infraconstitucionais*;[5] as normas relativas ao direito à propriedade e à herança não estabelecem *restrições*, mas *definem* o *conteúdo* do direito.[6] Reconhece-se acentuado grau de *discricionariedade legislativa* para o estabelecimento dos *contornos* desses direitos fundamentais.[7]

Não há palavra oca no texto constitucional: ao utilizar um signo lingüístico o constituinte constitucionaliza, na falta de elemento textual em sentido contrário, o *significado corrente* quando da promulgação da

5. Há que se fazer uma observação: parte da doutrina nega a possibilidade de *restrição* de direitos: os direitos seriam sempre *conformados*. Trata-se da chamada *teoria interna dos direitos fundamentais*, para a qual as normas abstratas são sempre *razões definitivas*, e, por isso, não haveria direito no plano constitucional, o direito só surgiria depois da conformação legislativa. Para essa corrente o que há são *limitações* ao *direito de propriedade*, e não *restrições*, estas são consideradas *imanentes*. É defendida, dentre outros, por: Peter Häberle, *La Garantía del Contenido Esencial de los Derechos Fundamentales*, trad. de Joaquín Brage Camazano, Madri, Dykinson, 2003, pp. 56-57. Sobre o tema, v., *supra*, Capítulo 13-rodapé 24 e Capítulo 14-rodapé 16. Ao revés, a *teoria externa dos direitos fundamentais* considera que as normas abstratas são razões *prima facie*, e, portanto, passíveis de restrição. É defendida, dentre outros, por Robert Alexy, *Teoria dos Direitos Fundamentais*, 2ª ed., 3ª tir., trad. de Virgílio Afonso da Silva, São Paulo, Malheiros Editores, 2014, p. 280. Sobre o tema, v., *supra*, Capítulo 13-rodapé 27 e Capítulo 14-rodapé 17.

6. A doutrina distingue a restrição legislativa da conformação legislativa. Os direitos institucionais demandariam uma conformação, pois sem normas infraconstitucionais eles simplesmente inexistem. Por todos, v.: Gilmar Ferreira Mendes Mendes, "Âmbito de proteção de direitos fundamentais e as possíveis limitações", in Paulo Gustavo Gonet Branco, Inocêncio Mártires Coelho e Gilmar Ferreira Mendes, *Hermenêutica Constitucional e Direitos Fundamentais*, 1ª ed., 2ª tir., Brasília, Brasília Jurídica, 2002, p. 215. V., *supra*, Capítulo 14-rodapé 3.

7. Nesse sentido, pacífica a jurisprudência do Tribunal Constitucional alemão: "Como não há nenhum conceito dado e absoluto da propriedade e como o conteúdo e a função da propriedade podem e devem adaptar-se às relações sociais e econômicas, a Constituição transferiu ao legislador a tarefa de determinar o conteúdo e os limites da propriedade" (*BVerfGE* 31, 229) (Jürgen Schwabe, *Cinqüenta Anos de Jurisprudência do Tribunal Constitucional Federal Alemão*, trad. de Beatriz Hennig e outros, Montevidéu, Konrad-Adenauer-Stiftung, 2005, p. 740).

Constituição.[8] Em outubro/1988, para todo jurista, propriedade significava o direito de usar, fruir, dispor dos bens de que se tenha o domínio e de reivindicá-los de quem injustamente os possua. É claro a todas as luzes que o legislador, ao conformar o direito de propriedade, pode (*rectius*, deve – pois o faz pela imperiosa necessidade de concretizar outros valores constitucionais) restringir esses *poderes* inerentes ao direito de propriedade. Assim, se, por um lado, o direito de propriedade é um direito a ser definido pelo legislador, e, pois, passível de conformação legislativa, por outro, "propriedade" não é uma palavra sem sentido, mas, sim, um signo que em outubro/1988 se reportava a um significado. A conformação legislativa não parte do zero: os contornos do direito de propriedade são estabelecidos a partir do significado de propriedade até então consagrado.

Não há que se falar em liberdade legislativa: a discricionariedade do legislador não se traduz em arbitrariedade.[9] Vale dizer: essa conformação encontra limites. Todo direito fundamental tem natureza de princípio:[10] é um mandado de optimização realizável de acordo com as circunstâncias fáticas e jurídicas.[11] Ao *garantir* o *direito de propriedade* o constituinte determinou que o direito de usar, fruir, dispor dos bens de que se tenha o domínio e de reivindicá-los de quem injustamente os possua seja garantido na *máxima* medida possível. Eis a *primeira restrição* à conformação legislativa: às restrições impostas aos poderes próprios da propriedade só se justificam na medida em que forem exigidas para concretização de outros valores constitucionais.[12]

8. É lição que há longo tempo defendemos: *Regulação Administrativa à Luz da Constituição Federal*, São Paulo, Malheiros Editores, 2011, Capítulo I-6, pp. 57-65. Antes de nós, Celso Antônio Bandeira de Mello, a sabendas, afirmou que, "ao declarar que é garantido o direito de propriedade, o texto constitucional certamente assegurou algo mais que uma palavra oca, que um som vazio, que um sem-sentido" ("Novos aspectos da função social da propriedade no direito público", cit., *RDP* 84/42).

9. Cf. nossos *Abuso de Direito e a Constitucionalização do Direito Privado*, São Paulo, Malheiros Editores, 2010, pp. 29-31, e *Efeitos dos Vícios do Ato Administrativo*, São Paulo, Malheiros Editores, 2008, Capítulo II-3.2, rodapés 25 e 26, pp. 47-48.

10. Cf. nosso "A norma *iusfundamental*", *RBDC* 4/526-576, São Paulo, 2004. Sobre os dois principais conceitos de *princípio jurídico*, vç. nosso *Abuso de Direito e a Constitucionalização do Direito Privado*, cit., pp. 13-29.

11. É o consagrado conceito de Robert Alexy (*Teoria dos Direitos Fundamentais*, cit., 2ª ed., 3ª tir., p. 90).

12. Decorrência da *lei da ponderação* formulada por Alexy: "'Quanto maior for o grau de não-satisfação ou de afetação de um princípio, tanto maior terá que ser

Há, ademais, uma *segunda restrição*: deve o legislador respeitar o *núcleo essencial* do direito fundamental de propriedade. Eis uma pergunta tormentosa: qual é esse núcleo essencial? Para o Tribunal Constitucional alemão esse núcleo consiste no uso privado e na disponibilidade sobre o objeto da propriedade.[13] Apesar de hoje estar consagrada a fórmula tedesca, ela é bem mais rudimentar do que a diretriz apresentada, já em 1982, pelo ínclito Celso Antônio Bandeira de Mello: o *núcleo essencial* do direito de propriedade – disse ele – não se refere à sua significação patrimonial ou econômica, o uso e o gozo do bem são noções cuja substância está indissoluvelmente ligada à idéia de *funcionalidade*: o núcleo essencial diz respeito à funcionalidade da coisa.[14] Nas palavras do insigne publicista: "entende-se por funcionalidade a aptidão natural do bem em conjugação com a destinação social que cumpre, segundo o contexto em que está inserido".[15]

Essa diretriz foi complementada pelo emérito Carlos Ari Sundfeld, para quem o núcleo essencial está indissociavelmente ligado à idéia de *exclusividade*. Nas palavras dele: "A relação de propriedade tem o condão de afastar terceiros da mesma relação, à qual só poderão ser admitidos por vontade do titular".[16] Ser proprietário – diz Carlos Ari – é poder utilizar um bem com exclusividade, e utilizar um bem é destiná-lo a uma finalidade.[17] A *utilização* compreende os poderes de uso, gozo e disposição: usar é retirar as utilidades que a coisa pode oferecer; gozar é perceber os rendimentos que o bem pode proporcionar; dispor é poder alienar o bem, consumi-lo ou gravá-lo de ônus real.[18] O núcleo essencial do direito de propriedade refere-se à *utilização exclusiva funcional* do bem. A utilização funcional – diz Celso Antônio – é aquela compassada "tanto com suas aptidões naturais como com suas destinações comuns

a importância da satisfação do outro'" (*Teoria dos Direitos Fundamentais*, cit., 2ª ed., 3ª tir., p. 167).

13. *BVerfGE* 31, 229 (Jürgen Schwabe, *Cinqüenta Anos de Jurisprudência do Tribunal Constitucional Federal Alemão*, cit., p. 740).

14. Celso Antônio Bandeira de Mello, "Natureza jurídica do zoneamento – Efeitos", *RDP* 61/38-39, Ano XV, São Paulo, Ed. RT, janeiro-março/1982.

15. Idem, p. 39

16. Carlos Ari Sundfeld, "Função social da propriedade", cit., in Adilson Abreu Dallari e Lúcia Valle Figueiredo (coords.), *Temas de Direito Urbanístico 1*, p. 15.

17. Idem, p. 16.

18. Idem, ibidem.

ou preponderantes".[19] Ao conformar o direito de propriedade o legislador não pode obstar à exclusiva utilização funcional do bem.

### *15.3 Função social da propriedade*

O estatuto constitucional da propriedade abrange a cláusula da *função social*. Retoma-se o dantes afirmado: dentre os princípios da ordem econômica o constituinte enunciou a *propriedade privada* e, em seguida, a *função social da propriedade* (art. 170, II e III). Esta última já era assim tipificada pela Constituição de 1969 (art. 160, III). A CF de 1988 foi além: após a enunciação do *direito de propriedade*, no inciso XXII do art. 5º, enuncia no inciso seguinte um *dever constitucional*: "a propriedade atenderá à sua função social". Não se trata de normas repetitivas. Pelo texto, a *função social da propriedade* é: (a) *princípio da ordem econômica*; (b) *dever constitucional*, restringente do direito fundamental de propriedade.

O segundo aspecto importou uma necessária redefinição do próprio direito de propriedade.[20] Do inciso XXIII do art. 5º da CF extraem-se duas normas: uma de *estrutura* e outra de *conduta*;[21] o texto dirige-se ao *legislador* e aos *particulares*. Impõe uma *restrição* à discricionariedade legislativa: a conformação legislativa deve ter por norte a exigência constitucional.[22] E restringe a atuação dos proprietários: as

19. Celso Antônio Bandeira de Mello, "Natureza jurídica do zoneamento – Efeitos", cit., *RDP* 61/39. Viola o núcleo essencial do direito de propriedade a proibição de construir em terreno urbano ou de exercer atividade pastoril em imóvel rural imprestável para atividade agrícola satisfatória (idem, ibidem).

20. Acerta José Afonso da Silva ao afirmar que a função social interfere na própria *estrutura* do *direito de propriedade* (*Direito Urbanístico Brasileiro*, 7ª ed., São Paulo, Malheiros Editores, 2012, p. 73).

21. A classificação é apresentada por Norberto Bobbio, *Teoria do Ordenamento Jurídico*, 10ª ed., trad. de Maria Celeste Cordeiro Leite dos Santos, Brasília, UnB, 1999, p. 45. Todas as normas, em última análise, têm por fim a disciplina do comportamento humano. No entanto, percebe-se a existência de normas voltadas imediatamente para a regulação do comportamento humano, chamadas de *normas de conduta* ou *de comportamento*, e outras chamadas de *normas de estrutura*, que, apesar de possuírem esse desiderato, voltam-se para a produção ou modificação das primeiras.

22. Segundo José Manoel de Arruda Alvim Netto: "A função social é um valor assumido pelo texto constitucional e é, *primordialmente*, dirigido ao legislador, dado que é a lei que há de realizar a função social da propriedade" (*Comentários ao Códi-*

situações jurídicas de propriedade[23] sofrem o influxo do dever imposto pelo Texto Magno. Antes de adentrar o exame do conteúdo da cláusula, fixa-se este ponto: ela é norma de estrutura, condiciona a atividade legislativa, e norma de conduta, condiciona a conduta dos proprietários.

O conceito de *função* foi fixado pelos publicistas italianos: é a atividade dotada de prerrogativas necessárias ao cumprimento do dever de atender ao interesse alheio. O conceito possui dois elementos: (a) o dever de atuar em prol do interesse alheio; e (b) a manutenção de prerrogativas necessárias ao cumprimento desse dever.[24] Se função pública consiste no dever de satisfazer certas finalidades em prol do *interesse público*, função social consiste no dever de satisfazer certas finalidades em prol do *interesse social*.[25] A partir do conceito de *função* pode-se dar o primeiro passo para compreensão do conteúdo da função social da proprie-

*go Civil Brasileiro: Livro Introdutório ao Direito das Coisas e o Direito Civil*, vol. XI, t. I, Rio de Janeiro, Forense, 2009, p. 34). Para Pietro Perlingieri: "As intervenções legislativas em matéria de propriedade não podem ser arbitrárias, mas devem assegurar a função social e o acesso a todos. A função se apresenta como causa de legitimação ou de justificação das intervenções legislativas, que devem sempre ser submetidas a um controle de conformidade com a Constituição" (*O Direito Civil na Legalidade Constitucional*, trad. de Maria Cristina De Cicco, Rio de Janeiro, Renovar, 2008, § 309, pp. 944-945).

23. A propriedade é uma *situação subjetiva complexa* e uma *relação jurídica* (cf. Pietro Perlingieri, *O Direito Civil na Legalidade Constitucional*, cit., § 221, pp. 680-682, e § 306, pp. 933-935). É uma situação complexa, porque abrange situações *ativas*, direitos e poderes, e *passivas*, deveres. Toda situação jurídica pressupõe uma relação: "Sob o perfil estrutural, a propriedade é ligação entre a situação do proprietário e as situações que, gradualmente, entram em conflito com ela e constituem centros de interesses antagônicos" (idem, p. 929).

24. Cf. nosso *Efeitos dos Vícios do Ato Administrativo*, cit., Capítulo II-1, pp. 37-38. Nas palavras de Santi Romano: "As funções (*officia*, *munera*) são os poderes que se exercem não por interesse próprio, ou exclusivamente próprio, mas por interesse de outrem ou por um interesse objetivo" (*Princípios de Direito Constitucional Geral*, trad. de Maria Helena Diniz, São Paulo, Ed. RT, 1977, p. 145).

No Brasil o conceito foi difundido por Celso Antônio Bandeira de Mello: "(...). Existe função quando alguém está investido no *dever* de satisfazer dadas finalidades em prol do *interesse de outrem*, necessitando, para tanto, manejar os poderes requeridos para supri-las. (...)" (*Curso de Direito Administrativo*, 31ª ed., São Paulo, Malheiros Editores, 2014, Capítulo I-54, p. 72).

25. A sabendas, afirmou Carlos Ari Sundfeld: "O interesse social é compreendido como o interesse da sociedade, para cuja realização o Estado atua, sem assumir o papel de titular" (*Desapropriação*, São Paulo, Ed. RT, 1990, p. 10).

dade: refere-se a *prerrogativas* que devem ser exercidas não no interesse do proprietário, mas no interesse de *outrem* – no caso, da *sociedade*.

Celso Antônio Bandeira de Mello notou que a *função social da propriedade* possui *duas acepções*:[26] uma *individual* e outra *coletiva*. Na primeira a cláusula tem em vista apenas a situação individual de propriedade, com abstração da *justiça social*, ou seja, da equânime distribuição da propriedade. Nessa acepção, impõe-se ao *proprietário*, por um lado, o *dever* de dar destino *economicamente útil*, *produtivo*, à coisa que lhe pertence, de maneira a satisfazer a vocação natural ou social da espécie tipológica do bem; por outro, impõe-se ao proprietário a proibição de dar ao bem destino contrário a essa vocação. Noutras palavras: impõe-se ao proprietário o dever de fazer o bem cumprir sua *utilidade específica* e se impede o proprietário de utilizar o bem em desacordo com essa utilidade. A função social da propriedade é, pois, numa primeira acepção, um dever imposto ao proprietário, nas suas situações de propriedade, de utilizar o bem de modo consentâneo com o interesse social. Na segunda acepção a cláusula tem em vista não a situação concreta de propriedade, mas o instituto da propriedade: concretiza o desiderato constitucional de obtenção de uma sociedade justa, com equânime distribuição da riqueza.

Ambas as acepções afetam o legislador e os proprietários, mas com nítida diferença: a primeira tem por destinatário principal o proprietário, a segunda tem por destinatário principal o Poder Público. Com efeito: a ampliação do acesso à propriedade efetiva-se não pela atuação concreta dos proprietários, mas por medidas legislativas e administrativas. A Constituição expressamente prevê um instituto para concretização da função social da propriedade na *segunda acepção*: a *desapropriação por interesse social* (CF, art. 5º, XXIV).[27]

26. Celso Antônio Bandeira de Mello, "Novos aspectos da função social da propriedade no direito público", cit., *RDP* 84/43-44.

27. Doutrina Carlos Ari Sundfeld: "A desapropriação por interesse social visa a promover a justa distribuição da propriedade ou condicionar seu uso ao bem-estar social" (*Desapropriação*, cit., p. 22). Foi o que pontificou o aclamado Seabra Fagundes, em obra clássica: "Haverá motivo de interesse social quando a expropriação se destine a solucionar os chamados problemas sociais, isto é, aqueles diretamente atinentes às classes pobres, aos trabalhadores e à massa do povo em geral, pela melhoria nas condições de vida, pela mais eqüitativa distribuição da riqueza, enfim, pela atenuação das desigualdades sociais" (*Da Desapropriação no Direito Brasileiro*, Rio de Janeiro, Freitas Bastos, 1949, § 12-C, p. 23).

Carlos Ari Sundfeld contribuiu para aclarar ainda mais a cláusula ao contrapô-la à teoria clássica do *poder de polícia*.[28] Sempre se admitiu – reconheceu o ínclito jurista –, pela teoria clássica,[29] que o Poder Público impusesse, no exercício do poder de polícia, obrigações de fazer aos particulares, mas apenas como *condição* para o exercício de *direitos*. O Poder Público, em todos os casos de imposição de comportamentos positivos no exercício da polícia administrativa, não quer o comportamento imposto, quer apenas que as atividades pretendidas pelos particulares não sejam exercitadas de modo nocivo aos outros particulares.[30] Por força da função social da propriedade, o Poder Público é autorizado a, mais do que limitar o direito, impor seu exercício. Em síntese: as obrigações de fazer impostas com base na função social são de natureza diversa das impostas com base no poder de polícia.

Pelo que se expôs até aqui, pela função social da propriedade os *poderes* da propriedade tornam-se *deveres*: devem ser exercidos não na satisfação exclusiva do interesse próprio, mas na satisfação do interesse da sociedade. E isso tanto numa *perspectiva individualista* – o proprietário, ao agir na sua esfera de liberdade, em perseguição de seus interesses individuais, deve observar esse dever – quanto numa *perspectiva coletivista* – o Poder Público deve adotar medidas corretoras da injusta distribuição da propriedade, em prol da máxima realização de justiça social. Nas duas perspectivas, sublinha-se: a função social da propriedade impõe o exercício do direito de propriedade em prol do interesse

28. Carlos Ari Sundfeld, "Função social da propriedade", cit., in Adilson Abreu Dallari e Lúcia Valle Figueiredo (coords.), *Temas de Direito Urbanístico 1*, pp. 10-11.

29. A *teoria clássica do poder de polícia* foi substituída pela *teoria da ordenação administrativa* e pela *teoria neoconstitucional do poder polícia*. Sobre o tema, v., *supra*, Capítulo 13.

30. Segundo Celso Antônio Bandeira de Mello, o que se impõe pelo poder de polícia é mera "aparência de obrigação de fazer" (*Curso de Direito Administrativo*, cit., 31ª ed., Capítulo XIV-19, p. 850). Com todo respeito, discorda-se. Não se trata de um jogo de palavras: ao impor comportamentos, impõem-se obrigações de fazer. Mas, de fato, ele acerta ao dizer que o Poder Público nessas hipóteses não quer as atividades que impõe, quer apenas que as atividades pretendidas pelos administrados não sejam exercidas de forma perigosa ou nociva (idem, ibidem). Ao revés, quando impõe encargos para que a propriedade cumpra sua função social o Poder Público quer o próprio resultado. O magno doutrinador, contudo, parece adotar posição restritiva: só admite a imposição de encargos nas hipóteses expressamente prevista no texto constitucional (idem, Capítulo XIV-17, p. 848).

social. Esses aportes teóricos, apesar de fundamentais, não são suficientes para a compreensão do tema.

Conforme se expôs no item anterior, existe um *direito subjetivo de propriedade*, garantido constitucionalmente. Isso não pode ser esquecido pelo intérprete. A propriedade no Direito Brasileiro não é uma *função*, é um *direito*; um *direito que deve atender a uma função*. A palavra "princípio" é atualmente utilizada com dois significados bem distintos: *mandamento nuclear* do sistema jurídico e *valor juridicamente positivado*.[31] Essa ambigüidade nem sempre é notada pelos juristas, o que causa desastrosos equívocos. É corrente a utilização da expressão "princípio da função social da propriedade" no primeiro significado; propõe-se utilizá-la no segundo significado. Princípios são normas que estabelecem um fim a ser atingido na maior medida possível, e, como tais, dividem-se em dois grupos: *princípios materiais* e *princípios formais*.[32] O primeiro grupo divide-se em dois subgrupos: *princípios relativos a bens coletivos* (*v.g.*, princípio da proteção ao meio ambiente: o meio ambiente deve ser protegido na maior medida possível) e *princípios relativos a direitos subjetivos* (*v.g.*, princípio de proteção à intimidade: a intimidade deve ser protegida na maior medida possível). Os princípios formais atribuem, no plano abstrato, um peso maior aos princípios materiais.

O *direito de propriedade* é, pois, um *princípio material* relativo a *direito subjetivo*, segundo o qual o direito de usar, fruir, dispor dos bens de que se tenha o domínio e de reivindicá-los de quem injustamente os possua deve ser garantido na máxima medida possível ("P1").[33] Por for-

31. Cf. nosso *Abuso de Direito e a Constitucionalização do Direito Privado*, cit., pp. 13-29.

32. Idem, pp. 38 e ss.

33. A Constituição consagra o direito à propriedade privada (art. 170, II). É correto afirmar que o direito à propriedade é um princípio material próprio do direito privado: garante-se ao proprietário utilizar seus bens de acordo com seus interesses egoísticos, no âmbito de sua liberdade. As pessoas públicas – reconhece-se – podem ser proprietárias de bens. Sem embargo, a *teoria da propriedade pública* não se confunde com a *teoria da propriedade privada*. Infelizmente, enquanto a última se encontra amplamente desenvolvida na legislação e na doutrina, a teoria da propriedade pública é desprezada, aguarda disciplina normativa e elaboração doutrinária. Apenas para pontuar a diferença: o Poder Público não tem liberdade, e, portanto, não é livre para exercer os poderes próprios da propriedade segundo sua vontade.

A função social da propriedade é um princípio formal próprio do direito privado, inaplicável ao direito público, pois na seara deste não faz sentido um princípio

ça dele, o particular pode, na máxima medida possível, utilizar seus bens de modo a concretizar seus interesses egoísticos. A *função social* é uma *cláusula geral*, e, como tal, um *princípio formal*.[34] Ela atribui um peso maior aos princípios materiais que se chocam com os interesses egoísticos dos particulares.

Há valores contrários à utilização individual da propriedade ("P2"). A cláusula geral da função social restringe o âmbito do princípio material da *liberdade* dos particulares e, especificamente, do direito de propriedade. No entrechoque de "P1" (a liberdade do proprietário de usar o bem de acordo com sua vontade) e "P2" (o interesse social, contrário ao uso egoístico), a função social dá um peso maior a "P2". Ao determinar que a propriedade atenda à sua função social, o constituinte deu juridicidade aos valores opostos aos interesses individuais do proprietário e estabeleceu, no plano abstrato, um *entrechoque valorativo*.

## *15.4 Estatuto constitucional da posse*

Muito já se escreveu sobre a posse. Faz-se, aqui, um rápido resumo. Inicialmente, os romanos conceituaram-na como o *poder de fato* de alguém sobre uma coisa. Ihering opôs-se a esse conceito: posse não seria

formal restringente da liberdade. Prevalece na doutrina a posição contrária (por todos: Sílvio Luís Ferreira da Rocha, *Função Social da Propriedade Pública*, São Paulo, Malheiros Editores, 2005, pp. 121 e ss.). Trata-se de equívoco deveras comum: pensar o direito público e seus institutos com os olhos voltados para o direito privado. Cf., *supra*, Capítulo 11-11.2.3.

Nilma de Castro Abe percebeu, com maestria, a inaplicabilidade da função social à propriedade pública: "Para nós a função social da propriedade caracteriza-se apenas como um dever jurídico ou conjunto de deveres jurídicos impostos apenas ao proprietário particular por força do texto constitucional" (*Gestão do Patrimônio Público Imobiliário*, Leme, Mizuno, 2006, p. 97).

34. Cf. nosso *Abuso de Direito e a Constitucionalização do Direito Privado*, cit., pp. 83-90. Eis o nosso conceito: "As cláusulas gerais consistem em princípios formais especiais que restringem o âmbito do princípio formal fundamental da autonomia privada. Elas atribuem um peso aos princípios opostos aos concretizados pelos particulares, vale dizer, aos princípios que se chocam com seus interesses egoísticos. Ainda que, cientificamente, haja diferença semântica entre as cláusulas gerais, todas elas, no conjunto, possuem o mesmo significado: elas obrigam os particulares, no âmbito da liberdade resultante da obediência às limitações legais e administrativas, a observar princípios colidentes com os princípios relativos à sua esfera de interesses" (idem, p. 87).

o poder físico sobre a coisa, mas o exercício ou a exteriorização do direito de propriedade.[35] Seria, então, o *exercício de fato* do *direito de propriedade*. Passou-se a distinguir o *ius possessionis* (*direito de posse*) do *ius possidendi* (*direito à posse*): o primeiro considera a posse em si mesma, como um fato, não atrelada ao direito de propriedade, e, pois, desvincula-a da *titularidade*; o segundo considera a posse uma faculdade jurídica própria de direitos como o de propriedade, e, pois, vincula-a à *titularidade*.

A partir dessa primeira distinção, passou-se a distinguir duas formas de *estrutura da posse*, a organização *horizontal* e a organização *vertical* da posse: a primeira, ao contrário da segunda, não pressupõe uma relação jurídica entre o possuidor e o proprietário, em que um possui a titularidade da coisa, e passa a ter apenas a *posse mediata ou indireta*, e o outro, que não possui a titularidade, passa a ter a *posse imediata ou direta*.

Ademais, sugiram duas teorias sobre os *elementos da posse*: pela teoria *subjetiva*, defendida por Savigny, ela possuiria dois elementos: o *corpus* (poder de fato sobre a coisa) e o *animus* (intenção de fazer a coisa servir às suas necessidades ou de tê-la como sua); de modo que sem o *animus* haveria *detenção*, e não posse; pela teoria *objetiva*, defendida por Ihering, bastaria o *corpus*, pois é a lei que qualifica o *corpus* como posse e não como detenção.[36]

A *teoria da posse* é, portanto, bem extensa. Ocorre que *posse* não é um conceito lógico-jurídico, universal, aplicável a todos os ordenamentos; é um conceito jurídico-positivo, dependente das normas positivadas. Nos termos do art. 1.196 do CC brasileiro, "considera-se possuidor

35. "Posse é a exterioridade, a visibilidade da propriedade" (Rudolf von Ihering, *Teoria Simplificada da Posse*, trad. de Adherbal de Carvalho, São Paulo, Saraiva, 1986 – *Clássicos do Direito Brasileiro*, vol. 6 –, p. 86).

36. Sobre todos esses conceitos, v.: José Carlos Moreira Alves, *Posse: Estudo Dogmático*, 2ª ed., vol. II, t. I, Rio de Janeiro, Forense, 1997, pp. 3-68; Orlando Gomes, *Direitos Reais*, 13ª ed., Rio de Janeiro, Forense, 1998, §§ 9-17, pp. 17-33, e §§ 27-32, pp. 45-49; Tito Fulgêncio, *Da Posse e das Ações Possessórias*, 10ª ed., Rio de Janeiro, Forense, 2008, pp. 3-25; Eduardo Espínola, *Posse – Propriedade – Compropriedade ou Condomínio – Direitos Autorais*, Rio de Janeiro, Conquista, 1956, pp. 25-61; José Manoel de Arruda Alvim Netto, *Comentários ao Código Civil Brasileiro: do Direito das Coisas (Arts. 1.196 a 1.224)*, vol. XI, t. II, Rio de Janeiro, Forense, 2009, pp. 3-131.

todo aquele que tem de fato o exercício, pleno ou não, de algum dos poderes inerentes à propriedade". Posse é, singelamente, o *exercício de fato* dos *poderes inerentes à propriedade*, ou seja, é o exercício *de fato* do poder de usar, fruir, dispor dos bens de que se tenha o domínio e de reivindicá-los de quem injustamente os possua.

De que a posse consta das regras privadas ninguém duvida. A grande pergunta é: existe um *estatuto constitucional da posse*? Sim, existe. E para compreendê-lo é de suma importância algo notado pelo Min. Teori Albino Zavascki: o princípio da *função social da propriedade* diz respeito à *utilização dos bens*, e não à sua *titularidade jurídica*.[37] A função social da propriedade não se traduz integralmente na função social da posse, mas é inegável que implica necessariamente, ainda que não exclusivamente, a *tutela da posse*. Com efeito: para o cumprimento da *função social* os poderes inerentes à propriedade *devem* ser efetivamente *exercidos* (daí se traduzirem em deveres, *devem* ser exercidos) não no interesse exclusivo do proprietário, mas no interesse da sociedade (poderes instrumentais ao cumprimento do dever de tutelar o interesse alheio, daí *função*; no caso, o interesse social, daí *função social*). A propriedade *abandonada*, a propriedade *não utilizada*, a propriedade *não usufruída*, não cumpre sua função social. Propriedade que cumpre sua função social é, enfim, propriedade efetivamente *utilizada*. E propriedade efetivamente utilizada traduz-se no *exercício da posse*. Donde a inescapável conclusão: o princípio da *função social da propriedade* implica a *função social da posse*.[38]

Isso não significa – reitera-se – que a função social da propriedade se esgote na função social da posse. Na perspectiva individualista, a função social da propriedade *impede* usos contrários à função social do bem. Nesses termos, o § 2º do art. 1.228 do CC veda o *espírito emulativo*, ou seja, "os atos que não trazem ao proprietário qualquer comodidade ou

37. Teori Albino Zavascki, "A tutela da posse na Constituição e no Projeto do novo Código Civil", in Judith Martins-Costa (org.), *A Reconstrução do Direito Privado*, São Paulo, Ed. RT, 2002, pp. 844 e 847.

38. Assevera Arruda Alvim: "A função social da posse, nos quadros do sistema normativo, é um subproduto de uma das facetas da função social da propriedade, e dentro desta se abriga e dentro desta se esvai" (*Comentários ao Código Civil Brasileiro: Livro Introdutório ao Direito das Coisas e o Direito Civil*, cit., vol. XI, t. I, p. 303).

utilidade, e sejam animados pela intenção de prejudicar alguém".[39] Na perspectiva coletiva, por óbvio, não basta que a propriedade seja utilizada para que haja justiça social. A função social da propriedade exige a *desconcentração* da propriedade, ainda que esta seja adequadamente utilizada. Em suma: a função social da propriedade não se esgota na utilização da coisa. Por um lado, impede-se a má utilização; por outro, almeja-se que todos tenham acesso à utilização. Este estudo, portanto, tem por objeto apenas um dos aspectos da função social da propriedade: a função social da posse.

Ao estabelecer, no inciso XXIII do art. 5º, que a propriedade atenderá à sua função social, o constituinte *constitucionalizou* a *posse*. E a posse – perceba-se – *autonomamente considerada*. O direito de propriedade implica o direito de posse: quem tem propriedade tem o direito de exercer de fato os poderes inerentes à propriedade. O inciso XXII do art. 5º da CF de 1988, ao garantir o direito de propriedade, garante o *ius possidendi*, o *direito à posse*. Nos termos expostos, o direito fundamental de propriedade consiste no direito de usar, fruir, dispor dos bens de que se tenha o domínio e de reivindicá-los de quem injustamente os possua; vale dizer: no direito de exercer *de fato* esses direitos. O direito fundamental à propriedade implica o *direito fundamental à posse* sobre os bens de que se tenha o domínio. Em suma: a constitucionalização do *ius possidendi* é extraída do inciso XXII do art. 5º da CF, ou seja, do direito de propriedade.

A *função social da propriedade* constitucionaliza tanto o *ius possidendi* como o *ius possessionis*, reforça a constitucionalização da posse com titularidade e dá fundamento constitucional à posse não atrelada à titularidade, à posse autônoma. Quer dizer: a constitucionalização do *ius possessionis* é extraída do inciso XXIII do art. 5º. Ao enunciar que a propriedade atenderá à sua função social, o constituinte deu juridicidade à posse de quem não é proprietário – juridicidade, essa, que é reforçada pela expressa previsão constitucional de duas modalidades especiais de *usucapião*: a usucapião especial urbana, prevista no art. 183, e a usucapião especial rural (*pro labore* ou *agrária*), prevista no art. 191.

39. O dispositivo foi inspirado no art. 833 do CC italiano: "**Atos emulativos.** O proprietário não pode praticar atos que não tenham outro escopo senão que o de causar prejuízo ou trazer incômodo aos outros". Sobre o tema, v., por todos: José Manoel de Arruda Alvim Netto, *Comentários ao Código Civil Brasileiro: Livro Introdutório ao Direito das Coisas e o Direito Civil*, cit., vol. XI, t. I, pp. 49-51 e 285-287.

Se a função social é concretizada pela propriedade utilizada, a utilização efetuada por quem não é proprietário é protegida pelo sistema. Trata-se do *conflito valorativo* mencionado no item anterior: ao garantir o direito de propriedade, o constituinte positivou o princípio relativo a direito subjetivo referente aos interesses individuais do proprietário ("P1"); ao impor o cumprimento da função social, o constituinte positivou, implicitamente, o princípio relativo a direito subjetivo referente aos interesses individuais do possuidor não-proprietário ("P2"). O princípio formal da função social exige atentar para "P2", para o direito do possuidor não-proprietário. A solução do entrechoque de "P1" e "P2" não é simples. Trata-se de uma *ponderação* complicada. A quem compete ponderar valores que se chocam no plano abstrato?

## *15.5 Função social da posse e ponderação legislativa*

A primeira ponderação é efetuada pelo próprio constituinte.[40] Como já antecipado, ele próprio concretizou a *função social da posse* ao prever os institutos da *usucapião especial urbana* (art. 183) e da *usucapião especial rural* (art. 191). No plano abstrato, o constituinte ponderou "P1" (princípio relativo aos interesses do proprietário) e "P2" (princípio relativo aos interesses do possuidor não-proprietário) e fixou duas regras de precedência. Quando alguém possuir como sua área urbana de até 250m$^2$ por cinco anos, ininterruptamente e sem oposição, utilizando-a para sua moradia ou de sua família, adquirir-lhe-á o domínio, desde que não seja proprietário de outro imóvel urbano ou rural.[41] Quando

40. Afirmamos em outra oportunidade que "todas as regras constitucionais, de comportamento e de estrutura, consistem na concretização de um princípio constitucional – e, assim, decorrem também de uma ponderação efetuada pelo constituinte. Ao editar essas regras o constituinte já está instituindo o meio, ou seja, fixando o comportamento humano, as relações jurídicas necessárias à concretização do valor positivado". E, pouco adiante: "Essas constatações indicam que o processo de ponderação e concretização dos princípios constitucionais não se inicia com o legislador, mas com o constituinte. A forma de positivação dos princípios indica que o constituinte já efetuou ponderações e atribuiu, por força delas, pesos diferenciados aos valores que positivou" (*Efeitos dos Vícios do Ato Administrativo*, cit., Capítulo III-1.4.1, p. 71).

41. Sobre a usucapião especial urbana, v. a excelente monografia de Luiz Eduardo Ribeiro Freyesleben, *Usucapião Especial Urbana: Aspectos Doutrinários e Jurisprudenciais*, 2ª ed., Florianópolis, Obra Jurídica, 1998.

alguém possuir como sua área de terra, em zona rural, não superior a 50ha, tornando-a produtiva por seu trabalho ou de sua família, tendo nela sua moradia, adquirir-lhe-á a propriedade, desde que não seja proprietário de imóvel rural ou urbano.

Cabe ao legislador continuar o processo de concretização dos valores constitucionais. O mencionado *conflito valorativo* (entre "P1" e "P2") estabelecido no plano constitucional deve ser enfrentado pelo legislador, na sua magna tarefa de conformar o direito de propriedade. Com efeito: a *conformação* dos direitos fundamentais é tarefa do legislador. Ademais, nos termos expostos, o legislador é destinatário do preceito da função social da propriedade, devendo, no exercício da função legislativa, estabelecer os meios de concretização dos direitos dos possuidores não-proprietários. Deve, portanto, no plano abstrato, ponderar "P1" e "P2" e estabelecer regras abstratas que dêem concretude a esses valores.[42] O legislador brasileiro cumpriu de forma magistral o seu papel. Há uma série bem extensa de *regras* que dão densidade normativa à função social da posse. Sem pretensão de discriminá-las de forma exaustiva, seguem alguns exemplos.

No Estatuto da Cidade – Lei federal 10.257/2001 –, além de disciplinar o instituto da usucapião especial urbana, previsto no art. 183 da CF, o legislador previu, no art. 10, a *usucapião especial urbana coletiva*: áreas urbanas com mais de 250m$^2$ ocupadas por população de baixa renda, para sua moradia, por cinco anos, ininterruptamente e sem oposição, onde não for possível individualizar os terrenos ocupados, são suscetíveis de ser *usucapidas coletivamente*, desde que os possuidores não sejam proprietários de outro imóvel urbano ou rural.[43] O CC também

42. Explicamos: "*Legislar* é fixar num plano abstrato, após uma ponderação efetuada, os meios de serem atingidos os fins constitucionais. Esses meios estão indissociavelmente ligados ao resultado da ponderação realizada. O exercício da função legislativa, em síntese, consiste: (1) na apuração, num *plano abstrato*, dos princípios constitucionais a serem concretizados; (2) na ponderação, também num *plano abstrato*, entre esses princípios e a apuração do peso que cada um possui diante das circunstâncias fáticas e diante do próprio sistema constitucional; (3) na instituição, no *plano abstrato*, de meios para concretização dos fins indicados pelos princípios – meios, esses, que reflitam a ponderação efetuada" (Ricardo Marcondes Martins, *Efeitos dos Vícios do Ato Administrativo*, cit., Capítulo III-1.3, p. 70).

43. Sobre o tema, v., por todos: José dos Santos Carvalho Filho, *Comentários ao Estatuto da Cidade*, 3ª ed., Rio de Janeiro, Lumen Juris, 2009, pp. 132-138.

previu, no art. 1.239, a usucapião especial rural e, no art. 1.240, a usucapião especial urbana, revogando o art. 9º do Estatuto da Cidade.[44] Outrossim, previu outras duas modalidades de usucapião: a *usucapião extraordinária simples*, no *caput* do art. 1.238, em que inexiste título e boa-fé, mas posse *por 15 anos*, sem interrupção nem oposição; e a *usucapião ordinária simples*, no *caput* do art. 1.242, em que há posse por *10 anos*, contínua e incontestada, com justo título e boa-fé. Por força da chamada *posse-trabalho* ou *posse-moradia* – ou seja: quando, além da mera posse, se agregam determinados atributos à posse, como o trabalho ou a moradia –, o prazo da usucapião extraordinária é reduzido, no parágrafo único do art. 1.238, para *10 anos* (*usucapião extraordinária qualificada*) e o prazo da usucapião ordinária é reduzido, no parágrafo único do art. 1.242, para *5 anos* (*usucapião ordinária qualificada*). O primeiro dispositivo refere-se ao estabelecimento de moradia habitual ou realização de obras e serviços de caráter produtivo; o segundo se refere ao estabelecimento de moradia ou realização de investimentos de interesse social e econômico.

O instituto da *usucapião* decorre da ponderação efetuada, primeiro pelo constituinte, depois pelo legislador, entre os interesses do proprietário ("P1") e os interesses do possuidor não-proprietário ("P2"). Trata-se, enfim, de uma concretização da função social da posse. Nesses casos, atendidos os requisitos discriminados nos textos normativos, pela ponderação efetuada no plano abstrato, os interesses do proprietário cedem em relação aos interesses do não-proprietário ("P2 > P1"). Ainda que não se concorde com a solução dada pelo agente normativo, essa solução deve ser respeitada, por força do princípio formal que dá primazia às ponderações do constituinte e do princípio formal que dá primazia às ponderações do legislador (na verdade, "P2 + PF > P1").[45] Nessas hipóteses, o possuidor não-proprietário adquire a propriedade, e o proprietário perde a propriedade. A perda fundamenta-se na não utilização da propriedade pelo proprietário, e, pois, na violação da função social da propriedade, bem como na utilização da propriedade pelo não-proprietário, e, pois, no respeito à função social da posse.

44. Cf. José Manoel de Arruda Alvim Netto, *Comentários ao Código Civil Brasileiro: Livro Introdutório ao Direito das Coisas e o Direito Civil*, cit., vol. XI, t. I, pp. 304-305, rodapé 424.

45. Sobre a teoria dos princípios formais, v. nosso *Abuso de Direito e a Constitucionalização do Direito Privado*, cit., pp. 39 e ss.

Interessante notar que quando se agregam à posse outros elementos – como a utilização para fins de moradia (*posse-moradia*), a utilização econômica da coisa, o emprego dela para o trabalho (*posse-trabalho*), a instalação de benfeitorias – o peso dos interesses do possuidor não-proprietário é acentuadamente *reforçado*. Esse *peso adicional*, decorrente desses elementos agregados, foi levado em consideração na ponderação do legislador, tanto que foi reduzido, no aludido parágrafo único do art. 1.238 e no parágrafo único do art. 1.242, o *tempo de posse* exigido para a aquisição da propriedade pela usucapião. Trata-se do que o ínclito Arruda Alvim chama de "posse qualificada" ou "posse faticamente enriquecida", em que a posse é acompanhada de alguns predicados assumidos pelo legislador como socialmente prezáveis.[46]

Em todas as hipóteses de usucapião, seja a extraordinária simples, a extraordinária qualificada, a ordinária simples, a ordinária qualificada, a especial urbana, a especial rural, estabelecem-se no *plano abstrato* regras de precedência condicionadas em favor dos interesses do não-proprietário que adquire a propriedade, cumpridos os respectivos requisitos, sem pagar qualquer indenização.

As ponderações legislativas relativas à função social da posse não se restringem à usucapião. O legislador previu algumas hipóteses em que o valor dos interesses dos possuidores não-proprietários tem peso suficiente para afastar os interesses do proprietário, mas não de modo total, como ocorre na usucapião. Noutras palavras: "P2" afasta "P1" apenas parcialmente, efetiva-se a perda da propriedade, mas não sem *indenização*.[47] De fato, nas hipóteses de usucapião o resultado da ponderação legislativa foi o afastamento total de "P1"; nas demais hipóteses o resultado da ponderação legislativa foi o afastamento parcial: os pos-

46. José Manoel de Arruda Alvim Netto, *Comentários ao Código Civil Brasileiro: Livro Introdutório ao Direito das Coisas e o Direito Civil*, cit., vol. XI, t. I, p. 275.

47. Vem a lume a sempre oportuna lição de Carlos Roberto Siqueira Castro: "Esse esforço de simetrização (e dissimetrização) hermenêutica nem sempre, porém, é matemático e radicalmente exclusionário de regras contrapostas. É perfeitamente possível que possa subsistir, na esteira da ponderação de interesses em confronto, espaço para aplicação residual de angulações temáticas e normativas que, conquanto entrelaçadas com o princípio constitucional excluído, possam agregar à solução buscada um apoio concursal de alta utilidade para o enfrentamento sistêmico da hipótese litigiosa" (*A Constituição Aberta e os Direitos Fundamentais: Ensaios sobre o Constitucionalismo Pós-Moderno e Comunitário*, Rio de Janeiro, Forense, 2003, p. 74).

suidores não-proprietários têm direito de obter a propriedade do bem, mas o proprietário faz jus à indenização. Destacam-se dois exemplos.

Nos termos do parágrafo único do art. 1.255 do CC, aquele que semeia, planta ou edifica em terreno alheio adquire a propriedade se o fez de boa-fé e a construção ou plantação exceder consideravelmente o valor do terreno. Se não houver acordo, é texto de lei expresso: a indenização será fixada pelo juiz. Perceba-se: diante da posse qualificada pela *acessão*, o legislador considerou, com absoluto acerto, que "P2" prepondera sobre "P1", de modo que o proprietário, mesmo que não queira, perde sua propriedade para aquele que construiu e plantou de boa-fé em sua propriedade. O afastamento de "P1" não é total: o proprietário faz jus à indenização, que deve ser paga por quem construiu ou plantou, vale dizer, pelo possuidor que adquirirá a propriedade, e, se não houver acordo entre as partes, a indenização será fixada pelo magistrado, de modo similar ao que ocorre na *desapropriação*.[48]

Outra regra importantíssima é a do § 4º do art. 1.228 do CC, segundo a qual o proprietário perde sua propriedade se o imóvel consistir em "área extensa", estiver na posse ininterrupta e de boa-fé, por mais de cinco anos, de "considerável número de pessoas" e estas nela houverem realizado, em conjunto ou separadamente, obras e serviços considerados pelo juiz de "interesse social e econômico relevante", caso em que o juiz fixará a justa indenização devida ao proprietário. Muito já discutiu a doutrina sobre a exegese desse dispositivo. O problema mais tormentoso é saber quem paga a indenização. Duas correntes surgiram: (a) os próprios possuidores; (b) o Poder Público. A primeira corrente, mais

48. Explicam Cristiano Chaves de Farias e Nelson Rosenvald: "Em verdadeira mitigação ao milenar princípio da acessão, o parágrafo único do art. 1.255 acarretou interessante inovação, capaz de derrogar o princípio geral de que o solo invariavelmente é o bem principal em relação a tudo aquilo que nele se assenta. Trata-se do modelo jurídico da *acessão inversa*, lastreada no princípio da função social, que, aliás, já fazia parte do Anteprojeto de Código Civil de Orlando Gomes (art. 442)". E continuam: "É necessário perceber que certas edificações são mais relevantes do ponto de vista socioeconômico do que os terrenos onde se levantam. Assim, seria contrário aos fins constitucionais da propriedade o sacrifício do construtor de boa-fé, em proveito do titular desidioso, proprietário de terreno que nada faz para impedir a edificação, quando poderia ter se incumbido de realizar oposição judicial, preferencialmente pela via da ação de nunciação de obra nova (arts. 934-940 do CPC)" (Cristiano Chaves de Farias e Nelson Rosenvald, *Direitos Reais*, 4ª ed., Rio de Janeiro, Lumen Juris, 2007, p. 316).

adequada à literalidade do dispositivo, tem o inconveniente de restringir o instituto a apenas quem possua condições de pagar a indenização.[49] Contudo, tudo indica que a norma foi pensada para os hipossuficientes. Por um lado, nada impede que uma norma de desapropriação seja inserida no Código Civil, pois compete privativamente ao legislador federal tanto legislar sobre direito civil como legislar sobre desapropriação (CF, art. 22, I e II); por outro, nada há de absurdo no fato de o Estado desapropriar bens para serem entregues aos particulares hipossuficientes; é justamente esse o objeto da *desapropriação por interesse social*.[50] Há quem admita as duas possibilidades, dependendo da situação concreta – posição mais acertada.[51]

49. É a corrente que prevalece na doutrina. Reza o Enunciado 84 da *I Jornada de Direito Civil do Conselho da Justiça Federal*: "A defesa fundada no direito de aquisição com base no interesse social deve ser argüida pelos réus da ação reivindicatória, eles próprios responsáveis pelo pagamento da indenização". Dentre outros, é a posição de: José Manoel de Arruda Alvim Netto, *Comentários ao Código Civil Brasileiro: Livro Introdutório ao Direito das Coisas e o Direito Civil*, cit., vol. XI, t. I, p. 344; Henrique Geaquinto Herkenhoff, "A função social da posse e a usucapião anômala", in Jones Figueirêdo Alves e Mário Luiz Delgado (coords.), *Questões Controvertidas: Direito das Coisas*, São Paulo, Método, 2008, p. 328 – *Grandes Temas de Direito Privado*, vol. 7.

50. "Nos casos de desapropriação por *interesse social*, a transferência dos bens a terceiros constitui, em regra, a própria finalidade da medida" (Maria Sylvia Zanella Di Pietro, *Direito Administrativo*, 25ª ed., São Paulo, Atlas, 2012, p. 190).

51. Cristiano Chaves de Farias e Nelson Rosenvald admitem que a indenização seja paga pelo Poder Público: "Nada mais natural que o Estado figure simultaneamente na condição de órgão expropriante e pagador, pois o modelo da desapropriação – em qualquer de suas formas – é a ele privativamente reservado. A desapropriação não é realizada pelos possuidores, mas pelo Poder Judiciário, órgão integrante do Estado. Deverá o magistrado convocar o Poder Público ao processo como litisconsorte necessário, para regularizar a legitimação processual, manifestando-se o representante do Poder Público no que for necessário, sobremaneira no que concerne à extensão do pagamento. A indenização será paga pelo Município (imóveis urbanos, art. 30, VIII, da CF) ou pela União (imóveis rurais)" (*Direitos Reais*, cit., 4ª ed., pp. 45-46).

E admitem também que seja paga pelos possuidores: "Todavia, a norma inserida nos §§ 4º e 5º do art. 1.228 também pode se converter em meio criativo e eficaz de aquisição de imóveis por parte de pessoas de classe média. Não é raro que várias pessoas tenham a posse de bens em razão de contratos de arrendamento. Muitas vezes tais possuidores realizam investimentos produtivos na área até então mantida ociosa pelo proprietário. Desejando este reaver a coisa pela via da ação reivindicatória, a função social da posse desenvolvida por um mínimo de cinco anos em extensa área pode deferir a estas pessoas a opção pela aquisição da coisa, ao invés de restituí-

De qualquer modo, consolidou-se o entendimento de que a indenização não precisa corresponder ao valor de mercado do bem.[52] De modo similar à hipótese do parágrafo único do art. 1.255, a regra do § 4º do art. 1.228 consiste numa regra de precedência condicionada, estabelecida pelo legislador, em favor dos interesses dos possuidores não-proprietários, sem afastamento total dos interesses do proprietário. A *posse qualificada* (exige-se a realização de obras ou serviços considerados pelo juiz de interesse social ou econômico relevante) de um considerável número de pessoas (não basta a posse individualizada) faz com que o proprietário perca a propriedade, mas lhe garante o direito à indenização.

## *15.6 Função social da posse e ponderação privada*

Até bem pouco tempo pensava-se que a *ponderação* era atividade privativa do Poder Público, que os particulares não precisavam ponderar. Hoje, cada vez mais os juristas reconhecem a aplicação direta dos direitos fundamentais às relações privadas.[53] A positivação das *cláusulas gerais* tornou indiscutível: os particulares também devem *ponderar* – fenômeno chamado de *constitucionalização do direito privado*.[54] No texto constitucional positivou-se expressa ou implicitamente uma infindável série de *conflitos valorativos*. Neste estudo examina-se um desses entrechoques: o conflito entre os interesses do proprietário ("P1"), o direito fundamental de propriedade, e os interesses do possuidor não-proprietário ("P2"), o direito fundamental de posse.

De que o legislador deve enfrentar esse entrechoque no plano abstrato e fixar medidas de concretização ninguém duvida. E há uma ampla margem de *discricionariedade* no exercício dessa competência legislativa. Fixadas as regras abstratas, diante do princípio formal que dá

la ao proprietário, com inevitável perda de toda uma conjugação de tempo, esforços e recursos financeiros na consecução de uma atividade econômica promissora" (idem, p. 46).

52. Reza o Enunciado 240 da *III Jornada de Direito Civil do Conselho da Justiça Federal*: "A justa indenização a que alude o § 5º do art. 1.228 não tem como critério valorativo, necessariamente, a avaliação técnica lastreada no mercado imobiliário, sendo indevidos juros compensatórios".

53. Sobre o tema, v. nosso *Abuso de Direito e a Constitucionalização do Direito Privado*, cit., pp. 74 e ss.

54. Idem, pp. 83 e ss.

primazia às ponderações legislativas, devem elas ser *prima facie* respeitadas. Inegável: a *função social da posse* configura-se, basicamente, nas regras mencionadas no item anterior. O problema a ser enfrentado é o seguinte: a função social da posse esgota-se nas regras legislativas existentes? Não se esgota.

Diante do caso concreto, numa relação privada, os valores constitucionais incidem mesmo na falta de regra legislativa. Os particulares devem ponderá-los. Realmente, o proprietário deve ponderar para saber até onde vai sua esfera de liberdade – sua liberdade para utilizar ou não utilizar a coisa; até onde vai a proteção de seu direito de propriedade em contraposição à posse de terceiros. É bem possível que, diante das circunstâncias, diante dos elementos agregados à posse dos terceiros, diante da qualificação da posse destes, o direito deles ("P2") se sobreponha ao direito de propriedade ("P1"), independentemente de qualquer ponderação abstrata.

Não se pode perder de mira o seguinte: para que haja o afastamento de "P1", no caso concreto, o peso de "P2" deve ser acentuado, ou seja, deve ser muito maior do que o peso de "P1". Com efeito: o direito fundamental de propriedade é reconhecido de forma expressa no texto constitucional, de maneira muito mais enfática do que o direito de posse (*ius possessionis*). Ademais, na falta de regra legislativa expressa que estabeleça a precedência do direito de posse, deduz-se que o legislador estabelecera uma precedência condicionada do direito de propriedade. Noutras palavras: na falta de uma regra legislativa expressa relativa a "P2", a opção legislativa foi por "P1", e as ponderações legislativas são beneficiadas pelo peso adicionado pelo princípio formal que dá primazia às ponderações do legislador ("PF"). Então, na falta de regra legislativa relativa à função social da posse, o peso do direito de propriedade é acrescido de um peso adicional ("P1 + PF"). Daí a conclusão: para que, no caso concreto, a posse afaste a propriedade, o peso da posse deve ser muito maior do que o peso da propriedade ("P2 > P1 + PF").

O TJSP, em 1984, deparou-se com um caso paradigmático que se tornou um marco no Direito Brasileiro. Trata-se da ACi 212.276-1-8 (994.93.041196-5), julgada pela 8ª Câmara de Direito Privado em 16.12.1994, tendo por Relator o Des, José Osório de Azevedo Jr., interposta em ação reivindicatória referente a lotes de terreno ocupados por favela, julgada procedente em primeira instância.[55] Os ocupantes não tinham direito à usucapião. Tratava-se de favela consolidada há cerca de 20 anos (a); dotada pelo Poder Público de três equipamentos urbanos, água, iluminação pública e luz domiciliar (b); com comércio instalado na área, a revelar uma vida urbana estável (c); em que mais de 100 famílias fixaram residência (d). O Tribunal deu provimento ao apelo dos ocupantes.[56]

A argumentação do Des. José Osório de Azevedo Jr. é anacrônica, pois antecipa avanços científicos que só se tornariam correntes na doutrina muitos anos depois: primeiro, afirmou a desfiguração do lote reivindicado, pois não havia mais no mundo jurídico o imóvel pretendido, um loteamento vazio; havia, sim, uma favela consolidada;[57] segundo,

55. O acórdão consta do anexo da obra de José Osório de Azevedo Jr., *Direitos Imobiliários da População Urbana de Baixa Renda*, São Paulo, Sarandi, 2011, pp. 133-140.

56. A decisão foi mantida pelo STJ no REsp 75.659-SP, rel. Min. Aldir Passarinho Jr., j. 21.6.2005. O recurso não foi conhecido sob o argumento de impossibilidade de reexame da prova, mas no acórdão é expressa a concordância da Corte com a decisão do TJSP. Afirmou o Ministro-Relator: "Quando do ajuizamento da ação reivindicatória, impossível reconhecer, realmente, que os lotes ainda existiam em sua configuração original, resultado do abandono, aliás desde a criação do loteamento. Nesse prisma, perdida a identidade do bem, o seu valor econômico, a sua confusão com outro fracionamento imposto pela favelização, a impossibilidade de sua reinstalação como bem jurídico no contexto atual, tem-se, indubitavelmente, que o caso é, mesmo, de perecimento do direito de propriedade". O acórdão do STJ também consta no anexo da obra de José Osório de Azevedo Jr., *Direitos Imobiliários da População Urbana de Baixa Renda*, cit., pp. 121-132.

57. "Os lotes de terreno reivindicados e o próprio loteamento não passam, há muito tempo, de mera abstração jurídica. A realidade urbana é outra. A favela já tem vida própria, está, repita-se, dotada de equipamentos urbanos. Lá vivem muitas centenas, ou milhares, de pessoas. Só nos locais onde existiam os 9 lotes reivindicados residem 30 famílias. Lá existe uma outra realidade urbana, com vida própria, com os direitos civis sendo exercitados com naturalidade. O comércio está presente, serviços são prestados, barracos são vendidos, comprados, alugados, tudo a mostrar que o primitivo loteamento hoje só tem vida no papel" (José Osório de Azevedo Jr., *Direitos Imobiliários da População Urbana de Baixa Renda*, cit., pp. 135-136). E, adiante: "Loteamento e lotes urbanos são fatos e realidades urbanísticas. Só existem, efetivamente, dentro do contexto urbanístico. Se são tragados por uma favela consolidada, por força de certa erosão social, deixam de existir como loteamento e como lotes. A realidade concreta prepondera sobre a 'pseudo-realidade jurídico-cartorária'. Esta não pode subsistir, em razão da perda do objeto do direito de propriedade. Se um cataclismo, se uma erosão física, provocada pela Natureza, pelo homem ou por ambos, faz perecer o imóvel, perde-se o direito de propriedade" (idem, pp. 136-137).

observou que em muitos casos a existência física da coisa é irrelevante para a manutenção do direito de propriedade, dando como exemplo a afetação do bem ao interesse público, caso em que o proprietário passa a ter apenas direito à indenização – situação chamada de desapropriação indireta; e, de modo similar, a instalação de tantas famílias, o surgimento de uma comunidade urbana, faz desaparecer o direito de propriedade, ainda que subsista a coisa no mundo fenomênico;[58] terceiro, a retomada física da coisa, diante das circunstâncias, tornou-se socialmente inviável.[59] Finalmente, em célebre passagem, explicou:

> A leitura de todos os textos do Código Civil só pode se fazer à luz dos preceitos constitucionais vigentes. Não se concebe um direito de propriedade que tenha vida em confronto com a Constituição Federal, ou que se desenvolva paralelamente a ela.
>
> As regras legais, como se sabe, se arrumam de forma piramidal.
>
> Ao mesmo tempo em que manteve a propriedade privada, a Constituição Federal a submeteu ao princípio da função social (arts. 5º, XXII e XXIII; 170, II e III; 182, § 2º; 184; 186; etc.).
>
> (...).
>
> O princípio da função social atua no conteúdo do direito. Entre os poderes inerentes ao domínio, previstos no art. 524 do CC (usar, fruir, dispor e reivindicar), o princípio da função social introduz um outro interesse (social) que pode não coincidir com os interesses do proprietário. Veja-se, a esse propósito, José Afonso da Silva, *Curso de Direito Constitucional Positivo*, 5ª ed., pp. 249-250, com apoio em autores europeus.
>
> Assim, o referido princípio torna o direito de propriedade, de certa forma, conflitivo consigo próprio, cabendo ao Judiciário dar-lhe a necessária e serena eficácia nos litígios graves que lhe são submetidos.[60]

58. "É verdade que a coisa, o terreno, ainda existe fisicamente. Para o Direito, contudo, a existência física da coisa não é o fator decisivo, consoante se verifica dos mencionados incisos I e III do art. 78 do CC. O fundamental é que a coisa seja funcionalmente dirigida a uma finalidade viável, jurídica e economicamente" (José Osório de Azevedo Jr., *Direitos Imobiliários da População Urbana de Baixa Renda*, cit., p. 137).

59. "O desalojamento forçado de 30 famílias, cerca de 100 pessoas, todas inseridas na comunidade urbana muito maior da extensa favela, já consolidada, implica uma operação cirúrgica de natureza ético-social, sem anestesia, inteiramente incompatível com a vida e a natureza do Direito" (José Osório de Azevedo Jr., *Direitos Imobiliários da População Urbana de Baixa Renda*, cit., p. 138).

60. José Osório de Azevedo Jr., *Direitos Imobiliários da População Urbana de Baixa Renda*, cit., pp. 139-140.

Nesse caso concreto, diante das circunstâncias fáticas apresentadas (letras "a" a "d"), o interesse dos possuidores ("P2") tem um peso sensivelmente maior do que o interesse do proprietário ("P1"), de modo que, numa ponderação à luz do caso concreto, a posse prepondera sobre a propriedade ("P2 > P1 + PF").[61] Evidente que a ponderação é imposta

61. Hoje existe farta doutrina nesse sentido. Marcos Alcino de Azevedo Torres, ao final de primoroso trabalho, conclui: "Na questão posse-propriedade, em razão da função social, há colisão de princípios constitucionais, cuja solução se resolve mediante juízo de ponderação de bens, fundado no princípio da proporcionalidade, buscando sempre o resultado que dê eficácia ao princípio da dignidade da pessoa humana e ao direito fundamental prevalecente". E continua: "Em vista disso, pode-se afirmar que, no entrechoque posse-propriedade, a função social será o vetor-informador de prevalência de uma sobre a outra. Desse modo, a posse qualificada pela função social deverá prevalecer sobre a propriedade sem função social: primeiro porque a ausência de função social na propriedade configura desrespeito a um dever constitucionalmente estabelecido; segundo porque a posse funcionalizada atende ao direito fundamental de moradia e de trabalho, circunstância que deverá ser aferida pelo operador no caso concreto, mediante processo dialético-argumentativo" (Marcos Alcino de Azevedo Torres, *A Propriedade e a Posse: um Confronto em Torno da Função Social*, 2ª ed., 2ª tir., Rio de Janeiro, Lumen Juris, 2010, p. 438).

Francisco Cardozo Oliveira, em trabalho também esmerado, segue a mesma linha: "A determinação do conteúdo da função social da posse e do direito de propriedade deve estar hermeneuticamente orientada para a busca da solução justa do caso concreto. A tutela da função social da posse e do direito de propriedade, na perspectiva da justiça do caso concreto, ultrapassa a visão analítica da estrutura formal dos direitos e permite compreendê-los na dinâmica imposta pela complexidade de valores da realidade social e histórica, em que inseridos os fatos da posse e da situação proprietária concreta" (*Hermenêutica e Tutela da Posse e da Propriedade*, Rio de Janeiro, Forense, 2006, p. 252).

José Manoel de Arruda Alvim Netto critica essa orientação (*Comentários ao Código Civil Brasileiro: Livro Introdutório ao Direito das Coisas e o Direito Civil*, cit., vol. XI, t. I, p. 273) e considera que se tributa à posse do não proprietário um "valor emocional". Para ele, é a lei que deve definir o espaço da função social da posse: "A função social da posse, histórica e imediatamente, objetiva a proteção do possuidor e finalisticamente, na acepção contemporânea das expressões entre nós, visa à situação do direito de propriedade, colocando essa titularidade em mãos de um proprietário útil e operoso *também* para a sociedade. É por isto que se pode dizer que essa contraposição parece ser frontal, pois que, na realidade, na grande maioria das hipóteses apresenta-se como redutível a uma 'disputa de espaço' – entre proprietários e possuidores *não-proprietários*; ou seja, disputa do mesmo espaço, isto é, em relação à mesma coisa. Mas deverá ser a lei que *calibrará* essa influência – da situação possessória em detrimento do direito de propriedade –, caracterizando as situações possessórias que poderão levar à mutação do proprietário" (idem, pp. 347-348). O conceituado jurista, ao supor que os entrechoques valorativos se resolvam apenas no

aos próprios particulares. O Judiciário não constitui a juridicidade e a antijuridicidade, ele apenas a reconhece; ou seja: ele *revê* o acerto das ponderações efetuadas pelo *poder reformador*, pelo *Legislativo*, pela *Administração* e pelos próprios *particulares*.

A *ponderação jurisdicional* é sempre uma ponderação de *revisão*. Do contrário os particulares seriam surpreendidos pela decisão jurisdicional, que lhes estabeleceria um direito até então inexistente. Ainda que as coisas pareçam ocorrer dessa forma, conceitualmente não é isso o que ocorre: os princípios constitucionais incidem nas relações privadas; imputa-se aos particulares que efetuem a ponderação dos valores incidentes e apurem até onde vai sua esfera de liberdade; no caso, até quando subsistem os poderes próprios da propriedade. O comando constitucional de que a propriedade *deve* cumprir sua função social tem por destinatários também os próprios particulares, que devem observar esse dever nas suas relações privadas.

âmbito legislativo, incide num equívoco conceitual: o Direito, hoje, está cientificamente assentado, não se aplica apenas pela *subsunção*. Sobre o tema, v. nosso *Abuso de Direito e a Constitucionalização do Direito Privado*, cit., pp. 31-35 e 45-52.

# 16
# Titularidade Pública das Coisas de Ninguém

*16.1 Breve introdução. 16.2 Princípio da titularidade pública das coisas de ninguém. 16.3 Tutela da propriedade privada de domínio incerto. 16.4 Propriedade da herança jacente. 16.5 Aspectos processuais. 16.6 Efeitos da sentença de vacância. 16.7 Usucapião dos bens da herança vacante. 16.8 Outras questões.*

## 16.1 Breve introdução

A *herança jacente* e a *herança vacante* são, inegavelmente, institutos complexos, envoltos em acirradas divergências. Surpreendentemente, os juristas que se debruçaram sobre o tema não conseguiram compreendê-los adequadamente. Talvez porque, apesar de se tratar de assunto diretamente afeto ao *direito público*, ao *regime jurídico* dos *bens públicos*, foi estudado apenas na seara do direito privado, quase sempre por civilistas.

Este estudo não pretende apenas expor os textos normativos que regem a matéria; também não pretende apenas inventariar as posições doutrinárias e jurisprudenciais existentes. Pretende, sim, examinar a jacência e a vacância sob um enfoque científico. Busca-se sua correta compreensão, à luz do ordenamento vigente. Sem embargo, se as propostas hermenêuticas aqui apresentadas não forem acatadas pela comunidade científica, que ao menos fomentem novos debates e reflexões.

## 16.2 Princípio da titularidade pública das coisas de ninguém

Muitos ordenamentos jurídicos não admitem a existência de patrimônio sem dono: todo bem patrimonial pertence a alguém, ou a um particular ou ao Estado. Trata-se, pois, do *princípio da titularidade pública das coisas de ninguém*, segundo o qual os bens patrimoniais que não pertencem a nenhum particular pertencem ao Estado. Mas não há uma regra universal: em alguns ordenamentos esse princípio é acolhido apenas parcialmente, em outros simplesmente não é acolhido. Dois exemplos: (a) o *Direito Italiano* adota-o para os *bens imóveis* – nos termos do art. 827 do CC italiano, "os bens imóveis que não constituem propriedade de ninguém cabem ao patrimônio do Estado". Não o acolhe para os bens *móveis*: permite que haja coisas móveis de ninguém e admite a aquisição da propriedade pela *ocupação* (art. 923) e pela *descoberta* (art. 929); (b) o *Direito Francês* acolhe-o de forma radical: nos termos do art. 539 do Código de Napoleão, "todos os bens vacantes e sem dono, e os das pessoas que morreram sem herdeiros, ou das quais as heranças foram abandonadas, pertencem ao domínio público". No Código Civil brasileiro não há regra idêntica a essas. Daí a pergunta: vigora no Direito Brasileiro esse princípio? E, se sim, com que amplitude?

O *direito de conquista*, que reconhece o domínio do solo ao vencedor, foi aplicado aos territórios do chamado Novo Mundo: o domínio foi atribuído aos Países que proclamaram as respectivas descobertas.[1] Todo o território brasileiro passou ao domínio da Coroa Portuguesa, daí advindo o *caráter público* da origem da propriedade fundiária no Brasil.[2] A Coroa dividiu o território brasileiro em largos lotes de terras, concedidos por cartas de doação, transmissíveis hereditariamente e, por isso, chamados de *capitanias hereditárias*. O capitão-donatário tinha o poder de conceder sesmarias e transmitir gratuitamente o domínio útil da terra ao colono, denominado sesmeiro, que teria a obrigação de medi-la, demarcá-la e cultivá-la. O cumprimento das obrigações acarretava a *confirmação* do capitão ou do rei, atribuindo a propriedade ao sesmeiro. Eis a origem da propriedade fundiária privada no Brasil.

1. Cf. Oswaldo Aranha Bandeira de Mello, *Razões da Apelante na Apelação Cível 22.575*, São Paulo, Prefeitura do Município de São Paulo, 1944, pp. 35 e ss.

2. Como bem afirma Lígia Osório Silva, em magistral tese de Doutoramento, "uma das características da constituição da propriedade da terra no Brasil é que a propriedade territorial se constituiu fundamentalmente a partir do patrimônio público" (*Terras Devolutas e Latifúndio*, 2ª ed., Campinas, UNICAMP, 2008, p. 18).

Descumpridas as obrigações, o sesmeiro sofria a pena de *comisso*, caducava a concessão da sesmaria, acarretando a *devolução* da terra à capitania. Surgiam, assim, as *terras devolutas* – bens públicos, portanto. A Lei 601/1850, posteriormente o Decreto-lei 9.760/1946 e, depois, o Decreto-lei 2.375/1987 estenderam o conceito de terra devoluta para abranger não apenas as terras *devolvidas* pelos particulares que descumpriram os requisitos para aquisição, mas também as *terras públicas* não afetadas a um uso público e não *registradas*.[3] A origem pública da propriedade fundiária afirma o princípio da *titularidade pública das coisas de ninguém* para o momento inicial: de início a propriedade ou era de um particular, ou era do Poder Público.

Com a *confirmação*, surgia a propriedade privada fundiária, e esta poderia restar sem dono, ou por abandono ou por inexistência de herdeiros. Além dessas duas causas, a propriedade mobiliária poderia restar sem dono pela *perda*. Há, porém, várias *regras* no Código Civil brasileiro que positivam o princípio da titularidade pública das coisas de ninguém, tanto para bens imóveis como para bens móveis.

(1) Os *bens imóveis abandonados*, nos termos dos arts. 1.275, III, e 1.276, ambos do CC, pertencem aos Municípios, se situados na zona urbana, e à União, se situados na zona rural. O Direito Brasileiro adotou a *teoria sabiniana*, e não a *proculeiana*: o abandono não exige a ocupação:[4] abandonados os bens imóveis, passam ao domínio do Poder Público.

3. Cf. Nilma de Castro Abe, *Gestão do Patrimônio Público Imobiliário*, Leme, Mizuno, 2006, pp. 142-147; Celso Antônio Bandeira de Mello, *Curso de Direito Administrativo*, 31ª ed., São Paulo, Malheiros Editores, 2014, Capítulo XVII-13 a 15, pp. 937-938.

4. Cf. Francisco Cavalcanti Pontes de Miranda, *Tratado de Direito Privado*, 4ª ed., t. XIV, São Paulo, Ed. RT, 1983, § 1.605, pp. 133-134.

O instituto do *abandono* não foi previsto no Código Civil alemão (*BGB*). Deveras, dispõe o § 928: "A propriedade sobre um prédio pode ser abandonada pela circunstância de que o proprietário declare a renúncia ante o ofício do Livro de Imóveis e a renúncia seja inscrita no Livro de Imóveis". Perceba-se: o abandono no Direito Alemão exige a renúncia. No Direito Brasileiro os conceitos possuem *autonomia* indiscutível. Dispõe o art. 1.275 do CC: "Além das causas consideradas neste Código, perde-se a propriedade: I – por alienação; II – pela renúncia; III – por abandono; IV – por perecimento da coisa; V – por desapropriação". Os incisos II e III deixam clara a consagração da *autonomia* da teoria do abandono ou, noutros termos, a consagração do *princípio da suficiência da derrelicção*. O Direito Brasileiro afastou-se da orientação proculeiana em favor da sabiniana. Enquanto a renúncia é o "ato pelo qual o proprietário declara explicitamente o propósito de despojar-se do seu direito", o

(2) As coisas *perdidas*, também chamadas de *vagas*, passam, nos termos do art. 1.237 do CC, ao domínio dos Municípios. A *descoberta* ou a *invenção* não configuram, no Direito Brasileiro, hipóteses de aquisição da propriedade, diferentemente do que ocorre no Direito Italiano (o art. 929 do CC italiano atribui a propriedade da coisa achada a quem a achou). O descobridor deve entregar a coisa à autoridade pública, e esta deve publicar na imprensa a descoberta; se o proprietário não aparecer, a coisa passará ao domínio da urbe. Perceba-se: coisa móvel abandonada cuja posse não tenha sido voluntariamente transferida a outrem (a propriedade da coisa móvel transfere-se pela tradição, nos termos do art. 1.267 do CC) é *presumida* uma *coisa perdida*, e deve ser tratada como tal.

(3) Os bens de associação civil extinta, nos termos do art. 61 do CC, na omissão do estatuto, passam ao domínio do Poder Público – Municipal, Estadual ou Federal –, a depender da deliberação dos sócios.

(4) A pessoa *ausente*, quer dizer, que desaparece, é, em determinado momento, presumida *morta* (art. 26 do CC); se não deixou herdeiros, seus bens passam ao domínio do Município ou, se localizados em território federal, da União, nos termos do parágrafo único do art. 39 do CC.

(5) Finalmente, se a pessoa morre e não deixa herdeiros (ou se todos renunciam à herança ou dela são excluídos), seus bens também passam ao domínio do Município ou, se localizados em território federal, da União, nos termos do art. 1.822 do CC.

Feita essa enumeração, observa-se: só existe uma exceção no Direito Brasileiro ao *princípio da titularidade pública das coisas de ninguém*.

abandono é o "ato pelo qual o proprietário se desfaz da coisa que lhe pertence, por não querer continuar seu dono" (Orlando Gomes, *Direitos Reais*, 13ª ed., Rio de Janeiro, Forense, 1998, § 129, p. 185). A diferença é ditada pelo parágrafo único do art. 1.275 do CC, *in litteris*: "Nos casos dos incisos I e II, os efeitos da perda da propriedade imóvel serão subordinados ao registro do título transmissivo ou do ato renunciativo no registro de imóveis". Perceba-se: a *renúncia*, ao contrário do abandono, exige registro, exige expressa manifestação do proprietário. No abandono o proprietário não manifesta sua vontade, não leva ao registro seu ato de disposição. Em rigor: renúncia é *ato jurídico*, abandono é *fato jurídico*. A primeira é manifestação de vontade do proprietário a que o Direito confere efeitos jurídicos; a segunda é acontecimento do mundo fenomênico a que o Direito atribui efeitos jurídicos. Conclui-se: o Direito brasileiro distingue o fato jurídico do abandono do ato jurídico da renúncia; o abandono, por si, gera a *perda da propriedade imobiliária* independentemente de manifestação expressa do proprietário.

Trata-se das *coisas móveis* que não tenham pertencido a alguém, nem aos particulares nem ao Poder Público, e que sejam passíveis de apropriação: são as únicas *coisas adéspotas*, sem dono. A elas aplica-se o art. 1.263 do CC: são passíveis de *ocupação*.

Da análise sistemática do Código Civil, em especial das regras positivadas nos arts. 39, 61, 1.237, 1.276 e 1.822, infere-se um *princípio implícito*:[5] o *princípio da titularidade pública das coisas de ninguém* – segundo o qual, como regra geral, todo bem patrimonial que não pertença a um particular pertence ao Poder Público. Só há uma exceção a esse princípio: coisas móveis que nunca foram de propriedade particular ou pública e sejam passíveis de apropriação são consideradas coisas de ninguém, e, pois, passíveis de *ocupação* pública ou privada.[6] Esse princípio implícito é um *princípio de direito público*, decorrente da soberania estatal, do

5. Da leitura das regras expressas extraem-se os princípios *implícitos*. Nas oportunas palavras de Giorgio Del Vecchio: "Assim, as regras particulares do Direito não se tornam verdadeiramente inteligíveis se não se relacionam com os princípios de onde procedem; muito embora estes não se achem, e a maior parte das vezes não estarão, formulados nos códigos. Daí a necessidade, para a prática judicial inclusive, de uma profunda elaboração científica do Direito, vale dizer, de uma construção lógica e sistemática, na qual as idéias diretoras e os princípios informativos de todo o sistema tomem o primeiro posto em relação às disposições particulares. O estudo destas pode somente dar oportunidade ao reconhecimento daqueles princípios, mediante o referido processo retrospectivo, enquanto os aludidos princípios já haviam, precedentemente, indicado, por si mesmos, as normas, que, entretanto, somente em parte os refletem" (*Princípios Gerais do Direito*, trad. de Fernando de Bragança, Belo Horizonte, Líder, 2003, p. 21).

6. Registra-se a respeitável discordância de Pontes de Miranda: "A concepção de que ao príncipe toca o que, no território, não pertence a outrem, particular ou entidade de direito público, é concepção superada. As terras ou são dos particulares, ou do Estado, ou *nullius*. Nem todas as terras que deixam de ser de pessoas físicas ou jurídicas se devolvem ao Estado. Ao Estado vai o que foi abandonado, no sentido preciso do art. 589, III. [*Do CC de 1916*]. Ao Estado foi o que, segundo as legislações anteriores ao Código Civil, ao Estado se devolvia. A expressão 'devolutas', acompanhando 'terras', a esse fato se refere. O que não foi devolvido não é devoluto. Pertence ao particular, ou ao Estado, ou a ninguém pertence. Quanto às terras que a ninguém pertencem e sobre as quais ninguém tem poder, o Estado – como qualquer outra pessoa, física ou jurídica – delas pode tomar posse. Então, é possuidor sem ser dono" (*Tratado de Direito Privado*, 4ª ed., t. XII, São Paulo, Ed. RT, 1977, § 1.418, pp. 441-442 – esclarecimento nosso). Com todo respeito, discorda-se do notável jurista. Seu entendimento contraria o direito positivo brasileiro. Terras que não são de ninguém pertencem ao Estado, ele é dono. Claro que as terras que pertencem a um particular, essas, sim, podem ser possuídas por outrem e, pois, ser adquiridas por usucapião.

domínio do Estado sobre seu território.[7] Por isso, faz-se necessária *regra legislativa expressa* para ser excetuado. Essa é a primeira conclusão que se apresenta: o instituto da *herança vacante* é uma *decorrência direta* do *princípio da titularidade pública das coisas de ninguém*.[8]

## *16.3 Tutela da propriedade privada de domínio incerto*

O direito de propriedade é um *direito fundamental*, nos termos do inciso XXII do art. 5º da CF de 1988. O sistema jurídico brasileiro possui um denso regime protetor desse direito: há um verdadeiro *sistema de tutela da propriedade privada*. Afirmou-se aqui a existência de um princípio implícito segundo o qual, se o bem patrimonial não for de propriedade de nenhum particular, ele é de propriedade do Estado, ressalvadas apenas as coisas móveis que nunca tiveram dono e sejam passíveis de apropriação. A correta compreensão das regras decorrentes desse princípio, mencionadas no item anterior, exige atentar para esta

7. A doutrina distingue o *domínio eminente* do *domínio patrimonial*. Segundo Hely Lopes Meirelles, *domínio eminente* é o "poder político pelo qual o Estado submete à sua vontade todas as coisas de seu território. É uma das manifestações da soberania interna; não é direito de propriedade. (...)" (*Direito Administrativo Brasileiro*, 40ª ed., São Paulo, Malheiros Editores, 2014, p. 596). Pouco adiante, conceitua o domínio patrimonial como um "direito de propriedade" e explica: "Esse poder superior (eminente) que o Estado mantém sobre todas as coisas existentes em seu território não se confunde com o direito de propriedade que o mesmo Estado exerce sobre as coisas que lhe pertencem, por aquisição civil ou administrativa. (...)" (idem, ibidem). O *domínio público* ou *eminente* exterioriza-se, assim, em *poderes de soberania* e *direitos de propriedade*. Pois bem, afirma-se aqui que com fundamento no *domínio público* ou *eminente* se extrai um princípio regente do *direito de propriedade pública*, praticamente desprezado pela doutrina, o princípio *da titularidade pública das coisas de ninguém*. Em síntese: as coisas que não pertencem aos particulares são, como regra geral, por força do *domínio eminente*, de *domínio patrimonial do Estado*.

8. Como bem explica Maria Berenice Dias: "A declaração de vacância depende de procedimento judicial, que 'devolve' os bens ao Poder Público. Esta expressão utilizada pela lei parte da idéia de que os bens são públicos, havendo a possibilidade de serem objeto de apropriação. Quando não são da titularidade de ninguém, pertencem à comunidade. Assim, reconhecido que determinado bem não tem dono, é considerado bem público (CC-98): são públicos os bens do domínio nacional pertencentes às pessoas jurídicas de direito público interno. Declarada a vacância, os bens do *de cujus* caem no domínio do Município onde se encontram" (*Manual das Sucessões*, São Paulo, Ed. RT, 2008, p. 496).

noção: o sistema jurídico brasileiro consagra um minucioso *sistema protetor da propriedade privada de domínio incerto*. Dessarte: há um acentuado número de regras jurídicas que protegem a propriedade privada cujo proprietário é *incerto*. Coerentemente, se, de um lado, o sistema jurídico considera *públicos* os bens patrimoniais que não pertencem aos particulares – quer dizer, atribui ao Poder Público a propriedade desses bens –, por outro, busca a *máxima certeza possível* sobre a *inexistência do domínio privado*.

A *tutela da propriedade privada* é a base do regime jurídico da *perda* (arts. 1.233 a 1.237 do CC e 1.170 a 1.176 do CPC). Tutela-se a propriedade de quem perde. A perda não configura hipótese de *perda da propriedade*: a coisa perdida continua sendo de propriedade de quem a perdeu. Donde, o descobridor ou inventor não adquire a propriedade da coisa achada: o art. 1.233 do CC e o art. 1.170 do CPC obrigam-no a entregá-la à autoridade pública (judiciária ou policial, *ex vi* do *caput* do art. 1.170 do CPC). Apropriar-se de coisa perdida é *crime*, nos termos do art. 169, parágrafo único, II, do CP.

Em tutela da propriedade privada de quem perdeu, o sistema exige a *arrecadação* da coisa, nos termos do art. 1.170 do CPC, seguida do depósito e da publicação de editais por duas vezes, com intervalo de 10 dias, para que o proprietário a reclame, nos termos do art. 1.171. Perceba-se: o sistema está, nesses dispositivos, protegendo a propriedade privada incerta. Isso porque não se sabe – há uma *incerteza* – se a propriedade privada existe no mundo fenomênico, se de fato houve uma perda; ou se a propriedade privada não existe no mundo fenomênico, se não houve uma perda, mas um *abandono*. No primeiro caso a propriedade é privada, mas não se sabe de quem; no segundo a propriedade é pública, por força do *princípio da titularidade pública das coisas de ninguém*.

Por causa dessa dúvida, e em tutela da eventual propriedade privada, a coisa é arrecadada, depositada e descrita em editais. A tutela não pode durar para sempre. Se o proprietário não aparecer no prazo de 60 dias, contados da última publicação, o sistema presume que houve *abandono* e, pois, que a coisa passou a ser de propriedade do Município. Dispõe o art. 1.237 do CC que a coisa deve ser vendida em hasta pública e o valor – deduzidas as despesas e a recompensa do descobridor (o sistema o premia) – deve ser atribuído ao Município em cujo território estava o objeto perdido. Claro que a alienação é apenas facultativa: se o

Município optar por pagar a recompensa e as despesas, não é obrigado a aliená-la.[9]

A *tutela dos bens dos ausentes* é a base do regime jurídico da *ausência* (arts. 22 a 39 do CC e 1.159 a 1.169 do CPC). Tutela-se a propriedade de quem desaparece. O procedimento possui três fases.

(1) A primeira é a fase da *curadoria* dos bens do ausente: se a pessoa desaparece sem deixar procurador, o juiz, a pedido de qualquer interessado ou do Ministério Público, deve declarar a ausência, nomear curador e determinar a arrecadação dos bens (CC, art. 22; CPC, arts. 1.159 e 1.160). Após a arrecadação são publicados editais durante um ano, reproduzidos de dois em dois meses, chamando o ausente a entrar na posse dos seus bens (CPC, art. 1.161). Com o regresso do ausente – perceba-se –, a este é entregue seu patrimônio, abatidas apenas as despesas e a remuneração do curador.

(2) A segunda é a fase da *sucessão provisória*: após um ano da *declaração de ausência*, se o ausente não deixou representante ou procurador, ou três anos, quando tiver deixado, mas o mandatário não queira ou não possa exercer ou continuar exercendo o mandato, ou se seus poderes forem insuficientes, a pedido dos interessados ou do Ministério Público, o juiz deve *abrir a sucessão provisória* dos bens do ausente (CC, arts. 23 e 26). Durante essa fase exige-se *caução* de quem se imitir na posse dos bens, dispensando-a apenas para os ascendentes, descendentes e cônjuge (CC, art. 30). A lei atribui, nessa fase, a totalidade dos frutos e rendimentos dos bens do ausente aos herdeiros dispensados da caução e somente metade aos demais (CC, art. 33). Com o regresso do ausente, este recebe seu patrimônio, com o abatimento das despesas, da remuneração do curador e dos frutos e rendimentos, se havia descendentes, ascendentes ou conjunte, ou com o abatimento de metade dos frutos e rendimentos, na falta de um desses herdeiros e se não ficar provado que a ausência foi voluntária e injustificada. Provado que a

9. O art. 1.174 do CPC estabelece que, "se o dono preferir abandonar a coisa, poderá o inventor requerer que lhe seja adjudicada". Deve ser bem compreendido: se o proprietário abandona a coisa para o descobridor, ele não a abandona, mas a doa; trata-se de *doação gratuita de coisa móvel*. Se o proprietário aparece e simplesmente expressa sua intenção de abandonar, o bem é do Município, e só pode ser adjudicado pelo descobridor se o Município não tiver interesse no bem (art. 1.237, parágrafo único, do CC).

ausência foi voluntária e injustificada, o ausente perde para o sucessor a sua parte no fruto e nos rendimentos.

(3) A terceira fase é a da *sucessão definitiva*: somente 10 anos após o trânsito em julgado da sentença que declara a abertura da sucessão provisória ou, se o ausente completou 80 anos, após 5 anos da data de suas últimas notícias os herdeiros podem requerer a *sucessão definitiva* (CC, arts. 37 e 38; CPC, art. 1.167). Ainda assim, o ausente não perde, de forma definitiva, sua propriedade; os herdeiros, nos 10 anos seguintes à abertura da sucessão definitiva, adquirem a *propriedade resolúvel* dos bens do ausente, pois, se ele regressar nesse período, recebe os bens no estado em que se encontrem (CC, art. 39), os sub-rogados em seu lugar ou o preço que os herdeiros e demais interessados houverem recebido pelos bens alienados depois daquele tempo.

Quer dizer: o ausente só perde de forma definitiva sua propriedade após 10 anos da abertura da sucessão definitiva. Se após 30 dias do trânsito em julgado da sentença que abriu a sucessão provisória não aparecerem herdeiros, a herança é considerada *jacente* (CC, art. 28, § 2º; CPC, art. 1.165, parágrafo único). Com uma particularidade: se os herdeiros aparecerem no período de 10 anos que seguem à abertura da sucessão definitiva, recebem os bens no estado em que se encontrem (o Poder Público tem a propriedade resolúvel do patrimônio do ausente). Somente após esse período os bens passam definitivamente ao patrimônio do Município ou do Distrito Federal, se localizados nos respectivos territórios, ou da União, se situados em território federal (CC, art. 39, parágrafo único).[10]

A *tutela dos bens dos herdeiros ausentes* é a base do regime jurídico da *herança jacente* (CC, arts. 1.819 a 1.823, e CPC arts. 1.142 a 1.158). Falecido alguém sem deixar herdeiro conhecido, em tutela dos *eventuais herdeiros*, exige-se a *arrecadação* dos bens do *de cujus* e a nomeação de *curador*. Perceba-se: não se sabe se os herdeiros existem ou não, há uma *dúvida*, e o sistema a presume de forma absoluta. Por mais certeza que exista sobre a inexistência de herdeiros, presume-se a dúvida sobre ela. Se herdeiros existirem, pelo *princípio da saisine*, com

10. Sobre o tema, v.: Francisco Cavalcanti Pontes de Miranda, *Tratado de Direito Privado*, cit., 4ª ed., t. IX, São Paulo, Ed. RT, 1983, §§ 1.050-1.058, pp. 368-396; Maria Berenice Dias, *Manual das Sucessões*, cit., pp. 485-495.

a morte do *de cujus* eles adquiriam a propriedade: o sistema tutela essa propriedade. Por isso: exigem-se a arrecadação, a nomeação de curador (CC, arts. 1.819 e 1.820; CPC, arts. 1.142 a 1.151) e a publicação de editais por 3 vezes no órgão oficial e na imprensa da comarca, com intervalo de 30 dias para cada um, chamando os herdeiros a se habilitarem no prazo de 6 meses, contados da primeira publicação (CPC, art. 1.152). Passado um ano da primeira publicação sem que haja herdeiro habilitado ou habilitação pendente, o juiz declara a *herança vacante* (CC, art. 1.820; CPC, art. 1.157).

Da análise sistemática do Código Civil e do Código de Processual Civil – em especial dos arts. 22 a 39, 1.233 a 1.237 e 1.819 a 1.823, todos do CC, e 1.142 a 1.176 do CPC – extrai-se o *princípio implícito* da *tutela dos bens particulares de domínio incerto*, segundo o qual, antes de se considerar um bem como coisa de ninguém e, portanto, como bem público, deve-se adotar providências destinadas a encontrar o eventual proprietário privado. Diante de um bem que aparentemente não pertença a nenhum particular, o sistema não o considera, de plano, público – quer dizer, não há imediata incidência do *princípio da titularidade pública das coisas de ninguém*. Resguarda-se um *período de tempo* em que a propriedade é considera *incerta*, em decorrência da *dúvida*, presumida de modo absoluto, sobre a propriedade privada do bem.

Noutras palavras: diante da incerteza sobre a existência de um proprietário privado, durante um período de tempo fixado na lei o bem é considerado de *propriedade incerta*, é administrado como se o proprietário privado existisse e são adotadas medidas para localização do eventual proprietário privado. Há implícito no sistema o princípio de tutela do patrimônio privado de titularidade incerta, decorrente do direito fundamental de propriedade: o direito de propriedade do particular que desconhece a localização ou existência da propriedade é juridicamente protegido. Eis a segunda conclusão que se apresenta: o instituto da *herança jacente* é uma *decorrência direta* do *princípio da tutela dos bens particulares de domínio incerto*.

## 16.4 Propriedade da herança jacente

Sem atentar para esses dois princípios, o *princípio da titularidade pública das coisas de ninguém* e o *princípio da tutela dos bens particu-*

*lares de domínio incerto*, não é possível compreender os institutos da *herança jacente* e da *herança vacante*. Nos termos expostos, falecida uma pessoa sem deixar herdeiros conhecidos, surge uma *dúvida* no mundo jurídico, ainda que não surja no mundo fenomênico.[11] Pelo princípio da *saisine*, a herança se transmite com a abertura da sucessão (CC, art. 1.784). Quer dizer: no momento da morte os bens são automaticamente transmitidos aos herdeiros, ainda que desconhecidos. Eles adquirem a propriedade, pela *saisine*, com a abertura da sucessão.

Perceba-se: no mundo fenomênico, de duas, uma: ou os herdeiros existem, e adquiriram a propriedade no momento do óbito, ou os herdeiros não existem, e, por força do *princípio da titularidade pública das coisas de ninguém*, a propriedade é do Poder Público. Mas, enquanto na primeira hipótese o sistema atribui de plano a propriedade aos particulares, na segunda a transmissão da propriedade não se dá de plano. O sistema jurídico, diante da dúvida, busca a confirmação da inexistência de herdeiros e tutela a propriedade do herdeiro desconhecido.

Tem razão a doutrina quando critica a denominação do instituto. Em rigor, não existe *jacência*. Como bem adverte Pontes de Miranda, no Direito Romano não vigorava o princípio da *saisine*, e, pois, enquanto não se transmitia a herança aos herdeiros ela era considerada de ninguém, ela jazia – daí a expressão "herança jacente". No Direito Brasileiro vigente a expressão é infeliz, pois o significado técnico contraria a própria etimologia: é incorreto dizer que a herança não é de ninguém.[12] Ela é, e o é efetivamente, ou dos herdeiros desconhecidos ou do Poder Público. Em rigor, portanto, não existe jacência.

Discute a doutrina se o Estado é *herdeiro* e se a ele se aplicaria a *saisine*. Há aí uma má compreensão do instituto. No art. 1.603 do CC de

11. Como diz Pontes de Miranda: "Abstraiu-se da certeza sobre a pretensão do Estado. Essa pretensão pode ser certa, certíssima, e a lei a trata, ainda nesses casos, como duvidosa" (*Tratado de Direito Privado*, 3ª ed., 2ª tir., t. LV, São Paulo, Ed. RT, 1984, § Dias, 5.599, p. 112).

12. Francisco Cavalcanti Pontes de Miranda, *Tratado de Direito Privado*, cit., 3ª ed., 2ª tir., t. LV, pp. 90-91. Adiante, afirma o memorável jurista: "O nome 'herança jacente' é sobrevivência do tempo em que, entre a morte e a adição, a herança jazia. Não temos mais heranças que jazam; e temos, a despeito disso, em nossas bocas, cheias de detritos romanísticos – à semelhança das crenças mortas que nos atulham o espírito –, 'heranças jacentes'" (idem, § 5.599, p. 111).

1916 o Poder Público era apresentado como *sucessor legítimo*.[13] Em consonância com o texto normativo, Pontes de Miranda considerava que ao Estado, sendo verdadeiro herdeiro, aplicava-se o princípio da *saisine*.[14] No art. 1.829 do CC de 2002 o Poder Público não consta mais da ordem da sucessão legítima.[15] A doutrina, hoje, é praticamente unânime em afirmar que o Poder Público não é herdeiro.[16] Prevalece, contudo, o entendimento de que, apesar de não ser herdeiro, o Estado é *sucessor*, e, pois, titular de um *direito hereditário*.[17] Nada mais equivocado: conforme exposto, a herança não é atribuída ao Estado por força de um *direito hereditário*, mas em decorrência do *princípio da titularidade pública das coisas de ninguém*.

No mundo fenomênico – insiste-se –, de duas, uma: ou há herdeiros, e estes recebem, de plano, a herança no momento da morte; ou não há herdeiros (ou, se houver, todos renunciaram à herança ou dela foram excluídos), e, não sendo de nenhum particular, a herança torna-se do Poder Público, pois este detém a propriedade dos bens que não pertencem a nenhum particular. O Estado não é *herdeiro* e também não é *sucessor*, seu direito sobre a herança vacante não é um *direito hereditário*.

13. Rezava o dispositivo do CC de 1916: "Art. 1.603. A sucessão legítima defere-se na ordem seguinte: I – aos descendentes; II – aos ascendentes; III – ao cônjuge sobrevivente; IV – aos colaterais; V – aos Municípios, ao Distrito Federal ou à União".

14. "O domínio e a posse transmitem-se à Fazenda desde a morte", dizia Pontes de Miranda (*Tratado de Direito Privado*, cit., 3ª ed., 2ª tir., t. LV, p. 107).

15. Preceitua o dispositivo do CC de 2002: "Art. 1.829. A sucessão legítima defere-se na ordem seguinte: I – aos descendentes, em concorrência com o cônjuge sobrevivente, salvo se casado este com o falecido no regime da comunhão universal, ou no da separação obrigatória de bens (art. 1.640, parágrafo único); ou, se, no regime da comunhão parcial, o autor da herança não houver deixado bens particulares; II – aos ascendentes, em concorrência com o cônjuge; III – ao cônjuge sobrevivente; IV – aos colaterais".

16. Por todos, afirma Maria Berenice Dias: "O Poder Público não é herdeiro, tanto que não integra a ordem de vocação hereditária (CC, art. 1.829). É mero sucessor, só recolhendo a herança quando inexistem herdeiros" (*Manual das Sucessões*, cit., p. 137).

17. Por todos, afirma Carlos Alberto Violante: "Conclui-se, portanto, que a natureza jurídica do direito do Poder Público de receber os bens da herança é de direito sucessório (*jure successionis*), de caráter privado. Na sucessão legítima, o Estado é sucessor universal, mas não herdeiro" (*Herança Jacente e Herança Vacante*, São Paulo, Juarez de Oliveira, 2003, p. 8).

Feito esse esclarecimento, poder-se-ia indagar: aplica-se ao Estado a *saisine*? Ainda que ele não receba a herança por força de um direito hereditário, se não houver herdeiros, a propriedade passa, no momento da abertura da sucessão, de plano, ao Poder Público? Não: por um lado, inexiste direito sucessório; por outro, não há aplicação da *saisine*. Esta é inaplicável ao Poder Público justamente por força do outro princípio mencionado.

Dessarte: com a abertura da sucessão, se não houver herdeiros conhecidos que logo se apresentem, o sistema jurídico, por força do *princípio da tutela dos bens particulares de domínio incerto*, não atribui, por mais certeza que se tenha sobre a inexistência de herdeiros, a propriedade da herança ao Poder Público. O sistema impõe a assunção da dúvida sobre a existência de herdeiros e exige a adoção de duas ordens de medidas: *medidas de conservação da herança* e *medidas de localização de eventuais herdeiros*.

Durante o período de *um ano*, contado da publicação de editais de chamamento dos eventuais herdeiros, a herança é considerada *jacente*, e isso significa o seguinte: a propriedade da herança é mantida em estado de *dúvida*. Para o sistema normativo, durante esse período simplesmente não se sabe se a propriedade pertence ao Estado ou a algum particular, pois o sistema pressupõe uma *dúvida sobre a existência* ou *inexistência de herdeiros*.

Essa situação jurídica não é bem explicada pela doutrina: trata-se de um período em que no mundo jurídico a titularidade da *propriedade* é incerta. No mundo real, de duas, uma: ou há ou não há herdeiros; se houver, a propriedade é dos herdeiros; se não houver, a propriedade é do Poder Público. No mundo jurídico a situação permanece *indefinida* por *um ano*. O sistema não ignora que a propriedade seja de alguém, de um herdeiro privado ou do Poder Público, mas não a atribui de plano ao Poder Público, pois, em decorrência de dúvida, busca uma *certeza*, ainda que relativa, sobre a existência ou inexistência de herdeiros. Em suma: a propriedade da herança jacente é do herdeiro ou do Poder Público, mas o sistema, diante da dúvida sobre a existência de herdeiro, durante o período de um ano considera a propriedade *incerta*.[18]

18. Trata-se, na feliz expressão de Pontes de Miranda, de "bens de patrimônio de *incerta persona*" (*Tratado de Direito Privado*, cit., 3ª ed., 2ª tir., t. LV, p. 103).

É bem possível que *todos* os herdeiros sejam conhecidos e eles, *todos*, *renunciem* expressamente à herança (CC, art. 1.804, parágrafo único) ou venham a ser excluídos. Nesse caso não se faz necessário aguardar o prazo de um ano, nem tampouco nomear curador: o art. 1.823 do CC autoriza a prolação da sentença de vacância após a formalização da renúncia e, por analogia, após a exclusão. Mas, havendo dúvida sobre a presença de todos os herdeiros, havendo dúvida sobre a possibilidade de algum herdeiro não se ter apresentado e renunciado expressamente à herança, incide o *princípio da tutela dos bens particulares de domínio incerto*. A situação de renúncia da herança por *apenas alguns herdeiros* (ou de exclusão de apenas alguns herdeiros), não estando presentes os demais, é dogmaticamente *equiparada* à situação de inexistência de herdeiros conhecidos.

## *16.5 Aspectos processuais*

Conforme exposto, falecendo alguém sem deixar herdeiros conhecidos (ou tendo os herdeiros conhecidos renunciado à herança ou dela sido excluídos), o sistema jurídico determina ao magistrado do domicílio do falecido que arrecade todos os bens do *de cujus*. Se o autor da herança não possuía domicílio certo, o foro é o da situação dos bens; se os bens estão em lugares diferentes, o foro é o do lugar do óbito (CPC, art. 96, parágrafo único).

Trata-se de *procedimento de jurisdição voluntária*, que deve ser instaurado *de ofício* (processo judicialiforme). É inerente ao exercício de competência vinculada a possibilidade de ser provocada por qualquer pessoa. Logo: qualquer um pode provocar o magistrado para que este arrecade os bens do falecido. O Ministério Público e a Fazenda Pública são *juridicamente interessados na arrecadação*; o primeiro porque é qualificado pelo sistema como parte defensora dos interesses do proprietário incerto. Ademais, se não houver herdeiros, os bens pertencem à Fazenda, e, pois, são bens públicos; sendo bens públicos, devem também ser protegidos pelo Ministério Público, pois este é defensor dos direitos indisponíveis.[19] A Fazenda é a proprietária dos

19. O STJ já reconheceu a legitimidade do Ministério Público para defender o *patrimônio público*. Dispõe a Súmula 329 do STJ: "O Ministério Público tem legitimidade para propor ação civil pública em defesa do patrimônio público".

bens caso se confirme (*rectius*, configure-se a presunção) a inexistência de herdeiros.

Com a ciência (*espontânea* ou *provocada*) da existência de bens jacentes, o juiz deve primeiramente, antes mesmo da arrecadação, nomear *curador*: alguém para curar dos bens e, pois, administrá-los, conservá-los, protegê-los. A nomeação de curador *precede* a arrecadação, tanto que as diligências de arrecadação são acompanhadas pelo curador (CPC, art. 1.145). Após a nomeação do curador devem ser citados o Ministério Público e a Fazenda (caso não tenham solicitado a arrecadação), isso porque são *partes* no processo de arrecadação. Só após se concretiza a *arrecadação*. Nesta, a presença do curador é obrigatória; mas não a presença do *Parquet* e da Fazenda, que têm apenas o ônus de comparecer. Os bens localizados em outra comarca são arrecadados por precatória. Evidente que o magistrado não precisa comparecer pessoalmente para efetuar a arrecadação: pode determinar que a autoridade policial a faça (CPC, art. 1.148).

Após a arrecadação inicia-se a publicação de *editais*, por *3 vezes*, com intervalo de *30 dias* para cada um, tanto no jornal de circulação na comarca como no *Diário Oficial*. Os editais consistem num chamamento aos herdeiros para que proponham *ação de habilitação*, no prazo de *6 meses*, contados da primeira publicação. O descumprimento desse prazo não gera efeito jurídico: se a habilitação ocorrer após os 6 meses será processada normalmente.[20] Habilitado algum herdeiro e julgada procedente a habilitação, a arrecadação converte-se em inventário. Se após um ano da primeira publicação ninguém se habilita, ou se as habilitações forem julgadas improcedentes, o juiz profere a *sentença de vacância*.

Uma observação: o juiz deve apurar a *proporção* entre o valor dos bens arrecadados e à custa da arrecadação e da curadoria dos bens. A tutela do patrimônio do titular incerto não pode importar custos superiores ao próprio patrimônio protegido. Dependendo da hipótese, considerando-se o valor da herança jacente, a *ponderação judicial* pode importar, por exemplo, o afastamento da regra processual que determina a publicação no jornal de circulação na comarca. Evidentemente: quando

20. Como bem ensina Maria Berenice Dias: "Caso ninguém se habilite, ainda assim é necessário aguardar o decurso de mais seis meses para ser declarada a vacância. Às claras que a habilitação tardia não impede o seu processamento" (*Manual das Sucessões*, cit., p. 500).

o custo do procedimento for superior ou equivalente ao valor da herança, realiza-se apenas a publicação no *Diário Oficial*. Essa necessidade de *ponderação* é imprescindível no processo de herança jacente, e não é mencionada pela doutrina. A não publicação dos editais no jornal, nesse caso, é decorrência de elementar regra de hermenêutica, bem lembrada por Carlos Maximiliano: "*Deve o Direito ser interpretado inteligentemente*: não de modo que a ordem legal envolva um *absurdo*, prescreva inconveniências, vá ter conclusões inconsistentes ou impossíveis".[21]

## *16.6 Efeitos da sentença de vacância*

A sentença de declaração de vacância produz vários efeitos importantes. Ela passa a propriedade da herança ao Poder Público, mas não a propriedade definitiva, pois o art. 1.822 do CC exige o decurso do prazo de cinco anos para que haja a transferência definitiva da propriedade. Logo, de duas, uma: ou na data da publicação da sentença de vacância não decorreram cinco anos da data do óbito – caso em que apenas a *propriedade resolúvel* é transferida à Fazenda, sendo a propriedade definitiva transferida apenas quando se completar o prazo de cinco anos –, ou na data da publicação da sentença de vacância decorreram os cinco anos – caso em que a propriedade definitiva é transferida. Para que haja transferência da propriedade há *dois requisitos*: (1) decurso do prazo de cinco anos contados da abertura da sucessão, ou seja, do óbito; (2) prolação da sentença de vacância. Enfim, dependendo do tempo decorrido do óbito, a sentença de vacância tem por efeito a transferência da propriedade resolúvel ou definitiva ao Poder Público.

A sentença de vacância exige a *transferência da posse* dos bens da herança do curador à Fazenda Pública. Antes, desde a arrecadação, quem estava na posse dos bens era o curador (salvo na hipótese dantes mencionada, de expressa renúncia por parte de todos os herdeiros, caso em que, evidentemente, a posse não estava com o curador). Com a sentença de vacância a posse deve ser passada à Fazenda, que passa a ter a *guarda* e a *administração dos bens*. Por óbvio, a posse não é transferida pela sentença. É necessária a *transmissão* da coisa do

21. Carlos Maximiliano, *Hermenêutica e Aplicação do Direito*, 16ª ed., Rio de Janeiro, Forense, 1997, § 179, p. 166.

curador ao agente público que presenta a Fazenda.[22] Quer dizer: sem a *tradição* dos bens não há transferência da posse dos bens do curador à Fazenda, ainda que tenha sido prolatada a sentença de vacância. Insiste-se: a sentença de vacância exige que o curador transfira a posse. Se o curador não entrega as chaves dos imóveis ao procurador municipal, por exemplo, a posse não é transferida, ainda que tenha sido regularmente publicada a sentença de vacância. Nesse caso, a Administração deve requerer a imissão na posse nos próprios autos do processo de vacância, sendo desnecessária a propositura de ação autônoma de imissão na posse. Ainda que não haja transferência da propriedade plena, desnecessária a nomeação de novo curador: os bens passam a ser administrados pelo ente público.[23]

Ademais, a sentença de vacância constitui uma *presunção de inexistência de herdeiros colaterais*. Nos termos do parágrafo único do art. 1.822 do CC, não se habilitando os herdeiros colaterais até a sentença de vacância, ficam excluídos da herança. Isso desde que não sejam *notórios*. A *notoriedade*, como ensina Pontes de Miranda, contradiz, *in adjecto*, a sentença de vacância.[24] Quer dizer: os herdeiros colaterais notoriamente conhecidos podem *impugnar a sentença de vacância* e afastar sua exclusão da herança.

22. Carlos Alberto Violante parece defender posição contrária: "Declarada a vacância da herança, a sua posse é transferida, do curador, ao ente público beneficiado. A sentença de vacância não tem o efeito de transferir o domínio da herança ao Poder Público, mas, após o seu trânsito em julgado, a posse e responsabilidade pela guarda e conservação dos bens passam, do curador, ao ente público beneficiado com a vacância" (*Herança Jacente e Herança Vacante*, cit., pp. 56-57).

23. Foi o que decidiu a 4ª Câmara de Direito Privado do TJSP nos autos da ACi 578.155-4/2-00 (rel. Des. Francisco Loureiro, j. 18.6.2009): "No caso em apreço, ignorados eventuais herdeiros do falecido, após a declaração da vacância dos bens deixados e devidamente arrecadados nos autos, não tem mais razão de ser o exercício da curatela, para guarda e administração dos bens, revelando-se totalmente desnecessária a nomeação de novo curador em substituição à curadora anterior. A partir da prolação da sentença recorrida, os bens são automaticamente incorporados à Fazenda Pública, passando à sua guarda e administração". Faz-se ressalva: ao contrário do que faz parecer o acórdão, a transferência da posse não é automática. Imprescindível a tradição dos bens do curador ao presentante da Fazenda ou ao juízo, e deste ao presentante da Fazenda.

24. Francisco Cavalcanti Pontes de Miranda, *Tratado de Direito Privado*, cit., 3ª ed., 2ª tir., t. LV, p. 108.

Até quando pode haver essa impugnação? Até o referido prazo de *cinco anos* contados da abertura da sucessão. Findo o prazo de cinco anos, os herdeiros colaterais notórios perdem o direito sucessório à propriedade. É interessante o fenômeno jurídico: se impugnam a sentença de vacância no qüinqüênio e provam a notoriedade, adquirem a propriedade da herança desde a abertura da sucessão (*saisine*); se não a impugnam, perdem o direito de obter a propriedade. Não efetuada a habilitação até a sentença de vacância ou não impugnada a sentença de vacância pela notoriedade até o qüinqüênio, para o sistema jurídico é como se eles, herdeiros colaterais, não existissem. A sentença de vacância gera uma *presunção absoluta de inexistência de herdeiros colaterais não-notórios* e, passados cinco anos da abertura da sucessão, uma *presunção absoluta de inexistência de herdeiros colaterais notórios.*

A regra fixada para os herdeiros colaterais notórios aplica-se aos herdeiros necessários. A sentença de vacância gera uma *presunção relativa de inexistência de herdeiros necessários*. Tanto que transfere a *propriedade resolúvel* à Fazenda. A presunção é *relativa*. Só após o prazo de cincos os herdeiros necessários perdem definitivamente a *propriedade* dos bens da herança. Com efeito: o prazo de cinco anos gera uma *presunção absoluta de inexistência de herdeiros necessários*, pois, passado esse prazo e proferida a sentença de vacância, inexistindo herdeiros habilitados, a propriedade é definitivamente passada ao Poder Público.

Mesmo depois da sentença de vacância, se não decorridos os cincos anos, os *herdeiros necessários* podem requer a herança, não por meio de *habilitação* nos autos da herança vacante, mas por meio de *ação de petição de herança* (CPC, art. 1.158). Quer dizer: depois da sentença de vacância e antes dos cinco anos referidos, os herdeiros necessários devem propor ação autônoma, ação de petição de herança, em face da Fazenda Pública. Claro que a transferência da propriedade definitiva não se dá enquanto estiver pendente *ação de habilitação de herdeiros* ou *ação de petição de herança*. Enquanto não proferida a sentença de inabilitação do herdeiro ou de improcedência da petição de herança, a Fazenda possui apenas a propriedade resolúvel dos bens.

Enquanto não escoado o prazo de cinco anos nem proferida a sentença de vacância (ou extintas as ações de habilitação ou de petição de herança), a situação da *propriedade* é a seguinte: o sistema reconhece que a propriedade é de alguém, ou de um herdeiro desconhecido ou da

Fazenda Pública, mas não atribui a *titularidade* da propriedade a alguém. A titularidade fica *pendente, incerta*. Os bens são de alguém, mas não se sabe de quem. Isso porque o sistema protege o direito de propriedade dos eventuais herdeiros desconhecidos. Trata-se de desdobramento direto do *princípio da tutela dos bens particulares de domínio incerto*. Essa idéia permite enfrentar o intrincado problema da *usucapião* dos bens da herança vacante.

Antes de enfrentá-lo, uma observação: a tutela dos bens particulares de domínio incerto é muito mais *enfática* no caso de *ausência*. A *jacência de óbito certo* diferencia-se da *jacência de óbito incerto*. Não se confundem as situações: uma é a situação de um *de cujus* presente que não possui herdeiros; outra é a da pessoa que desaparece e não possui herdeiros. Como já antecipado, desaparecendo a pessoa, o sistema jurídico exige a arrecadação de seus bens (CPC, art. 1.160) e, após um ano da arrecadação ou, se deixou procurador, passados três anos, é declarada a ausência e aberta a *sucessão provisória* (CC, art. 26; CPC, art. 1.161). Se não aparecerem herdeiros do ausente, o processo de ausência passa a seguir o rito do processo de *jacência* (CC, art. 28, § 2º; CPC, art. 1.165, parágrafo único), mas a *jacência da morte incerta* não se confunde com a *jacência da morte certa*: proferida a *sentença de vacância* no caso de ausência, a Administração obtém a *propriedade resolúvel*, mas não obtém a propriedade definitiva 5 anos após a abertura da sucessão provisória. Somente *10 anos* depois de passada em julgado a sentença que abriu a sucessão provisória ou depois de o ausente completar 80 anos e decorrerem cinco anos da data das últimas notícias dele abre-se a *sucessão definitiva* (CC, arts. 37 e 38; CPC, art. 1.167). E mesmo após a sucessão definitiva a propriedade da Fazenda é *ad tempus*.[25] Até a abertura da sucessão definitiva os herdeiros, incluídos os *colaterais* e o *cônjuge*, podem requerer a herança. A propriedade definitiva – perceba-

25. Por todos, distingue Orlando Gomes a *propriedade resolúvel* da *propriedade* ***ad tempus***: "Na *propriedade* ***ad tempus***, o fato extintivo acarreta a transmissão do domínio no estado em que se encontra: diminuído, modificado, aumentado, juridicamente ou materialmente. Sua eficácia é para o futuro. Na *propriedade resolúvel*, o evento que extingue o direito de propriedade acarreta sua transmissão no estado em que a coisa se encontrava ao ser recebida pelo proprietário temporário" (*Direitos Reais*, cit., 13ª ed., p. 236). Assim, na jacência de morte incerta a propriedade do Poder Público é *resolúvel* até a abertura da sucessão definitiva; após, pelo prazo de 10 anos, é *ad tempus*.

se – não se transfere, ainda, à Fazenda. O cônjuge só pode requerer a herança, nos termos da expressa redação do art. 39 do CC, até a abertura da sucessão definitiva; mas, nos 10 anos seguintes à abertura da sucessão definitiva, se o *ausente* ou algum *ascendente* ou *descendente* aparecer, a herança lhe será entregue no estado em que se encontre (CC, art. 39). Perceba-se: somente após 10 anos, contados da abertura da sucessão definitiva, a Fazenda obterá a *propriedade plena* dos bens.

### *16.7 Usucapião dos bens da herança vacante*

Passa-se ao exame do tema mais tormentoso: a usucapião dos bens da herança vacante. Como é sabido por todos, os bens públicos são insuscetíveis de usucapião, por expressa disposição constitucional (CF de 1988, arts. 183, § 3º, e 191, parágrafo único).[26] Discutem a doutrina e a jurisprudência se é possível a usucapião e, em caso afirmativo, até que data. Existem nada menos que *quatro correntes*. (1) Para alguns aplica-se a *saisine* ao Poder Público, e, assim, os bens lhe são transmitidos na data da abertura da sucessão. Desde a data do óbito, para essa corrente, os bens vacantes são públicos, e, pois, insuscetíveis de usucapião.[27] (2) Para outros não se aplica o princípio da *saisine* ao Poder Público; a transmissão dos bens dá-se com a sentença de vacância. Para essa corrente, hoje prevalecente na jurisprudência, os bens se tornam públicos e, pois, insuscetíveis de usucapião na data da prolação da sentença de vacância.[28] Se até a data da sentença de vacância completou-se o prazo

26. Registra-se a respeitável posição em contrário, isolada na doutrina, de Sílvio Luís Ferreira da Rocha, que defendeu, em tese de Livre-Docência, mesmo após a Constituição Federal de 1988, a usucapião de bens públicos dominicais (*Função Social da Propriedade Pública*, São Paulo, Malheiros Editores, 2005, pp. 145-159).

27. Apesar de não adotar essa posição, vários julgados consideram que a sentença de vacância é *declaratória*: o STJ (4ª Turma), no REsp 61.885-SP (rel. Min. Ruy Rosado de Aguiar, j. 12.9.1995), decidiu que a herança vacante se rege pela lei vigente ao tempo da abertura da sucessão. Num antigo julgado do STF (2ª Turma), no RE 92.352-SP (rel. Min. Décio Miranda, j. 25.8.1981), afirmou-se, por um lado, que a sentença de vacância não é constitutiva, mas declaratória; por outro, afirmou-se que a insuscetibilidade de usucapião se dá ao final do prazo de cinco anos.

28. Cita-se, por exemplo, a ACi 157.163-4/9-00 julgada pela 1ª Câmara de Direito Privado do TJSP (rel. Des. Paulo Eduardo Rasuk, j. 25.11.2008): "Herança jacente. A incorporação ao patrimônio público só ocorre com a prolação da sentença de vacância, declarando os bens vagos e resolutos. Ao Estado não se reconhece o direito

necessário para aquisição da propriedade por usucapião, o possuidor adquire a propriedade. (3) Para uma terceira corrente a transmissão da propriedade não se dá com a sentença de vacância, mas com o decurso do prazo de cinco anos contados da abertura da sucessão; somente depois do qüinqüênio e da prolação da sentença de vacância a propriedade se transfere ao Poder Público e os bens passam a ser insuscetíveis de usucapião. Carlos Alberto Violante, por exemplo, entende que o prazo para a usucapião é interrompido no final do prazo de cinco anos, de modo que, se a sentença de vacância for proferida após esse prazo, há a *retroação*.[29] (4) Para uma quarta corrente a usucapião é possível até a formalização da *arrecadação* – posição adotada por José Carlos de Moraes Salles[30] e por Sebastião Amorim e Euclides de Oliveira.[31] Todas as quatro correntes incidem em lamentável equívoco.

de *saisine*. Prescrição aquisitiva já consumada em favor dos apelados, que continuam na sua posse, perante eles sendo ineficazes a arrecadação e a declaração de vacância – Ação de usucapião extraordinário procedente". Nesse sentido decidiu o STJ (3ª Turma), no REsp 36.959-SP (rel. Min. Ari Pargendler, j. 24.4.2001): "O Estado não adquire a propriedade dos bens que integram a herança jacente até que seja declarada a vacância, de modo que, nesse interregno, estão sujeitos à usucapião". E, mais recentemente, decidiu do mesmo modo o STJ no REsp/AgR 1.099.256-RJ (3ª Turma, rel. Min. Massami Uyeda, j. 17.03.2009): "Não se aplica o princípio da *saisine* ao ente público para a sucessão do bem jacente, pois o momento da vacância não se confunde com o da abertura da sucessão ou da morte do *de cujus*".

29. "A sentença de vacância é condição para que os bens passem ao domínio público. Se proferida antes dos cinco anos da abertura da sucessão, é na data em que transcorrer esses cinco anos que ocorrerá a transmissão do domínio. Se proferida após os cinco anos do falecimento do *de cujus*, a transmissão do domínio retroage à data em que completados os cinco anos da abertura da sucessão" (Carlos Alberto Violante, *Herança Jacente e Herança Vacante*, cit., p. 77).

30. "Todavia, entendemos que a data em que se consubstanciar a *arrecadação* (e não a da *declaração da vacância*) haverá de ser o termo inicial a partir do qual não mais poderá ocorrer posse *ad usucapionem*" (José Carlos de Moraes Salles, *Usucapião de Bens Imóveis e Móveis*, 6ª ed., São Paulo, Ed. RT, 2006, p. 461).

31. "Pode-se concluir, nessa linha de pensamento, que a sentença declaratória de vacância, embora não seja constitutiva, representa o marco da consolidação do domínio da herança pelo ente público, desde que decorridos os cinco anos da abertura da sucessão. Mas não se afasta a interrupção de prazos da prescrição aquisitiva por eventual possuidor, com a efetivação da arrecadação dos bens e sua administração pelo curador, que representa os interesses do futuro adjudicatário" (Sebastião Amorim e Euclides de Oliveira, *Inventários e Partilhas: Direito das Sucessões*, 12ª ed., São Paulo, LEUD, 1999, p. 104).

Nos termos já expostos, a *saisine*, de fato, não se aplica ao Poder Público. Esse é o equívoco conceitual da primeira corrente: a transferência da propriedade não se dá com a abertura da sucessão. A propriedade *definitiva* só é transferida ao Poder Público com a sentença de vacância e após o decurso do prazo de cinco anos, contados da abertura da sucessão. Antes do prazo de cinco anos a sentença de vacância transfere apenas a *propriedade resolúvel* ao Poder Público. E isso na jacência de morte certa, pois na jacência de morte incerta a propriedade definitiva só é transferida ao Poder Público 10 anos após a abertura da sucessão definitiva. Como explicado neste estudo, o sistema *protege* a propriedade particular do proprietário incerto: exige buscar a certeza, ainda que relativa, sobre a inexistência de proprietário privado. Por isso, afasta a *saisine* e não atribui a propriedade de plano ao Poder Público. Trata-se, pois, de um efeito do *princípio da tutela dos bens particulares de domínio incerto*.

Entre a abertura da sucessão e a transferência definitiva ao Poder Público a situação da propriedade é considerada, pelo sistema, *incerta*. Da arrecadação até a sentença de vacância configura-se uma *incerteza forte*: nem a propriedade resolúvel é atribuída a alguém. Da sentença de vacância até o decurso do prazo de 5 anos (na morte incerta, até 10 anos da abertura da sucessão definitiva) configura-se uma *incerteza fraca*: a *propriedade resolúvel* é atribuída ao Poder Público (na morte incerta, até a sucessão definitiva é atribuída a propriedade resolúvel; da sucessão definitiva até o decurso de 10 anos é atribuída a propriedade *ad tempus*).

A comunidade jurídica, em geral, pensa que nesse período, em que a propriedade é considera incerta pelo sistema normativo, os bens da herança são coisas de ninguém, são coisas adéspotas. Eis o desastroso equívoco: o sistema, em proteção a eventual proprietário privado desconhecido, mantém um estado de *incerteza* sobre a *titularidade da propriedade*, mas em nenhum momento considera que a propriedade não seja de ninguém. Com efeito: em nenhum texto normativo está escrito que a herança jacente é, de fato, *jacente*. Trata-se de pressuposição equivocada, que contraria frontalmente o princípio da *titularidade pública das coisas de ninguém*, sem texto normativo que lhe dê amparo.

De duas, uma: ou há herdeiros, ou não há. Se houver, a propriedade é dos herdeiros; se não houver, a propriedade é do Poder Público. O sistema não tolera, nos termos expostos, sem regra expressa, que a propriedade não seja de ninguém. Coisas que não são de nenhum particular, salvo regra expressa em sentido contrário, são do Poder Público. Vale dizer: o sistema jurídico (numa personificação) sabe que os bens ou são de algum herdeiro ou são, se inexistir herdeiro, do Poder Público. Apenas busca *certificar-se* de que inexiste herdeiro; ou, melhor, apenas busca uma *presunção* de que não existe herdeiro, em proteção ao direito de propriedade do herdeiro desconhecido. Insiste-se: o sistema não estabelece que enquanto não certificada a falta de herdeiros, enquanto não constituída a *presunção* de que inexistem herdeiros, as coisas não são de ninguém; o sistema apenas não atribui a titularidade das coisas a alguém. A diferença é sutil, mas relevante: inexistindo herdeiros, as coisas são do Poder Público, mas não são atribuídas, de plano, a ele, para que se reforce a certeza sobre a inexistência de herdeiros. As três últimas correntes discriminadas incidem no equívoco de considerar a herança, enquanto não atribuída ao Poder Público, uma coisa adéspota. A herança jacente não é jacente.

Por isso, apesar de não se aplicar a *saisine* ao Poder Público, apesar de o Poder Público não adquirir a propriedade no momento da abertura da sucessão, os bens, não havendo titular privado no mundo fenomênico, são públicos, e, pois, insuscetíveis de usucapião. Equivocam-se a jurisprudência e a doutrina consolidadas. A propriedade não é atribuída ao Poder Público, mas é pública: ela tão-somente *aguarda* a confirmação de sua natureza pública. Claro que no mundo fenomênico há um fato: o fato de inexistir ou existir herdeiros. Mas no mundo jurídico (o sistema abstrai a certeza sobre a inexistência de herdeiros) o fato não é *sabido*, o fato é *desconhecido*. Não se sabe se há, ou não, herdeiros. Se não houver, a coisa não possui titular privado, e é do Poder Público; se houver, a coisa é do titular privado.

Ocorre que a dúvida não pode durar para sempre. Para eliminá-la, o sistema constitui *presunções*. Primeiro, uma *presunção relativa*: presume que os herdeiros, de fato, não existam. A sentença de vacância, antes dos cincos anos da abertura da sucessão, gera essa presunção relativa de que inexistem herdeiros colaterais notórios e herdeiros necessários e uma presunção absoluta de que inexistem herdeiros colaterais não-notórios. Com isso, confirma parcialmente a *qualidade pública da coisa* e atribui a propriedade resolúvel ao Poder Público. Após, uma *presunção absoluta*: completados os cinco anos, a sentença de vacância gera uma presunção absoluta de que inexistem herdeiros colaterais notórios e herdeiros necessários. Com isso, confirma definitivamente a qualidade pública da coisa e atribui a propriedade definitiva ao Poder Público. Como se trata de presunção, é possível que os herdeiros existam: enquanto a presunção é relativa, ela pode ser afastada; quando configurada a presunção absoluta, ela não pode mais ser afastada. O sistema, coerentemente, não mantém a dúvida sobre a existência de herdeiros para sempre.

Configurada a presunção absoluta – perceba-se –, considera-se que desde o momento da abertura da sucessão não havia herdeiros, e, pois, que não havia titular privado sobre a coisa. Por conseguinte, considera-se que desde o momento da abertura da sucessão a coisa é pública, em decorrência do princípio da *titularidade pública das coisas de ninguém*. Assim, declarada a herança vacante, ou, melhor, atribuída a propriedade da herança ao Poder Público, considera-se que os bens são públicos desde a abertura da sucessão, e, pois, insuscetíveis de usucapião.

Após a abertura da sucessão, não aparecendo herdeiros, os bens devem ser *arrecadados* e *protegidos*. A proteção dos bens cabe, primeiro, ao *curador*. Se o curador dos bens da herança jacente não proteger e administrar a herança adequadamente, cabe à Fazenda Pública *intervir*. Não se pode negar à Fazenda Pública a prerrogativa de *cuidar* do bem que lhe pertence mas cuja titularidade ainda não lhe foi atribuída. Evidente que, se o curador não tutela os bens da herança jacente, a Procuradoria deve adotar as medidas cabíveis para protegê-los. Se o curador não afasta os possuidores ilegítimos, se não se imite na posse ou não obtém eventual reintegração de posse, deve a Administração adotar as medidas protetivas. A Fazenda é parte legítima para propositura de *ações possessórias*, apesar de não ter a posse: é parte legítima para defender a *posse de terceiro*, do curador.[32] Tem direito de seqüela, de rei-

32. A 7ª Câmara de Direito Público do TJSP, em sentido contrário, decidiu, na ACi 795.017-5/0-00 (rel. Des. Nogueira Diefenthäler, j. 8.6.2009), que o Município, se não teve a posse do bem, não pode ingressar com ação possessória: "Reintegração de posse – Municipalidade – Herança vacante – Falta de interesse de agir. Carece a Municipalidade de interesse de agir, na modalidade de adequação, para pleitear bem proveniente de herança vacante – Administração que, de fato, nunca teve a posse do bem". Concluiu o nobre Julgador que a Municipalidade deveria ter proposto ação de imissão na posse. Antes da vacância, contudo, o Poder Público não pode se imitir na posse. Esta é dada ao curador. Não é racional negar ao Poder Público o direito de tutelar a posse de terceiro, do curador, tendo em vista que ele, Poder Público, é o *proprietário* ***in potentia***.

vindicar a coisa de quem injustamente a possua, apesar de ainda não lhe ter sido atribuída a propriedade.

O Poder Público não tem a propriedade porque o sistema exige a configuração da aludida presunção; mas proprietário ele o é. Ele é proprietário sem ter a titularidade da propriedade. É paradoxal apenas para quem não compreende o explicado anteriormente: o sistema reconhece que há a propriedade de alguém, mas não lhe atribui a titularidade. A Administração Pública tem, pois, a prerrogativa de proteger a propriedade que *in potentia* lhe pertence. Sendo bem público e indisponível, o Ministério Público também possui legitimidade para tutela do bem. Se, contudo, nem o curador, nem a Fazenda nem o Ministério Público afastarem o possuidor ilegítimo, este não adquire a propriedade por usucapião, pois *bens públicos* são imprescritíveis. Nos termos expostos, o fato de o bem não ser atribuído à Fazenda não o descaracteriza como bem público. Após a prolação da sentença de vacância, se o curador não transmitir a posse dos bens à Fazenda, esta deve pleitear a *imissão na posse*. Se os bens estão na posse do curador, basta o requerimento nos autos do processo de vacância. Se os bens estão na posse de terceiros, deve a Fazenda ingressar com ação de imissão de posse. Depois da adjudicação, evidentemente, cabe a ação reintegratória.[33]

## *16.8 Outras questões*

Restam a ser examinadas duas questões importantes: uma de direito material, outra de direito processual. A primeira: a qual ente público pertencem os bens da herança vacante? O art. 1.594 do CC de 1916, em seu texto originário, dispunha que os bens arrecadados passariam ao domínio do Estado ou ao Distrito Federal, se o *de cujus* estivesse domiciliado nas respectivas circunscrições, ou à União, se o domicílio tiver sido em Território Federal (território não constituído em Estado significa Território Federal). A redação era coerente com o sistema constitucional da época: os Municípios possuíam, nos termos do art. 68 da Constituição de 1891, autonomia, mas não, *a contrario sensu* dos arts. 1º

33. Aliás, decidiu o STJ (4ª Turma), no REsp 111.560-SP (rel. Min. César Asfor Rocha, j. 15.8.2000): "O ente público tem legitimidade para ajuizar ação reintegratória atinente a bem que adjudicou em processo de herança vacante".

e 2º, autonomia federativa. A Lei federal 8.049/1990 alterou o dispositivo, para determinar que os bens passem ao domínio do Município ou do Distrito Federal, se localizados nas respectivas circunscrições, ou da União, quando situados em território federal. A norma foi mantida no art. 1.822 do CC de 2002.

O dispositivo é, nesse ponto, quase irreparável. Se inexistisse, ainda assim vigoraria esse comando. Segundo o *princípio da titularidade pública das coisas de ninguém*, os bens que não possuem nenhum titular privado pertencem ao Poder Público, mas ao Poder Público do território em que os bens se encontrem. No Direito Brasileiro, em que os Municípios possuem autonomia federativa, trata-se de uma regra implícita: *as coisas de ninguém*, ressalvada a exceção anteriormente mencionada (coisas móveis que não tenham pertencido a alguém), pertencem ao *Município* em que estiverem localizadas. Trata-se de regra constitucional implícita.

Coerentemente, todas as regras infraconstitucionais atribuem as coisas de ninguém aos Municípios: arts. 39, parágrafo único, 1.237, 1.276 e 1.822, todos do CC. Essa regra só pode ser excepcionada por disposição constitucional expressa. Norma infraconstitucional que retire do Município a titularidade desses bens é inconstitucional. Se os bens não estiverem em território municipal, mas sim em território federal, pertencem, por decorrência lógica, à União. Não há que se confundir o signo "território" na redação originária do art. 1.594 do CC/1916 com o signo "território" na redação dada ao dispositivo pela Lei 8.049/1990 e na redação do art. 1.822 do CC de 2002: o primeiro se referia ao Território Federal (com letra maiúscula), autarquia federal, prevista, hoje, no § 2º do art. 18 da CF de 1988; o segundo refere-se ao *território federal* (com letra minúscula), bem da União. Se o imóvel, por exemplo, estiver localizado em terra devoluta federal, bem da União (território federal, com letra minúscula), pertencerá à União.[34]

Algumas observações. É perfeitamente possível que a herança vacante pertença a várias entidades federativas. Se o *de cujus* deixar qua-

34. Em sentido contrário, Carlos Alberto Violante considera que o signo "território" no dispositivo vigente refere-se ao Território Federal, da mesma forma que na redação originária do art. 1.594 do CC de 1916: "No momento, a União não recebe bens vacantes, pela não existência, em nosso País, de Território Federal. Se constituídos novos territórios, os bens arrecadados e nele situados se destinarão ao domínio da União" (*Herança Jacente e Herança Vacante*, cit., p. 91).

tro imóveis, três deles em três territórios municipais diversos e um em território federal, cada bem imóvel pertencerá a uma *entidade federativa distinta*: três Municípios e a União. A titularidade do bem é ditada pela *localização territorial do bem*. Se deixar uma empresa com várias filiais, espalhadas em vários Municípios distintos, cada filial pertencerá a um Município. O que ocorre se a *divisão do bem* importar grave diminuição econômica? Nesse caso a entidade federativa em cujo território estiver a *parcela principal do bem* tem o direito de manter a unidade, desde que indenize a outra entidade federativa. Por exemplo: suponha-se que a matriz esteja no Município "A" e a filial no Município "B", e separar a matriz da filial acarrete sensível perda econômica. O Município "A", em que está localizada a matriz, pode exigir a propriedade da filial, desde que indenize o Município "B".[35]

Eis a regra: o bem pertence ao ente público do território em que estiver. Se o bem está em território municipal, o bem será municipal; se o bem está em território federal, será federal. Suponha-se que o bem não esteja nem em território municipal nem em território federal, mas em território estadual. Suponha-se, por exemplo, que o bem esteja em terra devoluta estadual (CF, art. 26, IV). Nesse caso, apesar da omissão do dispositivo infraconstitucional, o bem pertence ao Estado. Nos termos expostos, a titularidade do bem é regra constitucional implícita, não decorre da norma privada positivada no Código Civil. O Decreto-lei federal 8.207/1945 determina que a União e os Estados destinem os bens arrecadados por herança vacante a fundações destinadas ao ensino universitário. A norma não se aplica aos Municípios, por óbvio.[36]

35. Carlos Alberto Violante também defende a regra da separação dos bens de acordo com a respectiva localização, salvo se a divisão acarretar *prejuízo econômico*: "Parece-me que a melhor solução, aqui, seria dividir a fazenda, passando para Ribeirão Preto e São Joaquim da Barra as partes localizadas nos respectivos territórios de cada um desses Municípios, a menos que o prejuízo econômico com a divisão seja tal que não aconselhe esta solução" (*Herança Jacente e Herança Vacante*, cit., p. 92). No caso de haver considerável prejuízo econômico, de fato, a divisão deve ser evitada. Mas não há, apesar da omissão do autor, como negar ao Município em cujo território está uma parte do bem (parte da fazenda; filial da empresa) o direito à indenização.

36. Carlos Alberto Violante defende, por analogia, que os bens sejam destinados ao ensino municipal (*Herança Jacente e Herança Vacante*, cit., p. 94). Trata-se apenas de recomendação. Nada obriga o Município, na falta de lei municipal específica, a dar destinação certa a seus bens.

Finalmente, passa-se à segunda questão, de natureza processual. Em muitos Estados a lei de organização judiciária institui Vara privativa para as causas de interesse da Fazenda Pública. Daí a pergunta: nesses casos, qual é o juízo competente? Até a constituição da *presunção relativa* da inexistência de herdeiros necessários, ou seja, até a prolação da sentença de vacância, *prevalece* o interesse dos eventuais herdeiros.[37] O foro competente até a sentença de vacância é o do juízo das Varas de Família e Sucessões, ou o juízo que lhe fizer as vezes. Após a sentença de vacância, após instituída a aludida presunção, o sistema passa a dar prioridade aos interesses fazendários: todas as questões relativas à herança vacante, existindo juízo privativo, são da competência da Vara da Fazenda Pública. Assim, por exemplo, a ação de petição de herança proposta por herdeiro necessário ou herdeiro colateral notório deve ser ajuizada na Vara da Fazenda Pública.[38]

37. Com absoluto acerto, doutrina Carlos Alberto Violante: "A arrecadação se faz no interesse primordial dos herdeiros desconhecidos, no propósito primeiro de que apareçam para recolher a herança jacente e, então, converter-se o processo em inventário. O interesse do ente público é secundário, para fins de determinação da competência" (*Herança Jacente e Herança Vacante*, cit., p. 26).

38. Nesse sentido, doutrina Ney de Mello Almada: "Enquanto não esgotado o qüinqüênio extintivo, eventual ação de petição de herança há de ser respondida pelo Poder Público, fluindo perante a Vara da Fazenda Pública" (*Sucessões*, p. 48, *apud* Antônio Carlos Mathias Coltro, "Herança jacente e vacante", in Giselda Maria Fernandes Novaes Hironaka e Rodrigo da Cunha Pereira (coords.), *Direito das Sucessões*, Belo Horizonte, Del Rey, 2007, p. 96).

Decidiu a 9ª Câmara de Direito Privado do TJSP, no AI 645.402-4/3-00 (rel. Des. Grava Brazil, j. 9.6.2009): "Usucapião – Não apresentação do registro do imóvel – Alegação de que o bem compõe herança vacante – Remessa dos autos a uma das Varas da Fazenda Municipal – Inconformismo – Desacolhimento – Prova de que o bem usucapiendo foi arrecadado em herança jacente – Declaração de vacância da herança, que demonstra o interesse da Municipalidade no feito – Inteligência dos arts. 1.822 do CC e 36, I, Código Judiciário do Estado de São Paulo".

Parte V

# CONTROLE DA ADMINISTRAÇÃO E RESPONSABILIDADE DO ESTADO


*17 – **Mandado de Segurança e Regime Processual da Fazenda Pública***

*18 – **Improbidade Administrativa e Inversão do Ônus da Prova***

*19 – **Responsabilidade Civil do Estado e Imputação Objetiva***

# 17
# Mandado de Segurança e Regime Processual da Fazenda Pública

*17.1 Introdução. 17.2 Origem. 17.3 História constitucional. 17.4 Núcleo essencial. 17.5 Novos rumos do direito processual. 17.6 Mandado de segurança e o novo direito processual. 17.7 Lei do Mandado de Segurança e o novo processo civil. 17.8 Regime jurídico do controle jurisdicional da função pública: 17.8.1 Apelação da Administração Pública e efeito suspensivo – 17.8.2 Participação do Ministério Público – 17.8.3 Prerrogativas da Fazenda Pública – 17.8.4 Peculiaridades da antecipação de tutela – 17.8.5 Informações da autoridade pública.*

## 17.1 Introdução

O direito administrativo é o "direito defensivo do cidadão", "que instrumenta, que arma o administrado, para defender-se contra os perigos do uso desatado do Poder".[1] De nada adiantaria impor restrições ao exercício do poder – um conjunto de princípios e regras contentivos das prerrogativas estatais – se não houvesse um meio apto a impor o respeito a essas restrições – se não fosse instituído um meio de impor a obediência a esses princípios e regras.

O descumprimento da ordem jurídica é a razão de ser da *função jurisdicional*: o sistema imputa ao descumprimento das normas jurídicas

1. Celso Antônio Bandeira de Mello, *Curso de Direito Administrativo*, 31ª ed., São Paulo, Malheiros Editores, 2014, Capítulo I-20, pp. 47-48. As palavras do ínclito professor paulista sintetizam do modo mais feliz possível a razão de ser do direito administrativo. Toda interpretação deve partir desta diretriz: o direito administrativo não se presta a ser arma da Administração, mas escudo e arma do administrado. Esse ponto de partida evita equívocos desastrosos, até hoje comuns, na compreensão de seus institutos.

a aplicação de uma sanção, e atribui essa aplicação aos exercedores da função jurisdicional. Os magistrados têm a magna incumbência de ser a voz do Direito, dizer a última palavra sobre a incidência e interpretação das normas jurídicas; eles são, assim, verdadeiros *oráculos* do Direito. Para o cumprimento de tão nobre função, é condição logicamente necessária a *imparcialidade*. Em decorrência dessa exigência, o exercício da função jurisdicional é regido pelo *princípio da inércia da jurisdição*: esses agentes não atuam de ofício, precisam ser *provocados*. Tudo, enfim, seria inútil se o sistema não previsse um meio *adequado* de provocação do exercício da função jurisdicional. Nos Estados de *jurisdição una*, como o Brasileiro, a função jurisdicional é privativa do Poder Judiciário, e a provocação do exercício dessa função dá-se pelo ajuizamento de uma *ação judicial*.

Daí a importância do estudo do *mandado de segurança*: se o direito administrativo é um meio de proteção do cidadão, o mandado de segurança é o instituto que faz essa proteção *real*.[2] A história desse instituto revela, de modo fascinante, a evolução desse jovem ramo da Dogmática: ao examinar o mandado de segurança sob a perspectiva histórica, o jurista percebe, de modo surpreendentemente claro, como a aludida proteção foi ficando mais sólida, como a *arma* e o *escudo* do cidadão foram se tornando mais eficazes e mais poderosos. Revelar esse avanço, apresentar essa evolução a partir de uma exposição obcecada pela síntese: eis o propósito deste estudo.

Os objetivos, contudo, não são nada modestos: pela análise histórica, com atenção especial para a recente evolução do direito processual, pretende-se revelar algo que, surpreendentemente, não foi percebido pela doutrina brasileira. Os resultados deste opúsculo apresentam-se como verdadeira *novidade*, nova proposta científica de compreensão de um instituto fartamente examinado pela doutrina. Trata-se de sincera homenagem aos autores que contribuíram para o desenvolvimento desse tema. O tributo, porém, não está na reprodução acrítica das idéias consagradas e, assim, na estagnação dessas idéias, mas na tentativa de contribuir para o aprimoramento científico de tema que foi tão caro aos doutos.

2. Com pena de ouro, o notável Sérgio Ferraz há muito apregoou: "O mandado de segurança tem de ser entendido como uma arma do liberalismo, como uma via basilar das armas do cidadão" ("Aspectos processuais do mandado de segurança", in Celso Antônio Bandeira de Mello (org.), *Curso de Mandado de Segurança*, São Paulo, Ed. RT, 1986, p. 128).

### *17.2 Origem*

Os tratadistas do Código de Napoleão ergueram o sistema jurídico sobre o dogma de que todos os conflitos se reduzem a um problema patrimonial, todos os bens são equivalentes, e, assim, podem ser convertidos em pecúnia. Reflexo disso é o art. 1.142 do CC francês, segundo o qual toda obrigação de fazer ou não fazer se resolve em perdas e danos no caso de inadimplemento do devedor. Como todo bem jurídico era conversível em pecúnia, a lide reduzia-se sempre à cobrança de uma *indenização* – vale dizer: toda ilicitude se convertia num problema de danos patrimoniais, cuja solução se dava pelo ressarcimento pecuniário.

Não tardou para que se percebesse a insuficiência desse modelo. Condicionar a tutela jurisdicional à caracterização de um dano e, pior, limitar essa tutela à condenação ao pagamento de uma indenização pecuniária fazem com que os condicionamentos impostos pelo direito administrativo tenham pouco valor. Ao descumprimento do sistema normativo restava ao administrado uma inglória posternação. Por isso, os publicistas logo propugnaram por medidas judiciais contra o mero ilícito. Com efeito: para os atos do Estado, desde cedo, os juristas clamaram por uma *tutela contra o ilícito*, discrepante da regra em vigor no sistema, de restrição à *tutela contra o dano*. Perceberam os publicistas que o Estado de Direito só seria *real* se o administrado pudesse obter a tutela jurisdicional em face da prática do ilícito pelos agentes públicos, independentemente da ocorrência – ou, mesmo, da real possibilidade de ocorrência – do dano. Pretendeu-se garantir aos administrados não o pagamento de uma indenização, mas o efetivo cumprimento das normas jurídicas pelo Estado.

Logo no início do período republicano, em 20.11.1894, foi promulgada a Lei 221, que, no art. 13, previu a chamada *ação sumária especial*. O objeto dessa ação era a lesão a direitos individuais por atos das autoridades administrativas da União; ela permitia a *suspensão liminar* do ato impugnado e visava não à obtenção de uma indenização, mas à invalidação do ato ilícito. Tratava-se de avançada tutela contra o ilícito, diploma normativo inegavelmente à frente do Direito da época – anacronismo, esse, que muito provavelmente foi a causa de sua ineficácia. Todos concordam que a ação sumária especial da Lei 221 não alcançou seu intuito.[3]

3. Foi o que bem ficou registrado no brilhante parecer do deputado Alcântara Machado transcrito por Castro Nunes, *Do Mandado de Segurança*, 7ª ed., Rio de

Diante do insucesso da Lei 221, restava o problema: garantir tutela contra o ilícito praticado pelos agentes públicos. Dentre os juristas brasileiros que lutaram pela instituição dessa tutela destaca-se o inolvidável Rui Barbosa. Inicialmente o jurista baiano ardorosamente propugnou pela utilização dos *interditos possessórios* para proteção dos direitos violados pelos agentes estatais.[4] Nascia uma forte tendência: vários doutrinadores, parlamentares e juízes passaram a defender a ampla utilização dos interditos como garantia dos direitos.[5]

Por outro lado, pelo § 22 do art. 72 da Constituição de 1891 dar-se-ia *habeas corpus* "sempre que o indivíduo sofrer ou se achar em iminente perigo de sofrer violência, ou coação, por ilegalidade ou abuso de poder". A semelhança com a redação do inciso LXIX do art. 5º da CF de 1988 não é contingente: a origem do *mandado de segurança*, a definição de seus traços elementares, está no referido § 22. Como o texto constitucional de 1891, ao fixar o objeto do *habeas corpus*, não se referia

Janeiro, Forense, 1967, pp. 18-22. Do mesmo modo, para Themístocles Brandão Cavalcanti os resultados dessa ação "foram deficientes, se não nulos" (*Do Mandado de Segurança*, 4ª ed., Rio de Janeiro, Freitas Bastos, 1957, p. 51). Cumpre anotar que ambas as obras, a de Themístocles Brandão Cavalcanti e a de Castro Nunes, são verdadeiros clássicos do tema: a 1ª edição foi publicada, respectivamente, em 1934 e 1937, pouco tempo após a positivação constitucional do *mandado de segurança*. José de Castro Nunes, magistrado de carreira, foi nomeado Ministro do STF em 1940; Themístocles Brandão Cavalcanti seguiu a carreira de Procurador da República e foi nomeado Ministro do STF em 1967.

Dada essa notícia histórica, é mister observar que o insucesso da Lei 221/1894 marca a eterna luta entre os detentores do poder e os respectivos destinatários. Criam-se institutos para garantir o respeito às restrições impostas ao exercício do poder; esses institutos são enfraquecidos e, após, restabelecidos; encontram-se exceções, afastam-se as exceções encontradas; eles são reduzidos a letra morta e, posteriormente, renascem das cinzas. Essa luta é eterna. Interessante notar que ela se revela com a mesma clareza na história do *mandado de injunção*, instituído pelo inciso LXXI do art. 5º da CF de 1988.

4. Em 15.7.1896 o Ministro da Justiça suspendeu ilegalmente os lentes da Escola Politécnica. Rui Barbosa, advogado dos lentes, defendeu que a suspensão ilegal importava *turbação na posse do direito* e que os *interditos possessórios* seriam instrumentos judiciários de tutela do direito. É o que informa Alfredo Buzaid (*Do Mandado de Segurança*, São Paulo, Saraiva, 1989, § 13, p. 27). A defesa de Rui Barbosa tornou-se um verdadeiro clássico: *Posse dos Direitos Pessoais*, São Paulo, Saraiva, 1986, pp. 1-60 – *Clássicos do Direito Brasileiro*, vol. 6.

5. Themóstocles Brandão Cavalcanti, *Do Mandado de Segurança*, cit., 4ª ed., pp. 76-81.

expressamente à liberdade de locomoção, à turbação do direito de ir, vir e ficar, muitos passaram a defender que, diante da prática de qualquer ilícito pelo Estado – ou seja, diante de toda ilegalidade ou abuso de poder praticado pelos agentes públicos –, era possível a impetração de *habeas corpus*. Essa doutrina ficou conhecida como *doutrina brasileira do* ***habeas corpus***, e marcou a segunda tendência sobre o modo de enfrentar os desmandos estatais.

Surgiram, então, duas correntes: uma de orientação civilista, pela qual a tutela jurisdicional contra o ilícito estatal dava-se pelos *interditos possessórios*; outra de orientação publicista, pela qual essa tutela dava-se pelo *habeas corpus*. A segunda corrente tornou-se acentuadamente mais forte do que a primeira, sendo acolhida pelo STF (citam-se, como exemplos: HC 2.794, de 11.12.1909; HC 2.797, de 15.12.1909; HC 2.990, de 25.11.1911). Curiosamente, a segunda posição foi calorosamente defendida por Rui Barbosa,[6] justamente quem, inicialmente, havia sido o mentor da primeira.

No Congresso Jurídico de 1922 iniciou-se um movimento para superar as duas tendências – sobretudo a segunda, que era dominante –, pela criação de um *meio novo* para o amparo dos direitos individuais. Proposta que foi relatada pelo Ministro do STF Edmundo Muniz Barreto.[7] Apontou-se, inicialmente, a necessidade de uma tutela jurisdicional rápida e eficaz contra a ameaça ou violação do direito, de modo a garantir não uma indenização, mas o efetivo gozo do direito. Observou-se que o *habeas corpus* historicamente tem por objeto a proteção da liberdade pessoal. Por isso, clamou-se por um instituto semelhante ao *recurso de*

6. Argumentou o emérito Rui Barbosa: se o constituinte quisesse manter o *habeas corpus* com a feição que ele possuía no Império, teria procedido em relação ao *habeas corpus* como procedeu, no § 31 do art. 72, relativamente à instituição do Júri. Reza esse preceito: "É mantida a instituição do Júri". Diria, então, o constituinte: "É mantido o *habeas corpus*". Mas não foi desse modo que o constituinte procedeu: definiu o instituto sem aludir à liberdade física. Sobre essa posição de Rui Barbosa e uma exaustiva crítica, v.: Francisco Cavalcanti Pontes de Miranda, *História e Prática do* ***Habeas Corpus***, t. I, Campinas, Bookseller, 2001, § 58, pp. 227 e ss. Apesar do esforço de Pontes de Miranda em demonstrar o contrário, a argumentação de Rui é deveras convincente.

7. O relatório é integralmente transcrito tanto por Themístocles Brandão Cavalcanti (*Do Mandado de Segurança*, cit., 4ª ed., pp. 59-62) como por Castro Nunes (*Do Mandado de Segurança*, cit., 7ª ed., pp. 16-17).

*amparo* do Direito Mexicano.[8] Eis a conclusão do relatório: "O incremento da vida judiciária e a necessidade de solução rápida de certas situações de anormalidade, apreciáveis de plano pelos tribunais e incabíveis no remédio do *habeas corpus*, exigem a criação de um instituto processual capaz de reintegrar o direito violado".

A proposta ganhou força em decorrência da reforma constitucional de 3.9.1926. Pela nova redação dada ao referido § 22 do art. 72, dar-se-ia *habeas corpus* "sempre que alguém sofrer ou se achar no iminente perigo de sofrer violência por meio de prisão ou constrangimento ilegal em sua liberdade de locomoção". A *reforma constitucional* importou o sepultamento da *doutrina brasileira do* ***habeas corpus***. Considerando-se que a orientação civilista de extensão do objeto dos interditos possessórios estava praticamente superada, a modificação do texto constitucional importou verdadeira *lacuna de tutela jurisdicional*, um sério enfraquecimento do Estado de Direito: diante da violação dos direitos pelo Estado restava apenas a busca da indenização. A positivação da proposta formulada no Congresso de 1922 tornou-se, então, necessária.

Deu-se com a promulgação da Constituição de 1934: garantiu-se, no art. 113, 33, o *mandado de segurança*. Pelo texto, dar-se-ia o *writ* para a defesa de direito, *certo e incontestável*, ameaçado ou violado por ato *manifestamente* inconstitucional ou ilegal de qualquer autoridade. Em relação a esse dispositivo, afirmou Castro Nunes: "O preceito entrou em vigor com a própria Constituição, ainda que sem lei que o disciplinasse, *ex proprio vigore*, pelo princípio da auto-executoriedade (*self enforcing*) que acompanha as declarações de direitos".[9] Plenamente correta a lição do nobre Magistrado, pois rezava o segundo período do dispositivo constitucional: "O processo será o mesmo do *habeas corpus*, devendo ser sempre ouvida a pessoa de direito público interessada". A edição de uma lei infraconstitucional era absolutamente desnecessária e, diante da redação do dispositivo, constitucionalmente discutível: o rito era o do *habeas corpus*. Todavia, o legislador logo estabeleceu – na

8. Há, pois, ligação entre o *amparo* mexicano e o *mandado de segurança* brasileiro. Sobre o amparo, consultem-se: Themístocles Brandão Cavalcanti, *Do Mandado de Segurança*, cit., 4ª ed., pp. 33-40; Alfredo Buzaid, *Do Mandado de Segurança*, cit., pp. 47-64; Celso Agrícola Barbi, *Do Mandado de Segurança*, 10ª ed., Rio de Janeiro, Forense, 2000, pp. 15-18.

9. Castro Nunes, *Do Mandado de Segurança*, cit., 7ª ed., p. 22.

Lei 191, de 16.1.1936 – um *rito especial* para essa *ação constitucional*,[10] instituiu um prazo decadencial de 120 dias (art. 3º) e vedou a concessão da segurança em quatro hipóteses (art. 4º).

## *17.3 História constitucional*

A Constituição de 1934 teve vida curta; logo sobreveio a Carta Constitucional de 10.11.1937, própria de um período ditatorial. Nela não constou referência ao mandado de segurança: houve, num claro retrocesso, a *supressão* da *garantia constitucional*. A Lei 191/1936, incompatível com o texto constitucional anterior, foi recepcionada pela nova Constituição.[11] Os obstáculos às restrições legislativas simplesmente desapareceram. O mandado de segurança passou a ser simples ação de rito especial prevista na legislação infraconstitucional.

Posteriormente, a Lei 191 foi revogada pelo Código de Processo Civil de 1939 (Decreto-lei 1.608), que tratou da ação nos arts. 319 a 331. O novo diploma trouxe poucas novidades: manteve o prazo decadencial dantes instituído (art. 331); manteve, com pontuais alterações, o rol das restrições à concessão da segurança (art. 320). Dentre as modificações, uma merece destaque: pela Lei 191 não era possível a impetração em face de questão puramente política (art. 4º, III); essa restrição não constou do Código de Processo. Assim: pela lei de 1936 o *mandamus* era negado para as questões políticas; pelo decreto-lei de 1939, era admitido.

10. Decorreu do Projeto elaborado pelo senador Alcântara Machado, que na opinião de Themístocles Brandão Cavalcanti (*Do Mandado de Segurança*, cit., 4ª ed., p. 101) era "superior a tudo quanto posteriormente foi feito sobre o assunto". Percebe-se o *claro jogo de poder* dantes mencionado: diante da positivação constitucional, seguiu-se a limitação legislativa.

11. Pela *teoria da recepção*, as normas infraconstitucionais anteriores à promulgação da atual Constituição consideram-se recepcionadas por esta desde que com ela *materialmente* compatíveis; há uma espécie de recriação do Direito pretérito; o conteúdo das normas anteriores é mantido, mas elas recebem novo fundamento de validade. Para que a recepção ocorra é irrelevante eventual incompatibilidade da norma com as Constituições pretéritas: as normas recepcionadas são tomadas como dados; não se admite o exame de adequação com as Constituições pretéritas, basta a compatibilidade material com a Constituição vigente. Por todos: Jorge Miranda, *Manual de Direito Constitucional*, 4ª ed., t. II ("Constituição"), Coimbra, Coimbra Editora, 2000, § 69, p. 283.

A reconstitucionalização ocorreu com o texto subseqüente, de 18.9.1946. Pelo § 24 do art. 141 da nova Constituição, conceder-se-ia mandado de segurança para proteger *direito líquido e certo* não amparado por *habeas corpus*, fosse qual fosse a autoridade responsável pela ilegalidade ou abuso de poder. Interessante a comparação com o texto de 1934: suprimiu-se a referência ao rito do *habeas corpus*, tornando-se possível a *recepção* do rito especial estabelecido no Código de Processo de 1939. Porém, apesar da crítica de Themístocles Brandão Cavalcanti,[12] houve avanço: substituiu-se a expressão "direito certo e incontestável" por "direito líquido e certo" e suprimiu-se o qualificativo "manifestamente", dantes imputado à ilegalidade ou inconstitucionalidade praticadas. O texto anterior fundamentou o entendimento de que a impetração só era possível em face de *questões simples*, que não ofereciam complexidade. Diante da nova redação, após muita discussão na doutrina e na jurisprudência, essa posição foi sepultada: a impetração exige tão-somente a *demonstração documental dos fatos*. Sempre que os *fatos* relativos à *antijuridicidade da conduta* imputada ao Estado são provados documentalmente, sendo dispensado qualquer outro meio de prova, há *direito líquido e certo*.[13]

12. Themístocles Brandão Cavalcanti, *Do Mandado de Segurança*, cit., 4ª ed., p. 131.

13. Sobre o conceito de *direito líquido e certo*, v.: Sérgio Ferraz, *Mandado de Segurança*, São Paulo, Malheiros Editores, 2006, pp. 25-37; Lúcia Valle Figueiredo, *Mandado de Segurança*, 6ª ed., São Paulo, Malheiros Editores, 2009, pp. 20-22; Celso Agrícola Barbi, *Do Mandado de Segurança*, cit., 10ª ed., p. 53, Hely Lopes Meirelles, Arnoldo Wald e Gilmar Ferreira Mendes, *Mandado de Segurança e Ações Constitucionais*, 35ª ed., São Paulo, Malheiros Editores, 2013, pp. 37-39. V., em especial: Carlos Mário da Silva Velloso, "Conceito de direito líquido e certo", in Celso Antônio Bandeira de Mello (org.), *Curso de Mandado de Segurança*, São Paulo, Ed. RT, 1986, pp. 69-100.

Nos debates que se seguiram à palestra do Min. Velloso, o benemérito professor Celso Antônio Bandeira de Mello apresentou conceito irretocável de *direito líquido e certo*: "Aquele que incide sobre fatos evidenciáveis como induvidosos, independentemente de contraditório para o estabelecimento de sua certeza" (Celso Antônio Bandeira de Mello (org.), *Curso de Mandado de Segurança*, cit., pp. 92-93). Libertou o conceito da palavra "incontroverso": o direito, pouco importa, pode ser controvertido pela Administração. O ínclito Sérgio Ferraz também apresenta conceito digno de nota: "Diremos que líquido será o direito que se apresenta com alto grau, em tese, de plausibilidade e admissibilidade de seu reconhecimento; e *certo* aquele que se oferece configurado preferencialmente de plano, documentalmente, sem recurso a dilações probatórias" (*Mandado de Segurança*, cit., p. 34).

Os arts. 319 a 331 do CPC de 1939 foram revogados pela Lei 1.533, de 31.12.1951 (que permaneceu vigente até 7.8.2009, data da publicação da Lei 12.016). Esse diploma não empreendeu alterações substanciais: manteve o rol de restrições (art. 5º), manteve o prazo decadencial de 120 dias (art. 18). Tecnicamente, as regras similares que constavam do Código de 1939 (arts. 320 e 331) não haviam sido *recepcionadas* pela Constituição de 1946 – vale dizer: houve, em rigor, *revogação*. Em relação à Lei 1.533 o fenômeno é outro: havia *inconstitucionalidade*. Esta, contudo, não foi reconhecida.

A *garantia constitucional* foi mantida nas Constituições subseqüentes: constou do § 21 do art. 150 da Constituição de 24.1.1967, do § 21 do art. 153 da EC 1 (na verdade, nova Constituição) de 17.10.1969. Ambos os dispositivos reproduziram, *ipsis verbis*, a redação da Constituição de 1946. Modificações ocorreram na Constituição vigente, de 5.10.1988: no inciso LXIX do art. 5º tornou-se expresso que a autoria da ilegalidade ou abuso do poder abrange os agentes de pessoa jurídica no exercício de atribuição do Poder Público;[14] no inciso LXX instituiu-se o *mandado de segurança coletivo*.

14. Sobre a *autoridade coatora* do mandado de segurança, v.: Adilson Abreu Dallari, "A autoridade coatora", in Celso Antônio Bandeira de Mello (org.), *Curso de Mandado de Segurança*, São Paulo, Ed. RT, 1986, pp. 38-68. O conceito identifica-se com o de *agente público*, na insuperável classificação de Celso Antônio Bandeira de Mello (*Curso de Direito Administrativo*, cit., 31ª ed., Capítulo V-4 a 10, pp. 251-258), incluída a categoria dos *particulares colaboradores da Administração*. Como bem observa Adilson Abreu Dallari, está clara no texto constitucional essa "universalidade conferida à autoridade coatora" ("A autoridade coatora", cit., in Celso Antônio Bandeira de Mello (org.), *Curso de Mandado de Segurança*, p. 39). Para os vários desdobramentos do conceito e um denso estudo jurisprudencial, v.: Sérgio Ferraz, *Mandado de Segurança*, cit., pp. 98-119; Lúcia Valle Figueiredo, *Mandado de Segurança*, cit., 6ª ed., pp. 57-87. Afirma a ilustre professora: "O conceito de agente público viu-se, então, ampliado em *nível constitucional*, como assinalado, porque doutrinariamente já era bastante amplo. (...)" (idem, p. 54). A modificação da redação constitucional, contudo, foi infeliz: a expressão "seja qual for a autoridade responsável", constante das Constituições de 1946, 1967 e 1969, reporta-se ao gênero, e, por isso, era preferível à especificação de uma das espécies, ocorrida no texto de 1988. Sem embargo, não se pode negar que a especificação facilita a compreensão do gênero.

O § 3º do art. 6º da Lei 12.016/2009 conceitua *autoridade coatora*: "Considera-se autoridade coatora aquela que tenha praticado o ato impugnado ou da qual emane a ordem para a sua prática". Sérgio Ferraz apresenta alguns *critérios* para identificação da autoridade coatora: (a) *não é* autoridade coatora aquele que *recomenda* a abstenção ou atuação; (b) *não é* autoridade coatora aquele que *não* tenha

Em 7.8.2009 foi publicada nova Lei do Mandado de Segurança, a Lei 12.016, que revogou a Lei 1.533/1951. O novo texto trouxe poucas novidades: em geral, repetiu o texto anterior e positivou as posições pacificadas na jurisprudência. Sua edição decorre da hodierna redução do Direito a mero *bem de consumo*: precisam ser constantemente produzidas novas leis, ainda que desnecessárias, para manter o consumo jurídico, ou seja, a produção e o comércio dos livros e a realização de cursos.[15] A Lei 12.016/2009 manteve boa parte do rol de restrições à impetração (art. 1º, § 1º, e art. 5º), bem como o prazo decadencial de 120 dias (art. 23). Observa-se que o diploma não vedou a impetração contra atos judiciais que possam ser modificados por via de correção nem contra atos disciplinares, ao contrário do que faziam, respectivamente, os incisos II e III do art. 5º da Lei 1.533/1951, mas vedou a impetração contra atos de "gestão comercial" praticados pelos administradores de empresas estatais (art. 1º, § 2º).

Outrora ninguém apontava a inconstitucionalidade das restrições legais. Hoje, apostilas desse teor podem ser colhidas aos racimos. O *constitucionalismo* fortaleceu-se intensamente nas últimas décadas; mais e mais forma-se uma *consciência constitucional*.[16] Por isso, não surpreende muitos doutrinadores enxergarem inconstitucionalidades

nenhum poder de decisão sobre a matéria objeto do *writ*; (c) *não é* autoridade coatora aquele que expede *normas abstratas* que dependam de normas concretas para gerar efeitos; (d) *é* autoridade coatora aquele que pode desfazer ou corrigir o ato; (e) *é* autoridade coatora aquele que pratica o ato e tem competência para corrigi-lo; (f) *é* autoridade coatora aquela que tem competência para praticar o ato ordenado pelo Judiciário (*Mandado de Segurança*, cit., pp. 99-103).

15. A hodierna redução do Direito a um bem de consumo é afirmada por Tércio Sampaio Ferraz Jr. (*Introdução ao Estudo do Direito: Técnica, Decisão Dominação*, 5ª ed., São Paulo, Atlas, 2007, pp. 26-29). Para uma crítica a essa redução, v. nosso *Um Diálogo sobre a Justiça: a Justiça Arquetípica e a Justiça Deôntica*, em co-autoria com Luís Manuel Fonseca Pires, Belo Horizonte, Fórum, 2012, Capítulo IV, pp. 233-234.

16. V. o magistral trabalho de Pablo Lucas Verdú, *O Sentimento Constitucional*, trad. de Agassiz Almeida Filho, Rio de Janeiro, Forense, 2004. Afirma o renomado constitucionalista: "A princípio, o sentimento constitucional consiste na adesão interna às normas e instituições fundamentais de um País, experimentada com intensidade mais ou menos consciente porque se estima (sem que seja necessário um conhecimento exato de suas peculiaridades e funcionamento) que são boas e convincentes para a integração, manutenção e desenvolvimento de uma justa convivência" (p. 75). Fortalece-se no Estado Brasileiro, dia-a-dia, o *sentimento constitucional*.

que não eram vistas no passado.[17] Surpreende, sim, que ninguém tenha notado algo fundamental para a compreensão do tema: a discussão sobre as inconstitucionalidades da Lei 1.533 estava superada em decorrência de sua *revogação*. Deveras: a Constituição Federal de 1988 não havia recepcionado a Lei 1.533/1951: diante da incompatibilidade material com a nova Constituição o texto, em rigor, fora revogado. Com a edição da Lei 12.016/2009, do ponto de vista científico, volta à baila o tema da inconstitucionalidade; porém, ao contrário do que prevalece, a inconstitucionalidade não é *pontual*, mas *global*. A explicação desta assertiva – proposta central deste estudo – exige algumas considerações sobre a *natureza* do *mandamus*.

## *17.4 Núcleo essencial*

O que significa a expressão constitucional "conceder-se-á mandado de segurança"? Até poucas décadas os juristas padeciam de um exagerado apego à lei, sofriam do *mal do legalismo*. O Direito era a *lei*, ou seja, era o conjunto de veículos introdutores de normas abstratas editadas pelo Poder Legislativo. Essa identificação do Direito com a lei foi

17. Sobre a inconstitucionalidade do prazo de 120 dias, v.: Geraldo Ataliba, "Decadência e mandado de segurança: inconstitucionalidade do preceito do art. 18 da Lei 1.533/1951", *RTDP* 1/147-152, São Paulo, Malheiros Editores, 1993; Carlos Mário da Silva Velloso, "Conceito de direito líquido e certo", cit., in Celso Antônio Bandeira de Mello (org.), *Curso de Mandado de Segurança*, pp. 85-88; Sérgio Ferraz, *Mandado de Segurança*, cit., pp. 222-227.

O STF, contudo, considera-o constitucional, conforme a Súmula 632: "É constitucional lei que fixa o prazo de decadência para a impetração de mandado de segurança". Sobre ela, afirma Sérgio Ferraz: "E não nos impressiona a recente edição da Súmula 632 do STF. As objeções levantadas ao opinamento que esposamos são, *venia concessa*, de flagrante fragilidade" (*Mandado de Segurança*, cit., p. 225). Tudo o que a doutrina afirmou sobre o art. 18 da Lei 1.533/1951 estende-se, por óbvio, ao art. 23 da Lei 12.016/2009.

Sobre a inconstitucionalidade do art. 5º da Lei 1.533/1951, v., por todos: Sérgio Ferraz, *Mandado de Segurança*, cit., pp. 159-166. Em relação ao tema, afirmou Celso Antônio Bandeira de Mello: "Não sinto qualquer constrangimento em dizer que considero este art. 5º inconstitucional, porque ele estabelece um cerceio, uma contenção, que não está estabelecida em dispositivo constitucional" ("O ato coator", in Celso Antônio Bandeira de Mello (org.), *Curso de Mandado de Segurança*, São Paulo, Ed. RT, 1986, p. 16). As críticas da doutrina ao art. 5º da Lei 1.533/1951 estendem-se em boa parte ao art. 5º da Lei 12.016/2009.

superada pelo constitucionalismo contemporâneo: o Direito não se restringe à *lei*, abrange *valores* expressa ou implicitamente presentes no texto constitucional.[18] Pensar o Direito numa perspectiva mais ampla que a adotada pelo legalismo não é tarefa fácil; exige enfrentar tendências profundamente enraizadas. Daí a importância deste ponto de partida: *conceder mandado de segurança* não é julgar procedente a ação prevista numa lei infraconstitucional. Tomar a expressão "conceder mandado de segurança" como "julgar procedente a ação legalmente prevista com esse nome" é padecer do mal do *legalismo*, é entender o texto constitucional a partir do texto legislativo.

A compreensão do tema deve ser buscada no próprio texto constitucional; e o ponto de partida é o signo "mandado". Na doutrina brasileira foi Pontes de Miranda quem, em seu célebre *Tratado das Ações*, aclarou o significado técnico dessa palavra: na *ação mandamental* pretende-se que o juiz *mande* praticar o ato, visa-se à expedição de um *mandado*, de uma *ordem*, de um *mandamento*. Distingue-se da ação *declarativa*, em que se pretende tornar clara (*de-clare*) uma relação jurídica, iluminar o mundo jurídico, para descobrir se existe ou inexiste uma relação jurídica. Distingue-se da ação *constitutiva*, em que se pretende a *constituição* ou a *extinção* de uma relação jurídica. Distingue-se da ação *condenatória*, em que se supõe que aqueles a quem ela se dirige tenham agido contra o Direito, causado dano, e mereçam, por isso, ser condenados (*com-damnare*). Reconhecem-se no mundo jurídico a danação e o dever de alguém reparar o dano – enfim, condena-se. Distingue-se da *ação executiva*, em que se passa para a esfera jurídica de alguém o que nela devia constar, vai-se onde está o bem, ele é retirado de lá e transferido para a esfera jurídica do autor (*ex-sequor*, *ex-secutio*).[19]

18. Vem a lume a advertência de Chaïm Perelman: "A prática do Direito, seja ela qual for, exige que se levem em consideração interações entre o texto escrito e as reações resultantes de sua aplicação em dado meio. Desprezando essa interação, não se compreende nada da vida do Direito, ou seja, da maneira pela qual sua interpretação evolui sob o efeito das mais variadas técnicas jurídicas" (*Ética e Direito*, trad. de Maria Ermantina Galvão, São Paulo, Martins Fontes, 2002, § 33, p. 453). Nessa senda, afirma Friedrich Müller que os textos normativos consistem apenas na "ponta do *iceberg*" (*Métodos de Trabalho do Direito Constitucional*, 2ª ed., trad. de Peter Naumann, São Paulo, Max Limonad, 2000, p. 53).

19. Francisco Cavalcanti Pontes de Miranda, *Tratado das Ações*, t. 1, Campinas, Bookseller, 1998, § 25, pp. 132-135. Em sentido contrário manifestou-se Alfredo Bu-

Enfim, a tutela mandamental "tem por fito preponderante que alguma pessoa atenda, imediatamente, ao que o juízo manda".[20] Etimologicamente, refere-se à mão, à *manus*: "Com a mão, aponta-se, mas o mandamento refere-se ao movimento da mão e à premência de obedecer".[21] Fixa-se o ponto de partida: "conceder-se-á mandado de segurança" significa mandar alguém fazer alguma coisa.[22]

zaid (*Do Mandado de Segurança*, cit., § 36, pp. 72-73). Para o Ministro, o mandado é uma conseqüência da ação, um efeito da decisão; por isso, para ele, a *mandalidade* não é um objetivo autônomo apto a criar uma nova categoria de ação, ao lado da declaratória, constitutiva e condenatória (idem, ibidem). O que distingue, para Buzaid, a ação do mandado de segurança das demais é a índole do direito que pretende tutelar. Sob esse prisma, os direitos subjetivos dividem-se em três grupos: (a) direitos que devem ser afirmados e provados judicialmente, sob pena de ser rejeitado o pedido formulado pelo autor; (b) direitos reconhecidos em documentos que exprimem não só a certeza da obrigação, como a liquidez do seu valor; (c) direitos líquidos e certos, que por sua clareza e evidência, não comportam discussão judicial a seu respeito. Para cada tipo de direito há uma ação: ordinária, de execução, mandado de segurança, respectivamente (idem, § 37, pp. 74-75). Ainda segundo o autor, no mandado de segurança podem ser formulados pedidos declaratório, constitutivo e condenatório; e, assim, o mandado pode configurar uma ação declaratória, constitutiva ou condenatória (idem, § 37, p. 76).

A proposta de Buzaid, muito bem formulada, configura grave equívoco: o mandamento é o efeito da ação mandamental; como a condenação é o efeito da ação condenatória, a constituição é o efeito da ação constitutiva, e assim por diante. A teoria de Buzaid não explica o porquê das Súmulas 269 e 271 do STF. Reza a primeira: "O mandado de segurança não é substitutivo de ação de cobrança". E a segunda: "Concessão de mandado de segurança não produz efeitos patrimoniais em relação a período pretérito, os quais devem ser reclamados administrativamente ou pela via judicial própria". Dessarte, ao contrário do que supôs Buzaid, não é possível formular pedido condenatório no *mandamus*; pode-se, tão-somente, pedir a expedição de um mandamento, não a expedição de um título executivo. A proposta de Pontes de Miranda é supinamente mais avançada.

20. Francisco Cavalcanti Pontes de Miranda, *Tratado das Ações*, t. VI, Campinas, Bookseller, 1999, § 1, p. 23.

21. Idem, ibidem.

22. Muito esclarecedora é a doutrina de Ovídio A. Baptista da Silva: "A ação mandamental tem por fim obter, como eficácia preponderante da respectiva sentença de procedência, que o juiz emita uma ordem a ser observada pelo demandado, em vez de limitar-se a condená-lo a fazer ou não fazer alguma coisa. É da essência, portanto, da ação mandamental que a sentença que lhe reconheça a procedência contenha uma ordem para que se expeça um mandado" (*Curso de Processo Civil*, 5ª ed., vol. 2, São Paulo, Ed. RT, 2002, p. 336). E, pouco adiante: "A distinção entre sentenças executivas e mandamentais é fundamental: a execução é ato privativo da parte, que o juiz, através do correspondente processo – se a demanda fora condenatória – ou desde logo por simples decreto – se a ação desde o início era executiva –, realiza em substituição

O sentido é completado pela expressão "para proteger direito". Celso Antônio Bandeira de Mello há muito percebeu que as criações humanas são definidas pela causa final, ou seja, é a finalidade que configura sua essência.[23] E, coerentemente, com o costumeiro brilhantismo, o notável professor foi buscar na finalidade a essência do mandado de segurança: ele é um instrumento de *proteção do direito*, não de *restauração* do direito.[24] Por certo: o *mandamus* busca evitar a prática de um ilícito, sua continuação ou sua repetição e eliminar ou remover a situação de ilicitude. Pretende evitar que o ilícito seja praticado; se o ilícito foi praticado e exauriu seus efeitos, pretende impedir que seja novamente praticado; se o ilícito foi praticado e não exauriu seus efeitos, pretende impedir que continue produzindo efeitos (*mandado de segurança preventivo*); ademais, se o ilícito foi praticado, pretende removê-lo, vale dizer, fazer com que sejam tomadas as providências necessárias para afastar ou desfigurar a situação de ilicitude (*mandado de segurança repressivo*). Não pretende reparar o dano.

Com esses esclarecimentos tem-se o sentido completo da expressão "conceder-se-á mandado de segurança". Significa: a autoridade jurisdicional expedirá uma ordem à autoridade competente (chamada de autoridade coatora) para que ela não pratique a ilicitude; e, se esta já foi praticada, para que ela adote as medidas necessárias à remoção da ilicitude.[25] Insiste-se: o mandado não se destina a reparar o dano.

à parte que deveria tê-lo realizado. Na sentença mandamental, o juiz realiza o que somente ele, como representante do Estado, em virtude de sua estatalidade, pode realizar" (idem, p. 337).

23. Um relógio, por exemplo, só é um relógio se marca as horas; sua causa final – ou seja, marcar as horas – é a essência do relógio, é o que o torna relógio e o difere dos outros objetos. Após enunciar esse exemplo, conclui Celso Antônio Bandeira de Mello que "é a finalidade e só a finalidade o que dá significação às realizações humanas" (*Discricionariedade e Controle Jurisdicional*, 2ª ed., 11ª tir., São Paulo, Malheiros Editores, 2012, pp. 46-47).

24. "É claro que, se se adota este vetor interpretativo, de que a função do mandado de segurança é, sobretudo, a de proteger o direito, defender o direito, abrigar o direito, certamente a sua função principal residirá em deter o comportamento agressivo ao direito, e não apenas na função de proporcionar, a alguém lesado, a possibilidade de obter a restauração de um direito que já foi ferido" (Celso Antônio Bandeira de Mello, "O ato coator", cit., in Celso Antônio Bandeira de Mello (org.), *Curso de Mandado de Segurança*, p. 9).

25. Oportuna, mais uma vez, a lição de Celso Antônio Bandeira de Mello: o mandado de segurança não se volta apenas contra *atos jurídicos*, volta-se também

### *17.5 Novos rumos do direito processual*

Até bem pouco tempo – mais precisamente, até o início da década de 1990 – a tutela contra o ilícito era excepcional, a regra era a tutela contra o dano. Na verdade, pela regra geral, o ilícito identificava-se integralmente com o dano: na maioria dos casos só havia tutela jurídica contra a ocorrência do dano, as pessoas só tinham interesse jurídico para ingressar em juízo quando sofriam dano ou quando houvesse concreta ameaça de sofrê-lo. Como todo bem jurídico era conversível em pecúnia, a lide reduzia-se sempre à cobrança de uma *indenização* – vale dizer: toda ilicitude se convertia num problema de danos patrimoniais, cuja solução se dava pelo ressarcimento pecuniário.

O mandado de segurança consistia numa *exceção do sistema*: se houvesse *direito líquido e certo* – direito com base fática demonstrável de plano, sem necessidade de dilação probatória – e a ilicitude fosse praticada por *agente público*, o sistema garantia a tutela jurisdicional contra o lícito em si, independentemente da ocorrência do dano. E se não houvesse direito líquido e certo? E se a ilicitude não fosse praticada por agente público? Ressalvada alguma previsão legal específica, incidia a regra geral: somente haveria a tutela jurisdicional contra a ocorrência do dano, garantia-se tão-somente o pagamento de *pecúnia*, de indenização em face da ocorrência do dano.

O *direito processual brasileiro* modificou-se muito nas duas últimas décadas. A mudança foi tão grande, que caracterizou verdadeira *revolução conceitual*. Diante dela, grande parte dos juristas tem, ainda hoje, dificuldade em assimilar a novidade. Na doutrina brasileira, coube ao processualista Luiz Guilherme Marinoni denunciar a distorção do sistema antigo e efetuar, a partir dessa denúncia, a reconstrução do direito processual civil. Sua doutrina libertou o direito processual dos

contra *fatos jurídicos* ("O ato coator", cit., in Celso Antônio Bandeira de Mello (org.), *Curso de Mandado de Segurança*, pp. 10-11). Pode voltar-se contra *omissão administrativa*, *condutas criminosas*, *execução material* de atos administrativos, *atos administrativos inexistentes* – contra, enfim, *fatos administrativos*. A impetração não depende da configuração de um *ato administrativo* – no caso, de um ato *inválido*. Feita esta advertência, registra-se: em relação aos *atos administrativos* o intuito do *mandamus* é evitar que um ato inválido seja editado, novamente editado ou executado e obter a correção do ato inválido; em relação aos *fatos administrativos* o intuito é evitar a contrariedade ao Direito e corrigi-la. Não pretende obter a reparação dos danos causados pela execução do ato inválido.

dogmas do Direito Romano-Napoleônico, acentuadamente privatista e exclusivamente patrimonialista.[26] Pode-se afirmar que o *direito positivo* brasileiro incorporou a doutrina de Marinoni: afastou a idéia de que todos os bens são equivalentes e devem ser convertidos em pecúnia, chamada por Marinoni de "princípio da abstração das pessoas e dos bens";[27] e aboliu a exclusividade da tutela pelo equivalente em dinheiro, que, além de deixar de ser exclusiva, passou a ser secundária. Primeiro houve a desvinculação entre o ilícito e o dano e a *generalização das tutelas contra o ilícito*, além das tradicionais *tutelas contra o dano*; segundo, o sistema jurídico passou a dar primazia à tutela específica em relação à tutela pelo equivalente em pecúnia.

O marco desse avanço ocorreu com a vigência da Lei federal 8.952, de 13.12.1994, que deu nova redação ao art. 273 do CPC vigente (Lei 5.869/1973), possibilitando ao magistrado, independentemente da natureza do direito, no *rito ordinário*, *antecipar a tutela jurisdicional*. Essa antecipação exige a presença de dois pressupostos: (a) verossimilhança da alegação; (b) fundado receio de dano irreparável ou de difícil reparação *ou* caracterização do abuso do direito de defesa ou do manifesto propósito protelatório do réu. A Lei 10.444/2002 acrescentou o § 6º ao art. 273, tornando expressa outra hipótese de concessão da antecipação de tutela: quando um ou mais dos pedidos cumulados, ou parcela deles, mostrar-se incontroverso. A Lei 8.952/1994 também alterou a redação do art. 461 do CPC, impondo ao juiz a concessão, na ação que tenha por objeto o cumprimento da obrigação de fazer ou não fazer, da tutela es-

26. Luiz Guilherme Marinoni, *Técnica Processual e Tutela dos Direitos*, São Paulo, Ed. RT, 2004, pp. 58 e ss.; *Tutela Específica: Arts. 461 do CPC e 84 do CDC*, São Paulo, Ed. RT, 2001, pp. 17 e ss. Afirma o magno jurista: "Existe um dogma – de origem romana – no sentido de que a tutela ressarcitória é a única forma de tutela contra o ilícito civil. Isso quer dizer que a unificação entre as categorias da ilicitude e da responsabilidade civil, já realizada no Direito Romano, percorreu a história do Direito, inclusive do direito processual civil, sem suscitar maior inquietude por parte da doutrina. Pior do que isso: chegou-se a identificar o ilícito com o ressarcimento em dinheiro" (*Técnica Processual e Tutela dos Direitos*, cit., p. 65). Em outra obra, observa: "No mercado, como é sabido, pouco importam as qualidades do sujeito ou as dos seus bens, de modo que a tutela ressarcitória, ao expressar apenas o custo econômico do valor da lesão, mantinha íntegros os mecanismos do próprio mercado, sem alterar a sua lógica" (*Tutela Específica: Arts. 461 do CPC e 84 do CDC*, cit., p. 18).

27. Luiz Guilherme Marinoni, *Técnica Processual e Tutela dos Direitos*, cit., p. 58; *Tutela Específica: Arts. 461 do CPC e 84 do CDC*, cit., p. 35.

pecífica e a determinação das providências necessárias que assegurem o resultado prático equivalente. A conversão em perdas e danos passou a ser admitida apenas se houver pedido do autor ou se tornarem impossíveis a tutela específica ou a obtenção do resultado prático correspondente. Ambos os dispositivos, o art. 273 e o art. 461 do CPC, modificaram as bases do processo civil brasileiro: a tutela contra o ilícito deixou de ser exceção, passou a ser vulgarmente admitida, podendo ser pleiteada no *rito ordinário*.[28]

É interessante observar que o art. 85 do CDC (Lei 8.078/1990) foi *vetado* pelo Presidente da República. O dispositivo permitia a propositura de *ação mandamental* contra atos ilegais ou abusivos de pessoas físicas ou jurídicas que lesem direito líquido e certo, individual, coletivo ou difuso, do consumidor. Entendeu o Chefe do Executivo que a extensão da tutela mandamental a situações de direito privado é incompatível com sua *índole constitucional*.[29]

28. Essa revolução iniciou-se, na verdade, em 11.9.1990, com a promulgação da Lei 8.078, denominada de Código de Defesa do Consumidor/CDC. O art. 84 desse diploma possui redação similar à dada ao art. 461 do CPC pela Lei 8.952/1994. Quer dizer: nas ações relativas aos *direitos dos consumidores* que têm por objeto obrigações de fazer e não fazer passou-se a admitir a *antecipação da tutela* e a utilização de *medidas executivas* para garantir o cumprimento específico da obrigação – cumprimento, esse, que se tornou a regra. Registra-se: a *revolução conceitual* do *processo civil brasileiro* iniciou-se com a promulgação do avançado Código Brasileiro de Defesa do Consumidor. Daí a justa homenagem aos autores do Anteprojeto que resultou na Lei 8.078: Ada Pellegrini Grinover, Antônio Herman de Vasconcellos e Benjamin, Daniel Roberto Fink, José Geraldo Brito Filomeno, Kazuo Watanabe, Nelson Nery Jr. e Zelmo Denari. Esse grupo teve grande responsabilidade pelos recentes avanços do *processo brasileiro*, avanços de proporções inigualáveis na história do Direito pátrio. O grupo comentou o Código, gerando obra de leitura obrigatória (Ada Pellegrini Grinover e outros, *Código Brasileiro de Defesa do Consumidor: Comentado pelos Autores do Anteprojeto*, 5ª ed., Rio de Janeiro, Forense Universitária, 1998). Sem embargo, o jurista que mais contribuiu para essa revolução foi, sem dúvida alguma, Luiz Guilherme Marinoni: em 1990 ele defendeu o instituto da *antecipação de tutela* em sua dissertação de Mestrado (*Tutela Cautelar e Tutela Antecipatória*, São Paulo, Ed. RT, 1992). A doutrina de Marinoni serviu de base para a reforma de 1994 e para as posteriores.

29. Sobre o tema, v. os comentários de Kazuo Watanabe in Ada Pellegrino Grinover e outros, *Código Brasileiro de Defesa do Consumidor: Comentado pelos Autores do Anteprojeto*, cit., 5ª ed., pp. 660-661. Eis o desabafo do aclamado processualista: "É simplesmente espantoso o argumento! Revela, quando menos, uma total insensibilidade a toda linha evolutiva do direito processual moderno" (idem, p. 661).

Após a reforma do Código de Processo Civil pela Lei 8.952/1994 esse veto tornou-se inútil: desde então passou a ser tranqüilamente possível o ajuizamento de ação mandamental em face da violação de direito por quem não esteja no exercício de função pública. Dessarte: a nova redação dos arts. 273 e 461 do CPC permite pleitear ao juiz a expedição de uma ordem, de um mandamento, para que alguém, havendo fundado receio, não viole o Direito ou, diante da violação, tome as medidas necessárias para remover a ilicitude praticada. A tutela mandamental passou a ser possível nos casos em que a ilicitude não seja praticada por agente público e, mais, nos casos em que não haja *direito líquido e certo.* A jurisprudência não permite que o jurisdicionado denomine sua ação de *mandado de segurança*; ele deve dar outro nome: ação de cumprimento de obrigação de fazer, por exemplo. Observado esse requisito de ordem formal, decorrente da incompreensão do estado atual do tema ora estudado, o pedido de tutela mandamental é perfeitamente admitido no rito ordinário, seja qual for a natureza do direito, seja quem for o responsável pela ilegalidade, haja ou não liquidez e certeza.

A revolução conceitual mencionada decorreu da promulgação de leis ordinárias, infraconstitucionais. Contudo, os institutos da antecipação de tutela e da tutela da obrigação específica passaram a ser considerados desdobramentos do *princípio constitucional da efetividade da tutela jurisdicional*, positivado no inciso XXXV do art. 5º da CF de 1988.[30] A tutela efetiva contra o ilícito – e, por conseguinte, a tutela antecipada – tem, pois, *status constitucional*.

Antes de dar o passo seguinte, é mister esclarecer: de longa data o direito processual brasileiro admite a chamada *tutela cautelar*. Esta, contudo, tem natureza precisa: garantir o resultado da demanda – vale dizer: garantir que a tutela jurisdicional, ao final deferida, seja exeqüível ou, ainda, impedir que a ação perca seu objeto.[31] Se a ação se destinava

Há que se fazer uma ressalva: se até hoje, mais de 20 anos após a promulgação do Código de Defesa do Consumidor, essa linha evolutiva não foi assimilada com facilidade por muitos juristas, imagine-se a dificuldade naquela época, antes da vigência do Código. O veto, apesar de configurar um erro grosseiro de compreensão do Direito, foi perfeitamente compreensível.

30. Cf. Luiz Guilherme Marinoni, *Técnica Processual e Tutela dos Direitos*, cit., pp. 179 e ss.

31. Cai a lanço a lição de Humberto Theodoro Jr.: "Na verdade, o processo principal busca tutelar o direito, no mais amplo sentido, cabendo ao processo cautelar

apenas a obter a reparação do dano, a cautelar só poderia obter a garantia da reparação do dano. Antes da revolução mencionada o sistema, em regra, não permitia a tutela contra o ilícito, e, pois, não permitia a garantia de que o ilícito não seria praticado. Permitia apenas a tutela contra o dano, e, pois, a garantia de que, se a ação fosse julgada procedente, o dano seria reparado. Assim, a ampla admissibilidade da tutela cautelar não importava a viabilidade da tutela contra o ilícito. Sem embargo, diante da insuficiência do sistema, os juristas pretenderam utilizar as cautelares como meio de efetiva proteção do direito, ou, melhor, como substitutivo do instituto da antecipação de tutela.[32] Diante da insuficiência do direito processual para a efetiva proteção dos direitos, no *direito público* invocavam-se os interditos possessórios e o *habeas corpus*, e no *direito privado* as cautelares. A instituição do *mandado de segurança* tornou desnecessária a primeira invocação, a instituição da *antecipação da tutela* tornou desnecessária a segunda.[33]

### *17.6 Mandado de segurança e o novo direito processual*

Ao estudar o *mandado de segurança* os juristas desprezam, parcial ou totalmente, os *avanços* do direito processual. Impõe-se a per-

a missão de tutelar o processo, de modo a garantir que o seu resultado seja eficaz, útil e operante. Não se pode, evidentemente, entender o processo cautelar senão ligado a um outro processo, posto que as medidas preventivas não são *satisfativas*, mas apenas *preservativas* de situações necessárias para que o processo principal alcance resultado realmente útil" (*Curso de Direito Processual Civil*, 33ª ed., vol. II, Rio de Janeiro, Forense, 2002, p. 335).

32. Exemplo notório dessa tendência é a doutrina de Ovídio Baptista da Silva: o notável processualista afastava-se da doutrina dominante e considerava que o objeto das cautelares não é a tutela do processo, mas a proteção de um direito da parte (*Do Processo Cautelar*, 2ª ed., Rio de Janeiro, Forense, 1998, p. 83). A teoria da ação cautelar de Ovídio, formulada antes das reformas processuais de 1994, tornava desnecessária a instituição da *antecipação da tutela*, pois a incorporava integralmente. Valia-se, contudo, de uma distinção teórica sutil: "Daí por que as liminares não poderão ser tidas como medidas antecipatórias, porque elas antecipam efeitos executivos ou mandamentais – que são resultados de fato e não normativos –, mas não antecipam juízo sobre a existência ou não existência do direito provisoriamente realizado pela medida liminar" (idem, p. 59).

33. Não sem razão, observou Marinoni: "O art. 273, ao tornar possível a antecipação da tutela no processo de conhecimento, confere ao cidadão um instrumento processual semelhante ao mandado de segurança" (*A Antecipação da Tutela na Reforma do Processo Civil*, 2ª ed., São Paulo, Malheiros Editores, 1996, p. 45).

gunta: quais as conseqüências da admissibilidade ampla e irrestrita da tutela mandamental no rito ordinário? A resposta, apesar de óbvia, não foi notada nem pela doutrina nem pela jurisprudência pátrias. A Lei 1.533/1951 estabelecia um *rito especial* para a tutela mandamental, mas, com a alteração do Código de Processo, tornou-se possível a tutela mandamental no *rito ordinário*. Conseqüência lógica: houve a *revogação implícita* da Lei 1.533/1951 (na verdade, houve, nos termos esclarecidos adiante, a não-recepção). Se é possível pleitear a segurança no rito ordinário, não há mais sentido na subsistência do rito especial. Enfim: a modificação do Código de Processo Civil – mais especificamente, a nova redação dos arts. 273 e 461 – importou a revogação da Lei do Mandado de Segurança; revogação, essa, não percebida pela comunidade jurídica.

Como se acentuou, conceder mandado de segurança é "expedir ordem para proteção do direito". Hoje essa ordem pode ser expedida no rito ordinário. O inciso LXIX do art. 5º da Constituição da República não garante a propositura da ação prevista infraconstitucionalmente, garante a tutela mandamental para proteção de direito. Com as modificações do Código de Processo a tutela mandamental tornou-se *ordinária*, foi estendida ao *procedimento ordinário*.[34] Conclui-se: o *rito especial* previsto na Lei 1.533/1951 não subsistia no sistema normativo.

Contudo, após as reformas do Código de Processo Civil – vale dizer: após a extensão da tutela mandamental ao rito ordinário – foi editada a Lei 12.016/2009, que revogou a Lei 1.533/1951 e reiterou o rito especial do mandado de segurança. Ela – mister observar – não revogou expressamente os arts. 273 e 461 do CPC. Mantida a irrestrita admissibilidade de tutela mandamental no rito ordinário, a Lei 12.016/2009, no plano literal, ou é inútil, ou é inconstitucional.

34. Em rigor, a Lei 1.533/1951 não foi revogada pela Lei 8.952/1994, pois ela não foi *recepcionada*. Isso porque, como dantes afirmado, as mencionadas modificações processuais são consideradas desdobramentos do texto constitucional, impostas pelo princípio da efetividade da tutela jurisdicional, positivado no inciso XXXV do art. 5º da CF. Da evolução da própria compreensão do direito processual concluiu-se que a restrição da tutela contra o ilícito era incompatível com o texto constitucional – e, por conseguinte, a Lei 1.533/1951, cuja razão de ser pressupõe essa restrição, também o é, e, assim, não foi recepcionada. Já, a Lei 12.016/2009, editada após a vigência da Constituição Federal de 1988, é inconstitucional, pois materialmente incompatível com o referido inciso XXXV do art. 5º.

Diante dessa conclusão, poder-se-ia indagar sobre a utilidade do inciso LXIX do art. 5º do Texto Maior. Deveras, se a *irrestrita* ou *ordinária tutela contra o ilícito* é imposta pelo inciso XXXV do art. 5º, se do *princípio constitucional da tutela jurisdicional efetiva* decorre o direito à concessão de segurança para proteção de direito, independentemente da caracterização do exercício da função pública, é pertinente indagar sobre a utilidade da previsão autônoma do *mandado de segurança* no mencionado inciso LXIX. É lição elementar de hermenêutica que não se presumem palavras inúteis no texto normativo, ainda mais no texto constitucional. Nada impede que a enunciação constitucional tenha *mera função enfática*; em diversos dispositivos do texto constitucional essa função está presente.[35] No caso do mandado de segurança, porém, a função não é apenas enfática: o dispositivo *alarga*, quando se trata do *exercício da função pública*, as hipóteses de *antecipação de tutela*.

Dessarte: o valor do dispositivo não está, propriamente, na expressão "conceder-se-á mandado de segurança para proteção de direito", porque essa expressão é uma decorrência implícita do princípio da efetividade da tutela jurisdicional. O valor real do dispositivo está no complemento: "para proteção de *direito líquido e certo*". Ora, nos termos dantes afirmados, a *antecipação de tutela* pode ser deferida em duas hipóteses. Na primeira, quando estiverem presentes dois pressupostos: (a) verossimilhança da alegação; (b) fundado receio de dano irreparável ou de difícil reparação *ou* caracterização do abuso do direito de defesa ou do manifesto propósito protelatório do réu. Na segunda, quando um ou mais dos pedidos cumulados, ou parcela deles, mostrar-se incontroverso. Para o *exercício da função pública* abre-se, além dessas duas hi-

35. A Constituição brasileira de 1988 é posterior a um longo período ditatorial. Esse fato explica a preocupação do constituinte em enfatizar determinados direitos e garantias. Resplandece que o constituinte exerceu a função enfática de duas maneiras: (1) pela simples repetição do mesmo termo. Mencionou o princípio da igualdade no "Preâmbulo"; no inciso IV do art. 3º; no *caput* do art. 5º; no inciso XXI do art. 37; no inciso II do art. 150; no inciso I do art. 206; e no inciso IV do § 3º do art. 227 – a repetição tem tão-somente função enfática; (2) pela utilização de dois termos, em que um é abrangido pelo outro. Exemplo típico dá-se no inciso LXXI do art 5º: prevê a concessão de mandado de injunção "sempre que a falta de norma regulamentadora torne inviável o exercício dos direitos e liberdades constitucionais e das prerrogativas inerentes à nacionalidade, à soberania e à cidadania", sendo evidente que nos "direitos constitucionais" já estão incluídas as "liberdades e as prerrogativas inerentes à nacionalidade, à soberania e à cidadania"; a reiteração, também aí, teve função enfática.

póteses,[36] uma terceira: quando houver *direito líquido e certo* e o magistrado entender que, diante da plausibilidade do direito invocado, não se faz necessário, para o deferimento a tutela, ler as informações da autoridade coatora, a defesa da Fazenda e o parecer do Ministério Público.

Perceba-se: quando se tratar de antijuridicidade – expressão que compreende a ilegalidade e o abuso de poder – cometida no exercício de função pública, a *antecipação da tutela* pode ser deferida ainda que não haja *periculum in mora* – fundado receio de dano irreparável ou de difícil reparação –, abuso do direito de defesa ou controvérsia. Quando houver direito com base fática demonstrável de plano, sem necessidade de dilação probatória, o magistrado deve examinar se é o caso de conceder a segurança de plano e, assim, antecipar a tutela, ou se deve aguardar as informações da autoridade coatora, a defesa da Administração Pública e o parecer do Ministério Público.[37] Prevalece na doutrina que

36. Houve grande resistência por parte de alguns processualistas à antecipação da tutela jurisdicional em face da Fazenda Pública. Dentre os vários argumentos invocados, juristas de renome viam no reexame necessário, previsto no art. 475 do CPC, e no regime de precatórios, previsto no art. 100 da CF, óbices incontornáveis (sobre as discussões a respeito, v.: Juvêncio Vasconcelos Viana, *Efetividade do Processo em Face da Fazenda Pública*, São Paulo, Dialética, 2003, pp. 124 e ss.). Os dois argumentos foram sustentados com ênfase por Rita Gianesini ("Descabimento da tutela antecipada e da execução provisória contra a Fazenda Pública", in Cassio Scarpinella Bueno e Carlos Ari Sundfeld (coords.), *Direito Processual Público – A Fazenda Pública em Juízo*, 1ª ed., 2ª tir., São Paulo, Malheiros Editores, 2003, pp. 170-180). Hoje, porém, felizmente, a questão está superada. Ninguém mais duvida do cabimento da tutela antecipada contra a Administração.

A remessa oficial jamais foi óbice ao deferimento de liminar em mandado de segurança: o parágrafo único do art. 12 da Lei 1.533/1951 submetia as sentenças concessivas da ordem ao reexame necessário, e nem por isso foi considerado um óbice ao deferimento da liminar; e o mesmo faz o § 1º do art. 14 da Lei 12.016/2009. O sistema de precatórios é, de fato, um obstáculo (não absoluto, podendo ser afastado pela ponderação das circunstâncias fáticas e jurídicas) à antecipação da tutela pecuniária, mas em nada prejudica a antecipação quando a providência exigida da Fazenda seja um fazer, não fazer ou entregar coisa. Por fim, o legislador reconheceu a aplicabilidade à Fazenda da antecipação da tutela jurisdicional na inditosa Lei 9.494/1997.

37. A presença do *direito líquido e certo* não é suficiente para o deferimento da liminar: o magistrado deve examinar as razões invocadas pelo administrado e decidir se deve, ou não, aguardar as informações da autoridade coatora, a defesa da Administração Pública e o parecer do *Parquet*. O direito líquido e certo é condição suficiente para a concessão da segurança, mas não para o deferimento da liminar. Esta exige um grau de plausibilidade que permita a dispensa da leitura das informações, da defesa e do parecer.

o *periculum in mora* é pressuposto para o deferimento da liminar no mandado de segurança.[38] Discorda-se: se o magistrado considerou inconstitucional um tributo em sentenças anteriormente proferidas, não há por que aguardar as informações da autoridade coatora, a defesa do Fisco ou o parecer do *Parquet*; deve antecipar a tutela, ainda que não haja receio de dano irreparável ou de difícil reparação.

### *17.7 Lei do Mandado de Segurança e o novo processo civil*

Sustenta-se, nos termos expostos, que as modificações do direito processual brasileiro, decorrentes de um significativo aprimoramento científico e de pontuais reformas legislativas, são incompatíveis com a Lei 12.016/2009. Em rigor, em relação à Lei 1.533/1951 o fenômeno não foi propriamente de revogação, mas de não-recepção, pois essas modificações são, hoje, consideradas desdobramentos da garantia constitucional da *efetividade da jurisdição*. A incompatibilidade da Lei 1.533/1951 com a Constituição Federal de 1988 não era, propriamente, de ordem substancial, mas de ordem lógica. Se do direito fundamental à tutela jurisdicional efetiva decorria a admissibilidade da tutela mandamental no rito ordinário, não havia sentido na manutenção do rito especial. O rito *em si* não contradiz o Texto Maior; a contradição decorria da existência de um rito especial para a tutela mandamental quando esta pode ser pleiteada no rito ordinário.

Em relação à vigente lei há, de fato, inconstitucionalidade. Como a Lei 12.016/2009 também prevê rito especial para uma tutela admissível no rito ordinário, a única interpretação possível é a de que no plano da literalidade a nova lei pretendeu restringir a tutela mandamental ao rito especial, revogando, por incompatibilidade (art. 2º, § 1º, do Decreto-lei 4.657/1942), os arts. 273 e 461 do CPC. Evidente que essa restrição atenta contra o inciso XXXV do art. 5º da CF. Donde se conclui: a *retirada* da Lei 1.533/1951 deu-se pelo *avanço científico*, pela *incompatibilidade lógica* com esse avanço; hoje se considera que esse avanço tem assento na Constituição (*mutação constitucional*); por isso, a Lei 12.016/2009 é inconstitucional.

38. Por todos, v.: Sérgio Ferraz, *Mandado de Segurança*, cit., pp. 252 e ss.

Para testar o acerto dessa conclusão é mister supor sua incorreção: admita-se, seguindo a doutrina e a jurisprudência, que a Lei 12.016/2009 seja constitucional. Configurado o *direito líquido e certo*, o administrado possuiria duas *medidas jurisdicionais* de impugnação da ilegalidade ou do abuso de poder praticado pelo agente público: poderia impetrar mandado de segurança pelo rito especial da Lei 12.016/2009 ou propor ação de cumprimento de obrigação de fazer, com pedido de antecipação de tutela, pelo rito ordinário. Ambas as possibilidade são, hoje, tranqüilamente admitidas pela doutrina e pela jurisprudência.[39]

Pois bem, o rito da Lei 12.016/2009 apresenta algumas peculiaridades: o prazo para a impetração é de 120 dias, nos termos do art. 23; a autoridade coatora[40] é notificada para apresentar informações no prazo

39. Na doutrina, averba Cassio Scarpinella Bueno: "O art. 1º da Medida [*refere-se à Medida Provisória 1.570/1997*] (e, posteriormente, da Lei 9.494/1997), ao se referir, expressamente, à Lei 4.348/1964 e à Lei 5.201/1966, acabou por admitir que, à míngua de direito líquido e certo, a ação de conhecimento onde inicial ou incidentalmente seja requerida a antecipação de tutela é veículo adequado não só para o atingimento da pretensão do particular contra o Poder Público, mas, também, para que a fruição desta pretensão possa ser antecipada, comprovados, evidentemente, os pressupostos fático-jurídicos condutores da concessão daquela medida" (*Liminar em Mandado de Segurança: um Tema com Variações*, 2ª ed., São Paulo, Ed. RT, 1999, p. 56).

Ambos os diplomas – a Lei 4.348/1964 e a Lei 5.201/1966 – foram expressamente revogados pela Lei 12.016/2009, mas praticamente todo o conteúdo deles foi reproduzido na nova lei. Houve, então, a revogação do *texto normativo*, não das *normas jurídicas* – e, por conseguinte, as conclusões do insigne processualista mantêm-se. Na jurisprudência citam-se como exemplos de admissibilidade da propositura, em face da Fazenda Pública, de ação com rito ordinário com pedido de antecipação de tutela para obtenção da tutela mandamental os seguintes julgados: STJ, 1ª Turma, REsp/AgR 635.649-SC (2004/0004158-3), rel. Min. Luiz Fux, j. 21.10.2004; REsp 796.215-RS (2005/0184183-7), rel. Min. José Delgado, j. 13.12.2005.

40. Autoridade coatora é "a que efetivamente pratica o ato lesivo" (Sérgio Ferraz, *Mandado de Segurança*, cit., p. 98). É, enfim, a que praticou a ilegalidade ou abuso de poder. Esse conceito faz supor que a autoridade coatora é a pessoa física. Esta, contudo, é absolutamente irrelevante. A sabendas, averbou Adilson Abreu Dallari: "Se o diretor de um departamento pratica um ato e no dia seguinte é substituído por outro diretor, que até não concorda com aquele ato praticado, o mandado de segurança será impetrado contra o diretor do órgão, independentemente da pessoa física. A autoridade não é a pessoa física, autoridade é um feixe de atribuições, autoridade é aquela pessoa que, reunindo esse feixe de atribuições, pratica o ato, mas o que importa aí é o feixe de atribuições" ("A autoridade coatora", cit., in Celso Antônio Bandeira de Mello (org.), *Curso de Mandado de Segurança*, pp. 44-45).

de 10 dias, nos termos do art. 7º, I;[41] a pessoa jurídica de direito público é citada[42] para apresentar contestação no prazo de 10 dias;[43] o Ministério

41. As *informações* da autoridade coatora não têm natureza de *defesa*. A autoridade coatora não é *parte* no mandado de segurança, é mera *informante*. Há grande controvérsia na doutrina e na jurisprudência sobre o assunto, mas, com todo o respeito pelos que possuem entendimento diverso, essa é a melhor posição. Hoje está pacificada no STF, citando-se, a título de exemplos:

"Mandado de segurança – Autoridade coatora e parte passiva – Concessão da ordem – Publicação. Cumpre distinguir o autor do ato impugnado da pessoa jurídica que, concedida a ordem, suportaria as conseqüências do pronunciamento judicial, e que, portanto, há de ter, na relação processual, a posição de parte passiva. A publicação do acórdão deve fazer-se, como dispõe o art. 236 do CPC, com alusão à pessoa jurídica responsável e ao respectivo representante processual" (STF, 1ª Turma, AI/AgR 447.041-PE, rel. Min. Marco Aurélio, j. 21.9.2004, v.u., *DJU* 19.11.2004, p. 29).

"Recurso extraordinário – Mandado de segurança – Autoridade coatora – Ilegitimidade para interpor recurso extraordinário. 1. A jurisprudência do STF é no sentido de que a pessoa jurídica de direito público a que pertence a autoridade ou o órgão tido como coator é o sujeito passivo do mandado de segurança, razão por que é ele o único legitimado para recorrer da decisão que defere a ordem" (STF, 2ª Turma, RE/AgR 412.430-MS, rela. Min. Ellen Gracie, j. 13.12.2005, v.u., *DJU* 17.3.2006, p. 40).

Na doutrina: Sétgio Ferraz, *Mandado de Segurança*, cit., pp. 86 e 119; Lúcia Valle Figueiredo, *Mandado de Segurança*, cit., 6ª ed., pp. 54-55.

A Lei 12.016/2009 atribuiu à autoridade coatora o direito de recorrer (art. 14, § 2º). A previsão afasta-se do entendimento consolidado e consagra uma incoerência conceitual. Sem embargo, ainda que conceitualmente descabido, o ônus de recorrer atribuído à autoridade coatora não é inválido. A previsão, por decorrência lógica, exige que o nome da autoridade coatora passe a constar da publicação.

42. Ré no mandado de segurança é a pessoa jurídica de direito público a que pertence a autoridade tida por coatora; ou, noutros termos, é a pessoa que suportará as conseqüências do pronunciamento judicial caso a segurança seja concedida. Não é, como afirmado, a própria autoridade coatora – mera *informante*. A Lei 12.016/2009 previu, ao contrário do que fazia a Lei 1.533/1951, que se dê ciência ao "órgão de representação judicial da pessoa jurídica interessada" (art. 7º, II). Não dispôs claramente que a pessoa jurídica deve ser *citada*. A omissão do legislador gera desastrosos equívocos. Daí a necessidade de enfatizar: deve a pessoa jurídica ser *citada* (por todos: Sérgio Ferraz, *Mandado de Segurança*, cit., p. 87). Ressalta-se que a autoridade coatora, como não é parte, não precisa fazer-se representar por *advogado*, presta as informações em seu nome. A pessoa jurídica à qual ela está ligada, que não é necessariamente de *direito público*, pois a autoridade coatora pode ser um particular que colabora com a Administração Pública e, pois, exerce função pública – diretor de escola, concessionário, permissionário etc. – deve fazer-se representar por *advogado*.

Calha à fiveleta o autorizado escólio de Sérgio Ferraz: "De toda a sorte, a Constituição põe uma pá de cal na controvérsia, cuja observância, a rigor, somente se explica pelo mau hábito nacional de solver problemas jurídicos com uma consulta a todas as fontes normativas, exceto à Lei das Leis: efetivamente, quando se vê que à

Público atua como *custos legis*;[44] a apelação é recebida apenas no efeito devolutivo, nos termos do art. 14, § 3º;[45] a pessoa jurídica de direito pú-

Advocacia-Geral da União, à Procuradoria-Geral da Fazenda Nacional e às Procuradorias dos Estados, Municípios e Distrito Federal incumbe (arts. 131 e 132 da CF de 1988), com exclusividade, a representação judicial das pessoas jurídicas de capacidade política, perde sentido tentar responder ao problema com as possíveis especificidades da Lei 1.533/1951, que contra a Lei Magna não prevalecerão. A solução constitucional é, pois, inequívoca: parte, também no mandado de segurança, é a pessoa jurídica de direito público a que vinculada a autoridade coatora. E essa pessoa jurídica só atua por meio dos representantes indicados nos arts. 131 e 132 da CF – o que torna obrigatória sua citação, independentemente da notificação do coator, para prestar informações" (*Mandado de Segurança*, cit., pp. 93-94). A comunicação da pessoa jurídica estava prevista na alínea "a" do § 1º do art. 8º da Lei 191/1936 e no inciso II do art. 322 do CPC de 1939. Este último diploma utilizava melhor redação: mandava *notificar* o coator e *citar* o representante legal da pessoa jurídica de direito público (na verdade, quem é citada é a própria pessoa jurídica, não seu representante legal; este recebe a citação). No dizer expressivo de Sérgio Ferraz, houve, pois, nesse tema, "verdadeiro retrocesso técnico na Lei 1.533" (idem, p. 90). A vigente lei determinou a "notificação da autoridade coatora" e a "ciência do órgão de representação judicial da pessoa jurídica interessada" (Lei 12.016/2009, art. 7º, I e II).

43. Por todos, menciona-se, mais uma vez, a doutrina de Sérgio Ferraz: "Por último, sendo o prazo das informações o único de natureza processual típico da Lei 1.533, impor-se-á sua observância (sem as ampliações do art. 188 do CPC, pois que estabelecido em lei especial) também para a contestação da pessoa jurídica de direito público" (*Mandado de Segurança*, cit., p. 94). Há quem afirme, em flagrante equívoco, que a contestação deve ser apresentada pela autoridade coatora. Por todos: Hely Lopes Meirelles, Gilmar Ferreira Mendes e Arnoldo Wald, *Mandado de Segurança e Ações Constitucionais*, cit., 35ª ed., pp. 113-114. A comunidade jurídica não admite a incidência no rito do *mandamus* do art. 188 do CPC, cujo preceito confere à Administração Pública prazo em quádruplo para contestar. A Lei 12.016/2009 silenciou quanto ao prazo para apresentar contestação: extrai-se do art. 12 que o feito deve ser contestado no mesmo prazo da apresentação das informações pela autoridade coatora.

44. A oitiva do representante do Ministério Público é expressamente exigida pelo art. 12 da Lei 12.016/2009, independentemente do objeto do *mandamus*. É hoje indiscutível a natureza de sua atuação (por todos: Sérgio Ferraz, *Mandado de Segurança*, cit., pp. 296-304). O parágrafo único do referido art. 12 prevê expressamente que o Ministério Público deve opinar no prazo improrrogável de 10 dias, e, decorrido o prazo, com ou sem o parecer do *Parquet*, os autos devem ser conclusos ao magistrado, para a decisão. A lei, nesse ponto, acolheu o posicionamento da boa doutrina. Sérgio Ferraz defendia, sob a égide da Lei .1.533/1951, que "é imprescindível que se oportunize a vista; e não que fique ela aberta *ad infinitum*, pois isso equivaleria a entregar ao Ministério Público o poder de vetar e vedar o exercício da jurisdição" (idem, p. 301).

45. Diz Sérgio Ferraz: "A mandamentalidade da sentença concessiva afora os fins superiores do remédio, de proteção ao administrado contra os desbordamentos do poder, confluem para inadmitir efeito suspensivo nas sentenças concessivas de segurança" (*Mandado de Segurança*, cit., p. 327). Acompanham-no, dentre outros:

blico é intimada das decisões pessoalmente ou pelo Correio, e não pelo *Diário Oficial*, nos termos do art. 13.[46] Perceba-se: se o administrado optar pelo rito ordinário – e para tanto basta não utilizar na exordial o *designativo* "mandado de segurança" –, apesar de obter do Judiciário a mesma tutela – a tutela mandamental pode ser concedida no rito ordinário e pode sê-lo liminarmente pela antecipação da tutela –, o *exame jurisdicional da antijuridicidade* se submeterá a regime sensivelmente distinto: não haverá prazo decadencial para a propositura da ação judicial (pode haver prazo decadencial para a correção jurisdicional do ato, coisa completamente diferente); a autoridade responsável pela antijuridicidade não será notificada para apresentar informações; a pessoa jurídica de direito público será citada para apresentar contestação no prazo de 60 dias, nos termos dos arts. 297 e 188 do CPC vigente; como regra geral, o Ministério Público não participa do processo, ressalvadas as hipóteses do art. 82 do CPC;[47] em regra, a apelação tem efeito suspensivo.[48]

Hely Lopes Meirelles, Gilmar Ferreira Mendes e Arnoldo Wald, *Mandado de Segurança e Ações Constitucionais*, cit., 35ª ed., pp. 126-127; Lúcia Valle Figueiredo, *Mandado de Segurança*, cit., 6ª ed., pp. 221-222. A ilustre publicista considera, ademais, inconstitucionais as leis que atribuem efeito suspensivo às sentenças proferidas no mandado de segurança (idem, pp. 222-227).

46. Estabelece o art. 13 da Lei 12.016/2009: "Concedido o mandado, o juiz transmitirá em ofício, por intermédio do oficial do juízo, ou pelo Correio, mediante correspondência com Aviso de Recebimento, o inteiro teor da sentença à autoridade coatora e à pessoa jurídica interessada". Ou seja: a intimação não é pelo *Diário Oficial*. Mas houve retrocesso: a Lei 10.910/2004 havia alterado o art. 3º da Lei 4.348/1964 para determinar que os representantes judiciais das entidades federativas ou de suas respectivas autarquias e fundações sejam intimados pessoalmente pelo juiz, no prazo de 48 horas, das decisões judiciais em que suas autoridades administrativas figurem como coatoras. Não admitia, ao contrário do que faz o art. 13, a intimação pelo *Correio*. O interesse público, contudo, nos termos adiante explicados, exige a intimação pessoal.

47. A comunidade jurídica brasileira entende que a mera presença da Administração Pública no litígio não faz com que o objeto da lide seja o interesse público, e, pois, não importa a incidência do inciso III do art. 82 do CPC – vale dizer: a intervenção do Ministério Público. Assim, entende a jurisprudência, acompanhada da doutrina majoritária, que numa ação com rito ordinário de indenização por danos decorrentes do exercício da função pública ou numa ação declaratória de inexistência de relação jurídica tributária ou desconstitutiva do ato de lançamento tributário o objeto não é o interesse público, mas o interesse privado, respectivamente, do administrado lesado e do administrado contribuinte. Nessas ações não há, pois, a intervenção do Ministério Público, salvo se configurado outro motivo legal – como, por exemplo, se o autor for absolutamente incapaz.

48. Essa regra decorre do art. 520 do CPC: "A apelação será recebida em seu efeito devolutivo e suspensivo. Será, no entanto, recebida só no efeito devolutivo, quan-

O regime da correção jurisdicional da antijuridicidade praticada no exercício da função pública, adotado o entendimento de que a Lei 12.016/2009 subsiste no mundo jurídico, fica subordinado à *vontade do administrado*. Em ambas as vias obtém-se igual tutela jurisdicional, a tutela mandamental; em ambas há possibilidade de antecipação da tutela, os efeitos proporcionados pelo rito ordinário e especial são, no caso, exatamente os mesmos. O regime processual, porém, é sensivelmente distinto, e a adoção de um ou outro regime depende da *vontade* do administrado, basta a escolha do *rótulo*: mandado de segurança ou ação de rito ordinário com pedido de antecipação de tutela. A incidência dos regimes depende da escolha do rótulo ditada pela vontade do administrado.

Essa solução, apesar de pacificamente adotada pela comunidade jurídica, é incorreta. A participação ou não do Ministério Público não é, por óbvio, ditada pelo interesse privado, mas pelo interesse público; não pode, pois, ficar condicionada à vontade do administrado. A defesa do ato impugnado também não diz respeito ao interesse privado: estabelecer o prazo de 60 ou de 10 dias para a contestação da Fazenda, se ela será ou não intimada pelo *Diário Oficial*, a depender da livre escolha pelo administrado do rótulo da ação, também não faz sentido; a defesa do ato é ditada pelo interesse público. Do mesmo modo, exigir ou não as informações da autoridade responsável pela edição do ato ou pela conduta impugnada, a depender da livre escolha do rito pelo autor da ação, é absurdo. De duas, uma: ou a função pública atendeu ao sistema normativo, ao interesse público, ou contrariou o sistema normativo, foi contrária ao interesse público. O *exame da juridicidade da função pública* não diz respeito apenas ao interesse privado do beneficiado ou prejudicado. A função pública, por definição, concretiza o interesse público, e, por isso, o *regime de seu controle* não pode ficar subordinado à vontade do particular.

Um exemplo é suficiente para demonstrar o acerto do raciocínio. A cobrança de tributos é ditada pelo *interesse público*: a *dimensão pública*

do interposta de sentença que: I – homologar a divisão ou a demarcação; II – condenar à prestação de alimentos; III – *(revogado)*; IV – decidir o processo cautelar; V – rejeitar liminarmente embargos à execução ou julgá-los improcedentes; VI – julgar procedente o pedido de instituição de arbitragem; VII – confirmar a antecipação dos efeitos da tutela". O inciso VII, acrescentado pela Lei 10.352/2001, não há como negar, importou uma aproximação do rito ordinário com o rito do mandado de segurança.

*do interesse privado*[49] exige a cobrança, a arrecadação – e, assim, interessa a toda a coletividade. O exame da juridicidade do ato de lançamento tributário, portanto, é de interesse de todos. O magistrado, antes de dizer se o ato é válido ou inválido, deve permitir que a Fazenda se manifeste, deve ouvir a autoridade responsável, deve ouvir o Ministério Público. E isso, obviamente, não em decorrência do interesse privado, mas em decorrência do interesse público.

Enfim: o *regime do exame jurisdicional da juridicidade da função pública* é ditado pelo interesse público, não pelo interesse privado; e, por isso, não pode ficar condicionado à livre escolha do administrado. A partir do momento que a *tutela mandamental* e a *antecipação dessa tutela* foram estendidas ao *rito ordinário*, não subsiste o rito especial. Como essa extensão é imposta pelo art. 5º, XXXV, da CF de 1988, a Lei 12.016/2009 é, globalmente considerada, inconstitucional. Por conseguinte, inexiste *duplicidade de ritos*, ordinário e especial, para o exame da juridicidade da função pública. Não obstante, é imperioso perceber que o rito ordinário, quando tem por objeto o exame da *função pública*, de certa forma *especializa-se*, torna-se um *rito especial*. A compreensão dessa assertiva é o último passo deste estudo.

## *17.8 Regime jurídico do controle jurisdicional da função pública*

O *direito processual civil* foi construído sob a ótica do direito privado, tendo em vista a solução de conflitos entre particulares.[50] Os institutos processuais não foram pensados para o direito público, para as relações jurídicas em que o Estado se faz presente. Vivencia-se, por isso, um lento processo de construção de um *direito processual* voltado para

49. A expressão é de Celso Antônio Bandeira de Mello, *Curso de Direito Administrativo*, cit., 31ª ed., Capítulo I-34, pp. 60-61.

50. Registre-se a percuciente observação de Ovídio A. Baptista da Silva: "Nossa submissão à *actio* romana e ao correspondente procedimento ordinário, fundamentalmente um reflexo do privatismo a que ficou reduzida a jurisdição, transformada em assunto entre credores e devedores, impede o resgate da categoria dos *deveres*, cuja recuperação se mostra tão urgente em nosso sistema que, apesar da cultura privatística, ainda apresenta traços saudáveis de sua vocação para o direito público, especialmente agora que a buscada constitucionalização do direito processual civil tornou-se tema da moda" (*Processo e Ideologia: o Paradigma Racionalista*, 2ª ed., Rio de Janeiro, Forense, 2006, p. 200).

o *direito público*.[51] O jurista, diante de relações de direito público, deve ter atenção redobrada ao interpretar as leis processuais: comumente a solução correta não está no plano da literalidade. Devem ser distinguidas as ações que têm por objeto *relações de direito privado* das ações que têm por objeto *relações de direito público*. Pode-se afirmar que o *rito ordinário* das últimas é um *rito especial*, há um conjunto de *regras implícitas* no Código de Processo ditado pelo *regime de direito público* próprio do *controle da função pública*.

### *17.8.1 Apelação da Administração Pública e efeito suspensivo*

Para entender esse regime, faz-se necessário retomar algumas noções fundamentais. A primeira delas é o papel do Poder Judiciário no sistema normativo: ele é o *oráculo* do Direito.[52] A expressão é muito

51. Nesse sentido, vêm a lume as considerações do aclamado professor José Manoel de Arruda Alvim Netto: "Do ponto de vista da colocação do processo civil, no sistema jurídico, era essa disciplina encarada como um apêndice do direito civil, fundamentalmente realizando unicamente o direito subjetivo e comungando de grande parte dos princípios que informavam o direito privado, quais fossem a disponibilidade dos direitos, a idéia de que a Justiça seria realizável exclusivamente pela atividade das partes – e sem interferência sensível do Judiciário, no curso do procedimento (em especial, no que diz respeito à não-interferência do juiz na atividade probatória, na coartação de conduta antiética da parte etc.) – com o quê se tinha, correlatamente, um Poder Judiciário eminentemente inerte, mesmo depois de instaurado um processo e durante o seu evolver. A evolução por que passou o processo civil, enquanto disciplina e direito positivo, foi a de se vir a entendê-lo como matéria autônoma do direito privado, e, conseqüentemente, tudo o que respeitasse ao processo veio a ser entendido e disciplinado positivamente como matéria de direito público" (*Tratado de Direito Processual Civil*, 2ª ed., vol. 1, São Paulo, Ed. RT, 1990, p. 106). O próprio nome indica que a construção do direito processual "civil" deu-se a partir do *direito civil*, e não do *direito administrativo*: os institutos processuais foram inicialmente pensados para um conflito *individual* entre *particulares*. Não foram pensados para *conflitos coletivos*, nem para *conflitos em que seja parte o Poder Público*. A doutrina já efetuou a construção de uma *teoria do processo coletivo*, mas ainda é incipiente a construção de uma teoria do processo voltada para as particularidades da *relação jurídica de direito público*.

52. A expressão é de Celso Antônio Bandeira de Mello ("Mandado de segurança contra denegação ou concessão de liminar", *RDP* 92/58, Ano XXII, São Paulo, Ed. RT, outubro-dezembro/1989). Afirma o nobre jurista: "Portanto, o órgão jurisdicional, ao decidir, afirma que o direito por ele pronunciado preexiste e que a solução dada é a cabível e é a única, com exclusão de qualquer outra, porque fala em nome do que já está solucionado na lei, da qual ele é o porta-voz no caso concreto. O deslinde

apropriada para indicar a principal função atribuída ao Poder Judiciário: a ele incumbe dizer a última palavra sobre o Direito. Tanto a decisão jurisdicional *definitiva* como a *provisória* são manifestações do oráculo do Direito; só que a segunda é passível de ser modificada pelo próprio Poder Judiciário. Eis a natureza de uma sentença ou de um acórdão *sub judice*: eles são manifestação da autoridade qualificada pelo sistema como apta a ser a porta-voz da *vontade* do sistema normativo, da resposta juridicamente correta.[53]

Fixada essa premissa, impende assentar algumas noções elementares sobre a Administração Pública, infelizmente desprezadas por muitos. O Estado é uma *realidade instrumental*: ele existe para realizar o bem comum ou, em termos mais concretos, para cumprir o Direito, para concretizar, na medida exigida pelo sistema normativo, os princípios constitucionais.[54] A *função administrativa*, como toda função estatal, possui esse desiderato: o fiel cumprimento do Direito. Por isso, diante das manifestações do Poder Judiciário, oráculo do Direito, particulares e Administração Pública não se equiparam. O Direito assegura aos primeiros a busca de seus interesses egoísticos, a busca da máxima concretização dos princípios jurídicos favoráveis à sua esfera jurídica; o Direito

pode (ou não) ser difícil; pode demandar recurso a princípios gerais, mas, de direito, sua pronúncia é a expressão oracular do que as normas aplicáveis 'querem' naquele caso" (idem, ibidem). E, noutra oportunidade, afirmou: "O juiz é o oráculo do Direito no caso concreto. É esta a função do juiz. Quando o juiz decide num sentido, aquela decisão que ele toma é, para aquele instante, a verdade legal, e é produzida a título de dizer: a verdade legal, a única que existe, porque duas não podem existir conflitantes numa mesma situação" ("Juízo liminar: poder-dever de exercício do poder cautelar nessa matéria", *RTDP* 3/114, São Paulo, Malheiros Editores, 1993).

53. Por óbvio, a autoridade judicial, como todo ser humano, é passível de erro, e muitas vezes erra grosseiramente: não acolhe a solução juridicamente correta. Não se adota a doutrina kelseniana segundo a qual um dispositivo é constitucional se o órgão competente diz sê-lo. Há no sistema uma *regra de calibração* que atribui validade aos erros do Judiciário (cf. Tércio Sampaio Ferraz Jr., *Teoria da Norma Jurídica*, 4ª ed., Rio de Janeiro, Forense, 2002, p. 131). Isso não significa que, por força desse erro, a *incompatibilidade* desapareça: tanto ela permanece, que o próprio STF, ao examinar um novo recurso extraordinário ou uma nova ação direta de inconstitucionalidade, pode reconsiderar sua decisão e considerar constitucional a norma dantes declarada por ele inconstitucional. Deveras, pela regra de calibração, a decisão jurisdicional equivocada é válida; não deixa de ser, apesar disso, passível de ser criticada pelo cientista do Direito.

54. Sobre o tema, v. nosso *Efeitos dos Vícios do Ato Administrativo*, São Paulo, Malheiros Editores, 2008, Capítulo I-4 e 5, pp. 33-36; Capítulo II-3.3, pp. 50-52.

exige da segunda a busca do interesse público primário, a busca da concretização dos princípios incidentes na exata medida exigida pelo ordenamento jurídico. O acatamento da manifestação jurisdicional só é imposto ao administrado quando expressamente exigida pelo sistema; já, o acatamento pela Administração independe de previsão expressa, é uma decorrência lógica de sua natureza, de seu papel.

Fixadas essas duas premissas, é possível apresentar a primeira *peculiaridade* do *rito* das ações que têm por objeto o exame do exercício da função pública. Por força do art. 520 do CPC, como regra geral, a apelação é recebida no efeito devolutivo e no efeito *suspensivo*. Segundo o entendimento assente, as exceções a essa regra geral são expressas. Eis a conclusão proposta: ainda que a apelação da Administração Pública tenha sido recebida no efeito *suspensivo*, ela não terá o condão de *suspender* os efeitos da sentença. Ao particular interessa o descumprimento da decisão jurisdicional *sub judice*, e o sistema jurídico reconhece esse interesse; à Administração Pública, do ponto de vista exclusivamente jurídico, não interessa esse descumprimento. O *efeito suspensivo* do apelo é uma regra que *concretiza* o interesse do vencido de só ser constrangido a aceitar a decisão jurisdicional após seu *reexame*. É uma regra aplicável apenas aos administrados.

Evidente que, se Administração estiver convencida do desacerto da decisão jurisdicional, poderá obter a *suspensão dos seus efeitos* mediante requerimento ao *relator* da apelação ou mediante propositura de ação cautelar.[55] Deveras: a suspensão dos efeitos da sentença só pode ser obtida pela Administração Pública mediante decisão jurisdicional autô-

55. Aplica-se, portanto, à sentença proferida em face da Fazenda Pública o regime assentado para os acórdãos. Perceba-se que todos os recursos interpostos contra a decisão proferida em segunda instância não são dotados de efeito suspensivo. Para atribuir efeito suspensivo ao *recurso especial* ou ao *recurso extraordinário* faz-se necessária a propositura de *ação cautelar*. Sobre o tema existem duas Súmulas do STF: "Súmula 634. Não compete ao Supremo Tribunal Federal conceder medida cautelar para dar efeito suspensivo a recurso extraordinário que ainda não foi objeto de juízo de admissibilidade na origem"; "Súmula 635. Cabe ao presidente do tribunal de origem decidir o pedido de medida cautelar em recuso extraordinário ainda pendente do seu juízo de admissibilidade". Assim: até a prolação do juízo de admissibilidade a cautelar deve ser proposta no juízo de origem; após o exame a cautelar deve ser proposta no juízo *ad quem*. Nos casos em que o recorrente for a Fazenda essa regra aplica-se a todas as decisões, incluídas as de primeira instância.

noma, de natureza cautelatória, que tenha por conteúdo essa suspensão; jamais decorrerá automaticamente da mera interposição do recurso.[56] Eis a primeira conclusão: a regra do art. 14, § 3º, da Lei 12.016/2009, pela qual a apelação da decisão que concede a tutela mandamental em face da Fazenda Pública é recebida apenas no efeito devolutivo, é, por interpretação sistemática, considerada *implícita no sistema* e se aplica a todas as ações movidas em face da Administração Pública.

### *17.8.2 Participação do Ministério Público*

Defende-se aqui, em dissonância com a doutrina e a jurisprudência cristalizadas, a necessidade de participação do Ministério Público, como *custos legis*, em todas as ações judiciais que tenham por objeto o exame da *função pública*. O art. 82, III, do CPC exige a intervenção do Ministério Público em todas as "causas em que há interesse público evidenciado pela natureza da lide ou qualidade da parte". Ora, em todas as ações em que a Administração Pública seja parte há *interesse público* pela *natureza da lide* ou *qualidade da parte*, pois, por definição, a atuação da Administração Pública deve consistir, sempre, na concretização do interesse público.

A tese deve ser enfrentada com desvelo, já que vai contra entendimento pacificado. Tudo gira em torno da exegese de quatro dispositivos constitucionais: o *caput* do art. 127 e os incisos II, III e IX do art. 129. Estabelece expressamente o *caput* do art. 127 que incumbe ao *Parquet* a "defesa da ordem jurídica" e dos "interesses sociais e individuais indisponíveis".

A primeira expressão já fundamenta a participação do Ministério Público: nas ações referidas afirma-se que o exercício da função pública violou o Direito, quer dizer, que houve contrariedade à ordem jurídica. Perceba-se: se o Judiciário considerar ilegal ou inconstitucional a atuação pública legal e constitucional, ou se deixar de considerar ilegal ou inconstitucional a atuação pública ilegal ou inconstitucional, haverá vio-

56. A mera afirmação do magistrado de que "recebe o apelo em ambos os efeitos" não tem o condão de suspender os efeitos da sentença para a Administração Pública, pois o efeito suspensivo do apelo não se aplica ao Poder Público. Para que haja essa suspensão é necessário o proferimento de decisão cautelar, devidamente fundamentada.

lação da ordem jurídica. Enfim: a proteção da ordem jurídica exige que o Ministério Público atue nessas ações como fiscal da lei (entenda-se, como fiscal do ordenamento jurídico).

A segunda expressão mencionada reforça esse entendimento. Primeiramente, não há contraposição entre o *interesse social* e o *interesse público*: todo interesse público tende a ser um interesse social, e vice-versa. O direito positivo exige uma diferenciação: o *interesse público* é de titularidade do Estado, e o *interesse social* é de titularidade da sociedade.[57] Interesse público é o resultado da ponderação das circunstâncias fáticas e jurídicas, é a *medida de concretização*, revelada pela ponderação efetuada, dos *princípios constitucionais incidentes*.[58] Todo exercício de função pública ilegal ou inconstitucional contraria não apenas o interesse público, mas também o interesse social; impõe-se, por mais essa razão, a atuação do Ministério Público em todas as ações movidas em face da Administração Pública.

Não obstante, o signo "indisponível" parece ser a causa do não-acolhimento da tese ora defendida. O interesse público (e também o social) é, por definição, indisponível. Se se pudesse *personalizar* o orde-

57. Caem ao lanço as palavras de Konrad Hesse: "La distinción entre Estado y Sociedad, en definitiva, no puede tener más contenido que la negación de la identidad de esos dos factores" (*Escritos de Derecho Constitucional*, trad. de de Pedro Cruz Villalón, Madri, Fundación Coloquio Jurídico Europeo/Centro de Estudios Políticos y Constitucionales, 2011, p. 124). E conclui: "La relación entre Estado y Sociedad es una alternativa capaz de alcanzar distintas conformaciones, que a su vez no están exentas de riesgos. El verdadero problema está en la Constitución y la ley, de la que resulta 'la media justa' entre separación y vinculación del Estado y la Sociedad. Al respecto, la distinción entre Estado y Sociedad no ofrece ninguna ayuda. De la necesidad de una distinción no se extrae una regla general con la suficiente distancia y cobijo" (idem, pp. 129-130).

58. O conceito adotado não contraria o enunciado por Celso Antônio Bandeira de Mello, cuja repetição nunca é inoportuna: "É que, na verdade, o interesse público, o interesse do todo, do conjunto social, nada mais é que a *dimensão pública dos interesses individuais*, ou seja, dos interesses *de cada indivíduo enquanto partícipe da sociedade* (*entificada juridicamente no Estado*), (...)" (*Curso de Direito Administrativo*, cit., 31ª ed., CapítuloI-34, pp. 60-61). E, mais adiante: "*Donde, o interesse público deve ser conceituado como o interesse resultante do conjunto dos interesses que os indivíduos pessoalmente têm quando considerados* ***em sua qualidade de membros da sociedade e pelo simples fato de o serem***" (idem, Capítulo I-36, p. 62). Interesse público e interesse social, também para o magno jurista, são, ao menos, conceitos muito próximos.

namento jurídico, poder-se-ia dizer que diante de cada situação o ordenamento tem uma "vontade" – qual seja: a concretização, em determinada medida, de um ou mais princípios constitucionais; medida, essa, revelada pela ponderação de todas as normas incidentes. Pois bem, a ninguém é dado dispor dessa "vontade"; isso pelo simples fato de que ela não é de ninguém, ela pertence ao ordenamento jurídico. Assim, o interesse social é, por definição, indisponível. Ao constar do art. 127, portanto, essa palavra só pode se referir ao interesse individual. Nesses termos, pelo que se expôs até aqui, ao Ministério Público compete a defesa do interesse público e do interesse individual indisponível.[59]

Necessário, pois, examinar a relação entre o interesse público e o interesse individual. Os direitos individuais positivados no texto constitucional são princípios incidentes que devem ser considerados nas ponderações efetuadas; e, por isso, o interesse público muitas vezes consiste na concretização de interesses individuais. O conceito adotado não deixa dúvida de que o interesse público pode ser coincidente com o interesse individual, pois é de interesse da coletividade a observância dos direitos individuais.[60] Interesse público é o cumprimento da Constituição,

59. Hugo Nigro Mazzilli, talvez o que mais se tenha dedicado ao estudo do Ministério Público brasileiro, robora o afirmado: "A indisponibilidade do interesse, embora não esgote as hipóteses de atuação do Ministério Público, está presente na maior parte delas. Em suas atividades institucionais, o Ministério Público sempre busca um interesse público – mais propriamente, o interesse público primário, a que já nos vimos referindo" (*Regime Jurídico do Ministério Público*, 3ª ed., São Paulo, Saraiva, 1996, p. 78).

60. Reitera-se a absoluta imprescindibilidade da leitura de Celso Antônio Bandeira de Mello sobre o tema (*Curso de Direito Administrativo*, cit., 31ª ed., Capítulo I-31 a 49, pp. 59-70). A sociedade tem interesse na cobrança dos tributos, mas também tem interesse no respeito à propriedade individual; é equivocado supor que o interesse social se restrinja aos interesses da coletividade, em antagonismo ao interesse individual. Para que fique claro: o interesse social não se identifica com o individual, pois o indivíduo tem interesse em não pagar tributo, mas a sociedade necessita de que os tributos sejam pagos; o indivíduo tem interesse em não ser desapropriado, mas a sociedade necessita da desapropriação. Porém, essa diferenciação é relativa, primeiro pelo óbvio fato de que o indivíduo tem interesse de que haja cobrança de tributos e desapropriações, segundo porque o interesse público exige o pagamento da justa indenização, impede que o tributo se transforme em confisco. *A diferença está em que o interesse individual não se compromete com a ponderação de todos os princípios incidentes no caso, busca a máxima realização dos princípios que beneficiem a esfera do respectivo indivíduo. O interesse público busca a máxima realização de todos os princípios incidentes, até mesmo dos princípios que beneficiem a esfera indi-*

é a concretização dos princípios constitucionais, mas na "medida exata" revelada pela ponderação de todos os princípios e regras incidentes.

Cumpre perceber que o interesse público pode ser coincidente com o interesse individual disponível ou com o indisponível. Se uma pessoa é acometida de grave enfermidade, que coloque sua vida em risco, a incidência do princípio de proteção da vida e da saúde das pessoas exige que o Estado lhe preste, ainda que gratuitamente, cuidados médicos. Trata-se de interesse público coincidente com o interesse individual indisponível da pessoa doente. Se o Estado cobra de uma pessoa tributo não instituído em lei, o princípio da estrita legalidade tributária exige que a cobrança seja afastada. O interesse público é coincidente com o interesse individual disponível da pessoa contribuinte. Em suma, sendo o interesse público a concretização máxima do princípio constitucional incidente, tendo em vista todas as demais normas jurídicas também incidentes, ele pode ser coincidente tanto com o interesse individual indisponível como com o interesse individual disponível.

Pacificou-se na doutrina e na jurisprudência, sem exceção conhecida, que não compete ao Ministério Público proteger o interesse público se ele for coincidente com o interesse individual disponível.[61] Sem desprestigiar o entendimento de todos que adotam essa posição, trata-se de grande equívoco. Uma é a *vontade constitucional*; outra, completamente diferente, é a *vontade individual*. Ainda que ambas sejam coincidentes, a primeira, ao contrário da segunda, será sempre indisponível. Explica-se: há um interesse público e indisponível em não cobrar tributos inconstitucionais, ainda que haja disposição do interesse individual em não pagar tributos inconstitucionais. Enfim: ao Ministério Público compete tutelar a ordem pública e os interesses sociais, ainda que, assim o fazendo, tutele também interesses individuais disponíveis.[62]

*vidual*. Se o interesse individual consiste na máxima realização de "P1", por exemplo, o interesse público ou social consiste na máxima realização de "P1", "P2", "P3".

61. Para ilustrar esse entendimento menciona-se famosa decisão do colendo STF: "O Ministério Público não tem legitimidade para aforar ação civil pública para o fim de impugnar a cobrança de tributos ou para pleitear a sua restituição. É que, tratando-se de tributos, não há, entre o sujeito ativo (Poder Público) e o sujeito passivo (contribuinte), relação de consumo, nem seria possível identificar o direito do contribuinte com 'interesses sociais e individuais indisponíveis'" (STF, 2ª Turma, RE/AgR 248.191-SP, rel. Min. Carlos Velloso, j. 1.10.2002, v.u., *DJU* 25.10.2002, p. 64).

62. Dignas de nota as palavras de Hugo Nigro Mazzilli: "Já está superada, pois, a época em que procurávamos dar um enfoque não apenas prioritário, mas ex-

Os incisos II e III do art. 129 da CF reforçam esse entendimento. Pelo inciso II, o Ministério Público deve zelar para que os Poderes Públicos respeitem os direitos assegurados na Constituição. A atuação antijurídica da Administração Pública sempre consiste num desrespeito à ordem constitucional. Ainda que haja mera desconformidade com uma regra legal, haverá violação do princípio da legalidade e, conseqüentemente, desobediência à vinculação à ponderação legislativa – entenda-se, ao princípio democrático. Pelo inciso III, o Ministério Público deve zelar pelo respeito de todos os interesses difusos. Não há como negar, ainda que muitos se esforcem nesse sentido, a existência de um interesse difuso ao bom cumprimento da função pública. Todo cidadão tem interesse na fiel observância do Direito pela Administração; e tal interesse, sendo indivisível e indeterminável, é, por óbvio, um interesse difuso.

Finalmente, algumas considerações sobre o inciso IX do art. 129 são de grande utilidade para a correta compreensão do tema. A Constituição veda ao Ministério Público a "representação judicial" e a "consultoria jurídica das entidades públicas"; essas funções devem ser exercidas pelas respectivas Procuradorias, nos termos dos arts. 131 e 132. Por força dessa diferenciação funcional, muitos supõem, em infeliz equívoco, que ao Ministério Público compete a defesa do interesse público primário e às Procuradorias a defesa do interesse público secundário;[63] e que quando o interesse público primário e o secundário são

clusivo, ao zelo do interesse indisponível por parte do Ministério Público. Vemos hoje que não se pode centrar, exclusivamente, a destinação institucional do Ministério Público na defesa de interesses indisponíveis. É certo que, se houver alguma característica de indisponibilidade parcial ou absoluta de um interesse, o Ministério Público deverá agir na esfera dessa indisponibilidade. Contudo, também pode ocorrer, e não raro ocorre, que a defesa de qualquer interesse, disponível ou não, convenha à coletividade como um todo, hipótese em que se justificará a atuação judicial ou extrajudicial do Ministério Público, na defesa do bem geral (interesse público primário)" (*Regime Jurídico do Ministério Público*, cit., 3ª ed., pp. 79-80).

63. Afirma Hugo Nigro Mazzilli: "Há total incompatibilidade do exercício da Advocacia pelos membros do Ministério Público, ainda que tal Advocacia se exerça em prol de interesses da própria Fazenda Pública. Afinal, como ficaria o Procurador-Geral da República, para opinar ou para recorrer, quando de um conflito entre o interesse público primário e secundário na clássica distinção de Renato Alessi, já referida? Suponhamos que, numa decisão de que só coubesse recurso seu, quando estivesse a União a defender interesse público secundário (visto do ângulo da administração, o que nem sempre se confunde com o interesse do bem comum, do que temos fartos exemplos), com a defesa de que interesse ficaria o defensor de ambos?!

coincidentes é vedada a atuação do Ministério Público. Em relação ao controle do exercício da função pública,[64] porém, a função do Ministério Público e a das Procuradorias muito se aproximam: ambos existem para garantir o cumprimento do interesse público, que por definição se restringe ao primário; quer dizer: ambos existem para que o exercício da função pública não contrarie o Direito. A Constituição dá grande relevância ao princípio da conformidade da função pública ao Direito, tanto que exige a instituição de dois órgãos: primeiro, a Procuradoria, cuja função não é defender o interesse secundário, mas defender o interesse público, seu papel é zelar para que a entidade pública respeite o Direito;[65] segundo, o Ministério Público, cuja função é subsidiária: havendo falha da Procuradoria, quer dizer, se for cometida antijuridicidade, ele deve impugná-la administrativa ou judicialmente.

É fundamental ter presente que, no tema do controle da função pública, ambas as instituições, Procuradorias e Ministério Público, possuem o mesmo desiderato: o cumprimento do interesse público (pleonasticamente qualificado como primário). O Ministério Público, porém, nesse campo, possui atuação subsidiária, de controle: atua na falha da Procuradoria. Por tudo isso, fixa-se a segunda conclusão: a regra do art. 12 da Lei 12.016/2009, pela qual o Ministério Público deve ser ouvido em todas as ações mandamentais propostas em face da Fazenda Pública, é, por interpretação sistemática, considerada expressa no art. 82, III,

E nos casos em que devesse dar um parecer: estaria opinando como advogado da Fazenda ou como defensor da coletividade?!" (*Regime Jurídico do Ministério Público*, cit., 3ª ed., p. 251).

É assaz importante não perder de mira a advertência de Celso Antônio Bandeira de Mello no sentido de que "os interesses secundários do Estado *só podem ser por ele buscados quando coincidentes com os interesses primários*, isto é, com os interesses públicos propriamente ditos" (*Curso de Direito Administrativo*, cit., 31ª ed., CapítuloI-45, p. 67). Quer dizer: a União simplesmente não tem competência para defender os interesses secundários aludidos por Mazzilli.

64. A competência do Ministério Público é mais ampla: ele é o *dominus litis* da ação penal pública, é encarregado da defesa dos interesses indígenas etc.

65. José Afonso da Silva também reconheceu o verdadeiro papel da Advocacia Pública: "A Advocacia Pública assume, no Estado Democrático de Direito, mais do que uma função jurídica de defesa dos interesses patrimoniais da Fazenda Pública, mais até mesmo do que a defesa do princípio da legalidade, porque lhe incumbe igualmente e veementemente a defesa da moralidade pública" ("A Advocacia Pública e o Estado Democrático de Direito", *RDA* 230/284, Rio de Janeiro, outubro-dezembro/2002).

parte final, do CPC, e se aplica a todas as ações em que a Administração Pública seja parte.

### *17.8.3 Prerrogativas da Fazenda Pública*

As chamadas *prerrogativas da Fazenda Pública* em juízo decorrem de vários fatores. Primeiro: nenhum escritório de Advocacia, por maior que seja, tem o volume de trabalho da Procuradoria. A Administração Pública relaciona-se com toda a coletividade, e, por decorrência lógica, é *parte* num número de ações judiciais significativamente maior do que qualquer pessoa de direito privado. Sem embargo: a Administração Pública, por definição, pretende cumprir corretamente sua função, pretende sempre atender da melhor forma possível ao Direito; logo, ela é a primeira interessada na correção das antijuridicidades cometidas pelos agentes públicos. Por isso, a Administração só deve litigar em juízo quando estiver convicta de que a pretensão do administrado não é agasalhada pelo Direito; se a Administração Pública não acreditar na juridicidade de sua tese defensiva, ela não deve litigar; deve corrigir a ilicitude administrativa.[66] Essa diretriz, infelizmente, é desprezada pelo Poder Público. As Procuradorias não compreendem seu papel, defendem toda conduta da Administração, como se esta tivesse interesse jurídico nessa defesa. Só o tempo, o aprimoramento do Estado de Direito e a melhor compreensão dos institutos jurídicos mudarão esse quadro. Sem embargo, não há como negar: é impossível comparar a atuação processual da Procuradoria com a atuação processual da Advocacia privada. Na Advocacia Pública não há um acompanhamento individualizado dos processos; o grande volume de ações, em especial nos grandes centros urbanos, exige uma atuação generalizada.[67]

66. Em consonância com essa assertiva, afirma Celso Antônio Bandeira de Mello: "Nada obstante seja comum a resistência administrativa em cumprir suas obrigações, quando o fazê-lo implica reconhecer injuridicidade prévia de sua conduta, dita resistência – que resulta em forçar o lesado a recorrer às vias judiciais – não é procedimento juridicamente plausível. Muito pelo contrário. Este equívoco, não raro corrente, liga-se a uma errônea compreensão da verdadeira missão do Estado. Seu primeiro dever é o de obedecer à ordem jurídica. É o de cumpri-la; de lhe dar atendimento. Daí que não lhe calha resistir a pretensões jurídicas alheias fundadas" ("Direito a férias anuais", *RDP* 85/160, Ano XXI, São Paulo, Ed. RT, janeiro-março/1988).

67. Na Advocacia privada é muito incomum que o advogado não saiba, a todo tempo, o estado atual de cada feito em que atua. Na Advocacia Pública da cidade de

Ademais, além de atuar num volume muito maior de processos, a Fazenda Pública encontra um obstáculo não encontrado no setor privado: a máquina administrativa é, sempre, mais complexa. São vários órgãos, vários agentes e uma longa linha hierárquica. Numa empresa privada a consulta a um departamento é efetuada em poucos minutos. Na Administração faz-se necessário encaminhar ofício, este passa por diversos agentes. Basta pensar num fato ocorrido numa escola municipal: o tempo gasto para obtenção pelo Departamento Jurídico do Município, encarregado da defesa judicial, das informações dos agentes que participaram dos fatos é significativo. A *extensão*, a *complexidade* da *máquina administrativa* e sua *estrutura hierárquica* são fatores que muito dificultam a *defesa* em juízo, e não podem ser desprezados pelo sistema normativo.

Finalmente, a defesa do particular interessa ao particular, a defesa da Fazenda Pública interessa a toda a coletividade. Nos termos dantes expostos, se a função pública pressupõe sempre o *interesse público*, e este interessa a toda a coletividade, seja ou não coincidente com o interesse privado, a defesa da função pública também interessa a todos. Coerentemente, pela *revelia* da Fazenda Pública não se reputam verdadeiros os fatos alegados pelo autor, pois o interesse público é, por definição, indisponível (CPC, art. 320, II). Perceba-se: diante da *indisponibilidade do interesse público*, a revelia da Fazenda simplesmente *não gera efeitos jurídicos processuais*. Se a defesa for apresentada após o prazo não gerará nenhum efeito processual; o juiz não pode mandar desentranhá-la ou desconsiderar o nela afirmado quando da prolação da sentença.

Por causa desses três fatores – o volume de processos em que é parte, a complexidade da máquina administrativa e a natureza dos interesses que defende –, a Fazenda Pública *difere*, enquanto *parte no processo judicial*, do administrado. O princípio da isonomia importa tratar *desigualmente* os *desiguais*: os *interesses* devem ser *discriminados* desde que haja uma *correlação lógica* entre o fator erigido em critério de dis-

São Paulo, por exemplo, esse acompanhamento individualizado é muitas vezes impossível. O Procurador atua em milhares de ações, cumpre os prazos e se manifesta nos autos à medida que estes chegam na Procuradoria. Durante um processo é comum atuarem 10, 12 procuradores diferentes. Donde: é impossível um acompanhamento individualizado. O fenômeno também reflete o que o insigne jusfilósofo Tércio Sampaio Ferraz Jr. chama de redução do direito a um "objeto de consumo" (*Introdução ao Estudo do Direito: Técnica, Decisão Dominação*, cit., 5ª ed., p. 28).

crímen e a desequiparação pretendida.[68] É, pois, inegável que as *peculiaridades* da Fazenda Pública justificam certas *prerrogativas processuais*. A primeira prerrogativa, prevista no art. 188 do CPC, não gera controvérsias: prazo em quádruplo para contestar e em dobro para recorrer. Caso essa regra fosse revogada, ainda assim o prazo não seria o mesmo que o fixado para os particulares. O prazo idêntico ou menor é inconstitucional, por flagrante violação dos princípios da isonomia e da supremacia do interesse público sobre o privado,[69] pois, além de tratar igualmente os

68. É a clássica lição de Celso Antônio Bandeira de Mello (*O Conteúdo Jurídico do Princípio da Igualdade*, 3ª ed., 22ª tir., São Paulo, Malheiros Editores, 2013, p. 38. Sobre a relação entre o princípio da igualdade e as prerrogativas processuais da Fazenda Pública, v.: José Roberto de Moraes, "As prerrogativas e o interesse da Fazenda Pública", in Cassio Scarpinella Bueno e Carlos Ari Sundfeld (coords.), *Direito Processual Público – A Fazenda Pública em Juízo*, 1ª ed., 2ª tir., São Paulo, Malheiros Editores, 2003, pp. 66-78.

69. O ordenamento jurídico estabelece uma razão *prima facie* em favor do interesse da coletividade: na ponderação entre o interesse de um particular e o interesse da coletividade há, em abstrato, um peso maior dado ao interesse da coletividade. Disso não decorre que sempre o interesse da coletividade irá prevalecer. Nenhum princípio tem caráter absoluto, mas isso não quer dizer que todos os princípios tenham, num plano abstrato, a mesma importância, o mesmo peso; abstratamente considerados, os princípios apresentam pesos diferentes. Eis a função do *princípio da supremacia do interesse público sobre o privado*: ele introduz uma carga de argumentação em favor dos princípios relativos a bens coletivos. Ainda que, em teoria, haja alguém que contrarie essa "carga", na prática, porém, ela é tranqüilamente aceita por todos; negá-la é atentar contra o bom senso.

Note-se que para Robert Alexy há uma precedência geral *prima facie* em favor dos direitos individuais, e, por isso, num plano abstrato, eles são mais pesados do que os bens coletivos (*El Concepto y la Validez del Derecho*, 2ª ed., trad. de Jorge M. Seña, Barcelona, Gedisa, 2004, p. 207). Muitos juristas brasileiros, sensivelmente influenciados pelo pensamento do jusfilósofo alemão, não perceberam o *equívoco*, decorrente, talvez, das profundas marcas deixadas no povo alemão pelo nazismo. Com efeito: eles não perceberam a ambigüidade na utilização da expressão "interesse público". Não se trata de um princípio jurídico: *interesse público* é o interesse a ser defendido pelo Estado, refere-se ao resultado da ponderação efetuada pelo agente público, ou seja, ao princípio cuja concretização é exigida pelo ordenamento jurídico. É, pois, incorreto falar em "princípio do interesse público"; não, porém, em "princípio da supremacia do interesse público sobre o privado". A expressão, isoladamente considerada, consiste no resultado da ponderação efetuada pelo agente público, ou seja, diz respeito ao princípio que deve, segundo o ordenamento jurídico, ser concretizado; no princípio da supremacia, "interesse público" refere-se ao interesse da coletividade em oposição ao interesse do indivíduo. O ordenamento jurídico estabelece uma razão *prima facie* em favor do interesse da coletividade, de modo que, sempre

desiguais, ele dificulta ou impossibilita a tutela do *interesse público*. Assim, em todas as ações a Fazenda Pública, independentemente do rito, tem prazo em quádruplo para contestar e em dobro para recorrer.

A segunda prerrogativa é bem mais problemática. A intimação da Fazenda pelo *Diário Oficial* muito dificulta e, muitas vezes, inviabiliza sua defesa. No AI 439.613-SP, relatado pelo Min. Celso de Mello, discutiu-se o tema da *intimação* do Procurador Municipal: o Município suscitou nulidade porque o Procurador que atuava no feito não havia sido intimado de certa decisão. Decidiu o colendo STF: para que a intimação seja válida *basta* a indicação do *Órgão*.[70] Essa decisão foi um marco na

que se ponderar um interesse de um particular e o interesse da coletividade, há, em abstrato, um peso maior dado ao interesse da coletividade.

Afirma Alexy: "O caráter *prima facie* dos princípios pode ser fortalecido por meio da introdução de uma carga argumentativa a favor de determinados princípios ou de determinadas classes de princípios. A decisão no caso da incapacidade para participar da audiência processual mostrou que tanto as normas que conferem direitos fundamentais aos indivíduos quanto as normas que exigem a persecução de um interesse da comunidade podem ser compreendidas como princípios. É possível introduzir uma carga argumentativa a favor dos princípios do primeiro tipo e contra os princípios do segundo tipo, ou seja, uma carga argumentativa a favor de interesses individuais e contra interesses coletivos" (*Teoria dos Direitos Fundamentais*, 2ª ed., 3ª tir., trad. de Virgílio Afonso da Silva, São Paulo, Malheiros Editores, 2014, pp. 105-106). Em outro trabalho, conforme antecipado, Alexy é enfático em estabelecer uma precedência *prima facie* em favor dos princípios relativos a direitos individuais em face dos princípios relativos a bens coletivos (*El Concepto y la Validez del Derecho*, cit., 2ª ed., p. 207). O princípio da supremacia do interesse público faz justamente o contrário do sugerido por Alexy: ele introduz uma carga de argumentação em favor dos interesses coletivos.

Se não houvesse o princípio da supremacia do interesse público sobre o privado, as leis instituidoras de prerrogativas à Administração seriam todas inconstitucionais. Ademais, numa ponderação efetuada pelo administrador ou pelo juiz entre o interesse de apenas um particular e o interesse de muitos, o princípio da supremacia do interesse público dá primazia ao interesse de muitos. Isso não significa – enfatiza-se – que sempre o interesse de muitos irá prevalecer: o interesse privado pode, diante das circunstâncias, apresentar-se tão pesado que afaste o interesse coletivo; além disso, a prevalência do interesse público não deve atentar contra o núcleo essencial dos direitos fundamentais.

70. A importância da decisão justifica a transcrição: "A provocação formal que o Município de São Paulo deduziu a fls. 97-99 suscita o exame de relevante questão, pertinente à eficácia dos atos de comunicação processual, cujos destinatários sejam, como no caso, entes municipais. Como se sabe, os Municípios, em juízo ou fora dele, são representados, institucionalmente, por seus prefeitos ou respectivos procuradores municipais, consoante expressamente determinado pelo art. 12, II, do CPC. Isso sig-

Advocacia Pública: tornou expressa, de forma indiscutível, a *diferença* de *regimes jurídicos* entre a Advocacia Pública e a Advocacia privada.

nifica, portanto, que as intimações, em sede processual, para se reputarem válidas, notadamente quando se cuidar de entes estatais (como os Municípios, por exemplo), deverão indicar o órgão que os represente, sob pena de absoluta ineficácia jurídica desse ato de cientificação. (...). Essencial, portanto, para efeito de válida intimação, que ao menos conste, da publicação oficial, a referência ao órgão (Advocacia-Geral da União, Procuradoria-Geral da Fazenda Nacional, Procuradoria-Geral do Estado, Procuradoria-Geral do Município, *v.g.*) investido da qualidade de representante legal da entidade de direito público, sem que seja necessário mencionar, para tal fim, o nome da pessoa titular de tais órgãos. Tal asserção nada mais reflete senão a própria prática processual que tem sido observada por esta Suprema Corte, como se observa do exame das publicações, com efeito de intimação, efetuadas em inúmeros processos que tramitam (ou tramitaram) perante o STF, e das quais apenas constou a menção aos órgãos de representação acima referidos (AI/AgR n. 374.002-SP, rel. Min. Ilmar Galvão, *DJU* 22.8.2002, p. 67 ; AI n. 403.108-CE, rela. Min. Ellen Gracie, *DJU* 16 .11.2002, p. 49 ; AI n. 406.601-RJ, rel. Min. Gilmar Mendes, *DJU* 2.10.2002, p. 78; AI/AgR n. 346.420-RN, rel. Min. Maurício Corrêa, *DJU* 12.4.2002, p. 61 – *v.g.*). Esse entendimento – que impõe, pelo menos, a referência, no ato de comunicação processual, ao órgão representante (ou presentante) da entidade de direito público – também encontra apoio na jurisprudência do agrégio STJ (REsp n. 29.050-MA, rel. Min. Demócrito Reinaldo), que, a propósito do tema, firmou orientação em tal sentido: 'Processual civil – Intimação – Publicação com o nome do cargo – Omissão do nome do titular – Precedente do STJ. A intimação dirigida ao Estado, por seu Procurador-Geral, através de publicação em órgão oficial não é nula, por isso que é possível a identificação das partes e seus procuradores. A omissão do nome do titular não impossibilitou a identificação da parte, atendendo à finalidade do ato, inexistindo dúvida quanto à pessoa e ao representante desta a serem intimados – Recurso especial não conhecido' (*RSTJ* 132/234-235, rel. Min. Francisco Peçanha Martins). Esta Suprema Corte, mesmo quando ausente a referência ao nome do procurador ou ao órgão que ele integra, tem reconhecido, ainda assim, embora em caráter excepcional, a validade da intimação, desde que, consoante adverte a jurisprudência do STF (RE n. 71.143-MG, rel. Min. Xavier De Albuquerque), a publicação do ato decisório indique, tratando-se de mandado de segurança (como no caso), a autoridade apontada como coatora – o 'Secretário das Finanças da Prefeitura do Município de São Paulo', na espécie (fls. 20 e 28): 'Mandado de segurança – Publicação da pauta sem indicação do nome do advogado do Município, designado para representá-lo no processo, mas com indicação da autoridade coatora, cujas informações constituem a única defesa do ato impugnado – Inaplicabilidade do art. 236, § 1º, do CPC – Nulidade não reconhecida' (RE n. 81.582-PR, rel. Min. Xavier de Albuquerque). (...). Embora as já referidas impugnações recursais houvessem sido deduzidas, consoante enfatizado, antes do ingresso do Município de São Paulo no referido processo de mandado de segurança, essa circunstância não tornava dispensável a referência, sempre necessária, ao órgão da Procuradoria-Geral do Município legalmente incumbido do encargo de representá-lo em juízo (o Procurador-Geral do Município, na espécie)" (STF, decisão monocrática, Min. Celso de Mello, relator, 6.6.2003, *DJU* 11.6.2003).

Perceba-se: é desnecessário constar da publicação o nome do procurador que atua no feito; basta a referência ao órgão (Procuradoria-Geral do Município); em certos casos basta a referência à entidade coatora (Secretário de Finanças da Prefeitura do Município de São Paulo). Por decorrência lógica: se o Judiciário não é obrigado a intimar a pessoa do procurador municipal, há uma *desvinculação* entre o nome do procurador e a publicação. Vigora o *princípio da unidade institucional*. Eis o problema: esses serviços de recortes do *Diário Oficial* prestados pelas entidades de classe, Associação de Advogados, OAB, tão essenciais para a Advocacia privada, são imprestáveis para a Procuradoria. A posição jurisprudencial vigente cria um problema prático incontornável. Só há uma solução: a *intimação pessoal* da Fazenda.

Essa solução foi adotada no âmbito federal. O art. 38 da Lei Orgânica da Advocacia-Geral da União (Lei Complementar 73/1993) determina que as intimações e notificações sejam feitas na pessoa do Advogado da União ou do Procurador da Fazenda Nacional que oficie nos respectivos autos. Essa regra não foi expressamente estendida às Procuradorias Estaduais e Municipais, salvo para as execuções fiscais (Lei 6.830/1980, art. 25). A comunidade jurídica considera que, na falta de regra expressa, a intimação das Fazendas Estaduais e Municipais segue o regime geral do Código de Processo. Esse entendimento, apesar de pacificado, causa perplexidade: a diferenciação entre a defesa da União e a defesa dos Estados e Municípios não se fundamenta em critério razoável, pois os motivos que fundamentam a instituição dessa prerrogativa para a União igualmente existem para Estados e Municípios. A não-extensão da intimação pessoal às Procuradorias Estaduais e Municipais importa gritante violação do princípio da isonomia, do princípio federativo – pois diferencia arbitrariamente as entidades federativas – e do princípio da supremacia e indisponibilidade do interesse público – pois dificulta, e muitas vezes impossibilita, a defesa das Fazendas Estadual e Municipal. Tudo se resolve pela interpretação sistemática do sistema normativo: a regra do art. 13 da Lei 12.016/2009 (em relação à previsão de intimação por oficial do juízo), a regra do art. 38 da vigente Lei Complementar 73/1993 e a regra do art. 25 da vigente Lei 6.830/1980, cujo preceito exige a *intimação pessoal* do Procurador da Fazenda que atua no feito, encontra-se *implícita* no sistema normativo e se aplica sempre que a Administração Pública, Federal, Estadual ou Municipal, autárquica ou fundacional, atue em juízo.

### *17.8.4 Peculiaridades da antecipação de tutela*

Como regra geral, antes de conceder a antecipação de tutela em face da Administração Pública, deve o julgador ouvir o representante da Fazenda.[71] Diante das circunstâncias, muitas vezes *in status assertionis*, o magistrado deve decidir se essa oitiva é, ou não, possível; se houver fundado receio de que o ilícito ou o dano venha a ocorrer em 24 horas, impedido estará o magistrado de dar cumprimento a essa regra. Enfatiza-se: a regra da oitiva prévia do representante da Fazenda é uma razão *prima facie*, e não uma razão definitiva.

Além disso, os efeitos da antecipação da tutela deferida em face da Administração podem ser suspensos por meio do incidente de suspensão da execução, para evitar grave lesão à ordem pública, à saúde, à segurança e à economia públicas.[72] Ao condicionar a suspensão da segurança a esses objetivos, na verdade, o legislador está simplesmente

71. Essa regra está expressamente prevista no art. 928, parágrafo único, do CPC, para a expedição de mandado liminar de manutenção ou de reintegração de posse, e no art. 2º da Lei 8.437/1992, para as medidas cautelares concedidas liminarmente em mandado de segurança coletivo e em ação civil pública. Em relação ao *mandado de segurança coletivo*, a Lei 12.016/2009 condiciona, no § 2º do art. 22, o deferimento de liminar à audiência do representante judicial da pessoa jurídica de direito público, "que deverá se pronunciar no prazo de 72 (setenta e duas) horas". Curiosamente, a Lei 9.494/1997 não estendeu a exigência à antecipação da tutela deferida contra a Fazenda. Apesar da omissão, é a ela aplicável, por analogia com os três dispositivos mencionados.

72. O incidente de suspensão da execução da medida liminar foi inicialmente previsto para o mandado de segurança no art. 4º da Lei 4.348/1964 (hoje revogada pela Lei 12.016/2009). Por força desse dispositivo, a Administração Pública, ou quem a presente, para evitar grave lesão à ordem pública, à saúde, à segurança e à economia popular, pode requerer a suspensão da execução de medida liminar ao presidente do tribunal competente para conhecer do respectivo recurso. Esse incidente foi posteriormente estendido pelo art. 12, § 1º, da Lei 7.347/1985 ao mandado liminar concedido em ação civil pública; pelo art. 25 da Lei 8.038/1990 à execução de liminar concedida pelo tribunal em mandado de segurança; pelo art. 4º da Lei 8.437/1992 à execução de cautelares; pelo art. 1º da Lei 9.494/1997 às antecipações de tutela deferidas contra a Fazenda Pública; pelo art. 16 da Lei 9.507/1997 à concessão de *habeas data*. O art. 15 da Lei 12.016/2009 reiterou a previsão para a liminar concedida em mandado de segurança. Sobre o tema, por todos, v.: Marcelo Abelha Rodrigues, *Suspensão de Segurança: Sustação da Eficácia de Decisão Judicial Proferida Contra o Poder Público*, São Paulo, Ed. RT, 2000. Do conjunto desses dispositivos extrai-se a *regra geral*: toda antecipação de tutela deferida em face da Administração Pública pode ser revista pela instância jurisdicional superior por meio do *incidente de suspensão*.

determinando ao presidente do tribunal que, ao examinar a decisão proferida, observe o princípio da supremacia do interesse público sobre o privado, por força do qual, em abstrato, os interesses da coletividade têm uma razão *prima facie* maior nas ponderações efetuadas do que os interesses privados; diferença de peso, em abstrato, que pode inverter-se no caso concreto. Na verdade, como essas circunstâncias jurídicas também devem ser consideradas pelo magistrado, quando do exame do pedido de antecipação, o presidente do tribunal simplesmente revê a decisão tomada, quer dizer, a ponderação anteriormente efetuada pelo julgador que a deferiu. Nesses termos, ao estabelecer a finalidade da suspensão da execução o legislador cometeu evidente impropriedade.

Há várias restrições à utilização da antecipação jurisdicional da tutela contra a Fazenda Pública, muitas delas fruto de inequívoco desvio de poder legislativo, pois, em evidente vício de ponderação, dão excessiva importância à proteção dos supostos interesses fazendários.[73] As principais restrições encontram-se hoje consagradas no art. 7º, § 2º, da Lei 12.016/2009:[74] veda-se a antecipação nos casos de reclassificação ou equiparação de servidores, concessão de aumento ou extensão de

73. Sobre o desvio de poder legislativo existe clássico trabalho de Caio Tácito, "O desvio de poder no controle dos atos administrativos, legislativos e jurisdicionais", in *Temas de Direito Público: Estudos e Pareceres*, vol. 1, Rio de Janeiro, Renovar, 1997, pp. 181-198. Afirma o excelso jurista: "Entendemos, em suma, que a validade da norma de lei, ato emanado do Legislativo, igualmente se vincula à observância da finalidade contida na norma constitucional que fundamenta o poder de legislar. O abuso do poder legislativo, quando excepcionalmente caracterizado, pelo exame dos motivos, é vício especial de inconstitucionalidade da lei, pelo divórcio entre o endereço real da norma atributiva da competência e o uso ilícito que a coloca a serviço de interesse incompatível com a sua legítima destinação" (idem, p. 193).

74. As hipóteses hoje previstas no art. 7º, § 2º, da Lei 12.016/2009 estavam previstas na Lei 9.494/1997, cuja constitucionalidade foi declarada pelo STF (Plenário, ADC/MC 4-DF, rel. Min. Sydney Sanches, j. 11.2.1998, m.v., *DJU* 21.5.1999, p. 2). Várias normas dessa lei, fruto da Medida Provisória 1.570, diversas vezes reeditada, são inválidas por inconstitucionalidade, mas não é inválida a norma introduzia pela decisão do STF. No sistema jurídico, como dantes afirmado, existem regras que possibilitam atribuir validade a normas inválidas; são as chamadas *regras de calibração*. E o exemplo mais corriqueiro é a coisa julgada (cf. Tércio Sampaio Ferraz Jr., *Teoria da Norma Jurídica*, cit., 4ª ed., p. 131). Perceba-se: a decisão do STF que declara a constitucionalidade de uma lei inconstitucional é válida por força da *regra de calibração*. Válida é a norma judicial, não a norma legal; esta permanece inválida, tanto que nada impede ao STF rever sua posição e reconhecer a invalidade da norma dantes declarada por ele válida.

vantagens ou pagamentos de qualquer natureza, exigindo que a decisão sobre essas matérias só gere efeitos após a decisão proferida pelo tribunal, em sede de apelação. Todas as restrições impostas à tutela antecipatória geram razões *prima facie*; quer dizer: diante do exame do caso concreto podem ser afastadas pelo julgador.

Essa assertiva também se aplica ao *regime de precatórios*, fixado em regra constitucional concretizadora do princípio da impessoalidade. As regras constitucionais têm, em abstrato, grande peso, pois o princípio formal que dá primazia às ponderações constituintes é mais pesado do que o princípio formal que dá primazia às ponderações legislativas. Porém, ao colidir com princípios opostos, dependendo das circunstâncias fáticas e jurídicas, também as regras constitucionais podem ser afastadas. Por isso, dependendo do caso concreto, a exigência constitucional de submissão dos pagamentos em dinheiro pelo Estado ao regime de precatórios pode, sim, ser afastada. A Administração deve, por isso, prever em seu orçamento despesas extraordinárias decorrentes de antecipação de tutela, pois, diante do caso concreto, as exigências constitucionais de proteção da saúde ou segurança, por exemplo, podem ter tal peso que exijam a antecipação da tutela pecuniária, com afastamento das regras referentes à cobrança por precatório. Enfatiza-se, à guisa de conclusão: todos os obstáculos à antecipação da tutela em face da Fazenda Pública, fixados pelo constituinte ou pelo legislador, geram sempre razões *prima facie*, nunca razões definitivas.

### *17.8.5 Informações da autoridade pública*

Em muitos casos a manifestação da autoridade competente pode afastar a invalidação de um ato administrativo. No exercício de competência discricionária, enquanto o móvel espúrio do agente público faz presumir de forma *absoluta* o vício de finalidade,[75] o erro gera apenas *presunção relativa*.[76] Assim, se o agente público, em fundamentação exaustiva, demonstrar que, segundo seu juízo, consideradas as verdadeiras circunstâncias fáticas e jurídicas, a solução adotada é a que melhor

75. Sobre o tema, v., por todos: Celso Antônio Bandeira de Mello, *Ato Administrativo e Direito dos Administrados*, São Paulo, Ed. RT, 1981, pp. 69-72.

76. Cf. nosso *Efeitos dos Vícios do Ato Administrativo*, cit., Capítulo VIII-11.4.1, pp. 492-493.

atende ao interesse público, afastada estará a invalidação. Ademais, as informações podem evitar a imposição de obrigações de fazer: se a política governamental está em fase de implementação, se o projeto está em fase de execução, não há sentido na imposição jurisdicional.

Por certo, a manifestação da autoridade coatora é, em certos casos, de extraordinária importância para o *controle* da antijuridicidade da função pública. Por isso, independentemente do rito e do objeto da ação, sempre que o magistrado verificar que a oitiva da autoridade é relevante, deverá requerer sua manifestação. Perceba-se que a regra extraída do art. 7º, I, da Lei 12.016/2009 sofre significativos temperamentos no regime geral das ações movidas em face da Administração Pública. Não faz sentido impor a apresentação de informações em todos os casos. Nas questões tributárias, por exemplo, quando o fundamento da ação é a inconstitucionalidade da cobrança, as informações pouco acrescentam. Quando desenvolvidas pela autoridade, repetem a defesa da Fazenda Pública. Comumente são elaboradas pelo próprio procurador que atua no feito. Na ausência de regra expressa, considerando-se inconstitucional a Lei do Mandado de Segurança, extrai-se do sistema, por meio da interpretação sistemática, uma regra mais *racional*: as informações da autoridade devem ser requeridas pelo magistrado quando consideradas relevantes para o exame da juridicidade do exercício da função pública.

O magistrado deve decidir se as informações podem ser apresentadas junto com a defesa da Fazenda, no prazo de 60 dias, ou se devem ser apresentadas em prazo menor, no prazo de 10 dias, por exemplo. A fixação do prazo não deve ser arbitrária; deve ser ditada pela finalidade do ato: se a apresentação das informações se destina, por exemplo, a apurar a necessidade de antecipação de obrigação de fazer, dependendo das circunstâncias, é impossível aguardar a defesa da Fazenda sem grave prejuízo ao interesse tutelado. Ao determinar a citação do ente público, no mesmo despacho, o magistrado decide sobre a apresentação das informações da autoridade coatora: se elas devem, ou não, ser apresentadas, e em qual prazo.

As informações possuem, basicamente, duas funções: (1) fornecer razões para manutenção do ato no sistema normativo; (2) fornecer dados sobre as providências administrativas adotadas pelo ente público. Podem ser fixadas as seguintes diretrizes: (1) No caso de atos administrativos inválidos, se num primeiro golpe de vista houver indícios do *exercício de competência discricionária*, a apresentação faz-se sempre necessária.

(2) Nos casos em que, *in status assertionis*, se visualiza o exercício de competência vinculada, compete ao magistrado ponderar se as informações são, ou não, necessárias. Assim, a pertinência da oitiva da autoridade coatora, quando se trata de competência vinculada, deve ser avaliada pelo magistrado. (3) No caso de *omissão administrativa*, como regra geral, as informações fazem-se sempre necessárias. (4) Nos casos em que as informações podem afastar a invalidação do ato, a não apresentação importa invalidação. (5) Nos casos em que as informações podem afastar a imposição de obrigação de fazer, a não apresentação importa imposição da obrigação.

Em suma: deve-se ler o Código de Processo Civil com a advertência de que ele foi pensado para as relações civis. Por isso, da análise sistemática extrai-se um conjunto de *regras implícitas*, constitutivas do *regime jurídico* das ações que tenham por objeto o *exercício da função pública*. Da correta interpretação do sistema constata-se a inexistência de dois regimes distintos de tutela jurisdicional mandamental em face da Administração Pública: não há um regime especial, previsto na Lei do Mandado de Segurança, e um regime geral, previsto no Código de Processo. A lei especial tornou-se incompatível com o sistema no momento em que a tutela nela proporcionada foi estendida ao rito ordinário. De outro lado, o rito ordinário nas ações relativas ao exercício da função público especializa-se.

A proposta de compreensão do sistema jurídico processual desenvolvida neste estudo não é *de lege ferenda*, mas *de lege lata*. É bem provável que ela encontre acentuada resistência dos juristas ainda apegados ao *legalismo*, exigentes de regras legislativas expressas. Diante da antevista resistência, termina-se este estudo com as advertências de dois notáveis juristas. Celso Antônio Bandeira de Mello, a sabendas, averbou: "Não se deve interpretar uma garantia constitucional à luz do processo, mas as vias processuais à luz do texto constitucional". E, pouco adiante: "As vias processuais são vestes, são como trajes que revestem o direito quando precisa ser defendido".[77] Em consonância, para finalizar este estudo, registra-se a oportuna observação de Sérgio Ferraz: "O juiz serve-se do Código de Processo Civil, mas não serve ao Código de Processo Civil".[78]

77. Celso Antônio Bandeira de Mello, "O ato coator", cit., in Celso Antônio Bandeira de Mello (org.), *Curso de Mandado de Segurança*, p. 20.

78. Sérgio Ferraz, "Aspectos processuais do mandado de segurança", cit., in Celso Antônio Bandeira de Mello (org.), *Curso de Mandado de Segurança*, p. 131.

# 18
# *Improbidade Administrativa e Inversão do Ônus da Prova*

*18.1 Ônus da prova. 18.2 Inversão do ônus da prova. 18.3 Presunções legais. 18.4 Improbidade administrativa. 18.5 Improbidade administrativa por presunção: 18.5.1 Presunção de enriquecimento ilícito – 18.5.2 Princípio da aptidão para prova – 18.5.3 Dinheiro público e supremacia do interesse público sobre o privado – 18.5.4 Combate à corrupção e hermenêutica jurídica.*

## *18.1 Ônus da prova*

Francesco Carnelutti conceitua o *ônus* como uma "faculdade cujo exercício é necessário para obtenção de um interesse".[1] Diferente da obrigação, que corresponde a um vínculo para tutela de um interesse alheio, o ônus corresponde a um vínculo para a tutela do interesse próprio.[2] Cumprida a obrigação, surge uma vantagem não para o obrigado, mas para o credor; cumprido o ônus, surge uma vantagem para o próprio onerado. Enquanto a violação da obrigação configura um ato ilícito, a violação de um ônus não contraria o Direito. Diferente da *sujeição*, que é o "estado de impossibilidade de se subtrair a um comando", o *ônus* é "o de não poder valer-se do comando a não ser sob certas

1. Francesco Carnelutti, *Sistema de Direito Processual Civil*, 2ª ed., vol. 1, trad. de Hiltomar Martins Oliveira, São Paulo, Lemos e Cruz, 2004, § 21, p. 119.

2. Ou, noutros termos: "Obrigação é a subordinação de um interesse do obrigado ao interesse de outrem, o ônus é a subordinação de um interesse do onerado a um (outro) interesse próprio" (Francesco Carnelutti, *Teoria Geral do Direito*, 2ª reimpr., trad. de Antônio Carlos Ferreira, São Paulo, Lejus, 1999, § 92, p. 289).

condições".[3] O ônus, enfim, é uma faculdade que a lei prevê para obtenção de certa *vantagem*.[4]

Fixado o conceito de ônus, possível se torna conceituar o chamado *ônus da prova*.

Ao final do processo resta saber se estão provados os *fatos constitutivos* do direito pleiteado pelo autor e os *fatos impeditivos*, *modificativos* e *extintivos* desse direito. Se os primeiros estiverem provados e não estiverem os demais, o juiz julga a ação procedente; se os impeditivos, extintivos e modificativos restarem provados, o juiz julga a ação improcedente. O problema surge quando os fatos, ao final da ação, não estiverem provados. Proíbe-se o *non liquet*: o juiz deve necessariamente julgar a causa (CPC, art. 126). Daí as regras do ônus da prova: em princípio, se os fatos constitutivos do direito não estiverem provados, o juiz julga a ação improcedente; se os fatos impeditivos, modificativos e extintivos do direito do autor não estiverem provados e estiverem provados os fatos constitutivos, o juiz julga a ação procedente (CPC, art. 333).[5]

3. Francesco Carnelutti, *Teoria Geral do Direito*, cit., 2ª reimpr., § 92, p. 287.

4. Luiz Guilherme Marinoni e Sérgio Cruz Arenhart diferenciam o *ônus* da *faculdade*: "Se no ônus e na faculdade a atuação da parte possui fundamento em um interesse pessoal, no ônus a lei determina o comportamento a ser adotado e o risco em contrariá-lo, enquanto na faculdade tal escolha permanece totalmente no foro íntimo da parte, diminuindo a previsibilidade dos efeitos do comportamento" (*Prova*, São Paulo, Ed. RT, 2009, p. 164). Em seguida, os ínclitos processualistas conceituam o ônus: "Espécie de poder da parte que possibilita o agir, segundo interesses próprios, não obstante a existência de norma predeterminada, cuja inobservância pode trazer prejuízos à própria parte onerada" (idem, ibidem).

5. A doutrina dos fatos constitutivos, impeditivos e extintivos foi desenvolvida por Giuseppe Chiovenda (*Instituições de Direito Processual Civil*, 3ª ed., vol. I, trad. de Paolo Capitanio, Campinas, Bookseller, 2002, § 3, pp. 22-25, e vol. II, §§ 276-278, pp. 444-458). Os constitutivos "dão vida a uma vontade concreta da lei e à expectativa de um bem por parte de alguém"; os extintivos "fazem cessar uma vontade concreta da lei e a conseqüente expectativa de um bem"; os impeditivos referem-se às circunstâncias cuja falta impede que as circunstâncias que têm por função específica dar vida ao direito produzam seu efeito (idem, vol. I, § 3, pp. 22-23).

Luiz Guilherme Marinoni e Sérgio Cruz Arenhart explicam a diferença entre o fato constitutivo e o impeditivo: "O fato impeditivo não impede a formação da *fattispecie* da qual o fato constitutivo faz parte e visa a constituir. O fato impeditivo não é um elemento que integra a *fattispecie*, mas sim algo que está do seu lado de fora, e assim apenas impede que o fato constitutivo produza os seus efeitos. Vale dizer, o fato constitutivo é sempre suficiente para dar origem à *fattispecie*, mas o fato impeditivo retira a sua eficácia ou impede que ela produza efeitos. É nesse sentido que se

Cândido Rangel Dinamarco conceitua: "Ônus da prova é *o encargo, atribuído pela lei a cada uma das partes, de demonstrar a ocorrência dos fatos de seu próprio interesse para as decisões a serem proferidas no processo* (...)".[6] Essa idéia inicial exige, para sua boa compreensão, várias observações.

Primeira: quem tem o ônus de provar pode não provar e ainda assim obter a vantagem – a procedência, no caso do autor, ou a improcedência, no caso do réu. Isso porque é perfeitamente possível que o fato seja provado ou pela parte contrária, que não tem o ônus de prová-lo, ou de ofício pelo juiz.[7] Por isso, a doutrina chama o ônus da prova de *ônus imperfeito*: ele não é *necessário* para obtenção da vantagem.[8] O não exercício do ônus da prova, portanto, apenas *aumenta o risco de um julgamento contrário ao interesse do onerado.*

Segunda: as regras do ônus da prova são *regras de decisão*, determinam como o magistrado deve julgar quando ele não estiver convencido sobre a existência dos fatos alegados pelas partes.[9] Elas se destinam *às partes* (ônus da prova em sentido subjetivo), pois alertam-nas sobre o

diz que o fato impeditivo atua externamente sobre a eficácia do fato constitutivo, ou, melhor, impede que a *fattispecie* produza efeitos ainda que os seus elementos constitutivos estejam presentes" (*Prova*, cit., p. 166).

6. Cândido Rangel Dinamarco, *Instituições de Direito Processual Civil*, 6ª ed., vol. III, São Paulo, Malheiros Editores, 2009, § 792, p. 70.

7. Luiz Guilherme Marinoni e Sérgio Cruz Arenhart, *Prova*, cit., p. 164. Contemporaneamente admite-se com tranqüilidade que o juiz, de ofício, determine a produção da prova. Por todos, afirmam Luiz Guilherme Marinoni e Sérgio Cruz Arenhart: "Impor ao juiz a condição de mero expectador da contenda judicial, atribuindo-se às partes o exclusivo ônus de produzir prova no processo, é, quando menos, grave petição de princípios. Ora, se o processo existe para o exercício da jurisdição, e se a jurisdição tem escopos que não se resumem apenas à solução do conflito das partes, deve-se conceder ao magistrado amplos poderes probatórios para que bem possa cumprir a sua tarefa" (*Processo de Conhecimento*, 8ª ed., São Paulo, Ed. RT, 2010, p. 291). Ademais, se o réu provar o fato constitutivo ou o autor provar o fato extintivo, modificativo ou impeditivo, a prova não poderá ser desprezada pelo julgador.

8. Por todos: Fabiana Del Padre Tomé, *A Prova no Direito Tributário*, São Paulo, Noeses, 2005, p. 218.

9. Nesse sentido: Michele Taruffo, *La Prueba de los Hechos*, 2ª ed., trad. de Jordi Ferrer Beltrán, Madri, Trotta, 2005, p. 247; Francesco Carnelutti, *Teoria Geral do Direito*, cit., 2ª reimpr., § 187, pp. 540-541; Fabiana Del Padre Tomé, *A Prova no Direito Tributário*, cit., p. 219.

risco que a não realização da prova acarreta, e *ao juiz* (ônus da prova em sentido objetivo), pois estabelecem como este deve julgar a causa quando resultarem duvidosos os fatos alegados.[10] Essa observação exige um aclaramento: o Direito não exige a *absoluta certeza* sobre os fatos alegados, a busca de uma pretensa *verdade substancial*, mas tão-somente o *convencimento* do juiz sobre a configuração dos fatos suscitados no processo.[11]

Terceira: o *direito material*, como regra, exige o *convencimento do magistrado* sobre a *veracidade do fato*, enquanto verdade construída no processo; excepcionalmente, todavia, o direito material contenta-se com o *convencimento* sobre *a verossimilhança do fato*. Deve-se analisar o direito material e constatar se ele exige o convencimento sobre a certeza do fato ou o convencimento sobre a verossimilhança do fato (tese de Gerhard Walter).[12-13] No segundo caso o juiz deve julgar procedente a ação ainda

10. Por todos: Luiz Guilherme Marinoni e Sérgio Cruz Arenhart, *Prova*, cit., pp. 174 e 178.

11. "É certo que o juiz deve buscar se convencer da verdade. Mas essa convicção se faz com base na argumentação ou nas provas trazidas ao processo, inclusive as determinações de ofício, o que gera uma verdade construída no processo. O que legitima a decisão jurisdicional ou a coisa julgada é a devida participação das partes e do juiz, ou, melhor, as próprias regras que criam as balizas para construção da verdade processual" (Luiz Guilherme Marinoni e Sérgio Cruz Arenhart, *Prova*, cit., p. 92). O processo judicial é um processo *comunicativo* em que a *prova* do fato consiste no *convencimento* de um dos partícipes desse processo, o magistrado. Na teoria da comunicação, prova é um *signo*: "Signo representativo de um fato (fato alegado), o qual, por sua vez, apresenta-se como outro signo, que se refere ao evento. O fato é signo do evento; a prova é signo do fato. Daí por que afirmamos tratar-se de metafato: fato de outro fato" (Fabiana Del Padre Tomé, *A Prova no Direito Tributário*, cit., p. 74).

12. Afirma Gerhard Walter, autor da teoria do "módulo da prova": "Lo que hay que observar no son solamente los principios jurídicos más elevados (Estado de Derecho; Estado Social), sino también los propósitos que tuvo el legislador en una materia concreta, sea que la ley los mencione expresamente como meta (§ 1, II, *BSHG*) o que se puedan inferir de los materiales de la ley o del procedimiento administrativo creado para su realización. El módulo de la prueba del procedimiento destinado en cada caso a la realización tiene que responder a esos factores influyentes y, por lo tanto, ser variable" (*Libre Apreciación de la Prueba*, trad. de Tomás Banzhaf, Bogotá, Temis, 1985, pp. 173-174).

13. Explicam Luiz Guilherme Marinoni e Sérgio Cruz Arenhart: "Em determinadas situações ao juiz é admitida a convicção de verossimilhança. Tais situações têm particularidades próprias, suficientes para demonstrar que a exigência de prova plena seria contrária ao próprio desejo do direito material. Ou, em outras palavras,

que não esteja convencido de que o fato constitutivo ocorreu, pois contenta-se o Direito com a *dúvida fundada* sobre a ocorrência do fato.

### *18.2 Inversão do ônus da prova*

Nos termos expostos, como regra geral, o ônus da prova dos fatos constitutivos é atribuído ao autor, e o dos fatos extintivos, modificativos e impeditivos ao réu. Essa regra, prevista no art. 333 do CPC, é em várias hipóteses *alterada*, dando ensejo à chamada *inversão do ônus da prova*. Discriminam-se três causas dessa alteração:

(1) *Legal* – a lei expressa ou implicitamente altera a regra geral de distribuição do ônus da prova. Dois exemplos: nos termos do art. 359 do CPC, o descumprimento da ordem judicial de exibição de documento ou coisa gera presunção relativa de verdade dos fatos que se pretendia provar por meio da exibição, caso não acolhida a recusa;[14] nos termos dos arts. 231 e 232 do CC, a recusa em se submeter a exame médico necessário para prova de um fato faz presumir a veracidade desse fato.[15]

que nessas situações o próprio direito material não exige prova plena ou não se concilia com a aplicação da regra do ônus da prova" (*Prova*, cit., p. 188). Os autores acolhem a tese de Gerhard Walter, aqui também acolhida, segundo a qual o *módulo da prova* pode *variar* conforme a *situação concreta*. Explicam Marinoni e Arenhart o pensamento do processualista alemão: "Quando se determina o 'módulo de prova', não há como deixar de levar em conta a matéria subjacente ao direito processual, sob pena de os fins do próprio direito material serem desvirtuados, ou ainda de se entrar em choque com outros importantes princípios do Direito" (idem, p. 88). Em seguida: "Para se pensar na adequação e na legitimidade do módulo da prova, não basta considerar os princípios jurídicos, ainda que os mais elevados, mas é também necessário analisar os propósitos que o legislador teve em relação a uma matéria concreta, seja quando a lei os mencione expressamente como fins, ou quando possam ser inferidos a partir das razões da lei ou do procedimento; o módulo da prova dos procedimentos diferenciados tem de responder a esses fatores e, assim, ser variável" (idem, ibidem). Daí a afirmação: "Não há como se pensar na aplicação de um modelo unitário, chamado 'verdade', para todas as situações concretas" (idem, ibidem). Enfim, concluem: "A encruzilhada, posta no meio do desenvolvimento do seu raciocínio, impôs a análise acerca de quando o método da convicção da verdade pode ser dispensado em favor do método da verossimilhança. É quando demonstra a necessidade de um agrupamento dos casos que exigiriam a redução do módulo da prova" (idem, ibidem).

14. Cf. Luiz Guilherme Marinoni e Sérgio Cruz Arenhart, *Prova*, cit., pp. 178-179.

15. Idem, pp. 183-184.

(2) *Judicial* – o juiz pode determinar a inversão da regra geral. E pode fazê-lo em duas hipóteses distintas. (2.1) Com fundamento numa *regra jurídica*, caso em que a *lei* expressamente autoriza o magistrado a inverter o ônus da prova. É justamente o que faz o inciso VIII do art. 6º do CDC: quando a alegação do consumidor for verossímil, ou quando ele for hipossuficiente, o juiz é autorizado a inverter a regra do art. 333 do CPC.[16] (2.2) Com fundamento num *princípio jurídico*, caso em que, apesar de inexistir lei autorizadora, o magistrado inverte o ônus da prova com base no *devido processo legal*. Quando ao autor é impossível ou muito difícil provar o fato constitutivo, mas ao réu é viável ou muito mais fácil provar a inexistência do fato constitutivo, deve o magistrado inverter o ônus da prova.[17-18]

16. Idem, pp. 190-197.

17. Com absoluta precisão, doutrinam Luiz Guilherme Marinoni e Sérgio Cruz Arenhart: "É evidente que o fato de o réu ter condições de provar a não existência do fato constitutivo não permite, por si só, a inversão do ônus da prova. Isso apenas pode acontecer quando as especificidades da situação de direito material, objeto do processo, demonstrarem que não é racional exigir a prova do fato constitutivo, mas sim exigir a prova de que o fato constitutivo não existe, ou seja, a inversão do ônus da prova é imperativo de bom senso quando ao autor é impossível ou muito difícil provar o fato constitutivo, mas ao réu é viável, ou muito mais fácil, provar a sua inexistência" (*Prova*, cit., p. 189). Não pode o magistrado, quando da prolação da sentença, *surpreender* as partes com a inversão. Por óbvio: a parte onerada deve ser cientificada da elevação do risco de um resultado desfavorável caso não produza a prova. Por isso, a inversão judicial deve ser comunicada às partes na *audiência preliminar*.

Em sua dissertação de Mestrado, Sandra Aparecida de Sá dos Santos concluiu que a inversão do ônus da prova pode ser uma exigência do *due process of Law* (*A Inversão do Ônus da Prova*, 2ª ed., São Paulo, Ed. RT, 2006, p. 91).

18. O *princípio da aptidão para a prova* vem sendo correntemente invocado pela doutrina nas ações em que o Poder Público é parte. A mera impugnação do *ato administrativo* não importa *inversão do ônus da prova*; esta só é determinada se a prova for muito mais fácil para a Administração do que para o administrado. Nesse sentido, doutrina Ney José de Freitas: "Não parece adequado dizer que a impugnação inverte o ônus da prova, agora, em favor do cidadão. Não se trata disso. O que se pretende sustentar é coisa diversa. O encargo que compete ao cidadão é o de impugnar o ato administrativo. Com a impugnação, cessa a aludida presunção de validade, mas não se inverte o ônus da prova em benefício do cidadão" (*Ato Administrativo: Presunção de Validade e a Questão do Ônus da Prova*, Belo Horizonte, Fórum, 2007, p. 130). E, logo em seguida, pontua: "Deve produzir prova quem detém os meios para realizar, adequadamente, tal encargo. É o denominado princípio da aptidão para a prova" (idem, ibidem). É parcialmente acompanhado por Durval Carneiro Neto, *Processo, Jurisdição e Ônus da Prova no Direito Administrativo: um Estudo*

(3) *Convencional* – a inversão é determinada em contrato firmado entre as partes. Como a regra do ônus da prova disciplina o exercício da função jurisdicional, Giuseppe Chiovenda defendeu a impossibilidade de ser alterada por acordo de vontade das partes.[19] Nesse ponto o legislador brasileiro não acolheu a doutrina de Chiovenda: o parágrafo único do art. 333 do CPC expressamente admite *convenção* das partes sobre o ônus da prova, desde que não recaia sobre direito indisponível nem torne excessivamente difícil a uma parte o exercício do direito.[20]

Há casos em que a prova é igualmente difícil para o autor e para o réu, mas o Direito determina que a situação de dúvida sobre o fato constitutivo não seja suportada pelo autor. Nesse caso, para o julgamento de procedência basta um juízo de verossimilhança dos fatos constitutivos, de modo que, não provada a existência de um fato extintivo, modificativo ou impeditivo, o juiz só julgará a ação improcedente se provada a inexistência do fato constitutivo.[21] Acolhe-se a tese de Gerhard Walter: o módulo da prova varia de acordo com o direito material objeto do litígio. Nem sempre, porém, esses casos estão claramente indicados no direito positivo. Cabe ao juiz efetuar a *ponderação* das circunstâncias fáticas e jurídicas e apurar se o Direito exige um juízo de certeza sobre os fatos constitutivos ou se contenta com um juízo de verossimilhança. A inversão judicial, nesse caso, não decorre do *devido processo legal*, nem de uma *regra legislativa* expressa, mas da *ponderação* das circunstâncias fáticas e jurídicas – e, portanto, do maior peso dado pelo sistema normativo aos valores jurídicos que estão na base da pretensão do autor.

*Crítico sobre o Dogma da Presunção de Legitimidade*, Salvador, Juspodivm, 2008, p. 344.

V., sobre o tema, nosso *Efeitos dos Vícios do Ato Administrativo*, São Paulo, Malheiros Editores, 2008, Capítulo VI-8.7, pp. 226-227. Em sentido contrário manifesta-se Fernando Gama de Miranda Netto, para quem cabe à Administração provar a validade do ato administrativo quando houver impugnação do administrado (*Ônus da Prova: no Direito Processual Público*, Rio de Janeiro, Lumen Juris, 2009, p. 284, item 5.5).

19. Giuseppe Chiovenda, *Instituições de Direito Processual Civil*, cit., 3ª ed., vol. II, § 282, pp. 460-461.

20. Sobre o tema, por todos: Luiz Guilherme Marinoni e Sérgio Cruz Arenhart, *Prova*, cit., pp. 199-203.

21. Luiz Guilherme Marinoni e Sérgio Cruz Arenhart, *Prova*, cit., pp. 188-190.

### *18.3 Presunções legais*

A primeira hipótese mencionada de inversão do ônus da prova demanda aprofundamento. Afirmou-se que quando a lei estabelece uma *presunção relativa* ela altera a regra geral do ônus da prova. Diante disso, faz-se necessário examinar, ainda que sucintamente, o tema das presunções. *Presunção* é "*um processo racional do intelecto, pelo qual do conhecimento de um fato infere-se com razoável probabilidade a existência de outro ou o estado de uma pessoa ou coisa.* (...)".[22] Fundamenta-se em *juízos probabilísticos*, apoiados na observação do que *normalmente acontece*. Não consiste num meio de prova, mas numa regra de inversão do ônus da prova.[23] A doutrina distingue as *presunções ju-*

22. Cândido Rangel Dinamarco, *Instituições de Direito Processual Civil*, cit., 6ª ed., vol. III, § 821, p. 113. Explica o aclamado processualista: "(...) como todo fenômeno de inversão probatória, as presunções relativas atuam em um primeiro momento lógico sobre o *objeto da prova*, para que o fato buscado na instrução fique dispensado de demonstração pela parte interessada (ele fica excluído do objeto da prova – art. 334, inciso IV). Depois é que, como a outra parte tem a faculdade de provar o contrário, surge para esta o *onus probandi* – ônus de provar o fato contrário, obviamente, e não o fato presumido (...)" (idem, § 825, p. 119).

23. É a posição, dentre outros, de Cândido Rangel Dinamarco, *Instituições de Direito Processual Civil*, cit., 6ª ed., vol. III, § 829, pp. 125-126. Luiz Guilherme Marinoni e Sérgio Cruz Arenhart qualificam a presunção como um expediente de *redução do módulo de prova* (*Prova*, cit., pp. 131-132). Parecem, contudo, seguir a posição de Dinamarco: "Quando sobre determinado fato incide uma presunção legal relativa, a parte a quem essa presunção prejudica fica com o ônus de provar o contrário (do estabelecido na presunção), pouco importando a sua posição no processo. Essa 'distribuição' do ônus da prova não é mais feita com base em um critério processual, mas sim a partir de uma situação que caracteriza determinado sujeito perante o direito material" (idem, p. 137).

Há forte corrente em sentido contrário. Maria Rita Ferragut, em trabalho de mão e sobremão, conceituou as presunções como *meios de prova indireta*. Nas palavras dela: "Entendemos que as presunções nada 'presumem' juridicamente, mas prescrevem o reconhecimento jurídico de um fato provado de forma indireta" (*Presunções no Direito Tributário*, São Paulo, Dialética, 2001, p. 63).

No mesmo sentido doutrina Fabina Del Padre Tomé, que aclara as premissas dessa corrente: "Toda prova é um fato que faz presumir a ocorrência de um evento. Toda prova aparece como um indício, capaz de acarretar uma presunção. Isso porque, sendo a verdade absoluta algo intangível, visto que não se tem, jamais, acesso ao acontecimento-em-si, a prova carreada aos autos não passa de indício, a partir do qual se realiza operação lógica que leve à conclusão acerca da ocorrência ou inocorrência de determinado fato jurídico em sentido estrito" (*A Prova no Direito Tributário*, cit., pp. 131-132).

*diciais*, também chamadas de *hominis* ou *simples*, em que a dedução da ocorrência de um fato pela verificação de outro decorre de um exclusivo juízo do magistrado, sem a interferência *a priori* do legislador, das *presunções legais*, em que a dedução é estabelecida em regra legislativa expressa.[24] Finalmente, impõe-se diferenciar a *presunção legal relativa* da impropriamente chamada *presunção legal absoluta* (toda presunção judicial é relativa), que nada tem de presunção: enquanto a relativa é uma regra de inversão do ônus da prova, a absoluta é uma regra de qualificação de fatos jurídicos, verdadeira *ficção jurídica*.[25]

Sem negar essas premissas, vislumbra-se uma *diferença conceitual* entre os chamados *meios de prova* e a *presunção*. A *regra do ônus da prova* não é um *meio de prova*: quando o fato não resta provado, a regra do ônus da prova não prova o fato, mas disciplina como o juiz deve decidir a causa; da mesma forma, a regra jurídica da presunção não prova o fato, mas enfraquece o módulo de prova e altera a regra do ônus da prova. Em rigor, estabelecida a presunção, o Direito considera suficiente um juízo de verossimilhança sobre o fato constitutivo e, por conseguinte, imputa ao réu o ônus de provar a inexistência do fato constitutivo. Com isso, afasta-se parcialmente da posição defendida em nosso *Efeitos dos Vícios do Ato Administrativo*, cit., Capítulo VI-8.6, p. 223.

24. Cf.: Luiz Guilherme Marinoni e Sérgio Cruz Arenhart, *Prova*, cit., pp. 132-138; Cândido Rangel Dinamarco, *Instituições de Direito Processual Civil*, cit., 6ª ed., vol. III, §§ 826-828, p. 120-124; Pacheco, Ângela Maria da Motta Pacheco, *Ficções Tributárias: Identificação e Controle*, São Paulo, Noeses, 2008, pp. 262-265; Cristiano Carvalho, *Ficções Jurídicas no Direito Tributário*, São Paulo, Noeses, 2008, pp. 211-213.

Maria Rita Ferragut critica a classificação: ambas as presunções são *legais*, pois disciplinadas pelo Direito (*Presunções no Direito Tributário*, cit., p. 65). Discorda-se: ambas as presunções são *jurídicas*, mas não *legais*.

25. Ângela Maria da Motta Pacheco diferencia a presunção absoluta da ficção: a presunção *juris et de jure* diz respeito a dois fatos, em que, provado o primeiro, está, por determinação legal, inexoravelmente provado o segundo; a ficção diz respeito a um único fato (*Ficções Tributárias: Identificação e Controle*, cit., p. 267). Pouco adiante a própria autora reconhece: "Embora figura que introduza um raciocínio presuntivo, as presunções *juris et de jure* acabam se comportando como ficções jurídicas" (idem, p. 268).

Cândido Rangel Dinamarco não vê a distinção e qualifica as presunções absolutas como "expedientes com os quais o legislador constrói certas ficções e nelas se apóia para impor as conseqüências jurídicas que entende convenientes" (*Instituição de Direito Processual Civil*, cit., 6ª ed., vol. III, § 824, p. 116). No mesmo sentido, afirma Fabiana Del Padre Tomé: "A chamada *presunção absoluta* nada tem de presunção, pois, ao inadmitir prova em contrário, caracteriza-se como verdadeira disposição legal de ordem substantiva que prescreve determinada conseqüência jurídica em função de específico acontecimento factual, previsto na hipótese" (*A Prova no Direito Tributário*, cit., p. 136).

### *18.4 Improbidade administrativa*

Dispõe o § 4º do art. 37 da CF de 1988 que "os atos de improbidade administrativa importarão a suspensão dos direitos políticos, a perda da função pública, a indisponibilidade dos bens e o ressarcimento ao Erário, na forma e gradação previstas em lei, sem prejuízo da ação pena cabível". As palavras utilizadas no texto constitucional, sendo *signos*, não são desprovidas de *significado*; não são formas ocas, um "X" ou um "Y" ao qual o legislador é livre para atribuir qualquer conteúdo. Pelo contrário: a utilização de uma palavra no texto constitucional importa a constitucionalização do seu significado ou ao menos do núcleo essencial deste. "Improbidade" vem do substantivo latino *improbitas, tatis*, que significa "má qualidade", "maldade", "perversidade".[26] Daí o conceito jurídico: improbidade é uma *imoralidade qualificada* pela *desonestidade do agente.*[27]

O legislador pretendeu, na Lei 8.429/1992, esvaziar a *força normativa* desse importante *conceito jurídico* por meio da *banalização.* O texto literal abarca na tipificação das condutas ímprobas condutas meramente *culposas* e – pasmem! – todas as condutas atentatórias aos princípios da Administração Pública. Com efeito: pelo texto dos arts. 9º, 10 e 11, configuram atos de improbidade os atos dos agentes públicos que importem *enriquecimento ilícito*, que causem *prejuízo ao Erário* e que atentem *contra os princípios* da Administração Pública. É evidente a tentativa de *banalização* da improbidade: ao pé da letra, todo ato administrativo inválido importaria uma improbidade; todo ato danoso meramente culposo, ainda que resultante de culpa leve, importaria uma improbidade. Se a banalização de um conceito no plano abstrato é imo-

26. Cf. Ernesto Faria, *Dicionário Latino-Português*, Belo Horizonte, Garnier, 2003, p. 477.

27. A expressão "imoralidade administrativa qualificada" é de José Afonso da Silva (*Curso de Direito Constitucional Positivo*, 37ª ed., São Paulo, Malheiros Editores, 2014, p. 678). O complemento é de Aristides Junqueira Alvarenga, que em famoso trabalho, a sabendas, averbou: "*Improbidade administrativa* pode ser definida como espécie do gênero *imoralidade administrativa*, qualificada pela desonestidade de conduta do agente público, mediante a qual este se enriquece ilicitamente, obtém vantagem indevida, para si ou para outrem, ou causa dano ao Erário" ("Reflexões sobre improbidade administrativa no Direito Brasileiro", in Cassio Scarpinella Bueno e Pedro Paulo de Rezende Porto Filho (coords.), *Improbidade Administrativa: Questões Polêmicas e Atuais*, 2ª ed., São Paulo, Malheiros Editores, 2003, p. 111).

ral, a aplicação dessa banalização no plano concreto é mais imoral ainda. Sem embargo, não há por que a pretendida banalização surtir efeitos: é de obviedade ululante que só condutas *desonestas* – e a *desonestidade* pressupõe *dolo*, má-fé do agente – admitem a qualificação de *ímprobas*. A desonestidade faz parte do *núcleo essencial* do *signo* "improbidade" inscrito no inciso V do art. 15 e no § 4º do art. 37, ambos da CF de 1988. A Lei 8.429/1992 exige, nesses termos, uma *interpretação conforme a Constituição*.

## *18.5 Improbidade administrativa por presunção*

O inciso VII do art. 9º da Lei 8.429/1992 tipifica como ato de improbidade administrativa "adquirir, para si ou para outrem, no exercício de mandato, cargo, emprego ou função pública, bens de qualquer natureza cujo valor seja desproporcional à evolução do patrimônio ou à renda do agente público". Em torno desse dispositivo instaurou-se acirrado debate doutrinário. Ao contrário do espírito da lei, essa regra não configura *banalização da improbidade administrativa*. Pelo contrário: trata-se de *regra fundamental* do sistema normativo vigente, a merecer estudo aprofundado. Ela tipifica uma *presunção legal relativa*, importando clara *inversão do ônus da prova*.

São *fatos constitutivos* da pretensão punitiva: (a) o *fato da aquisição* para si ou para outrem, no exercício de mandato, cargo, emprego ou função pública, de bens de qualquer natureza cujo valor seja desproporcional à evolução do patrimônio ou à renda do agente público; (b) a *ilicitude* da aquisição; (c) a *desonestidade* da aquisição. Perceba-se: o mero fato da aquisição não configura ato de improbidade. Exigem-se a ilicitude e a desonestidade. O legislador, no dispositivo transcrito, dispensou o autor da ação popular, Ministério Público ou Fazenda Pública, de provar a ilicitude e a desonestidade da aquisição. Imputou o ônus da prova da inexistência desses fatos constitutivos ao réu. Se ele não provar a licitude ou a boa-fé,[28] a ação será julgada procedente.

28. É possível que a aquisição seja ilícita e não haja improbidade administrativa. Conforme exposto, para que haja improbidade faz-se necessária a *desonestidade*. Se o agente adquiriu bens ilicitamente mas provar que não o fez com *dolo*, descaracterizar-se-á a improbidade. Mais ainda: aplicam-se à improbidade administrativa, *mutatis mutandis*, as linhas gerais da *teoria do crime*. Assim, se o réu, apesar da ili-

Antes, porém, de examinar com detença a juridicidade desse dispositivo, apresenta-se um panorama do debate doutrinário até então existente. Há quem considere o dispositivo inconstitucional. Marino Pazzaglini Filho, Márcio Fernando Elias Rosa e Waldo Fazzio Jr. defendem a necessidade da prova pelo Ministério Público do nexo entre o abuso do exercício funcional e o enriquecimento.[29] No mesmo sentido doutrina Francisco Octávio de Almeida Prado, para quem a condenação exige a prova de que o acréscimo patrimonial derivou de vantagem patrimonial indevida, e o ônus da prova cabe ao acusador.[30] Em sentido contrário, Wallace Paiva Martins Jr. vislumbra no dispositivo autêntica inversão do ônus da prova, apesar das alterações que o Projeto sofrera no Congresso,[31] e defende sua constitucionalidade.[32] O ínclito professor paulista

citude da aquisição, afastar, por exemplo, a *imputação objetiva*, deverá a ação ser julgada improcedente (por todos, v. a excelente monografia de Fernando Capez, *Limites Constitucionais à Lei de Improbidade*, São Paulo, Saraiva, 2010, pp. 173 e ss.). Do mesmo modo, se afastar a *tipicidade*, a *antijuridicidade*, a *culpabilidade* ou a *punibilidade*, também obterá a improcedência. Sobre o tema, v. nosso *Efeitos dos Vícios do Ato Administrativo*, cit., Capítulo XI-3, pp. 612-640.

29. Afirmam: "Tendo em vista as rigorosas sanções estipuladas no diploma em questão e sua repercussão na esfera privada, e levando-se em conta que sua aplicação conduz ao desapossamento de bens, à privação de direitos políticos e à interdição para o exercício de função pública, quer dizer, a privação de direitos fundamentais garantidos pela Constituição Federal, não se pode aceitar a tese da presunção da ilicitude do enriquecimento calcada em também presumida, genérica e vaga improbidade administrativa. No Estado Democrático de Direito é inconcebível exigir do cidadão que prove que é inocente" (Waldo Fazzio Jr., Marino Pazzaglini Filho e Márcio Fernando Elias Rosa, *Improbidade Administrativa: Aspectos Jurídicos da Defesa do Patrimônio Público*, 4ª ed., São Paulo, Atlas, 1999, p. 71).

30. "A inversão do ônus da prova envolve uma presunção de enriquecimento ilícito – de culpa, portanto. E uma tal presunção, criada pelo legislador ordinário, é virtualmente incompatível com a presunção de inocência consagrada pela Constituição na esfera penal e extensiva às sanções por improbidade administrativa. Tal circunstância, aliada à impossibilidade de se adotar a responsabilidade objetiva, leva à conclusão no sentido de que cabe ao órgão acusador – e só a ele – identificar e demonstrar que o acréscimo patrimonial do agente público derivou de conduta ilícita e culpável no exercício de suas atividades" (Francisco Octávio de Almeida Prado, *Improbidade Administrativa*, São Paulo, Malheiros Editores, 2001, p. 87).

31. Segundo informa o autor, o Projeto de Lei 1.446/1991 tipificava como improbidade, no inciso IX do art. 2º, a aquisição de bens ou valores, no exercício de cargo, emprego ou função pública, ou logo após deixá-los, sem que, à época da aquisição, se dispusesse de recursos financeiros. A redação foi alterada na Câmara dos Deputados, punindo-se a aquisição, para si ou para outrem, no exercício de cargo,

emprego ou função pública, ou até cinco anos após o término do exercício, de bens ou valores de qualquer natureza cujo valor fosse desproporcional à evolução patrimonial ou à renda do agente público. Inseriu-se um § 2º que imputava ao agente ou a seus sucessores a prova da origem lícita dos recursos financeiros utilizados para a aquisição desses bens ou valores. Quer dizer: passou-se a fazer expressa menção no texto do Projeto à *inversão do ônus da prova*. O Projeto foi encaminhado ao Senado, que alterou a redação do dispositivo para elevar de 5 para 10 anos o período posterior ao término do exercício do cargo, emprego ou função pública em que perduraria a inversão. O Senado manteve, contudo, a expressa menção à inversão, agora no art. 26. O Projeto retornou à Câmara dos Deputados, que suprimiu tanto a "quarentena" quanto a explicitação da inversão do ônus da prova (Wallace Paiva Martins Jr., *Probidade Administrativa*, São Paulo, Saraiva, 2001, p. 196, rodapé 33).

Esse breve relato deixa claro que a intenção do legislador foi impedir a inversão do ônus da prova, e traz à tona o secular debate entre *subjetivistas* e *objetivistas*: os primeiros defendem a busca da *intenção do legislador*; os últimos, a *busca da intenção da lei*. Sobre ambas as correntes, v., por todos: Karl Engisch, *Introdução ao Pensamento Jurídico*, 8ª ed., trad. de J. Baptista Machado, Lisboa, Fundação Calouste Gulbenkian, 2001, Capítulo V, pp. 165-197. Interessante notar que Engisch adota a teoria subjetivista, com temperamentos (idem, p. 202, nota 10).

Tércio Sampaio Ferraz Jr., após afirmar que a polêmica não pode ser resolvida pela força dos argumentos (*Introdução ao Estudo do Direito: Técnica, Decisão Dominação*, 5ª ed., São Paulo, Atlas, 2007, p. 269), invoca a "teoria do legislador racional" (idem, p. 281) de Carlos Santiago Nino: atribuem-se ao legislador certas propriedades de *racionalidade*, tomando-o como único, imperecível, omnisciente, operativo, justo, coerente, omnicompreensivo, preciso (Carlos Santiago Nino, *Introducción al Análisis del Derecho*, Barcelona, Ariel, 2003, pp. 328-333).

Ora, o "legislador racional" é justamente a "vontade da lei" (ou, mais precisamente, do texto normativo), apesar da discordância de Tércio Sampaio. Essa "vontade" do texto é o "terceiro metalingüístico" referido pelo notável jusfilósofo: não é o texto, nem o autor do texto (*Introdução ao Estudo do Direito: Técnica, Decisão Dominação*, cit., 5ª ed.,, pp. 281-283). Por isso, adota-se a teoria objetivista: despreza-se a "vontade do agente normativo". Aliás, conclusão plenamente coerente com o que afirmamos em outra oportunidade: na *função pública* a vontade do agente normativo é irrelevante ou, quando muito, secundária (*Efeitos dos Vícios do Ato Administrativo*, cit., Capítulo II-3.5, pp. 55-57). Nesse ponto, calha à fiveleta o escólio de Carlos Maximiliano: "Com a promulgação, a lei adquire vida própria, autonomia relativa; separa-se do legislador; contrapõe-se a ele como um produto novo; dilata e até substitui o conteúdo respectivo sem tocar nas palavras; mostra-se, na prática, mais previdente que o seu autor. (...). Logo, ao intérprete incumbe apenas determinar o sentido *objetivo* do texto, a *vis ac potestas legis*; deve ele olhar menos para o passado do que para o presente, adaptar a norma à finalidade humana, sem inquirir a vontade inspiradora da elaboração primitiva" (*Hermenêutica e Aplicação do Direito*, 16ª ed., Rio de Janeiro, Forense, 1997, § 35, pp. 30-31).

Diante da redação do inciso VII do art. 9º da Lei 8.429/1992, nos termos a seguir retomados, resta clara a *inversão do ônus da prova*, ainda que da análise histórica, do exame das discussões parlamentares em torno do Projeto, se infira a intenção do legislador de não instituir essa inversão. Em suma: o que importa é o significado do texto aprovado, e não a intenção do editor normativo.

Marcelo Figueiredo parece adotar o mesmo entendimento.[33] Fábio Medina Osório admite o ajuizamento da ação mesmo sem a prova da ilicitude, mas é reticente em relação à inversão.[34] Finalmente, Emerson Garcia considera inexistir inversão do ônus da prova: sustenta bastar ao autor da ação provar a desproporção entre a remuneração do agente e a evolução patrimonial, devendo o réu provar a origem lícita; mas argumenta que esta última consiste em fato impeditivo da pretensão do autor.[35] Sem desprestigiá-lo, discorda-se: ao se imputar ao réu o dever de provar a *licitude*, há autêntica inversão do *onus probandi*, pois a ilicitude não é estranha à *fattispecie* da conduta típica (cf., *supra*, neste capítulo, rodapé 5).

Feita esta breve resenha do debate doutrinário, possível se torna o atento exame dessa inversão.

32. "Não obstante a eliminação da regra explícita da inversão do ônus da prova, o texto aprovado não aboliu esse instrumento, porque para o autor da ação, repita-se, basta a prova de que o agente público exercia alguma função pública e adquiriu bens ou valores incompatíveis e desproporcionais à evolução de seu patrimônio ou renda, constatação que é feita a partir das informações constantes das declarações de bens prestadas por ele próprio, de informações patrimoniais ou rendimentos em seu nome existentes em instituições bancárias, serviços notariais e de registros públicos, repartições públicas etc., de modo que sempre caberá a ele provar a origem lícita dos recursos empregados na aquisição. É nessa exata medida que se dá a inversão do ônus da prova" (Wallace Paiva Martins Jr., *Probidade Administrativa*, cit., pp. 196-197).

33. "Existe na lei uma presunção de enriquecimento ilícito, situação muito similar às hipóteses previstas na legislação do imposto de renda, alusivas aos 'sinais exteriores de riqueza'. É preciso ter cuidado ao aplicar o dispositivo. O intérprete deve dar caminhos e meios para que o agente possa justificar por todos os modos em Direito admitidos a origem de suas rendas e proventos e, assim, dar oportunidade para que a 'verdade real' (em contraposição à 'verdade formal' – das declarações de renda do agente ímprobo) venha à tona" (Marcelo Figueiredo, *Probidade Administrativa: Comentários à Lei 8.429/1992 e Legislação Complementar*, 6ª ed., São Paulo, Malheiros Editores, 2009, p. 90).

34. "Insista-se, não obstante, que a incidência do tipo depende da correta e razoável distribuição do ônus probatório. Isso só se torna possível com a avaliação concreta do caso em análise. Determinados sinais de riqueza exterior justificam ou podem justificar o desencadeamento de investigações. O resultado das apurações, assegurados os direitos de defesa e de informação, pode recomendar ajuizamento de demanda se, garantidas todas as oportunidades, o imputado não souber explicar a origem de seu patrimônio *lato sensu*" (Fábio Medina Osório, *Teoria da Improbidade Administrativa*, São Paulo, Ed. RT, 2007, p. 457).

35. Emerson Garcia, "Improbidade administrativa", in Rogério Pacheco Alves e Emerson Garcia, *Improbidade Administrativa*, 4ª ed., Rio de Janeiro, Lumen Juris, 2008, pp. 325-329.

### *18.5.1 Presunção de enriquecimento ilícito*

Sem hipocrisia,[36] não existe *enriquecimento sem causa*. A chamada "proibição do enriquecimento sem causa" consiste, mais precisamente, na proibição de enriquecimento sem *justa* causa.[37] Com efeito: todo enriquecimento tem uma causa, o fato que lhe deu ensejo. No mais das vezes o enriquecimento das pessoas advém de seus rendimentos (*primeira presunção*). Essa regra, porém, fruto de um juízo probabilístico, não é absoluta; por óbvio, alguém pode enriquecer em virtude de uma *doação*, de uma *herança*, do recebimento de um *prêmio*; causas excepcionais, contrárias ao que normalmente acontece. Como regra geral, o enriquecimento decorre da remuneração. Na feliz observação de Cândido Rangel Dinamarco, segundo a sabedoria popular, quem tem mais riquezas do que suas fontes financeiras conhecidas comportam presume-se desonesto.[38]

Trata-se de uma decorrência da *primeira presunção*: se, como regra geral, o enriquecimento das pessoas decorre de sua remuneração, quando há desproporção entre o enriquecimento e a remuneração presume-se a ilicitude (*segunda presunção*). Presunção não é ficção: exige *base* na *realidade fenomênica*, um *juízo probabilístico* fundado na observação do que *comumente acontece*. No caso, esses dois juízos – de que o enriquecimento decorre da remuneração e de que o enriquecimento desproporcional à remuneração é ilícito – configuram autênticas presunções, pois fundados no que, de fato, realmente acontece.

36. Fábio Medina Osório observa, com absoluta razão, que "a desproporção entre os rendimentos formais e o padrão de vida ostentado pelo agente público é um dos problemas mais comuns, (...) que convive abertamente com altos índices de hipocrisia diante dessas distorções" (*Teoria da Improbidade Administrativa*, cit., p. 455).

37. Por todos, v. Giovanni Ettore Nanni, *Enriquecimento sem Causa*, São Paulo, Saraiva, 2004, pp. 254-265.

38. "(...). Dizia-se, em um anacoluto que no passado foi bastante conhecido nas cidades interioranas, que *quem cabritos vende e cabras não tem, de alguma parte lhos vêm* – e isso significa presumir que quem ostenta riquezas sem ter fontes financeiras conhecidas provavelmente colheu desonestamente o que ostenta" (Cândido Rangel Dinamarco, *Instituições de Direito Processual Civil*, cit., 6ª ed., vol. III, § 821, p. 114). A presunção é registrada no famoso samba de Noel Rosa: "Você tem palacete reluzente. Tem jóias e criados à vontade. Sem ter nenhuma herança ou parente. Só anda de automóvel na cidade... E o povo já pergunta com maldade: 'Onde está a honestidade? Onde está a honestidade?'".

Pois bem, a lei nada mais fez do que positivar a segunda *presunção*. Quando o patrimônio do agente público é desproporcional em relação aos seus vencimentos, surge na população uma dúvida. A dúvida decorre justamente da existência das aludidas hipóteses excepcionais – herança, doação, prêmio; sem elas haveria certeza, e não dúvida. Diante dessa dúvida, configurada essa *presunção*, pode o sistema normativo imputar ao próprio réu que prove a *licitude* do seu enriquecimento? Foi justamente o que fez o inciso VII do art. 9º da Lei 8.429/1992: o autor deve provar o enriquecimento e a desproporção entre este e a remuneração do agente; se provados esses dois fatos e não houver prova da licitude do enriquecimento, a ação de improbidade deve ser julgada procedente. O sistema não exige a prova da ilicitude; o ônus da prova da inexistência do fato constitutivo, ou, melhor, da licitude do enriquecimento, cabe ao réu. Afirmou-se neste estudo que a *presunção* importa *inversão do ônus da prova*. Resta saber se é possível o juízo presuntivo para condenar alguém; mais ainda, para impor a sanção de improbidade. Defende-se aqui essa possibilidade, por vários motivos.

### *18.5.2 Princípio da aptidão para prova*

Afirmou-se que não é apenas a *presunção* que fundamenta a *inversão do ônus da prova*. Quando a *prova* é impossível ou *muito difícil* para uma parte, o *princípio do devido processo legal* exige a inversão do ônus da prova. Trata-se do que ficou conhecido como *princípio da aptidão para prova*. Se a prova é muito mais difícil para uma parte do que para a outra, o ônus da prova deve ser imputado à parte para a qual a realização da prova é muito mais fácil. A *possibilidade* de cumprimento do ônus é um pressuposto para a inversão: deve ser possível à parte onerada provar o fato.[39] Não é condição suficiente, pois não basta a possibilidade. A prova deve ser muito mais fácil para uma parte do que para a outra.

39. Afirmam Luiz Guilherme Marinoni e Sérgio Cruz Arenhart: "Quando se inverte o ônus é preciso supor que aquele que vai assumi-lo terá a possibilidade de cumpri-lo, pena de a inversão do ônus da prova significar a imposição de uma perda, e não apenas a transferência de um ônus. Nessa perspectiva, a inversão do ônus da prova somente deve ocorrer quando o réu tem a possibilidade de demonstrar a não existência do fato constitutivo" (*Prova*, cit., p. 189).

No caso, é de uma obviedade ululante: é muito mais fácil para o agente provar que o enriquecimento é lícito do que para o Estado provar que o enriquecimento é ilícito. O enriquecido sempre sabe com absoluta clareza a causa de seu enriquecimento. Quando a causa é lícita, a prova é quase sempre muito fácil de ser efetuada. A prova só se torna difícil justamente quando a causa é ilícita.[40] Além da configuração do *juízo presuntivo*, portanto, a inversão é justificada pelo princípio da aptidão para a prova.

### *18.5.3 Dinheiro público e supremacia do interesse público sobre o privado*

Poder-se-ia dizer: ainda que configurada a aludida presunção, e ainda que a prova seja mais fácil para o réu do que para o autor, a inversão do ônus da prova não pode ser efetuada, pois não se poderia basear a imputação da qualificação de *desonesto*, de *ímprobo*, numa mera presunção; não se poderia, por conseguinte, fundamentar a condenação por improbidade e, assim, a imposição das graves sanções previstas no § 4º do art. 37 da CF de 1988 e no art. 12 da Lei 8.429/1992 em mera presunção. Ademais, não se poderia exigir que alguém prove não ter praticado uma infração, não ser desonesto. A argumentação não procede, pelo seguinte: trata-se de *dinheiro público*, e o fato de se tratar de dinheiro público justifica a imposição da inversão do ônus da prova.

Com efeito: quando alguém decide assumir uma função pública ou gerenciar recursos públicos, aceita inserir-se numa *situação jurídica especial*.[41] Quem toca em *dinheiro público* fica, inexoravelmente, na situa-

40. Muito apropriadas as considerações de Marcelo Figueiredo: "É ingênuo supor que o agente ímprobo, de ordinário, com o produto de sua rapinagem, declare seus bens ao Imposto de Renda, adquira bens na cidade ou no País em que viva – enfim, que demonstre a todos grande desproporção entre renda e patrimônio, embora possa fazê-lo, eventualmente" (*Probidade Administrativa: Comentários à Lei 8.429/1992 e Legislação Complementar*, cit., 6ª ed., p. 79).

41. Essa situação justifica a inversão do ônus da prova quando for provada pelo Estado a desproporção entre o patrimônio do agente e sua remuneração. Não justifica, porém, a publicação nominal dos vencimentos. O que o Governo Paulista fez no ano de 2009 com seus servidores foi historicamente o maior atentado ao funcionalismo público brasileiro. Dificilmente se concebe um exemplo de maior desrespeito aos direitos fundamentais dos servidores. O § 6º do art. 39 da CF de 1988 exige a publicação dos valores dos subsídios e da remuneração dos agentes públicos; o parágrafo

ção de *sujeição* de *prestar contas*. É uma das bases do *regime republicano*: o intenso controle dos bens públicos, em sentido lato, e, pois, do uso do dinheiro público.[42] Noutras palavras: o povo tem o direito de exigir explicações de quem recebe dinheiro público. Diante da dúvida decorrente da desproporção entre o enriquecimento e a remuneração do agente, surge o *dever de explicar* ao povo o porquê do enriquecimento. A situação jurídica de quem recebe dinheiro público não é – acentua-se com ênfase – equivalente à situação jurídica de quem recebe *dinheiro privado*.

Quando se trata de *dinheiro privado* a desproporção entre o enriquecimento e os vencimentos dos *particulares* não justifica a inversão do ônus da prova e a imputação do ônus de provar a licitude do enriquecimento; mas tudo é diferente quando se trata de *dinheiro público*. E isso porque, num plano abstrato, os bens coletivos sobrepõem-se aos bens privados: vigora no sistema o princípio formal da *supremacia do interesse público sobre o privado*.[43] Os valores relativos à *liberdade* do

único do art. 48 e o art. 48-A da Lei de Responsabilidade Fiscal – Lei Complementar 101/2000 –, introduzidos pela Lei Complementar 131/2009, exigem a publicação eletrônica de todos os gastos públicos. Por óbvio, essa publicação deve respeitar o direito à privacidade dos servidores; basta que se informe o valor da remuneração de cada cargo, basta que se informe o valor de cada vantagem pecuniária, basta que se informe o quanto se gasta com a remuneração de pessoal de cada órgão, com cada carreira. O princípio republicano, enfim, não admite que se publique o holerite dos servidores. A situação dos agentes públicos é especial, mas não a ponto de afetar o núcleo essencial do direito fundamental da privacidade. Surpreendentemente, há quem discorde. Wallace Paiva Martins Jr. entende que a publicidade nominal dos vencimentos não é obstada pela tutela da intimidade e da vida privada (*Remuneração dos Agentes Públicos*, São Paulo, Saraiva, 2009, pp. 155-157). Afasta-se, nesse ponto, de seu costumeiro acerto. Insiste-se: a publicação nominal é uma séria afronta ao funcionalismo.

42. Geraldo Ataliba, em sua magna monografia, asseverou: "Controle financeiro público é o conjunto de medidas de natureza fiscalizatória exercidas sobre o movimento de dinheiros e bens valiosos, de natureza econômica, manejados por administradores públicos, debaixo da relação de administração. Fiscalizar consiste em contrastar – para averiguar de sua adequação – uma atividade com as normas que a disciplinam. De longa data convencionou-se designar por direito financeiro ao subramo do direito administrativo que regula a atividade financeira do Estado consistente no levantamento, gestão e dispêndio de dinheiros. Estes passam a ter a qualificação de *públicos* pelo regime (administrativo) de sua tutela ou pela qualidade de seu possuidor, o Estado" (*República e Constituição*, 3ª ed., São Paulo, Malheiros Editores, 2011, p. 79).

43. Sobre ele, v. nosso *Abuso de Direito e a Constitucionalização do Direito Privado*, São Paulo, Malheiros Editores, 2010, pp. 52-56.

agente público e à *presunção de inocência* importam a garantia de não ser sancionado sem a prova pelo órgão acusador dos fatos constitutivos do *jus puniendi*. Esses valores cedem parcialmente em face do regime de tutela do dinheiro público e da exigência de prestação de contas quando verificado que o enriquecimento do agente é desproporcional à sua remuneração. Deveras: o sistema jurídico exige dos agentes que expliquem por que possuem patrimônio desproporcional a seus vencimentos; e, se não cumprido esse dever, se não apresentadas justificativas, presume-se a ilicitude. Conclui-se: a *supremacia do interesse público sobre o privado* justifica a *inversão do ônus da prova*, a imputação ao réu do ônus de provar a licitude do enriquecimento quando este for desproporcional à remuneração.

### *18.5.4 Combate à corrupção e hermenêutica jurídica*

Se todos os argumentos expostos não forem suficientes para justificar a validade da regra prevista no inciso VII do art. 9º da Lei 8.429/1992, resta atentar para as *bases* do *direito administrativo* e para a correta *compreensão* do *sistema constitucional vigente*. O benemérito professor Celso Antônio Bandeira de Mello sintetizou de modo extraordinariamente feliz a razão de ser do *direito administrativo*: trata-se de um conjunto normativo que tem a magna função de ser a *arma* e o *escudo* do cidadão em face do *uso desatado do poder*.[44] Por extensão: uma das principais funções das normas jurídicas de direito administrativo é *evitar* a *corrupção*. Sendo assim, é possível afirmar: o direito administrativo é um ramo dogmático eligido para impedir a corrupção de quem exerce função pública. Essa idéia está na base da própria disciplina e de todas as normas a ela atinentes. Trata-se, seguindo a doutrina de Friedrich Müller, de um *preconceito*[45] necessário à correta compreensão das normas de direito público.

44. Celso Antônio Bandeira de Mello, *Curso de Direito Administrativo*, 31ª ed., São Paulo, Malheiros Editores, 2014, Capítulo I-20, pp. 47-48. Deveras, o direito administrativo protege o cidadão contra o uso desatado do poder – nesse sentido, é escudo – e possibilita ao cidadão atacar o uso desatado do poder – e nesse sentido é arma. Em suma: escudo e arma do cidadão.

44. Friedrich Müller diferencia a pré-compreensão jurídica ou referida ao Direito da pré-compreensão geral (*Teoria Estruturante do Direito Direito I*, trad. de Peter Naumann e Eurides Avance de Souza, São Paulo, Ed. RT, 2008, pp. 55-82). Enquanto a última se refere a toda visão de mundo do sujeito cognoscente, a primeira

Desse *preconceito técnico*, dessa pré-compreensão jurídica, extrai-se uma *regra fundamental de hermenêutica das normas de direito público*. Diante de duas interpretações possíveis, o intérprete deve escolher a menos favorável à corrupção. Sempre haverá juristas defensores de corruptos, é perfeitamente natural que no exercício da Advocacia se defendam teses favoráveis à corrupção. Tudo é diferente na seara científica: não pode o intérprete adotar uma posição amplamente favorável à corrupção. E, no caso, só quem estiver de má-fé nega esta obviedade: afastar por interpretação a regra do sistema que obriga o agente a provar a licitude do enriquecimento quando este é desproporcional à sua remuneração é favorecer a corrupção.

Ademais, quando se volta os olhos para o texto constitucional vigente reforça-se ainda mais essa diretriz. Bastam alguns exemplos: o constituinte ampliou sensivelmente, no art. 71, as competências do Tribunal de Contas; atribuiu, no art. 129, relevantes competências ao Ministério Público em prol da defesa do patrimônio público. Além disso, quando o constituinte, no plano abstrato, ponderou valores antagônicos, muitas vezes optou por dar mais ênfase aos valores contrários à corrupção. Típico exemplo encontra-se no § 5º do art. 37, que estabelece a regra da imprescritibilidade para as ações de ressarcimento ao Erário.[46]

refere-se a preconceitos positivos necessários à correta interpretação. Deveras: o intérprete, ao examinar um texto de direito público, deve partir do preconceito de que o direito público é a arma e o escudo do cidadão. Quem não inicia a atividade hermenêutica imbuído desse "preconceito" tende a chegar a um resultado equivocado. Do mesmo modo: o conceito de função pública, as características dela, as balizas do regime de direito público, são preconceitos necessários à boa interpretação do direito público. Insiste-se: interpretar o direito público pressupõe ter presente, previamente, os conceitos de Estado, de função estatal, de indisponibilidade e supremacia do interesse público e, principalmente, que esse ramo do Direito foi construído para servir de arma e de escudo do cidadão, para evitar a corrupção dos agentes públicos.

46. Surgiram na doutrina duas teses opostas sobre a exegese do § 5º do art. 37 da CF. Pela primeira, o dispositivo impõe de forma definitiva a imprescritibilidade das ações de ressarcimento do Erário decorrentes de ilícitos praticados por agentes públicos. Pela segunda, o dispositivo não impõe a imprescritibilidade, mas a diferenciação de prazos prescricionais do ilícito penal ou administrativo e da ação de responsabilidade. Com o tempo a segunda posição tornou-se amplamente majoritária. Fábio Medina Osório defendia a primeira posição na 1ª edição de seu *Direito Administrativo Sancionador* (São Paulo, Ed. RT, 2000, pp. 413-414, rodapé 56). Hoje defende a segunda posição (*Direito Administrativo Sancionador*, 4ª ed., São Paulo, Ed. RT, 2011, p. 439, rodapé 47).

Quer dizer: a Constituição de 1988 voltou-se nitidamente ao combate à corrupção. A *história* e a *realidade* brasileiras justificam plenamente a positivação dessas normas.[47] Nos termos expostos, o direito administrativo tem, naturalmente, como premissa esse combate; no direito administrativo brasileiro, subserviente ao direito constitucional, a premissa é deveras intensificada. Diante disso, a *diretriz hermenêutica* referida é não apenas alicerçada nas bases teóricas da disciplina, mas no próprio espírito da Constituição de 1988.

Feitas estas considerações, é possível dizer que o *direito material*, no caso da tipificação de improbidade administrativa por enriquecimento ilícito, exige a *redução do módulo de prova*. Admite-se que a condenação do ímprobo se fundamente num juízo de verossimilhança, numa *presunção*. Caracterizada a desproporção entre o patrimônio do agente e sua remuneração e não provada pelo agente a licitude do seu enriquecimento, impõe-se a condenação.

Celso Antônio Bandeira de Mello defendia a primeira posição até a 26ª edição de seu *Curso de Direito Administrativo* (São Paulo, Malheiros Editores, 2009, Capítulo V-133, p. 321, e Capítulo XXI-12, p. 1.048). A partir da 27ª edição (2010) passou a defender a segunda (atualmente, 31ª ed., cit., Capítulo V-133, p. 330, e Capítulo XXI-12, pp. 1.080-1.081).

As duas orientações são equivocadas, pois se prendem a uma fase do Direito há muito superada, em que as regras jurídicas eram consideradas razões definitivas. Toda regra abstrata é uma razão *prima facie*. Por isso, extrai-se da redação do § 5º do art. 37 da CF uma razão *prima facie*, e não uma razão definitiva, de ordem constitucional, contrária ao estabelecimento de um limite temporal à responsabilização civil do agente pelos danos causados ao Erário por ação ilícita e culposa. Por força dela, eventual limite temporal deve ser examinado à luz do caso concreto, na ponderação dos princípios envolvidos, considerando-se sempre o princípio formal que dá primazia à ponderação constitucional. Foi o que defendemos em nosso *Efeitos dos Vícios do Ato Administrativo*, cit., Capítulo XI-2, pp. 609-611. Não há nada de absurdo em exigir dos herdeiros de um corrupto que devolvam aos cofres brasileiros os milhões desviados para uma conta do Exterior mesmo depois de decorrida uma, duas ou até três décadas. O constituinte fez uma ponderação entre os princípios que justificam a prescrição da responsabilização civil do agente e os princípios que justificam a responsabilização, e optou, em abstrato, pelos segundos. Posto isso, diante do caso concreto, deve o agente apreciar os princípios incidentes e considerar, em favor da perseguição da responsabilidade civil do agente, o princípio formal que dá primazia ao resultado da ponderação do constituinte. Em suma: para que seja obstada a busca do ressarcimento ao Erário, o princípio da estabilização das relações jurídicas deve ter um peso excepcional no caso concreto, suficiente para afastar os princípios opostos, intensificados pelo peso do princípio formal que dá primazia às ponderações do constituinte.

47. Sobre a corrupção brasileira, v., *supra*, Introdução-rodapé 10.

A regra do inciso VII do art. 9º da Lei 8.429/1992, por todos esses motivos, é plenamente constitucional. Ao contrário do espírito da lei, que foi de banalização da improbidade administrativa, o dispositivo consiste numa importante arma contra a corrupção brasileira. Contudo, as razões apresentadas justificam não apenas a validade da *regra legislativa*. O dever de prestar contas, imposto aos agentes públicos, decorre do próprio texto constitucional; a tutela do dinheiro público está estampada no Texto Magno; a supremacia do interesse público sobre o privado, idem. Mesmo que não existisse no sistema normativo vigente a regra do referido inciso VII, ela seria extraída do conjunto normativo. A inversão do ônus da prova no caso de desproporção entre o enriquecimento do agente e sua remuneração não decorre apenas da Lei de Improbidade; é extraída implicitamente do sistema jurídico. É, enfim, uma *imposição implícita* do texto constitucional.

# 19
# Responsabilidade Civil do Estado e Imputação Objetiva

*19.1 Causalidade e imputação. 19.2 Causalidade e Direito. 19.3 Nexo causal. 19.4 Responsabilidade civil do Estado na teoria tradicional. 19.5 Crítica de Marçal Justen Filho. 19.6 Imputação objetiva. 19.7 Imputação objetiva do dever estatal de reparar o dano. 19.8 Excludentes de imputação.*

## 19.1 Causalidade e imputação

Segundo o princípio da *causalidade*, a conseqüência decorre de um fato, de modo que, dado o fato, *é* a conseqüência; segundo o princípio da *imputação*, a conseqüência não decorre do fato, mas é imputada a ele, de modo que, dado o fato, *deve ser* a conseqüência. Essa distinção, segundo Kelsen, é fundamental para compreender a diferença entre as *ciências naturais* e a *ciência jurídica*: a ligação entre os fatos e os efeitos nas ciências naturais independe da vontade humana, ao contrário do que ocorre na ciência jurídica.[1] Exemplos didáticos de leis naturais são as Leis de Newton: pela primeira (*princípio da inércia*), um ponto material está em repouso ou em movimento retilíneo e uniforme; pela segunda (*princípio fundamental*), a resultante das forças aplicadas a um ponto material é igual ao produto de sua massa pela aceleração que ele adquire; pela terceira (*princípio da ação ou reação*), a toda força corresponde outra de mesma intensidade e direção, mas de sentido oposto.[2]

1. Hans Kelsen, "Causalidade e imputação", in *O que é a Justiça?*, 3ª ed., trad. de Luís Carlos Borges, São Paulo, Martins Fontes, 2001, pp. 323-348.

2. Nicolau Gilberto Ferraro, Francisco Ramalho Jr. e Paulo Antônio de Toledo Soares, *Os Fundamentos da Física*, 5ª ed., vol. 1 ("Mecânica"), São Paulo, Moderna, 1988, p. 142.

Ora, segundo essas leis: dada a força empreendida sobre um corpo em repouso e sua massa, sabe-se qual será sua velocidade; o efeito, a velocidade, decorre da força, é *causado* por ela. Tudo é diferente na seara jurídica: os efeitos normativos não são *causados* pelas hipóteses normativas. A *prisão* de alguém não é causada pelo crime cometido, a *ligação* entre o efeito e a hipótese decorre de um ato humano, é o ser humano que liga o efeito à hipótese. A *prisão* não é causada pelo crime, mas é *imputada* ao crime.

Até o século XX vigorava nas ciências naturais uma exagerada crença na *causalidade*. Todos os eventos – supunham os cientistas –, sejam eles quais forem, tinham no mundo fenomênico uma causa, e, conhecidos os dados, seria possível saber os efeitos, pois a ligação causal era inexorável ("H → C"). Se os cientistas não sabiam as causas dos eventos era porque – supunham – ainda não as tinham descoberto. A *Natureza* – acreditavam – regia-se pela *causalidade*; eis o dogma da chamada *Física Clássica*. Kelsen aplicou à Ciência do Direito os *fundamentos epistemológicos das ciências naturais*, efetuando a devida adaptação: o princípio da causalidade foi substituído pelo da imputação; no mais, tudo é idêntico: conhecida a hipótese ("H"), são conhecidas as conseqüências ("C"); a ligação entre elas também é inexorável ("H → C"). A única diferença é que a ligação decorre da vontade humana, o vetor ("→") é estabelecido pelo homem, e não pela Natureza. Daí, ao invés de causalidade, imputação; conhecidas as circunstâncias, sabem-se quais são os efeitos que *devem ser* imputados.

Até a metade do século passado preponderava o entendimento de que a *cientificidade* dependia da irrestrita submissão aos postulados epistemológicos da Física Clássica. Buscou-se, por isso, à exaustão, aproximar as ciências humanas das ciências naturais. A *Teoria Pura do Direito* foi uma clara decorrência dessa tendência. Por certo, Kelsen estava profundamente embevecido com os dogmas da Física Clássica; e a maior prova disso é sua *teoria da liberdade*: ele negou a existência de *livre-arbítrio*; no mundo fenomênico tudo decorreria de uma causa, a vontade teria pouca importância. De onde adviria a liberdade? Não do livre-arbítrio, que inexiste, mas da *imputação*: ao imputar um efeito a dada hipótese, interrompe-se a linha infinita de vínculos, própria da causalidade. O homem é livre – argumenta Kelsen – porque a despeito do fato inegável de que a conduta humana é determinada por leis causais, ela é o "ponto final da imputação".[3] Pela teoria kelseniana – perceba-se – a *responsabilidade* advém sempre da *imputação*.[4] Seu posicionamento importa uma aberrante *hipocrisia*: considera que a conduta humana não é livre no mundo natural, mas a pressupõe livre no mundo do Direito. Por óbvio, a primeira premissa é controversa: a pressuposição de que todo comportamento humano é determinado por leis causais é indemonstrável; a discussão sobre a existência do livre-arbítrio permanece aberta, e é provável que assim permaneça para sempre. Sem embargo, clara é a reverência kelseniana à causalidade, dogma da Física Clássica.

3. Hans Kelsen, "Causalidade e imputação", cit., in *O que é a Justiça?*, 3ª ed., p. 334.

4. Idem, p. 333. A teoria kelseniana da liberdade foi brilhantemente examinada por Tércio Sampaio Ferraz Jr., *Estudos de Filosofia do Direito*, 3ª ed., São Paulo, Atlas, 2009, pp. 131-135. Paul Ricoeur, ao estudar o conceito de responsabilidade, conceitua, inicialmente, "imputar": "É atribuir a alguém uma ação condenável, um delito, portanto uma ação confrontada previamente com uma obrigação ou uma proibição que essa ação infringe" ("Conceito de responsabilidade: ensaio de análise semântica", in *O Justo*, vol. 1, trad. de Ivone C. Benedetti, São Paulo, Martins Fontes, 2008, p. 36). Após, narra o processo de *dissociação* entre a condenação e a imputação, culminando na substituição da idéia de culpa pela idéia de risco, e, pois, na despenalização da responsabilidade civil (idem, p. 49). Ricoeur cita Simone Goyard-Fabre, que discorre sobre a teoria kelseniana da liberdade: "Não é de modo algum a liberdade, entendida como a não-determinação causal da vontade, que torna possível a imputação, mas, ao contrário, a imputação supõe a determinabilidade causal da vontade. Nada é imputado ao homem porque ele é livre, mas o homem é livre porque imputado" (Simone Goyard-Fabre, *Kant et le Problème du Droit*, Paris, Vrin, 1975, pp. 47-52, *apud* Paul Ricoeur, "Conceito de responsabilidade: ensaio de análise semântica", cit., in *O Justo*, vol. 1, p. 42, rodapé 7).

Trata-se, na verdade, de uma *teoria kantiana*. Nas palavras de Kant: "Desse modo, se quiséssemos atribuir liberdade a um ser cuja existência seja determinada no tempo, não podemos fugir, pelo menos sob esse ponto de vista, à existência desse ser e, conseqüentemente, também às suas ações, à lei da necessidade física, à qual estão submetidos, todas as eventualidades de sua existência e, portanto, de suas ações, o que equivaleria a abandoná-la ao mais cego acaso. Mas como esta lei, por outro lado, é concernente como inevitável a toda causalidade das coisas, enquanto a sua *existência* for determinável *no tempo*, resulta que, se não houvesse uma forma diversa de representar a *existência dessas coisas consideradas em si mesmas*, seria necessário repelir a liberdade como um conceito quimérico e impossível. Por conseguinte, se ainda desejarmos salvá-la, não nos resta outro caminho que não seja o de atribuir a existência de uma coisa enquanto determinável no tempo e, por isso, também a causalidade, segundo a lei da necessidade natural, *simplesmente ao fenômeno, atribuindo, ainda, a liberdade a esse mesmo ser, considerado como coisa em si mesma*" (Immanuel Kant, *Crítica da Razão Prática*, 4ª ed., trad. de Afonso Bertagnoli, Rio de Janeiro, Ediouro, 1998, pp. 91-92).

Após a segunda metade do século passado, nas próprias ciências naturais o dogma da *causalidade* foi posto em xeque. Einstein percebeu que as Leis de Newton só funcionam para o mundo que enxergamos; em relação às grandes velocidades, como a da luz, elas não se aplicam: a massa é função da velocidade.[5] A partir da teoria da relatividade de Einstein os cientistas passaram a afirmar que tudo no mundo físico é relativo a um observador.[6] Mas não só no macrocosmo, no movimento dos corpos celestes, a teoria clássica fracassa; no microcosmo, no movimento das partículas subatômicas, as equações de Newton também não se ajustam. Em 1927 Heinsenberg enunciou o chamado *princípio da incerteza* ou da *indeterminação*: é impossível determinar com precisão a posição e o momento de uma partícula.[7] Foi o golpe decisivo! Perceba-se: a teoria não afirma que a indeterminação decorre da insuficiência do conhecimento científico; a indeterminação está – e isso é revolucionário – na própria Natureza.[8] A partir daí, as bases gnosiológicas do

5. Bertrand Russell, *ABC da Relatividade*, trad. de Maria Luíza X. de A. Borges, Rio de Janeiro, Jorge Zahar Editor, 2005, p. 34; Albert Einstein, *A Teoria da Relatividade Especial e Geral*, 6ª reimpr., trad. de Carlos Almeida Pereira, Rio de Janeiro, Contraponto, 1999, pp. 42-44.

6. Essa *relatividade* do conhecimento em decorrência da teoria de Einstein é analisada de forma extraordinariamente didática por John Gribbin (*Fique por Dentro da Física Moderna*, trad. de Thomás A. S. Haddad, São Paulo, Cosac & Naify, 2001, pp. 60-61). Na Filosofia do Direito é de obrigatória leitura a obra clássica de Goffredo Telles Jr., G *O Direito Quântico*, 6ª ed., São Paulo, Max Limonad, 1985, pp. 271-293. Concluiu o magno jusfilósofo: "Um conhecimento só é conhecimento verdadeiro quando relacionado a um *sistema de referência*. Todo conhecimento verdadeiro é relativo. Todo conhecimento verdadeiro depende do *sistema de referência* a que acha associado" (idem, p. 285).

7. Sobre o princípio da incerteza, v.: Robert Eisberg e Robert Resnick, *Física Quântica*, trad. de Paulo Costa Ribeiro e outros, Rio de Janeiro, Elsevier, 1979, pp. 97-102. Para uma explicação para leigos, v.: John Gribbin, *Fique por Dentro da Física Moderna*, cit., pp. 102-105.

8. Explicam Hugh D. Young e Roger A. Freedman: "Podemos ser levados a supor que obteríamos uma precisão mais elevada usando detectores mais sofisticados de posição e momento linear. Verificou-se que isso é impossível. Para detectar uma partícula, o detector teria de *interagir* com ela, e essa interação produziria inevitáveis perturbações no movimento da partícula, introduzindo uma incerteza em seu estado inicial. Por exemplo, fazendo incidir sobre a partícula fótons com comprimentos de onda muito curtos para localizá-la melhor, o momento linear mais elevado $h/\lambda$ faria a partícula sofrer um recuo maior, produzindo maior incerteza em seu momento linear. Uma análise mais detalhada dessas experiências hipotéticas mostra que as incertezas

conhecimento científico mudaram substancialmente. Não é verdade que a Natureza se apóia no princípio da causalidade: o mundo quântico lida com *probabilidades*.[9] Na ciência natural não se afirma mais que, dados os fatos, pode-se determinar com precisão as conseqüências; a *Física Moderna* implicou nova visão de mundo e nova postura dos cientistas nas ciências humanas: se antes tentavam adaptá-las a todo custo aos postulados newtonianos, hoje essa pretensão foi completamente abandonada. A evolução não tardou a alcançar a ciência jurídica. Não se afirma mais, diante de uma norma abstrata, que, dada a hipótese, sabe-se, com precisão, quais efeitos são imputados; a imputação dos efeitos depende das *circunstâncias do caso concreto*. A aplicação do Direito – hoje, ao menos para os juristas que acompanharam a evolução científica, é pacífico – não se dá apenas pela *subsunção*, mas também pela *ponderação*.[10] O chamado *neoconstitucionalismo* nada mais é do que a adaptação da ciência jurídica aos *atuais* postulados epistemológicos

que descrevemos são fundamentais e intrínsecas. Elas *não* podem ser evitadas *mesmo em princípio* com o aperfeiçoamento da técnica experimental, por mais sofisticada que ela seja" (*Física IV – Ótica e Física Moderna*, 12ª ed., 1ª reimpr., trad. de Cláudia Santana Martins, São Paulo, Addison Wesley, 2009, pp. 224-225).

9. Registra-se a explicação de Eisberg e Resnick: "O princípio da incerteza nos dá a justificativa fundamental de por que a Mecânica Quântica se expressa na forma de probabilidades, e não de certezas. Por exemplo, considere a investigação de um oscilador harmônico em algum estado de energia típico. Para que saibamos realmente que o sistema está em um estado particular, devemos fazer uma medida de sua energia. A medida necessariamente perturba o sistema de uma forma que não pode ser completamente determinada, de modo que não é surpreendente que não possamos prever com certeza aonde a partícula será encontrada quando fizermos uma medida de sua posição. Na Mecânica Clássica, mesmo que a energia do sistema seja microscópica, podemos fazer a medida da energia, e qualquer outra medida, sem perturbar o sistema. Assim, a Mecânica Clássica diz que podemos prever exatamente onde a partícula será encontrada em uma medida subseqüente, caso o desejemos. Mas, quando aplicada a sistemas microscópicos, a Mecânica Clássica está errada. Não só é impossível prever a partir da Mecânica Clássica exatamente onde uma partícula em um sistema microscópico estará em uma medida subseqüente, como também é impossível prever precisamente, a partir dessa teoria, as probabilidades relativas de encontrar a partícula em várias posições (...). A Mecânica Quântica nos permite fazer previsões precisas a respeito dessas probabilidades relativas, porque ela leva em conta quantitativamente o fato fundamental da vida do mundo microscópico – o princípio da incerteza" (*Física Quântica*, cit., p. 187).

10. O tema foi exposto em nosso *Abuso de Direito e a Constitucionalização do Direito Privado*, São Paulo, Malheiros Editores, 2010, pp. 31-35.

das ciências naturais. Kelsen, confrontado com os novos postulados da Física, sobretudo com o princípio da incerteza, afirmou a subsistência do princípio gnosiológico da causalidade e continuou a defender a regência do mundo jurídico pelo *princípio da imputação*, nos termos apresentados em sua *Teoria Pura*.[11] Uma atitude perfeitamente compreensível: todo cientista tende a continuar afirmando a subsistência de suas teorias, mesmo quando evidentemente superadas.

## *19.2 Causalidade e Direito*

Nos termos expostos, até a metade do século XX acreditava-se que a Natureza se regia pela causalidade (dado "H", é "C"); tudo o que acontece tem uma causa; e, conhecidas as circunstâncias ("H"), sabem-se os efeitos ("C"). Kelsen, seguindo esses postulados, considerou que o Direito se regia pela imputação (dado "H", deve ser "C"); conhecidas as circunstâncias ("H") sabe-se quais são os efeitos que a elas são imputados ("C"). Assim, nas ciências naturais, causalidade; na ciência jurídica, imputação. Ocorre que a causalidade sempre esteve presente no mundo jurídico. Muitas vezes o agente normativo imputa um efeito a uma conduta apenas se esta for *causa* de um resultado no mundo fenomênico. A

11. Vale a pena transcrever sua explicação: "Se, em um caso concreto, como na relação de incerteza ou na observação de um ato presente de vontade, o postulado [*epistemológico da causalidade*] não pode ser cumprido, esse não-cumprimento não deve ser interpretado como uma exceção à sua validade, assim como a não-observância de uma norma moral ou jurídica que prescreve uma conduta humana definida não constitui uma exceção à sua validade. A norma continua a ser válida apesar de sua não-observância: se ela não fosse considerada válida não poderia ser considerada não-observada. Uma norma que prescreve certa conduta não permite exceções; apenas uma regra que descreve algo as permite. Em outras palavras: se a hipótese de trabalho, de que os fenômenos da realidade podem ser interpretados como causa e efeito, prova, de modo geral, ser proveitosa na experiência científica, o fato de não ser aplicável em certos casos não é razão suficiente para que se abandone essa hipótese. Se o princípio da causalidade é concebido como uma norma epistemológica ou se é concebido como uma lei que descreve seu objeto, não relacionado com o mundo dos sentidos, mas com a representação ideal do mundo da ciência da Física, sua validade estrita é inquestionável. Se, por outro lado, é concebido como implícito nas leis pelas quais a ciência natural, na sua presente condição, descreve o mundo dos nosso sentidos, essas leis da Natureza podem ser consideradas simples leis estatísticas de probabilidade, que permitem exceções" (Hans Kelsen, "Causalidade e imputação", cit., in Hans *O que é a Justiça?*, 3ª ed., pp. 341-342 – esclarecimento nosso).

ligação entre a hipótese e a conseqüência na norma jurídica dá-se por um vínculo de imputação ("H à C"), mas na hipótese se descreve um vínculo de causalidade ("[A à B] à C"). Um exemplo simples: à conduta "matar alguém" ("A") imputa-se, no art. 21 do CP, a pena de reclusão de 6 a 20 anos ("C"), mas, para que essa imputação ocorra ("A à C") – perceba-se –, a conduta deve ser a causa da morte de alguém ("A à B"). Com a *descrição* de *nexos causais* nas hipóteses normativas, a causalidade ingressa no mundo jurídico. No Direito, portanto, em muitas circunstâncias é fundamental saber quando uma conduta é causa de um resultado.

### *19.3 Nexo causal*

Muitas normas jurídicas imputam efeitos jurídicos a uma conduta desde que ela seja causa de um resultado. Daí a pergunta: quando uma conduta pode ser considerada *causa* de um resultado? A teoria da *equivalência das condições* ou da *conditio sine qua non*, formulada pelo processualista austríaco Julius Glaser e desenvolvida por Maximilian von Buri, tenta responder à questão.[12] Adota-se um procedimento hipotético eliminatório: com a supressão mental do evento o resultado deve desaparecer; se não desaparece é porque há relação causal entre eles. Essa fórmula – observam Hans-Heinrich Jescheck e Thomas Weigend – importa um duplo erro: primeiro, somente quando se sabe que uma ação é causa de um resultado pode-se dizer que sem ela o resultado não ocorreria; segundo, ela conduz a resultados errôneos quando, mesmo na falta da ação, outra causa produz o resultado tempos depois (*causalidade por adiantamento*), ou teria produzido idêntico resultado (*causalidade hipotética*).[13] Spendel tentou contornar este último obstáculo afirmando que somente se devem ter em conta no procedimento hipotético eliminatório os eventos que realmente ocorreram.[14] A teoria, ainda assim, mostrou-se insuficiente: em não raras vezes, do ponto de vista na-

12. Hans-Heinrich Jescheck e Thomas Weigend, *Tratado de Derecho Penal: Parte General*, 5ª ed., trad. de Miguel Olmedo Cardenete, Granada, Comares, 2002, p. 299. Na doutrina brasileira, v., por todos: Gisela Sampaio da Cruz, *O Problema do Nexo Causal na Responsabilidade Civil*, Rio de Janeiro, Renovar, 2005, pp. 35-52.

13. Cf. Hans-Heinrich Jescheck e Thomas Weigend, *Tratado de Derecho Penal: Parte General*, cit., 5ª ed., pp. 301-302.

14. Idem, pp. 302-303.

turalístico, a conduta é considerada causa do resultado, mas a ela não devem ser imputados os efeitos normativos previstos.

Formularam-se, então, *teorias causais restringentes*: já que nem todas as condutas que causam o resultado podem servir de hipótese aos efeitos normativos previstos, era preciso delimitar, dentre as diversas "causas", aquelas que seriam aptas a dar ensejo à imputação. A teoria restritiva mais famosa é a da *causalidade adequada*, formulada pelo médico Johannes von Kries, segundo a qual somente é causa de um resultado a conduta que comumente leve à sua ocorrência. Adota-se o procedimento da *prognose póstuma objetiva*: o julgador, posteriormente ao evento, procura o ponto de vista de um observador objetivo que julga antes do fato e disponha tanto dos conhecimentos de um homem médio como dos conhecimentos especiais que o autor possuía.[15] Se, do ponto de vista abstrato, a ligação entre o efeito e a causa é incomum, efetua-se a desqualificação da causa. Essa não é a única teoria restringente; várias teorias foram formuladas: da causa próxima, da causa eficiente, da causa preponderante, do escopo da norma jurídica violada, da ação humana.[16] Tornou-se corrente na doutrina brasileira a *teoria do dano direto e imediato*, mais precisamente a subteoria da *necessariedade*, pela qual uma conduta só é causa de um efeito se este decorre *diretamente* dela – vale dizer: se nenhum evento posterior configurar novo vínculo de necessariedade com o referido efeito.[17]

Logo a doutrina percebeu que essas teorias restringentes não eram teorias causais. Elas não identificam – ao contrário do que faz a teoria

15. Cf.: Hans-Heinrich Jescheck e Thomas Weigend, *Tratado de Derecho Penal: Parte General*, cit., 5ª ed., pp. 304-306; Claus Roxin, *Derecho Penal: Parte General*, 2ª ed., 2ª reimpr., t. I, trad. de Diego-Manuel Luzón Peña e outros, Madri, Civitas, 2003, pp. 359-361; Gisela Sampaio da Cruz, *O Problema do Nexo Causal na Responsabilidade Civil*, cit., pp. 64-85.

16. Sobre elas, v., por todos: Gisela Sampaio da Cruz, *O Problema do Nexo Causal na Responsabilidade Civil*, cit., pp. 53-96. Jescheck e Weigend fazem referência à teoria da relevância (*Tratado de Derecho Penal: Parte General*, cit., 5ª ed., p. 307); também mencionada por Roxin (*Derecho Penal: Parte General*, 2ª ed., 2ª reimpr., t. I, pp. 361-362).

17. Sobre ela, v.: Gustavo Tepedino, "Notas sobre o nexo de causalidade", in *Temas de Direito Civil*, t. II, Rio de Janeiro, Renovar, 2006, pp. 68-81; p. 63-81, 2006, p. 68-81; Gisela Sampaio da Cruz, *O Problema do Nexo Causal na Responsabilidade Civil*, cit., pp. 96-111.

da equivalência – quando, do ponto de vista naturalístico, um evento é causa de outro, mas, sim, estabelecem, a despeito de um evento ser causa de outro, se os efeitos juridicamente previstos devem, ou não, ser imputados a esse evento. Quer dizer: são teorias de *imputação*, e não teorias de *nexo causal*.[18] Seja no direito penal, seja no direito civil, seja no direito administrativo, a verdade é que essas teorias restringentes, todas elas, mostraram-se insuficientes.

Apesar de uma conduta ser, por todas as teorias até então existentes, causa de um resultado, os penalistas em muitas hipóteses convenceram-se de que ela não deveria ser considerada *típica*, e isso independentemente do exame subjetivo, quer dizer, do exame do *dolo* ou da *culpa*. No direito privado, apesar de uma conduta ser, por todas as teorias existentes, causa de um dano, os civilistas em muitas hipóteses convenceram-se de que o dever de reparar o dano não deveria ser a ela imputado. No direito administrativo, da mesma forma, apesar de uma conduta de um agente público ser, por todas as teorias existentes, causa de um dano, os administrativistas se convenceram em muitas hipóteses de que não deveria ser imputado ao Estado o dever de reparar o dano. Quer dizer: mesmo as teorias restringentes tornaram-se insuficientes.

## *19.4 Responsabilidade civil do Estado na teoria tradicional*

Este estudo tem por objeto a responsabilidade *civil* do Estado – vale dizer: a responsabilidade do Estado por *danos* causados ao *adminis-*

18. Afirma Roxin: "A teoria da adequação persegue um objetivo justificado. Mas, ao contrário do que seus defensores inicialmente pensavam, ela não é uma teoria da causalidade, mas da imputação. Isto significa: ela não diz quando uma circunstância é causa de um resultado, mas ela procura responder à pergunta quanto a que circunstâncias causais têm importância para o Direito e podem ser imputadas ao autor. Não é um problema terminológico falar de exclusão da causalidade ou da imputação nos cursos causais inadequados. Com efeito, a confusão entre causalidade e causalidade adequada acaba por esconder que se trata de duas etapas diversas do pensamento: primeiramente, deve-se verificar se há um nexo de condições conforme uma lei; depois, se este nexo tem importância para o tipo. Por isso, ao contrário do que correspondia inicialmente à opinião dos seus defensores, a teoria da adequação não é uma alternativa à teoria da equivalência, mas uma complementação" (*Funcionalismo e Imputação Objetiva no Direito Penal*, trad. e "Introdução" de Luís Greco, Rio de Janeiro, Renovar, 2002, p. 304).

*trado.*[19] Ela pode ser dividida em dois grandes grupos: a *responsabilidade comissiva* ou por ação e a *responsabilidade omissiva*. Nesta é imputado ao Estado o *dever* de evitar o resultado; ocorrido o dano, descumprido o dever de evitá-lo, imputa-se ao Estado o dever de repará-lo. Não há que se falar em *nexo causal* na responsabilidade omissiva; há apenas imputação: primeiro, do dever de evitar o dano; depois, conexo ao primeiro, do dever de reparar o dano. O tema da *responsabilidade omissiva* não é objeto deste estudo.

Volta-se, aqui, à *responsabilidade comissiva*. Pela teoria tradicional, são *três* os pressupostos para configuração dessa responsabilidade: (a) a atuação do Estado; (b) o dano; (c) o nexo casual. O dever de reparar o dano é imputado ao Estado não porque houve o descumprimento de outra imputação – o dever de evitar o dano –, como ocorre na responsabilidade omissiva, mas porque o dano foi *causado* pela *atuação estatal*, ou, mais precisamente, pela atuação de um agente público,[20] ou em de-

19. A denominação "responsabilidade *civil* do Estado" é controversa na doutrina. Afirma Agustín Gordillo: "Se la llama a veces responsabilidad 'civil', pero ello es un eufemismo, porque ni se trata de la clásica 'responsabilidad' del derecho privado, ni es tampoco 'civil' en el sentido de regirse por las normas de dicho Código (estas normas son invocadas, pero con una constante modificación en atención a los principios del derecho público, lo que hace ya inexacto que podamos hablar en rigor de 'responsabilidad civil')" (*Tratado de Derecho Administrativo*, 1ª ed. colombiana, vol. 2 ("La Defensa del Usuario y del Administrado"), Medellín, Biblioteca Jurídica Diké, 1998, p. XVII-23). É acompanhado por Weida Zancaner (*Da Responsabilidade Extracontratual da Administração Pública*, São Paulo, Ed. RT, 1981, p. 23).

Não há como lhes negar razão: a responsabilidade do Estado pelos danos causados ao administrado é regida pelo *direito público*, e não pelo direito privado – e, por isso, não é *civil*. Sem embargo, reconhece-se uma função importante à expressão "responsabilidade civil": a tradição já consagrou a divisão da responsabilidade em três espécies, a "civil", a "penal" e a "administrativa", sendo que a primeira não é a regida pelo direito privado, é a relativa à reparação dos danos. A *jurisdição* é dividida em "jurisdição penal" e "jurisdição civil", e ninguém afirma que a segunda se restringe às causas regidas pelo direito privado (cf. Antônio Carlos de Araújo Cintra, Cândido Rangel Dinamarco e Ada Pellegrini Grinover, *Teoria Geral do Processo*, 30ª ed., São Paulo, Malheiros Editores, 2014, § 77, pp. 161-162). Há aí uma *armadilha lingüística*: se, em rigor, ela não é civil, também não é patrimonial. Conforme explicamos em outra oportunidade, nega-se hoje, tanto no direito privado como no direito público, a absoluta vinculação da responsabilidade por danos ao pagamento de pecúnia (*Efeitos dos Vícios do Ato Administrativo*, São Paulo, Malheiros Editores, 2008, Capítulo X-3, pp. 574 e ss.).

20. O Estado é *pessoa jurídica*, e, como tal, não possui vida anímica própria: "Sua vontade e sua ação se constituem na e pela vontade e atuação dos seres físicos

corrência dessa atuação. Na responsabilidade comissiva – perceba-se – a causalidade aparece.

O tema é caro ao direito administrativo: a origem da disciplina reside justamente num caso de *responsabilidade comissiva do Estado*. Trata-se do *arrêt Blanco*, julgado pelo Tribunal de Conflitos francês em 8.2.1873. Em resumo: uma menina chamada Agnès Blanco, com cinco anos e meio, foi atropelada, em 3.11.1871, numa via pública da cidade de Bordeaux, por vagonete da Cia. Nacional de Manufatura de Fumo. O pai da menina, Jean Blanco, ingressou com uma ação de indenização. Pelas regras de direito privado a ação seria julgada improcedente, pois, pelo que constou, o motorista do vagonete não foi culpado pelo atropelamento. Nem o Conselho de Estado nem o Poder Judiciário consideraram-se competentes, instaurando-se um conflito negativo de competência. A decisão do Tribunal de Conflitos foi revolucionária ao assentar que a responsabilidade, imputada ao Estado, pelos danos causados aos particulares em decorrência da atuação das pessoas que exploram o serviço público não pode ser regida pelos princípios estabelecidos no Código Civil para as relações entre os particulares.[21] A responsabilidade estatal não seria regida pelas normas privadas, mas por normas especiais; seria *objetiva*, e não *subjetiva*, independente da *culpa* do agente: o direito administrativo origina-se de um caso de *responsabilidade comissiva* por danos.

Pela teoria tradicional, configurado um *dano*, a responsabilidade civil do Estado por atuação comissiva só é excluída se não estiver presente o *nexo causal*. Preliminarmente, exige-se um *dano*, e não mero *prejuízo*. Para que haja, do ponto de vista jurídico, um dano, deve ser

prepostos à condição de seus agentes, na medida em que se apresentam revestidos desta qualidade" (Celso Antônio Bandeira de Mello, *Apontamentos sobre os Agentes e Órgãos Públicos*, 2ª tir., São Paulo, Ed. RT, 1975, p. 61). Pouco adiante o emérito professor esclarece: "A relação existente entre a vontade dos órgãos e dos agentes, ou até, para nos expressarmos com maior rigor, entre a vontade do Estado e de seus agentes, é uma relação de *imputação direta* dos atos dos agentes ao Estado. Esta é, precisamente, a peculiaridade da chamada relação orgânica. A vontade do agente é *imputada diretamente* ao Estado, ou seja, é havida como sendo própria do Estado, e não de alguém diferente dele, distinto dele" (idem, p. 71).

21. Constou do acórdão: "La responsabilité, qui peut incomber à l'État, pour les dommages causés aux particuliers par le fait des personnes qu'il emploie dans le service public ne peut être régie par les principes qui sont établis dans le Code Civil, pour les rapports de particulier à particulier".

afetado um bem jurídico do administrado, protegido pelo Direito. Enquanto o *prejuízo* é uma mera perda econômica, material, a *lesão* ou *dano* é um conceito jurídico: há um *prejuízo antijurídico*[22] quando o titular do patrimônio (em sentido lato) afetado não tem o dever jurídico de suportar o prejuízo. Eduardo García de Enterría distingue, com precisão, o prejuízo causado antijuridicamente do prejuízo antijurídico em si:[23] para que haja dano não se faz necessário que a conduta seja antijurídica, mas que o prejuízo seja antijurídico; a antijuridicidade do prejuízo é um pressuposto da caracterização do dano. Perceba-se: mesmo pela teoria tradicional, a *responsabilização* pressupõe um prévio juízo de *imputação*. Ademais, nem todo *dano* é passível de *reparação*: para que haja dever de reparar, o dano deve ter algumas características: deve ser certo, anormal e, em relação às atividades lícitas, especial.[24] Caracterizado o *dano reparável*, a responsabilidade estatal é excluída, pela teoria tradicional, apenas pelas chamadas *excludentes de nexo causal*.

22. Discorda-se de Heraldo Garcia Vitta, para quem seria inadequada a expressão "antijurídico", porque o ilícito está dentro do Direito e, por isso, seria jurídico (*A Sanção no Direito Administrativo*, São Paulo, Malheiros Editores, 2003, pp. 25-26). Por óbvio, o signo "antijurídico" não quer dizer fora do mundo jurídico, mas contrário ao juridicamente estabelecido.

23. Eduardo García de Enterría, *Los Principios de la Nueva Ley de Expropiación Forzosa*, 2ª reimpr., Madri, Civitas, 2006, pp. 174-175. Explicamos, em outra oportunidade: "O ordenamento jurídico – ou, melhor, o conjunto de princípios e de regras constitucionais e legais – determina, em abstrato, a esfera jurídica dos administrados. Em outras palavras, da análise da Constituição e das leis vigentes extraem-se quais são os bens jurídicos pertencentes à esfera jurídica de cada indivíduo; o constituinte e o legislador fixam os limites da circunferência, vale dizer, são as normas constitucionais e legais que definem o que pertence e o que não pertence a essa esfera, quais são, enfim, os bens jurídicos do administrado que são protegidos pelo Direito. Pois bem: para que haja dano, deve haver a diminuição ou a supressão de um bem da esfera jurídica do administrado. Para apurar se há dano, deve-se visualizar diante do ordenamento jurídico a esfera jurídica do indivíduo e apurar se houve diminuição ou subtração de algum bem dessa esfera" (*Efeitos dos Vícios do Ato Administrativo*, cit., Capítulo X-1.2, pp. 558-559). Um exemplo didático: a penhora do patrimônio do administrado em decorrência da cobrança de uma sanção pecuniária corretamente aplicada importa prejuízo financeiro, mas não configura dano ou lesão.

24. Dano certo é o que não é meramente eventual ou meramente possível. A especialidade e a anormalidade do dano serão retomadas adiante. Sobre as *características do dano reparável*, v. nosso *Efeitos dos Vícios do Ato Administrativo*, cit., Capítulo X-1.2, pp. 560-562. Nesse texto referimo-nos ao dano indenizável. Melhor é a expressão "dano reparável", pois, conforme ali explicado, a reparação nem sempre deve dar-se pela indenização (idem, pp. 574-577 e 591-596).

Três são as excludentes de nexo causal: *força maior*; *fato exclusivo da vítima*; *fato exclusivo de terceiro*. Nessas três hipóteses o dano não é causado pela atuação do Estado, vale dizer, pela atuação de um agente público que o presenta ou em decorrência dessa atuação.[25] Na primeira hipótese o dano não é causado por uma conduta, por uma atuação humana, mas por um evento da Natureza. Pode haver responsabilidade por omissão se o Estado tinha o dever de evitar o dano; jamais por ação, pois a causa do dano não foi a atuação de um agente estatal, mas a tempestade, a inundação, o raio, o abalo sísmico etc. Na segunda hipótese o dano não é causado pela atuação de um agente do Estado nem decorre dessa atuação, mas é causado única e exclusivamente pela conduta da própria vítima. Pela terceira o dano nem é causado pela conduta do agente estatal nem pela conduta da vítima, mas pela conduta de um terceiro.[26] São três hipóteses em que o *prejuízo antijurídico* não é *causado* pelo Estado, por alguém que o presenta ou por algo afetado às atividades estatais. Pela teoria tradicional, havendo dano ou lesão e não estando presentes umas dessas três excludentes, nos casos de atuação estatal comissiva haverá inexorável imputação ao Estado do dever de reparar o dano.[27]

## *19.5 Crítica de Marçal Justen Filho*

O notável administrativista Marçal Justen Filho apresenta um ótimo exemplo de atuação comissiva em que, apesar de os três pressupostos indicados pela doutrina tradicional estarem presentes, não há a imputação do dever de reparar o dano: um criminoso aponta uma arma de fogo para um policial; este, antes de ser alvejado pelo criminoso, atira.

25. A atuação do Estado no caso não se dá apenas com a efetiva *conduta do agente*. Os danos decorrentes de máquinas estatais ou de qualquer coisa afetada às atividades estatais são também imputados ao Estado, pois também decorrem, em rigor, da atuação dos agentes públicos. "Atuação do Estado" refere-se, portanto, a todo evento diretamente decorrente da atuação dos agentes públicos.

26. A chamada *culpa exclusiva da vítima* e a *culpa exclusiva de terceiro* são, na verdade, *fato exclusivo da vítima* e *fato exclusivo de terceiro*. Típicas hipóteses de *exclusão de nexo causal*. Por todos: Gisela Sampaio da Cruz, *O Problema do Nexo Causal na Responsabilidade Civil*, cit., pp. 165-206.

27. É o que se extrai da lição de Celso Antônio Bandeira de Mello, *Curso de Direito Administrativo*, 31ª ed., São Paulo, Malheiros Editores, 2014, Capítulo XX-77 a 82, pp. 1042-1.044.

Há atuação do Estado (o tiro foi dado pelo policial), dano (o criminoso foi alvejado) e o nexo causal entre o dano e a atuação estatal (todas as teorias causais indicam o nexo). Não há, contudo, o dever de reparar o dano: nenhuma indenização é devida. Marçal Justen Filho, evidenciada a insuficiência dos três elementos, sustenta a existência de um quarto pressuposto: a *antijuridicidade* – só existe responsabilidade civil do Estado se a ação ou a omissão estatal forem contrárias ao Direito.[28]

Por um lado, a constatação de Marçal Justen Filho está corretíssima: o *nexo causal* é insuficiente para a imputação da responsabilidade civil ao Estado; ela não se exclui apenas pelas chamadas "excludentes de nexo causal". Isso já havia sido percebido por José Joaquim Gomes Canotilho, que, após precioso exame, afirmou a "impossibilidade de os critérios conceituais resolverem todos os problemas concretos".[29] Por outro lado, a redução sugerida por Justen Filho contraria as bases ideológicas da disciplina. Nos termos expostos, o direito administrativo foi concebido a partir do "caso Blanco", em que se evidenciou a insuficiência do regime de direito privado para as relações de direito público. Pelo *princípio da igualdade* – perceba-se –, as *lesões* ocasionadas por atividades desempenhadas no interesse de todos não devem ser suportadas apenas por alguns. A atividade estatal sempre visa ao interesse público, ao interesse de toda a coletividade; é justo que os prejuízos decorrentes da atividade estatal – exercida, insiste-se, em prol do interesse de todos – sejam suportados por todos. Daí, conclui-se: ainda que a ativi-

28. Marçal Justen Filho, "A responsabilidade do Estado", in Juarez Freitas (org.), *Responsabilidade Civil do Estado*, São Paulo, Malheiros Editores, 2006, pp. 230-231. Na 1ª edição de seu *Curso* o autor era mais enfático: "Na ausência de dispositivo legal institutivo da responsabilidade civil objetiva do Estado, faz-se sempre necessária a existência de um elemento subjetivo de cunho reprovável para a responsabilização estatal. Esse elemento subjetivo pode ser presumido, tal como acima exposto, em virtude da consumação do evento danoso numa situação em que a adoção de cautelas e providências teria impedido que tal se passasse" (Marçal Justen Filho, *Curso de Direito Administrativo*, São Paulo, Saraiva, 2005, p. 798). Hoje ele enfatiza a possibilidade de a lei expressamente imputar ao Estado a responsabilidade por atos lícitos: "Não se configura a responsabilidade civil do Estado por ato lícito, ressalvada a hipótese de solução distinta ser adotada por determinação legal. Não se admite que um ato jurídico conforme ao Direito, praticado pelo Estado de modo regular e perfeito, acarrete sua responsabilização civil – exceto quando essa for a opção explícita de uma lei" (*Curso de Direito Administrativo*, 7ª ed., Belo Horizonte, Fórum, 2011, p. 1.214).

29. José Joaquim Gomes Canotilho, *O Problema da Responsabilidade do Estado por Actos Lícitos*, Coimbra, Livraria Almedina, 1974, p. 319.

dade estatal seja jurídica, lícita, conforme ao Direito, é possível a imputação do dever de reparar o dano (e isso ainda que falte regra legislativa expressa). Com efeito: o atropelamento da criancinha que corre ensandecida pela rua não é desconforme ao Direito, pois este não exige dos condutores de veículos automotores o impossível. Nada há de antijurídico no atropelamento da Agnès Blanco. É justo, contudo, que o Estado indenize pelo atropelamento, por força do *princípio da repartição dos encargos públicos*.[30]

Pela teoria tradicional, no exemplo dado por Justen Filho, a responsabilidade civil do Estado é afastada pela *descaracterização* da *antijuridicidade do prejuízo*. Quer dizer: o ferimento causado no criminoso não seria, tecnicamente, um *dano* ou uma *lesão*. Daí a pergunta: como saber se um prejuízo é *antijurídico*, ou não? A teoria tradicional não apresenta critérios doutrinários seguros: tudo depende do caso concreto.[31] A *função primordial* da *doutrina* é a sistematização de conceitos, a elaboração

30. Sobre esse princípio, afirmam Jean Rivero e Jean Waline: "Du point de vue théorique, un grand nombre d'auteurs voient, dans la responsabilité de la Puissance Publique, une conséquence nécessaire du principe de *l'égalité des citoyens devant les charges publiques*. L'action administrative s'exerce dans l'intérêt de tous: si les dommages qui en résultent pour quelques-uns n'étaient pas réparés, ils seraient sacrifiés à la collectivité, sans que rien puisse justifier pareille discrimination; l'indemnisation rétablit l'équilibre rompu à leur détriment" (*Droit Administratif*, 18ª ed., Paris, Dalloz, 2000, § 273, p. 262).

Francis-Paul Bénoît também associa a responsabilidade estatal à idéia de igualdade: "Ce régime de responsabilité administrative s'avère être en harmonie avec la base politique fondamentale de notre société, à savoir l'égalité des individus entre eux. Les usagers ont tous également droit au même fonctionnement correct des services publics. Les tiers ont droit à la réparation des dommages anormaux, qui ne sont en définitive rien d'autre que les dommages rompant l'égalité des individus au sein de la vie en société. Le droit à la prudence reconnu aux égaux n'est rien d'autre encore qu'une forme de respect des autres impliquée par l'égalité de tous les individus; et le droit, plus fort, à la sécurité absolue a précisément pour objet de rétablir une égalité atteinte avant tout dommage du seul fait de l'usage d'un véhicule source de danger pour les autres particuliers" (*Le Droit Administratif Français*, Paris, Dalloz, 1968, § 1.254, pp. 692-693).

31. É justamente essa a conclusão de José Joaquim Gomes Canotilho: "A adesão a um pensamento concreto, prático, funcional, teleológico, que, longe de aprioristicamente deduzir do círculo cerrado de conceitos as posições jurídicas dos cidadãos merecedoras de protecção ressarcitória, nos possibilite uma 'punctualizada' fixação de interesses com relevância indemnizatória, parece ser o caminho a seguir nesta difícil problemática" (*O Problema da Responsabilidade do Estado por Actos Ilícitos*, cit., p. 298).

de critérios prévios e objetivos redutores da subjetividade da interpretação e da aplicação do Direito, de modo a lhes atribuir maior segurança, tornando possível a previsão da solução. A ciência jurídica é *operativa*, e tem a magna função de reduzir a imprevisão da aplicação jurídica, aumentando a segurança da sociedade. A teoria tradicional, ao não fornecer critérios relativamente seguros, tornou-se, por isso, insuficiente.

### *19.6 Imputação objetiva*

Com desenvolvimento da Física moderna, nos termos inicialmente expostos, a causalidade, antes considerada o princípio epistemológico fundamental das ciências naturais, entrou em crise. As descobertas científicas no campo da Física importaram, ainda que tardiamente, significativos avanços na seara jurídica: a aplicação do Direito passou a ser considerada um processo complexo de *subsunção* e *ponderação*. Em relação ao tema específico da *causalidade*, os juristas inicialmente perceberam a insuficiência das teorias causais: apesar de estabelecido o liame causal descrito na hipótese normativa, não seria justo imputar os efeitos previstos no conseqüente normativo. A crise da causalidade nas ciências naturais foi, sem dúvida, o estímulo decisivo para a consagração de uma nova teoria, chamada *teoria da imputação objetiva*. Nos casos em que há descrição normativa de vínculo causal os juristas abandonaram definitivamente a crença na suficiência do nexo causal para a configuração do vínculo de imputação.

A origem remota da teoria da imputação objetiva encontra-se na Filosofia do Direito de Hegel, para quem a responsabilidade decorre de uma *imputação*, e somente pode ser imputado a alguém aquilo que decorre de sua vontade.[32] O aclamado civilista Karl Larenz escreveu, em 1927, um trabalho marcante, intitulado *A Doutrina da Imputação de Hegel e o Conceito de Imputação Objetiva*: nele afirmou que, ao lado de juízos subjetivos, relativos à culpa do agente, a responsabilização exigiria juízos objetivos; não juízos sobre as qualidades individuais do autor, mas sobre o fato, se este é, do ponto de vista objetivo, ato de um sujeito; e, seguindo o pensamento de Hegel, considerou a "previsibilida-

32. Georg Wilhelm Friedrich Hegel, *Princípios da Filosofia do Direito*, trad. de Orlando Vitorino, São Paulo, Martins Fontes, 1997, pp. 103-104, §§ 115-117.

de" o critério fundamental da imputação.[33] Três anos depois, em 1930, o assunto foi retomado pelo penalista Richard Honig, que, em clássico trabalho, considerou ser o critério fundamental da imputação a "dirigibilidade objetiva a um fim", e não a "previsibilidade".[34] A teoria, porém, somente se consagrou com o penalista Claus Roxin, a partir do trabalho intitulado "Reflexões sobre a problemática da imputação em direito penal", publicado em 1970: nele afirmou a insuficiência, para que haja a tipicidade, do nexo causal entre a conduta e o resultado; se a conduta não cria um *risco considerável* ao bem jurídico protegido pela norma penal, o resultado não pode ser imputado ao agente.[35]

Roxin estabeleceu nesse estudo os quatro princípios fundamentais de sua teoria: (a) se a conduta do agente *diminuiu* o risco em relação ao bem jurídico protegido, não é imputável como ação típica; (b) se a conduta não *criou* um risco juridicamente relevante ao bem jurídico protegido, também não pode ser imputada como ação típica; (c) ainda que tenha criado um risco, se a conduta não importou um *aumento* do risco permitido pelo Direito, também não pode ser imputada como ação típica; (d) ainda que o resultado se produza como conseqüência de um risco não permitido, não haverá imputação se o legislador não desejar fazer responsável a pessoa que atua e, assim, resolva excluir a conduta da esfera de proteção da norma. Em síntese, eis os quatro critérios inicialmente apresentados por Roxin: falta de diminuição de risco, criação de um risco juridicamente relevante, aumento do risco permitido e esfera de proteção da norma ou falta de exoneração do risco.[36]

Em outra obra Roxin desenvolve sua teoria com mais profundidade: para os delitos de lesão enuncia o que considera os dois princípios

33. Cf.: Martín García-Ripoll Montijano, *Imputación Objetiva, Causa Próxima y Alcance de los Daños Indemnizables*, Granada, Comares, 2008, pp. 3-5; Luís Greco, "Imputação objetiva: uma introdução", in Claus Roxin, *Funcionalismo e Imputação Objetiva no Direito Penal*, trad. e "Introdução" de Luís Greco, Rio de Janeiro, Renovar, 2002, pp. 15-20.

34. Cf.: Martín García-Ripoll Montijano, *Imputación Objetiva, Causa Próxima y Alcance de los Daños Indemnizables*, cit., pp. 5-6; Luís Greco, "Imputação objetiva: uma introdução", cit., in Claus Roxin, *Funcionalismo e Imputação Objetiva no Direito Penal*, cit., pp. 20-22.

35. Claus Roxin, " Reflexões sobre a problemática da imputação em direito penal", in *Problemas Fundamentais de Direito Penal*, 3ª ed., Lisboa, Vega, 2004, p. 148.

36. Idem, p. 162.

fundamentais da imputação objetiva: (a) o resultado causado pelo autor só deve ser imputado ao tipo objetivo se a conduta do autor criar um perigo ao bem jurídico não acobertado por um risco permitido e esse perigo também se realizar no resultado concreto; (b) se o resultado se apresenta como realização de um perigo criado pelo autor, ele será, em regra, imputável, configurando-se o tipo objetivo; excepcionalmente, contudo, a imputação pode ser excluída se o alcance do tipo não compreender o impedimento de tais perigos e de suas conseqüências.[37] A teoria da imputação objetiva tornou-se *prevalente* no direito penal e vem, dia a dia, conquistando novos adeptos, tanto na doutrina alienígena como na doutrina nacional.[38]

37. Claus Roxin, *Derecho penal: Parte General*, cit., 2ª ed., 2ª reimpr., t. I, pp. 363-364; *Funcionalismo e Imputação Objetiva no Direito Penal*, cit., pp. 308-309. Desses dois princípios, Roxin extrai três diretrizes: (1) a imputação exige a *criação de um risco não permitido*. Dessa diretriz extrai quatro desdobramentos: (1.1) exclui-se a imputação no caso de *diminuição do risco*; (1.2) exclui-se a imputação no caso de *falta de criação do risco*; (1.3) os cursos causais hipotéticos, como regra, não excluem a imputação; (1.4) exclui-se a imputação nos casos de *riscos permitidos*; (2) a imputação exige a *realização* de um *risco não permitido*. Dessa diretriz extrai mais quatro desdobramentos: (2.1) exclui-se a imputação se falta a *realização* do perigo; (2.2) exclui-se a imputação se falta a *realização* do risco não permitido; (2.3) exclui-se a imputação quando os resultados não estão cobertos pelo fim de proteção da norma de cuidado; (2.4) a imputação não é excluída se, diante do incremento do risco, uma conduta alternativa conforme ao Direito evitaria o resultado; (3) a imputação exige que o tipo alcance o resultado produzido. Dessa diretriz extrai mais três desdobramentos: (3.1) na cooperação em uma autocolocação em perigo dolosa, em que alguém contribui para que outrem voluntária e conscientemente pratique ações perigosas, o resultado não é abrangida pelo tipo; (3.2) na heterocolocação em perigo consentida, em que alguém se deixa voluntária e conscientemente colocar em perigo por outrem, o resultado também não é abrangida pelo tipo; (3.3) finalmente, quando o evitamento do resultado cai dentro da esfera de responsabilidade de outrem, o resultado também não é abrangido pelo tipo (*Derecho Penal: Parte General*, cit., 2ª ed., 2ª reimpr., t. I, pp. 365-402; *Funcionalismo e Imputação Objetiva no Direito Penal*, cit., pp. 313-383).

A diretriz "3.1" encontra um *obstáculo*: o Direito Brasileiro tipifica como crime no art. 122 do CP as condutas de *induzimento*, *instigação* e *auxílio* ao *suicídio*.

38. Na doutrina alienígena citam-se, dentre tantos: Hans-Heinrich Jescheck e Thomas Weigend, *Tratado de Derecho Penal: Parte General*, cit., 5ª ed., pp. 307-310; Günther Jakobs, *A Imputação Objetiva no Direito Penal*, trad. de André Luís Callegari, São Paulo, Ed. RT, 2000.

Farta é a doutrina brasileira sobre o tema. Cita-se a excelente monografia de Luís Greco, *Um Panorama da Teoria da Imputação Objetiva*, Rio de Janeiro, Lumen

Essa teoria, hoje consagrada na doutrina penal, vem lentamente sendo estendida ao *direito privado*: os civilistas também perceberam as insuficiências das teorias causais para justificar a imputação do dever de reparar o dano. Vivencia-se, por isso, lentamente, a *construção* de uma *teoria da imputação objetiva* para a *responsabilidade civil*.[39] Não se deve perder de mira a profunda diferença entre a *imputação de responsabilidade penal* e a *imputação de responsabilidade civil*. Primeiro, o direito penal rege-se pelo *princípio da responsabilidade subjetiva*: a imposição de uma pena criminal exige a presença de dolo ou culpa.[40] O sistema jurídico não tolera a responsabilidade penal objetiva, e não há exceção a essa regra. Segundo, rege-se também pelo chamado *princípio da intervenção mínima*: somente os bens jurídicos mais relevantes merecem a tutela penal e somente os ataques mais intoleráveis é que devem ser punidos penalmente.[41] Trata-se de um ramo jurídico *subsidiário*: só deve funcionar quando os outros ramos jurídicos não solucionam satisfatoriamente o conflito.[42] E isso porque as sanções penais são as mais *graves*: importam, como regra, a *privação da liberdade*. É de obviedade ululante: a *responsabilidade aquiliana pelos danos* não segue a disci-

Juris, 2005. E também: Damásio E. de Jesus, *Imputação Objetiva*, 2ª ed., São Paulo, Saraiva, 2002; Walter Arnaud Mascarenhas Jr., *Aspectos Gerais do Risco na Imputação Objetiva*, Porto Alegre, Nuria Fabris, 2008.

Há quem critique a teoria. Na doutrina brasileira, são seus opositores, dentre outros: Antonio Carlos Santoro Filho, *Teoria da Imputação Objetiva: Apontamentos Críticos à Luz do Direito Positivo Brasileiro*, São Paulo, Malheiros Editores, 2007; Érika Mendes de Carvalho e Luiz Régis Prado, *Teorias da Imputação Objetiva do Resultado: uma Aproximação Crítica a seus Fundamentos*, São Paulo, Ed. RT, 2002.

39. Gisele Sampaio da Cruz, em sua dissertação de Mestrado, pontua, citando o civilista português António Menezes Cordeiro: "Na imputação objetiva, entretanto, reside uma área importante de evolução juscientífica da responsabilidade civil nos próximos tempos" (António Menezes Cordeiro, *Tratado de Direito Civil Português*, t. I, Coimbra, Livraria Almedina, 1999, p. 220, *apud* Gisela Sampaio da Cruz, *O Problema do Nexo Causal na Responsabilidade Civil*, cit., p. 122).

No Direito estrangeiro registra-se a excelente monografia de Martín García-Ripoll Montijano, *Imputación Objetiva, Causa Próxima y Alcance de los Daños Indemnizables*, cit.

40. Por todos: Alice Bianchini, Antonio García-Pablos de Molina e Luiz Flávio Gomes, *Direito Penal: Introdução e Princípios Fundamentais*, vol. 1, São Paulo, Ed. RT, 2007, pp. 531-533.

41. Idem, pp. 443-445.

42. Idem, ibidem.

plina normativa da *responsabilidade penal*. Seria *erro técnico grosseiro* pretender aplicar integralmente à responsabilidade civil a teoria penal da imputação objetiva. O próprio Roxin enfatiza a diferença.[43] Faz-se, por isso, necessária a construção de uma *teoria da imputação objetiva para a responsabilidade civil*.

Em relação ao *direito administrativo* a diferenciação é mais acentuada. Como regra geral – regra, essa, cada vez mais enfraquecida, mas ainda hoje mantida –,[44] a responsabilidade civil no direito privado é *subjetiva*. A regra é oposta no direito administrativo: pelos atos comissivos a responsabilidade estatal *independe de culpa*. Estender uma teoria desenvolvida para um sistema assentado no princípio da responsabilidade subjetiva a um sistema assentado no princípio da responsabilidade objetiva é, por óbvio, acentuadamente problemático. No presente momento histórico tornou-se inquestionável que a responsabilidade civil do Estado por atuação comissiva não pressupõe apenas a conduta, o dano e o nexo causal. A imputação objetiva é um *pressuposto autônomo* de toda responsabilização, seja *civil*, seja *penal*, seja *administrativa*. Sem embargo, não é possível estender ao direito privado e, com mais razão, ao direito administrativo a teoria penal da imputação objetiva. Exige-se a elaboração de uma teoria própria, enfim, para a responsabilidade civil – e, mais especificamente, para a responsabilidade civil do Estado. Em nosso *Efeitos dos Vícios do Ato Administrativo* observamos a necessidade dessa construção e conclamamos a comunidade científica brasileira, que até então praticamente desprezava o assunto, a efetuá-la.[45] Diante do silêncio da doutrina, sentimo-nos provocados a enfrentar o desafio.

43. "Por outro lado, a doutrina civilista, que tem apreciado este tipo de casos onde surgem dúvidas de responsabilidade por danos indirectos causados adequadamente, não poderá ser de grande ajuda para o penalista; de facto, decidir se o sujeito 'A' do nosso exemplo deve responder pelas despesas hospitalares da mãe do morto é algo muito diferente de se decidir pela punição ou não de tal indivíduo" (Claus Roxin, "Reflexões sobre a problemática da imputação em direito penal", cit., in *Problemas Fundamentais de Direito Penal*, cit., 3ª ed., p. 156).

44. Os arts. 927, parágrafo único, 931, 932, 933, 936 e 938, todos do CC de 2002, estabelecem a *responsabilidade civil objetiva* nas *relações privadas*.

45. Ricardo Marcondes Martins, *Efeitos dos Vícios do Ato Administrativo*, cit., Capítulo X-1.3, p. 567.

## *19.7 Imputação objetiva do dever estatal de reparar o dano*

A reparação do dano *causado* pela atuação comissiva do Estado é a este imputada – segundo Eduardo García de Enterría – em *quatro* hipóteses distintas, chamadas pelo notável administrativista espanhol de "causas de imputação":[46] (1) *realização lícita*; (2) *risco criado*; (3) *enriquecimento sem causa*; (4) *realização ilícita*.[47] Passa-se a um rápido exame de cada uma delas. Em relação à primeira, não há que confundir a *realização lícita* com o *sacrifício de direito*.[48] Muitas vezes, num conflito entre o interesse privado e o público o sistema jurídico faz prevalecer o interesse público: permite à Administração afetar total ou parcialmente o núcleo essencial do direito.[49] De modo que o dano é o efeito

46. Nas palavras dele: "Llamamos causas de imputación a aquellas circunstancias en virtud de las cuales es posible establecer una relación entre el daño y el sujeto imputado que justifica atribuir a éste el deber de reparación que la antijuridicidad del daño impone. En este sentido la imputación es un concepto jurídico y no físico" (Eduardo García de Enterría, *Los Principios de la Nueva Ley de Expropiación Forzosa*, cit., 2ª reimpr., p. 199).

47. Idem, pp. 201-211.

48. Renato Alessi considera que a chamada responsabilidade administrativa por atos lícitos diz respeito aos sacrifícios de direito. Responsabilidade, em rigor, decorreria sempre da *violação de um direito subjetivo*. Daí a distinção entre a *indenização*, devida em face do sacrifício, e o *ressarcimento*, devido em face da responsabilidade (Renato Alessi, *La Responsabilità della Pubblica Amministrazione*, 2ª ed., Milão, Giuffrè, 1951, pp. 217 e ss.). Celso Antônio Bandeira de Mello, a partir da doutrina de Alessi, efetuou uma distinção fundamental: sacrifícios de direito só se configuram quando a ordem jurídica estabelece em prol da Administração um poder cujo conteúdo reside especificamente em estruir um direito subjetivo; quando o Estado é autorizado pelo Direito a praticar atos que não têm por conteúdo próprio o sacrifício de direitos subjetivos, mas, eventualmente, o exercício desses atos, pode vir a atingir direitos alheios, violando-os, como mero subproduto, resultado colateral ou reflexo da atuação legítima, há, sim, que se falar em *responsabilidade civil* (*Curso de Direito Administrativo*, cit., 31ª ed., Capítulo XX-3 a 12, pp. 1.012-1.015). A distinção entre responsabilidade por atos lícitos e sacrifício apresentada por Celso Antônio também é efetuada por Eduardo García de Enterría, que distingue *responsabilidade* de *expropriação*: "En la expropiación se presenta como negocio jurídico dirigido directamente al despojo patrimonial, en la responsabilidad como hecho jurídico, incidental por relación a la posición del administrado, que ocasiona un daño no directa e inmediatamente procurado" (*Los Principios de la Nueva Ley de Expropiación Forzosa*, cit., 2ª reimpr., p. 173).

49. Explica Renato Alessi: "La Pubblica Amministrazione, come si sa, deve tendere al soddisfacimento di interessi della collettività, interessi *pubblici*, interessi perciò di natura prevalente nei confronti con gli interessi privati. Avviene perciò fre-

típico da atuação administrativa. Para tanto, em contrapartida ao sacrifício, o sistema exige o pagamento de uma *indenização*. A *desapropriação* é o caso mais paradigmático: a indenização não é imputada à Administração a título de *reparação*; não há, propriamente, uma *responsabilização* pelos danos; a indenização é a compensação que o sistema jurídico impõe ao sacrifício de direito. Nos casos de atuação administrativa lícita o efeito típico da atuação não é causar o dano, este é *reflexo*. Um exemplo é o dano decorrente da retirada de um ato pelo *decaimento* ou *caducidade* quando esta frustre além do razoavelmente tolerado a expectativa de estabilidade do ato.[50]

Em relação à segunda hipótese, deve-se distinguir a *realização lícita* do *risco criado*, pois, ao contrário da *força maior*, o *caso fortuito* não exclui a responsabilidade civil do Estado. Casos há em que a atuação administrativa não é ilícita, nem gera, por si, como efeito direto ou indireto, um dano; este decorre do chamado *caso fortuito*. Enquanto a força maior se caracteriza pela *determinação irresistível* e pela *exterioridade*, o caso fortuito se caracteriza pela *indeterminação* e pela *interioridade*. A força maior pode ser prevista (determinação), mas é inevitável (irresistível); e não está associada ao atuar da Administração ou a

quentemente che essa debba dare soddisfacimento ad un interesse pubblico con il sacrificio non soltanto di meri interessi privati, ma anche di interessi tutelati: con sacrificio, perciò, di diritti soggettivi privati, nel che si estrinseca appunto la supremazia della Pubblica Amministrazione" (*La Responsabilità della Pubblica Amministrazione*, cit., 2ª ed., p. 219). A associação do *sacrifício de direito* à afetação do *núcleo essencial* do direito foi efetuada *supra*, Capítulo 13-13.5.3.

50. A revogação não gera direito à indenização (cf., *supra*, Capítulo 7-7.2.2). Quando essa regra é afastada, de duas, uma: ou a revogação é inválida, ou não se trata, propriamente, de revogação. Dessarte: ou o Direito, de fato, não exigia a retirada do ato, e houve sacrifício inválido do direito, pois deveria a Administração tê-lo expropriado mediante prévia e justa indenização; ou o Direito exigia a retirada do ato e não se tratou de revogação, mas de decaimento ou caducidade.

Em sentido contrário, afirma Daniele Coutinho Talamini: "Embora se possa, então, conceber esta hipótese de indenizabilidade decorrente da revogação de atos administrativos (precários ou não), deve-se ressaltar que a situação é de configuração bastante restrita, assim como a indenização se restringe apenas às despesas realizadas pelo particular que visem à execução do ato. Evidentemente, não é qualquer despesa que será passível de compensação. Além disto, o dano deve ter a configuração já mencionada: deve ser especial e anormal. Por isto, a hipótese é excepcional; e a regra, portanto, é de que a revogação, quando legítima, em princípio não gera o dever de indenizar" (*Revogação do Ato Administrativo*, São Paulo, Malheiros Editores, 2002, p. 239).

qualquer conduta, e sim a um evento da Natureza (exterioridade). O caso fortuito é sempre *imprevisível* (indeterminação) e está sempre associado ao atuar da Administração (interioridade).[51] São exemplos de caso fortuito: danos decorrentes de obras públicas, sem que haja nenhuma irregularidade na realização da obra; pane em máquinas da Administração, devidamente vistoriadas e submetidas a regular manutenção. Perceba-se: o dano decorrente de caso fortuito é imputado à *atuação comissiva* da Administração;[52] o dano, por exemplo, foi causado pelo veículo da Administração que quebrou durante o tráfego na via pública. A imputação do dever de reparar decorre, nesses casos, do *risco criado* pela atividade administrativa.[53] O atropelamento de Àgnes Blanco é típico *caso fortuito*, e o fundamento da imputação nesses casos, como já antecipado, é o princípio da repartição dos encargos públicos.

A terceira causa de imputação do dever de reparar o dano por atuação comissiva da Administração decorre do princípio da *proibição do enriquecimento sem causa*. Diferentemente das outras três hipóteses, a imputação não se apóia na relação causal entre a produção do dano e a atividade do sujeito imputado, mas no *benefício* resultante ao imputado do fato do dano sofrido pelo prejudicado.[54] Segundo Celso Antônio Bandeira de Mello, "enriquecimento sem causa é o incremento do patrimônio de alguém em detrimento do patrimônio de outrem, sem que, para supeditar tal evento, exista uma causa juridicamente idônea".[55] Por

51. A distinção entre *caso fortuito* e *força maior*, adotada no direito administrativo, foi pioneiramente efetuada por Hauriou (note au S., 1912. III. 161 sous C. E., 10 mai 1912, *Ambrosini*, R. p., 549, J.A., I, 510). Sobre o tema, por todos, v.: Eduardo García de Enterría, *Los Principios de la Nueva Ley de Expropiación Forzosa*, cit., 2ª reimpr., pp. 207-209.

52. Nas palavras de Celso Antônio Bandeira de Mello: "(...). O caso fortuito não é utilmente invocável, pois, sendo um acidente cuja raiz é tecnicamente desconhecida, não elide o nexo entre o comportamento defeituoso do Estado e o dano assim produzido. (...)" (*Curso de Direito Administrativo*, cit., 31ª ed., Capítulo XX-81, p. 1.043). No mesmo sentido, nosso *Efeitos dos Vícios do Ato Administrativo*, cit., Capítulo X-2, pp. 569-570.

53. Cf. Eduardo García de Enterría, *Los Principios de la Nueva Ley de Expropiación Forzosa*, cit., 2ª reimpr., pp. 209-211.

54. Idem, p. 211.

55. Celso Antônio Bandeira de Mello, "O princípio do enriquecimento sem causa em direito administrativo", in *Grandes Temas de Direito Administrativo*, 1ª ed., 2ª tir., São Paulo, Malheiros Editores, 2010, p. 318. Nesse magistral estudo, enuncia o benemérito professor paulista: "(...) o certo é que não se pode admitir que a Adminis-

força desse princípio que veda o enriquecimento sem causa, o administrado que trabalhou irregularmente para a Administração deve, apesar da irregularidade, ser indenizado.

Finalmente, a quarta hipótese de imputação é a decorrente da *antijuridicidade* da atuação estatal, em que o dano é causado pela *atuação ilícita* da Administração. A clássica doutrina de Paul Duez diz respeito justamente a essa hipótese de imputação. Ele diferencia três casos: o serviço funcionou mal (*culpa in committendo*), o servido não funcionou (*culpa in omittendo*), o serviço funcionou tardiamente.[56]

Evidente que esses casos não esgotam as possibilidades de imputação por atuação ilícita. Sempre que a Administração contrariar o Direito, globalmente considerado, e essa contrariedade causar dano ao administrado, estará presente a quarta causa de imputação de responsabilidade. O fundamento da imputação, no caso, é o princípio do Estado de Direito e a irrestrita submissão do Poder Público à juridicidade.[57]

tração se locuplete à custa alheia; e, segundo nos parece, o *enriquecimento sem causa* – que é um princípio geral do Direito – supedaneia, em casos que tais, o direito do particular de indenizar-se pela atividade que proveitosamente dispensou em prol da Administração, ainda que a relação jurídica se haja travado irregularmente ou mesmo ao arrepio de qualquer formalidade, desde que o Poder Público haja assentido nela, ainda que de forma implícita ou tácita, inclusive a ser depreendida do mero fato de havê-la boamente incorporado em seu proveito, salvo se a relação irrompe de atos de inquestionável má-fé, reconhecível no comportamento das partes ou mesmo simplesmente do empobrecido" (idem, p. 326).

Sobre o tema registra-se também a preciosa monografia de Giovanni Ettore Nanni, *Enriquecimento Sem causa* (São Paulo, Saraiva, 2004). Informa o autor que, na esteira da jurisprudência francesa, a doutrina exige cinco pressupostos para a caracterização do enriquecimento sem causa: (1) o enriquecimento; (2) o empobrecimento; (3) o nexo causal entre eles; (4) a ausência de justa causa; (5) a subsidiariedade da ação de enriquecimento (idem, pp. 223-277).

56. "On peut les grouper sous trois chefs qui, dans une certaine mesure, correspondent aux étapes marquées par le développement chronologique de la faute du service public: (1º) le service a mal fonctionné (*culpa in commitendo*); (2º) le service n'a pas fonctionné (*culpa in omittendo*); (3º) le service a fonctionné tardivement" (Paul Duez, *La Responsabilité de la Puissance Publique en dehors du Contrat*, Paris, Dalloz, 1927, p. 15). Como bem adverte Celso Antônio Bandeira de Mello, a responsabilidade por *faute du service* é indubitavelmente uma responsabilidade subjetiva, pois não basta a relação causal entre o acontecimento e o efeito produzido; exige-se a ilicitude (*Curso de Direito Administrativo*, cit., 31ª ed., Capítulo XX-30 a 33, pp. 1.022-1024).

57. Nas palavras de Celso Antônio Bandeira de Mello, "não teria sentido ou alcance jurídico algum o princípio da legalidade se a responsabilidade do Estado, em

Enfim, eis as quatro *causas* de imputação, à atuação comissiva da Administração, do dever de reparar o dano: (1) *atuação lícita*; (2) *risco criado*; (3) *enriquecimento sem causa*; (4) *atuação ilícita*. Na primeira o dano antijurídico é reflexamente produzido por uma atuação da Administração autorizada pelo Direito; um exemplo é o *decaimento* ou *caducidade* que atente além do razoável contra a expectativa de estabilidade do ato, e o fundamento da imputação, nesse caso, é o *princípio da segurança jurídica* e, corolário dele, o da *confiança legítima*. Na segunda o dano advém de caso fortuito decorrente da atuação administrativa; um exemplo é o dano gerado por obra pública realizada de forma regular, e o fundamento da imputação é o *princípio da repartição dos encargos públicos*. Na terceira hipótese o dano é a causa de enriquecimento não justificado da Administração; um exemplo é o trabalho realizado por administrado ilicitamente nomeado ou contratado, e o fundamento da imputação é o *princípio da proibição do enriquecimento sem causa*. Na quarta hipótese o dano é causado por atuação administrativa ilícita; um exemplo é a edição de ato inválido, e o fundamento da imputação é o *princípio do Estado de Direito* e, corolário dele, o da *juridicidade*.

### *19.8 Excludentes de imputação*

A dificuldade não está na apresentação das causas de imputação, já discriminadas pela boa doutrina. O difícil é enunciar as hipóteses de *excludentes de imputação*, teoria ainda em fase de construção. Adotou-se a teoria da equivalência das condições para caracterização da causa: tudo aquilo que contribui para a ocorrência de um resultado é causa dele. Há três *excludentes* de *nexo causal*: a força maior, o fato exclusivo da vítima e o fato exclusivo de terceiro. Nessas três hipóteses não há responsabilidade civil do Estado por atuação comissiva porque inexiste um dos pressupostos da responsabilização: a atuação estatal. Poderá haver responsabilidade pela *atuação omissiva* se o sistema jurídico imputar ao Estado o dever de evitar o dano. Em relação à responsabilidade comissiva os problemas surgem quando o dano não decorre exclusivamente de uma dessas três hipóteses, mas conjuntamente com a atuação estatal, que se configura uma *concausa*. Podem estar presentes a atuação

matéria de atos administrativos, não fosse o seu reverso. (...)" (*Curso de Direito Administrativo*, cit. 31ª ed., Capítulo I-66, p. 83).

do Estado, o dano e o nexo causal, pode estar perfeitamente caracterizada uma das quatro causas de *imputação*, e mesmo assim ela não ocorrer. Eis a pergunta fundamental: quais são as *excludentes de imputação*?

(1) A *participação do administrado na produção do vício* exclui a imputação de responsabilidade civil estatal. A doutrina afirma em coro uníssono que a má-fé do administrado exclui a imputação. Em nosso *Efeitos dos Vícios do Ato Administrativo* observamos que a excludente não é propriamente a má-fé, mas a participação na produção do vício. Demos dois exemplos: (a) Suponha-se que o particular, de boa-fé, apresente documentos falsos para a obtenção de uma licença ambiental; após, com a descoberta da falsidade, a licença é invalidada. Não se imputa ao Estado o dever de indenizar o particular, não por causa da má-fé, que inexiste no caso, mas em decorrência do concurso do administrado para a prática do vício. (b) Suponha-se que o administrado não acredite na juridicidade do seu pedido e mesmo assim formule a pretensão perante a Administração. Se esta defere o pleito e depois invalida o ato, o administrado faz jus ao ressarcimento dos prejuízos que teve. Não em decorrência da boa-fé, que inexistiu no caso, mas por não ter concorrido para a prática do vício.

Em relação aos contratos administrativos vem ganhando força na doutrina brasileira a admissibilidade de uma exceção a essa regra. Passou-se a defender que, mesmo diante da má-fé do administrado (*rectius*, mesmo tendo ele contribuído para a prática do vício), por força da *proibição de enriquecimento ilícito*, ele deve ser ressarcido dos benefícios que sua atuação proporcionou à Administração. Quer dizer: a participação na produção do vício exclui a imputação, mas não a exclui quando há enriquecimento sem causa da Administração.[58] A Administração deve ressarcir o administrado apenas e tão-somente da *vantagem* que ela auferiu.

58. Esse entendimento foi difundido por Marcelo Meireles Lobão, em preciosa monografia: "Desta sorte, ainda que o contratado tenha concorrido, dolosamente ou de má-fé, para a invalidação do contrato, terá direito ao ressarcimento das prestações já efetuadas que não puderem ser restituídas, com fundamento no postulado da proibição do enriquecimento sem causa" (*Responsabilidade do Estado pela Desconstituição de Contratos Administrativos em Razão de Vícios de Nulidade*, São Paulo, Malheiros Editores, 2008, p. 115). A teoria foi acolhida por Celso Antônio Bandeira de Mello a partir da 17ª edição de seu *Curso* (*Curso de Direito Administrativo*, cit., 31ª ed., Capítulo X-73, p. 673), com a ressalva a seguir exposta.

Há, porém, uma *exceção* a essa *exceção*. Entre duas interpretações possíveis, o intérprete, em decorrência da missão institucional da disciplina, deve escolher a mais desfavorável à *corrupção*. Por certo, o direito administrativo é um conjunto normativo que tem a magna missão de impedir a corrupção. Impedir que o corrupto tenha prejuízo é, por óbvio, facilitar e até estimular a desonestidade. Logo, no caso de *conluio* com a Administração, a imputação é excluída mesmo em relação aos *benefícios* auferidos pelo Poder Público. Noutras palavras: a participação na produção do vício exclui a imputação mesmo na hipótese de enriquecimento sem causa da Administração quando o vício decorra de corrupção, vale dizer, de um conluio entre o administrado e os agentes administrativos.[59]

(2) A *diminuição do risco* exclui a imputação da responsabilidade civil estatal: não há imputação do dever de reparar os danos causados pelas ações estatais necessárias à proteção do bem jurídico do administrado. Por isso, como regra geral, a atuação médica *não-culposa* e *mal-sucedida* não gera responsabilidade civil do Estado, ainda que seja causa do dano.[60] O Conselho de Estado francês inicialmente exigia falta

59. É a posição de Celso Antônio Bandeira de Mello: "Sem embargo, *salvo se esteve conluiado com a Administração na ilegalidade*, não sendo possível repor o *statu quo ante*, terá de ser acobertado pelas despesas que fez em relação ao que a Administração haja aproveitado e incorporado em seu proveito. O princípio do enriquecimento sem causa abona esta solução, até mesmo nos casos em que tenha havido má-fé. (...)" (*Curso de Direito Administrativo*, cit., 31ª ed., Capítulo X-73, p. 674 – grifos nossos).

60. Foi o que decidiu a 8ª Câmara de Férias "B" de Direito Privado do TJSP nos autos da ACi 27033214: "Em toda cirurgia corporal há um risco inerente à mesma, e para que seja possível indenizar-se a paciente por seqüelas danosas irreversíveis impõe-se a comprovação do erro médico, evidenciando a culpa na modalidade de imperícia". O STF, ao julgar o recurso extraordinário interposto pela autora, afastou esse posicionamento. Afirmou o Min. Néri da Silveira, Relator do acórdão: "É, portanto, inquestionável a imprevisibilidade do ocorrido, tanto que surpreendeu os cirurgiões envolvidos no processo operatório. Decorre que em momento algum ficou comprovada a total falta de causalidade entre a seqüela deixada e a intervenção cirúrgica. A natureza fortuita da conseqüência, do resultado, não afasta em momento algum a sua causalidade, ao contrário, cria exponencial liame entre a cirurgia perpetrada e a perda da visão do olho esquerdo da paciente. Figurada, na situação vertente, a presença da responsabilidade objetiva do Estado, posto que o risco na cirurgia não exime o Estado do dever de ressarcimento, tal qual preconizado no art. 37, § 6º, da lei Fundamental" (STF, 2ª Turma, RE 217.389-7-SP, rel. Min. Néri da Silveira, j. 2.4.2002, v.u., *DJU* 24.5.2002, p. 69).

grave para responsabilização do serviço público hospitalar, mas no "caso *Epoux*" afastou a exigência da *faute lourde* e passou a considerar suficiente a ocorrência de uma *faute simple*. Apesar de também adotar a teoria da responsabilidade objetiva, afasta a responsabilidade do Estado nos casos de atuação médica não-culposa.[61] Pode-se estender essa solução a todas as *obrigações de meio* realizadas pelo Estado.[62] É o que ocorre também na atuação da Defensoria Pública: as postulações judiciais que não obtenham êxito, apesar de acolhidas pela jurisprudência majoritária ou pelos tribunais superiores, não geram, inexistindo culpa do defensor, o dever de indenizar. Em suma: as intervenções cirúrgicas e jurídicas, típicas obrigações de meio, e não de resultado, não-culposas, quando causem danos, não acarretam a *imputação* de responsabilidade civil, pois ambas, numa perspectiva *ex ante*, são benéficas ao bem jurídico protegido. A falta de culpa, nesses casos, exclui a imputação.

Discorda-se da decisão da Corte Suprema: a responsabilidade, de fato, não decorre da ausência de culpa, pois é objetiva; também não se pode negar a existência de nexo causal entre a atuação estatal e o dano; porém, não há *imputação*. Não se está afirmando que a cegueira causada à paciente é estranha ao Estado: a Constituição obriga o Estado a cuidar dos deficientes físicos, nos termos dos incisos IV e V do art. 203, garantindo-lhes o pagamento mensal de salário-mínimo. Em outras palavras: em termos rigorosamente científicos, o dano cirúrgico causado por atuação médica não-culposa diz respeito à assistência social, não à responsabilidade civil.

61. "Par l'arrêt du 10.4.1992, le Conseil d'État a abandonné l'exigence d'une faute lourde en la matière et a considéré que, en l'espèce, les erreurs commises constituaient une faute médicale de nature à engager la responsabilité de l'hôpital. (...). Toutefois, en abandonnant l'exigence de faute lourde, il n'a pas entendu dorénavant sanctionner toutes les erreurs médicales. En effect, toute erreur n'est pas nécessairement fautive, sauf à imposer aux médecins non plus une obligation de moyens mais une véritable obligation de résultats" (Conseil d'État, Assemblé, 10.4.1992, 79027, Publié au Recueil Lebon, in *http://www.conseil-etat.fr/ce/jurisp/index_ju_la45.shtml* e *http://www.legifrance.gouv.fr*, acesso em 16 .9.2005).

Na França, conforme adverte Weida Zancaner (*Da Responsabilidade Extracontratual da Administração Pública*, cit., p. 31), apesar de ser o berço da responsabilidade objetiva, vigora na enorme maioria das vezes a teoria subjetiva. No Brasil a teoria objetiva é a regra, mas no exercício da Medicina a imputação da responsabilidade é afastada quando inexistir culpa. Perceba-se: para configuração da responsabilidade não importa a gravidade do erro médio, basta a culpa, pela negligência, imprudência ou imperícia.

62. Sobre o conceito de *obrigações de meio* e *de resultado*, v., por todos: Orlando Gomes, *Obrigações*, 10ª ed., Rio de Janeiro, Forense, 1995, § 12, pp. 16-17. Nas obrigações de resultado, ao contrário das de meio, o cumprimento só se verifica se o resultado é atingido.

(3) A *assunção consciente de um risco* exclui a imputação da responsabilidade civil do Estado. Não há como cogitar de indenizar a família de um suicida que salta à frente de um veículo público que trafega em velocidade regular. A exclusão da responsabilidade civil do Estado não se dá pelo fato exclusivo da vítima: o deslocamento do veículo é indiscutível *concausa*. Trata-se de *exclusão de imputação* pela assunção do risco consciente e voluntária do administrado: o Estado não é responsabilizado pela conduta suicida. Do mesmo modo, os danos sofridos por alguém que avista um alagamento e, consciente e voluntariamente, direciona-se para ele não são imputados ao Estado, ainda que o alagamento decorra do não-funcionamento do serviço estatal ou do funcionamento inadequado. O exemplo dado por Marçal Justen Filho encaixa-se aqui: o Estado não responde pelos danos causados em decorrência da legítima defesa do agente público (própria ou de terceiro), tendo em vista que o administrado, ao ameaçar o bem jurídico alheio, assume o risco de sofrer o dano decorrente da reação defensiva estatal.[63]

O caso da Àgnes Blanco não se encaixa nessa hipótese. Uma criança que corre ao encalço de um veículo em circulação não é considerada suicida, e não o é porque não é considerada *responsável* por seus atos. A excludente de imputação só se configura quando a assunção do risco se dê por alguém plenamente cônscio da assunção. Crianças e portadores de enfermidade ou deficiência mental não têm discernimento para assumir um risco. Por isso, no caso do atropelamento da criança o Estado deve indenizar, mas não deve indenizar no caso do atropelamento do suicida.

(4) O *domínio da situação jurídica* exclui a imputação da responsabilidade civil: quando o Direito atribui ao Estado o total domínio da situação jurídica, a reparação dos danos decorrentes de sua modificação não é imputada ao Estado. Por exemplo: quando o legislador altera o regime jurídico dos servidores públicos, desde que respeitada a irredutibilidade de vencimentos, também não há que se falar em indenização, pois o sistema garante ao Estado o domínio da situação jurídica do ser-

63. Evidente que haverá imputação se a atuação estatal for desproporcional, tendo em vista as possibilidades fáticas. Por exemplo: se o policial pode alvejar o criminoso que empunha um revólver de calibre 38 com um revólver de calibre igual ou próximo mas, sem justificativa plausível, prefere alvejá-lo com um tiro de canhão, a reação estatal é desproporcional, e não há exclusão da responsabilidade civil. Caso o canhão seja a única arma disponível, diante das circunstâncias, a desproporcionalidade não tem o condão de afastar a excludente de imputação.

vidor.[64] Outro exemplo: quando a Administração outorga uma permissão de uso e, posteriormente, decide *revogar* a permissão e retomar o imóvel, não há que se falar em indenização, pois a *permissão de uso* garante à Administração o domínio da situação jurídica do bem. Mais um exemplo: quando a Administração altera a localização de um de seus estabelecimentos não há que se falar em indenização dos comerciantes lindeiros, pois é garantido ao Estado o total domínio sobre a localização de seus estabelecimentos.[65]

(5) A *generalidade* da atuação lícita exclui a imputação da responsabilidade civil do Estado. Essa hipótese de excludente há muito é afirmada pela doutrina.[66] No caso de atividade estatal lícita, só *danos especiais* – quer dizer, *individualizados, concretos* – são reparados pelo Estado. Ora, se, por um princípio de justiça distributiva, os prejuízos

64. Explica Eduardo García de Enterría: "Pongamos un ejemplo característico: una devaluación de moneda, un cambio de regulación de una profesión, una rebaja en la remuneración de los funcionarios. En todas estas hipótesis no es la nota de generalidad la que evita la calificación de lesión o daño indemnizable, sino precisamente la circunstancia de no cumplirse el carácter esencial de la antijuridicidad, en el sentido en que lo hemos precisado más atrás; pues, en efecto, al poseer el Estado la disponibilidad sobre estas materias, que en el caso más señalado de reforma de *status* objetivos deriva de su misma potestad legislativa, y de la esencial libertad de su ejercicio, ocurre que frente a tales decisiones no pueden ser opuestos por los interesados 'derechos adquiridos' a la permanencia en la situación anterior, es decir, no puede esgrimir frente al Estado el derecho a su integridad patrimonial tal como resaltaba del *status* anterior. No se trata, pues, de medidas de limitación de los derechos, sino de cambios de *status* legislativos, de medidas de organización social cuya adopción corresponde libremente al Estado" (*Los Principios de la Nueva Ley de Expropiación Forzosa*, cit., 2ª reimpr., pp. 181-182).

65. Respeitável doutrina descaracteriza nesse caso a juridicidade do dano: "Por isso, a mudança de uma escola pública, de um museu, de um teatro, de uma biblioteca, de uma repartição, pode representar para comerciantes e profissionais instalados em suas imediações evidentes prejuízos, na medida em que lhes subtrai toda a clientela natural derivada dos usuários daqueles estabelecimentos transferidos. Não há dúvida de que os comerciantes e profissionais vizinhos terão sofrido um dano patrimonial, inclusive o 'ponto' ter-se-á destarte desvalorizado. Mas não haverá dano jurídico" (Celso Antônio Bandeira de Mello, *Curso de Direito Administrativo*, cit., 31ª ed., Capítulo XX-71, p. 1.039). Não há dano *jurídico*, perceba-se, justamente pela *exclusão da imputação objetiva*.

66. Por todos: Weida Zancaner, *Da Responsabilidade Extracontratual da Administração Pública*, cit., p. 44-47 e 67; Celso Antônio Bandeira de Mello, *Curso De Direito Administrativo*, cit., 31ª ed., Capítulo XX-74 e 75, p. 1.041.

sofridos por um administrado em decorrência da atividade pública devem ser repartidos por todos, pois a atividade é exercida em benefício de todos (repartição dos encargos públicos), quando os prejuízos são sofridos pela *generalidade das pessoas* não há o dever de reparti-los. Do ponto de vista prático essa repartição seria problemática: o Estado não tem condições de arcar com esses prejuízos.[67]

Essa hipótese diz respeito ao tormentoso problema da *responsabilidade civil do Estado por atos legislativos*. Não se nega a imputação de responsabilidade quando os danos decorrem de lei *inconstitucional*. Quando a lei é *constitucional*, a imputação, como regra geral, é excluída, em decorrência da *generalidade*. Sem embargo, se a lei *geral* importar prejuízo *especial* para um ou alguns administrados haverá direito de reparação.[68]

(6) Finalmente, a *normalidade* do dano exclui a responsabilidade civil do Estado: o dano próprio dos dissabores do cotidiano, inerente à vida em sociedade, também não gera direito à indenização.[69] Suponha-se que a Administração cobre do particular tributo inconstitucional

67. Como bem observa Eduardo García de Enterría, a reparação nesses casos poderia configurar-se impossível para as finanças públicas. O insigne jurista dá como exemplo as alterações urbanísticas (*Los Principios de la Nueva Ley de Expropiación Forzosa*, cit., 2ª reimpr., pp. 183-185).

68. Foi o que defendeu Maria Emília Mendes Alcântara: "Não há que se proceder à indagação da constitucionalidade ou inconstitucionalidade da lei para fins de se promover a indenização do lesado, mas sim do prejuízo especial infligido a uns poucos da coletividade, que são onerados de forma desigual" (*Responsabilidade do Estado por Atos Legislativos e Jurisdicionais*, São Paulo, Ed. RT, 1988, p. 65). Pouco adiante, com acerto, pontua que, no caso de lei inconstitucional, não se faz necessária a *especialidade* do dano (idem, p. 68).

69. Weida Zancaner (*Da Responsabilidade Extracontratual da Administração Pública*, cit., pp. 35-36, 44-45 e 66-67) e Celso Antônio Bandeira de Mello (*Curso de Direito Administrativo*, cit., 31ª ed., Capítulo XX-76, p. 1.041) defendem que a exigência de anormalidade se restringe à atuação lícita. Também adota essa posição José Joaquim Gomes Canotilho (*O Problema da Responsabilidade do Estado por Actos Lícitos*, cit., pp. 271-272). Apesar dessas respeitáveis opiniões, discorda-se. Há uma diferença semântica relevante entre anormalidade, gravidade e pequenez do dano. A lição de Canotilho e Zancaner parece indicar que *normalidade* se confunde com *reduzido prejuízo*. Não é verdade: o dano pode ser *anormal* mas de pequena monta: cobrança de uma taxa inconstitucional de reduzido valor econômico. Enfim, dano *anormal* não se confunde com dano *grave* ou dano *extenso*. Dano anormal é o que não é normal, o que não faz parte da expectativa das pessoas que vivem em sociedade, o que não é considerado próprio do dia a dia da vida.

e, assim, edite ato administrativo inválido de lançamento. O exemplo merece esclarecimentos: muitas pessoas não gostam de ter uma dívida pendente, mantêm suas contas domésticas em dia; uma cobrança indevida gera um dissabor, um tormento, um desgaste psicológico. Suponha-se que o administrado exerça seu direito de petição e este seja atendido pela Administração, ou seja, que ela reconheça a inconstitucionalidade do tributo cobrado e invalide o ato de lançamento. Perceba-se: o simples recebimento da notificação de cobrança gera em muitas pessoas um dano moral;[70] e mais: o simples deslocamento do administrado à repartição pública gera um dano patrimonial. Esses danos, porém, apesar de decorrerem de ato ilícito, são *normais*, próprios da vida em sociedade, e, assim, não geram direito à indenização.

A *normalidade* do dano, portanto, exclui a imputação tanto em relação à atuação estatal *lícita* como em relação à atuação estatal *ilícita*. Sem embargo, o sistema é mais exigente na caracterização da imputação da responsabilidade pela atividade lícita do que pela atividade ilícita, e, por conseguinte, impõe para a primeira um grau mais acentuado de anormalidade. Vale dizer: é correto exigir um grau maior de anormalidade para a responsabilização por atos lícitos do que o exigido para a responsabilização por atos ilícitos.

70. É pacífico que pequenos dissabores, ainda que causados por atividade ilícita, não geram direito à indenização. Nesse sentido são precisas as considerações de Sérgio Cavalieri Filho: "Nessa linha de princípio, só deve ser reputado como dano moral a dor, vexame, sofrimento ou humilhação que, *fugindo à normalidade*, interfira intensamente no comportamento psicológico do indivíduo, causando-lhe aflições, angústias e desequilíbrio em seu bem-estar. Mero dissabor, aborrecimento, mágoa, irritação ou sensibilidade exacerbada estão fora da órbita do dano moral, porquanto, *além de fazerem parte da normalidade do nosso dia a dia*, no trabalho, no trânsito, entre os amigos e até no ambiente familiar, tais situações não são intensas e duradouras, a ponto de romper o equilíbrio psicológico do indivíduo. (...)" (*Programa de Responsabilidade Civil*, 6ª ed., 3ª tir., São Paulo, Malheiros Editores, 2006, p. 105 – grifos nossos).2.3

## *Referências Bibliográficas*


ABE, Nilma de Castro. *Gestão do Patrimônio Público Imobiliário*. Leme, Mizuno, 2006.

ACADEMIA BRASILEIRA DE LETRAS. *Vocabulário Ortográfico da Língua Portuguesa*. 5ª ed. São Paulo, Global, 2009.

AGOSTINHO, Santo. *Confissões*. Trad. de J. Oliveira Santos e A. Ambrósio de Pina. São Paulo, Nova Cultural, 1996.

ALCÂNTARA, Maria Emília Mendes. *Responsabilidade do Estado por Atos Legislativos e Jurisdicionais*. São Paulo, Ed. RT, 1988.

ALESSI, Renato. *Instituciones de Derecho Administrativo*. t. I, trad. de Buenaventura Pellisé Prats. Barcelona, Bosch, 1970.

__________. *La Responsabilità della Pubblica Amministrazione*. 2ª ed. Milão, Giuffrè, 1951.

__________. *La Revocabilità dell'Atto Amministrativo*. Milão, Giuffrè, 1936.

__________. *Principi di Diritto Amministrativo*. vol. I. Milão, Giuffrè, 1966.

ALEXY, Robert. *Derecho y Razón Práctica*. 2ª reimpr., trad. de Manuel Atienza. México, Fontamara, 2002.

__________. *El Concepto y la Validez del Derecho*. 2ª ed., trad. de Jorge M. Seña. Barcelona, Gedisa, 2004.

__________. *Epílogo a la Teoría de los Derechos Fundamentales*. Trad. de Carlos Bernal Pulido. Madri, Colegio de Registradores de la Propiedad, Mercantiles y Bienes Muebles de España, 2004.

__________. "La crítica de Bulygin al argumento de la corrección". In: ALEXY, Robert, e BULYGIN, Eugenio. *La Pretensión de Corrección del Derecho: la Polémica sobre la Relación entre Derecho y Moral*. Trad. de Paula Gaido. Bogotá, Universidad Externado de Colombia, 2001 – *Serie de Teoría Jurídica y Filosofía del Derecho*, vol. 18 (pp. 53-84).

__________. *La Institucionalización de la Justicia*. Trad. de José Antonio Seoane, Eduardo Roberto Sodero e Pablo Rodríguez. Granada, Comares, 2005.

———. "Sistema jurídico, principios jurídicos y razón práctica". In: *Derecho y Razón Práctica*. 2ª reimpr., trad. de Manuel Atienza. México, Fontamara, 2002 (pp. 7-24).

———. *Teoria dos Direitos Fundamentais*. 2ª ed., 3ª tir., trad. de Virgílio Afonso da Silva. São Paulo, Malheiros Editores, 2014.

ALEXY, Robert, e BULYGIN, Eugenio. *La Pretensión de Corrección del Derecho: la Polémica sobre la Relación entre Derecho y Moral*. Trad. de Paula Gaido. Bogotá, Universidad Externado de Colombia, 2001 – *Serie de Teoría Jurídica y Filosofía del Derecho*, vol. 18.

ALMEIDA, Fernanda Dias Menezes de. *Competências na Constituição de 1988*. 2ª ed. São Paulo, Atlas, 2000.

ALMEIDA PRADO, Francisco Octávio de. *Improbidade Administrativa*. São Paulo, Malheiros Editores, 2001.

ALOCHIO, Luiz Henrique Antunes. *Direito do Saneamento: Introdução à Lei de Diretrizes Nacionais de Saneamento Básico – Lei Federal 11.445/2007*. Campinas, Millennium, 2007.

ALVARENGA, Aristides Junqueira. "Reflexões sobre improbidade administrativa no Direito Brasileiro". In: BUENO, Cassio Scarpinella, e PORTO FILHO, Pedro Paulo de Rezende (coords.). *Improbidade Administrativa: Questões Polêmicas e Atuais*. 2ª ed. São Paulo, Malheiros Editores, 2003 (pp. 105-111).

ALVES, Alaôr Caffé. *Lógica: Pensamento Formal e Argumentação*. 2ª ed. São Paulo, Quartier Latin, 2002.

———. *Planejamento Metropolitano e Autonomia Municipal no Direito Brasileiro*. São Paulo, José Bushatsky Editor, 1981.

———. *Saneamento Básico: Concessões, Permissões e Convênios Públicos*. Bauru, Edipro, 1998.

ALVES, Jones Figueirêdo, e DELGADO, Mário Luiz (coords.). *Questões Controvertidas: Direito das Coisas*. São Paulo, Método, 2008 – *Grandes Temas de Direito Privado*, vol. 7.

ALVES, Rogério Pacheco, e GARCIA, Emerson. *Improbidade Administrativa*. 4ª ed. Rio de Janeiro, Lumen Juris, 2008.

AMARAL, Francisco. *Direito Civil: Introdução*. 3ª ed. Rio de Janeiro, Renovar, 2000.

AMORIM, Sebastião, e OLIVEIRA, Euclides de. *Inventários e Partilhas: Direito das Sucessões*. 12ª ed. São Paulo, LEUD, 1999.

ANDRADE, Paes de, e BONAVIDES, Paulo. *História Constitucional do Brasil*. 3ª ed. Rio de Janeiro, Paz e Terra, 1991.

ANTUNES ROCHA, Carmen Lúcia. *Princípios Constitucionais da Administração Pública*. Belo Horizonte, Del Rey, 1994.

ARAÚJO, Edmir Netto de. *Convalidação do Ato Administrativo*. São Paulo, LTr, 1999.

__________. *Curso de Direito Administrativo*. 5ª ed. São Paulo, Saraiva, 2010.

ARAÚJO, Luiz Alberto David. "Características comuns do federalismo". In: BASTOS, Celso (coord.). *Por uma Nova Federação*. São Paulo, Ed. RT, 1995 (pp. 39-52).

ARAÚJO, Marcelo Labanca Corrêa de. *Jurisdição Constitucional e Federação: o Princípio da Simetria na Jurisprudência do STF*. Rio de Janeiro, Elsevier, 2009.

ARAÚJO CINTRA, Antônio Carlos de, DINAMARCO, Cândido Rangel, e GRINOVER, Ada Pellegrini. *Teoria Geral do Processo*. 30ª ed. São Paulo, Malheiros Editores, 2014.

ARENHART, Sérgio Cruz, e MARINONI, Luiz Guilherme. *Prova*. São Paulo, Ed. RT, 2009.

__________. *Processo de Conhecimento*. 8ª ed. São Paulo, Ed. RT, 2010.

ARRUDA ALVIM NETTO, José Manoel de. *Comentários ao Código Civil Brasileiro: Livro Introdutório ao Direito das Coisas e o Direito Civil*. vol. XI, t. I. Rio de Janeiro, Forense, 2009.

__________. *Comentários ao Código Civil Brasileiro: do Direito das Coisas (Arts. 1.196 a 1.224)*. vol. XI, t. II. Rio de Janeiro, Forense, 2009.

__________. *Tratado de Direito Processual Civil*. 2ª ed., vol. 1. São Paulo, Ed. RT, 1990.

ATALIBA, Geraldo. "Competência legislativa supletiva estadual". *Revista de Informação Legislativa* 73/81-94. Ano 19. Brasília, janeiro-março/1982.

__________. "Considerações em torno da teoria jurídica da taxa". *RDP* 9/43-54. Ano III. São Paulo, Ed. RT, julho-setembro/1969.

__________. "Decadência e mandado de segurança: inconstitucionalidade do preceito do art. 18 da Lei 1.533/1951". *RTDP* 1/147-152. São Paulo, Malheiros Editores, 1993.

__________. "Normas gerais de direito financeiro e tributário e autonomia dos Estados e Municípios". *RDP* 10/45-80. Ano III. São Paulo, Ed. RT, outubro-dezembro/1969.

__________. *República e Constituição*. 3ª ed. São Paulo, Malheiros Editores, 2011.

__________. *Sistema Constitucional Tributário Brasileiro*. São Paulo, Ed. RT, 1968.

__________ (coord.). *Elementos de Direito Tributário*. São Paulo, Ed. RT, 1978.

AULEY, J. M. "A validade dos atos administrativos unilaterais". *RDA* 66/34-61. Rio de Janeiro, outubro-dezembro/1961.

AUSTIN, John. L. *Cómo Hacer Cosas con Palabras*. Trad. de Genaro R. Carrió e Eduardo A. Rabossi. Barcelona, Paidós, 1971.

ÁVILA, Humberto. "'Neoconstitucionalismo'": entre a 'ciência do Direito' e o 'Direito da ciência'". *Revista Eletrônica de Direito do Estado/REDE* 17. Salvador, janeiro-março/2009 (disponível em *www.direitodoestado.com.br*).

__________. "O que é 'devido processo legal?'". *RePro* 163/50-59. Ano 33. São Paulo, Ed. RT, setembro/2008.

__________. *Teoria dos Princípios – Da Definição à Aplicação dos Princípios Jurídicos*. 15ª ed. São Paulo, Malheiros Editores, 2014.

AZEVEDO JR., José Osório. *Compromisso de Compra e Venda*. 6ª ed. São Paulo, Malheiros Editores, 2013.

__________. *Direitos Imobiliários da População Urbana de Baixa Renda*. São Paulo, Sarandi, 2011.

BACELLAR FILHO, Romeu Felipe. *Processo Administrativo Disciplinar*. 2ª ed. São Paulo, Max Limonad, 2003.

BACHOF, Otto, STOBER, Rolf, e WOLFF, Hans J. *Direito Administrativo*. vol. I, trad. de António F. de Sousa. Lisboa, Fundação Calouste Gulbenkian, 2006.

BAENA DEL ALCÁZAR, Mariano. "Sobre el concepto de fomento". *Revista de Administración Pública/RAP* 45/43-85. Madri, setembro-dezembro/1967.

BALLOUK FILHO, Benedito Marques, e KUNTZ, Ronald A. *Corrupção Política: a Luta Social pelo Resgate da Dignidade no Exercício do Poder*. São Paulo, Madras, 2008.

BANDEIRA DE MELLO, Celso Antônio. "Apontamentos sobre a desapropriação no Direito Brasileiro". *RDP* 23/18-31. Ano VI. São Paulo, Ed. RT, janeiro-março /1973.

__________. "Apontamentos sobre o poder de polícia". *RDP* 9/55-68. Ano III. São Paulo, Ed. RT, julho-setembro/1969.

__________. *Apontamentos sobre os Agentes e Órgãos Públicos*. 2ª tir. São Paulo, Ed. RT, 1975.

__________. *Ato Administrativo e Direito dos Administrados*. São Paulo, Ed. RT, 1981.

__________. "Competência urbanística municipal e competência da União em matéria de telecomunicações: interferências". *RTDP* 43/26-35. São Paulo, Malheiros Editores, 2003.

__________. "Compromisso arbitral – Nulidade na esfera do direito administrativo – Reajuste de preço com base na variação do Dólar: nulidade – Desvio de poder". *RTDP* 39/116-126. São Paulo, Malheiros Editores, 2002.

__________. "Conflito entre União e Estado – Apoderamento pela União, sem recorrer ao Judiciário, de recursos tributários que a Constituição declara pertencentes aos Estados, para saciar-se de alegados créditos – Inviabilidade". *RTDP* 33/74-77. São Paulo, Malheiros Editores, 2001.

————. "Contrato administrativo". *RT* 562/37-63. Ano 71. São Paulo, Ed. RT, agosto/1982.

————. "Contrato administrativo: fundamentos da preservação do equilíbrio econômico-financeiro". In: BANDEIRA DE MELLO, Celso Antônio. *Grandes Temas de Direito Administrativo*. 1ª ed., 2ª tir. São Paulo, Malheiros, 2010 (pp. 243-254).

————. "Criação de secretarias municipais: inconstitucionalidade do art. 43 da Lei Orgânica dos Municípios do Estado de São Paulo". *RDP* 15/284-288. Ano IV. São Paulo, Ed. RT, janeiro-março/1971.

————. *Curso de Direito Administrativo*. 31ª ed. São Paulo, Malheiros Editores, 2014.

————. *Depoimentos Magistrais: Visão de Futuro, Informação Verbal*. Disponível em *http://www.direitodoestado.com.br* (acesso em 13.1.2011).

————. "Direito a férias anuais". *RDP* 85/157-160. Ano XXI. São Paulo, Ed. RT, janeiro-março/1988.

————. "Direito adquirido e o direito administrativo: uma nova perspectiva". In: BANDEIRA DE MELLO, Celso Antônio. *Grandes Temas de Direito Administrativo*. 1ª ed., 2ª tir. São Paulo, Malheiros Editores, 2010 (pp. 11-33).

————. *Discricionariedade e Controle Jurisdicional*. 2ª ed., 11ª tir. São Paulo, Malheiros Editores, 2012.

————. "Discriminação constitucional de competências legislativas: a competência municipal". In: BANDEIRA DE MELLO, Celso Antônio (coord.). *Estudos em Homenagem a Geraldo Ataliba 2: Direito Administrativo e Constitucional*. São Paulo, Malheiros Editores, 1997 (pp. 271-280).

————. "Extensão das alterações dos contratos administrativos: a questão dos 25%". In: BANDEIRA DE MELLO, Celso Antônio. *Grandes Temas de Direito Administrativo*. 1ª ed., 2ª tir. São Paulo: Malheiros Editores, 2010 (pp. 219-242).

————. *Grandes Temas de Direito Administrativo*. 1ª ed., 2ª tir. São Paulo, Malheiros Editores, 2010.

————. "Introdução". In: ATALIBA, Geraldo (coord.). *Elementos de Direito Tributário*. São Paulo, Ed. RT, 1978.

————. "Juízo liminar: poder-dever de exercício do poder cautelar nessa matéria". *RTDP* 3/106-116. São Paulo, Malheiros Editores, 1993.

————. "Leis originariamente inconstitucionais compatíveis com emenda constitucional superveniente". *RTDP* 23/12-23. São Paulo, Malheiros Editores, 1998.

__________. *Licitação*. 1ª ed., 2ª tir. São Paulo, Ed. RT, 1985.

__________. "Licitação: aplicação de normas do Decreto-lei 200, de 1967, aos Municípios". *RDP* 8/93-100. Ano II. São Paulo, Ed. RT, abril-junho/1969.

__________. "Mandado de segurança contra denegação ou concessão de liminar". *RDP* 92/55-61. Ano XXII. São Paulo, Ed. RT, outubro-dezembro/1989.

__________. *Natureza e Regime Jurídico das Autarquias*. São Paulo, Ed. RT, 1968.

__________. "Natureza jurídica do zoneamento – Efeitos". *RDP* 61/34-47. Ano XV. São Paulo, Ed. RT, janeiro-março/1982.

__________. "Novos aspectos da função social da propriedade no direito público". *RDP* 84/39-45. Ano XX. São Paulo, Ed. RT, outubro-dezembro/1987.

__________. "O ato coator". In: BANDEIRA DE MELLO, Celso Antônio (org.). *Curso de Mandado de Segurança*. São Paulo, Ed. RT, 1986 (pp. 7-37).

__________. "O conteúdo do regime jurídico-administrativo e seu valor metodológico". *RDP* 2/44-61. Ano I. São Paulo, Ed. RT, outubro-dezembro/1967.

__________. *O Conteúdo Jurídico do Princípio da Igualdade*. 3ª ed., 22ª tir. São Paulo, Malheiros Editores, 2013.

__________. "O princípio do enriquecimento sem causa em direito administrativo". In: BANDEIRA DE MELLO, Celso Antônio. *Grandes Temas de Direito Administrativo*. 1ª ed., 2ª tir. São Paulo, Malheiros Editores, 2010 (pp. 315-328).

__________. "Poder constituinte". *Revista de Direito Constitucional e Ciência Política* 4/69-103. Ano III. São Paulo, janeiro-junho/1985.

__________. "Preferências em licitação para bens e serviços fabricados no Brasil e para empresas brasileiras de capital nacional". *Revista Eletrônica de Direito Administrativo Econômico* 15. Salvador, agosto-outubro/2008 (disponível em *http://www.direitodoestado. com.br*, acesso em 19.2.2012).

__________. "Princípio da moralidade". *RDTributário* 69/180-207. São Paulo, Ed. RT, 1995.

__________. "Serviço público e atividade econômica: serviço postal". In: BANDEIRA DE MELLO, Celso Antônio. *Grandes Temas de Direito Administrativo*. 1ª ed., 2ª tir. São Paulo, Malheiros Editores, 2010 (pp. 301-314).

__________. "Servidores públicos: aspectos constitucionais". *Estudos de Direito Público – Revista da Associação dos Advogados da Prefeitura do Município de São Paulo/EDP* 8/81-92. Ano IV-V. São Paulo, julho-dezembro/1985 e janeiro-julho/1986.

__________ (coord.). *Estudos em Homenagem a Geraldo Ataliba 2: Direito Administrativo e Constitucional*. São Paulo, Malheiros Editores, 1997.

__________ (org.). *Curso de Mandado de Segurança*. São Paulo, Ed. RT, 1986.

BANDEIRA DE MELLO, Oswaldo Aranha. *A Teoria das Constituições Rígidas*. 2ª ed. São Paulo, José Bushatsky Editor, 1980.

——————. "Contrato de direito público ou administrativo". *RDA* 88/15-33. Rio de Janeiro, abril-junho/1967.

——————. *Da Licitação*. São Paulo, José Bushatsky Editor, 1978.

——————. *Natureza Jurídica do Estado Federal*. São Paulo, Prefeitura do Município de São Paulo, 1948.

——————. *Princípios Gerais de Direito Administrativo*. 3ª ed., 2ª tir., vol. I. São Paulo, Malheiros Editores, 2010.

——————. *Razões da Apelante na Apelação Cível 22.575*. São Paulo, Prefeitura do Município de São Paulo, 1944.

BARACHO, José Alfredo de Oliveira. *O Princípio de Subsidiariedade: Conceito e Evolução*. Rio de Janeiro, Forense, 2000.

BARBERIS, Mauro. *Ética para Juristas*. Trad. de Álvaro Núñez Vaquero. Madri, Trotta, 2008.

BARBI, Celso Agrícola. *Do Mandado de Segurança*. 10ª ed. Rio de Janeiro, Forense, 2000.

BARBOSA, Rui. *Organização das Finanças Republicanas*. Disponível em *http://www.casaruibarbosa.gov.br* (acesso em 3.4.2010).

——————. *Posse dos Direitos Pessoais*. São Paulo, Saraiva, 1986 – *Clássicos do Direito Brasileiro*, vol. 6.

BARBOZA, Márcia Noll. *O Princípio da Moralidade Administrativa: uma Abordagem de seu Significado e suas Potencialidades à Luz da Noção de Moral Crítica*. Porto Alegre, Livraria do Advogado, 2002.

BARCELLOS, Ana Paula de. "Neoconstitucionalismo, direitos fundamentais e controle das políticas públicas". *RDA* 240/83-103. Rio de Janeiro, abril-junho/2005.

BARROS, Flávio Augusto Monteiro de. *Direito Penal: Parte Geral*. 2ª ed. São Paulo, Saraiva, 2001.

BARROSO, Luís Roberto. *Direito Constitucional Brasileiro: o Problema da Federação*. Rio de Janeiro, Forense, 1982.

——————. "Neoconstitucionalismo e constitucionalização do Direito: o triunfo tardio do direito constitucional brasileiro". *RDA* 240/1-42. Rio de Janeiro, abril-junho/2005.

——————. "Saneamento básico: competências constitucionais da União, Estados e Municípios". *Revista Eletrônica de Direito Administrativo Econômico/REDAE* 11. Salvador, agosto-outubro/2007 (disponível em *http://www.direitodoestado.com.br*, acesso em 20.2.2012).

BASTOS, Celso Ribeiro. *Hermenêutica e Interpretação Constitucional*. 2ª ed. São Paulo, Celso Bastos Editor/Instituto Brasileiro de Direito Constitucional, 1999.

———— (coord.). *Por uma Nova Federação*. São Paulo, Ed. RT, 1995.

BÉNOÎT, Francis-Paul. *Le Droit Administratif Français*. Paris, Dalloz, 1968.

BERCOVICI, Gilberto. *Desigualdades Regionais, Estado e Constituição*. São Paulo, Max Limonad, 2003.

BERNAL PULIDO, Carlos. *El Neoconstitucionalismo a Debate*. 1ª reimpr. Bogotá, Instituto de Estudios Constitucionales Carlos Restrepo Piedrahita, 2008.

BERNARDES DE MELLO, Marcos. *Teoria do Fato Jurídico: Plano da Existência*. 12ª ed. São Paulo, Saraiva, 2003.

BEZNOS, Clóvis. *Aspectos Jurídicos da Indenização na Desapropriação*. Belo Horizonte, Fórum, 2006.

————. *Poder de Polícia*. São Paulo, Ed. RT, 1979.

BIAGI, Cláudia Perotto. *A Garantia do Conteúdo Essencial dos Direitos Fundamentais na Jurisprudência Constitucional Brasileira*. Porto Alegre, Sérgio Antônio Fabris Editor, 2005.

BIANCHI, Sérgio (dir.). *Quanto Vale ou é por Quilo?* São Paulo, Agravo Produções Cinematográficas, 2005 (disponível em *http://www.quantovaleoueporquilo.com.br*).

BIANCHINI, Alice, GARCÍA-PABLOS DE MOLINA, Antonio, e GOMES, Luiz Flávio. *Direito Penal: Introdução e Princípios Fundamentais*. vol. 1. São Paulo, Ed. RT, 2007.

BIERRENBACH, Sheila. *Crimes Omissivos Impróprios: uma Análise à Luz do Código Penal Brasileiro*. 2ª ed. Belo Horizonte, Del Rey, 2002.

BIGOLIN, Giovani. *Segurança Jurídica: a Estabilização do Ato Administrativo*. Porto Alegre, Livraria do Advogado, 2007.

BLANCO VALDÉS, Roberto L. *El Valor de la Constitución*. Madri, Alianza, 2010.

BOBBIO, Norberto. *Teoria da Norma Jurídica*. 1ª ed., trad. de Fernando Pavan Baptista e Ariani Bueno Sudatti. Bauru, Edipro, 2001.

————. *Teoria do Ordenamento Jurídico*. 10ª ed., trad. de Maria Celeste Cordeiro Leite dos Santos. Brasília, UnB, 1999.

BOBBIO, Norberto, MATTEUCCI, Nicola, e PASQUINO, Gianfranco. *Dicionário de Política*. 5ª ed., vol. 1, trad. de Carmen C. Varrialle e outros. Brasília/São Paulo, UnB/Imprensa Oficial do Estado de São Paulo, 2000.

BONAVIDES, Paulo. *Curso de Direito Constitucional*. 29ª ed. São Paulo, Malheiros Editores, 2014.

BONAVIDES, Paulo, e ANDRADE, Paes de. *História Constitucional do Brasil*. 3ª ed. Rio de Janeiro, Paz e Terra, 1991.

BONIFÁCIO, Artur Cortez. *Direito de Petição: Garantia Constitucional*. São Paulo, Método, 2004.

BORGES, Alice Maria Gonzalez. "A Administração Pública como locatária". In: BORGES, Alice Maria Gonzalez. *Temas de Direito Administrativo Atual: Estudos e Pareceres*. Belo Horizonte, Fórum, 2004 (pp. 167-186).

————. *Temas de Direito Administrativo Atual: Estudos e Pareceres*. Belo Horizonte, Fórum, 2004.

BORGES, Nelson. *A Teoria da Imprevisão no Direito Civil e no Processo Civil*. São Paulo, Malheiros Editores, 2002.

BOURDIEU, Pierre. *Sobre a Televisão*. Trad. de Maria Lúcia Machado. Rio de Janeiro, Zahar, 1997.

BOURDIEU, Pierre, e PASSERON, Jean-Claude. *A Reprodução: Elementos para uma Teoria do Sistema de Ensino*. 2ª ed., trad. de Reynaldo Bairão. Petrópolis, Vozes, 2009.

BRANCO, Paulo Gustavo Gonet. *Juízo de Ponderação na Jurisdição Constitucional*. São Paulo, Saraiva, 2009.

BRANCO, Paulo Gustavo Gonet, COELHO, Inocêncio Mártires, e MENDES, Gilmar Ferreira. *Hermenêutica Constitucional e Direitos Fundamentais*. 1ª ed., 2ª tir. Brasília, Brasília Jurídica, 2002.

BRANDÃO, Antônio José. "Moralidade administrativa". *RDA* 25/454-467. Rio de Janeiro, julho-setembro/1951.

BRESSER-PEREIRA, Luís Carlos (org.). *O Público Não-Estatal na Reforma do Estado*. Rio de Janeiro, FGV, 1999.

BRESSER-PEREIRA, Luís Carlos, e GRAU, Nuria Cunill. "Entre o Estado e o mercado: o público não-estatal". In: BRESSER-PEREIRA, Luís Carlos (org.). *O Público Não-Estatal na Reforma do Estado*. Rio de Janeiro, FGV, 1999 (pp. 15-48).

BREWER-CARÍAS, Allan R. *Derecho Administrativo*. t. I. Bogotá, Universidad Externado de Colombia/Universidad Central de Venezuela, 2005.

————. "Evolução do conceito de contrato administrativo". *RDP* 51-52/5-19. Ano X. São Paulo, Ed. RT, julho-dezembro/1979.

BRITTO, Carlos Ayres. *O Humanismo como Categoria Constitucional*. Belo Horizonte, Fórum, 2007.

————. *Teoria da Constituição*. Rio de Janeiro, Forense, 2003.

BUENO, Cassio Scarpinella. *Liminar em Mandado de Segurança: um Tema com Variações*. 2ª ed. São Paulo, Ed. RT, 1999.

BUENO, Cassio Scarpinella, e PORTO FILHO, Pedro Paulo de Rezende (coords.). *Improbidade Administrativa: Questões Polêmicas e Atuais*. 2ª ed. São Paulo, Malheiros Editores, 2003.

BUENO, Cassio Scarpinella, e SUNDFELD, Carlos Ari (coords.). *Direito Processual Público – A Fazenda Pública em Juízo.* 1ª ed., 2ª tir. São Paulo, Malheiros Editores, 2003.

BÜLOW, Oscar von. *Teoria das Exceções e dos Pressupostos Processuais.* Trad. de Ricardo Rodrigues Gama. Campinas, LZN, 2003.

BULYGIN, Eugenio, e ALEXY, Robert. *La Pretensión de Corrección del Derecho: la Polémica sobre la Relación entre Derecho y Moral.* Trad. de Paula Gaido. Bogotá, Universidad Externado de Colombia, 2001 – *Serie de Teoría Jurídica y Filosofía del Derecho*, vol. 18.

BUZAID, Alfredo. *Do Mandado de Segurança.* São Paulo, Saraiva, 1989.

CAETANO, Marcello. *Manual de Direito Administrativo.* 10ª ed., 7ª reimpr., t. I. Coimbra, Livraria Almedina, 2001; 10ª ed., 6ª reimpr., t. II. Coimbra, Livraria Almedina, 1999.

CAMBI, Eduardo. *Neoconstitucionalismo e Neoprocessualismo.* São Paulo, Ed. RT, 2009.

CAMMAROSANO, Márcio. "Decaimento e extinção dos atos administrativos". *RDP* 53-54/161-172. Ano XIII. São Paulo, Ed. RT, janeiro-junho/1980.

__________. *O Princípio Constitucional da Moralidade e o Exercício da Função Administrativa.* Belo Horizonte, Fórum, 2006.

CAMMEO, Cesare. *I Contratti della Pubblica Amministrazione.* Florença, Carlo Cya, 1937.

CANOTILHO, José Joaquim Gomes. *Constituição Dirigente e Vinculação do Legislador.* reimpr. Coimbra, Coimbra Editora, 1994.

__________. *Direito Constitucional e Teoria da Constituição.* 4ª ed. Coimbra, Livraria Almedina, 2000.

__________. *O Problema da Responsabilidade do Estado por Actos Lícitos.* Coimbra, Livraria Almedina, 1974.

CANOTILHO, José Joaquim Gomes, e MOREIRA, Vital. *Constituição da República Portuguesa Anotada.* vol. 1 (arts. 1º a 107). São Paulo/Coimbra, Ed. RT/Coimbra Editora, 2007.

CAPEZ, Fernando. *Limites Constitucionais à Lei de Improbidade.* São Paulo, Saraiva, 2010.

CARBONELL, Miguel. "El neoconstitucionalismo: significado y niveles de análisis". In: CARBONELL, Miguel, e GARCÍA JARAMILLO, Leonardo. *El Canon Neoconstitucional.* Madri, Trotta, 2010 (pp. 153-164).

__________. *Neoconstitucionalismo(s).* 4ª ed. Madri, Instituto de Investigaciones Jurídicas – UNAM/Trotta, 2009.

__________. *Teoría del Neoconstitucionalismo*. Madri, Instituto de Investigaciones Jurídicas – UNAM/Trotta, 2007.

CARBONELL, Miguel, e GARCÍA JARAMILLO, Leonardo. *El Canon Neoconstitucional*. Madri, Trotta, 2010.

CARNEIRO NETO, Durval. *Processo, Jurisdição e Ônus da Prova no Direito Administrativo: um Estudo Crítico sobre o Dogma da Presunção de Legitimidade*. Salvador, Juspodivm, 2008.

CARNELUTTI, Francesco. *Sistema de Direito Processual Civil*. 2ª ed., vol. 1, trad. de Hiltomar Martins Oliveira. São Paulo, Lemos e Cruz, 2004.

__________. *Teoria Geral do Direito*. 2ª reimpr., trad. de Antônio Carlos Ferreira. São Paulo, Lejus, 1999.

CARRAZZA, Roque Antonio. *Curso de Direito Constitucional Tributário*. 29ª ed., São Paulo, Malheiros Editores, 2013.

CARRIÓ, Genaro R. *Notas sobre Derecho y Lenguaje*. 4ª ed., 1ª reimpr. Buenos Aires, Abeledo-Perrot, 1994.

CARVALHO, Cristiano. *Ficções Jurídicas no Direito Tributário*. São Paulo, Noeses, 2008.

CARVALHO, Érika Mendes de, e PRADO, Luiz Régis. *Teorias da Imputação Objetiva do Resultado: uma Aproximação Crítica a seus Fundamentos*. São Paulo, Ed. RT, 2002.

CARVALHO, Paulo de Barros. *Curso de Direito Tributário*. 14ª ed. São Paulo, Saraiva, 2002.

__________. *Direito Tributário: Fundamentos Jurídicos da Incidência*. 2ª ed. São Paulo, Saraiva, 1999.

__________. *Direito Tributário, Linguagem e Método*. São Paulo, Noeses, 2008.

__________. *Natureza Jurídica e Constitucionalidade dos Valores Exigidos a Título de Remuneração dos Serviços Notariais e de Registro*. Disponível em *http://www.anoregsp.org.br/Parecer_PaulodeBarrosCarvalho.pdf* (acesso em 21.1.2012).

CARVALHO, Vinicius Marques de. *O Direito do Saneamento Básico*. São Paulo, Quartier Latin, 2010.

CARVALHO FILHO, José dos Santos. *Comentários ao Estatuto da Cidade*. 3ª ed. Rio de Janeiro, Lumen Juris, 2009.

__________. *Consórcios Públicos*. Rio de Janeiro, Lumen Juris, 2009.

CASSAGNE, Juan Carlos. *El Acto Administrativo*. 2ª ed. Buenos Aires, Abeledo-Perrot, 1981.

CASTRO, José Nilo de. *Morte ou Ressurreição dos Municípios? – Estudo da Autonomia Municipal no Brasil e na França*. Rio de Janeiro, Forense, 1985.

CASTRO NUNES, José de. *Do Mandado de Segurança*. 7ª ed. Rio de Janeiro, Forense, 1967.

CAVALCANTI, Themístocles Brandão. *Do Mandado de Segurança*. 4ª ed. Rio de Janeiro, Freitas Bastos, 1957.

CAVALIERI FILHO, Sérgio. *Programa de Responsabilidade Civil*. 6ª ed., 3ª tir. São Paulo, Malheiros Editores, 2006.

CHAUÍ, Marilena. *O que é Ideologia*. 2ª ed. São Paulo, Brasiliense, 2001.

CHIOVENDA, Giuseppe. *Instituições de Direito Processual Civil*. 3ª ed., vols. I e II, trad. de Paolo Capitanio. Campinas, Bookseller, 2002.

CINTRA DO AMARAL, Antônio Carlos. *Teoria do Ato Administrativo*. Belo Horizonte, Fórum, 2008.

CIRNE LIMA, Ruy. *Princípios de Direito Administrativo*. 7ª ed. São Paulo, Malheiros Editores, 2007.

__________. *Sistema de Direito Administrativo Brasileiro*. Porto Alegre, Santa Maria, 1953.

COELHO, Fábio Ulhoa. *Curso de Direito Comercial*. 3ª ed., vol. 1. São Paulo, Saraiva, 2000.

COELHO, Fábio Ulhoa, BRANCO, Paulo Gustavo Gonet, e MENDES, Gilmar Ferreira. *Hermenêutica Constitucional e Direitos Fundamentais*. 1ª ed., 2ª tir. Brasília, Brasília Jurídica, 2002.

COÊLHO, Sacha Calmon Navarro. *Curso de Direito Tributário Brasileiro*. 4ª ed. Rio de Janeiro, Forense, 1999.

COLE, Charles D. "O devido processo legal na cultura jurídica dos Estados Unidos: passado, presente e futuro". *Revista AJUFE* 56/33-43. Porto Alegre, agosto-outubro/1997.

COLTRO, Antônio Carlos Mathias. "Herança jacente e vacante". In: HIRONAKA, Giselda Maria Fernandes Novaes, e PEREIRA, Rodrigo da Cunha (coords.). *Direito das Sucessões*. Belo Horizonte, Del Rey, 2007 (pp. 83-96).

CORDEIRO, António Menezes. *Tratado de Direito Civil Português*. t. I. Coimbra, Livraria Almedina, 1999.

CORREIA, José Manuel Sérvulo. *Legalidade e Autonomia Contratual nos Contratos Administrativos*. 1ª reimpr. Coimbra, Livraria Almedina, 2003.

COSTA, José Marcelo Ferreira. *Licenças Urbanísticas*. Belo Horizonte, Fórum, 2004.

COUTO E SILVA, Almiro do. "Atos jurídicos de direito administrativo praticados por particulares e direitos formativos". *RDA* 95/19-37. Rio de Janeiro, janeiro-março/1969.

COUTURE, Eduardo J. *Fundamentos del Derecho Procesal Civil*. 4ª ed. Montevidéu, IBdeF , 2002.

CRUZ, Gisela Sampaio da. *O Problema do Nexo Causal na Responsabilidade Civil*. Rio de Janeiro, Renovar, 2005.

CUNHA, Antônio Geraldo da. *Dicionário Etimológico Nova Fronteira da Língua Portuguesa*. 2ª ed. Rio de Janeiro, Nova Fronteira, 1986.

DALLARI, Adilson Abreu. "A autoridade coatora". In: BANDEIRA DE MELLO, Celso Antônio (org.). *Curso de Mandado de Segurança*. São Paulo, Ed. RT, 1986 (pp. 38-68).

————. *Regime Constitucional dos Servidores Públicos*. 2ª ed. São Paulo, Ed. RT, 1990.

DALLARI, Adilson Abreu, e FERRAZ, Sérgio. *Processo Administrativo*. 3ª ed. São Paulo, Malheiros Editores, 2012.

DALLARI, Adilson Abreu, e FIGUEIREDO, Lúcia Valle (coords.). *Temas de Direito Urbanístico – 1*. São Paulo, Ed. RT, 1987.

DALLARI, Dalmo de Abreu. *Elementos de Teoria Geral do Estado*. 19ª ed. São Paulo, Saraiva, 1995.

————. "Parecer sobre o Projeto de Lei 5.296 de 2005 sobre a regulação dos serviços públicos de saneamento básico". *Revista Jurídica da Presidência da República* 72. N. 7. Brasília, maio/2005 (disponível em *http://www.planalto.gov.br/ccivil_03/revista/Rev_72/index.htm*, acesso em 25.2.2012).

DAVID, René. *Os Grandes Sistemas do Direito Contemporâneo*. 4ª ed., trad. de Hermínio A. Carvalho. São Paulo, Martins Fontes, 2002.

DEL VECCHIO, Giorgio. *Princípios Gerais do Direito*. Trad. de Fernando de Bragança. Belo Horizonte, Líder, 2003.

DELGADO, Mário Luiz, e ALVES, Jones Figueirêdo (coords.). *Questões Controvertidas: Direito das Coisas*. São Paulo, Método, 2008 – *Grandes Temas de Direito Privado*, vol. 7.

DEVOLVÉ, Pierre, LAUBADÈRE, André de, e MODERNE, Franck. *Traité des Contrats Administratifs*. ts. I e II. Paris, LGDJ, 1983-1984.

DIAS, Maria Berenice. *Manual das Sucessões*. São Paulo, Ed. RT, 2008.

DIEZ, Manuel María. *El Acto Administrativo*. 2ª ed. Buenos Aires, Tipográfica Editora Argentina, 1961.

DINAMARCO, Cândido Rangel. *A Instrumentalidade do Processo*. 15ª ed. São Paulo, Malheiros Editores, 2013.

————. *Execução Civil*. 8ª ed. São Paulo, Malheiros Editores, 2002 e 2003.

————. *Fundamentos do Processo Civil Moderno*. 6ª ed., t. I. São Paulo, Malheiros Editores, 2010.

——————. *Instituições de Direito Processual Civil*. 6ª ed., vol. III. São Paulo, Malheiros Editores, 2009.

DINAMARCO, Cândido Rangel, ARAÚJO CINTRA, Antônio Carlos de, e GRINOVER, Ada Pellegrini. *Teoria Geral do Processo*. 30ª ed. São Paulo, Malheiros Editores, 2014.

DINIZ, Maria Helena. *As Lacunas no Direito*. 6ª ed. São Paulo, Saraiva, 2000.

——————. *Compêndio de Introdução à Ciência do Direito*. 13ª ed. São Paulo, Saraiva, 2001.

——————. *Curso de Direito Civil Brasileiro*. 11ª ed., vol. 1. São Paulo, Saraiva, 1995.

——————. *Tratado Teórico e Prático dos Contratos*. 2ª ed., vol. 1. São Paulo, Saraiva, 1996.

DI PIETRO, Maria Sylvia Zanella. *Direito Administrativo*. 25ª ed. São Paulo, Atlas, 2012.

——————. *Do Direito Privado na Administração Pública*. São Paulo, Atlas, 1989.

——————. *Servidão Administrativa*. São Paulo, Ed. RT, 1978.

DIPPEL, Horst. *História do Constitucionalismo Moderno: Novas Perspectivas*. Trad. de António Manuel Hespanha e Cristina Nogueira da Silva. Lisboa, Fundação Calouste Gulbenkian, 2007.

DUARTE, Écio Oto Ramos, e POZZOLO, Susanna. *Neoconstitucionalismo e Positivismo Jurídico*. São Paulo, Landy, 2006.

DUEZ, Paul. *La Responsabilité de la Puissance Publique en dehors du Contrat*. Paris, Dalloz, 1927.

DUGUIT, León. *Las Transformaciones Generales del Derecho Privado Desde el Código de Napoleón*. 2ª ed., trad. de Carlos G. Posada. Madri, Francisco Beltrán, 1920.

DWORKIN, Ronald. *Levando os Direitos a Sério*. Trad. de Nelson Boeira. São Paulo, Martins Fontes, 2002.

EINSTEIN, Albert. *A Teoria da Relatividade Especial e Geral*. 6ª reimpr., trad. de Carlos Almeida Pereira. Rio de Janeiro, Contraponto, 1999.

EISBERG, Robert, e RESNICK, Robert. *Física Quântica*. Trad. de Paulo Costa Ribeiro e outros. Rio de Janeiro, Elsevier, 1979.

ENGISCH, Karl. *Introdução ao Pensamento Jurídico*. 8ª ed., trad. de J. Baptista Machado. Lisboa, Fundação Calouste Gulbenkian, 2001.

ESCOLA, Héctor Jorge. *El Interés Público como Fundamento del Derecho Administrativo*. Buenos Aires, Depalma, 1989.

ESCUIN PALOP, Vicente. *El Acto Administrativo Implícito*. 1ª ed. Madri, Civitas, 1999.

ESPÍNOLA, Eduardo. *Posse – Propriedade – Compropriedade ou Condomínio – Direitos Autorais*. Rio de Janeiro, Conquista, 1956.

ESSER, Josef. *Principio y Norma en la Elaboración Jurisprudencial del Derecho Privado*. Trad. de Eduardo Valentí Fiol. Barcelona, Bosch, 1961.

ESTORNINHO, Maria João. *A Fuga para o Direito Privado*. Coimbra, Livraria Almedina, 1999.

———. *Réquiem pelo Contrato Administrativo*. Coimbra, Livraria Almedina, 1990.

FALZONE, Guido. *Il Dovere di Buona Amministrazione*. Milão, Giuffrè, 1953.

FARIA, Ernesto. *Dicionário Latino-Português*. Belo Horizonte, Garnier, 2003.

FARIAS, Cristiano Chaves de, e ROSENVALD, Nelson. *Direitos Reais*. 4ª ed. Rio de Janeiro, Lumen Juris, 2007.

FARIAS, Paulo José Leite. "A Federação como mecanismo de proteção do meio ambiente". *Revista de Informação Legislativa* 135/283-300. Ano 34. Brasília, julho-setembro/1997.

FAZZIO JR., Waldo, PAZZAGLINI FILHO, Marino, e ROSA, Márcio Fernando Elias. *Improbidade Administrativa: Aspectos Jurídicos da Defesa do Patrimônio Público*. 4ª ed. São Paulo, Atlas, 1999.

FERNÁNDEZ, Tomás-Ramón, e GARCÍA DE ENTERRÍA, Eduardo. *Curso de Derecho Administrativo*. vol. II. Madri, Civitas, 2002.

FERRAGUT, Maria Rita. *Presunções no Direito Tributário*. São Paulo, Dialética, 2001.

FERRAREZI, Elisabete. *Organização da Sociedade Civil de Interesse Público/OSCIP: a Lei 9.790 como Alternativa para o Terceiro Setor*. Brasília, Comunidade Solidária, 2001.

FERRARI, Regina Maria Macedo Nery. "Competência legislativa do Município". *Cadernos de Direito Constitucional e Ciência Política* 1/258-265. Ano 1. São Paulo, Ed. RT, outubro-dezembro/1992.

———. *Direito Municipal*. 2ª ed. São Paulo, Ed. RT, 2005.

FERRARO, Nicolau Gilberto, RAMALHO JR., Francisco, e SOARES, Paulo Antônio de Toledo. *Os Fundamentos da Física*. 5ª ed., vol. 1 ("Mecânica"). São Paulo, Moderna, 1988.

FERRAZ, Sérgio. *A Justa Indenização na Desapropriação*. São Paulo, Ed. RT, 1978.

———. "Aspectos processuais do mandado de segurança". In: BANDEIRA DE MELLO, Celso Antônio (org.). *Curso de Mandado de Segurança*. São Paulo, Ed. RT, 1986 (pp. 128-145).

————. "Extinção dos atos administrativos: algumas reflexões". *RDA* 231/47-66. Rio de Janeiro, janeiro-março/2003.

————. *Mandado de Segurança*. São Paulo, Malheiros Editores, 2006.

FERRAZ, Sérgio, e DALLARI, Adilson Abreu. *Processo Administrativo*. 3ª ed. São Paulo, Malheiros Editores, 2012.

FERRAZ, Sérgio, e FIGUEIREDO, Lúcia Valle. *Dispensa e Inexigibilidade de Licitação*. 3ª ed. São Paulo, Malheiros Editores, 1994.

FERRAZ JR., Tércio Sampaio. *Estudos de Filosofia do Direito*. 3ª ed. São Paulo, Atlas, 2009.

————. *Introdução ao Estudo do Direito: Técnica, Decisão Dominação*. 5ª ed. São Paulo, Atlas, 2007.

————. "Normas gerais e competência concorrente: uma exegese do art. 24 da CF". *RTDP* 7/16-20. São Paulo, Malheiros Editores, 1994.

————. "Segurança jurídica e normas gerais tributárias". *RDTributário* 17-18/51-56. Ano 5. São Paulo, Ed. RT, julho-dezembro/1981.

————. *Teoria da Norma Jurídica*. 4ª ed. Rio de Janeiro, Forense, 2002.

FIGUEIREDO, Lúcia Valle. "Competências administrativas dos Estados e Municípios – Licitações". *RTDP* 8/24-39. São Paulo, Malheiros Editores, 1994.

————. "Contrato administrativo: formalidades e requisitos". *RDP* 90/131-137. Ano 22. São Paulo, Ed. RT, abril-junho/1989.

————. *Curso de Direito Administrativo*. 9ª ed. São Paulo, Malheiros Editores, 2008.

————. *Direitos dos Licitantes*. 4ª ed. São Paulo, Malheiros Editores, 1994. 3. ed. São Paulo: Malheiros, 1992.

————. *Disciplina Urbanística da Propriedade*. 2ª ed. São Paulo, Malheiros Editores, 2005.

————. *Extinção dos Contratos Administrativos*. 3ª ed. São Paulo, Malheiros Editores, 2002.

————. *Mandado de Segurança*. 6ª ed. São Paulo, Malheiros Editores, 2009.

FIGUEIREDO, Lúcia Valle, e DALLARI, Adilson Abreu (coords.). *Temas de Direito Urbanístico – 1*. São Paulo, Ed. RT, 1987.

FIGUEIREDO, Lúcia Valle, e FERRAZ, Sérgio. *Dispensa e Inexigibilidade Licitação*. 3ª ed. São Paulo, Malheiros Editores, 1994.

FIGUEIREDO, Marcelo. *O Controle da Moralidade na Constituição*. 1ª ed., 2ª tir. São Paulo, Malheiros Editores, 2003.

————. *Probidade Administrativa: Comentários à Lei 8.429/1992 e Legislação Complementar*. 6ª ed. São Paulo, Malheiros Editores, 2009.

FIORINI, Bartolomé A. *Teoria Jurídica del Acto Administrativo*. Buenos Aires, Abeledo-Perrot, 1976.

FLEINER, Fritz. *Instituciones de Derecho Administrativo*. Trad. de Sabino A. Gendin. Barcelona, Labor, 1933.

FONSECA, Tito Prates da. *Lições de Direito Administrativo*. Rio de Janeiro, Freitas Bastos, 1943.

FORTINI, Cristiana. *Revista Eletrônica sobre a Reforma do Estado* 6. Salvador, junho-agosto/2006. Disponível em *http: //www.direitodoestado.com.br* (acesso em 17.2.2010).

FOUCAULT, Michel. *A Verdade e as Formas Jurídicas*. 3ª ed., trad. de Roberto Cabral de Melo e Eduardo Jardim Morais. Rio de Janeiro, PUC-RJ/Nau, 2002.

FRAGOLA, Umberto. *Gli Atti Amministrativi*. Nápoles, Eugenio Jovene, 1964.

FRANÇA, Vladimir da Rocha. "Invalidação administrativa na Lei federal 9.784/1999". *RTDP* 35/56-77. São Paulo, Malheiros Editores, 2001.

FRANCO SOBRINHO, Manoel de Oliveira. *O Controle da Moralidade Administrativa*. São Paulo, Saraiva, 1974.

FREEDMAN, Roger A., e YOUNG, Hugh D. *Física IV – Ótica e Física Moderna*. 12ª ed., 1ª reimpr., trad. de Cláudia Santana Martins. São Paulo, Addison Wesley, 2009.

FREITAS, Juarez. *Discricionariedade Administrativa e o Direito Fundamental à Boa Administração Pública*. São Paulo, Malheiros Editores, 2007.

————. *O Controle dos Atos Administrativos e os Princípios Fundamentais*. 5ª ed. São Paulo, Malheiros Editores, 2013.

FREITAS, Juarez (org.). *Responsabilidade Civil do Estado*. São Paulo, Malheiros Editores, 2006.

FREITAS, Ney José de. *Ato Administrativo: Presunção de Validade e a Questão do Ônus da Prova*. Belo Horizonte, Fórum, 2007.

FREYESLEBEN, Luiz Eduardo Ribeiro. *Usucapião Especial Urbana: Aspectos Doutrinários e Jurisprudenciais*. 2ª ed. Florianópolis, Obra Jurídica, 1998.

FRIEDMAN, Milton, e FRIEDMAN, Rose. *Libertad de Elegir*. Trad. de Carlos Rocha Pujol. Madri, Faes, 2008.

FULGÊNCIO, Tito. *Da Posse e das Ações Possessórias*. 10ª ed. Rio de Janeiro, Forense, 2008.

FURLAN, Valéria. *IPTU*. 2ª ed., 2ª tir. São Paulo, Malheiros Editores, 2010.

GADAMER, Hans-Georg. *Verdade e Método – II*. Trad. de Ênio Paulo Giachini. Petrópolis, Vozes, 2002.

GARCIA, Emerson. "Improbidade administrativa'. In: ALVES, Rogério Pacheco, e GARCIA, Emerson. *Improbidade Administrativa*. 4ª ed. Rio de Janeiro, Lumen Juris, 2008 (pp. 3-513).

GARCIA, Emerson, e ALVES, Rogério Pacheco. *Improbidade Administrativa*. 4ª ed. Rio de Janeiro, Lumen Juris, 2008.

GARCÍA DE ENTERRÍA, Eduardo. *Los Principios de la Nueva Ley de Expropiación Forzosa*. 2ª reimpr. Madri, Civitas, 2006.

GARCÍA DE ENTERRÍA, Eduardo, e FERNÁNDEZ, Tomás-Ramón. *Curso de Derecho Administrativo*. vol. II. Madri, Civitas, 2002.

GARCÍA JARAMILLO, Leonardo, e CARBONELL, Miguel. *El Canon Neoconstitucional*. Madri, Trotta, 2010.

GARCÍA-PABLOS DE MOLINA, Antonio, BIANCHINI, Alice, e GOMES, Luiz Flávio. *Direito Penal: Introdução e Princípios Fundamentais*. vol. 1. São Paulo, Ed. RT, 2007.

GARCÍA-RIPOLL MONTIJANO, Martín. *Imputación Objetiva, Causa Próxima y Alcance de los Daños Indemnizables*. Granada, Comares, 2008.

GASPARINI, Diógenes. *Direito Administrativo*. 16ª ed. São Paulo, Saraiva, 2011.

————. *O Estatuto da Cidade*. São Paulo, NDJ, 2002.

GAUDEMET, Yves, LAUBADÈRE, André de, e VENEZIA, Jean-Claude. *Droit Administratif*. 17ª ed. Paris, LGDJ, 2002.

GIACOMUZZI, José Guilherme. *A Moralidade Administrativa e a Boa-Fé da Administração Pública: o Conteúdo Dogmático da Moralidade Administrativa*. 2ª ed. São Paulo, Malheiros Editores, 2013.

GIANESINI, Rita. "Descabimento da tutela antecipada e da execução provisória contra a Fazenda Pública". In: BUENO, Cassio Scarpinella, e SUNDFELD, Carlos Ari (coords.). *Direito Processual Público – A Fazenda Pública em Juízo*. 1ª ed., 2ª tir. São Paulo, Malheiros Editores, 2003 (pp. 170-180).

GOLDSCHMIDT, James. *Direito Processual Civil*. 1ª ed., t. I. Campinas, Bookseller, 2003.

GOMES, Luiz Flávio, BIANCHINI, Alice, e GARCÍA-PABLOS DE MOLINA, Antonio. *Direito Penal: Introdução e Princípios Fundamentais*. vol. 1. São Paulo, Ed. RT, 2007.

GOMES, Orlando. *Contrato de Adesão: Considerações Gerais dos Contratos*. São Paulo, Ed. RT, 1972.

————. *Contratos*. 17ª ed., 2ª tir. Rio de Janeiro, Forense, 1997.

————. *Direitos Reais*. 13ª ed. Rio de Janeiro, Forense, 1998.

————. *Obrigações*. 10ª ed. Rio de Janeiro, Forense, 1995.

GONÇALVES, Reinaldo. *Globalização e Desnacionalização.* 2ª ed. São Paulo, Paz e Terra, 2006.

GONZÁLEZ PÉREZ, Jesús. *El Principio General de la Buena Fe en el Derecho Administrativo.* 3ª ed. Madri, Civitas, 1999.

GORDILLO, Agustín. *Tratado de Derecho Administrativo.* 1ª ed. colombiana, vol. 1 ("Parte General). Medellín, Biblioteca Jurídica Diké, 1998; 1ª ed. colombiana, vol. 2 ("La Defensa del Usuario y del Administrado"). Medellín, Biblioteca Jurídica Diké, 1998; 2ª ed. colombiana, vol. 3 ("El Acto Administrativo"). Medellín, Biblioteca Jurídica Diké, 2001.

GOYARD-FABRE, Simone. *Kant et le Problème du Droit.* Paris, Vrin, 1975.

GRAU, Nuria Cunill, e BRESSER-PEREIRA, Luís Carlos. "Entre o Estado e o mercado: o público não-estatal". In: BRESSER-PEREIRA, Luís Carlos (org.). *O Público Não-Estatal na Reforma do Estado.* Rio de Janeiro, FGV, 1999 (pp. 15-48).

GRECO, Leonardo. "Competências constitucionais em matéria ambiental". *RT* 687/23-33. Ano 82. São Paulo, Ed. RT, janeiro/1993.

GRECO, Luís. "Imputação objetiva: uma introdução". In: ROXIN, Claus. *Funcionalismo e Imputação Objetiva no Direito Penal.* Trad. e "Introdução" de Luís Greco. Rio de Janeiro, Renovar, 2002 (pp. 1-180).

————. *Um Panorama da Teoria da Imputação Objetiva.* Rio de Janeiro, Lumen Juris, 2005.

GRIBBIN, John. *Fique por Dentro da Física Moderna.* Trad. de Thomás A. S. Haddad. São Paulo, Cosac & Naify, 2001.

GRINOVER, Ada Pellegrini. *As Garantias Constitucionais do Direito de Ação.* São Paulo, Ed. RT, 1973.

GRINOVER, Ada Pellegrini, ARAÚJO CINTRA, Antônio Carlos de, e DINAMARCO, Cândido Rangel. *Teoria Geral do Processo.* 30ª ed. São Paulo, Malheiros Editores, 2014.

GRINOVER, Ada Pellegrini, e outros. *Código Brasileiro de Defesa do Consumidor: Comentado pelos Autores do Anteprojeto.* 5ª ed. Rio de Janeiro, Forense Universitária, 1998.

GUIMARÃES, Fernando Vernalha. *Alteração Unilateral do Contrato Administrativo.* São Paulo, Malheiros Editores, 2003.

GUIMARÃES, Hélio de Seixas, e LESSA, Ana Cecília. *Figuras de Linguagem: Teoria e Prática.* 14ª ed. São Paulo, Atual, 2003.

HÄBERLE, Peter. *La Garantía del Contenido Esencial de los Derechos Fundamentales.* Trad. de Joaquín Brage Camazano. Madri, Dykinson, 2003.

HACHEM, Daniel Wunder. *Princípio da Supremacia do Interesse Público*. Belo Horizonte, Fórum, 2011.

HAMILTON, Alexander, JAY, John, e MADISON, James. *Os Artigos Federalistas*. Trad. de Maria Luíza X. de A. Borges. Rio de Janeiro, Nova Fronteira, 1993.

HARADA, Kiyoshi. *Desapropriação: Doutrina e Prática*. 7ª ed. São Paulo, Atlas, 2007.

HARGER, Marcelo. *Consórcios Públicos na Lei 11.107/2005*. Belo Horizonte, Fórum, 2007.

HART, Herbert L. A. *Direito, Liberdade, Moralidade*. Trad. de Gerson Pereira dos Santos. Porto Alegre, Sérgio Antônio Fabris Editor, 1987.

HARVEY, David. *O Neoliberalismo: História e Implicações*. Trad. de Adail Sobral e Maria Stela Gonçalves. São Paulo, Loyola, 2008.

HAURIOU, Maurice. *Précis de Droit Administratif et de Droit Public*. 12ª ed. Paris, Sirey, 1933.

________. *Précis Élémentaire de Droit Administratif*. 4ª ed. Paris, Sirey, 1938.

________. *La Teoría de la Institución y de la Fundación: Ensayo de Vitalismo Social*. Trad. de Arturo Enrique Sampay. Buenos Aires, Abeledo-Perrot, 1968.

HAYEK, Friedrich A. *Estudios de Filosofía Política y Economía*. Trad. de Juan Marcos de la Fuente. Madri, Unión Editorial, 2007.

________. *Los Fundamentos de la Libertad*. 8ª ed., trad. de José Vicente Torrente. Madri, Unión Editorial, 2008.

________. "Principios de un orden social liberal". In: HAYEK, Friedrich A. *Estudios de Filosofía Política y Economía*. Trad. de Juan Marcos de la Fuente. Madri, Unión Editorial, 2007 (pp. 231-253).

HEGEL, Georg Wilhelm Friedrich. *Princípios da Filosofia do Direito*. Trad. de Orlando Vitorino. São Paulo, Martins Fontes, 1997.

HERKENHOFF, Henrique Geaquinto. "A função social da posse e a usucapião anômala". In: ALVES, Jones Figueirêdo, e DELGADO, Mário Luiz (coords.). *Questões Controvertidas: Direito das Coisas*. São Paulo, Método, 2008 – *Grandes Temas de Direito Privado*, vol. 7 (pp. 313-332).

HESSE, Konrad. *A Força Normativa da Constituição*. Trad. de Gilmar Ferreira Mendes. Porto Alegre, Sérgio Antônio Fabris Editor, 1991.

________. *Elementos de Direito Constitucional da República Federal da Alemanha*. Trad. de Luís Afonso Heck. Porto Alegre, Sérgio Antônio Fabris Editor, 1998.

________. *Escritos de Derecho Constitucional*. Trad. de Pedro Cruz Villalón. Madri, Fundación Coloquio Jurídico Europeo/Centro de Estudios Políticos y Constitucionales, 2011.

———. *Temas Fundamentais de Direito Constitucional*. Trad. de Carlos dos Santos Almeida, Gilmar Ferreira Mendes e Inocêncio Mártires Coelho. São Paulo, Saraiva, 2009.

HESSEN, Johannes. *Filosofia dos Valores*. Coimbra, Livraria Almedina, 2001.

HIRONAKA, Giselda Maria Fernandes Novaes, e PEREIRA, Rodrigo da Cunha (coords.). *Direito das Sucessões*. Belo Horizonte, Del Rey, 2007.

HORTA, Raul Machado. *Direito Constitucional*. 2ª ed. Belo Horizonte, Del Rey, 1999.

HOUAISS, Antônio, e VILLAR, Mauro de Salles (eds.). *Dicionário Houaiss da Língua Portuguesa*. Rio de Janeiro, Objetiva, 2001.

IGARTUA SALAVERRÍA, Juan. *La Motivación en los Nombramientos Discrecionales*. Navarra, Thomson-Civitas, 2007.

IHERING, Rudolf Von. *Teoria Simplificada da Posse*. Trad. de Adherbal de Carvalho. São Paulo, Saraiva, 1986 – *Clássicos do Direito Brasileiro*, vol. 6.

INSTITUTO BRASILEIRO DE GEOGRAFIA E ESTATÍSTICA/IBGE. *Perfil dos Municípios Brasileiros*. Rio de Janeiro, IBGE, 2009.

IVO, Gabriel. *Constituição Estadual: Competência para Elaboração da Constituição do Estado-Membro*. São Paulo, Max Limonad, 1997.

JAKOBS, Günther. *A Imputação Objetiva no Direito Penal*. Trad. de André Luís Callegari. São Paulo, Ed. RT, 2000.

JAY, John, HAMILTON, Alexander, e MADISON, James. *Os Artigos Federalistas*. Trad. de Maria Luíza X. de A. Borges. Rio de Janeiro, Nova Fronteira, 1993.

JESCHECK, Hans-Heinrich, e WEIGEND, Thomas. *Tratado de Derecho Penal: Parte General*. 5ª ed., trad. de Miguel Olmedo Cardenete. Granada, Comares, 2002.

JESUS, Damásio E. de. *Imputação Objetiva*. 2ª ed. São Paulo, Saraiva, 2002.

JÈZE, Gaston. *Les Principes Généraux du Droit Administratif*. vol. 3 ("Le Fonctionnement des Services Publics"). Paris, Marcel Giard, 1926.

JORDANA DE POZAS, Luis. "Ensayo de una teoría del fomento en el derecho administrativo". *Revista de Estudios Políticos/REP* 48/41-54. Madri, novembro-dezembro/1949.

JUSTEN FILHO, Marçal. "A responsabilidade do Estado". In: FREITAS, Juarez (org.). *Responsabilidade Civil do Estado*. São Paulo, Malheiros Editores, 2006 (pp. 226-248).

__________. *Comentários à Lei de Licitações e Contratos Administrativos*. 13ª ed. São Paulo, Dialética, 2009.

__________. *Curso de Direito Administrativo*. São Paulo, Saraiva, 2005; 7ª ed. Belo Horizonte, Fórum, 2011.

__________. *O Direito das Agências Reguladoras Independentes*. São Paulo, Dialética, 2002.

__________. *O Estatuto da Microempresa e as Licitações Públicas*. 2ª ed. São Paulo, Dialética, 2007.

__________. "O princípio da moralidade pública e o direito tributário". *RTDP* 11/44-58. São Paulo, Malheiros Editores, 1995.

__________. "Parecer elaborado sobre a proposta legislativa de criação de consórcios públicos". *Revista Eletrônica de Direito do Estado/REDE* 3. Salvador, julho-setembro/2005 (disponível em *http://www.direitodoestado.com.br*, acesso em 26.2.2012).

__________. "Parecer sobre o Projeto de Lei 5.296 de 2005 sobre a regulação dos serviços públicos de saneamento básico". *Revista Jurídica da Presidência da República* 72. N. 7. Brasília, maio/2005 (disponível em *http://www.planalto.gov.br/ccivil_03/revista/Rev_72/index.htm*, acesso em 25.02.2012).

KANT, Immanuel. *Crítica da Razão Prática*. 4ª ed., trad. de Afonso Bertagnoli. Rio de Janeiro, Ediouro, 1998.

__________. *Crítica da Razão Pura*. Trad. de Valério Rohden e Udo Baldur Moosburger. São Paulo, Nova Cultural, 1999.

KELSEN, Hans. *A Ilusão da Justiça*. 3ª ed., trad. de Sérgio Tellaroli. São Paulo, Martins Fontes, 2000.

__________. *Autobiografia de Hans Kelsen*. 2ª ed., trad. de Gabriel Nogueira Dias e José Ignácio Coelho Mendes Neto. Rio de Janeiro, Forense Universitária, 2011.

__________. "Causalidade e imputação". In: KELSEN, Hans. *O que é a Justiça?*. 3ª ed., trad. de Luís Carlos Borges. São Paulo, Martins Fontes, 2001 (pp. 323-348).

__________. *O Problema da Justiça*. 4ª ed., 2ª tir., trad. de João Baptista Machado. São Paulo, Martins Fontes, 2003.

__________. *O que é a Justiça?*. 3ª ed., trad. de Luís Carlos Borges. São Paulo, Martins Fontes, 2001.

__________. *Teoria Geral das Normas*. Trad. de José Florentino Duarte. Porto Alegre, Sérgio Antônio Fabris Editor, 1986.

__________. *Teoria Pura do Direito*. 6ª ed., trad. de João Baptista Machado. Coimbra, Arménio Amado Editor, 1984.

KLEIN, Naomi. *A Doutrina do Choque: a Ascensão do Capitalismo de Desastre*. Trad. de Vânia Cury. Rio de Janeiro, Nova Fronteira, 2008.

KRAMNICK, Isaac. "Estudo introdutório". In: HAMILTON, Alexander, JAY, John, e MADISON, James. *Os Artigos Federalistas*. Trad. de Maria Luíza X. de A. Borges. Rio de Janeiro, Nova Fronteira, 1993 (pp. 1-86).

KRIELE, Martin. *Introdução à Teoria do Estado: os Fundamentos Históricos da Legitimidade do Estado Constitucional Democrático*. Trad. de Urbano Carvelli. Porto Alegre, Sérgio Antônio Fabris Editor, 2009.

KUNTZ, Ronald A., e BALLOUK FILHO, Benedito Marques. *Corrupção Política: a Luta Social pelo Resgate da Dignidade no Exercício do Poder*. São Paulo, Madras, 2008.

LAUBADÈRE, André de. *Traité Théorique et Pratique des Contrats Administratifs*. vol. 1. Paris, LGDJ, 1956.

LAUBADÈRE, André de, GAUDEMET, Yves, e VENEZIA, Jean-Claude. *Droit Administratif*. 17ª ed. Paris, LGDJ, 2002.

LAUBADÈRE, André de, MODERNE, Franck, e DEVOLVÉ, Pierre. *Traité des Contrats Administratifs*. ts. I e II. Paris, LGDJ, 1983-1984.

LEITE, Marco Antônio Santos. *O Terceiro Setor e as Organizações da Sociedade Civil de Interesse Público/OSCIPs*. Disponível em *http://www.almg.gov.br/educacao/sobre_escola/banco_conhecimento/ arquivos/pdf/ terceiro_setor.pdf* (acesso em 23.1.2012).

LESSA, Ana Cecília, e GUIMARÃES, Hélio de Seixas. *Figuras de Linguagem: Teoria e Prática*. 14ª ed. São Paulo, Atual, 2003.

LOBÃO, Marcelo Meireles. *Responsabilidade do Estado pela Desconstituição de Contratos Administrativos em Razão de Vícios de Nulidade*. São Paulo, Malheiros Editores, 2008.

LOBO, Paulo Luiz Neto. "Competência legislativa concorrente dos Estados-membros na Constituição de 1988". *Revista de Informação Legislativa* 101/87-194. Ano 26. Brasília, janeiro-março/1989.

LOPEZ BENITEZ, Mariano. *Naturaleza y Presupuestos Constitucionales de las Relaciones Especiales de Sujeción*. Madri, Universidade de Córdoba/Civitas, 1994.

LOTUFO, Renan. *Código Civil Comentado*. vol. 1. São Paulo, Saraiva, 2003.

LUCIFREDI, Roberto. *L'Atto Amministrativo nei suoi Elementi Accidentali*. Milão, Giuffrè, 1941.

LUHMANN, Niklas. *Legitimação pelo Procedimento*. Trad. de Maria da Conceição Côrte-Real. Brasília, UnB, 1980.

MACHADO, Paulo Affonso Leme. *Direito Ambiental Brasileiro*. 22ª ed. São Paulo, Malheiros Editores, 2014.

————. *Recursos Hídricos*. São Paulo, Malheiros Editores, 2002.

MADEIRA, José Maria Pinheiro. *Servidor Público na Atualidade*. 8ª ed. Rio de Janeiro, Elsevier, 2010.

MADISON, James, HAMILTON, Alexander, e JAY, John. *Os Artigos Federalistas*. Trad. de Maria Luíza X. de A. Borges. Rio de Janeiro, Nova Fronteira, 1993.

MAGANO, Octávio Bueno. *Direito Individual do Trabalho*. 4ª ed. São Paulo, LTr, 1993.

MAIA, Márcio Barbosa, e QUEIROZ, Ronaldo Pinheiro de. *O Regime Jurídico do Concurso Público e seu Controle Jurisdicional*. São Paulo, Saraiva, 2007.

MALACHINI, Edson Ribas. "A Constituição Federal e a legislação concorrente dos Estados e do Distrito Federal em matéria de procedimentos". *RF* 324/51-54. Ano 89. Rio de Janeiro, Forense, outubro-dezembro/1993.

MARINONI, Luiz Guilherme. *A Antecipação da Tutela na Reforma do Processo Civil*. 2ª ed. São Paulo, Malheiros Editores, 1996.

————. *Técnica Processual e Tutela dos Direitos*. São Paulo, Ed. RT, 2004.

————. *Teoria Geral do Processo*. vol. 1. São Paulo, Ed. RT, 2006.

————. *Tutela Cautelar e Tutela Antecipatória*. São Paulo, Ed. RT, 1992.

————. *Tutela Específica: Arts. 461 do CPC e 84 do CDC*. São Paulo, Ed. RT, 2001.

MARINONI, Luiz Guilherme, e ARENHART, Sérgio Cruz. *Processo de Conhecimento*. 8ª ed. São Paulo, Ed. RT, 2010.

————. *Prova*. São Paulo, Ed. RT, 2009.

MARQUES, José Frederico. *Elementos de Direito Processual Penal*. vol. I. Campinas, Bookseller, 1997.

————. *Ensaio sobre a Jurisdição Voluntária*. Campinas, Millennium, 2000

MARQUES NETO, Floriano de Azevedo. "Os consórcios públicos". *Revista de Direito do Estado/RDE* 2/289-430. Ano 1. Rio de Janeiro, abril-junho/2006.

MARTÍNEZ ZORRILLA, David. *Conflictos Constitucionales, Ponderación e Indeterminación Normativa*. Madri, Marcial Pons, 2007.

MARTÍN-RETORTILLO, Sebastián. *Os Caminhos da Privatização da Administração Pública: IV Colóquio Luso-Espanhol de Direito Administrativo*. Coimbra, Coimbra Editora, 2001.

————. "Sentido y formas de la privatización de la administración pública". In: MARTÍN-RETORTILLO, Sebastián. *Os Caminhos da Privatização da Admi-*

*nistração Pública: IV Colóquio Luso-Espanhol de Direito Administrativo*. Coimbra, Coimbra Editora, 2001 (pp. 19-30).

MARTINS, Margarida Salema d'Oliveira. *O Princípio da Subsidiariedade em Perspectiva Jurídico-Política*. Coimbra, Coimbra Editora, 2003.

MARTINS, Ricardo Marcondes. "A natureza normativa dos princípios". *RTDP* 40/113-145. São Paulo, Malheiros Editores, 2002.

__________. "A norma *iusfundamental*". *RBDC* 4/526-576. São Paulo, 2004.

__________. *Abuso de Direito e a Constitucionalização do Direito Privado*. São Paulo, Malheiros Editores, 2010.

__________. *Efeitos dos Vícios do Ato Administrativo*. São Paulo, Malheiros Editores, 2008.

__________. *Regulação Administrativa à Luz da Constituição Federal*. São Paulo, Malheiros Editores, 2011.

MARTINS, Ricardo Marcondes, e PIRES, Luís Manuel Fonseca. *Um Diálogo sobre a Justiça: a Justiça Arquetípica e a Justiça Deôntica*. Belo Horizonte, Fórum, 2012.

MARTINS JR., Wallace Paiva. *Probidade Administrativa*. São Paulo, Saraiva, 2001.

__________. *Remuneração dos Agentes Públicos*. São Paulo, Saraiva, 2009.

MARTINS-COSTA, Judith. *A Boa-Fé no Direito Privado*. São Paulo, Ed. RT, 1999.

__________ (org.). *A Reconstrução do Direito Privado*. São Paulo, Ed. RT, 2002.

MASCARENHAS JR., Walter Arnaud. *Aspectos Gerais do Risco na Imputação Objetiva*. Porto Alegre, Nuria Fabris, 2008.

MATTEUCCI, Nicola, BOBBIO, Norberto, e PASQUINO, Gianfranco. *Dicionário de Política*. 5ª ed., vol. 1, trad. de Carmen C. Varrialle e outros. Brasília/São Paulo, UnB/Imprensa Oficial do Estado de São Paulo, 2000.

MAURER, Hartmut. *Direito Administrativo Geral*. 14ª ed., trad. de Luís Afonso Heck. Barueri, Manole, 2006.

MAXIMILIANO, Carlos. *Comentários à Constituição Brasileira*. 5ª ed., vol. I. São Paulo, Freitas Bastos, 1954.

__________. *Hermenêutica e Aplicação do Direito*. 16ª ed. Rio de Janeiro, Forense, 1997.

MAYER, Otto. *Derecho Administrativo Alemán*. t. I, trad. de Horacio H. Heredia e Ernesto Krotoschin. Buenos Aires, Depalma, 1949; t. II, trad. de Horacio H. Heredia e Ernesto Krotoschin. Buenos Aires, Depalma, 1950.

MAZZILLI, Hugo Nigro. *Regime Jurídico do Ministério Público*. 3ª ed. São Paulo, Saraiva, 1996.

MEDEIROS, Fábio Mauro de. *Extinção do Ato Administrativo em Razão da Mudança de Lei (Decaimento)*. Belo Horizonte, Fórum, 2009.

MEIRELLES, Hely Lopes. *Direito Administrativo Brasileiro*. 40ª ed. São Paulo, Malheiros Editores, 2014; 8ª ed. São Paulo, Ed. RT, 1981.

————. *Direito Municipal Brasileiro*. 17ª ed. (coord. de Adilson Abreu Dallari). São Paulo, Malheiros Editores, 2013.

MEIRELLES, Hely Lopes, MENDES, Gilmar Ferreira, e WALD, Arnoldo. *Mandado de Segurança e Ações Constitucionais*. 35ª ed. São Paulo, Malheiros Editores, 2013.

MEIRELLES TEIXEIRA, José Horácio. *Curso de Direito Constitucional*. Rio de Janeiro, Forense Universitária, 1991.

————. *Os Serviços Públicos de Eletricidade e a Autonomia Local*. São Paulo, Departamento Jurídico da Prefeitura do Município de São Paulo, 1950.

MELLO, Célia Cunha. *O Fomento da Administração Pública*. Belo Horizonte, Del Rey, 2003.

MENDES, Gilmar Ferreira. "Âmbito de proteção de direitos fundamentais e as possíveis limitações". In: BRANCO, Paulo Gustavo Gonet, COELHO, Inocêncio Mártires, e MENDES, Gilmar Ferreira. *Hermenêutica Constitucional e Direitos Fundamentais*. 1ª ed., 2ª tir. Brasília, Brasília Jurídica, 2002 (pp. 210-241).

MENDES, Gilmar Ferreira, BRANCO, Paulo Gustavo Gonet, e COELHO, Inocêncio Mártires. *Hermenêutica Constitucional e Direitos Fundamentais*. 1ª ed., 2ª tir. Brasília, Brasília Jurídica, 2002.

MENDES, Gilmar Ferreira, MEIRELLES, Hely Lopes, e WALD, Arnoldo. *Mandado de Segurança e Ações Constitucionais*. 35ª ed. São Paulo, Malheiros Editores, 2013.

MENEZES, Aderson de. *Teoria Geral do Estado*. 6ª ed. São Paulo, Saraiva, 1994.

MERKL, Adolfo. *Teoría General del Derecho Administrativo*. Granada, Comares, 2004.

MIELE, Giovanni. *Principi di Diritto Amministrativo*. vol. I. Pisa, Arti Grafiche Tornar, 1945.

MILARÉ, Edis. *Direito do Ambiente*. 3ª ed. São Paulo, Ed. RT, 2004.

MIRANDA, Custódio da Piedade Ubaldino. *Contrato de Adesão*. São Paulo, Atlas, 2002.

MIRANDA, Jorge. *Manual de Direito Constitucional*. t. III ("Estrutura Constitucional do Estado"). 4ª ed. Coimbra, Coimbra Editora, 1998; 4ª ed., t. II ("Constituição"). Coimbra, Coimbra Editora, 2000.

MIRANDA NETTO, Fernando Gama de. *Ônus da Prova: no Direito Processual Público*. Rio de Janeiro, Lumen Juris, 2009.

MODERNE, Franck, DEVOLVÉ, Pierre, e LAUBADÈRE, André de. *Traité des Contrats Administratifs*. ts. I e II. Paris, LGDJ, 1983-1984.

MODESTO, Paulo. "Reforma administrativa e marco legal das organizações sociais no Brasil: as dúvidas dos juristas sobre o modelo das organizações sociais". *Revista Diálogo Jurídico* 9. Ano I. Salvador, dezembro/2001 (disponível em *http: // www.direitopublico.com.br*, acesso em 17.2.2010).

———. "Reforma do marco legal do Terceiro Setor no Brasil". *Revista Eletrônica sobre a Reforma do Estado* 5. Salvador, março-maio/2006 (disponível em *http: //www.direitodoestado.com.br*, acesso em 17.2.2010).

MORBIDELLI, Janice Helena Ferreri. *Um Novo Pacto Federativo para o Brasil*. São Paulo, Celso Bastos Editor, 1999.

MORAES, José Roberto de. "As prerrogativas e o interesse da Fazenda Pública". In: BUENO, Cassio Scarpinella, e SUNDFELD, Carlos Ari (coords.). *Direito Processual Público – A Fazenda Pública em Juízo*. 1ª ed., 2ª tir. São Paulo, Malheiros Editores, 2003.

MOREIRA, Eduardo Ribeiro. *Neoconstitucionalismo: a Invasão da Constituição*. São Paulo, Método, 2008.

MOREIRA, Vital, e CANOTILHO, José Joaquim Gomes. *Constituição da República Portuguesa Anotada*. vol. 1 (arts. 1º a 107). São Paulo/Coimbra, Ed. RT/Coimbra Editora, 2007.

MOREIRA ALVES, José Carlos. *Posse: Estudo Dogmático*. 2ª ed., vol. II, t. I. Rio de Janeiro, Forense, 1997.

MOREIRA NETO, Diogo de Figueiredo. "Competência concorrente limitada: o problema da conceituação das normas gerais". *Revista de Informação Legislativa* 100/127-162. Ano 28. Brasília, outubro-dezembro/1988.

———. *Curso de Direito Administrativo*. 13ª ed. Rio de Janeiro, Forense, 2003.

———. *Direito Regulatório*. Rio de Janeiro, Renovar, 2003.

MORTATI, Costantino. *Istituzioni di Diritto Pubblico*. 2ª ed. Pádua, CEDAM, 1952.

MOTTA, Fabrício (coord.). *Concurso Público e Constituição*. 1ª ed., 2ª tir. Belo Horizonte, Fórum, 2007.

MOURA, Elizabeth Maria de. *O Devido Processo Legal na Constituição Brasileira de 1988 e o Estado Democrático de Direito*. São Paulo, Celso Bastos Editor, 2000.

MOUSSALLEM, Tárek Moysés. *Fontes do Direito Tributário*. São Paulo, Max Limonad, 2001.

———. *Revogação em Matéria Tributária*. São Paulo, Noeses, 2005.

MÜLLER, Friedrich. *Métodos de Trabalho do Direito Constitucional*. 2ª ed., trad. de Peter Naumann. São Paulo, Max Limonad, 2000.

__________. *Teoria Estruturante do Direito I*. Trad. de Peter Naumann e Eurides Avance de Souza. São Paulo, Ed. RT, 2008.

MUÑOZ, Guillermo Andrés, e SUNDFELD, Carlos Ari (coords.). *As Leis de Processo Administrativo: Lei Federal 9.784/1999 e Lei Paulista 10.177/1998*. 1ª ed., 2ª tir. São Paulo, Malheiros Editores, 2006.

MUÑOZ MACHADO, Santiago. *Constitución*. Madri, Iustel, 2004.

MUSSELLI, Lucia. *La Conversione dell'Atto Amministrativo*. Milão, Giuffrè, 2003.

NANNI, Giovanni Ettore. *Enriquecimento sem Causa*. São Paulo, Saraiva, 2004.

NEVES, Marcelo. *Teoria da Inconstitucionalidade das Leis*. São Paulo, Saraiva, 1988.

OLGUÍN JUÁREZ, Hugo Augusto. *Extinción de los Actos Administrativos: Revocación, Invalidación y Decaimiento*. Santiago, Editorial Jurídica de Chile, 1961.

OLIVECRONA, Karl. *Linguagem Jurídica e Realidade*. Trad. de Edson L. M. Bini. São Paulo, Quartier Latin, 2005.

OLIVEIRA, Euclides de, e AMORIM, Sebastião. *Inventários e Partilhas: Direito das Sucessões*. 12ª ed. São Paulo, LEUD, 1999.

OLIVEIRA, Francisco Cardozo. *Hermenêutica e Tutela da Posse e da Propriedade*. Rio de Janeiro, Forense, 2006.

OLIVEIRA, Gustavo Justino de. "As audiências públicas e o processo administrativo brasileiro". *RTDP* 21/161-172. São Paulo, Malheiros Editores, 1998.

__________. "Constitucionalidade da Lei federal 9.637/1998, das organizações sociais: comentários à Medida Cautelar da ADI 1.923-DF, do STF". *Revista de Direito do Estado/RDE* 8/345-382. Ano 2. Rio de Janeiro, outubro-dezembro/2007.

OLIVEIRA, José Roberto Pimenta. *Os Princípios da Razoabilidade e da Proporcionalidade no Direito Administrativo Brasileiro*. São Paulo, Malheiros Editores, 2006.

OLIVEIRA, Régis Fernandes de. *Taxas de Polícia*. 2ª ed. São Paulo, Ed. RT, 2004.

OSÓRIO, Fábio Medina. *Direito Administrativo Sancionador*. São Paulo, Ed. RT, 2000; 4ª ed. São Paulo, Ed. RT, 2011.

__________. *Teoria da Improbidade Administrativa*. São Paulo, Ed. RT, 2007.

PACHECO, Ângela Maria da Motta. *Ficções Tributárias: Identificação e Controle*. São Paulo, Noeses, 2008.

PAES DE ALMEIDA, Amador. *Locação Comercial*. 8ª ed. São Paulo, Saraiva, 1994.

PASQUINO, Gianfranco, BOBBIO, Norberto, e MATTEUCCI, Nicola. *Dicionário de Política*. 5ª ed., vol. 1, trad. de Carmen C. Varrialle e outros. Brasília/São Paulo, UnB/Imprensa Oficial do Estado de São Paulo, 2000.

PASSERON, Jean-Claude, e BOURDIEU, Pierre. *A Reprodução: Elementos para uma Teoria do Sistema de Ensino*. 2ª ed., trad. de Reynaldo Bairão. Petrópolis, Vozes, 2009.

PAZZAGLINI FILHO, Marino, FAZZIO JR., Waldo, e ROSA, Márcio Fernando Elias. *Improbidade Administrativa: Aspectos Jurídicos da Defesa do Patrimônio Público*. 4ª ed. São Paulo, Atlas, 1999.

PEREIRA, Rodrigo da Cunha, e HIRONAKA, Giselda Maria Fernandes Novaes (coords.). *Direito das Sucessões*. Belo Horizonte, Del Rey, 2007.

PERELMAN, Chaïm. *Ética e Direito*. Trad. de Maria Ermantina Galvão. São Paulo, Martins Fontes, 2002.

PEREZ, Marcos Augusto. "Participação popular na Administração Pública". *RTDP* 31/126-137. São Paulo, Malheiros Editores, 2000.

PÉREZ LUÑO, Antonio Enrique. *Derechos Humanos, Estado de Derecho y Constitución*. 9ª ed. Madri, Tecnos, 2005.

PERLINGIERI, Pietro. *O Direito Civil na Legalidade Constitucional*. Trad. de Maria Cristina De Cicco. Rio de Janeiro, Renovar, 2008.

__________. *Perfis do Direito Civil: Introdução ao Direito Civil Constitucional*. 2ª ed., trad. de Maria Cristina De Cicco. Rio de Janeiro, Renovar, 2002.

PICCININI GARCIA, Doris. *Teoría del Decaimiento de los Actos Administrativos*. Santiago, Editorial Jurídica de Chile, 1968.

PIRES, Luís Manuel Fonseca. *Limitações Administrativas à Liberdade e à Propriedade*. São Paulo, Quartier Latin, 2006.

__________. *Regime Jurídico das Licenças*. São Paulo, Quartier Latin, 2006.

PIRES, Luís Manuel Fonseca, e MARTINS, Ricardo Marcondes. *Um Diálogo sobre a Justiça: a Justiça Arquetípica e a Justiça Deôntica*. Belo Horizonte, Fórum, 2012.

POMPEU, Cid Tomanik. *Direito de Águas no Brasil*. São Paulo, Ed. RT, 2006.

PONDÉ, Lafayette. "A vontade privada na formação ou na eficácia do ato administrativo". In: PONDÉ, Lafayette. *Estudos de Direito Administrativo*. Belo Horizonte, Del Rey, 1995 (pp. 117-130).

__________. *Estudos de Direito Administrativo*. Belo Horizonte, Del Rey, 1995.

PONTES DE MIRANDA, Francisco Cavalcanti. *Comentários à Constituição de 1967 com a Emenda n. 1 de 1969*. 2ª ed., t. I. São Paulo, Ed. RT, 1970.

__________. *História e Prática do **Habeas Corpus***. t. I. Campinas, Bookseller, 2001.

__________. *Tratado das Ações*. t. 1. Campinas, Bookseller, 1998; t. VI. Campinas, Bookseller, 1999.

__________. *Tratado de Direito Privado*. 2ª ed., t. XXXVIII. Rio de Janeiro, Borsói, 1962; 3ª ed., 2ª tir., t. LV. São Paulo, Ed. RT, 1984; 4ª ed., t. IX. São Paulo, Ed. RT, 1983; 4ª ed., t. XII. São Paulo, Ed. RT, 1977; 4ª ed., t. XIV. São Paulo, Ed. RT, 1983.

POPPER, Karl R. *Em Busca de um Mundo Melhor*. Trad. de Milton Camargo Mota. São Paulo, Martins Fontes, 2006.

PORTA, Marcos. *Processo Administrativo e o Devido Processo Legal*. São Paulo, Quartier Latin, 2003.

PORTO FILHO, Pedro Paulo de Rezende, e BUENO, Cassio Scarpinella (coords.). *Improbidade Administrativa: Questões Polêmicas e Atuais*. 2ª ed. São Paulo, Malheiros Editores, 2003.

POZZOLO, Susanna. "O neoconstitucionalismo como último desafio ao positivismo jurídico". In: DUARTE, Écio Oto Ramos, e POZZOLO, Susanna. *Neoconstitucionalismo e Positivismo Jurídico*. São Paulo, Landy, 2006 (pp. 77-183).

POZZOLO, Susanna, e DUARTE, Écio Oto Ramos. *Neoconstitucionalismo e Positivismo Jurídico*. São Paulo, Landy, 2006.

PRADO, Luiz Régis, e CARVALHO, Érika Mendes de. *Teorias da Imputação Objetiva do Resultado: uma Aproximação Crítica a seus Fundamentos*. São Paulo, Ed. RT, 2002.

"Procedimento muda em habitação coletiva". *Tribuna do Direito* 51/20. Ano 5. São Paulo, julho/1997.

QUEIRÓ, Afonso Rodrigues. "A teoria do 'desvio de poder' em direito administrativo". *RDA* VI/41-78. Rio de Janeiro, outubro/1946.

__________. *O Poder Discricionário da Administração*. 2ª ed. Coimbra, Coimbra Editora, 1948.

QUEIROZ, Ronaldo Pinheiro de, e MAIA, Márcio Barbosa. *O Regime Jurídico do Concurso Público e seu Controle Jurisdicional*. São Paulo, Saraiva, 2007.

RADBRUCH, Gustav. *Relativismo y Derecho*. Trad. de Luis Villar Borda. Bogotá, Temis, 1999.

RAMALHO JR., Francisco, FERRARO, Nicolau Gilberto, e SOARES, Paulo Antônio de Toledo. *Os Fundamentos da Física*. 5ª ed., vol. 1 ("Mecânica"). São Paulo, Moderna, 1988.

RANELLETTI, Oreste. *Teoria degli Atti Amministrativi Speciali*. 7ª ed. Milão, Giuffrè, 1945.

RAVÀ, Paolo. *La Convalida degli Atti Amministrativi*. Pádua, CEDAM, 1937.

REALE, Miguel. *Filosofia do Direito*. 19ª ed., 3ª tir. São Paulo, Saraiva, 2002.

RECASÉNS SICHES, Luis. *Introducción al Estudio del Derecho*. 15ª ed. México, Editorial Porrúa, 2006.

REGULES, Luís Eduardo Patrone. *Terceiro Setor: Regime Jurídico das OSCIPs*. São Paulo, Método, 2006.

RESNICK, Robert, e EISBERG, Robert. *Física Quântica*. Trad. de Paulo Costa Ribeiro e outros. Rio de Janeiro, Elsevier, 1979.

RESTA, Raffaele. *La Revoca degli Atti Amministrativi*. Roma, Bulzoni, 1972.

RESWEBER, Jean-Paul. *A Filosofia dos Valores*. Trad. e "Nota de Apresentação" de Marina Ramos Themudo. Coimbra, Livraria Almedina, 2002.

RICOEUR, Paul. "Conceito de responsabilidade: ensaio de análise semântica". In: RICOEUR, Paul. *O Justo*. vol. 1, trad. de Ivone C. Benedetti. São Paulo, Martins Fontes, 2008 (pp. 33-61).

——————. *O Justo*. vol. 1, trad. de Ivone C. Benedetti. São Paulo, Martins Fontes, 2008.

RIGAUX, François. *A Lei dos Juízes*. Trad. de Edmir Missio. São Paulo, Martins Fontes, 2003.

RIVERO, Jean. "Los principios generales del Derecho en el derecho administrativo francés contemporáneo". *Revista de Administración Pública* 6/289-300. Ano II. Madri, setembro-dezembro/1951.

RIVERO, Jean, e WALINE, Jean. *Droit Administratif*. 18ª ed. Paris, Dalloz, 2000.

ROCHA, Sílvio Luís Ferreira da. *Curso Avançado de Direito Civil*. vol. 3 ("Contratos"). São Paulo, Ed. RT, 2002.

——————. *Função Social da Propriedade Pública*. São Paulo, Malheiros Editores, 2005.

——————. *Terceiro Setor*. 2ª ed. São Paulo, Malheiros Editores, 2006.

RODRIGUES, Marcelo Abelha. *Instituições de Direito Ambiental*. São Paulo, Max Limonad, 2002.

——————. *Suspensão de Segurança: Sustação da Eficácia de Decisão Judicial Proferida Contra o Poder Público*. São Paulo, Ed. RT, 2000.

RODRÍGUEZ DE SANTIAGO, José María. *La Ponderación de Bienes e Intereses en el Derecho Administrativo*. Madri, Marcial Pons, 2000.

ROHDE, Geraldo Mário. "Licença prévia: LP e prática de licenciamento ambiental no Brasil". *Revista de Direito Ambiental* 18/213-229. Ano 5. São Paulo, abril-junho/2000.

ROMANO, Santi. "Osservazioni sulla invalidità successiva degli atti amministrativi". In: ROMANO, Santi. *Scritti Minori*. vol. 2. Milão, Giuffrè, 1990 (pp. 397-410).

__________. *Princípios de Direito Constitucional Geral*. Trad. de Maria Helena Diniz. São Paulo, Ed. RT, 1977.

__________. *Scritti Minori*. vol. 2. Milão, Giuffrè, 1990.

ROSA, Márcio Fernando Elias, FAZZIO JR., Waldo, e PAZZAGLINI FILHO, Marino. *Improbidade Administrativa: Aspectos Jurídicos da Defesa do Patrimônio Público*. 4ª ed. São Paulo, Atlas, 1999.

ROSENVALD, Nelson, e FARIAS, Cristiano Chaves de. *Direitos Reais*. 4ª ed. Rio de Janeiro, Lumen Juris, 2007.

ROSS, Alf. *Lógica de las Normas*. Trad. de José S. P. Hierro. Granada, Comares, 2000.

ROTHENBURG, Walter Claudius. *Inconstitucionalidade por Omissão e Troca de Sujeito*. São Paulo, Ed. RT, 2005.

ROXIN, Claus. *Derecho Penal: Parte General*. 2ª ed., 2ª reimpr., t. I, trad. de Diego-Manuel Luzón Peña e outros. Madri, Civitas, 2003.

__________. *Funcionalismo e Imputação Objetiva no Direito Penal*. Trad. e "Introdução" de Luís Greco. Rio de Janeiro, Renovar, 2002.

__________. *Problemas Fundamentais de Direito Penal*. 3ª ed. Lisboa, Vega, 2004.

__________. "Reflexões sobre a problemática da imputação em direito penal". In: ROXIN, Claus. *Problemas Fundamentais de Direito Penal*. 3ª ed. Lisboa, Vega, 2004 (pp. 145-168).

RUSSELL, Bertrand. *ABC da Relatividade*. Trad. de Maria Luíza X. de A. Borges. Rio de Janeiro, Jorge Zahar Editor, 2005.

SAINZ MORENO, Fernando. *Conceptos Jurídicos, Interpretación y Discrecionalidad Administrativa*. Madri, Civitas, 1976.

SALLES, José Carlos de Moraes. *A Desapropriação à Luz da Doutrina e da Jurisprudência*. 4ª ed. São Paulo, Ed. RT, 2000.

__________. *Usucapião de Bens Imóveis e Móveis*. 6ª ed. São Paulo, Ed. RT, 2006.

SALOMÃO FILHO, Calixto. *Regulação da Atividade Econômica: Princípios e Fundamentos Jurídicos*. 2ª ed. São Paulo, Malheiros Editores, 2008.

SAMPAIO DÓRIA, Antônio Roberto. "Autonomia dos Municípios". *Revista da Faculdade de Direito da USP* 24/419-432. São Paulo, 1928.

__________. *Princípios Constitucionais Tributários e a Cláusula "Due Process of Law"*. São Paulo, Ed. RT, 1964.

SANDULLI, Aldo M. *Manuale di Diritto Amministrativo*. Nápoles, Eugenio Jovene, 1952.

SANTAMARÍA PASTOR, Juan Alfonso. *Principios de Derecho Administrativo*. 3ª ed., vol. II. Madri, Centro de Estudios Ramón Areces, 2002.

SANTIAGO NINO, Carlos. *Introducción al Análisis del Derecho*. Barcelona, Ariel, 2003.

SANTORO FILHO, Antônio Carlos. *Teoria da Imputação Objetiva: Apontamentos Críticos à Luz do Direito Positivo Brasileiro*. São Paulo, Malheiros Editores, 2007.

SANTOS, Boaventura de Sousa. "Os processos da globalização". In: SANTOS, Boaventura de Sousa (org.). *Globalização: Fatalidade ou Utopia?*. 3ª ed. Porto, Afrontamento, 2005 (pp. 31-106).

__________ (org.). *Globalização: Fatalidade ou Utopia?*. 3ª ed. Porto, Afrontamento, 2005.

SANTOS, Márcia Walquíria Batista dos. *Licença Urbanística*. São Paulo, Malheiros Editores, 2001.

SANTOS, Sandra Aparecida de Sá dos. *A Inversão do Ônus da Prova*. 2ª ed. São Paulo, Ed. RT, 2006.

SARAIVA, F. R. dos Santos. *Dicionário Latino-Português*. 11ª ed. Belo Horizonte, Garnier, 2000.

SARMENTO, Daniel. *A Ponderação de Interesses na Constituição Federal*. 1ª ed. 2ª tir. Rio de Janeiro, Lumen Juris, 2002.

__________. *Direitos Fundamentais e Relações Privadas*. Rio de Janeiro, Lumen Juris, 2004.

SAUSSURE, Ferdinand de. *Curso de Lingüística Geral*. 30ª ed., trad. de Antônio Chelini, José Paulo Paes e Izidoro Blikstein. São Paulo, Cultrix, 2008.

SAYAGUÉS LASO, Enrique. *Tratado de Derecho Administrativo*. vol. I. Montevidéu, 1963.

SCHLEIERMACHER, Friedrich D. E. *Hermenêutica: Arte e Técnica da Interpretação*. 4ª ed., trad. de Celso Reni Braida. Bragança Paulista, Editora Universitária São Francisco, 2003.

SCHREIBER, Anderson. *A Proibição de Comportamento Contraditório: Tutela da Confiança e* ***Venire Contra Factum Proprium***. Rio de Janeiro, Renovar, 2005.

SCHWABE, Jürgen. *Cinqüenta Anos de Jurisprudência do Tribunal Constitucional Federal Alemão*. Trad. de Beatriz Hennig e outros. Montevidéu, Konrad-Adenauer-Stiftung, 2005.

SCHWARZ, Rodrigo Garcia. *Direito do Trabalho*. 2ª ed. Rio de Janeiro, Elsevier, 2009.

SEABRA FAGUNDES, Miguel. *Da Desapropriação no Direito Brasileiro*. Rio de Janeiro, Freitas Bastos, 1949.

__________. *O Controle dos Atos Administrativos pelo Poder Judiciário*. 7ª ed. Rio de Janeiro, Forense, 2005.

SERRANO, Pedro Estevam Alves Pinto. *O Desvio de Poder na Função Legislativa*. São Paulo, FTD, 1997.

__________. *Região Metropolitana e seu Regime Constitucional*. São Paulo, Verbatim, 2009.

SILVA, Clarissa Sampaio. *Limites à Invalidação dos Atos Administrativos*. São Paulo, Max Limonad, 2001.

SILVA, José Afonso da. "A Advocacia Pública e o Estado Democrático de Direito". *RDA* 230/281-289. Rio de Janeiro, outubro-dezembro/2002.

__________. *Aplicabilidade das Normas Constitucionais*. 8ª ed. São Paulo, Malheiros Editores, 2012.

__________. *Comentário Contextual à Constituição*. 8ª ed. São Paulo, Malheiros Editores, 2012.

__________. *Curso de Direito Constitucional Positivo*. 37ª ed. São Paulo, Malheiros Editores, 2014.

__________. *Direito Ambiental Constitucional*. 10ª ed. São Paulo, Malheiros Editores, 2013.

__________. *Direito Urbanístico Brasileiro*. 7ª ed. São Paulo, Malheiros Editores, 2012.

__________. *O Constitucionalismo Brasileiro: Evolução Institucional*. São Paulo, Malheiros Editores, 2011.

SILVA, Lígia Osório. *Terras Devolutas e Latifúndio*. 2ª ed. Campinas, UNICAMP, 2008.

SILVA, Ovídio A. Baptista da. *Curso de Processo Civil*. 5ª ed., vol. 2. São Paulo, Ed. RT, 2002.

__________. *Do Processo Cautelar*. 2ª ed. Rio de Janeiro, Forense, 1998.

__________. *Processo e Ideologia: o Paradigma Racionalista*. 2ª ed. Rio de Janeiro, Forense, 2006.

SILVA, Virgílio Afonso da. *Constitucionalização do Direito: os Direitos Fundamentais nas Relações entre Particulares*. 1ª ed., 3ª tir. São Paulo, Malheiros Editores, 2011.

SILVA JR., Arnaldo. *Dos Servidores Públicos Municipais*. Belo Horizonte, Del Rey, 2009.

SIMÕES, Mônica Martins Toscano. *O Processo Administrativo e a Invalidação de Atos Viciados*. São Paulo, Malheiros Editores, 2004.

SIQUEIRA CASTRO, Carlos Roberto. *A Constituição Aberta e os Direitos Fundamentais: Ensaios sobre o Constitucionalismo Pós-Moderno e Comunitário*. Rio de Janeiro, Forense, 2003.

————. *O Devido Processo Legal e os Princípios da Razoabilidade e da Proporcionalidade*. 3ª ed. Rio de Janeiro, Forense, 2005.

SOARES, Paulo Antônio de Toledo, FERRARO, Nicolau Gilberto, e RAMALHO JR., Francisco. *Os Fundamentos da Física*. 5ª ed., vol. 1 ("Mecânica"). São Paulo, Moderna, 1988.

SÓFOCLES. *Antígona*. Trad. de Donaldo Schüler. Porto Alegre, L&PM, 1999.

SOUTO, Marcos Juruena Villela. *Direito Administrativo Regulatório*. Rio de Janeiro, Lumen Juris, 2002.

SOUZA, Leandro Marins de. *Tributação do Terceiro Setor no Brasil*. São Paulo, Dialética, 2004.

SPARAPANI, Priscilia. *A Estabilidade do Servidor Público Civil Após a Emenda Constitucional 19/1998*. Dissertação (Mestrado em Direito). São Paulo, PUC/SP, 2008.

STASSINOPOULOS, Michel. *Traité des Actes Administratifs*. Atenas, Collection de l'Institut Français d'Athènes, 1954.

STEINMETZ, Wilson Antônio. *A Vinculação dos Particulares a Direitos Fundamentais*. São Paulo, Malheiros Editores, 2004.

————. *Colisão de Direitos Fundamentais e Princípio da Proporcionalidade*. Porto Alegre, Livraria do Advogado, 2001.

STOBER, Rolf, BACHOF, Otto, e WOLFF, Hans J. *Direito Administrativo*. vol. I, trad. de António F. de Sousa. Lisboa, Fundação Calouste Gulbenkian, 2006.

STOCO, Rui. *Tratado de Responsabilidade Civil*. 7ª ed. São Paulo, Ed. RT, 2007.

STOPPINO, Mario. "Ideologia". In: BOBBIO, Norberto, MATTEUCCI, Nicola, e PASQUINO, Gianfranco. *Dicionário de Política*. 5ª ed., vol. 1, trad. de Carmen C. Varrialle e outros. Brasília/São Paulo, UnB/Imprensa Oficial do Estado de São Paulo, 2000 (pp. 585-597).

STUART MILL, John. *A Liberdade*. Trad. de Eunice Ostrensky. São Paulo, Martins Fontes, 2000.

_________. *Principios de Economía Política*. Madri, Fundación Ico, 2007.

SUNDFELD, Carlos Ari. "A importância do procedimento administrativo". *RDP* 84/64-74. Ano XX. São Paulo, Ed. RT, outubro-dezembro/1987.

_________. *Ato Administrativo Inválido*. São Paulo, Ed. RT, 1990.

_________. "Competência legislativa em matéria de processo e procedimento". *RT* 657/32-36. Ano 79. São Paulo, Ed. RT, julho/1990.

_________. *Desapropriação*. São Paulo, Ed. RT, 1990.

_________. *Direito Administrativo Ordenador*. 1ª ed., 3ª tir. São Paulo, Malheiros Editores, 2003.

_________. "Discricionariedade e revogação do ato administrativo". *RDP* 79/132-138. Ano XIX. São Paulo, Ed. RT. julho-setembro/1986.

_________. "Função social da propriedade". In: DALLARI, Adilson Abreu, e FIGUEIREDO, Lúcia Valle (coords.). *Temas de Direito Urbanístico – 1*. São Paulo, Ed. RT, 1987 (pp. 1-22).

_________. *Fundamentos de Direito Público*. 5ª ed., 5ª tir. São Paulo, Malheiros Editores, 2014.

_________. "Introdução às agências reguladoras". In: SUNDFELD, Carlos Ari (coord.). *Direito Administrativo Econômico*. 1ª ed., 3ª tir. São Paulo, Malheiros Editores, 2006 (pp. 18-38).

_________. "Licenças e autorizações no direito administrativo". *RTDP* 3/66-72. São Paulo, Malheiros Editores, 1993.

_________. *Licitação e Contrato Administrativo*. 2ª ed. São Paulo, Malheiros Editores, 1995.

_________. "Procedimentos administrativos de competição". *RDP* 83/114-119. Ano XX. São Paulo, Ed. RT, julho-setembro/1987.

_________. "Processo e procedimento administrativo no Brasil". In: MUÑOZ, Guillermo Andrés, e SUNDFELD, Carlos Ari (coords.). *As Leis de Processo Administrativo: Lei Federal 9.784/1999 e Lei Paulista 10.177/1998*. 1ª ed., 2ª tir. São Paulo, Malheiros Editores, 2006 (pp. 17-36).

_________ (coord.). *Direito Administrativo Econômico*. 1ª ed., 3ª tir. São Paulo, Malheiros Editores, 2006.

SUNDFELD, Carlos Ari, e BUENO, Cassio Scarpinella (coords.). *Direito Processual Público – A Fazenda Pública em Juízo*. 1ª ed., 2ª tir. São Paulo, Malheiros Editores, 2003.

SUNDFELD, Carlos Ari, e MUÑOZ, Guillermo Andrés (coords.). *As Leis de Processo Administrativo: Lei Federal 9.784/1999 e Lei Paulista 10.177/1998*. 1ª ed., 2ª tir. São Paulo, Malheiros Editores, 2006.

TÁCITO, Caio. "Arbitragem nos litígios administrativos". In: TÁCITO, Caio. *Temas de Direito Público: Estudos e Pareceres*. vol. 3. Rio de Janeiro, Renovar, 2002 (pp. 83-88).

__________. "Contrato administrativo: alteração quantitativa e alteração qualitativa". In: *Temas de Direito Público: Estudos e Pareceres*. vol. 2. Rio de Janeiro, Renovar, 1997 (pp. 1.399-1.410).

__________. "Saneamento básico – Região metropolitana: competência estadual". *RDA* 213/323-396. Rio de Janeiro, julho-setembro/1998.

__________. "O desvio de poder no controle dos atos administrativos, legislativos e jurisdicionais". In: TÁCITO, Caio. *Temas de Direito Público: Estudos e Pareceres*. vol. 1. Rio de Janeiro, Renovar, 1997 (pp. 181-198).

__________. *Temas de Direito Público: Estudos e Pareceres*. vol. 1. Rio de Janeiro, Renovar, 1997; vol. 2. Rio de Janeiro, Renovar, 1997; vol. 3. Rio de Janeiro, Renovar, 2002.

TALAMINI, Daniele Coutinho. *Revogação do Ato Administrativo*. São Paulo, Malheiros Editores, 2002.

TARUFFO, Michele. *La Prueba de los Hechos*. 2ª ed., trad. de Jordi Ferrer Beltrán. Madri, Trotta, 2005.

TAVARES, André Ramos. *Tratado da Argüição de Preceito Fundamental*. São Paulo, Saraiva, 2001.

TELLES JR., Goffredo. *O Direito Quântico*. 6ª ed. São Paulo, Max Limonad, 1985.

TEMER, Michel. *Elementos de Direito Constitucional*. 24ª ed., 2ª tir. São Paulo, Malheiros Editores, 2014.

TEPEDINO, Gustavo. "Notas sobre o nexo de causalidade". In: TEPEDINO, Gustavo. *Temas de Direito Civil*. t. II. Rio de Janeiro, Renovar, 2006 (pp. 63-81).

__________. *Temas de Direito Civil*. t. II. Rio de Janeiro, Renovar, 2006

THEODORO JR., Humberto. *Curso de Direito Processual Civil*. 33ª ed., vol. II. Rio de Janeiro, Forense, 2002.

TOMÉ, Fabiana Del Padre. *A Prova no Direito Tributário*. São Paulo, Noeses, 2005.

TORRES, Marcos Alcino de Azevedo. *A Propriedade e a Posse: um Confronto em Torno da Função Social*. 2ª ed., 2ª tir. Rio de Janeiro. Lumen Juris, 2010.

TORRES, Sílvia Faber. *O Princípio da Subsidiariedade no Direito Público Contemporâneo*. Rio de Janeiro, Renovar, 2001.

UYEDA, Massami. *Da Desistência da Desapropriação*. 2ª ed. Curitiba, Juruá, 1999.

VELLOSO, Carlos Mário da Silva. "Conceito de direito líquido e certo". In: BANDEIRA DE MELLO, Celso Antônio (org.). *Curso de Mandado de Segurança*. São Paulo, Ed. RT, 1986 (pp. 69-100).

VENEZIA, Jean-Claude, GAUDEMET, Yves, e LAUBADÈRE, André de. *Droit Administratif*. 17ª ed. Paris, LGDJ, 2002.

VERDÚ, Pablo Lucas. *O Sentimento Constitucional*. Trad. de Agassiz Almeida Filho. Rio de Janeiro, Forense, 2004.

VIANA, Juvêncio Vasconcelos. *Efetividade do Processo em Face da Fazenda Pública*. São Paulo, Dialética, 2003.

VIEHWEG, Theodor. *Tópica e Jurisprudência: uma Contribuição à Investigação dos Fundamentos Jurídico-Científicos*. Trad. de Kelly Susane Alflen da Silva. Porto Alegre, Sérgio Antônio Fabris Editor, 2008.

VILLAR, Mauro de Salles, e HOUAISS, Antônio (eds.). *Dicionário Houaiss da Língua Portuguesa*. Rio de Janeiro, Objetiva, 2001.

VIOLANTE, Carlos Alberto. *Herança Jacente e Herança Vacante*. São Paulo, Juarez de Oliveira, 2003.

VIOLIN, Tarso Cabral. *Terceiro Setor e as Parcerias com a Administração Pública: uma Análise Crítica*. Belo Horizonte, Fórum, 2006.

VITTA, Heraldo Garcia. *A Sanção no Direito Administrativo*. São Paulo, Malheiros Editores, 2003.

WALD, Arnoldo, MEIRELLES, Hely Lopes, e MENDES, Gilmar Ferreira. *Mandado de Segurança e Ações Constitucionais*. 35ª ed. São Paulo, Malheiros Editores, 2013.

WALINE, Jean, e RIVERO, Jean. *Droit Administratif*. 18ª ed. Paris, Dalloz, 2000.

WALTER, Gerhard. *Libre Apreciación de la Prueba*. Trad. de Tomás Banzhaf. Bogotá, Temis, 1985.

WEIGEND, Thomas, e JESCHECK, Hans-Heinrich. *Tratado de Derecho Penal: Parte General*. 5ª ed., trad. de Miguel Olmedo Cardenete. Granada, Comares, 2002.

WITTGENSTEIN, Ludwig. *Investigações Filosóficas*. 4ª ed.. trad. de Marcos G. Montagnoli. Petrópolis, Vozes/Bragança Paulista, Editora Universitária São Francisco, 2005.

WOLFF, Hans J., BACHOF, Otto, e STOBER, Rolf. *Direito Administrativo*. vol. I, trad. de António F. de Sousa. Lisboa, Fundação Calouste Gulbenkian, 2006.

YOUNG, Hugh D., e FREEDMAN, Roger A. *Física IV – Ótica e Física Moderna*. 12ª ed., 1ª reimpr., trad. de Cláudia Santana Martins. São Paulo, Addison Wesley, 2009.

ZAGREBELSKY, Gustavo. *El Derecho Dúctil: Ley, Derecho, Justicia*. Trad. de Marina Gascón. Madri, Trotta, 2005.

__________. *La Exigencia de Justicia*. Trad. de Miguel Carbonell. Madri, Trotta, 2003.

ZANCANER, Weida. *Da Convalidação e da Invalidação dos Atos Administrativos*. 3ª ed. São Paulo, Malheiros Editores, 2008.

__________. *Da Responsabilidade Extracontratual da Administração Pública*. São Paulo, Ed. RT, 1981.

__________. "Razoabilidade e moralidade na Constituição de 1988". *RTDP* 2/205-210. São Paulo, Malheiros Editores, 1993.

ZAVASCKI, Teori Albino. "A tutela da posse na Constituição e no Projeto do novo Código Civil". In: MARTINS-COSTA, Judith (org.). *A Reconstrução do Direito Privado*. São Paulo, Ed. RT, 2002 (pp. 843-861).

ZIMMERMANN, Augusto. *Teoria Geral do Federalismo Democrático*. Rio de Janeiro, Lumen Juris, 1999.

## *Índice Remissivo de Autores*

*(Os algarismos indicam os capítulos e os itens neles contidos ou, conforme indicado, as notas de rodapé.)*


ABE, Nilma de Castro: **15**-nota 33; **16**-nota 3

AGOSTINHO, Santo: **1**-nota 20

ALCÂNTARA, Maria Emília Mendes: **19**-nota 68

ALESSI, Renato: **2**-2.3 e 2.4 e notas 11, 13 e 14; **7**-notas 26, 28 e 40; 8-nota 46; 19-notas 48 e 49

ALEXY, Robert: **Intr.**-notas 3, 5 e 12; **1**-1.3, 1.4 e 1.7 e notas 7, 27, 29, 41 e 42; **4**-4.7 e notas 15, 26, 28 e 33; **8**-notas 35 e 54; **9**-nota 128; **11**-nota 62; **13**-13.5.3 e notas 20, 21, 22, 26, 27, 29, 30, 31, 32, 33, 34, 36, 56 e 76; **14**-notas 7, 8, 15 e 17; **15**-notas 5, 11 e 12; **17**-nota 69

ALMEIDA, Fernanda Dias Menezes de: **12**-nota 10

ALMEIDA PRADO, Francisco Octávio de: **18**-18.5 e nota 30

ALOCHIO, Luiz Henrique Antunes: **12**-notas 14 e 21

ALVARENGA, Aristides Junqueira: **1**-nota 53; **18**-nota 27

ALVES, Alaôr Caffé: **9**-notas 108, 109 e 110; **12**-nota 21

AMARAL, Francisco: **11**-nota 8

AMORIM, Sebastião (, e OLIVEIRA, Euclides de): **16**-16.7 e nota 31

ANDRADE, Paes de (, e BONAVIDES, Paulo): **3**-nota 7

ANTUNES ROCHA, Carmen Lúcia: **1**-nota 57

ARAÚJO, Edmir Netto de: **7**-notas 90, 95, 96 e 105; **11**-nota 18

ARAÚJO, Luiz Alberto David: **3**-nota 4

ARAÚJO, Marcelo Labanca Corrêa de: **3**-nota 23

ARAÚJO CINTRA, Antônio Carlos de (; DINAMARCO, Cândido Rangel, e GRINOVER, Ada Pellegrini): **9**-9.2.3 e notas 2, 44, 146, 147 e 148; **19**-nota 19

ARENHART, Sérgio Cruz (, e MARINONI, Luiz Guilherme): **18**-notas 4, 5, 7, 10, 11, 13, 14, 15, 16, 17, 20, 21, 23, 24 e 39

ARRUDA ALVIM NETTO, José Manoel de: **14**-nota 18; **15**-15.5 e notas 22, 36, 38, 39, 44 e 61; **17**-nota 51

ATALIBA, Geraldo: **Intr.**-nota 12; **3**-notas 20 e 21; **4**-4.3 e notas 1, 7, 8, 25 e 27; **6**-nota 31; **10**-nota 3; **13**-nota 85; **17**-nota 17; **18**-nota 42

AULEY, J. M.: **7**-nota 47

AUSTIN, John. L.: **1**-nota 7

ÁVILA, Humberto: **Intr.**-nota 2; **1**-nota 8; **9**-notas 165, 166 e 167

AZEVEDO JR., José Osório de: **14**-nota 42; **15**-15.6 e notas 56, 57, 58 e 59

BACELLAR FILHO, Romeu Felipe: **9**-9.2.3

BACHOF, Otto (; STOBER, Rolf, e WOLFF, Hans J.): **13**-nota 41

BAENA DEL ALCÁZAR, Mariano: **5**-nota 11

BALLOUK FILHO, Benedito Marques: **Intr.**-nota 1

BANDEIRA DE MELLO, Celso Antônio: **Intr.**-nota 12; **1**-1.7 e notas 18, 26, 29, 30, 31, 38, 54, 55, 62 e 63; **2**-2.2, 2.3 e 2.5 e notas 5, 12, 13, 29 e 35; **3**-notas 3, 16, 19, 20 e 30; **4**-notas 11 e 14; **5**-5.4 e 5.7 e notas 16, 30, 33, 36, 44, 52, 54 e 59; **6**-6.2 e notas 1, 3, 8, 9, 10, 16, 23, 26, 28, 29, 30, 31 e 33; **7**-notas 5, 6, 7, 9, 12, 13, 14, 26, 27, 28, 29, 31, 39, 41, 43, 58, 60, 62, 63, 67, 68, 72, 75, 77, 83, 95, 97, 103 e 105; **8**-8.3.4 e notas 5, 6, 7, 33, 40, 41, 42, 43, 46 e 53; **9**-9.3.1 e 9.3.4 e notas 51, 58, 61, 63, 64, 68, 102, 136, 141, 150, 153 e 170; **10**-10.2 e notas 5, 6, 8, 10, 11 e 13; **11**-11.2.2, 11.2.4, 11.3.1 e 11.3.2 e notas 1, 13, 19, 21, 26, 35, 39, 40, 50, 60, 65, 67, 72, 73, 75, 76, 77, 79 e 83; **12**-notas 15, 31 e 33; **13**-notas 1, 7, 8, 9, 10, 18, 19, 39, 43, 51, 74, 79, 82 e 84; **14**-14.1 e 14.4 e notas 5, 10, 14, 20, 26, 29, 32, 48 e 57; **15**-15.2 e 15.3 e notas 1, 4, 8, 24 e 30; **16**-nota 3; **17**-17.4 e 17.8.5 e notas 1, 13, 14, 17, 23, 24, 25, 49, 52, 58, 60, 63, 66, 68 e 75; **18**-18.5.4 e nota 46; **19**-notas 20, 27, 48, 52, 55, 56, 57, 58, 59, 65, 66 e 69

BANDEIRA DE MELLO, Oswaldo Aranha: **1**-nota 31; **2**-2.5 e nota 28; **3**-notas 4 e 30; **4**-notas 3 e 10; **7**-notas 52, 62, 76, 90 e 105; **8**-8.2.4 e nota 7; **9**-9.3.1; **11**-11.2.2 e 11.3.1 e nota 19; **12**-nota 1; **13**-nota 44; **16**-nota 1

BARACHO, José Alfredo de Oliveira: **4**-nota 22

BARBERIS, Mauro: **Intr.**-nota 5

BARBI, Celso Agrícola: **17**-notas 8 e 13

BARBOSA, Joaquim (Min.): **12**-notas 23 e 24

BARBOSA, Rui: **3**-3.2 e nota 9; **17**-17.2 e nota 4

BARBOZA, Márcia Noll: **1**-notas 36 e 63

BARCELLOS, Ana Paula de: **Intr.**-nota 2

BARROS, Flávio Augusto Monteiro de: **9**-nota 105

BARROSO, Luís Roberto: **Intr.**-notas 2 e 6; **3**-nota 4; **4**-nota 3; **12**-notas 12, 15 e 19

BASTOS, Celso Ribeiro: **1**-nota 8

BÉNOÎT, Francis-Paul: **19**-nota 30

BERCOVICI, Gilberto: **12**-notas 8 e 9

BERNAL PULIDO, Carlos: **Intr.**-nota 6; **10**-nota 27

BERNARDES DE MELLO, Marcos: **11**-notas 4 e 5

BERNATZIK, Edmund: **7**-nota 20; **10**-nota 23

BEZNOS, Clóvis: **13**-nota 8; **14**-notas 35, 39, 46 e 62

BIAGI, Cláudia Perotto: **13**-nota 37

BIANCHI, Sérgio: **5**-nota 26

BIANCHINI, Alice (; GARCÍA-PABLOS DE MOLINA, Antonio, e GOMES, Luiz Flávio): **1**-nota 44; **19**-notas 40, 41 e 42

BIGOLIN, Giovani: **7**-nota 89

BIERRENBACH, Sheila: **13**-nota 38

BLANCO VALDÉS, Roberto L.: Intr.-nota 1

BOBBIO, Norberto: **1**-nota 39; **4**-4.6 e nota 17; **13**-nota 35; **15**-nota 21

BONAVIDES, Paulo: **3**-nota 13; **12**-nota 2

———— (, e ANDRADE, Paes de): **3**-nota 7

BONIFÁCIO, Artur Cortez: **9**-nota 151

BORGES, Alice Maria Gonzalez: **11**-nota 70

BORGES, Nelson: **8**-nota 37; **11**-nota 84

BOURDIEU, Pierre: **6**-nota 1

———— (, e PASSERON, Jean-Claude): **2**-nota 4; **5**-nota 7

BRANCO, Paulo Gustavo Gonet: **11**-nota 62

BRANDÃO, Antônio José: **1**-nota 45

BRESSER-PEREIRA, Luís Carlos (, e GRAU, Nuria Cunill): **5**-nota 12

BREWER-CARÍAS, Allan R.: **5**-nota 17; **11**-notas 2 e 17

BRITTO, Carlos Ayres: **1**-nota 22; **6**-6.4 e nota 22; **12**-nota 4

BUENO, Cassio Scarpinella: **17**-nota 39

BUZAID, Alfredo: **17**-notas 4, 8 e 19

CAETANO, Marcello: **7**-nota 85; **9**-9.3.4 e 9.4

CAMBI, Eduardo: **Intr.**-nota 2

CAMMAROSANO, Márcio: **1**-nota 58; **7**-notas 43 e 58

CAMMEO, Cesare: **11**-nota 16

CANOTILHO, José Joaquim Gomes: **1**-nota 19; **4**-nota 1; **9**-notas 117 e 168; **10**-nota 26; **13**-nota 37; **19**-notas 29, 31 e 69

———— (, e MOREIRA, Vital): **6**-nota 5

CAPEZ, Fernando: **18**-nota 28

CARBONELL, Miguel: **Intr.**-nota 6

CARNEIRO NETO, Durval: **18**-nota 18

CARNELUTTI, Francesco: **2**-nota 10; **18**-18.1 e notas 2, 3 e 9

CARRAZZA, Roque Antonio: **13**-nota 85

CARRIÓ, Genaro R.: **9**-nota 115

CARVALHO, Cristiano: **18**-nota 24

CARVALHO, Érika Mendes de (, e PRADO, Luiz Régis): **19**-nota 38

CARVALHO, Paulo de Barros: **4**-nota 12; **5**-nota 1; **8**-notas 14 e 16; **9**-nota 37; **10**-nota 16

CARVALHO, Vinicius Marques de: **12**-notas 17 e 21

CARVALHO FILHO, José dos Santos: **11**-nota 39; **12**-nota 35; **15**-nota 43

CASSAGNE, Juan Carlos: **9**-nota 171

CASTRO, José Nilo de: **3**-nota 14; **12**-nota 2

CASTRO NUNES: **17**-17.2 e notas 3 e 7

CAVALCANTI, Themístocles Brandão: **17**-17.3 e notas 3, 5, 7, 8 e 10

CAVALIERI FILHO, Sérgio: **19**-nota 70

CHAUÍ, Marilena: **13**-nota 3

CHIOVENDA, Giuseppe: **18**-18.2 e nota 5

CINTRA DO AMARAL, Antônio Carlos: **7**-notas 5, 12, 41 e 43

CIRNE LIMA, Ruy: **2**-2.4; **4**-nota 10; **5**-5.3 e nota 19; **10**-nota 2

COELHO, Fábio Ulhoa: **5**-nota 23

COÊLHO, Sacha Calmon Navarro: **13**-nota 85

COLE, Charles D.: **9**-nota 165

COLTRO, Antônio Carlos Mathias: **16**-nota 38

CORREIA, José Manuel Sérvulo: **11**-nota 26

COSTA, José Marcelo Ferreira: **8**-nota 47

COUTO E SILVA, Almiro do: **11**-nota 32

COUTURE, Eduardo J.: **9**-9.8.2 e notas 2, 12 e 146

CRUZ, Gisela Sampaio da: **19**-notas 12, 15, 16, 17, 26 e 39
CUNHA, Antônio Geraldo da: **1**-notas 12 e 13

DALLARI, Adilson Abreu: **6**-nota 13; **17**-notas 14 e 40
———— (, e FERRAZ, Sérgio): **9**-9.3.4 e nota 104
DALLARI, Dalmo de Abreu: **12**-nota 21; **13**-nota 80
DAVID, René: **9**-nota 164
DEL VECCHIO, Giorgiol: **16**-nota 5
DEVOLVÉ, Pierre (, LAUBADÈRE, André de, e MODERNE, Franck): **11**-nota 15
DI PIETRO, Maria Sylvia Zanella: **7**-nota 65; **8**-nota 7; **9**-9.3.4; **10**-nota 18; **11**-notas 18, 22 e 28; **13**-notas 19 e 62; **14**-notas 20, 22, 24 e 60; **15**-nota 50
DIAS, Maria Berenice: **16**-notas 8, 10, 16 e 20
DIEZ, Manuel María: **7**-nota 53
DINAMARCO, Cândido Rangel: **9**-9.2.3 e 9.8.2 e notas 10, 12, 19, 26, 39 e 44; **18**-18.1 e 18.5.1 e notas 22, 23, 24, 25 e 38
———— (; ARAÚJO CINTRA, Antônio Carlos de, e GRINOVER, Ada Pellegrini): **9**-notas 2, 44, 146, 147 e 148; **19**-nota 19
DINIZ, Maria Helena: **8**-nota 57; **11**-notas 7 e 10; **13**-nota 5
DIPPEL, Horst: **Intr.**-nota 1
DUEZ, Paul: **19**-19.7 e nota 56
DUGUIT, León: **15**-15.2 e nota 3
DWORKIN, Ronald: **Intr.**-nota 3; **4**-4.7 e notas 15 e 28

EINSTEIN, Albert: **19**-19.1 e nota 5
EISBERG, Rober (, e RESNICK, Robert): **19**-notas 7 e 9
ENGISCH, Karl: **18**-nota 31
ESCOLA, Héctor Jorge: **1**-nota 56
ESCUIN PALOP, Vicente: **9**-nota 99
ESSER, Josef: **Intr.**-nota 3
ESPÍNOLA, Eduardo: **15**-nota 36
ESTORNINHO, Maria João: **5**-nota 17; **11**-notas 16 e 51

FALZONE, Guido: **1**-nota 62
FARIA, Ernesto: **1**-notas 12 e 13; **7**-nota 105; **11**-nota 9; **18**-nota 26

FARIAS, Cristiano Chaves de (, e ROSENVALD, Nelson): **15**-notas 48 e 51

FARIAS, Paulo José Leite: **4**-nota 6

FAZZIO JR., Waldo (, PAZZAGLINI FILHO, Marino, e ROSA, Márcio Fernando Elias): **18**-18.5 e nota 29

FERNÁNDEZ, Tomás-Ramón (, e GARCÍA DE ENTERRÍA, Eduardo): **8**-nota 18; **9**-9.3.3 e 9.4 e notas 56 e 63; **13**-nota 41

FERRAGUT, Maria Rita: **18**-notas 23 e 24

FERRAJOLI, Luigi: **Intr.**-nota 6

FERRAREZI, Elisabete: **5**-nota 42

FERRARI, Regina Maria Macedo Nery: **3**-nota 15; **4**-nota 29; **12**-nota 10

FERRARO, Nicolau Gilberto (; RAMALHO JR., Francisco, e SOARES, Paulo Antônio de Toledo): **19**-nota 2

FERRAZ, Sérgio: **7**-notas 63 e 104; **14**-notas 29 e 49; **17**-17.8.5 e notas 2, 13, 14, 17, 38, 40, 41, 42, 43 e 44

———— (, e DALLARI, Adilson Abreu): **9**-9.3.4 e 9.8.1 e nota 104

———— (, e FIGUEIREDO, Lúcia Valle): **10**-notas 9, 11 e 13

FERRAZ JR., Tércio Sampaio: **1**-notas 1, 21 e 32; **2**-notas 4 e 31; **4**-4.7 e notas 5, 6, 24 e 25; **5**-notas 7 e 41; **9**-9.2.3; **17**-notas 15, 53, 67 e 74; **18**-nota 31; **19**-nota 4

FIGUEIREDO, Lúcia Valle: **3**-nota 13; **4**-4.2 e notas 2, 5, 9 e 31; **7**-nota 8; **8**-8.3.1 e notas 7 e 43; **9**-9.3.4 e notas 118 e 120; **10**-nota 15; **11**-11.2.2 e notas 20 e 53; **13**-nota 62; **17**-notas 13, 14 e 41

———— (, e FERRAZ, Sérgio): **10**-notas 9, 11 e 13

FIGUEIREDO, Marcelo: **1**-nota 58; **18**-18.5 e notas 33 e 40

FIORINI, Bartolomé A.: **7**-nota 101

FLEINER, Fritz: **5**-nota 17; **6**-nota 32

FONSECA, Tito Prates da: **7**-nota 72

FORTINI, Cristiana: **5**-nota 30

FOUCAULT, Michel: **8**-nota 57; **13**-nota 4

FRAGOLA, Umberto: **11**-notas 45 e 59

FRANÇA, Vladimir da Rocha: **7**-nota 63

FREEDMAN, Roger A. (, e YOUNG, Hugh D.): **19**-nota 8

FREITAS, Juarez: **1**-nota 45; **6**-nota 12; **7**-nota 63

FREITAS, Ney José de: **18**-nota 18

FREYESLEBEN, Luiz Eduardo Ribeiro: **15**-nota 41

FRIEDMAN, Milton (, e FRIEDMAN, Rose): **2**-nota 2; **5**-nota 5

FULGÊNCIO, Tito: **15**-nota 36

FURLAN, Valéria: **14**-nota 28

GADAMER, Hans-Georg: **13**-nota 6

GARCIA, Emerson: **18**-18.5 e nota 35

GARCÍA DE ENTERRÍA, Eduardo: **19**-19.4 e 19.7 e notas 23, 46, 47, 48, 51, 53, 64 e 67

———— (, e FERNÁNDEZ, Tomás-Ramón): **8**-nota 18; **9**-9.3.3 e 9.4 e notas 56 e 63; **13**-nota 41

GARCÍA-PABLOS DE MOLINA, Antonio (, BIANCHINI, Alice, e GOMES, Luiz Flávio): **1**-nota 44; **19**-notas 40, 41 e 42

GARCÍA-RIPOLL MONTIJANO, Martín: **19**-notas 33, 34 e 39

GASPARINI, Diógenes: **8**-notas 7 e 19; **9**-9.3.4; **11**-nota 18

GAUDEMET, Yves (, LAUBADÈRE, André de, e VENEZIA, Jean-Claude): **11**-nota 15

GIACOMUZZI, José Guilherme: **1**-1.7.1 e nota 47

GIANESINI, Rita: **17**-nota 36

GOLDSCHMIDT, James: **9**-9.2.1 e 9.2.2

GOMES, Luiz Flávio (, BIANCHINI, Alice, e GARCÍA-PABLOS DE MOLINA, Antonio): **1**-nota 44; **19**-notas 40, 41 e 42

GOMES, Orlando: **9**-nota 9; **11**-notas 3, 12 e 39; **15**-nota 36; **16**-notas 4 e 25; **19**-nota 62

GONZÁLEZ PÉREZ, Jesús: **1**-nota 48

GORDILLO, Agustín: **7**-7.4 e notas 46, 76, 84, 87, 88 e 94; **8**-nota 6; **9**-9.3.3 e 9.5.2; **13**-nota 8; **19**-nota 19

GRAU, Eros (Min.): **12**-notas 23 e 24

GRAU, Nuria Cunill (, e BRESSER-PEREIRA, Luís Carlos): **5**-nota 12

GRECO, Leonardo: **4**-nota 18

GRECO, Luís: **19**-notas 33, 34 e 38

GRIBBIN, John: **19**-notas 6 e 7

GRINOVER, Ada Pellegrini: **9**-nota 165; **17**-nota 28

———— (; ARAÚJO CINTRA, Antônio Carlos de, e DINAMARCO, Cândido Rangel): **9**-9.2.3 e notas 2, 44, 146, 147 e 148; **19**-nota 19

GUIMARÃES, Fernando Vernalha: **7**-nota 50; **11**-11.3.3 e notas 53, 60, 66 e 71

GUIMARÃES, Hélio de Seixas (, e LESSA, Ana Cecília): **5**-nota 48; **10**-nota 21; **11**-nota 44

HÄBERLE, Peter: **13**-notas 24 e 54; **14**-nota 16; **15**-nota 5

HACHEM, Daniel Wunder: **2**-nota 34

HAMILTON, Alexander: **3**-nota 2

HARADA, Kiyoshi: **14**-notas 33, 36, 37 e 40

HARGER, Marcelo: **12**-nota 36

HART, Herbert L. A.: **1**-nota 36

HARVEY, David: **2**-nota 2; **5**-nota 5

HAURIOU, Maurice: **1**-1.7.2 e nota 61; **9**-nota 4; **19**-nota 51

HAYEK, Friedrich A.: **2**-nota 2; **5**-nota 5

HEGEL, Georg Wilhelm Friedrich: **19**-19.6

HERKENHOFF, Henrique Geaquinto: **15**-nota 49

HESSE, Konrad: **Intr.**-nota 7; **1**-nota 60; **3**-notas 8 e 22; **12**-nota 6; **13**-nota 6; **17**-nota 57

HESSEN, Johannes: **1**-nota 3

HORTA, Raul Machado: 12-nota 5

HOUAISS, Antônio (, e VILLAR, Mauro de Salles): **2**-nota 21; **5**-nota 9; **8**-nota 14; **9**-notas 3 e 18

IGARTUA SALAVERRÍA, Juan: **6**-nota 36

IVO, Gabriel: **3**-nota 16

JAKOBS, Günther: **19**-nota 38

JESCHECK, Hans-Heinrich (, e WEIGEND, Thomas): **19**-19.3 e notas 13, 14, 15, 16 e 38

JESUS, Damásio E. de: **19**-nota 38

JÈZE, Gaston: **11**-nota 14

JORDANA DE POZAS, Luis: **5**-notas 10 e 11

JUSTEN FILHO, Marçal: **1**-nota 44; **7**-nota 50; **10**-notas 4, 6 e 14; **11**-nota 53; **12**-notas 11, 13, 15, 17, 18, 19, 22, 30 e 36; **13**-notas 11, 12 e 13; **19**-19.5 e nota 28

KANT, Immanuel: **1**-nota 8; **19**-nota 4

KELSEN, Hans: **Intr.**-nota 5; **1**-1.2, 1.3 e 1.5.1 e notas 4, 5, 11, 20, 24 e 25; **7**-nota 3; **11**-11.2.1 e nota 6; **19**-19.1 e notas 4 e 11

KLEIN, Naomi: **2**-nota 3; **5**-nota 6

KRAMNICK, Isaac: **3**-3.1 e nota 1

KRIELE, Martin: **Intr.**-nota 8

KUNTZ, Ronald A: **Intr.**-nota 1

LAUBADÈRE, André: **11**-nota 14

__________ (; GAUDEMET, Yves, e VENEZIA, Jean-Claude): **11**-nota 15

__________ (, DEVOLVÉ, Pierre, e MODERNE, Franck): **11**-nota 15

LEITE, Marco Antônio Santos: **5**-nota 42

LESSA, Ana Cecília (, e GUIMARÃES, Hélio de Seixas ): **5**-nota 48; **10**-nota 21; **11**-nota 44

LOBÃO, Marcelo Meireles: **19**-nota 58

LOBO, Paulo Luiz Neto: **4**-nota 5

LOPEZ BENITEZ, Mariano: **13**-nota 79

LUCIFREDI, Roberto: **7**-nota 7

LUHMANN, Niklas: **9**-9.2.3 e nota 21

MACHADO, Paulo Affonso Leme: **4**-nota 18; **8**-8.2.1 e 8.2.2 e notas 10 e 26; **12**-nota 11

MADEIRA, José Maria Pinheiro: **6**-notas 24 e 30

MAGANO, Octávio Bueno: **6**-nota 25

MAIA, Márcio Barbosa (, e QUEIROZ, Ronaldo Pinheiro de): **6**-nota 14

MALACHINI, Edson Ribas: **9**-9.2.5

MARINONI, Luiz Guilherme: **9**-nota 18; **17**-17.5 e notas 26, 27, 28, 30 e 33

__________ (, e ARENHART, Sérgio Cruz): **18**-notas 4, 5, 7, 10, 11, 13, 14, 15, 16, 17, 20, 21, 23, 24 e 39

MARQUES, José Frederico: **9**-9.3.3 e notas 48 e 154

MARQUES NETO, Floriano de Azevedo: **11**-11.2.5; **12**-nota 36

MARTÍNEZ ZORRILLA, David: **11**-nota 62

MARTÍN-RETORTILLO, Sebastián: **2**-nota 6; **5**-nota 15

MARTINS, Margarida Salema d'Oliveira: **5**-nota 4

MARTINS, Ricardo Marcondes: **Intr.**-notas 1, 4 e 12; **1**-notas 15, 16, 17, 28, 30, 35, 40, 43, 46, 49 e 54; **2**-notas 5, 20, 26e e 27; **3**-nota 29; **4**-nota 14; **5**-notas 2, 8, 14, 18, 20, 31, 32, 38, 46, 55, 56 e 59; **6**-notas 3, 4, 6, 7, 9 e 20; **7**-notas 1, 6, 9, 10, 17, 18, 19, 21, 26, 54, 55, 56, 57, 58, 59, 61, 62, 63, 64, 67, 68, 70, 71, 73, 74, 75, 78, 79, 80, 81, 82, 93 e 102; **8**-notas 12, 54 e 57; **9**-notas 57, 58, 60, 66, 85, 103, 114, 139 e 173; **10**-notas 22, 27, 28 e 29; **11**-notas 26, 27, 43, 49, 51, 61, 69, 81 e 85; **12**-notas 27, 28 e 32; **13**-notas 5, 14, 15, 16, 17, 20, 23, 25, 28, 73, 75 e 76; **14**-notas 4, 5, 6, 19, 25 e 48; **15**-notas 8, 9, 10, 24, 31, 32, 34, 40, 42, 45, 53, 54 e 61; **17**-notas 54 e 76; **18**-notas 18, 23, 28, 31, 43 e 46; **19**-notas 10, 19, 23, 24, 45 e 52

———— (, e PIRES, Luís Manuel Fonseca): **Intr.**-nota 13; **17**-nota 15

MARTINS JR., Wallace Paiva: **18**-18.5 e notas 31, 32 e 41

MARTINS-COSTA, Judith: **1**-nota 48

MASCARENHAS JR., Walter Arnaud: **19**-nota 38

MAURER, Hartmut: **7**-nota 15; **11**-nota 16

MAXIMILIANO, Carlos: **5**-nota 43; **12**-notas 9, 10 e 29; **16**-16.5; **18**-nota 31

MAYER, Otto: **2**-2.3; **10**-nota 24; **11**-11.2.3 e nota 16; **13**-13.6 e notas 72 e 78

MAZZILLI, Hugo Nigro: **17**-notas 59, 62 e 63

MEDEIROS, Fábio Mauro de: **7**-notas 41 e 43

MEIRELLES, Hely Lopes: **3**-nota 15; **4**-nota 21; **7**-notas 4 e 62; **8**-notas 7 e 26; **9**-9.3.4 e notas 113, 138, 139 e 169; **11**-11.2.2 e 11.2.5 e nota 39; **12**-nota 10; **16**-nota 7; **17**-notas 13 e 43

MEIRELLES TEIXEIRA, José Horácio: **1**-nota 9; **12**-notas 7 e 10; **13**-nota 55; **14**-nota 1

MELLO, Célia Cunha: **5**-nota 11

MENDES, Gilmar (Min.): **12**-nota 24; **13**-nota 56; **14**-nota 3

MENEZES, Aderson de: **13**-nota 80

MERKL, Adolfo: **9**-9.3.2 e nota 63

MIELE, Giovanni: **11**-nota 45

MILARÉ, Edis: **8**-8.2.1 e notas 8 e 39

MIRANDA, Custódio da Piedade Ubaldino: **11**-nota 12

MIRANDA, Jorge: **4**-nota 19; **17**-nota 11

MIRANDA NETTO, Fernando Gama de: **18**-nota 18

MODERNE, Franck (, DEVOLVÉ, Pierre, e LAUBADÈRE, André de): **11**-nota 15

MODESTO, Paulo: **5**-nota 13

MORAES, José Roberto de: **17**-nota 68

MORBIDELLI, Janice Helena Ferreri: **3**-nota 18; **4**-nota 19; **12**-nota 25

MOREIRA, Eduardo Ribeiro: **Intr.**-nota 2

MOREIRA ALVES, José Carlos (Min.): **8**-nota 45; **15**-nota 36

MOREIRA NETO, Diogo de Figueiredo: **4**-4.4 e 4.5; **7**-notas 90, 95, 96 e 105; **8**-nota 7; **9**-9.3.4 e nota 89; **13**-nota 11

MORTATI, Costantino: **11**-nota 45

MOTTA, Fabrício: **6**-nota 14

MOURA, Elizabeth Maria de: **9**-notas 155, 156, 157 e 161

MOUSSALLEM, Tárek Moysés: **7**-notas 1 e 15

MÜLLER, Friedrich: **6**-nota 11; **17**-nota 18; **18**-nota 45

MUÑOZ MACHADO, Santiago: **Intr.**-nota 1

MUSSELLI, Lucia: **7**-nota 92

NANNI, Giovanni Ettore: **18**-nota 37; **19**-nota 55

NEVES, Marcelo: **1**-nota 30

OLGUÍN JUÁREZ, Hugo Augusto: **7**-7.2.2 e notas 7, 14, 22, 23, 24, 25, 30, 31, 33, 34, 37, 39 e 53

OLIVECRONA, Karl: **2**-nota 30; **5**-nota 40

OLIVEIRA, Euclides de (; e AMORIM, Sebastião): **16**-16.7 e nota 31

OLIVEIRA, Francisco Cardozo: **15**-nota 61

OLIVEIRA, Gustavo Justino de: **5**-nota 38; **9**-9.5.2

OLIVEIRA, José Roberto Pimenta: **13**-notas 41 e 67

OLIVEIRA, Régis Fernandes de: **13**-nota 85

OSÓRIO, Fábio Medina: **18**-18.5 e notas 34, 36 e 46

PACHECO, Ângela Maria da Motta: **18**-notas 24 e 25

PAES DE ALMEIDA, Amador: **5**-nota 22

PASSERON, Jean-Claude (, e BOURDIEU, Pierre): **2**-nota 4; **5**-nota 7

PAZZAGLINI FILHO, Marino (; FAZZIO JR., Waldo, e ROSA, Márcio Fernando Elias): **18**-18.5 e nota 29

PELUSO, Cézar (Min.): **3**-3.4.3; **9**-9.2.2 e notas 11, 24 e 31

PERLINGIERI, Pietro: **9**-9.2.4 e notas 34, 35 e 36; **15**-notas 22 e 23

PERELMAN, Chaïm: **17**-nota 18

PÉREZ LUÑO, Antonio Enrique: **14**-nota 2

PEREZ, Marcos Augusto: **9**-9.5.2

PICCININI GARCIA, Doris: **7**-notas 8, 44 e 53

PIRES, Luís Manuel Fonseca: **7**-nota 8; **8**-notas 11 e 47; **13**-notas 1, 8, 18, 79, 81 e 83

————— (, e MARTINS, Ricardo Marcondes): **Intr.**-nota 13

PORTA, Marcos: **9**-9.2.5 e nota 68

PRIETO SANCHÍS, Luis: **Intr.**-nota 6

POMPEU, Cid Tomanik: **12**-nota 11

PONDÉ, Lafayette: **11**-nota 32

PONTES DE MIRANDA, Francisco Cavalcanti: **3**-nota 6; **11**-nota 8; **16**-16.4 e 16.6 e notas 4, 6, 10, 11, 12 e 14; **17**-notas 6, 19 e 20

POPPER, Karl R.: **13**-nota 2

POZZOLO, Susanna: **Intr.**-nota 5

PRADO, Luiz Régis (, e CARVALHO, Érika Mendes de): **19**-nota 38

QUEIRÓ, Afonso Rodrigues: 7-notas 16 e 20; **8**-nota 32; **10**-nota 23

QUEIROZ, Ronaldo Pinheiro de (, e MAIA, Márcio Barbosa): **6**-nota 14

RADBRUCH, Gustav: **1**-1.5.1 e notas 27 e 29

RAMALHO JR. Francisco (; FERRARO, Nicolau Gilberto, e SOARES, Paulo Antônio de Toledo): **19**-nota 2

RANELLETTI, Oreste: **7**-nota 45; **11**-nota 45

RAVÀ, Paolo: **7**-nota 105

REALE, Miguel: **1**-nota 14

RECASÉNS SICHES, Luis: **1**-notas 34 e 37

REGULES, Luis Eduardo Patrone: **5**-nota 13

RESNICK, Robert (, e EISBERG, Robert): **19**-notas 7 e 9

RESTA, Raffaele: **7**-notas 25, 28, 29, 32, 36 e 37

RESWEBER, Jean-Paul: **1**-nota 3

RICOEUR, Paul: **19**-nota 4

RIGAUX, François: **1**-nota 6

RIVERO, Jean: **6**-nota 9

————— (, e WALINE, Jean): **11**-nota 14; **13**-nota 77; **19**-nota 30

ROCHA, Sílvio Luís Ferreira da: **5**-nota 13; **11**-11.2.1 e nota 10; **15**-nota 33; **16**-nota 26

RODRIGUES, Marcelo Abelha: **8**-nota 27; **17**-nota 72

RODRÍGUEZ DE SANTIAGO, José María: **7**-nota 101

ROHDE, Geraldo Mario: **8**-nota 11

ROSA, Márcio Fernando Elias (; FAZZIO JR., Waldo, e PAZZAGLINI FILHO, Marino): **18**-18.5 e nota 29

ROSENVALD, Nelson (, e FARIAS, Cristiano Chaves de): **15**-notas 48 e 51

ROSS, Alf: **13**-nota 35

ROTHENBURG, Walter Claudius: **12**-nota 28

ROXIN, Claus: **19**-19.6 e notas 15, 16, 18, 35, 36, 37 e 43

RUSSELL, Bertrand: **19**-nota 5

SAINZ MORENO, Fernando: **6**-nota 18

SALLES, José Carlos de Moraes: **14**-notas 20, 31, 32 e 57; **16**-16.7 e nota 30

SALOMÃO FILHO, Calixto: **13**-nota 11

SAMPAIO DÓRIA, Antônio Roberto: **9**-9.8.4 e nota 158; **12**-nota 10

SANDULLI, Aldo M.: **7**-notas 40 e 92; **11**-nota 45

SANTAMARÍA PASTOR, Juan Alfonso: **5**-notas 11 e 35; **8**-nota 18

SANTI ROMANO: **6**-nota 3; **7**-nota 45; **11**-nota 45; **15**-nota 24

SANTIAGO NINO, Carlos: **Intr.**-nota 6; **18**-nota 31

SANTORO FILHO, Antônio Carlos: **19**-nota 38

SANTOS, Boaventura de Sousa: **13**-nota 14

SANTOS, Márcia Walquíria Batista dos: **8**-nota 47

SANTOS, Sandra Aparecida de Sá dos: **18**-nota 17

SARAIVA, F. R. dos Santos: **7**-nota 105; **13**-nota 21

SARMENTO, Daniel: **4**-notas 16 e 26; **9**-nota 114; **13**-nota 73

SAUSSURE, Ferdinand de: **7**-nota 8; **11**-nota 36

SAYAGUÉS LASO, Enrique: **7**-nota 44

SCHLEIERMACHER, Friedrich D. E.: **13**-nota 6

SCHREIBER, Anderson: **1**-notas 50, 51 e 52

SCHWABE, Jürgen: **15**-notas 7 e 13

SCHWARZ, Rodrigo Garcia: **6**-nota 25

SEABRA FAGUNDES, Miguel: **7**-notas 52, 72 e 99; **14**-notas 20, 22, 59 e 60; **15**-nota 27

SERRANO, Pedro Estevam Alves Pinto: **5**-5.8 e nota 60; **12**-nota 21

SILVA, Clarissa Sampaio: **7**-nota 63

SILVA, José Afonso da: **1**-nota 53; **3**-notas 5, 13 e 15; **4**-4.9 e notas 30 e 32; **8**-8.2.1 e notas 9 e 26; **9**-9.5.1 e nota 159; **12**-notas 2 e 17; **13**-nota 46; **15**-nota 20; **17**-nota 65; **18**-nota 27

SILVA, Lígia Osório: **16**-nota 2

SILVA, Ovídio A. Baptista da: **17**-notas 22, 32 e 50

SILVA, Virgílio Afonso da: **5**-nota 55

SILVA JR., Arnaldo: **6**-nota 35

SIMÕES, Mônica Martins Toscano: **7**-notas 60 e 63

SIQUEIRA CASTRO, Carlos Roberto: **9**-notas 158, 159 e 165; **15**-nota 47

SOARES, Paulo Antônio de Toledo (; FERRARO, Nicolau Gilberto, e RAMALHO JR., Francisco;): **19**-nota 2

SÓFOCLES: **1**-nota 2

SOUTO, Marcos Juruena Villela: **13**-nota 11

SOUZA, Leandro Marins de: **5**-nota 13

SPARAPANI, Priscilia: **6**-notas 21 e 24

SPIELBERG, Steven: **1**-nota 6

STASSINOPOULOS, Michel: **7**-notas 7, 8 e 12

STEINMETZ, Wilson Antônio: **4**-nota 26; **9**-nota 114; **13**-nota 73

STOBER, Rolf (; BACHOF, Otto, e WOLFF, Hans J.): **13**-nota 41

STOCO, Rui: **12**-nota 21

STOPPINO, Mario: **13**-rodape 3

STUART MILL, John: **1**-notas 35 e 36; **2**-nota 1; **5**-nota 3

SUKIENNICKA, Halina Zasztowt: **3**-nota 30; **12**-nota 1

SUNDFELD, Carlos Ari: **5**-5.3 e 5.4; **7**-notas 35 e 91; **8**-8.2.3 e 8.2.4 e notas 19, 21 e 27; **9**-9.3.2, 9.3.3 e 9.3.4 e notas 49, 65 e 143; **10**-notas 17 e 19; **11**-11.2.2 e nota 20; **13**-13.5 e 13.5.3 e notas 8, 11, 18, 41, 43, 44, 47, 48, 51, 60, 61, 62, 63, 64, 65, 66 e 86; **14**-14.1 e 14.7 e notas 12, 13, 20, 21 e 34; **15**-15.2 e 15.3 e notas 1, 10 e 27

TÁCITO, Caio: **2**-2.3 e nota 15; **11**-nota 65; **12**-nota 19; **17**-nota 73

TALAMINI, Daniele Coutinho: **7**-notas 38, 41, 45 e 48; **8**-nota 35; **11**-notas 47, 52, 59 e 65; **19**-nota 50

TARUFFO, Michele: **18**-nota 9

TAVARES, André Ramos: **13**-nota 58

TELLES JR., Goffredo: **19**-nota 6

TEMER, Michel: **3**-nota 16

TEPEDINO, Gustavo: **19**-nota 17

THEODORO JR., Humberto: **17**-nota 31

TOMÉ, Fabiana Del Padre: **18**-notas 8, 9, 11, 23 e 25

TORRES, Marcos Alcino de Azevedo: **15**-nota 61

TORRES, Sílvia Faber: **5**-nota 4

UYEDA, Massami: **14**-14.6.6 e nota 58

VELLOSO, Carlos Mário da Silva: **17**-notas 13 e 17

VENEZIA, Jean-Claude (; GAUDEMET, Yves, e LAUBADÈRE, André de): **11**-nota 15

VERDÚ, Pablo Lucas: **17**-nota 15

VIANA, Juvêncio Vasconcelos: **17**-nota 36

VIEHWEG, Theodor: **Intr.**-nota 3

VILLAR, Mauro de Salles (, e HOUAISS, Antônio): **2**-nota 21; **5**-nota 9; **8**-nota 14; **9**-nota 3

VIOLANTE, Carlos Alberto: **16**-16.7 e notas 17, 22, 29, 34, 35, 36 e 37

VIOLIN, Tarso Cabral: **5**-notas 8 e 27

VITTA, Heraldo Garcia: **19**-nota 22

von BÜLOW, Oscar: **9**-9.2.1 e 9.2.2

von IHERING, Rudolf: **15**-nota 35

WALINE, Jean (, e RIVERO, Jean): **11**-nota 14; **13**-nota 77; **19**-nota 30

WALTER, Gerhard: **18**-18.1 e 18.2 e nota 12

WATANABE, Kazuo: **17**-nota 29

WEIGEND, Thomas (, e JESCHECK, Hans-Heinrich): **19**-19.3 e notas 13, 14, 15, 16 e 38

WINDSCHEID, Bernard: **11**-11.2.1

WITTGENSTEIN, Ludwig: **10**-nota 20

WOLFF, Hans J. (; BACHOF, Otto, e STOBER, Rolf): **13**-nota 41

YOUNG, Hugh D. (, e FREEDMAN, Roger A.): **19**-nota 8

ZAGREBELSKY, Gustavo: **Intr.**-notas 6 e 9; **1**-nota 20

ZANCANER, Weida: **1**-nota 45; **7**-notas 86, 97, 100, 103 e 106; **9**-nota 170; **19**-notas 19, 61, 66 e 69

ZAVASCKI, Teori Albino: **15**-15.4

ZIMMERMANN, Augusto: **3**-notas 5 e 18; **4**-nota 19; **12**-notas 9 e 25

# *Índice de Legislação*

*(Os algarismos indicam os capítulos e os itens neles contidos ou, conforme indicado, as notas de rodapé.)*


CÓDIGO CIVIL ESTRANGEIRO
– Alemão
• art. 928: **16**-nota 4
– Francês
• art. 539: **16**-16.2
• art. 1.142: **17**-17.2
– Italiano
• art. 827: **16**-16.2
• art. 923: **16**-16.2
• art. 929: **16**-16.2
CONSTITUIÇÃO FEDERAL DE 1891
– art. 68: **12**-nota 2
– art. 72, § 17: **14**-nota 59
– art. 72, § 22: **17**-17.2
CONSTITUIÇÃO FEDERAL DE 1934: **17**-17.3
CONSTITUIÇÃO FEDERAL DE 1937: **17**-17.3
CONSTITUIÇÃO FEDERAL DE 1946
– art. 141, § 2º: **17**-17.3
CONSTITUIÇÃO FEDERAL DE 1967: **4**-nota 8
– art. 150, § 21: **17**-17.3
CONSTITUIÇÃO FEDERAL DE 1969: **4**-4.3 e nota 8
– art. 153, § 21: **17**-17.3
– art. 153, § 23: **8**-nota 45
– art. 160, III: **8**-8.3; **15**-15.3
CONSTITUIÇÃO FEDERAL DE 1988: **3**-3.2 e 3.3; **8**-8.3
– "Preâmbulo": **1**-nota 59; **17**-nota 35
– art. 1º, *caput*: **4**-4.1; **12**-12.2
– art. 1º, I: **10**-nota 5
– art. 1º, V: **1**-1.5.2; **8**-8.2.5
– art. 3º: **13**-nota 40
– art. 3º, II: **10**-nota 5
– art. 3º, IV: **1**-nota 59; **9**-nota 121; **17**-nota 35
– art. 5º: **9**-9.5.1
– art. 5º, *caput*: **1**-nota 59; **9**-nota 121; **17**-nota 35
– art. 5º, II: **5**-5.6; **8**-nota 5
– art. 5º, IV: **13**-nota 32
– art. 5º, VI: **13**-nota 33
– art. 5º, VII: **13**-nota 33
– art. 5º, XI: **14**-14.4

– art. 5º, XII: **13**-nota 33

– art. 5º, XV: **13**-nota 33

– art. 5º, XVI: **13**-nota 32

– art. 5º, XVII: **13**-nota 33

– art. 5º, XVIII: **13**-nota 33

– art. 5º, XXI: **14**-14.1

– art. 5º, XXII: **8**-8.2.5; **14**-14.1; **15**-15.2, 15.3 e 15.4; **16**-16.3

– art. 5º, XXIII: **8**-8.3; **9**-nota 34; **13**-nota 47; **15**-15.2 e 15.4

– art. 5º, XXIV: **8**-8.3.2; **13**-13.5.3; **14**-14.7; **15**-15.3

– art. 5º, XXV: **13**-13.5.3 e nota 63; **14**-nota 21

– art. 5º, XXX: **14**-14.1; **15**-15.2

– art. 5º, XXXIV, "a": **9**-9.8.2

– art. 5º, XXXV: **9**-9.3.3 e 9.8.2 e nota 151; **17**-17.5, 17.6 e 17.7 e nota 34

– art. 5º, XXXIX: **10**-10.3

– art. 5º, LIV: **9**-9.8.5 e nota 159

– art. 5º, LV: **7**-nota 61; **9**-9.1, 9.5.1 e 9.8.5 e nota 78

– art. 5º, LXIX: **17**-17.2, 17.3 e 17.6

– art. 5º, LXX: **17**-17.3

– art. 5º, LXXI: **1**-nota 59; **9**-nota 122; **17**-notas 3 e 35

– art. 5º, LXXII, "b": **9**-nota 79

– art. 5º, LXXIII: **1**-1.1

– art. 6º: **5**-5.3

– art. 15, V: **1**-nota 53; **18**-18.4

– art. 18: **3**-nota 13; **4**-4.1; **9**-9.7; **12**-12.2

– art. 18, § 2º: **16**-16.8

– art. 18, § 4º: **12**-nota 38

– art. 20, § 1º: **12**-12.3

– art. 21: **12**-12.2; **13**-nota 17

– art. 21, XIX: **12**-12.3

– art. 21, XX: **4**-4.9 e nota 31; **12**-12.3 e nota 18

– art. 22: **4**-4.1; **9**-9.7; **12**-12.2

– art. 22, I: **9**-9.2.5 e 9.7; **15**-15.5

– art. 22, II: **9**-9.7; **14**-14.4; **15**-15.5

– art. 22, IV: **12**-12.3

– art. 22, XXVII: **9**-9.7; **12**-nota 18

– art. 22, parágrafo único: **12**-12.5

– art. 23: **4**-4.1; **12**-12.2 e nota 35; **13**-nota 17

– art. 23, VI: **8**-nota 3

– art. 23: VII: **8**-nota 3

– art. 23, IX: **12**-12.4

– art. 24: **4**-4.1 e 4.7 e notas 8 e 32; **9**-9.7; **12**-12.2 e nota 18

– art. 24, I: **4**-4.9, 4.11, 4.12 e 4.13 e nota 35; **12**-nota 17

– art. 24, VI: **8**-8.2

– art. 24, VIII: **8**-8.2

– art. 24, X: **9**-9.2.5 e nota 50

– art. 24, XI: **9**-9.2.2, 9.2.5 e 9.7 e nota 52

– art. 24, § 1º: **4**-4.8, 4.9, 4.11, 4.12 e 4.13 e nota 32; **12**-nota 17

– art. 24, § 2º: **4**-4.2, 4.9 e 4.13 e notas 5, 32 e 36

– art. 24, § 3º: **4**-4.2, 4.12 e 4.13 e notas 5, 32 e 36; **9**-nota 49

– art. 25: **3**-3.3 e nota 25; **4**-4.1; **9**-9.7; **12**-12.2

– art. 25, § 1º: **12**-12.3

– art. 25, § 2º: **13**-nota 17

– art. 25, § 3º: **4-**4.8; **12-**12.3 e nota 23
– art. 26: **3-**3.4.1
– art. 27, § 1º: **6-**6.2
– art. 29: **3-**3.3 e 3.4.1 e nota 17
– art. 29, VI: **3-**nota 17
– art. 29, VIII: **6-**6.2
– art. 29, IX: **3-**nota 17
– art. 29, X: **3-**notas 17 e 28
– art. 30, I: **3-**3.4.2; **4-**4.1, 4.8, 4.10, 4.11 e 4.13 e nota 29; **12-**12.2 e nota 10; **13-**nota 17
– art. 30, II: **4-**4.13
– art. 30, V: **12-**12.3 e nota 10
– art. 30, VIII: **4-**4.10, 4.11, 4.12 e 4.13 e nota 35; **15-**nota 51
– art. 34, II: **4-**4.1
– art. 34, VII, "c": **4-**4.1
– art. 37, *caput*: **1-**1.1 e 1.7.2; **5-**5.6
– art. 37, II: **6-**6.3
– art. 37, IX: **6-**6.3 e 6.4
– art. 37, XV: **11-**11.3.6
– art. 37, XIX: **5-**5.4 e 5.8 e nota 58
– art. 37, XX: **5-**nota 58
– art. 37, XXI: **1-**nota 59; **9-**notas 80 e 121; **10-**10.1, 10.2 e 10.3; **11-**11.3.6; **17-**nota 35
– art. 37, § 4º: **1-**nota 53; **18-**18.4 e 18.5.3
– art. 37, § 5º: **18-**18.5.2 e nota 46
– art. 37, § 6º: **5-**nota 30
– art. 39, *caput*: **6-**6.4
– art. 39, § 6º: **18-**nota 41
– art. 41, *caput*: **6-**6.4 e nota 34
– art. 41, § 1º: **6-**6.4; **9-**nota 81
– art. 48: **10-**nota 24
– art. 52, I: 9-nota 141
– art. 52, II: **9-**nota 141
– art. 52, III, "f": **3-**3.4.2
– art. 53: **6-**6.2
– art. 58: **3-**3.4.3
– art. 58, § 3º: **3-**3.4.3
– art. 60, § 4º: **4-**4.1; **12-**12.2
– art. 61: **3-**3.4.1
– art. 61, § 1º, II, "a": **3-**3.4.1 e notas 24 e 25
– art. 61, § 1º, II, "c": **3-**3.4.1 e notas 24 e 25
– art. 61, § 1º, II, "e": **3-**3-4.1 e notas 25 e 26
– art. 62: **3-**3.4.1
– art. 71: **18-**18.5.4
– art. 71, X: **7-**nota 55
– art. 79: **3-**3.4.2
– art. 80: **3-**3.4.2
– art. 83: **3-**3.4.2
– art. 84, I: **3-**nota 25
– art. 84, II: **3-**nota 26
– art. 84, VI: **3-**3.4.1 e notas 25 e 26
– art. 84, XXV: **3-**nota 25
– art. 86, *caput*: **3-**nota 28
– art. 86, § 3º: **3-**3.4.2
– art. 86, § 4º: **3-**3.4.2
– art. 95: **6-**6.2
– art. 100: **14-**14.6.4; **17-**nota 36
– art. 102, § 1º: **13-**13.5.3
– art. 105, I, "a": **3-**nota 28
– art. 114, I: **6-**nota 35
– art. 127: **17-**17.8.2
– art. 129: **17-**17.8.2; **18-**18.5.2

– art. 131: **17-**17.8.2 e nota 42
– art. 132: **17-**17.8.2 e nota 42
– art. 145, II: **13-**13.8
– art. 146: **4-**nota 24
– art. 146, III, "a": **4-**nota 8
– art. 146, III, "b": **4-**nota 8
– art. 150, I: **10-**10.3
– art. 150, II: **1-**nota 59; **9-**nota 121; **17-**nota 35
– art. 150, IV: **14-**14.8
– art. 169, § 3º: **6-**6.4
– art. 169, § 4º: **6-**6.4
– art. 170, I: **10-**nota 5
– art. 170, II: **15-**15.3 e nota 33
– art. 170, III: **8-**8.3; **9-**nota 34; **15-**15.2 e 15.3
– art. 170, VIII: **10-**nota 5
– art. 170, IX: **10-**10.1
– art. 170, parágrafo único: **8-**8.2.2 e 8.2.4
– art. 171: **10-**nota 5
– art. 172: **10-**nota 5
– art. 173: **5-**5.3; **13-**nota 17
– art. 173, § 1º: **5-**nota 32; **6-**6.4; **9-**nota 139
– art. 174: **13-**13.3
– art. 176: **12-**12.3
– art. 179: **10-**10.1
– art. 182: **4-**4.8, 4.9, 4.10, 4.11, 4.12 e 4.13 e nota 32; **12-**nota 17
– art. 182, § 4º, III: **14-**14.7;**15-**15.2
– art. 183: **15-**15.4 e 15.5
– art. 183, § 3º: **16-**16.7
– art. 184: **14-**14.7; **15-**15.2
– art. 184, § 3º: **14-**14.7
– art. 185: **14-**14.7
– art. 186: **14-**14.7
– art. 191: **15-**15.4 e 15.5
– art. 191, parágrafo único: **16-**16.7
– art. 195, § 7º: **5-**5.2
– art. 199: **5-**5.3
– art. 199, § 1º: **5-**nota 23
– art. 199, § 2º: **5-**nota 22
– art. 202, § 3º: **5-**5.3 e nota 22
– art. 203: **5-**5.3
– art. 203, IV: **19-**nota 60
– art. 203, V: **19-**nota 60
– art. 204: **5-**5.3
– art. 206, I: **1-**nota 59; **9-**nota 121; **17-**nota 35
– art. 211: **12-**12.2
– art. 213: **5-**5.3 e nota 22
– art. 213, § 1º: **5-**nota 22
– art. 213, § 2º: **5-**nota 22
– art. 215: **5-**5.3
– art. 217, § 2º: **9-**nota 82
– art. 218: **5-**5.3 e nota 23
– art. 219: **10-**10.1 e nota 5
– art. 225, § 1º, IV: **8-**8.2, 8.2.2, 8.2.4, 8.3.2 e 8.3.4 e nota 5
– art. 225, § 4º: **4-**nota 18
– art. 227, IV, e § 3º: **1-**nota 59; **9-**nota 121; **17-**nota 35
– art. 241: **11-**11.2.5; **12-**12.4 e 12.5
– art. 243: **14-**14.8
– art. 247, parágrafo único: **9-**nota 83
CONSTITUIÇÃO FEDERAL DE 1988 – ADCT

– art. 19: **6-**6.3 e 6.4
– art. 26, § 2º: **9-**nota 84
– art. 96: **12-**nota 38

CONSTITUIÇÕES ESTRANGEIRAS
– Alemã de 1949
• art. 8.1: **13-**nota 32
• art. 9.2: **13-**nota 33
• art. 20.3: **1-**nota 57
– Espanhola de 1978
• art. 103.1: **1-**nota 57
– Francesa de 15.12.1799
• art. 52: **2-**2.3
– Francesa de 4.10.1958
• art. 34: **10-**nota 24; **13-**nota 77
• art. 37: **10-**nota 24; **13-**nota 77
– Norte-americana de 1787: **3-**3.1
• art. VII: **3-**3.1

DECLARAÇÃO DOS DIREITOS HUMANOS DE 1948: **6-**nota 13

DECRETO 20.910/1932
– art. 1º: **7-**7.3.1

DECRETO 24.643/1934 (CÓDIGO DE ÁGUAS)
– art. 29, III: **12-**nota 11

DECRETO 6.017/2007
– art. 3: **12-**nota 35

DECRETO-LEI 1.608/1939 (CÓDIGO DE PROCESSO CIVIL de 1939)
– art. 320: **17-**17.3
– art. 322: **17-**nota 42
– art. 331: **17-**17.3

DECRETO-LEI 2.848/1940 (CÓDIGO PENAL)
– art. 91, II: **14-**nota 61
– art. 122: **19-**nota 37
– art. 169, parágrafo único, II: **16-**16.3

DECRETO-LEI 3.365/1941: **14-**14.4 e 14.6.1
– art. 3º: **14-**nota 27
– art. 6º: **14-**14.4
– art. 7º: **14-**14.4
– art. 8º: **14-**14.4
– art. 10: **14-**14.4
– art. 15: **14-**14.6.1
– art. 15-A: **14-**14.6.1
– art. 15-B: **14-**14.6.4
– art. 15, § 1º: **14-**14.6.1 e notas 33, 37 e 55
– art. 16: **14-**14.6.3
– art. 19: **14-**14.6.3
– art. 20: **14-**14.6.3
– art. 26, § 1º: **14-**14.4
– art. 27, § 1º: **14-**14.6.4
– art. 28, *caput*: **14-**14.6.4
– art. 28, § 1º: **14-**14.6.4
– art. 29: **14-**nota 40
– art. 32: **14-**nota 45
– art. 33, § 2º: **14-**14.6.1
– art. 34: **14-**14.6.2 e notas 42, 43 e 45
– art. 40: **14-**notas 20 e 31

DECRETO-LEI 3.689/1941 (CÓDIGO DE PROCESSO PENAL)
– art. 261: **9-**nota 175

DECRETO-LEI 3.914/1941 (LEI DE INTRODUÇÃO AO CÓDIGO PENAL E DA LEI DAS CONTRAVENÇÕES PENAIS)

– art. 135: **13-**13.4

DECRETO-LEI 4.657/1942 (LEI DE INTRODUÇÃO ÀS NORMAS DO DIREITO BRASILEIRO)

– art. 2º, § 1º: **17-**17.7

DECRETO-LEI 8.207/1945: **16-**16.8

DECRETO-LEI 9.760/1946: **16-**16.2

DECRETO-LEI 1.075/1970: **14-**14.6.1

– art. 1º: **14-**14.6.1

– art. 3º: **14-**14.6.1

– art. 5º: **14-**14.6.1

DECRETO-LEI 2.375/1987: **16-**16.2

EMENDA CONSTITUCIONAL 15/1996: **12-**nota 38

EMENDA CONSTITUCIONAL 19/1998: **6-**6.4

EMENDA CONSTITUCIONAL 32/2001

– art. 2º: **14-**14.6.1 e 14.6.4

EMENDA CONSTITUCIONAL 57/2008: **12-**nota 38

LEI 422/1826: **14-**nota 59

LEI 601/1850: **16-**16.2

LEI 221/1894: **17-**17.2

– art. 13: **17-**17.2

LEI 3.071/1916 (CÓDIGO CIVIL DE 1916)

– art. 78: **15-**nota 58

– art. 148: **7-**nota 105

– art. 524: **13-**13.5.3; **14-**14.1

– art. 589, III: **16-**nota 6

– art. 1.062: **14-**14.6.4

– art. 1.594: **16-**16.8 e nota 34

– art. 1.603: **16-**16.4

LEI 191/1936: **17-**17.2 e 17.3

– art. 3º: **17-**17.2

– art. 4º: **17-**17.2 e 17.3

– art. 8º, § 1º, "a": **17-**nota 42

LEI 1.533/1951: **17-**17.3, 17.6 e 17.7 e notas 34 e 44

– art. 5º: **17-**17.3

– art. 12: **17-**nota 36

– art. 18: **17-**17.3 e nota 17

LEI 4.132/1962: **14-**nota 60

– art. 10: **14-**14.4

LEI 4.320/1964

– art. 16: **5-**nota 34

– art. 19: **5-**nota 34

LEI 4.348/1964: **17-**nota 39

– art. 3º: **17-**nota 46

– art. 4º: **17-**nota 72

LEI 4.414/1964

– art. 1º: **14-**14.6.4

LEI 5.172/1966 (CÓDIGO TRIBUTÁRIO NACIONAL)

– art. 4º, I: **8-**nota 15

– art. 33: **14-**nota 33

LEI 5.201/1966: **17-**nota 39

LEI 5.765/1971: **9-**nota 74

LEI 5.869/1973 (CÓDIGO DE PROCESSO CIVIL DE 1973)

– art. 20, § 3º: **14-**nota 50

– art. 20, § 4º: **14-**14.6.4 e nota 50

– art. 82: **17-**17.7 e 17.8.3 e nota 47

– art. 96, parágrafo único: **16-**16.5

– art. 126: **8-**8.1

– art. 130, I: **9-**nota 130

– art. 188: **17**-17.7 e 17.8.3 e nota 43
– art. 273: **17**-17.5 e 17.6 e nota 33
– art. 273, § 6º: **17**-17.5
– art. 297: **14**-14.6.3; **17**-17.7
– art. 333: **18**-18.1 e 18.2
– art. 359: **18**-18.2
– art. 461: **17**-17.5 e 17.6
– art. 475: **17**-nota 36
– art. 520: **17**-17.8.1 e nota 48
– art. 730: **14**-14.6.5
– art. 928: **17**-nota 71
– art. 1.103: **9**-nota 75
– art. 1.111: **9**-nota 154
– art. 1.142: **16**-16.3
– art. 1.145: **16**-16.5
– art. 1.148: **16**-16.5
– art. 1.151: **16**-16.3
– art. 1.152: **16**-16.3
– art. 1.157: **16**-16.3
– art. 1.158: **16**-16.6
– art. 1.159: **16**-16.3
– art. 1.160: **16**-16.3 e 16.6
– art. 1.161: **16**-16.3 e 16.6
– art. 1.165, parágrafo único: **16**-16.3 e 16.6
– art. 1.167: **16**-16.3 e 16.6
– art. 1.170: **16**-16.3
– art. 1.171: **16**-16.3
– art. 1.174: **16**-nota 9
– arts. 1.177: **9**-9.5.1
– art. 1.178: **9**-9.5.1
– art. 1.179: **9**-9.5.1
– art. 1.180: **9**-9.5.1
– art. 1.181: **9**-9.5.1
– art. 1.182: **9**-9.5.1
– art. 1.183: **9**-9.5.1
– art. 1.184: **9**-9.5.1
– art. 1.185: **9**-9.5.1
– art. 1.186: **9**-9.5.1
LEI 6.528/1978: **12**-nota 22
LEI 6.830/1980
– art. 25: **17**-17.8.3
LEI 6.938/1981: **8**-8.2
– art. 9º, IV: **8**-8.2 e 8.2.2
– art. 10: **8**-8.2, 8.2.2 e 8.3.5
LEI 7.347/1985
– art. 12, § 1º: **17**-nota 72
LEI 8.009/1990
– art. 3º, IV: **14**-14.6.2
LEI 8.038/1990
– art. 25: **17**-nota 72
LEI 8.049/1990: **16**-16.8
LEI 8.078/1990 (CÓDIGO DE DEFESA DO CONSUMIDOR)
– art. 6º, VIII: **18**-18.2
– art. 85: **17**-17.5
– art. 87: **17**-nota 28
LEI 8.112/1990
– art. 240: **6**-nota 27
LEI 8.245/1991: **11**-nota 70
– art. 15: **4**-nota 16
LEI 8.429/1992: **1**-nota 53; **18**-18.4
– art. 9º: **18**-18.4
– art. 9º, VII: **18**-18.5, 18.5.1 e 18.5.4 e nota 31
– art. 10: **18**-18.4
– art. 11: **18**-18.4

– art. 12: **8-**8.5.3

LEI 8.437/1992

– art. 2º: **17-**nota 71

– art. 4º: **17-**nota 72

LEI 8.629/1993: **14-**14.7

– art. 4º, II: **14-**14.7

– art. 4º, III: **14-**14.7

– art. 6º: **14-**14.7

LEI 8.666/1993

– art. 3º, *caput*: **10-**nota 1

– art. 3º, § 2º: **10-**nota 5

– art. 3º, § 5º: **10-**nota 5

– art. 3º, § 6º: **10-**nota 5

– art. 3º, § 7º: **10-**nota 5

– art. 3º, § 8º: **10-**nota 5

– art. 3º, § 9º: **10-**nota 5

– art. 7º, § 5º: **10-**10.2

– art. 13: **10-**nota 12

– art. 15, IV: **10-**nota 3

– art. 15, § 7º, I: **10-**10.2

– art. 17: **10-**10.2

– art. 17, I, "d": 10-nota 17

– art. 17, § 3º, I: **10-**nota 17

– art. 23, II, "a": **10-**10.3

– art. 23, § 1º: **10-**nota 3

– art. 24: **10-**10.2

– art. 24, I: **10-**10.3

– art. 24, II: **10-**10.3

– art. 24, III: **10-**nota 19

– art. 24, IV: **10-**nota 19

– art. 24, V: **10-**nota 18

– art. 24, VI: **10-**nota 19

– art. 24, VII: **10-**nota 18

– art. 24, VIII: **10-**nota 19

– art. 24, IX: **10-**nota 19

– art. 24, X: **10-**nota 17

– art. 24, XI: **10-**10.3

– art. 24, XII: **10-**nota 19

– art. 24, XIII: **10-**10.3

– art. 24, XIV: **10-**nota 19

– art. 24, XV: **10-**notas 17 e 18

– art. 24, XVI: **10-**nota 19

– art. 24, XVII: **10-**nota 19

– art. 24, XVIII: **10-**nota 19

– art. 24, XIX: **10-**nota 17

– art. 24, XX: **10-**10.3

– art. 24, XXIII: **10-**nota 19

– art. 24, XXIV: **10-**10.3

– art. 24, XXVI: **10-**nota 19

– art. 24, XXVII: **10-**10.3

– art. 24, XXIX: **10-**10.3

– art. 25: **10-**10.2 e 10.3

– art. 25, I: **10-**10.2

– art. 25, II: **10-**nota 18

– art. 25, § 1º: **10-**nota 14

– art. 48, II: **11-**nota 78

– art. 48, § 1º: **11-**nota 78

– art. 48, § 3º: **10-**nota 18

– art. 49: **7-**7.2.3 e nota 51; **11-**nota 64

– art. 58, I: **11-**notas 57 e 68

– art. 58, II: **11-**nota 57

– art. 62, § 3º: **11-**nota 41

– art. 65: **7-**nota 50

– art. 65, I: **11-**notas 57, 65 e 67

– art. 65, II: **11-**11.3.6 e notas 57 e 80

– art. 65, § 1º: **11-**11.3.4 e nota 68

– art. 65, § 2º: **11**-nota 68
– art. 65, § 5º: **11**-11.3.6 e nota 80
– art. 65, § 6º: **11**-11.3.6 e nota 80
– art. 78, XII: **11**-nota 57
– art. 78, XIV: **11**-nota 56
– art. 78, XV: **11**-nota 56
– art. 79: **11**-nota 56
– art. 79, I: **11**-nota 57
LEI 8.745/1993
– art. 4º, V: **6**-6.3
LEI 8.906/1994: **12**-nota 26
LEI 8.952/1994: **17**-17.5 e nota 34
LEI 8.987/1995
– art. 23-A: **2**-2.4
– art. 37: **11**-nota 60
– art. 38: **11**-nota 55
– art. 39: **11**-nota 56
LEI 9.074/1995
– art. 10: **14**-nota 26
LEI 9.307/1996: **2**-2.2
– art. 21, § 2º: **2**-nota 33
– art. 32: **2**-nota 33
– art. 33, § 2º: **2**-nota 33
LEI 9.433/1997
– art. 12: **12**-12.3 e nota 16
– art. 32: **12**-12.3
LEI 9.472/1997
– art. 93, XV: **2**-2.4
– art. 163, § 1º: **8**-nota 21
LEI 9.478/1997
– art. 43, X: **2**-2.4
LEI 9.494/1997: **17**-nota 39
– art. 1º: **17**-nota 72
– art. 1º-F: **14**-14.6.4
LEI 9.478/1997
– art. 43, X: **2**-2.4
LEI 9.494/1997: **17**-notas 36 e 71
LEI 9.507/1997
– art. 16: **17**-nota 72
LEI 9.527/1997: **6**-nota 27
LEI 9.605/1998
– art. 54: **8**-nota 26
LEI 9.637/1998: **5**-5.1, 5.3, 5.5 e 5.6
– art. 1º: **5**-5.1 e 5.2
– art. 2º, II: **5**-5.4 e 5.5
– art. 5º: **5**-5.2
– art. 11: **5**-5.2
– art. 12: **5**-5.2
– art. 13: **5**-5.2
– art. 14: **5**-5.2 e 5.5
LEI 9.646/1998
– art. 58: **5**-nota 54
LEI 9.784/1999: **9**-9.1 e 9.5.2
– art. 1º: **9**-9.4
– art. 11: **9**-nota 174
– art. 12: **9**-nota 174
– art. 13: **9**-nota 174
– art. 14: **9**-nota 174
– art. 15: **9**-nota 174
– art. 16: **9**-nota 174
– art. 17: **9**-nota 174
– art. 18: **9**-9.8.5
– art. 19: **9**-9.8.5
– art. 20: **9**-9.8.5
– art. 21: **9**-9.8.5
– art. 31: **9**-9.5.2

– art. 32: **9**-9.5.2
– art. 33: **9**-9.5.2
– art. 34: **9**-9.5.2
– art. 54: **6**-nota 19; **7**-7.3.1
– art. 55: **7**-7.5.1
– art. 69: **9**-9.5.2
LEI 9.790/1999: **5**-5.1, 5.6 e 5.8
– art. 1º: **5**-5.1 e 5.2
– art. 4º, I: **5**-5.6 e 5.8
– art. 9º: **5**-5.2
– art. 10: **5**-5.2
– art. 12: **5**-5.2
LEI 9.868/1999
– art. 11, § 1º: **5**-nota 35; **14**-14.6.1
– art. 27: **5**-nota 35; **7**-7.3.1
LEI 10.233/2001
– art. 35, XVI: **2**-2.4
LEI 10.257/2001
– art. 5º: **14**-14.7
– art. 7º: **14**-14.7
– art. 8º, § 1º: **14**-14.7
– art. 9º: **15**-15.5
– art. 10: **15**-15.5
– art. 28: **8**-nota 19
LEI 10.406/2002 (CÓDIGO CIVIL DE 2002)
– art. 22: **16**-16.3
– art. 23: **16**-16.3
– art. 26: **16**-16.2, 16.3 e 16.6
– art. 28, § 2º: **16**-16.6
– art. 30: **16**-16.3
– art. 33: **16**-16.3
– art. 37: **16**-16.3 e 16.6
– art. 38: **16**-16.3 e 16.6
– art. 39: **16**-16.3 e 16.6
– art. 39, parágrafo único: **16**-16.2, 16.3 e 16.8
– art. 61: **16**-16.2
– art. 172: **7**-nota 105
– art. 205: **7**-nota 63
– art. 231: **18**-18.2
– art. 232: **18**-18.2
– art. 391: **14**-nota 45
– art. 393: **11**-11.3.6 e nota 82
– art. 478: **11**-11.3.6 e nota 51
– art. 665: **7**-nota 105
– art. 927, parágrafo único: **19**-nota 44
– art. 931: **19**-nota 44
– art. 932: **19**-nota 44
– art. 933: **19**-nota 44
– art. 936: **19**-nota 44
– art. 938: **19**-nota 44
– art. 939: **14**-14.9
– art. 1.196: **15**-15.4
– art. 1.228: **13**-13.5.3
– art. 1.228, § 2º: **15**-15.4
– art. 1.228, § 4º: **15**-15.5 e nota 51
– art. 1.228, § 5º: **15**-notas 51 e 52
– art. 1.233: **16**-16.3
– art. 1.237: **16**-16.2 e 16.8 e nota 9
– art. 1.238: **15**-15.5
– art. 1.239: **15**-15.5
– art. 1.240: **15**-15.5
– art. 1.242: **15**-15.5
– art. 1.255, parágrafo único: **15**-15.5 e nota 48
– art. 1.263: **16**-16.2

– art. 1.275, III: **16-**16.2 e nota 4
– art. 1.275, V: **14-**14.9
– art. 1.275, parágrafo único: **16-**nota 4
– art. 1.276: **16-**16.2 e 16.8
– art. 1.583: **8-**8.3.1
– art. 1.784: **16-**16.4
– art. 1.804, parágrafo único: **16-**16.4
– art. 1.819: **16-**16.3
– art. 1.820: **16-**16.3
– art. 1.822: **16-**16.2, 16.6 e 16.8 e nota 38
– art. 1.822, parágrafo único: **16-**16.6
– art. 1.823: **16-**16.4
– art. 1.829: **16-**16.4 e nota 16
LEI 10.444/2002: **17-**17.5
LEI 10.826/2003
– art. 10: **8-**8.2.5; **13-**13.5.1
– art. 14: **8-**8.2.5
LEI 10.910/2004: **17-**nota 46
LEI 11.033/2004
– art. 19: **14-**nota 45
LEI 11.107/2005: **11-**11.2.5; **12-**12.4 e 12.5 e nota 35
– art. 1º: **12-**nota 33
– art. 4º, VII: **12-**nota 33
– art. 4º, § 2º: **12-**nota 33
LEI 11.196/2005: **2-**2.4
LEI 11.445/2007: **12-**12.1, 12.3 e 12.5 e nota 34
– art. 3º, I: **12-**12.3
– art. 3º, II: **12-**nota 34
– art. 3º, VI: **12-**nota 34
– art. 4º, *caput*: **12-**nota 14
– art. 4º, parágrafo único: **12-**nota 16
– art. 8º: **12-**nota 32
– art. 12: **12-**nota 34
LEI 11.784/2008
– art. 166: **6-**6.3
LEI 11.977/2009: **14-**14.6.2
LEI 12.101/2009: **5-**5.3
LEI 12.016/2009: **17-**17.3 e 17.7 e nota 34
– art. 1º, § 2º: **17-**17.3
– art. 6º, § 3º: **17-**nota 14
– art. 7º, I: **17-**nota 42
– art. 12: **17-**17.8.2 e notas 43 e 44
– art. 13: **17-**17.7 e nota 46
– art. 14, § 1º: **17-**nota 36
– art. 14, § 2º: **17-**nota 41
– art. 14, § 3º: **17-**17.7 e 17.8.1
– art. 15: **17-**nota 72
– art. 17, II: **17-**nota 42
– art. 22, § 2º: **17-**nota 71
– art. 23: **17-**17.3 e 17.7 e nota 17
LEI COMPLEMENTAR 73/1993
– art. 38: **17-**17.8.3
LEI COMPLEMENTAR 76/1993: **14-**-14.7
LEI COMPLEMENTAR 101/2000
– art. 16, § 4º, II: **14-**14.6.1
– art. 19: **6-**6.4
– art. 46: **14-**14.6.1
– art. 48: **18-**nota 41
– art. 48-A: **18-**nota 41
LEI COMPLEMENTAR 123/2006
– art. 42: **10-**nota 4
– art. 43: **10-**nota 4
– art. 44: **10-**nota 4

– art. 45: **10**-nota 4
– art. 46: **10**-nota 4
– art. 47: **10**-nota 4
– art. 48: **10**-nota 4
– art. 49: **10**-nota 4

LEI COMPLEMENTAR 140/2011: **8**-8.2 e nota 3

LEI COMPLEMENTAR ESTADUAL 94/1974 (SÃO PAULO): **12**-nota 22
– art. 2º: **12**-nota 22
– art. 3º, V: **12**-nota 22

LEI ESTADUAL 10.083/1998 (SÃO PAULO – CÓDIGO SANITÁRIO)
– art. 37: **13**-nota 50
– art. 38: **13**-nota 50
– art. 72: **13**-nota 50

LEI ESTADUAL 10.177/1998 (SÃO PAULO): **9**-9.1 e 9.5.2
– art. 1º: **9**-9.5.2
– art. 19: **9**-nota 174
– art. 20: **9**-nota 174
– art. 28: **9**-9.5.2
– art. 30: **9**-9.5.2
– art. 31: **9**-9.5.2
– art. 39: **9**-9.5.2

LEI MUNICIPAL 11.228/1992 (SÃO PAULO): **7**-nota 8

LEI MUNICIPAL 13.670/2003 (SÃO PAULO): **12**-nota 21

LEI MUNICIPAL 14.934/2009 (SÃO PAULO): **12**-nota 21

LEI MUNICIPAL 15.442/2011 (SÃO PAULO)
– art. 2º: **13**-nota 47
– art. 7º: **13**-nota 47
– art. 11: **13**-nota 51
– art. 14: **13**-nota 51

MEDIDA PROVISÓRIA 1.570/1997: **17**-nota 39

MEDIDA PROVISÓRIA 2.183-56/2001: **14**-14.6.1 e 14.6.4

PROJETO DE LEI 5.080/2009: **9**-nota 172

RESOLUÇÃO CADES-61/2001: **8**-nota 5

RESOLUÇÃO CONAMA-237/1997: **8**-8.2 e nota 5

## *Índice Alfabético-Remissivo*

*(Os algarismos indicam os capítulos e os itens neles contidos ou, conforme indicado, as notas de rodapé.)*


ADMINISTRAÇÃO FISCAL: **11**-11.2.3

ADVOCACIA: **12**-12.3 e nota 24

– Pública: **17**-17.8.2 e 17.8.3

AFETAÇÃO: **14**-14.9

ARBITRAGEM: **2**

ATOS ADMINISTRATIVOS

– aclaração: **7**-7.4

– ampliativos: **8**-8.2.3; **13**-13.5.1

– anuláveis: **7**-7.3.2

– bilaterais: **11**-11.2.4

– caducidade: **7**-7.1 e 7.2.3 e nota 8

– cassação: **7**-7.1 e notas 45 e 46; **11**-11.3.1

– conceito: **7**-7.1 e nota 6; **11**-11.3.1

• amplos: **11**-nota 31

• estritos: **11**-nota 31

– confirmação: **7**-7.5.2 e notas 65 e 105

– contraposição: **7**-7.1

– convalidação: **7**-7.5; **11**-11.3.1

– conversão: **7**-7.4 e nota 92; **11**-11.3.1

– decadência: **7**-7.1 e 7.2.3 e nota 8

– derrubada: **7**-7.1

– desuso: **7**-nota 8

– discricionários: **7**-7.5.1 e nota 98

– elementos acidentais: **7**-nota 7

– estabilização do vício: **6**-6.3; **7**-7.3.1 e 7.4

– executoriedade: **9**-9.8.5 e nota 173; **13**-13.8 e nota 82

– extinção: **7**-7.1

– inexistentes: **7**-7.3.2

– inválidos: **7**-7.3; **11**-11.3.1

– implícitos: **9**-nota 99

– irregulares: **7**-7.3.2; **11**-11.3.1

– mera retirada: **7**-nota 14

– modificação: **7**-7.4

– nulos: **7**-7.3.2

– pressupostos: **7**-nota 103

– procedimento, e: **9**-9.3.1 e 9.3.4

– ratificação: **7**-7.5.2 e nota 105

– recusa: **7**-notas 9 e 14

– redução: **7**-7.4; **11**-11.3.1

– reelaboração: **7**-7.4

– reforma: **7**-7.4; **11**-11.3.1

– renúncia: **7**-7.1 e notas 9 e 14; **11**-nota 34
– retificação: **7**-7.4
– retirada: **7**-7.1 e nota 9; **11**-nota 34
– revogação: **7**-7.2, 7.2.2 e 7.2.3; **11**-11.3.1 e 11.3.2
– saneamento: **7**-7.5.2
– solitários: **9**-9.3.2 e notas 68 e 99
– sustação: **7**-7.3.1 e nota 55
– tácitos: **9**-nota 99
– unilaterais: **11**-11.2.4
– vontade do administrado, e: **11**-11.2.4
AUDIÊNCIA PÚBLICA: **9**-9.5.2
AUTARQUIAS
– conceito: **5**-5.4 e 5.7
– espécies: **5**-5.7
– criação: **5**-5.8
– profissionais: **5**-nota 54
AUTO-ADMINISTRAÇÃO: **5**-5.7
AUTONOMIA
– administrativa: **11**-nota 26
– federativa: **3**-nota 3
– privada: **11**-11.2.1
AUTONOMIA DA VONTADE: **5**-5.8
AUTORIZAÇÃO
– conceito constitucional: **8**-8.2.2
– conceito doutrinário: **8**-8.2.1 e 8.2.3; **13**-13.5.1
– licença ambiental: **8**-8.2.1

BENS PÚBLICOS
– domínio eminente: **16**-16.2 e nota 7
– e abandono: **16**-16.2 e nota 4
– e bens de ausente: **16**-16.2, 16.3 e 16.6
– e coisas perdidas: **16**-16.2 e 16.3
– e herança jacente: **16**
– e usucapião: **16**-16.7
– e vacância: **16**-16.4, 16.6, 16.7 e 16.8
– terras devolutas: **16**-16.2

CADUCIDADE (ou DECAIMENTO)
– concessão de serviço: **11**-11.3.3
– contrato administrado: **11**-11.3.3
– decreto de utilidade pública: **14**-14.4
– espécies: **7**-7.2.3 e nota 45
• fática: **7**-7.2.3 e notas 44, 45 e 47
• normativa: **7**-7.2.3 e notas 43 e 45
– licença: **8**-8.3.2, 8.3.3 e 8.3.4 e notas 44, 46 e 53
CARGOS EM COMISSÃO: **6**-6.3 e 6.4
CAUSALIDADE: **19**-19.1, 19.2 e 19.3
– excludentes de nexo causal: **19**-19.4
CIÊNCIA: **13**-nota 2; **19**-19.1
CLÁUSULA
– de reserva: **13**-nota 33
– geral: **15**-15.6 e nota 34
COMISSÃO PARLAMENTAR DE INQUÉRITO: **3**-3.4.3
COMPETÊNCIA
– critério econômico: **12**-12.3
– e interesse local: **4**-4.10 e nota 21; **12**-12.3 e nota 10
– e meio ambiente: **8**-nota 4
– e procedimento: **9**-9.2.5
– e processo: **9**-9.2.5
– e processo administrativo: **9**-9.7
– e troca de sujeito: **12**-12.4 e 12.5
– legislativa

• complementar: **4**-4.2, 4.12 e 4.13 e nota 5
• comum: **8**-nota 4
• concorrente: **4**-4.2, 4.10 e 4.13 e notas 5, 6 e 31
• e ponderação: **4**-4.7; **10**-10.3
• federal: **4**-4.7 e 4.9
• plena: **4**-4.2 e 4.13 e notas 6 e 36; **9**-nota 49
• suplementar: **4**-4.2 e 4.13 e notas 5 e 36
– para desapropriar: **14**-14.4
CONCURSO PÚBLICO: **6**-6.3
CONSÓRCIO PÚBLICO: **11**-11.2.5; **12**-12.4 e 12.5 e nota 33
CONSTITUCIONALISMO: **Intr.**-nota 1
– sentimento constitucional: **17**-17.3 e nota 16
CONSULTA PÚBLICA: **9**-9.5.2
CONTRADIÇÃO PERFORMATIVA: **1**-1.3
CONTRATO
– conceito: **11**-11.2.1 e nota 10
– da Administração: **11**-11.2.2, 11.2.3, 11.2.5 e 11.3.5 e nota 41
– de adesão: **11**-11.2.1 e nota 12
– imprevisão: **11**-11.3.6
– interesses contrapostos: **11**-nota 39
– princípios regentes: **11**-11.2.1
CONTRATO DE GESTÃO: **5**-5.2, 5.4, 5.5 e 5.6
CONTRATOS ADMINISTRATIVOS
– alteração: **11**-11.3.4
– caducidade: **11**-11.3.3
– cassação: **11**-11.3.3
– classificação: **11**-11.2.5
– correntes: **11**-11.2.2
– discricionariedade: **11**-11.3.2 e 11.3.4 e nota 53
– e direito privado: **11**-11.2.3, 11.2.4 e 11.2.5
– e lucro: **11**-11.3.6
– e má-fé: **19**-19.8
– e revogação: **7**-7.2.3; **11**-11.3.2 e 11.3.3
– equação econômico-financeira: **11**-11.3.6
– exceção do contrato não cumprido: **11**-nota 56
– imprevisão: **11**-11.3.6
– invalidação: **11**-11.3.3
– *ius variandi*: **11**-11.3.3, 11.3.4, 11.3.5 e 11.3.6
– natureza jurídica: **11**-11.2.3 e 11.2.4
– tradição lingüística: **11**-11.2.4 e nota 36
CONTROLE
– de mérito: **7**-nota 26
– externo: **7**-nota 54
– interno: **7**-nota 54
– sistema da injunção: **7**-nota 56
– sistema da substituição: **7**-nota 56
CONVALIDAÇÃO: **7**-7.5
– conceito: **7**-7.5 e nota 95
– confirmação: **7**-7.5.2 e nota 105
– discricionariedade: **7**-7.5.1
– e saneamento: **7**-7.5.2
– efeitos: **7**-7.5.3
– implícita: **7**-7.5.3
– impugnação: **7**-7.5.1
– motivo: **7**-7.5.3
– objeto: **7**-7.5.3

– ratificação: **7**-7.5.2 e nota 105
– requisitos formalísticos: **7**-7.5.3
– requisitos procedimentais: **7**-7.5.3
– teoria objetiva: **7**-7.5.1
– teoria subjetiva: **7**-7.5.1
CONVÊNIOS: **11**-11.2.5
CORRUPÇÃO: **Intr.**-nota 10; **3**-3.3; **5**-5.3; **18**-18.5.4

DANO
– e prejuízo: **19**-19.4 e 19.5
– tutela contra o: **17**-17.2
DEMOCRACIA
– e neoconstitucionalismo: **Intr.**-nota 4
– e processo administrativo: **9**-9.3.2, 9.3.5, 9.4 e 9.5.2
DESAPROPRIAÇÃO
– competência: **14**-14.4
– conceito: **14**-14.3
– contestação: **14**-14.6.3
– declaração de utilidade pública: **14**-14.4
– desistência: **14**-14.6.6
– direito de penetração: **14**-14.4
– e compromissário comprador: **14**-14.6.2 e nota 42
– e perdimento de bens: **14**-14.8
– e sacrifício: **13**-13.5.3
– espécies: **14**-14.7
• interesse social: **14**-14.7 e nota 60; **15**-15.3 e nota 27
• necessidade pública: **14**-14.7 e nota 59
• sanção: **14**-14.7
• utilidade pública: **14**-14.7 e nota 59
– execução: **14**-14.6.5
– imissão na posse: **14**-14.6.1, 14.6.2 e 14.6.4 e nota 47
– indireta: **13**-13.5.3 e nota 62; **14**-14.9
– juros compensatórios: **14**-14.6.1; **15**-nota 52
– juros moratórios: **14**-14.6.4
– justa indenização: **14**-14.5
– levantamento: **14**-14.6.2
– privada: **15**-15.5
– processo
• administrativo: **14**-14.4 e 14.5
• judicial: **14**-14.6
– reforma agrária: **14**-14.7
– sentença: **14**-14.6.4
– sentido amplo: **13**-13.5.3; **14**-14.3
DIREITO
– adquirido: **11**-11.3.2 e nota 50
– caráter formal: **2**-2.5 e nota 34
– como bem de consumo: **17**-17.3 e nota 15
– de ação: **9**-9.8.2 e nota 151
– de conquista: **16**-16.2
– de construir: **8**-8.2.4, 8.2.5, 8.3.2 e 8.3.3 e nota 45; **13**-notas 44 e 46
– de penetração: **14**-14.4
– de petição: **9**-9.8.2 e notas 151 e 153
– de propriedade: **14**-14.1; **15**-15.2
– debilitado: **7**-7.2.3 e nota 40; **9**-nota 119
– e causalidade: **19**-19.2
– e ideologia: **13**-13.2
– e lei: **17**-17.4 e nota 18
– e sentimento: **1**-nota 22

– estrangeiro: **11**-11.1
– privado
• base: **11**-11.2.1
• constitucionalização: **11**-notas 51, 81 e 84; **15**-15.6
– *rebus sic stantibus*: **8**-8.3.1
– subjetivo: **12**-nota 31
– urbanístico: **4**-4.9
DIREITO ADMINISTRATIVO
– critério estatutário: **9**-nota 139
– e direito privado: **2**-2.3; **5**-5.3 e nota 17; **6**-6.4; **7**-nota 52; **11**-11.2.3 e 11.2.4 e nota 28
– e ideologia: **13**-13.2 e nota 7
– origem: **11**-11.2.3; **19**-19.4
– razão de ser: **1**-nota 55; **5**-nota 16; **6**-nota 10; **17**-17.1
– vícios de pressuposto metodológico: **11**-11.2.3
DIREITOS FUNDAMENTAIS
– conformação: **14**-14.1 e nota 2; **15**-15.2
– configuração: **13**-13.5.3; **15**-15.2
– institucionais: **13**-13.5.3; **14**-14.1 e nota 1; **15**-15.2
– núcleo essencial: **13**-13.4 e 13.5.3 e notas 37 e 66; **14**-14.1
– restrições: **13**-13.4 e 13.5.3; **14**-14.1 e 14.2 e nota 2; **15**-15.2
DISCRICIONARIEDADE
– administrativa: **5**-5.8; **8**-8.2.5
– conceito: **7**-7.2.1; **10**-10.3; **11**-11.3.1
– convalidação: **7**-7.5.1
– do ato: **7**-7.5.1 e nota 98
– do legislador: **Intr.**; **1**-nota 16; **5**-5.8; **10**-10.3 e nota 26
– e correção: **7**-7.3.1
– e licitação: **10**-10.2 e 10.3 e notas 10 e 11; **11**-11.3.4 e nota 64
– e má-fé: **1**-1.7.1 e nota 54; **5**-5.8
– e ponderação: **1**-1.5.2; **10**-10.3
– e restrições: **13**-13.4 e nota 36
– relações privadas: **13**-13.6

EMPREGADOS PÚBLICOS: **6**-6.3 e 6.4
EMPRESAS ESTATAIS
– pessoal: **6**-6.4
– regime jurídico: **5**-nota 32; **6**-6.4
ENCAMPAÇÃO (ou RESGATE): **11**-11.3.3 e nota 60
ENCÍCLICA *MATER ET MAGISTRA*
– n. 53: **5**-nota 4
ENCÍCLICA *QUADRAGESIMO ANNO*
– n. 79: **5**-nota 4
EXECUTIVO (PODER)
– chefe do: **3**-3.4.2
• acefalia: **3**-3.4.2
• dupla vacância: **3**-3.4.2
• imunidades: **3**-3.4.2
EXISTÊNCIA NORMATIVA: **1**-1.5.1

FATO ADMINISTRATIVO: **7**-nota 6
FEDERALISMO
– brasileiro: **3**-3.2; **4**-4.1 e nota 19; **12**-12.2
– conceito: **3**-3.1 e nota 4; **12**-12.2
– cooperativo: **12**-12.2 e 12.4
– e competências: **12**-12.2
– e democracia: **3**-3.3; **4**-4.7 e nota 19

– e Município: **3**-3.3 e nota 13
– norte-americano: **3**-3.1
FOMENTO
– classificação: **5**-5.2
– conceito: **5**-5.2
– licitação: **10**-10.1 e 10.3 e notas 4 e 5
– regime jurídico: **5**-5.3 e notas 34 e 35
FUNÇÃO ADMINISTRATIVA
– conceito formal: **13**-nota 74
– conceito material: **13**-13.7
FUNÇÃO PÚBLICA: **1**-1.5; **2**-2.4; **6**-6.2; **9**-9.3.2; **15**-nota 24
FUNDO PÚBLICO: **5**-nota 25

HERANÇA JACENTE: **16**

IDEOLOGIA
– do intérprete: **8**-nota 57
– do ordenamento: **8**-nota 57
– e poder de polícia: **13**-13.3 e 13.8
ILÍCITO
– tutela contra o: **17**-17.2
IMPROBIDADE ADMINISTRATIVA: **1**-nota 53; **18**-18.4 e 18.5
INDENIZAÇÃO: **8**-nota 46; **14**-14.2 e 14.5; **19**-19.7
ÍNDICES URBANÍSTICOS: **13**-nota 46
INSTITUIÇÃO: **9**-nota 4
INTERESSE PÚBLICO
– conceito: **11**-11.3.6; **17**-17.7 e 17.8.2
– e interesse social: **17**-17.8.2
– primário: **2**-2.3
– secundário: **2**-2.3
INTERPRETAÇÃO
– atecnias: **10**-nota 16
– conceitos indeterminados: **6**-nota 18
– concretizadora: **Intr.**-nota 7
– conforme a Constituição: **12**-12.1
– da lei: **8**-8.2.2
– do ato administrativo: **7**-7.4
– e corrupção: **18**-18.5.4
– e ideologia: **8**-nota 57; **13**-13.2
– e palavras inúteis: **5**-nota 43; **9**-9.2.2 e 9.5.1
– e preconceito: **6**-6.2 e nota 11; **18**-18.5.4
– e racionalidade: **6**-nota 31
– e realidade: **Intr.**-nota 8
– função enfática: **9**-9.5.1; **17**-nota 35
– inteligente: **12**-nota 29
– limite: **1**-1.7.2; **3**-nota 22
– palavras constitucionais: **8**-8.2.2; **9**-nota 85; **11**-nota 85; **13**-13.5.3; **14**-14.1
– pré-compreensão: **13**-13.2 e nota 6
– vontade da lei: **18**-nota 31
– vontade do legislador: **18**-nota 31
INVALIDAÇÃO: **7**-7.3
– do contrato administrativo: **11**-11.3.3
– efeitos: **7**-7.3.1
– limite temporal: **7**-7.3.1 e notas 62 e 63
– motivo: **7**-7.3.1
– objeto: **7**-7.3.1 e nota 58
– reforma: **7**-7.4
– requisitos formalísticos: **7**-7.3.1
– requisitos procedimentais: **7**-7.3.1
INVALIDADE
– classificação: **7**-7.3.2

– conceito: **7**-7.3; **11**-11.3.1
– e anulação: **7**-nota 53
– e erro: **17**-17.8.5
– e inexistência: **7**-7.3.1 e 7.3.2 e nota 57
– e responsabilidade civil: **19**-19.7
– móvel espúrio: **17**-17.8.5
– resistência ativa: **7**-7.3.2
– resistência passiva: **7**-7.3.1 e 7.5.1
– superveniente: **7**-7.2.3 e nota 45; **11**-11.3.1

JUDICIÁRIO: 1.5.2; 2.5; 5.5; 17.1
– atividade oracular: **17**-17.8.1 e nota 52
– e função administrativa: **9**-nota 145
– e invalidação: **7**-7.3.1 e 7.3.2
– e jurisdição administrativa: **9**-9.8.1 e nota 139
– e ônus da prova: **18**-18.1
– e revogação: **7**-7.2.2
– sistema da injunção: **7**-nota 56
– sistema da substituição: **7**-nota 56
JURISPRUDÊNCIA
– STF, ACO 730-RJ: **3**-3.4.3
– STF, ADC/MC 4-DF: **17**-nota 74
– STF, ADI 102-RO: **3**-nota 25
– STF, ADI 222-RJ: **12**-nota 38
– STF, ADI 276-AL: **3**-3.4.1
– STF, ADI 425-TO: **3**-3.4.1
– STF, ADI 478-SP: **4**-nota 35
– STF, ADI 492-DF: **6**-nota 27
– STF, ADI 1.275-SP: **3**-3.4.1
– STF, ADI 1.281-PA: **3**-3.4.2
– STF, ADI 1.717-DF: **5**-nota 54
– STF, ADI 1.842-RJ: **12**-12.3
– STF, ADI 1.923-DF: **5**-5.5
– STF, ADI 2.029-SC: **3**-nota 24
– STF, ADI 2.077-BA: **12**-12.3 e notas 23 e 24
– STF, ADI 2.079-SC: **3**-nota 24
– STF, ADI 2.192-ES: **3**-nota 24
– STF, ADI 2.719-ES: **3**-nota 26
– STF, ADI 2.857-ES: **3**-3.4.1
– STF, ADI 3.026-DF: **5**-nota 54
– STF, ADI 3.316-MT: **12**-nota 38
– STF, ADI 3.453-DF: **14**-nota 45
– STF, ADI 3.549-GO: **3**-3.4.2
– STF, ADI 3.619-SP: **3**-3.4.3
– STF, ADI 3.647-MA: **3**-3.4.2
– STF, ADI 3.689-PA: **12**-nota 38
– STF, ADI/MC 2.105-DF: **5**-nota 38
– STF, ADI/MC 2.135- DF: **6**-6.4
– STF, ADI/MC 2.332-DF: **14**-14.6.1 e 14.6.4
– STF, ADI/MC 2.587-GO: **3**-3.5
– STF, ADI/MC 2.661-MA: **5**-nota 38
– STF, ADI/MC 3.395-DF: **6**-nota 35
– STF, AI 52.181-GB: **2**-2.4 e nota 27
– STF, AI 439.613-SP: **17**-17.8.3
– STF, AI/AgR 210.068-SC: **9**-nota 52
– STF, AI/AgR 241.201-SP: **9**-nota 1
– STF, AI/AgR 447.041-PE: **17**-nota 41
– STF, HC 2.794: **17**-17.2
– STF, HC 2.797: **17**-17.2
– STF, HC 2.990: **17**-17.2
– STF, MS 21.797-9-RJ: **5**-nota 54
– STF, MS 22.643-9-SC: **5**-nota 54
– STF, MS 22.921-SP: **9**-nota 1
– STF, MS 23.654-SP: **9**-nota 1

– STF, Pet/AgR 2.598-CE: **9**-nota 1
– STF, RE 74.193-GB: **3**-3.4
– STF, RE 85.002-SP: **8**-nota 45
– STF, RE 92.352-SP: **16**-nota 27
– STF, RE 217.389-7-SP: **19**-nota 60
– STF, RE 223.037-SE: **3**-3.5
– STF, RE/AgR 248.191-SP: **17**-nota 61
– STF, RE/AgR 342.593-SP: **9**-nota 1
– STF, RE/AgR 412.430-MS: **17**-nota 41
– STF, Súmula 269: **17**-nota 19
– STF, Súmula 271: **17**-nota 19
– STF, Súmula 473: **8**-nota 45
– STF, Súmula 617: **14**-14.6.4
– STF, Súmula 618: **14**-nota 40
– STF, Súmula 632: **17**-nota 16
– STF, Súmula 634: **14**-14.6.1; **17**-nota 55
– STF, Súmula 635: **14**-14.6.1; **17**-nota 55
– STF, Súmula 652: **14**-14.6.1 e nota 37
– STF, Súmula 735: **14**-14.6.1
– STF Súmula Vinculante 5: **9**-notas 1 e 175
– STF, Súmula Vinculante 17: **14**-nota 53
– STF Súmula Vinculante 21: **9**-nota 1
– STJ, EREsp 615.018-RS: **14**-nota 54
– STJ, MS/AgR 11.308-DF: **2**-2.3 e nota 16
– STJ, REsp 36.959-SP: **16**-nota 28
– STJ, REsp 61.885-SP: **16**-nota 27
– STJ, REsp 75.659-SP: **15**-nota 56
– STJ, REsp 111.560-SP: **16**-nota 33
– STJ, REsp 734.575-SP: **14**-nota 43
– STJ, REsp 796.215-RS: **17**-nota 39
– STJ, REsp/AgR 635.649-SC: **17**-nota 39
– STJ, RMS 25.652-PB: **6**-nota 19
– STJ, Súmula 56: **14**-nota 40
– STJ, Súmula 69: **14**-nota 40
– STJ, Súmula 113: **14**-nota 40
– STJ, Súmula 329: **16**-nota 19
– STJ, Súmula 408: **14**-14.6.1
– TCU, AC 0215-50/99-P: 11-nota 68
– TCU, AC 2.079-27/07-2: **7**-nota 50
– TCU, Súmula 39: **10**-nota 13
– TJRS, AI 70043730472: **14**-nota 45
– TJSP, ACi 102.938-5/2-00: **14**-nota 39
– TJSP, ACi 157.163-4/9-00: **16**-nota 28
– TJSP, ACi 212.276-1/8-00: **15**-15.6
– TJSP, ACi 259.339-5/0: **14**-nota 58
– TJSP, ACi 578.155-4/2-00: **16**-nota 23
– TJSP, ACi 795.017-5/0-00: **16**-nota 32
– TJSP, ADI 109.600-0/3-00: **12**-nota 21
– TJSP, ADI 157.950-0/6-00: **6**-nota 17
– TJSP, AI 285.510-5/6-00: **14**-nota 46
– TJSP, AI 290.717-5/2-00: **14**-nota 46
– TJSP, AI 645.402-4/3-00: **16**-nota 38
– TJSP, AI 736.879-5/0-00: **14**-notas 45 e 55
– TJSP, AI 851.009-5/0-00: **14**-nota 45
– TJSP, AI 990.10.082096-6: **14**-nota 42
– TJSP, AI 990.10.177854-8: **14**-nota 38
– TJSP, AI 990.10.218190-1: **14**-nota 43
– TJSP, AI 990.10.374816-6: **14**-nota 44
– TJSP, AI 990.10.401.698-3: **14**-nota 47
– TJSP, AI 990.10.450550-0-SP: **14**-nota 38
– TST, Súmula 390: **6**-6.4

JUSNATURALISMO: **1**-nota 2

JUSTIÇA

– boa administração: **1**-1.7.2

– conceito: **1**-1.5 e nota 20

– deusas: **1**-nota 21

– e eficiência: **1**-1.7.2

– e existência normativa: **1**-1.5.1

– e validade normativa: **1**-1.5.2

– etimologia: **1**-1.4

LEGISLATIVO (PODER): **Intr.**; **1**-nota 16

– desvio de poder: **17**-nota 73

– e discricionariedade: **10**-10.3 e nota 26; **14**-nota 4; **15**-15.2 e 15.6

– e disposição do interesse público: **2**-2.4

– e obrigações de fazer: **13**-13.4 e notas 38 e 39

– e ponderação: **4**-4.7 e nota 27; **13**-13.4; **15**-15.5 e nota 41

– e responsabilidade civil: **19**-19.8

– e restrições: **13**-13.4 e nota 34

– processo: **3**-3.4.1

LEI ORGÂNICA: **3**-3.3, 3.4.1 e 3.4.2 e nota 15

LIBERDADE: **19**-19.1

LICENÇA

– ambiental: **8**

– conceito doutrinário: **8**-8.2.1 e 8.2.3; **13**-13.5.1

– e desapropriação: **8**-8.2.3 e notas 43, 45 e 46

– e obra: **8**-8.3.3

– extinção: **8**-8.3.2, 8.3.3, 8.3.4 e 8.3.5

– *rebus sic stantibus*: **8**-8.3.1, 8.3.3, 8.3.4 e 8.3.5

– prazo de validade: **8**-8.3.5

– urbanística: **8**-8.3.2

LICITAÇÃO

– deserta: **10**-nota 18

– dispensa: **10**-10.3

– e discricionariedade: **10**-10.3

– e fomento: **10**-10.1 e 10.3 e notas 4 e 5

– e microempresas: **10**-10.1 e nota 4

– e revogação: **7**-7.2.3 e nota 51; **11**-nota 64

– empresas brasileiras: **10**-10.1 e nota 5

– especificação da marca: **10**-10.2 e notas 9 e 11

– finalidade: **10**-10.1 e nota 1

– fracassada: **10**-nota 18

– impossível: **10**-10.2 e nota 17

– inexigibilidade: **10**-10.2 e nota 20; **11**-11.3.6

– inviável: **10**-10.2 e nota 18

– linhas mestras: **10**-10.1

– natureza teleológica: **10**-10.1 e nota 6

– pressupostos: **10**-10.2

– proibida: **10**-10.2 e nota 19

– regra da divisibilidade do objeto: **10**-nota 3

– singularidade: **10**-10.2 e notas 8, 9, 10, 11 e 13

MANDADO DE SEGURANÇA

– apelação: **17**-17.7

– ato privado contra: **17**-17.5 e nota 29

– autoridade coatora: **17**-17.3 e notas 14, 40 e 41

– e amparo: **17**-17.2
– e direito líquido e certo: **17**-17.3 e 17.6 e notas 13 e 37
– histórica constitucional: **17**-17.3
– liminar: **17**-17.6
– núcleo essencial: **17**-17.4
– origem: **17**-17.2
– prazo: **17**-17.3 e nota 17
– réu: **17**-nota 42
MEDIDA PROVISÓRIA: **3**-3.4.1
MEIO AMBIENTE: **8**-8.3
MINISTÉRIO PÚBLICO
– e mandado de segurança: **17**-nota 44
– e processo civil: **17**-17.8.2 e nota 47
MORAL: **1**-1.4 e 1.6
– e Direito: **1**-1.6
– e regra em branco: **1**-1.7 e nota 44
MUNICÍPIO
– autonomia: **3**-3.3
– criação: **12**-12.5 e nota 38
– e direito urbanístico: **4**-4.10, 4.11, 4.12 e 4.13
– e Federação: **3**-nota 13
– e interesse local: **4**-4.10 e nota 21; **12**-12.3 e nota 10
– municipalismo: **3**-3.3

"NATUREZA JURÍDICA": **5**-nota 1
NEOCONSTITUCIONALISMO: **Intr.**-notas 3, 4, 5 e 6; **19**-19.1
NEOLIBERALISMO: **2**-2.1; **5**-5.1; **6**-6.1; **13**-13.3
NORMAS
– constitucionais: **15**-nota 40
– de competência: **13**-nota 35
– de conduta: **1**-1.7 e nota 39
– de estrutura: 1.7 e nota 39; 13-nota 35; 15-nota 21
– diretrizes: **4**-nota 31; **12**-12.3 e nota 17
– função enfática: **1**-1.7.2 e nota 59
– gerais: **4**-4.3, 4.4, 4.5, 4.6, 4.7, 4.8 e 4.9
• de primeiro nível: **4**-4.11
• de segundo nível: **4**-4.12

OBRA: **8**-8.3.3 e 8.3.4
OMISSÃO INCONSTITUCIONAL: **3**-3.4.2
ORDENAÇÃO ADMINISTRATIVA
– conceito: **13**-13.5 e 13.5.3 e nota 41
– condicionamentos: **13**-13.5.2
– deveres autônomos: **13**-13.5 e nota 43
– encargos: **13**-13.5.2 e notas 47 e 50
– execução de ofício: **13**-13.5.2 e nota 53
– medidas cautelares: **13**-13.5.2
– ordem administrativa: **13**-13.5.2 e nota 51
– sacrifícios: **13**-13.5.3
– sanções: **13**-13.5.2
– situações ativas: **13**-13.5.1
– situação passivas: **13**-13.5.2
ORGANIZAÇÕES DA SOCIEDADE CIVIL DE INTERESSE PÚBLICO (OSCIPs): **5**
– e fomento: **5**-5.2 e 5.6
– qualificação: **5**-5.6 e 5.8
– regime jurídico: **5**-5.6 e 5.8
ORGANIZAÇÕES SOCIAIS (OS): **5**
– constitucionalidade: **5**-5.4 e 5.5

– e fomento: **5**-5.2 e 5.4
– e responsabilidade: **5**-5.4 e nota 30
– qualificação: **5**-5.4 e 5.5
– regime jurídico: **5**-5.4

PERDIMENTO DE BENS: **14**-14.8
PODER CONSTITUINTE
– decorrente: **3**-3.3, 3.4.1 e 3.4.2 e notas 16 e 17
– limites: **1**-1.3 e nota 9
– reformador: **3**-3.3 e nota 16
PODER DE POLÍCIA
– amplo: **13**-nota 1
– características: **13**-13.4
– crítica: **13**-13.3 e nota 8
– delegação: **13**-13.8 e nota 81
– direito tributário: **13**-13.8
– e função social: **15**-15.3
– e requisição: **13**-13.8
– estrito: **13**-nota 1
– neoconstitucional: **13**-13.7
– teoria clássica: **13**-13.6
POLUIÇÃO: **8**-8.2.4 e nota 26
PONDERAÇÃO
– conceito: **Intr.**; **13**-13.4
– da Administração: **13**-13.7
– e competências: **12**-12.4
– e correção do ato: **7**-7.5.1
– e dispensa de licitação: **10**-10.3
– e inexigibilidade de licitação: **10**-10.2 e nota 11
– e justiça: **1**-1.5 e 1.5.2
– e meio ambiente: **8**-8.3.3
– e moralidade: **1**-1.7
– e normas gerais: **4**-4.7
– e ônus da prova: **18**-18.2
– e participação popular: **9**-9.5.2
– e restrições: **13**-13.4
– e simetria: **3**-3.4.3
– e troca de sujeito: **12**-12.4
– legislativa: **4**-4.7; **13**-13.4; **10**-nota 27; **15**-15.5
– primeira lei: **13**-13.5.3
– privada: **15**-15.6
– referências: **4**-nota 26
POSSE
– conceito: **15**-15.4
– e acessão: **15**-15.5
– e usucapião: **15**-15.5
– elementos: **15**-15.4
– estrutura: **15**-15.4
– função social: **15**-15.4, 15.5 e 15.6
– moradia: **15**-15.5
– qualificada: **15**-15.5
– trabalho: **15**-15.5
POSTULADOS: **1**-1.3 e nota 8
PRECARIEDADE: **7**-7.2.3 e nota 40
PRINCÍPIO
– da abstração das pessoas e dos bens: **17**-17.5
– da ampla defesa: **9**-9.5.2 e 9.8.5 e nota 175
– da aptidão para a prova: **18**-18.5.2 e nota 18
– da autonomia da vontade: **11**-11.2.1
– da boa administração: **1**-1.7.2 e nota 62; **6**-6.2 e 6.4
– da boa-fé: **1**-1.7 e 1.7.1 e notas 46 e 48

– da causalidade: **19**-19.1
– da complementariedade do fomento: **5**-5.3
– da concordância prática: **1**-nota 19
– da conformidade ao Direito: **17**-17.8.2
– da demanda: **9**-9.8.2 e 9.8.3
– da efetividade da tutela jurisdicional: **17**-17.5 e 17.6
– da eficiência: **1**-1.7.2; **9**-9.4 e nota 113
– da estabilidade: **6**-6.4
– da função social da propriedade: **8**-8.3; **13**-nota 47; **14**-14.7; **15**-15.2, 15.3 e 15.4
– da igualdade: **4**-4.7, 4.11, 4.12 e 4.13 e nota 24
– da imparcialidade: **9**-9.8.3; **17**-17.1
– da impessoalidade: **5**-5.6; **6**-6.3 e 6.4; **9**-9.8.3 e 9.8.5; **10**-10.1 e nota 2
– da imputação: **19**-19.1
– da incerteza: **19**-19.1 e notas 8 e 9
– da indisponibilidade do interesse público: **2**-2.3; **10**-10.1
– da inércia da jurisdição: **9**-9.8.2 e 9.8.3; **17**-17.1
– da intervenção mínima: **19**-19.6
– da juridicidade: **1**-1.7.2 e nota 57
– da legalidade: **1**-1.7.2 ; **5**-5.6; **8**-nota 5; **13**-13.7
– da máxima efetividade: **1**-nota 19; **9**-9.5.1
– da modicidade da condenação: **14**-14.6.4
– da moralidade administrativa: **1**-1.7, 1.7.1 e 1.7.2; **5**-5.6
– da necessidade: **12**-12.4
– da probidade: **1**-1.7.1
– da proporcionalidade: **12**-12.4
– da razoabilidade: **9**-9.8.4 e nota 166
– da repartição dos encargos públicos: **19**-19.5
– da responsabilidade subjetiva: **19**-19.6
– da segurança jurídica: **4**-4.7, 4.11, 4.12 e 4.13 e nota 25
– da simetria: **3**-3.4 e 3.5
– da subsidiariedade: **4**-nota 22; **5**-5.1 e nota 4
– da supremacia da Constituição: **12**-12.1
– da supremacia do interesse público: **2**-2.5; **14**-14.2; **17**-nota 69; **18**-18.5.3
– da titularidade pública das coisas de ninguém: **16**-16.2, 16.4 e 16.7
– da tutela da propriedade privada de domínio incerto: **16**-16.3, 16.4 e 16.7
– da unidade da Constituição: **1**-nota 19
– da unidade institucional: **17**-17.8.3
– democrático: **4**-4.7; **9**-9.3.2, 9.3.5, 9.4 e 9.5.2
– do concurso: **6**-6.3
– do contraditório: **9**-9.2.3 e 9.8.5
– do devido processo legal: **9**-9.8.4 e 9.8.5; **18**-18.2
– do efeito integrador: **1**-nota 19
– do enriquecimento sem causa: **19**-19.7
– do Estado de Direito: **6**-6.2, 6.3 e 6.4 e nota 5; **10**-10.1
– do máximo acesso às contratações: **10**-10.1 e 10.2
– do não-afastamento do controle judiciário: **9**-9.3.3 e nota 73
– republicano: **10**-10.1; **18**-18.5.3
– *suppressio*: **1**-1.7.1 e nota 52

– *tu quoque*: **1-**1.7.1 e nota 51
– *venire contra factum proprium*: **1-**1.7.1 e nota 50
PRINCÍPIOS
– caráter *prima facie*: **13-**nota 21
– classificação: **1-**1.7 e nota 42; **7-**nota 18; **13-**nota 76; **15-**15.3
– conceito: **Intr.-**nota 12; **1-**1.5 e 1.7 e nota 40; **4-**4.5; **6-**6.2 e nota 9; **7-**nota 17; **13-**13.4 e 13.6
– e densidade normativa: **9-**9.8.4
– e restrições: **13-**13.4 e nota 31
– formais: **Intr.-**nota 4; **1-**1.5; **4-**4.7 e nota 28; **7-**nota 18; **10-**10.3 e nota 27; **12-**12.4; **13-**13.4 e 13.7; **15-**15.4
– implícitos: **16-**nota 5
PRIVATIZAÇÃO: **2-**2.1 e nota 3; **5-**5.3
PROCEDIMENTO
– administrativo
• autônomo: **9-**9.6
• conceito: **9-**9.3.1 e 9.3.5
• e ato administrativo: **9-**9.3.1 e 9.3.4
• função administrativa: **9-**9.3.2 e 9.8
• uso da expressão: **9-**9.3.3
– conceito: **9-**9.2.2 e 9.2.5
– e democracia: **9-**9.2.3
– e legitimação: **9-**9.2.3
– etimologia: **9-**9.2.2
PROCESSO
– civil: **17-**17.8
– conceito: **9-**9.2.4
– de decisão: **9-**9.3.5
– democracia: **9-**9.2.3, 9.2.5 e 9.3.5
– e contraditório: **9-**9.2.3 e 9.5.1
– e obrigação: **9-**9.2.1 e nota 10
– e ônus: **9-**9.2.1
– e procedimento: **9-**9.2.2 e 9.2.5
– e relação jurídica: **9-**9.2.2 e 9.2.5
– etimologia: **9-**9.2.2
– institutos fundamentais: **9-**9.8.2
– jurisdição voluntária: **9-**9.2.3 e 9.5.1 e nota 154
– jurisdicional: **9-**9.8.1, 9.8.2 e 9.8.3
– natureza jurídica: **9-**9.2
– pressupostos processuais: **9-**9.2.3 e nota 31
PROCESSO ADMINISTRATIVO
– conceito: **9-**9.3.5
– contraditório: **9-**9.5.1 e 9.8.5
– de licença: **8-**8.2 e 8.2.4
– democracia: **9-**9.3.5 e 9.5.2
– e competência legislativa: **9-**9.7
– e devido processo legal: **9-**9.8.5
– espécies: **9-**9.5
• concorrenciais: **9-**nota 119
• de defesa: **9-**9.5.1
• de participação: **9-**9.5.2
– finalidade: **9-**9.4
– gracioso: **9-**9.3.4 e 9.8.5
– papel informativo: **9-**9.5.2
– princípios regentes: **9-**9.8, 9.8.3 e 9.8.5
– uso da expressão: **9-**9.3.4
PROPRIEDADE
– acessão: **15-**15.5
– conceito: **14-**14.1
– espírito emulativo: **15-**15.4
– função social: **15-**15.2, 15.3 e 15.4
– limitações: **14-**14.2

– natureza jurídica: **15**-15.1
– núcleo essencial: **14**-14.1
– pública: **15**-nota 33
– restrições: **14**-14.1 e 14.2
– sacrifício: **14**-14.2
– tutela: **16**-16.3
– usucapião: **15**-15.5

PROVA
– e presunção: **18**-18.3
– módulo: **18**-18.1 e nota 12
– ônus: **18**-18.1 e 18.2

REALISMO JURÍDICO: **1**-1.5.2; **2**-2.5 e nota 30; **3**-nota 27

RECURSOS HÍDRICOS
– e saneamento básico: **12**-12.3 e notas 13, 14 e 15
– privados: **12**-nota 11
– titularidade: **12**-12.3

REFORMA CONSTITUCIONAL: **6**-6.4 e nota 22; **12**-12.2 e nota 4

REGRA
– de calibração: **1**-1.5.2 e nota 32; **2**-2.5; **3**-nota 27; **5**-5.5; **17**-notas 53 e 74
– de decisão: **18**-18.1
– de restrição: **13**-13.4 e nota 30

REGULAÇÃO
– conceito: **13**-13.3
– e Estado-Regulador: **13**-13.3

RELAÇÃO JURÍDICA
– administrativa: **10**-nota 2
– conceito atual: **9**-9.2.4
– de sujeição especial: **13**-13.8 e nota 79; **18**-18.5.3
– de sujeição geral: **9**-9.8.5; **13**-13.8 e notas 53 e 80
– e situação jurídica: **9**-9.2.4; **15**-nota 23
– obrigacional: **9**-9.2.1 e 9.2.4
– processual: **9**-9.2.4

REQUISIÇÃO ADMINISTRATIVA
– conceito: **13**-13.5.3 e nota 63; **14**-nota 21
– condicionamento: **13**-nota 63
– e poder de polícia: **13**-13.8
– extraordinária: **13**-nota 63; **14**-nota 21

REQUISITADOS: **13**-nota 43

RESERVA
– de administração: **14**-14.4
– legal: **10**-10.3 e nota 24

RESPONSABILIDADE
– atos lícitos: **8**-nota 46
– dano ambiental: **8**-8.3.3, 8.3.4 e 8.3.5
– dano moral: **19**-19.8 e nota 70
– e sacrifício: **8**-nota 46; **19**-19.7 e nota 48
– risco: **19**-19.7 e 19.8

RESPONSABILIDADE CIVIL DO ESTADO: **19**-19.4, 19.5, 19.6, 19.7 e 19.8
– assunção consciente do risco: **19**-19.8
– diminuição do risco: **19**-19.8
– e domínio da situação jurídica: **19**-19.8
– e generalidade: **19**-19.8
– e imputação: **19**-19.7 e 19.8
– e má-fé: **19**-19.8
– e normalidade: **19**-19.8 e nota 69
– e obrigações de meio: **19**-19.8
– terminologia: **19**-nota 19

RESSARCIMENTO: **8**-nota 46; **19**-nota 48

REVOGAÇÃO: **7**-7.2
– conceito: **7**-7.2; **11**-11.3.1 e 11.3.2
– correntes: **7**-7.2.2; **11**-11.3.3
– da licença: **8**-8.2.5, 8.3.2, 8.3.3 e 8.3.4
– e caducidade: **7**-7.2.3
– e contratos: **7**-7.2.3; **11**-11.3.2
– e decaimento: **7**-7.2.3; **11**-11.3.3
– e indenização: **7**-7.2.2 e nota 40; **19**-nota 50
– elemento essencial: **7**-7.2.2
– expropriação: **8**-8.3.2 e nota 44
– implícita: **7**-nota 39
– requisitos formalísticos: **7**-7.2.2
– requisitos procedimentais: **7**-7.2.2
– tácita: **7**-nota 39
– virtual: **7**-nota 39

SACRIFÍCIO
– conceito: **13**-13.5.3; **14**-14.2
– e desapropriação: **14**-14.3
– e responsabilidade: **8**-nota 46
SANEAMENTO BÁSICO
– competência
• administrativa: **12**-12.3
• delegação: **12**-12.4 e 12.5
• legislativa: **12**-12.3
– conceito: **12**-12.3
– e troca de sujeito: **12**-12.4 e 12.5
– região metropolitana: **12**-12.3 e notas 19, 20, 21 e 22
SEGURANÇA JURÍDICA: **1**-1.5.1 e nota 26; **4**-4.7 e nota 25
SERVIÇOS SOCIAIS: **5**-5.3
SERVIDÃO ADMINISTRATIVA
– ação judicial: **14**-14.6 e nota 31
– conceito: **13**-nota 62; **14**-14.3 e notas 20 e 21
– condicionamento: **13**-notas 48 e 62
SERVIDORES
– avaliação de desempenho: **6**-6.4 e nota 24
– cessão especial: **5**-5.3
– e atividades temporárias: **6**-6.3 e 6.4 e nota 30
– e negociação coletiva: **6**-6.4 e nota 27
– estabilidade: **6**-6.4
– prerrogativas: **6**-6.2
– prescrição da ação de ressarcimento: **18**-18.5.4
– publicação de vencimentos: **18**-nota 41
– Regime Único: **6**-6.4
SISTEMAS ADMINISTRATIVOS: **9**-9.8.1 e 9.8.5
SITUAÇÃO JURÍDICA
– aspectos: **9**-9.2.4
– complexa: **9**-nota 35
– conceito: **9**-9.2.4
– natureza jurídica: **9**-nota 36
– precária: **7**-7.2.2 e nota 40; **9**-nota 119

TEORIA
– da causalidade adequada: **18**-18.3
– da equivalência das condições: **18**-18.3
– da filtragem: **3**-3.1 e nota 2
– da imputação objetiva: **19**-19.6
– da recepção: **17**-nota 11
– da troca de sujeito: **12**-12.4
– do dano direto e imediato: **18**-18.3
– do espelho: **3**-3.1

– do Estado-Regulador: **13**-13.3
– do módulo da prova: **18**-18.1 e nota 12
– do núcleo essencial: **13**-nota 37
– do poder de polícia: **13**-13.1
– externa dos direitos fundamentais: **13**-13.4 e 13.5.3 e nota 27; **14**-14.2 e nota 17; **15**-15.2
– interna dos direitos fundamentais: **13**-13.4 e 13.5.3 e nota 24; **14**-14.2 e nota 16; **15**-15.2
– normativa dos negócios jurídicos: **11**-11.2.1
– pura do Direito: **19**-19.1
TERCEIRO SETOR: **5**-5.1 e 5.6 e nota 8
TERMO DE PARCERIA: **5**-5.2 e 5.6
TOMBAMENTO: **13**-13.5.3 e nota 62
TUTELA
– antecipada: **17**-17.5 e 17.8.4 e nota 36
– cautelar: **17**-17.5
– classificação: **17**-17.3
– contra o ilícito: **17**-17.2, 17.5 e 17.6
– da atividade administrativa: **17**-17.7 e 17.8
• e antecipação de tutela: **17**-17.8.4
• e apelação: **17**-17.8.1
• e Ministério Público: **17**-17.8.2
• informações da autoridade: **17**-17.8.5
• prerrogativas da Fazenda: **17**-17.8.3
– e vontade do administrado: **17**-17.7
TRADIÇÃO LINGÜÍSTICA: **11**-nota 36

VACÂNCIA: **16**-16.4, 16.6, 16.7 e 16.8
VALIDADE NORMATIVA: **1**-1.5.1 e 1.5.2
VALOR VENAL: **14**-14.6.1
VALORES
– e princípios: **13**-13.4
– objetividade: **1**-notas 3 e 6
– relatividade: **1**-1.1 e notas 3 e 6
VINCULAÇÃO: **8**-8.2.5; **10**-10.3; **11**-11.3.1

* * *

**GRÁFICA PAYM**
Tel. [11] 4392-3344
paym@graficapaym.com.br

00607